Biblisches Reallexikon

(BRL^2)

herausgegeben
von
Kurt Galling

2., neugestaltete Auflage
mit 93 ein- und mehrteiligen Abbildungen
und 2 Faltkarten

1977

J.C.B. Mohr (Paul Siebeck) Tübingen

CIP-Kurztitelaufnahme der Deutschen Bibliothek

Handbuch zum Alten Testament

hrsg. von Hartmut Gese u. Rudolf Smend. – Tübingen: Mohr.
Teilw. hrsg. von Otto Eissfeldt.
Reihe 1.
NE: Eissfeldt, Otto [Hrsg.]; Gese, Hartmut [Hrsg.]
1. →Biblisches Reallexikon

Biblisches Reallexikon: (BRL) / hrsg. von Kurt Galling. –
2., neugestaltete Aufl. – Tübingen: Mohr, 1977.
(Handbuch zum Alten Testament: Reihe 1; 1)
ISBN 3-16-139862-9
NE: Galling, Kurt [Hrsg.]

Printed in Germany
Satz, Reproduktion und Druck: Gneiting Filmsatz + Druck, Tübingen
Einband: Großbuchbinderei Heinr. Koch, Tübingen

Vorwort

Die erste Auflage des Biblischen Reallexikons (BRL) erschien im Jahre 1937. In den inzwischen verflossenen Jahrzehnten fand insbesondere nach 1945 sowohl im phönizischen und syrischen Bereich als auch in Palästina eine rege archäologische Forschungstätigkeit statt, die zu einem Teil an bereits bekannten antiken Ortslagen einsetzte, zum anderen Teil aber auch neuen Objekten galt. Gegenüber dem in der ersten Auflage ausgewerteten Material kann man in der derzeitigen Situation ohne Übertreibung von einer Verzehnfachung des zur Verfügung stehenden Stoffes sprechen, die an der großen Zahl einschlägiger Monographien und Zeitschriften ablesbar ist. Bei einer auf die Neuauflage zielenden Verzettelung von Titeln und Themen, die ich bis Ende der sechziger Jahre durchführte, wurde deutlich, daß bei *diesem* Materialumfang die Aufarbeitung durch *einen* Autor nicht mehr zu leisten ist. Aus diesem Grunde rief ich ein Tübinger Archäologisches Team ins Leben, in dem die zur Mitarbeit Bereiten eine kleinere oder größere Anzahl von Artikeln übernahmen. Dementsprechend ist im Titel von einer zweiten „neugestalteten“ Auflage die Rede.

Der Deutschen Forschungsgemeinschaft ist es zu danken, daß zunächst Herr Dr. Hartmut Rösel (1970–71) und dann Frau Dr. Helga Weippert (seit 1972) bei der Vorbereitung und Durchführung des Programms halfen. Das diesem Vorwort folgende Verzeichnis nennt die Reihe der Mitarbeiter, deren Namen jeweils unter den von ihnen verfaßten Artikeln erscheinen.

Übereinstimmung bestand darin, das BRL so ausführlich wie nötig aber auch so knapp wie angängig zu halten und wiederum durch Zeichnungen zu bebildern. Ein großer Teil der Zeichnungen des Architekten A. Pretzsch konnte aus der ersten Auflage übernommen werden; die neu hinzugekommenen hat Frau G. Tambour gezeichnet.

Aus den Traditionen bzw. Texten des Alten Testaments, deren Fixierung im 12./11. Jahrhundert v. Chr. einsetzt und in der hellenistischen Zeit endet, gewannen die älteren „Hebräischen Archäologien“ und „Bibelwörterbücher“ ihren Stoff, der weitgehend von konkordanzartiger Auswertung von Bibelstellen begleitet war. Für das BRL wurde eine sachbezogene Stellenauswahl vorgenommen. Dabei werden griechische Termini in griechischer Schrift, hebräische in Umschrift zitiert.

Die geologischen Gegebenheiten, auf die man bei den antiken Ruinenhügeln (arab. *tell,* hebr. *tẹ̄l*) stößt, und die für die Kampagnen zur Verfügung stehenden finanziellen Mittel führen in der Regel dazu, daß man sich auf Teilgrabungen (Areale) beschränkt. Die jüngsten Schichten eines Tells überborden oft die römisch-byzantinische Periode, die im Rahmen des BRL als obere Grenze gilt. Die ältesten Schichten (Tiefgrabungen) repräsentieren bei bestimmten Orten auch die Epochen des Neolithikums und des Chalkolithikums (7.–4. Jahrtausend v. Chr.). Im Vordergrund des BRL stehen die Funde der Bronze- und Eisenzeit. Die Auswahl der Artikel über biblische Orte ist an den Grabungen orientiert, während die Sachartikel Material aus einer weit größeren Zahl von Ortschaften nennen, die zum großen Teil in der historisch-topographischen Karte aufgenommen sind.

Insofern das neugestaltete Lexikon entsprechend der ersten Auflage informierendes Material in historischer Ordnung ausbreitet, steht das BRL methodisch auch nichtbiblischen Realwörterbüchern nahe, wie zum Beispiel der neuesten „Archaeologia Homerica", die Epentexte durch archäologisches Material verdeutlicht. Indem es andererseits seine Bezugsworte der Bibel des Alten und Neuen Testaments entnimmt, kann es in dieser Position dem Bibelleser eine Hilfe bedeuten wie dem Fachmann nützlich sein.

Tübingen, 21. Mai 1977 *Kurt Galling*

Verzeichnis der Mitarbeiter

Herbert Donner, Tübingen
Kurt Galling, Tübingen
Martin Hengel, Tübingen
Frowald Hüttenmeister, Tübingen
Dorothy Irvin, Durham, N.C., U.S.A.
Diether Kellermann, Tübingen
Mechthild Kellermann, Tübingen
Aaron Kempinski, Jerusalem, Israel
Arnulf Kuschke, Tübingen
Uwe Müller, Tübingen
Andreas Reichert, Tübingen
Wolfgang Röllig, Tübingen
Hartmut Rösel, Jerusalem, Israel
Hans Peter Rüger, Tübingen
Götz Schmitt, Tübingen
Thomas L. Thompson, Durham, N.C., U.S.A.
Helga Weippert, IJsselstein, Niederlande
Manfred Weippert, IJsselstein, Niederlande
Peter Welten, Tübingen
Manfried Wüst, Kronberg/Taunus

Ein Teil der Mitarbeiter hielt sich nur kürzere Zeit in Tübingen auf oder hat Tübingen inzwischen verlassen.
Wo größere Teile eines Artikels aus der ersten Auflage übernommen sind, ist dies durch „(K. Galling)" vor dem Namen des Autors angezeigt.

Technische Vorbemerkungen

Die Zahl der Artikel hat sich gegenüber der von BRL[1] zugunsten einer thematisch orientierten Zusammenfassung einzelner Stichwörter verringert. Um die Benutzung des BRL[2] aber als Nachschlagewerk auch zu Einzelthemen sicherzustellen, ist das Register erweitert.

Artikelüberschriften erscheinen im Text abgekürzt. Längeren Artikeln geht ein Inhaltsverzeichnis voraus. Die Literaturverzeichnisse am Ende eines Artikels sind alphabetisch geordnet und bisweilen entsprechend der Artikelgliederung unterteilt; nur bei einigen Ortsartikeln bot sich eine Auflistung der Literatur in zeitlicher Reihenfolge an. Literatur aus den Bibliographien ist im Text nur mit dem Namen des Verfassers zitiert; bei mehreren Arbeiten eines Autors in einer Bibliographie sind im Text Kurztitel eingeführt. Einfache Datumsangaben beziehen sich auf die Zeit v.Chr. (nur in eventuell mißverständlichen Fällen ist „v.Chr." gesetzt); Zeitangaben aus der Zeit n.Chr. sind jeweils als solche gekennzeichnet. Untereinander sind die Artikel nur dann durch Verweise (→) miteinander verzahnt, wenn sie dem Benutzer weitere Informationen liefern.

Die Abbildungen sind nur mit knappen thematischen Bildunterschriften versehen; Quellenangaben für die Zeichnungen finden sich nach dem Register.

Abkürzungen oder Kurztitel für häufiger zitierte Ausgrabungsberichte, Zeitschriftenreihen und Monographien folgen ebenso im nachstehenden Abkürzungsverzeichnis wie die für biblische und nachbiblische Texte sowie für Sonstiges.

Transliteration und Transkription aller sem. Sprachen erfolgen im allgemeinen nach oder analog zu dem System der Deutschen Morgenländischen Gesellschaft für die arab. Schrift. Hebräisch (und Biblisch-Aramäisch) demnach folgendermaßen:

Konsonanten: *' b g d h w z ḥ ṭ y k l m n s ' p ṣ q r ś š t*

Vokale:		lang		kurz				hatef
	אָ	*ā*	אַ	*a*			אֲ	*ă*
	אֶ	*ę̄*	אֶ	*ę*			אְ	*ə*
	אֵ	*ē*	אֵ	*e*			אֱ	*ĕ*
	אִ	*ī*	אִ	*i*				
	אֹ	*ō*	אֹ	*o*	אָ	*ȯ*	אֳ	*ŏ*
	אֻ וּ	*ū*	אֻ	*u*				

Bei neuhebr. Wörtern wird die spirantische Aussprache von *b k p* durch *v ḵ f* ausgedrückt. Die drei Alephzeichen des Ugaritischen werden mit *ả ỉ ủ* bezeichnet. Ägyptisch ist nach dem System der Berliner Schule transliteriert (mit 𓇋 = *ỉ*, 𓇌 = *y*, 𓏭 = *ï*).

Zeittafeln und topographische Karten stehen am Ende des Buches.

Abkürzungsverzeichnis

1. Bibliographische Abkürzungen

AA	Archäologischer Anzeiger, Beiblatt zum JDAI
AAA	Annals of Archaeology and Anthropology
AAS	Les Annales Archéologiques (Arabes) de Syrie
AASOR	Annual of the American Schools of Oriental Research
ADAJ	Annual of the Department of Antiquities of Jordan
ADPV	Abhandlungen des Deutschen Palästina-Vereins
Ächtungstexte	Kleinbuchstaben e, f: K. Sethe, Die Ächtung feindlicher Fürsten, Völker und Dinge auf altägyptischen Tongefäßscherben des Mittleren Reiches, Abhandlungen der Preußischen Akademie der Wissenschaften, phil.-hist. Kl. 1926 Nr. 5, 1926 – Großbuchstaben E, F: G. Posener, Princes et pays d'Asie et de Nubie, Textes hiératiques sur des figurines d'envoûtement du Moyen Empire, 1940
AfO	Archiv für Orientforschung
AG I-IV	W. M. Fl. Petrie, Ancient Gaza – Tell el Ajjūl I, 1931; II, 1932; III, 1933; IV, 1934
AG V	W. M. Fl. Petrie/E. J. H. Mackay/M. A. Murray, City of Shepherd Kings, and Ancient Gaza V, 1952
AION	Annali dell'Istituto Universitario Orientale di Napoli
AJA	American Journal of Archaelogy
Alt, KlSchr I-III	A. Alt, Kleine Schriften zur Geschichte des Volkes Israel I-III, 1959
Amiran, Pottery	R. Amiran, Ancient Pottery of the Holy Land from its Beginnings in the Neolithic Period to the End of the Iron Age, 1969
ANEP	J. B. Pritchard, ed., The Ancient Near East in Pictures Relating to the Old Testament, 1969^{2}
ANET	J. B. Pritchard, ed., Ancient Near Eastern Texts Relating to the Old Testament, 1969^{3}
AnSt	Anatolian Studies
AOAT	Alter Orient und Altes Testament
AOB	H. Greßman, ed., Altorientalische Bilder zum Alten Testament, 1927^{2}
AOT	H. Greßman, ed., Altorientalische Texte zum Alten Testament, 1926^{2}
ARM	Archives royales de Mari
AS I, II	E. Grant, Ain Shems Excavations (Palestine) I, 1931; II, 1932
AS III	E. Grant, Rumeileh, Being Ain Shems Excavations (Palestine) III, 1934
AS IV, V	E. Grant/G. E. Wright, Ain Shems Excavations (Palestine) IV (Pottery), 1938; V (Text), 1939
Ashdod I	M. Dothan/D. N. Freedman, Ashdod I, The First Season of Excavations 1962, 'Atiqot ES 7, 1967
Ashdod II-III	M. Dothan, Ashdod II-III, The Second and Third Seasons of Excavations 1963, 1965, Soundings in 1967, 'Atiqot ES 9–10, 1971

ASyr	H. Th. Bossert, Altsyrien, Kunst und Handwerk in Cypern, Syrien, Palästina, Transjordanien und Arabien von den Anfängen bis zum völligen Aufgehen in der Griechisch-Römischen Kultur, 1951
ATD	Das Alte Testament Deutsch
ʿAtiqot ES	ʿAtiqot, English Series
ʿAtiqot HS	ʿAtiqot *(ʿAttīqōt)*, Hebrew Series (with English Summaries)
BA	The Biblical Archaeologist
Barnett, Catalogue	R. D. Barnett, A Catalogue of the Nimrud Ivories with other Examples of Ancient Near Eastern Ivories in the British Museum, 1975[2]
Barnett-Falkner, Sculptures	R. D. Barnett/M. Falkner, The Sculptures of Aššur-Naṣir-Apli II (883–859 B. C.), Tiglath-Pileser III (745–727 B. C.), Esarhaddon (681–669 B. C.) from the Central and South-West Palaces at Nimrud, 1962
BASOR	Bulletin of the American Schools of Oriental Research
Beer-Sheba I	Y. Aharoni, ed., Beer-Sheba I, Excavations at Tel Beer-Sheba, 1969–1971 Seasons, 1973
BHH I-III	B. Reicke/L. Rost, ed., Biblisch-Historisches Handwörterbuch I, 1962; II, 1964; III, 1966
BIES	*Yədīʿōt,* Bulletin of the Israel Exploration Society
BK	Biblischer Kommentar
BMB	Bulletin du Musée de Beyrouth
BO	Bibliotheca Orientalis
Bonnet, Waffen	H. Bonnet, Die Waffen der Völker des Alten Orients, 1926
Borée, Ortsnamen	W. Borée, Die alten Ortsnamen Palästinas, 1930 (Nachdruck 1968)
BP I	W. M. Fl. Petrie, Beth Pelet I (Tell Fara), 1930
BP II	E. MacDonald/J. L. Starkey/L. Harding, Beth Pelet II, Prehistoric Fara, Beth-Pelet Cemetery, 1932
BS I	A. Rowe, The Topography and History of Beth-Shan with Details of the Egyptian and Other Inscriptions Found on the Site, PPS 1, 1930
BS II/1	A. Rowe, The Four Canaanite Temples of Beth-Shan I, The Temples and Cult Objects, PPS 2/1, 1940
BS II/2	G. M. FitzGerald, The Four Canaanite Temples of Beth-Shan II, The Pottery, PPS 2/2, 1930
BS III	G. M. FitzGerald, Beth-Shan Excavations 1921–1923, The Arab and Byzantine Levels, PPS 3, 1931
BSIA	F. W. James, The Iron Age at Beth Shan, 1966
BSNC	E. D. Oren, The Northern Cemetery of Beth-Shan, 1973
BuA I, II	B. Meißner, Babylonien und Assyrien I, 1920; II, 1925
Busink, Tempel	Th. A. Busink, Der Tempel von Jerusalem von Salomo bis Herodes, Eine archäologisch-historische Studie unter Berücksichtigung des westsemitischen Tempelbaus I, Der Tempel Salomos, 1970
BZ I	O. R. Sellers, The Citadel of Beth-Zur, 1933
BZ II	O. R. Sellers u.a., The 1957 Excavation at Beth-Zur, AASOR 38, 1968
BZAW	Beihefte zur Zeitschrift für die Alttestamentliche Wissenschaft
Ca I-III	Carchemish, Report on the Excavations at Djerabis on Behalf of the British Museum
Ca I	D. G. Hogarth, Introductory, 1914
Ca II	C. L. Woolley, The Town Defences, 1921
Ca III	C. L. Woolley/R. D. Barnett, The Excavations in the Inner Town, the Hittite Inscriptions, 1952
Catling, Bronzework	H. W. Catling, Cypriote Bronzework in the Mycenaean World, 1964
CGC	Catalogue Général des Antiquités Egyptiennes du Musée du Caire
CNI	Christian News from Israel

CRa	Il Colle di Rachele (Ramat Rahel), Missione archeologica nel Vicino Oriente, 1960
CRAIBL	Comptes rendus des séances de l'Academie des inscriptions et belles-lettres
CTA	A. Herdner, Corpus des tablettes en cunéiformes alphabétiques découvertes à Ras Shamra-Ugarit de 1929 à 1939, 1963
CTr	P. Bar-Adon, The Cave of the Treasure, The Finds from the Caves in Nahal Mishmar, JDS 1971 (hebr.)
Dalman, AuS I-VII	G. Dalman, Arbeit und Sitte in Palästina I/1, 1928; I/2, 1928; II, 1932; III, 1933; IV, 1935; V, 1937; VI, 1939; VII, 1942 (Nachdrucke I-VI, 1964; VII, 1971)
DeF	B. Lifshitz, Donateurs et fondateurs dans les synagogues juives, 1967
DJD	Discoveries in the Judaean Desert
DP I, II	C. Watzinger, Denkmäler Palästinas I, 1933; II, 1935
EA	J.A. Knudtzon, Die El-Amarna Tafeln, Vorderasiatische Bibliothek 2, 1915 – A.F. Rainey, El Amarna Tablets 359–379, Supplement to J.A. Knudtzon, Die El-Amarna-Tafeln, AOAT 8, 1970
EAEHL I, II	M. Avi-Yonah, ed., Encyclopedia of Archaeological Excavations in the Holy Land I, 1975; II, 1976
EG I-III	R.A.S. Macalister, The Excavation of Gezer 1902–1905 and 1907–1909 I-III, 1912
EI	Eretz-Israel (*'Ēreṣ-Yiśrā'ēl)*
EP	F.J. Bliss/R.A.S. Macalister, Excavations in Palestine during the Years 1898–1900, 1902
Erman/Ranke, Ägypten	A. Erman/H. Ranke, Ägypten und ägyptisches Leben im Altertum, 1923
ERR I, II	Y. Aharoni, Excavations at Ramat Rahel I, Seasons 1959 and 1960, 1962; II, Seasons 1961 and 1962, 1964
EusOn	Euseb, Onomasticon
FB I, II, V	M. Dunand, Fouilles de Byblos
FB I	1926–1932, Texte, 1939; Atlas, 1937
FB II	1933–1938, Atlas, 1950
FB II/1	1933–1938, Texte 1, 1954
FB II/2	1933–1938, Texte 2, 1958
FB V	L'architecture, les tombes, le matériel domestique, des origines néolithiques à l'avènement urbain, Planches, 1973; Texte, 1973
Festschr. R. Dussaud I, II	Mélanges Syriens offerts à M.R. Dussaud par ses amis et ses élèves I, II, 1939
Festschr. K. Elliger	H. Gese/H.P. Rüger, ed., Wort und Geschichte, Festschrift für K. Elliger zum 70. Geburtstag, AOAT 18, 1973
Festschr. K. Galling	A. Kuschke/E. Kutsch, ed., Archäologie und Altes Testament, Festschrift für K. Galling zum 8. Januar 1970, 1970
Festschr. N. Glueck	J.A. Sanders, ed., Essays in Honor of N. Glueck, Near Eastern Archaeology in the Twentieth Century, 1970
FF	Forschungen und Fortschritte
FRLANT	Forschungen zur Religion und Literatur des Alten und Neuen Testaments
Galling, BRL[1]	K. Galling, Biblisches Reallexikon, HAT I/1, 1937
Galling, Studien	K. Galling, Studien zur Geschichte Israels im persischen Zeitalter, 1964
Ger	W.M. Fl. Petrie, Gerar, 1928
Gese, Religionen	H. Gese, Die Religionen Altsyriens, Religionen der Menschheit 10/2, 1970, 1–232

Gezer I	W. G. Dever/H. D. Lance/G. E. Wright, Gezer I, Preliminary Report of the 1964–1966 Seasons, 1970
Gezer II	W. G. Dever, ed., Gezer II, Report of the 1967–1970 Seasons in Fields I and II, 1974
GGAM	A. L. Oppenheim/R. H. Brill/D. Barag/A. von Saldern, Glass and Glassmaking in Ancient Mesopotamia, An Edition of the Cuneiform Texts Which Contain Instructions for Glassmakers With a Catalogue of Surviving Objects, The Corning Museum of Glass Monographs 3, 1970
HAL I, II	L. Köhler/W. Baumgartner, Hebräisches und Aramäisches Lexikon zum Alten Testament I, 1967[3]; II, 1974[3]
Hama I	H. Ingholt, Rapport préliminaire sur sept campagnes de fouilles à Hama en Syrie (1932–1938), 1940
Hama II/1	E. Fugmann, Hama, fouilles et recherches 1931–1938 II/1, L'architecture des périodes pré-hellénistiques, 1958
Hama II/3	P. J. Riis, Hama, fouilles et recherches 1931–1938 II/3, Les cimetières à crémation, 1948
HAT	Handbuch zum Alten Testament
Hazor I-IV	Y. Yadin u.a., Hazor
Hazor I	An Account of the First Season of Excavations, 1955, 1958
Hazor II	An Account of the Second Season of Excavations, 1956, 1960
Hazor III-IV	An Account of the Third and Fourth Seasons of Excavations, 1957–1958, 1961
Helck, Beziehungen	W. Helck, Die Beziehungen Ägyptens zu Vorderasien im 3. und 2. Jahrtausend v. Chr., Ägyptologische Abhandlungen 5, 1971[2]
Her	Herodot
HES I, II	G. A. Reisner/C. S. Fisher/D. G. Lyon, Harvard Excavations at Samaria I, Text, 1924; II, Plans and Plates, 1924
Hrouda, Kulturgeschichte	B. Hrouda, Die Kulturgeschichte des assyrischen Flachbildes, 1965
HUCA	The Hebrew Union College Annual
IEJ	Israel Exploration Journal
JAOS	Journal of the American Oriental Society
JBL	Journal of Biblical Literature
JCS	Journal of Cuneiform Studies
JDAI	Jahrbuch des Deutschen Archäologischen Instituts
JDS	Judaean Desert Studies
JEA	Journal of Egyptian Archaeology
JEOL	Jaarbericht van het Vooraziatisch-Egyptisch Genootschap „Ex Oriente Lux"
Jer I, II	K. M. Kenyon, Excavations at Jericho I, The Tombs Excavated in 1952–4, 1960; II, The Tombs Excavated in 1955-8, 1965
JerA	E. Sellin/C. Watzinger, Jericho, Die Ergebnisse der Ausgrabungen, WVDOG 22, 1913
JGS	Journal of Glass Studies
JNES	Journal of Near Eastern Studies
JosAnt	Josephus, Antiquitates Judaicae
JosBell	Josephus, Bellum Judaicum
JPOS	Journal of the Palestine Oriental Society
JS I-XIII	E. R. Goodenough, Jewish Symbols in the Greco-Roman Period, Bollingen Series 37, I-III, 1953; IV, 1954; V, VI, 1956; VII, VIII, 1958; IX-XI, 1964; XII, 1965; XIII, 1968
JSS	Journal of Semitic Studies

KAI I-III	H. Donner/W. Röllig, Kanaanäische und aramäische Inschriften I, 1971^{3}; II, 1968^{2}; III, 1969^{2}
KAT	Kommentar zum Alten Testament
KBL	L. Köhler/W. Baumgartner, Lexikon in Veteris Testamenti Libros, 1958
KlBo	R. M. Boehmer, Die Kleinfunde von Boğazköy, WVDOG 87, 1972
Krauß, TalmArch I-III	S. Krauß, Talmudische Archäologie I, 1910; II, 1911; III, 1912
L I-IV	The Wellcome Archaeological Research Expedition to the Near East, Lachish (Tell ed Duweir)
L I	H. Torczyner/L. Harding/A. Lewis, The Lachish Letters, 1938
L II	O. Tufnell/Ch. H. Inge/L. Harding, The Fosse Temple, 1940
L III	O. Tufnell/M. A. Murray/D. Diringer, The Iron Age, 1953
L IV	O. Tufnell u.a., The Bronze Age, 1958
LA	Studii Biblici Franciscani Liber Annuus
Mallowan, Nimrud I, II	M. E. L. Mallowan, Nimrud and its Remains I, II, 1966
MDAIA	Mitteilungen des Deutschen Archäologischen Instituts, Athenische Abteilung
MDAIK	Mitteilungen des Deutschen Archäologischen Instituts, Abteilung Kairo
Meg I, II	Megiddo
Meg I	R. S. Lamon/G. M. Shipton, Seasons of 1925–34, Strata I-V, OIP 42, 1939
Meg II	G. Loud, Seasons of 1935–39, OIP 42, 1948
MegC	H. G. May, Material Remains of the Megiddo Cult, OIP 26, 1935
MegIv	G. Loud, The Megiddo Ivories, OIP 52, 1939
MegT	P. L. O. Guy, Megiddo Tombs, OIP 33, 1938
MegW	R. S. Lamon, The Megiddo Water System, OIP 32, 1935
MOS	Mittheilungen aus den Orientalischen Sammlungen
MUSJ	Mélanges de l'Université St.-Joseph
Naumann, Architektur	R. Naumann, Architektur Kleinasiens von ihren Anfängen bis zum Ende der hethitischen Zeit, 1971^{2}
OA	Oriens Antiquus
OIP	Oriental Institute Publications
Or	Orientalia
PEFA	Palestine Exploration Fund, Annual
PEFQSt	Palestine Exploration Fund, Quarterly Statement
PEQ	Palestine Exploration Quarterly
PJ	Palästina-Jahrbuch
Plin NH	Plinius, Naturalis Historia
PPS	Publications of the Palestine Section, Museum of the University of Pennsylvania, Philadelphia, Pa.
QDAP	Quarterly of the Department of Antiquities in Palestine
RA	Revue d'Assyriologie et d'Archéologie Orientale
RÄRG	H. Bonnet, Reallexikon der ägyptischen Religionsgeschichte, 1952
RB	Revue Biblique
RGG I-VI	K. Galling, ed., Die Religion in Geschichte und Gegenwart, Handwörterbuch für Theologie und Religionswissenschaft I-VI, 1957–1962^{3}
RLA I, II	E. Ebeling/B. Meißner, ed., Reallexikon der Assyriologie I, 1928; II, 1938

RLA III	E. Weidner/W. von Soden, ed., Reallexikon der Assyriologie und Vorderasiatischen Archäologie III, 1971
RLA IV	D. O. Edzard, ed., Reallexikon der Assyriologie und Vorderasiatischen Archäologie IV, 1975
RLV I-XV	M. Ebert, ed., Reallexikon der Vorgeschichte I-XV, 1924–1932
Rowe, Catalogue	A. Rowe, A Catalogue of Egyptian Scarabs, Scaraboids, Seals and Amulets in the Palestine Archaeological Museum, 1936
Schäfer/Andrae, Kunst	H. Schäfer/W. Andrae, Die Kunst des Alten Orients, Propyläen-Kunstgeschichte II, 1925
Sendsch I-V	Ausgrabungen in Sendschirli ausgeführt und herausgegeben im Auftrage des Orients-Comités zu Berlin
Sendsch I	Einleitung und Inschriften, MOS 11, 1893
Sendsch II	Ausgrabungsbericht und Architektur, MOS 12, 1898
Sendsch III	Thorsculpturen, MOS 13, 1902
Sendsch IV	MOS 14, 1911
Sendsch V	F. von Luschan/W. Andrae, Die Kleinfunde von Sendschirli, MOS 15, 1943
Simons, Handbook	J. Simons, Handbook for the Study of Egyptian Topographical Lists Relating to Western Asia, 1937
SS I-III	Samaria-Sebaste, Reports on the Work of the Joint Expedition in 1931–1933 and of the British Expedition in 1935
SS I	J. W. Crowfoot/K. M. Kenyon/E. L. Sukenik, The Buildings at Samaria, 1942 (Nachdruck 1966)
SS II	J. W. Crowfoot/G. M. Crowfoot, Early Ivories from Samaria, 1938 (Nachdruck 1972)
SS III	J. W. Crowfoot/G. M. Crowfoot/K. M. Kenyon, The Objects from Samaria, 1957
TA	Tel Aviv, Journal of the Tel Aviv University Institute of Archaeology
TBM I-III	W. F. Albright, The Excavation of Tell Beit Mirsim
TBM I	The Pottery of the First Three Campaigns, AASOR 12, 1932
TBM IA	The Bronze Age Pottery of the Fourth Campaign, AASOR 13, 1933, 55–127
TBM II	The Bronze Age, AASOR 17, 1938
TBM III	The Iron Age, AASOR 21–22, 1943
TGh I	A. Mallon/R. Koeppel/R. Neuville, Teleilāt Ghassūl, Compte rendu des fouilles de l'Institut Biblique Pontifical 1929–1932, 1934
TGI	K. Galling, ed., Textbuch zur Geschichte Israels, 1968^2
TH I-IV	M. von Oppenheim, Tell Halaf
TH I	H. Schmidt, Die prähistorischen Funde, 1943
TH II	F. Langenegger/K. Müller/R. Naumann, Die Bauwerke, 1950
TH III	A. Moortgat/D. Opitz, Die Bildwerke, 1955
TH IV	B. Hrouda, Die Kleinfunde aus historischer Zeit, 1962
THA	M. von Oppenheim, Der Tell Halaf, Eine neue Kultur im ältesten Mesopotamien, 1931
ThLZ	Theologische Literaturzeitung
ThZ	Theologische Zeitschrift, Basel
TM I, II	Tell el-Mutesellim
TM I	G. Schumacher, Fundbericht, 1908
TM II	C. Watzinger, Fundbericht, 1929
TN I, II	Tell en Naṣbeh Excavated under the Direction of The Late W. F. Badè
TN I	C. C. McCown u.a., Archaeological and Historical Results, 1947
TN II	J. C. Wampler, The Pottery, 1947
TT I	E. Sellin, Tell Ta'annek, Denkschrift der Kaiserlichen Akademie der Wissenschaften in Wien, phil.-hist. Kl. L/4, 1904

TT II	E. Sellin, Eine Nachlese auf dem Tell Ta'annek, Denkschrift der Kaiserlichen Akademie der Wissenschaften in Wien, phil-hist. Kl. LII/3, 1905
TZ I-III	K. Ohata, Tel Zeror I, 1966; II, 1967; III, 1970
UF	Ugarit-Forschungen
Ug I-VI	Ugaritica I, 1939; II, 1949; III, 1956; IV, 1962; V, 1968; VI, 1969
VT	Vetus Testamentum
VTS	Vetus Testamentum, Supplements
WMANT	Wissenschaftliche Monographien zum Alten und Neuen Testament
WO	Die Welt des Orients
Wreszinski, Atlas I, II	W. Wreszinski, Atlas zur altägyptischen Kulturgeschichte I, II, 1935
WVDOG	Wissenschaftliche Veröffentlichungen der Deutschen Orient-Gesellschaft
Yadin, Hazor	Y. Yadin, Hazor, The Head of all those Kingdoms, Josh. 11:10, The Schweich Lectures of the British Academy 1970, 1972
Yadin, Cave of Letters	Y. Yadin, The Finds from the Bar Kokhba Period in the Cave of Letters, JDS 1963
Yadin, Warfare	Y. Yadin, The Art of Warfare in Biblical Lands in the Light of Archaeological Discovery, 1963
ZA	Zeitschrift für Assyriologie
ZÄS	Zeitschrift für ägyptische Sprache und Altertumskunde
ZAW	Zeitschrift für die Alttestamentiche Wissenschaft
ZDMG	Zeitschrift der Deutschen Morgenländischen Gesellschaft
ZDPV	Zeitschrift des Deutschen Palästina-Vereins
ZNW	Zeitschrift für die Neutestamentliche Wissenschaft
ZThK	Zeitschrift für Theologie und Kirche

2. Abkürzungen für die biblischen Bücher

AT: Gn. Ex. Lv. Nu. Dt. Jos. Jdc. 1S. 2S. 1R. 2R. Jes. Jer. Ez. Ho. Jo. Am. Ob. Jon. Mi. Na. Hab. Zeph. Hag. Sach. Mal. Ps. Hi. Prv. Ru. Cant. Qoh. Thr. Est. Da. Esr. Neh. 1Ch. 2Ch.

Apokryphen und Pseudepigraphen: 1Macc. 2Macc. Tob. Jud. Sir. Jub. 4Esr.

NT: Mt. Mc. Lc. J. Act. Rm. 1Ko. 2Ko. G. E. Ph. Kol. 1Th. 2Th. 1T. 2T. Tt. Phm. Hbr. Jc. 1P. 2P. 1J. 2J. 3J. Jd. Apc.

3. Abkürzungen für rabbinische Literatur

Werke		Traktate			
b	bab. Talmud	Ahil	*'Ăhīlōt*	Pes	*Pəsāḥīm*
j	jerusalemer Talmud	Ber	*Bərākōt*	Schab	*Šabbāt*
M	*Mišnā*	Erub	*'Ērūbīn*	Suk	*Sukkōt*
T	*Tōseftā*	Meg	*Məgillōt*	Taan	*Ta'ănīt*

4. Sonstige Abkürzungen (ohne Abkürzungen für Maßangaben)

a.a.O.	am angegebenen Ort	akk.	akkadisch
Abb.	Abbildung(en)	Anm.	Anmerkung
äg.	ägyptisch	AR	Altes Reich

arab.	arabisch
aram.	aramäisch
Art.	Artikel
ass.	assyrisch
AT	Altes Testament
atlich	alttestamentlich
bab.	babylonisch
bes.	besonders
B-Zeit	Bronzezeit
byz.	byzantisch
bzw.	beziehungsweise
ca.	*circa*
CL	Chalkolithikum
cstr.	Constructus
ders.	derselbe
d.h.	das heißt
dies.	dieselbe(n)
Diss.	Dissertation
dtn.	deuteronomisch
Dtr.	Deuteronomist
dtr.	deuteronomistisch
Dyn.	Dynastie
ebd.	ebenda
ed.	edidit
E-Zeit	Eisenzeit
etc.	*et cetera*
f, ff	folgend(er), folgende
fem.	feminin
FB-Zeit	Frühbronzezeit
Festschr.	Festschrift
griech.	griechisch
hebr.	hebräisch
hell.	hellenistisch
heth.	hethitisch
HSS	Handschriften
hurr.	hurritisch
isr.	israelitisch
J	Jahwist
Jh.	Jahrhundert
Jr.	Junior
Jt.	Jahrtausend
jud.	judäisch
jüd.	jüdisch
kan.	kanaanäisch
lat.	lateinisch
Lit.	Literatur
LXX	Septuaginta
masch.	maschinenschriftlich
MB-Zeit	Mittelbronzezeit
MR	Mittleres Reich
MT	Masoretischer Text
myk.	mykenisch
nab.	nabatäisch
n.Chr.	nach Christus
NL	Neolithikum
nördl.	nördlich
NR	Neues Reich
Nr.	Nummer
NS	Nova/New Series, Nouvelle Série
NT	Neues Testament
ntlich	neutestamentlich
o.J.	ohne Jahr
östl.	östlich
P	Priesterschrift
Pal.	Palästina
pal.	palästinisch
par.	parallel
parth.	parthisch
pers.	persisch
phil.-hist. Kl.	philosophisch-historische Klasse
phön.	phönizisch
pi.	Piel
pl.	Plural
pun.	punisch
röm.	römisch
S.	Seite (nur gelegentlich zur Verdeutlichung verwendet)
SB-Zeit	Spätbronzezeit
sc.	*scilicet*
sem.	semitisch
sg.	Singular
s.o.	siehe oben
s.u.	siehe unten
südl.	südlich
sum.	sumerisch
Syr.	Syrien
syr.	syrisch
Tf.	Tafel, Plate
u.a.	und andere(s)
u.ä.	und ähnliches
ug.	ugaritisch
u.ö.	und öfter
u.s.w.	und so weiter
V.	Vers
v.Chr.	vor Christus
Vg.	Vulgata
vgl.	vergleiche
westl.	westlich
Z.	Zeile
z.B.	zum Beispiel
z.St.	zur Stelle
z.T.	zum Teil
zypr.	zyprisch
z.Zt.	zur Zeit

Ackerwirtschaft

1. Klima und Landschaft. 2. Klima und Formen der A. 3. Raum. 4. Getreidearten, a Weizen, b Gerste, c Emmer, d Hirse. 5. Saat und Ernte. 6. Bodenbesitz.

1. Für das Entstehen einer Kultur der Seßhaftigkeit mit A., Baum- und Gartenwirtschaft wie auch der Viehhaltung in Pal. sind die geologischen Voraussetzungen von gleicher Bedeutung wie die durch die durchschnittlichen, in den Zonen variierenden Regenmengen bedingten klimatischen Gegebenheiten (Abb. 1). Jurakalk findet sich nur in den beiden Hochgebirgen Libanon und Hermon. Tektonischen Verwerfungen unterlag das Tafelplateau der jüngeren Kreide (Cenoman – Juron-Cenon) bes. des westl. Hochlandes. Die von Gradmann aufgewiesene Gliederung in Wald-, Steppen- und Wüstengürtel, die an der Niederschlagsmenge abgelesen werden kann, besagt nicht, daß die arab. und Sinaiwüste bei einem jährlichen Durchschnitt unter 200 mm Regen völlig vegetationslos war; aber hier konnten sich – auch in Oasen mit Brunnen – immer nur kleinere Menschengruppen ansiedeln und wurden gegebenenfalls zur Abwanderung veranlaßt (dazu Oppenheim). Der Steppengürtel (300–400 mm Regen) ist die ursprüngliche Anfangsstelle für Siedler (Oase Jericho seit dem 7. Jt. besiedelt!). Die vom Steppengürtel umrandete innere Zone war urlandschaftlich ein Waldgebiet, das durch partielle Rodung schon früh für Viehwirtschaft und A. erschlossen wurde. Der Küstenstreifen (A) ist nördl. des Karmel schmal, im Süden breiter, aber hafenärmer. Das sich zum Westen hin langsam senkende westl. Hochland (B) – vgl. den Terminus Schephela – fiel im Osten stark ab zum syr. Graben (C), der sich über die Jordanquellen zwischen Libanon und Hermon im Tal des *Nahr el-Liṭānī* und im Orontestal nach Norden fortsetzt. Einen zweiten Einbruch stellt die Jesreelebene dar. Sie war nur an den Rändern besiedelt, im Zentrum weithin versumpft. Das östl. Hochland (D) mit einer Durchschnittshöhe von ca. 1000 m besaß eine fruchtbare Basaltdecke.

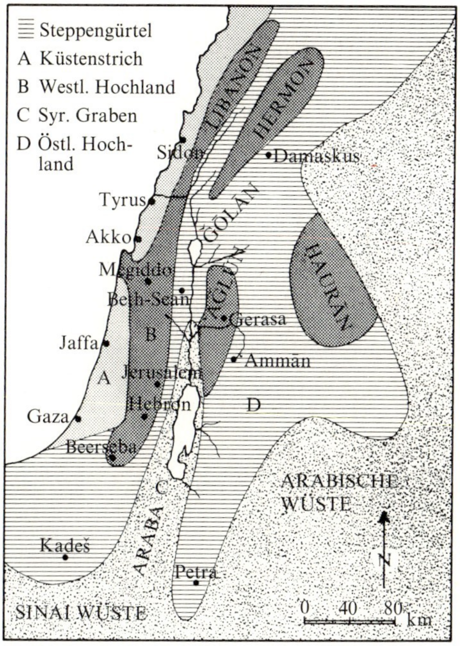

Abb. 1 **Ackerwirtschaft** Urlandschaft von Pal.

Für das 3./2. Jt. (ebenso für die prähistorischen Perioden) hat sich im syr.-pal. Raum keine die Kultur beeinflussende Klimaänderung nachweisen lassen, die man aus Nu. 13_{24f} und Dt. 6_3 hat erschließen wollen. Wenn im CL und in der FB-Zeit gegründete Siedlungen aufgegeben wurden, so geschah das gegebenenfalls durch länger anhaltende Abfolge von Dürrejahren, nicht aber wegen eines grundsätzlichen Klimawechsels, zumal nicht wenige Siedlungen an der gleichen Stelle nach einer Siedlungslücke wieder bezogen wurden. Der Spiegel des abflußlosen Toten Meeres ist nicht gesunken; niederschlagsarme und regenreiche Jahre haben nur zu Schwankungen des Spiegels geführt (ZDPV 79, 1963, 138f; 88, 1972, 105–139; IEJ 14, 1964, 113). Daß sich an der Mittelmeerküste über besiedelten Dünen neue gebildet haben, dürfte (nach Range) mit einer Hebung der Küste zusammenhängen. Auch die bei der letzten Grabung in *Tell es-Sulṭān* (→Jericho) beobachtete Gleichheit von Schnecken der Elisa-Quelle mit Schneckengehäusen in den untersten Schichten (NL) bezeugt die Klimakonstanz der Jordansenke durch die Jahrtausende. Konfrontiert man die relative Bodenarmut Pal.s mit seiner Kennzeichnung als Land „voll von Milch und Honig" (Dt. 8_{7-13} 11_{9-12} Lv. 26_{3-13}), so würde man an eine wesentliche Verschlechterung des Bodens im Laufe des 2. Jt.s denken; doch ist zu bedenken, daß die Aussagen aus der Sicht der Wüste eine Überhöhung der Wirklichkeit darstellen. Den Reichtum des Landes an Fruchtbäumen und Getreide rühmt der Ägypter Sinuhe (um 1950), der sich zeitweilig im Lande *'I;;* (im westl. Küstenbereich Mittel-Pal.s) aufhielt (TGI 4). Den pal. Landschaftscharakter im Gegensatz zum Delta Ägyptens anvisierend sagt ein ca. 400 Jahre älterer äg. Text (Lehre des Merikare: A. Volten, Zwei Altägyptische Politische Schriften, Analecta Aegyptiaca 4, 1945, 48; vgl. ANET 416) von dem Gebiet, wo „der elende Asiate" lebt, es sei „kümmerlich an Wasser, unzugänglich durch die Bäume, und seine Wege sind schlecht wegen der Berge".

2. Von entscheidender Bedeutung für das Entstehen einer A. in Pal. ist das variable Ausmaß der jährlichen Niederschläge. Beim Regen (hebr. *gešem*) unterscheidet das AT zwischen Frühregen *(yōrē)* im Oktober/Dezember und dem Spätregen *(malqōš)* im März/April (z.B. Jer. 3_3). Regenmangel (Jer. 14_1 17_8) und Hungersnot (Gn. 12_{10} 41_{30}) korrespondieren miteinander. Die Fruchtbarkeit des Landes war und ist in den einzelnen Landstrichen Pal.s verschieden. Das Maximum lag in den höheren Gebirgsschichten im Westen, das Minimum in der südl. und östl. Wüste. Niederschlagsarm sind die Osthänge des Westgebirges und der untere Teil des syr. Grabens (Jordantal/Bereich des Toten Meeres). Abgesehen von Dünen und Sümpfen war die Küstenebene, bes. südl. des Karmel, recht fruchtbar. Die Grabinschrift des sidonischen Königs 'Ešmūn'azōr II. spricht von den „prächtigen Getreideländern", die in der Ebene Saron liegen (ANET 662; KAI Nr. 14; vgl. auch K. Galling, ZDPV 79, 1963, 140–151). Zwar führte die notwendige Abholzung (für Backen und Kochen sowie auch für den Häuserbau bzw. das Dach) verschiedentlich dazu, daß der Regen die Humusschicht in die Täler abschwemmte; gleichwohl blieb in den natürlichen z.T. noch durch Steinsetzungen verstärkten Terrassen des Gebirges (de Geus) ein brauchbarer Boden, der neben A. auch Baumsetzungen (→Baum- und Gartenkultur) erlaubte. Der durch verwitterte Lava gebildete Boden des Ostjordanlandes *(Ḥaurān)* war bes. für Weizenanbau ergiebig. Bei der relativ kleinräumigen und vornehmlich auf Eigenbedarf gerichteten Wirtschaftsweise hat man jeweils nebeneinander verschiedene Getreidearten angebaut. Die im Ursprung wohl kultisch bestimmte Brache jedes siebten Jahres, die das atliche Gesetz anordnete (vgl. Ex. 23_{11}), kam dem Boden ebenso zugute wie das flache Pflügen (→Pflug).

3. Die Grenze zwischen dem Bereich der A. und der der →Viehwirtschaft war im Grundsätzlichen vorgegeben, aber in der Praxis fließend. Auch in den kultivierten Gebieten hielten sich die Bauern einen Viehbestand (Rinder, Schafe, Ziegen). Die Tiere wurden in das für die A. weniger geeignete Gebiet geführt, und, zumeist bei Kleinvieh, auch auf die abgeernteten Felder. Bei einer auf dem Weidewechsel beruhenden Landnahme – speziell in der Gegend um Beerseba (Gn. 26) – war man bes. auf Brunnen angewiesen (→Wasserversorgung). Neuere Untersuchungen im Negev haben kunstvolle Anlagen von Rinnen und Zisternen aus der Zeit der Nabatäer und älterer Perioden (wohl E II-Zeit, vgl. dazu zuletzt Stager) aufgewiesen, durch welche man die starken Wasser der seltenen Sturzregen auffangen und für kleinere „Farmen" nutzbar machen konnte.

4. Die Getreidekörner-Funde in Beth-Sean, Dibon, Geser, Megiddo, Lachis, Sichem und *Tell es-Seba'* bezeugen – für die B- und E-Zeit – den Anbau von Weizen und Gerste, vereinzelt auch Hirse. Hafer und

Roggen sind im Altertum nicht angebaut worden (P. Thomsen, RLV VIII, 430).

4.a Den Anbau von Weizen (hebr. *ḥiṭṭā*) erwähnt der Bericht des Sinuhe; auch finden sich im Ägyptischen altkan. Fremdworte, entsprechend hebr. *sōlet* und *qemaḥ*. Die aus Syr.-Pal. stammenden Amarnabriefe reden allgemein von *še'u* = Getreide, womit vermutlich beides, Weizen und Gerste, gemeint ist. Das normale Brotgetreide war Weizen. Nach Dt. 23_{26} durfte der Hungernde Ähren am Wege abreißen und roh verzehren (bezieht sich das Ostrakon C 1011 von Samaria [KAI Nr. 188] auf das Ausreißen von Getreide mit der Wurzel? K. Galling, ZDPV 77, 1961, 173–185). Gelegentlich hat man reife oder halbreife Körner geröstet (Lv. 2_{14}). Zu menschlicher Nahrung und zum Kult nahm man in Israel geschroteten Weizen (Lv. $2_{14,16}$: *gēreš karmēl*); der feinere Grieß wurde *sōlet* genannt. Ein gröberes →Sieb diente zum Ausscheiden der Kleie, ein feineres ließ den Mehlstaub durch, so daß der wertvolle Grieß zurückblieb. Der Grieß war gegenüber dem Mehl *(qēmaḥ)* das bessere Brotgetreide (1 R. 5_2 Ez. 16_{13}).

4.b Die Gerste (hebr. *śə'ōrā*) war Viehfutter, kam aber auch als menschliche Nahrung in Betracht (2 S. 17_{28}). Der Gerstenschnitt leitete die Getreideernte ein (Ru. 2_{23}, vgl. auch den Bauernkalender von Geser, s.u. →5.). Aus Gerste wurde auch →Bier hergestellt.

4.c Der zur Gattung des Einkorns gehörende Emmer *(Triticum dicoccum)* wurde in Ägypten (Erman/Ranke, Ägypten, 522) und im Zweistromland (BuA I 198) und auch in Syr.-Pal. angebaut. Mit dem hebr. *kussēmet* (im Aramäisch der Elephantine-Urkunden begegnet pl. *kntn*: A. Cowley, Aramaic Papyri of the Fifth Century B.C., 1923, Nr. 10_{10}) ist der in Pal. nur vereinzelt angebaute Emmer gemeint (Jes. 28_{25}; auch in dem wundersamen Katalog der Brotmaterialien in Ez. 4_9). In der aus dem 8. Jh. stammenden Inschrift des Königs Panammū II. (KAI Nr. 215) werden Z. 5f außer Weizen und Gerste noch *š'h* und *šwrh* genannt. Das erste dürfte akk. *še'u* = Emmer gleichzusetzen sein. In Jes. 28_{25} begegnet neben Weizen, Gerste und Emmer noch *śōrā*, das mit *šwrh* zu kombinieren ist; wahrscheinlich handelt es sich dabei um Mohrenhirse (→4.d).

4.d Die echte Hirse (hebr. *dōḥan*, nur in Ez. 4_9 erwähnt) gehörte zu den am meisten verbreiteten Getreidearten der Hackkulturzeit; später ist sie wohl nur noch selten angebaut worden. Die der echten Hirse verwandte Mohrenhirse heißt syr.-arab. *dūrā* (klassisch arab. *ḏura*; englisch dhurra; französisch sorghe) und dürfte – auch sprachlich – mit der in →4.c genannten Frucht *śōrā*/*šwrh* gleichzusetzen sein. Jedenfalls ist die Mohrenhirse nicht erst in röm. Zeit in Pal. angebaut worden.

5. Das Aussäen des Getreides geschah von Hand (Qoh. $11_{4,6}$). Einen mit dem →Pflug verbundenen Saattrichter, den man im Zweistromland kennt (BuA I 194) ist in Pal. erst in hell.-röm. Zeit aufgekommen (beiläufig erwähnt in Jub. 11_{23f}). Das reife Getreide wurde – relativ hoch (AOB 166) – mit einer →Sichel geschnitten. Der dem Schnitter folgende Sammler (Ru. 2_{8f}) band die kurzen Halme, die dann gebündelt zu Hocken hochgestellt wurden (Gn. 37_{6f}). Das so geerntete Getreide wurde zur Tenne gebracht, gedroschen (→Dreschen), geworfelt und bei einem längeren Transportweg auch eingesackt (Gn. 42_{25f}). Bei längeren Strecken benutzte man zum Abtransport des Getreides von der Tenne auch einen zweirädrigen Karren (→Wagen), dessen Räder nach Am. 2_{13} freilich den Acker zerfurchten (zu *'ŪQ* vgl. VT 12, 1962, 417–424).

Auf einer Kalksteintafel des 10. Jh.s aus Geser (AOB 609; ANEP 272) hat ein Vorarbeiter (?) für Arbeitsverträge (?) die Reihenfolge der anfallenden Arbeiten eines Jahres notiert. Der Kalendertext auf der – wiederverwendeten – Tafel (KAI Nr. 182) kann wie folgt übersetzt werden:

Zwei Monate für die (sc. Oliven-)Ernte,
zwei Monate für die Saat,
zwei Monate für die Spätsaat,
ein Monat für das Ausraufen des Flachses,
ein Monat für die Ernte der Gerste,
ein Monat für die (sc. übrige) Ernte ‚und die Abrechnung' (?),
zwei Monate für das Schneiteln der Reben (oder: zwei Monate für die Weinlese, vgl. VT 25, 1975, 15f),
ein Monat für die Obsternte (Feigen?).

Die Reihe setzt mit Oktober/November ein. Zum Ausraufen des Flachses und der weiteren Verarbeitung →Spinnen und

→Stoff; zum Schneiteln der Reben →Baum- und Gartenkultur, 2. Wem die am Schluß der Getreideernte genannte „Abrechnung" *(kl)* galt, ist nicht deutlich. Möglicherweise zielt *kl* (von *KŪL*) primär auf das Messen des Ertrages.

6. Im 2./1. Jt. gab es in Syr.-Pal. wechselnde Bodenrechtsverhältnisse. Auf sie kann hier nur kurz verwiesen werden. Der Geschichtsablauf (Wechsel der Oberherrschaften) spielte dabei eine wichtige Rolle. Für die Art und Weise der Bodenbewirtschaftung lassen sich immerhin einige Daten nennen. Die syr.-pal. Stadtkönige des 14. Jh.s haben, wie die Amarnabriefe zeigen, ihr Land durch *amēlūti ḫupši* pflegen lassen, die allem Anschein nach als Unfreie in grundherrlichem Naturalleistungsverband standen. Die pal. Stadtkönige hatten in dieser Zeit auch für die Verpflegung der stationierten Ägypter zu sorgen, wie aus dem Brief des Biridiya von Megiddo (TGI Nr. 10) hervorgeht. Biridiya bedient sich zur Feldbestellung der *massa*-Leute (hebr. *mas* = Fron), d.h. also jener Leute, die sich unfreiwillig oder freiwillig diesem Dienst unterwarfen. Das ist nach Gn. 49_{14f} auch die bes. Situation des Stammes Issachar, dessen Name (volkstümlich) als „Mann des Lohnes" erklärt wird.

Die im Zuge der Landnahme – abseits der „Kanaanäerstädte" (Jdc. 1_{27ff}) – seßhaft gewordenen Israeliten waren freie Bauern *('am hā-'āreṣ)*. Der jeweilige Bodenbesitz gehörte der Familie als Erbe *(naḥălā)*. Neben dem privaten Bodenbesitz, der von der Familie bearbeitet wurde, gab es bei Wald und Weide, aber auch bei subsidiär benutzten Äckern ein Gesamteigentum (zu Mi. 2_{1-5} vgl. Alt). Der in den Kanaanäerortschaften geübte Feudalismus ist im „Königsrecht" 1 S. 8_{16} herausgestellt. Die für den Ertrag in der A. entscheidende Qualität des Bodens variierte innerhalb der Landschaftsgebiete ebenso wie die Zahl der von einem „Bauernhof" lebenden Menschen. So ist es im 1. Jt. zur Differenzierung von arm und reich gekommen. Das isr. Recht (Ex. 21_{12-17} Dt. 15_{12-18} 24_{14f}) nahm sich bes. der durch eine Notlage zur Unfreiheit gekommenen „Hebräer" (hebr. *'Ibrīm*) an, womit nicht eine von den Israeliten zu unterscheidende Volksgruppe, sondern eben der Stand der sich zu zeitweiliger (!) Sklaverei Verkaufenden bezeichnet wird (A. Alt/S. Moscati, RGG III, 105f). Tadelt Jesaja (im 8. Jh.), daß die Großen in Juda „Haus an Haus und Acker an Acker reihen" (5_8) so kündet der Prophet Micha (2_{1-5}) an, daß nach der vorausgesehenen Katastrophe von Jerusalem eine Neuverteilung des Landbesitzes kommen werde. Neben den Unfreien und Pächtern gab es jeweils für Zeit engagierte „Landarbeiter" und „Winzerknechte" (Am. 5_{16f}) und „Tagelöhner" (Dt. 15_{18}), deren Bezahlung für eine Ernte oder auch nur jeweils für den Tag erfolgen konnte. Von der Tagesarbeit eines Erntearbeiters und seinem Ärger über ein einbehaltenes Kleid gibt eine Bittschrift an einen Statthalter z. Zt. Josias Kunde (Ostrakon aus dem bei Jabne gelegenen *Məṣad Ḥăšavyāhū:* TGI Nr. 42; KAI Nr. 200); das Leihen von Saatgetreide wird auf einem aram. Ostrakon in *Tell el-Fār'a* Süd für die Rückerstattung fixiert (BP II 29 Tf. 61_3). Was nach altisr. Bodenrecht ein Gewaltakt war – etwa die Enteignung von Naboths Weinberg (1 R. 21) –, vollzog sich unter ass. Privatrecht ganz legitim; nach einem (akk. geschriebenen) Kontrakt des Jahres 649 aus Geser büßte der einzige isr. Kontrahent des Vertrages, Natanyau, sein Land ein (K. Galling, PJ 31, 1935, 81–85). Die aus dem bab. Exil im letzten Drittel des 6. Jh.s zurückkehrenden Judäer hatten nach Sach. 5_{1-4} gegen „Meineidige" zu kämpfen, die das nach 586 okkupierte Akkerland nicht wieder herausrücken wollten.

Literatur: F.-M. Abel, Géographie de la Palestine I, 1967, bes. 213–217 – A. Alt, Micha 2,1–5 *Γῆς ἀναδασμός* in Juda, KlSchr III, 373–381 – M. Evenari/L. Shanan/N. Tadmor/Y. Aharoni, Ancient Agriculture in the Negev, Sience 133, 1961, 979–996 – J. Feliks, Agriculture in Palestine in the Period of the Mishna and Talmud, 1963 (hebr.) – C. H. J. de Geus, The Importance of Archaeological Research into the Palestinian Agriculture Terraces, with an Excursus on the Hebrew Word *gbī*, PEQ 107, 1975, 65–74 – R. Gradmann, Palästinas Urlandschaft, ZDPV 57, 1934, 161–185 – J. Gray, Feudalism in Ugarit and Early Israel, ZAW 64, 1952, 49–55 – H. Hildersscheid, Die Niederschlagsverhältnisse Palästinas in alter und neuer Zeit, ZDPV 25, 1902, 5–105 – H. Klein, Das Klima Palästinas auf Grund der alten hebräischen Quellen, ZDPV 37, 1914, 217–249, 297–327 – N. Liphshitz/Y. Waisel, Dendroarchaeological Investigations in Israel, IEJ 23, 1973, 30–36 – M. von Oppenheim, Die Beduinen I–IV/1, 1939–1967 – P. Range, Wissenschaftliche Ergebnisse einer geologischen Forschungsreise nach Palästina im Frühjahr 1928, ZDPV 55, 1932, 42–74 – J. B. Segal, "yrḥ" in the Gezer "Calendar", JSS 7, 1962, 212–221 – L. E. Stager, Farming in the Judean Desert during the Iron Age, BASOR 221, 1976, 145–158 – W. Zimmerli, Die landwirtschaftliche Bearbeitung des Negeb im Altertum, ZDPV 75, 1959, 141–154.

K. Galling

Ai

Die heute verlassene Kuppe *et-Tell* (arab. = der Ruinenhügel) bei *Dēr Dibwān,* 2 km südöstl. von →Bethel barg vor Zeiten die Stadt, die im AT immer mit Artikel als *hā-'Ay* (also auch = „der Ruinenhügel") bezeichnet wird (Gn. 12_8 13_3 häufig in Jos. 7f).

Durch den Tod von J. Marquet-Krause kam die Ausgrabung nach drei Kampagnen 1935 zu einem vorzeitigen Ende (frühere Sondagen: Garstang 1928) und wurde erst 1964 unter der Leitung von J. A. Callaway wieder aufgenommen. Seine Ergebnisse stimmen weitgehend mit denen von J. Marquet-Krause überein. Demnach war Ai eine ca. 360 × 310 m messende fast runde Stadtanlage der FB-Zeit, geschützt durch drei (sukzessive gebaute) gewaltige Ringmauern (im Areal H steht die Mauer der FB III-Zeit noch 7 m hoch). Die bedeutendsten Gebäude sind eine an der Mauer gelegene axiale als Tempel gedeutete Anlage mit einem abgewinkelten Altar-Raum und Weihgruben (ANEP 730) und ein wohl zweistöckiger (?) „Palast" (ebd. 733), in dem Wright eine Tempelanlage sieht (→Tempel, 2.a mit Abb. 85_4). Ai wurde um 2000 völlig zerstört und erst im 13./12. Jh. kam es erneut, aber nur zu einer dorfartigen Siedlung auf einer Fläche von ca. 100 × 100 m ohne Mauern und Tore, die jedoch aus nicht ersichtlichen Gründen nach etwa 200 Jahren endet. Callaway unterscheidet mit unzureichender Begründung in der E-zeitlichen Siedlung eine hiwwitische und eine isr. Phase (vgl. Kuschke). Streufunde von Keramik aus der SB-Zeit, die J. Garstang notiert (Joshua-Judges, 1931, 149–161, 356) ändern an der konstatierten Siedlungslücke nichts. Die benjaminitische Tradition in Jos. 8 ist demnach ätiologische Sage (Kuschke), die die seit langem in Trümmern verlassen daliegende Stadt mit dem (approximativ zumeist in das 13. Jh. datierten) Eroberungszug unter der Führung Josuas verknüpft. Es ist möglich, daß man bei dem in Jes. 10_{28} (734) genannten Ort *'Ayyāt* an die neue Siedlung von Ai zu denken hat. Das in Neh. 11_{31} 1 Ch. 7_{28} erwähnte *'Ayyā* kann nicht mit der südl. von *et-Tell* gelegenen *Ḫirbet Ḥayyān* identisch sein, da dort vorröm. Spuren fehlen.

Literatur: A. Amiran, The Egyptian Alabaster Vessels from Ai, IEJ 20, 1970, 170–179 – dies., Reflections on the Identification of the Deity at the EB II and EB III Temples at Ai, BASOR 208, 1972, 9–13 – J. A. Callaway, The 1964 'Ai (et-Tell) Excavations, BASOR 178, 1965, 13–40 – ders., New Evidence on the Conquest of 'Ai, JBL 87, 1968, 312–320 – ders., The 1966 'Ai (et-Tell)Excavations, BASOR 196, 1969, 2–16 – ders., The 1968–1969 'Ai (et-Tell) Excavations, BASOR 198, 1970, 7–31 – ders./K. Schoonover, The Early Bronze Age Citadel at Ai (et-Tell), BASOR 207, 1972, 41–53 – ders./W. W. Ellinger, The Early Bronze Age Sanctuary at Ai (et-Tell) No. I, 1972 – A. Kuschke, Ḥiwwiter in ha-'Ai? Festschr. K. Elliger, 115–119 – J. Marquet-Krause, Les fouilles d'Ay (et-Tell) 1933–35, 1949 – M. Noth, Josua, HAT I/7, 1953², 47–51 – W. M. Roth, Hinterhalt und Scheinflucht, ZAW 75, 1963, 296–304 – N. E. Wagner, Early Bronze Age Houses at 'Ai (et-Tell), PEQ 104, 1972, 5–25 – G. E. Wright, The Significance of Ai in the Third Millennium B.C., Festschr. K. Galling, 299–319. *K. Galling*

Altar

1. Archäologisch nachweisbare Typen, a Erd-A. und Steinhaufen-A., b Fels-A., c Würfelförmiger Stein-A., d Pfeiler-A., e Hörner-A. 2. Literarische Notizen über die A.e und den Schaubrottisch im Tempel von Jerusalem.

Der A. (hebr. *mizbēaḥ,* der Ort, an dem geschlachtet werden kann) gehört zum syr.-pal. Heiligtum (Kulthöhe oder Tempel). Der große Brandopfer-A. im Hof eines Tempels ist Mittelpunkt des blutigen Opferkultes, während sich der Kult in der Cella durch Deponierung von Opfern und Votivgaben und vor allem durch die Räucherung vollzieht, für die es verschiedene Arten von Räucheraltären und -ständern gibt (→Kultgeräte, 1.a und 2.a.d). Aber auch die offenen Kulthöhen müssen mit einem A. ausgestattet sein, →Massebe und →Aschera bezeichnen die Anwesenheit der Numina (vgl. H. Gese/M. Höfner/K. Rudolph, Die Religionen Altsyriens, Altarabiens und der Mandäer, Religionen der Menschheit 10/2, 1970, 173f zu Altsyrien und 328–331 zu Altarabien).

1. Die Typenfolge geht von den einfachsten Typen aus und stellt in typologischem, nicht chronologischem Sinne eine Entwicklung dar.

1.a Einfache A.e können aus Erde oder unbehauenen Steinen errichtet werden (vgl. A.gesetz: Ex. 20_{24-26}). Den Erd-A. wird man sich als eine niedrige bank- oder tischartige Aufschüttung zu denken haben. Im FB-zeitlichen Heiligtum von Ai stand ein solcher mit Mörtel bedeckter A. (170 cm lang, 70 cm hoch: ANEP 730; vgl. auch EI 11, 1973, 1–7). Eine aus kleinen Steinen und Lehm erbaute, 35 cm hohe tischähnliche Erhöhung (220 × 165 cm) wurde bei den Ausgrabungen in Sichem, 6,5 m vor dem Eingang des Tempels gefunden. Diese trug einmal einen A. (so E. Sellin, ZDPV 49, 1926, 312), wenn sie nicht als A. selbst zu deuten ist (so Galling, BRL[1], 14). Spätere Nachgrabung (G. E. Wright, Shechem, 1965, 83, 93, 99, 233f Abb. 10,72) ergab, daß sich darunter Überbleibsel von zwei älteren A.en befunden haben. Eine Zuordnung zu den Bauphasen des Tempels ist unsicher.

Wahrscheinlich wird unter dem „Erd-A." (Ex. 20₂₄) aber auch der im Alten Orient weit verbreitete, aus ungebrannten, luftgetrockneten Lehmziegeln errichtete A. zu verstehen sein (Conrad 26–31). Solche Lehmziegel-A.e fanden sich z.B. in Mari (18. Jh., A. Parrot, Festschr. K. Galling, 219–224), Alalaḫ (16./15. Jh., Oberfläche eingetieft mit Brandspuren, C. L. Woolley, Alalakh, 1955, 67 Tf. 10b; ein anderer vor dem Mitteleingang des Tempels III, 14. Jh., ebd. 75 Abb. 33 Tf. 11a), Beth-Sean (14. Jh., nach W. F. Albright, ANEP 732), Jericho (FB-MB-Zwischenzeit, K. M. Kenyon, Archäologie im Heiligen Land, 1967, 151f), Lachis ("Fosse Temple, Structure III", SB IIB, L II 35–45 Tf. 10₁f und ANEP 731), Megiddo (Stratum XIX, FB I, ANEP 729; Stratum XV, MB IIA, ebd. 734; Stratum VIII, SB IIA, Meg II 113 Abb. 270; hingegen ist in den drei Phasen der SB-Tempel nur eine Plattform, aber anscheinend kein A. erhalten, ANEP 735), *Tell es-Sa'īdīye* (9. Jh., in einem Privathaus, J. B. Pritchard, RB 73, 1966, 574–576 Tf. 36b), Asdod (Heiligtum, Stratum IX, 8. Jh., M. Dothan, Archaeology 20, 1967, Photo auf S. 183). Die bes. niedrigen Herdformen aus ein oder zwei Lehmziegellagen aus *Tell el-'Ağūl* (AG I 6 Nr. 28 Tf. 6) sind, obwohl in ihrem Kontext zur Siedlung nicht mehr auszumachen, wegen ihrer sorgfältigen Ausführung und aufgrund der zwei im MB-Tempel von *Kāmid el-Lōz* 1974 gefundenen Parallelen doch als A.e anzusprechen (Galling, BRL[1], 14: „Herdform"; →Herd). In einer MB-zeitlichen Tempelanlage in Megiddo (Strata XV–XVI, nach G. E. Wright, JAOS 70, 1950, 58: MB IIA; zu den Straten XVII–XI vgl. EI 11, 1973, 8–29) sind offenbar nebeneinander drei A.e verschiedener Bauart in Gebrauch gewesen: ein Lehmziegel-A. (4 × 5 × 0,5 m) an der Rückseite des westl. Tempels, ein aus Steinen gebauter A. (2,2 × 2,6 × 1,05 m) und eine größere, ovale (10 × 8,7 m) Plattform, die aus großen Feldsteinen aufgeschichtet (1,1–1,4 m hoch) und mit einem Aufgang von vier, später sechs Stufen versehen war (zum Problem des Stufen-A.s vgl. Conrad 53–137). Die darauf liegende Schuttschicht enthielt reichlich Tierknochen und Tonscherben, die wahrscheinlich von Opfergaben herrühren und die Plattform als A. ausweisen (K. M. Kenyon, a.a.O., 110). Dieser hat von Stratum XVII (FB) bis XIV (MB IIA), also über einen Zeitraum von 700 Jahren bestanden (vgl. ANEP 734; →Megiddo, 4.b.c mit anderen Datierungsvorschlägen!). Solche Steinhaufen-A.e hat es bei dem Mangel an größeren Findlingsblöcken sicherlich häufiger gegeben. Sie entsprachen ebenso wie die Lehmziegel-A.e den Bestimmungen des A.gesetzes Ex. 20₂₄₋₂₆. Das Verbot, Steine zu behauen, dürfte weniger in der Vorstellung einer möglichen Beeinträchtigung des Numinosen, als in einer Scheu vor der Benutzung von Eisen(-werkzeugen) bei heiligen Gegenständen wurzeln (zu Ex. 20₂₅b vgl. Dt. 27₅ und Middoth III 4: „denn das Eisen macht untauglich durch Berühren und Verletzen in jeder Beziehung", vgl. Conrad 32–37).

Ein A., aus Feldsteinen und Mörtel gebaut und außen mit Putz versehen (2,5 × 2,5 m), wurde in der isr. Zitadelle von Arad im Hof des Heiligtums gefunden (ANEP 873; →Arad, 2.). In die Oberfläche ist eine größere, oben glatt behauene, mit einer Rinne umgebene Steinplatte eingelassen. Dieser Brandopfer-A. wurde vom salomonischen Stratum XI bis Stratum VIII benutzt; das Ende seiner Benutzung wird vom Ausgräber mit der Kultreform Hiskias in Verbindung gebracht. Eine ungewöhnliche Form weist der A. aus dem Heiligtum des 7. Jh.s von Sarepta (*Ṣarafand*, Ausgrabung J. B. Pritchard 1969, vgl. Bible et Terre Sainte 157, 1974, Abb. 12f) auf, der aus einer niedrigen Umrahmung aus behauenen länglichen Steinblöcken mit einer Füllung aus Feldsteinen besteht, von denen einer mit napflochartigen Vertiefungen versehen ist.

1.b Als „kanaanitischer Fels-A." wurde ein in Thaanach gefundener Felsblock von 1 m Höhe gedeutet, da er eine Stufe sowie Napflöcher aufwies und von einer tiefen Rinne umgeben war (TT I Abb. 31, 33).

Sind die in gleicher Schichthöhe gefundenen Pithoi mit Kinderleichen (→Sarkophag, 2.) mit dem A. gleichzeitig, so muß dieser in die MB II-Zeit datiert werden. In dieselbe Zeit gehört wohl auch der Fels-A. am Fuß des Tell von Megiddo (Abb. $2_{1,2}$ zeigt dessen nördl. Hauptblock, vgl. AOB 409). Der flache Fels ist durch seitliche Stufen (künstlich?) abgesetzt, die Oberfläche selbst nicht bearbeitet, so daß die natürliche Rinne zwischen der Ost- (B) und der West- (A) Kuppe stehengeblieben ist. Die Aufsicht zeigt die verschiedenen Napflöcher, der Querschnitt die unterschiedliche Tiefe der Löcher. In die MB I-Zeit dürfte der flache Fels-A. mit Napflöchern auf dem *Ǧebel Reḥme (Har Yərūḥām)* im Negev gehören (IEJ 13, 1963, 141f; Encyclopaedia of Archaeological Excavations in the Holy Land I, 1970, 137 [hebr.]). Im Ostjordanland bei *ed-Dāmiye* wurde eine monolithische ovale Felsplatte (3,2 × 2,3 m, zwischen 26 und 8 cm hoch) mit zehn am Rand in regelmäßigen Abständen angeordneten Napflöchern entdeckt (ADAJ 18, 1973, 55–59, mesolithisch?), die bisher ohne Parallele im syr.-pal. Raum ist.

Während man früher allgemein die Napflöcher eines Felsstückes (vgl. AOB 404, 406) kultisch als „Spendeschalen", d.h. zugleich als Beweis für den A.-Charakter des Steins angesehen hat, ist nach G. Dalmans (PJ 4, 1908, 23–53) und H. Greßmanns (ZAW 29, 1909, 113–128) Arbeiten sicher, daß nur in den Fällen, wo weitere Indizien die kultische Erklärung eines Steins wahrscheinlich machen, die Napflöcher kultischen Sinn haben; viele lassen sich profan interpretieren.

1.c Ein würfelförmiger Felsblock (2 × 2 × 1,3 m) fand sich auf freiem Feld in *Ṣar'a* bei *'Arṭūf* 22 km westl. von Jerusalem (Abb. 2_3; vgl. AOB 445). Das oberste Stück ist abgesetzt, weist mehrere Napflöcher auf und hat an einer Seite eine Einbuchtung, die aber schwerlich als Standplatz des Opfernden gelten kann (Höhenunterschied: 25 cm), sondern eher zum Niederlegen von Opfergaben gedacht war. Ursprünglich hatte der A., dessen Alter unbestimmbar und dessen Zusammenhang mit Jdc. 13_{19f} keineswegs beweisbar ist, einen seitlichen Aufgang, von dem nur die obersten Stufen erhalten sind. In Petra begegnen würfelförmige Stein-A.e, vielfach mit Stufenvorbau (AOB 447–449,453), die aus einem Stück vom gewachsenen Fels herausgehauen sind und aus hell. Zeit stammen. Die A.e röm. Tempel in Syr. und Pal. wie etwa in Samaria (AOB 649) und *Ba'albek* (P. Collart/P. Coupel, L'autel monumental de Baalbek, 1951) können hier außer Betracht bleiben, da sie reine Importtypen sind.

Einzigartig in Pal. ist der aus einem ca. 5 t schweren Kalksteinblock gehauene A. (2,5 × 0,85 × 1,2 m) von Hazor Areal F, einem offenen Kultplatz mit reichlich Knochen von Opfertieren und einer Favissa (14./13. Jh.). Auf seiner Oberfläche sind zwei rechteckige Eintiefungen, ähnlich den kleinen Libations-A.en (→Kultgeräte, 2.b); eine 10 cm tief mit drei Napflöchern, daneben eine Art Bassin von 35 cm Tiefe, offenbar zur Aufnahme von Opferblut (Hazor II Tf. 39; Yadin, Hazor, 100f).

1.d Erst auf Reliefdarstellungen der hell.-röm. Zeit begegnet ein A.-Typ, dessen Kennzeichen ein oder mehrere Pfeiler auf der Oberfläche des tischartigen A.s zu sein scheinen. Als Beispiel mit drei nebeneinander stehenden Pfeilern ist das vom Türsturzrelief eines nab. Tempels aus dem *Ḥauran* gewählt (Abb. 2_4; AOB 452). Diese Pfeiler wurden als Masseben gedeutet (Galling 67f). Allerdings ist angesichts des späten und seltenen Vorkommens fraglich, ob man einen frühen Typ eines „Masseben-A.s" postulieren darf, zumal Masseben gewöhnlich neben oder um den A. aufgestellt waren (vgl. den Obelisken-Tempel von Byblos, Hazor, Arad u.a.; →Massebe, 2.). Damit würde auch die Vermutung H. Greßmanns (Die Ausgrabungen in Palästina und das Alte Testament, 1908, 28), die A.hörner seien ursprünglich nichts anderes als die auf die Ecken verteilten Masseben, hinfällig. Eher dürfte es sich – abgesehen von den beiden in ihrer Funktion nicht deutlichen frühen Belege von Ugarit (Syria 13, 1932, Tf. 14_2) und Byblos (FB II Tf. 36_1) – bei der festen Kombination von A. und Massebe, wie sie auch die frühhell. Miniatur-A.e aus der Nähe von *Beirūt* (Abb. 2_5; AOB 450) und einige phön.-pun. Parallelen aufweisen, um eine Spätform handeln. Ähnliche Kombinationen zeigen auch die Würfel-A.e in Petra (AOB 448f, 453f). Die zwei flachen runden Basen auf der von drei Seiten gerahmten Oberfläche eines ca. 1 m hohen, blockartigen Basalt-

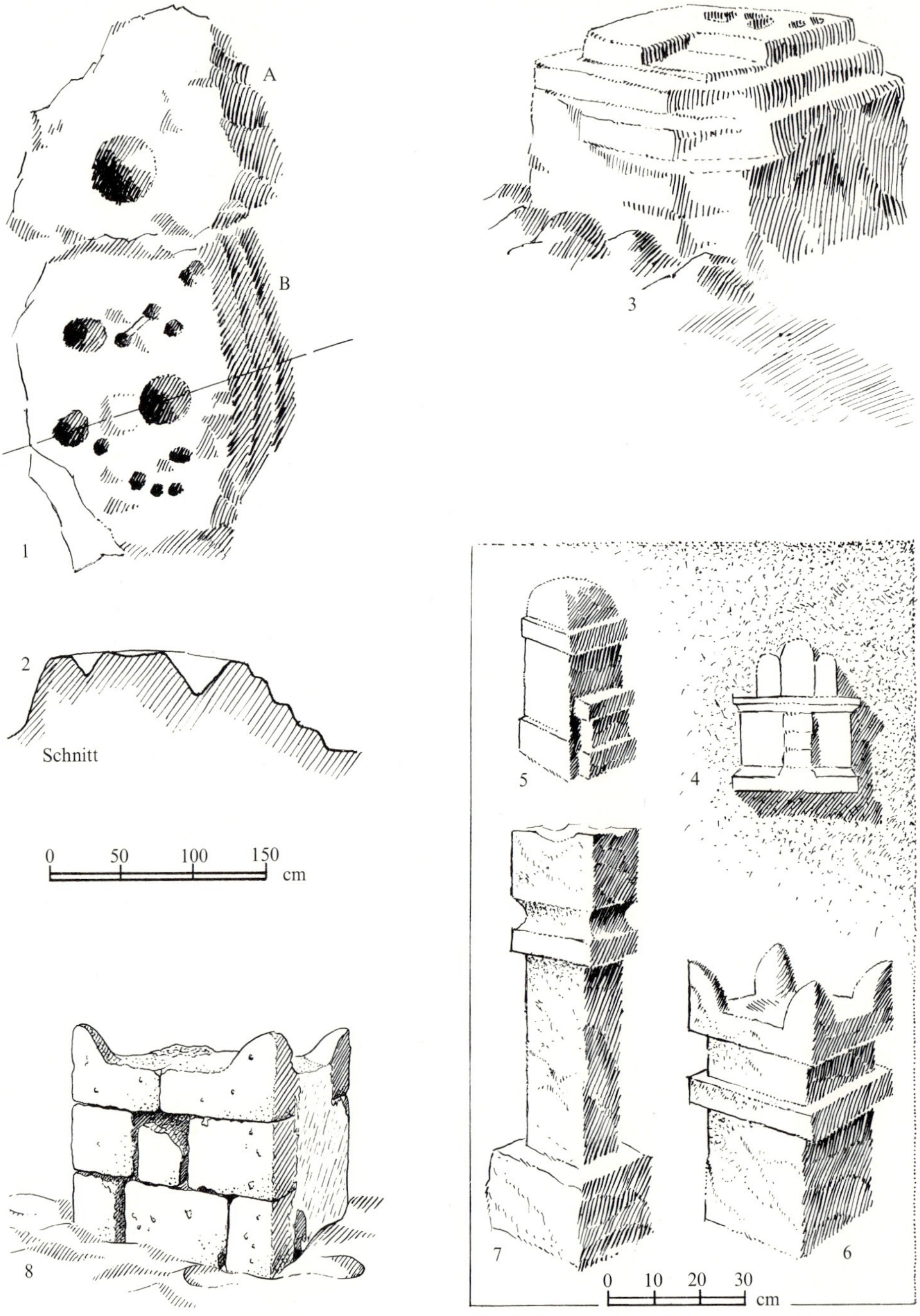

Abb. 2 **Altar** (1,2) Felsaltar (Megiddo, MB II), (3) würfelförmiger Steinaltar (*Ṣar'a* bei *'Arṭūf*), (4,5) Pfeileraltäre (*Ḥauran,* nab., bei *Beirūt,* hell.), (6–8) Hörneraltäre (Megiddo, Sichem, *Tell es-Seba',* E II)

A.s aus *Ḥamā* (Hama I 108 Tf. 35_{1}, 8. Jh.) dienten wohl zur Aufstellung von Opfergefäßen oder Göttersymbolen, sind aber nicht als Masseben anzusprechen.

1.e Die überwiegende Zahl der in Pal. gefundenen Hörner-A.e sind aus einem Kalksteinblock gehauen und von relativ kleinen Ausmaßen. Aus dem 10.–8. Jh. stammen die aus Megiddo (Abb. 2_{6}; ANEP 575; weitere Exemplare: MegC Tf. 12), Sichem (Abb. 2_{7}), *Tell el-Qāḍī* (A. Biran, BA 37, 1974, 106f), *Tell Bēt Mirsim* (TBM III 28–30 Tf. 55_{13}), Geser (AOB 444), *Tell Abū Qudēs* (E. Stern, Qadmoniot 2, 1969, 96). Die Höhe schwankt zwischen 20 und ca. 65 cm, die Oberfläche zwischen 7 × 9 und 40 × 40 cm. Die kleine Oberfläche läßt die Verwendung dieses A.-Typus für das Räucheropfer vermuten (→ Kultgeräte, 2.a). Z.T. wurden sie in Privathäusern gefunden, was für die Annahme eines Laien-Räucheropfers spricht. Der Typus des Hörner-A.s wird in hell.-röm. Zeit dominierend, die Hörner werden zum dekorativen Randleistenornament (Galling 65–67; AOB 458–465).

Neuerdings sind in *Tell es-Seba'* sekundär in einen Lagerhauskomplex verbaute Sandsteinblöcke gefunden worden, die sich zu einem Hörner-A. von 1,57 m Höhe zusammensetzen ließen (Abb. 2_{8}; dazu Y. Aharoni, The Horned Altar of Beer-Sheba, BA 37, 1974, 2–6). Obwohl die vier Ecksteine mit den Hörnern erhalten sind – nur eines ist abgeschlagen –, läßt sich die Breite und Tiefe nicht exakt rekonstruieren, da etwa die Hälfte der Steine fehlt. Die Steine sind glatt behauen, an einer Stelle scheint ein Schlangensymbol eingeritzt zu sein. Nach seiner Größe zu urteilen, handelt es sich um einen Brandopfer-A., die bisher einzige Parallele zu dem des Jerusalemer Tempels. Wann und warum er zerstört und verbaut wurde, ist unklar; Aharoni vermutet, daß dies im Zusammenhang mit der Kultreform Hiskias geschah. *Terminus ante quem* ist die Zerstörung des Lagerhauses von Stratum II Ende des 8. Jh.s, wahrscheinlich 701 unter Sanherib (vgl. jedoch Y. Yadin, BASOR 222, 1976, 5–17).

2. Unmittelbar vor dem salomonischen Tempel stand ein „eherner A." (1 R. 8_{64}, Dtr.), der für den normalen Gebrauch ausreichte (1 R. 9_{25}). Bei den Einweihungsfeierlichkeiten wurde behelfsweise die Mitte des Vorhofs „geweiht", ohne daß man hier einen zweiten A. anzusetzen hätte. 2 R. 12_{10} nennt offenbar diesen ehernen A. und nicht einen zweiten wie de Groot annimmt, ohne daß dessen Platz damit genau angegeben wäre. Seine Maße kennen wir nicht, auch ist nicht ausdrücklich gesagt, daß er Hörner hatte. Die Bezeichnung „ehern" bezieht sich auf einen beweglichen Tisch-A., dessen Leisten und Decken mit Bronzeblech verkleidet sind oder auf ein bronzenes Gitterwerk und einen auf niedrigen Füßen stehenden Rost. In 2 Ch. 6_{13} ist von einem Bronzegestell von 5 × 5 × 3 Ellen die Rede, offenbar ein Podium für den König und nicht der Brandopfer-A. (K. Galling, Die Bücher der Chronik, Esra, Nehemia, ATD 12, 1954, 92f), wenngleich dies die Maße des Brandopfer-A.s sind, den Ex. 27_{1-8} für die Stiftshütte postuliert, und bei dem, freilich in modifizierter Weise, gleichfalls von einem Bronzewerk in Netzform die Rede ist.

Für den zweiten Tempel ist das Vorhandensein des ehernen A.s durch Esr. 3_{3} bezeugt (Treppe in Lv. 9_{22}). Hier ist wohl auch der A. des sogenannten Verfassungsentwurfs Ez. 43_{13-17} (der Abschnitt ist im Zusammenhang sekundär: W. Zimmerli, Ezechiel, BK 13/2, 1969, 1089–1096) einzuordnen. Es handelt sich um ein Bauwerk, das sich von einem unteren Absatz von 16 × 16 Ellen Breite nach oben hin in zwei ungleich hohen weiteren Stufen zur Breite von 12 × 12 Ellen Breite leicht verjüngt. Es steht in einer Vertiefung von 18 × 18 Ellen Seitenlänge und 1 Elle Tiefe und erhebt sich (nicht gerechnet die Hörner) zu 10 Ellen Höhe über seinem Fundament (9 Ellen über der Oberfläche des Platzes). Hinter seiner sich verjüngenden Stufengestalt mag in der Ferne das Modell der Ziqqurrat stehen. Vergleicht man 2 Ch. 6_{13} und Ex. 27_{1-8} mit Ez. 43, so scheint Ex. 27 eher die vorexilische Form des A.s im Auge zu haben als Ez. 43. Ob jedoch in 2 Ch. 6_{13} der A. Salomos beschrieben wird, könnte deswegen fraglich erscheinen, weil wir von einer A.auswechslung im 8. Jh. wissen (2 R. 16). Ahas ließ 732 ein A.modell aus Damaskus nachbauen. Es liegt nahe, an einen ass. Tisch-A. zu denken (Galling Tf. 8f); doch ist in 2 R. 16 von Stufen die Rede und ass. Stufen-A.e kennen wir nicht. So wird man einen aram. Stufen-A. als

Vorbild in Ansatz zu bringen haben, dessen Maße in 2Ch. 4_{1} (20 × 20 × 10 Ellen) oder in Ez. (Oberfläche: 12 × 12 Ellen) gesucht werden können. Mithin würde 2Ch. 6_{13} nicht zum Ahas-A. passen.

Den Brandopfer-A. des dritten, herodianischen Tempels beschreiben JosBell V 225 und der Mischnatraktat Middoth III 1 ff im einzelnen verschieden. Nach Josephus ist es ein Würfel aus unbehauenen Steinen von 15 Ellen Höhe und 50 × 50 Ellen Grundfläche mit einer heranführenden Rampe, wobei die 15 und 50 Ellen wahrscheinlich nach oben erhöhte runde Zahlen sind. Der Mischnatraktat setzt einen Würfel von 30 × 30 × 5 Ellen auf eine Basis von 32 × 32 × 1 Ellen. Diese Maße sind deshalb zuverlässiger, weil sie die gleichen Fundamentzahlen wie der A. von Ez. 43 haben.

Im salomonischen Tempel stand ein mit Goldblech verkleideter und mit Hörnern versehener Schaubrottisch (1 R. 6_{20} 7_{48}; vgl. M. Noth, Könige, BK 9/1, 1968, 121 f), dessen Maße Ez. 41_{22} mit 2 × 2 × 3 Ellen angibt. Ex. 25_{23-30} stellt sich den Schaubrottisch des Wüstenheiligtums offenbar in halber Größe vor. Über das Aussehen des salomonischen Schaubrottisches wissen wir nichts; doch ist er der jüngeren Beschreibung in Ez. 41 und Ex. 25 ähnlich zu denken. Auf ihm könnte ein Gefäß für das Räucheropfer gestanden haben, so daß der Schaubrottisch zugleich als Räucher-A. gedient hätte (Busink, Tempel, 290 f). Der Schaubrottisch des dritten Tempels ist auf dem Relief des Titusbogens (AOB 509) abgebildet. Seine Form ist die eines Tisches der röm. Zeit ohne orientalischen Dekor.

Literatur: W. F. Albright, Die Religion Israels im Lichte der archäologischen Ausgrabungen, 1956, *passim* – Busink, Tempel, *passim* – D. Conrad, Studien zum Altargesetz Ex. 20: 24–26, 1968 – G. Fohrer/K. Galling, Ezechiel, HAT I/13, 1955, 237–241 – V. Fritz, Tempel und Zelt, WMANT 47, 1977, *passim* – K. Galling, Der Altar in den Kulturen des Alten Orients, 1925 – J. de Groot, Die Altäre des salomonischen Tempelhofes, Beiträge zur Wissenschaft vom Alten Testament 6, 1924 – H. M. Wiener, The Altars of the Old Testament, 1927. *A. Reichert*

Amulett

1. Skarabäen. 2. Figürliche Fayencen. 3. A.e aus Edelmetall. 4. A.e aus Knochen. 5. A.e mit Zauberworten.

1. Nicht nur bei den Völkern des Alten Orients und in Ägypten im 2./1. Jt., sondern fast überall in der Welt und bis zum heu-

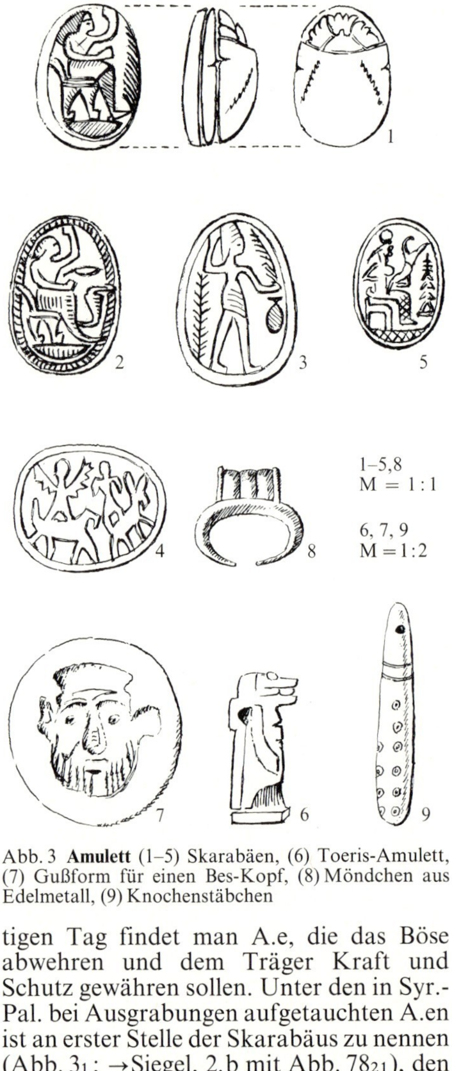

Abb. 3 **Amulett** (1–5) Skarabäen, (6) Toeris-Amulett, (7) Gußform für einen Bes-Kopf, (8) Möndchen aus Edelmetall, (9) Knochenstäbchen

tigen Tag findet man A.e, die das Böse abwehren und dem Träger Kraft und Schutz gewähren sollen. Unter den in Syr.-Pal. bei Ausgrabungen aufgetauchten A.en ist an erster Stelle der Skarabäus zu nennen (Abb. 3_{1-5}; →Siegel, 2.b mit Abb. 78_{21}), den man in Ägypten seit dem MR mehr und mehr als A. (an einer Kette) trug (BP I Tf. 12, 36 f II Tf. 49, 51, 54). Die Unterseite zeigt außer Spiral- und Kreisornamenten auch Gottheiten, ferner die Namen berühmter Pharaonen (so Thutmosis III.) auch auf A.en der E II-Zeit (Giveon). Neben äg. Skarabäen (MB-SB-Zeit) begegnen in Syr.-Pal. auch Nachahmungen.

Abb. 3_{1} zeigt einen thronenden Gott, Abb. 3_{2} einen solchen mit Hieroglyphe und Uräusschlange, Abb. 3_{3} läßt trotz des Palmzweiges an eine Rešep-Figur denken (zum Rešep mit Lanze: BP I Tf. 12_{171}; JEA 45, 1959, 6f). Abb. 3_4 (E-Zeit) zeigt syr. Gottheiten auf Tieren (vgl. W. Fl. Petrie, Hyksos and Israelite Cities, 1906, Tf. 11_{209}), Abb. 3_5 das Bild der säugenden Isis (aus *'Atlīt*, 6./5. Jh.).

2. Äg. Herkunft sind die aus Fayence gebildeten figürlichen A.e (Rowe, Catalogue, Tf. 30f), die bes. zahlreich in *Tell el-'Ağūl, Tell el-Fār'a* Süd, Geser, Beth-Semes, Megiddo (AOB 555), Thaanach, *Tell Abū Hawām* (QDAP 4, 1935, 1–69 [*passim*]) und *'Atlīt* (QDAP 2, 1933, 41–104 [*passim*]) aufgetaucht sind. Neben den Ägyptern heiligen Tieren wie Affe, Katze, Schakal und dem Toeris-Nilpferd (Abb. 3_6) begegnen das *wḏ'.t*-Auge (vgl. auch RA 64, 1970, 67f), der Ded-Pfeiler und die Papyrussäule. Zu den Figürchen des Gottes Bes ist auch die Gußform für einen Bes-Kopf (Abb. 3_7) zu stellen.

3. Aus Gold hergestellte Plaketten mit Öse mit der Darstellung einer weiblichen Gottheit (→Götterbild, weibliches, 5.) galten als glückbringende A.e. Eine silberne Stirnplakette für ein vor den Wagen gespanntes Pferd zeigt Sendsch V Tf. 46i. Eindeutig orientalischer Tradition entstammen astrale A.e, wie Sonnenscheiben und Möndchen (Abb. 3_8; Fundübersicht: KlBo 1934), die im Schmuckkatalog der Jerusalemer Frauen (Jes. 3_{18}) genannt werden. Möndchen als A.e midianitischer Kamele erwähnt Jdc. 8_{21}. Eine Kette mit goldenen A.en der SB-Zeit aus Sichem ist in ZDPV 49, 1926, Tf. 30 abgebildet; einzelne Stücke finden sich u.a. in AG II Tf. 3; EG II Abb. 287 III Tf. 136; AS I Tf. 20 II Tf. 49. Aus einem Jerusalemer Grab (röm. Zeit) stammt ein Golddrahtring mit Miniaturmodellen von Granatapfel, Lampe, Korb, Spitzkrug und Schlüssel (Syria 1, 1920, 102).

4. Ein isr. Spezifikum sind unverzierte (AOB 557) und vorab mit kleinen Kreisen verzierte Knochenstäbchen (vgl. AS II Tf. 30B; TM II 48; L III Tf. 55.57; EG III Tf. 226; SS III Abb. 115_7), von denen Abb. 3_9 ein Beispiel aus Geser zeigt. Wahrscheinlich stellen die bearbeiteten Knochenstäbchen eine dämonenabwehrende Keule dar. Nach SS III 462 haben sie einen „weissagenden Charakter".

5. In röm.-byz. Zeit (vgl. 2 Macc. 12_{40}) und darüber hinaus begegnen bebilderte und beschriftete A.e mit Zaubernamen wie Abraxas und Jao (JS III Abb. 999–1208).

Literatur: R. Giveon, The Seals and Amulets (Tel Halif), IEJ 20, 1970, 168f – JS III – RÄRG 26–31, 149–153, 720–722, 854–856 – Rowe, Catalogue – P. Thomsen, RLV I, 160–163. *K. Galling*

Arad

1. *Tell 'Arād* seit dem CL. 2. A. in der E-Zeit. 3. A. seit der pers. Zeit.

1. Die E-zeitliche Stadt A. ist auf *Tell 'Arād* anzusetzen, der den alten Namen bis heute bewahrt. Der Tell erhebt sich auf einer Kuppe im Nordosten eines hufeisenförmigen Hügels, der eine nach Osten hin offene Einsenkung einschließt. Schon im CL bestand auf diesem Hügel eine Siedlung, die ihrer Keramik nach der Beerseba-Kultur zuzuordnen ist. Ihr folgte gegen Ende der FB I-Zeit eine nur etwa 200 Jahre (vier Siedlungsphasen) existierende Stadt, die, zunächst unbefestigt (Stratum IV), im Laufe der FB II-Zeit zu höchster Blüte gelangte (Stratum III–I). Von Stratum III an war sie von einer insgesamt ca. 1700 m langen und 2,3 m dicken Steinmauer mit halbrunden, von der Stadt her zugänglichen Bastionen umgeben, die, auf den Rändern des Hügels entlanggeführt, auch die Senke in das Stadtgebiet einbezog, in der vermutlich ablaufendes Regenwasser zur Wasserversorgung der Stadt gesammelt wurde. Charakteristisch für die Wohnquartiere der übersichtlich gegliederten Stadt (→Stadtanlage, 1.) ist der erstmalig hier in großer Zahl vorkommende Typ des einräumigen Breithauses mit dem Eingang auf der Mitte der Langseite, dem Fußboden wenig unterhalb des Straßenniveaus und innen an den Wänden umlaufenden niedrigen Bänken („Arad-Haus"). Ein vollständig erhaltenes Lehmmodell (IEJ 17, 1967, Tf. 45A.B) zeigt ein solches Haus mit flachem Dach und ohne Fenster. Dem gleichen Typ gehören auch die beiden nebeneinanderliegenden Breitraumgebäude an, die aufgrund ihrer Größe, der Dicke ihrer Mauern und des 1 m tiefen Kultbeckens in einem von ihnen als Tempelanlage anzusprechen sind (→Tempel, 2.a mit Abb. 85_5).

Keramik und Kleinfunde zeigen eine enge – auf Handel beruhende? – wechselseitige Beziehung zwischen der Stadt auf *Tell 'Arād* und dem frühdynastischen Ägypten. Bes. die äg. Keramik der Straten I–IV erlaubt einen genauen Synchronismus für den Zeitraum zwischen Stratum IV = FB IB = Anfang der 1. Dyn. und Stratum I = FB II = Ende der 1. Dyn. (Amiran, BASOR 179, 30–33), den auch eine Gefäßscherbe mit dem eingeritzten Namen des Königs Narmer aus Stratum IV stützt (R. Amiran, IEJ 24, 1974, 4–12; 26, 1976, 45f).

2. Auf die FB-zeitliche Stadt folgte erst in der E-Zeit eine erneute, jetzt auf die Kuppe im Nordosten beschränkte Niederlassung, die den Namen A. trug. Der noch kleinen offenen Siedlung des 11. Jh.s folgte vom 10.–6. Jh. eine ca. 50 × 50 m große Festung, die von einer unbefestigten Siedlung umgeben war. Außer den Erwähnungen A.s als kenitischer (Jdc. 1_{16}) bzw. jud. Stadt im nördl. Negev (Jos. 15_{21} [lies *'rd* statt *'dr*] vgl. Jos. 12_{14} – die Erwähnung des „Königs von A." in Nu. 21_{1} ist davon abgeleitete Glosse) findet sich der Name noch in der Pal.-Liste Šošenqs I. (Nr. 107–112; die Unterscheidung zweier *ḥqrm, 'rd rbt* und *'rd n bt yrḥm,* ist dunkel, die Deutung von *ḥq/gr,* eigentlich „Gehege", als „Festung" [B. Mazar, Tarbiz 20, 1949/50, 316–319] unbeweisbar), sowie in Ritzinschriften auf einer bei den Ausgrabungen gefundenen Schale. Die zunächst (Stratum XI) von einer Kasematten-, danach (Straten X– VII) von einer ca. 4 m dicken massiven Steinmauer, umgebene Festung besaß einen Innenhof, um den sich Magazine, eine Kultanlage, Werkstätten und Unterkünfte gruppierten. Das ca. 19 × 15 m große, an der Stelle einer älteren (kenitischen?) offenen Opferhöhe errichtete Heiligtum untergliedert sich in den Hof mit Altar und einen westl. anschließenden Breitraum mit einer ca. 1,5 m breiten und tiefen Nische in der Rückwand. Eine enge typologische und damit sachliche Verbindung zum Zentralheiligtum in Jerusalem (Aharoni: "royal temple") ist nicht gegeben, vielmehr ist diese Kultstätte in einer Reihe mit anderen als „Tempelhöhe" (Welten) zu deuten. Nachdem der Brandopferaltar schon in Stratum VII (7. Jh.) nicht mehr in Gebrauch war (Kultreform Hiskias?), wurde auch der Tempel gegen Ende des 7. Jh.s (Kultreform Josias?) außer Dienst gestellt, wie die den Breitraum durchschneidende Kasemattenmauer des Stratum VI beweist.

Rund 100 hebr. →Ostraka aus der E-zeitlichen Festung unterstreichen die Bedeutung A.s für die Militärverwaltung Judas im Grenzgebiet zu Edom. Bes. hervorzuheben ist eine Gruppe von 17 Ostraka aus einem Raum der südl. Kasemattenmauer in Stratum VI, die Einblick in die Verwaltung der in A. gelagerten Nahrungsmittel (Öl, Wein, Mehl) gewähren. Die meisten dieser Ostraka nennen als Adressaten *'lyšb (bn 'šyhw),* von dem wir auch drei in Stratum VII gefundene Siegel (Aharoni, BA 31, 15) besitzen. Als Empfänger angegebener Waren erscheinen Durchreisende, in einem Fall ein mit dem *byt yhwh* (d.h. dem Jerusalemer Tempel) in Verbindung stehender, daneben auch häufiger die „*Kittīm*" (wohl griech. Söldner im Dienst Judas). Einige Ostraka dieses „*'Elyāšīb*-Archivs" sowie Gewichtssteine bezeugen die Verwendung hieratischer Zahlzeichen und äg. Gewichtseinheiten (→Gewicht, 2.) in der königlichen Verwaltung Judas (Y. Aharoni, BASOR 184, 1966, 13–19).

3. An die Stelle der zu Beginn des 6. Jh.s zerstörten isr. Zitadelle trat im 5./4. Jh. eine kleinere Festung, aus deren Resten ca. 100 aram. Ostraka, wiederum zumeist administrativen Inhalts, geborgen wurden. Ihr folgte schließlich ein röm. (Limes-?)Fort, das bis in arab. Zeit, zuletzt wohl als Karawanserei genutzt, bestand. Das von EusOn 14_{2}f erwähnte „Dorf" A., das in der Nähe des Tells gelegen haben muß, ist nicht lokalisiert.

Literatur: Y. Aharoni, Hebrew Ostraca from Tel Arad, IEJ 16, 1966, 1–7 – ders., Excavations at Tel Arad: Preliminary Report on the Second Season, 1963, IEJ 17, 1967, 233–249 – ders., Arad: Its Inscriptions and Temple, BA 31, 1968, 2–32 – ders., Three Hebrew Ostraca from Arad, BASOR 197, 1970, 16–42 – ders./R. Amiran, Excavations at Tel Arad: Preliminary Report on the First Season, 1962, IEJ 14, 1964, 131–147 – ders./J. Naveh, Arad Inscriptions, JDS 1975 (hebr.) – R. Amiran, A Preliminary Note on the Synchronisms between the Early Bronze Strata of Arad and the First Dynasty, BASOR 179, 1965, 30–33 – dies., IEJ 23, 1973, 241f; 24, 1974, 257f – dies./Y Aharoni, Ancient Arad, Introductory Guide to the Exhibition Held at the Israel Museum, January-April 1967 – P. Welten, Kulthöhe und Jahwetempel, ZDPV 88, 1972, 19–37 – Y. Yadin, Four Epigraphical Queries, IEJ 24, 1974, 30–36 – Weitere Lit. bei E. K. Vogel, HUCA 42, 1971, 9f.

M. Wüst

Aschera

Im AT wird neben dem →Altar und der →Massebe auch die A. genannt: *'ăšẹ̄rā* bezeichnet appellativ dann einen Kultbaum oder einen bearbeiteten Kultpfahl.

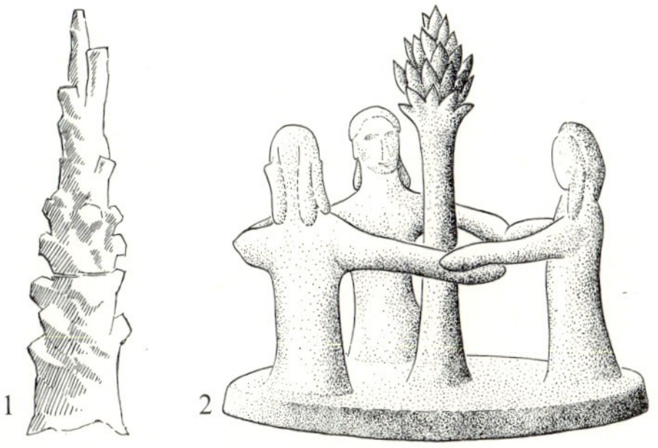

Abb. 4 **Aschera** Zypr. Tonmodelle (7./6. Jh.) eines (1) Kultpfahls und eines (2) Kultreigens

Die A. konnte von jeder Baumart sein. In Israel ist sie bes. seit der E IIC-Zeit das bekämpfte Emblem einer kan. Göttin (→Götterbild, weibliches, 1.). Wenn Jer. 2_{27} von den abtrünnigen Israeliten statuiert: „Die zum Holz sagen: ‚Mein Vater bist du!' und zum Stein: ‚Du hast mich geboren!'", so zielt das auf den Abfall von der Verehrung des einen Jahwe zu den Göttern, die sich Israel selbst gemacht habe. Die Bildworte „Holz" und „Stein" sind nicht auf A. und Massebe aufzuteilen. Die A. als Kultemblem wird angefertigt (1R. 14_{15}), aufgerichtet (1R. 14_{23}) oder aufgestellt (Jes. 27_{9}); sie kann aber auch ein lebender Baum sein, der eingepflanzt ist (Dt. 16_{21}). Zerstört wird die A. durch Umhauen (z.B. Ex. 34_{13} Jdc. 6_{25-30}), durch Ausreißen (Mi. 5_{13}) oder durch „Zertrümmern" (2Ch. 34_{4}), was allerdings eine mehrdeutige Umschreibung darstellt. Ohne Zweifel spielte der Baumkult auf Zypern eine bes. Rolle. Abb. 4_{1} zeigt das tönerne Modell eines Kultpfahles, Abb. 4_{2} stellt einen Kultreigen von drei Frauen um einen eingepflanzten Baum dar. Beide Darstellungen sind zypr. und wohl aus dem 7./6. Jh.

Die sich auf ass. Stempelsiegeln findenden Bilder eines mehrästigen stilisierten Baumes (z.B. aus *Tell Ḥalāf*: TH IV Tf. 28_{66}; aus *Tell Ǧemme*: Ger Tf. 20_{13}; aus Petra: PEQ 93, 1961, Tf. 18B) sind nicht mit der A. zu kombinieren, sondern den ver-schiedenartigen Darstellungen des sakralen Baumes beizuordnen (→Baum, sakraler).

Literatur: H. Danthine, Le palmier-dattier et les arbres sacrés dans l'iconographie de l'Asie Occidentale ancienne, 1937. *K. Galling*

Asdod

1. Name, Lage und Geschichte. 2. Ausgrabung.

1. A. (hebr. *'Ašdōd;* ass. *Asdūdu;* bab. *Ašdādu/Ašdūdu;* ug. *'Aḏdd;* äg. *ısdd;* ursprünglich kan. **'Aṯdādu,* vgl. Cross-Freedman) ist mit der 15 km nordöstl. von Askalon und 4,5 km von der Küste entfernten Ruinenstätte *Esdūd* identisch. SB II-zeitliche akk. Texte aus Ugarit bezeugen, daß A.s Bedeutung vor allem auf seinem (Textil-)Handel zur See beruhte (Ashdod I 8f II–III 18f; M. Dahood, in: L.R. Fisher, ed., The Claremont Ras Shamra Tablets, Analecta Orientalia 48, 1971, 31f; M. Liverani, Il Talento di Ashdod, OA 11, 1972, 193–199). Der dazu nötige Hafen (bei Sargon II. *Asdūdimmu,* meist in *'Ašdōd + yām* = „A. am Meer" aufgelöst; doch vgl. Borée, Ortsnamen, 53) war seit der MB II-Zeit wohl der *Tell Ḥēḏar* (isr. *Tẹl Mōr*) an der Mündung des *Nahr Sukrēr,* 7 km nördl. von A. (IEJ 23, 1973, 1–17; vgl. auch IEJ 9, 1959, 271f; 10, 1960, 123–125), in der E II-Zeit dann *Mīnet Esdūd* bzw. *Mīnet el-Qalʿa,* 5 km nordwestl. von A. an der Küste (Kaplan). Hier wird auch das neben *Ἄζωτος* in der griech.-byz. Tradition bekannte *Ἄζωτος πάραλος* zu lokalisieren sein (vgl. G. Beyer, ZDPV 56, 1933, 250).

Das in der SB-Zeit unter äg. Oberhoheit stehende A. (Alt, KlSchr I, 241 mit Anm. 3; IEJ 19, 1969, 244: Türsturz mit äg. Inschrift aus der 19. [?] Dyn.) wurde in der E I-Zeit einer der philistäischen Hauptorte (Onomastikon des Amenope Nr. 263: Ashdod I 8) und galt den Israeliten in ihrer Frühzeit (1S. 5_{1-8}) und ebenso in der Königs- (Am. 1_{8} Zeph. 2_{4}) und pers.-hell. Zeit (Sach. 9_{6}; zur Datierung K. Elliger, ZAW 62,1950, 63–115) als politischer Gegner, von dem man sich ethnisch (Jos. 11_{22}: Enakiter in A., dazu Alt, KlSchr III, 52; Am. 9_{7}: Philister aus Kaphthor = Kreta), aber auch in Sitte und Religion (1S. 5_{5}: zum Überspringen der Schwelle im Dagon-Tempel vgl. allgemein H. Donner, JSS 15, 1970, 42–55) sowie Sprache (Neh. 13_{23f}) streng geschieden glaubte. Damit kontrastieren jedoch Berichte über Mischehen zwischen Judäern und A.iterinnen in Jerusalem (Neh. 13_{23f}) und in A. (Sach. 9_{6}) sowie einige Kleinfunde vom Tell selbst, wie etwa ein *lmlk*-Krugstempel (Ashdod II–III 22 Tf. 95_{4}; →Siegel 3.c*β*) und jud. Gewichte (Ashdod II–III 40; IEJ 19, 1969,

245). Drei Siegel des 13./12. Jh.s in angeblich zypr.-minoischer Schrift (IEJ 18, 1968, 243f; 19, 1969, 245) besagen kaum etwas über die in A. gesprochene Sprache, da sie ebenso wie das altbab. Siegel (Ashdod II–III 198f) importiert oder Besitz fremder Händler gewesen sein können. Für das 8. Jh. bezeugt eine Scherbe mit der Inschrift *[h]pḥr* = „Töpfer" (Ashdod I 84f), daß in A. ein kan. Dialekt gesprochen wurde; für die pers. Zeit belegt ein Ostrakon Aramäisch als Schriftsprache (Ashdod II–III 200f). Typisch für die nach Westen hin ausgerichtete Kultur sind hingegen myk. und zypr. Keramik, der die in den Straten XII bis XI (11. Jh.) häufige sogenannte Philister-Keramik verpflichtet ist, sowie die Kernoi (→Kultgeräte, 1.c), zahlreiche Figurinen, darunter die berühmte *„'Ašdōdā"* (→Abb. 31_{16}; Ashdod II–III 125–135), und ein Räucherständer mit teils vollplastisch, teils in Relieftechnik gearbeiteten fünf Musikanten am Fuß (Archaeology 23, 1970, 310f).

Während A. seine politische Selbständigkeit (monarchische Verfassung: bekannte Könige des 8.–7. Jh.s: Azuri, Aḫimiti, Yamani, Mitinti, Aḫimilki; vgl. Tadmor 101; Ashdod I 11) gegenüber Israel und Juda bewahren konnte (2 Ch. 26_{6} beschreibt allenfalls eine Episode), verlor es sie im Zug der ass., seit Tiglathpileser III. bis nach Ägypten greifenden Expansionspolitik (Tadmor 86–90). Nach einem Aufstand wurde A. unter Sargon II. (712) ass. Provinz (ebd. 94f; vgl. Jes. 20_{1}; TGI Nr. 35; ANET 286). In diesen Zusammenhang gehören drei in A. gefundene Fragmente einer Stele Sargons II. (Ashdod II– III 192–197). Auf Kosten Judas (Hiskia) vergrößerte Sanherib 701 die Provinz A. (TGI Nr. 39; ANET 287f). Die bab. Könige übernahmen die ass. Provinzialpolitik (ANET 307f); doch versuchten auch die Ägypter zeitweilig, an der südpal. Küste Fuß zu fassen, was im Falle von A. laut der sicher übertreibenden Notiz in Her II 157 unter Psammetich I. zu einer 29jährigen Belagerung geführt haben soll (spricht Jer. 25_{20} deshalb vom „Rest A.s"?). Unbedeutend war A.s Rolle wohl in pers. Zeit (die Küstenbeschreibung des Pseudo-Skylax übergeht A.); doch dann begann eine wechselhafte Geschichte A.s als Gegner der Makkabäer (z.B. 1 Macc. 4_{15} 10_{83f}), als Teil des hasmonäischen Reichs (JosAnt XIII 395), den 63 Pompejus befreite (ebd. XIV 75, 88; JosBell I 156, 166), und schließlich als persönlicher Besitz Herodes I., den er seiner Schwester Salome vererbte (JosAnt XVII 189, 321; JosBell II 98; vgl. G. Beyer, ZDPV 56, 1933, 248–250).

2. Die seit 1962 stattfindenden israelisch (M. Dothan)-amerikanischen (D. N. Freedman/J. L. Swauger) Ausgrabungen in bisher zehn Arealen auf dem großen, zwei Hügel umfassenden Tell (Oberstadt auf dem höheren nördl. Hügel von etwa 80 a Fläche) wiesen A.s Gründung in der MB IIB-Zeit nach (aus FB-Zeit nur Keramik, keine Architektur!). Zur ersten Siedlungsphase gehört im Norden der Unterstadt (Areal G) eine dem Osttor von Sichem vergleichbare Toranlage (IEJ 23, 1973, 10 Abb. 5 Tf. 2B), die – wie die überwiegende Mehrzahl der vorhell. Bauten in A. – aus Ziegeln gebaut ist. Aus der SB II-Zeit (14./13. Jh.) stammt im Areal B ein den großen Hofhäusern in Megiddo (Meg II 25–29 Abb. 382f) und *Tell el-Fār'a* Süd (BP I 17f Tf. 54 II 27–32 Tf. 69) vergleichbares Gebäude. Gut ist die Stadt der E I-Zeit bekannt: in Areal A ein Festungsbau, in Areal G eine Kulthöhe (?), in Areal H/K Privathäuser, darunter in einem reiche Kleinfunde, und eine (noch ungedeutete) Apsidialstruktur aus Ziegeln innerhalb rechteckiger Mauern (Ashdod II–III 161). Die in den Arealen D, G, M nachgewiesene E II-zeitliche Stadtmauer bezeugt eine Stadterweiterung im 10. Jh. (rückläufige Tendenz im 8. Jh. nach Zerstörung, Massengräber in der Stadt). Das Osttor ist mit seinen zwei Türmen (IEJ 22, 1972, 243f) den (nach Y. Yadin, IEJ 8, 1958, 80–86 salomonischen) Toren in Hazor, Megiddo und Geser vergleichbar. Im Areal D der Unterstadt befand sich ein kleiner Tempel (zahlreiche Kernoi und Figurinen) in einem hauptsächlich von Töpfern (Werkstätten!) bewohnten Viertel, das seinen Charakter bis in hell. Zeit bewahrte. Aus pers. Zeit sind ein offizielles Gebäude am Westabhang der Oberstadt im Areal K und 1 km südsüdöstl. der Akropolis eine kleine Nekropole im Areal F bekannt. Das mit Funden aus hell. Zeit (bes. in Areal A) reiche A. verlor in röm. Zeit an Bedeutung (EusOn 20_{18}: kleine Stadt) und blieb im Laufe der Zeit hinter seinem Hafen zurück

(vgl. die beiden Vignetten der *Mādebā*-Karte!).

Literatur: Ashdod I. II–III – F.M. Cross, jr./ D.N. Freedman, The Name of Ashdod, BASOR 175, 1964, 48–50 – M. Dothan, IEJ 18, 1968, 253f; 19, 1969, 243–245; 20, 1970, 119f; 21, 1971, 175; 22, 1972, 166f, 243f – ders., Ashdod: A City of the Philistine Pentapolis, Archaeology 20, 1967, 178–186 – ders., The Musicians of Ashdod, Archaeology 23, 1970, 310f – ders., Ashdod – Seven Seasons of Excavation, Qadmoniot 5, 1972, 2–13 (hebr.) – ders., The Foundation of Tel Mor and of Ashdod, IEJ 23, 1973, 1–17 – J. Kaplan, The Stronghold of Yamani at Ashdod-Yam, IEJ 19, 1969, 137–149 – H. Tadmor, Philistia under Assyrian Rule, BA 29, 1966, 86–102. *H. Weippert*

Askalon

1. Lage. 2. Geschichte. 3. Ausgrabung.

1. A. (hebr. *'Ašqəlōn*), eine der großen Philisterstädte, ist identisch mit der 20 km nördl. von Gaza direkt an der Küste gelegenen Ruinenstätte *'Asqalān*. Sichtbar ist heute ein ca. 55 ha großes Stadtgebiet, das bis ans Meer reichende Mauern aus spätröm.-byz. Zeit halbkreisartig umschließen. Das A. der B- und E-Zeit lag innerhalb dieses Areals auf einer Kuppe von ca. 6 ha Fläche. Die Senkung im Südbogen des *Wādī Ibrāhīm* mit dem „Meertor“ genannten Mauerdurchbruch könnte ein jetzt versandeter (Süd-)Hafen gewesen sein; vielleicht gab es auch einen Nordhafen.

2. Die Ächtungstexte erwähnen A. im 18. Jh. als Stadtstaat (e 23–25; f 15; E 2; vgl. Alt, KlSchr III, 51, 65; zur äg. Namensform: M. Görg, Untersuchungen zur hieroglyphischen Wiedergabe palästinischer Ortsnamen, 1974, 43–48). Seine Bedeutung wird mit dem in der SB-Zeit stärker werdenden Seehandel gestiegen sein: A. erscheint nun in einer ug. Personenliste (J. Nougayrol, Le Palais royal d'Ugarit IV, 1970, Nr. 79_{9}, eventuell auch Nr. 96_{x+4}); doch blieb es von Ägypten abhängig, wie die Loyalitätsbekundungen Widyas von A. gegenüber dem Pharao zeigen (EA 320–326). Aus derselben Zeit stammt aber auch die Klage Abdiḫebas von Jerusalem, daß A. Aufständische unterstütze (EA 287_{14-16}). Als die Ägypter am Ende der SB-Zeit mit Gewalt ihre Hegemonie über Pal. verteidigten, wurde A. um 1280 von Ramses II. erobert, was im Bild dargestellt ist (ANEP 334; AOB 102: A. mit Doppelmauer bzw. ummauerter Unter- und Oberstadt, von bärtigen Kanaanäern verteidigt). Die Israel-Stele des Merneptaḥ (um 1220) nennt A., Geser und Jenoam (in Galiläa) als unterworfen und meint mit „A. war fortgeführt“ (TGI Nr. 15; ANET 378), daß seine Oberschicht deportiert wurde. A. besaß damals einen Tempel des Gottes Ptah, wie Inschriften dreier Elfenbeine von Megiddo zu entnehmen ist (MegIv 12f Tf. $63_{379-382}$; Alt, KlSchr I, 216–230). Mit einer äg. Eroberung A.s dürfte die für den Übergang von der SB- zur E-Zeit nachgewiesene Aschenschicht zusammenhängen, da sich die Philister (sogenannte Philister-Keramik oberhalb der Aschenschicht) eher friedlich an der südpal. Küste ansiedelten. Der Anspruch der isr. Stämme auf A. (Jos. 13_{2}) wurde nicht realisiert (Jdc. 1_{18f}). A. blieb als monarchischer Stadtstaat in der Hand der Philister (z.B. Jer. 25_{20}). Wohl 734 wurde Mitinti I. von A. tributpflichtiger Vasall Tiglathpilesers III. (TGI Nr. 28; ANET 383), verlor jedoch 732 seinen Thron an (seinen Sohn?) Rūkibti (Tadmor 89). Sanherib deportierte 701 den aufständischen König Ṣidqā und setzte an seine Stelle einen Sohn des Königs Rūkibti mit dem typischen Vasallennamen Šarru-lū-dāri („der König lebe ewig“; TGI Nr. 39; ANET 287). Mitinti II. von A., der nach einer Siegelinschrift ein Sohn des Ṣidqā war, wurde zusammen mit anderen Königen von Asarhaddon zu Bauarbeiten verpflichtet (Tadmor 98f mit Abb. 12) und nahm auch am ersten Feldzug Assurbanipals gegen Ägypten (667) teil (ebd. 100). Die Notiz bei Her I 105, daß in A. ein Tempel der Aphrodite Urania bestand, wird durch die Votivinschrift eines A.iten in Delos an die „pal. Astarte = Aphrodite Urania“ (ZDPV 36, 1933, 233) gestützt. Beim Untergang der ass. Macht stand A. wohl auf Seite Ägyptens (Tadmor 99f); doch setzten die bab. Könige erfolgreich die ass. Tradition fort, und A. wurde 604 von Nebukadnezar II. erobert (A. Malamat, IEJ 6, 1956, 251f; J.D. Quinn, BASOR 164, 1961, 19f). In pers. (Galling, Studien, 200f) und hell. Zeit (Sach. 9_{5}, nach K. Elliger, ZAW 62, 1950, 96–115 aus der Zeit Alexanders) war A. eng mit Tyrus verbunden. Unter den Seleukiden leistete A. den Makkabäern erfolgreich Widerstand (G. Beyer, ZDPV 56, 1933, 250–253) und besaß seit 104 (seit 103 nach A.B. Brett, AJA 41, 1937, 452–463) Münzrecht (vgl. IEJ 20, 1970, 75–80) und zählte eine eigene Ära. Herodes I. schmückte A.

als Heimat seines Geschlechts mit bedeutenden Bauten aus (JosBell I 422).

3. Die 1920–22 von J. Garstang und W. J. Phythian-Adams durchgeführten Teil-grabungen legten kaum vorröm. Schichten frei. Die Reste des Peristylhauses (eher Basilika) und die hier gefundenen Skulpturen datieren ins Ende des 2. Jh.s n. Chr. (mit DP II 97f gegen PEQ 103, 1971, 13–16). Grabungen nahe der Küste stellten eine präkeramische Siedlung im NL fest (IEJ 5, 1955, 270f; 24, 1974, 132) Die auf der eingangs genannten Kuppe liegende Siedlung der B- und E-Zeit ist dagegen bisher nicht näher erforscht; doch treten zur Erhellung ihrer Geschichte neben die literarischen Quellen einige Kleinfunde, wie aus dem Meer gefischte Keramik (IEJ 13, 1963, 13–19) und ein korinthischer →Helm (IEJ 8, 1958, Tf. 32C, 6./5. Jh.), die die Bedeutung A.s als Hafenstadt illustrieren. Zu den Importen nach A. gehörten seit dem späten 7. Jh. griech. (z.T. thessalische) Gefäße (QDAP 2, 1933, 16f, 25; 4, 1935, 181). Zahlreiche Kleinbronzen und bleigefüllte Tierfiguren (→ Gewicht, 2. QDAP 5, 1936, 61–68) lassen im A. des 4. Jh.s eine lokale, mit importierten äg. Gußformen arbeitende Metallwerkstätte vermuten. Die Entdeckungen in der Umgebung A.s zeigen, daß die bedeutende Kultur der Stadt (hier Werkstatt für Bleisarkophage: E. von Mercklin, Berytus 6, 1939/40, 49–51) im 3.–5. Jh. n. Chr. von einer religiös gemischten Bevölkerung getragen wurde: die Gräber enthalten christliche (QDAP 2, 1933, 182f) und pagane Symbole (QDAP 8, 1939, 38–44; Y. Tsaferis, IEJ 18, 1968, 170–180); neben Kirchen (QDAP 10, 1944, 160f; RB 75, 1968, 414f – A. seit 325 n. Chr. Bischofssitz) gab es auch Synagogen (CNI 9, 1–2, 1958, 23; IEJ 12, 1962, 59; →Synagoge, 2.c).

Literatur: J. Garstang, The Fund's Excavation of Ashkalon, PEFQSt 53, 1921, 12–16 – ders., The Excavation of Ashkalon, 1920–1, ebd., 73–75 – ders., Askalon Reports. The Philistine Problem, ebd., 162f – ders., The Excavations at Askalon, PEFQSt 54, 1922, 112–119 – ders., Askalon, PEFQSt 56, 1924, 24–35 – W.J. Phythian-Adams, History of Askalon, PEFQSt 53, 1921, 76–90 – ders., Askalon Reports. Stratigraphical Sections, ebd., 163–169 – ders., Reports on the Stratification of Askalon, PEFQSt 55, 1923, 60–84 – H. Tadmor, Philistia under Assyrian Rule, BA 29, 1966, 86–102. *K. Galling*

Asphalt

Vom A. als einem durch Sauerstoff getrockneten, mehr oder weniger festen Mineral, das durch Gasbildung an die Oberfläche von Seen (in Pal.: Totes Meer) oder Quellen (in Mesopotamien, vgl. Forbes Abb. 1) dringt (hebr. *ḥēmār,* Gn. 14_{10}; *zēpet?,* Jes. 34_{9}), ist das als Nebenprodukt bei der →Metallbearbeitung abfallende (Holzkohle!) Pech (hebr. *kōper,* Gn. 6_{14}; *zēpet?,* Ex. 2_{3} Sir. 13_{1}) zu unterscheiden. Das als Binde- und Abdichtungsmittel benötigte Material konnte in früher Zeit in ausreichender Menge nur auf ersterem Weg gewonnen werden. Als Lieferant diente in Pal. bes. das Tote Meer, das antike Schriftsteller (Plinius, Josephus) *Lacus Asphaltitis* nennen. Hauptabnehmer war Ägypten (Diodor, vgl. Hammond). Mehrfach wurden auf dem Toten Meer schwimmende A.stücke beobachtet (N. Glueck, BASOR 131, 15 Abb. 4; Bender 138f). Daß man schon in der FB-Zeit A. vom Toten Meer sammelte, bezeugen A.brocken in Arad, die wohl für den Export nach Ägypten bestimmt waren (Y. Aharoni, RB 71, 1964, 394; zu Funden im Tempel von Engedi: BA 34, 1971, 29; zu Funden in Lachis: L IV 71). Ob A. in Ägypten zur Mumifizierung verwendet wurde, ist umstritten. Keine Mumifizierung, aber in A. liegende Knochen ließen sich in einem Kriegergrab (Waffenbeigaben deuten in das 12. Jh.) in *Tell es-Sa'īdīye* nachweisen (J. B. Pritchard, BA 38, 1965, 14). Ein größerer A.vorrat fand sich auch in einem Haus in *Tell Bēt Mirsim* (E II-Zeit, Kelso-Powell).

Pal. Ausgrabungen zeigen negativ, daß man bei Mauerbauten A. nicht als Bindemittel benutzte; anders in Mesopotamien (Gn. 11_{3}), wo er beim Mauerbau und (so auch in Nordsyr., vgl. Naumann, Architektur, 53f) der Abdichtung von Fußböden und Kanälen Verwendung fand (Forbes 56–83). A. diente auch als Klebemittel für zusammengesetzte Geräte, Waffen, Schmuck und Möbel. Der beim Schiffsbau zu erwartende Gebrauch von A. (Gn. 6_{14}) ist für Pal. im AT nicht bezeugt.

Literatur: F. Bender, Geologie von Jordanien, Beiträge zur regionalen Geologie der Erde 7, 1968, 138f – R.J. Forbes, Studies in Ancient Technology I, 1955, 1–120 – R. Gradwohl, Die Farben im Alten Testament, Eine terminologische Untersuchung, BZAW 83, 1963, 19 – Ph.C. Hammond, The Nabataean Bitumen Industry at the Dead Sea, BA 22, 1959, 40–48 – J.L. Kelso/A.R. Powell, Glance Pitch from Tell Bet Mirsim, BASOR 95, 1944, 14–18. *H. Weippert*

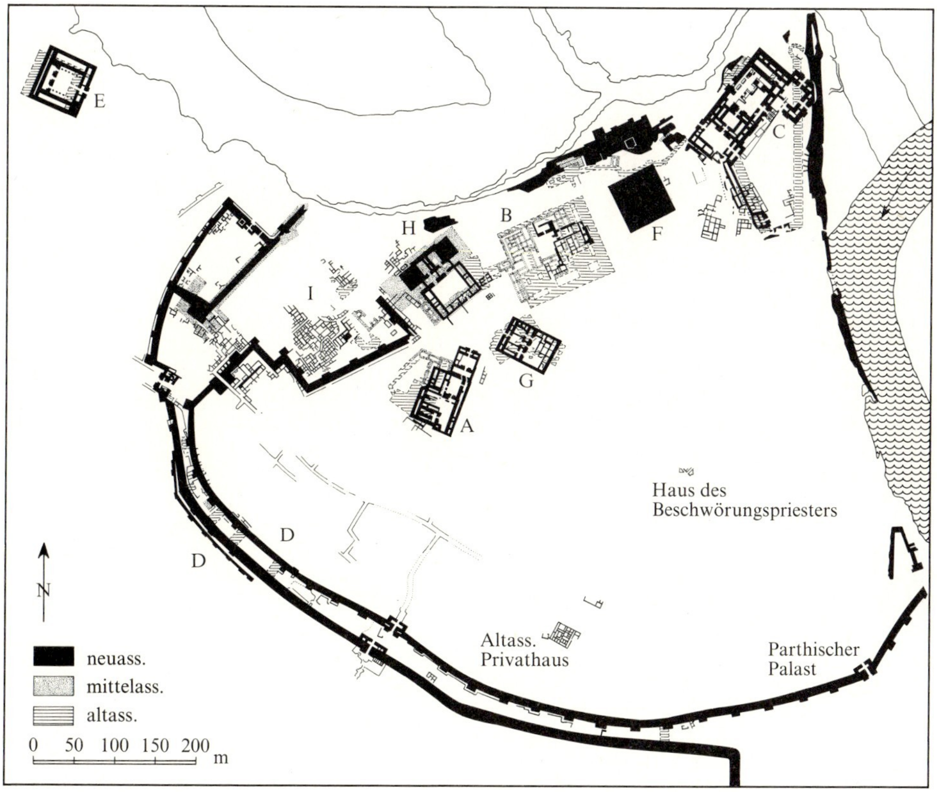

Abb. 5 **Assur** Stadtplan

Assur

A., das heutige *Qal'at Širqāt* (35° 28′ nördl. Breite/43° 14′ östl. Länge) liegt am Westufer des Tigris ca. 25 km oberhalb der Mündung des Unteren Zab auf einem Ausläufer des *Gebel Ḥamrīn.* Die alte Hauptstadt des Assyrerreiches (neben →Ninive, *Kalḫu, Kār-Tukultī-Ninurta, Dūr-Šarrukīn*) wird im AT nicht genannt (*'Aššūr* dagegen mehrfach als Bezeichnung des Assyrerreiches: z.B. Ho. 7_{11} 9_3 Jes. $10_{5,13,24}$). Die 1821 von C.J. Rich entdeckten Ruinen wurden 1903 bis 1914 von W. Andrae und seinen Mitarbeitern teilweise ausgegraben. A. bestand demnach aus einer stark befestigten Altstadt mit Kult- und Repräsentationsbauten im Norden und einer Neustadt im Süden.

Die Zeit der Gründung von A. kennen wir nicht. Schicht H des archaischen Ištar-Tempels (Abb. 5:A) gehört an den Beginn der Periode Frühdynastisch III (ca. 2550), die folgende Baustufe G mit reichem Kultinventar (Beterstatuetten) ans Ende dieser Periode. In der Akkadezeit (um 2300) wurde nordöstl. dieses Tempels ein großer Palast (B) mit festungsartigen Mauern, fast quadratischem Grundriß (110 × 98 m) und Gruppierung der Räume um vier große und sechs kleine Höfe geplant, aber wohl nicht ausgeführt (Fundamentgräben erhalten). Ein großes Wohnhaus unter dem späteren Sîn-Šamaš-Tempel gehört in die gleiche Zeit und lehrt, daß der Siedlungsschwerpunkt damals im Norden des Stadtgebietes lag.

Während der Regierung des Amar-Suena von Ur (ca. 1981–1972) baute ein Zāriqum, Statthalter von A., am Ištar-Tempel (A). Die Selbständigkeit des ass. Staates beginnt kurz danach: Ušpia, einer der Fürsten, die nach der Königsliste „in Zelten wohnten", soll den A.-Tempel (C) gegründet (E. Ebeling/B. Meißner/

E. F. Weidner, Die Inschriften der altassyrischen Könige, 1926, Nr. XX 2), Kikkia die Stadtmauer (D) errichtet haben (ebd. Nr. XIV 1). Durch eigene Inschriften ist zuerst Ilušuma (um 1880) bekannt, der die Mauer erneuerte, die in der Folgezeit von vielen Königen repariert und erweitert wird. Im Norden der Stadt war beim A.-Tempel eine bes. starke Bastion errichtet, im Osten verlief die Befestigung als Kaimauer am Tigris; Süden und Westen wurden im Lauf der Jahrhunderte durch eine doppelte Mauer geschützt, vor der seit Tukultī-Ninurta I. (1244–1207) ein Graben verlief. Die Innenmauer war mit Türmen bewehrt, die in ca. 30 m Abstand jeweils um 4 m aus dem Mauerverband vorsprangen. Vier Tore mit tiefen Torkammern sicherten die Zugänge.

Erišu I. (ca. 1876–1836) hat nach einer in Kültepe (Kappadokien) gefundenen Inschrift den A.-Tempel (C), das zentrale Heiligtum der Stadt auf dem Nordostsporn des Hügels, dessen Gründung nicht sicher auszumachen ist, umgebaut. Wenig später gab Šamši-Adad I. (ca. 1750–1717) dem Tempel die Gestalt, die er bis in die ass. Spätzeit behielt: ein langrechteckiger Bau (110 × 60 m) mit drei großen Höfen, dem Allerheiligsten im Norden, an den sich nach Süden ein schiefwinkliger Vorhof mit doppelten Raumreihen im Westen und einfacher Raumreihe im Osten anschloß. Erst Sanherib (704–681) veränderte den Kultbau dadurch grundsätzlich, daß er der Cella einen quadratischen Vorhof mit Nebenräumen zuordnete, die dadurch zu einem Langhaus mit Zentralachse statt Knickachse wurde. Er legte auch die Prozessionsstraße zum ebenfalls von ihm gegründeten Neujahrsfesthaus (E) (*[bīt] akītu;* Grundriß: AOB 482) nordwestl. vor der Stadt an. Spätestens seit Salmanassar III. (858–824) ist dem A.-Tempel die große Ziqqurrat (F) (Grundfläche 60 × 60 m) zugeordnet, die ursprünglich vielleicht von Šamši-Adad I. dem Gott Enlil geweiht worden war.

Südl. vom Alten Palast, über dem in alt- und mittelass. Zeit neue Palastbauten errichtet wurden, zuletzt von Assurnasirpal II. (883–859), der hier auch die erste der Königsgrüfte eintiefte und belegte, wurde von Aššurnārārī I. (1518–1492) der erste Doppeltempel (G) für Mond- und Sonnengott (Sîn und Šamaš) gegründet. Der rechteckige Bau (60 m breit, 24 m tief) beeindruckt durch seine in breiten Pfeilern gestufte Stirnwand mit monumentalem, turmbewehrtem Eingang und durch die Symmetrie seines Grundrisses: vom Zentralhof gehen links und rechts Querraum-Vorcella und Langraum-Cella für jeden der Götter ab. Gleiche Gestaltung der Kulträume bei Fehlen der Monumentalisierung zeigen die Nachfolgebauten Tukultī-Ninur-tas I. und Assurnasirpals II. an gleicher Stelle.

Nordwestl. von diesem Doppeltempel lagerte ein zweiter, den Göttern Anu und Adad geweiht (H). Er wurde auch in mittelass. Zeit von Aššur-rēš-iši I. begonnen, von seinem Sohn Tiglathpileser I. (1115–1076) vollendet (Rekonstruktion: ANEP 755; AOB 481). Zwei Tempeltürme (je 36,6 × 35,1 m Grundfläche) überragen die Cellen, die wieder als Langräume hinter breiten Vorcellen angeordnet sind und von einem rechteckigen Vorhof mit monumentalem Torbau aus zugänglich waren. Der Neubau durch Salmanassar III. hält auch hier mit leichter Modifikation am alten Schema fest.

Über dem archaischen Ištar-Tempel (A) führte Tukultī-Ninurta I. seinen Tempel der Ištar Aššurītu auf, einen Knickachstempel monumentalen Ausmaßes: Kultraum 32,5 × 8,7 m, Kultnische von 6,4 m Tiefe auf einem Podium, zu dem 16 Stufen hinaufführen. Angeschlossen war noch eine Kapelle der Dinītu. Fast an gleicher Stelle baute Sîn-šarra-iškun (629–612) den letzten ass. Tempel in A., den für Ištar, Nabû und dessen Gattin Tašmētum, eine harmonische, breit hingelagerte Raumgruppe (Rekonstruktion: ANEP 756).

Westl. dieses überwiegend kultisch bestimmten Stadtteils entstand unter Tukultī-Ninurta I. auf einer riesigen Terrasse der „Neue Palast“ (I), dessen Grundriß sich leider nicht mehr rekonstruieren läßt; in der Südostecke der Altstadt ließ Sanherib für seinen Sohn Aššur-ilī-bullissu noch einen kleinen Palast errichten.

Im Nordwesten der Neustadt, im Zingel zwischen Außen- und Binnenmauer, wurde eine Reihe der Beamten- und Königsstelen gefunden, deren Bedeutung noch nicht restlos geklärt ist. Die Funde an Rundplastik und Relief, Kleinkunst, Gebrauchsgegenständen und Tontafeln wurden auf die Museen von (Ost-)Berlin und Istanbul verteilt.

A. wurde 614 von den Medern erobert, geplündert und zerstört. Die Besiedlung riß aber nicht ab. Wohnhäuser lassen sich noch an verschiedenen Stellen im Stadtgebiet nachweisen, nahe dem A.-Tempel entstanden einfache Kultbauten. Als Xenophon 401 auf dem östl. Tigrisufer vorbeizog, erhielt er aus der Stadt Kainai Verpflegung. In parthischer Zeit standen in A. ein Statthalterpalast, eine Agora und noch einmal ein Tempel des Gottes Assor (parthische Form des Götternamens!).

Literatur: W. Andrae, Der Anu-Adad-Tempel in Assur, WVDOG 10, 1909 – ders., Die Festungswerke von Assur, WVDOG 23, 1913 – ders., Die Stelenreihe in Assur, WVDOG 24, 1913 – ders., Die Archaischen Ischtar-Tempel in Assur, WVDOG 39, 1922 – ders., Kultrelief aus dem Brunnen des Assur-Tempels zu Assur, WVDOG 53, 1931 – ders., Die jüngeren Ischtar-Tempel in Assur, WVDOG 58, 1935 – ders., Das Wiedererstandene Assur, 1938 – ders./H. Lenzen, Die Partherstadt Assur, WVDOG 57, 1933 – G. van Driel, The Cult of Aššur, 1969 – R. Frankena, Tākultu, de sakrale maaltijd in het assyrische ritueel, 1953 – A. Haller, Die Gräber und Grüfte von Assur, WVDOG 65, 1953 – ders./W. Andrae, Die Heiligtümer des Gottes Assur und der Sîn-Šamaš-Tempel in Assur, WVDOG 67, 1955 – C. Preusser, Die Wohnhäuser in Assur, WVDOG 64, 1953 – ders., Die Paläste in Assur, WVDOG 66, 1955 – W. Schwenzner, Das Nationalheiligtum des assyrischen Reiches: Die Baugeschichte des Aššur-Tempels Ehursagkurkurra, AfO 7, 1931/32, 239–251; 8, 1932/33, 34–45, 113–123; 9, 1933/34, 41–48. *W. Röllig*

Ausgrabung

1. Allgemeines. 2. Entwicklungsgeschichte. 3. Methodik. 4. Moderne Hilfsmittel.

1. Literarische Quellen und bildliche Darstellungen geben nur bedingt Zeugnis vom altorientalischen Leben, da sie sich meist auf wesentliche und einschneidende Ereignisse beziehen. Das alltägliche Leben wird dagegen nur selten dargestellt. Ziel der A.en ist es daher, einerseits den überlieferten Aussagen den allgemeinen Hintergrund zurückzugeben, aus dem sie sich erklären, andererseits aber auch das zu erheben, was seiner Selbstverständlichkeit wegen in den zur Verfügung stehenden Quellen keine bes. Erwähnung findet. Erst die Summe der durch A.en erhobenen Einzelinformationen über die Lebensumstände erlaubt sowohl ein einigermaßen getreues Bild als auch ein zutreffendes Verständnis. Ein wesentlicher Anstoß zu A.en ging von der Bibel aus, wodurch sich auch die Tatsache erklären läßt, weshalb Jerusalem bei den frühen A.en eindeutig im Mittelpunkt des Interesses stand.

Altorientalische Siedlungshügel entstehen durch Anhäufen von Siedlungsresten verschiedener Epochen. Eine Siedlung wird erbaut, nach einiger Zeit zerstört, wobei neben kriegerischen auch natürliche Ereignisse (z.B. Erdbeben, vgl. Am. 1₁ und dazu

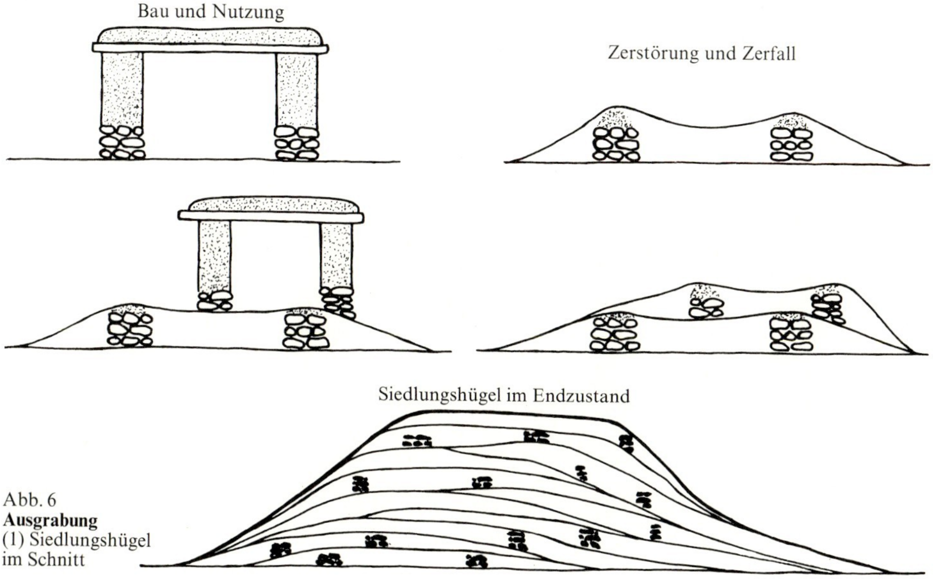

Abb. 6
Ausgrabung
(1) Siedlungshügel im Schnitt

J.A. Soggin, ZAW 82, 1970, 117–121) und Fahrlässigkeit (z.B. Brände) eine Rolle spielen können, und zerfällt schließlich durch Erosion. Bei neuerlichem Aufbau wird meist derselbe Platz gewählt, wofür Lage und Umgebung (Verteidigungsmöglichkeit, landwirtschaftliche Nutzung und →Wasserversorgung) mitentscheidend sind (Abb. 61). Da sich dieser Wechsel von Aufbau und Zerstörung in unregelmäßigen Abständen wiederholte und die Siedlungsreste meist nur planiert, aber fast nie in ihrer Gesamtheit entfernt wurden, was sich aus häufiger Verwendung von ungebrannten →Ziegeln als Baumaterial erklärt, wuchs die Ortslage Schicht um Schicht über das sie umgebende Gelände hinaus. Am Ende der Entwicklung steht ein mächtiger Siedlungshügel, *tell* genannt, der sich durch Form und Farbe deutlich von der Umgebung abhebt, wobei Höhen von mehr als 30 m keine Seltenheit sind. Diese große Höhe hat aber bisweilen zur Folge, daß durch Erosion jüngerer Schutt abrutschen kann und so ältere, tiefere Reste aufgedeckt werden. Mit Hilfe von Oberflächenuntersuchungen kann deshalb schon vor Beginn einer A. selbst ein gewisser Überblick darüber gewonnen werden, welche Epochen im Siedlungshügel vertreten sind. Setzt der beschriebene Entstehungsprozeß der Schichten dagegen erst spät ein oder wird er aus irgendeinem Grund auf Dauer unterbrochen, ist also die Anhäufung von Siedlungsresten vergleichsweise gering, so spricht man von einer *ḫirbe*, d.h. einem Ruinenhügel. Ziel jeder A. ist es nun, einen *tell* oder eine *ḫirbe* so abzutragen, daß die zu beobachtenden Schichten möglichst viele Aussagen zulassen.

2. In der Entwicklungsgeschichte der A. im pal. Raum lassen sich vier Phasen unterscheiden. Die erste ist durch den Beginn systematischer Untersuchungen überhaupt gekennzeichnet und wird durch archäologische Pioniere wie etwa Ch. Warren repräsentiert. Warren untersuchte 1867 Jerusalem (Underground Jerusalem, 1876), wobei er jedoch nicht flächig arbeitete, sondern an verschiedenen Stellen der Stadt tiefe Schächte in den Boden trieb, dessen bekanntester an der Südostecke des Tempelbezirks den Nachweis erbrachte, daß das herodianische Mauerwerk der Tempelplattform unterhalb der damaligen Oberfläche in weiteren 20 Lagen bis auf den gewachsenen Boden hinunterreicht. Mangels datierender Kriterien war es ihm jedoch unmöglich, nichtherodianische Mauern zeitlich festzulegen, während er das herodianische Mauerwerk anhand der Berichte des Josephus datierte. In den Jahren 1894–97 suchten F.J. Bliss und A.C. Dickie (Excavations at Jerusalem, 1894–1897, 1898) die Südmauer der Stadt der jud. Königszeit; die von ihnen gefundenen Mauern vermochten sie aber ebenfalls nicht zu datieren; sie erwies sich später als erst unter Herodes Agrippa I. erbaut (weitere Datierungsmöglichkeiten →Jerusalem, 3.e). Die Anfänge wissenschaftlicher A.en erbrachten also keine auch nur annähernd exakte chronologische Aussagen, sondern datierten ihre Baufunde im wesentlichen nach literarischen Quellen. Trotz solchen Mangels muß jedoch hervorgehoben werden, daß die Ausgräber der ersten Phase ausgezeichnete Stein-zu-Stein-Pläne erstellten, deren Objektivität und Genauigkeit es später ermöglichte, selbst verschiedene Bauphasen, die zuvor noch nicht erkannt worden waren, chronologisch zu trennen.

Die Anfänge einer verläßlichen Datierung gehen auf die Arbeiten W.M. Flinders Petrie auf dem *Tell ẹl-Ḥesī* (Tell el-Ḥesy [Lachish], 1891), *Tell Ǧemme* (Ger) und *Tell el-ʿAǧūl* (AG I–V) zurück. In dieser zweiten Phase der Entwicklung der A. wurde die Beobachtung gemacht, daß alte Ortslagen Schichtungen aufweisen, die bezüglich ihrer zeitlichen Abfolge Rückschlüsse zulassen. Petrie ging von der richtigen Annahme aus, daß die Kleinfunde, speziell die Keramik, der tiefen Schichten im Prinzip älter seien als die der höheren. Anhand der typologischen Unterschiede der Keramik der älteren und jüngeren Schichten stellte Petrie eine erste relative Keramikchronologie auf, die sich auch für andere Grabungsorte als brauchbar erwies. Gleichzeitig versuchte er, mit Hilfe der Mächtigkeit einzelner Schichten die zeitliche Dauer der jeweiligen Epoche zu ermitteln, ein Versuch, der scheitern mußte, weil die unterschiedlichen Möglichkeiten der Entstehung von Schichten und die sich daraus ergebenden chronologischen Konsequenzen noch nicht bekannt waren. Während die Grundlagen der Keramikchronologie gelegt waren, wurde die eigentliche Stratigraphie (die Schichtenfolge und ihre Aussage) erst in der folgenden Phase entwickelt.

G.A. Reisner und C.S. Fisher differenzierten bei ihren A.en in Samaria (1908–1910, HES I, II) erstmals zwischen sechs verschiedenartigen Schichtungen. Sie teilten die gefundenen Reste in geologischen, technischen oder Siedlungsschutt, bzw. in Auffüllung, Brandversturz sowie Schwemmschichten ein. Die Klärung der Entstehungsursache einer Schicht verfeinerte die Aussagekraft der in ihr enthaltenen Kleinfunde erheblich und wirkte sich dadurch auch positiv auf die Keramikchronologie aus. So konnten z.B. Objekte aus Auffüllungen als chronologisch unzuverlässig ausgeschieden werden, da ihr ursprünglicher Herkunftsort nicht mehr zu ermitteln war. Darüberhinaus definierten Reisner und Fisher typische Störungen, wie sie sich bei in älteren Schichten eingesenkten Gruben und Fundamentierungsgräben für jüngere Mauern sowie bei sekundärem Steinraub ergeben, d.h. bei der Wiederverwendung von Steinen älterer Mauern für jüngere Bauten. Reisner und Fisher entwickelten jedoch ihre stratigraphische Methode nicht konsequent weiter, sondern wandten zur Datierung die *locus-to-stratum*-Methode an, die später W.F. Albright für die A.en in *Tell Bēt Mirsim* (TBM I) übernahm. Die genannte Methode geht von den Fundorten *(loci)* aus und ordnet Fundorte mit vergleichbaren Inhalten dem gleichen Stratum, d.h. ein und derselben Schicht zu. Über die Zugehörigkeit zur gleichen Epoche entscheidet also in erster Linie die Identität der an verschiedenen Stellen gemachten Funde, nicht der Nachweis der Zugehörigkeit zur selben Schicht. Diese Methode steht in der Gefahr, bestimmte keramische Formen bezüglich ihrer datierenden Aussagekraft festzuschreiben und war darüberhinaus in der Folgezeit z.T. berechtigten Angriffen ausgesetzt, da sie zu sehr von der Architektur, nicht aber von der echten Stratigraphie ausging, die sich an der geologischen Stratigraphie als Vorbild orientiert. Von den *loci* aus die Straten zu erschließen, bedeutet eine Vorauswahl der *loci* im Sinne ihrer Aussagekraft zu treffen, d.h. nur einige *loci* bestimmen die Schichten, während die nachfolgenden Archäologen vom umgekehrten Postulat ausgehen (die Schichten bestimmen alle *loci*). Ferner ist darauf hinzuweisen, daß Fundorte ohne Kleinfunde nach dieser Methode faktisch stratigraphisch nicht eingeordnet werden können.

Seit dem Zweiten Weltkrieg hat sich in der vorläufig letzten Phase der Entwicklung der A. das rein stratigraphische Prinzip durchgesetzt. Die bekanntesten Fachvertreter sind der durch A.en in Indien hervorgetretene Sir M. Wheeler (Moderne Archäologie, 1960) und K.M. Kenyon (Archäologie im Heiligen Land, 1967). Die relative Datierung von homogenen Schichten und zutage tretenden Mauern wird nun nur noch durch ihr Verhältnis zueinander vorgenommen; so erweist etwa das unmittelbare Heranlaufen einer Schicht an eine Mauer beide als zeitlich gleich. Die absolute Datierung erfolgt erst im zweiten Schritt, bei dem die Fundinhalte der einzelnen Schichten (z.B. datierte Siegel oder Münzen) exakte *termini ante* oder *post* festlegen. Gleichermaßen erlaubt die rein stratigraphische A. aber auch neue Erkenntnisse über Keramikformen, die bezüglich ihrer Verbreitung und Lebensdauer in der Folge immer genauer eingegrenzt werden können und somit selbst als „archäologische Leitfossilien" datierende Qualität für A.en erhalten, bei denen keine anderen datierten Funde zutage kommen.

3. Moderne stratigraphische A.en gehen im wesentlichen nach folgenden Prinzipien vor, wobei der jeweilige Grabungsort gewisse methodische Änderungen erforderlich machen kann: das auszugrabende Terrain wird in einzelne, kleinere Flächen (Areale) aufgeteilt, die je nach Umständen zwischen 5 × 5 m und 10 × 10 m messen. Die Areale sind jeweils durch sich im Verlauf der A. ergebende Erdstege (Profile) voneinander getrennt. Mit Hilfe dieser Profile werden die Baulichkeiten und die beweglichen Kleinfunde eines Areals in eine relative Chronologie gebracht. Wenn nötig, so kann ein Areal durch Hilfsstege (Hilfsprofile) noch differenzierter untersucht werden (Abb. 6₂). Die gefundenen Schichten werden dann mit denen der angrenzenden Areale synchronisiert, wodurch sich ein Flächenplan für jede einzelne Schicht erstellen läßt. Sobald eine Epoche durch einen entsprechenden Plan dokumentiert ist, können die nun überflüssigen Stege zumin-

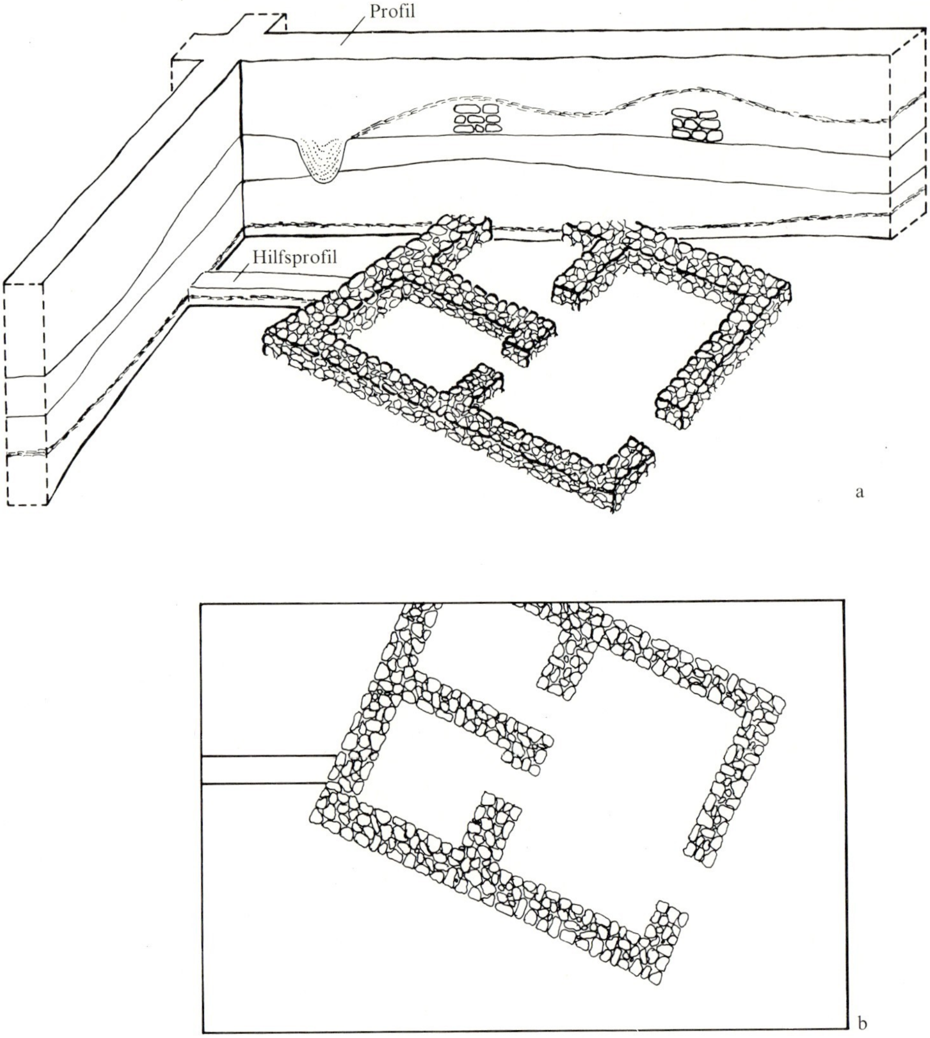

Abb. 6 **Ausgrabung** (2) Grabungsfläche in (a) perspektivischer Aufsicht und (b) im Plan

dest teilweise entfernt werden. Da jede A. letztlich eine kontrollierte Zerstörung eines einmaligen Zustandes darstellt, wird versucht, die gemachten Beobachtungen so genau wie möglich zu dokumentieren, damit eine spätere Neuinterpretation der A.sergebnisse nicht ausgeschlossen ist. Die Dokumentation umfaßt im wesentlichen Zeichnungen und fotografische Aufnahmen von Profilen und Grundrissen, sowie die Beschreibung der Kleinfunde, darunter speziell die dreidimensionalen Koordinaten der Fundstelle des Objektes. Interpretierend kommen Feldtagebücher hinzu, die die Beobachtungen verzeichnen. Z.T. verzichten einige Ausgräber darauf, alte Siedlungen in ihrer Gesamtfläche freizulegen, um eventuell später mit neuen Erkenntnissen oder Hilfsmitteln die bereits gesammelten Erkenntnisse durch eine Wiederaufnahme der A. noch weiter differenzieren zu können.

4. Die Interpretation archäologischer Befunde wird zunehmend von naturwissenschaftlichen Hilfsmitteln unterstützt: Luftaufnahmen, Messungen des elektrischen Bodenwiderstandes und Veränderungen des Pflanzenbewuchses erlauben die Lagebestimmung verborgener Mauern; Messungen des Magnetfeldes weisen auf noch nicht entdeckte Metallgegenstände hin; die Bestimmung des Gehaltes an radioaktivem Kohlenstoff organischer Funde ermöglicht in bestimmten Grenzen eine absolute Datierung auch dort, wo alle anderen datierenden Objekte fehlen; chemische Analysen weisen Herkunftsräume von Rohstoffen und damit Handelsbeziehungen nach; statistische Untersuchungen mittels elektronischer Datenverarbeitung erbringen bei ausgewählten Artefakten Aussagen über räumliche und zeitliche Einzelentwicklungen; dünne, geschliffene Proben, die aus keramischen Gefäßen entnommen werden, erlauben die Rekonstruktion der unterschiedlichen Herstellungsweisen von äußerlich scheinbar gleichförmigen keramischen Objekten. Anhand biologischer Untersuchungen von pflanzlichen (Samen, Pollen) und tierischen (Knochen) Resten lassen sich Fragen der Ernährungsweise wie auch der Landwirtschaft klären. Insgesamt gibt es bei einer A. wohl nur wenige archäologische Probleme, zu deren Lösung naturwissenschaftliche Hilfsmittel nicht beitragen können.

War die A. in ihren Anfängen eher eine Schatzsuche nach bestimmten Kostbarkeiten, so entwickelte sie sich über den Versuch, bekannte Fakten, etwa der Bibel, zu bestätigen, zur wissenschaftlichen A., deren Ziel die Erhellung des kulturellen und soziologischen Hintergrundes des Alten Orients ist.

Literatur: W.F. Albright, The Archaeology of Palestine, (1949[1]) 1963 – D. Brothwell/E. Higgs, Science in Archaeology, 1969[2] – R.E. Chaplin, The Study of Animal Bones from Archaeological Sites, 1971 – D.L. Clark, Analytical Archaeology, 1968 – G. Clark, Archaeology and Society, 1960 – R. Hachmann, Vademecum der Grabung Kamid el-Loz, Saarbrücker Beiträge zur Altertumskunde 5, 1969 – R.F. Heizer/S.F. Cook, The Application of Quantitative Methods in Archaeology, 1960 – K.M. Kenyon, Archäologie im Heiligen Land, 1967 – W.F. Libby, Altersbestimmung mit der C^{14}-Methode, 1969 – M.S. Tide, Methods of Physical Examination in Archaeology, 1972 – G.E. Wright, Archaeological Method in Palestine – An American Interpretation, EI 9, 1969, 120–133.

U. Müller

Axt

1. Allgemeines. 2. Typologie, a Flach-A., b Absatz-A., c Sprossen-A., d einfache und verzierte Tüllen-Ä.e, e Hellebarden-A., f Fenster-A., g Doppel-A.

1. Ä.e sind durch eine parallel zum Griff verlaufende Schneide definiert. Die im AT für die A. vorkommenden Ausdrücke können nicht sicher von denen für Geräte ähnlicher Funktionen (→Beilhacke, →Hacke, →Pflug, 2.) getrennt werden (JBL 68, 1949, 49–54): *garzēn* (Dt. 19_{5} – vgl. aber KAI Nr. 189 [Siloahinschrift] mit *grzn* = „Pike“), *kaššīl* (Ps. 74_{6}), **magzẹ̄rā* (2S. 12_{31}), **qardōm* (Jer. 46_{22}) und **'ẹ̄t* (2R. 6_{5}). Die verschiedenen in Pal. gefundenen A.typen lassen sich nicht einfach mit diesen Termini verbinden (vgl. aber Barrois 379). Das AT erwähnt die A. hauptsächlich beim Holzfällen, wozu es Darstellungen aus der Umwelt Pal.s gibt (z.B. →Abb. 90). Selten erscheint die A. im AT als Waffe (Jer. 46_{22}?); doch ist sie nur so in der Hand von Kriegern (Darstellung auf der Kriegervase aus Megiddo: AOB 24; Seevölkerkrieger von Enkomi: ASyr 166; vgl. auch Sinuhes syr. Gegner, der mit einer Streit-A. bewaffnet ist, TGI 5 Nr. 1), Jägern (Syria 5, 1924, Tf. 2), des Königs (?) (Boğazköy, ANEP 38) und Göttern (→Götterbild, männliches mit Abb. 30_{5}) zu erklären. Ferner stammen zahlreiche Funde aus Gräbern, bei denen die weiteren Beigaben sicherstellen, daß die Ä.e zur Bewaffnung des Bestatteten gehören.

2. Die folgende Übersicht ist nicht nach chronologischen, sondern nach typologischen Prinzipien geordnet.

2.a Einfache, im offenen Herdguß hergestellte (Gußform →Abb. 53_{1}) Kupfer- und Bronzeblätter von ca. 15 cm Länge (einige sind ca. 20 cm lang: FB I Tf. 98_{5075} II Tf. 81_{11538f}) verdrängten im ausgehenden CL und der FB-Zeit die bis dahin übliche Stein-A., ohne sie jedoch ganz zu ersetzen. Vor allem als Votivgaben lebten Ä.e aus z.T. kostbaren Steinen weiter (Meg I Tf. 101_{1-3}; SS III Abb. 117_{3} [röm.]). Die Schneide verläuft bei der Flach-A. entweder gerade (Meg II Tf. $182_{4-6,8}$) oder mehr geschwungen (Abb. 7_{1}). Flach-Ä.e aus Eisen tauchen in der E II-Zeit vereinzelt auf (EG III Tf. 218_{12}; Ger Tf. 26_{4}; Hazor II Tf. 106_{21} 165_{1} III–IV Tf. 221_{19}). Die rein funktionale Form dieser häufigen A. läßt keine lokale

Eingrenzung ihres Ursprungs zu. Nur für wenige in Syr.-Pal. gefundene Varianten mit seitlichen Vorsprüngen am Rücken (F. J. Bliss, A Mound of Many Cities, or Tell el Hesy Excavated, 1894, Abb. 168; EG III Tf. 192_{10}; AG I Tf. 21_{118} II Tf. 15_{80}; Ger Tf. 23_{25}; FB I Tf. 95_{1916f}) muß Ägypten als Exportland gelten. Die Verbindung von Blatt und Griff ist bei Flach-Ä.en so vorzustellen, daß man ein (Knie-)Aststück am oberen Teil spaltete, das Blatt einsetzte und durch Umwickeln sicherte. Zuweilen besitzt das Blatt ein Loch zur besseren Bindung (Meg II Tf. $182_{4-6,11,13}$; EG III Tf. 192_{4}; bes. häufig bei Ä.en aus Byblos, z. T. mit eingraviertem Hirschkopf: FB I Tf. $97_{3680,3890,4374f}$ 98_{3891}).

2.b Der Vorteil der in Pal. seltenen Absatz-A. (Abb. 7_{2}) liegt darin, daß ein Abgleiten des Stiels beim Schlag verhindert wird. Das früheste bekannte pal. Exemplar stammt aus Jericho (JerA Abb. 106, MB-Zeit?); aus der E-Zeit sind wenige eiserne Exemplare belegt (*Tell Ǧemme:* Abb. 7_{2}; *Tell el-Fārʿa* Süd: BP II Tf. 62_{17}; Megiddo: Meg I Tf. 83_{20}; *Tell el-Fārʿa* Nord: RB 58, 1951, Tf. 19_{6}). Das geringe Vorkommen der Absatz-Ä.e legt nahe, in ihnen Importstükke zu sehen (JerA 119f schlägt eine östl. Herkunft vor).

2.c Von der MB II-Zeit an ist die Sprossen-A. (Abb. 7_{3f}: aus *Tell el-ʿAǧūl* und Geser) in Pal. nachweisbar. Sie dürfte aus Kleinasien (vgl. KlBo 37f zu Tf. $2_{23f,26f}$) über Syr. nach Pal. gelangt sein, wo sie noch in der SB- und E-Zeit belegt ist (Deshayes II 54–60 und BSIA Abb. 104_{34}; Hazor II Tf. 150_{12f} III–IV Tf. 205_{3}). Die im ganzen Vorderen Orient und auch in Europa vorkommende Sprossen-A. ist durch zwei Vorsprünge am Blatt definiert, deren Funktion (zur besseren Verbindung mit dem Stiel? – Vgl. aber die durchbohrte A. in BSIA Abb. 104_{34}) unklar ist. Daß man Sprossen-Ä.e auch in Pal. herstellte, beweist eine in Geser gefundene Gußform (EG II Abb. 415, E-Zeit), deren seitliche Vorsprünge aber auffallend runde (sonst spitze!) Form haben.

2.d Um Blatt und Griff fest miteinander zu verbinden, bot sich die Ergänzung des Blattes um eine Tülle an. Wie in Mesopotamien waren solche Tüllen-Ä.e auch in Pal. gegen Ende des 4. Jt.s bekannt (vgl. die beiden Ä.e aus dem *Wādī Maḥras* in der jud. Wüste in CTr 100); doch geriet das komplizierte Herstellungsverfahren (Hohlguß, dazu →Metall, 3.) wieder in Vergessenheit, und erst in der MB IIA-Zeit kommt in Syr.-Pal. ein neuer Typ von Tüllen-Ä.en auf. Am Zusammenstoß von Blatt und Tülle besitzen diese Ä.e an der unteren Längsseite eine Einbuchtung (Abb. 7_{5}: aus *Tell el-ʿAǧūl*). Die bisher gefundenen Exemplare stammen zumeist aus Gräbern, die als weitere Beigaben Dolche enthielten, was eine Deutung dieser Ä.e als Waffen nahelegt (Deshayes II 78: Typ E3; J. B. Pritchard, The Bronze Age Cemetery at Gibeon, 1963, Abb. 34_{4}; R. Houston Smith, The Cemetery at Khirbet Kūfin, Palestine, 1962, Tf. 13_{6f}; ʿAtiqot HS 7, 1974, Tf. 9_{1-3}). Diese A.form fand keine direkte innerpal. Fortsetzung; vielmehr taucht in der E-Zeit ein anderer Typ ohne Einbuchtung und mit ausschwingender Schneide auf (Abb. 7_{6}: aus Megiddo; TBM III Tf. 62_{5}).

Auch Ä.e mit verzierter Tülle kommen in Syr.-Pal. seit der MB II-Zeit vor. Bes. aus Syr. (ein Exemplar aus Askalon) stammen Ä.e, die jeweils am Tüllenrand und an der Tüllenmitte einen Wulst aufweisen (Deshayes II 76: Typ E1a, b). Für Syr., Pal. und auch Kleinasien (KlBo 35f mit Tf. 2_{17-19}) sind ähnliche Ä.e mit einem Dorn am oberen Zusammenstoß von Tülle und Blatt bezeugt (Deshayes II 77: Typ E1c; Abb. 7_{7}: aus Jericho). Analoge Ä.e fanden sich in zwei Gräbern vom *Tell ed-Dabʿa* in Ägypten, die ferner je einen Dolch und syr.-pal. Keramik enthielten (MDAIK 23, 1968, Tf. 33c; 28, 1970, Tf. 17b, d). Die typisch pal. Form (einmal in Ägypten bezeugt) besitzt Vorsprünge am oberen und unteren Zusammenstoß von Tülle und Blatt sowie am oberen und unteren Tüllenrücken (Abb. 7_{8}: aus Megiddo; Deshayes II 77: Typ E2; J. B. Pritchard, The Bronze Age Cemetery at Gibeon, 1963, Abb. 51_{41}). Der fingerartig verlängerte Tüllenrücken und die nach unten eingebogene Schneide der Tüllen-A. aus Beth Sean (Abb. 7_{9}) weisen auf eine nordöstl. Herkunft hin (vgl. für Boğazköy: ANEP 38; für den Osten: Syria 11, 1930, 245–271). Reicher gestaltet sind die syr. Tüllen-Ä.e, unter denen zwei aus Ugarit hervorragen: die eine zeigt auf dem Tüllenrücken einen Eber (Ug I Tf. 22), die

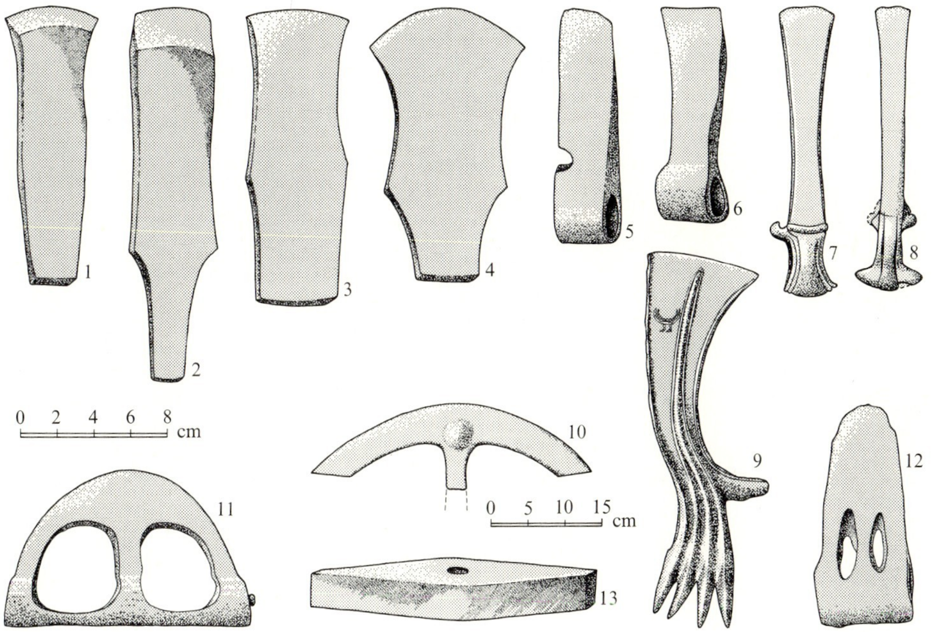

Abb. 7 **Axt** (1) Flachaxt, (2) Absatzaxt, (3,4) Sprossenäxte, (5–9) Tüllenäxte, (10) Hellebardenaxt, (11,12) Fensteräxte, (13) Doppelaxt

andere einen Löwenkopf (Syria 18, 1937, Tf. 19).

2.e Die bisher nur selten in Pal. gefundene Hellebarden-A. (mittlere und ausgehende FB-Zeit) besitzt eine gebogene Schneide und an der inneren, konkaven Blattseite einen breiten Zapfen zur Befestigung am Stiel (Jericho: Abb. 7_{10}; *Kəfar Monaš:* IEJ 18, 1968, Tf. 3C, dazu auch PEQ 107, 1975, 53–63; *Bāb ed-Drā', Tell el-Ḥesī:* BASOR 210, 1973, 54f Abb. 5_{1f}). In Byblos fand sich neben solchen Ä.en (FB I Tf. 96_{3070} II Tf. 134_{16707}) auch eine entsprechende Gußform (FB I Tf. 108_{5034}). Die außerpal. Exemplare (Mesopotamien, Kleinasien, Maxwell-Hyslop, Iraq 11, 118; Hillen; Stronach 120–125; Kenyon) zeigen mehrere Möglichkeiten, Blatt und Stiel zu verbinden. Typisch für die (jüngeren!) Luristan-Ä.e ist die Ausbildung des Zapfens zur reich dekorierten Tülle (J.A.H. Potratz, Luristanbronzen, 1968, Abb. 32–41), neben die ein undatiertes phön. Stück mit der Darstellung einer Göttin auf beiden Blattseiten zu stellen ist (MUSJ 45, 1969, Tf. 8A,B). Verlängerte man beide Blattenden, so ergab sich ein Blatt mit drei Zapfen, die man in einen gespaltenen Stiel einschob oder um ihn herumbog. Zusätzliche Nieten erhöhten den Halt (BASOR 210, 1973, 55 Abb. 5_3).

2.f Verband man die drei Zapfen mit einer Tülle, so entstand eine Fenster-A. mit annähernd halbkreisförmigem Blatt und darauf runden oder ovalen Durchbrechungen (= Fenster). Diese A. ist für Syr.-Pal. in der MB I-Zeit typisch (Megiddo: Abb. 7_{11} und Meg II Tf. 182_3; Sichem: DP I Abb. 54; aus der Gegend von *Der'ā:* EI 12, 1975, Tf. 1_2; Jericho: JerA Abb. 105; *Ma'bārōt:* IEJ 19, 1969, Tf. 14D; zusammenfassend: Dever 30 mit Anm. 31). Bei der in Ägypten (Semna-Süd) aufgetauchten Fenster-A. (Or NS 38, 1969, Tf. 38) dürfte es sich um ein syr.-pal. Exportstück handeln. Ein Zentrum für die Herstellung von Fenster-Ä.en scheint Byblos gewesen zu sein, wo sich neben prachtvollen, z.T. goldenen (FB II Tf. 119_{14434} 120_{14436} 134_{16708} $137_{16709f,16711}$) und silbernen (ebd. Tf. 120_{14439} 127_{14840}) Ä.en auch Gußformen fanden (FB II/1 Abb. 5_{6793} II

Tf. $184_{7402,7419}$). Ob der Typ ursprünglich mit den "porteurs de torques" (Ug II 55–64) zusammenhängt, ist unsicher (vgl. Hillen). In der MB IIA-Zeit kam die längere (ellipsoide) Variante mit ovalen Öffnungen auf dem Blatt auf. Die Funde aus Syr.-Pal. (Oren; BSNC 61–65; Dever 30f) weisen auf ein Zentrum in Ugarit hin (Abb. 7_{12} und Ug II Abb. 25 und 50 Abb. $18_{13f,17,29}$ IV 411 Abb. 51B und 224 Abb. $26_{4,6,12}$). Ein phön. Exemplar, dessen überreiche Dekoration eine praktische Funktion als A. zwar ausschließt, in seiner Formgebung aber von der Fenster-A. inspiriert ist (Syria 35, 1958, Tf. 1), dokumentiert die rein künstlerische Weiterentwicklung dieser wohl bereits damals archaisch anmutenden A., die deshalb als Votivgabe (so die Ä.e aus Byblos) und als Götterwaffe (ANEP 476, 499) beliebt war. Zur spärlichen Bezeugung der Fenster-A. in der Ägäis vgl. Catling, Bronzework, 107.

2.g Die Doppel-A. besitzt an ihrer dicksten Stelle, ungefähr in der Mitte des Metallstücks, ein Schaftloch. Im Unterschied zur →Hammer-A. sind beide Schlagseiten geschärft. Das früheste (Ende 4. Jt.) pal. Exemplar stammt aus dem Kupferhort aus dem *Wādī Maḥras* (CTr 113), das nächste gehört in die MB I-Zeit (Meg II Tf. 182_{7}). Häufiger ist die Doppel-A. in der E-Zeit belegt (*Tell Ǧemme:* Abb. 7_{13}; Meg II Tf. $183_{14f,24f}$; *Tell el-Fār'a* Nord: RB 58, 1951, Tf. 19_{9}; *Tell Qasīle:* Qadmoniot 6, 1973, 22). Bei der kleinen Doppel-A. aus Geser handelt es sich wohl um eine Votivgabe (EG II Abb. 394). Das Ursprungsland der Doppel-A. ist strittig (Catling, Bronzework, 88: Ägäis; Buchholz: Mesopotamien).

Literatur: A. G. Barrois, Manuel d'Archéologie Biblique I, 1939, 374–379 – Bonnet, Waffen, 16–42 – H. G. Buchholz, Zur Herkunft der kretischen Doppelaxt, 1959 – A. K. Dajani, Some of the Industries of the Middle Bronze Period, ADAJ 4/5, 1962, 55–75 – J. Deshayes, Les outils de bronze de l'Indus au Danube I, II, 1960 – W. G. Dever, MB IIA Cemeteries at 'Ain es-Sâmiyeh and Sinjil, BASOR 217, 1975, 23–36 – C. Hillen, A Note on Two Shaft-hole Axes, BO 10, 1953, 211–215 – K. M. Kenyon, A Crescentic Axehead from Jericho, and a Group of Weapons from Tell Hesi, Annual Report of the Institute of Archaeology, University of London 11, 1955, 1–9 – E. Kühnert-Eggebrecht, Die Axt als Waffe und Werkzeug im alten Ägypten, Münchner Ägyptologische Studien 15, 1969 – R. Maxwell-Hyslop, Western Asiatic Shafthole Axes, Iraq 11, 1949, 90–129 – dies., Bronze Lugged Axe – or Adze Blades from Asia, Iraq 15, 1953, 69–87 – E. D. Oren, A Middle Bronze Age I Warrior Tomb at Beth-Shan, ZDPV 87, 1971, 109–139 – Ch. Singer/E. J. Holmyard/A. R. Hall, ed., A History of Technology I, 1956³, 600–622 – D. B. Stronach, The Development and Diffusion of Metall Types in Early Bronze Age Anatolia, AnSt 7, 1957, 89–125 – Yadin, Warfare, 11–13 und *passim*. *H. Weippert*

Babylon

1. Allgemeines. 2. Entdeckungsgeschichte. 3. Geschichte. 4. Gesamtanlage und Wohnbauten. 5. Befestigungsanlagen. 6. Paläste. 7. Tempel. 8. Der Turm zu B.

1. B., heute ausgedehnte Ruinenstätte mit verschiedenen Hügeln (von Norden nach Süden: *Bābil, Muqallibe, Qaṣr, eṣ-Ṣaḥn, Išān 'Amrān, Išān el-Aḥmar;* Zentrum: *Merkez*) am Euphrat (32°33′ nördl. Breite/44°26′ östl. Länge), einstige Hauptstadt des bab. Reiches, von der Mitte des 2. Jt.s bis in hell. Zeit größte und bedeutendste Stadt Vorderasiens. Gn. 11_{1-9} (J, dazu mit Lit.: C. Westermann, Genesis, BK 1/1, 1974, 707–740) nennt B. als Ort des Turmbaus und damit der Hybris; von den Assyrern in Samaria angesiedelte Kolonisten aus B. (und anderen bab. Städten) erwähnt 2R. $17_{24,30}$. B. ist Symbol von Stolz und Übermut (Jes. 13f), es wird durch Jahwe selbst zum Untergang bestimmt (Jer. 50f). B. bei den Propheten als Stätte des Exils bezieht sich auf das Land Babylonien. Als „Mutter der Hurerei" ist B. als Deckname für Rom noch Apc. 17_{5} genannt.

2. Die Ruinen haben – schon wegen der irreführenden Angaben bei Her I 178–188 – bereits früh das Interesse von Reisenden (zuerst Benjamin von Tudela 1160) und Archäologen (erste Pläne von R. K. Porter 1817/20) auf sich gezogen. Systematische Ausgrabungen der Deutschen Orient Gesellschaft unter der Leitung von R. Koldewey legten 1899–1917 die zentralen Bauten der neubab. Stadt frei. Seit 1957 werden sie durch iraqische Archäologen und das Deutsche Archäologische Institut fortgeführt.

3. Über die Gründung von B. erfahren wir nichts; früheste Belege stammen aus der Akkade-Zeit (ca. 2200). Der Name B. ist ohne Deutung, akk. *Bāb ilim* (sum. *ká.dingir.ra*) „Gottestor" ist Volksetymologie. Von zentraler Wichtigkeit wird B. als Sitz der altbab. Dyn. Hammurabis: Sumu'abum erbaute in seinem ersten Jahr (ca. 1830) die Stadtmauer, Hammurabi selbst baute B. sicherlich aus (Teile seines Palastes in den untersten Schichten von

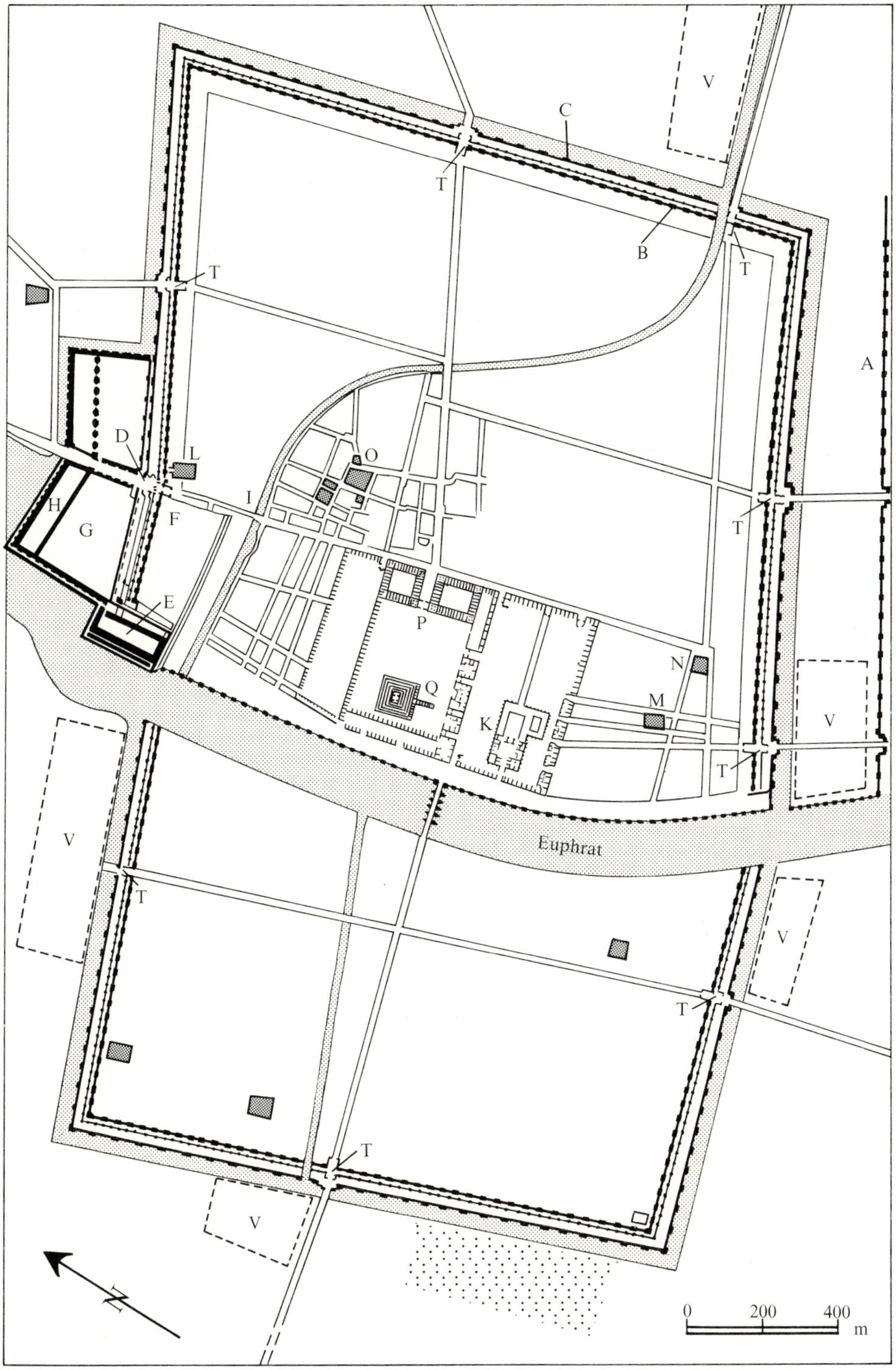

Abb. 8 **Babylon** (1) Stadtplan

Merkez entdeckt). Muršili I. von *Ḫatti* eroberte B. 1530 und führte seine Götter nach *Ḫana* fort; doch nahmen die Kassiten unter Agumkakrime B. zeitweilig wieder zur Hauptstadt. Eroberungen durch Tukultī-Ninurta I. von Assyrien (1240) und Kutir-Naḫḫunte II. von Elam (1176) sind überliefert. Die durch Nebukadnezar I. (1123–1101) erneut aufgebaute Stadt wurde durch Tiglathpileser I. um 1100 wieder zerstört, dann aber von den Königen und Regenten Babyloniens teils unter ass. Oberherrschaft als Residenz ausgebaut, bis Sanherib B. in einem Racheakt 689 vollständig einäscherte. Sein Sohn Asarhaddon errichtete zusammen mit Königin Naqi'a die Heiligtümer neu; doch gingen sie beim Bruderkampf Assurbanipal – Šamaš-šumukīn wieder in Flammen auf. Die folgende Chaldäerzeit sieht die Blüte B.s mit den gewaltigen Bauten Nebukadnezars II. Kampflos geht es 539 in die Hand Kyros' des Großen über; die Achämeniden nehmen B. als ihre Winterresidenz. Nach einem Aufstand läßt Xerxes 478 die Heiligtümer schleifen, die Mardukstatue zerstören. Alexander residiert in B., beginnt mit einem Neubau des Turms und stirbt hier 323. Danach verliert B. an Bedeutung und verfällt allmählich.

4. Die Gesamtanlage von B. läßt sich nur unvollkommen rekonstruieren (Abb. 8₁). Die Altstadt am linken Flußufer (ca. 220 ha) wurde durch eine Neustadt am rechten Ufer erweitert; sie waren durch eine feste Brücke miteinander verbunden. Die Außenmauer Nebukadnezars (A) erweiterte die Altstadt sogar auf ca. 400 ha; doch ist es nicht wahrscheinlich, daß das gesamte Stadtgebiet jemals besiedelt war. Vororte (V), die die Texte nennen, sind wohl Dörfer der Peripherie. Das Zentrum mit den großen Kultbauten lag in *Merkez;* die hier ausgegrabenen Wohngebiete zeigen eine dichte Verflechtung bab. „Hofhäuser" verschiedener Größe zwischen relativ geradlinig verlaufenden Straßen.

5. Die Befestigungsanlage der neubab. Zeit umschloß mit einer Innenmauer (B) und der 7,2 m davor angelegten Außenmauer (C) nebst Stadtgraben Alt- und Neustadt mit einer Gesamtlänge von 8150 m. Die Mauern waren mit Türmen bewehrt und beim Ištar-Tor (D) durch Vorwerk und Nordburg bes. gesichert. Eine „Äußere Mauer" im Osten und Süden schloß den Sommerpalast mit ein und erreichte eine Länge von 18 km. Die Hauptmauern wurden von neun Toren (T) durchbrochen.

6. Paläste hatte B. mindestens drei: Im Norden lag weit außerhalb der Altstadt der sogenannte „Sommerpalast" (heute *Bābil*), ein quadratischer Bau von ca. 180 m Seitenlänge mit Repräsentations- und Wohnräumen, aber ohne Palastkapelle. Im Nordwesten der Altstadt lag der große Komplex der „Südburg" (E) (Stadtschloß), deren fünf Raumkomplexe rund 50000 m^2 bedecken. In ihrem Nordost-Teil wurden die Substruktionen des Gewölbebaus der „Gärten der Semiramis" (F) gefunden. Sie lagen in unmittelbarer Nähe des Ištar-Tores (D). Im Norden schloß sich das sogenannte „Museum" (G), die „Hauptburg" Koldeweys an. Es folgte noch die festungsartige „Nordburg" (H) parallel zum nördl. Vorwerk.

7. Tempel sind in der „Stadtbeschreibung" in erheblicher Zahl aufgeführt, ausgegraben sind fünf selbständige Heiligtümer. In unmittelbarer Nähe des Ištar-Tores (vgl. ANEP 760f; AOB 373), das mit seinen gewaltigen, mit farbigen Fayence-Ziegeln geschmückten Tortürmen den Abschluß der Prozessionsstraße (I) (vgl. ANEP 762; AOB 372) vom Marduk-Heiligtum (K) her bildete, lag der Ninmaḫ-Tempel (L). Bei einem Umfang von 53,4 × 35,4 m ist er mit Breitraumcella und -vorcella ein typisch bab. Tempel. Ähnlich war der Tempel Z (M) südl. Esagila, abweichend aber der Ninurta-Tempel Epatutila (N), von dessen Hof aus drei Cellen ohne Vorcella zugänglich waren. Klaren Aufbau zeigt wieder der Tempel der Ištar (O) von Akkade, mit 37,2 × 31,07 m kleinster aber regelmäßigster Tempel B.s.

Von gewaltigen Dimensionen war das Haupttheiligtum des Stadtgottes Marduk *Esagila* „Haus, das das Haupt erhebt". In einem Zingel von ca. 40 × 500 m, der durch eine portikusartige Gebäudegruppe im Süden abgeschlossen, durch hallenartige Torbauten (P) im Osten zur Prozessionsstraße geöffnet war, erhob sich *Etemenanki,* der Hochtempel (Q). Der zugehörige Tieftempel *Esagila* im Süden mißt ca. 78 × 86 m und ist um einen Zentralhof recht regelmäßig geplant. Cella und Vorcella liegen im Westen; sie sind durch Tortürme bes.

betont. Ohne Bedeutung ist der östl. Anbau an dieses Heiligtum.

8. Der Tempelturm Etemenanki („Haus, das das Fundament von Himmel und Erde ist“) war von Xerxes zerstört worden. Alexander wollte ihn wieder errichten; doch wurden die von ihm begonnenen Aufräumungsarbeiten bis in jüngste Vergangenheit weitergeführt, und der Bau ist folglich nur in Umrissen zu rekonstruieren (Abb. 8_2). Um einen Kern von Lehmziegeln (61 × 61 m) war ein Mantel aus Backstein von ca. 15 m Dicke gelegt, so daß die Ziqqurrat 91,5 m im Geviert maß; sie war wahrscheinlich auch 91 m hoch. An der Südseite liefen seitlich zwei Treppen bis zur Höhe von ca. 30 m hinauf, eine Mitteltreppe im rechten Winkel dazu, endete bei einer Länge von 51 m und einer Breite von 9 m in einer Höhe von ca. 40 m. Die Gesamtanlage wird in fünf leicht geböschten, nach oben an Umfang und Höhe abnehmenden Stockwerken vorzustellen sein, auf deren oberster Plattform ein mit glasierten Ziegeln verkleidetes Heiligtum stand. Die Beschreibung bei Her I 181 und der sogenannten „*Esagila*-Tafel“ (Wetzel-Weissbach 38–56) lassen eine ungefähre Rekonstruktion zu: Bei einem Umfang von 24,5 × 22,9 m enthielt der Tempel einen überdachten Hof, die Cella für Marduk ohne Kultbild aber mit einem prächtigen Bett für den *hieros*

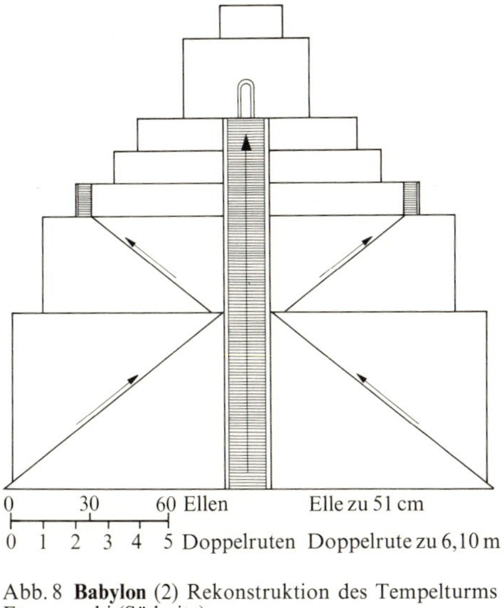

Abb. 8 **Babylon** (2) Rekonstruktion des Tempelturms Etemenanki (Südseite)

gamos und sechs Kulträume für weitere sieben Götter. Das Obergeschoß des Gebäudes, das siebte der ganzen Anlage, war durch eine Treppe erreichbar. Sein einziger Raum diente wahrscheinlich astronomischen Beobachtungen.

Literatur: Th. A. Busink, De Toren van Babel, zijn vorm en zijn beteekenis, 1938 – ders., De babylonische Tempeltoren, een Archaeologische en Stijlcritische Studie, 1949 – Th. Dombart, Der babylonische Turm, Der Alte Orient 29/2, 1930 – L. W. King, A History of Babylon, 1919 – R. Koldewey, Das wieder erstehende Babylon, 1925⁴ – ders., Die Pflastersteine von Aiburschabu in Babylon, WVDOG 2, 1901 – ders., Die Tempel von Babylon und Borsippa, WVDOG 15, 1911 – ders., Das Ischtar-Tor in Babylon, WVDOG 32, 1918 – ders./F. Wetzel, Die Königsburgen von Babylon 1: Die Südburg, WVDOG 54, 1931; 2: Die Hauptburg und der Sommerpalast Nebukadnezars im Hügel Babil, WVDOG 55, 1932 – A. Parrot, Ziggurats et Tour de Babel, 1949 – ders., Der Turm von Babel, Bibel und Archäologie 1, 1955, 63–108 – O. Reuther, Die Innenstadt von Babylon (Merkes), WVDOG 47, 1926 – W. von Soden, Etemenanki vor Asarhaddon nach der Erzählung vom Turmbau zu Babel und dem Erra-Mythos, UF 3, 1971, 253–264 – E. Strommenger, Grabformen in Babylon, Baghdader Mitteilungen 3, 1964, 157–173 – E. Unger, Babylon. Die Heilige Stadt nach der Beschreibung der Babylonier, 1931 – F. Wetzel/E. Schmidt/A. Mallwitz, Das Babylon der Spätzeit, WVDOG 62, 1957 – F. Wetzel/E. Unger, Die Stadtmauern von Babylon, WVDOG 48, 1930 – F. Wetzel/H. Weissbach, Das Hauptheiligtum des Marduk in Babylon, WVDOG 59, 1938. *W. Röllig*

Backen

B. ist Hausfrauenarbeit (1 R. 17_{12}), wird aber auch von Männern berufsmäßig ausgeübt (vgl. Gn. 40_1 für die Verhältnisse am äg. Hof), so daß in Jerusalem eine Gasse für die Bäcker reserviert war (Jer. 37_{21}). Gebacken wurde in der Regel für den Tagesbedarf (Mt. 6_{11}), oft sogar *ad hoc* zur Bewirtung des Gastes (Gn. 18_6); denn man aß gern frisches Brot (hebr. *lēḥem*, Jos. 9_{12}). Je nach Art des Backwerks wurden die Zutaten – Mehl, Wasser, Salz, Sauerteig, bei Spezialarten auch Öl, Dickmilch, Rosinen (hebr. *'ăšīšā, ṣimmūqīm*), Datteln (hebr. *'ešpār*), Gewürze – im Backtrog (hebr. **miš'ēret*) zum Teig geknetet *(LWS)* und dann geformt. Üblich waren scheibenförmige Fladen (hebr. *kikkār*) unterschiedlicher Dicke (vgl. den rollenden Laib Gerstenbrot in Jdc. 7_{13}), dünne Fladen (hebr. *rāqīq*), z.T. mit Loch in der Mitte, Ringbrote (hebr. *ḥallā*), die auf den Brotstab (ThZ 4, 1948, 154f; ZDPV 87, 1971, 206–208) zum Schutz vor Mäusen aufgesteckt wurden. Es scheint auch herzförmige Kuchen (2 S. $13_{6,8}$) gegeben zu haben. In

Geser (EG II Abb. 239) fanden sich längliche, dicke Brotlaibe. Für Ägypten sind Brote in Tierform belegt (AOB 184).

Bei der ältesten und einfachsten Backmethode ohne bes. Backgerät wurden ein größerer oder mehrere kleine Steine im Feuer erhitzt; der Teigfladen wurde auf die Steine gelegt, nach Garung der einen Seite gewendet (Ho. 7_{8}), mit heißer Asche zugedeckt und fertig gebacken. Den Vorgang zeigt eventuell ein mittelass. Siegelabdruck aus *Tell er-Rimāḥ* (B. Parker, Iraq 36, 1974, 185–187 mit Tf. 30). Dieses Glutaschenbrot (vgl. die Wiedergabe von *'ugā* in LXX mit *ἐγκρυφίας* und in Vg. mit *panis subcinericius* in 1 R. 19_{6} Ez. 4_{12}) war ungesäuert und wurde meist aus Weizenmehl, seltener aus anderen Getreidearten gebacken. Das B. mit dem arab. *ṣāǧ* genannten Gerät (konvexe runde Schale), das auf Steinen ruht und unter dem ein Feuer brennt, ist bis in die heutige Zeit bei den Beduinen in Syr. und Arabien üblich. In der B- und E-Zeit verwendete man flache, runde Tonschüsseln, deren konvexe Seite durch kleine, nicht durchgehende Löcher aufgerauht war (Abb. 9_{1}; vgl. Hazor III–IV Tf. 179_{20-22} 267_{9} 296_{16-18} u.ö.; SS III Abb. 284_{f}; Meg I Tf. 24_{26f} 28_{104}). Die Löcher dienten kaum einer besseren Wärmeleitung, sondern dazu, den flachen Fladen zu halten und ihn beim Wenden leichter abheben zu können. Heute wird der *ṣāǧ* aus Eisen hergestellt. Auch das AT kennt zwei z.T. eiserne Instrumente zum B., die Backplatte *maḥăbat* (Lv. 2_{5} Ez. 4_{3}), auf der mit Öl angemengter Grieß zum Speisopfer gebacken wurde und die dem *ṣāǧ* entsprechen wird, daneben die Backpfanne *marḥĕšet*, in der der Teig in Öl gebacken wurde. Das B. mit dem *ṭābūn* (arab.), einer tönernen Glocke von unten ca. 100 cm, oben ca. 30 cm Durchmesser, ist, wie G. Dalman (PJ 6, 1910, 31) erkannt hat, erst infolge der Holzarmut in byz.-arab. Zeit in Pal. üblich geworden und in der B- und E-Zeit offenbar unbekannt. Der vorherrschende Backofen der B- und E-Zeit war der *tannūr* (im AT die einzige Bezeichnung für Backofen, Lv. 2_{4} Ho. 7_{4}), der von innen geheizt wurde. Nach Niederbrennen des Feuers wurden die Brotfladen an die inneren Seitenwände des *tannūr* geklatscht oder auf die am Boden liegenden Steine gelegt. Der *tannūr* bestand aus einem oben etwas verengten

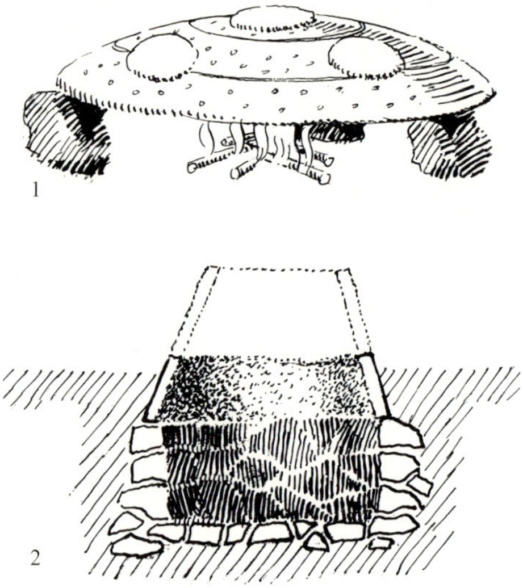

Abb. 9 **Backen** (1) Tönerne Backplatte, (2) Backofen (*tannūr*)

Tonzylinder (Abb. 9_{2}; vgl. die Verwendung eines Vorratskruges: Hazor III–IV Tf. $17_{2,4}$ u.ö.) und wurde meist zur Hälfte in die Erde eingegraben (vgl. jedoch BASOR 205, 1972, 33f). Oft befand sich neben dem Ofen eine Grube, die für besseren Luftabzug mittels eines unten am *tannūr* angebrachten Luftlochs sorgen sollte und den Backenden bequemeres Arbeiten ermöglichte (TH II 98f mit Abb. 47; TN I Tf. 93_{3f}). Neben diesen Backgruben gab es transportable Backöfen (vgl. AOB 184; BuA I Tf.-Abb. 63), wie auch aus Gn. 15_{17} hervorgeht. Auf den oben offenen *tannūr* konnte man außerdem einen Kochtopf stellen, um die Hitze besser auszunutzen.

Literatur: Dalman, AuS IV, 1–152 – M. Währen, Brot und Gebäck im Leben und Glauben des Alten Orient, 1967 – H. Wild, Art. Backen, in: W. Helck/E. Otto, ed., Lexikon der Ägyptologie I, 1975, 594–598.

M. Kellermann

Bad und Baden

1. B.ezimmer. 2. Waschschüsseln. 3. Waschmittel.

1. Obwohl das AT das B. und die partielle Körperreinigung (B.: 2S. 11_{2}; Gesicht: Gn. 43_{31}; Füße: Gn. 18_{4} 19_{2} – auch zu rituellen Zwecken: Lv. 14_{9} Ex. 30_{17-21}) wie selbstverständlich erwähnt, finden sich bei Ausgrabungen in Syr.-Pal. spezielle B.ezimmer aus vorhell. Zeit nur in Palästen. Sowohl im ersten (AG II Tf. 44_{1} V 24,

ca. 1750–1550) als auch im zweiten (AG II Tf. 44_4, ca. 1550–1500) Palast von *Tell el-'Ağūl* gab es ein B.ezimmer (vgl. auch →Abb. 62_3 mit dem Grundriß des Palastes von *Tell el-Fār'a* Süd, 13.–11. Jh.), das die Herrscher entsprechend äg. Sitte hatten einrichten lassen (zur äg. B.etradition, seit dem AR: Erman/Ranke, Ägypten, 201, 203). Der B.eraum des zweiten Palastes (Abb. 10_1) besaß einen schrägen Boden und einen Abflußkanal (a). In der linken Ecke befanden sich eine Art Sitz (b) und mehr nach der Mitte zu eine Toilette (c). Ein im B.eraum des ersten Palastes gefundener großer Krug (AG II 3) läßt vermuten, daß man beim B. den Körper mit Wasser übergoß. Um ein B.ezimmer handelt es sich wahrscheinlich auch bei einem Raum mit Bodenverputz und Abflußrohr in einem Gebäude auf dem *Tell Ğemme* (RB 82, 1975, 96f Tf. 8b, SB IIB).

Die B.ezimmer in den E II-zeitlichen Palästen von Zincirli und Arslan Taş gehen wohl auf ass. Anregung zurück (zur mesopotamischen B.etradition vgl. z.B. für das frühe 2. Jt.: A. Parrot, Mission archéologique de Mari II: Le Palais, Architecture, 1958, 178–180; für die E-Zeit: Mallowan, Nimrud I, 40f Abb. 7; II, 379 Abb. 306; 424 Abb. 352). Ein B.ezimmer besaß auch die wohl ass. Residenz in Lachis (L III 132f Tf. 22_5 23_1). Im B.ezimmer des Palastes von Zincirli stand eine kupferne, 129 cm lange B.ewanne (Sendsch V 118f Tf. 57b–d). Ähnliche, vielleicht auch tönerne Wannen (Beispiele in *Tell el-Fār'a* Nord, *Tell Abū*

Abb. 10 **Bad und Baden** (1) Badezimmer im 2. Palast von *Tell el-'Ağūl* (SB), (2) Tonmodell einer Badenden, (3) Fußbadewanne (E II), (4) Strigilis (hell.)

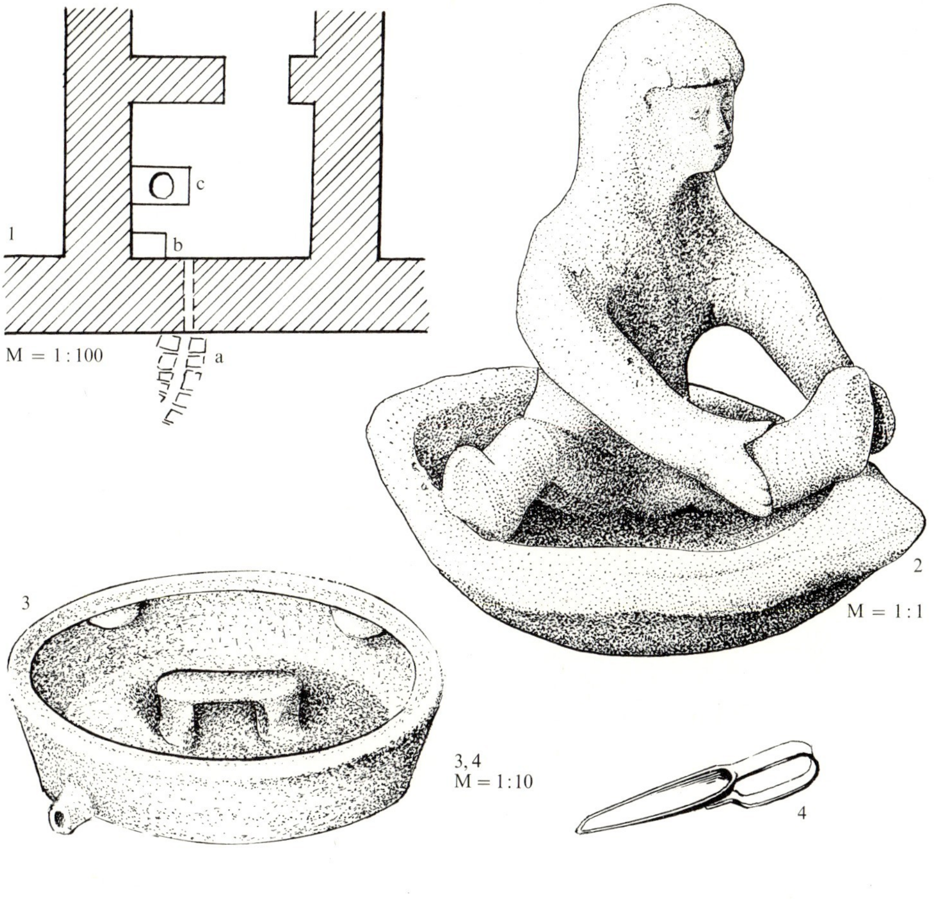

Hawām und Çatal Hüyük, RB 58, 1951, Tf. 16₁, ₃; QDAP 4, 1935, 24 Tf. 36₁₀₀; R.-C. Haines, Excavations in the Plain of Antioch II, OIP 95, 1971, Tf. 4B) müssen in den B.eräumen des Palastes von Arslan Taş vorhanden gewesen sein, wo entsprechend große Vertiefungen in den Böden (in Asphalt verlegte Kalksteinplatten) erhalten sind. Toiletten und unterirdische Kanalisationen vervollständigten die B.eanlagen (F. Thureau-Dangin u.a., Arslan Tash, Text, 1931, 25–28, 33 Abb. 11f).

Unter griech. Einfluß nehmen B.eeinrichtungen in hell. Zeit zu. Zahlreich sind verputzte Wannen und Becken etwa in Beth-Zur; doch dürften sie zu gewerblichen Zwecken (→Farbe und Färberei, 3.) genutzt worden sein (BASOR 150, 1958, 19f Abb. 4). Neben den in röm. Zeit üblichen öffentlichen oder privaten Bädern mit *frigidarium, tepidarium* und *caldarium* gab es rituelle jüd. Bäder in *Ḫirbet Qumrān* (Strobel), Masada (Y. Yadin, Masada, 1967², 164–167) und im Herodeion (RB 75, 1968, 424–427). Berühmt waren die Heilquellen am Toten Meer und die Thermen von Tiberias, Gadara und Kallirrhoë (Krauß, TalmArch I, 214–217).

Das B. in Flüssen (2R. 5₁₀₋₁₄: Jordan) und Teichen (J. 5₂: Bethesdateich) war im Pal. der vorhell. Zeit wohl selten, auch wenn es aus Ägypten z.B. durch den Typus der eine Schale haltenden „schönen Schwimmerin" bekannt ist (I. Wallert, Der verzierte Löffel, Ägyptologische Abhandlungen 16, 1967, 18–23), und ein ass. Relief aus dem 9.Jh. einen frei und zwei auf aufgeblasenen Tierhäuten schwimmende Flüchtlinge zeigt (A. Parrot, Assur, 1961, Abb. 47).

2. Aus der E II-Zeit sind verschiedene Typen von Waschschüsseln (Ps. 60₁₀: *sīr raḥaṣ*) bekannt. Eine kleine Tonfigur aus einem Grab in *ez-Zīb* (E II-Zeit) stellt eine Frau in einer Sitzbadewanne dar, die ihre Füße wäscht (Abb. 10₂). Mehrere E II-zeitliche Tonwannen können entsprechend (oder als Kinderbadewannen? vgl. Ez. 16₄) benutzt worden sein, da sie für normale B.ewannen zu klein sind (RB 58, 1951, Tf. 16₁,₁; Meg I Tf. 189₂; MegT Abb. 87; Hazor III–IV Tf. 187₁₀ 193, 232₁₉). Fußbadewannen mit einem Tritt für das Aufstellen eines Fußes begegnen in der E II-Zeit in Samaria (Abb. 10₃; SS III 185–187), *Tell el-Fār'a* Nord (RB 58, 1951, Tf. 16₁,₂), *Tell en-Naṣbe* (TN I Tf. 92₇) und Megiddo (Meg I Tf. 43₁₄). Ihre Deutung steht außer Zweifel, da analoge Wannen noch zu Beginn des 20. Jh.s als Fußbadewannen dienten (Dalman, AuS VII, 233).

3. Als Waschmittel benutzte man vegetabilische und mineralische Lauge (Jer. 2₂₂: *bōrīt* und *nēter*). *Šmn rḥṣ* = „Öl für Waschungen" nennen die Ostraka aus Samaria (KAI Nr. 186f u.ö.; dazu F. Israel, L'"olio da toeletta" negli ostraca di Samaria, Rivista degli Studi Orientali 49, 1975, 17–20); demnach war die in hell.-röm. Zeit übliche Sitte, sich nach dem B. mit Öl einzureiben, in Pal. wohl schon in der E II-Zeit bekannt. Das überschüssige Öl schabte man mit der Strigilis ab (Abb. 10₄: Strigilis aus *'Atlīt,* 4. Jh.).

Literatur: A. G. Barrois, Manuel d'Archéologie Biblique II, 1953, 190f – Dalman, AuS VII, 232–235 – H. Donner, Kallirrhoë: Das Sanatorium Herodes' des Großen, ZDPV 79, 1963, 59–80 – J. Jüthner, Art. Bad, in: Th. Klauser, ed., Reallexikon für Antike und Christentum I, 1950, 1134–1143 – Krauß, TalmArch I, 209–233 – E. Neufeld, Hygiene Conditions in the Ancient Israel (Iron Age), BA 34, 1971, 42–66 (bes. 50–55) – A. Strobel, Die Wasseranlagen der Hirbet Qumrān: Versuch einer Deutung, ZDPV 88, 1972, 55–86.

H. Weippert

Baum- und Gartenkultur

1. Allgemeines. 2. Fruchtbäume. 3. Gemüse und Gewürze.

1. Die seit dem 3. Jt. in Pal. seßhaften Bevölkerungsgruppen betrieben neben der Ackerwirtschaft auch den Anbau von Fruchtbäumen sowie von Gemüse- und Gewürzpflanzen (zu den klimatischen Voraussetzungen →Ackerwirtschaft, 1. und 2.). Sinuhe (TGI 4) nennt bes. die Früchte von Feigenbaum, Ölbaum und Weinstock. Bei der Belagerung von Megiddo (TGI 19 Nr. 4) errichtete Thutmosis III. einen hölzernen Wall aus abgeschlagenen Obstbäumen (vgl. die Ablehnung solcher Maßnahmen in Dt. 20₁₉). Darstellungen syr. Fruchtbäume finden sich auf Reliefs des NR (Wreszinski, Atlas II, 26ff) und solche Pal.s auf dem ass. Relief der Eroberung von Lachis (ANEP 371–374). Die hier abgebildete Trias von Feigenbäumen, Ölbäumen und baumartigen Weinstöcken ist für Pal. typisch (vgl. die Jothamsfabel in Jdc. 9₈₋₁₅). Als Ideal gilt in Israel das Ausruhen im Schatten von hochgeranktem Weinstock und Feigenbaum (Mi. 4₄ Sach. 3₁₀).

Nicht zufällig finden sich 40 pal. Ortsnamen, die mit Kulturbäumen und Pflanzen zusammenhängen (Borée, Ortsnamen, 110).

2. Auf durch Steinwälle (hebr. *gādēr*) gegen Füchse (Cant. 2_{15}) geschützten Feldern, die man zuvor entsteinte, wurde der Weinstock (hebr. *gēpen*; die Ranke: *zəmōrā*) mit guten Setzlingen angepflanzt und aufgezogen (Jes. 5_{1-7}). Der frei wachsende, baumartige Weinstock (Gn. 49_{11} Ez. 17_{6}) wurde gepflegt und mit dem Winzermesser geschneitelt (Kalender von Geser, →Ackerwirtschaft, 5.). Die Jungtrauben (hebr. *bōser*) waren noch säuerlich, und neben den guten Trauben (hebr. *'eškōl*) gab es auch noch verkümmerte Herblinge (hebr. *bə'ūšīm*). Man hat den Weinstock auch an anderen Bäumen hochranken lassen, bes. am Feigenbaum (Dalman, AuS IV, 328f). Weinlauben ohne Baumstützen begegnen in Ägypten (AOB 183; ANEP 156), mit Baumstützen in Assyrien (AOB 148f; ANEP 451, vgl. dazu P. Albenda, Grapevines in Ashurbanipal's Garden, BASOR 215, 1974, 5–17); die letzteren wird es in Pal. auch gegeben haben. Zur Erntezeit errichtete man eine Hütte im Weinberg (Jes. 1_{8}; →Laubhütte). Das war ein ca. 2 m hoher, aus unbehauenen Steinen aufgerichteter Rundbau oder ein Stangengerüst mit Zwischenboden – jeweils mit Laubdach. Hier war der Wächter zugleich gegen den starken Tau geschützt (Dalman, AuS IV, 316–318). Zu Most, Wein und Rosinenkuchen →Wein und Weinbereitung. Der Weingarten (hebr. *kērem*) „auf fettem Horn" (Jes. 5_{2}) war nicht selten zugleich auch Gemüsegarten (so wohl Ex. 22_{4} und sicher 1 R. 21_{2}).

Der Feigenbaum ist doppeltragend, er bringt Frühfeigen (hebr. *bikkūrā*, Ho. 9_{10}) und Sommerfeigen (hebr. *tə'ēnā*). Der Baum bedurfte der Pflege (Prv. 27_{18}); durch Betupfen mit Öl und Anstechen der Frucht beschleunigte man das Reifen. Überreife Früchte nannte man *šō'ārīm* (Jer. 29_{17}). Man aß die Früchte roh oder als Dörrfeigen. Nach Jes. 38_{21} diente der Feigenkuchen (hebr. *dəbēlā*) auch als Wundpflaster.

Der Ölbaum (hebr. *zayit, zēt šēmen*) liefert sowohl →Salbe als auch das für die menschliche Ernährung lebenswichtige Fett (J. Hoops, Geschichte des Ölbaums, FF 21/23, 1947, 35–38). Der Setzling mußte in den ersten Jahren sorgsam gepflegt werden; war der Baum kräftig genug, so konnte er Jahrhunderte alt werden. Olivenhaine wurden zumeist auf Terrassen der Berghänge angelegt. Man schlug die Oliven vom Baum ab (Dt. 24_{20}), preßte sie in der Kelter und reinigte dann das Öl (→Öl und Ölbereitung). Es ist Deputat der Soldaten und geht als Naturallieferung auch in die Fremde (1 R. 5_{25} Ho. 12_{2} Ez. 27_{17}). Mit den „Ölhölzern" in 1 R. $6_{23,\ 31-33}$ sind nicht die zum Bauen ungeeigneten Ölweiden gemeint, sondern irgendwelche harzigen Bäume (Fichten? vgl. Dalman, AuS IV, 163f).

Die Früchte des Granatapfelbaumes (hebr. *rimmōn*) waren wegen ihrer erfrischenden Säure (auch in Assyrien, vgl. AOB 139) geschätzt (auch zum Färben benutzt, →Farbe und Färberei, 2.a). Man nahm sie vor der Reife ab, damit sie nicht platzten (Cant. 4_{3}) und stellte aus ihnen auch ein Getränk her (Cant. 8_{2}). Verschiedene Ortsnamen sind mit *rimmōn* gebildet (Borée, Ortsnamen, 110, vgl. auch Dt. 8_{8} Hag. 2_{19}). Ein ass. Relief zeigt Diener mit Granatäpfeln und gerösteten Heuschrekken (AOB 139). Der Granatapfel war ein beliebtes Ornament, so an den Tempelsäulen (1 R. 7_{17f}), und findet sich in Originalen des 13./12. Jh.s an zypr. Dreifüßen mit angelöteten Ringen (Catling, Bronzework, Tf. 32 – dazu gehört auch das Stück aus Ugarit →Abb. 45_{10}); vgl. ferner eine Gußform für einen Bildstreifen (Kult-Diadem?) aus Ugarit (ASyr 787; Ug I Abb. 32) und eine Einzelbommel (MegC 20 Abb. 5). Der Granatapfel dürfte ein Fruchtbarkeitssymbol gewesen sein. Er begegnet als Webmuster auch am Gewand des jüd. Hohenpriesters (→Priesterkleidung, 2.) neben apotropäischen Glöckchen (Ex. 28_{33f}).

Die Sykomore oder der Maulbeerfeigenbaum (hebr. **šiqmā*) ist ein meist wildwachsender Baum mit weitschattenden Zweigen, an denen die kleinen, nicht sehr gut schmekkenden Früchte sitzen. Zur raschen Reife ritzt man die Früchte (Am. 7_{14}; weitere Deutungen von *bōlēs šiqmīm* bei Wright). Das Holz der Sykomore war geschätzt; der in 1 Ch. 27_{28} genannte Wächter im Krongut war Förster, nicht Gärtner. Da die Sykomore in der Niederung wächst, kann sie Amos (7_{14}) nur außerhalb seiner Heimat (Thekoa) kennengelernt haben.

Die Dattelpalme (hebr. *tāmār*) kommt nur in subtropischen Gebieten zur Reife und bedarf einer künstlichen Befruchtung (TH III Tf. 33). Plin NH V 14, 17 erwähnt Palmenwälder in der Jordansenke. Jericho hieß in jüngerer Überlieferung auch die „Palmenstadt" (Jdc. 1_{16} 3_{13} Dt. 34_{3}). Ein Relief aus Ugarit (ANEP 491), auf dem der Gott eine Palmwedelkrone trägt, könnte den Ba'al-Tāmār (Jdc. 20_{33}) darstellen. Vermerkt werden im AT der hohe schlanke Wuchs (Cant. 7_{8}) und die Zweige (Jes. 9_{13} Ps. 92_{13}), die man beim Laubhüttenfest (Lv. 23_{40}) und zu Huldigungen verwendete (1 Macc. $13_{37,\,51}$ J. 12_{13}). Südl. von →Bethel lokalisiert Jdc. 4_{5} die Deborapalme. In der Cave of the Pool südl. von Engedi fand man neben Kernen der Dattelpalme *(Phoenix dactylifera)* auch solche der *Hyphaene thebaica* (IEJ 12, 1962, 184f; zu Funden aus Arad und vom *Tell es-Seba'* vgl. Liphshitz/Waisel).

Auf Roll- und Stempelsiegeln der SB- und E-Zeit findet sich die Palme meist stark stilisiert (→Baum, sakraler) und in ähnlicher Weise auch auf SB II/E I-Zeit-Gefäßen (Amiran, Pottery, Tf. 38, 50, 61, Abb. 162; Hazor II Tf. 176) und auf Orthostaten des 9. Jh.s in *Tell Ḥalāf* (TH III Tf. 86), oft ohne Tiere (ebd. Tf. 70–78). TH III Tf. 33 zeigt eine an einen Palmbaum gelehnte Leiter, auf die ein Mann hinaufsteigt. Der sakrale Baum (Palme) mit Capriden findet sich auf nordsyr. Schmuckstücken (TH IV Tf. 1_{1-7}; Sendsch V Tf. 47b). Zahlreiche Elfenbeinreliefs u.a. von Arslan Taş und Samaria (→Abb. 19_{4-6}) vermitteln eine Vorstellung für die erheblich größeren Holzschnitzereien mit Palme und antithetisch angeordneten Keruben (→Mischwesen, 5.c), die nach 1 R. 6_{29} Ez. $41_{18\mathrm{ff}}$ die Innendekoration des salomonischen Tempels bildeten. Nach Ez. 41_{17-20} sollten auch die Pfeiler der Vorhof-Tore mit Palmen geschmückt sein (Steinreliefs?). Naturgetreuer dargestellt findet sich die Palme auf einem Schminkdosendeckel des 9./8. Jh.s aus Syr. (Museum of Fine Arts, Boston, Bulletin 62 Nr. 328, 1964, Abb. 13) und auf der Unterseite einer nordsyr. Handschale (→Kultgeräte, 2.c mit Abb. 45_{7}) des 8. Jh.s (Ars Antiqua AG, Luzern, Dezember 1964, Nr. 8 mit Tf. 2_{8}); vgl. ferner die Ritzbilder auf Räucherkästchen (hebr. *ḥammānīm*) des 5. Jh.s in *Tell Ǧemme,* Geser und Lachis (Ger Tf. 40_{1}; EG II 443 Abb. 524; L II Tf. 68).

Selten und spät wird für Pal. der Apfelbaum (hebr. *tappūaḥ,* Cant. $2_{3,5}$ 7_{9} 8_{5} Jo. 1_{12}) erwähnt, dem man in Assyrien häufiger begegnete; immerhin ist sein Anbau auch durch zwei Ortsnamen belegt (Jos. 15_{34} 16_{8}).

3. Da das Schlachten von Haustieren für die einfachen Bauern Pal.s eine Ausnahme war, kannte man als Tagesnahrung neben Brot (→Backen) und Obst (Feigen und Trauben) auch Mahlzeiten aus gekochtem Gemüse (hebr. *yārāq,* 1 R. 21_{2} Prv. 15_{17}). An Gemüsen werden Linsen (Gn. 25_{29-34}) und Bohnen (2 S. 17_{28} Ez. 4_{9}), Koloquinten-Gurken (2 R. 4_{39} Jes. 1_{8}), Melonen (Nu. 11_{5}) und Knoblauch (Nu. 11_{5}; KAI Nr. 214_{2}) erwähnt. Ferner sammelte man im freien Felde oder aus Gärten verschiedene Gewürze wie Dill, Kümmel (Jes. 28_{25}), Koriander (auch in Ugarit: *rḥ gdm* = Geruch von Koriander) und Dost (Ex. 16_{31} Nu. 11_{7}). Dill, Minze und Raute werden Mt. 23_{23} genannt; Lc. 17_{6} setzt den Anbau der Senfstaude voraus.

Literatur: B. Avigad / S. Berlinger / Z. Silberstein, Trees and Shrubs in Israel, 1963 – E. Boissier, Flora Orientalis I–V, 1867–1888 – Dalman, AuS I, II, IV, *passim* – H. Danthine, Le palmier-dattier et les arbres sacrés dans l'iconographie de l'Asie Occidentale ancienne, 1937 – B. Landsberger, The Date Palm and its Byproducts according to the Cuneiform Sources, AfO Beiheft 17, 1967 – N. Liphshitz/Y. Waisel, Dendroarchaeological Investigations in Israel, IEJ 23, 1973, 30–35 – I. Löw, Die Flora der Juden I, 1928; II, III, 1924 – M. Lurker, Der Baum im Alten Orient, in: M. Lurker, ed., In memoriam E. Unger, Beiträge zur Geschichte, Kultur und Religion des Alten Orients, 1971, 147–175 – F. Nötscher, Biblische Altertumskunde, 1940, 182–189 – W. E. Shewell-Cooper, Plants and Fruits of the Bible, 1962 – Z. Silberstein, Die Pflanze im Alten Testament, Studium Generale 20, 1967, 326–342 – I. Wallert, Die Palme im Alten Ägypten, 1962 – T. J. Wright, Amos and the "Sycomore Fig", VT 26, 1976, 362–368 – D. V. Zaitschek, Remains of Plants from the Cave of the Pool, IEJ 12, 1962, 184f.

K. Galling

Baum, sakraler

Der sakrale B. stellt eines der verbreitetsten Motive der vorderorientalischen Bildkunst dar, das sicher seit frühdynastischer Zeit belegt (D. P. Hansen, JNES 22, 1963, 159 Tf. 4) und durch alle Epochen bis in die romanische Kunst zu verfolgen ist (Schmökel). Das Bildmotiv des B.es läßt sich nicht – wie der oft dafür verwendete Begriff „Lebensbaum" nahelegt – in Anlehnung an Gn. 2_{9} $3_{22,\,24}$ auf die Tradition des Paradiesgartens zurückführen (zur „Pflanze des Lebens" vgl. C. Westermann, Genesis, BK 1/1, 1976², 288–292, 368–374), sondern auf das Motiv des Königs unter dem bes. Aspekt des Hirten (Genge). Daß dem B. gerade auch in dieser Tradition ein schützender und Leben spendender Charakter eignet, geht unter anderem auch aus Da. 4, der Vision des dann auf Nebukadnezar II. gedeuteten B.es hervor.

Ikonographisch lassen sich bei den B.darstellungen trotz einer großen Variationsbreite und verschiedener Grade von Abstraktion die Dattelpalme (Danthine) und äg. Papyrusdarstellungen (Hrouda, bes. zu volutenartigen Darstellungen) als Darstellungshintergrund feststellen. In seiner vollen Ausprägung begegnet der sakrale B. mit zwei antithetisch angeordneten Gestalten, so mit Ziegen (z.B. die Rollsiegel aus Ugarit, 14. Jh.: Abb. 11_{1f}; Stempelsiegel des 1. Jt.s: Abb. 11_{3}), mit Mischwesen (Stempelsiegel aus Megiddo, 9./8. Jh.: Abb. 11_{4}), mit Ziegen und Sphingen (Elfenbeinpyxis aus *Nimrūd*, 9./8. Jh.: Abb. 11_{5}) und mit Adoranten (Rollsiegel vom *Tell eṣ-Ṣāfī:* Abb. 11_{6}). Der sakrale B. kommt oft auch allein vor, bes. auf Gebrauchsgegenständen aller Art, so als Dekoration von Keramik der SB-Zeit (Amiran, Pottery, 161–165), auf Elfenbeingriffen von Fliegenwedeln (Barnett, Catalogue, Tf. 88f) oder von Spiegeln (ebd. Tf. 123_{U17}), als Dekoration auf der Rückseite von Kultschalen aus Stein (→Kultgeräte, 2.c mit Abb. 45_{7}; Galling) und auf den beiden Räucherständern aus Thaanach (→Kultgeräte, 1.a mit Abb. 45_{3}) und als Elfenbeinbesatz von Möbelstücken z.B. in Samaria (→Abb. 19_{4-6}; vgl. auch die elfenbeinerne Salbschale →Abb. 69_{5}). Schließlich ist auch das Volutenkapitell bzw. die Volutensäule nach dem Vorbild des B.es gestaltet (→Säule mit Abb. 68).

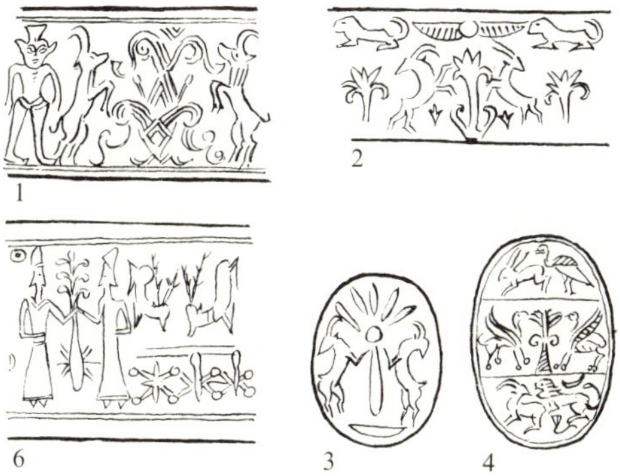

Abb. 11 **Baum, sakraler** (1–4, 6) Darstellungen auf Siegeln

Die weite Verbreitung des Motivs dürfte damit zusammenhängen, daß es bis in die Spätzeit seinen positiven, Leben fördernden Aspekt behalten hat.

Literatur: H. Danthine, Le palmier-dattier et les arbres sacrés dans l'iconographie de l'Asie Occidentale ancienne, 1937 – K. Galling, Die syrischen Salbschalen, ADPV 1978 – H. Genge, Zum „Lebensbaum" in den Keilschriftliteraturen, Acta Orientalia 33, 1971, 321–333 – H. Gese, Der bewachte Lebensbaum und die Heroen: Zwei mythologische Ergänzungen zur Urgeschichte der Quelle J, Festschr. K. Elliger, 77–85 = ders., Vom Sinai zum Zion, 1974, 99–112 – B. Hrouda, Zur Herkunft des assyrischen Lebensbaumes, Baghdader Mitteilungen 4, 1964, 41–51 – H. Schmökel, Ziegen am Lebensbaum, AfO 18, 1957/58, 373–378. *P. Welten*

Abb. 11 **Baum, sakraler** (5) Darstellung auf einer Elfenbeinpyxis (*Nimrūd*, 9./8. Jh.)

Beerseba

B. („Siebenbrunn", vgl. Gn. 21 28–31a – daneben von „schwören" = *ŠB'* abgeleitet in Gn. 21 22–27 und danach auch in 26 25–33) verdankt seinen Namen dem Wasserreichtum seiner Lage. Der Name hat sich in arab. *Bīr es-Seba'* erhalten, wo B. auch zu lokalisieren ist. Die Kontinuität des Namens sowie E-zeitliche und byz. Siedlungsreste in *Bīr es-Seba'* sprechen gegen die Gleichsetzung von B. mit *Tell es-Seba'/Tell el-Mešāš* (dazu ausführlicher M. Wüst, ZDPV 92, 1976, 72–75 gegen Y. Aharoni in: Beer-Sheba I 110, 115–118).

In den Lößböden des nordwestl. Negev gelegen, die Weizenanbau nur nach reichlichem Winterregen erlauben, ist B. südl. Randpunkt des isr. (gegenüber Dan: Jdc. 20 1 1 S. 3 20 u.ö.) bzw. jud. Siedlungsgebietes (2 R. 23 8 Neh. 11 30 2 Ch. 19 4) am Schnittpunkt der Verkehrswege vom Gebirge bzw. der Schephela in den Negev (vgl. 1 R. 19 3) und von der südl. Küstenebene zu den Siedlungen im *Wādī el-Mešāš* und *Wādī el-Milḥ*.

Die älteste Besiedlung von *Bīr es-Seba'* und der engeren Umgebung (*Bīr Abū Maṭar, Bīr eṣ-Ṣafadī, Ḫirbet el-Biṭār* u.a.) geht ins ausgehende CL zurück. Ihre Bevölkcrung trieb Ackerbau und Weidewirtschaft und besaß erste Kenntnisse der Metallverarbeitung (Kupfer, →Metall, 2.). Danach bestand erst seit dem 10. Jh. wieder (bes. 8.–5. Jh.) eine wohl unbefestigte Siedlung in *Bīr es-Seba'* (Sondagen im Stadtkern 1962–68), das atliche B. Diese Siedlung gewann Bedeutung durch ihren Kultort, Stätte der Verehrung des *'ēl 'ōlām* (Gn. 21 33) und Haftpunkt der Isaaküberlieferung (Gn. 26 25ff), wie denn auch die sekundären (H. W. Wolff, Amos, BK 14/2, 1969, 133f) Erwähnungen von B. in Am. 5 5 8 14 B. als jud. Wallfahrtsort bezeugen (vgl. auch 1 R. 19 3). In byz. Zeit waren in B. Truppen stationiert (EusOn 50 3; nach Notitia Dignitatum 34 18 Reiterei). Reiche Inschriftenfunde (vgl. Alt, Inschriften, 1–46), darunter bes. das Edikt von B. (ebd. 1–3), und die singuläre Ortsvignette der *Mādebā*-Karte (= Kastell?) lassen Berosaba in spätbyz. Zeit als einen Hauptort der Provinz *Palaestina Tertia* erscheinen.

Literatur: A. Alt, Die griechischen Inschriften der Palaestina Tertia westlich der 'Araba, 1921 – ders., Limes Palaestinae, PJ 26, 1930, 43–82; 27, 1931, 75–84 – Beer-Sheba I 1, 110, 115–118 – M. Dothan, Excavations at Ḥorvat Beter (Beersheba), 'Atiqot ES 2, 1959, 1–42 – J. Perrot, The Excavations at Tell Abu Matar, near Beerseba, IEJ 5, 1955, 17–40, 73–84, 167–189. *M. Wüst*

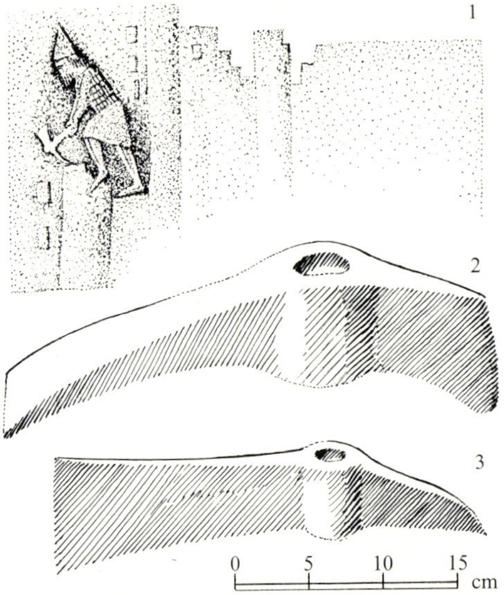

Abb. 12 **Beilhacke** (1) Ausschnitt aus einem ass. Relief, (2) Beilhacke, (3) Beilpicke

Beilhacke

Die B. ist ein Mehrzweckgerät, das die Funktionen von →Axt und →Hacke kombiniert. Wie bei der Axt verläuft eine Schneide senkrecht und wie bei der Hacke eine waagrecht zum etwa in der Mitte befindlichen Schaftloch; oft ist das Blatt der waagrechten Schneide leicht gebogen. Ein bes. hebr. Ausdruck (vgl. VT 9, 1959, 399–407) läßt sich für die B. nicht nachweisen; doch können entsprechend der Doppelfunktion die für →Axt und →Hacke üblichen Termini benutzt worden sein (bes. im Zusammenhang mit Steinbearbeitung: 1 R. 6 7 Ps. 74 6). Ass. Reliefs zeigen vom 9. Jh. an die B. häufig beim Zerschlagen von Mauern (Abb. 12 1). Aus Megiddo stammen die beiden ältesten aus Pal. bekannten B.en (Meg II Tf. 183 19f – vgl. die ebenfalls bronzene B. in Ca II Tf. 23 1); häufiger sind B.en aus Eisen von der E I- (BZ I Abb. 64) bzw. E II- bis in die röm. Zeit (aus Samaria: Abb. 12 2; SS III Abb. 113 8; TN I Tf. 96 17; EG III Tf. 193 6f; VT 9, 1959, Tf. 1; Levant 2, 1970, 21 Tf. 11 B). Entsprechende Typen im Osten, der Ägäis und auf dem

Balkan bei Deshayes. Tritt eine Spitze an die Stelle einer Schneide (Abb. 12_3; Sendsch V Abb. 107), so spricht man besser von Beilpicke.

Literatur: J. Deshayes, Les outils de bronze de l'Indus au Danube I, II, 1960: I 279–293 II 116–121 Tf. 38f. *H. Weippert*

Beinschiene

Nur bei der Rüstung Goliaths nennt das AT metallene B.n (1S. 17_6:**məṣāḥōt* pl.). Die Erwähnung stammt von einem Erzähler (nach Galling des 8. Jh.s), der B.n aus der griech. Welt kannte. Dort gehörten sie (oder lederne Gamaschen: Kriegervase von Mykene) zur Soldatenausrüstung. Die ältesten bislang bekannten B.n aus dem ägäischen Bereich (aus Dendra, 15. Jh.: Abb. 13_1) waren geschnürt; elastische B.n ohne Schnürung (z.B. aus Olympia, 6. Jh.: Snodgrass Abb. 29) kamen später auf (Belege bei von Merhart; Yalouris 51; Galling 163–165 und Catling, Bronzework, 140–142). Die in Karkemiš zusammen mit einem Gorgo-→Schild gefundenen elastischen B.n (Abb. 13_2) gehörten wohl einem dort (604) kämpfenden griech. Söldner; denn äg., pal. und ass. Soldaten trugen keine B.n (gegen BuA I 94). Auch Jes. 9_4 weist nicht auf metallene B.n, sondern auf lederne, bis fast unter das Knie reichende Schnürstiefel der ass. Soldaten, die ebenfalls Schutz boten (→Abb. 48_4 und Hrouda, Kulturgeschichte, 49f mit Tf. 8_{3-7}).

Literatur: Hrouda, Kulturgeschichte, 49f – K. Galling, Goliath und seine Rüstung, VTS 15, 1966, 150–169 (Lit.) – H. L. Lorimer, Homer and the Monuments, 1950, 250–254 – G. von Merhart, Geschnürte Schienen, 37.–38. Bericht der römisch-germanischen Kommission, 1956–1957, 91–147 – A. Snodgrass, Early Greek Armour and Weapons from the end of the Bronze Age to 600 b.c., 1964, 88–96 – N. Yalouris, Mykenische Bronzeschutzwaffen, MDAIA 75, 1960, 42–67. *H. Weippert*

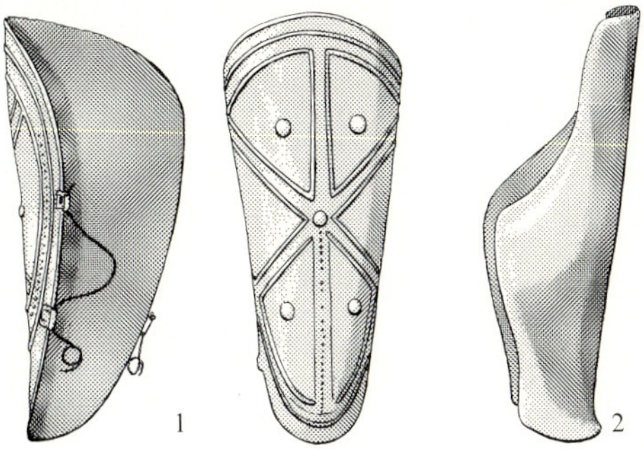

Abb. 13 **Beinschiene** (1) Aus Dendra, (2) aus Karkemiš

Belagerung

1. Allgemeines und atliche Berichte. 2. B. in vorass. Zeit. 3. B. seit der ass. Zeit. 4. B. in hell.-röm. Zeit.

1. Von offenen Feldschlachten wie dem Kampf „an den Wassern von Megiddo" (Jdc. 4f) kann man kaum hoffen, archäologische Spuren zu finden. Anders verhält es sich mit gegen Städte oder Festungen gerichteten B.skriegen. Die Maßnahmen der Angreifer sind bisweilen noch in Form von B.smauern und B.sdämmen (s.u. →4.) archäologisch nachweisbar. Reiches Bildmaterial (Zusammenstellung bei Yadin, Warfare), vor allem aus ass. Zeit, und zahlreiche Texte (zur akk. B.sterminologie: Salonen) liefern weitere Belege für B.sstrategie und -mittel. Deutlichere Spuren hinterließen die Maßnahmen der Verteidiger: die →Festungen und mauerbewehrten →Stadtanlagen (frühestes Beispiel aus dem NL →Jericho, 3.a) dienten in Kriegszeiten als Fluchtburgen, deren Widerstandskraft gegen die Belagerer von der Stärke und Höhe der Mauern, dem bisweilen der Mauer vorgelagerten Graben und einer guten →Wasserversorgung abhängig war (Na. 3_{14}: *mē māṣōr* = „Wasser für B.").

Zweck einer B. war es, die von Nachschub und eventuell auch von Wasser abgeschnittene Festung oder Stadt zur Unterwerfung zu bewegen (Dt. 20_{11f}), sie auszuhungern (2R. 6_{25-29}) oder im Sturm zu nehmen (Jdc. 9_{45-49}). Dazu war ein zahlenmäßig starkes Heer notwendig, das auch über ein differenziert geschultes Personal verfügte, das die B.sbauten ausführen und im ersten Stadium der B. die Fern- (→Bogen, →Schleuder), beim Sturm dann auch die Nahkampfwaffen (→Axt, →Dolch und Schwert, →Lanze) handhaben konnte. Die Israeliten verfügten bei der Landnahme über kein derartiges Heer, und dementsprechend schildert das AT die Eroberung kan. Städte durch die Israeliten als durch List (Jos. 2: Jericho; Jos. 8_{3-22}: Ai), Überraschung (2S. 5_{7f}: Jerusalem) oder göttliches Wunder (Jos. 6: Jericho) bewirkt (vgl. de Vaux 41 f). Erst als die Israeliten unter David ein starkes stehendes Heer besaßen, konnten sie B.en (hebr. *māṣōr,* vgl. Dt. 20_{19}) in ihre Kriegsstrategie einbeziehen. Erfolgreich war die von Joab begonnene (Abschneiden von der Wasserversorgung: 2S. 12_{26f}) und von David mit dem Sturm auf die Hauptstadt der Ammoniter

(→Rabbath-Ammon) beendete B. (dazu K. Galling, ThLZ 81, 1956, 66f). Eine friedliche Regelung erreichte Joab mit den Bewohnern von Abel Beth-Maacha, nachdem er mit der Aufschüttung eines B.swalles (hebr. *sōlălā;* nach Jer. 6_6 aus Holz = Palisadenzaun? – gegen das Fällen von Fruchtbäumen bei B.en wendet sich Dt. 20_{19f}; weiterer Terminus für B.swall ist *dāyēq* z.B. in 2R. 25_1, vgl. akk. *dayyiqu,* Salonen 26) und der Unterminierung der Stadtmauern begonnen hatte (2S. 20_{14-22}). In den Kriegen gegen die Assyrer lernten die Israeliten weitere B.smittel (z.B. Sturmwidder, hebr. *kārīm,* Ez. 4_2 21_{27}; vgl. auch hebr. **qəbōl,* Ez. 26_9) und B.stechniken kennen, die sie dann sicherlich auch ihrerseits anwandten (vgl. z.B. 1R. 16_{15}).

2. Daß die Israeliten erst unter David mit B.skriegen begannen, liegt daran, daß das junge Staatswesen erst dann über eine entsprechende Kriegsmaschinerie verfügte. B.en wurden jedoch im Vorderen Orient schon viel früher angewandt, wofür Zeugnisse aus Ägypten, Mesopotamien und Kleinasien vorliegen. So zeigt ein äg. Grabbild (Yadin, Warfare, 146; ANEP 311, um 2350) den Sturm äg. Soldaten auf eine asiatische Stadt. Eine Leiter hilft den Angreifern über die Stadtmauer, andere Soldaten unterminieren (mit Stangen?) die Mauer. Der Kampf findet außerhalb der Mauern statt (Ausfall der Belagerten?), während in der Stadt Frauen die Verletzten versorgen und eine Wache versucht, die bei der Unterminierung verursachten Geräusche zu lokalisieren (zwecks Gegenmaßnahmen?). Eine Sturmleiter auf Rädern zeigt ein etwa 100 Jahre jüngeres Grabbild (Yadin, Warfare, 147). Die auf ihr stehenden Soldaten schlagen mit Äxten eine Bresche in die Mauer, und zwei Soldaten unterminieren wiederum die Mauer. Die Darstellung des Sturmes auf die nubische Stadt Buhen (ebd. 158–161, um 1900) zeigt neben den mit Bogen, Äxten und Schilden kämpfenden äg. Belagerern auch ein dem ass. Sturmwidder ähnliches Gerät (ohne Räder): drei von einem (Leder-?) Dach gegen die Pfeile der Verteidiger geschützte Soldaten treiben eine Stange gegen die Mauer (Yadin, Warfare, 158–161). Detaillierter sind die B.sszenen syr.-pal. Städte aus der SB II- (Ramses II.: ebd. 228f; ANEP 334, 333) und E I-Zeit (Ramses III.: Yadin, Warfare, 364f; ANEP 344, 346). So tragen z.B. die unter Ramses II. Askalon erobernden Soldaten ein Schild auf dem Rücken, wenn sie die Sturmleiter besteigen oder mit der Axt gegen das Stadttor, den schwächsten Punkt der Fortifikation, vorgehen (Yadin, Warfare, 228; ANEP 334). Während sich die Abbildungen auf den Sturm einer Stadt konzentrieren, der die Unterwerfung der Verteidiger (angezeigt durch Räucheropfer und dem Angebot von Kindern als Geiseln an den Pharao, dazu O. Keel, Kanaanäische Sühneriten auf ägyptischen Tempelreliefs, VT 25, 1975, 413–469) und den äg. Sieg schon klar erkennen läßt, zeigen die Texte, daß längere B.en vorausgingen: so belagerte Thutmosis III. Megiddo angeblich sieben Monate (runde Zahl, eher vier Monate, vgl. TGI 20 Anm. 5), wozu er aus Fruchtbäumen einen Palisadenzaun errichtete, der durch einen Erdwall geschützt war. Nur wer sich den Ägyptern unterwarf, durfte die Stadt verlassen (TGI 19–21 Nr. 4f).

Aus Mesopotamien sind für das 3. und 2. Jt. keine so eindrücklichen Darstellungen belegt; doch beruht dies lediglich auf der lückenhaften Tradition. Eine fragmentarische B.sszene aus dem vorsargonidischen Palast in Mari beweist, daß auch in Mesopotamien die B.staktik bekannt war (Y. Yadin, IEJ 22, 1972, 89–94). Ferner bezeugen Texte des Mari-Archivs, daß der Sturmwidder schon im 18. Jh. eingesetzt wurde (Belege: Madhloum 9 Anm. 1). Nur wenig später erwähnt ihn ein akk. Text aus Boğazköy (H. H. Figulla/E. F. Weidner, Keilschrifttexte aus Boghazköi I, WVDOG 30/1, 1916, Nr. 11; dazu A. Goetze, Iraq 25, 1963, 128), der ihn als hurr. Waffe kennt. Derselbe Text besagt auch, daß der Widder auf einem Erdwall zur Stadtmauer gebracht werden soll. Die These, daß derartige B.smittel als Gegenmaßnahme zu speziellen Mauerkonstruktionen führten (Y. Yadin, Hyksos Fortification and the Battering-Ram, BASOR 137, 1955, 23–32), hat viel für sich; doch ist sie strittig (→Mauer, 3.).

3. Seit dem 1. Jt. gehörte zur ass. Kriegsführung die B.staktik, wobei die ersten längeren B.en in die Regierungszeit Assurnasirpals II. fallen (W. von Soden, Iraq 25, 1963, 140). Die Erweiterung des

Abb. 14 **Belagerung** (1) Ass. Sturmwidder bei der Belagerung von Lachis

Heeres um Söldnertruppen (seit Tiglathpileser III., vgl. W. Manitius, ZA 24, 1910, 97–149, 185–224) und technischen Hilfstruppen für Kriegsbauten (in sargonidischer Zeit, vgl. H. W. F. Saggs, Iraq 25, 1963, 148) bedeuteten eine Verstärkung des Militärpotentials. Die im Jahr 701 von Sanherib gegen jud. Städte angewandten B.smittel wie „B.sdämme, Einsatz von Sturmwiddern, Infanteriekampf, Untergrabungen, Breschen und Sturmleitern" (TGI Nr. 39) sind aus Darstellungen, bes. seit Assurnasirpal II., gut bekannt. Auf Ziegelbahnen fuhren Sturmwidder z. B. bei der B. von Lachis gegen die Stadtmauer an (Abb. 14_1; vgl. auch Yadin, Warfare, 408, 422f). Ihre mauerbrechende Wirkung verursachte ein (bisweilen zwei) aufgehängter Balken (Rekonstruktion: BuA I Abb. 33), den die im fahrbaren Gehäuse geschützte Mannschaft gegen die Mauer stieß (Hrouda, Kulturgeschichte, Tf. 24_{12f} 25_{3-6}; Madhloum). Die Bronzetüren von *Balawāt* zeigen statt dessen Rammwidder auf Rädern, deren gepanzerte Vorderspitzen die Mauer rammen (Abb. 14_2). Die Sturmwidder besaßen einen Turm, der – darin den oft dargestellten Leitern ähnlich (Yadin, Warfare, 392, 406 u.ö.) – den Sprung auf die Stadtmauer ermöglichte (ANEP 369). Den Rammstoß des Widders suchten die Verteidiger aufzufangen, indem sie ihn mit Hakenketten hochrissen (Yadin, Warfare, 393) oder in Brand setzten (Abb. 14_1 zeigt Löschversuche mit einer Kelle). Das Untergraben und Demolieren der Mauer (mit Lanzen) illustriert ein Palastrelief Assurnasirpals II. in *Nimrūd* (ebd. 392f). Ein weiteres dort gefundenes Fragment zeigt einen ass. Soldaten, der einen an einem Seil aus der Stadt in ein (unterirdisches?) Wasserreservoir hinabgelassenen Eimer abschneidet (ebd. 461; vgl. BASOR 206, 1972, 42–48). Die besiegte Stadt setzten die Assyrer in Brand (Yadin, Warfare, 446) und rissen ihre Mauern nieder (vgl. dazu →Abb. 12_1). Daß die Assyrer Wurfmaschinen (akk. *nimgallu* = große Fliege) bei B.en eingesetzt hätten, ist ebenso unwahrscheinlich wie die Notiz in 2Ch. 26_{14}, derzufolge das jud. Heer unter Ussia/Asarja sie besessen haben soll. Erst über die Griechen gelangten solche Maschinen in den Vorderen Orient (zusammenfassend: P. Welten, Geschichte und Geschichtsdarstellung in den Chronikbüchern, WMANT 42, 1973, 111–113). Texte wie 2R. 25_{1-4} Ez. 4_2 21_{27} 26_8 zeigen, daß die bab. B.stechnik sich der ihrer ass. Vorgänger eng anschloß. Analoges wird auch für die pers. Zeit gelten, obwohl der Einfluß griech. Kriegstechniken nicht zu unterschätzen ist, da griech. Söldner von nun an die entscheidenden Truppenkontingente in den Heeren des Vorderen Orients und Ägyptens stellten (Welten, a.a.O., 108–110).

4. Bei den in 1Macc. 11_{20} 13_{44} erwähnten B.sgeräten auf seiten der aufständischen Makkabäer handelt es sich um Nachbauten der erprobten griech. Türme (Diodor XVI 8: erstmals von Philipp von Mazedonien eingesetzt) und Torsionsgeschütze (ebd. XIV 42_1: um 400 in Syrakus erfunden), die spätestens seit dem Erscheinen Alexanders des Großen im Vorderen Orient bekannt gewesen sein müssen. Die B. der Inselstadt →Tyrus gehört zu den spektakulärsten B.serfolgen dieses Herrschers und liefert gleichzeitig ein gutes Beispiel für die hochentwickelte griech. Poliorketik. Um die von See und Land aus belagerte Stadt zu erobern, legte er einen 600 m langen Damm von der Küste zur Insel an, auf dem 20 Stockwerke hohe (50 m) Türme (= Helepolen, Abb. 14_3) gegen die Stadt gefahren wurden (wegen der Belastung

Abb. 14 **Belagerung** (2) Ass. Rammwidder

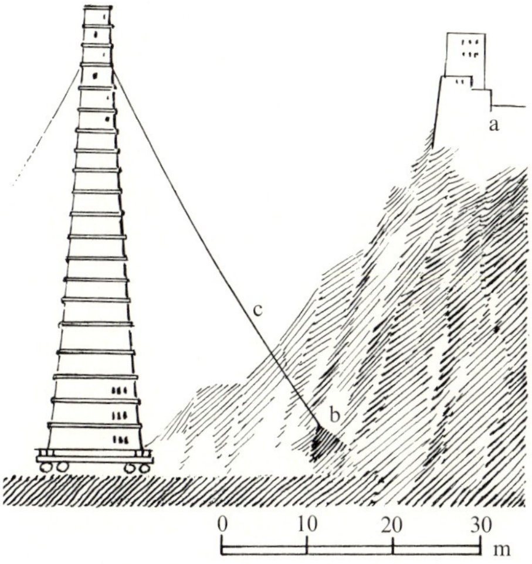

Abb. 14 **Belagerung** (3) Belagerungsturm (Rekonstruktion) bei der Belagerung von Tyrus

wohl auf Walzen, nicht auf Rädern). Die Türme überragten die Stadtmauer (a) und waren gegen herabrollende Steine und Balken durch kleine Aufschüttungen (b) und durch Vertäuung (c) gegen Umsturz gesichert. In den oberen Stockwerken befanden sich Bogenschützen und leichte Artillerie; eine Fallbrücke half zum Übergang auf die feindliche Mauer. Die von Belagerern und Belagerten verwendeten Torsionsgeschütze (Kromayer/Veith 227–243) untergliedern sich in Bogen- und Wurfgeschütze. Daneben waren weitherhin das Unterminieren und Zerstören der Mauern durch Sturmwidder üblich. Wenn Athenaios um 215 die Erfindung des Sturmwidders den Karthagern anläßlich der B. von Gades (→Tarsis) zuschreibt, kann man daraus schließen, daß er in direkter Linie von den Assyrern über die Phönizier und Karthager zu den Griechen gelangte (Galling, BRL[1], 93). Der Fortschritt der B.stechnik beruhte auf den Torsionsgeschützen, da sie den Abstand zwischen Belagerern und Belagerten vergrößerten.

Dies nutzten auch die in der Poliorketik stark von den Griechen abhängigen Römer (Kromayer/Veith 244f) aus, wie der gewaltige Umfang ihrer in Pal. erhaltenen B.swälle eindrücklich belegt. Ausführlich informiert Josephus über die B. der Städte Jotapata (JosBell III 141–339; vgl. in 213–221 die Beschreibung des Sturmwidders), Gamala (JosBell IV 4–83) und Jerusalem (ebd. V 47–VI 442); doch sind archäologische Spuren davon nicht nachgewiesen. Anders verhält es sich mit den röm. B.sbauten gegen die Festungen Machaerus und Masada, die den Aufständischen nach dem Fall Jerusalems (70 n. Chr.) als letzte Refugien dienten. Gegen die östl. des Toten Meeres liegende Festung(sstadt) Machaerus (Strobel) legten die Römer mehrere Lager an (die größeren auf den umliegenden Höhen), die durch eine etwa 2 km lange Circumvallation verbunden waren. Die Rampe im Westen blieb mit 85 m Länge unvollendet (um mit dem Bau einer Rampe außerhalb der Schußweite der Verteidiger zu beginnen, muß sie über 100 m lang sein!). Als die Belagerten den Kampf aufgaben, begannen die Römer mit der B. der Festung Masada (Schulten), die von 1000 jüd. Aufständischen besetzt war. Die 4,5 km lange, zwischen 1,5 m und 1,8 m breite Circumvallation (Abb. 14$_4$) war im Osten, wo kein Lager war, durch 12 Türme verstärkt (Y. Yadin, Masada, 1967[2], 215). In den acht Lagern (A-H; F = Lager des Kommandanten Silva; K = nach dem Sieg als

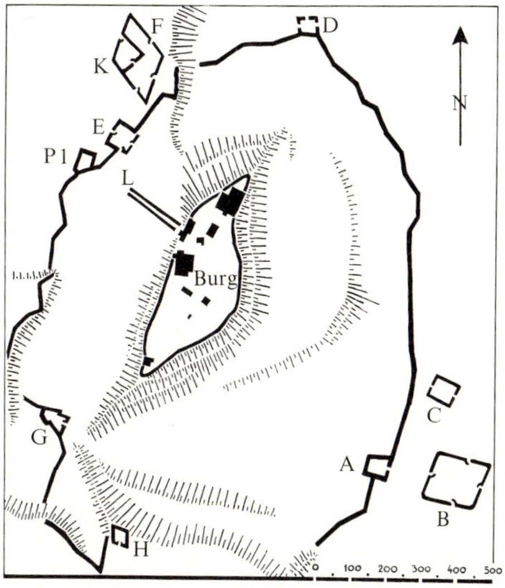

Abb. 14 **Belagerung** (4) Röm. Lager und Belagerungswall um Masada

röm. Garnison benutzt, Yadin, a.a.O., 218) waren 8000 Mann Besatzung stationiert. Die Rampe (L) im Westen ist fast 200 m lang; ihr Holzgerüst ist heute an einigen

Stellen sichtbar. Die Wirkung der Steingeschosse (dazu JosBell V 267–273) läßt sich an den nahe der Mauerbresche gefundenen Kugeln von der Größe einer Orange oder Grapefruit ablesen (Yadin, a.a.O., 156, 163). Für den Bau von B.smaschinen ist nahe der Rampe ein Bauplatz nachgewiesen (P1). Als der Fall der Festung nicht mehr aufzuhalten war, gaben sich die Verteidiger selbst den Tod. Ein dem von Masada vergleichbarer B.swall (Alt, Schulten 180–184) um Beth-Ter bezeugt das Ende des zweiten jüd. Aufstandes 135 n.Chr. (zur Geschichte: Strathmann). Die beiden noch erkennbaren röm. Lager befinden sich im Süden (M. Kochavi, ed., Judaea, Samaria and the Golan: Archaeological Survey 1967–1968, 1972, 37 [hebr.]); Luftaufnahmen lassen auch die Sturmrampe noch erkennen (Hinweis bei Y. Yadin, Bar Kochba, 1971, 193). Als sich nach dem Fall von Beth-Ter die letzten Aufständischen in Höhlen in der jud. Wüste zurückzogen, legten die Römer auch dort B.swälle und Lager gegen sie an (Y. Aharoni, The Caves of Naḥal Ḥever, ʿAtiqot ES 3, 1961, 151f).

Literatur: A. Alt, Das Institut im Jahre 1926, PJ 23, 1927, 5–51 (hier 12–15 zu Beth-Ter) – Hrouda, Kulturgeschichte, 91f – J. Kromayer/G. Veith, Heerwesen und Kriegführung der Griechen und Römer, Handbuch der Altertumswissenschaft IV 3/2, 1928 – T. Madhloum, Assyrian Siege-Engines, Sumer, 21, 1965, 9–15 – E. Salonen, Die Waffen der Alten Mesopotamier, Studia Orientalia 23, 1965, 25–38 – A. Schulten, Masada: Die Burg des Herodes und die römischen Lager, mit einem Anhang: Beth-Ter, ZDPV 56, 1933, 1–185 – H.D. Strathmann, Der Kampf um Beth-Ter, PJ 23, 1927, 92–123 – H. Strobel, Das römische Belagerungswerk um Machärus, ZDPV 90, 1974, 128–184 – R. de Vaux, Das Alte Testament und seine Lebensordnungen II, 1962, 41–45 – Yadin, Warfare, *passim*.

H. Weippert

Bergbau

1. Abgrenzung. 2. Erzvorkommen. 3. Abbau und Verhüttung.

1. Zum B. im weiteren Sinne gehört das Brechen von Bausteinen (dazu Y. Shilo/A. Horowitz, BASOR 217, 1975, 37–48), feineren Steinarten für Gefäße und Skulpturen (z.B. Alabaster in *Mənaḥēmīyā* ca. 18 km nördl. von Beth-Sean: I. Ben-Dor, QDAP 11, 1945, 93–96) und Edelsteinen (z.B. Abbau von Türkis im Sinai durch die Ägypter: W.M.Fl. Petrie, Researches in Sinai, 1906; R. Giveon, Investigations in the Egyptian Mining Centers in Sinai, TA 1, 1974, 100–108); doch soll im folgenden nur der B. im engeren Sinne, der Abbau von Erzen zur Metallgewinnung, behandelt werden.

2. Übertreibend sagt Dt. 8₉ vom pal. Kulturland, daß seine Steine Eisen (*barzēl*) enthielten und man aus seinen Bergen Kupfer (*nəḥōšet*) hauen könne. In Wirklichkeit sind die pal. Erzvorkommen bescheiden, und Kanaanäer wie Israeliten waren auf →Metall-Importe angewiesen; doch lassen die prophetischen Bildreden in Jes. 1₂₅ Jer. 6₂₉f Ez. 21₁₇₋₂₂ auf die Kenntnis der Silbergewinnung schließen (vgl. auch A. Guillaume, PEQ 94, 1962, 131f). Die detaillierte Beschreibung des B.s in Hi. 28₁₋₁₀ (vgl. G. Hölscher, Das Buch Hiob, HAT I/17, 1952², 69–73) zeigt, daß man in pers. Zeit sich auch eine Vorstellung von Bergwerken machen konnte. In der Tat finden sich Kupfererze in den zu beiden Seiten des *Wādī el-ʿAraba* zwischen dem Toten und Roten Meer anstehenden Sandsteinen, wobei auf der Ostseite das Gebiet um *Fēnān* (Phunon, Nu. 33₄₂f) und südwestl. von Petra (Kind 64), auf der Westseite des *Wādī Menēʿīye (Timnaʿ)* bes. ergiebig sind (Bender 139–147; Muhly 214–217; Rothenberg). Seltener sind Eisenerze, die im Libanon (A.L. Oppenheim, JCS 21, 1967, 236–238, 241f: Eisen vom Libanon und aus Simyra [!], Mitte 6. Jh.; al-Maqdisī 184 nach G. Le Strange, Palestine under the Moslems, 1890, 20: Eisenvorkommen „in den Bergen oberhalb von *Beirūt*"; vgl. Noth 41) und in Jordanien in der *Muġāret el-Warde* nahe *Rāğib* im *ʿAğlūn* (G. Schumacher, Mittheilungen und Nachrichten des Deutschen Palaestina-Vereins 1899, 21; M. Blanckenhorn, Naturwissenschaftliche Studien am Toten Meer und im Jordantal, 1912, 313f; C. Steuernagel, ZDPV 48, 1925, 294; Bender 149–151; vielleicht der „Eisenberg" von JosBell IV 454), in kleinen Mengen auch im *Wādī el-ʿAraba* vorkommen (Frank 223, 272; Kind 59). Im Negev findet sich Eisenerz im *Wādī Ḥatīra (Maktēš Gādōl,* vgl. N. Glueck, BASOR 131, 1953, 6f). Zweifelhaft sind Zinkvorkommen im *Wādī Hendis* am Westrand des *Wādī el-ʿAraba* (Frank 263; vgl. aber Muhly 258).

3. Durch die Oberflächenuntersuchungen und Ausgrabungen B. Rothenbergs im *Wādī Menēʿīye (Timnaʿ), Wādī ʿAmrānī (Naḥal ʿAmrām)* und bei *Bīr Hendis (Bəʾēr ʿOrā)* wurde die Technik des Abbaus und

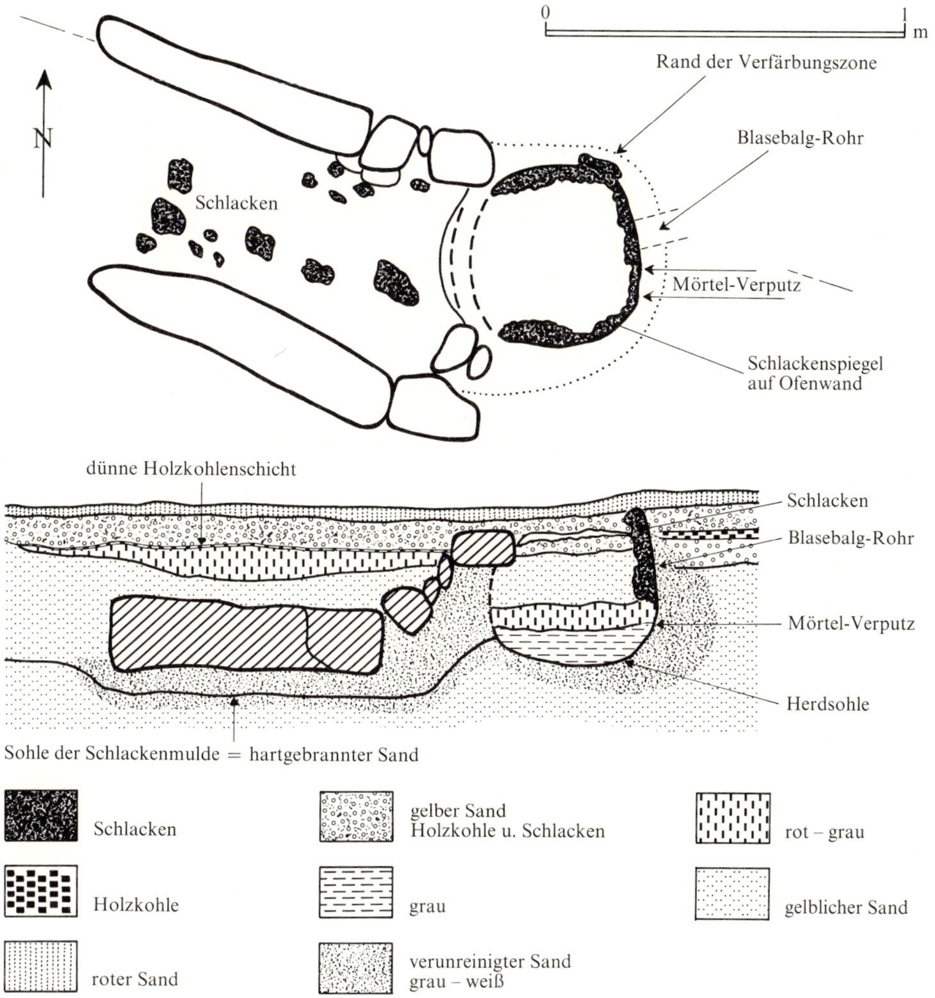

Abb. 15 **Bergbau** Verhüttungsofen im *Wādī Menēʿīye* (*Timnaʿ*, E I), Aufsicht und Profil

der Verhüttung von Kupfererz im Bereich des *Wādī el-ʿAraba* in den Grundzügen geklärt (für die südl. Sinai-Halbinsel vgl. z.B. *Wādī Zaġra:* RB 82, 1975, 73–75 [CL]). Danach wurden die Abbau- und Aufbereitungsanlagen im CL, in der Ramessiden- (SB IIB/E I) und der röm.-byz. Zeit betrieben. Ein beträchtlicher Teil des Rohmaterials wurde wohl durch Auflesen von Erzknollen aus dem Verwitterungsschutt der Sandsteinformationen beschafft. Aber schon im CL förderte man das Erz über Tag auch in flachen Schürflöchern mit Hilfe von steinernen Schlägeln (Rothenberg Tf. 2f, 5). Diese Methode wurde in der SB IIB/E I-Zeit weiterentwickelt; man folgte nun bes. reichen Erzhorizonten auch in Stollen oder künstlich erweiterten Höhlen (Rothenberg Tf. 16; Kind 66 Nr. 1). Erst in röm. Zeit wurden systematisch Schächte und Stollen angelegt (z.B. *Umm el-ʿAmed* bei *Fēnān,* N. Glueck, AASOR 15, 1935, 90–92; Kind 60f). Das auf diese Weise geförderte Material wurde in der Nähe der Minen aufbereitet. Durch Zerschlagen und Zermahlen wurden die Erzknollen von dem sie umgebenden Sandstein getrennt, bevor sie an einem der Verhüttungsplätze

(Vorratsräume, Werkstätten, Schmelzöfen, Schlackenhalden) ausgeschmolzen wurden (Rothenberg 65–103). Abb. 15 zeigt einen der ca. 40–50 cm tief in den Erdboden eingelassenen, bisweilen mit Bruchsteinen ausgemauerten und mit Lehm verstrichenen Öfen der Ramessidenzeit. Die Ausmauerung ist nach Westen offen; eine ca. 10 cm starke Tonröhre auf der Ostseite mit einer keramischen Schutzkappe gegen das Zuschmelzen diente als Düse für den Blasebalg, der das Holzkohlenfeuer auf die für den Zersetzungs- und Reduktionsprozeß nötige Temperatur von über 1200° C zu bringen hatte. Das auf die Herdsohle sinkende Kupfer bildete dort einen Klumpen. Die spezifisch leichtere und daher darüber schwimmende Schlakke, deren Bildung durch Zuschläge gefördert wurde, ließ man durch ein Abstichloch in die Schlackengrube ab. Nach Entfernung des Kupferklumpens konnte der Ofen instand gesetzt und wiederverwendet werden. Der B. der SB IIB/E I-Zeit im *Wādī Menēʿīye* wurde von den Ägyptern (Hathor-Tempel, Inschriften, Kleinfunde: Rothenberg 125–207) in Gemeinschaft mit Einheimischen (*Ḥeǧāz-* und Negev-Keramik: ebd. 107f Abb. 31f) betrieben und im 12. Jh. aufgegeben. Er setzte erst in röm. Zeit wieder ein (ebd. 208–228). Auch andere Erzvorkommen des *Wādī el-ʿAraba* wurden in röm.-byz. Zeit intensiv ausgebeutet; doch fehlen sichere Indizien für B. während der E II-Zeit. N. Gluecks These einer salomonischen Schmelzerei auf dem *Tell el-Ḫlēfe* ist von B. Rothenberg (PEQ 94, 1962, 44–56) widerlegt worden (vgl. N. Glueck, BA 28, 1965, 70–87). Ob die Auseinandersetzungen Davids und seiner Nachfolger mit den Edomitern auch auf das B.monopol im *Wādī el-ʿAraba* zielten, ist demnach fraglich, zumal auch die einschlägigen Texte darüber schweigen.

Literatur: F. Bender, Geologie von Jordanien, Beiträge zur regionalen Geologie der Erde 7, 1968 – R. J. Forbes, Studies in Ancient Technology VII, 1963; VIII, 1971²; IX, 1972² – F. Frank, Aus der ʿAraba I.: Reiseberichte, ZDPV 57, 1934, 191–280 – H. D. Kind, Antike Kupfergewinnung zwischen Rotem und Totem Meer, ZDPV 81, 1965, 56–73 – J. D. Muhly, Copper and Tin: The Distribution of Mineral Resources and the Nature of the Metals Trade in the Bronze Age, Transactions of the Connecticut Academy of Arts and Sciences 43, 1973, 155–535 – M. Noth, Die Welt des Alten Testaments, 1962⁴, 40f – B. Rothenberg, Timna, 1972 (Lit.). *M. Weippert*

Bethel

1. Ausgrabungen. 2. Name. 3. Kultstätte. 4. B. in nachexilischer Zeit.

1. B. lag auf einem quellenreichen flachen Sporn an der Stelle des heutigen *Bētīn*. Hier bestand (mit Unterbrechungen in der FB I-III-, MB I-, SB I-Zeit) vom CL bis in byz. Zeit eine Siedlung, deren ungeschützte Lage starke Befestigungen erforderte. Seit der MB II-Zeit umgab die Stadt eine sorgfältig gebaute, ca. 3,5 m breite Mauer, die, verschiedentlich ausgebessert, bis in röm. Zeit in Gebrauch blieb. An ihrer Nordwest-Ecke wurde bei den Ausgrabungen (zwischen 1934 und 1960) eine U-förmige Anlage freigelegt, in der die Ausgräber ein MB II-Stadttor vermuten, das jedoch in Pal. ohne Parallele wäre. Unter diesem „Stadttor" trat ein auf den gewachsenen Fels gegründeter MB I-Bau zutage. Rötliche Flecken auf dem Fels, die mittels einer – allerdings umstrittenen (vgl. D. L. Newlands, PEQ 104, 1972, 155) – chemischen Analyse als Blutreste identifiziert wurden, führten zur Deutung des Baus als Tempel über einem älteren offenen Höhenheiligtum. Nach einer Siedlungspause (SB I) gelangte die Stadt in der SB II-Zeit zu erneuter Blüte. Auf die, von den Ausgräbern um 1240 datierte, Zerstörung folgte ein Kulturniedergang in der E I-Zeit, der erst wieder in der E II-Zeit einem gewissen Wohlstand wich.

2. Dem AT zufolge hieß B. – nach den Mandelbäumen in der Umgebung? – einst Lus (Jdc. 1_{23}). Die auf Gn. 28_{19} und Jos. 16_2 gestützte Unterscheidung zwischen der Stadt *(ʿīr)* Lus und dem Heiligtum *(māqōm)* B., dessen Name später auf die Stadt übergegangen sei (so z. B. Noth 13f), ist aufzugeben, da 1. die Jakobserzählung Gn. 28_{10ff} (J) mit der Benennung des heiligen Orts in V. $_{19a}$ ihr Ziel erreicht, 2. V. $_{19b}$ eine sekundär auf den alten Namen von B. (Gn. 35_6 48_1) verweisende Glosse ist, die nicht zwischen *ʿīr* und *māqōm* differenzieren will, und 3. erst der Zusatz zur Stammesgrenzbeschreibung Josephs in Jos. 16_{2a} aufgrund irriger Auslegung von Gn. 28_{19a+b} Lus und B. voneinander trennt.

3. Einst Kultstätte des kan. Gottes *'Ēl-Bēt'ēl* (Gn. 31_{13} 35_7) wurde B. nach dessen Gleichsetzung mit Jahwe zu einem isr. Heiligtum, dessen Gründung und Benennung auf Jakob zurückgeführt wurde

(Gn. 28_{10ff}). Sollte die Abrahamstradition (Gn. 12_{8}) dieselbe Stätte meinen, so wäre das Erzväter-Heiligtum östl. von B./*Bētīn,* etwa in *Burǧ Bētīn,* zu suchen. Denkbar ist dann auch, daß Jerobeam I. nach der Reichsteilung *diese* Stätte zum königlichen Nordreich-Heiligtum erhob (1 R. 12_{26-33}; vgl. Galling, ZDPV 67, 27), das als solches bis zum Fall des Nordreiches bestand (Am. 7_{13}) und auch danach unter den Assyrern als Kultstätte bezeugt ist (2 R. 17_{28}). Das könnte erklären, warum die Ausgrabungen in *Bētīn* nicht auf den isr. Tempel stießen, und spräche zugleich für die Deutung der röm.-byz. Kultbauten in *Burǧ Bētīn* als Abrahamsstätten (Schneider).

Anläßlich der Erhebung zum Reichstempel ließ Jerobeam I. hier ein „goldenes Kalb" aufstellen (1 R. 12_{28f}), das, ursprünglich wohl – in Konkurrenz zur Jerusalemer Ladetradition – als Postament eines nicht abgebildeten Gottes verstanden (F. Dumermuth, Zur deuteronomischen Kulttheologie, ZAW 70, 1958, 82f), auch als Kultbild Jahwes verehrt wurde (1 R. 12_{28} Ho. 13_{2}; vgl. M. Weippert, Gott und Stier, ZDPV 77, 1961, 103–105). Die nicht-isr. Herkunft dieses Kultes löste prophetische Kritik aus (Am. 3_{14} 4_{4f}, vgl. auch die Namensentstellung Beth-Awen „Ort der Bosheit" in Am. 5_{5b} und danach Ho. 4_{15} 5_{8} 10_{5}), in deren Konsequenz Josia das Heiligtum zerstören ließ (2 R. 23_{15-18}).

4. Nach dem Exil siedelten Benjaminiten in B. (Esr. 2_{28} = Neh. 7_{32}), das fortan in der Region lag, die Gegenstand von Auseinandersetzungen zwischen der Provinz *Yəhūd* und ihren nördl. Nachbarn war (vgl. 1 Ch. 13_{19}, dazu: P. Welten, Geschichte und Geschichtsdarstellung in den Chronikbüchern, WMANT 42, 1973, 128). 160 baute Jonathan Makkabäus den Ort als Festung aus (1 Macc. 9_{50}); EusOn 40_{20-24} bezeugt schließlich ein byz. Dorf *Βαιθήλ* nördl. von Jerusalem, dessen Name in der um die Mitte des letzten Jahrhunderts neu besiedelten Ortschaft *Bētīn* weiterlebt.

Literatur: K. Galling, Bethel und Gilgal, ZDPV 66, 1943, 140–155; 67, 1944/45, 21–43 – J. L. Kelso u.a., The Excavation of Bethel, 1934–1960, AASOR 39, 1968 (Lit. zu den Ausgrabungen) – M. Noth, Bethel und Ai, PJ 31, 1935, 7–29 – A. M. Schneider, Bethel und seine altchristlichen Heiligtümer, ZDPV 57, 1934, 186–190 – G. Sternberg, Bethel, ZDPV 38, 1915, 1–40 – Weitere Lit. bei E. K. Vogel, HUCA 42, 1971, 17. *M. Wüst*

Beth-Kerem

Bald nach Eröffnung der Ausgrabungen auf *Ḫirbet Ṣāliḥ* bzw. *Ḫirbet Abū Brēk* am Nordwestrand von *Rāmat Rāḥēl* konnte Y. Aharoni zeigen, daß ihre Ergebnisse der Lokalisierung von B. an dieser Stelle durchaus günstig sind (IEJ 6, 153–155). Auf der hohen Kuppe (820 m über dem Meer) halben Weges von Jerusalem nach Bethlehem entstand im 8./7. Jh. eine Festung, von der nur die Fundamente einiger Kasematten und eines vor ihren Mauern gelegenen Privathauses (ERR II 58–60) gefunden wurden, außerdem ca. 150 jud. Königs-Stempel (ERR I 19f, 45–48 II 33f, 61–63; Welten; →Siegel, 3.c*β*). Unter Jojakim (so Aharoni, Beth-Haccherem, 181f), wahrscheinlicher unter Josia (so K. Galling, BO 23, 1966, 65f) wurde über ihren Ruinen eine neue Zitadelle von 50 m × 70 m errichtet, die mit ihren Hauptgebäuden den späteren Bauphasen von →Samaria ähnlich und von einer Unterstadt mit ca. 3 m starker Außenmauer umschlossen war (Grundriß: ERR II Plan 6): eine bedeutende →Festung an der Südflanke der Hauptstadt. Der Befund veranschaulicht die beiden frühesten atlichen Belege, wo B. und Thekoa als benachbarte Fluchtorte vor dem Unheil aus dem Norden (Jer. 6_{1}) und als Orte des jud. Distrikts Bethlehem (Jos. $15_{59[LXX]}$) erscheinen. Die durch spätere Baumaßnahmen beseitigten Anlagen der pers. Periode werden indirekt bezeugt durch zahlreiche hebr. und aram. Siegelabdrücke auf Krughenkeln (ERR I 29–34 II 19–22, 43–48), die auch auf ein fiskalisches Ablieferungssystem schließen lassen; ferner werden zwei einheimische Statthalter der pers. Provinz Juda erwähnt. Unter denjenigen, die sich am Wiederaufbau der Stadtmauer von Jerusalem beteiligten, war auch „der Vorsteher des Kreises B." mit seinen Leuten (Neh. 3_{14}).

Die hell.-röm. Zeit ist nur vertreten durch interessante Grabanlagen (M. Kochavi, ERR II 65–83), deren Nutzung im 3. Jh. n. Chr. endete infolge Errichtung einer Villa von ca. 25 m × 25 m mit Peristyl und eines Badehauses durch die Legio X Fretensis (ERR I 4, 24–27 II 16, 38–40). Letztmals wird B. von Hieronymus in seinem Jeremiakommentar (II 8) als ein hochgelegener Ort zwischen Jerusalem und Thekoa mit Namen *Bethacarma* erwähnt.

Über der Nordostecke der spätjüd. Festung entstand im 5. Jh. n. Chr. die Kathismakirche, eine dreischiffige Basilika mit Narthex und südwestl. anschließendem Kloster (P. Testini, ERR I 73–91 Abb. 1 II 101–106 Abb. 39), die seit langem in dieser Gegend gesucht wurde, da sich ihr Name bis heute in dem ca. 400 m weiter an der Straße nach Bethlehem gelegenen *Bīr Qadīsmū* erhalten hat. Näheres bei Schneider.

Literatur: CRa – ERR I.II – Y. Aharoni, Excavations at Ramat Raḥel, 1964: Preliminary Report, IEJ 6, 1956, 102–111, 137–155 – ders., Beth-Haccherem, in: D. W. Thomas, ed., Archaeology and Old Testament Study, 1967, 171–184 – ders., The Citadel of Ramat Raḥel, Archaeology 18, 1965, 15–25 – A. M. Schneider, Die Kathismakirche auf Chirbet Abu Brēk, JPOS 14, 1934, 230f –P. Welten, Die Königs-Stempel, ADPV 1969, 63f, 184–186. *A. Kuschke*

Beth-Sean

1. Name und Lage. 2. Ausgrabungen. 3. Geschichte.

1. Die hebr. *Bẹ̄t Šəʾān* (Jos. $17_{11,16}$ Jdc. 1_{27}) oder *Bẹ̄t Šān/Šan* (1 S. $31_{10,12}$/2 S. 21_{12}) heißende Stadt ist in der griech. Tradition (dazu auch P. Thomsen, Loca Sancta, 1907, 106f) als *Βαιϑσαν* (1 Macc. 5_{52}; LXX; JosAnt V 84) und in hell.-röm. Zeit als *Σκυϑόπολις* (2 Macc. 12_{29}; Judith 3_{9f}) und Nyssa bzw. Nyssa-Skythopolis bekannt (Plinius, Josephus, Eusebius, Münzen). Äg. Texte der 18., 19. und 22. Dyn. erwähnen die Stadt (M. Görg, Untersuchungen zur hieroglyphischen Wiedergabe palästinischer Ortsnamen, 1974, 56–69) und EA 289_{20} belegt die Form *Bīt-Šāni*. Der mit B. identische ca. 300 m × 190–210 m große, sehr hohe *Tell el-Ḥöṣn* nahe dem Dorf *Bēsān* am Ostende der Jesreel-Ebene liegt am Südabhang des *Wādī ed-Dawā (Nahr Ǧālūd, Naḥal Ḥărōd)* oberhalb des Jordantals nach Osten zu. Südl. des Tells erstreckt sich die hell.-röm. Stadt. Seine Bedeutung verdankte der Ort seiner Lage an der Kreuzung der aus der Jesreel-Ebene und dem Jordantal kommenden Straßen, seiner wasserreichen fruchtbaren Umgebung mit subtropischem Klima.

2. Die von der Universität von Pennsylvania (1921–23: C.S. Fisher, 1925–28: A. Rowe, 1930–31, 1933: G. M. Fitzgerald) und dem Israel Department of Antiquities (1959–60, 1964) durchgeführten Ausgrabungen geben über B.s Siedlungsgeschichte nur bruchstückhaft Auskunft. Gebäudereste und Keramikfunde zeigen, daß der Ort erstmals im CL und in der FB-Zeit besiedelt war (Straten XVIII–XII; aus Stratum XVII eines der frühesten in Pal. gefundenen Apsidialhäuser). Während aus der MB I- (Stratum XI) und MB II-Zeit (Straten XI–X) nur wenig Bauten und Keramik entdeckt wurden, weist eine Reihe von Tempeln aus der SB- (Straten IX–VII; vgl. →Abb. 49_3 und ANEP 732, 736f) und E-Zeit (Straten VI–IV; →Abb. 85_7 und ANEP 738) auf eine beachtliche Siedlung. Der zunächst mit der äg. Tempelarchitektur (Kapellen von Amarna) in Verbindung gesetzte Tempel von Stratum VII zeigt eine entfernte Verwandtschaft mit Tempel III in Lachis (→Abb. 85_9), und auch zu seinem erhöhten Hinterraum lassen sich Parallelen aus der kan. Tempelarchitektur beiziehen (*Tell el-Fārʿa* Nord, vgl. zusammenfassend: Busink, Tempel, 411–415). Mit nur wenig Modifikationen wurde er in Stratum VI wieder aufgebaut; ferner kamen in der E I-Zeit zwei nach Westen orientierte Langraum-Tempel hinzu. Baumaterial waren Ziegel; nur die Langraum-Tempel besitzen Fundamente aus Basaltblöcken (ebd. 419–427). Während die E II-Zeit auf dem Tell kaum nachgewiesen ist, stand hier in hell.-röm. Zeit (Straten IV–III) ein (Dionysos?-) Tempel (BS I 44 Tf. 55: marmorner Dionysos-Kopf). Das Hauptgebiet der Stadt mit einer Säulenstraße, einem Hippodrom und einem Theater lag südl. des Tells. Aus spätröm.-byz. Zeit stammen eine Synagoge (um 300 n. Chr.), eine Kirche (ca. 325 n. Chr.) und ein Kloster (Mitte des 6. Jh.s n. Chr.). Die Nekropole von B., eine der größten in Pal., liegt auf der Nordseite des *Wādī ed-Dawā* (Plan: BSNC Abb. 1).

Die meisten Funde kommen aus dem Tempelbezirk. Bedeutend in religionsgeschichtlicher (bes. die *Mkl*-Stele →Abb. 30_{10}; zum Fundort →Abb. 49_3) und vor allem historischer Hinsicht sind Stelen mit äg. Inschriften und Reliefs (zwei sind Sethos I., eine Ramses II. [→Abb. 83_4], eine Statue Ramses III. zuzuweisen: BSIA 34–38; vgl. ANEP 320f, 475; AOB 97; ANET 249, 253f, 255; AOT 94f). Die äg. Bautätigkeit belegen u.a. auch Papyrus-Kapitelle im Tempel (BS II/1 Tf. 26_{20}) und Türfassungen aus Kalkstein mit äg. Inschriften, darunter solche mit dem Namen Ramses' III. (BSIA 161–179 Abb. 88–99). Umstritten sind Herkunft, Datierung und Deutung des Löwenorthostaten (ANEP

228; dazu K. Galling, ZDPV 83, 1967, 125–131). Um Kultgeräte bzw. Votivgaben handelt es sich bei zwei Tonschreinen bzw. -ständern mit im Relief gearbeiteten sich ringelnden Schlangen (→Abb. $45_{2,4}$), dem goldenen Anhänger mit dem Bild einer ein Was-Szepter haltenden Göttin (ANEP 478; →Götterbild, weibliches, 5.), der kunstvollen Bronze-Axt (→Abb. 7_{9}) und zahlreichen Frauenfiguren aus Ton (ANEP $469_{5,11}$). Aus der Nekropole kommt eine große Zahl anthropoider →Sarkophage (→Abb. 71_{4}) der E I-Zeit (BSNC 132–150).

3. B. war schon im CL und in der FB-Zeit ein wichtiges landwirtschaftliches Zentrum der Jesreel-Ebene. Seine Lage an der Handelsstraße vom Mittelmeer zum Jordantal sicherte ihm in der SB-Zeit sowohl ökonomische als auch strategische Bedeutung. Nach der Schlacht von Megiddo (um 1470) eroberte Tuthmosis III. B., und in den folgenden drei Jahrhunderten entwikkelte sich die Stadt unter starkem äg. Einfluß. Als B. unter Amenophis III. (EA 289_{19f}) ein von Ägypten abhängiger Vasallenstaat mit Besatzungstruppen aus Ginti-Kirmil war (so Y. Aharoni, VT 19, 1969, 143; anders Alt 248f), geriet es zusammen mit Geser und Ginti-Kirmil (vgl. auch EA 280, 287) in Konflikt mit Jerusalem. Im ersten Regierungsjahr Sethos' I. (um 1313) warfen äg. Truppen einen Angriff von Hammath *(Tell el-Ḥamme)* und **Piḥil* (Pella) gegen B. zurück (ANET 253f; AOT 95; ANEP 320; AOB 97). Ebenfalls unter Sethos I. wurden in B. stationierte äg. Truppen gegen *ʿApiru* aus *Yarmu[t]* eingesetzt. Während die äg. Kontrolle über B. unter Ramses II. und Ramses III. fortdauerte, ist nach der Schlacht zwischen Ägypten und den Seevölkern die Situation in B. und seine Beziehung zu den Philistern (1 S. 31; selbst die wohl zu Unrecht bei verschiedenen Orten als Indiz für die Anwesenheit von Philistern in Anspruch genommene sogenannte Philister-Keramik ist kaum vorhanden, vgl. BSIA 136–138), Kanaanäern (Jdc. 1_{27}) und auch Israeliten dunkel. Ein materieller Kulturbruch ist nach dem Abzug der äg. Truppen nicht nachweisbar (BSIA 138f). Salomo gliederte B. dem isr. Steuersystem ein, indem es zusammen mit Megiddo und Thaanach einen die ganze Jesreel-Ebene umschließenden und bis nach Transjordanien reichenden Gau bildete (1 R. 4_{12}). Die historisch fragwürdige (vgl. aber B. Mazar, VTS 4, 1957, 57–66) Liste Šošenqs I. rechnet B. zu den eroberten pal. Städten. Die in hell.-röm. Zeit vergrößerte Stadt mit einer gemischten jüd. und nicht-jüd. Bevölkerung ergriff im makkabäischen Aufstand Partei für die Juden (2 Macc. 12_{29}). Johannes I. Hyrkan besetzte die Stadt im Jahr 107; Pompejus befreite sie im Jahr 63; von nun ab gehörte sie zur Dekapolis (JosBell III 446).

Literatur: A. Alt, Zur Geschichte von Beth-Sean, 1500–1000 v. Chr., KlSchr I, 246–255 – M. Avi-Yonah, Mosaic Pavements at el-Hammam, Beisān, QDAP 5, 1936, 11–30 – ders., Scythopolis, IEJ 12, 1962, 123–134 – BS I–III – BSIA – BSNC – E. D. Oren, A Middle Bronze Age I Warrior Tomb at Beth-Shan, ZDPV 87, 1971, 108–139 – G. M. Fitzgerald, Beth-shean, in: D. W. Thomas, ed., Archaeology and Old Testament Study, 1967, 185–196 – H. O. Thompson, Tell el-Husn – Biblical Beth-shan, BA 30, 1967, 110–135 – ders., Mekal, The God of Beth-shan, 1970 – G. E. Wright, Philistine Coffins and Mercenaries, BA 22, 1959, 54–66 – N. Zori, The House of Kyrios Leontis at Beth Shean, IEJ 16, 1966, 123–134 – ders., The Ancient Synagogue at Beth-Shean, EI 8, 1967, 149–167 (hebr.) – Weitere Lit. bei E. K. Vogel, HUCA 42, 1971, 18f. *Th. L. Thompson*

Beth-Zur

1. Name und Lage. 2. Ausgrabungen. 3. Geschichte.

1. Der hebr. *Bēṭ Ṣūr* (Jos. 15_{58} 1 Ch. 2_{45} 2 Ch. 11_{7}), griech. *Βαιϑσουϱα* (1 Macc. $4_{29-35,61}$ u.ö.; JosAnt XII 313, 326, 367, 370, 375 u.ö.; JosBell I 41) genannte Ort ist mit der an der Straße von Jerusalem nach Hebron gelegenen *Ḫirbet eṭ-Ṭubēqa* identisch, einer 140 m × 130 m großen Ruinenstätte nördl. von *ʿĒn el-Muzaġrita* auf einem Hügel nahe dem Talkopf des *Wādī er-Rušraš* (F.-M. Abel, RB 33, 1924, 208–217; W. F. Albright, BASOR 15, 1924, 3f; A. Alt, PJ 21, 1925, 22). In der Nähe lokalisiert EusOn 52_{1-4} die Quelle, wo Philippus den Eunuchen taufte (Act. 8_{38}).

2. Die Ausgrabungen Sellers' (1931/1957) wiesen anhand einiger Scherben eine früheste Besiedlung des Orts in der FB-Zeit nach. Aus der MB IIB-Zeit stammen mächtige Befestigungsanlagen; aus der frühen SB I-Zeit fanden sich Scherben. Auf einen ausgedehnten Ort der E I-Zeit folgte nach einer fast völligen Besiedlungslücke (10.–8. Jh.) eine zweite Siedlungsphase bis in die späte E II-Zeit (7.–6. Jh.). Der dann wieder verlassene Ort wurde in pers. Zeit neu besiedelt und erreichte in hell. Zeit bis ans Ende des 2. Jh.s seine größte Besiedlungsdichte.

Wichtig unter den Kleinfunden sind zahlreiche Krugstempel (BZ I 52–56 – MB II: Skarabäen; E II: *lmlk*-Stempel, Rosetten; hell. Zeit: rhodische Krugstempel) und Münzen des 4.–2. Jh.s (ebd. 69–90; vgl. auch ANEP 227). Ferner sind zu nennen eine E I-zeitliche geschnitzte Salbschale mit breitem Griff aus Elfenbein (→Abb. 69_4; in BZ I 58 der MB-Zeit zugewiesen), eine elfenbeinerne Sphinx-Einlage (BZ II Tf. 41b), ein beschriftetes jüd. Siegel (BASOR 43, 1931, 10), ein Ostrakon (BZ II 86), beschriftete Gewichte (BASOR 43, 1931, 10), außerdem Skarabäen, Siegel, Gemmen, Knochenstäbchen, Gold- und Edelsteinschmuck und viele Gegenstände aus Bronze und Eisen (BZ I, II).

3. Obwohl B. in einer für den Anbau von Obst, Wein und Wintergemüse geeigneten Gegend liegt, besaß es schon vom 17. Jh. an primär militärische Bedeutung. Die früheste historische Angabe zu B. liefert 2 Ch. 11_7 im Rahmen einer älteren Liste befestigter Städte, die der Chronist sekundär in den Bericht einschaltet (P. Welten, Geschichte und Geschichtsdarstellung in den Chronikbüchern, WMANT 42, 1973, 13) und fälschlich Rehabeam zuschreibt, obwohl der Ort damals ohne nennenswerte Besiedlung war. In nachexilischer Zeit war B. die südlichste Distriktshauptstadt der Provinz Juda (Neh. 3_{16}). Eine entscheidende Rolle spielte die Stadt in den Kriegen zwischen Seleukiden und jüd. Rebellen im 2. Jh.

Literatur: BZ I. II – W. G. Dever, Or NS 40, 1971, 459–471 – R. W. Funk, The 1957 Campaign at Beth-zur, BASOR 150, 1958, 8–20 – P. Lapp/N. Lapp, Comparative Study of a Hellenistic Pottery Group from Beth-zur, BASOR 151, 1958, 16–27 – O. R. Sellers/W. F. Albright, The First Campaign of Excavation at Beth-zur, BASOR 43, 1931, 2–13. *Th. L. Thompson*

Bier

Aus den atlichen Texten geht nicht eindeutig hervor, was im einzelnen unter dem meist parallel zu Wein genannten *šēkār* = Rauschtrank gemeint ist; doch ist aus akk. *šikaru,* dem allgemeinen Wort für B. (auch für Dattelwein), zu schließen, daß hebr. *šēkār* ebenso B. meint. Über Brauprozeß, B.sorten (in Mesopotamien rund 70!), B.konsum und Verwendung in Mesopotamien und Ägypten geben zahlreiche Dokumente Auskunft (Röllig, Helck). Antikes B. enthielt keinen Hopfen (erst im 8. Jh. n. Chr. nachweisbar); die Maische wurde aus Grünmalz, Gerste und Emmer hergestellt, indem in der Regel Bierbrote eingeweicht wurden, so daß ein dem russischen Kwaß ähnliches Getränk entstand. Verschiedene B.arten erhielt man durch Zusätze und unterschiedliche Herstellung. So nennt etwa eine Abrechnung einer Hof-Scheune unter Amenophis II. spezielles, nicht aus Gerste, sondern aus Emmer produziertes B. für pal. Gesandte, denen man wohl ihr von Pal. her gewohntes B. (zu Emmer in Pal. →Ackerwirtschaft, 4.c) nicht vorenthalten wollte (Helck 24). Daß das B.brauen in Pal. nicht unbekannt war, zeigt sich daran, daß man als Brauer in Ägypten mit Vorliebe Asiaten verpflichtete (MR, Ramses III.; Helck 95) und daß der Truchseß unter Ramses II. aus Transjordanien stammte (Helck 99f). Auch das aus Nord-Syr. *(Qdï)* kommende „Import-B.“, das (aus Emmer hergestellt?) sich durch längere Lagerfähigkeit, durch süßen Geschmack und entsprechenden Preis auszeichnete, bestätigt diese These. Die Amarna-Briefe (EA 55_{11} 324_{13} 325_{16}) nennen als Proviant der äg. Soldaten neben anderem auch *šikaru,* das wohl B. meint (vgl. für die pers. Zeit: G. R. Driver, Aramaic Documents of the Fifth Century B.C., abridged and revised edition 1957, Nr. 6). In der Mischna (Pes III 1) wird von medischem B. *(škr hmdy),* von der röm. Posca *(ḥmṣ h'dwmy)* und vom äg. Zythos (*zytws hmṣry,* vgl. LXX zu Jes. 19_{10}), das als Gersten-B. gedeutet wird, gesprochen. Diese Getränke werden für das Passa verboten. Auch die Passaordnung in Elephantine scheint *škr* (A. Cowley, Aramaic Papyri of the Fifth Century B.C., 1923, 21_7; anders P. Grelot, VT 4, 1954, 361f) verboten zu haben. Jes. 1_{22} spricht von mit Wasser „verschnittenem“ B. (vielleicht genauer Weizen-B. – hebr. **sōbē,* vgl. J. J. Heß, Monatsschrift für Geschichte und Wissenschaft des Judentums 78, 1934, 6–9), während Jes. 5_{22}, wenn vom Mischen mit Wasser die Rede ist, entweder an B.sirup oder an das mit Wasser erst zum Gären anzusetzende B.brot gedacht ist.

B. war in Israel wie in seiner Umwelt beim Gastmahl und bei Festen geschätzt (zu Gefäßen mit Siebausguß für B. →Sieb). Vermutlich kannte man B. wie in Ägypten und Mesopotamien auch in Israel als Medizin. Dagegen spielte es im Kult im Gegensatz zu Ägypten und Mesopotamien keine Rolle; denn Nu. 28_{7} ist der einzige folgenlose Versuch, *šēkār* (falls hier = „B.") als Gußspende gelten zu lassen. Im Nasiräergesetz (Nu. 6_{3} vgl. Jdc. $13_{4,7,14}$ 1 S. 1_{15}) wird beim Alkoholverbot auch *šēkār,* das die jüd. Tradition jedoch als eine bestimmte Weinsorte deutet, vom Genuß ausgeschlossen. Enthaltsamkeit vom B. galt auch für Priester während des Tempeldienstes (Lv. 10_{9}). Trunkenheit durch Wein und B. (Jes. 5_{11} schon am frühen Morgen) verurteilen die Propheten (Mi. 2_{11}) und die Weisheit (Prv. 20_{1} $31_{4,6}$ Sir. 40_{18}).

Literatur: W. Helck, Das Bier im Alten Ägypten, 1971 – ders., Art. Bier, in: W. Helck/E. Otto, ed., Lexikon der Ägyptologie I, 1975, 789–792 – W. Röllig, Das Bier im Alten Mesopotamien, 1970 – M. Stol, BO 28, 1971, 167–171 – W. Westendorf, BO 30, 1973, 40–42.

D. Kellermann

Bogen

Der B. (hebr. *qešet*) kommt als →Jagd- (Gn. 27_{3}; ANEP 185) und Kriegswaffe des zu Fuß (Ps. 78_{9}; AOB 132; ANEP 362) oder vom Wagen aus Kämpfenden (2 R. 9_{24}; →Abb. 40_{1}) vor. Das AT spricht vom B. des Königs (2 S. 22_{35} 2 R. 13_{15} Ps. 45_{6}), des Prinzen (1 S. 20_{20} 2 S. 1_{22}), des Generalissimus (2 R. 9_{24}) und erst in relativ junger Zeit auch vom B. des Soldaten (1 R. 22_{34} 1 Ch. 5_{18} 2 Ch. 26_{11-15} Ps. 78_{9}). Darin spiegelt sich die Kostbarkeit des B.s wider, dessen Herstellung kompliziert und langwierig ist, und dessen Handhabung Geschick und Training erfordert (zum Schießen auf Zielscheiben: 1 S. 20_{20}; AOB 53; ANEP 390; BS I Tf. 34_{4}; in AOB 105; ANEP 333 symbolisiert der über der Stadt dargestellte, einer Zielscheibe ähnliche Gegenstand die Überlegenheit des Pharaos; →Geld, 3.; vgl. Schäfer und Yadin, Warfare, 200 f).

In seiner Grundform besteht der B. aus einem biegsamen Holzstab, dessen Enden von einer Sehne zusammengehalten werden. Um ein vorzeitiges Erschlaffen des B.holzes zu verhindern, wird die Sehne erst kurz vor dem Gebrauch befestigt (vgl. den Bericht Sinuhes, der seinen B. nachts vor dem Kampf bespannt, TGI 5 Nr. 1). Dabei wird der B. mit der Hand gebogen (2 R. 13_{16}) oder mit dem Fuß getreten (Ps. 7_{13}), wobei das Körpergewicht gegen die Innenseite des B.s gedrückt wird (Bonnet, Waffen, Abb. 58; vgl. zum Bespannen auch Syria 35, 1958, 61–72 und ein ass. Relief bei Yadin, Warfare, 453, das zwei Männer beim Spannen und Prüfen des B.s zeigt). Die Sehne bestand aus gedrehter (AOB 252) Leinenschnur oder aus tierischem Gewebe. In Pal. wurde auch Schnur aus Hanfleinen verwendet, wie hebr. **mētār* zeigt, das in Ps. 21_{13} die Sehne, sonst aber den Zeltstrick bezeichnet. Der Schütze hält beim Schießen das Holz mit der linken Hand, während die Rechte die Sehne nach hinten zieht und das Pfeilende auf ihr plaziert (vgl. für Ägypten [NR]: AOB 53, 105, 112; ANEP 333, 341; für Assyrien: AOB 119, 130, 132; ANEP 368). Wegen der zurückschnellenden Sehne trägt der Schütze am linken Arm einen ledernen Arm- und Fingerschutz (Abb. 16_{2}). Beides dürfte in der E II-Zeit üblich gewesen sein (vgl. für Ägypten: OA 6, 1967, 227 f, 240 zu Z. 9 einer Stele Psammetichs II.; für Assyrien: Hrouda, Kulturgeschichte, Tf. 21_{10-14}). Je größer die Spannkraft eines B.s ist, desto weiter läßt sich ein Pfeil schießen (zur Reichweite des zusammengesetzten B.s: Korfmann 17–20; ein gezielter Schuß ist durchschnittlich über ca. 100 m möglich).

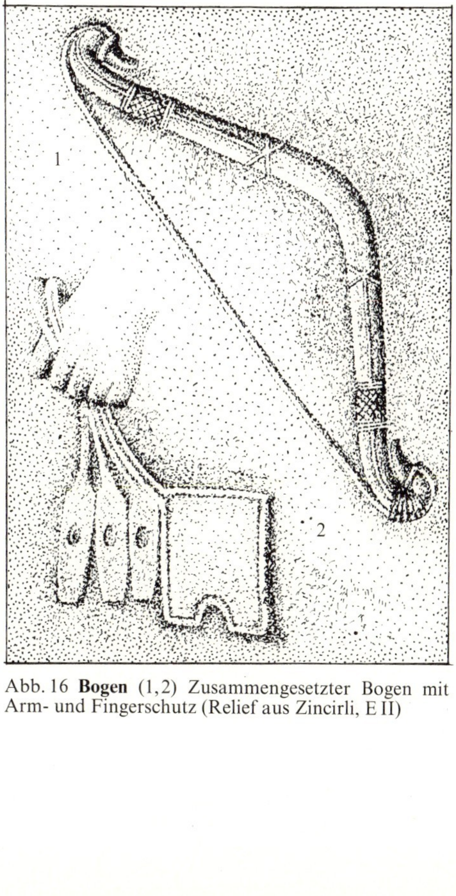

Abb. 16 **Bogen** (1,2) Zusammengesetzter Bogen mit Arm- und Fingerschutz (Relief aus Zincirli, E II)

Alle Versuche zielten deshalb dahin, den B. sowohl in handlicher Größe als auch möglichst biegsam herzustellen.

Da der B. aus leicht verderblichem Material bestand, gibt es für sein Vorkommen in Pal. nur indirekte archäologische Zeugnisse wie →Pfeil-Spitzen und Abbildungen. Dazu kommen schriftliche Überlieferungen und B.funde in Ägypten (AJA 62, 1958, 397–401; McLeod), wo das Klima für eine Konservierung des B.holzes günstiger war.

In Pal. gefundene Pfeilspitzen aus Feuerstein belegen, daß der B. hier schon im NL (z.B. Jericho: K.M. Kenyon, Archäologie im Heiligen Land, 1967, 51f) benutzt wurde. In so früher Zeit kommt wohl nur der einfache B. in Frage. Gesteigerte Spannkraft bot der doppelkonvexe B. mit geringerem Abstand zwischen Griff und Sehne. Ein solcher B. ist für die MB IIA-Zeit auf einem äg. Grabbild in der Hand eines Semiten bezeugt (AOB 51; ANEP 3). Eine weitere Verbesserung brachte der verstärkte B., der aus mehreren, z.T. überlappenden Holzstreifen zusammengeleimt oder zusammengebunden war. Größere Biegsamkeit erzielte man, als der in Mesopotamien beheimatete zusammengesetzte B. auch im Pal. der SB-Zeit (AAA 20, 1933, Tf. 26$_{5f}$ [Grab 5]; Meg II Tf. 152$_{154}$) und im Ägypten des NR Aufnahme fand. Seine Bestandteile nennt ein ug. Text, in dem Aqhat der Göttin ʿAnat verspricht, Material für einen B. zu beschaffen (Albright/Mendenhall; Sukenik). Er bestand aus Holz, Sehnenmasse, die den Rücken überzog, und aus Hornstücken zur Verstärkung der inneren Rundungen. Seine Haltbarkeit ließ sich durch Umwickeln erhöhen. Dieser B.typ ist an seinen nach außen geschwungenen Holzenden zu erkennen (Abb. 16$_1$). Wohl bedingt durch seine Übernahme aus Mesopotamien nehmen im Pal. der SB-Zeit die Funde von →Pfeil-Spitzen zu (vgl. auch die von Thutmosis III. in Megiddo erbeuteten 502 B., TGI 19 Nr. 4). Optimale Elastizität bot eine Kombination des doppelkonvexen mit dem zusammengesetzten B., den schon ein Relief der frühen FB-Zeit aus Mari zeigt (Yadin, IEJ 22).

In 2S. 22$_{35}$ Ps. 18$_{35}$ (Text fraglich) und Hi. 20$_{24}$ ist von „ehernen B." die Rede (Hi. 20$_{24}$ meint das Geschoß des B.s); doch steht dem die mangelnde Elastizität des Materials entgegen (Couroyer, RB 72). Die zwei in Susa gefundenen Bronze-B. (ebd. 508 Anm. 3) müssen daher als Votivgaben erklärt werden. Auch die Horn-B. in Ägypten (ZÄS 72, 1936, 121–128) können keine brauchbare Waffe dargestellt haben (ihre Deutung als B. ist deshalb auch umstritten: ZÄS 74, 1938, 52–55, 136–139).

Eine lederne B.tasche (hebr. **šèleṭ,* akk. *šalṭu,* dazu Borger) diente zur Aufbewahrung der empfindlichen Waffe. Sie konnte am Streitwagen befestigt sein (→Abb. 48$_5$; AOB 72, 78, 119; ANEP 333, 314–316) oder zur Ausrüstung von Fußsoldaten gehören (vgl. für Ägypten: Yadin, Warfare, 185, 199; für Assyrien: AOB 138; ANEP 371; Karkemiš: Ca I Tf. B4; Persepolis: ANEP 28f).

Grundsätzlich ist seit der SB-Zeit in Pal. mit B.schützen im Heer zu rechnen. In der E II-Zeit dürfte sich unter ass. Druck der B. weiter durchgesetzt haben, bis er in pers. Zeit schließlich zum festen Bestandteil der Soldatenausrüstung gehörte.

Literatur: W.F. Albright/G.E. Mendenhall, The Creation of the Composite Bow in Canaanite Mythology, JNES 1, 1942, 227–229 – Bonnet, Waffen, 118–156 – R. Borger, Die Waffenträger des Königs Darius, VT 22, 1972, 387–398 – ders., Hiob XXXIX 23 nach dem Qumran-Targum, VT 27, 1977, 102–105– B. Couroyer, L'arc d'airan, RB 72, 1965, 508–514 – ders., Corne et arc, RB 73, 1966, 510–521 – Hrouda, Kulturgeschichte, 80–85, 130 – M. Korfmann, Schleuder und Bogen in Südwestasien, Antiquitates III/13, 1972 – W. McLeod, Composite Bows from the Tomb of Tutʿankhamūn, 1970 – H. Schäfer, König Amenophis II als Meisterschütze, Orientalistische Literaturzeitung 32, 1929, 233–244 – ders., Weiteres zum Bogenschießen im alten Ägypten, ebd. 34, 1931, 89–96 – Y. Sukenik, The Composite Bow of the Canaanite Goddess Anath, BASOR 107, 1947, 11–15 – Y. Yadin, Warfare, 6–8 und *passim* – ders., The Earliest Representation of a Siege Scene and a 'Scythian Bow' from Mari, IEJ 22, 1972, 89–94.

H. Weippert

Brief

1. Allgemeines. 2. In der B-Zeit. 3. In der E-Zeit. 4. In pers. Zeit. 5. In griech.-röm. Zeit. 6. Kunst-B.e.

1. Zwar ist die Zahl der in Pal. gefundenen B.e recht gering; da aber für eine Untersuchung des B.stils die aus Pal. ausgehenden B.e ebenso heranzuziehen sind wie die reichsaram. B.e aus Ägypten, die Zitierungen von B.en im AT und den Apokryphen und die B.e des NT, ergibt sich ein verhältnismäßig großes Material, das bei der Gleichartigkeit mancher B.typen (B.e aus Amarna und Ugarit) in Gruppen zu-

sammengefaßt werden kann. Abgesehen ist hier von den Fragen nach →Schreibmaterial und Schrift. Abgesehen ist auch von einer raumsprengenden Skizzierung der B.inhalte, obwohl gerade die Vielfältigkeit der Inhalte, von offiziellen und politischen bis hin zu alltäglichen Dingen, den Reiz der B.e ausmacht. Im folgenden geht es daher nur um Anlage und Stil des B.es in den verschiedenen Epochen.

2. Die ältesten in Pal. gefundenen B.e stammen aus dem 15. Jh. und sind an Riyašur von →Thaanach gerichtet (TT I 113–122 II Tf. 3; vgl. ANET 490). Um die Wende vom 15. zum 14. Jh. ist der B. von Sichem anzusetzen (W. F. Albright, BASOR 86, 1942, 30f; vgl. ANET 490). Ins 14. Jh. gehören die B.e von *Tell el-Ḥesī* (EA 333; ANET 490) und Geser (W. F. Albright, BASOR 92, 1943, 28–30), die mit Recht den über 300 in *Tell el-ʿAmārna,* der Residenz Amenophis' IV. Echnaton in Mittelägypten, gefundenen Amarna-B.en zugerechnet werden. Etwa 70 Amarna-B.e kommen aus dem eigentlichen Pal. Von B.en mit Ortsangabe des Absenders sind hier zu nennen solche aus Akko (EA 232–234), Askalon (EA 320–326), Geser (EA 267–271, 292–295, 297–300, 378), Hazor (EA 227f), Jerusalem (EA 285–290), Lachis (EA 328f) und Megiddo (EA 242–246). Die Sprache der pal. Amarna-B.e ist das Akkadische; die von einheimischen Schreibern hinzugefügten kan. Glossen sind in Keilschrift transkribiert. Die äußere Form des B.es ist die Tontafel (→Schreibmaterial, 1.c). Im Verkehr aus Ägypten mit Ägyptern in Pal. und umgekehrt geht nebenher der äg. geschriebene Papyrus-B. (TGI Nr. 14, 16). Das Präskript der pal. Amarna-B.e besteht aus der Adresse mit Empfänger- und Absenderangabe („Zu NN sprich: Also [spricht] NN" oder „An NN. Also [spricht] NN"), die durch die Titulatur des Empfängers und die nähere Selbstbezeichnung des Absenders erweitert werden kann, und der Versicherung der Proskynese des Absenders vor dem Empfänger, in der Regel dem Pharao (z.B. „Zu den Füßen des NN falle ich nieder", z.B. EA 252_{4}). Das Corpus der B.e wird gern durch „Nun" (z.B. EA 320_{16}), „Ferner" (z.B. EA 296_{9}) oder „Siehe" (z.B. EA 288_{5}) eingeleitet. Eine Schlußformel fehlt. Den B.en des Abdiḫeba von Jerusalem eigentümlich ist eine Nachschrift an den Vorleseschreiber mit der Bitte, dem König schöne Worte vorzutragen (EA 286–289; vgl. TGI Nr. 8). Danach scheint es, daß der empfangende Schreiber den B. zu paraphrasieren pflegte. Das Formular der pal. Amarna-B.e entspricht im wesentlichen demjenigen, das im Schriftverkehr eines Untergebenen mit seinem Vorgesetzten in den ug. und akk. geschriebenen B.en von Ugarit (14./13. Jh.) verwendet wurde. Beim B.wechsel zwischen Ranggleichen oder zwischen Ranghöherem und -niederem tritt dagegen die Angabe des Absenders vor die des Empfängers (ug. „Botschaft des NN: Zu NN sprich", akk. „Also [spricht] NN: Zu NN sprich"), und die Versicherung der Proskynese fällt fort. In beiden Formularen kann die Adresse durch Gruß- und Höflichkeitsformeln erweitert werden.

3. Mit dem Aufkommen der phön.-hebr. Schrift ist der Übergang von der Tontafel zum Papyrus (→Schreibmaterial, 1.e) und zum →Ostrakon anzusetzen. Die natürliche Beschaffenheit des Papyrus erklärt, warum in Pal. selbst bislang erst ein hebr. geschriebener B. der E-Zeit (8. Jh.) auf diesem Schreibmaterial aufgetaucht ist (P. Benoit/J. T. Milik/R. de Vaux, Les grottes de Murabbaʿât, DJD II, 1961, 93–96 Nr. 17A; Präskript: Adresse [„NN sprach zu dir"] und Grußformel, Corpuseinleitung: *wə-ʿattā* [„Und nun"]). Hinzu kommt ein bei den Ausgrabungen von *Ṣaqqāra* gefundener Papyrus-B. mit einem um 600 an Necho II. gerichteten Hilfegesuch eines Philisterkönigs namens ʾAdon in aram. Sprache (KAI Nr. 266; TGI Nr. 43; Präskript: Adresse [„An NN NN"] und Grußformel). Hebr. geschriebene B.e auf Ostraka aus der Zeit zwischen 597 und 586 wurden bei Ausgrabungen in Arad *(Tell ʿArād)* und Lachis (*Tell ed-Duwēr;* KAI Nr. 192–199; TGI Nr. 45; ANET 321f) entdeckt. Als Adresse wird in ihnen zumeist ein einfaches „An NN" verwendet, als Corpuseinleitung dient *wə-ʿattā* („Und nun"). Zwischen Adresse und Corpuseinleitung tritt in den Lachis-B.en eine Grußformel (z.B. „Möge Jahwe hören lassen meinen Herrn Nachrichten des Heils"), die gelegentlich mit der Selbstdemütigung „Wer ist dein Knecht (wenn nicht) ein Hund, daß ..." verbunden ist. Die Staats- und Hof-B.e des AT (hebr. *sẹper,* 2S. 11_{15} 1R. 21_{8-11}

2R. 5_{5f} 10_{1-7} 19_{10-14}) mit der Vorlesenotiz „Also sprecht zu Hiskia, dem König von Juda“ (2R. 19_{10}) und der Corpuseinleitung *wə-ʿattā* („Und nun“, 2R. 5_{6} 10_{2}) stimmen in ihrer Anlage weitestgehend mit dem Formular der inschriftlich überlieferten B.e der E-Zeit in hebr. Sprache überein.

4. Für die pers. Zeit fehlen uns, abgesehen von einem wohl in Jerusalem abgefaßten Memorandum (Cowley Nr. 32; TGI Nr. 52; ANET 492), pal. B.e. Der Stil des B.es dieser Periode (hebr. *miktāb,* bei offiziellen Schreiben aram. *ʾiggərā,* hebr. *ʾiggĕret)* ist uns jedoch durch Funde in Ägypten, vornehmlich in Elephantine (5. Jh.), und aus Urkunden in Esr. 4_{6}–6_{18} bekannt. Die Sprache aller dieser Texte ist das Reichsaramäische. Die Adresse der auf Papyrus, Ostraka oder Leder geschriebenen B.e aus Ägypten differiert je nach der Stellung des Empfängers. Wie schon in dem B. an Necho II. lautet sie bei der Korrespondenz eines Untergebenen mit seinem Vorgesetzten „An NN NN“ (Cowley Nr. 30; TGI Nr. 51; ANET 491f); beim Schriftverkehr zwischen Ranggleichen oder zwischen Ranghöherem und -niederem wird stattdessen „Von NN an NN“ (Cowley Nr. 26; Driver Nr. 1–13) verwendet. Es folgen Gruß- und Höflichkeitsformeln und das in der Regel mit *ū-kə-ʿēt* = hebr. *wə-ʿattā* eingeleitete B.corpus. Am Schluß der B.e steht zuweilen das Datum (Cowley Nr. 42). Bei den auf Papyrus oder Leder geschriebenen Dokumenten wird die Adresse (oft mit einer kurzen Zusammenfassung des Inhalts) auf der Rückseite wiederholt.

5. Die in den Apokryphen des AT überlieferten B.e aus hell. Zeit (1Macc. 12_{5-23} 2Macc. $1_{1-9,10}$–2_{18}) halten sich mit der Adresse „NN an NN“ oder „An NN NN“ und der Grußformel *χαίρειν* recht genau an das Formular des zeitgenössischen griech. B.es, bei dem allerdings zumeist die Schlußformel *ἔρρωσο (ῥώννυμι)* hinzukommt. Hinsichtlich Stil und Anlage der B.e des NT sei auf Deissmann, Licht vom Osten, 1923^{4}, P. Wendland, Die urchristlichen Literaturformen, 1912, E. Lohmeyer, Briefliche Grußüberschriften, ZNW 26, 1927, 158–173 und O. Roller, Das Formular der paulinischen Briefe, 1933, verwiesen. Die Korrespondenz der jüd. Diaspora war zweifellos griech., während die rabbinischen Schulhäupter hebr. oder aram. schrieben. Das zeigen die uns erhaltenen B.e Rabban Gamliels II. (um 90; G. Dalman, Aramäische Dialektproben, 1927^{2}, 3), in denen die Anschrift „An NN“ mit der Grußformel „Euer Heil möge sich vermehren“ (vgl. Da. 3_{31}; 1P. 1_{2} 2P. 1_{2}) verbunden ist. Die in den letzten Jahren in der Wüste Juda gefundenen, auf Papyrus und Holz geschriebenen hebr. und aram. B.e des Bar Kochba und seiner Anhänger verwenden als Absender- und Empfängerangabe entweder das bereits von einem Teil der reichsaram. B.e aus Ägypten her bekannte „Von NN an NN“ (P. Benoit u.a., a.a.O., 155–166 Nr. 42–44, 46; IEJ 11, 1961, 40–50 Nr. 2, 7, 12) oder „NN an NN“ (ebd. 40–50 Nr. 1, 8–11, 14f), ohne daß sich ein Grund für dieses Schwanken angeben ließe. Auf beide Formen der Adresse folgt in der Regel die Grußformel „Heil“; das Corpus der B.e wird häufig mit der Formel „Sei (im) Heil“ abgeschlossen. Wie die aus demselben Fund stammenden Papyrus-B.e in griech. Sprache mit der Adresse „NN an NN“, der Grußformel *χαίρειν* und der Schlußformel *ἔρροσο* (sic!; IEJ 11, 1961, 40–50 Nr. 3, 6) erkennen lassen, haben wir es hier mit einer Nachahmung des griech. B.formulars zu tun.

6. Auf griech. Einfluß geht auch die Gattung der Kunst-B.e oder Episteln zurück, zu der Da. 3_{31-33}, der sogenannte B. Jeremias und der nach dem Muster der Fasten-B.e gestaltete B. Baruchs (syr. Baruch 78–87) gehören. Zu den griech. und urchristlichen Episteln vgl. A. Deissmann, a.a.O., 198–213. Ntliche Episteln sind der Hebräer-, Jakobus- und Judas-B. sowie die Johannesapokalypse einschließlich der Sendschreiben.

Literatur: Y. Aharoni, Hebrew Ostraca from Tel Arad, IEJ 16, 1966, 1–7 – ders./J. Naveh, Arad Inscriptions, JDS 1975 (hebr.) – F. M. Th. Böhl, Die Sprache der Amarnabriefe, 1909 – A. Cowley, Aramaic Papyri of the Fifth Century B. C., 1923 – G. R. Driver, Aramaic Documents of the Fifth Century B. C., abridged and revised edition, 1957 – EA – O. Eißfeldt, Einleitung in das Alte Testament, 1964^{3}, 27–31 – O. Kaiser, Zum Formular der in Ugarit gefundenen Briefe, ZDPV 56, 1970, 10–23 – A. Malamat, Campaigns of Amenhotep II and Thutmose IV to Canaan, Scripta Hierosolymitana 8, 1961, 218–231 – M. Weippert, Zum Präskript der hebräischen Briefe von Arad, VT 25, 1975, 202–212 – Y. Yadin, The Expedition to the Judean Desert, 1960, IEJ 11, 1961, 36–52 – ders., Expedition D – The Cave of Letters, IEJ 12, 1962, 227–257. *H. P. Rüger*

Byblos

Der ca. 30 km nördl. von *Beirūt* gelegene Ort *Ǧebēl,* der den natürlichen Hafen umschließt (ursprünglich außerhalb), hat den Namen der antiken Stadt erhalten. Im MT des AT heißt er *Gəbal* (Ez. 27₉; zu den „Giblitern" in Jos. 13₅ 1 R. 5₃₂: M. Noth, Könige, BK 9/1, 1968, 94; zur äg., sum. und ass. Benennung: Hrouda-Röllig); bei den Griechen hieß er *Βύβλος* (vgl. K. Galling, in: H. Goedicke, ed., Near Eastern Studies in Honor of W.F. Albright, 1971, 218f). Eine erste kurze Ausgrabung führte E. Renan 1860 durch. 1921–24 folgten vier von P. Montet geleitete Grabungskampagnen; seit 1925 leitete M. Dunand (seit 1960 zusammen mit M. Chéhab) die Ausgrabungen (Luftaufnahme von B.: ANEP 709).

Die früheste Siedlung reicht in das 5. Jt. zurück. Aus dem Übergang vom 4. zum 3. Jt. sind aus dem Wohnbereich mehr als 1000 Bestattungen in großen Pithoi bekannt (BMB 12, 1955, 22; →Sarkophag, 2.). In der FB II-Zeit erhielt B. eine Stadtmauer (mit Erneuerungen bis in hell. Zeit benutzt) mit zwei Toren und westl. des von der Stadtquelle gespeisten Sees einen der *B'lt Gbl* („Herrin von B.") geweihten Tempel, dessen Grundriß die für B. typische agglutinierende Bauweise (= sukzzesiver Anbau von Räumen) zeigt. Der Tempel blieb bis in röm. Zeit in Gebrauch. Die hier verehrte Stadtgöttin ist auf der Stele des *Yḥwmlk* (ANEP 477, um 400) mit Hörnern und Hathorfrisur dargestellt (→Götterbild, weibliches, 2.). Östl. des Sees entstand in der Mitte des 3. Jt.s ein weiterer Tempel, auf dessen Fundamenten in der MB II-Zeit der nach den vielen Obelisken im Haupthof benannte Obelisken-Tempel gebaut wurde, der wahrscheinlich dem Gott Rešep geweiht war (vgl. Gese, Religionen, 46f).

Den raschen Aufschwung von einer kleinen Fischersiedlung zu einem wichtigen Hafen an der phön. Küste verdankte B. den seit dem AR bestehenden engen Handelskontakten mit Ägypten, das gegen hohe Bezahlung (TGI Nr. 17; ANET 25–29) und Warensendungen (viele Gegenstände äg. Herkunft, z.T. mit Inschriften der Pharaonen, wurden in B. gefunden) über B. das begehrte Libanon-Holz bezog (→Wald- und Forstwirtschaft, 2.). Gegen Ende der 6. Dyn. brachen die Beziehungen vorübergehend ab und wurden mit Beginn der 12. Dyn. wieder aufgenommen. Neben den Holzhandel trat nun als zweiter Wirtschaftsfaktor das Metallhandwerk (vgl. Ug II 67; zur angeblichen „Erfindung" der Bronze in oder nahe bei B. →Metall, 1.a). Im Tempelbereich wurden mehr als 40 vergrabene Tonkrüge voller Votivgaben (eine andere Deutung bei O. Negbi/S. Moskowitz, BASOR 184, 1966, 21–26) entdeckt, darunter kostbare Waffen, Figuren und Schmuckstücke, die ein hoch entwickeltes, z.T. auch von Mesopotamien beeinflußtes (O. Tufnell/W.A. Ward, Syria 43, 1966, 165–241) Metallhandwerk in B. bezeugen. Dasselbe gilt für die Funde in der königlichen Nekropole (neun Schachtgräber mit Sarkophagen, die frühesten: MB IIA-Zeit). Grab V enthielt drei Sarkophage, darunter den auf vier Löwen ruhenden →Sarkophag des 'Aḥīrōm von B. (→Abb. 71₁) mit Reliefschmuck und phön. Inschrift (TGI Nr. 18; Datierung: um 1000). Die äg.-heth. Auseinandersetzungen über die Hegemonie über Syr.-Pal. gestalteten die Beziehungen zwischen B. und Ägypten während der SB-Zeit wechselhaft (vgl. etwa die Korrespondenz des Ribaddi von B. mit dem Pharao: EA 102–138). Der äg. Einfluß auf B. endete um 1000, als sich Ägypten weitgehend auf sein Kernland beschränken mußte (TGI Nr. 17; ANET 25– 29); doch geriet B. in der E II-Zeit in Abhängigkeit von Assyrien und mußte Tribute entrichten (Hrouda-Röllig). Obwohl die Geschichte der E-zeitlichen Stadt anhand literarischer Quellen bekannt ist, sind Siedlungsreste aus dieser Zeit bislang nicht nachgewiesen (Jidejian 57–59). Aus pers. Zeit stammt im Nordwesten des Tells ein Fort und nahe dabei ein basilikaähnlicher Bau (BMB 22, 93–99). Daß die Lokalherrscher das Münzrecht besaßen, ergibt sich aus zahlreichen Münzfunden (z.B. ANEP 225). Nach der kampflosen Einnahme der Stadt durch Alexander den Großen (332) dürfte sie weitgehend hellenisiert worden sein; in röm. Zeit erhielt sie die üblichen Kolossalbauten (Tempel, Bäder, Nymphäum, Basilika, Theater, Kolonnaden). Die Erinnerung an die enge Verbindung von B. mit Ägypten blieb jedoch wach und lebt in der Sage von Isis und Osiris (Plutarch, 1. Jh. n. Chr.) weiter.

Literatur: W.F. Albright, Further Light on the History of Middle-Bronze Byblos, BASOR 179, 1965, 38–

43 – D. Baramki, A Tomb of the Early and Middle Bronze Age at Byblos, BMB 26, 1973, 27–30 – J. Börker-Klähn, Das sogenannte Bâtiment I in Byblos, ZA 61, 1971, 106–123 – M. Dunand, FB I, II, V – ders., Byblos, son histoire, ses ruines, ses légendes, 1963 – ders., BMB 9, 1949, 53–64, 65–74; 12, 1955, 7–12, 13–20, 21–23; 13, 1956, 81–86; 16, 1961, 69–73, 75–79, 81–85; 17, 1964, 21–24, 25–27, 29–35; 19, 1966, 95–101; 22, 1969, 93–99 – R. Dussaud, Topographie historique de la Syrie antique et médiévale, Bibliothèque Archéologique et Historique 4, 1927, 63–69 – B. Hrouda/W. Röllig, Art. Gubla, RLA III, 673–675 – N. Jidejian, Byblos Through the Ages, 1971^2 (Lit.) – G.T. Martin, A Ruler of the Second Intermediate Period, Berytus 18, 1969, 81–83 – P. Montet, Byblos et l'Égypte, Texte, 1928; Atlas, 1929 – O. Negbi, Contacts between Byblos and Cyprus at the End of the Third Millennium B.C., Levant 4, 1972, 98–110 – E. Renan, Mission de Phénicie, 1864 – O. Tufnell, The Pottery from Royal Tombs I-III at Byblos, Berytus 18, 1969, 5–33 – W. Ward, The Inscribed Offering Table of Nefer-Seshem-Ra from Byblos, BMB 17, 1964, 37–46 – E.J. Wein/R. Opificius, 7000 Jahre Byblos, 1963.

H. Weippert

Dach

Für das orientalische Haus ist zu allen Zeiten das Flach-D. (hebr. *gāg*) kennzeichnend, das durch eine Balken- oder in der älteren Zeit Baumstamm-Lage gebildet wird (in holzarmen Gegenden, z.B. im transjordanischen *Ǧāwa,* war man statt dessen auf eine Art →Gewölbe-Technik angewiesen). Auf einem ass. Relief (Schäfer/Andrae, Kunst, Abb. 538) erkennt man, daß die Baumstämme am dikkeren Ende angeschnitten sind, um beim Auflagern eine Waagrechte zu erzielen. Eine andere Art war es, die Stämme alternierend zu legen und den Ausgleich durch Reisig herzustellen. Bei einer normalen Raumweite von 5 m genügte die einheimische Sykomore (→Baum- und Gartenkultur, 2.), während man bei größeren Weiten (Paläste, Tempel) die schlankgewachsene Libanon-Zeder bevorzugte (→Wald- und Forstwirtschaft; zu anderen Holzarten, die bei D.konstruktionen verwendet wurden, vgl. Beer-Sheba I 97–105). Auf die Reisiglage folgte ein Lehmschlag, der mit einer Walze (vgl. TM I Abb. 33, 49; Hazor III-IV Tf. 188_{10} 285_6) geglättet wurde. Das Walzen mußte häufiger wiederholt werden, damit das D. keine Risse bekam. In Ugarit wurde die Verwendung von →Asphalt nachgewiesen, durch den das D. wasserdicht gemacht wurde (J. Nougayrol, Le Palais royal d'Ugarit III, 1955, XVIII Anm. 1). Zum Abfluß des Regenwassers darf man eine leichte Schrägung des D.es voraussetzen (vgl. Butler Abb. 50); durch ein Geländer, das beim Flach-D. nicht fehlen durfte (Dt. 22_8), führte eine Traufe (hebr. *dēlep,* Prv. 19_{13} 27_{15}?, was sich vielleicht aber auf ein Leck im D. bezieht). Regenrinnen und Wasserspeier sind in Häusern der E-Zeit in Babylon (O. Reuther, Die Innenstadt von Babylon [Merkes], WVDOG 47, 1926, 86, 133 Abb. 76) und Karkemiš (Ca II 151f) nachweisbar. Das Flach-D. war durch eine Treppe oder Leiter zugänglich. Auf dem D. hielt man sich gerne auf (Jdc. 16_{27} 2S. 11_2 Jes. 15_3 22_1) und breitete neben anderem Trauben und Flachs (Jos. 2_6) zum Trocknen aus; man schlief auch dort unter freiem Himmel (Prv. 21_9 spricht von einer Ecke der D.terrasse) oder in einem auf dem D. aufgebauten →Zelt (2S. 16_{22}). Auf dem D. befand sich zuweilen ein Obergemach, dazu und zu Mehrstöckigkeit →Haus. Das Flach-D. herrscht bis in röm. Zeit (Mc. 2_4; JosBell V 513; Butler); das Sattel-D. des griech.-röm. Tempels begegnet erst in röm. Zeit hauptsächlich bei →Synagogen.

Literatur: H.C. Butler, Ancient Architecture in Syria, Publications of the Princeton University Archeaological Expeditions to Syria 2, 1919 – Dalman, AuS VII, 58–60, 82–87, 112–121 – Krauß, TalmArch I, 33f – Naumann, Architektur, 153–160. *K. Galling/H. Rösel*

Damaskus

1. Name, Lage, Geschichte. 2. Stadtbild.

1. Der im AT *Dam/rmēśeq* (2R. 16_{10}: *Dummēśeq*), in ass. Texten *Dimašqu* genannte Ort ist mit der heute *(Dimašq) eš-Šām* heißenden Hauptstadt Syr.s identisch. Ein Brief aus dem Amarna-Archiv (EA 53_{63}) lokalisiert die Stadt im Lande *Upe,* das die äg. Ächtungstexte schon im 18. Jh. nennen (W.F. Albright, BASOR 83, 1941, 34–36). Die günstige Lage der Stadt (die ass. Bezeichnung *ša imērīšu* bezieht sich kaum auf D., sondern auf seine Umgebung und meint „[Land] seines Esels", vgl. M. Weippert, ZDPV 89, 1973, 39 Anm. 46) am wasserreichen *Nahr Baradā* und an der Kreuzung der Hauptverbindungswege von Mesopotamien nach Syr. und von Pal. nach Transjordanien läßt auf eine frühe Gründung schließen, auch wenn D. erstmals in einer Liste Thutmosis' III. im 15. Jh. erscheint (als *Tmsq,* Simons, Handbook Nr. I 13). Nach dem Zusammenbruch der äg. Vorherrschaft und nur kurzlebigen Übergriffen von seiten der Hethiter fielen

D. und sein Gebiet gegen Ende des 2. Jt.s den Aramäern zu. Unter den jetzt entstehenden aram. Stadtstaaten, die David vorübergehend unterjochte (2S. 8_{3-8} 10_{19}), plazierte sich Aram mit seiner Hauptstadt D. im 9. Jh. an der Spitze (zu den Königen von D. im 9. Jh.: F. M. Cross, BASOR 205, 1972, 36–42), mußte aber isr. Händlern in D. bestimmte Privilegien einräumen (1R. 20_{34}). Je nach der politischen Situation gehörte Aram zu den Gegnern (1 R. 20) oder Verbündeten (2R. 16_{5-9}) Israels, bis der nördl. Grenznachbar Israels im Kampf gegen Tiglathpileser III. unterlag und D. 732 zur ass. Provinzhauptstadt wurde.

2. Das 1917–18 von C. Watzinger und K. Wulzinger aufgenommene Stadtbild des röm. D. zeigt im Stadtinnern einen trapezförmigen Markt mit dem Tempelbezirk von 100 × 150 m in der Mitte (3. Jh. n. Chr.). Ende des 4. Jh.s n. Chr. wurde der Tempel zur Basilika umgebaut und im 7. Jh. n. Chr. durch eine neue dreischiffige Basilika ersetzt, die noch heute in der Omajjaden-Moschee zu erkennen ist. Die Act. 9_{11} erwähnte „gerade Straße" querte die Stadt von Ost nach West; an ihr lagen zwei Theater. Der Platz der früher türkischen Zitadelle läßt Reste eines röm. Kastells erkennen. Aus vorröm. Zeit ist nur ein wohl ins 9. Jh. zu datierendes Basalt-Relief (aus dem Hadad-Tempel?) mit der Darstellung einer geflügelten Sphinx bekannt (Syria 26, 1949, Tf. 8).

Literatur: Dj. Abd'el-Kadr, Un orthostate du temple de Hadad à Damas, Syria 26, 1949, 191–195 – R. Dussaud, Le temple de Jupiter Damascenien et ses transformations des époques chrétienne et musulmane, Syria 3, 1922, 219–250 – A. Jepsen, Israel und Damaskus, AfO 14, 1941–44, 153–172 – A. Malamat, The Aramaeans, in: D. J. Wiseman, ed., Peoples of Old Testament Times, 1973, 134–155 (Lit.) – C. Watzinger/K. Wulzinger, Damaskus: Die antike Stadt, Wissenschaftliche Veröffentlichungen des Deutsch-Türkischen Denkmalschutz-Kommandos 4, 1921. *K. Galling*

Dan

1. Lage und Geschichte. 2. Ausgrabungen.

1. Die Gleichsetzung des Ortes D. mit dem *Tell el-Qāḍī* steht aufgrund der Ortsangaben bei EusOn 76_{6-8} (an der Jordanquelle, 4 röm. Meilen von Paneas entfernt am Weg nach Tyrus) und bei JosAnt V 178 (nahe des Libanon, an der Jordanquelle, einen Tagesmarsch von Sidon entfernt) fest. Außerdem beruft man sich auf die Bedeutungsgleichheit (Volksetymologie: Gn. 49_{16-18}, vgl. Zobel) von hebr. *dān* mit arab. *qāḍī* = „Richter" (F.-M. Abel, Géographie de la Palestine II, 1967, 302).

Atliche Texte berichten von der Eroberung des ehemals Lais (Jdc. $18_{7, 27, 29}$) bzw. Lesem (Jos. 19_{47}) genannten Orts durch den Stamm D., der seine früheren Wohnsitze in der nördl. Schephela nicht halten konnte (vgl. Jdc. 1_{34} mit Jos. 19_{47} Jdc. 13_{25} und JosAnt V 177f; dazu mit neuerer Lit.: A. Globe, ZAW 87, 1975, 178–183). Die eroberte Stadt nannten die D.iten nach ihrem Stammvater D. (Jos. 19_{47} Jdc. 18_{29}). Das kan. Lais nennen im 18. Jh. die äg. Ächtungstexte (E 59) und im 15. Jh. Ortslisten Thutmosis' III. (Simons, Handbook, Nr. I 31, II 26). Aus dem 18. Jh. ist ein Herrscher Waritaldu bekannt, der als Handelspartner Zimrilims von Mari Zinn bezog (G. Dossin RA 63, 1970, 98f Z. 20f; A. Malamat, IEJ 21, 1971, 34–36). Jerobeam I. stellte in D. und →Bethel je ein goldenes Kalb auf und interpretierte die (übernommenen?) Tempel als Konkurrenzheiligtümer zu Jerusalem (1R. 12_{29f}). Der Aramäerkönig Benhadad I. zerstörte neben anderen isr. Städten auch D., nachdem ihn der jud. König Asa um Hilfe gegen den ihn bedrängenden isr. König Baesa gebeten hatte (1R. 15_{20}). Weitere historische Angaben über D. fehlen im AT; doch ist anzunehmen, das D. als die nördlichste Stadt Israels (vgl. den Ausdruck „von D. bis Beerseba", 1R. 5_5 u.ö. als Beschreibung des Landes anhand des nördl. und südl. Grenzortes) stets bes. gefährdet war (Jer. 4_{15} 8_{16}) und 733 mit ganz Galiläa in der ass. Provinz Megiddo aufging (2R. 15_{29}).

2. Ausgrabungen (seit 1966, Leitung: A. Biran) auf dem *Tell el-Qāḍī* stellten einen Siedlungsbeginn in der FB-Zeit fest. Die im Norden, Osten und Süden des Tells nachgewiesene 6,5 m dicke und 10 m hohe, beidseitig durch Erdwälle verstärkte Stadtmauer stammt aus der MB II-Zeit. Der westl. Mauerverlauf ist noch ungewiß; doch ist mit Abweichungen zu rechnen, da hier die Jordanquellen liegen. Im 17./16. Jh. zerstörte ein Brand die Stadt. Anzeichen für eine Siedlung der SB IIB-Zeit sind vorhanden (BA 37, 34f; zu einem Skarabäus Ramses' II.: IEJ 26, Tf. 12D), und Einzelfunde, vor allem die aus einem Grab des

14./13. Jh.s, zeigen, daß enge Kontakte zur Ägäis bestanden (z.B. eine myk. „Streitwagen"-Amphora, A. Biran, IEJ 20, 1970, 92–94; vgl. EAEHL I Tf. auf S. 276). Auf Handelsbeziehungen zur südpal. Küste im 12. Jh. läßt ein Pithos mit sogenannter Philister-Keramik schließen. In diese Zeit setzt der Ausgräber die Eroberung der Stadt durch die D.iten (IEJ 22, 165). Von den Toren der E-zeitlichen Stadt ist nur das in Ost-West-Richtung verlaufende Vierkammer-Tor im Süden (19,5 × 26,5 m) freigelegt, zu dem man durch ein Vortor und einen ummauerten Vorplatz (19,5 × 9,4 m) gelangt (→Tor mit Abb. 87_5; zu einer ähnlichen Toranlage in *Tell es-Seba'*: Y. Aharoni, IEJ 24, 1974, 13–15). Ein wohl von vier →Säulen (drei Basen gefunden) flankiertes Postament an der Westseite des Vorplatzes (BA 37, Abb. 19f) könnte als „Thronsitz" (1 R. 22_{10}) oder (weniger wahrscheinlich) als Basis für eine Statue gedient haben. Eine bis zu 10 m breite gepflasterte Straße führt durch das Tor nach Westen und steigt dann nach Norden an. Toranlage und Straße stammen aus dem Ende des 10. Jh.s. In der ersten Hälfte des 9. Jh.s wurde das Tor zerstört, was der Ausgräber mit der Eroberung durch Benhadad I. (1 R. 15_{20}) verbindet (vgl. auch N. Avigad, PEQ 100, 1968, 42–44). Nahe der Quelle (hier in röm. Zeit ein Brunnenhaus, IEJ 24, 262 Tf. 56B) liegt die von der MB II- bis in röm. Zeit benutzte Kultstätte. In der E-Zeit befand sich hier ein von A. Biran als Kulthöhe interpretierter Bau (mit Basaltsteinen aufgefülltes Rechteck bzw. Quadrat, an einigen Stellen bis zu 1,5 m hoch erhalten, →Kulthöhe), bei dem sich bis jetzt drei Bauphasen unterscheiden lassen: Im 10. Jh. war die rechteckige Plattform von großen Steinen eingefaßt; nach einem Brand folgte wohl in der Mitte des 9. Jh.s eine nahezu quadratische, von Quadern (Läufer-Binder-Technik) eingefaßte Plattform (ca. 18 × 18 m), die von einem ummauerten Hof umgeben war (südl. davon eine noch nicht gedeutete Anlage aus Quadern: IEJ 26, 55); wohl in der ersten Hälfte des 8. Jh.s wurden im Süden der Plattform Treppen als Zugang zu ihr erbaut. Südl. der Treppe fand sich ein Hörneraltar (9. Jh., IEJ 24, 262 Tf. 56A; →Altar, 1.e). Eine 1 × 1 m messende Struktur aus behauenen Steinen im Westen der Plattform deutet A. Biran als Altar und schlägt als möglichen Erbauer Jerobeam I. vor. Bautätigkeit nach der ass. Eroberung repräsentieren größere (öffentliche?) Gebäude westl. der Kultstätte. Eine Scherbe aus dieser Zeit mit phön. Inschrift *(... l b'l Plṭ')* könnte darauf hindeuten, daß sich unter den von den Assyrern hier neu angesiedelten Bewohnern auch Phönizier befanden.

Literatur: A. Biran, IEJ 16, 1966, 144f; 19, 1969, 121–123, 239–241; 20, 1970, 118f; 22, 1972, 164–166; 23, 1973, 110–112; 24, 1974, 262–264; 26, 1976, 54f – ders., RB 75, 1968, 379–381; 76, 1969, 402–404; 77, 1970, 383–385; 78, 1971, 415–418; 80, 1973, 563–566 – ders., Laish-Dan – Secrets of a Canaanite City and a Israelite City, Qadmoniot 4, 1971, 2–11 – ders., Tel Dan, BA 37, 1974, 26–51 – H.J. Zobel, Stammesspruch und Geschichte, BZAW 95, 1965, 88–97 – Weitere Lit. bei E.K. Vogel, HUCA 42, 1971, 25. *H. Weippert*

Debir

Die Sage erzählt, warum im Zuge der Landnahme auf dem jud. Gebirge Othniel, Neffe des Kaleb von →Hebron, D., eine Stadt „im Trockenland", eroberte, wie ihm dann noch die zwischen den beiden Städten gelegenen „oberen und unteren Wasserbekken" zufielen, und daß D. „vorzeiten Kirjath-Sepher" geheißen habe (Jos. 15_{13-19} Jdc. 1_{11-15}). Vorzuziehen ist vielleicht die *lectio difficilior* „Kirjath-Sanna" in Jos. 15_{49} (vgl. dort die archaisierende Wendung „Kirjath-Sepher, das ist D." mit „Kirjath-Arba, das ist Hebron" in $V._{54}$, dazu die inkonsequenten Konjekturen bei M. Noth, Josua, HAT I/7, 1953^2, z. St.).

Die Lokalisierung von D. wurde erst kürzlich definitiv geklärt. Ihre Probleme und deren Erörterung zwischen 1924 und 1954 sind im Detail treffend dargestellt von Galling, der D. auf der *Ḫirbet Rabūd* angesetzt hat, die 15 km südwestl. von Hebron und 8 km südwestl. von dem quellenreichen *Sēl ed-Dilbe,* wohl dem Ort der „oberen und unteren Wasserbecken", gelegen ist. Dieser Vorschlag entspricht am besten den topographischen Voraussetzungen von Jos. 15_{13-19} und dem archäologischen Befund, der zunächst wenig überzeugend war. Doch fand H. Donner dort das erste eindeutige Zeugnis kan. Besiedlung, einen zypr. milkbowl-Henkel (ZDPV 81, 1965, 24f), und die 1967/68 unter der Leitung von Kochavi durchgeführten Forschungen ergaben folgendes Bild: Nach sporadischer Besiedlung zu Beginn und am Ende des

3. Jt.s entstand um 1400 eine befestigte Stadt von 6 ha Umfang. Große Mengen zypr. und myk. Imports, vor allem in der südöstl. gegenüber dem Stadttor auf der Anhöhe *'Išš eṣ-Ṣaqra* befindlichen Nekropole, bezeugen ihre Wohlhabenheit. An die kan. Besiedlung schloß sich die jud. unmittelbar an. Erst im 9. Jh. wurde die kan. Stadtmauer im Nordwesten etwas zurückgenommen und neu errichtet, im übrigen instand gesetzt. Mit einer Ausdehnung von 5 ha war D. in der Königszeit neben Hebron und Lachis eine der bedeutendsten Städte Judas. Im frühen 6. Jh. ist D. wohl durch Nebukadnezar II., als Stadt für immer untergegangen und hat in pers. und hell. Zeit nur noch als ländliche Siedlung existiert. In röm. Zeit stand auf der Höhe nichts als eine kleine Wehranlage.

Literatur: K. Galling, Zur Lokalisierung von Debir, ZDPV 70, 1954, 135–141 – M. Kochavi, Khirbet Rabûd = Debir, TA 1, 1974, 2–33 (ältere Lit. dort auf S. 32f).

A. Kuschke

Dibon

Die Auffindung einer Stele mit einer Inschrift des aus D. stammenden Königs Mẹ̄šaʿ von Moab (vgl. 2R. 3_{4}; TGI Nr. 21; KAI Nr. 181 mit Lit.) im Jahre 1868 nahe dem modernen Ort *Ḏībān* (20 km östl. des Toten Meeres, 64 km südl. von *'Ammān*) erhob die aus der Namensähnlichkeit geschlossene Identifikation von D. mit dem 200 × 150 m großen Tell von *Ḏībān* zur Gewißheit. Der Tell liegt inmitten eines reichen Getreidelandes (BASOR 146, 1957, 6–10), ist für seine Wasserversorgung jedoch völlig von Zisternen abhängig (Reed 46f). Von dem moabitischen zu unterscheiden ist ein anderes D. in Juda (Neh. 11_{25}) und das in äg. Texten genannte *Tpn/Tbn* (IEJ 22, 1972, 141f).

Die ersten Grabungskampagnen (1950/51: Winnett; 1952: Reed; 1952/53: Tushingham) beschränkten sich auf ein Gebiet am Südwestabhang des Tells, in dem Reste aus der E II-Zeit (ca. 950–600), der nab. (Siedlung mit Tempel), röm. (Garnison), byz. und arab. Perioden ausgegraben wurden; in türkischer Zeit wurde der Ort vom Tell weg nach Süden verlegt. Ferner wurde eine Nekropole in der Südwand des *Wādī Ḏībān* untersucht, in der u.a. ein Sarkophag mit Gesichtsdeckel (Grab J3; →Sarkophag, 2.b) gefunden wurde. Wichtig ist ein Inschriftenfragment (Winnett 23), das mit der Mẹ̄šaʿ-Stele und einem Fragment aus *el-Kerak* (BASOR 172, 1963, 1–9; 175, 1964, 50f) die moabitischen Monumentalinschriften repräsentiert. Spätere Grabungen (1955/56: Morton) wiesen ein in der FB- und E-Zeit benutztes Nordtor und nahe dabei Getreidesilos nach. Auf dem Gipfelplateau des Tells wurde ein großer Bau der E-Zeit aufgedeckt, dessen Mauerstärken (1,3–1,5 m) und Inventar (Räucherständer [E I-Zeit?], weibliche Figurinen, Ostrakon) auf ein öffentliches Gebäude schließen lassen. Zwischen der FB- und E-Zeit war der Tell anscheinend nicht besiedelt.

Das E-zeitliche D. war wohl lange zwischen Moab und Israel (Gad: Nu. 32_{34} 33_{35f}; die Zuweisung an Ruben, z.B. Jos. 13_{17}, ist unhistorisch) strittig. Wann es endgültig moabitisch wurde (vgl. Jes. $15_{2,\,9}$ Jer. $48_{18,\,22}$), ist unbekannt; jedenfalls war es sicher in Mẹ̄šaʿs Besitz. Von der bewegten Geschichte des Ortes lassen die Grabungsbefunde wenig erkennen; doch dürfte die Verödung D.s um 600 wohl mit dem Zug Nebukadnezars II. gegen die Ammoniter und Moab in Verbindung stehen (JosAnt X 181f).

Literatur: W.H. Morton, BASOR 140, 1955, 5f – ders., RB 64, 1957, 221–223 – A.D. Tushingham, The Excavations at Dibon (Dhībân) in Moab, AASOR 40, 1972 – F.V. Winnet/W.L. Reed, The Excavations at Dibon (Dhībân) in Moab, AASOR 36–37, 1964.

H. Weippert

Dolch und Schwert

1. Allgemeines. 2. Typologie der Stichwaffe mit, a einfacher Klinge, b Klinge mit Zapfen, c Klinge mit Angelhakenzapfen, d Klinge mit Schalengriff, e Klinge mit Tüllengriff, f Klinge mit Vollgriff, g gebogener Klinge, h Krumm-Schw.er, i D.- und Schw.scheiden.

1. Unterschiedslos gebraucht das AT den Ausdruck *ḥereb* für D. (vgl. Jdc. $3_{16,\,21f}$) und Schw. Die undifferenzierte Terminologie entspricht der gemeinsamen Funktion von D. und Schw. als beidseitig geschärfter in einer Spitze auslaufender Stichwaffe (vgl. die Darstellungen auf zwei Orthostaten vom *Tell Ḥalāf:* TH III Tf. 35). Eine bei einer bestimmten Klingelänge vorgenommene Trennung zwischen D. und Schw. würde darüber hinaus typologisch zusammengehörige Gruppen auseinanderreißen. Die pal. Klingen mit Längen von selten über 40 cm sind im Vergleich zu den

Lang-Schw.ern aus dem Nordiran (Maryon), Anatolien (Stronach), der Ägäis (Sandars) und dem mittleren Europa (Kimmig) relativ kurz. Eine Ausnahme ist das in der südl. Küstenebene gefundene, etwa 75 cm lange Schw. aus dem 12./11. Jh., das üblicherweise als Philister-Waffe gedeutet wird (Yadin, Warfare, 344f). Die Kürze der meisten Waffen ist durch das Material bedingt: Kupfer, aber auch noch Bronze waren für lange Klingen zu weich; erst verstärkende Längsrippen machten eine lange bronzene Klinge zur wirksamen Waffe. Obwohl seit der E-Zeit in Pal. eiserne →Sicheln und →Messer üblich waren, blieb für D.- und Schw.klingen Bronze das bevorzugte Material auch in und nach der E-Zeit (eiserne Klingen z.B.: BP I Tf. 41_{268}; Hazor III-IV Tf. 217_{2}; TBM III Tf. 61_{12}; Syria 8, 1927, 209 Abb. 15A; vgl. für Ägypten: ANEP 181).

2. Schwierigkeiten bereitete die Verbindung von Klinge und Griff. Hier setzten im Laufe der Zeit verschiedene Bemühungen ein, und eine typologische Klassifizierung läßt sich am besten von den Lösungen dieses Problems leiten.

2.a Vereinzelt treten im Vorderen Orient einfache D.klingen schon im CL auf (AnSt 9, 1959, 47–50). Häufiger werden sie in der B.-Zeit. Sie besitzen Nietlöcher für die Verbindung mit einer Griffsäule aus Holz oder Knochen (AG I Tf. 19_{46}). Ein meist halbkugel- (MegT Abb. 171_{9}) oder halbmondförmiger (ebd. Abb. 171_{7} – vgl. auch Ug II 65 Abb. 27) Knauf aus hartem Stein diente als Griff. Die Klingenlänge lag meist bei 20 cm. Die längeren Exemplare (25–33 cm) sind auch die frühesten (Übergang von der FB- zur MB-Zeit; vgl. Levant 6, 1974, 91f; TN I Tf. 104_{1}; L IV Tf. 14_{24}; Jer I Abb. 66_{3}). In der MB I-Zeit werden die Klingen kürzer; typisch sind nun Klingen von ca. 20 cm Länge, die sich langsam zur Spitze zu verjüngen, ohne ausgeprägte Schultern, mit vier oder sechs Nietlöchern (Abb. 17_{1}). Diese Klingen stammen aus Gräbern Süd- und vor allem Mittel-Pal.s (vgl. BASOR 204, 1971, 36 mit Anm. 17f; Qadmoniot 6, 1973, 52). Für die MB II-Zeit ist eine kürzere Klinge (meist ca. 15 cm) mit ausladenden Schultern und rascher Verjüngung zur Spitze hin charakteristisch. Die Klinge endet im oberen Teil waagrecht oder eingebuchtet und besitzt zwei (bzw. vier: J.B. Pritchard, The Bronze Age Cemetery at Gibeon, 1963, Abb. 26_{14}) Nietlöcher. Vereinzelt kommen solche Klingen in *Tell el-ʿAǧūl* (AG I Tf. 20_{69}), Jericho (Jer I Abb. 146_{1}; AAA 21, 1934, Tf. 23_{6}) und *Kfar Ǧarrā* (BMB 2, 1938, 60 Abb. 95a) vor. Am häufigsten ist der Typ in *Tell el-Fārʿa* Süd (Abb. 17_{2}; BP I Tf. 6_{11f} $9_{38,\ 46}$ II Tf. $43_{18,\ 33}$). Zahlreich und breit gestreut ist während der B-Zeit eine dritte Klingenform, die auf die Ausbildung eines Zapfens hin tendiert. Dabei endet die Klinge in einem rundlichen (Abb. 17_{3}; BMB 2, 1938, 34 Abb. 52), dreieckigen (Ug II 63 Abb. 26_{6}) oder trapezoiden (AG I Tf. 16_{5}) Abschluß mit meist drei Nietlöchern. Typologische Vorläufer mit nur einem Nietloch sind die Klingen aus *Kəfar Mōnāš* (PEQ 107, 1975, 53–63).

2.b Um einen Zapfen verlängerte Klingen sind in Gräbern von Karkemiš schon in der FB-Zeit belegt (Ca III Tf. 60a,c, 61a,c); in Pal. werden sie erst von der MB II-Zeit an häufig: *Tell el-ʿAǧūl* (AG I Tf. 16_{1-4} 17_{30-32} 19_{42} 20_{87} III Tf. 18_{3} 19_{17f} IV Tf. 22_{239} $25_{260,\ 264-267}$ $26_{269-276}$ $27_{278-289}$ $28_{290-292}$), Jericho (Jer. I Abb. 117_{5} 146_{2f} II Abb. $111_{1f,\ 18}$), Lachis (L IV Tf. 22_{11-20} 23_{1-3} – vgl. auch die Klinge mit Inschrift: ANEP 271) und Megiddo (Meg II Tf. 178_{12f} $179_{15f,\ 18,\ 20-22,\ 26-28}$). In der SB-Zeit (Abb. 17_{4}) nimmt die Zahl dieser Klingen etwas ab. In dieser Zeit kommen in Ugarit einige bes. lange Exemplare (eines mit der Kartusche des Pharao Merneptaḥ: Ug III 172 Abb. $124_{1,\ 5}$ und 256–259 mit Abb. 223f), in Megiddo einige mit auffallend langem Zapfen (Meg II Tf. 125_{3-5} 180_{47} 181_{48}; MegT Tf. 89_{12} 96_{1f} 133_{20}) vor, der sonst nur ein Viertel der Klingenlänge ausmacht. Noch in der frühen E-Zeit ist der Typ belegt (TM I Abb. 121 Tf. $22E_{2,\ 4}$; Meg II Tf. $181_{54,\ 56}$; Ger Tf. $28_{7f,\ 10-12}$; BSIA Abb. 104_{1}); eiserne Exemplare treten aber erst in der E II-Zeit auf (zwei bes. lange Klingen von *Tell el-Fārʿa* Süd: BP I Tf. 38_{234f}). Je nach Form des Zapfens muß man annehmen, daß er in einen ausgehöhlten Griff eingeschoben oder zwischen zwei Griffplatten eingeklemmt und umwickelt wurde. Bei einer 49 cm langen Waffe aus *Tell es-Saʿīdīye* (13./12. Jh.) ist der Zapfen in eine bronzene Griffsäule eingelassen (ANEP 785; zur möglichen Technik: Iraq 26, 1964, 44–49). Häufiger, in Syr. bereits

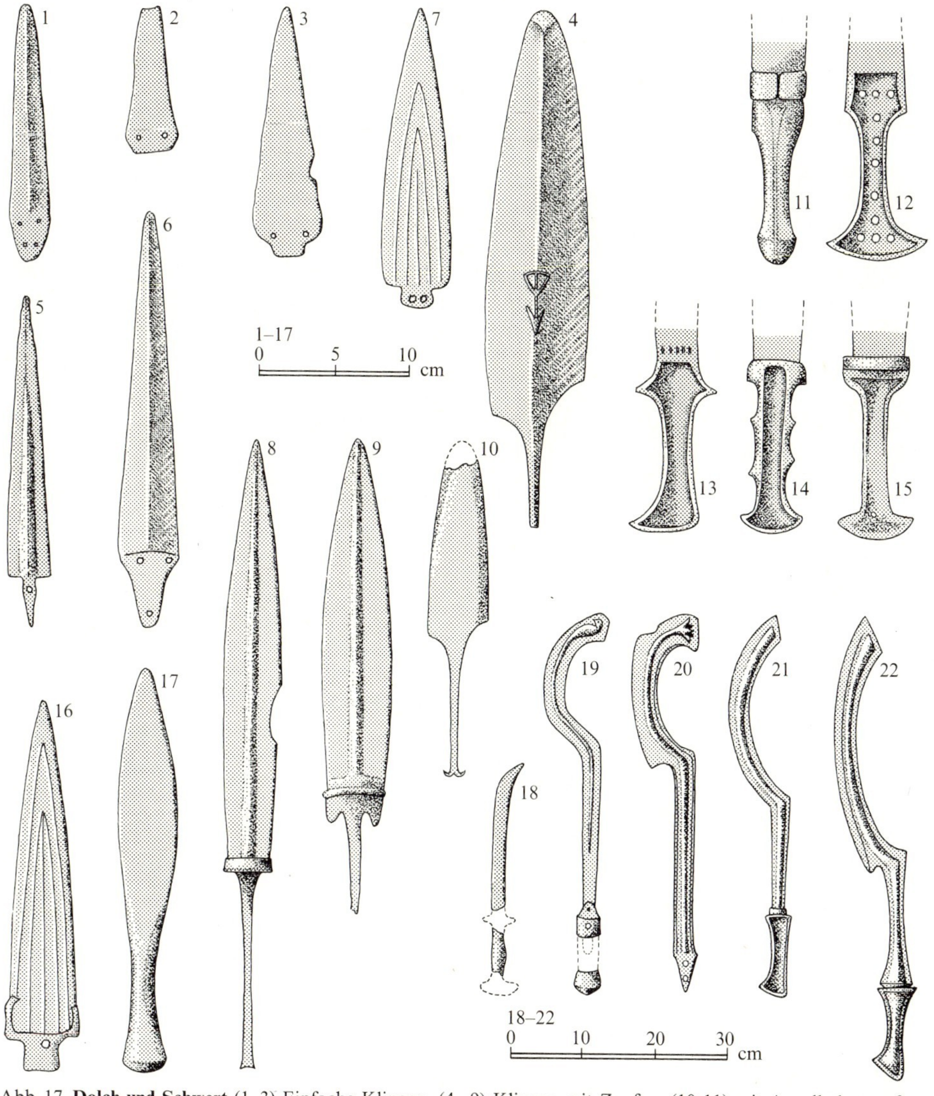

Abb. 17 **Dolch und Schwert** (1–3) Einfache Klingen, (4– 9) Klingen mit Zapfen, (10, 11) mit Angelhakenzapfen, (12–15) mit Schalengriff, (16) mit Tüllengriff, (17) mit Vollgriff, (18) gebogene Klinge, (19–22) Krummschwerter

seit der FB-Zeit, werden Griff und Zapfen durch Nieten verbunden (ein Nietloch: TH I Tf. 114_{25}; FB I Tf. 189_{5902} [Tombe 179, "énéolithique"]); in Pal. ist diese Form erst in der MB II-Zeit üblich (Abb. 17_{5}; AG II Tf. 14_{70} III Tf. 19_{14} IV Tf. 21_{214} 25_{262} 28_{293}; Meg II Tf. 180_{37}; Hazor III–IV Tf. 270_{25}; BASOR 204, 1971, 36). Die Vermehrung der Nietlöcher auf dem Zapfen (zwei: häufig in Byblos, vgl. FB II Tf. 56 *passim;* ferner AG III Tf. 18_{7}; Jer II Abb. 111_{11} – drei: FB I Tf. 70_{2179}; L IV Tf. 23_{21}; Jer II Abb. 111_{10}) dürfte die Verbindung von Klinge und Griff kaum wesentlich verbessert haben. Dies war erst der Fall, als Nieten auf dem Zapfen und auf den Schultern der Klinge angebracht wurden. Das Verfahren ist vor allem aus Syr. bekannt (Hama II/1

Tf. 10_{7}; Sendsch V Abb. 129 Tf. 48f; Ug IV 232 Abb. 28C). Die gute Verbindung von Klinge und Griff erlaubte den Gebrauch von langen Klingen (ca. 50 cm: FB I Tf. 67_{2178} II/2 Abb. 873_{15078}). Auch die pal. Exemplare erreichen Längen bis zu 27 cm (Abb. 17_{6}; MegT Tf. 123_{4} 146_{5} – vgl. auch Meg II Tf. 180_{35}; AAA 19, 1932, Tf. 37_{2}). Ein Typ mit zwei oder drei Nietlöchern in einem kurzen, von der Klinge abgesetzten segmentförmigen Zapfen ist noch zu nennen (Abb. 17_{7}; AG II Tf. 14_{74}; EG III Tf. 60_{6}; MegT Tf. 118_{5} 122_{9} – vgl. auch Meg II Tf. 178_{3} –; RB 69, 1962, 244 Abb. 4_{1}). Längsrippen verstärken jeweils diese Klingen. Als letztes sei ein Typ angeführt, bei dem ein Wulst zwischen Klinge und Zapfen verhindern soll, daß sich die Griffsäule beim Stoß auf die Klinge schiebt. Die meisten Exemplare stammen aus der SB-Zeit (Abb. 17_{8}; AG III Tf. 9_{21} 18_{8} 19_{11} IV Tf. 28_{296}; L IV Tf. 23_{15}; EG III Tf. 106_{3}; ADAJ 8/9, 1964, Tf. 40_{24f} – vgl. die Sonderform Abb. 17_{9}), sporadisch auch aus der E-Zeit und danach (EG III Tf. $217_{1,3}$; SS III Abb. 113_{5} [aus Eisen]).

2.c Klingen mit Angelhakenzapfen sind für Gräber auf Zypern aus der MB IIA- (Catling, Bronzework, Abb. 1f) und SB-Zeit (ebd. Abb. 12) typisch. Wie bei den analogen →Lanzen-Spitzen soll der Haken einem Abgleiten der Griffsäule vorbeugen. Diese stabile Verbindung von Griff und Klinge erlaubte die Herstellung von Klingen mit Längen auch über 40 cm, sofern die Klingen durch Längsrippen verstärkt waren. Das früheste Exemplar aus Pal. (FB I/II: Meg II Tf. 283_{1}) mit Silberüberzug der Schultervorsprünge zeigt keine Beziehung zu der späteren einheimischen Produktion (westl. Import?). Die wenigen aus der MB/SB-Zeit stammenden pal. Klingen mit Angelhakenzapfen (MegT Tf. 96_{3} Meg II Tf. 178_{5}; mit zwei Haken: Abb. 17_{10}) lassen sich nicht sicher von den ähnlichen →Lanzen-Spitzen trennen (IEJ 18, 1968, 103 mit Anm. 26). Für zwei Exemplare aus der E I-Zeit von *Tell el-Fār'a* Süd (BP I Tf. $21_{89,\ 94}$) ist die Zugehörigkeit zu den Stichwaffen gesichert, da bei einem der knöcherne Griff erhalten blieb (Abb. 17_{11}).

2.d Klingen mit Schalengriff kommen in Syr.-Pal. seit der MB II-Zeit vor (Abb. 17_{12}; AG I Tf. 17_{33} 19_{41} III Tf. 18_{2} 19_{15} 21_{215} $25_{261,\ 263}$ 26_{268} $28_{294f,\ 297}$ V Tf. $11_{1,\ 5}$; BP I Tf. 11_{82}; Iraq 32, 1970, Tf. 32a; Jer II Abb. 111_{5}; J. B. Pritchard, a.a.O., Abb. 51_{39}). Der Vorteil lag darin, daß Klinge und Griff aus einem Metallstück bestanden, wobei die Klinge in eine an den Rändern hochgehämmerte Griffplatte auslief, in deren beiden Schalen Einlagen aus Holz oder Elfenbein festgenietet bzw. festgeleimt wurden. In der SB-Zeit (Abb. 17_{13f}; Ug III 172 Abb. 124_{2} 259 Abb. 223f; Meg II Tf. 180_{36}; MegT Tf. 149_{8}; Qadmoniot 3, 1970, 63f; BS II/1 Tf. 32_{3}; BP I Tf. 26_{102}; EG III Tf. 75_{13}) und E-Zeit (BP II Tf. 48_{2}; TM I Tf. 23a; EG III Tf. 218_{6}; Hama II/1 Abb. 165_{4C} II/3 Abb. 135B) lebte der Typ fort, aber auch dann sind eiserne Exemplare selten (Abb. 17_{15}: gestählte Klinge und bronzener Griff; vgl. Hama II/3 Abb. 136A, B; Mallowan, Nimrud II, Abb. 333b).

2.e Selten, weil in der Herstellung kompliziert, sind Klingen, die von halbmondförmigen Zwingen gehalten wurden. Die Zwingen laufen in eine kurze Tülle aus, in der die Griffsäule mittels Nieten befestigt war. Aus der MB IIA-Zeit fanden sich Exemplare in Gibeon (J. B. Pritchard, a.a.O., Abb. 34_{2}), *er-Ruwēse* (BMB 2, 1938, 34 Abb. 52), *Tell el-'Ağūl* (Abb. 17_{16}) und Byblos (FB II Tf. 62_{9158f}). Mit verzierter Tülle kommt der Typ in jüngerer Zeit im Iran vor (vgl. Syria 40, 1963, Tf. 17_{1f}). Davon zu unterscheiden sind die nur dem Aussehen, aber nicht der Technik nach ähnlichen D.e in Iraq 26, 1964, 50–53.

2.f Auch Klingen mit Vollgriff setzen eine hoch entwickelte Gußtechnik voraus und sind dementsprechend selten in Pal. (*Tell el-'Ağūl:* AG I Tf. 18_{804} III Tf. 9_{26}) und in Syr. (Byblos: FB I 282f Tf. 94_{4054}). Während die genannten Exemplare in die SB-Zeit gehören, stammen zwei weitere aus dem hell. Geser (Abb. 17_{17} [aus Eisen]; EG III Tf. 75_{14}).

2.g Gebogene Klingen, wie sie seit der SB II-Zeit auf Abbildungen bes. aus dem kleinasiatisch-syr. Raum (Boğazköy: ANEP 38; AOB 341) und durch Originale aus Byblos (FB I Tf. 99_{1809} II Tf. 178_{8042}), Beth-Sean (Abb. 17_{18} [Import?]), *Tell el-Fār'a* Süd (BP I Tf. 32_{172}) und für die E II-Zeit z. B. durch die schwach gebogene Klinge aus *Tell Bēt Mirsim* (TBM III 79 Tf. 61_{12}, Länge: 62,5 cm) bezeugt sind, müssen vom →Messer, nicht von der geraden Stichwaffe abgeleitet werden. Zwei Bronzestatuetten aus Megiddo stellen je einen Gott mit Waffe dar, deren Griffsäule und Klinge leicht gebogen sind (dazu →Abb. 30_{6} und ANEP 494, 496: SB II/E I-Zeit). Auch bei den Assyrern war diese Waffe in Gebrauch (Hrouda, Kulturgeschichte, Tf. 22_{11f}).

2.h Das auf dem äußeren Klingenbogen geschärfte Krumm-Schw., eine Hieb-, keine Stichwaffe (hebr. *kīdōn?* – vgl. Galling 166 mit Anm. 1), löst die Keule (Bonnet, Waffen, 91) ab. Die Entwicklung zeigen äg. Darstellungen, auf denen Pharaonen ihre Feinde vor dem NR mit der Keule (ANEP 293, 296; AOB 27), dann aber mit dem Krumm-Schw. (Yadin, Warfare, 204) niederschlagen. Ob die funktionale Entwicklung der genetischen korrespondiert, oder ob sich das Krumm-Schw. aus der Axt entwickelte (so Keel 27f), muß offenbleiben. Ursprungsland des Krumm-Schw.es dürfte Babylonien sein, von wo die ältesten Krumm-Schw.er kommen (A. Parrot, Tello, 1948, 268 mit Abb. 54a,b). Ihr auf Vorderasien beschränktes Vorkommen reicht von Anatolien (vgl. ANEP 539) bis nach Ägypten, wohin die Waffe wohl zunächst als Tributgabe gelangte (Keel 31–34; ANEP 48 zeigt sie unter syr. Tributgaben auf einem thebanischen Grabbild, SB I-Zeit), dann aber lokal weiterentwickelt (vgl. das Schw. aus dem Grab von Tutanchamun: Yadin, Warfare, 207) und zur symbolischen Siegeswaffe des Pharao wurde. Die Prunk-Schw.er aus Byblos (Abb. 17_{19}; P. Montet, Byblos et l'Égypte, Texte, 1928, 174–180 und ebd., Atlas, 1929, Tf. 99–101) und Sichem (Abb. 17_{20}) aus der MB II-Zeit besitzen einen langen Griff und eine nur etwa halb so lange Klinge. Erst in der SB-Zeit macht die Klinge mindestens die Hälfte der Gesamtlänge aus. So auch bei dem für die Datierung des Typs wichtigen ass. Schw. mit dem Namen Adad-Niraris (I.) (13. Jh.), Königs von Assyrien (Yadin, Warfare, 207), und den syr.-pal. Exemplaren aus Ugarit (Abb. 17_{21}), *Beirūt* (?, H. W. Müller, Staatliche Sammlung Ägyptischer Kunst, 1972, 52 Tf. 24_{39}), Geser (Abb. 17_{22}), Beth-Sean (Galling Abb. 16 = ANEP 176), aus der Gegend von Sichem/Samaria (Qadmoniot 3, 1970, 63f) und aus *'Ammān* (The Archaeological Heritage of Jordan I, Department of Antiquities Amman, Jordan, 1973, 72 Abb. 15). Dieselbe Waffe zeigen zwei Elfenbeinreliefs aus Megiddo (→Abb. 19_{3}; MegIv Tf. 33). Als symbolische Siegeswaffe eines Königs oder Gottes überdauerte das Krumm-Schw. die SB-Zeit (Keel 34–76), besaß aber keine Funktion mehr als Waffe.

2.i D. und Schw. wurden in einer Scheide (hebr. *ta'ar,* 1 S. 17_{51}), wohl meist aus →Leder, getragen. Erhalten blieben nur z.T. prunkvolle metallene Exemplare aus Mesopotamien (ANEP 159), Ägypten (ebd. 181) und Byblos (FB II Tf. 78_{10853} 117_{14443}). Aus dem röm. Samaria stammt das bronzene Fragment einer Scheide mit Ringen zur Befestigung am Gürtel (HES I Abb. 226). In diesen Kontext wird auch die bronzene Kette aus einem Grab des 12. Jh.s in *Tell el-Fār'a* Süd gehören, deren beiden dreieckigen Plaketten sicherlich unten zusammengenäht waren (Löcher sind vorhanden), und mit nicht erhalten gebliebenen Lederteilen eine D.scheide bildeten (anders E. E. Platt, BASOR 221, 1976, 103–111; doch spricht für die hier vorgeschlagene Deutung, daß zusammen mit der Kette ein D. gefunden wurde). Daß D. und Schw. im Gürtel steckend getragen wurden, zeigen zahlreiche Abbildungen (z.B. aus Zincirli: ANEP 36; AOB 9, 345). Ein über die Schultern laufendes Band konnte die Waffe zusätzlich sichern (vgl. für Assyrien: AOB 380; Phönizien: Syria 29, 1952, Tf. 2; →Abb. 32_{1}).

Da das Krumm-Schw. nicht in eine Scheide gesteckt werden konnte, wurde es über der Schulter getragen (ANEP 48, 332, 539; →Abb. 19_{3} und 48_{5}), was – sofern hebr. *kīdōn* das Krumm-Schw. meint – die Ausdrucksweise in 1 S. 17_{6} vom „*kīdōn* zwischen den Schultern" erklären könnte. Die am Ende scharf umgebogenen Scheiden dürften gerade Stichwaffen aufgenommen haben. Sie schützten den Träger vor Selbstverletzung und verhinderten ein Festklemmen der Waffe (so K. Galling, ZDPV 90, 1974, 89).

Literatur: Bonnet, Waffen, 42–96; – K. Galling, Goliath und seine Rüstung, VTS 15, 1966, 150–169 – Hrouda, Kulturgeschichte, 81f, 131 – O. Keel, Wirkmächtige Siegeszeichen im Alten Testament, Orbis Biblicus et Orientalis 5, 1974 – W. Kimmig, Seevölkerbewegung und Urnenfelderkultur, Studien aus Alteuropa I, 1964, 220–283 – H. Maryon, Early Eastern Steel Swords, AJA 65, 1961, 173–184 – R. Maxwell-

Hyslop, Daggers and Swords in Western Asia, Iraq 8, 1946, 1–65 – N.K. Sandars, Later Aegean Bronze Swords, AJA 67, 1963, 117–153 – T. Solyman, Die Entstehung und Entwicklung der Götterwaffen im alten Mesopotamien und ihre Bedeutung, 1968, 55–57, 108–110 – D.B. Stronach, The Development and Diffusion of Metal Types in Early Bronze Age Anatolia, AnSt 7, 1957, 89–125 – Yadin, Warfare, *passim*. *H. Weippert*

Dolmen

D., „Steintisch“, bretonische Bezeichnung für ein aus vier roh bearbeiteten Steinplatten und einer Deckplatte errichtetes, tischförmiges Steingrab, bei dem sich die Breite zur Länge etwa wie 2:3 verhält wie bei Og von Basans „Basaltsarg“ (?), der noch im 5./4. Jh. bei Rabbath-Ammon gezeigt wurde (Dt. 3_{11}).

Im Raum der Levante kommen die D. im engeren Sinne nur in Pal. vor. Riesige D.felder gibt es im Ostjordanland zwischen dem aus der Gegend westl. *Mādebā* zum Nordostufer des Toten Meeres hinabsteigenden *Wādī el-Ǧudēd* bzw. *el-Kenīse* – *Wādī el-ʿAḏēme* im Süden und dem Yarmuk im Norden. Im Westen reichen sie bis an den Fuß der *ʿAǧlūn*- und der *Belqā*-Berge, im Osten bis in die geographische Länge des Jabboq-Oberlaufes. Auf weitere, aber weniger ausgedehnte D.felder trifft man in Galiläa.

Seit 1972 weiß man, daß der südl. des Jarmuk so stark verbreitete Typ des D. im *Gōlān* ganz fehlt. Vorherrschend sind in dieser Basaltlandschaft einmal die kleinen Trilithen, wie wir sie aus Libanon und Syr. kennen (Mouterde, Tallon), andererseits große, meist aus kaum bearbeiteten Steinplatten errichtete Gang- und Kammergräber in Hügelaufschüttungen, die entweder ganz in Kragsteintechnik (→Gewölbe) aufgeführt oder durch Reihen schwerer Blöcke abgedeckt sind; die letzteren erinnern trotz der Unterschiede des Materials und der Maßverhältnisse an das gleichzeitige Steinkammergrab von *Rafīd* im *Wādī et-Tēm* (Mansfeld).

Die Datierung der D. schwankt zwischen dem NL (Albright, Glueck) und der E-Zeit (Dajani). Doch weisen die neuesten ungestörten Befunde immer eindeutiger in die MB I-Zeit (Epstein, Bahat). Was die Funktion der D. angeht, so ist sicher, daß sie etwas mit Begräbnisriten zu tun haben; umstritten ist nur, ob sie der Erst- (Gilead) oder der Zweitbestattung (Epstein) dienten.

Literatur: 1. Zur Lokalisierung und Beschreibung der D.felder: F.M. Abel, Exploration de la vallée du Jourdain, RB 7, 1910, 549–554: “dolmens de Ṭawâḥîn es-Soukkar”, Teil des großen D.feldes bei *ed-Dāmiye* – C.R. Conder, The Survey of Eastern Palestine I, 1889, 21–25: westl. *ʿAmmān;* 125–132, 159ff: nordwestl. *Ḥisbān;* 256–274: *Wādī el-Ǧudēd* bzw. *el-Kenīse,* westl. von *Ḫirbet el-Muḫayyiṭ* – C. Epstein/S. Gutman, The Golan, in: M. Kochavi, ed., Judaea, Samaria and the Golan: Archaeological Survey 1967–1968, 1972, 244–292 (hebr.), beachte das beigefügte Kartenblatt *rmt hgwln* 1:100000 – N. Glueck, Explorations in Eastern Palestine III, AASOR 18/19, 1939, Index *sub voce* “dolmens” (auf S. 698): Bezirke *Ǧeraš* und *Irbid* und die Westabhänge des *ʿAǧlūn* und der *Belqā* – E. Mader, Megalithische Denkmäler im Westjordanland, ZDPV 37, 1914, 21–28: Chorazim, nordwestl. des Tiberiassees und in Obergaliläa zwischen *el-Ǧīš* und *Tibnīn* – R. Mouterde, Monuments mégalithiques de l'Apamène et du ʿAkkār, MUSJ 23, 1940, 109–119 – R. Neuville, La nécropole mégalithique d' el-ʿAdeimeh, Biblica 11, 1930, 249–265 – G. Schumacher, Northern ʾAjlûn, 1890, 168–175: *Kefr Yūbā* bei *Irbid* – M. Stekelis, Les monuments mégalithiques de Palestine, 1935, 38–80: *Wādī el-ʿAḏēme* (zum angeblichen Zusammenhang mit *Telēlāt Ġassūl* vgl. unten J. Perrot) – L. Swauger, 1962 Study of three Dolmen sites in Jordan, ADAJ 10–11, 1965–66, 8–25: *ed-Dāmiye;* 25–34: *Umm el-Quṭṭēn* und *el-Meṭābiʿ* am unteren *Wādī Ḥisbān* – M. Tallon, Monuments mégalithiques de Syrie et du Liban, MUSJ 35, 1958, 211–234 – ders., Tumulus et mégalithes du Hermel et de la Beqāʿ Nord, MUSJ 36, 1959, 89–111 – P. Turville-Petre, Dolmen Necropolis near Kerazeh-Galilee, PEFQSt for 1931, 155–165: Chorazim.
2. Zur Datierung und Funktion: W.F. Albright, The Archaeology of Palestine, 1949[1], 63f – D. Bahat, The Date of the Dolmens near Kibbutz Shamir, IEJ 22, 1972, 44–46 – E.C. Broome, The Dolmens of Palestine and Transjordan, JBL 59, 1940, 479–497 – R.W. Dajani, Excavations in Dolmens, ADAJ 12–13, 1967–68, 56–64 – C. Epstein, Communications (über ihre Ausgrabungen von 15 Dolmen im *Gōlān*), RB 79, 1972, 404–407; 80, 1973, 560–563 – D. Gilead, Burial Customs and the Dolmen Problem, PEQ 100, 1968, 16–26 – G. Mansfeld, Ein bronzezeitliches Steinkammergrab bei Rafīd im Wādi at-Taym, Saarbrücker Beiträge zur Altertumskunde 4, 1970, 117f – J. Perrot, À propos du Ghassoulien, Syria 29, 1952, 403–405 – R. de Vaux, The “mégalithic culture”, The Ancient Cambridge History I/1, 1974[3], 537f. *A. Kuschke*

Dor

1. Lage und Ausgrabungen. 2. Geschichte.

1. Das an der Mittelmeerküste südl. des Karmel in der fruchtbaren Saron-Ebene (Jes. 35_2 Cant. 2_1, vgl. KAI Nr. 14 Z. 19) liegende D. ist mit der Ruine *el-Burǧ* bei dem Dorf *eṭ-Ṭanṭūra* identisch. Die Möglichkeit einer Hafenanlage dürfte in der SB-Zeit ausschlaggebend für die Besiedlung des Ortes gewesen sein. Die auf wenige Areale beschränkte Ausgrabung in den Jahren 1923 und 1924 (Garstang, Fitzgerald) wies (über einer Brandschicht) auch in der E-Zeit eine Besiedlung nach. Aus

späthell. Zeit ist direkt oberhalb des Hafens eine rechteckige Anlage freigelegt, die durch eine starke Quader-Mauer zur Meerseite hin abgeschlossen und durch Tore von der Stadtseite her zugänglich war. Hier fanden sich jonische Säulen mit attischen Basen auf Plinthen und Kapitelle mit glatten Scheiben anstelle von Voluten (vgl. DP II 27f Abb. 2). Im Norden des Tells ist ein röm. Theater teilweise ausgegraben (IEJ 1, 1950–51, 249; 'Alon [Bulletin of the Department of Antiquities of Israel] 3, 1951, 37–39 [hebr.]).

2. Da die Amarna-Briefe D. nicht erwähnen, vermutet Alt (KlSchr I, 227 Anm. 3; III, 113 Anm. 2), daß es wie Jaffa ein äg. Stützpunkt ohne eigenem Dynasten war. Erst um 1100 erwähnt Wenamun in seinem Reisebericht (TGI 42 Nr. 17) einen Fürsten *Bdr* von D. und bezeichnet seine Bewohner als *Ṯkr,* die wie die Philister zur Gruppe der Seevölker gehörten (nach Alt, KlSchr I, 228–230 hier von den Pharaonen zur Vertretung äg. Interessen angesiedelt). D. erscheint ferner in einer äg. Städteliste aus der Zeit Ramses' II. (Mazar).

Den Israeliten gelang es zunächst nicht, das als Stadtstaat (mit „Tochterstädten") organisierte D. einzunehmen (Jdc. 1_{27f} Jos. 17_{11-13}). Erst unter Salomo erscheint D. als vierter Gau (*Nāpat-Dōr,* vgl. W.F. Albright, JPOS 5, 1925, 31f; auch die Liste besiegter Könige in Jos. 12, die in V. $_{23}$ den König von D. nennt, stammt aus salomonischer Zeit, vgl. V. Fritz, ZDPV 85, 1969, 136–161) dem isr. Reich einverleibt und einem Verwandten des Königshauses unterstellt (1R. 4_{11}). Ein bei Samaria gefundenes Siegel (8.Jh.) nennt als Besitzer einen *Zkryw khn D'r,* was auf einen Tempel mit eigener Priesterschaft in D. schließen läßt (Avigad). Als Folge des Feldzuges Tiglathpilesers III. nach Philistäa wurde D. wohl schon 734 zum Vorort der gleichnamigen ass. Provinz *Du'ru* (Alt, KlSchr II, 199–201). Die enge Bindung D.s an die Phönizier, die die Sage entstehen ließ, D. sei eine phön. Gründung (vgl. Luciani 209 Anm. 10), wird erstmals in einem Vertrag zwischen Asarhaddon und Ba'lu von Tyrus greifbar, demzufolge letzterer in mehreren Häfen, darunter auch dem von D., Sonderrechte genoß (ANET 533f). In pers. Zeit (unbekannt ist, ob die Provinz *Du'ru* beibehalten wurde) erhielt 'Ešmūn'azōr von Sidon vom „Herrn der Könige" (=Xerxes, so K. Galling, ZDPV 79, 1963, 140–151) im frühen 5.Jh. „D. und Jaffa, die prächtigen Getreideländer, die in der Ebene Saron liegen" (KAI Nr. 14 Z. 9), und die Küstenbeschreibung des Pseudo-Skylax bezeugt diese Bindung D.s an Sidon auch für die Zeit um 350 (Galling, Studien, 198f). Bei der Aufteilung von Alexanders Reich gehörte D. zuerst den Ptolemäern, und noch der Vorstoß Antiochus III. des Großen (219) scheiterte in D. In dem seit 198 seleukidischen D. verteidigte sich der Kronprätendent Tryphon (138/7) gegen Antiochus VII. Sidetes (1Macc. $15_{10-14,25}$). Um die Wende des Jh.s kam es in jüd. Hände (JosAnt XIII 324–335), wurde unter Pompejus 63 selbständig (eigene Ära) und blieb es auch in den Tagen des Herodes I., dessen Machtbereich an der Küste bei Caesarea am Meer endete. Der rasche Aufschwung Caesareas in röm. Zeit (A. Reifenberg, IEJ 1, 1950–51, 20–32; J. Ringel, Césarée de Palestine, 1975, 90f; L.I. Levine, Caesarea under Roman Rule, Studies in Judaism in Late Antiquity VII, 1975) verminderte D.s Bedeutung, das gegen Ende des 5.Jh.s n.Chr. jedoch als Bischofssitz vorübergehend noch einmal zu Ehren kam (Luciani 217).

Literatur: N. Avigad, The Priest of Dor, IEJ 25, 1975, 101–105 – G. Dahl, Materials for the History of Dor, 1915 – G.M. Fitzgerald, Bulletin, British School of Archaeology in Jerusalem 7, 1925, 80–98 – J. Garstang, ebd. 4, 1924, 34f; 6, 1924, 65–75 – F. Luciani, Dor, Bibbia e Oriente 6, 1964, 207–218 – B. Mazar, Dor and Reḥob in an Egyptian Topographical List, BIES 27, 1963, 139–144 (hebr.) – Weitere Lit. bei E.K. Vogel, HUCA 42, 1971, 27. *K. Galling*

Dreschen und Worfeln

1. Tenne. 2. D.vorgang. 3. W.

1. Nach der Getreideernte (→Ackerwirtschaft, 4. und 5.) begann die D.zeit in Pal. etwa im Juni und dauerte bis zum September. Als Tenne (hebr. *gōren,* ug. *grn*) diente ein möglichst ebener, bisweilen künstlich geglätteter (Jer. 51_{33}) Platz außerhalb der Stadt (2S. 24_{16}) möglichst nahe des Tores (2R. 22_{10} Jer. 15_7; vgl. Smith), um das Getreide auf der Tenne bewachen zu können (Boas schläft deshalb bei seinem Getreidehaufen, Ru. 3_7). Für das W. auf der Tenne war eine Lage unter dem Westwind wichtig. Die Tenne gehörte manchmal einem Einzelnen (2S. 6_6 24_{16}), meist

aber wohl der Ortsgemeinschaft (Dalman, AuS III, Abb. 12). Eine Funktion der Tenne als Kultplatz, die man aus 2S. 24_{16ff} erschließen wollte (G. W. Ahlström, VT 11, 1961, 115–119), ist wenig wahrscheinlich (W. Fuss, ZAW 74, 1962, 164).

2. Da die D.geräte aus Holz waren, besitzen wir von ihnen in Pal. keine archäologischen Spuren und müssen ihre Gestalt anhand atlicher Texte und in Analogie zu den z.T. noch heute in Pal. in Gebrauch befindlichen rekonstruieren. Das Ziel des D.s – das Trennen des Korns vom Halm – ließ sich auf verschiedene Weise erreichen. Für kleine Mengen (Ru. 2_{17}) und für Gewürze (Jes. 28_{27}: Dill und Kümmel) genügte das Schlagen mit einem Stock. Bei großen Mengen trieb man Tiere (meist Rinder) über das auf der Tenne ausgebreitete Getreide (Dt. 25_4 Ho. 10_{11} Mi. 4_{13}; vgl. für Ägypten [MR]: ANEP 122). Daneben war in Pal. und Mesopotamien (Salonen 170–177) der D.schlitten bekannt. Das AT bezeichnet ihn mit den Synonyma (J. Reider, VT 2, 1952, 116f) *mōrag* (2S. 24_{22} Jes. 41_{15}) und *ḥārūṣ* (Jes. 28_{27} 41_{15}). In Analogie zum modernen D.schlitten (Abb. 18) ist er aus dicken, vorn aufgebogenen Brettern zu denken, auf deren Unterseite Flintsteine oder – in der E II-Zeit – Eisenmesser (Am. 1_3, vgl. Abb. 18_2) zum Zerschneiden der Halme eingesetzt sind. Der Bauer steht auf dem Schlitten und lenkt die ohne Deichsel vorgespannten Tiere im Kreis um den sich verringernden Getreidehaufen (AOB 169). Ausgehend von Jes. 28_{27f}, wo die Räder des Last-→Wagens als D.instrument genannt werden (vgl. auch LXX zu Jes. 41_{15}), erschloß man einen D.wagen in Analogie zu dem allerdings recht komplizierten aus dem modernen (!) Ägypten nach Pal. importierten (Dalman, AuS III, 88–91 Abb. 21–24). Die von Salonen 173, 176f für Mesopotamien aufgestellte These, daß man die Scheibenräder des Lastwagens, der das Getreide vom Acker zur Tenne gefahren hatte (vgl. Am. 2_{13}), abmontierte, flach auf die ausgebreiteten Ähren legte und von Zugtieren wie einen D.schlitten ziehen ließ, würde zwar Jes. 41_{15} (vgl. auch Prv. 20_{26}) am ehesten gerecht, scheitert aber an philologischen und technischen (Abnutzung der Räder!) Erwägungen. Mit einer auch heute noch üblichen, meist zweizinkigen hölzernen Gabel (vgl. für Ägypten: ANEP 122) mußte während des D.s das Getreide mehrfach gewendet werden.

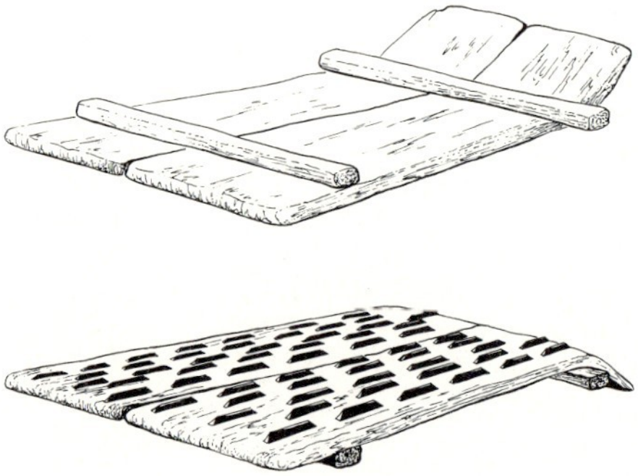

Abb. 18 **Dreschen und Worfeln** (1,2) Ober- und Unterseite eines arab. Dreschschlittens

3. Wichtigste Voraussetzung für das W. ist der Westwind (deshalb bisweilen auch nachts ausgeführt, Ru. 3_2), der die Teile des gedroschenen Getreides ihrer Schwere nach trennt, wenn man sie hochwirft. Beim ersten Hochwerfen mit einer hölzernen, mehrzinkigen Gabel (hebr. *mizrē*, Jer. 15_7) trug der Wind die Spreu (hebr. *mōṣ*, Ho. 13_3) davon. Mit der W.schaufel (hebr. *rāḥat*, Jes. 30_{24}; griech. *πτύον*, Mt. 3_{12}), einem einteiligen Gerät aus Holz mit kurzem Stiel (vgl. für Ägypten: AOB 167) wiederholte man den Vorgang bei stärkerem Wind und trennte so Häcksel (hebr. *tēben*, Hi. 21_{18}) vom Körnerhaufen (hebr. *ʿărēmā*, Ru. 3_7). Das gesiebte Korn (→Sieb) bewahrte man bis zum Mahlen (→Mühle) in Krügen oder →Speichern auf.

Literatur: Dalman, AuS III, 67–139 – A. Salonen, Agricultura Mesopotamica, Annales Academiae Scientiarum Fennicae B/149, 1968, 170–183 – S. Smith, The Threshing Floor at the City Gate, PEQ 78, 1946, 5–14 – L. Turkowski, Peasant Agriculture in the Judean Hills, PEQ 101, 1969, 21–33, 101–112 (bes. 105–108).

H. Weippert

Edelstein

Der hebr. Ausdruck *ʾēben yəqārā* bezeichnet wertvolle Bausteine (1 R. 5_{31} 7_{9-11}) und E.e (1 R. $10_{2,11f}$). Somit deutet bereits der Sprachgebrauch an, daß E.e nicht aufgrund ihrer chemischen Zusammensetzung, sondern aufgrund ihrer Kostbarkeit (zumeist importiert!) definiert wurden.

Während heute E.e als Mineralien bestimmt sind, wozu noch animalische (Perlen) und vegetabilische (Bernstein) Produkte gerechnet werden, waren früher Farbe, Glanz und Bearbeitungsmöglichkeit ausschlaggebend. Diesen Sachverhalt bestätigen die bei Ausgrabungen zumeist in Gräbern gefundenen Perlen und Anhänger, die zwar nicht mehr als Ketten aufgereiht erscheinen, deren Fundlage aber dennoch die ursprüngliche Kombination (nicht Reihenfolge!) erkennen läßt. Demnach finden sich zusammen mit E.en die schon vor der FB-Zeit als Schmuck verwendeten Knochen und Muscheln (Jer II Abb. 6); seit der FB-Zeit kommen Perlen und Anhänger aus →Fayence (Meg II Tf. 207$_{1,5}$), seit der MB-Zeit solche aus →Glas (Jer II Abb. 25$_{4}$ 51$_{11}$) hinzu. Auch fertigte man Perlen aus vielseitig genutzten Gesteinsarten (→Stein und Steinbearbeitung) wie Alabaster (Jer I Abb. 65$_{3}$), Basalt (EG III Tf. 107$_{11}$), Diorit (MegT Tf. 168$_{11b}$), Hämatit (EG I Abb. 157$_{11}$), Kalkstein (Jer II Abb.25$_{4f}$), Marmor (MegT Tf. 135$_{15d}$), Serpentin (L III Tf. 66$_{56}$), Steatit (Jer I Abb. 72$_{2}$) und auch aus Ton (L III Tf. 67$_{96}$; Meg I Tf. 90$_{73}$). Zu Metall-Perlen →Schmuck, 5.

Im folgenden sind die – z.T. wohl unsicheren – Bestimmungen von E.en in den Ausgrabungsberichten vorausgesetzt; die Basis ist aber sicher breit genug, um ein im allgemeinen zutreffendes Bild von dem zeitlichen Auftreten der verschiedenen E.e zu vermitteln. Demnach waren Perlen aus Malachit schon im NL in Jericho bekannt (K.M. Kenyon, Digging up Jericho, 1957, 58), und noch in der SB- bzw. E-Zeit gehörte Malachit zu den beliebten E.en (MegT Tf. 161$_{14f}$; L III Tf. 67$_{118}$; BP I 11). Zu den seit der FB-Zeit häufigeren E.sorten zählen der rotbraune Karneol (Meg II Tf. 207$_{4}$), der schimmernde Bergkristall (Jer I Abb. 28$_{7-9}$), Quarzvarianten (Meg II Tf. 207$_{3}$; L IV Tf. 17$_{45}$) und der aus Afghanistan importierte (Herrmann, Sarianidi) blaue Lapislazuli (Jer I Abb. 28$_{1A}$). Von ihnen blieb bis in pers. Zeit der Karneol der häufigste (z.B. TN I 267); doch finden sich auch Kristalle (Meg II Tf. 209$_{32,35}$ 210$_{45}$) und Quarze, darunter Rosenquarz (Jer II Abb. 181$_{1D}$; Meg I Tf. 90$_{14}$) und Quarz-Kristall (Jer II Abb. 181$_{1C}$; Meg I Tf. 90$_{62}$) in jüngeren Schichten. Auch der Import von Lapislazuli setzte sich in der SB- (Meg II Tf. 213$_{57}$; BS II/1 Tf. 33$_{83}$), E- (Meg I Tf. 92$_{61}$; SS II 56: Elfenbeineinlagen) und pers. Zeit (Meg I Tf. 92$_{60}$) fort.

In der MB-Zeit erweiterte sich das Repertoire: violette Amethyste (Meg II Tf. 207$_{14}$ 208$_{18}$), Achate (Jer II Abb. 249$_{4}$), Jaspis (EG III Tf. 31$_{11}$; MegT Tf. 161$_{18}$), der auf der Sinaihalbinsel unter äg. Monopol abgebaute Türkis (Jer II Abb. 104$_{1-3}$ zu Türkisvorkommen im Sinai →Bergbau, 1.; im Iran: Herrmann 27 mit Anm. 20), schwarzer Onyx (Hazor II Tf. 126$_{16}$) und auch Bernstein (Jer II Abb. 104$_{6}$; E-Zeit: EG I Abb. 157$_{13f}$[?]; L III Tf. 66$_{32}$; vgl. auch Ug I Abb. 95 mit S. 100) sowie rote Korallen (EG II 106) werden nun zu Schmuck verarbeitet.

Erst seit der SB- oder E-Zeit kommen die E.e Chalzedon (MegT Tf. 135$_{15c}$ 165$_{191}$), Granat (AG IV Tf. 21$_{208,228}$), Korund (Meg I Tf. 92$_{65}$), Opal (MegT Tf. 152$_{7}$ Meg I Tf. 90$_{53}$), Sardonyx (L II Tf. 35$_{85}$; AG II Tf. 25$_{104}$), eventuell auch Jade (EG II 111 III Tf. 21$_{10}$) und Jet (EG III Tf. 91$_{j}$) hinzu; doch bleiben sie seltener als die traditionellen, seit der FB- und MB-Zeit gebräuchlichen E.e.

Dem breiten Spektrum von E.en in der E-Zeit entspricht die differenzierte Nomenklatur im AT (vgl. bes. Ex. 28$_{17-20}$ Ez. 28$_{13}$). Daß es aber kaum möglich ist, die hebr. Ausdrücke in unsere Terminologie zu übertragen, zeigen die Übersetzungsvarianten und entsprechend divergierenden Deutungsvorschläge der Exegeten. Die Schwierigkeit verdeutlicht eine in Elam gefundene Chalzedon-Perle (12. Jh.) mit eingravierter Votivinschrift (JCS 19, 1965, 31f), die die Perle als *yašpû* (vgl. hebr. *yašəpē̦/ē*) bestimmt, was üblicherweise mit „Jaspis" übersetzt wird. Perlen mit eingravierter Votivinschrift sind in Mesopotamien mehrfach belegt (z.B. RA 63, 1969, 65f; vgl. auch Ug IV 215 mit Abb. 20). Die auf dem flachen und wohl rechteckigen Brustschild des isr. Hohenpriesters (→Priesterkleidung, 2.) befestigten E.e trugen nach Ex. 28$_{15,21}$ die Namen der zwölf Stämme eingraviert. Demnach sind diese E.e den genannten Perlen aus Mesopotamien und den isr. Namenssiegeln (→Siegel, 3.c) vergleichbar. Zu üblichen Perlenformen vgl. MegT Tf. 4; L III Tf. 66f; zu zwei auffallend gut facettierten Karneol-Perlen der E II-Zeit: BSIA Abb. 109$_{11,13}$.

Zur weiteren Verwendungsmöglichkeit von E.en ist z.B. auf Gefäße aus Bergkristall (A. Oliver, Jr., Rock Cristal Vessels in Antiquity, Muse 7, 1973, 29–35), Statuetten aus Bernstein (7.Jh., vgl. H. Frankfort, The Art and Architecture of the Ancient Orient, 1958^2, Tf. 80f) und kleinere Skulpturen (z.B. aus Quarz: AG I 8 Tf. 15_5, MB-Zeit) sowie auf die →Siegel zu verweisen.

Literatur: J. Crowfoot Payne, Lapis Lazuli in Early Egypt, Iraq 30, 1968, 58–61 – EG II 104–115 – S.Gliszczynski, Versuch einer Identifizierung der Edelsteine im Amtsschild des jüdischen Hohepriesters auf Grund kritischer und ästhetischer Vergleichsmomente, FF 21/23, 1947, 234–238 – J.S. Harris, Introduction to the Study of Personal Ornaments of Precious, Semi-Precious and Imitation Stones Used throughout Biblical History, The Annual of Leeds University, Oriental Society 4, 1962–63, 49–83 – ders., The Stones of the High Priest's Breastplate, ebd. 5, 1963–65, 40–62 – Helck, Beziehungen, 387–389, 392f – G. Herrmann, Lapis Lazuli: The Early Phases of its Trade, Iraq 30, 1968, 21–57 – L II 74–76 III 399f IV 73f – MegT 179f – H. Quiring, Vorphönizischer Königspurpur und uqnû-Stein, FF 21/23, 1947, 98–101 – ders., Die Edelsteine im Amtsschild des jüdischen Hohenpriesters und die Herkunft ihrer Namen, Sudhoffs Archiv für Geschichte der Medizin und der Naturwissenschaften 38, 1954, 193–213 – I. Sarianidi, The Lapis Lazuli Route in the Ancient East, Archaeology 24, 1971, 12–15. *H. Weippert*

Ekron

1. Lage und Identifizierung. 2. Geschichte.

1. Die im AT *'Eqrōn* genannte Philisterstadt (nach Borée, Ortsnamen, 60 abgeleitet von *'QR* = „unfruchtbar sein") geht auf ursprünglich **'Aqqārōn* zurück, wie die akk. *(Amqar[r]ūna)* und griech. *("Aκκαρων)* Schreibungen nahelegen (Hurvitz). Nach EusOn 22_{6-10} lag E. östl. zwischen Asdod und Jabneel; ferner nennt EusOn 72_{6f} in der Nähe von E. ein Dorf Gallaia, das wohl mit dem ca. 10 km nordwestl. von Beth-Semes gelegenen *Ǧīlyā* identisch ist. Gut 2 km nordöstl. davon erhebt sich die von J. Naveh für E. vorgeschlagene *Ḫirbet el-Muqannaʿ*. Die beiden anderen als Kandidaten für E. diskutierten Ortslagen *Qaṭra* und *'Āqir* haben den Nachteil, daß sie beide nur knapp 7 km von Jabneel entfernt sind, und somit die Nennung zweier Grenzfixpunkte zwischen E. und Jabneel in der Grenzbeschreibung Judas (Jos. 15_{11}) Schwierigkeiten bereitet. Demgegenüber trennen etwa 15 km die *Ḫirbet el-Muqannaʿ* von Jabneel, was zu den Angaben in Jos. 15_{11} paßt (Naveh 166–170). Funde aus nachpers. Zeit fehlen auf der *Ḫirbet el-Muqannaʿ*, und man muß bei einer Identifizierung mit E. annehmen, daß der Ort in hell. Zeit in die nähere Umgebung verlegt wurde.

2. E. dürfte eine philistäische Neugründung sein, da frühere äg. Texte es nicht nennen (das Vorkommen E.s in den Ächtungstexten [E 58; dazu Alt, KlSchr III, 69 Anm. 1] und auch in der Šošenq-Liste [Simons, Handbook, Nr. XXXIV 4 bis; dazu M.Noth, Aufsätze zur biblischen Landes- und Altertumskunde II, 1971, 92 Anm. 106] ist strittig); der Keramikbefund auf der *Ḫirbet el-Muqannaʿ* paßt zu dieser Annahme (Scherben hauptsächlich aus der E II-, spärlich aus der FB II–III- und pers. Zeit, Naveh 95–100). Die mit etwa 160 a außerordentlich große Stadt war von Mauern umgeben. Im Süden sind den als →Speichern bekannten Pfeilerbauten verwandte Hallen, im nördl., leicht erhöhten Teil über dem *Wādī el-Maǧanna* eventuell eine Zitadelle auszumachen (ebd. 91–94). Wie im Falle →Gaths beruhte die strategische Bedeutung E.s für die philistäische Pentapolis in seiner Lage im Übergangsgebiet von der Schephela zum jud. Hügelland und der damit gegebenen Grenzberührung mit Juda (Jos. $15_{11.45f}$ 1S. 17_{52}). Historisch unzutreffend sind Jos. 19_{43} mit der Nennung E.s als danitischer Stadt (eine Textänderung schlägt Y. Aharoni, The Land of the Bible, 1967, 266f vor) und 1S. 7_{14} mit dem Bericht über eine Eroberung E.s durch die Israeliten unter Samuel (H.J. Stoebe, Das erste Buch Samuelis, KAT 8/1, 1973, 175; analog ist Jdc. 1_{18} zu deuten, vgl. V.$_{19}$). E. bewahrte als monarchisch regierter (1S. 6_{16f}) Stadtstaat mit Nebenorten (Jos. 15_{45}) seine politische Selbständikeit gegenüber den jud. und isr. Nachbarn (anders A. Malamat, JNES 22, 1963, 10–17); doch geriet es seit Tiglathpileser III. (Tadmor 89) in Abhängigkeit von Assyrien und wurde unter Sargon II. erobert (im Relief dargestellt, vgl. ebd. 94 mit Abb. 9). Als sich Padī von E. weigerte, die ass. Vasallenschaft zugunsten einer antiass. Koalition aufzukündigen, lieferten ihn seine Untertanen an Hiskia von Juda aus. Befreiung und Wiedereinsetzung als König brachte ihm Sanheribs Feldzug von 701, der nach einem Sieg über die auf seiten der Aufständischen kämpfenden äg. Truppen die früheren Verhältnisse wiederherstellte, jedoch die Gebiete Asdods, E.s,

Gazas (und Askalons) auf Kosten jud. Territoriums vergrößerte (TGI Nr. 39; ANET 287f; Tadmor 95–97). Die Vasallenschaft E.s und seines Königs Ikausi erwähnen ass. Texte unter Asarhaddon (TGI Nr. 41; ANET 291) und Assurbanipal (ANET 294; Tadmor 97–102). Die bab. und pers. Quellen schweigen über E. Erst das ins Jahr 332 zu datierende und auf den Alexander-Feldzug zu beziehende Orakel Sach. 9_{1-8} (vgl. K. Elliger, ZAW 62, 1950, 63–115) nennt E. unter den Betroffenen (V. $_{5}$). Einem Rest von ihnen wird als „Besitz Gottes" in Juda eine Zukunft verheißen, die aber an bestimmte kultische Reinigungen geknüpft ist (bezieht sich V. $_{7}$ auf Riten im Kult des nach 2R. 1_{1-16} in E. verehrten *Ba'al Zəbūb* = „Fliegen-Ba'al"? *Zəbūb* wohl Verballhornung von *zbl* = „Fürst", vgl. Gese, Religionen, 122). In hell. Zeit kam E. jedoch zum Gebiet von Asdod, bis es 147 makkabäischer Besitz wurde (1 Macc. 10_{89}), um freilich bei der Neuordnung des Landes durch die Römer erneut an Asdod zu fallen.

Literatur: A. Hurvitz, 'Eqrōn = Amqar(r)una = *Ακκαρων*, *Ləšōnēnū* 33, 1968/69, 18–24 (hebr.) – J. Naveh, Khirbat al-Muqanna' – Ekron: An Archaeological Survey, IEJ 8, 1958, 87–100, 165–170 (Lit.) – H. Tadmor, Philistia under Assyrian Rule, BA 29, 1966, 86–102.

H. Weippert

Elfenbein

1. Allgemeines. 2. Technik. 3. Geschichte und Stilentwicklung in Pal.

1. Syr.-Pal. war in der E-Zeit Zentrum einer E.industrie (E. = hebr. *šęn*, Am. 3_{15} und *šenhabbīm*, 1R. 10_{22}), deren Produkte über die →Handel treibenden Phönizier bis nach Spanien (K. Galling, ZDPV 88, 1972, 169–171) und durch die Kriegszüge ass. und bab. Könige bis nach Mesopotamien (Hauptfundort: *Nimrūd*) gelangten. Der hohe Bedarf an E. führte im 9./8. Jh. zum Aussterben des syr. Elefanten (Dodge), auf den Thutmosis III. im 15. Jh. (ANET 240) und später ass. Könige Jagd machten (D. D. Luckenbill, Ancient Records of Assyria and Babylonia I, 1926, § 247, 375, 392 u.ö.; Darstellungen von Elefanten: ANEP 353; TH III Tf. 56). Während Mesopotamien auch indisches E. bezog, kam für Syr.-Pal. eher das über Ägypten (Umschlagplatz: Elephantine) gelieferte E. in Frage, das über den Seeweg die phön. Küste erreichte (vgl. auch Ez. 27_{15}). Der Wert des E.s machte es nicht nur zum begehrten Handels- und Beutegut, sondern auch zur bevorzugten Tributgabe (Barnett, Catalogue, 165f). Hauptfundorte sind dementsprechend Paläste (Megiddo, Samaria, Arslan Taş, *Nimrūd*); doch kommen Einzelfunde auch in Privathäusern vor (z.B. Yadin, Hazor, 182).

2. Die Bearbeitung von E. ähnelt in vielem der von Wildschwein- (vgl. MegIv Tf. 24_{129}) und Flußpferdhauern (zum Flußpferd in Pal.: G. Haas, BASOR 132, 1953, 30–34; O. Bar-Yosef, Qadmoniot 1, 1968, 95–98), Muscheln (→Abb. 69_{3} und z.B. W. Culican, Levant 4, 1972, 147f) und Knochen; bes. letztere werden hier mitbehandelt. Auch zur Metall- (Ritzen; →Schmuck, 1.) und →Holzbearbeitung (Schnitzen) liegen Beziehungen vor. Die Dimensionen der E.produkte sind vom Rohmaterial her festgelegt, und sie fallen somit zwangsläufig in den Bereich der Kleinkunst.

Grundsätzlich sind plastische Arbeiten von flachen Plaketten zu unterscheiden. Die Längsausdehnung des Elefantenzahns nutzen vor allem folgende plastischen E.gattungen aus: Flaschen in Frauenform (z.B. →Abb. 69_{7}), entenförmige Schalen (→Abb. 69_{1f}), die in den ausgestreckten Armen eine Schale haltenden, nackten Frauenfiguren („Schöne Schwimmerin", dazu I. Wallert, Der verzierte Löffel, Ägyptologische Abhandlungen 16, 1967, 18–23) und die z.T. in einer Hand endenden Stäbe (meist aus Knochen); vgl. zu diesem Komplex →Salbe und Salbgefäße. Analoges gilt für Griffe (auch oft aus Knochen: z.B. Hazor II Tf. 78_{25} III–IV Tf. 204_{12} 191_{23f} und die kunstvollen Stücke: Hazor I Tf. 150f = ANEP 854; AASOR 39, 1968, 86 Tf. 42: Sistrumgriff aus Bethel, SB), für Menschen- oder Tierplastiken, die meist als Möbelappliken oder Trägerfiguren von Möbelbeinen dienten. Nur der untere, dickste Teil des Elefantenzahns wurde für Schalen (z.B. für die sogenannten „Handschalen", die meist aus Steatit, aber bisweilen auch aus E. gearbeitet sind, →Kultgeräte, 2.c) und Pyxiden verwendet, indem man ihn einseitig aushöhlte. Flache Plaketten fanden vor allem innenarchitektonisch Verwendung, indem sie Möbel und wohl auch mit Holz verschalte Wände dekorierten. Am einfachsten ließen sich Motive in die

Plaketten einritzen (in der SB-Zeit häufig, z.B. Abb. 19_3; in der E-Zeit vor allem im westphön. [K. Galling, ZDPV 88, 1972, 170f] und ass. Bereich [M. Mallowan/L.G. Davies, Ivories in Assyrian Style, 1970]). Die Ausführung der Motive im Hoch- oder Tiefrelief – letzteres mit Edelstein- oder Glaseinlagen (Cant. 7_5: Saphire), die durch Goldstege zusätzlich gefaßt sein konnten (z.B. SS II Tf. 1) – zeigen die voll entwickelte Technik. Die Plaketten konnten durchbrochen gearbeitet sein, um das helle E. in Kontrast zum dunklen Hintergrund des Holzes zu setzen; auch Goldüberzug kam vor (vgl. 1 R. 10_{18} zum Thron Salomos). Aus kleinen Resten ließen sich Einlegestücke für Kästchen schneiden (oft auch aus Knochen). Als weitere Verarbeitungsmöglichkeiten sind zu nennen die meist knöchernen →Nadeln, Kämme (→Haartracht, 4.), Schreibtafeln (→Schreibmaterial und Schrift, 1.f), Wangen- und Stirnplaketten für Pferde (→Pferd und Streitwagen, 4.), →Siegel, →Spinn-Wirtel und Spielbretter (→Spielgerät).

3. Nur am Rande seien die in die Mitte des 4. Jt.s gehörenden, stark ägyptisierenden E.e aus der Gegend von Beerseba (Perrot) und eine flache knöcherne Männerfigur aus *el-Kābrī* (W. M. Prausnitz, From Hunter to Farmer and Trader, 1970, 166 Tf. 3c) genannt sowie die wenig jüngeren, stilistisch schwieriger einzuordnenden Funde aus der jud. Wüste (CTr 18–27). Aus der FB II-Zeit sind Stierköpfe aus Jericho, *Ḫirbet el-Kerak* und Ai bekannt, deren Funktion (Göttersymbole?) noch ungeklärt ist (BASOR 208, 1972, 24–29; 213, 1974, 57–61). In Ai sind ferner zwei Kammfragmente und ein Messergriff aus E. aus der FB III-Zeit aufgetaucht (J.A. Callaway/W.W. Ellinger, The Early Bronze Age Sanctuary at Ai [et-Tell] No. I, 1972, 304, 302) sowie mit Ritzmuster dekorierte Knochen(griffe?) und Schalen aus Knochen (ebd. 302f).

Erst in der MB II-Zeit sind in Pal. wieder E.arbeiten belegt. Ein äg. Importstück (Mertzenfeld Nr. 306; dazu: Kantor JNES 15, 158 Anm. 17) und eines mit der Darstellung eines Löwen, der einen Ibex reißt (Meg II Tf. 204_1) kommen aus Megiddo. Typisch für die E.- bzw. Knochenarbeiten der MB IIB-Zeit ist Abb. 19_1: solche schmalen langen Streifen mit Strich- und Kreismustern, Vogelfiguren und bisweilen *Ḏd*-Pfeilern finden sich bei fast allen Ausgrabungen in Schichten dieser Periode (z.B. Meg II Tf. 192–195). Ihre Funktion als Einlagen für Holzkästchen ergibt sich aus Grabfunden in Jericho, wo die Kästchen z.T. noch erhalten sind (Jer I Abb. 145, 172, 222 II Abb. 101, 155, 173, 192, 217, 244). Analog werden die aus einem Grab im Tal des *Nahr Rūbīn,* 14 km südl. von Jaffa, kommenden E.einlagen verwendet worden sein, deren Motivrepertoire auch menschliche Figuren und verschiedene Tiere umfaßt (J. Ory, QDAP 12, 1946, 31–42 Tf. 14). Aus *Tell Bēt Mirsim* stammen zwei Knochen-Plaketten mit je einem eingeritzten Reh (TBM II Tf. 34; zum Motiv: W.C. Hayes, The Sceptre of Egypt II, 1959, Abb. 10; zur Technik: AG II Tf. 24_3). Das gesamte Material aus der MB IIB-Zeit steht unter ausgeprägtem äg. Stileinfluß, der ebenso in der SB-Zeit weiterwirkt. Das zeigt sich oft schon bei der Motivwahl, wie etwa bei dem 48 cm langen Gegenstand (Funktion?) mit in Relief gearbeitetem Hathorkopf vom *Tell es-Samak* (14. Jh., IEJ 25, 1975, 256 Tf. 28D), zu dem es Parallelen in Beth-Sean gibt (BS II/1 Tf. 20_{23} 35_{13} $47A_4$). Auch bei den vier geritzten Plaketten (6 cm hoch, 16 cm lang) aus *Tell el-Fār'a* Süd stimmen das Genre (Wildentenfang im Papyrusdickicht einer Flußlandschaft; Bankettszene) und Details (zum Stuhl →Möbel, 4.)

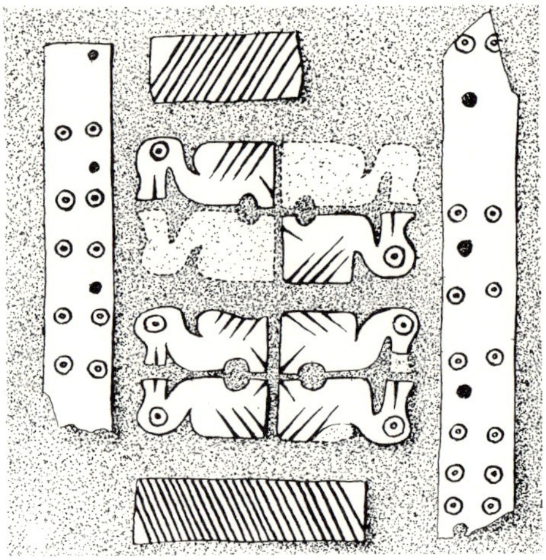

Abb. 19 **Elfenbein** (1) Einlegeplaketten eines Holzkästchens (Geser, MB II)

mit äg. Motiven überein. Gleichzeitig dokumentieren diese Plaketten das Entstehen eines lokalen Mischstils; denn die Stierdarstellung zeigt myk. Einfluß, und eine (fragmentarische) Palme ist den jüngeren E.palmetten aus Samaria (Abb. 19_4) vergleichbar. Die Kombination verschiedener Stilrichtungen läßt auf die Hand eines lokalen Künstlers schließen, der die Plaketten wohl als Einlagen für ein (Spiel-?)Kästchen fertigte (vgl. den Brettspielkasten aus Enkomi: Mertzenfeld Nr. 788).

Die mit mehr als 300 Stücken größte E.sammlung Pal.s fand sich bis auf wenige Ausnahmen in einem Raum des Palastes von Megiddo (SB IIB-Zeit). Die umfangreiche Kollektion und ähnliche Hortfunde aus der E-Zeit zeigen, daß man E.e systematisch sammelte. Daraus folgt, daß man für Hortfunde bestenfalls einen *terminus ante quem* angeben kann (eines der jüngsten Stücke in diesem Fall: Schreiberkasten mit Kartusche Ramses' III. [1. Hälfte des 12. Jh.s]: MegIv Tf. 62_{377}), und daß Fund- und Herstellungsort nicht einfach identisch sind. Hilfreich bei der Herkunftsbestimmung und Datierung sind die bisweilen auf den Rückseiten eingeritzten Buchstaben (Anweisung für die Reihenfolge der E.e bei Möbel- oder Wanddekorationen?) oder Inschriften, die den Eigentümer oder auch die Herkunft angeben (so ist der auf einem E. aus Arslan Taş und auf einem aus *Nimrūd* genannte Hasael eventuell mit dem gleichnamigen, im 9. Jh. herrschenden König von Damaskus identisch, vgl. Mallowan, Nimrud I, 126 Anm. 6; zu den Buchstaben und Inschriften allgemein: Röllig; Dietrich/Loretz); doch ist man in der Mehrzahl der Fälle auf stilistische Kriterien angewiesen.

Äg. Tradition dokumentiert in Megiddo z.B. eine durchbrochene Plakette mit einer gelagerten weiblichen Sphinx mit Knickflügel, hochgebogenem Schwanz und äg. Krone (→Abb. 54_2; äg. Vergleichsstück: JEA 3, 1916, Tf. 11). Dasselbe gilt für die im Profil dargestellten Bes-Figuren (MegIv Tf. 8_{24-26}; ANEP 663; dazu V. Wilson, Levant 7, 1975, 84–91), die Lotussträuße im Tiefrelief (MegIv Tf. 8_{27-29}) und die *Ḏd*-Pfeiler (ebd. Tf. 36f). Parallelen aus dem myk. Bereich des 14./13. Jh.s (Kantor, Archaeology 13, 18–21) gibt es zu den Greifendarstellungen (→Abb. 54_4) und zu den einzelnen Pflanzenornamenten (MegIv Tf. 10_{41f}; dazu Kantor, a.a.O., Abb. 8). Den starken myk. Einfluß in der SB II-Zeit spiegelt auch die auf einem Pyxisdeckel im Hochrelief gearbeitete, von zwei Ziegen flankierte Göttin wieder (Abb. 19_2; →Götterbild, weibliches, 2.). Der Fund stammt aus *Mīnet el-Bēḍā,* und während die Ausführung myk. ist, ist das Motiv selbst auch von einem Rollsiegel vom *Tell el-Ǧudēde*

Abb 19 **Elfenbein** (2) Pyxisdeckel mit Darstellung im Hochrelief (*Mīnet el-Bēḍā,* SB II)

(Nordsyr.; 14./13. Jh.) bekannt (Kantor, a.a.O., Abb. 22–25). Die E.plakette mit vier Stieren in der unteren, Menschen und Mischwesen in den oberen vier Reihen (Karyatyden-Typen) und dem heth. König unter einer Flügelsonne in der obersten Reihe (MegIv Tf. 11_{44}) dürfte ein heth. Importstück sein (H. Frankfort, The Art and Architecture of the Ancient Orient, 1958^2, 131). Syr. Züge trägt die Plastik einer nackten Frau mit polosartiger Kopfbedeckung (MegIv Tf. 39_{175} = ANEP 126; zur Fortführung des Typs in der E-Zeit s.u., zwei Nachläufer aus hell. Zeit stammen aus Samaria [SS III Tf. 26_9] und vom *Tell es-Seba'* [IEJ 24, 1974, 271 Tf. 59B]), ebenso das Motiv der vier, eine Rosette umkreisenden Steinböcke auf einem Pyxisdeckel (MegIv Tf. 13_{54}), das seine nächste Paral-

Abb 19 **Elfenbein** (3) Deckel mit eingeritzter Darstellung (Megiddo, SB II)

lele im inneren Rundfries einer Goldschale von Ugarit hat (→Abb. 40_1; vgl. für die E-Zeit auch: A. Godard, Le trésor de Ziwiyè, 1950, Abb. 105f). Den Zusammenfluß der verschiedenen Stile dokumentiert Abb. 19_3. Die in einen Deckel eingeritzte Szene zeigt zweimal den König: rechts (aus dem Krieg heimkehrend?) auf dem Streitwagen, links auf seinem Thron. Die Throndarstellung weist nach Ägypten (vgl. die Szene auf dem 'Aḥīrōm-Sarkophag →Abb. 71_1), die Kopfbedeckung der vor ihm stehenden Königin (?) dürfte syr. sein, während der hinter dem Streitwagen des Königs gehende Diener ein ägäisches Element andeuten könnte (vgl. Mertzenfeld Nr. 788: Spielkasten aus Enkomi).

Während die SB-zeitlichen E.e aus dem Grabentempel in Lachis stilgeschichtlich für die Weiterentwicklung der E.kunst in Pal. weniger richtungsweisend waren (L II Tf. 15–21; vgl. hier z.B. →Abb. 69_7), zeigen die späteren ([9.?]/8.Jh.) aus Samaria die Fortführung der in den E.en von Megiddo vorgezeichneten Stilmischung äg., myk. und asiatischer Elemente, die mit dem Begriff „phön." klassifiziert wird und von E-zeitlichen E.en in nordsyr. Stil zu unterscheiden ist (Winter). Schon die Übernahme des in der SB-Zeit beginnenden Mischstils weist darauf hin, daß der Übergang des E.handwerks von der SB- zur E-Zeit ein fließender war. Dafür sprechen auch die allerdings spärlichen E.funde aus der E I-Zeit: ein Schminklöffel mit einer Ritzdarstellung (→Salbe und Salbgefäße, 2.b mit Abb. 69_4) und eine Sphinx (Einlegeplakette) aus Beth-Zur (BZ II Tf. 41b), Plaketten mit Zirkelrosetten aus Beth-Semes (AS IV Tf. 53_{47} 59_{27}, dazu AS V 58–60), ein Kammfragment mit Flechtband aus Geser (EG III Tf. 84_{24}) und ein (Dolch-?)-Griff in Form eines Löwenkopfes aus *Ḫirbet el-Mešāš* (Crüsemann). Eine direkte Fortsetzung der SB-zeitlichen E.arbeiten in der E-Zeit veranschaulichen z.B. auch die E II-zeitlichen nackten, vollplastischen Frauenfiguren aus *Nimrūd* (Barnett, Catalogue, 104–106 Tf. 70–76; Mallowan, Nimrud I, 211 Abb. 52, 146–152), *Tell Ḥalāf* (TH III 13f Abb. 11f) und Toprak Kale (Iraq 12, 1950, 10 Tf. $14_{1,3}$), deren Haltung, Kopfbedeckung und Frisur an die SB-zeitliche E.figur aus Megiddo (MegIv Tf. 39_{175}) erinnern.

E II-zeitliche Einzelfunde fanden sich in Pal. z.B. in Hazor (Hazor I Tf. 155: Pyxis, 8.Jh.), Asdod (IEJ 22, 1972, Tf. 56C: Widderkopf) und *Tell Ǧemme* (Qadmoniot 6, 1973, 26: Volutenpalmette, 7.Jh.). Der bedeutsamste Fund der E II-Zeit ist jedoch der aus dem Palastbezirk in →Samaria. Der Ausdruck *bēt haš-šēn* (1 R. 22_{39}) für ein Gebäude Ahabs in Samaria kann sich auf elfenbeinerne Wand- oder Möbeldekorationen (Am. 6_4) beziehen, und so erklärt es sich, daß man zumeist diese reiche E.kollektion auf Ahabs „E.haus" bezieht, obwohl eine stratigraphische Datierung des Fundes ins 9.Jh. nicht gesichert ist und phön. E.e bislang erst aus Kontexten des 8.–7.Jh.s bekannt sind (die nordsyr. E.e kommen dagegen seit dem 9.Jh. in datierten Kontexten vor, finden sich jedoch nicht mehr nach dem 8.Jh., so nach Winter 15f). Die mehr als 70 Palmetten aus diesem Fund (vgl. Abb. 19_4), die in Arslan Taş (Mertzenfeld Nr. 910–912), *Nimrūd* (Mallowan, Nimrud II, Abb. 572), Altıntepe (T. Özgüç, Altintepe II, 1969, 87f Tf. 46) und Karkemiš (Ca III Tf. 71f) Parallelen haben, waren wohl Wanddekorationen, während die ebenfalls für die phön. Kunstrichtung typischen Streifen mit sich wiederholenden Pflanzenornamenten (Abb. 19_{5f}) eher Möbel oder Kästchen verzierten. Möbelteile

Abb 19 **Elfenbein** (4–8) Plaketten (Samaria, 9./8. Jh.)

dürften der plastische Löwe (SS II Tf. 9_1 = ANEP 129; vgl. Sendsch V Tf. 65a–c; Mallowan, Nimrud II, Abb. 541) und der Großteil der Plaketten gewesen sein. Eine der Plaketten mit dem Motiv „Frau im Fenster" (→Fenster) (SS II Tf. 13_2; häufiges Motiv auf E.en in Arslan Taş und in *Nimrūd:* z.B. ANEP 131) ähnliche Szene zeigt ein Relief als Teil eines ass. Prunkbettes (ANEP 451). Die Sphingen auf den Plaketten repräsentieren sowohl den nordsyr. (Abb. 19_7; vgl. die mißverstandene äg. Doppelkrone mit analogen Wiedergaben auf nordsyr. Plaketten bei Winter Tf. 6c, d; nordsyr. ist auch der Gesichtsschnitt) als auch den phön. Typus (SS II Tf. 5_3; Parallele aus Salamis, Zypern: V. Karageorghis, Qadmoniot 1, 1968, 106–109 Tf. 4 oben). Nordsyr. Tradition zeigt auch Abb. 19_8 mit einer Tierkampfszene, sowie das Fragment mit dem Motiv äsender Hirsche (SS II Tf. 10_8). Der äg. Tradition verpflichtet sind Darstellungen wie die Geburt des Horus (SS II Tf. $1_{1,3}$; ANEP 566) und Szenen aus der äg. Mythologie (z.B. SS II Tf. 2_2; Parallelen in *Nimrūd:* Mallowan, Nimrud II, Abb. 451, 511; in Salamis, Zypern: Karageorghis, a.a.O., Tf. 4 unten).

Der Motivkatalog phön. E.e ist in Pal. nicht vollständig vertreten. Z.B. fehlen die Motive „Kuh und Kalb" und der „Drachenkämpfer" (Winter Tf. 6); doch läßt die Nähe der E.e aus Samaria zu denen in Arslan Taş und *Nimrūd* vermuten, daß derartige Szenen auch in Pal. beliebt waren, und vielleicht eines Tages noch entdeckt werden, da zu hoffen ist, daß nicht alle Beute der ass./bab. Eroberer wurden.

Literatur: P. Amiet, Les ivoires achéménides de Suse, Syria 49, 1972, 35–95, 319–337 – M. E. Aubet, Los marfiles orientalizantes de Praeneste, 1971 – R. D. Barnett, Phoenician and Syrian Ivory Carving, PEQ 71, 1939, 4–19 – ders., Early Greek and Oriental Ivories, Journal of Hellenic Studies 68, 1948, 1–25 – ders., Catalogue – F. Crüsemann, Der Löwenkopf von Ḫirbet el-Mšāš – Ein Elfenbeinfund aus der frühen Eisenzeit, *Sēfer* Rendtorff, Dielheimer Blätter zum Alten Testament Beiheft 1, 1975, 9–23 – M. Dietrich/ O. Loretz, Die Elfenbeininschriften und S-Texte aus

Ugarit, AOAT 13, 1976 – B. Dodge, Elephants in the Bible Lands, BA 18, 1955, 17–20 – B. Freyer-Schauenburg, Elfenbeine aus dem samischen Heraion, 1966 – H. J. Kantor, Syro-Palestinian Ivories, JNES 15, 1956, 153–174 – dies., Ivory Carving in the Mycenaean Period, Archaeology 13, 1960, 14–25 – E. Kunze, Orientalische Schnitzereien aus Kreta, MDAIA 60/61, 1935/36, 218–233 – Mallowan, Nimrud I.II – E.-L. Marangou, Lakonische Elfenbeine und Beinschnitzereien, 1969 – MegIv – C. Decamps de Mertzenfeld, Inventaire commenté des ivoires phéniciens et apparentés découverts dans le Proche-Orient, 1954 – J. Perrot, Statuettes en ivoire et autres objets en ivoire et en os provenant des gisements préhistoriques de la région de Béershéba, Syria 36, 1959, 8–19 – W. Röllig, Alte und neue Elfenbeininschriften, Neue Ephemeris für Semitische Epigraphik 2, 1974, 37–64 – SS II – D. Ussishkin, The Art of Ivory Carving in Canaan, Qadmoniot 2, 1969, 2–13 – I. J. Winter, Phoenician and North Syrian Ivory Carving in Historical Context: Questions of Style and Distribution, Iraq 38, 1976, 1–22. *H. Weippert*

Fackel

Die F. (hebr. *lappīd*) bestand aus Holzstücken, die mit Öl oder Pech (→Asphalt) getränkt und mit Stoffetzen umwickelt waren. F.halter sind aus Ägypten bekannt (vgl. z.B. H. Carter, Tut-ench-Amun I, 1927, Tf. 60). Wegen der starken Rauchentwicklung wurden F.n überwiegend nachts bei Umzügen im Freien verwendet (seit der E-Zeit daneben auch Laternen, →Lampe, 4.; vgl. für die röm. Zeit J. 18_3, wo neben *λαμπάδες* auch *φανοί* vorkommen). Wichtig waren F.n im militärischen Bereich, da die meist in Sichtweite zueinander liegenden →Festungen als Informationsmittel Feuer- und Rauchsignale benutzten (Jdc. 20_{38}: *maś'at hē-'āšān,* vgl. Jdc. 20_{40} Jer. 6_1 und Lachis-Ostrakon IV Z. 10: *maś'ẹt*). Daß es aber in den Festungen spezielle F.häuser gegeben hätte, wie S. Segert aus *bt hrpd* in Z. 5 des Lachis-Ostrakon IV folgert (L I 75–87; KAI Nr. 194; TGI Nr. 45), ist mehr als fraglich. Als „Waffen" konnten F.n bei Belagerungen eingesetzt werden, indem die Verteidiger sie von den Stadtmauern auf die Angreifer und deren Belagerungsmaschinen warfen, was bei der Belagerung von Lachis bildlich dargestellt ist (ANEP 373; Ausschnitt: →Abb. 14_1). Bei Gideons Sieg über die Midianiter bewirkten F.n einen den Feind verwirrenden Überraschungseffekt, als Gideons Männer in der Nähe des midianitischen Lagers plötzlich die Gefäße zerbrachen, in denen sie die mitgeführten F.n versteckt hatten (Jdc. $7_{16,20}$).

Literatur: K. Galling, Die Beleuchtungsgeräte im israelitisch-jüdischen Kulturgebiet, ZDPV 46, 1923, 1–50 (bes. 4, 6, 30, 41–43) – S. Segert, Zur Etymologie von lappīd „Fackel", ZAW 74, 1962, 323f. *H. Weippert*

Farbe und Färberei

(F. = Farb/Färb)

1. F.termini. 2. F.stoffe, a pflanzliche, b tierische, c mineralische. 3. F.en und F.ereianlagen. 4. Bunte Muster.

1. Die F.termini im AT (Gradwohl 1–59) sind oft von den Namen solcher Gegenstände abgeleitet, die einen ins Auge springenden F.ton aufweisen. Das zeigen z.B. die Ableitungen *'ādōm* = „rot" von (roter) Erde, *lābān* = „weiß" von Milch, *ḥūm* = „dunkelgrau/schwarz" von Verbranntem, *šāḥōr* = „schwarz" von Kohle/Ruß, *yēreq* = „grün" von Pflanzen/Grünes, **śārōq* = „fahl" von hellen Trauben. Ausdrücke für F.nuancen können vom Hauptadjektiv abgeleitet sein wie z.B. *yəraqraq* = „dunkelgrün/grünlich" von *yēreq* = „grün". Hinzu kommen im AT noch weitere F.termini, deren Ableitung (und bisweilen auch Bedeutung) nicht immer klar ist.

2. Zum F.en benutzte man a) pflanzliche (Gradwohl 78–87), b) tierische (ebd. 66–78) und c) mineralische F.stoffe (ebd. 80–87).

2.a Folgende pflanzliche F.stoffe fanden Verwendung: Gelben F.stoff stellte man her aus der Safranpflanze (*Crocus sativus,* hebr. *karkōm,* Cant. 4_{14}), aus Wau (*Reseda luteola*) und aus der Schale des Granatapfels. Roten F.stoff lieferte der Saflor (*Carthamus tinctorius*), die Krappwurzel (*Rubia tinctoria*) und das Henna (*Lawsonia alba*), das bis heute im Nahen Osten zum Schminken der Hände, des Gesichts und zum F.en der Haare benutzt wird. Für blauen F.stoff nahm man Waid (*Isatis tinctoria*), da Indigo (*Indigo tinctoria*) in vorröm. Zeit in Pal. unbekannt war. Erst die blauen Streifen der Tücher, in die die *Qumrān*-Rollen eingewickelt waren, scheinen mit Indigo gefärbt zu sein (G. M. Crowfoot, in: D. Barthélemy/ J. T. Milik, Qumran Cave I, DJD I, 1955, 20).

2.b Tierische F.stoffe gab es für Rot, Purpur und Blau. Den roten F.stoff Karmesin (hebr. *tōla'at šānī,* Ex. 25_4 u.ö. – gebildet aus *tōlẹ'ā* = „Wurm" und *šānī* = „Glanz") gewann man aus Körpern und Eiern des auf der Kermeseiche (*Quercus coccifera*) lebenden Wurmes. Ein weiterer Lieferant für roten F.stoff, das Kochenill-Insekt, kam erst in moderner Zeit zusam-

Abb. 20 **Farbe und Färberei** (1) Färbkessel vom *Tell Bēt Mirsim* (E II), (2) Schnitt durch einen der Kessel

men mit dem Kochenill-Kaktus (*Cactus cochinillifera*) nach Pal. Purpur war wichtigstes Handelsprodukt der Phönizier, deren Name von diesem F.stoff abgeleitet sein soll. Er ließ sich aus den Ausscheidungen von vier an der östl. Mittelmeerküste heimischen Muschelarten gewinnen: *Murex brandaris, Murex trunculus, Helix ianthina, Purpura lapillus* (vgl. Jensen 105). Die ursprünglich farblose Ausscheidung wird unter Sonneneinwirkung zunächst gelb, dann grün und schließlich blau (hebr. *təkēlet,* Jer. 10_9), purpur (hebr. *'argāmān,* Jdc. 8_{26}) oder tiefrot. Der endgültige F.ton läßt sich durch Mischen von Ausscheidungen verschiedener Muscheln, durch Zusätze (bes. durch Salz) und andere Praktiken bestimmen. Die von Plin NH 9_{61-64} beschriebenen F.ereianlagen sind an verschiedenen Küstenorten durch Muschelhaufen belegt, z.B. in Tyrus (Jensen, Jidejian), Sidon (BMB 20, 1967, 28) und im Hafen von Asdod, *Tell Ḥēdar* (CNI 11, 1, 1960, 16–19 Tf. 4_3; eine Rechnung über 2000 Šeqel Purpurwolle aus Asdod in Ugarit: J. Nougayrol, Le Palais royal d'Ugarit VI, 1970, Text 156 [RS 19, 20]). Da man für 1 Gramm Purpur 8000 Tiere benötigte, waren damit gefärbte Stoffe extrem teuer, und das AT nennt sie deshalb vornehmlich für königliche Gewänder (Ez. 23_6), für →Priesterkleidung, das heilige Zelt (→Stiftshütte) und Vorhänge im Tempel (2Ch. $2_{6,13}$ 3_{14}).

2.c Für Schminke (→Salbe und Salbgefäße, 1.) und Wandbemalungen (vgl. TGh I 129–143 Tf. 55–58 II 16–18) wurden Pigmente mineralischen Ursprungs verwendet (Jer. 22_{14} Ez. 23_{14} erwähnen **šāšẹr* = „Mennige").

3. Das F.en der Fäden erfolgte (wie noch heute in Pal., vgl. S. Weir, Spinning and Weaving in Palestine, 1970, 11 mit Tf. 5) vor dem Weben (gefärbte Leinen- und Wollknäuel aus der 1. Hälfte des 2. Jh.s n.Chr. bei Yadin, Cave of Letters, Tf. 59). Von daher erklärt sich die relativ kleine Öffnung E-zeitlicher F.kessel (Abb. 20_1), die für das Eintauchen von Fadensträngen ausreichte und gleichzeitig verhinderte, daß viel F.stoff aus dem Kessel auslaufen konnte. Die zylindrischen F.kessel sind entweder in den Fels eingehauen, wobei dann der obere Rand auf Fußbodenhöhe liegt, oder sie sind aus einem separaten Stein gefertigt. Sie sind durchschnittlich 70–90 cm tief mit einem Durchmesser von ca. 70 cm. Eine die Öffnung umlaufende Rinne mit einem Loch in das Innere des Kessels sorgte dafür, daß der F.stoff, der über die Öffnung heraustrat, nicht verlorenging (Abb. 20_2). Viele pflanzliche F.stoffe bleiben erst mit Hilfe eines Beizmittels an der Textilfaser haften (Yadin, a.a.O., 171–177, vgl. bes. Tabelle 5 auf S. 177). Zwar fehlen für den Beizvorgang Textbelege aus der E-Zeit; doch setzen ihn die damals in Pal. üblichen pflanzlichen F.stoffe voraus und auch die

aus dieser Zeit bekannten F.ereianlagen (oft vier bis fünf Anlagen in einer Stadt) besitzen neben den Kesseln für die F.flüssigkeit Becken für das Beizen und Spülen. Solche Anlagen fanden sich aus der E II-Zeit in *Bētin* (W.F. Albright/J.L. Kelso, AASOR 39, 1968, Tf. 12b), *Tell Bēt Mirsim* (Abb. 20₁f und TBM III Tf. 11b, 51c, d, 52, 53; vgl. ANEP 145), *Tell en-Naṣbe* (TN I Tf. 97₁₋₅), Beth-Semes (AS IV Tf. 19₅ 20₂f V 73, 76), *eṭ-Ṭīre* (CNI 13, 2, 1962, 18 Tf. 3 oben), *Tell Qasīle* (IEJ 1, 1950/51, 130 Tf. 30A), aus hell. Zeit in Geser (EG I 223–228, fälschlich als Bad gedeutet), in *Tell Ḫēḏar* (CNI 11, 1, 1960, Tf. 4₁) und aus makkabäischer Zeit in Beth-Zur (BASOR 150, 1958, 19f Abb. 4). Die Deutung als F.ereianlage (keine Olivenpresse, →Öl) ergibt sich aus dem Fehlen eines Obersteins, der speziellen Ausführung und des in einem Kessel von *Tell Bēt Mirsim* gefundenen Verputzes, wie er auch heute für den F.prozeß nötig ist. Das F.en erfolgte meist mit kaltem Wasser; doch beweist die Anlage in Geser mit einem zentralen Heizungssystem unter den F.erei-Räumen, daß man zur besseren Technik des F.ens mit warmem Wasser überging. Zusätze wie Asche oder Saft von sauren Trauben gewährten auch beim F.en mit kaltem Wasser eine relative Haltbarkeit der F.e (noch heute bei Arabern in Pal. üblich).

4. Für bunte Muster wie gestreifte oder sonst verzierte Borten (ANEP 125, 332) sowie kunstvolle Musterungen des ganzen Stoffes (ebd. 43, 52–54, 56; AOB 79) verwendete man gefärbte Fäden, die mit speziellen Stäben in den Stoff eingewoben wurden („Wirkmuster“). Diese zuerst von O. Tufnell und G.M. Crowfoot bei den Ausgrabungen auf dem *Tell ed-Duwēr* identifizierten Stäbe (L III 397) tauchen in den meisten Ausgrabungsstätten auf. Es handelt sich dabei um flache, geschmeidige Knochengeräte mit spitzen oder abgerundeten Enden von 2×15 cm Größe, die bisweilen durch einfache Ritzmuster (diagonale Linien, Kreise) verziert sind. Mit ihnen ließen sich bestimmte Kettenfäden sowohl des vertikalen als auch des horizontalen Webrahmens (→Weben) anheben, so daß das auf diese Weise gewonnene Muster auf beiden Stoffseiten sichtbar war (Jdc. 5₃₀).

Literatur: M.C. Astour, The Origin of the Terms Canaan, Phoenician and Purple, JNES 24, 1965, 346–350 – Dalman, AuS II, 300–302; V, 70–89 – R.J. Forbes, Studies in Ancient Technology IV, 1956, 98–148 – R. Gradwohl, Die Farben im Alten Testament, Eine terminologische Studie, BZAW 83, 1963 – H.W. Hertzberg, „Grüne“ Pferde, ZDPV 69, 1953, 177–180 – L.B. Jensen, Royal Purple of Tyre, JNES 22, 1963, 104–118 – N. Jidejian, Tyre Through the Ages, 1969, 143–159. *D. Irvin*

Fayence

1. Herstellung. 2. Funde.

1. Die in Ausgrabungsberichten begegnenden Ausdrücke, F., Fritte, Paste, Emaille und Glasur werden meist nach dem Augenschein ohne genaue chemische Analysen eingeführt. Erst in neuerer Zeit wurde man sich der Problematik dieser Sprachregelung bewußt (z.B. Kuschke 161–163) und versucht in verschiedenen Testreihen, die antiken Herstellungsverfahren zu imitieren (Archaeology 21, 1968, 98–107; 24, 1971, 107–117; AJA 73, 1969, 435–439). Dabei ist man aber noch zu keinen sicheren Ergebnissen gelangt, und solche wären auch erst dann sinnvoll in der Archäologie verwertbar, wenn das ältere Ausgrabungsmaterial in die Untersuchung miteinbezogen würde. Man muß sich deshalb vorläufig mit wenigen Grundunterscheidungen begnügen und kann den Terminus F. in seiner traditionellen Bedeutungsbreite als Sammelbegriff für die eingangs genannten Materialien verwenden; doch ist auf jeden Fall zwischen moderner und antiker F. zu unterscheiden. Erstere bezeichnet eine nach dem norditalienischen Ort Faenza benannte, mit einer Bleiglasur überzogene Tonware. Demgegenüber meint F., bezogen auf antikes Material, einen aus Quarzsand mit Hilfe von Ton geformten Gegenstand, der mit einer Glasur aus Quarzsand, alkalischen Flußmitteln (Soda, Natriumkarbonat) und färbenden Metallverbindungen wasserdicht und glänzend gemacht wurde. Das bröckelige Material war nur schwer formbar und wurde deshalb für kleine Objekte bevorzugt. Figuren, etwa die als Massenware hergestellten →Amulette (2.) (L III Tf. 34₁–36₅₆ IV Tf. 29; Meg I Tf. 74–76 II Tf. 205f; FB II Tf. 96–108) und Skarabäen (Rowe, Catalogue, 328f), fertigte man in offenen oder doppelten Preßformen, Gefäße meist auf der Töpferscheibe. Die gebrannten Gegenstände wurden in die Glasur getaucht, deren Grundfarbe (bedingt

durch Kupfer) zwischen Grün und Blau lag. Schwarze oder dunkelblaue (bedingt durch Eisen und Mangan bzw. Kobalt) Strichzeichnungen sind häufig; seit der 18. Dyn. kamen auch hellere Farbtöne vor.

Als früheste F.gegenstände sind Perlen aus der 2. Hälfte des 5. Jt.s in Ägypten und Mesopotamien bekannt. Nachdem lange Ägypten als Ursprungsland der F.en galt, lassen neuere Funde auch Nordmesopotamien als möglichen Kandidaten erkennen (Stone/Thomas 44). Neben den beiden Zentren der F.herstellung in Nordmesopotamien und Ägypten (Verbreitungskarten: ebd. Abb. 1–3) dürfte sich in der MB IIB-Zeit auch in Pal. eine lokale F.industrie etabliert haben. Vieles verband die Herstellung von F. mit der von →Glas: beide Industrien benötigten dieselben Rohmaterialien und ähnliche technische Hilfsmittel (Brennöfen mit Temperaturen bis zu 1000°); eine sich gegenseitig beeinflussende Entwicklung beider ist deshalb zu erwarten. Beispielhaft läßt sich dafür der *Tell er-Rimāḥ* in Nordmesopotamien anführen, wo zahlreiche Glas- und F.funde das Nebeneinander beider Handwerkszweige seit dem Übergang von der MB IIB- zur SB I-Zeit an dokumentieren (BASOR 178, 1965, 49–57).

2. Die sporadisch seit der FB-Zeit in Pal. vorkommenden kleinen F.en wie Perlen oder Anhänger (z.B. Meg II Tf. $207_{1,5}$ 287_9) erlauben keinen Rückschluß auf lokale Fabrikation. Eine solche ist erst in der MB IIB-Zeit zahlreich mit bis etwa 10 cm hohen Flaschen in Pal. belegt. Zu den mehr als 30 Exemplaren aus *Tell Bēt Mirsim*, Geser, *Tell el-ʿAǧūl*, Lachis, Jericho, *Tell el-Fārʿa* Süd und Nord, *Wādī ʿĀra* und *Ǵuwer Abū Šūše* (Zusammenstellung: A.K. Dajani, ADAJ 6–7, 1962, 72–75; ergänzend: RB 56, 1949, 129 Abb. 10_2; ʿAtiqot HS 5, 1969, 11 Abb. 7–9; 7, 1974, 30 Abb. 11_{13}) gibt es Parallelen in Ägypten und Zypern; doch kommt der Typ dort nur vereinzelt und bisweilen zusammen mit weiterer nicht landesüblicher Ware vor (Dajani, a.a.O., 69–71; Åström 594), so daß Pal. als Ursprungsland dieser F.gattung gelten muß. Am häufigsten ist die Vasenform, wie sie Abb. 21_1 mit einem Exemplar aus *Tell Bēt Mirsim* veranschaulicht (vgl. auch z.B. L IV Tf. 26_{13-17}). Neben dem Netzmuster (Parallelen: Jer I Abb. 212_{10}; ʿAtiqot HS 5, 1969, 11 Abb. 8) sind auch stilisierte Pflanzenmotive oder geometrische Muster beliebt. Abb. 21_2 zeigt mit einem Beispiel aus Lachis die einhenklige Krugform mit spitzem Boden (vgl. BP II Tf. 44_{53}; AG V Tf. 24_3). Selten sind flache Flaschen ohne Henkel (Abb. 21_3; vgl. TBM IA Tf. 11_{1f}; ʿAtiqot HS 5, 1969, 11 Abb. 7; Jer I Abb. 181_8 216_4 224_{17}), denen in der SB-Zeit solche mit zwei Henkeln folgen (L II Tf. 22_{56}; äg. Parallele: von Bissing Nr. 3854).

In der SB-Zeit nehmen die F.en in Pal. zu, da äg. und wohl auch zypr. Importe die (zurückgehende?) einheimische Produktion ergänzten. Zahlreiche äg. F.en stammen etwa aus dem Graben-Tempel in Lachis: Krüge mit weiter Öffnung (Abb. 21_4; L II Tf. 23_6; äg. und zypr. Beispiele: Åström 593) und flache Schalen mit äg. Dekor (Genreszenen: L II Tf. 23_{64}; Lotus- bzw. Rosettenmuster: ebd. Tf. $23_{67,72,74}$; vgl. Hazor III–IV Tf. 277_{14}; AG III Tf. 28_6; BMB 3, 1939, Tf. 10b; MDAIK 5, 1934, 144–166; EI 7, 1964, 56*–63*; Strauß; *wḏ3.t*-Augen mit *nfr*-Zeichen: L II Tf. 22_{57} 23_{65}; Parallele in *Minēt el-Bēḍā*: Syria 14, 1933, Tf. 12_2; vgl. von Bissing Nr. 3676). Auch die in *el-Menēʿīye* (*Timnaʿ*) gefundenen F.en verraten thematisch und stilistisch ihre äg. Herkunft (B. Rothenberg, Timna, 1972, Kapitel 5 *passim*). Analoges gilt für viele F.en mit Hieroglypheninschriften, etwa solchen mit Kartuschen äg. Herrscher (ebd. 163–165; VT 11, 1961, Tf. 5; dazu VT 12, 1962, 464–469). Um zypr. Importe dürfte es sich dagegen bei den F.rhyta in Form von Frauenköpfen in *Tell Abū Hawām* handeln (QDAP 4, 1935, Tf. 27f vgl. auch Tf. 29f). Der Typus kommt außer in Enkomi (Åström 594f) zwar auch in *Minēt el-Bēḍā* (Syria 14, 1933, Tf. 11_1) und in Assur (ASyr Nr. 343) vor, und sein Ursprung ist deshalb strittig (vgl. H. R. Hall, Journal of Hellenic Studies 48, 1928, 64–74; S. Marinatos, AA 43, 1928, 533–554); doch deutet gerade das Exemplar aus *Tell Abū Hawām* auf eine Herkunft aus Zypern, da der Fundkontext auch zypr. Terrakotten enthielt. Ob das im Graben-Tempel von Lachis gefundene Schälchen (Abb. 21_5) mit Griffen in Form von Frauenköpfchen (durchbohrt, entweder für die Zapfen eines Deckels oder für Stifte, die einen Deckel – etwa der Art wie

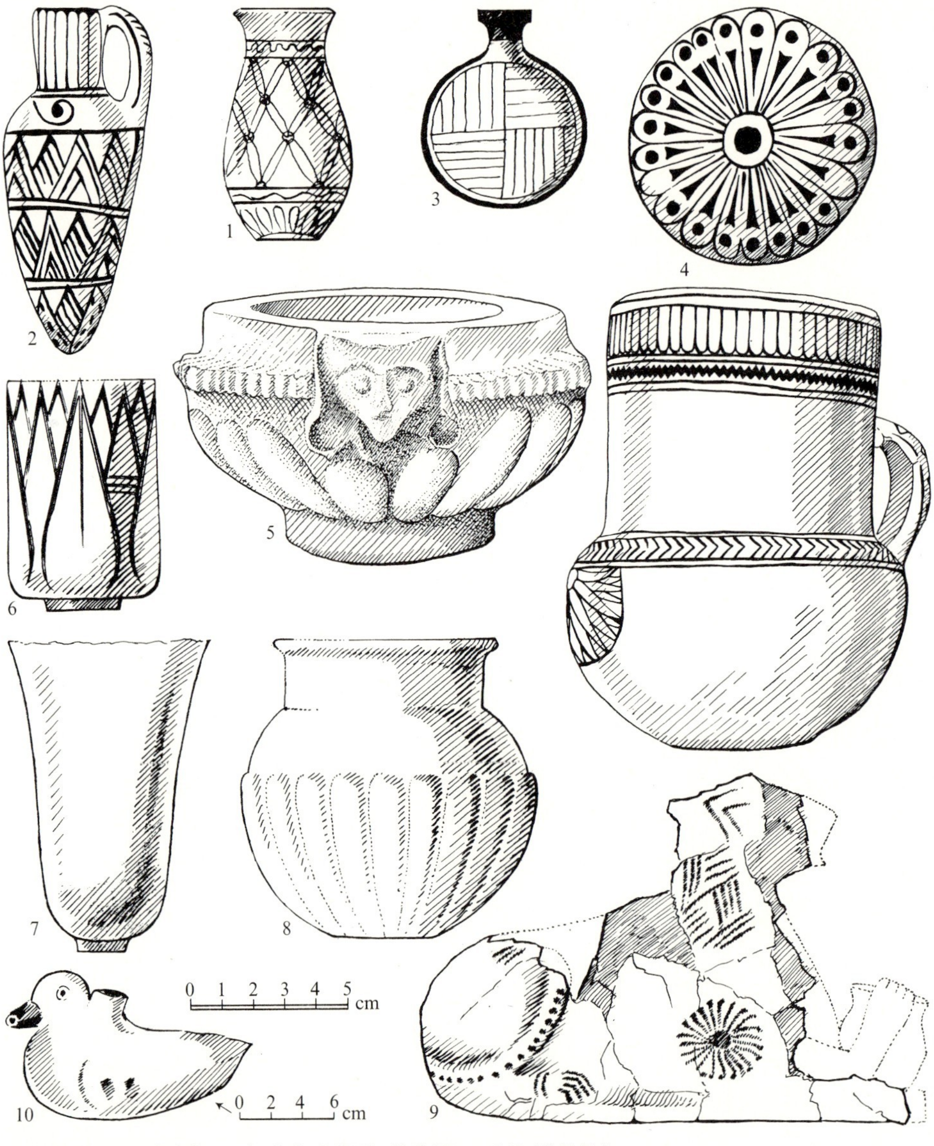

Abb. 21 **Fayence** Gefäße aus (1–3) der MB II-, (4,5) SB- und (6–10) E-Zeit

Meg I Tf. 77₇ [E II] – befestigten!) mesopotamischer Export ist oder aus einer pal. Werkstatt kommt, ist offen. Der Typ mit gerippter Außenwand kommt in Mesopotamien (A. Haller, Die Gräber und Grüfte von Assur, WVDOG 65, 1953, Tf. 16i) und Zypern (Åström 592) vor. Für Mesopotamien spricht aber auch, daß dort ähnliche Schälchen (oft aus Stein) mit zwei Frauenköpfen als Griffen mit einigen Exemplaren belegt sind (vgl. ein allerdings elfenbeinernes Schälchen aus Gruft 45 in Assur bei Haller, a.a.O., 139 Tf. 30d–f). Unbedeutend blieben in der pal. Architektur glasierte Ziegel (L II Tf. 22_{54}, vgl. auch SS III 389), denen im Zweistromland bei Prunkbauten eine wichtige Rolle zufiel (vgl. z.B.: Iraq 25, 1963, 38–47).

Auch in der E-Zeit brachen die äg. Importe und entsprechende Einflüsse auf die lokale Arbeit nicht völlig ab, wie z.B. die in Asdod gefundenen „Neujahrs-Flaschen" (Ashdod II–III 37 Abb. 3_{13-15}) und die nach Geser (Abb. 21_6) und *Tell el-'Ağūl* (Abb. 21_7) gelangten äg. Kelche bezeugen, die Papyrusdolden auf einem Standfuß nachahmen (zum seit der 18. Dyn. in Ägypten bekannten Typ: JEA 49, 1963, 93–139; zu einem neuerdings im transjordanischen *Buṣēra* aufgetauchten Fragment: Levant 7, 1975, 16–18). Auch das in *Tell Dēr 'Allā* gefundene Fragment eines einhenkligen F.kruges (VT 11, 1961, Tf. 22), dessen geriefelte Außenwand noch stark an die metallenen Vorgänger erinnert, besitzt unter äg. F.en eine enge Parallele (von Bissing Nr. 3717). Äg. sind auch die in Tel-Aviv (RB 80, 1973, 417 Tf. 11b) und auf dem *Tell eš-Šerī'a* (IEJ 24, 1974, 266 Tf. 57E) entdeckten Statuetten und die Form eines geriefelten Topfes aus Megiddo (Abb. 21_8); doch kann letzterer auch aus einer pal. Werkstatt kommen. Unter den F.en in Megiddo befinden sich einige zwar von äg. Vorbildern angeregte, aber doch selbständig weiterentwickelte Gefäße, aus denen C. Watzinger eine bis ins 8. Jh. produzierende Werkstatt erschloß (TM II 31–36). Für sie sind (neben schmucklosen, geradwandigen Töpfen mit zwei Henkeln am oberen Rand: MegT Tf. 168_1 Meg II Tf. 191_8?) Gefäße in Tierform typisch: so der durch drei ähnliche Exemplare belegte Löwe, der zwischen den Vorderpfoten einen Topf hält (Abb. 21_9; vgl. auch den Löwenkopf aus F.: Meg II Tf. 246_{30}) und zwei Gefäße in Entengestalt (Abb. 21_{10}; weiteres Material: TM II 31–36). Ob auch der von einem liegenden Widder getragene Kelch in Lotusform (Meg I Tf. 76_7) zu dieser Gruppe gehört, oder ob er aus Ägypten stammt (vgl. JEA 49, 1963, Tf. 13_3), ist unsicher (zu einer im Mittelmeerbereich verbreiteten Gruppe anthropomorpher F.gefäße, die wahrscheinlich aus einer phön. Werkstatt stammt vgl., Rathje).

Die äg. Importe (vgl. dazu auch den Frauenkopf aus Asdod: Ashdod II–III 130 Tf. 58_6) überdauerten das Ende der E-Zeit, was beispielhaft an Funden in Samaria zu verfolgen ist (SS III 389–391), aber an einigen Sonderformen auch für die hell. (Beer-Sheba I 55 zu Tf. 25_5) und ptolemäische Zeit (R. Giveon, A Ptolemaic Fayence Bowl, IEJ 13, 1963, 20–29 Tf. 6) ganz deutlich ist.

Literatur: L. Åström, in: The Swedish Cyprus Expedition IV/1D, 1972, 520–527, 589–596 – W. von Bissing, Fayencegefässe, CGC, 1902 – A. Kuschke, Fayence und Fritte, Festschr. K. Galling, 157–163 – A. Rathje, A Group of „Phoenician" Faience Anthropomorphic Perfume Flasks, Levant 8, 1976, 96–106 – J. F. S. Stone/ L. C. Thomas, The Use and Distribution of Faience in the Ancient East and Prehistoric Europe, Proceedings of the Prehistoric Society 22, 1956, 37–84 – E.-Ch. Strauß, Die Nunschale – Eine Gefäßgruppe des Neuen Reiches, Münchner Ägyptologische Studien 30, 1974.

H. Weippert

Feldzeichen

1. Funktion und atliche Terminologie. 2. Archäologisches Vergleichsmaterial, a Originale, b Darstellungen.

1. F. (hebr. *nēs*, bei P in Nu. 1_{52} 2_{2-34} 10_{14-25}: *dægel*) markieren den Sammelpunkt des Heeres (Jes. 5_{26}), weisen die Marsch- und Angriffsrichtung (Jer. 51_{12}); in ihrer Nähe sind die Führer (Jes. 31_9). Im Spruch gegen Amalek nennt Ex. 17_{16} das F. Jahwes (zum Text: M. Noth, Das zweite Buch Mose: Exodus, ATD 5, 1959, 115), das dadurch über seine funktionalen Führungsaufgaben hinaus auch Führungsqualität als göttliches Emblem erhält. Daß F. stellvertretend für die die Heere führenden Götter in den Krieg ziehen, gehört zu den Gemeinsamkeiten altvorderorientalischer Religionen (vgl. für Ägypten: Erman/ Ranke, Ägypten, 653f; für Assyrien: M. Weippert, „Heiliger Krieg" in Israel und Assyrien, ZAW 84, 1972, 477f). Von daher ist nach vordtn. Tradition auch die Lade (hebr. *'ārōn;* dazu umfassend: H. J. Stoebe, Das erste Buch Samuelis, KAT 8/1, 1973, 154–166) ein F. (vgl. Nu. 10_{35f}), das letztmals unter David in dieser Funktion mit dem Heerbann und Söldnern in den Kampf gegen die Ammoniter zog (2S. 11_{11}). O. Eißfeldt deutet die beiden von Jerobeam I. in Dan und Bethel aufgestellten Jungstierbilder als von Stieren bekrönte F., weil sie bewußt in Konkurrenz zu dem Führungssymbol im Jerusalemer Tempel treten sollten (archäologisches Vergleichsmaterial auch bei C. F. A. Schaeffer, Syria 43, 1966, 1–19). Dies besagt jedoch nicht, daß sie deshalb die Gestalt eines F.s gehabt haben müssen; denn auch die Kastenform der Lade entspricht nicht

dem üblichen Typ eines F.s. Diesen setzt Nu. 21 8f voraus, demzufolge Mose eine kupferne Schlange auf einem *nēs* befestigte, von der eine Heilwirkung gegen Schlangenbisse ausging (→Schlange, 1.). Dabei ist an eine hohe Stange zu denken, an der oben die Schlange befestigt war. Zum Vergleich ist auf zwei Standarten eines Streitwagens auf einem ass. Relief zu verweisen, die mit je einem Mischwesen mit Schlangenleib bekrönt sind (BuA II Abb. 26). Eine andere Vorstellung repräsentiert Ez. 27 7, wonach ein aus Stoff bestehendes *nēs* auf einem Schiff ausgespannt wird. Da jedoch Fahnen als F. in vorpers. Zeit unbekannt sind (Rumpf 233–236) und bei der Darstellung phön. Schiffe fehlen (→Schiff, 2.), bleibt die Deutung offen (W. Zimmerli, Ezechiel, BK 13/2, 1969, 640f übersetzt mit „Segel").

2.a Nur wenige Originale von F. sind bislang aus Pal.-Syr. bekannt. Erhalten blieben die meist metallenen Kopfstücke, nicht die hölzernen Stangen, auf denen sie ursprünglich aufsaßen. Der CL-Kupferhort (Ende des 4. Jt.s) aus einer Höhle im *Wādī Maḥras (Naḥal Mišmār)* in der jud. Wüste, der vielleicht aus dem nahegelegenen Tempel von Engedi stammt (BA 34, 1971, 23–29), enthält neben vielen Waffen zwei Standartenbekrönungen. Die eine besteht aus einem Keulenkopf, auf dem, flankiert von zwei stilisierten Waffen (?), zwei mit dem Hinterkörper verschmolzene Steinböcke stehen; die andere stellt einen stark schematisierten fliegenden Adler (oder Geier) mit einer Tülle im Bauch dar (CTr 104–107; vgl. ebd. 46–55 die verzierten Stäbe; analog zu deuten?). Im etwa gleichzeitigen Kupferhort aus dem Tempel vom *Tell el-Ḫuwēra* befinden sich zwei Vögel mit ausgebreiteten Schwingen (120 bzw. 80 cm breit) aus Kupferblech, die, auf einem Holz- oder Asphaltkern befestigt, gut als Standartenbekrönung gedient haben können (A. Moortgat/U. Moortgat-Correns, Tell Chuēra in Nordost-Syrien: Vorläufiger Bericht über die sechste Grabungskampagne 1973, 1975, 28–35 Abb. 14). Unsicher ist, ob die überdimensionalen kupfernen →Lanzen-Spitzen aus *Kəfar Mōnaš* (IEJ 13, 1963, Tf. 29A–D, frühes 3. Jt.), das Kästchen mit Intarsienbildern aus Ur (ANEP 303f; Ende des 3. Jt.s; vgl. dazu C. L. Woolley, Ur Excavations II: The Royal Cemetery, 1934, 266) und die Stierfigurinen des 2. Jt.s (C. F. A. Schaeffer, Syria 43, 1966, 1–19) als Standartenbekrönungen gedeutet werden können. In die SB-Zeit gehören zwei recht unterschiedliche Kopfstücke von F. aus Pal. Aus Beth-Sean kommt ein goldplattierter Hathorkopf (BS II/1 12 Tf. 47A3; vgl. dazu G. Legrain, Statues et Statuettes III, CGC, 1914, Nr. 42194), aus Hazor eine Bronzeplatte mit Silberbelag, die trotz ihrer geringen Dimensionen (12,5 × 7 cm) als Standartenbekrönung zu deuten ist, da sie einen Zapfen besitzt, der in eine hölzerne Stange eingelassen wurde (Abb. 22 1, vgl. Hazor II 117f). Sie zeigt (in Ritz- und Relieftechnik) ein Frauengesicht mit langen seitlichen Locken, daneben zwei Schlangen und darüber wohl die Mondsichel (→Schlange, 4.). Kopfstücke von F. aus der E-Zeit wurden in Pal., Nordsyr. und Assyrien gefunden: Bronzene Mondsicheln in *Tell eš-Šerīʿa* (Abb. 22 2, vgl. IEJ 24, 1974, 266, datiert ins Ende des 8. Jh.s), *Tell Ḥalāf* (TH IV Tf. 34 1) und Zincirli (Sendsch V 105 Tf. 48z) mit Tüllen an der Unterseite, und eine Bronzescheibe mit geometrischen Mustern über einer mit drei Volutenpaaren verzierten Tülle in Assur (Abb. 22 3).

2.b Darstellungen von F. ergänzen das Bild. So bezeugt die Narmer-Palette (ANEP 297; AOB 26) für Ägypten, daß man schon im frühen 3. Jt. tiergestaltige Götterfiguren als Standartenbekrönungen verwendete. Den Adler als Kopfstück von F. belegen für Mesopotamien *(Lagaš)* die Geierstele des Eannatum für die Mitte und Stelen Gudeas für das Ende des 3. Jt.s (BuA I 82 Abb. 18; erst in pers. Zeit taucht der Adler wieder als Emblem von F. auf: Sarre 344–353; Rumpf 233–236). Zwei Standartenträger zeigt auch die Stele des Narām-Sîn (ANEP 309), einen mit einer Stierstandarte ein fragmentarisches Einlagebild aus Mari (ANEP 305; beides: 2. Hälfte des 3. Jt.s). Häufiger werden die Darstellungen von F. in der 2. Hälfte des 2. und in der 1. Hälfte des 1. Jt.s. Demnach lassen sich thematisch drei Motivgruppen von Standartenbekrönungen unterscheiden: 1. anthropomorphe, 2. therimorphe Gottheiten, 3. geometrische oder astrale Embleme. Typisch für die ass. F. sind der bogenschießende Gott Assur, der auf einem oder zwei Stieren steht, oder zwei antithetisch mit dem Rücken gegeneinander stehende Tiere

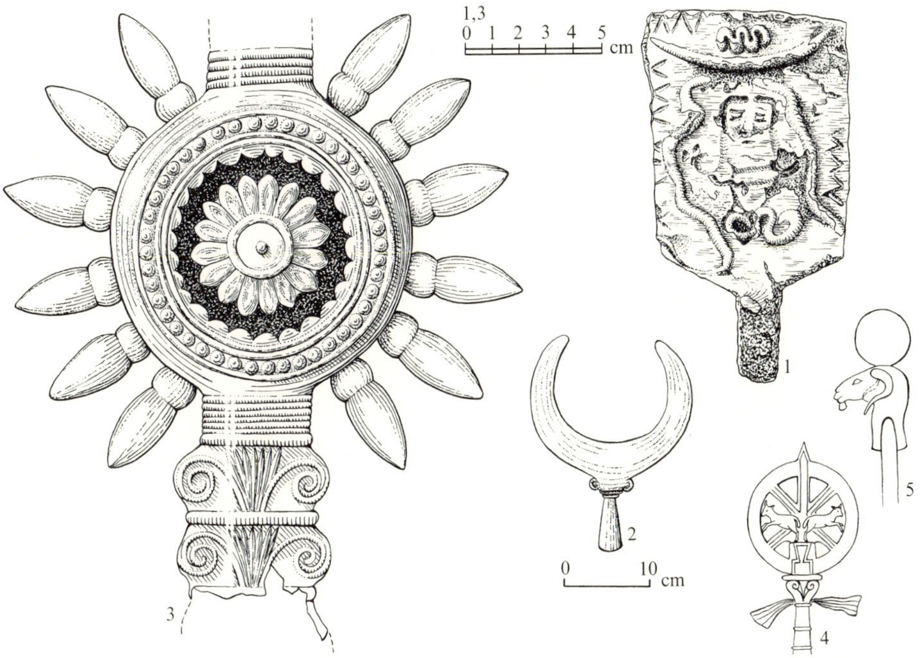

Abb. 22 **Feldzeichen** (1) Aus Hazor (SB), (2) vom *Tell eš-Šerī'a* (E II), (3) aus Assur (E II), (4, 5) Darstellungen eines ass. und eines äg. Feldzeichens

(Abb. 22_4, vgl. Sarre Abb. 7). In Ägypten sind Götter in ihrer jeweiligen Tiergestalt häufig (Abb. 22_5). F. mit astralen Symbolen sind seit der altbab. Zeit auf mesopotamischen, in der E- und pers. Zeit auch auf in Pal. gefundenen Siegeln belegt. Relativ selten sind F. mit Sternen (z.B. B.Parker, Iraq 11, 1949, 14 Nr. 35: aus Beth-Sean) und mit der geflügelten Sonnenscheibe (ebd. 24 Nr. 102: vom *Tell ed-Duwēr)*; zahlreich sind solche mit der Mondsichel (Spycket; ergänzend: Meg I Tf. 66_3 67_8; Ger Tf. 19_{30}; TN I Tf. 54_{51}; EG I [Tf. vor Titelblatt!] Abb. 3 III Tf. 207_{48}; LA 16, 1965–66, 187–192 Abb. 7). Während lokale Unterschiede der Form (in Ägypten ist die therimorphe Götterfigur oft mittels eines Querbalkens auf der Stange befestigt; für ass. F. ist ein das Kopfstück umgebender Ring typisch) auf den Abbildungen deutlich hervortreten, lassen sich solche der Funktion kaum feststellen: in Ägypten wie bei den Assyrern zogen F. auf Streitwagen in den Kampf (Schäfer Abb. 1f). Daß sie die Götter repräsentieren, zeigt anschaulich eine Kultszene vor einem Wagen mit zwei Standarten auf einem ass. Relief (ebd. Abb. 3); das erklärt auch ihr Vorkommen in rein kultischem Kontext (z.B. Prozessionen).

Literatur: O. Eißfeldt, Lade und Stierbild, ZAW 58, 1940/41, 190–215 = Kleine Schriften II, 1963, 282–305 – Hrouda, Kulturgeschichte, 94f, 104, 106f, 136, 152f – A. Rumpf, Zum Alexander-Mosaik, MDAIA 77, 1962, 229–241 – F. Sarre, Die altorientalischen Feldzeichen mit besonderer Berücksichtigung eines unveröffentlichten Stückes, Klio 3, 1903, 333–371 – H. Schäfer, Assyrische und ägyptische Feldzeichen, Klio 6, 1906, 393–399 – A. Spycket, Le culte du Dieu-Lune à Tell Keisan, RB 80, 1973, 384–395 – dies., Nouveaux documents pour illustrer le culte du Dieu-Lune: Deux scarabéoides de Shiqmona (Haifa), RB 81, 1974, 258f. *H. Weippert*

Fenster

Die Häuser in Pal. hatten relativ wenige und kleine F. (hebr. *ḥallōn, 'ešnāb;* vgl. L. Köhler, ZAW 58, 1940/41, 228f). Bei einfachen Häusern konnte das F. auch ganz fehlen. Eine Luke (hebr. **'ărubbā,* Ho. 13_3) oder die Türöffnung dienten dann dem Rauchabzug.

Bei den Ausgrabungen in Pal. sind an den Häusern der B- und E-Zeit keine F.rahmen gefunden worden. Es ist daher anzunehmen, daß sie, wenn überhaupt gesondert hergestellt, vielfach aus Holz bestanden haben. Äg. und ass. Darstellungen von syr. und pal. Festungen bzw. Häusern stellen das F. als ein offenes großes Rechteck dar, das ca. 50 × 50 cm groß gewesen sein muß. Bei Stadttürmen (oder Außenmauern) wurde die F.öffnung oft durch Querstangen gesichert (AOB 102, 134, 141; ANEP 334, 369, 372f). Das offene F. konnte manchmal mit einer Holzlade verschlossen werden (vgl. Ca II 153; Naumann, Architektur, 173f), und so ist umgekehrt auch vom Öffnen des F.s die Rede (2R. 13_{17}; Naumann, a.a.O., 173). Die Abbildungen zeigen, daß F. an den Außenmauern bes. hoch gelegen waren, so daß etwa ein Flüchtling mit dem Seil herabgelassen werden mußte (Jos. 2_{15} 1S. 19_{12} 2Kor. 11_{33}). Überhaupt scheinen die F. in einem Raum oft relativ hoch unter der Decke gelegen zu sein (Naumann, Architektur, 174). Auf der oberen Reihe des Askalonbildes (AOB 102; ANEP 334) ist ein äg. Rahmen-F. dargestellt. Zahlreiche Originale dieser Rahmen-F. sind uns aus Ägypten bis in die Spätzeit hinein bekannt (vgl. R. Demangel, Syria 16, 1935, 358–374 Tf. 65 Abb. 4–10; Teile einer durchbrochenen Fassade: Hama II/1 Abb. 257f). In den mehrschiffigen Säulenhallen äg. Tempel kann etwa der die Seitenschiffe überragende Teil des Mittelschiffs durch solche Gitter-F. Luft und Licht gewinnen. Möglicherweise sind die *ḥallōnē šəqūpīm 'ăṭūmīm* des salomonischen Tempels (1R. 6_4) ganz ähnlich als (hochgelegene) steinerne Gitter-F. aufzufassen (vgl. M. Noth, Könige, BK 9/1, 1968, 97f). Gitter-F. wurden in Pal. speziell als Harems-F. verwendet (Jdc. 5_{28} Prv. 7_6 Cant. 2_9). Sie waren vermutlich aus Holz gefertigt und wie ihre äg. Vorbilder nicht zu öffnen. Weit- und Engmaschigkeit des F.gitters wurde in nachbiblischer Zeit auf Syr. und Ägypten hin interpretiert (Krauß, TalmArch I, 349 Anm. 549).

Aus *Nimrūd* (AOB 191; ANEP 131) und *Ḫorsābād,* von Arslan Taş und aus Samaria kennen wir als Möbelverzierungen verwendete phön. Elfenbeinmodelle eines gestaffelten Rahmen-F.s, das auf der unteren Leiste eine Reihe von Palmettensäulchen mit Abaskus besitzt. Im Mittelgrund sieht man die „Frau im F.", genauer gesagt, den Kopf einer wohlfrisierten Frau, die anlokken will *(Aphrodite parakyptusa).* Von

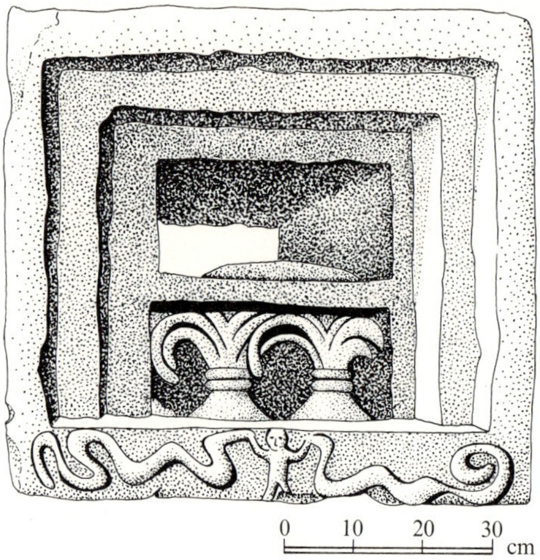

Abb. 23 **Fenster** Steinernes Rahmenfenster aus Curium

Amenophis IV. Echnaton und Ramses III. kennen wir bei Palästen das große balkonartige Erscheinungs-F. (AOB 80, 190). Im Tor-Palast von Jesreel gab es ein solches F. mit Balustradengitter, aus dem Isebel hinuntergestürzt wurde (2R. 9_{30}). Ein analoges F. gab es auch in dem durch Joahas erneuerten Palast (Jer. 22_{14}) in Jerusalem (nicht *Ḫirbet Ṣāliḥ* [→Beth-Kerem]). Aus *Ḫirbet Ṣāliḥ* ist eine Reihe von steinernen Palmettensäulen erhalten, die man mit Balkon- bzw. Erscheinungs-F.n kombinieren könnte (ERR II Tf. 44ff; ANEP 799). Gestaffelte steinerne Rahmen-F. hat es in *Umm el-'Amed* gegeben (4. Jh.?) und (vielleicht älter) zwei in Zypern (Paphos und Curium). Abb. 23 zeigt das Rahmen-F. aus Curium mit zwei Palmettensäulen. Auf der Unterleiste befindet sich die apotropäische Darstellung eines Mannes, der zwei Schlangen würgt. Hier ist die Luke schmäler und nicht ausgehauen, was darauf hindeutet, daß die F. zunächst unfertig eingesetzt wurden.

Literatur: K. Galling, Miscellanea Archaeologica (1. Steinerne Rahmenfenster), ZDPV 83, 1967, 123–125.

K. Galling/H. Rösel

Festung

Städte mit Mauern, Toren und bisweilen einer Zitadelle (→Stadtanlage) besaßen F.scharakter, der bes. ausgeprägt war, wenn sie strategisch günstig lagen (z.B. →Mizpa, →Lachis, →Beth-Zur); doch ist hier nur von den militärischen Anlagen die

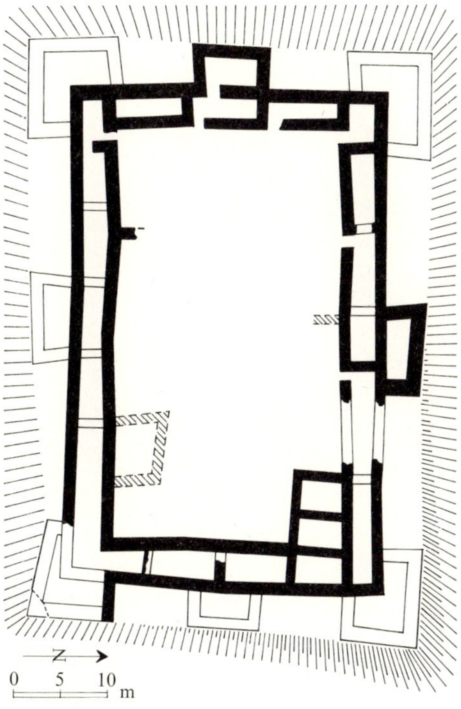

Abb. 24 **Festung** (1) *Tell el-Qedērāt* (E)

Rede, deren Zweck ausschließlich in der Verteidigung oder der Überwachung des Straßen- und Grenzverkehrs bestand (hebr. *migdāl* und *bīrā*, 2Ch. 27₄; weiteres zur Terminologie bei Welten). Während im dichter bewohnten Norden Pal.s vor allem Städte die Aufgabe von F.en wahrnahmen, sind im dünner besiedelten Süden zahlreiche F.en und Wachtürme (z.B. IEJ 24, 1974, 259f) von der E- bis in röm.-byz. Zeit nachweisbar (Gihon), die gleichzeitig als Fluchtburgen für die dortigen offenen Siedlungen dienten (→Arad, 2.). Eine Lage auf Berg- oder Hügelkuppen war für F.en wichtig, um große Gebiete kontrollieren und gegenseitig Signale austauschen zu können (vgl. Ostrakon IV aus Lachis und dazu →Fackel). Die Einhaltung dieses Prinzips läßt sich gut an den ammonitischen F.en an der Westgrenze verfolgen (zusammenfassend: A. Kuschke, in: H. Graf Reventlow, ed., Gottes Wort und Gottes Land, H.-W. Hertzberg zum 70. Geburtstag, 1965, 94–102; ergänzend: H.O. Thompson, ADAJ 17, 1972, 47–72; 18, 1973, 47–50; RB 82, 1975, 97–100). Da die F.en aus der E-Zeit im Negev der Verteidigung gegen Edomiter und Nomaden sowie der Sicherung des Handels dienten,

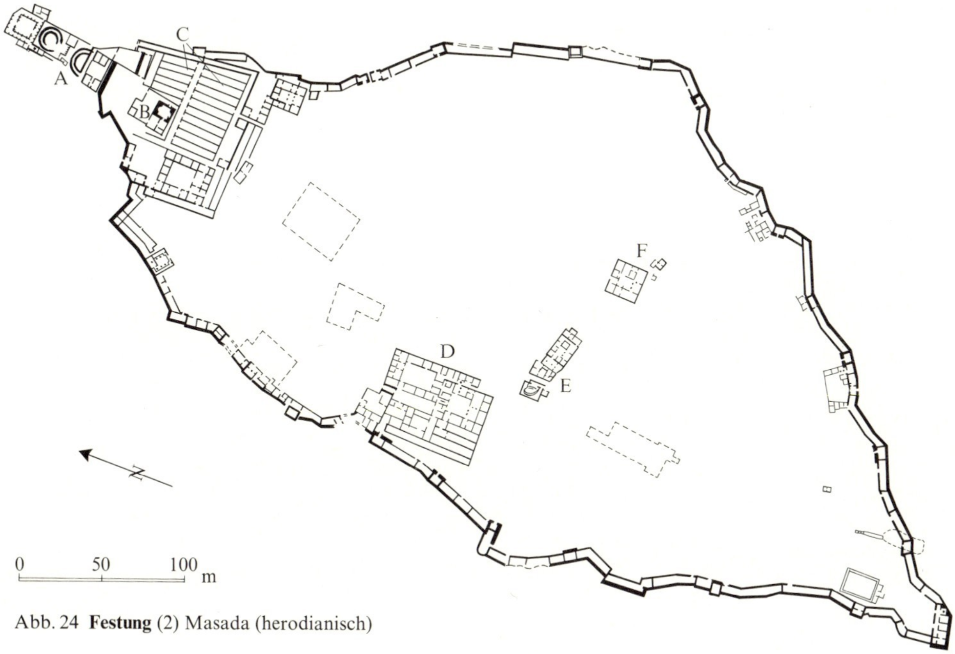

Abb. 24 **Festung** (2) Masada (herodianisch)

finden sich hier neben kleineren F.en (ca. 20 × 20 m) auf Hügeln größere, z.T. durch Türme verstärkte (Abb. 24_1: Grundriß der F. von *Tell el-Qedērāt*) in Tallage nahe von Straßenkreuzungen. Der dem Gelände angepaßte Grundriß der hochgelegenen F.en war rechteckig, oval (z.B. IEJ 25, 1975, 171) oder rund; doch gruppierten sich die Räume stets um einen Innenhof, so daß man von einem, von einer Kasemattenmauer umgebenen Hof sprechen kann (Aharoni Abb. 1). Versorgungsbasis und Sitz des Oberkommandos waren →Arad (2.), wie sich den dort gefundenen →Ostraka entnehmen läßt (Y. Aharoni/J. Naveh, Arad Inscriptions, JDS 1975 [hebr.]), und auch *Tell es-Seba'* (hier in der E I-Zeit eine große F.: IEJ 25, 1975, 169f).

Während in der Zeit der Fremdherrschaft in Pal. die bab. und pers. Oberhoheit die Handelswege sicherte (pers. F. nahe bei Asdod: 'Atiqot HS 7, 1974, 43–55; ferner →Handel, 6.), errichteten in röm. Zeit die Hasmonäer abgelegene Berg-F.en (Masada: Abb. 24_2: A: Nordpalast, B: Bad, C: Magazine, D: Westpalast, E: Kleiner Westpalast, F: Kleiner Ostpalast; dazu auch →Palast, 4.; Hyrkania; Alexandreion; Machaerus) im Gebiet des Toten Meeres und im Jordangraben, die Gabinius 57 v.Chr. zerstörte, Herodes I. aber neu erbaute und um die Neugründungen Kypros und Herodeion (G. Foerster, Art. Herodeion, EAEHL II, 502–510 mit Lit.) vermehrte (Plöger). Der Rückzugscharakter dieser F.en ist daran ablesbar, daß drei (Herodeion, Machaerus, Masada) 70 n.Chr. den Fall Jerusalems überdauerten (JosBell VII 163–215) und die Römer Masada als letzte F. erst 73 n.Chr. eroberten (ebd. 252–406; →Belagerung, 4. mit Abb. 14_4). Zu den röm. F.en in Pal.: M. Gihon, The Plan of a Roman Camp Depicted up on a Lamp from Samaria, PEQ 104, 1972, 38–58; B. Bar-Kochva, Notes on the Fortresses of Josephus in Galilee, IEJ 24, 1974, 108–116.

Literatur: Y. Aharoni, Forerunners of the Limes: Iron Age Fortresses in the Negev, IEJ 17, 1967, 1–17 – M. Gihon, Idumea and the Herodian Limes, ebd. 27–42 – G. Harder, Herodes-Burgen und Herodes-Städte im Jordangraben, ZDPV 78, 1962, 49–63 – O. Plöger, Die makkabäischen Burgen, ZDPV 71, 1955, 141–172 – P. Welten, Geschichte und Geschichtsdarstellung in den Chronikbüchern, WMANT 42, 1973, 9–78.

H. Weippert

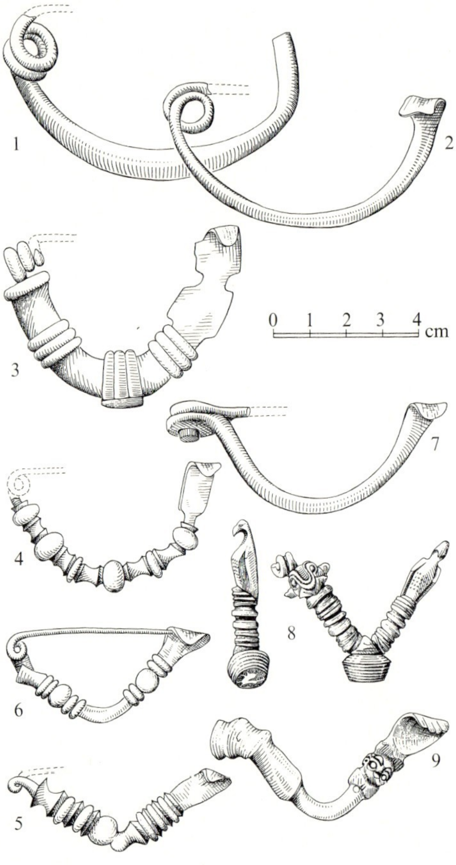

Abb. 25 **Fibel** (1,2) Violinbogenfibeln, (3,4) Bogenfibeln, (5,6) Knickfibeln, (7) genietete Fibel, (8,9) verzierte Fibeln

Fibel

1. Zeit und Verbreitung. 2. Technik. 3. Funktion.

1. Im 11.Jh. löste in Pal. die F. die Gewand-→Nadel ab. Dabei handelte es sich um die aus Zypern (dort im 13.Jh. aus Italien oder Griechenland übernommene; Stronach 182) importierte und dann in Kleinasien und Syr.-Pal. nachgearbeitete einteilige Violinbogen-F. (Verbreitungskarte: Stronach 184; vgl. auch Birmingham). Entsprechend ihrer Herkunft tauchten Violinbogen-F.n in Pal. zuerst in der Küstenregion (*Tell Abū Hawām*: Abb. 25_1), dann aber auch im Inland auf (Abb. 25_2; TN I Tf. 109_{1-3}; Hazor III–IV Tf. 205_{12f}). Im 9.Jh. kam in Syr.-Pal. die zweiteilige F. auf, deren früheste Vertreter Bogen-F.n

waren (9.–7. Jh.; Abb. 25_{3f}; Stronach 185–190). Über eine ellipsoide Variante (Stronach 190–193) bildete sich als syr.-pal. Hauptform die Knick-F. heraus (Abb. 25_{5f}; Stronach 193–203), deren zeitliches Aufkommen strittig ist (W. F. Albright, TBM III § 20, 47: um 900; O. Tufnell, L III 394 und Stronach 193f: Mitte des 8. Jh.s). Sie erreichte im 8. Jh. Mesopotamien und war im 7. Jh. ungefähr im ganzen Gebiet des neuass. Großreichs verbreitet.

2. Die Spannung der aus Draht gebogenen, unserer Sicherheitsnadel vergleichbaren Violinbogen-F. beruhte auf einfacher oder doppelter Rollung eines Bogenendes. Bei der zusammengesetzten F. entstand die Federung ebenfalls durch kreisförmige Rollung des Nadelendes, das in einem Loch des Bügels befestigt wurde. Bronzene Bügel kommen oft zusammen mit eisernen Nadeln vor (z. B. Meg I Tf. 78_{16-18} $179_{2,4-6,8,13f}$), da sie elastischer sind. Dagegen sind F.n aus Gold (Sendsch V Tf. 43_2; PEFA 6, 1953, Tf. 7_{41}) oder Eisen (Hazor III–IV Tf. 165_{21}) selten. Nur in wenigen Fällen (6.– 4. Jh.; Stronach 187; SS III Abb. 103_{2f}) sind Bügel und Nadel zusammengenietet (Abb. 25_7). Die Spitze der Nadel wurde von einer gelegentlich als Hand ausgebildeten (Stronach Abb. 9_{12} 10_3 $11_{3,6,9}$) Lasche aufgenommen. Ob die zweiteilige F. typologisch von den MB II-zeitlichen zweiteiligen Broschen herzuleiten ist (Moorey und AAA 19, 1932, 46f Abb. 10; Ug II Abb. 18_{28}; vgl. K. R. Maxwell-Hyslop, Western Asiatic Jewellery c. 3000–612 B.C., 1971, 124f), muß offenbleiben, solange Zwischenglieder aus der SB-Zeit fehlen. Nach funktionalem Aspekt erfüllten diese Broschen denselben Zweck wie die späteren F.n.

3. Über die von Abbildungen her bekannte Funktion der F. als Gewand-Schließe (E II- und pers. Zeit: Muscarella; →Abb. 88_3; ANEP 527; AOB 343) hinaus dürfte sie auch schmückenden Charakter besessen oder auf die bes. Stellung des Trägers hingewiesen haben. Darauf deutet die Tendenz, den Bügel immer reicher zu gestalten (bes. bei phrygischen F.n, vgl. KlBo 46–68 mit Lit.), und die allerdings nur selten bezeugte Praxis, ein Siegel an der Nadel der F. aufzuhängen (Grabfund bei *el-Meqābelēn:* QDAP 14, 1950, 40–48 Tf. 13_2; Mallowan, Nimrud I, Abb. 58). Bei zwei Knick-F.n aus Megiddo (Abb. 25_8, 8./7. Jh.) und vom Ophel, die unter den Luristan-F.n zwei fast exakte Parallelen besitzen, ist die Knickstelle als Siegel ausgebildet (Amiran: ass. Import). Bis auf das Exemplar vom Ophel tragen die Bügelenden als Verzierung je einen Vogel bzw. grotesken Männerkopf. Einen grotesken doppelten Männerkopf zeigt auch eine F. aus Hazor (Abb. 25_9, 5./4. Jh.), neben die ein von J. B. Pritchard (Gibeon, Where the Sun Stood Still, 1962, Abb. 74 rechts) ohne nähere Angaben publiziertes Stück aus Gibeon zu stellen ist. Je zweimal wiederholt sich das Motiv bei einer F. aus Ugarit (Syria 16, 1935, 150 Abb. 7F) und einer vom *Tell en-Naṣbe* (TN I Tf. 111_{36}); entferntere Vergleichsstücke bei Ghirshman Tf. 24_{11} 25_{15}. Der Kopf erinnert an den des Dämonen Pazūzu (z. B. ANEP 659, 857), und da F.n auf apotropäischen Plaketten aus Mesopotamien (7. Jh.: ANEP 658, 660, 857), darunter solchen des Pazūzu, dargestellt sind, könnte man für bestimmte F.n aus der E IIC-Zeit Amulett-Funktion vermuten (dazu Muscarella; Ghirshman).

Literatur: R. Amiran, Two Luristan Fibulae and an Urartian Ladle from Old Excavations in Palestine, Iranica Antiqua 6, 1966, 88–91 – J. Birmingham, The Development of the Fibula in Cyprus and the Levant, PEQ 95, 1963, 80–112 – Ch. Blinkenberg, Fibules grecques et orientales, 1926 – R. Ghirshman, Fibule en Iran, Iranica Antiqua 4, 1964, 90–107 – ders., Le Pazuzu et les fibules du Luristan, MUSJ 46, 1970–71, 119–127 – P. R. S. Moorey, Two Middle Bronze Age Brooches from Tell ed-Duweir, Levant 1, 1969, 97–99 – O. W. Muscarella, Fibulae Represented on Sculpture, JNES 26, 1967, 82–86 – D. Stronach, The Development of the Fibula in the Near East, Iraq 21, 1959, 180–206.

H. Weippert

Fisch und Fischfang

Die Küste des Mittelmeeres zwischen Gaza und Nordphönizien bot mit ihrem Reichtum an F.en die Möglichkeit für F.fang, daneben war dieser auch an Seen (eine Ausnahme bildet das Tote Meer; daher die Ansage des Wunders in Ez. 47_9!) und an Flüssen möglich. Den F.reichtum der phön. Küste kennen die Ägypter der 19. Dyn. (AOT 103), sie führten auch nach Syr. ausgenommene und gedörrte F.e ein (Erman/Ranke, Ägypten, 615; AOB 174). In *Tell Sūkās* tauchte als äg. Import eine Steatit-Schale in F.form auf, deren Typus in der 18. Dyn. belegt ist (AAS 13, 1963, 217 vgl. auch →Salbe, 2.a). Wenamun (AOT 75; ANET 28; TGI 46 Nr. 17) lieferte nach Byblos 30 Körbe gedörrter Delta-F.e (vgl. für die byz. Zeit: ZDPV 82, 1966, 54). Als sich Judäa in den Tagen Josias (2. Hälfte des 7. Jh.s) bis ans Meer erstreckte, wird sich der Transport von F.en nach Jerusalem verstärkt haben, worauf der – neue – Name des Ephraimtores = „Fischtor" (→Jerusalem, 3.c mit Abb. 42 [6]) deutet (Zeph. 1_{10}; 2Ch. 23_{14} setzt das F.tor bereits in der Zeit Manasses an). Durch das F.tor (Neh. 3_3) brachten phön. Händler F.e in die Stadt (Neh. 13_{16}). Die hier gemeinten Phönizier kommen nicht von Tyrus, sondern von Küstenorten südl. des Karmel, Orte, die ihnen die Perser übereignet hatten (Galling, Studien, 185–209). Obwohl Nachrichten über F.fang im Gebiet des Sees von Kinnereth fehlen, darf man vermuten, daß man dort bereits im 2./1. Jt. gefischt hat. Die Stadt Kinnereth = *Tell el-'Orēme* hat in der SB- und in der E-Zeit bestanden (MDAIK 9, 1940, 132–145).

Das Konservieren von F.en wurde an Ort und Stelle geübt, wie der am See Genezareth bezeugte Ortsname Taricheae = „Pökelort" (JosBell III 445, 458; AASOR 2/3, 1921/22, 29ff) für das 1. Jh. n. Chr. beweist. Bethsaida an der Nordseite des Sees war sicher schon in vorröm. Zeit eine Proviantstelle (aram. *Bēt Ṣaydā* = „Fischhausen"?); dort mag man natürlich auch Dörr-F.e ausgegeben haben. F.mahlzeiten sind vereinzelt dargestellt (so auf der Toten-Stele der Königin von *Sam'al* [→Stele, 2. mit Abb. 83_3] und einem Relief von Susa aus dem 1. Jt. [AOB 187 links]). Zu „F. und Honig" (Lc. 24_{42}) als einer zur Bekömmlichkeit zusammengestellten Mahlzeit vgl. L. Köhler, Kleine Lichter, 1945, 86–90.

Die beiden Arten des F.fanges (hebr. *dūgā*, Am. 4_2) mit der Angel und mit dem Netz lassen sich literarisch und bildlich belegen. Zwei Orthostaten vom *Tell Ḥalāf* (TH III Tf. 29) und aus Zincirli (Sendsch III Tf. 38a) zeigen einen Angler am Fluß (vgl. für Assyrien ANEP 114). Von den im AT vorkommenden Ausdrücken für das Fangnetz *(məṣūdā, ḥērem, *mikmēret)* dürfte *ḥērem* (Ez. $26_{5,\ 14}$) das große – auf Felsen getrocknete – Schleppnetz sein, *məṣūdā* (auch von der Vogel- →Jagd, 2.; vgl. Yadin, Cave of Letters, 267f mit Abb. 89f Tf. 101f) und das neben Angel (hebr. *ḥakkā*) und *ḥērem* in Hab. 1_{15f} genannte **mikmēret* werden dagegen ein Wurfnetz meinen (es wird nach Jes. 19_8 ausgebreitet).

Vermutlich aus Ägypten eingeführte Bleistücke für die Beschwerung von Schleppnetzen fand man in *Tell el-'Ağūl* (AG III Tf. 9_{35}; vgl. auch Ger Tf. 23_{16}) wie auch bronzene Angelhaken (AG III Tf. 22_{84}). Solche Angelhaken wurden auch in *Tell Ğemme* (Ger Tf. 24_{63}) und *Tell el-Ḫlēfe* gefunden (BASOR 71, 1938, 5). In Ägypten galt seit alters das F.stechen als ein Sport der Vornehmen; dazu bediente man sich zwei- oder dreizinkiger →Gabeln.

Bei der Zweifarben-Keramik der SB-Zeit ist das F.motiv, oft auch F.e und Vögel zusammen, sehr häufig (Belege aus Pal. [*Tell el-'Ağūl, Tell el-Fār'a* Süd, Geser, Lachis, Megiddo] bei C. Epstein, Palestine Bichrome Ware, 1966, 23–31). Eine einfarbig bemalte Kanne aus Megiddo (Meg II Tf. 76 142_{20}) mit Palme, Ziegen, Vögeln und F.en zeigt in einer „Metope" auch einen Taschenkrebs. Relativ selten ist bei der sogenannten Philister-Keramik das F.motiv (T. Dothan, The Philistines and their Material Culture, 1967, 191 Abb. 55_{1-3}: Funde aus *Yāzūr, Tell el-Fār'a* Süd und Askalon; vgl. ferner Qadmoniot 1, 1968, 100: Krug vom *Tell 'Ēṭun*). Der Scherbe von *Tell el-Fār'a* Süd (BP II Tf. 63_{45}) mit F., Angel (?) und Vogel vergleichbar (auch für die Herkunft?) ist eine Darstellung aus Zypern (M. Ohnefalsch-Richter, Kypros. Die Bibel und Homer, 1893, Tf. 98_4). In *er-Rummān* südl. von Gerasa fand man ein umrandetes Felsbild aus röm Zeit (?), auf dem über einem schreitenden Stier ein F. dargestellt ist (AOB 353). H. Greßmann (ebd. S. 101) deutet das auf den Stiergott Rimmon und Atargatis, für deren Kult es in Hierapolis einen Teich mit heiligen F.en gab. Die der Atargatis beizuordnende Derketo (ug. *b'lt drkt*) verwandelte sich nach der in Askalon beheimateten Legende in einen menschenköpfigen F. (Römische Mitteilungen 10/2, 1969, 213f).

Literatur: Dalman, AuS VI, 343–370 – Krauß, Talm Arch I, 110–112; II, 145f – E. Neufeld, Fabrication of Objects from Fish and Sea Animals in Ancient Israel, The Journal of the Ancient Near Eastern Society of Columbia University 5, 1973, 309–324 – D. Sperber, Some Observations of Fish and Fisheries in Roman Palestine, ZDMG 118, 1968, 265–269. *K. Galling*

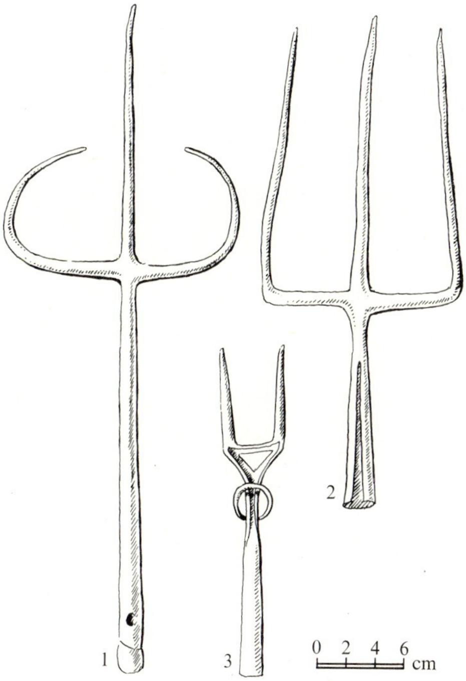

Abb. 26 **Gabel** Bronzegabeln aus (1) Byblos (MB II) und (2, 3) Geser (SB)

Gabel

Ein Bruch sakralen Rechts durch die Söhne Elis (1 S. 2_{12-17}) gibt dem Erzähler Gelegenheit, von der Entnahme gekochten Fleisches (für ein *zēbaḥ*) aus Topf, Kessel, Schüssel oder Becken durch eine dreizinkige G. zu sprechen (hebr. *mazlęg*). Die in P (u.a. Ex. 27_3: **mizlāg*) erwähnten G.n dürften auch dreizinkig gewesen sein. Die in Grab I und II in Byblos (MB II) gefundenen sechs, z.T. fragmentierten holzgeschäfteten G.n (Abb. 26_1) können auch für das in Ägypten gern geübte Fisch-Stechen benutzt worden sein (→Fisch und Fischfang; vgl. ferner KlBo 139–143 mit weiteren G.n aus Boğazköy, Ur, Kültepe, Toprak Kale und Kamir-Blur). In einem Depot in Ugarit aus der Zeit Merneptaḥs fand sich eine ca. 60 cm lange Bronze-G. mit sehr dünnen Zinken, die für ein Herausholen von Fleisch ungeeignet erscheint (Ug III Abb. 123); zwei ähnliche G.n tauchten in einem Gräberfeld (14. Jh.) nördl. von Akko auf (G. Edelstein, Qadmoniot 17, 1972, 19–21). Von den beiden kleineren Bronze-G.n aus Geser (Abb. 26_{2f}) erinnert Abb. 26_3 an äg. Harpunen-G.n, wobei man sich an dem Ring eine Schnur befestigt denken muß, mit der man die Harpune an Land ziehen konnte. Stammten diese G.n von Ägyptern? Auch auf Zypern begegnet eine dreizinkige G. (E. Gjerstad, Studies in Prehistoric Cyprus, 1926, 237). In der E II-Zeit finden sich auch eiserne G.n (Grab in *Tell ed-Duwēr*: L III Tf. 56_{38}, dreizinkig, und in einem Grab in *Tell Ḫuwēlfe*: IEJ 20, 1970, Tf. 38 B, zweizinkig), ein jüngeres röm.-byz. Beispiel in BS III Tf. 38_{33}. Nicht nur beim Gemeinschaftsopfer, sondern auch bei häuslichen Mahlzeiten diente die G. ausschließlich dem Herausholen von größeren Fleischstücken. Der in der Hand Poseidons befindliche langstielige Dreizack hat mit dem Hadad-Blitz (z.B. →Abb. 30_5) nichts zu tun, sondern ist als Harpune für den Fischfang zu interpretieren.

Literatur: KlBo 139–143 – L III 387f – P. Montet, Byblos et l'Égypte, Texte, 1928, 181f; ebd., Atlas, 1929, Tf. 108f – E. Simon, Die Götter der Griechen, 1969, 66ff (Poseidon). *K. Galling*

Gath

1. G. als Name verschiedener Orte. 2. Das philistäische G.

1. Mit kan. *gt* und hebr. *gat* (ursprünglich „Kelter", z.B. Jdc. 6_{11}) werden zahlreiche Ortsnamen gebildet (analog im Ugaritischen: J. Aistleitner, Wörterbuch der ugaritischen Sprache, 1963, Nr. 705). Das AT unterscheidet zwischen *Gat hā-Ḥęper* im Gebiet Sebulons (Jos. 19_{13}), *Gat Rimmōn* im Gebiet Dans (Jos. 19_{45} 21_{24}; eventuell auch bei Thutmosis III. genannt: Helck, Beziehungen, 121 Nr. 63; nur lautlich vergleichbar ist *Gitti-Rimmūnīma* in EA 250_{46}; vgl. EA II S. 1312) und ein benjaminitisches **Gittayim* (2 S. 4_3 Neh. 11 $_3$, vgl. EA $295_{7[RS]}$). Aus den Amarna-Briefen bekannt sind ferner in Pal. ein *Gitti-Pạdalla* (EA 250_{13}; wohl auch in der Liste Šošenqs erwähnt: Helck, Beziehungen, 240 Nr. 34; nach A.F. Rainey, IEJ 18, 1968, 1–14 mit *Ǧett* am Ostrand der Saron-Ebene identisch) und ein *Ginti-Kirmil* (EA 288_{26} 289_{18}), dessen Name auch zwei Kruginschriften aus pers. Zeit vom *Tell es-Samak* nennen (IEJ 18, 1968, 226–233), und das nach Plin NH V 17_{74} im Gebiet nördl. des Karmel zu suchen ist (anders Y. Aharoni, VT 19, 1969, 141–145).

2. Die meisten atlichen Belege beziehen sich auf den prominentesten Namensträger, *Gat-Pəlištīm* (Am. 6_{2}), das zusammen mit Asdod, Gaza, Askalon und Ekron die philistäische Pentapolis bildete (z.B. 1S. 6_{17}). Es ist aber nicht auszuschließen, daß einfaches *Gat* auch andere Orte bezeichnet, in 1Ch. 7_{21} 8_{13} z.B. das benjaminitische **Gittayim* (Welten 70). Daß mit B. Mazar auch 1S. 7_{14} 2R. 12_{18} 2Ch. 26_{6} auf ein nördl. G. *(Rās Abū Ḥamīd)* zu beziehen sind, ist wenig wahrscheinlich (vgl. Kassis). Dagegen ist das von Sargon II. zusammen mit →Asdod und seinem Hafen *Asdūdimmu* eroberte *Gimtu* (TGI Nr. 35; ANET 286) eventuell von der gleichnamigen Philister-Stadt zu unterscheiden.

Die Lokalisierung des philistäischen G. komplizieren die z.T. widersprüchlichen Angaben antiker Schriftsteller (EusOn 68_{4-7}: zwischen Eleutheropolis *[Bēt Ǧibrīn]* und Diospolis; Hieronymus: zwischen Eleutheropolis und Gaza; dazu Welten 76–78) und die wenig konkreten atlichen Hinweise auf die Lage G.s. Bei seiner Flucht vor Saul erhielt David vom König Achis von G. als Aufenthaltsort Ziklag (1S. 27_{5-7}), das mit *Tell Ḫuwēlfe* oder *Tell eš-Šerīʿa* gleichgesetzt wird (Welten 87f), und für G. in jedem Fall eine Lage in der südl. Schephela nahe der jud. Grenze andeutet. Analoges ist der Formel „von Ekron bis G." in 1S. 7_{14} (umgekehrt in 1S. 17_{52}) zu entnehmen, die die Nord- und Südpunkte der philistäischen Ostgrenze markieren dürften (anders Rainey 68f). Daß G. ferner an einer wichtigen Straße nach Jerusalem lag, ergibt sich aus 2R. 12_{18f}, wonach die Eroberung G.s durch Hasael von Damaskus eine ernste Gefahr bedeutete. So erklärt sich auch der wiederholte Versuch Judas, G. zu annektieren (2Ch. 11_{8}: unter Rehabeam jud. Festung; 2Ch. 26_{6}: von Ussia/Asarja zerstört; in Am. 1_{6-8} nicht unter den Philister-Städten genannt, nach Am. 6_{2} zerstört).

Alle atliche Angaben zusammengenommen lassen keine der vom Siedlungsbefund her in Betracht kommenden Ortslagen als idealen Kandidaten für das philistäische G. zu; eine Entscheidung bleibt deshalb zwischen den folgenden drei Orten offen:

a Der bes. von Elliger, Aharoni und Rainey in Erwägung gezogene *Tell eṣ-Ṣāfī* mit einem 400 × 200 m großen ummauerten Siedlungsgebiet besetzt einen stategisch wichtigen Punkt an der Straße nach Jerusalem an der Mündung des *Wādī es-Sanṭ* in die Schephela; doch paßt seine Lage nahe bei →Ekron nicht zu der Formel „von Ekron bis G.".

b Der oft vorgeschlagene (zuletzt Welten) *Tell eš-Šēḫ Aḥmed el-ʿArēnī* ermöglicht am ehesten eine Verbindung mit Ziklag, sofern dies auf dem *Tell Ḫuwēlfe* anzusetzen ist; doch ist die kleine (50 × 100 m) E-zeitliche Siedlung eher als Festung denn als Philister-Stadt zu deuten.

c Der von Wright (78–86) zur Diskussion gestellte *Tell eš-Šerīʿa* entspricht mit seiner südl. Lage der Formel „von Ekron bis G."; doch ist unverständlich, wie Hasael mit der Eroberung dieses Orts Jerusalem gefährden sollte.

Literatur: Y. Aharoni, The Land of the Bible, 1967, 250f – K. Elliger, Die Heimat des Propheten Micha, ZDPV 57, 1934, 81–152 bes. 148–152 = ders., Kleine Schriften zum Alten Testament. 1966, 9–71 bes. 67–71 – H. E. Kassis, Gath and the Structure of the "Philistine" Society, JBL 84, 1965, 259–271 – B. Mazar, Gath and Gittaim, IEJ 4, 1954, 227–235 – A. F. Rainey, The Identification of Philistine Gath, EI 12, 1975, 63*–76* – J. Strange, The Inheritance of Dan, Studia Theologica 20, 1966, 120–139 bes. 124–129 – P. Welten, Die Königs-Stempel, ADPV 1969, 68–81 (Lit.) – G. E. Wright, Fresh Evidence for the Philistine Story, BA 29, 1966, 70–86. *H. Weippert*

Gaza

1. Name und Lage. 2. Ausgrabung und Geschichte.

1. Das alte, sicher nicht mit dem *Tell el-ʿAǧūl* identische G. (dazu B. Maisler, ZDPV 56, 1933, 186–188) liegt höchstwahrscheinlich unter der modernen Stadt *Ġazze* begraben, die den alten Namen bewahrt hat (hebr. *ʿAzzā*; äg. *Gḏt, Qḏt*; akk. *Ḫaz[z]atu, Azzatu*; griech. *Γάζα*). Ihrer Lage in einem reichen, landwirtschaftlich gut entwickelten Gebiet, das seit der B-Zeit die Südgrenze Pal.s markiert (vgl. Th. L. Thompson, The Settlement of Sinai in the Bronze Age, Beihefte zum Tübinger Atlas des Vorderen Orients 8, 1975, 10–13), verdankte die Stadt ihren Aufschwung zum wichtigen Markt für die Trockengebiete im Süden und Südosten. Ferner war sie Endpunkt der aus Südarabien kommenden „Weihrauchstraße" (Plin NH XII 32_{63f}; →Handel, 4.) und wichtige Station für den Karawanenhandel mit Ägypten. Da G. selbst ca. 3 km von der Mittelmeerküste entfernt lag, benötigte es einen Hafen, den

hell. und röm. Quellen häufig erwähnen (*Μαιουμα*/Constantia, vgl. P. Thomsen, Loca Sancta, 1907, 86; *Ḫirbet Bēt el-Iblaḥīye*).

2. Die Bedeutung G.s in pers., hell. und röm. Zeit belegen immer wieder Zufallsfunde in der Umgebung der Stadt (E. Stern, Levant 7, 1975, 104–107: zypr. Statuetten, 5. Jh.; L. Habachi, JNES 20, 1961, 47–49: hell. Triton-Statue; H. Guthe, ZDPV 2, 1879, 183–188: röm. Zeus-Statue) sowie im Kunsthandel aufgetauchte Bleigewichte aus G. (B. Lifshitz, ZDPV 92, 1976, 168–187). Nahe der Küste sind eine Synagoge (Mosaiken) und ein im Westen angrenzendes Handwerkerviertel (Färbereien) aus der 1. Hälfte des 5. Jh.s n. Chr. freigelegt (Ovadiah). In G. selbst führte 1922 W. J. Phythian-Adams eine kurze Grabung am Nordabhang durch, nachdem J. Garstang über eine Befestigungsanlage an dieser Stelle berichtet hatte. Für keine der verschiedenen bei dieser Befestigungsanlage (mit Glacis) entdeckten Mauern nahm Phythian-Adams eine Erbauung vor der E-Zeit an; doch zeigen die Keramikfunde, daß die Siedlungsgeschichte von G. in die SB-Zeit zurückreicht (zahlreiche SB-Scherben). Ausgedehnte Grabungen auf dem großen Tell (von ca. 5 km Umfang) waren schon damals wegen seiner dichten Bebauung nicht möglich.

Mehr über die Geschichte G.s läßt sich aus den historischen Quellen erschließen. Thutmosis III. befestigte um 1468 G. als Basis für seine frühen Feldzüge (TGI 15 Nr. 4). Die Funktion G.s als äg. Militärstützpunkt ergibt sich auch aus einem in Thaanach gefundenen Brief des 15. Jh.s (Nr. 6, vgl. W. F. Albright, BASOR 94, 1944, 24–27; A. Malamat, Scripta Hierosolymitana 8, 1961, 218–227), und noch die Amarna-Briefe EA 289_{17ff} 296_{30ff} (und 175_{3}) beweisen die äg. Oberhoheit über G., das jedoch offenbar durch die ʿApiru bedroht war. Die Ägypter dürften in der Folge G. als Stützpunkt verloren haben, bis Sethos I. um 1300 die äg. Hegemonie in diesem Gebiet wiederherstellte (vgl. dazu auch das Postregister eines äg. Grenzbeamten: TGI Nr. 14). Als die Philister die pal. Küste besiedelten, wurde G. der südlichste Ort ihrer Pentapolis (Dt. 2_{23} Jos. 13_{3} Jdc. $16_{1f,21}$ 1 S. 6_{17}; zum anderslautenden Text von 1 R. 5_{4} vgl. M. Noth, Könige, BK 9/1, 1968, 75f), den 734 Tiglathpileser III. eroberte (TGI Nr. 25f; Tadmor 88). Zusammen mit syr.-pal. Fürsten lehnte sich Ḫanūnu von G. gegen die Assyrer auf, wurde aber wie jene von Sargon II. geschlagen; auch das G. zur Hilfe eilende äg. Heer erlitt südl. von G. bei Raphia eine Niederlage. Ḫanūnu wurde nach Assyrien deportiert (ANET 285; Tadmor 91), und von nun an erscheint G. wieder in den Listen ass. Tributäre (ebd. 92–94). Hiskia von Juda griff das unter ass. Oberhoheit stehende G. an, das im Gegenzug einen Teil des jud. Territoriums erhielt, nachdem 701 Sanherib Juda besiegt hatte (TGI 69 Nr. 39). In der Folgezeit entrichtete Ṣilbēl von G. den ass. Königen Asarhaddon (TGI Nr. 41) und Assurbanipal (ANET 294) Tribut. Als Vorspiel zu Nechos II. Feldzug gegen die Babylonier dürften die Ägypter im Jahr 609 G. besetzt haben (Jer. 47_{1} vgl. 25_{20} 47_{5}). Nach der Eroberung Pal.s durch Nebukadnezar II. (605–602) wurde der Fürst von G. nach Babylon deportiert (Tadmor 102). Zur Zeit des pers. Großreichs war anscheinend Askalon die südlichste Stadt Syr.s und G. dürfte aufgrund seiner Handelsbeziehungen zu den Arabern („Weihrauchstraße"! →Handel, 4.) mit diesen dem Großkönig direkt unterstellt gewesen sein. Der Großkönig ließ in G. eine Garnison errichten, was den starken Widerstand G.s gegen die Truppen Alexanders erklärt (Rappaport 75f). 332 fiel die Stadt und wurde geplündert; doch entfaltete sie sich später als Zentrum des Hellenismus. 198 besetzte Antiochus IV. Epiphanes die Stadt, und Jonathan Makkabäus brannte nach einer Belagerung ihre Vorstädte nieder (1 Macc. 11_{61f} JosAnt XIII 150–153). Erneut belagerte im Jahr 96 Alexander Jannäus G. und zerstörte es (JosAnt XIII 358–364; dazu Rappaport 79). Pompejus trennte G. 61 vom jüd. Gebiet, unterstellte es der Jurisdiktion Syr.s und erklärte es für frei (eigene Ära; vgl. JosAnt XIV 76). Der röm. Statthalter Gabinius (57–55) ließ G. ausbauen, worauf eventuell die Unterscheidung zwischen dem Neuen (*ἡ νέα Γάζα*) und dem Alten G. (*ʼέρημος Γάζα* oder *παλαιὰ Γάζα*, vgl. Act. 8_{26} Strabo XVI 2_{30} und die Ergänzung des Hieronymus zu EusOn 62_{22-26}) zurückgeht. Augustus schlug G. dem Königreich Herodes' I. zu, und 65 n. Chr. wurde es von Juden geplündert;

doch lebte G. als röm.-byz. Stadt weiter (Münzen von Titus und Hadrian).

Literatur: J. Garstang, The Walls of Gaza, PEFQSt 52, 1920, 156f – D. Mackenzie, The Port of Gaza and Excavations in Philistia, PEFQSt 50, 1918, 73–87 – M.A. Meyer, History of the City of Gaza, 1907 – A. Ovadiah, Excavations in the Area of the Ancient Synagogue at Gaza, IEJ 19, 1969, 193–198 – W.J. Phythian-Adams, Reports on Soundings at Gaza, Etc., PEFQSt 55, 1923, 11–17 – ders., Second Report on Soundings at Gaza, ebd. 18–30 – ders., The Problem of "Deserted" Gaza, ebd. 30–36 – U. Rappaport, Gaza and Ascalon in the Persian and Hellenistic Periods in Relation to their Coins, IEJ 20, 1970, 75–80 – K.B. Stark, Gaza und die philistäische Küste, 1852 – H. Tadmor, Philistia under Assyrian Rule, BA 29, 1966, 86–102 – vgl. auch QDAP 1, 1932, 92 (Lit.).

Th. L. Thompson

Geld

1. G.wirtschaft. 2. G.eigenschaft. 3. G.formen.

1. Die vor allem im städtischen Bereich forcierte Spezialisierung der Berufe führte notwendig zum →Handel, dessen Funktionieren von allgemein anerkannten Wertnormen wie →Gewicht und G. abhängig war. Gefördert wurde die Entwicklung der G.wirtschaft durch politische und kultische Instanzen, die im Hinblick auf ihre innenpolitischen (Bauten: 2R. 12_{5-15} 22_{3-7}; Söldner: Jdc. 9_4; →Pferd und Streitwagen: 1R. 10_{28f}) und außenpolitischen (Tribute: 2R. 12_{19} 14_{14} 15_{20} 16_8 18_{14}) Verpflichtungen in bes. Maße auf Kapitalanhäufung auch in Form von G. (1R. 10_{14f}) angewiesen waren (dagegen wendet sich Dt. 17_{17}). Dennoch lösten sich Natural- und G.wirtschaft nicht einfach ab: während die Philister für die Eisenbearbeitung von den Israeliten G. verlangten (1S. 13_{21}), regelten sich die Handelsbeziehungen zwischen Salomo und Hiram auf naturalwirtschaftlicher Basis (1R. 5_{24f}). Auch die Abgaben an den Hof erfolgten in Naturalien (1S. 8_{15} 1R. 4_{7-20}; vgl. für die SB-Zeit: L IV 132f) und in G. (2R. 15_{20}; für die pers. Zeit: Neh. 5_{15}). Da isr. Grundbesitz unveräußerlich war (Alt, KlSchr III, 348–372), weigerte sich Naboth, sein Land gegen ein anderes oder gegen G. an Ahab zu geben (1R. 21_2). Jer. 32_{8-15} handelt von einer Erbübernahme (kein Kauf!) eines teilverschuldeten Grundstücks. Die übrigen atlichen Belege für Immobilienkauf beziehen sich auf nichtisr. Land (Gn. 23_{14-20} 2S. 24_{24} 1R. 16_{24}).

2. Da die G.eigenschaft nicht stofflich an bestimmte Gegenstände gebunden ist, sondern erst durch allgemeine Übereinkunft bestimmt wird, kann jeder Gegenstand als G. dienen. So ist es durchaus möglich, daß in der FB I-Zeit in *Tell el-Fār'a* Nord durchbohrte Muscheln als Zahlungsmittel kursierten (R. de Vaux, RB 68, 1961, 583), wozu es ethnographische Parallelen gibt (Heichelheim 54). Das die Zukunft der G.wirtschaft bestimmende Material waren Metalle, da sie unzerstörbar, wertbeständig, leicht transportabel und von geringer Raumausdehnung waren und zudem vielseitig weiterverarbeitet werden konnten (Regling 976). Sie besaßen somit neben ihrem hohen Eigenwert auch alle für einen Wertmesser erforderlichen Eigenschaften. Eine Standardisierung nach Gewicht lassen die gefundenen formlosen oder geformten Rohmetalle nicht erkennen, so daß ihr Gewicht jeweils auf der →Waage überprüft werden mußte. Den Vorgang zeigen mehrere äg. Darstellungen (z.B. Abb. 27) und vermutlich auch der schwarze Obelisk Assurnasirpals II. (ANEP 350 oben). Den Beweis dafür, daß gewogenes Rohmetall G.eigenschaft besaß, liefern die Termini für G. und Sinnverwandtes in verschiedenen Sprachen (Eilers). Für den hier interessierenden Bereich sei erwähnt, daß die hebr. Münznamen *šęqel* und *bęqa'* mit →Gewichts-Bezeichnungen identisch sind, daß hebr. *ŠQL* „wiegen" und „bezahlen", hebr. *kęsep* „Silber" und „G." beschreibt (analog akk. *šaqālu* und *kaspu*).

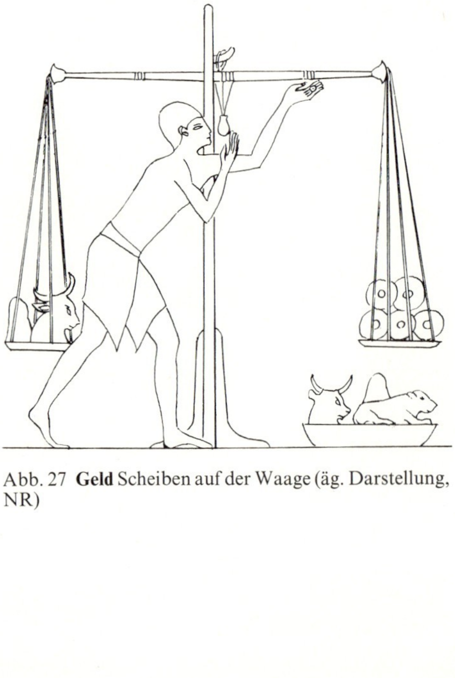

Abb. 27 **Geld** Scheiben auf der Waage (äg. Darstellung, NR)

3. Im Rohguß hergestellte Metallklumpen (z.B. Hazor III–IV Tf. 205_{16} = Tf. 347_{4}, Bronze) konnten, sofern sie nicht weiterverarbeitet werden sollten, als Zahlungsmittel dienen. War ein niedriger Preis zu begleichen, so mußte das Stück zerhackt werden. Zerhacktes Rohmetall und zerhackte Schmuckstücke, die gesammelt und zum Wiedereinschmelzen bestimmt waren, finden sich oft bei Ausgrabungen (Ugarit: siehe Eißfeldt 109; Zincirli: Sendsch V 121; Megiddo: Meg II Tf. 229; Beth-Sean: BS II/1 Tf. 29_{12-44} $66A_{1-3}$ $67A_{1-3}$ BSIA 38; Jericho: JerA 46; *es-Semū‘* und Engedi: Inscriptions Reveal, Israel Museum Catalogue Nr. 100, 1973, Nr. 101f). Her III 96 berichtet, daß Darius I. den in Form von Silber und Gold eingehenden Tribut einschmelzen und je nach Bedarf davon abschlagen ließ (P. Hulin, An Inscribed Silver Piece of Darius, Orientalia Lovaniensia Periodica 3, 1972, 121–124). Analog darf man sich das Kursieren der Metallwährung vorstellen: das im Umlauf befindliche G., das man in Beuteln (hebr. *kīs*: Jes. 46_{6} Prv. 1_{14}; *ṣərōr*: Gn. 42_{35} Hag. 1_{6}; **ḥārīṭ*: 2R. 5_{23}; dazu Dalman, AuS V, 238–240; Loewe) bei sich trug, wurde durch das nötige Wechseln immer mehr zerstückt (Eilers 334–337), so daß es schließlich dort, wo viel G. zusammenkam (Tempelbanken? vgl. Eißfeldt), wieder eingeschmolzen werden mußte.

Die geformten Rohmetalle erscheinen als Barren, Scheiben und Zungen. Den Formenreichtum zeigen neben Funden auch äg. Abbildungen (J. Vercoutter, L'Égypte et le monde égéen préhéllenique, 1956, 364–366 Tf. 64f). Kissenförmige Kupferbarren, die seit dem Übergang der MB- zur SB-Zeit von Zypern (Catling, Bronzework: Kreta) aus sich bis nach Sardinien und Mesopotamien (Bass) verbreiteten, können als G. (ASyr Nr. 920: Bezahlung eines äg. Arztes) oder als handliche Transportform (Catling, Bronzework, Tf. 34c; AOB 81: als syr. Tribut nach Ägypten) für das zur Weiterverarbeitung vorgesehene Rohmetall interpretiert werden (Buchholz). Zwei Miniaturbarren dieses Typus sind aus Pal. bekannt (TBM II 54 Tf. 41_{13}: 16. Jh.; L III Tf. 41_{9}: E-Zeit). Eine weibliche und eine männliche Götterfigur aus Bronze aus Zypern (12. Jh.) stehen auf solchen Miniaturbarren (die männliche stammt aus Enkomi: C.F.-A. Schaeffer, AfO 21, 1966, 56–59; zur Herkunftsbestimmung der weiblichen Figur: H.W. Catling, A Cypriot Bronze Statuette in the Bomford Collection, in: C.F.-A. Schaeffer, ed., Alasia I, 1971, 15–32). Äg. Darstellungen des mit dem →Bogen schießenden Pharaos zeigen eine Zielscheibe in Form des Kissenbarrens (Bass 30 Nr. 30f), was wohl die Durchschlagskraft seiner Pfeile symbolisieren soll. Neben der Kissenform gab es rechteckige und runde Barren, wie sie ein um 1200 an der Südküste Kleinasiens gesunkenes Schiff geladen hatte (Bass). Eine goldene Scheibe fand sich in Geser neben einer goldenen „Zunge" (vgl. Jos. 7_{21}; EG II 258 Abb. 405). Bekannt sind wegen ihrer Inschrift „(Eigentum des) Birrākib, Sohn des Panammū" silberne Rundscheiben aus Zincirli (Sendsch V 119–121 Tf. 58). Daß sich mit ihnen aber die spätere Form der geprägten Münzen anmelde (so Balmuth), ist wegen des unterschiedlichen Gewichts der Scheiben recht unwahrscheinlich. Die nach Her I 94 von lydischen Königen eingeführte Münzprägung hat sich sicher aus den Metallbarren entwickelt (Aristoteles, Politika I $9_{1257a-b}$); doch kommen als Vorläufer weniger die Exemplare aus Zincirli in Betracht als vielmehr die unter Sanherib zuerst belegten Versuche, Metall-G. nach festgesetztem Gewicht zu gießen (D.D. Luckenbill, The Annals of Sennacherib, OIP 2, 1924, 108:18; dazu Ebeling). Daß sich die →Münzen nur langsam durchsetzten, zeigen die häufig in Syr.-Pal. gefundenen Münzen mit Hackspuren, die beweisen, daß man die Prägung als Garantie für Gewicht und Feingehalt nicht kannte oder anzweifelte (Schwabacher). In diese Richtung weist auch ein Münzfund in Ugarit (2. Hälfte des 6. Jh.s), von dem ein Großteil der Silbermünzen wieder eingeschmolzen wurde (Schaeffer).

Ob neben den genannten Formen auch Geräte-G. (z.B. Äxte, Schilde, vgl. 1R. 10_{16}?) oder Schmuck-G. benutzt wurde, läßt sich nicht entscheiden.

Literatur: M.S. Balmuth, Remarks on the Appearance of the Earliest Coins, in: D.-G. Mitten/J.G. Pedley/J.A. Scott, Studies Presented to G.M.A. Hanfmann, 1971, 1–7 – G.F. Bass, Cape Gelidonya and Bronze Age Maritime Trade, AOAT 22, 1973, 29–38 – H.G. Buchholz, Der Kupferhandel des zweiten vorchristlichen Jahrtausends im Spiegel der Schriftforschung, in: E. Grumach, ed., Minoica, Festschr. zum 80. Geburtstag von J. Sundwall, 1958, 92–115 – ders., Keftiubarren und Erzhandel im zweiten vorchristlichen Jahrtausend, Prähistorische Zeitschrift 37, 1959, 1–40 – ders., Talanta: Neues über Metallbarren der ostmediterranen Spätbronzezeit, Schweizer Münzblätter 16, 1966, 58–72 – H. W. Catling, Bronzework, 266–272 – E. Ebeling, Art. Geld, RLA III, 198 – W. Eilers, Akkad. kaspum „Silber, Geld" und Sinnverwandtes, WO 2, 1957, 322–337 – O. Eißfeldt, Eine Einschmelzstelle am Tempel zu Jerusalem, Kleine Schriften II, 1963, 107–109 – F. M. Heichelheim, An Ancient Economic History I, 1958² – R. Loewe, The Earliest Biblical Allusion to Coined Money? PEQ 87, 1955, 141–150 – K. Regling, Art. Geld, Paulys Real-Encyclopädie der classischen Altertumswissenschaft VII, 1912, 970–984 – C. F.-A. Schaeffer, Une trouvaille de monnaies archaiques grecques à Ras Shamra, Festschr. R. Dussaud I, 461–487 – W. Schwabacher, Geldumlauf und Münzprägung in Syrien im 6. und 5. Jahrh. v. Chr., Opuscula Archaeologica 6, 1950, 139–149.

H. Weippert

Geser

1. Name und Lage. 2. Geschichte. 3. Ausgrabungen. 4. Stadtanlage, a im CL und in der FB-Zeit, b in der MB- und SB-Zeit, c in der E- und pers. Zeit, d in hell., röm. und byz. Zeit. 5. Schriftdokumente aus G.

1. Der hebr. Ortsname *Gēzer* (Jos. 10₃₃ u. ö.) und seine akk. *(Gazru/i)* und äg. *(Qḏr)* Wiedergaben machen eine Ableitung von der westsem. Wurzel *gzr* „Teil, Bezirk" wahrscheinlich. 1871 identifizierte Ch. Clermont-Ganneau den Ort mit einem Tell (600 m lang, 200–250 m breit) bei dem arab. Dorf *Abū Šūše* am Rande des Hügellandes zwischen Jerusalem und dem Mittelmeer, dessen alte Bezeichnung *Tell el-Ǧazarī* er bei dem arab. Chronisten Muǧīr ad-Dīn gefunden hatte. Zwei Jahre später erhob die Entdeckung des ersten Grenzsteins von G. diese Identifizierung über jeden Zweifel (EG I 45f).

G. lag verkehrstechnisch günstig in der nördl. Schephela nahe der „Via Maris" und einer von ihr über *Laṭrūn* ins Bergland führenden Straße. Andererseits beeinträchtigte die Grenzlage G.s sicher die Stadtentwicklung während der E-Zeit, da G. wechselnd unter philistäische, isr. und vielleicht jud. Herrschaft geriet.

2. G. wird zuerst in der Palästinaliste Thutmosis' III., bald darauf in einer Inschrift Thutmosis' IV. erwähnt (dazu und zu weiteren Belegen: M. Görg, Untersuchungen zur hieroglyphischen Wiedergabe palästinischer Ortsnamen, 1974, 79–89). Von den beiden Stadtfürsten Milkilu und Yapaḫu von G. sind mehrere Briefe in der Amarna-Korrespondenz erhalten (EA 267–271, 297–300; Millard), ferner ein Brief Amenophis' III. an Milkilu (TGI Nr. 7). Diese und die Briefe anderer Stadtfürsten aus der Amarna-Zeit zeigen, daß G. die damals verworrene politische Situation zu seinen Gunsten zu nutzen suchte, dabei in die Expansionspolitik Lab'ayas von →Sichem verwickelt wurde und auch selbst eine nach Osten gerichtete Expansionspolitik betrieb (EA 273₂₀₋₂₄: zwei Söhne Milkilus beherrschen Ajalon und Zorea; EA 289₁₁₋₁₄ 290₆₋₁₈: Abdiḫeba von Jerusalem sieht sein Territorium durch G. gefährdet). Im Jahr 1219 erscheint G. dann auf der Israel-Stele Merneptaḥs unter den besiegten pal. Städten (TGI Nr. 15). Das Josuabuch berichtet nur von einem isr. Sieg über den König von G. (Jos. 10₃₃ vgl. 12₁₂), nicht von einer isr. Ansiedlung in G. (vgl. Jos. 16₁₀ Jdc. 1₂₉). Aus Davids Zusammenstoß mit den Philistern bei G. (2 S. 5₂₅) folgt, daß G. wie die übrige Schephela um 1150 philistäisch geworden war und es wohl auch nach Davids Sieg über die Philister blieb (2 S. 5₁₇₋₂₅ 8₁). Nach Davids Tod wurde Philistäa anscheinend wieder äg. Einflußgebiet. Das erklärt die „Besetzung" von G. durch den Pharao (Siamun?) und die Übergabe der Stadt an Salomo als Teil der Mitgift einer dynastischen Heirat (1 R. 9₁₆). Wie →Hazor und →Megiddo baute Salomo G. als Festung aus (1 R. 9₁₅₋₁₇), die wohl von Šošenq I. auf seinem Pal.-Feldzug erobert wurde (die Ergänzung des Namens G. in der Städteliste Šošenqs ist umstritten, vgl. Görg, a.a.O., 86–89). Später gehörte G. zum isr. Nordreich (zu 1 R. 15₂₇ 16₁₅₋₂₀: G. von Rad, Das Reich Israel und die Philister, PJ 29, 1933, 30–42). Unklar ist, ob G. im 8. Jh. vorübergehend noch einmal philistäisch war, da die Reliefdarstellung der Eroberung der Stadt durch Tiglathpileser III. (ANEP 369) nicht sicher mit seinen Feldzügen gegen die Philister verbunden werden kann; es könnte sich auch um den Zug gegen Israel (732) handeln. Nach dem Fall Samarias (722) dürfte G. zur gleichnamigen ass. Provinz gehört haben. Zwei keilinschriftliche Rechtsurkunden aus den Jahren 651 und 649 stammen aus dieser Periode (Galling 81–86). Die *lmlk*-Krugstempel aus G. könnten für die Zeit Hiskias eine Zugehörigkeit zu Juda dokumentieren ; die Krugstempel mit den Legenden *Yhd* und *Yršlm* sprechen für die Zugehörigkeit zur pers. und hell Provinz

Juda (→Siegel, 3.cγ). In den Makkabäerkriegen spielte G. zum letzten Mal eine wichtige Rolle: Bakchides befestigte es für die Seleukiden (1 Macc. 4_{15} 7_{45} 9_{52}); doch konnte Simon Makkabäus es erobern (1 Macc. 13_{43-48} $14_{7,\ 34}$). Danach gelangte G. nie mehr über den Status eines Dorfes hinaus.

3. R.A.S. Macalister führte in den Jahren 1902–09 erste Ausgrabungen auf dem *Tell el-Ġazarī* durch. Er legte in Nord-Süd-Richtung lange schmale Gräben nebeneinander über den Tell, so daß in jedem Graben jeweils alle Straten erreicht wurden. Den Schutt aus einem Graben ließ er in den jeweils direkt daneben liegenden füllen. 1934 versuchte A. Rowe, die Stratigraphie Macalisters mit modernen Methoden zu überprüfen; doch fand er lediglich einen weiteren, zur „inneren" Stadtmauer Macalisters gehörenden MB-zeitlichen Turm. Ebenfalls zur Klärung der Stratigraphie wurden von 1964–73 zehn Grabungskampagnen nach der Wheeler-Kenyon-Methode (→Ausgrabung, 2.) durchgeführt (G.E. Wright, W.G. Dever, H.D. Lance, J.D. Seger, R.G. Bullard, D.P. Cole).

4.a G. war der erste Fundort einer Keramikgattung, die Macalister wegen ihres cremeartigen Überzugs „cream ware" nannte (EG II 137 III Tf. 141). Inzwischen ist diese Keramik auch aus der Beerseba-Kultur bekannt, wo sie ins Ende des CL datiert ist (Amiran). Funde der FB I-Zeit stammen aus Gräbern, Höhlen und Schichten der „1. sem. Periode" auf dem Tell. Den Übergang zur FB II-Zeit markieren einige architektonische Neuerungen und die für diese Zeit im Süden Pal.s typischen importierten äg. Gefäße. Die von anderen Grabungsorten her bekannten Befestigungen der FB II-III-Zeit sind in G. bislang nicht nachgewiesen (wegen der regen Bautätigkeit in der MB-Zeit?), und nur wenige Scherben dokumentieren die FB III-Zeit.

4.b Spuren aus der MB I-Zeit fehlen auf dem Tell; erst in der frühen MB IIA-Zeit entstand um 2000 eine Siedlung (EG II 428 Abb. 509: Grab im Stadtinnern aus dieser Zeit). Die Keramik aus dieser Epoche verteilte Macalister auf die späte „1. sem." und die frühe „2. sem. Periode". Siegelabdrücke mit der Kartusche Sesostris' I. (EG III Tf. $202b_1$ $105a_9$ 107_4) und drei äg. Statuetten (EG II 308–313) illustrieren das Interesse Ägyptens an G. während der 12. und der frühen 13. Dyn. Die fragmentarische Statuette der Prinzessin Sobknefru, der Tochter Amenemhets III., aus Areal VI (Weinstein) könnte für die Datierung des Endes der MB IIA-Zeit in G. wichtig sein.

Das Bild der Befestigungen G.s in der MB-Zeit ist noch verschwommen, da die erst vorläufig publizierten neuen Grabungsergebnisse keine definitive Beurteilung der Keramik oder Stratigraphie zulassen. Die ehemalige „innere" Stadtmauer Macalisters wird nun in zwei Phasen unterteilt, wobei Turm 5017 zur früheren, das typische MB-Stadttor zur späteren Mauer gehören soll. Denkbar wäre aber auch, daß Turm 5017 ursprünglich der östliche zweier Türme war, die eine Torpassage flankierten, und daß er erst in einer späteren Phase in einen bes. starken Mauerturm umgewandelt wurde (anders Dever, IEJ 23).

Im Nordwesten des Tells legte Macalister eine „Kulthöhe" mit einer Massebenreihe (→Abb. 49_2) und einem ausgehöhlten Steinblock (Altar?) frei (EG I 105–107 II 381–406). Entgegen der Neudatierung ins Ende der MB II-Zeit (Dever u.a., BA 34, 120–124; Dever, PEQ 105, 68–70) gehört die Anlage wegen der hier gefundenen äg. Statuette aus der 12. Dyn. in die MB IIA-Zeit. Zu den interessantesten Funden zählt ein als Goldring gefaßter Skarabäus mit der Kartusche Ḫians, des 4. Königs der 15. Dyn., aus dem Ende der MB IIB-Zeit (um 1600, EG II 316 Nr. 85 = III Tf. $204b_{16}$). Die Zerstörung G.s am Ende der MB IIB-Zeit dürfte mit der Besetzung Südpal.s durch die Ägypter um 1570 zusammenhängen.

Macalister und ihm folgend auch die letzten Ausgräber nehmen an, daß die „innere" Stadtmauer in der SB-Zeit durch eine neue Befestigung ersetzt wurde (Indiz Macalisters: Material aus der Amarna-Zeit über dem MB-Torturm). Dagegen könnte aber sprechen, daß die Häuser der „3. sem. Periode" (hauptsächlich SB- und E I-Schichten) an die „innere" Stadtmauer angebaut sind, die Mauer somit bis zum Ende der E I-Zeit in Gebrauch blieb (vgl. Kempinski, IEJ 26, 212). Anders verhält es sich im Torbereich; doch können hier die Mauern aus der Zeit nach der E I-Zeit stammen. Nahe dem Tor entdeckte Macalister einen Wasserschacht, den er der frühesten Stadtepoche zuschrieb; doch schlug Dever (BA 32, 71–78) neuerdings vor, ihn in die SB-Zeit zu datieren (→Wasserversorgung).

Kartuschen von Thutmosis III. (EG II 321–329 *passim*), Amenophis III. (ebd. 331–345 *passim*), Ramses II. (EG I 94) und Merneptaḥ (EG II 331 Abb. 456) auf Skarabäen und anderen Kleinfunden spiegeln die äg. Interessen oder Beziehungen mit G. in der SB-Zeit wider.

4.c Der Übergang von der SB- zur E I-Zeit erfolgte in den letzten Phasen der „3. sem. Periode", in denen Macalister eine wichtige Gruppe philistäischer Kultgeräte zusammen mit einem Fayencegefäß mit Kartusche Ramses' III. entdeckte (EG II 235–239; T. Dothan, The Philistines and their Material Culture, 1967, 173f mit Abb. 47 [hebr.]). Mit dieser Gruppe ist ein *terminus post quem* für die Philisterkeramik in der Schephela gesetzt. Philistäische Straten (Gezer II 4f: Straten XIII–XI; vielleicht sollte man eher von Phasen sprechen) wurden auch bei den letzten Grabungen beobachtet.

Als G. Schumacher während der Ausgrabungen Macalisters G. besuchte, fielen ihm Mauern in Quadertechnik aus der „4. sem. Periode" auf (EG I 255f), die er ähnlich aus Megiddo kannte und dort in salomonische Zeit datiert hatte. Macalister akzeptierte diese Deutung und setzte für die „äußere" Mauer zwei Phasen an: eine ursprünglich SB-zeitliche Mauer, die in salomonischer Zeit in Quadertechnik erneuert wurde.

Y. Yadin identifizierte einen von Macalister als „Maccabean Castle" beschriebenen Bau (EG I 209–223) in Analogie zu Toranlagen in Megiddo und Hazor als Tor aus der salomonischen Zeit. Nachgrabungen bestätigten eine Erbauung im 10. Jh. (Dever, BA 30, 61); doch wurde der Bau auch noch in hell. Zeit benutzt. Teile eines großen, im Norden an die Stadtmauer angebauten Quader-Komplexes können ihrer Lage nach mit gleichzeitigen Quaderbauten in Megiddo verglichen werden (D. Ussishkin, IEJ 16, 1966, 186 Anm. 36). Spärlich sind Architekturreste aus der E II-Zeit, was darauf schließen läßt, daß G. seine Bedeutung als eines der Zentren der Schephela eingebüßt hatte. Wichtiger als die Hausgrundrisse aus der pers. Zeit (letzte Phase der „4. sem. Periode") sind Gräber dieser Epoche mit Metallgefäßen als Grabbeigaben (von Macalister fälschlich als philistäisch klassifiziert; erst von H. J. Ilife, QDAP 4, 1935, 182–186 und Galling 89–93 richtig datiert). Zu den *Yhd*-Krugstempeln s.o. →2.

4.d Die Hauptbefestigung G.s blieb in hell. Zeit die „äußere" Stadtmauer, deren Osttor verschiedentlich renoviert wurde. Münzfunde, die *Yršlm*-Krugstempel und Inschriften illustrieren das Leben in der hell. Stadt. In röm. Zeit war G. nur noch ein Dorf (EG I 223–236: zwei röm. Bäder). Gräber mit Sarkophagen für Sekundärbestattungen (→Grab, 3.d*δ* mit Abb. 33_{17}) bezeugen auch jüd. Bevölkerung. Wenige Gräber und Funde belegen, daß G. auch in byz. Zeit als Dorf fortbestand.

5. G. gehört zu den wenigen Orten Pal.s, in denen Inschriften in allen im Lauf der Geschichte verwendeten Sprachen belegt sind. Den Anfang machen äg. Inschriften des MR, die zwei Beamte und eine Prinzessin nennen (EG II 311–313). Es folgt das Bruchstück einer Tontafelhülle mit altbab. Schrift, das zeigt, daß das Akkadische in der späten MB II-Zeit auch im Süden Pal.s benutzt wurde (Gezer I 111–113 Tf. 24C). Aus der frühen SB-Zeit stammt das protokanaanitische *Klb*-Ostrakon (BASOR 58, 1935, 28f), in die späte SB-Zeit gehört der fragmentarische Brief aus der Amarna-Korrespondenz (Millard). Eines der frühesten hebr. Schriftstücke, der G.-Kalender, ist ins frühe 10. Jh. zu datieren (Text: →Akkerwirtschaft, 5.; vgl. auch →Kalender, 2.). Für das 7. Jh. beweisen die beiden Rechtsurkunden die Wiederverwendung des Akkadischen in G. (EG I 22–31; Galling 81–86). Griech. Inschriften, darunter die bilinguen hebr.-griech. Grenzsteine (insgesamt sieben sind bekannt: EG I 37–41; Gezer I Tf. 2A, wohl 1. Jh. v. Chr.) und die Pampras-Inschrift (EG I 211–213), sowie koptische, röm. und arab. Inschriften beschließen die Reihe.

Literatur: Ausgrabungsberichte: EG I-III (R. A. S. Macalister) – A. Rowe, The 1934 Excavations at Gezer, PEFQSt 67, 1935, 19–33 – Gezer I (W. G. Dever, H. D. Lance, G. E. Wright) – Gezer II (W. G. Dever, H. D. Lance, R. G. Bullard, D. P. Cole, J. D. Seger) – Vorberichte über die Grabungen von 1964–73: IEJ 15, 1965, 252f; 16, 1966, 277f; 17, 1967, 274f; 19, 1969, 241–243; 20, 1970, 117, 226f; 22, 1972, 158–161, 240–242; 23, 1973, 247–251; 24, 1974, 134f. Sonstige Literatur: R. Amiran, The "Cream Ware" of Gezer and the Beersheba Late Chalcolithic, IEJ 5, 1955,

240–245 – W.G. Dever, Excavations at Gezer, BA 30, 1967, 47–62 – ders., The Water Systems at Hazor and Gezer, BA 32, 1969, 71–78 – ders., Gezer – A City Coming to Life, Qadmoniot 3, 1970, 57–62 (hebr.) – ders., Tower 5017 at Gezer: A Rejoinder, IEJ 23, 1973, 23–26 – ders., The Gezer Fortifications and the "High Place": An Illustration of Stratigraphic Methods and Problems, PEQ 105, 1973, 61–70 – ders. u.a., Further Excavations at Gezer, 1967–71, BA 34, 1971, 94–132 – K. Galling, Assyrische und persische Präfekten in Geser, PJ 31, 1935, 75–93 – A. Kempinski, Besprechung Gezer I, IEJ 22, 1972, 183–186 – ders., Besprechung Gezer II, IEJ 26, 1976, 210–214 – H.D. Lance, Gezer in the Land and in History, BA 30, 1967, 34–47 – A.R. Millard, A Letter from the Ruler of Gezer, PEQ 97, 1965, 140–143 – J.F. Ross, Gezer in the Tell el-Amarna Letters, BA 30, 1967, 62–70 – J.M. Weinstein, A Statuette of the Princess Sobeknefru at Tel Gezer, BASOR 213, 1974, 49–57 – Y. Yadin, Solomon's City Wall and Gate at Gezer, IEJ 8, 1958, 80–86 – Weitere Lit. bei E.K. Vogel, HUCA 42, 1971, 30–32.

A. Kempinski

Gewicht

1. Allgemeines. 2. Archäologische Funde.

1. Die genormten, in der Regel steinernen G.e (daher hebr. *'ēben*, z.B. Dt. 25_{13}) dienten zur Erfassung einer bestimmten Menge (meist Metall in Roh- oder Kunstform: →Abb. 27; vgl. Ex. 38_{29} 1S. $17_{5,\ 7}$ aber auch Ex. 30_{24}) und damit eines bestimmten Wertes (→Geld; →Waage). Die Normierung, Überwachung oder Änderung garantierten autoritative Instanzen wie das Königshaus (königliches G.: 2S. 14_{26}; vgl. Rainey) oder der Tempel (heiliges G.: Ex. 30_{13} u.ö. bei P); doch ist mit Überschneidungen, d.h. miteinander konkurrierenden Systemen lokaler (ein ug. Text unterscheidet zwischen *kkr* von Asdod und von Ugarit, vgl. M. Dahood, The Claremont Ras Shamra Tablets, Analecta Orientalia 48, 1971, 31f; Liverani) oder gruppenspezifischer Art zu rechnen (Gn. 23_{15f}). Ferner können verschiedene Systeme einander abgelöst haben. Daraus folgt, daß es methodisch unzulässig ist, verschiedene biblische Angaben einfach zu kombinieren, da sie Ausdruck unterschiedlicher Systeme sein können.

Ex. 38_{25f} (P) teilt das größte G., den *kikkār* (= „runde Scheibe"; griech.: *τάλαντον;* lat. *talentum*) in 3000 *šēqel* (LXX *σίκλος* oder als Geldbezeichnung *δίδραχμον*), wie es auch im syr. System der SB-Zeit geschah (Syria 15, 1934, 141). Ex. 38_{25f} gibt ferner die Bezeichnung des Halb-*Šēqel* mit *bēqa'* an. *Rēba'* (1S. 9_8) meint den Viertel- und *pīm* (1S. 13_{21}) wohl den Zweidrittel-*Šēqel* (vgl. Sach. 13_8; F. Rundgren, JCS 9, 1955, 29f; O. Masson/M. Sznycer, Recherches sur les Phéniciens à Chypre, 1972, 35f). Nach P war der *šēqel* auch in 20 *gērā* teilbar (z.B. Ex. 30_{13}). Die Frage, ob der in Ez. 45_{12} (sekundär!) genannte *mānē* (griech. *μνᾶ*; lat. *mina*) 50 *šēqel* (so im Ugarit der SB-Zeit) oder 60 *šēqel* (so in Mesopotamien) enthalten sollte, ist für die Systeme der vorpers. Zeit irrelevant: Ez. 45_{12} übernimmt den *mānē* aus Mesopotamien; im praktischen Gebrauch erscheint er erst in Esr. 2_{69} Neh. 7_{70f}. Die Bezeichnung *pərēs* (Dan. $5_{25,\ 28}$) beschreibt eine „Hälfte", ohne daß der Oberbegriff eindeutig ist (O. Eißfeldt, Kleine Schriften III, 1966, 215).

Beschränkt man sich auf P-Texte, deren G.sangaben wohl ältere Verhältnisse repräsentieren (Beziehungen zum SB-zeitlichen syr. System), so ergibt sich die Gleichung: 1 *kikkār* = 3000 *šēqel* = 60000 *gērā*. Diese Skala dürfte unvollständig sein (Funde!), und es ist ungewiß, wann und wo das System Gültigkeit besaß. Zum Vergleich seien Einheiten des mesopotamischen Sexagesimal-Systems angegeben: 1 *biltu* (hebr. *kikkār*) = 60 *manû* (hebr. *mānē*) = 60 *šiqlu*; 1 *šiqlu* (hebr. *šēqel*) = 24 *girû* (hebr. *gērā*).

2. Die zahlreich in Juda (E II- und pers. Zeit) gefundenen G.e – meist runde, einseitig abgeplattete Steine – besitzen nicht mehr ihr ursprüngliches G. (Abnutzung, Beschädigung). Bei kleinen G.en ist Präzision von vornherein nicht zu erwarten. Da die Grenzen fließend sind, ist eine Beschränkung auf beschriftete G.e notwendig. Zu beachten ist, daß die angegebenen Durchschnittswerte eine relativ große Variationsbreite voraussetzen.

Als Einstieg empfehlen sich die *bēqa'*-G.e, die Ex. 38_{25f} als Halb-*Šēqel* bestimmt. Die 11 bekannten Exemplare führen auf ein *šēqel*-G. von ca. 12 g (Dever 183). Das G. des *šēqel* liegt jedoch nur bei 11,4 g, wie sich aus den mit einer Art oben offener 8 beschrifteten Steinen ergibt (Abb. 28_{1f}), die als *šēqel*-G.e zu deuten sind (zur Markierung: Scott, BASOR 153, 32–35; Yadin 5–9). Die daneben stehenden Zahlzeichen und das G. der Steine läßt folgende *šēqel*-Einheiten erkennen: 1 (Scott, BA 22, 37; PEQ 97, 1965, 129), 2 (Abb. 28_1; Dever 179), 4 (Abb. 28_2; Dever 177; IEJ 25, 1975, 171 Tf. 19A), 8 (Scott, BA 22, 37), 16 (Kerkhof, BASOR 184, 20f), 24 (Scott,

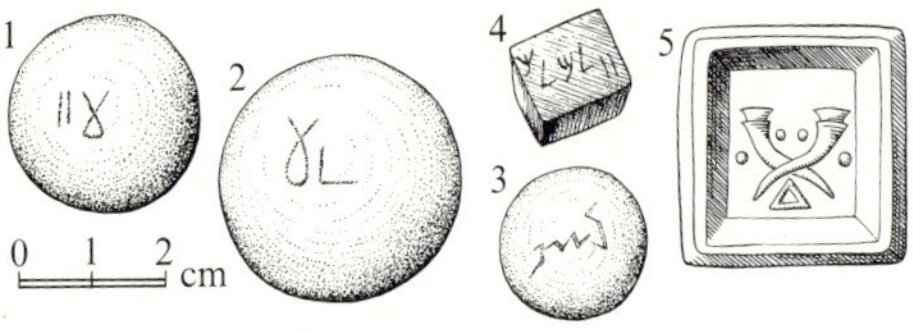

Abb. 28 **Gewicht** (1) 2-*šēqel-*, (2) 4-*šēqel-*, (3) *nṣp-*, (4) *lmlk*-Gewicht, (5) hell. Bleigewicht

PEQ 97, 131), 40 (Aharoni, BASOR 201, 35f), 400 *šēqel* (Scott, BASOR 200, 64). Aharoni (BASOR 184, 13–19) hat nachgewiesen, daß die Zahlzeichen hieratisch sind, wobei die Zeichen 5, 10, 20, 30, 50 für 4, 8, 16, 24, 40 stehen. Die Bedeutungsverschiebung erklärt sich vom äg. G. her: das äg. *dbn* (91 g) unterteilt sich in 10 *qd.t* (9,1 g). Damit entsprechen 4, 8, 16, 24, 40 *šēqel* jeweils 5, 10, 20, 30, 50 *qd.t.* Die Normen waren demnach ohne Umrechnung im pal.-äg. Handel benutzbar.

Die in Juda gefundenen *nṣp*-G.e (Abb. 28₃; auch in ug. Texten belegt: J. Aistleitner, Wörterbuch der ugaritischen Sprache, 1963, Nr. 1836 = „die Hälfte") liegen mit 8,7–10,9 g um 1/6 unter dem beschriebenen *šēqel*-G. (Scott, BASOR 200, 62–60; A. Ben-David, IEJ 23, 1973, 176f). Wenn hier nicht zwei aufeinanderfolgende G.ssysteme bezeugt sind, könnte man das Verhältnis in Analogie zu Ugarit und Mesopotamien so erklären, daß es „leichte" und „schwere" *šēqel* nebeneinander gab. Da im Falle eines 2-*šēqel*-G.s das 8-Zeichen durch *lmlk* ersetzt ist (Abb. 28₄), ist es am wahrscheinlichsten, daß der *šēqel* als das „königliche" G. um 1/6 über dem „normalen" (= *nṣp*) lag (Yeivin 68).

Auch G.e mit der Aufschrift *pym* (Dever 182) und Unterteilungen des *šēqel-*, *bēqa'-*, *nṣp*-G.s sowie *gērā*-Steine (Scott, BASOR 173, 53–64) sind bekannt; doch je kleiner die G.e sind, desto schwieriger ist der Rückschluß auf ihren Fuß.

Sonderformen stellen Skarabäen als G.e (A. Ben-David, PEQ 106, 1974, 79–82) und zoomorphe Metall-G.e dar (äg.: →Abb. 27 und W.C. Hayes, The Scepter of Egypt II, 1959, 220f; ass.: ANEP 119f; phön.: Mallowan, Nimrud I, Abb. 105; zypr.: Catling, Bronzework, 251f; ug.: Syria 18, 1937, 147–151), die auch für Pal. (Import?) im Übergang von der SB- zur E-Zeit (Thaanach: BA 30, 1967, 26; Megiddo: BA 33, 1970, 77f; Akko: vgl. vorläufig TA 1, 1974, 160 mit Anm. 5) und im 4. Jh. (Askalon: QDAP 5, 1936, 61–68) bezeugt sind. In hell.-röm. Zeit sind G.e aus Blei häufig (z.B. Abb. 28₅; zu einer neuerdings aus Gaza bekannt gewordenen Kollektion von Blei-G.en: Lifshitz). Auch ein Glas-G. ist bekannt (Ben-David). Daneben kamen aber weiterhin Stein-G.e vor (aus herodianischer Zeit eines mit der Aufschrift „3 Minen", Meshorer).

Literatur: Y. Aharoni, The Use of Hieratic Numerals in Hebrew Ostraca and the Shekel Weights, BASOR 184, 1966, 13–19 – ders., A 40-Shekel Weight with a Hieratic Numeral, BASOR 201, 1971, 35f – A. Ben-David, "Weights Must be Made only from Glass." An Ancient Glass Weight, PEQ 102, 1970, 102–107 – W.G. Dever, Iron Age Epigraphical Material from the Area of el-Kôm, HUCA 40–41, 1969–70, 139–204 – I.T. Kaufman, New Evidence for Hieratic Numerals on Hebrew Weights, BASOR 188, 1967, 39–41 – V.I. Kerkhof, An Inscribed Stone Weight from Shechem, BASOR 184, 1966, 20f – M. Lifshitz, Bleigewichte aus Palästina und Syrien, ZDPV 92, 1976, 168–187 (Lit.) – M. Liverani, Il talento di Ashdod, OA 11, 1972, 193–199 – Y. Meshorer, A Stone Weight from the Reign of Herod, IEJ 20, 1970, 97f – A.F. Rainey, Royal Weights and Measures, BASOR 179, 1965, 34–36 – R.B.Y. Scott, Weights and Measures in the Bible, BA 22, 1959, 22–40 – ders., The Shekel Sign on Stone Weights, BASOR 153, 1959, 32–35 – ders., Shekel-Fractions Markings on Hebrew Weights, BASOR 173, 1964, 53–64 – ders., The N-Ṣ-P Weights from Judah, BASOR 200, 1970, 62–66 – ders., The Scale Weights from Ophel, PEQ 97, 1965, 128–139 – E. Shany, A New Unpublished "Beq'a" Weight in the Pontif. Bibl. Institute, Jerusalem, PEQ 99, 1967, 54f – Y. Yadin, Ancient Judean Weights and the Date of the Samaria Ostraca, Scripta Hierosolymitana 8, 1961, 9–25 – S. Yeivin, Weights and Measures of varying Standards in the Bible, PEQ 101, 1969, 63–68. *H. Weippert*

Gewölbe und Bogen

Während das G. eine gekrümmte Raumdecke darstellt, überspannt der B. Öffnungen in Mauern. Bei beiden Konstruktionen unterscheidet man zwischen echten und falschen G.n und B.: bei echten G.n und B. zielen die Steinfugen auf den Mittelpunkt der Wölbung (Abb. 29₁), bei falschen verlaufen sie waagrecht und die Krümmung wird durch Vorkragen der Steine erreicht (Abb. 29₂f). Beide Bauweisen bleiben in Pal. bis zum Ende der E-Zeit auf wenige Einzelbeispiele beschränkt. Jedoch ist zu beachten, daß bei Ausgrabungen meist nur die unteren Gebäudeteile gefunden werden, sodaß unsere Kenntnis über Bauformen höherer Mauerteile und Decken fragmentarisch sind. Auch das in Jer. 37₁₆ bezeugte *ḥănūyōt* (= gewölbte Decke über einer Zisterne? →Wasserversorgung; vgl. M. Wagner, Die lexikalischen und grammatikalischen Aramaismen im alttestamentlichen Hebräisch, BZAW 96, 1966, 56 Nr. 104) ist in seiner Bedeutung unsicher.

Die Kragsteintechnik tritt in Pal. erstmals in der MB I-Zeit im Zusammenhang mit →Dolmen auf und findet sich gleichzeitig bei den überdachten Korridoren der „Zitadelle" (Karawanserei?) im transjordanischen *Ǧāwa* (S.W. Helms, Levant 7, 1975, 22–26 mit Abb. 4). Ob sich jedoch die späteren pal. G.bauten aus dieser lokalen (?) Vorform entwickelten oder auf außerpal. Einfluß zurückgehen, ist bislang offen. Für letzteres sprechen die gewölbten Grabkammern von Ugarit (s.u.), deren Beziehung zu ägäischen Gräbern evident ist.

Die Poterne von Ugarit ist ohne das Vorbild der heth. Poternen kaum vorstellbar, und auch bei dem zum Wasserreservoir von Hazor (s.u.) gehörenden Kragstein-G. könnte man heth. Einfluß voraussetzen. In Megiddo wurden drei Grabkammern gefunden, von denen die beiden älteren (Grab 1 = Abb. 29_1; TM I Tf. 4–6) gegen Ende der MB II-Zeit entstanden. Es sind Kellergrüfte der sogenannten Mittelburg und als solche mit dem Bau des Palastes gleichzeitig (als Gräber für die Dynasten) angelegt worden. Bei beiden führte ein mit einem Orthostaten verschlossener Eingangsstollen in die eigentliche Grabkammer (Typus des Schachtgrabes). Das G. der Kammer wurde durch vorgeschobene, keilförmig gestellte (aber nicht keilförmig gearbeitete) Steine, z.T. mit Füllgeröll und Lehmmörtel, gebildet und durch mehrere bzw. einen Deckenstein geschlossen. Gleichfalls in die Wende der MB- zur SB-Zeit wird das Grab 1517 in *Tell el-ʿAǧūl* (AG II Tf. 53) zu setzen sein, bei dem die Skizze des Längsschnitts ein G. erkennen läßt. Das G. der jüngeren Grabkammer der „Mittelburg" von Megiddo, die eine Treppe als Zugang hatte, war anders als seine beiden Vorgänger konstruiert: Waagrecht verlegte Steinlagen bilden ein Kragstein-G. (Abb. 29_2; TM I Abb. 101f Tf. 20).

Die Grabkammern von Ugarit bzw. *Mīnet el-Bēḏā* aus dem 14./13. Jh. ähneln in ihrer Konstruktion der jüngeren Grabkammer von Megiddo; jedoch ist ihre Bauweise wesentlich sorgfältiger. Abb. 29_3 bietet ein

Abb. 29 **Gewölbe und Bogen** (1,2) Echtes und Kragsteingewölbe in Megiddo (MB II, SB II), (3) Kragsteingewölbe in Ugarit (SB II)

Beispiel: Das G. überdeckt eine genau rechteckige Kammer von 2,85 × 3,50 m; es ist wie die Wandsteine aus glatt behauenen und exakt eingesetzten Quadern gebildet. Die G.quader liegen waagrecht und kragen im schrägen Schnitt der Stirnseite vor. Der Schlußstein mancher G. hatte T-Form und war entsprechend eingelassen (Ug I Abb. 78–80). Je nach Art des Vorkragens der G.steine konnte eine gedrungenere oder spitzere G.form erzielt werden (vgl. Ug I Tf. 17). Bei den B. am Eingang der Gräber finden sich ähnliche Konstruktionen (Ug I Abb. 81 Tf. 16). Die B.form konnte hier durch die runde Behauung zweier großer Steinquadern gewonnen werden. Aus Ugarit ist noch die Poterne aus der MB II-Zeit anzuführen (Syria 20, 1939, 277–292 Tf. 42f; 28, 1951, Tf. 4; Naumann, Architektur, 128 Abb. 131). Das Kragstein-G. der 5–6 m hohen Poterne wurde ähnlich wie das der oben besprochenen Gräber gefertigt, wenn auch die Quader nicht so gut bearbeitet wurden. Ein mächtiger 2 m breiter Block bildet den oberen Abschluß des G.s.

In Hazor wurde ein vergleichsweise roh gearbeitetes Kragstein-G. entdeckt, das den Zugang zu einem unterirdischen Wasserreservoir überspannt (Hazor III–IV Tf. 15; Yadin, Hazor, 127f Tf. 22b; →Wasserversorgung mit Abb. 91_{2}). Echte B. aus allerdings unregelmäßigen Bruchsteinen müssen für E I-zeitliche Gebäude in Ai als charakteristisch gelten (J.A. Callaway, BASOR 198, 1970, 13–15 Abb. 4). Die Funktion der in niedriger Wandhöhe befindlichen B. ist noch ungewiß. Eine Reihe aus Ziegeln gefertigter echter G. und vor allem B. aus dem 9. Jh. sind auch von *Tell Ḥalāf* bekannt (Naumann, Architektur, 121–124; TH II Abb. 49f, 53f, 62, 64, 77, 85f, 127; vgl. auch AOB 126). Ihre Vorbilder sind in den ass. echten G.n zu sehen, die seit der Mitte des 2. Jt.s in Gebrauch waren (z.B. A. Haller, Die Gräber und Grüfte von Assur, WVDOG 65, 1954, 95–181). In *Tell Ḥalāf* finden sich der einfache einschichtige B., der einschichtige B. mit einer aufgesetzten Flachschicht, der doppelschichtige B. und ein doppelschichtiges Spitzbogen-G. mit einer zwischen den beiden Schichten liegenden Flachschicht aus bes. harten Ziegeln.

Ass. Einfluß liegt auch bei den G.konstruktionen aus Ziegeln vor, die auf *Tell Ǧemme* ausgegraben wurden. Aus dem 7. Jh. stammt ein Haus, dessen Räume mit G.decken versehen sind (G.W. van Beek, IEJ 22, 1972, 245f Tf. 55B). Die für das G. verwendeten Ziegelsteine sind quadratisch, lediglich an der Spitze der G. wurden trapezförmige Ziegel verwendet. Aus pers. oder hell. Zeit wurden auf *Tell Ǧemme* kreisrunde Grundmauern von →Speichern (und die dazugehörigen Fußböden aus Lehmziegel) freigelegt (Ger Tf. 13f; van Beek, a.a.O., 245), bei denen man erkennen kann, daß sie sich, ähnlich ass. Bauten (Ger Tf. 14_{3}; BuA I 280 Abb. 90), nach oben verjüngten und so ein Spitzbogen-G. besaßen.

Literatur: T. Canaan, The Palestinian Arab House: Its Architecture and Folklore, JPOS 12, 1932, 223–247; 13, 1933, 1–83 – Dalman, AuS VII, 137–170 – Krauß, TalmArch I, 27–29 – Naumann, Architektur, 121–131.

K. Galling/H. Rösel

Gibea

Die Lage G.s südl. von Rama (Jes. 10_{29}) an der Straße von Jerusalem nach Bethel nahe der Abzweigung nach Gibeon (Jdc. 20_{31}) macht seine Identifikation mit dem *Tell el-Fūl* wahrscheinlich. Die Ähnlichkeit des Ortsnamens mit dem des nahen *Gēba'* (= *Ǧeba'*) – beide zur Kennzeichnung eines hochgelegenen Ortes, vgl. hebr. *gib'ā* = „Hügel" – führte schon in der atlichen Überlieferung zu Verwechslungen (z.B. Jdc. 20_{10}: lies G. statt *Gēba'*), bes. aber in der LXX. Das benjaminitische (Jdc. 19f Jos. 18_{18}) „G. Sauls" (1S. 11_{4} 15_{34}) ist ferner von dem gleichnamigen jud. (Jos. 15_{57}) und ephraimitischen (Jos. 24_{33}) Ort zu unterscheiden, während mit dem „G. Gottes" (1S. $10_{5,10}$) wohl das „G. Sauls" gemeint ist (zur Diskussion: H.J. Stoebe, Das erste Buch Samuelis, KAT 8/1, 1973, 198; Demsky).

Die Ausgrabungen auf dem *Tell el-Fūl* (1922–23 und 1933: W.F. Albright; 1964: P.W. Lapp) wiesen eine Besiedlung seit dem 12. Jh. nach und förderten den Südwestturm einer →Festung zutage, deren Grundriß (ANEP 719) aufgrund analoger Festungsbauten im Negev (→Abb. 24_{1}) erschließbar ist. Sie wurde im 11. Jh. erbaut (Philister?), aber nach kurzer Zeit zerstört (Saul? vgl. 1S. 13f) und nach gleichem Plan neu errichtet. Die während der Zeit des geeinigten Königreiches verlassene Festung wurde erst im 8./7. Jh. wieder benutzt: über dem Fundament des Südwestturmes erhob sich nun ein kleiner rechteckiger Turm, der jedoch zerstört (Sanherib? 701) und nach seinem Wiederaufbau während der bab. Eroberung um 596 wieder zerstört wurde. In den folgenden 100 Jahren bis etwa 500 nahm die Bevölkerung G.s zu, dann folgte eine Siedlungslücke bis in das 3. Jh. Das Ende der hell.-röm. Stadt hängt wohl mit dem Zug Titus' gegen Jerusalem (70 n. Chr.) zusammen, dessen letztes Lager vor Jerusalem nahe bei G. lag (JosBell V 51).

Literatur: W.F. Albright, Excavations and Results at Tell el-Fûl (Gibeah of Saul), AASOR 4, 1924 – ders., A New Campaign of Excavation at Gibeah of Saul, BASOR 52, 1933, 6–12 – A. Demsky, Geba, Gibeah, and Gibeon – An Historico-Geographic Riddle, BASOR 212, 1973, 26–31 – P.W. Lapp, Tell el-Fûl, BA 28, 1965, 2–10 – L.A. Sinclair, An Archaeological Study of Gibeah (Tell el-Fûl), AASOR 34–35, 1960, 1–52 – ders., An Archaeological Study of Gibeah, BA 27, 1964, 52–64.

K. Galling/H. Weippert

Gibeon

1. Lage. 2. Archäologie und Geschichte.

1. Nach Jos. 9 hat das hewitische (V. 7a) G. zur Zeit der isr. Landnahme mit Beeroth, Kaphira und Kirjath-Jearim (V. 17b) eine Tetrapolis gebildet und als deren Vorort dem Josua einen Vertrag abgelistet, der ihren Fortbestand garantierte (V. 15a). Übereinstimmend werden Kaphira mit *Ḫirbet Kefīre* (vgl. aber K. Vriezen, ZDPV 91, 1975, 149–158) und Kirjath-Jearim mit *Dēr el-Azhar* bei *el-Qerye* gleichgesetzt. Nach der Entdeckung des am Nordwestrand von *el-Bīre* gelegenen *Rās eṭ-Ṭaḥūne* mit Scherbenbelag aus dem CL, der FB-, MB II-, E I- und II- (bes. intensiv), pers. und arab. Zeit (Z. Kallai, in: M. Kochavi, ed., Judaea, Samaria and the Golan: Archaeological Survey 1967–1968, 1972, 178 Nr. 94 [hebr.]) dürfte die Lokalisierung von Beeroth als geklärt gelten. Problematisch erscheint nach wie vor die Ansetzung von G. in *el-Ǧīb*; vgl. dazu die konzise, kritische Übersicht bei Weippert (21–23 Anm. 5), wo freilich auch die kaum bestreitbare Auffassung vertreten wird, daß *el-Ǧīb* „recht gut der für den Zug des Cestius vorauszusetzenden Lage von Gibeon (*Γαβαω* Jos.Bell. II 19, 1. 7–9)" entspricht. Außerdem sind alle bisherigen Erwägungen über die Funktion der mit dem Stempelabdruck *gbʿn* versehenen Krüge reine Vermutung; und die Tatsache, daß von den 61 aus dem 6.Jh. stammenden (Cross) Krugstempeln aus *el-Ǧīb* fast die Hälfte den Ortsnamen *gbʿn* trägt, bleibt auffallend und ist bisher nicht befriedigend erklärt (→Siegel, 3.cδ). Aus derlei Erwägungen gehen wir – im Anschluß an die *opinio communis* – von der Hypothese aus, daß G. mit *el-Ǧīb* identisch ist, obwohl der Name G. ein Deminutiv zu *Gebaʿ* und der Anklang von *el-Ǧīb* an G. zufällig ist (Wild).

2. Mauer- und Wohnschichtreste bezeugen die Besiedlung in der FB I- und MB II-Zeit. Von 55 Rundschachtgrabkammern der MB I-Zeit wurden 20 in der MB II- und sieben in der SB II-Zeit wieder belegt. Doch Siedlungen aus der SB II-Zeit, also auch aus der Zeit, in der sich die in Jos. 9 geschilderten Ereignisse abgespielt haben müßten (SB IIB), wurden bisher nicht entdeckt, auch keine Stadtmauer. Die von Pritchard festgestellten Mauerringe, von denen einer, wohl der spätere, ein Gebiet von 6 ha umschloß, sind E-zeitlich. Eine genauere Datierung läßt sich nicht mehr gewinnen, ebensowenig für die Wasserversorgungsanlagen, den Stufentunnel und das aus dem Fels gehauene Treppenbecken (Toombs, de Vaux). So eindrucksvoll die letztgenannte Anlage auch sein mag, mit dem „Teich" von G. (2S. 2 12f) ist sie ebensowenig identisch wie mit dem „großen Wasser" von G. (Jer. 41 12). – Verläßliche stratigraphische Daten lieferte nur eine 5 × 10 m messende und in 3,5 m Tiefe den Fels erreichende Sondage im Nordwesten des Stadtgebietes. Sie wies vier Bauschichten auf, eine aus dem 17., drei aus dem 9.–6.Jh.! Im 8./7.Jh. dürften die mit tonnen- bzw. birnenförmigen Felsgruben ausgestatteten Gehöftgruppen entstanden sein, die als "industrial area", genauer als "winery", gedeutet wurden, was den faktischen Befunden nicht entspricht (de Vaux).

Die verkehrsgeographisch günstige Lage der Stadt, die weite Offenheit ihrer nördl. und südwestl. Umgebung und der Quellenreichtum ihrer Flur mögen bewirkt haben, daß diese offenbar als Feld kriegerischer Auseinandersetzungen bevorzugt wurde: 2S. 2 12ff 3 30 5 25[LXX] 20 8 Jes. 28 21. Der „Berg Jahwes" in G. (2S. 21 6[LXX]) ist wohl der gleiche Kultort wie die „große Höhe" von G. in 1R. 3 4, die „jetzt von dem Dorf el-ǧīb besetzte Anhöhe unmittelbar nördlich der alten Stadt" (M. Noth, Könige, BK 9/1, 1968, 50). Im 7.Jh. wurde G. wie Beeroth und Kaphira noch in einer benjaminitischen Ortsliste aufgeführt (Jos. 18 25f); und im 5.Jh. gehören G. und Mizpa, Kreisstädte im nördl. Vorfeld Jerusalems, nicht zur pers. Provinz Juda, sondern „zum Thron des Statthalters von Transeuphratene" (Neh. 3 7).

Literatur: Zur Lage: M. Weippert, Die Landnahme der israelitschen Stämme, FRLANT 92, 1967, 21–23 Anm. 5 (Lit.!).
Zum Namen: S. Wild, Libanesische Ortsnamen, Typologie und Deutung, 1973, 51f, 193 und brieflich (9.4.1975).
Zur Archäologie: Die Ausgrabungsberichte von J.B. Pritchard erschienen in Museum Monographs, University of Pennsylvania: Hebrew Inscriptions and Stamps from Gibeon, 1959 (vgl. ergänzend dazu: BASOR 160, 1960, 2–6; F.M. Cross, Jr., Notes on Hebrew Documents of the Eighth-Sixth Centuries B.C.: III. The Inscribed Jar Handles from Gibeon, BASOR 168, 1962, 18–23) – The Water System of Gibeon, 1961 – The Bronze Age Cemetery at Gibeon, 1963 – Winery, Defenses and Soundings at Gibeon, 1964 – Gibeon Where the Sun Stood Still, 1962. Wichtige Besprechungen:

L. E. Toombs, JAOS 83, 1963, 251f – K. Galling, BO 22, 1965, 242–245 – R. de Vaux, RB 73, 1966, 130–135. Zur Geschichte: J. B. Pritchard, Gibeon's History in the Light of Excavation, VTS 7, 1959, 1–12 – J. Blenkinsopp, Gibeon and Israel, Society for Old Testament Studies, Monograph Series 2, 1972. *A. Kuschke*

Glas

1. Herstellung. 2. Funde.

1. G. besteht ähnlich wie →Fayence (jedoch mit anderer prozentualer Zusammensetzung) aus Kieselerde und Sand, die durch Alkalien wie Pottasche und Soda unter Erhitzen zähflüssig und damit formbar gemacht werden. Die Beifügung zerbrochener G.gefäße beschleunigt den Schmelzprozeß, der aber in jedem Fall mehrfach wiederholt werden muß. Der Schmelzmasse hinzugefügte Metalloxyde bewirken verschiedene Färbungen (z.B. Färben mit Kobalt: Iraq 18, 1956, 147–149). Die so hergestellten G.kuchen unterschiedlicher Größe und Qualität (der größte aus der Antike bekannte stammt aus *Bẹ̄t Šəʿārīm* und ist 8,8 Tonnen schwer, byz. Zeit: Archaeology 20, 1967, 88–95) wurden von G.handwerkern zu verschiedenen Gegenständen verarbeitet.

Die frühesten G.produkte waren Perlen, die im 3. Jt. in Ägypten und Mesopotamien, seit der MB-Zeit auch in Pal. bezeugt sind (Jer II Abb. 25_4 51_{11}). Um Perlen herzustellen, wickelte man das heiße G. um einen Metallstab, der nach dem Erkalten herausgezogen wurde; anschließend zerschnitt man die G.röhre zu einzelnen Perlen. G.gefäße stellte man erst seit der Mitte des 2. Jt.s her, und es ist offen, ob diese Erfindung (wie die der G.herstellung überhaupt) erstmals in Ägypten oder Mesopotamien gelang. Die in letzter Zeit bekannt gewordenen Funde deuten auf Nordmesopotamien, d.h. den hurr. Bereich als mögliches Ursprungsland hin (GGAM 181–184). Unbekannt ist, nach welchem Verfahren G.gefäße im 2. Jt. produziert wurden. Da weder die in Ägypten ausgegrabenen G.werkstätten (Nolte 22–26; zu einem G.schmelzofen in Akko, allerdings erst aus hell.-röm. und der Kreuzfahrer-Zeit, vgl. M.T. Fortuna, JGS 7, 1965, 17–25) noch die mesopotamischen G.rezepte (GGAM 1–102; ergänzend: JNES 32, 1973, 188–193; zu heth. G.rezepten: K.K. Riemschneider, AnSt 35, 1974, 263–278) weiterhelfen, muß die Technik anhand gefundener Gefäße erschlossen werden. Nach der *opinio communis* fertigte man sie über einem auf einem Metallstab aufsitzenden Kern aus lehmhaltigen Sand, den man entweder in flüssiges G. tauchte oder den man mit gleichfarbigen G.fäden umwickelte, die bei erneutem Erhitzen zusammenschmolzen. Weniger wahrscheinlich ist die These von F. Schuler (Archaeology 15, 1962, 32–37), daß schon im 2. Jt. Gefäße im Hohlgußverfahren (→Metall, 2.) hergestellt wurden, wie es für solche des 1. Jt.s sicher bezeugt ist (GGAM 211). Die hellen Linienmuster der dunkelgrundigen Gefäße entstanden, indem man ihnen in erhitztem Zustand G.fäden einpreßte. Abschließend wurden die Außenseite geglättet und die gesondert gearbeiteten Henkel und Ränder angeschmolzen. Die sogenannte Mosaik- oder Millefioritechnik, bei der Segmente bunter G.stäbe in die Gefäßwände eingeschmolzen sind, ist um 1500 erstmals in *Tell er-Rimāḥ* bezeugt (A. von Saldern, JGS 8, 1966, 9–25; GGAM 206–208). Reliefmuster erhielt man im schon erwähnten Hohlgußverfahren (Schalen aus röm. Zeit: Yadin, Cave of Letters, Abb. 39f), durch Bearbeiten des noch formbaren G.es mit einem Metallstab (z.B. GGAM 153 Abb. 39: Scherbe aus Megiddo) oder durch Schneiden (ebd. 210). Muster ließen sich in G. auch einritzen oder aufmalen, wie es in *Nimrūd* gefundene (phön. Beute-?)Stücke zeigen (GGAM 222f Nr. 34f). Erst die im 1. Jh. (in Phönizien/Syr.?) erfundene Kunst des G.blasens erlaubte, die bisher seltenen G.gefäße in Massenproduktion herzustellen.

G.skulpturen sind bes. aus Ägypten bekannt (J.D. Cooney, JGS 2, 1960, 11–43); doch gab es in Pal. auch plastische G.perlen in Form von Menschenköpfen („Maskenperlen") vor allem in hell. Zeit (*Tell Ǵemme*: Ger Tf. 66_{1-3}; *Tell el-Aḫḍar*: Muse 6, 1972, 15 Abb. 10; *Tell es-Sebaʿ*: Beer-Sheba I Tf. 24_4; Engedi: IEJ 17, 1967, Tf. 31_{3-4}; Makmiš: IEJ 11, 1961, Tf. 25B–C; vgl. auch von Saldern u.a. 82f Nr. 222–230) oder in Form von Tierköpfen (*Tell Abū Hawām*: QDAP 4, 1935, 35 Nr. 218a).

2. Die Fundorte der G.gefäße im Pal. der SB-Zeit in Tempeln (Lachis: L II Tf. 24), Palästen (*Tell el-ʿAǧūl*: AG II Tf. 216_{139f}) und auffallend reichen Gräbern (EG II Abb. 392) entsprechen der aus Meso-

potamien (GGAM 14f) und Ägypten (Nolte 6–12) bekannten Hochschätzung des G.es, das in vorhell. Zeit als Ersatzmaterial für →Edelsteine (deshalb undurchsichtig!) mit diesen und Gold auf einer Stufe stand (vgl. zu letzterem auch Hi. 28_{17}). Die Mehrzahl der SB-zeitlichen Funde in Pal. (Liste: GGAM 118; zu ergänzen ist ein Gefäß aus Geser: BA 34, 1971, 106 Abb. 5c und das in L III 39 Tf. 40_3 = 55_{13} hypothetisch der E II-Zeit zugewiesene Krugfragment, das aufgrund der Metallstütze im Henkel wohl ins 2. Jt. zu datieren ist; äg. Parallelen dazu bei Nolte 31) ist äg. Exportware (Nolte 15–17); doch dürfte eine gerippte, in Megiddo gefundene G.scherbe aus Mesopotamien stammen (GGAM 153 Abb. 39). Eine Verbindung mit Mesopotamien legen auch eine einfache (Th. E. Haevernick, MUSJ 46, 1970–71, 167–169: aus dem *Mkl*-Tempel von Beth-Sean) und G.plaketten mit einer im Hochrelief ausgeführten nackten, die Brüste haltenden Frau nahe (Lachis: L IV Tf. 27_2; Megiddo: TM I Abb. 79a; Beth-Sean: BS II/1 Tf. $68A_7$), die im offenen Gußverfahren hergestellt sind. Diese aus Schichten des 15. Jh.s kommenden Plaketten haben enge Parallelen im gesamten Vorderen Orient einschließlich Ägyptens und Zyperns (H. Kühne, ZA 59, 1969, 299–309; GGAM 199; von Saldern u.a., 91 Nr. 239). Zwei als Schreibgriffel gedeuteten G.stäben aus Megiddo (TM I Tf. 4, 6 II Abb. 10, 16./15. Jh.) ist ein als Szepter interpretierter G.stab aus Hazor (Hazor I 92 Tf. 92_{17} = Tf. 162_1) zur Seite zu stellen. Äg. Parallelen dazu fehlen; die aus Mesopotamien beigebrachten Vergleichsstücke (GGAM 187) entsprechen den pal. Stäben nur ungefähr, so daß beim gegenwärtigen Wissensstand diese Stäbe als Besonderheit des pal. G.handwerks im 2. Jt. gelten können.

Wie in Ägypten und Mesopotamien bricht auch in Pal. die Kette von G.funden gegen Ende der SB-Zeit ab und setzt im 9. Jh. erst langsam mit kleineren G.produkten wie Nadelköpfen (Meg I Tf. 102_{23}f) oder Einlagen für →Elfenbeine (GGAM 209) wieder ein. Zahlreiche, z.T. durchsichtige und in Formen gepreßte bzw. gegossene G.gefäße aus *Nimrūd* (Mallowan, Nimrud II, 623–634) dokumentieren den Aufschwung des G.handwerks im 8./7. Jh., der in Pal. selbst aber nur schwach bezeugt ist (GGAM 164 Abb. 67; IEJ 25, 1975, 171 mit Tf. 19D). Erst vom 7./6. Jh. an sind aus Pal. und Transjordanien wieder mehrere G.gefäße bekannt (ʿAtiqot ES 5, 1966, 58f mit Anm. 50). Neue Typen kamen auf: so imitierte man z.B. im 7. Jh. die in der Regel aus Kalk-→Stein (3.b) gefertigten Schminkpaletten (→Abb. 82_4f) auch aus G. (Meg I 119) und seit pers. Zeit kam auch die Form des Alabastrons (→Abb. 82_{13}) aus G. vor (Hazor III–IV Tf. 191_{26}; vgl. Mc. 14_3).

Für das Repertoire der hell. Gefäße sei auf die reichen Funde in *Tell el-Aḫḍar* hingewiesen (G. D. Weinberg, JGS 13, 1970, 17–27; vgl. auch IEJ 21, 1971, 86–109). In röm. Zeit schließlich tauchen nach der Erfindung des G.blasens (um 50 v. Chr. war die Technik z.B. in Jerusalem bekannt: IEJ 22, 1972, 199f) zahlreiche G.gefäße etwa in Gräbern auf, darunter auch die fälschlich „Tränenfläschchen" genannten Formen, die – soweit nachprüfbar – (Salb-) Öl enthielten (D. Barag, IEJ 22, 1972, 24–26).

Literatur: L. Åström, in: The Swedish Cyprus Expedition IV/1D, 1972, 596–598 – D. Barag, Ancient Glass, Qadmoniot 6, 1973, 38–47 (hebr.) – R. J. Forbes, Studies in Ancient Technology 5, 1957, 110–231 – GGAM – B. Nolte, Die Glasgefäße im Alten Ägypten, Münchner Ägyptologische Studien 14, 1968 – A. von Saldern/B. Nolte/P. La Baume/Th. E. Haevernick, Gläser der Antike: Sammlung Erwin Oppenländer, 1974 – Jährliche Bibliographie seit 1959 in JGS. *H. Weippert*

Götterbild, männliches

1. Fragestellung. 2. Funktion der G.er. 3. Gott und Bild im AT. 4. Grundtypen, a alter Gott, b jugendlicher Gott, c Identifizierung. 5. Fundübersicht, a Großfiguren aus Stein und Darstellungen auf Stelen, b Figurinen aus Metall, c Terrakotten, d Darstellungen auf Siegeln.

1. Aus pal.-syr. Ausgrabungen und aus dem Antikenhandel sind in großer Zahl Darstellungen menschengestaltiger Wesen bekannt, meist Figurinen aus Ton oder Metall, seltener Darstellungen auf Stelen oder ausnahmsweise auch Großplastiken. Da die Monumente in der Regel unbeschriftet sind, ist ihre Deutung oft schwierig. Die Frage, ob ein Gott oder ein König dargestellt ist, läßt sich meist aufgrund charakteristischer Merkmale entscheiden. Kennzeichen einer Gottheit sind Hörnermütze (Abb. 30_4f), eine bes. Waffe (z.B. Abb. 30_4f), Szepter (z.B. Abb. 30_{11}) oder Postamenttier (Abb. 30_2). Die Gleichsetzung einer als G. erkannten Darstellung mit einer Gestalt aus dem stark aufgegliederten

syr.-pal. Pantheon des 2./1. Jt.s steht vor nicht geringen Schwierigkeiten. Ausgehend vom äußeren Erscheinungsbild wird man zunächst Grundtypen – alter Gott, jugendlicher Gott, Göttin, Göttergruppe – gegeneinander abgrenzen müssen. Von da aus ist unter Umständen eine Gleichsetzung mit einer Einzelgestalt möglich.

2. So problematisch die Identifizierung eines G.es mit einer bestimmten Gottheit ist, so schwierig ist meist auch die Bestimmung seiner Funktion. Hinweise darauf ergibt – sofern bekannt – der Fundort. Ist der Fundort ein Tempel (bei Großplastiken und Stelen die Regel), so hat man an ein Kultbild oder an eine Weihgabe zu denken. Bemerkenswert ist allerdings, daß noch in keinem Tempel in Pal.-Syr. eine Darstellung gefunden wurde, die mit Sicherheit als Kultbild anzusprechen wäre. Dies wird damit zusammenhängen, daß man sich als Kultbilder in der Regel kleine gegossene Bronzestatuetten vorzustellen hat (Ex. 34_{17}; Gese, Dekalog, 67 Anm. 14), die bei Gefahr leicht entfernt werden bzw. leicht verlorengehen konnten. Bei Figurinen aus Gräbern und Favissen (meist Terrakotten, in der Mehrzahl Frauenfigurinen) muß man fragen, ob sie als Gottheiten im engen Sinn oder als die Fruchtbarkeit fördernde und schützende →Amulette verstanden wurden. Dieses Problem stellt sich bes. dringlich im Bereich von Juda und Israel angesichts des atlichen Bildverbots.

3. Daß das Bildverbot (Ex. 20_{4-6}) und die weiteren entsprechenden Regelungen generell jede bildliche Darstellung verbieten, ist nicht richtig. Die neuere traditionsgeschichtliche Arbeit an den Texten hat vielmehr gezeigt (Zimmerli, Das zweite Gebot), daß ein Gebot mit einem sehr eng umrissenen Sinn am Anfang steht „Du sollst dir kein Gottesbild (hebr. *pēsel*) machen", das durch eine wohl nachexilische dtr. Redaktion in V. $_{4b}$ zu einem generellen Bildverbot ausgeweitet wurde (analog in Dt. 4_{15-18}). Das anschließende Verbot der kultischen Verehrung in Ex. 20_{5f} – ebenfalls eine Stufe der Überarbeitung – greift über das Bildverbot zurück auf das erste Gebot. Verboten ist zunächst das Herstellen von Jahwebildern. Dies ist der präzise Sinn des Gebotes, das die Personalität Gottes wahrt neben dem die Exklusivität schützenden ersten Gebot (so Gese, Dekalog, 73f). In der lange umstrittenen Frage, ob es überhaupt Jahwebilder gegeben habe, spielen das Kultbild im Heiligtum von Dan (Jdc. 17f, dazu Noth) und die Stierbilder Jerobeams I. in →Dan und →Bethel (1 R. 12_{25-33}; dazu jetzt E. Würthwein, Die Bücher der Könige. 1. Könige 1–16, ATD 11/1, 1977, z.St.) in Verbindung mit Ex. 32 eine bes. Rolle (dazu Bernhard 93–96). Auch abgesehen von direkten Zeugnissen im AT ist grundsätzlich mit der Möglichkeit von Jahwebildern zu rechnen angesichts der Tatsache, daß in der kan. Umwelt Israels Bilder als Repräsentanten der Hauptgötter weit verbreitet waren.

Unter literarischem und religionsgeschichtlichem Aspekt ist die Frage der Stierbilder bes. umstritten. Texte und archäologisches Bildmaterial ermöglichen die Interpretation der Stiere als Postamenttiere (Weippert). In 1 R. 12_{25-33} dürfte es sich um eine aus jud. Sicht polemisch gefärbte Berichterstattung handeln (nach Motzki wurde unter Wiederaufnahme einer richterzeitlichen Tradition nur in Bethel ein Stierbild aufgestellt).

Abb. 30 **Götterbild, männliches** (1) Stele aus Ugarit (Ende des 13. Jh.s)

Damit ist deutlich, daß das Bildverbot bereits im AT eine äußerst bewegte Geschichte hatte (Zimmerli, Bildverbot), was sich dann im Judentum und in der christlichen Kirche wiederholte.

4.a Aus Ugarit, aber auch aus Zypern ist auf Stelen und als Kleinbronzen ein ikonographisch stark festgelegter G.typus des alten Gottes bekannt. Charakteristisch für diesen Typus ist eine unvollendet in einem Werkstättenareal gefundene Serpentinstele aus Ugarit (Abb. 30_1; Syria 18, 1937, 128–134; Ende des 13. Jh.s; Höhe 47 cm) mit einer auf einem Thron mit Löwenfüßen und Fußschemel sitzenden Gestalt mit Bart und Hörnerkrone. Sie trägt ein knöchellanges Gewand, erhebt segnend die Linke und hält in der Rechten eine (Räucher-?)Schale. Davor steht als Adorant der König von Ugarit in einem ebenfalls langen Gewand mit einem tierköpfigen Szepter in der Rechten und einem Krug in der Linken. Darüber schwebt eine geflügelte Sonnenscheibe. Eine vergleichbare Gestalt fand sich jüngst in einer Goldschmiedewerkstatt in Ugarit (Schaeffer, Syria 43, 7f Abb. 3; ders., El, Abb. 3; ANEP 826). Es handelt sich um eine sitzende Bronzefigur (Höhe: 13,8 cm; Thron verloren) mit knöchellangem Gewand, einer Krone mit zwei seitlichen Löchern für Hörner; die Linke ist segnend erhoben, die Rechte dürfte eine verlorene Schale getragen haben (zum Fundkontext →Göttergruppe, 3.). Unsicher bleibt, ob man hier eine weitere sitzende Figur mit knapp knöchellangem Gewand anschließen darf. Anders als bei der eindeutig als Gott bestimmbaren ersten Bronzefigur ist das Gewand reicher, die Gestalt feingliedriger ausgeführt; Handhaltung und Kopfschmuck sind aber mit denen der ersten Bronzefigur identisch (vgl. die nebeneinanderstehenden Aufnahmen bei Schaeffer, AfO 21, 67 Abb. 11f). Auch bei der feingliedrigen Gestalt sind an den Schläfen Bohrungen für ein Hörnerpaar sichtbar. Strittig ist die Frage Gott oder Göttin (sich widersprechende Deutungen bei Schaeffer, AfO 21, 65 Anm. 26 und ders., El, 148f). Anzuschließen ist eine weitere sitzende Bronzefigur aus *Mīnet el-Bēḍā* bei Ugarit (Syria 10, 1929, 288 Tf. 54_1; Schaeffer, AfO 21, 69 Abb. 14; Höhe: 12 cm). Die in Haltung und Gebärde mit den bisherigen Gestalten identische Figur unterscheidet sich jedoch von ihnen durch das Fehlen einer bes. Kopfbedeckung; auch fehlt ein Ansatz von Hörnern.

Den Belegen aus Ugarit sind drei in manchen Zügen vergleichbare Exemplare sitzender Gottheiten aus Zypern an die Seite zu stellen, von denen eine zusammen mit Thron und Fußschemel gefunden wurde (C. F.-A. Schaeffer, Enkomi-Alasia I, 1952, Tf. 70–75; ders., AfO 21, 65 Abb. 9; 12./11. Jh.). Auch hier ist die Rechte segnend erhoben, während die Linke eine Schale trägt. Wie bei der Figur aus *Mīnet el-Bēḍā* fehlt eine Kopfbedeckung. Man kann schließlich fragen, ob hier nicht auch die Bronzefigur aus *Nāblus* anzuschließen ist (s.u. →5.b), die meist zu den jugendlichen Göttern gerechnet wird, dort aber merkwürdig isoliert wirkt.

Es ist deutlich, daß dieser Gruppe ein bis in Einzelheiten feststehendes Darstellungsschema zugrunde liegt. Es handelt sich um eine sitzende Gestalt mit Thron und Fußschemel, mit festgelegter Handhaltung (segnend, mit Schale in der anderen Hand), mit langem Gewand und bei den Beispielen aus Ugarit mit einer Hörnerkrone. Die Gottheit wirkt würdig und alt. Wenn man sie mit einer Gestalt des syr. Pantheons identifizieren will, kommt nur der Göttervater El in Frage. Er wird in ug. Texten als alt geschildert, trägt den Titel König *(mlk)* und wird als Stier *(ṯr)* bezeichnet (Gese, Religionen, 94–100).

Auf diese Darstellungen Els als des alten, thronenden Gottes aus dem Ende des 2. Jt.s (14.–11. Jh.) folgen im 1. Jt. nur wenige und zudem völlig andersartige Darstellungen, die mit diesem Gott gleichgesetzt werden können: als Januskopf auf einem Orthostatenfragment aus Zincirli (H. Donner, Mitteilungen des Instituts für Orientforschung 3, 1955, 73–98, bes. 80–82; KAI Nr. 217 Tf. 12) aus der 2. Hälfte des 8. Jh.s oder als sechsflügelige Gestalt auf zwei Münzen des 1. Jh.s v. Chr. aus Byblos (G. F. Hill, Catalogue of Greek Coins of Phoenicia, 1910, 97 Nr. 12 und 98 Nr. 16 Tf. $12_{5,8}$). Das offensichtliche Zurücktreten des Typus des alten Gottes im 1. Jt. dürfte mit dem bekannten Phänomen einer Verdrängung Els durch baalartige Gottheiten zusammenhängen (Oldenburg 183f).

4.b Dem ikonographisch stark festgelegten Typus des alten Gottes sind Darstel-

Abb. 30 **Götterbild, männliches** (2) Stele aus Arslan Taş (Ende des 8. Jh.s)

lungen des jugendlichen Gottes gegenüberzustellen. Das Material ist allerdings weniger geschlossen und zugleich sehr viel umfangreicher, so daß verschiedene Typen der Darstellung voneinander abzuheben sind.

Die erste kleine, wenig einheitliche und von den Fundorten her weit gestreute Gruppe von Monumenten zeigt eine Gottheit zusammen mit einem Stier. Als Beispiel kann eine Basaltstele aus Arslan Taş dienen (Abb. 30₂; Vanel 149 Nr. 71 mit Lit.; Ende des 8. Jh.s; Höhe: 1,36 m), die den Gott auf einem Stier stehend bzw. schreitend zeigt (rechter Fuß auf dem Rücken, der linke zwischen den Hörnern). Die Gestalt trägt ein langes Gewand mit kurzen Ärmeln, einen über die linke Schulter geworfenen Mantel und auf dem Kopf eine Hörnermütze. Auffallend sind der Bart und die langen Haare. Über dem Kopf schwebt eine Sonnenscheibe (Rosette). In den Händen trägt die Gestalt ein Blitzbündel in Form eines Doppeldreizacks. Über der linken Schulter ist ein Köcher mit einem „steif aufragenden Zipfel" sichtbar (Bonnet, Waffen, 177); auf Gürtelhöhe ragt ein Kurzschwert nach hinten. Die dynamische Darstellung (Stier in Galoppstellung) ist stilistisch stark ass. geprägt, und auch zur Bewaffnung (Köcher, Kurzschwert) finden sich Parallelen auf gleichzeitigen ass. Reliefs bei Barnett-Falkner, Sculptures, Tf. 36, 55 (gegen die unvollständigen bzw. mißverstandenen Deutungen: ANEP 308; Vanel 149).

Ein weiteres Stelenfragment aus Arslan Taş (F. Thureau-Dangin u.a., Arslan Tash, 1931, 67 Tf. 2₂) zeigt nur den Stier und die Füße der Gottheit. Schließlich ist die Basis einer Kolossalstatue zu nennen, die aus zwei vollplastischen Stieren besteht (ebd. 67f Tf. 2₃; Höhe: 1 m; Breite: 1,08 m). Es dürfte sich bei der verlorenen Gestalt um denselben Bildtypus handeln. Das Motiv findet sich auch auf einer Stele aus *Ǧekke* (33 km nördl. von Aleppo) wieder, allerdings viel statischer als auf der großen Stele von Arslan Taş (ANEP 500: Vanel 147f Nr. 70). Der Gott trägt hier ein knöchellanges Gewand und stützt einen dreigezackten Blitz mit Lanzenschaft auf den Kopf des Stieres.

Neben freistehenden Großplastiken und Stelen – hinzuweisen wäre auch noch auf eine Stele vom *Tell Aḥmar* (F. Thureau-Dangin/M. Dunand, Til Barsip, 1936, 135f Tf. 3; über 3 m hoch) – begegnet das Motiv auch auf Rollsiegeln. Aus einer größeren Anzahl von Beispielen sei ein kappadokisches Siegel (1. Viertel des 2. Jt.s) genannt, das die Gottheit auf dem Stier darstellt. Der Gott hält in der Linken einen dreigezackten Blitz und zugleich die Zügel (E. Porada, Corpus of Ancient Near Eastern Seals in North American Collections I: The Collection of the Pierpont Morgan Library, The Bollingen Series 14, 1948, Nr. 849). Davon sind syr. Siegel zu unterscheiden. Ein Exemplar aus dem 3. Viertel des 2. Jt.s (Abb. 30_3; ähnlich Porada, a. a. O., Nr. 967)

Abb. 30 **Götterbild, männliches** (3) Syr. Rollsiegel (2. Hälfte des 2. Jt.s)

zeigt den Gott in kurzem Rock auf dem Boden stehend, in der erhobenen Rechten eine Keule schwingend. Vor ihm steht ein klein dargestellter Stier, den der Gott am Zügel hält. Ihm gegenüber steht ein Adorant. Erwähnenswert ist noch ein weiteres syr. Rollsiegel, auf dem nur der Stierkopf sichtbar ist (ebd. Nr. 968).

Bei den Darstellungen eines schreitenden, Waffen tragenden Gottes kann man in vieler Hinsicht an das eben genannte Material anknüpfen. Als Ausgangspunkt diene eine 1,42 m hohe Kalksteinstele aus Ugarit (Abb. 30_4; Ug II 121–130; Vanel Nr. 38). Die Gestalt trägt einen kurzen äg. Schurz, der Oberkörper ist nackt. Die Haare hängen in zwei unten eingerollten Zöpfen über die Schultern. Auf dem Kopf trägt die Figur einen lang nach oben ausgezogenen nordsyr. Spitzhelm (Vergleichsmaterial: K. Galling, VTS 15, 1966, 163) mit einem nach vorn abstehenden Hörnerpaar. In der erhobenen Rechten schwingt die Gestalt eine Keule, in der Linken hält sie einen nach unten gerichteten Speer, dessen Schaft oben flammenartig verzweigt ist. Die Wellenlinie unter der doppelten Standlinie wird

Abb. 30 **Götterbild, männliches** (4) Stele aus Ugarit (14. Jh.)

man als Gebirge deuten dürfen (untere Wellenlinie später hinzugefügt?). Vor dem Gott steht – ihm den Rücken zuwendend – der adorierende König, der nur ein Viertel so groß wie die Gottheit ist. Die Stele dürfte

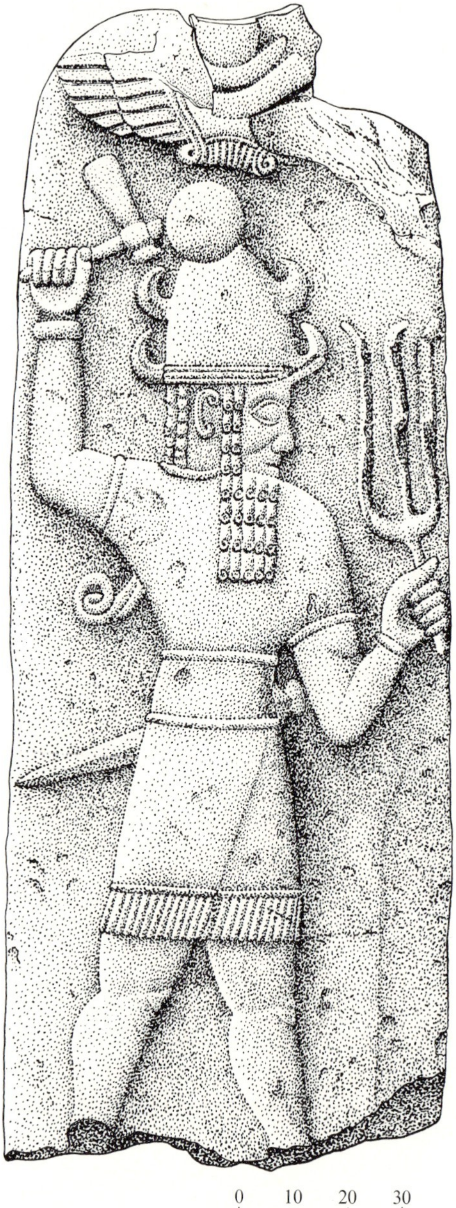

Abb. 30 **Götterbild, männliches** (5) Stele vom *Tell Aḥmar* (um 1000)

ins 14. Jh. zu datieren sein (Galling, BRL[1], 214; Stadelmann, 28 Anm. 1); vgl. eine entsprechende Stele vom *Tell Aḥmar* (Abb. 30_5). Auch auf zwei Zylindersiegeln aus Ugarit ist die Lanze mit flammenartig verzweigtem Schaft belegt. Siegel RS 9273 (Ug II Abb. 13_1; Vanel Nr. 39) zeigt den Gott ebenfalls nur mit dem Schurz bekleidet; auf seinem Kopf sitzt ein völlig unproportioniertes Hörnerpaar. Er schwingt die Keule und hält in der anderen Hand eine Lanze mit der Spitze nach unten und dem geflammten Schaft nach oben. Eine entsprechende Szene zeigt ein weiteres Rollsiegel (Syria 16, 1935, Tf. 35, 2. Reihe von oben, rechts außen; auf S. 144 fehlen nähere Angaben). Unbeschadet der Nähe zu vegetativen Formen dürfte es sich um die Blitzlanze handeln (zur Deutung: Vanel 83f; Gese, Religionen, 130).

Das Motiv des die Waffe über seinem Haupt schwingenden Gottes ist auch durch etwa 80 vollplastische Kleinbronzen vertreten (Collon). Der Typus läßt sich an einem Grabfund aus Megiddo verdeutlichen (Abb. 30_6; Höhe: 13 cm). Die Bronzefigur trägt einen kurzen Schurz, auf dem Kopf eine hohe Mütze, in der erhobenen Rechten die Waffe (Schwert?). In den meisten Fällen weist nur noch die Handhaltung auf das Tragen der (jetzt abgebrochenen) Waffe hin, wie z. B. bei der bes. gut erhaltenen Figur aus *Mīnet el-Bēḍā* (Abb. 30_7). Der größere Teil dieser Bronzefiguren ist an den Füßen mit Zapfen versehen; doch fehlen Hinweise zu ihrer Aufstellung. Eine Ausnahme stellt eine Figur aus dem Antikenhandel dar, die auf einem Löwen steht (Collon 112 Abb. A). Ihr sind zwei jüngst in Ugarit gefundene Statuetten gegenüberzustellen, die zusammen mit einer El-Gestalt und einem vollplastischen Stier gefunden wurden (Schaeffer, Syria 43, Tf. 1_1 2_1 Abb. 4f; ders., El, Abb. 4). Eine bes. Affinität zu einem speziellen Postamenttier läßt sich somit nicht feststellen.

Vornehmlich in Byblos ist eine Gruppe weiterer Bronzefiguren belegt. Der stehende Gott wird unbewaffnet, mit herabhängenden Armen dargestellt. Die Exemplare sind vollplastisch oder als Silhouetten aus Walzblech gearbeitet und besitzen vielfach Reste eines Goldüberzuges (Abb. 30_8). Es handelt sich bei den über 700 Figurinen meist um Depositgaben im Obelisken-Tempel aus der Mitte des 2. Jt.s. Bemerkenswert ist, daß auch hier im Kontext Stierfigurinen begegnen (FB II Tf. 116_{14500}). Daß der Typus nicht auf Byblos beschränkt

Abb. 30 **Götterbild, männliches** (6–9) Bronzefiguren aus (6) Megiddo (SB II/E I; 13 cm hoch), (7) *Mīnet el-Bēḍā* (SB II; 17,9 cm hoch), (8) Byblos (Mitte des 2. Jt.s; 16,5 cm hoch), (9) *el-Mišrife* (2. Hälfte des 2. Jt.s; 17 cm hoch

blieb, zeigt eine entsprechende Gußform (Steatit) aus der MB-Zeit vom *Tell Sūkās* (P. J. Riis, AAS 13, 1963, 216 Abb. 10), bei der deutlich ist, daß die Figur niemals Waffen getragen hat.

Der jugendliche Gott begegnet schließlich auch sitzend. Charakteristisch dafür ist die 17 cm hohe Bronzefigur aus *el-Mišrife* (Abb. 30$_{9}$; R. Dussaud, Syria 7, 1926, 339; ASyr 585–587). Die Gestalt sitzt auf einem einfachen Thron ohne Lehne; sie trägt einen knöchellangen Wulstrock, auf dem Kopf eine hohe Hörnermütze und hat einen kurzen Bart. Die Rechte ist mit halb geschlossener Hand nach vorn gehalten, während die Linke auf dem Gewandwulst ruht (2. Hälfte des 2. Jt.s). Aus Megiddo stammt eine sitzende Gottheit (Sitzgelegenheit fehlt) mit langem Gewand, hoher Mütze und Ohrring im linken Ohr, die beide Arme nach vorn hält. Große Teile des Goldüberzugs sind noch erhalten (ANEP 497; zwischen 1350 und 1100 datiert). Zur Frage, ob solche Figuren auf einem Thron oder einem Wagen saßen (für letzteres: S. Przeworski, Syria 9, 1928, 273–277), kann neben dem Beispiel aus *el-Mišrife* auf die Sitzfigur aus Enkomi-Alasia hingewiesen werden, die mit Zapfen auf einem Lehnenthron mit Fußschemel festgemacht ist (C. F.-A. Schaeffer, Enkomi-Alasia I, 1952, Tf. 71–75). Man wird davon ausgehen können, daß die Gottheit auch dann, wenn nur die Figur gefunden wurde, thronend vorzustellen ist. Auch dieser Bildtypus ist nicht auf Bronzefigurinen beschränkt. Die bekannte *Mkl*-Stele aus Beth-Sean (Abb. 30$_{10}$; →4.c) zeigt denselben Typus einer thronenden Gottheit mit hoher Mütze (Hörnerpaar an der Stirn) und lang herabhängendem Band, die das äg. *W'ś*-Szepter und das Lebenszeichen in den Händen hält; vor ihr stehen zwei Adoranten.

Bei dem außerhalb des pal.-syr. Bereichs sehr verbreiteten Motiv des Tierbändigers stellt sich die Frage, ob ein Gott oder ein Heros/Mensch gemeint ist, bes. dringlich. Unzweifelhaft ist allerdings die Deutung der Gestalt auf der 1,8 m hohen Kalksteinstele aus *'Amrīt* (Abb. 30$_{11}$; 6. Jh.). Sie steht auf einem übers Gebirge schreitenden Löwen und trägt die hohe oberäg. Krone mit hinten herabhängendem Band und Uräusschlange an der Stirnseite; in der erhobenen Rechten schwingt sie eine Keule oder ein Wurfholz. Von dem die Waffe schwingenden Gott unterscheidet sich die Figur dadurch, daß sie in der Linken einen kleinen

10

0 5 cm

Abb. 30 **Götterbild, männliches** (10) Stele des Gottes *Mkl* (Mekal) aus Beth-Sean (14. Jh.)

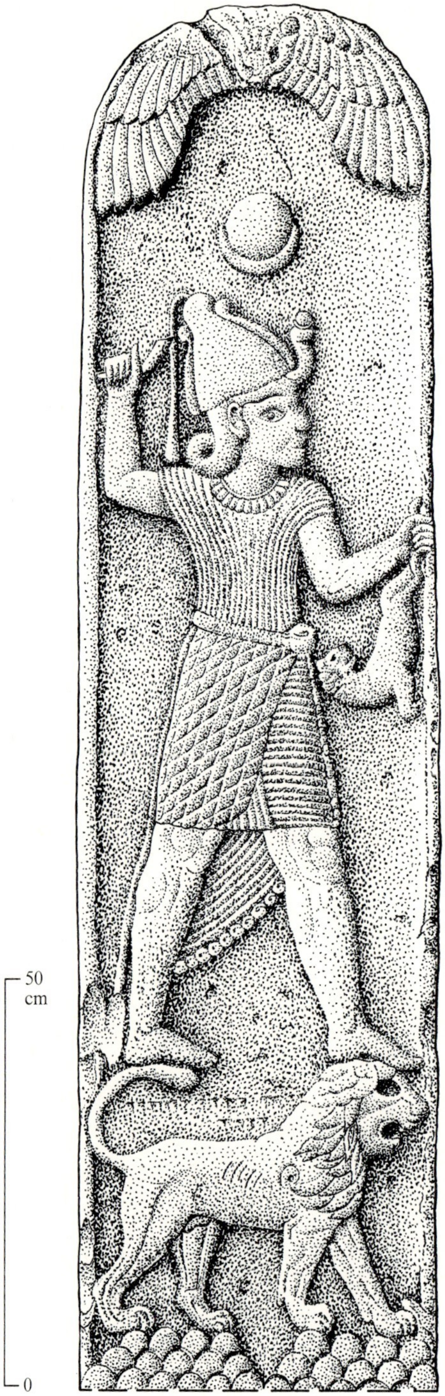

Löwen an den Hinterbeinen vor sich her trägt. In die obere Rundung der Stele ist die geflügelte Sonnenscheibe eingefügt, darunter sitzt das Mondsymbol. Zwischen den Füßen des Gottes findet sich eine schwer lesbare Inschrift (s. u. →4.c). Man wird hier mit aller Vorsicht auf das reiche Material verweisen, das gerne unter dem Stichwort „Herr der Tiere" behandelt wird (vgl. P. Calmeyer, Art. Herr der Tiere, Herrin der Tiere, RLA IV, 334f; kleine Materialübersicht bei A. Moortgat, Tammuz, 1949, 9–14). Zur Darstellung des Löwen bezwingenden geflügelten Wesens vgl. die zypr. Metallschalen (E. Gjerstad, Opuscula Archaeologica 4, 1946, Tf. 7, 9; zu Tf. 3 ergänze F.W. von Bissing, JDAI 38/39, 1923/24, 180ff Nr. E 14, 16).

4.c Bei der Identifizierung der sehr verschiedenartigen Götterdarstellungen mit aus der Mythologie und anderen Texten bekannten Gestalten des syr.-pal. Pantheons wird man zwei Wege beschreiten müssen. Maßgeblich sind einmal die ikonographischen Merkmale, sodann die leider nur sehr wenigen Beschriftungen, die einzelne Darstellungen direkt identifizieren. Angesichts des sehr einheitlichen Materials wurde oben (→4.a) der Typus des alten Gottes mit El gleichgesetzt. Sehr viel komplexer ist die Aufgabe bei den jugendlichen Göttern.

Bei der Identifizierung aufgrund beschrifteter Monumente kann man von dem oben (→4.b) genannten Rollsiegel (Porada, a.a.O., Nr. 964) mit der Darstellung des die Keule schwingenden Gottes und dem davor gelagerten Stier ausgehen, dessen Siegelbesitzer sich „Knecht des Hadad" nennt (ebd. 179). Analog lautet die Legende auf Siegel Nr. 965, das den die Keule schwingenden Gott ohne Stier zeigt. Anzuschließen ist eine in Ugarit gefundene 40 cm hohe Stele, die ein äg. Beamter namens Mami dem *Ba'al Ṣapōn* weiht, dem aus Mythen bekannten Stadtgott von Ugarit (Gese, Religionen, 51–80). Der Gott steht vor einem Opferständer und trägt eine hohe konische Mütze mit weit über den Rücken herabhängendem Band. Die stark beschädigte Gestalt hält in der Linken ein *W;ś*-Szepter. Dem Gott gegenüber steht der

Abb. 30 **Götterbild, männliches** (11) Stele des Gottes Šadrapa aus *'Amrīt* (6. Jh.)

Stifter in Gebetshaltung (ANEP 485; Stadelmann 37f zur Inschrift mit Namen und konventionellem Gebet). Eine weitere Gottheit des syr.-pal. Raumes ist ausschließlich, aber mehrfach in Ägypten durch Inschriften identifiziert (Stadelmann 56–76). So schreitet z.B. auf einer in Memphis gekauften Stele (ANEP 476; Stadelmann 70) der Gott Rešep einher. Er schwingt in der Rechten eine Fensteraxt über den Kopf und hält in der Linken Lanze und Schild. Auf dem Kopf sitzt die hohe konische Mütze mit zwei weit über den Rücken herabhängenden Bändern und dem Gazellengehörn an der Stirn. Die Inschrift nennt den Gott „Rešep, welcher (die Opfer) verdoppelt, den großen Gott" und den Stifter. Eine andere Gottheit ist auf der oben (→4.b) beschriebenen Stele aus Beth-Sean dargestellt (Abb. 30_{10}). Die thronende Gottheit mit dem Hörnerpaar auf der Stirn ist als „*Mkl,* Gott von Beth-Sean" bezeichnet (Stadelmann 62f). Wie Mekal, so ist auch der Gott Šadrapa nur auf einer Stele, der von *ʿAmrīt,* namentlich aufgeführt. Der auf einem Löwen stehende Gott hält einen Löwen an den Hinterbeinen hoch (Abb. 30_{11}; →4.b). Zur umstrittenen Lesung der Inschrift vgl. Gese, Religionen, 199f mit Lit. Auch der Gott Melqart ist nur auf der Stele von *el-Brēǧ* in der vierzeiligen Sockelinschrift identifiziert (ANEP 499; KAI Nr. 201). Der nach rechts schreitende Gott trägt einen kurzen Schurz. Auf der linken Schulter liegt eine Axt, in der rechten Hand hält er einen schwer deutbaren Gegenstand (Lebenszeichen?).

Für eine Identifizierung der in überwiegender Zahl anonymen G.er kommt den durch Begleittexten namentlich bekannten Darstellungen unterschiedliche Bedeutung zu. So wichtig Mekal für das Verständnis des lokalen Pantheons von Beth-Sean ist, stellt er doch eine völlig isolierte Gestalt dar, für die erst wieder zypr. Zeugnisse des 4. Jh.s vorliegen (H.O. Thompson, Mekal. The God of Beth-ṣhan, 1970; Gese, Religionen, 144). Für Šadrapa liegt das älteste Zeugnis mit der Stele von *ʿAmrīt* aus dem 6. Jh. vor (Abb. 30_{11}); doch war der Gott vor allem in der Spätzeit verbreitet (Gese, a.a.O., 198–201). Melqart muß schließlich als Stadtgott von Tyrus als lokale Ausprägung einer der großen Göttergestalten verstanden werden (eine gewisse Nähe zu Rešep ist wahrscheinlich), die später auch ikonographische Züge des Herakles angenommen hat (Gese, Religionen, 192–198).

Anders verhält es sich bei dem aus der mythologischen Überlieferung bekannten alten sum. und akk. Wettergott Iškur/Adad, der als Hadad in den aram. Staaten des 1. Jt.s verehrt wurde (H. W. Hausig, ed., Wörterbuch der Mythologie I, 1965, 135–137; Gese, Religionen, 216–222). Als eine Grundgestalt des Pantheons entspricht er dem Baʿal der kan.-syr. Überlieferung, mit dem ihn ug. Texte oft gleichsetzen. Er besitzt den doppelten Aspekt als Wettergott mit den entsprechenden Epitheta und als Königsgestalt, in der er als *Baʿal-Ṣapōn* Stadtgott von Ugarit wurde (Gese, Religionen, 119–134).

Eine seit alters dem kan. Pantheon angehörende Gottheit ist Rešep (zu den ug. Belegen: Conrad; Gese, a.a.O., 141–145), der – dem akk. Nergal entsprechend – deutlich von Adad/Hadad unterschieden ist. Er ist ein Gott „der Unterwelt, der Seuche und des Krieges, ... aber auch Herr des Lebens und der Fruchtbarkeit" (Gese, Religionen, 141). Zunächst als reitender und auf dem Streitwagen fahrender Kriegsgott, seit Mitte der 18. Dyn. stärker als Heilgott von Privatleuten, fand Rešep in erstaunlichem Maß in Ägypten Eingang (Stadelmann 56–77).

Wendet man sich der Identifizierung von Gottheiten aufgrund des Bildtypus und der Embleme der einzelnen Gestalten zu, so sind zwei Aspekte zu trennen: der Aspekt des Wettergottes und der königliche Aspekt. Seit ältester Zeit ist der Stier Begleittier des Wettergottes (Material bei Weippert), so daß ohne Zweifel die Monumente, die den Gott auf dem Stier oder in anderer Weise mit ihm zusammen zeigen, den Typus des Wettergottes darstellen. Den Bildtypus ergänzen die zwei- oder dreigezackte Blitzgabel, die über dem Kopf geschwungene Keule und oft die Andeutung von Gebirge, über das das Trägertier bzw. die Gottheit hinwegschreitet. Auf den königlichen Aspekt zielen die Darstellungen, die die Gottheit sitzend oder thronend mit einem Szepter zeigen.

Aufgrund des Typus der meisten jugendlichen Gottheiten, der aus den Mythen erschließbaren Aspekte des Baʿal/Hadad und der inschriftlich identifizierten Darstellungen jugendlicher Götter muß man sie als Baʿal-Typen bezeichnen, ohne Rücksicht darauf, ob der Wettergottaspekt oder die königlichen Züge überwiegen, was je nach Ort und Zeit variiert. Eine Einschränkung ist aber zu machen; denn innerhalb dieser Gruppe von Monumenten ist der Typus des Rešep mit Gazellengehörn auf äg. Abbildungen mit Beischrift so festgelegt, daß man auch entsprechende unbeschriftete Darstellungen als Rešep-Bilder bezeichnen muß. Dies gilt z. B. für die Darstellung eines Gottes mit zwei Gazellenköpfen vorn und hinten an der Krone auf einem Skaraboid aus Gaza (Reitler). Auch der Fundort setzt bisweilen der typologischen Betrachtungsweise Grenzen. So ist z.B. durch eine Weihinschrift im Hof des Obelisken-Tempels von Byblos mit ziemlicher Sicherheit nachgewiesen, daß es sich um einen Rešep-Tempel handelt (FB II/2 Nr. 16980; Gese, Religionen, 46), und es ist deshalb naheliegend, die zahllosen als Weihgaben im Tempel gefundenen Bronzefiguren als Rešep-Darstellungen anzusprechen.

Insgesamt ergibt sich, daß man die jugendlichen Götter in Pal.-Syr. als Baʿal-Typus zu bezeichnen hat, sofern nicht bes. Merkmale wie Gazellenkopf oder bes. Fundumstände eine andere Identifizierung ausdrücklich nahelegen (anders Stadelmann 50–52; Conrad *passim*).

5. Neben der Typologie erfüllt eine Ordnung nach Material und Gattung – Großplastik und Stele, Kleinbronzen und Terrakotten, Skarabäen und Siegel – eine doppelte Funktion: einmal zeigt sie statistisch, welche Gattungen bevorzugt werden und welche nur eine geringe Rolle spielen, sodann bietet sie die Möglichkeit, das Material bibliographisch zu erschließen. Ausgeschlossen sind hier die bereits oben (→4.a) vollständig genannten Darstellungen des alten Gottes.

5.a Die wenigen Großfiguren stammen aus dem nordsyr. Bereich und beschränken sich auf das Einflußgebiet mitannischer Kultur.

An ihrer Hörnermütze ist die freistehende Statue von Gercin bei Zincirli (Höhe: 2,85 m, unvollständig) als Göttergestalt kenntlich (Abb. 30_{12}). Nach der Inschrift auf der Vorderseite (von der Gürtellinie an abwärts) handelt es sich um das durch den König Panammū I. geweihte Bild des Hadad (Sendsch I 49–52 Tf. 6; KAI Nr. 214). Bei einer zweiten, ca. 3 m hohen, auf einem Löwenpostament stehenden Gestalt wird man wegen des Fehlens göttlicher Kennzeichen eher an die Darstellung eines Königs denken (Sendsch IV Abb. 365; ANEP 530; in der Beurteilung schwankt E. Akurgal, Die Kunst der Hethiter, 1961, Tf. 126f: „Gott"; S. 117 „König"). In Zincirli wurden ferner nicht näher identifizierbare Fragmente von drei weiteren Großfiguren und einer Doppelfigur gefunden (Sendsch I 52–54).

Am Tor einer Prozessionsstraße in Karkemiš soll die auf einem Löwenpostament sitzende Gottheit von ca. 2,4 m Höhe gefunden worden sein. Die Figur stützt ihre stark verkürzt ausgeführten Arme auf eine Keule und eine Axt. Nach einer Neudatierung der Skulpturen von Karkemiš (durch M. E. L. Mallowan, AnSt 22, 1972, 63–85, bes. 77), wäre diese vom König Katuwas dem Gott Atarsuḫas (so lautet die Inschrift) geweihte Darstellung um 880 zu datieren (Abb. 30_{13}).

In *Ǧabbūl* bei Aleppo wurde ein vollplastischer Basaltkopf mit hoher von vier Hörnerpaaren geschmückter Mütze gefunden, der als Fragment des Großbildes einer Gottheit zu deuten ist. Die meist angenommene Datierung um die Mitte des 2. Jt.s dürfte zu hoch sein (ASyr 434; ANEP 540; Höhe: 35 cm).

Ein Doppelstier-Postament aus Arslan Taş von 1 m Höhe dürfte das Großbild eines Gottes getragen haben, von dem aber alle Überreste fehlen (F. Thureau-Dangin u.a., Arslan Tash, 1931, 67f Tf. 2_1). Ein damit identisches Postament soll in Karkemiš gefunden worden sein.

Die Stelen mit Darstellungen des jugendlichen Gottes lassen sich stilistisch und auch geographisch in eine Gruppe mit weitgehend nordsyr. geprägten Beispielen und eine Gruppe mit stark ägyptisierenden bzw. äg. Exemplaren aufteilen. Die südl. Grenze der nordsyr. Stelen ist mit *Umm Šeršuḥ* (ca. 30 km südl. von *Ḥamā*) und *ʿAmrīt* bezeichnet. Die beiden nördlichsten äg. Stelen sind die des Mami in Ugarit und eine Stele aus Qadeš am Orontes. Von Norden nach Süden ergibt sich folgendes Bild:

Nordsyr. geprägte Stelen fanden sich in Arslan Taş (1 vollständiges und 1 fragmen-

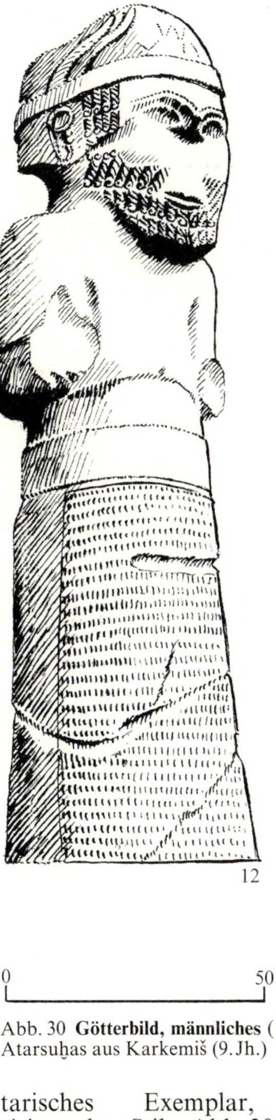

12

13

Abb. 30 **Götterbild, männliches** (12,13) Statuen des Gottes Hadad aus Gercin bei Zincirli (8. Jh.) und des Gottes Atarsuḫas aus Karkemiš (9. Jh.)

tarisches Exemplar, nordsyr.-assyrisierender Stil; Abb. 30_2 und Thureau-Dangin u.a., a.a.O., Tf. 2_2), *Tell Aḥmar* (2 Fragmente in spätheth.-nordsyr. Stil; Abb. 30_5 und ANEP 531), *Ǧekke* (44 km nordnordöstl. von Aleppo; ANEP 500; →4.b), *el-Brēǧ* (7 km nördl. von Aleppo; Melqart-Stele; ANEP 499), Ugarit (3 Exemplare; Abb. 30_1; ANEP 489–491), *Umm Šeršūḥ* (30 km südl. von *Ḥamā*; ANEP 498) und aus *ʿAmrīt* (Šadrapa-Stele; Abb. 30_{11}). Stelen äg. Herkunft oder in ägyptisierendem Stil sind bekannt aus Ugarit (rein äg. Stele des Mami: ANEP 485), Qadeš am Orontes (Stelenfragment Sethos I. mit Seth-Baʿal; M. Pézard, Qadesh, 1931, 20 Abb. 2 Tf. 28; B. Porter/R. L. B. Moss, Topographical Bibliography of Ancient Egyptian Hieroglyphic Texts, Reliefs, and Paintings VII, 1951, 392), *Šēẖ Saʿd* (28 km nordnordwestl. von *Derʿā*; Stadelmann 44–46; Helck, Beziehungen, 449 Anm. 28; AOB 103), Beth-Sean (zahlreiche ägyptisierende Stelen, darunter die des *Mkl*; Abb. 30_{10}) und vielleicht auch aus Jerusalem (sofern das Seth-Tier auf der rein äg. Stele im Lichte der Gleichsetzung von Seth und Ba'al zu interpretieren ist; V. Scheil, RB 1, 1892, 116f; Porter-Moss, a.a.O., 373).

Zu den in Ägypten selbst gefundenen Stelen vgl. Helck, Beziehungen, 451–453 (25 Beispiele der Darstellung des Gottes Rešep; vgl. z.B. auch ANEP 470, 473f, 476).

5.b Götterfiguren aus Metall sind – mit Ausnahme von Byblos – relativ selten. Trotz der kleinen Zahl läßt sich aber eine beträchtliche Streuung feststellen.

Die Hauptgruppe der vollplastischen, stehenden Figurinen hat jüngst D. Collon bearbeitet. Es handelt sich um den die Waffe über dem Kopf schwingenden Gott (s.o. →4.b), für den es in Pal. acht Belege gibt (Megiddo: 4 Exemplare, Geser: 1 Exemplar, Sichem: 1 Exemplar; ergänzend zu Collon: Lachis: 1 Exemplar [L II Tf. 26_{31}], Beth-Semes: 1 Exemplar [AS II Tf. 47_{43}]) und der in Syr. 35mal vertreten ist (Ugarit: 12 Exemplare; ergänzend zu Collon: Syria 43, 1966, Tf. 3 links: 2 Exemplare; Syria 51, 1914, Tf. 2_2: 1 Exemplar, *Mīnet el-Bēḍā*: 1 Exemplar, Byblos: 6 Exemplare; ergänzend zu Collon: Das Heilige Land 58, 1974, 70: 1 Exemplar; unbekannter Herkunft aus Syr.: 16 Exemplare). Der Typus läßt sich über Anatolien (10 Exemplare), Zypern (7 Exemplare) bis nach Sizilien und Spanien belegen. Insgesamt sind mehr als 80 Beispiele dieser in die 2. Hälfte des 2. Jt.s zu datierenden Gruppe bekannt. Ihnen stehen die über 700 Votivfigurinen mit herabhängenden Armen aus dem Obelisken-Tempel in Byblos gegenüber (FB II/2 654–893 *passim*).

Die Zahl der vollplastischen Sitzfigurinen ist – auch in Byblos – sehr klein. Aus Pal. sind folgende Beispiele bekannt: Megiddo: 3 Exemplare, Beth-Semes: 1 Exemplar, *Tell Abū Hawām*: 1 Exemplar, Geser: 2 Exemplare, Beth-Sean: 1 Exemplar. Eine Sitzfigur aus dem Antikenhandel soll aus *Nāblus* stammen (Hansen mit bibliographischen Angaben [S. 14] und Diskussion der ganzen Gruppe; das angeblich aus *Nāblus* stammende Beispiel ist vielleicht eher dem Typus des thronenden alten Gottes zuzurechnen). Aus Syr. stammen 3 Sitzfigurinen: aus *el-Mišrife* (Abb. 30_9), *Ḥamā* (Hama II/3 138 Abb. 186) und aus Byblos (FB II/2 Nr. 14837). Ausgehend von den stratigraphisch bestimmten Stücken wird man die Gruppe (mit Hansen) in die SB- und E I-Zeit datieren können.

5.c Überraschend ist, daß die Terrakotten ausschließlich Göttinnen darstellen. Das gilt sowohl für die SB- und E-Zeit als auch für die pers.-hell. Epochen (zum Material und seiner Diskussion →Götterbild, weibliches, 6.). Soweit in der Spätzeit männliche Figuren vorkommen, handelt es sich um Adoranten oder um völlig hellenisierte Darstellungen (Herakles, Zeus usw.).

5.d Eine wichtige Quelle für die Darstellung von Göttern sind die Siegel, die als Rollsiegel im mesopotamischen, als Skarabäen im äg. und als Stempelsiegel im pal.-syr. Bereich in großer Zahl gefunden wurden. Das Material ist aber bislang weder unter diesem thematischen Aspekt behandelt worden, noch liegen neuere regionale Sammlungen der zahlreichen →Siegel vor. Für Pal. kann im Blick auf die drei Gattungen auf ältere Arbeiten hingewiesen werden: J. Nougayrol, Cylindres-Sceaux et empreintes de cylindres trouvés en Palestine, 1939; B. Parker, Cylinder Seals from Palestine, Iraq 11, 1949, 1–43; A. Rowe, Catalogue, 1936; K. Galling, Beschriftete Bildsiegel des ersten Jahrtausend v. Chr., vornehmlich aus Syrien und Palästina, ZDPV 64, 1941, 121–202. Es gibt auch nur wenig Arbeiten, die sich thematisch mit Götterdarstellungen auf Siegeln befassen und die sich zudem fast ausschließlich auf Einzelfunde stützen. Zu nennen sind: R. Reitler (→Rešep-Siegel, s.o. →4.c); W. Cullican, Melqart Representations on Phoenician Seals, Abr Naharaim 2, 1962, 41–54; P. Matthiae, Note sul Dio Siriano Resef, OA 2, 1963, 27–43. Bei A. Vanel sind vor allem Rollsiegel in etwas größerem Umfang ausgewertet.

Ein Vergleich der Götterdarstellungen auf den stark ägyptisierenden Skarabäen mit denen auf den mesopotamisch-nordsyr. geprägten Rollsiegeln dürfte zu ähnlichen Ergebnissen führen, wie der Vergleich der Stelen (s.o. →5.a). Es verdient festgehalten zu werden, daß unter den in Pal. gefundenen Stempelsiegeln zwar viele Symbole begegnen, die in der Umwelt auf Götter bezogen sind (z. B. geflügelte Skarabäen, Flügelsonne), daß aber die eigentlichen Götterdarstellungen fehlen (→Siegel, 3.b).

Literatur: Zu 1.–3.: K.-H. Bernhardt, Gott und Bild, 1956 (Lit.) – H. Gese, Der Dekalog als Ganzheit betrachtet, ZThK NF 55, 1958, 127–145 = ders., Vom Sinai zum Zion, 1974, 63–80 – H. Motzki, Ein Beitrag zum Problem des Stierkultes in der Religionsgeschichte Israels, VT 25, 1975, 470–485 – M. Noth, Der Hintergrund von Ri 17–18, Aufsätze zur biblischen Landes- und Altertumskunde I, 1971, 133–147 – J.M. Sasson, The Worship of the Golden Calf, in: A. Hoffner, Jr., ed., Orient and Occident, Essays presented to C.H. Gordon on the Occasion of his Sixty-fifth Birthday, AOAT 22, 1973, 151–159 (Lit.) – M. Weippert, Gott und Stier, ZDPV 77, 1961, 93–117 – W. Zimmerli, Das zweite Gebot, Gottes Offenbarung, 1969, 234–248 – ders., Das Bildverbot in der Geschichte des alten Israel, Studien zur alttestamentlichen Theologie und Prophetie, 1974, 247–260.
Zu 4.a: Gese, Religionen, 94–100 (Lit.) – U. Oldenburg, The Conflict Between El and Ba'al in Canaanite Religion, 1969 (Lit.) – C.F.-A. Schaeffer, Nouveaux témoignages du culte de El et de Baal à Ras Shamra-Ugarit et ailleurs en Syrie-Palestine, Syria 43, 1966, 1–19 – ders., Götter der Nord- und Inselvölker in Zypern, AfO 21, 1966, 59–69 – ders., Les peuples de la mer et leurs sanctuaires à Enkomi-Alasia aux XIIe–XIe s.av.n.è., in: C.F.-A. Schaeffer, ed., Alasia I, 1971, 505–566 – ders., El, Elath et Asherat, Festschr. A. Dupont-Sommer, 1971, 137–149.
Zu 4.b–5.d: D. Collon, The Smiting God, Levant 4, 1972, 111–134 – D. Conrad, Der Gott Reschef, ZAW 83, 1971, 137–183 – H. Gese (vgl. Lit. zu 4.a) *passim* – D.P. Hansen, A Bronze in the Semitic Museum of Harvard University, BASOR 146, 1957, 13–19 – Helck, Beziehungen, passim – O. Negbi, *Ṣalmīyōt ham-mattekēt hak-kəna'ănīyōt bĕ-'ēreṣ-Yiśrā'ęl ū-və-Sūrīyā* Diss.Jerusalem, 1964 (masch.) – R. Reitler, Kleinfunde aus Gaza, ZDPV 77, 1961, 87–92 – R. Stadelmann, Syrisch-palästinensische Gottheiten in Ägypten, 1967 – A. Vanel, L'iconographie du Dieu de l'orage, Cahiers de la RB, 1965 – M. Weippert (vgl. Lit. zu 1.–3.).

P. Welten

Götterbild, weibliches

Gn. = Göttin, Gnn. = Göttinnen

1. Allgemeines. 2. Großfiguren aus Stein und Stelen. 3. Skarabäen und Rollsiegel. 4. Figuren aus Metall. 5. Metallplaketten. 6. Terrakotten.

1. Die in Haltung, Tracht und Attributen variierenden Darstellungen von Gnn., die aus dem syr.-pal. Raum von der MB- bis zur hell.-röm. Zeit erhalten sind, können nur selten mit dem Namen einer Gn. verbunden werden. Die von Ägyptern angefertigten Stelen mit Bild und Namen syr. Gnn. – es handelt sich um Weihgaben, auch in phön. Orten und äg. Garnisonen – lassen sich mit mythologischen Texten aus Ugarit (14./13. Jh.) kombinieren (Stadelmann; Gese, Religionen) und erhellen im AT vorkommende Termini.

Der Terminus *'ăšęrā* gilt im AT einer kan. Gn., daneben auch ihrem Symbol, das einem Baum gleicht. Zu den Darstellungen des Baumes →Aschera. *'ăšęrā* gehört mit der ug. *ảṯrt* zusammen, die als Gemahlin Els Göttermutter und matronenhafte Fruchtbarkeits-Gn. war. Nach ug. Texten besaß sie auch Verehrungsstätten in Sidon und Tyrus (R. Patai, The Goddess Ashera, JNES 24, 1965, 37–52). Den Prototyp für die im AT genannte (in der Vokalisation verschlimmbesserte) *'aštoret* (1R. $11_{5,33}$: „Gn. der Sidonier") bildet in Ugarit die jugendliche *'ṯtrt*. Ug. Pantheonslisten setzen diese mit der bab. Ištar gleich. Die hurr. Ištar begegnet als „hurr. Astarte" in Ugarit, Phönizien (Spanien, s.u. →4.) und Ägypten (vgl. M. Weippert, Biblica 52, 1971, 431f; ders., Über den asiatischen Hintergrund der Göttin „Asiti", Or NS 44, 1975, 12–21). Astarte ist Gn. des Krieges (mit Waffen als Attribut) und Gn. der Liebe. Eine als Weihgabe gegossene Fensteraxt (→Axt, 2.f; Syria 35, 1958, Tf. 1) kombiniert auf beiden Seiten der Axt beide Darstellungen. Nach Jdc. 2_{13} 3_{7} sind die Namen Aschera und Astarte austauschbar; die Gnn. werden *Bə'ālīm* zugeordnet. Das unter Manasse im Tempel von Jerusalem aufgestellte Bild der Aschera (2R. 21_{7}) wurde unter Josia (um 620?) zusammen mit dem Bild des Ba'als beseitigt (2R. $23_{4,7}$). Aus den politischen Hintergründen folgerte H. Gressmann (ZAW 42, 1924, 321–326), daß es sich bei diesem Ba'al um den Gott Assur und bei dieser Astarte um ein Bild der Ištar gehandelt habe. Nach dem Wiederaufleben des Kultes der Aschera sprach man in Jerusalem wie später bei den nach Ägypten geflohenen Judäern von der „Königin des Himmels" (Jer. 7_{18} $44_{17-19,25}$; vgl. dazu M. Weinfeld, UF 4, 1972, 148f). Die Frauen buken der Gn. sternförmige Kuchen (hebr. *kawwānīm*, ass. Lehnwort!). Im 5. Jh. gab es im oberäg. Syene einen Tempel der Himmelskönigin, die von nicht-jüd. Kreisen verehrt wurde (E. Bresciani/M. Kamil, Le lettere aramaiche di Hermopoli, 1966, 398–400). Die in Elephantine und Syene für das 5. Jh. nachweisbare jüd. Militärkolonie besaß auf der Insel einen Jahu-Tempel (vgl. A. Cowley, Aramaic Papyri of the Fifth Century B.C., 1923; E.G. Kraeling, The Brooklyn Museum Aramaic Papyri, 1953). Bei dem Ortsnamen Astaroth-Karnaim (Gn. 14_{5}) entspricht *'Aštārōt* (pl. majestaticus, vergleichbar *ṣəbā'ōt*) dem Ort *Tell 'Aštara*. Karnaim ist im benachbarten Ort *Šēḫ Sa'd* zu lokalisieren (Am. 6_{13}). Astaroth nennen die Feldzugslisten Thutmosis' III. und die Amarna-Briefe (ein Reliefbild der eroberten Stadt aus der Zeit Tiglathpilesers III.: AOB 133; ANEP 366).

Ba'alat (= „Herrin") ist im kan.-phön. Bereich Eigenname einer Gn., die in nicht näher bestimmbarem Zusammenhang mit Astarte und 'Anat vornehmlich in politisch-sozialer Funktion zu verstehen ist, so u.a. die „Herrin von Byblos" (s.u. →2.). Im Bergbaugebiet der Sinaihalbinsel *(Ṣerābīṭ el-Ḫādem)* existierte seit der 12. Dyn. ein Heiligtum der „Hathor, der Herrin des Türkis(-Landes)", deren Kult im Delta bis in ptolemäische Zeit verfolgt werden kann (RÄRG 281). Daß die Buchstaben in Sinai-Schrift (16. Jh.) auf einer Sockelfigur Ba'alat *(B'lt)* zu lesen sind (AOB 677), darf angenommen werden. Nur durch Ortsnamen ist Ba'alat für Pal. im AT bezeugt (Jos. $15_{9f,29}$).

Die als Kriegs-Gn. und Geliebte des Ba'al in Ugarit begegnende 'Anat muß bei den Kanaanäern der SB-Zeit auch in Pal. verehrt worden sein; jedenfalls sind im AT Ortsnamen mit 'Anat (*'Ănātōt,* pl. majestaticus) erhalten (Jos. 21_{18} Jer. 1_1 u.ö.) und in Jdc. 5_6 im Eigennamen *Šamgar ben-'Anāt.* Im aram. Bereich findet sich der aus 'Anat und Astarte zusammengesetzte Eigenname einer Gn. *'tr'th* = Atargatis.

Qdš ist im AT *(Qādēš/Qēdeš)* als Name fünf verschiedener Orte belegt. Qadeš am Orontes nennen nur äg. Texte und die Amarna-Briefe (= *Tell Nebī Mend – Qidšu/Qidiš,* hurr.: *Kinza, Gizza* u.ä.). Daß der Name der sechs Ortschaften auf den Kult der gleichen Gn. weist, ist damit nicht gesagt. Darstellungen auf Stelen bezeugen andererseits eine syr., in Ägypten verehrte Gn. mit dem Namen *Qdš(w).* Dabei wird die Gn. zumeist stehend frontal und unbekleidet dargestellt (s.u. →2.). Die im Kult sich hingebenden Kedeschen heißen „Ausgesonderte" (*qədēšīm, qədēšōt:* Dt. 23_{18} 1R. 14_{24} 2R. 23_7 Ho. 4_{14} Am. 2_7). Die Benennung hat mit dem Kult der *Qdš(w)* nichts zu tun.

2. Die Zahl großer, aus Stein gearbeiteter G.er im syr.-pal. Raum ist gegenüber denen der Stelen gering. Sieht man von den aus der FB-Zeit stammenden Steinfiguren in Byblos (P. Montet, Byblos et l'Égypte, Texte, 1928, 29–32 und ebd., Atlas, 1929, Tf. 24–27) ab, so stellen die Steinfiguren von *Tell Ḥalāf* (TH II Tf. 11, 21, 29f, 71–73 III Tf. 1–9, 141–149, 153–160) aus dem 9. Jh. bes. Probleme dar. Einmal sind die auf Gott und Gn. gedeuteten Figuren in Wirklichkeit Grabfiguren, zum anderen sind drei am Eingang des Audienzpalastes (kein Tempelpalast!) auf Tieren stehende Götter – zwei männliche und eine Gn. – wohl eher Schutzgottheiten der Dynastie (die Gn. mit Lederbeutel in der Hand wurde vom König Kapara mit einem Bericht über seine Bautätigkeit beschriftet).

In der Cella syr.-pal. Tempel in der MB/SB-Zeit hat man bei Grabungen keine steinernen Kultfiguren gefunden. Daß es kleine, vermutlich teilweise bronzene Kultfiguren gegeben hat, ist kaum zu bezweifeln. Im Astarte-Tempel in →Askalon, den die Philister adaptiert hatten (1S. 31_{10}), gab es sicher eine Figur der Gn. Astarte, über die weder nach Aussehen noch Haltung Näheres bekannt ist. Ein aus röm. Zeit(!) stammendes, in Ägypten gefundenes Tonmodell eines Tempelchens (AOB 277) zeigt im Inneren eine auf einer runden Platte frontal stehende nackte Gn. mit angelegten Armen. Zur Seite der Gn. hocken zwei Löwen.

Ergiebiger hinsichtlich der Darstellungen und Aussagen sind äg. Stelen (NR und Spätzeit) mit dem Bild einer syr. Gn., wobei neben den Namen der Gn. oft auch der des Stifters tritt. Auf fünf Stelen (ANEP 470–474) hält die nackte, auf einem schreitenden Löwen stehende Gn. in den abgewinkelten Armen Lotusblumen und/oder Schlangen. Auf der namenlosen Stele ANEP 470 = AOB 272 ist die Gn. mit Hathorfrisur flankiert von Seth und einer Verehrerin (sekundär – Auftragsänderung? – ist der Phallus des Gottes Min). Der 19. Dyn. gehört die Stele ANEP 471 = AOB 276 an. Die Gn. mit Hathorfrisur und Krone ist „*Qdš(w),* Geliebte von Ptah", mit Schlangen in den Händen. Auf der unfertigen (freier Raum für Stiftername!) Stele ANEP 472 = AOB 271 trägt die Gn. auf Löwen (*Qdš[w]*?) Schlangen, Lotus und eine eigentümliche Krone. Die Gn. steht auf einem Sockel; vor ihr eine Opfervase und eine Verehrerin. Ihr in der Haltung ähnlich ist eine Gn. zwischen Min und Rešep, d.h. dem Gott der Zeugungskraft und dem von Kanaan nach Ägypten eingeführten Kriegsgott (ANEP 474). Die Gn. heißt hier „Herrin des Him-

Abb. 31 **Götterbild, weibliches** (1,2) Stelen aus Beth-Sean (13. Jh.) und Syr. (Anfang des 1. Jt.s)

mels und Herrin aller Götter". Die gleiche Trias sieht man auf dem oberen Teil der Stele ANEP 473 = AOB 270 (Gn. *Knt*); im unteren Teil findet sich als Flachrelief die Verehrung der auf einem Thron sitzenden kriegerischen ʿAnat (J. Leibovitch, Kent et Qadech, Syria 38, 1961, 23–34). Auf einer Stele (JNES 14, 1955, Tf. 3) mit der nackten auf einem Löwen stehenden Gn. steht über der Gn. *Qdš* und seitlich links und rechts: *ʿnṯ* und *ʿšṯrt*. Die Aspekte der beiden Fruchtbarkeits-Gnn. werden der *Qdš* zugeordnet (so Gese, Religionen, 153 Anm. 385 gegen Stadelmann 115). Auf einer Stele aus Beth-Sean (13. Jh.?) mit freiem Raum für den Stifternamen steht eine nach rechts gewendete Gn. in einem Byssusgewand mit Szepter, Lebenszeichen und *ʾtf*-Krone (RÄRG 57f) mit zwei Hörnern (Abb. 31$_1$). Eine reitende Astarte (vgl. ANEP 479 und AOB 273f) mit dem Eigennamen *ʿšt(y) (ḫr)* auf Darstellungen der Zeit zwischen Amenophis III. und Sethos I. begegnet bereits auf einem älteren Rollsiegel aus Byblos (J. Leclant, Syria 37, 1960, 1–67; M. Weippert, Or NS 44, 1975, 12–21). Der reitenden Astarte vergleichbar ist die Gn. mit Sechmetkopf auf einem Streitwagen (AOB 278) aus ptolemäischer Zeit (R. du Mesnil du Buisson, MUSJ 45, 1969, 523–538). In einer Orthostatenreihe von Karkemiš ist neben einer Thronenden (Gn.?) eine nackte, ihre Brüste pressende Gn. mit Hathorlocken und mit zwei Flügeln in tiefem Relief ausgearbeitet (vgl. M. Th. Barrelet, Les déesses armés et ailées, Syria 32, 1955, 257f Abb. 22). Eine fragmentierte Basaltstele aus dem Anfang des 1. Jt.s (ASyr 484) zeigt eine bekleidete bartlose Gottheit mit vier Flügeln und dreifacher Papyruskrone (Abb. 31$_2$). In der Linken hält sie Ähren und in der erhobenen

Rechten eine Keule. Die Darstellung dürfte u.E. eine Gn. meinen, ähnlich der Ištar von Til Barsip (ANEP 522). Von ägäischem Typus ist die Darstellung einer „Herrin der Tiere" (πότνια θηρῶν) auf einem 11 cm messenden elfenbeinernen Pyxisdeckel (→Abb. 19_2), der wohl in Ugarit gearbeitet wurde; die Gn. dürfte man dort *'ṯtrt* genannt haben (vgl. AJA 51, 1947, 86–89; Abb.:ANEP 464 = Gese, Religionen, Abb. 14). Die „Herrin von Byblos" (*B'lt Gbl*) ist auf der Stele des *Yḥwmlk* aus dem Vorhof ihres Tempels in Byblos dargestellt (ANEP 477 = Gese, Religionen, Abb. 15). Sie trägt die Hathorkrone und sitzt auf einem äg. Kastenthron. Die Stele ist nach der Kleidung des *Yḥwmlk* (vgl. die Stele des Ba'lyatōn aus *Umm el-'Amed:* →Abb. 67_1, dazu WO 5, 1969, 100–107) um 400 zu datieren (Inschrift der Stele: KAI Nr. 10).

Von achämenidischer Tradition bestimmt, gehört der phön. Kultsockel aus *Fī'* südwestl. von Tripolis in das 5. Jh.; eine Hadadfigur dürfte auf ihm gestanden haben (dazu zuletzt K. Galling, Baghdader Mitteilungen 7, 1973, 85–95). Die Vorderseite zeigt die Adoration einer thronenden Astarte mit Hathorkrone, die segnend die Rechte (?) erhoben hat. Die Seitenlehne des Thrones bildet ein schreitender geflügelter Löwe mit bärtigem Menschenkopf (sic!). Aus kristallinischem Marmor gearbeitet ist ein *Ex-voto* für Astarte, ein Relief, das wohl von Sidon aus im 4. Jh. für Phönizier in Ägypten geliefert wurde (Bulletin de l'Institut Français d'Archéologie Orientale 25, 1925, 191–211). Der Thron dürfte eine Sphinx als Seitenlehne gehabt haben (so M. Dunand/R. Duru, Oumm el-'Amed, 1962, Abb. 70). Als Schlangen-Gn. interpretierte W.F. Albright (TBM II Tf. 22) eine Gn. auf einer fragmentierten Stele aus *Tell Bēt Mirsim* (MB IIB), zu der Pritchard unter Nr. 240 eine fragmentierte Steinplakette aus Sichem (ZDPV 61, 1938, Tf. 1) stellt. In beiden Fällen handelt es sich jedoch nicht um Schlangen, sondern um Gewandwülste, wofür als Belege die Bronze einer sitzenden Gn. aus Ugarit (ANEP 480), eines Gottes aus *el-Mišrife* (→Abb. 30_9) sowie die steinerne Figur des sitzenden Königs Idrimi aus Alalaḫ (ANEP 452) zu nennen sind.

3. Obwohl namenlose Siegel aus verschiedenem Material bestehen und sich

5

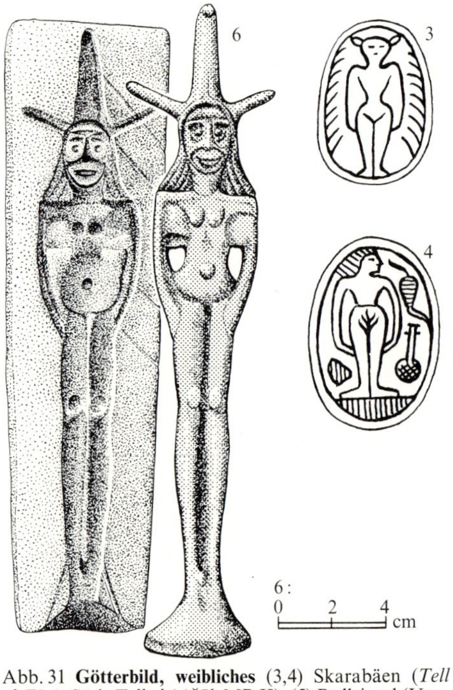

Abb. 31 **Götterbild, weibliches** (3,4) Skarabäen (*Tell el-Fār'a* Süd, *Tell el-'Ağūl*, MB II), (5) Rollsiegel (Ugarit, SB I/IIA), (6) Gußform (*Nahārīyā*, 2. Hälfte des 2. Jt.s)

funktional als Stempelsiegel (Skarabäus) und Rollsiegel voneinander unterscheiden, können sie hier zusammen behandelt werden, soweit auf ihnen Gnn. dargestellt sind. In *Tell el-Fār'a* Süd und *Tell el-'Ağūl* (BP I Tf. 7_{47} 10_{103} 22_{225} II Tf. 73_{12}; AG IV Tf. 5_{109}) wurden namenlose Fritte-Skarabäen mit dem Bild einer nackten Gn. gefunden, zu denen es Vergleichsstücke auch in Ägypten selbst gibt (JEA 8, 1922, 203; W. Fl. Petrie, Hyksos and Israelite Cities, 1906, Tf. 9_{137f}). Sie werden in die „2. Zwischenzeit" (MB IIB), d.h. in die Zeit der

Hyksos zu setzen sein. Abb. 31_3 zeigt die Gn. mit angelegten Armen. Die Kuhohren weisen auf Hathor. Abb. 31_4 ist gleichfalls von äg. Ausprägung; bemerkenswert ist diese Darstellung auch darin, daß das Gesicht der Gn. *en face* wiedergegeben ist. Diese Skarabäen hat man wohl an einer Schnur getragen und auch als →Amulett gewertet. Auf mesopotamischen Rollsiegeln begegnet stehend – nackt oder sich enthüllend – eine bab. Gn. Syr. (2. Jt.) ist ein Rollsiegel aus Eisenstein in Berlin (A. Moortgat, Vorderasiatische Rollsiegel, 1966^2, Tf. 62_{525}); ebenso zu datieren ist das Siegel in Syria 32, 1955, 244 Abb. 13. Abb. 31_5 zeigt die Abrollung eines Siegels aus Ugarit (SB I/IIA). Neben der geflügelten ʿAnat (gewandet mit Helm), die auf einem Rind sitzt und einen Löwen an der Leine hält, steht die nackte, ungeflügelte *ʿṯtrt*. Häufiger ist die nackte Gn. auf syr. Rollsiegeln geflügelt wiedergegeben (Syria 32, 1955, 242 Abb. 11). Zum Stil der „syr." Rollsiegel vgl. H. Gese, ZDPV 81, 1965, 166–179.

4. Die Metallfiguren sind so gut wie alle in Bronze gegossen. Zwei in *Tell el-ʿAǧūl* gefundene (AG I Tf. 21_{112} III Tf. 16_{37}) Figuren aus Blei sind einander sehr ähnlich: sie geben die nackte, die Brüste pressende Gn. mit Hathorlocken und einem hohen Polos wieder. Albright (114) datiert die Bleifiguren (*Qdš*-Typ) in das 17./16. Jh. Bei der in *Tell el-Gudēde* gefundenen Gruppe von Gott und Gn., die um 2700 datiert wird (Syria 30, 1953, 45), hat die unbekleidete Gn. die Arme verschränkt (ebd. Tf. 12_5). Der Kopf der in den libanesischen Bergen aufgetauchten Bronzestatuetten (ca. 10–27 cm hoch) erscheint unproportioniert groß. Diese Figuren gehören, wie H. Seyrig zu Recht betont, in die 1. Hälfte des 2. Jt.s (Liste: Syria 30, 1953, 29f; Abb.: ebd. Tf. 10_{1-3} 11_4; ASyr 588). Um 1500 zu datieren ist die 16 cm hohe Bronzefigur einer sitzenden Gn. aus Syr. (ANEP 466 = A. Parrot, Der Louvre und die Bibel, 1961, Abb. 34). Die bekleidete Gn. trägt einen hohen, mit perlenartigen „Kränzen" verzierten Polos. Die rechte Hand ist zum Segnen vorangestreckt, die Linke dürfte ein Szepter gehalten haben (eine Parallele bei D. von Bothmer, Ancient Art from New York Private Collections, 1961, Nr. 30). Etwa aus der gleichen Zeit stammen die aus

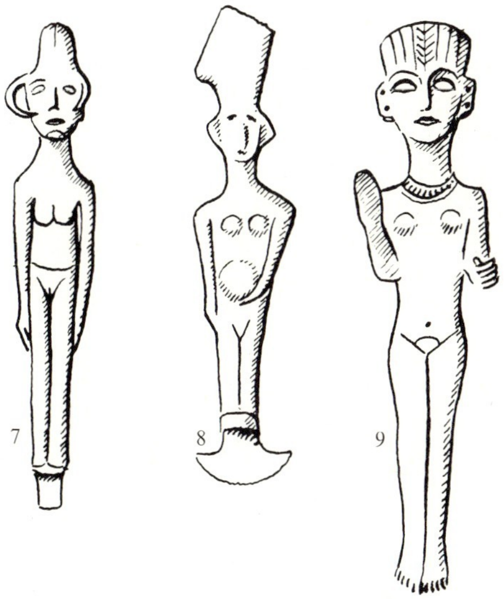

Abb. 31 **Götterbild, weibliches** (7–9) Bronzefiguren aus Geser (SB- und E II-Zeit) und Phönizien (10. Jh.)

Walzblech gefertigte Figur aus Geser (RB 82, 1975, 91 Tf. 9A), Silberfiguren aus einem kan.-phön. Heiligtum in *Nahărīyā* (K. Katz/P. P. Kahane/M. Broshi, Von Anbeginn, 1968, Abb. 50 rechts) und einmalig die steinerne Gußform für die Figur einer stehenden nackten Gn. mit angelegten Armen und hoher Mütze mit zwei schräg abstehenden Hörnern (Abb. 31_6). Wenig jünger (in EG II 419 falsch datiert!) ist die aus Geser stammende 11,5 cm hohe Bronzefigur einer unbekleideten, stehenden Gn. mit Mütze und zwei jetzt (!) herabgebogenen Hörnern, die die Arme an den Körper gelegt hat (Abb. 31_7). Eine stehende bekleidete Gn. (14,5 cm hoch) mit Mütze ohne Hörner und einem breiten Halsring wurde in Thaanach gefunden (TT II Abb. 20 = AOB 288). Beide Figuren haben auf einer (Holz?-)Basis gestanden. Zwei Kleinstbronzen aus Geser (EG III Tf. 211_{2f}) aus der E II-Zeit (?) zeigen die Gn. im Zustand der Schwangerschaft (Abb. 31_8). Die Gn. trägt eine merkwürdig geformte Mütze. Dem 10. Jh. ist die Figur einer stehenden Gn. (aus Phönizien) zuzuweisen. Die wohl mit einem Byssusgewand bekleidet zu denkende Gn. hat die Linke vorgestreckt und erhebt die Rechte zum Segnen. Der Polos ist keine „Federkrone" (Abb. 31_9). Unter den in *Tell Ḥalāf* (TH IV Tf. 2_{10-14}), genauer gesagt, im sogenannten Kultraum gefundenen Bronzefiguren kann nur eine (Tf. 2_{12}) als die einer sitzenden, bekleideten Gn. gelten (Datierung wohl 9. Jh.). Von den dem 9./8. oder 8./7. Jh. zuzuweisenden phön. Kleinbronzen im Ashmolean-Museum (D. Harden, The Phoenicians, 1962, Abb. 83–86, 92) kann eine als Gn. bezeichnet werden; sie ist von zwei Löwen flankiert (ebd. Abb. 86). Wegen der Inschrift, auf der die Stifter die Gn. *ʿštrt ḫr* („hurr. Astarte") nennen (s.o. →1.), und des Fundortes wegen, verdient eine im Bereich von Sevilla aufgetauchte Bronze bes. Beachtung (K. Galling, ZDPV 88, 1972, 166f Tf. 13). Der gesondert gegossene linke Arm der thronenden, unbekleideten Gn. fehlt, der rechte ist nach vorn gerichtet. J. Ferron (Ampurias 28, 1966, 246–252) interpretiert die Bronze als Bild einer den Horusknaben stillenden Isis, aber ihr fehlt die Isiskrone. Die Namenserklärung „Astarte-Horus" ist nicht zutreffend. Die Inschrift (W. Röllig, Madrider Mitteilungen 10, 1969, 141–145) weist in das ausgehende 8. oder den Anfang des 7. Jh.s. Die Bronze dürften die Stifter bei ihrer Emigration nach Spanien mitgebracht haben.

5. Im 16./15. Jh. tauchen in Syr.-Pal. dünne Plaketten aus Gold, Elektron und Silber mit der Darstellung einer unbekleideten Gn. auf, die großenteils mit einem Aufhänger versehen sind. Etwa gleichzeitig begegnen Plaketten ohne Aufhängevorrichtung, die eine unbekleidete (AG IV Tf. 14_6; aus *Kāmid el-Lōz:* BMB 22, 1969, 77–84 Tf. 4_2) oder eine bekleidete Gn. (AG IV Tf. 20_{134}) zeigen. Bei den als Halsschmuck (anders gedeutet von E. E. Platt, Triangular Jewelery Plaques, BASOR 221, 1976, 103–111; doch vgl. dagegen →Dolch, 2.i) getragenen Plaketten mit Anhänger überwiegt der (Hathor-)*Qdš*-Typ. Die Hauptfundorte sind *Tell el-ʿAǧūl* und Ugarit (vgl. Syria 19, 1938, 322 Abb. 49; Syria 35, 1958, 35 Abb. 7 und Tf. 2). Ob die in *Kāmid el-Lōz* (BMB 22, 1969, Tf. 13_6) gefundene Goldplakette (Abbreviatur bis zur Scham), ähnlich der Plakette aus Ugarit (Abb. 31_{10}), aus Ugarit oder *Tell el-ʿAǧūl* dorthin gelangt ist, läßt sich nicht eindeutig entscheiden. In jedem Fall sind alle Plaketten unter äg. Einfluß entstanden. Der Anhänger Abb. 31_{11} aus Ugarit zeigt

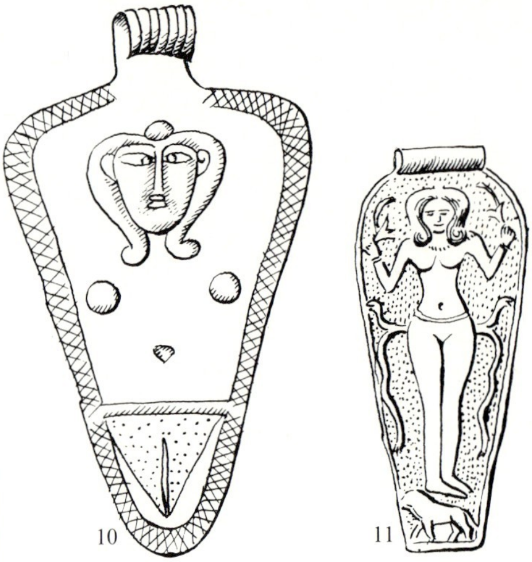

Abb. 31 **Götterbild, weibliches** (10,11) Metallanhänger (16./15. Jh.)

eine vollständige *Qdš*-Darstellung: die Gn. steht auf einem Löwen und hält als „Herrin der Tiere" zwei Ziegen (Antilopen?). Hinter der Gn. kreuzen sich zwei Schlangen. Bei der unvollständigen Plakette aus Ugarit *(Mīnet el Bēḍā;* Syria 10, 1929, Tf. 54_2) wird ursprünglich auch ein Löwe dargestellt sein, auf dem die Gn. steht. Sie hält Lotusblumen in den abgewinkelten Händen. Dem 14./13. Jh. wird man den Silberanhänger mit der *Qdš* aus Zincirli (Sendsch V Tf. 46) zuweisen können, der nach einer am gleichen Ort gefundenen Steinplastik als Stirnschmuck eines Pferdes (Sendsch IV Abb. 245–249; vgl. H. Th. Bossert, Altanatolien, 1942, 906) verwendet sein könnte (vgl. die Varianten bei R. D. Barnett, in: K. Bittel/B. Hrouda/W. Nagel, ed., Vorderasiatische Archäologie, Studien und Aufsätze A. Moortgat zum 65. Geburtstag gewidmet, 1964, 21–26 Tf. 1–5). Der Goldanhänger aus Beth-Sean (ANEP 478; ASyr 1179) mit dem Ritzbild einer nach rechts gewandten Gn., die in der vorgestreckten Linken ein *W'ś*-Szepter hält, bezeugt eine äg. Tradition, die derjenigen der in Abb. 31_1 dargestellten Stele entspricht.

6. Verständlicherweise sind die aus Ton geformten Plaketten und Figurinen einer (nackten) Gn. aus dem syr.-phön. und pal. Raum weit zahlreicher als die aus diesen Ländern stammenden Stelen, Bronzen und

Anhänger. Daß der Grundtypus ursprünglich in Mesopotamien beheimatet ist und zwar seit dem 4./3. Jt., ist auch dann zu statuieren, wenn bei bestimmten Formen des 2. Jt.s ein äg. Einfluß außer Frage steht. Es würde zu weit führen, die verschiedenen Techniken der Herstellung zu erörtern, die M. Th. Barrelet (Figurines et reliefs en terre cuite de la Mésopotamie antique I: Potiers, termes de métier procédés de fabrication et production, 1968) grundsätzlich behandelt hat (vgl. zum mesopotamischen Material auch R. Opificius, Das altbabylonische Terrakottarelief, 1961; E. D. van Buren, Clay Figurines of Babylonia and Assyria, 1930). Im einzelnen Fall ist damit zu rechnen, daß nicht eine Gn., sondern eine Priesterin oder eine Art „Talisman" gemeint ist. Zu den hier ausgewählten Exempeln ist neben AOB 280–296 und ANEP 467, 469 auf die umfassende Übersicht von Pritchard mit 294 Beispielen zu verweisen, in der die Stücke aus Megiddo und *Tell Bēt Mirsim* im Vordergrund stehen. Die Hauptperiode der pal. Plaketten und Figurinen ist die SB-Zeit, eine zweite ist die des 8./7. Jh.s. Bei Albright (Tf. A, B identisch mit TBM II Tf. 25f) sind die Fundstücke aus den Schichten C, B und A von *Tell Bēt Mirsim* (16., 12., 8./7. Jh.) zusammengestellt.

Bei den in Matrizen gefertigten Plaketten mit der Darstellung einer Gn. des *Qdš*-Typ ist die Abhängigkeit von äg. Stelen aus phön. Orten und äg. Garnisonen (s. o. →2.) unverkennbar. Abb. 31_{12} stammt aus *Tell Bēt Mirsim*: die Gn. mit Hathorlocken hält in den abgewinkelten Armen bzw. Händen Blumen (dazu: L II Tf. 28b; Gezer I Tf. 37_{11}; oder mit einem hohen Polos in gleicher Haltung: Albright Tf. $A_{3,5}$; vgl. AOB 286; L IV Tf. $27_{2,48f}$; Gezer I Tf. 37_{10}). Neben diesen der SB I-Zeit zugehörenden Stücken findet sich die Darstellung der Gn. mit angelegten Armen (für Ugarit: Syria 35, 1958, Tf. 2a, b), weit häufiger jedoch die einer Gn., die ihre Brüste umfaßt. Eine Variante – nur die linke Brust umfassend – ist in Asdod (Ashdod II–III Abb. 64_1) und in *Kāmid el Lōz* (BMB 22, 1969, Tf. 3) nachgewiesen. Der normale Typus ist überaus zahlreich belegt (bes. in Megiddo und Thaanach), da er aus Matrizen geformt wurde (Beispiele: AOB 282; ANEP 467; aus *Tell Abū Hawām*: QDAP 4, 1935, 55 Abb. 322). In *Ḫirbet Tell ed-Ḏurūr* (isr. *Tēl Zərōr*) wurde 1965 eine SB-zeitliche Plakette und in einer Art Steinkistengrab (Nr. V) eine fragmentierte Plakette der E I-Zeit gefunden, die die zeitliche Spanne beim gleichen Typus dokumentieren (TZ II Tf. $47_{1,3}$).

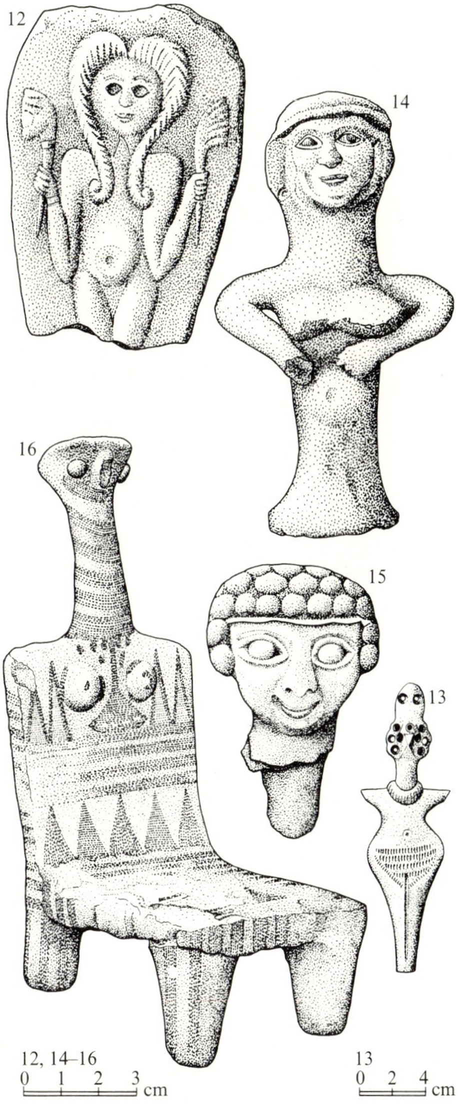

Abb. 31 **Götterbild, weibliches** (12) Tonplakette (SB I), (13–16) Tonfiguren (E-Zeit)

Beim „archaischen Typ“ (Pritchard) hat die vogelgesichtig erscheinende, nackte stehende Gn. durchbohrte Ohren – eine auch in Mesopotamien begegnende Darstellung (Syria 36, 1958, 37 Abb. 8b). Abb. 31_{13} stammt aus Sam'al. In einer Schicht der MB II-Zeit fand man in *Ḥamā* eine Figur mit drei erhaltenen Bronze-Ohrringen (ASyr 630). Tönerne Ohrringe trägt eine Figur aus Thaanach, die die Arme vor den Leib hält (AOB 280). Darstellungen der Gn. mit Ohrringen, mit anderer Armhaltung (Müller Nr. 432f) und solche mit einem Kind an der linken Brust (H. G. Buchholz / V. Karageorghis, Altägäis und Altkypros, 1971, Abb. 1722f) sind zypr. Eine Gn. im Gestus der *Venus pudens* ist durch eine Plakette aus Geser (AOB 293) vom Ende der SB II-Zeit belegt. Der E-Zeit gehören Beispiele aus Zypern an (Müller Nr. 426; E. Gjerstad u.a., The Swedish Cyprus Expedition III, 1937, Tf. 203_{10}). Die u.a. in *Nērab* in Gräbern des 7./6. Jh.s gefundenen, teils nackten teils bekleideten Gnn. bezeugen das Weiterleben des Typus (P. J. Riis, The Syrian Astarte Plaques and their Western Connection, Berytus 9, 1949, 69–90).

Aus der E II-Zeit stammen Figurinen einer Frau mit Handtrommel bzw. Tamburin, das zumeist vor die linke Brust gehalten wird (AOB 296; ANEP $469_{10,12}$). Es handelt sich nicht um das Bild einer Gn. mit der Sonnenscheibe, wie R. Amiran (EI 8, 1967, 99f) meint. Eindeutig beweisen das zypr. Beispiele (M. Ohnefalsch-Richter, Kypros. Die Bibel und Homer, 1893, Tf. 50_5; G. Schmidt, Kyprische Bildwerke aus dem Heraion von Samos, 1969, Tf. 70). Die Musik gehörte zum Kultreigen.

Der E IIC-Zeit zuzurechnen sind die Pfeilerfiguren (Pillar Type). Der sich nach unten zur Standfläche hin erweiternde Körper und die Arme, die füllige Brüste halten, sind handgeformt. Der Kopf stammt zumeist aus einer Matrize und ist vor dem Brand dem Körper aufgesetzt. Das Beispiel einer Vollfigur (Abb. 31_{14}) stammt aus Beth-Semes. Aus Mizpa kommt der Kopf mit Einsatzzapfen (Abb. 31_{15}). Neben den bei Pritchard (Type VII A) genannten und in Mizpa gefundenen Stücken können noch Exempel aus Lachis (L III Tf. 27f, 31_{1-14}) und aus *Ḫirbet Ṣāliḥ* (ERR I Tf. 24 II Tf. 35) genannt werden. Zu diesem Typus (*Dea nutrix* – als „Talisman“ in Privathäusern) vgl. Müller 149ff, 162ff.

Eine Frau oder Gn. im Status der Schwangerschaft wird in Plaketten der SB- und E-Zeit relativ selten dargestellt (TBM II Tf. 26_{6-10}; O. Negbi, A Deposite of Terracottas and Statuettes from Tel Ṣippor, 'Atiqot ES 6, 1966, Tf. 5f). Der pers. Zeit angehörend und von der Ägäis beeinflußt (vgl. Ch. Blinkenberg, Lindos, Fouilles de l'Acropole 1902–1914 I: Les petits objets [Planches], 1931, Tf. 100f) ist die Darstellung einer sitzenden schwangeren Frau (Beispiele aus *Tell Abū Hawām:* QDAP 4, 1935, 16f Abb. 25f; aus *ez-Zīb:* K. Katz/P. P. Kahane/M. Broshi, Von Anbeginn, 1968, Tf. 80).

Abb. 31_{16} zeigt die einmalige Darstellung einer Gn., die in Asdod aufgetaucht ist (Ashdod II–III Abb. 91_1). Sie wurde im Areal H in einem Schutthaufen der „philistäischen“ Schicht 4b gefunden. Für die zweifarbig bemalte, 17 cm hohe, 7 cm breite, 10 cm tiefe Figur ist der lange Hals und vorab der Kopf Datierungsindiz (vgl. E. French, The Development of Mycenaean Terracotta Figurines, The Annual of the British School at Athens 66, 1971, 101–187 – myk. Köpfe sind auch in Ugarit, *Tell Abū Hawām* und Beth-Semes aufgetaucht). Der armlose, brettartige Oberkörper und der flächenartig waagrechte Unterkörper steht auf vier knubbelartigen Füßen. Die vorderen Füße eines lehnlosen Hockers (keine Opfertafel!) sind identisch mit den Füßen. Nach dem Urteil von R. Hachlili (Ashdod II–III 133) ist die Figur myk. im Konzept und philistäisch in der Bemalung: beides kommt aus der Ägäis. Was ebd. 129 Anm. 15 an Parallelen genannt wird, trifft das Thema, nicht die Art der Gestaltung. Erheblich älter sind zwei aus Assur stammende Sitzfiguren mit zwei knubbelartigen (vorderen) Füßen: W. Andrae, Die archaischen Ischtar-Tempel in Assur, WVDOG 39, 1922, Tf. 55o, p, die aber Arme besitzen. Mit den böotischen Brettidolen (vgl. E. Paul, Die böotischen Brettidole, Wissenschaftliche Zeitschrift der Karl-Marx-Universität Leipzig 8, 1958/59, 165–206), hat die Figur aus Asdod nichts zu tun. Wie die Figur mit den u.E. aus Zypern gekommenen Töpfern des 12./11. Jh.s nach Asdod gelangt ist, so ist auch eine vergleichbare, unbemalte Form alsbald abgestorben. Die

Götter der Bevölkerung des von einer dünnen philistäischen Oberschicht beherrschten Raumes sind kan. Prägung (Dagon, *Ba'al Zəbūb,* Astarte) und wurden wahrscheinlich auch kan. dargestellt.

Literatur: W.F. Albright, Astarte Plaques and Figurines from Tell Beit Mirsim, Festschr. R. Dussaud I. 107–120 – S.A. Cook, The Religion of Ancient Palestine in the Light of Archaeology, 1930 – Gese, Religionen, *passim* – V.K. Müller, Frühe Plastik in Griechenland und Vorderasien, 1929 – E. Pilz, Die weiblichen Gottheiten Kanaans, ZDPV 47, 1924, 129–168 – J.B. Pritchard, Palestinian Figurines in Relation to Certain Goddesses Known through Literature, American Oriental Series 24, 1943 – R. Stadelmann, Syrisch-palästinensische Gottheiten in Ägypten, 1967.

K. Galling

Göttergruppe

1. Allgemeines. 2. Götterpaare. 3. Größere G.n. 4. G.n auf äg. Stelen.

1. Die G.n stellen sowohl im Hinblick auf die schriftlichen Zeugnisse wie auch in bezug auf die archäologischen Funde vor bes. Probleme. Mythischen und anderen Überlieferungen ist ohne Zweifel zu entnehmen, daß Zweiergruppen – meist Gott und Göttin –, Triaden oder noch größere Gruppen gebildet wurden (Jirku; Gese, Religionen, *passim*). Dabei scheinen die Kombinationen in Syr.-Pal. zu verschiedenen Zeiten und in verschiedenen Religionen stark variabel gewesen zu sein; doch lassen sich Grundmuster feststellen. Die Zweiergruppen bestehen meist aus einem jugendlichen Gott und einer Göttin, so z.B. Astarte und Ba'al (Gese, a.a.O., 162), die Triaden gerne aus zwei jugendlichen Göttern und einer Göttin, z.B. 'Ešmūn, Melqart und Astarte (ebd. 190).

Das reichhaltigste Material stammt aus der Spätzeit. Von bes. Interesse sind die beiden Triaden in Palmyra: Ḇēl, Yarḥibōl und 'Aglibōl einerseits, *Ba'al Šāmēm,* 'Aglibol und Malakbēl andererseits. Sie unterscheiden sich von den üblichen phön.-syr. Triaden – aus derselben Epoche aus Ba'albek belegt – dadurch, daß das weibliche Element fehlt. Nach den bisher bekannten Monumenten zu schließen, sind die beiden Triaden zwischen 33 v.Chr. und 32 n.Chr. entstanden. In welchem Verhältnis dabei orientalische und hell. Elemente zueinander stehen, ist schwierig zu entscheiden (umfassend: Seyrig).

Von bes. Bedeutung ist die in Texten der jüd. Militärkolonie von Elephantine belegte G., die aus Jahwe und zwei Göttinnen besteht: *'Anat-Bẹt'ẹl* und *'Ašim-Bẹt'ẹl* (zu *'Anat-Bẹt'ẹl* vgl. R. Borger, Die Inschriften Asarhaddons, Königs von Assyrien, AfO Beiheft 9, 1956, §69; ders., VT 7, 1957, 102–104; zu *'Ašim-Bẹt'ẹl* vgl. die Bezeichnung *'štrt šm B'l* = „Astarte Name Ba'als" der Paredros Ba'als in der 'Ešmūn'azōr-Inschrift: KAI Nr. 14 Z. 18). Aufgrund der ebenfalls belegten Bezeichnung *'Anat-Yāhū* ist deutlich, daß *Bẹt'ẹl* hier keine eigenständige Gottheit ist, sondern Jahwe gleichgesetzt wird (E.G. Kraeling, The Brooklyn Museum Aramaic Papyri, 1953, 83–89; ders., RGG II, 415–418).

Rückschlüsse von Elephantine her auf eine Zusammenschau von Jahwe mit zwei weiblichen Gottheiten im Judentum oder gar im vorexilischen Israel sind abwegig, zumal auch die Bildrede von Ohola und Oholiba als Frauen Jahwes in Ez. 23 nicht als Zeugnis dafür gelten kann. Ez. 23 ist traditionsgeschichtlich vielmehr von Jer. 3_{6-11} und Hosea her zu verstehen (W. Zimmerli, Ezechiel, BK 13/1, 1969, 528–555).

Bes. Probleme bestehen auch von der archäologischen Seite her. Während bei Darstellungen auf Stelen oder Siegeln die einzelnen Glieder der Gruppe nicht auseinandergerissen sind, muß man bei Figurinen aller Art von einem Glücksfall sprechen, wenn die Glieder einer Gruppe gemeinsam erhalten sind. Es ist damit zu rechnen, daß nicht wenige der als Einzelgestalten behandelten Kleinbronzen und Terrakotten ursprünglich Bestandteile von Gruppen waren.

2. Unter den spärlichen Zeugnissen für G.n finden wir eine erstaunliche Zahl von Paaren und Doppelpaaren aus der MB II-Zeit. Als Beispiel diene eine Gruppe aus dem Ashmolean Museum (Abb. 32_1). Die Gruppe besteht aus vier vollplastischen, allerdings bemerklich flachen Bronzefiguren, die auf einem Sockel stehen. Figur 2 und 4 fallen durch ihre Größe und auch dadurch auf, daß über ihrer Schulter ein Riemen mit einem Dolch (?) hängt. Die Köpfe sitzen auf einem auffallend langen Hals, die ursprünglich eingelegten Augen sind übergroß vertieft. Die Geschlechtsmerkmale sind kaum hervorgehoben. Man wird nicht fehlgehen in der Annahme, daß die große bewaffnete Gestalt einen Kriegsgott und die kleinere Figur eine Göttin

darstellt. Die Vierergruppe ist als Verdoppelung der Zweiergruppe zu verstehen. Neben weiteren Vierergruppen existieren auch Zweiergruppen im selben Stil, wobei auch hier der Gott meist bewaffnet ist. Anzuschließen sind einzeln gegossene, aber zusammen gefundene Figuren des bewaffneten jugendlichen Gottes und der Göttin. Genannt seien die in einem Krug in Ugarit gefundenen Silberfiguren mit Halsband und Schurz aus Gold (Abb. 32_2; 28 bzw. 16 cm hoch). Schließlich stammen aus verschiedenen Ausgrabungen Einzelgestalten, die man ebenfalls dieser Gruppe zurechnen darf (Megiddo: Meg II Tf. $233_{1,5f,11}$; *Nahărīyā*: IEJ 6, 1956, 20f; *Ḥamā*: Hama II/1 99 Abb. 124). Die ganze Gruppe ist mit O. Negbi (PEQ 100) zwischen die Mitte des 19. und das Ende des 18. Jh.s zu datieren.

Eine weitere Gruppe aus derselben Epoche – vertreten durch Beispiele im Louvre –, zeigt (Abb. 32_3; dazu Syria 41, 1964, 219–225) den Gott mit einer hohen Federkrone, nacktem Oberkörper, einem Schurz; beide Arme werden nach vorn gehalten. Die etwas kleinere Göttin trägt einen knielangen Mantel, auf dem Kopf einen Polos; in der Rechten hält sie eine kleine Schale. Die Gruppe dieser Götter mit Federhelm kann aufgrund dieser Schale und aufgrund weiterer Hinweise in die MB IIA-Zeit datiert werden (Negbi, IEJ 11). Die vorgenannten Beispiele sind wichtige Zeugnisse für die kan. Religion im 1. Viertel des 2. Jt.s.

Die folgenden Exempel entstammen anderen Gattungen und einer anderen Epoche. Zu nennen ist zunächst ein um 1300 zu datierendes Rollsiegel aus Bethel (Abb. 32_4) mit zwei Gestalten rechts und links der Inschrift **'strt* = „Astarte". Die rechts stehende Göttin zeichnet sich aus durch eine hohe Mütze und zwei weit über den Rücken herabhängende Bänder. In der Rechten hält sie einen Speer. Ihr gegenüber steht der Gott mit Hörnermütze, der ebenfalls in der Rechten einen Speer hält und mit der Linken eine Schlagwaffe über dem Kopf schwingt (dazu K. Galling, VTS 15, 1966, 165–169).

Aus dem 12. Jh. stammt die Stele aus *el-Bālū'* (70 km südl. von *'Ammān*). Im oberen Teil der 1,83 m hohen Stele finden sich bis heute nicht lesbare Überreste einer älteren Inschrift (Abb. 32_5; →Stele, 2.). Links steht ein jugendlicher Gott mit kurzem Schurz, äg. Doppelkrone und einem Szepter; rechts, ihm zugewandt, steht eine Göttin mit langem Kleid und *'tf*-Krone. In der Rechten hält sie ein Lebenszeichen. Dazwischen steht der König, dem Gott zugewandt mit betend erhobenen Händen.

Das entsprechende Motiv begegnet auch als Ritzzeichnung (?) auf zwei Fragmenten eines Tellers mit abgesetztem Rand aus Beth-Semes (AS III 55 Abb. 4). Auf der größeren Scherbe sind Gott und Göttin von der Brust an abwärts sichtbar. Der Gott trägt den kurzen Schurz, die Göttin das knöchellange Gewand; sie hält in beiden Händen, er nur in der Linken ein Lebenszeichen. Auf der zweiten Scherbe sind die obersten Teile der beiden Kronen sichtbar. Die Scherben sind in die SB-Zeit zu datieren.

Die Bildtradition läßt sich erneut in der Spätzeit feststellen. So zeigt etwa eine Münze aus Hierapolis aus dem 3. Jh. n. Chr. Hadad und Atargatis auf einem Stier- bzw. Löwenthron sitzend (Abb. 32_6).

Die Gruppe „jugendlicher Gott mit Göttin" ist somit von der MB II- über die ausgehende SB-Zeit bis in die hell.-röm. Epoche zu verfolgen. Diese einen solchen Zeitraum umspannenden Zeugnisse für das Motiv weisen es als Grundmotiv der Religionen im syr.-pal. Raum aus.

3. Eine wie beim Götterpaar feststehende Bildtradition ist bei größeren Gruppen nicht erkennbar. Aus Ugarit ist ein 3,3 cm hoher Anhänger aus Elektron zu nennen (14. Jh.). Die zwei äußeren Figuren tragen eine hohe Mütze, ein fußlanges Gewand, die mittlere Figur eine Stiermaske und ebenfalls ein langes Gewand. Es handelt sich um einen Fund heth. Ursprungs (Ug III 94 Abb. 113f). Fragmente einer Triade (wohl Göttin zwischen zwei Göttern) sind auch aus Boğazköy bekannt (KlBo 164 Tf. 59_{1709}).

Eine für die syr.-pal. Religion bemerkenswerte Gruppe wurde in Ugarit im Zusammenhang mit einer Goldschmiedewerkstatt gefunden (Schaeffer, Syria 43, 7–10). Sie besteht aus vier Gestalten: einer Sitzfigur vom Typus des alten Gottes (→Götterbild, männliches, 4.a; ANEP 826; 13,8 cm hoch) und zwei aus derselben Gußform stammenden stehenden jugendlichen Göttern mit erhobenen Rechten (ur-

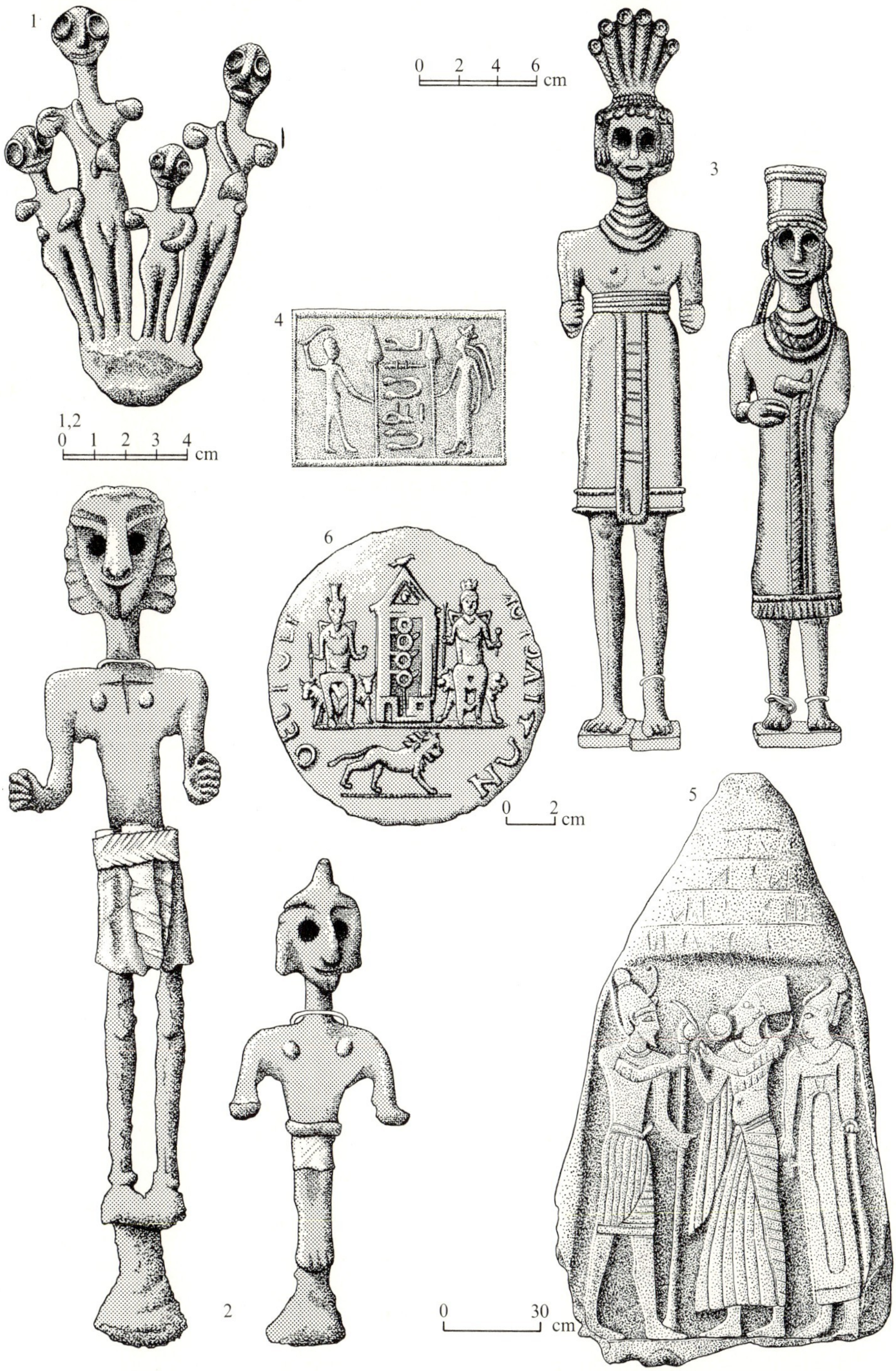

Abb. 32 **Göttergruppe** (1) Vierergruppe aus Bronze (unbekannter Herkunft, MB II), (2) Paar aus Silber (Ugarit, 19./18. Jh.), (3) Paar aus Bronze (unbekannter Herkunft, MB IIA), (4) Rollsiegel (Bethel, um 1300), (5) Stele (*el-Bālūʿ*, 12. Jh.), (6) Münze (Hierapolis, 3. Jh. n. Chr.)

sprünglich mit Waffe; ANEP 827; 14,3 cm hoch; →Götterbild, männliches, 4.b). Zur Gruppe gehört schließlich ein 10 cm hoher vollplastischer Stier (ANEP 828). Die den Gott El darstellende Sitzfigur wies noch Reste eines über die Knie laufenden Leinenbandes auf, mit dem sie offensichtlich auf einem Thron festgebunden war. Unmittelbar hinter ihr standen der Stier und etwas zurückgesetzt rechts und links die beiden Ba'al-Gestalten. Zahlreiche Fragen sind offen. Ist das Ganze wirklich als G. zu verstehen? Gehört der Stier zur El-Gestalt oder zur Ba'al-Figur? Handelt es sich um zwei verschiedene *Bə'ālīm,* wie C.F.-A. Schaeffer (Syria 43, 9) annimmt, oder nicht vielmehr um eine Verdoppelung einer einzigen Ba'al-Gestalt im Blick auf die Bildsymmetrie, vergleichbar der Verdoppelung der Götterpaare? Parallelen zu einer solchen Gruppe gibt es bisher nicht (Gruppenbild: Schaeffer, El, 143 Abb. 4).

4. Zahlreiche äg. Stelen zeigen eine Göttertrias, bestehend aus Rešep, der Göttin *Qdš* und dem äg. Gott der Zeugungskraft, Min (RÄRG 461–467). Ob diese im äg. Bereich feststehende Trias eine entsprechende kan. Parallele hat, ist angesichts des rein äg. Charakters des Gottes Min unwahrscheinlich (Beispiele: ANEP 470, 473f; →Götterbild, weibliches, 2.; Stadelmann 118–123).

Literatur: Gese, Religionen, *passim* – A. Jirku, Zweier-Gottheit und Dreier-Gottheit im altorientalischen Palästina-Syrien, MUSJ 45, 1969, 399–404 – O. Negbi, On Two Bronze Figurines with Plumed Helmets from the Louvre Collection, IEJ 11, 1961, 111–117 – dies., Dating Some Groups of Canaanite Bronze Figurines, PEQ 100, 1968, 45–55 – C.F.-A. Schaeffer, Nouveaux témoignages du culte de El et de Baal à Ras Shamra-Ugarit et ailleurs en Syrie-Palestine, Syria 43, 1966, 1–19 – ders., El, Elath et Asherat, Festschr. A. Dupont-Sommer, 1971, 137–149 – H. Seyrig, Bel de Palmyre, Syria 48, 1971, 85–120 – R. Stadelmann, Syrisch-palästinensische Gottheiten in Ägypten, 1967.

P. Welten

Grab

1. Vorbemerkungen. 2. G. und Tod im AT. 3. G.formen, a Erd–G.er, b Steinkisten–G.er, c Tumuli, d Fels–G.er, α in vorisr. Zeit, β in der E-Zeit, γ in pers. Zeit, δ in hell.–röm. Zeit.

1. Gegenüber Galling, BRL[1], 237–252 konnte die Thematik auf die räumlichen und zeitlichen Abgrenzungen der Reiche Israel und Juda und ihrer verschiedenen Rechtsnachfolger eingeengt werden, da neue instruktive Artikel über G.er in Mesopotamien, Anatolien und in der Levante nördl. Pal.s in RLA III, 581–609 vorliegen. In der Umwelt sind G.typen belegt, die in Pal. während des 1. Jt.s entweder ganz unbekannt waren oder nur so sporadisch aufgetaucht sind, daß hier davon abgesehen werden kann. Zu Urnen-, Topf- oder Krugbestattungen →Sarkophag, Urne, Ossuar, 3., zum Problem der Zweitbestattung →ebd., 4. Auch in Teil 1 und 2 dieses Artikels findet der Leser manches, was er hier vermißt.

2. Das hebr. Wort *qēber* bezeichnet sowohl das einfache Erd–G., in dem die *bənē hā-'ām,* „die Angehörigen des Volkes" (2R. 23_6 Jer. 26_{23}), für immer dem Vergessen anheimfielen, als auch die in den Fels gehauenen oder aus Quadern erbauten Grüfte der Vornehmen oder Wohlhabenden, die nicht selten deren Namen inschriftlich bewahrt und meistens durch die in ihnen gefundenen G.beigaben der Forschung Hinweise auf den Zeitraum ihrer Benutzung und auf die materielle Kultur ihrer Benutzer geliefert haben. Die häufige Notiz, daß einer „im Grabe seines Vaters" beigesetzt wurde, meint zweifellos die Einbringung in die Familiengruft. Ebenso dürfte die formelhafte Wendung „zu seinen Vätern versammelt werden" aus diesem Brauch zu erklären sein. Das Fels–G. der Familie befand sich gewöhnlich im Bereich der Nekropole außerhalb der Siedlung. Daß die Könige von Juda zu ihren Vätern „in der Stadt Davids" versammelt wurden (1R. 11_{43} 14_{31} 15_8 u.ö.), gehörte zu den Ausnahmen.

3.a Die einfachen Erd–G.er aus den vorislamischen Perioden sind uns fast unbekannt. Sie waren meist durch Verfall und durch das häufige Fehlen von G.beigaben so unansehnlich, daß sie der Aufmerksamkeit der Ausgräber entgingen. Dank der exakteren Grabungsmethoden findet man sie neuerdings gelegentlich aufgenommen und dokumentiert, so z.B. SB-zeitliche Erd-G.er auf *Ḫirbet Tell eḏ-Ḏurūr* (isr. *Tẹl Zərōr;* vgl. TZ III 71, 73 Tf. 55).

3.b Ebenfalls auf *Ḫirbet Tell eḏ-Ḏurūr* wurden Steinkisten-G.er der E I-Zeit entdeckt, G. 1–5 (TZ II 35–41 Tf. 7f, 36–45) und G. 6–9 (TZ III 69f, 73 Tf. 51–54; zur Lage der G.er vgl. ebd. Tf. 13).

3.c Ganz ungewöhnlich ist im E-zeitlichen Pal. auch der Tumulus; zu den Tumuli westl. von Jerusalem vgl. Amiran.

3.d Die absolut vorherrschende Form unter den wiederentdeckten und archäologisch untersuchten G.anlagen in Pal. beiderseits des Jordans sind Felskammern. Sie weisen eine verwirrende Fülle von Typen auf. Bei dem Versuch, einige typologische Gruppierungen und zeitliche Abgrenzungen vorzunehmen, folgen wir weitgehend Loffreda.

3.dα Sicher scheint, daß das in den Fels getriebene Rundschacht-G. der Vorläufer aller späteren Typen des pal. Fels-G.es ist. Es reicht zurück bis in die Übergangsphase vom CL zur FB-Zeit. Ein markantes Beispiel ist G. A76W von *Bāb eḏ-Ḏrā'* (Abb. 33_1, vgl. BASOR 189, 1968, 14–26); nur wenig später ist G. K2 von Jericho (Jer II 8–27 Abb. 3). Daraus hat sich das Rundschacht-G. der MB-Zeit entwickelt, das in der MB I-Zeit aufkam (Abb. 33_2: G. M16 von Jericho, vgl. Jer II 153–155), in der MB II-Zeit noch hergestellt und bis zum Ende der SB I-Zeit noch benutzt wurde. Nach der Wende zur E-Zeit kommt es in seiner „klassischen" Form nicht mehr vor. Daß der als Einstieg sehr unbequeme senkrechte Rundschacht abgelöst wurde durch einen verkümmerten Dromos, dürfte weniger auf fremden Einfluß zurückzuführen sein als auf technischen Fortschritt.

3.dβ Die Fels-G.er der E-Zeit kann man trotz aller regionalen und periodischen Unterschiede generell als Bank-G.er bezeichnen. In der E I-Zeit sind zwei Hauptgruppen zu beobachten: einerseits die sogenannten Philister-G.er im äußersten Südwesten des Landes, deren Kammer einen trapezförmigen Grundriß hat, und die Loffreda (265f) deshalb unter der Bezeichnung „Typ T" zusammenfaßt; die andere Gruppe, die im Westen und Nordwesten vorherrscht, ist mehr oder weniger kreisförmig (circular) gestaltet und wird darum von ihm „Typ C" genannt (ebd.). Typ T ist bes. stark vertreten auf *Tell el-Fār'a* Süd: der Zugang besteht aus einem schmalen Dromos von 5 Stufen, die in einen Absatz auslaufen. Ihm gegenüber stößt man auf eine Steinplatte, die das Stomion, den engen, kurzen Durchschlupf in die trapezförmige G.kammer nach außen verschließt. Die letztere ist so gestaltet, daß das schmale Mittelfeld zur Hälfte oder auch in ganzer Länge eingetieft ist, so daß entweder auf drei Seiten oder nur auf den beiden Längsseiten Bänke zur Beisetzung der Toten verbleiben (Abb. 33_3: G. 532 auf *Tell el-Fār'a* Süd). Eine von Loffreda mit TT bezeichnete Variante hat gegenüber dem Eingang eine zusätzliche kleinere Kammer (Abb. 33_4: G. 552 auf *Tell el-Fār'a* Süd). Waldbaum leitet diesen G.typ aus ägäischer Tradition ab. Es ist aber offenkundig, daß die Philister lokalen Vorbildern gefolgt sind (vgl. Loffreda 282–286 und Stiebing bes. 139f mit Abb. 1). Aber auch der Typ C, dessen kreisförmige Kammer von Nischen oder Bänken umsäumt ist, geht auf kan. Tradition zurück. Das ist nicht zu verkennen, wenn man in Geser die SB-zeitlichen G.er 9 und 58 vergleicht mit den der E-Zeit zuzuweisenden wie G. 59 (Abb. 33_5), 28 und 96. In diese Gruppe gehört auch das von Gophna und Meron entdeckte E I-zeitliche G. auf *Ḫirbet el-Mi'sāba*, 10 km südl. des heutigen Ašdod (Abb. 33_6). Die beiden G.er (Abb. 33_{5f}) datieren aus dem 12. Jh., aber die übrigen sind gut 50 Jahre jünger. Für diese etwas späteren G.er ist charakteristisch, 1. daß die Einstiegstufen nicht in der Art des SB-zeitlichen Dromos vor dem Stomion liegen, sondern vom Kammereingang direkt zu dem vertieften Mittelteil führen und 2. daß der letztere nicht von Nischen, sondern von einer durchlaufenden Bank umgeben ist. Hier ist G. 28 von Geser einzuordnen (Abb. 33_7).

Um 1000 bricht die kan. Tradition ab. Rechteckige und quadratische Bank-G.er herrschen nun vor. Die ersteren, Typ R genannt, haben ihren Zugang von einer der beiden Schmalseiten. Die Bänke zur Beisetzung der Toten befinden sich auf den drei übrigen Seiten des vertieften Mittelteils der Kammer. Charakteristisch für diese Gruppe sind im 10.–8. Jh. G. 142 von Geser (Abb. 33_8), G. 3 von *Tell en-Naṣbe* (TN I 102 Abb. 11) und ein G. aus *el-Kefīre* (B. Bagatti, I Monumenti de Emmaus el Qubeibeh et dei Dintori, Pubblicazioni dello Studium Biblicum Franciscanum 4, 1947, 201 Abb. 41_1). Die beiden letzteren sind mit Depotgruben ausgestattet, die vom 8. Jh. ab bei Felskammer-G.ern sehr verbreitet waren. Diese rechteckigen G.er mit einer Kammer sind in dieser Zeit auch im Ostjordanland vertreten z.B. in *Ḏībān* durch G. J1 und J3 (AASOR 36–37, 1964, Tf. 95f).

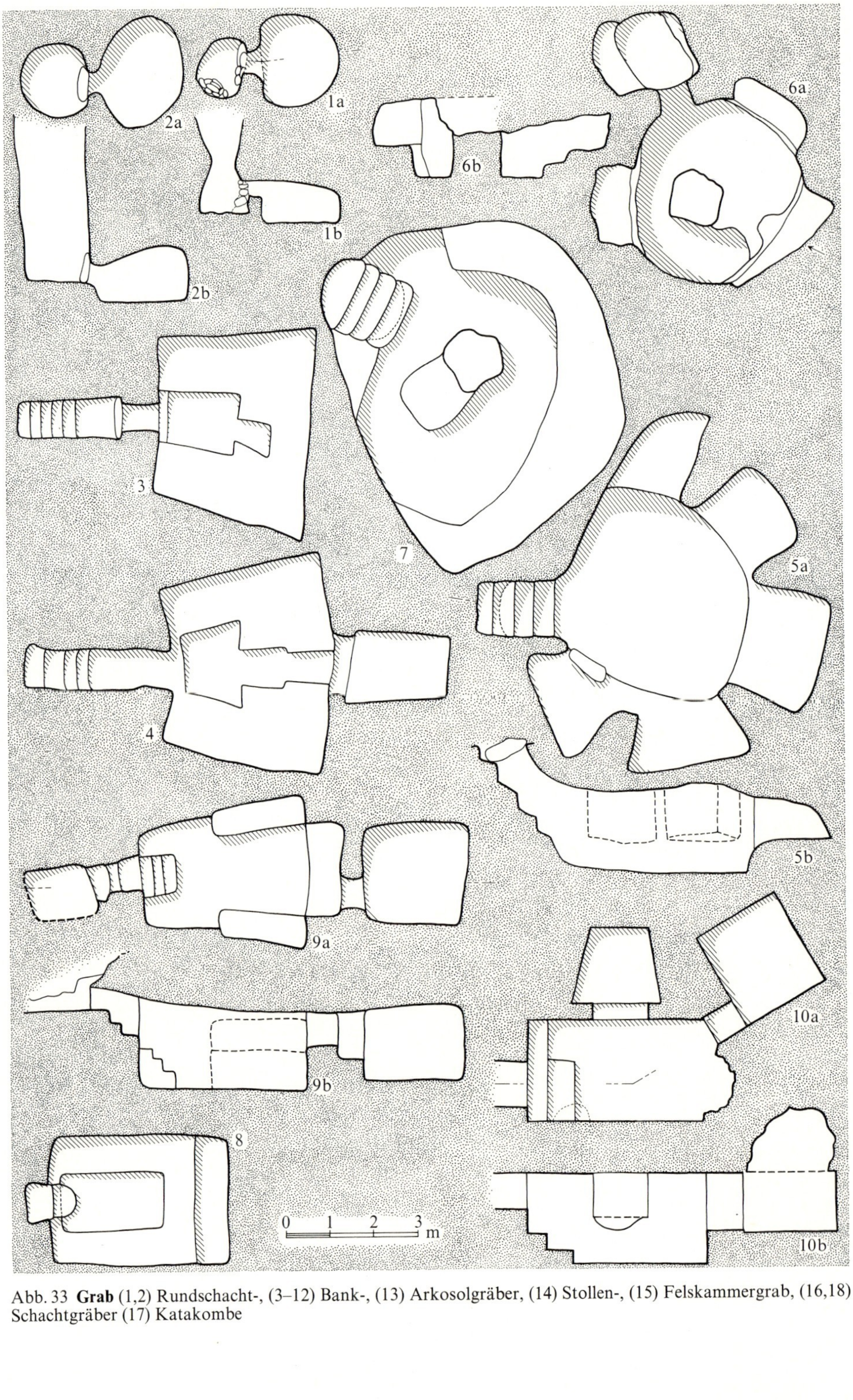

Abb. 33 **Grab** (1,2) Rundschacht-, (3–12) Bank-, (13) Arkosolgräber, (14) Stollen-, (15) Felskammergrab, (16,18) Schachtgräber (17) Katakombe

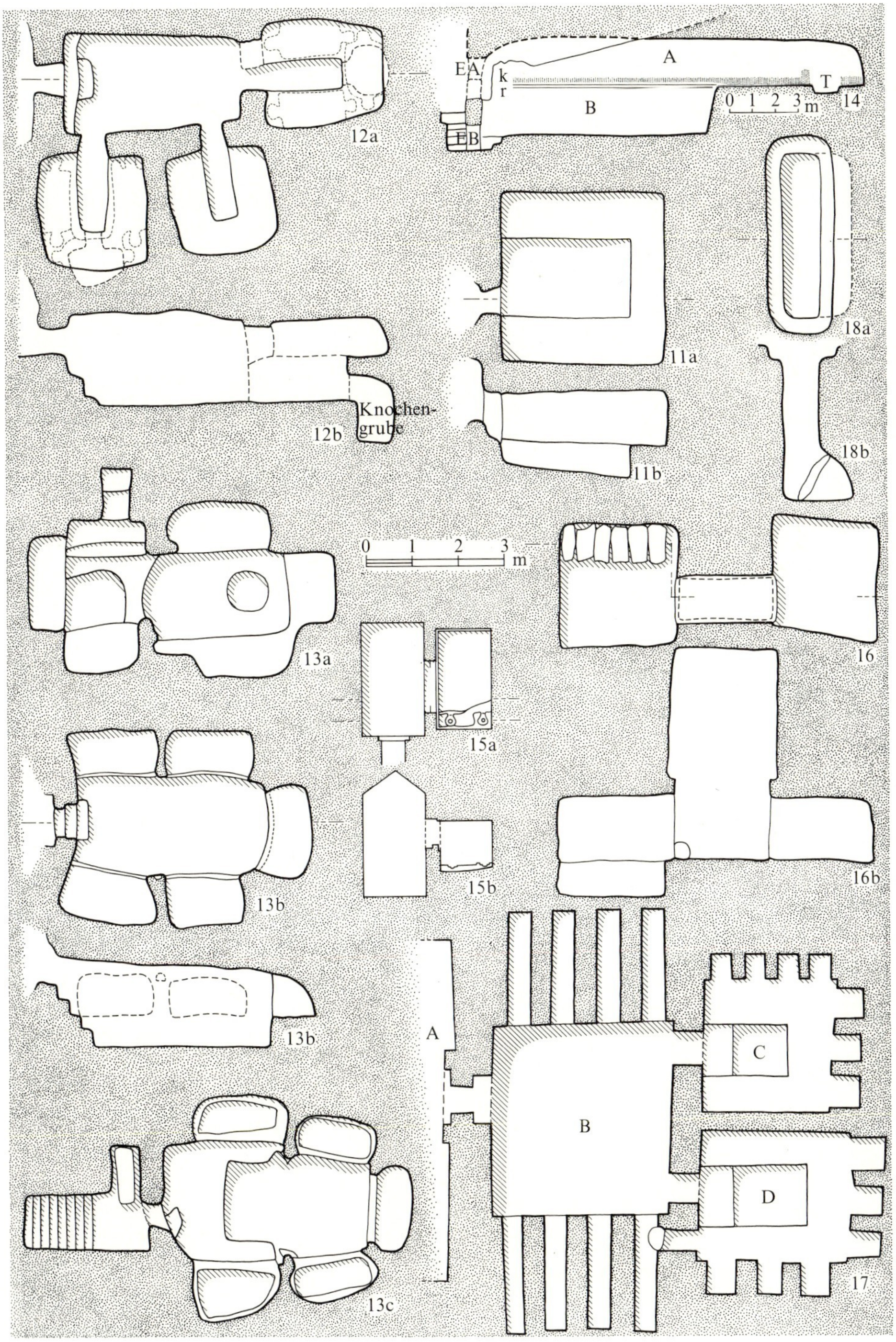
12a
E A
E B
k
r
A
B
T
0 1 2 3 m
14
18a
11a
Knochen-
grube
12b
11b
18b
13a
0 1 2 3 m
16
15a
13b
15b
16b
13b
A
C
B
D
13c
17

Eine Abwandlung diesesTyps ist so gestaltet, daß zumindest die unteren Stufen der Zugangstreppe in die G.kammer hineinreichen, die eine oder zwei quadratische oder trapezförmige Seitenkammern hat. Die Verbindung zur Hauptkammer wird hergestellt mittels eines rechteckigen Durchschlupfs, der über dem Niveau des Fußbodens liegt. Dieser Typ wird jetzt am besten repräsentiert durch G. 5 von *Tell en-Naṣbe* (Abb. 33_{9}). Gelegentlich fehlen bei dieser Variante die Bänke, so bei dem G. von *eẓ-Ẓāherīye,* 20 km südwestl. von Hebron (Abb. 33_{10}). Während die Hauptgruppe der rechteckigen G.kammern mit Bänken vom 10.–8. Jh. verbreitet war, sind G.er der letztgenannten Variante wahrscheinlich nur im 9. Jh. angelegt worden.

Im 7. und 6. Jh. dominierten quadratische Bank-G.er entweder als Einkammeranlagen (Typ S = square) wie G. 2 von Beth-Semes (Abb. 33_{11}) oder als 2- bis 4-Kammeranlagen, wobei der Hauptraum (Typ M = main chamber) rechteckig gestaltet und ohne Bänke war. Nur die Seitenkammern entsprachen dem Typ S. Als Beispiel zeigen wir G. 1 der westl. von Hebron gelegenen *H̱irbet el-Kōm* in Abb. 33_{12}. Dieser Gruppe sind u.a. zuzuweisen ein G. auf der benachbarten *H̱irbet Bēt Layy* (IEJ 13, 1963, 74 Abb. 1) und G. 105 und 106 in Lachis (L III 179–187 Abb. 21 Tf. 3_{3-6}). Erst kürzlich wurden sieben Anlagen dieses Typs aus der E IIC-Zeit in Jerusalem zwischen dem Damaskus-Tor und dem Konvent St. Étienne entdeckt (vgl. Barkai/Kloner). Bes. charakteristisch für die Fels-G.er dieser Periode sind die meist von einer Ecke der quadratischen Kammer aus in den Fels getriebenen runden Depotgruben.

Der Feststellung Loffredas, daß die G.er der von ihm so benannten Typen S und M im 7. und 6. Jh. absolut vorherrschten, ist noch die Vermutung anzufügen, daß viele von ihnen noch bis ins 5. Jh. in Gebrauch waren und/oder nach langer Zeit wieder benutzt wurden, so G. 106 von Lachis im 3. und 4. Jh. n. Chr. (L III 180, nicht 4. und 3. Jh. v. Chr., so Dever 150).

G. 2 von *H̱irbet el-Kōm* ist nach Dever etwa gleichzeitig mit G. 1 und den anderen G.ern dieses Typs. Beide Typen seien vom 8.–6. Jh., vielleicht schon im 9. oder gar im 10. Jh., wohlbekannt gewesen, aber nur in Juda. Sie müssen jedoch in typologischer Hinsicht grundsätzlich voneinander getrennt werden. Bei G. 2 von *H̱irbet el-Kōm* handelt es sich um einen G.typ, bei dem eine meist rechteckige und auf einer Schmalseite durch einen kurzen, engen Dromos zugängliche Kammer, die wenig oberhalb Hüfthöhe von Arkosolien, d.h. von Bogenbank-G.ern, umgeben ist. Dieser Typ hat mehrere Varianten: entweder ist die Kammer auf beiden Langseiten von je zwei Bestattungsnischen flankiert, oder sie hat gegenüber dem Eingang zusätzlich eine fünfte. Schließlich gab es eine dritte Form. Diese hat eine kürzere Kammer mit je einem Arkosolium auf beiden Langseiten und einem dritten gegenüber dem Eingang. Bemerkenswert ist nun, daß 1970 in der zu *Tell ʿĒṭūn* gehörigen Nekropole, nur 5 km südwestl. von *H̱irbet el-Kōm,* eine ganze Serie von Felskammern mit Bogenbank-G.ern entdeckt wurden, die nach ihren Ausgräbern T. Dothan und D. Ussishkin u.a. vom 12. Jh. bis ins 4. Jh. n. Chr. reichen (Abb. 33_{13a-c}, vgl. Qadmoniot 4, 1971, 86–90; TA 1, 109–127). Abb. 33_{13b} zeigt diesen am Westhang des Gebirges Juda und in der Schephela vom 8.– 6. Jh. am stärksten verbreiteten Typ des Bogenbank-G.es. Seinem ältesten am Ort gefundenen Vorgänger aus dem 12. Jh. (Abb. 33_{13a}), dessen Eingang quer zur Längsachse angebracht ist, fehlt noch die Symmetrie der späteren Entwicklungen. Abb. 33_{13c} gibt das röm.-byz. Endprodukt wieder. Es weicht von den Vorbildern der jud. Königszeit durch den technisch perfekter ausgeführten Dromos mit Rollstein ab und dadurch, daß die seitlichen Nischen als Bogentrog-G.er gestaltet sind, die erst im 3. Jh. n. Chr. aufkamen.

Am Ende dieses Überblicks über Fels-G.er der E-Zeit ist zu betonen, daß es zwar wünschenswert, aber nicht unproblematisch ist, typologische Entwicklungslinien auszuziehen. Der Versuch Loffredas scheint uns – gegen Dever 150 Anm. 13 – der bisher einleuchtendste, obwohl auch er Fragen offenläßt. Daß man nicht auf zu starren Abgrenzungen zwischen seinen G.typen bestehen darf, macht z.B. das in Abb. 33_{6} vorgeführte G. hinreichend deutlich. Es nimmt typologisch eine Mittelstellung ein zwischen Loffredas Typ C (Abb. 33_{5}) und den Arkosol-G.ern von *Tell ʿĒṭūn* (Abb. 33_{13}). Die in Abb. 33_{5} und 33_{13a} gezeigten G.er liegen zeitlich relativ nahe beieinander. Die Kammer des einen ist ebensowenig konsequent kreisförmig wie die des anderen rechteckig. Auch mahnt das jetzt bezeugte Fortleben des Arkosoltyps bei *Tell ʿĒṭūn* über einen Zeitraum von 1500 Jahren zur Vorsicht gegenüber voreiligen chronologischen Schlüssen.

Zu den Fels-G.ern der jud. Königszeit sind auch die Stollen zu rechnen, die auf dem Südosthügel von Jerusalem, also innerhalb der alten Davidsstadt entdeckt wurden. Das Ausmaß ihrer Zerstörung durch röm. Steinbrüche zeigt BHH II Tf. 28b. Man könnte bei diesen Anlagen an äg. Einflüsse der 20. Dyn. denken, zumal dieser G.typ im pal.-syr. Raum ganz singulär ist. Diese Vermutung wird etwas erschwert durch die Zweistöckigkeit der am besten erhaltenen Anlage (Abb. 33_{14}). „Der ursprünglich über 15 m lange Stollen A... endet in einem quergelegten Trog (T) für die Leiche des Erbauers (David?). Der untere Stollen B ist 9 m lang, in der Höhe des Fußbodens von A bzw. der Decke von B findet sich ein Kalkverputzstreifen (k) und eine Rinne (r) auf beiden Seiten des Stollens. Der heute erhaltene Zugang EB führt nur in den unteren Stollen" (Galling, BRL[1], 247). Man wird sich vorzustellen haben, daß der Stollen A mit einem ca. 2 m über EB gelegenen Zugang (EA) die erste Bauphase gebildet hat, was auch der Annahme äg. Einflusses entgegen käme. Erst in einer späteren Zeit wäre der untere Stollen ausgehauen und eine Holzbalkendecke in Höhe der Rinnen (r) eingezogen worden. Daß wir hier die G.lege der Davididen vor uns haben, kann freilich weder bewiesen, noch widerlegt werden. Aber diese These kann ein hohes Maß von Wahrscheinlichkeit für sich in Anspruch nehmen. Zur literarischen Tradition vgl. Jeremias 53–60.

Bevor wir die vorexilische Epoche hinter uns lassen, ist schließlich noch auf die Kammer-G.er in den senkrechten Felsbändern von *Silwān* auf der steilen Ostflanke des Kidrontals gegenüber der alten Davidsstadt einzugehen. Sie sind in Pal. singulär, wenn man sie in die ausgehende jud. Königszeit datiert, was noch immer umstritten ist. D. Ussishkin, der diese Nekropole zuletzt systematisch untersucht und fast 40 G.er erfaßt hat (BA 33, 34–46; Y. Yadin, ed., Jerusalem Revealed, 1975, 63–65) unterscheidet drei Gruppen: 1. In den Felsen gehauene G.er mit giebelförmigen Dekken. Ihr Eingang ist ein quadratisches Schlupfloch. Parallel zur rechteckigen Hauptkammer befindet sich der Bestattungsraum, wo ein bis drei Tote gebettet werden konnten. Das obere Ende des Ruheplatzes ist leicht erhöht und zu einer Mulde ausgemeißelt für den Kopf und Hals des auf dem Rücken liegenden Toten (Abb. 33_{15}). – 2. Die andere Gruppe unterscheidet sich von der vorigen durch einen größeren Eingang und durch eine Folge von 2–3 hintereinander geordneten Kammern von 3 × 3 m, die sämtlich horizontale Decken haben. Jede bietet Raum für mehrere Bestattungen entweder durch einfachere Ausführung der unter 1. beschriebenen Installation, durch einfache Bänke oder durch einen in den Fels gehauenen →Sarkophag (2.a) mit umlaufender Fuge zur Aufnahme des steinernen Deckels. – 3. Diese Gruppe setzt sich zusammen aus den schon lange bekannten Anlagen wie das „G. der Tochter des Pharaos", das „G. des Haushofmeisters" und einem weiteren, das unmittelbar neben dem letztgenannten entdeckt wurde. Man nennt sie „monolithisch", weil sie ganz aus dem anstehenden Fels herausgehauen sind (H. Vincent/ M.A. Steve, Jérusalem de l'Ancien Testament, 1954-56, Tf. 71). Die auf der Frontseite angebrachten althebr. Inschriften stammen „vielleicht aus dem 7. oder 6. Jh. v. Chr." (KAI Nr. 191). In diese, wenn nicht gar in eine etwas frühere Zeit weisen archäologische Parallelen aus Urarṭu, jedenfalls für die beiden ersten Gruppen (Ussishkin, BA 33, 46). Bes. auffällig ist die strukturelle Ähnlichkeit zwischen dem in Abb. 33_{15} wiedergegebenen Fels-G. und der G.anlage des Urartäerkönigs Sardur II. (Mitte des 8. Jh.s) in *Ṭušpa,* dem heutigen Van (B.B. Piotrowski, Vanskoe zarstvo, 1959, Abb. 63 auf S. 215). Bemerkenswert ist auch das Vorkommen von Wulstleisten zwischen Decke und Wänden, hier wie dort. Die Distanz zwischen Urarṭu und Pal. ist zwar erheblich; doch hat M.N. van Loon syr.-pal. Einflüsse in der Architektur wie im Kunsthandwerk Urarṭus nachgewiesen (Urartian Art, Publication de l'Institut historique et archéologique néerlandais de Stamboul 20, 1966, 172–174; vgl. dort auch 60–64 über die Verbreitung dieses G.types in Urarṭu, ferner AnSt 16, 1966, 101–108 Abb. 22 Tf. 23f). In diesen Zusammenhang gehört wohl auch G. 50 im zypr. Salamis, dessen älteste Bauphase ins 7. Jh. zu datieren ist. Es ist allerdings – abweichend von den G.denkmälern von *Silwān* und Urarṭu – in Quadern ausgeführt (D. Ussishkin, PEQ 103, 1971, 93–102). Man beachte auch die wesentlich spätere Ansetzung durch Loffreda (LA 16, 112–126 und 23, 7–36).

3.dγ In der pers. Zeit begegnet uns als Erzeugnis phön.-griech. Mischkultur in *'Atlīt,* ca. 15 km südwestl. von Haifa, ein in Pal. ganz seltener Typ von Schacht-G. (Abb. 33_{16}; vgl. QDAP 2, 1933, 41–104). In den länglich-rechteckigen, auf einer Seite mit Trittlöchern versehenen Schächten sind ein oder zwei Auflager zur Aufnahme von Verschlußplatten eingehauen. Von den Schachtböden aus gelangt man zu 1, 2 oder 3 Senk-G.ern, in denen mehrere Tote in Strecklage gebettet werden konnten.

3.dδ In hell.-röm. Zeit war neben den vorgeführten Bogenbank- und später Bogentrog-G.ern vor allem der in Alexandria entwickelte Typ der Katakombe verbreitet. In Marisa *(Tell Sandaḥanna)* wird der hell. Einbruch bes. augenfällig durch die riesige, mit Fresken geschmückte G.anlage des Apollophanes (J.P. Peters/ H. Thiersch/S. A. Cook, Painted Tombs in the Necropolis of Marissa, 1905; DP II 17f, Abb. 18, 56f; →Abb. 40_2). Die großen G.anlagen des hell.-röm. Jerusalem sind eingehend beschrieben bei H. Vincent/ M.A. Steve, Jérusalem de l'Ancien Testament, 1954–56, 331–371. Als Beispiel für die Katakomben der folgenden Jahrhunderte zeigen wir G. 176 von Geser (Abb. 33_{17}). Es hat eine Vorhalle (A) wie einige andere aufwendige G.anlagen dieser Zeit im Osten und Norden von Jerusalem, z.B. die der Königin Helena von Adiabene, das heutige „G. der Könige" oder die „Höhle" *Umm el-'Amed* (sehr eindrücklich sind die Rekonstruktionen beider Anlagen in Y. Yadin, ed., Jerusalem Revealed, 1975, 19f). Nach Eintritt in den Hauptraum (B) unseres Beispiels (Abb. 33_{17}) sieht man zu beiden Seiten je vier, sonst meist drei Schiebe-G.er (lat. *loculi,* hebr. *kōkīm*) von 0,5 × 0,5 × 1,75 m. Sie sind in den meisten hell.-röm. Katakomben auf dem Fußboden oder in Kniehöhe waagrecht in den Fels getrieben. In späterer Zeit findet man in den gemauerten G.bauten auch jeweils drei oder vier übereinander. Sie wurden gewöhnlich mit einer Steinplatte verschlossen nach Beisetzung eines Toten. War der Leichnam zerfallen, und wurde das Schiebe-G. zur Wiederbelegung benötigt, so legte man die Knochen in ein Ossuar (→Sarkophag, 4.b). Diese Ossuare wurden entweder im Hauptraum oder in einem freien Schiebe-G. deponiert. In unserem Falle wurden sie offenbar in den Nischen oder auf den Bänken der hinteren Kammer (C und D) abgestellt.

Daß es neben solch aufwendigen Familiengrüften in röm. Zeit auch ganz bescheidene Schacht-G.er gab, zeigt u.a. die Nekropole von *Ḫirbet Qumrān* aus dem 1. Jh. n. Chr. Die Schächte der gleichförmig angelegten Einzel-G.er sind 1,3–2 m tief in den Mergel eingeschnitten. Der *loculus* besteht aus einer schmalen Ausweitung des Schachtbodens nach Osten und wurde nach der Bestattung verschlossen von einer Reihe schräg gegen die Ostwand des Schachtes gelegter Ziegel oder Steinplatten. Wir bilden G. 6 von *Qumrān* hier ab (Abb. 33_{18}).

Literatur: Zu 2.: C. Barth, Die Errettung vom Tode, 1947 – J. Jeremias, Heiligengräber in Jesu Umwelt, 1958 – E.M. Meyers, Jewish Ossuaries: Reburial and Rebirth, Biblica et Orientalia 24, 1971 – G. Quell, Die Auffassung des Todes in Israel, 1925 (Nachdruck 1967) – L. Rost, Alttestamentliche Wurzeln der ersten Auferstehung, In memoriam E. Lohmeyer, 1951, 67–72.
Zu 3.: DP I 104f (vorexilisch) II 7–10 (pers.) 17–20, 59–76 (hell.) 99–107, 117–120, 159–162 (röm.-byz.).
Zu 3.c: R. Amiran, The Tumuli West of Jerusalem: Survey and Excavations, 1953, IEJ 8, 1958, 205–227.
Zu 3.d: S. Loffreda, Typological Sequence of Iron Age Rock-Cut Tombs in Palestine, LA 18, 1968, 244–287.
Zu 3.dβ (Westjordanland): G. Barkai/A. Kloner, Burial Caves North of Damascus Gate, Jerusalem, IEJ 26, 1976, 55–57 – A. Biran/R. Gophna, An Iron Age Burial at Tel Ḥalif, IEJ 20, 1970, 151–168 – W.G. Dever, Iron Age Epigraphical Material from the Area of el-Kôm, HUCA 40–41, 1969–1970, 139–204 – R. Gophna/ D. Meron, An Iron Age I Tomb between Ashdod and Ashkelon, 'Atiqot HS 6, 1970, 1–5 – S. Loffreda, Il Monolita di Siloe, LA 16, 1965/66, 85–126 – ders., The Late Chronology of Some Rock-Cut Tombs of the Silwan Necropolis, Jerusalem, LA 23, 1973, 7–36 – W.H. Stiebing, Another Look at the Origins of the Philistine Tombs at Tell el-Far'ah (S), AJA 74, 1970, 139–143 – D. Ussishkin, The Necropolis from the Time of the Kingdom of Judah at Silwan, Jerusalem, BA 33, 1970, 34–46 – ders., Tombs from the Israelite Period at Tel 'Eton, TA 1, 1974, 109–127 – J.C. Waldbaum, Philistine Tombs at Tell Fara and their Aegean Prototypes, AJA 70, 1966, 331–340 – F. Zayadine, Une tombe du Fer II à Samarie-Sébaste, RB 75, 1968, 562–585.
Zu 3.dβ (Ostjordanland): R.W. Dajani, An Iron Age Tomb from Amman, ADAJ 11, 1966, 41–47 – ders.,

Four Iron Age Tombs from Irbed, ebd. 88–101 – ders., A Late Bronze-Iron Age Tomb excavated at Sahab, ADAJ 15, 1970, 29–36 – *Dībān* II: W.L. Reed, The Excavation at Dibon (Dhībân) in Moab, II: The Second Campaign, 1952, AASOR 37, 1958, 57–60 – A.D. Tushingham, The Excavations at Dibon (Dhībân) in Moab, AASOR 40, 1972, 86–105 – G.L. Harding, Two Iron Age Tombs from 'Ammān, QDAP 11, 1945, 67–74 – ders., An Iron Age Tomb at Sahab, QDAP 13, 1948, 92–96 – ders., An Iron Age Tomb at Maqebelein, QDAP 14, 1950, 44–48 – ders., Four Tomb Groups from Jordan, PEFA 6, 1953 – S. Saller, Iron Age Tombs at Nebo, Jordan, LA 16, 1965/66, 265–298.
Zu 3.d γ: Weitere Lit. bei B. Hrouda, RLA III, 602.
Zu 3.d δ: B. Bagatti/J. T. Milik, Gli scavi del „Dominus Flevit" I: La Necropoli del periodo romano, Pubblicazioni dello Studium Biblicum Franciscanum 13, 1959 – G. Barkai/A. Mazar/A. Kloner, The Northern Cemetery of Jerusalem in the First Temple Times, Qadmoniot 30–31, 1975, 71–76 (hebr.) – *Bēt Šəʿārīm:* B. Mazar, Beth She'arim I, 1957 – M. Schwabe/B. Lifshitz, Beth She'arim II, 1967 – N. Avigad, Beth She'arim III, 1971 (hebr.) – die umfangreiche ältere Lit. bei E.K. Vogel, HUCA 42, 1971, 20f – J. Jotham-Rothschild, The Tombs of Sanhedria, PEQ 84, 1952, 23–38; 86, 1954, 16–22 – E.D. Oren, The Caves of the Palestinian Shephela, Archaeology 18, 1965, 218–224 – L.Y. Rahmani, Jason's Tomb, IEJ 17, 1967, 61–100 – S.J. Saller, Excavations at Bethany 1949–1953, Pubblicazioni dello Studium Franciscanum 12, 1957 – ders., The archaeological Setting of the Shrine of Bethphage, LA 11, 1960/61, 172–250 – O.R. Sellers/D.C. Baramki, A Roman-Byzantine Burial Cave in Northern Palestine, BASOR Suppl. 15–16, 1953 – J.F. Strange, Late Hellenistic and Herodian Ossuary Tombs at French Hill, Jerusalem, BASOR 219, 1975, 39–67 – H.E. Stuchburg, Excavations in the Kidron Valley, PEQ 93, 1961, 101–113 – H.G. Thümmel, Studien zur frühchristlichen Grabeskunst, Diss. Greifswald 1967 – V. Tzaferis, Jewish Tombs at and near Giv'at ha-Mivtar, Jerusalem, IEJ 20, 1970, 18–23 – R. de Vaux, Fouille au Khirbet Qumrân, Rapport préliminaire, RB 60, 1953, 95–106.
Zu Columbarien: E.D. Oren, The „Herodian Doves" in the Light of Recent Archaeological Discoveries, PEQ 100, 1968, 56–61 – J.B. Pritchard, Roman Tomb and Columbarium, in: Winery, Defenses, and Soundings at Gibeon, 1964, 28–32. *A. Kuschke*

Haartracht

1. Allgemeines. 2. Frisuren. 3. Bärte. 4. Haarpflege.

1. Von Natur unterscheidet sich das volle Haar (hebr. *śēʿār,* einzelnes Haar: *śaʿărā,* 1S. 14_{45}) der Jugendlichen (Ct. $5_{2,11}$ 2S. 14_{26}) vom weniger vollen, oft grauen Haar älterer Menschen (Prv. 16_{31}). Auch bei Kranken kann sich die Farbe des im Vorderen Orient zumeist dunkel vorzustellenden Haares (1S. 16_{12} und Gn. 25_{25} setzen bei David und Esau wohl rötliches Haar voraus, vgl. Gressmann 64f) verändern (Lv. 13_{1-46}). Die künstliche Anordnung der Haare zu Frisuren und Bärten ist lokalen und temporären Moden unterworfen, und so ist die H. auf den äg. (MB-SB-Zeit), ass. und pers. Fremdvölkerdarstellungen neben →Kleidung und Physiognomie (dazu: L. Schnitzler, ZDMG 108, 1958, 54–65) ein Kriterium, verschiedene Völker und Stämme zu unterscheiden. So zeigen z.B. äg. Darstellungen die Philister mit hochgebundenem Haupthaar (K. Galling, Ug VI, 247–265 gegen F. Schachermeyer, ebd. 451–459), die Hethiter mit Stirnglatze und zurückgekämmtem halblangem Haar (z.B. ANEP 31), die Libyer meist mit einem oder zwei Zöpfen vor den Ohren, während das übrige Haupthaar lose in Stirn und Nacken fällt (ANEP 5, 7f), die *Š3św* mit einem um und über den Kopf gespannten Band, das die Frisur auf dem Kopf eindrückt (R. Giveon, Les bédouins Shosou des documents égyptiens, 1971, 251–253 Tf. 17). Weniger differenzierte H.en zeigen die ass. (ANEP 350–365) und pers. (G. Walser, Die Völkerschaften auf den Reliefs von Persepolis, 1966) Fremdvölkerdarstellungen. Die H. war nicht nur ethnographisches Unterscheidungsmerkmal, sondern diente auch zur Kennzeichnung bestimmter Götter. So ist etwa für die äg. Göttin Hathor das von einem Mittelscheitel geteilte Haar typisch, das sich auf den Schultern zu zwei seitlichen Locken einrollt (ein Kapitell aus der 22. Dyn. zeigt statt dessen eine Locken-Zopf-Kombination [ANEP 547]).

Die literarischen Quellen bereichern das Bild durch einige die H. betreffende Sitten und Regeln. So war es nach P (Lv. 19_{27}) verboten, das Haupthaar zu stutzen und den Rand des Kinnbartes zu verstümmeln, was kaum (gegen Dalman, AuS V, 268) die Übernahme beduinischer H. abwehrt (Jer. 25_{23}: „die am Rand Gestutzten" = Beduinen; vgl. Her II 8: Araber scheren ihr Haar kreisförmig und rasieren die Schläfen), da sich Israel stets seiner nomadischen Herkunft bewußt war (M. Weippert, VT 23, 1973, 415–442). Im Trauerfall beschnitt man den Vollbart und verhüllte die Oberlippe (Lv. 13_{43} Jer. 41_{5}; Esr. 9_{3}: Raufen des Haupt- und Barthaares; vgl. dazu die Klagefrauen auf dem 'Aḥīrōm-Sarkophag →Abb. 44_{8} und für pers. Zeit: F.W. von Bissing, ZDMG 84, 1930, Tf. 1a, b, 3). Als moabitische Trauersitte galt das Abscheren des Haupt- und Barthaares (Jes. 15_{2} Jer. 48_{37}; vgl. auch die äg. Darstellung ANEP 634). Ein Abscheren aller Haare sah auch ein Reinigungsritus bei P vor

(Lv. 14_{8f}); dagegen verbot das Nasiräer-Gelübde, ein Schermesser zu benutzen (Nu. 6_5; Jdc. 16_{17}: Simson). War das Gelübde erfüllt, so warf man das abgeschorene Haar ins Feuer des Heilsopfers (Nu. 6_{18}). Haaropfer kennt auch Lukian (De dea syria § 6, 55, 60; dazu grundsätzlich: Henninger), und auch eine Spendeschale aus Kition mit phön. Inschrift (8. Jh.) bezeugt diese Praxis (A. Dupont-Sommer, Une inscription phénicienne archaique récemment trouvée à Kition [Chypre], 1970). Dagegen war es eine Schande, wenn einem Feind eine Barthälfte abrasiert wurde, wie Davids Gesandten bei den Ammonitern (2S. 10_{4f}; vgl. Kodex Hammurapi § 127 und Her II 121). Der Brauch läßt sich im Vorderen Orient bis ins letzte Jahrhundert verfolgen (A. Jaussen, Coutumes des Arabes au pays de Moab, 1908, 95).

2. Bei den auf den Reliefs meist im Profil gezeigten Personen ist die frontale und damit grundsätzliche Anordnung der Frisur nur rückschließend und durch Vergleich mit den weniger zahlreichen vollplastischen Figuren rekonstruierbar. Demnach war das lange und halblange Haar einfach zurückgekämmt (ANEP 43) oder wurde von einem Mittelscheitel geteilt, wie es vor allem die *Nimrūd*-Elfenbeine (E II-Zeit) als häufiges Grundelement der Frauen-H. dokumentieren (Barnett, Catalogue, Tf. 70–74; Mallowan, Nimrud I, Abb. 146–152; vgl. ANEP 782). Selten ist der Löckchenpony. Ihn trägt eine Göttin auf einem elfenbeinernen Pyxis-Deckel der SB II-Zeit aus *Mīnet el Bēḍā* (→Abb. 19_2); auch in der E II-Zeit ist er als Frauenfrisur belegt (Barnett, Catalogue, Tf. $73_{S.204}$) und in pers. Zeit kam er auch als Männerfrisur vor (Walser, a.a.O., Tf. 48). Eine Statue aus *'Ammān* (9./8. Jh., ANEP 64) zeigt den glatten Pony als Bestandteil einer Männerfrisur, bei der das kurze, eng am Kopf anliegende Haar vom mittleren Kopfwirbel aus in Stufen geschnitten sein dürfte (vgl. einen weiteren Männerkopf aus *'Ammān,* ebenfalls 9./8. Jh.: ADAJ 1, 1951, 34–36 Tf. 12).

Diese Grundelemente der H. sind gleichermaßen bei Männer- und Frauenfrisuren in Pal. nachweisbar. Nur das kurz geschorene Haar, das im Pal. der SB-Zeit häufig ist (→Abb. 44_4: Bronzeplakette aus Hazor; →Abb. 19_3: Elfenbein aus Megiddo), in Lockenform aber auch in der E II-Zeit von den Bewohnern von Lachis getragen wurde (ANEP 371), ist eine typische Männer-H. Die Glatze (hebr. *qẹrẹaḥ*; Stirnglatze: *gibbẹaḥ,* Lv. 13_{40f}), die die äg. Fremdvölkerdarstellungen oft den Syrern zuschreiben (ANEP 2, 4f, 8, 47–51 u.ö.), wird ebenfalls nie bei Frauen gezeigt. Stellen die äg. Abbildungen Männer und Frauen nebeneinander dar (z.B. ANEP 3: 1. Hälfte des 2. Jt.s; ANEP 49, 157: SB II-Zeit), so unterscheidet sich die H. in der Länge: sie bedeckt bei den Männern die Ohren oder bauscht sich im Nacken, während die Haare der Frauen über die Schultern herabfallen. Das meist von einem Kopfband gehaltene Haar erscheint dabei ungegliedert als volle Masse. Erst in der späten SB- und E-Zeit wird das halblange Haar durch Strähnen (etwa →Abb. 19_3 [Frau ohne Kopfbedeckung]; ANEP 355: Jehu auf dem schwarzen Obelisken Salmanassars III.) oder durch den Kopf umrahmende Korkenzieherlocken (Locken: hebr. *miqšē*: Jes. 3_{24}, **qəwuṣṣōt*: Ct. 5_2) wiedergegeben (männliche Statue aus *'Ammān*: ANEP 64 = ADAJ 1, 1951, Tf. 11; Frauenköpfe: MegC Tf. 13f; viele Beispiele unter den *Nimrūd*-Elfenbeinen, z.B. ANEP 782). Die im Nacken gebauschte Löckchen-H. der syr. Delegierten auf den Reliefs von Persepolis (Walser, a.a.O., Tf. 45–49; vgl. ANEP 61) ist am Kopf durch Striche markiert; in die Stirn fällt ein Lockenpony und im Nacken liegen mehrere Reihen von Spirallöckchen übereinander (vergleichbar ist eine Männerstatue aus Malatya, 8. Jh.: E. Akurgal, Die Kunst der Hethiter, 1961, Tf. 106f). Die glatte, unten von einer Perle (?) gefaßte, hinter dem Ohr herabfallende Strähne ist nicht mit der Schläfenlocke zu verwechseln, die eine weibliche Elfenbeinfigur aus Megiddo erkennen läßt (SB IIB-Zeit, ANEP 126 = MegIv Tf. 39_{175}), und die die erwähnte Männerstatue aus *'Ammān* trägt (ANEP 64). Zu Beginn des 1. Jt.s war die Schläfenlocke im nordsyr.-kleinasiatischen Bereich häufig (TH III Tf. 1–5: thronende Göttin; ANEP 281, 460: König Birrākib; →Abb. 83_3 [Diener/in]), kam aber auch in Mesopotamien vor (ANEP 533: Ištar). Bes. unter den syr.-phön. Elfenbeinen von *Nimrūd* sind Schläfenlocken bei Frauenfrisuren oft belegt (z.B. ANEP 782). Auch Zöpfe sind durch Funde und Darstellungen dokumentiert.

Aus der MB II-Zeit sind zwei Zöpfe aus einem Grab in Jericho bekannt (Jer II 366 Abb. 180); die Zopftracht in röm. Zeit belegen Funde von Zöpfen in Masada (Y. Yadin, Masada, 1967², 56, 196). Daß sowohl Männer als auch Frauen langes Haar als auf den Rücken fallende Zöpfe (hebr. *maḥlāpōt,* Jdc. $16_{13,19}$: Simson; vgl. J. Aistleitner, Wörterbuch der ugaritischen Sprache, 1963, Nr. 1035) trugen, zeigt einmal die Bronzestatue eines heth. (Gott-?) Kriegers (15.–13. Jh., Akurgal, a.a.O., Tf. 50f), sodann gibt es zahlreiche entsprechende Frauendarstellungen (ANEP 126 = MegIv Tf. 39_{175}; Barnett, Catalogue, Tf. $73_{S.209}$; zu zypr. Beispielen aus dem Ende der SB-Zeit vgl. H.W. Catling, in: C.F.-A. Schaeffer, Alasia I, 1971, 17–23 mit Abb. 2–7). Zwei seitliche Zöpfe trägt eine weibliche Tonfigur von *Tell eṭ-Ṭuyūr* aus pers. Zeit ('Atiqot ES 6, 1966, Tf. 2_4).

3. Wie bei den Frisuren, so zeigen die äg. Darstellungen von Syrern auch bei den Bärten zahlreiche Variationen vom dichten, an der Schläfe beginnenden, breit auf die Brust fallenden Vollbart (hebr. *zāqān*) mit kurzem Oberlippenbart (hebr. *śāpām;* vgl. ANEP 43) bis hin zum dürftigen spitzen Kinnbart mit bisweilen ausrasierter Oberlippe (z.B. ANEP 3). Funde aus Pal. selbst bezeugen für die SB II-Zeit zwei hauptsächliche Bartmoden: neben dem bartlosen Typ z.B. auf einem Elfenbein von *Tell el-Fār'a* Süd (BP I Tf. 55 = ANEP 820) und der Bronzeplakette von Hazor (→Abb. 44_4) kommt der Kinnbart mit ausrasierter Oberlippe auf den Elfenbeinen von Megiddo vor (→Abb. 19_3). Eine bemalte Scherbe des 7. Jh.s aus *Ḫirbet Ṣāliḥ* (ERR I Tf. 28 = ANEP 771) bezeugt das Fortleben letzterer Mode in der E-Zeit (vgl. auch ADAJ 1, 1951, 34–36 Tf. 10–12). Einen kurzen gelockten Backen- und Kinnbart tragen sowohl die besiegten Bewohner von Astaroth (→Abb. 44_5, vgl. ANEP 366) als auch die von Lachis (ANEP 371). Der gelockte Backenbart der syr. Delegierten auf den Reliefs von Persepolis ist mit einem glatten Oberlippen- und Kinnbart kombiniert (Walser, a.a.O., Tf. 45–49; vgl. ANEP 61).

4. Für die Haarpflege gab es neben Kämmen aus Holz (MB II-Zeit: Jer I Abb. 134, 221; röm. Zeit: IEJ 12, 1962, Tf. $19A_{1f}$ 26C, D) auch kostbare Exemplare aus Elfenbein (MegIv Tf. 16f), die z.T. eingeritzte Muster zwischen beiden Zinkenreihen besaßen (über die Phönizier gelangte der Typ bis nach Spanien: ZDPV 88, 1972, 169–171). Aus Ägypten importierte Geräte zum Drehen von Locken fanden sich in *Tell el-'Aǧūl* und Geser (AG I Tf. 21_{116} III Tf. 24_{138} IV Tf. 31_{375f}; EG II Abb. 270). Ob die Spiralen aus Edelmetall aus *'Atlīt* (QDAP 2, 1933, Tf. 17_{408f} 25_{643} 36_{980}; vgl. auch AG I 7 Tf. 15_3) Lockenfrisuren Halt verliehen (Marinatos 27), und ob die ringähnlichen Gegenstände aus Megiddo (Meg II Tf. $225_{3,6,11}$) und *Tell el-'Aǧūl* (AG I Tf. 15_6 IV Tf. 18_{96f} 22_{248f} V Tf. 7; vgl. auch Iraq 33, 1971, 107f) analoge Funktion besaßen, ist ungewiß. Aus Draht gebogene Nadeln und Haarnetze (vgl. für die röm. Zeit: IEJ 17, 1967, Tf. 24A; Yadin, Cave of Letters, 248–250) ordneten komplizierte Frisuren. Perücken, wie sie in Ägypten häufig waren, können auch in Pal. getragen worden sein (zu Funden aus der MB II-Zeit: Jer I 522–524 II 449, 465). Der Gebrauch von Teilperücken ist für die E II-Zeit wahrscheinlich (vgl. Mallowan, Nimrud II, Abb. 401–404). Die Haare schnitt man mit einem →Messer, nicht mit der Schere. Zum Frisieren waren ferner →Salben und →Spiegel nötig.

Literatur: J. Börker-Klähn, Art. Haartracht, RLA IV, 1–12 – Dalman, AuS V, 261–274, 332–339 – H. Gressmann, Die Haartracht der Israeliten, BZAW 34, 1920, 61–68 – J. Henninger, Zur Frage des Haaropfers bei den Semiten, in: J. Haekel u.a., ed., Festschr. anläßlich des 25-jährigen Bestandes des Instituts für Völkerkunde der Universität Wien (1929–1954), 1956, 349–368 – S. Marinatos, Haar- und Barttracht, Archaeologia Homerica I/B, 1967 – H. Mötefindt, Zur Geschichte der Barttracht im alten Orient, Klio 19, 1925, 1–61.

H. Weippert

Hacke

Für die H. (hebr. *ma'dẹr,* Jes. 7_{25}), die zum Auflockern und Jäten des Ackerbodens dient (vgl. für Ägypten: AOB 165; ANEP 91; in Ägypten auch bei der →Ziegel-Herstellung verwendet: ANEP 115), ist das waagrecht zum Stiel stehende Metallblatt typisch. Häufig ist in Pal. die Form der Schaftlappen-H., bei der das Blatt gegenüber dem Griffeinsatz leicht gebogen sein kann. Bronzene Exemplare kommen seit der SB- bis in die E I-Zeit vor (Abb. 34_1: vom *Tell Ǧemme*; Meg II Tf. 185_{1f}; TM I Abb. 120; AG II Tf. 19_{265}). Später stellte man diesen Typ auch aus

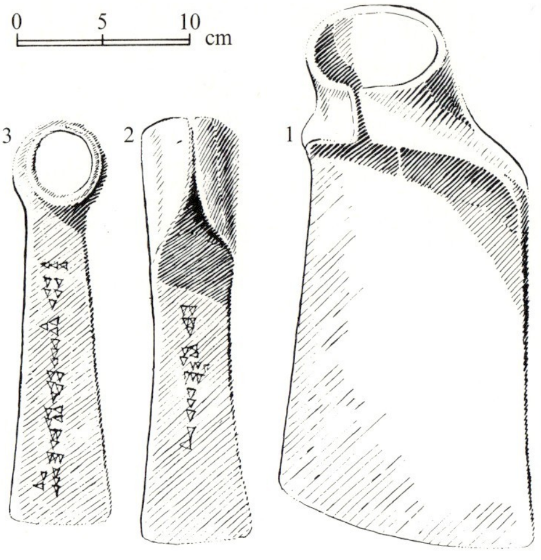

Abb. 34 **Hacke** (1) Schaftlappenhacke vom *Tell Ǧemme,* (2,3) beschriftete Schaftlappen- und Tüllenhacken aus Ugarit

Eisen her (Ger Tf. 26_{5f}; Hazor I Tf. 70_{30}; L III Tf. 61_{2}; TM I Abb. 192a; JEOL 20, 1967–68, Tf. 19). In pers. (Hazor I Tf. 82_{4}) und hell. Zeit (EG III Tf. 193_{4f}) ist daneben die Tüllen-H. aus Eisen belegt, wie sie ähnlich bis heute in Gebrauch ist (Dalman, AuS II, Abb. 43). Die in Kreta, Zypern, Serbien und im Iran vorkommenden Doppel-H.n (Syria 42, 1965, 91–107) haben in Pal. keine Parallelen.

Bronzene Schaftlappen- (Abb. 34_{2}) und Tüllen-H.n (Abb. 34_{3}) enthielt ein Depot aus der SB IIA-Zeit unter der Schwelle des Hauses des Oberpriesters in Ugarit (Ug III Abb. 227–231; vgl. ANEP 261 und UF 6, 1974, 463). Ob allen hier gefundenen Geräten gleichermaßen apotropäische Funktion zukam, oder ob speziell die H.n rituellen Zwecken dienten, läßt sich nicht sicher entscheiden. Die ug. Inschriften auf einigen der Hacken (dazu VT 9, 1959, 339–407) „*Ḫrṣn* (Hacke/Eigenname?) des Oberpriesters“ bzw. „des Oberpriesters“ deuten jedenfalls auf eine bes. Funktion hin. Auch eine in Mari gefundene H. aus der FB-Zeit (Syria 32, 1955, Tf. 17_{1}) trägt das *dingir*(= Gottes)-Zeichen und stand vielleicht mit kultischen Handlungen in Verbindung.

Literatur: G. Dalman, AuS II, 120–127.

(K. Galling/) H. Weippert

Hafen

1. Terminologie. 2. Typologie. 3. Archäologie.

1. Im biblischen Schrifttum sind H. kaum erwähnt. Neben Umschreibungen wie „Zugang zum Meer“ (*məbō hay-yām,* Ez. 27_{3}) oder „fester Hort (der Schiffe)“ (*mā'ōz,* Jes. $23_{11,14}$, daneben in V.$_{4}$ in Bezug auf Sidon) begegnet im AT nur einmal der auch in anderen sem. Sprachen verwendete *Terminus technicus *māḥōz* „H.“ (Ps. 107_{30}), der in Pal. von der SB- bis in die arab. Zeit zur Bildung von Ortsnamen verwendet wurde (E. Y. Kutscher, *Ləšōnēnū* 8, 1936/37, 136–145; 34, 1969/70, 5–18; vgl. R. Borger, UF 1, 1969, 1–3; M.C. Astour, Journal of the Economic and Social History of the Orient 13, 1970, 113–127). An verwandten Begriffen finden sich, ebenfalls je einmal, noch *mēzaḥ* „Werft“ (Jes. 23_{10}, vgl. äg. *mḏḥ* „Schiffe zimmern“, sofern nicht aus *mḥ[w]z* „H.“ verschrieben) und *miprāṣ* „Bucht, Ankerplatz“ (Jdc. 5_{17}, vgl. arab. *furḍa*).

2. Die größeren H. des östl. Mittelmeeres liegen im Bereich der felsigen Küste Syr.s und Phöniziens, die mit ihren natürlichen und oft durch vorgelagerte Riffe zusätzlich geschützten Buchten sichere H.plätze bot (z.B. *Mīnet el-Bēḍā*, Gabala *[Ǧeble], Tell Sūkās, el-Mīne,* →Byblos, *Beirūt,* →Sidon, *ez-Zīb* [Achsib], Akko, *'Atlīt,* →Dor), während sich an der überwiegend sandigen Küste Pal.s nur kleinere H.plätze finden (von den vier letztgenannten Orten abgesehen). Von der MB II- bis zur E-Zeit lagen sie in den Flußmündungen (z.B. *Tell Abū Hawām* am Kison, *Tell Qasīle* am *Nahr el-'Auǧā* [B. Mazar, IEJ 1, 1950/51, 62f], *Tell Abū Sulṭān* [vielleicht = *Muḫḫazi,* EA 298_{25}, vgl. A. Alt, PJ 21, 1925, 17 und Kutscher, a.a.O.] am *Nahr Rūbīn, Tell Ḫēḍar* am *Nahr Sukrēr* [M. Dothan, BIES, 24, 1960, 120–123], *Tell el-'Aǧūl* am *Wādī Ġazze* [A. Kempinski, IEJ 24, 1974, 148]), von der E-Zeit an auf der Küste selbst (z.B. Caesarea, Jaffa, *Mīnet Rūbīn* [H. von Jabne/Jamnia], *Mīnet el-Qal'a* [H. von →Asdod], →Askalon, *Tell Iblaḫīye* [H. von →Gaza]). Daneben waren zwei der wichtigsten H. der syr.-phön. Küste – aus Gründen der Sicherung gegen Überfälle von See und Land? – auf Inseln angelegt, die als Teil einer Riffkette landwärts geschützte Ankerplätze besaßen: *er-Rawāḍ* (Arwad) und →Tyrus. Typologisch sind wohl auch die

kleinen H. auf den Inseln Motye (Sizilien) und *Gezīret Far'ūn* im Golf von *'Aqaba* (= Ezeongeber? vgl. B. Rothenberg, Negev, Archaeology in the Negev and the Arabah, 1967,207–213 [hebr.]) hierher zu stellen.

3. Archäologisch ist über die antiken H. nur wenig bekannt. Ihre künstlichen Bauelemente sind wegen der zu allen Zeiten notwendigen Ausbesserungen schwer datierbar; wo die Instandsetzung unterblieb, verfielen sie rasch in der unruhigen See und liegen in ihrem Restbestand zumeist unter Wasser. Erst mit der Entwicklung der Unterwasserarchäologie – anfangs verbunden mit Beobachtungen aus der Luft – wurden detaillierte Aufnahmen von H. wie Tyrus (Poidebard 1934–36), Sidon (Poidebard 1946–50) und Arwad (Frost 1963/64) möglich. Erschwerend kommt hinzu, daß nur die H.anlagen von der E II-Zeit an archäologisch faßbar sind, da erst im 8. Jh. von Menschen geschaffene H.bauten (Molen in Delos [Lehmann 50] und *Tabbat el-Ḥammām* [ders., nach Syria 21, 1940, 208 Anm. 1]) aufkamen. Mit Hilfe von Molen wurde es möglich, bei schon von Natur aus bestehenden Doppel-H. (z.B. Arwad, *Tell Sūkās*, Sidon, Tyrus, *ez-Zīb*, *'Atlīt* [Qadmoniot 4, 1971,54]) das eine H.becken zum Schutz der eigenen Schiffe gegen Angriffe von See her in die Stadtmauern einzubeziehen (*λιμὴν κλειστός*) und das offen bleibende Becken ausländischen Handelsschiffen als Emporion vorzubehalten (vgl. Lehmann 65f, 70–72). Beispiele „geschlossener H." sind die bes. gegen Südwesten (Hauptwindrichtung) geschützten Nord-H. von Sidon (Pseudo-Skylax 104) und Tyrus (ebd. 114; Strabo XVI 2_{23}), vielleicht auch das kleine geschlossene Becken am Südrand der südl. H.bucht von Arwad (Frost, AAS 14, 70 und Abb. 2 nach S. 66). Die großen H. besaßen zusätzlich noch durch Felsriffe gegen das Meer abgeschirmte Außenreeden (doch ist Poidebards Annahme, daß in Tyrus die Felsenbarriere der südl. Außenreede durch Mauerbauten in 9–15 m Tiefe künstlich verstärkt worden sei, nach H. Frost, BMB 24, 1971, 103–111 aufzugeben).

Neben dem älteren H.typus kommt in hell. Zeit das ganz vom Festland umschlossene, nur durch eine schmale Passage vom Meer her zugängliche Rundbassin auf, das strategisch besser als durch Molen möglich seewärts geschützt war (z.B. Seleukia, Laodicea, Gabala).

Archäologische Befunde von H. der röm. Zeit sind spärlich. In Caesarea (Act. 18_{22}) sind Reste der Molen des unter Herodes I. angelegten H.s (JosBell I 408–415 JosAnt XV 331–341) festgestellt (dazu zusammenfassend mit Lit.: J. Ringel, Césarée de Palestine, 1975, 31–39). Am Toten Meer fanden sich die kleinen H.anlagen *Ruǧm el-Baḥr* und *el-Beled (ez-Zārā)*, die auch Herodes I. wohl für die Überfahrt zu den heißen Quellen von Kallirrhoë (dazu H. Donner, ZDPV 79, 1963, 59–89) errichten ließ (Schneller, Schult). In *Ṣarafand* (Sarepta, Lc. 4_{26}) stieß J. B. Pritchard 1969 auf Kaimauern des spätröm.-byz. H.s mit einem Ring zum Vertäuen der Schiffe (Archaeology 24, 1971, 63).

Literatur: R. J. Braidwood, Report on two Sondages on the Coast of Syria, South of Tartous, Syria 21, 1940, 183–221 – H. Frost, Rouad, ses récifs et mouillages. Prospection sous-marine, AAS 14, 1964, 67-74 – dies., The Arwad Plans 1964. A Photogrammetric Survey of Marine Installations, AAS 16, 1966, 13–28 – K. Lehmann-Hartleben, Die antiken Hafenanlagen des Mittelmeeres, Klio Beiheft 14, 1923 – A. Poidebard, Un grand port disparu, Tyr, 1939 – ders./J. Lauffray, Sidon, Aménagements antiques du port du Saida, 1951 – E. Schneller, Antike Hafenanlage am Nordende des Toten Meeres? ZDPV 79, 1963, 138f – H. Schult, Zwei Häfen aus römischer Zeit am Toten Meer *ruǧm el-baḥr* und *el beled (ez-zāra)*, ZDPV 82, 1966, 139–148.

M. Wüst

Hammer

Für den H. kennt das AT mehrere Ausdrücke: *maqqēbet* für den Stein- (1R. 6_7), Schmiede- (Jes. 44_{12}) und Pflock-H. des Nomaden (Jdc. 4_{21} – in Jdc. 5_{26} = **halmūt*); *paṭṭīš* für den H. des Goldschmieds (Jes. 41_7) aber auch für den Kriegs-H. (Jer. 50_{23}), den sonst die Ausdrücke *mēpīṣ* (Prv. 15_{18}) und *mappēṣ* (Jer. 51_{20}) bezeichnen. Die in Syr.-Pal. gefundenen H.köpfe lassen keine Verteilung der Typen auf einzelne Ausdrücke zu. Häufig sind annähernd runde steinerne H.köpfe (EG II 245; Meg I Tf. $106_{1,4-10}$ II Tf. 289_1 MegT Tf. 116_{11f} 158_{22f} 161_{27} $162_{8,16,18}$). Sind sie durchbohrt, so erhielt man nach Einsetzen des Stiels ein Gerät mit zwei Schlagseiten. Weisen zwei Seiten Vertiefungen auf, dann wurde der Stein zwischen ein Gabelaststück gesteckt und durch Umwikkeln gesichert. Selten sind H.köpfe aus Bronze (CTr 119 Nr. 167 [Ende des 4. Jt.s]; EG III Tf. 194_1 [E I-Zeit]; FB I 182 Abb.

169 2862) oder Eisen (z.B. aus *Tell el-Fār'a* Nord: RB 58, 1951, Tf. 19). Zwei FB-zeitliche steinerne H.äxte aus Ai (in IEJ 2, 1952, 101 mit Abb. 5 wird für sie anatolische Herkunft vorgeschlagen) und eine E I-zeitliche bronzene H.axt aus Megiddo (TM I Abb. 119; vgl. auch zwei eiserne Exemplare aus Boğazköy: KlBo 137 Tf. 43 1243f) sind aus Pal. bekannt. Holz-H. gab es sicherlich; doch blieben sie nicht erhalten.

Literatur: J. Deshayes, Les outils de bronze, de l'Indus au Danube I, 1960, 263–278, 295–299; II, 1960, 110–115,122. *H. Weippert*

Handel und Verkehr

1. Allgemeines. 2. Straßennetz. 3. Binnen-H. 4. Fern-H. 5. See-V. 6. Post-V.

1. H. entsteht sobald jemand über den eigenen Bedarf produziert und mit diesen Produkten dem Bedarf eines anderen aushilft. Geschieht dies im Kreis nahe beieinander Wohnender, so überwiegt der Naturaltausch, der kein Metallgeld als Wertmesser braucht. Sobald aber der H. über einen größeren Raum geht, der an bestimmten Märkten nur noch z.T. aus Naturaltausch besteht, stellt sich die Notwendigkeit heraus, einen bestimmten Wertmesser (→Geld, →Gewicht) einzuführen.

Beim Kauf der Höhle Machpela (Gn. 23) setzt der Tradent voraus, daß Abraham die 400 Šeqel den Einheimischen im Markttor (2R. 7 1) nach dem Kurs der Händler (hebr. *sōḥēr*) zahlt.

Für den Transport der Tauschwaren war man auf brauchbare und gesicherte Wege angewiesen. EA 7f, 52, 226, 255 erwähnen Karawanenbedrohungen in Syr. und stellen jeweils die rechtliche Verantwortung heraus. Karawanenberaubung war gewiß auch später nicht selten (vgl. Jdc. 5 6 und für die neuass. Zeit R.F. Harper, Assyrian and Babylonian Letters, 1892–1914, Nr. 260). Neh. 2 9 läßt erkennen, daß die Machthaber je und dann den Durchziehenden auch einen Geleitschutz zusicherten. Gesteigert wurde der H. durch den Mangel bestimmter Rohstoffe wie Bauholz oder Edelmetall und durch den Wunsch nach Luxuswaren wie Elfenbeine, Edelsteine und auch hochwertige Keramik. Indirekt förderte der H. auch die geographischen Kenntnisse der Nachbarländer, wie die literarische Streitschrift auf dem Papyrus Anastasi aus der Zeit Ramses' II. (AOT 101–105) und ein neuass. Itinerar aufzeigen, das die Stationen für eine Reise ins Transtigrisgebiet angibt (Mitteilungen der Vorderasiatischen Gesellschaft 6, 1901, 134–140). Die Berichte über die Kriegszüge der Pharaonen des NR (ANET 253–264 und TGI Nr. 11), der Assyrerkönige (ANET 274–307) und die Nebukadnezars II. (D.J. Wiseman, Chronicles of Chaldaean Kings, 1956) mit ihren Ortsverzeichnissen und Wegstrecken sind dem an die Seite zu stellen.

Der Fern-H. und die Politik förderten den Gebrauch einer internationalen Handels- und Diplomatensprache wie das Akkadische (u.a. Amarnazeit) und – seit dem 7. Jh. – das Aramäische. Der H. begünstigte außerdem die Übernahme von Fachausdrücken aus dem Importland (vgl. J. Vercoutter, L'Egypte et le monde égéen préhellénique, 1965).

2. Auf das Straßennetz des „fruchtbaren Halbmonds" kommen wir unten →4. (Fern-H.) zu sprechen; hier geht es um den Bereich Pal.s (Abb. 35). *Terminus technicus* für die terrassierte (aufgeschüttete) Straße ist (seit dem 6. Jh.?) *məsillā*. Die Küstenstraße, für deren Einsatzpunkt in der Ebene von Antiochia *(el-'Amq)* Ugarit gewählt sei, führt über Arwad (Aradus) nach Byblos, Sidon und Tyrus und über die Tyrische Leiter nach Akko. In der Kisonebene geht sie (als sogenannte *„Via Maris"*?; doch vgl. dazu Z. Meshel, Was there a 'Via Maris'?, IEJ 23, 1973, 162–166) entweder am Kap des Karmel oder durch den Paßweg bei Megiddo in die Ebene Saron (vgl. Y. Karmon, PEQ 93, 1961, 43–60) und über Lydda, Asdod, Askalon nach Gaza und von da als „Philisterstraße" (Ex. 13 17) nach Ägypten (vgl. A.H. Gardiner, The Ancient Military Road between Egypt and Palestine, JEA 6, 1920, 99–116; E.D. Oren, The Overland Route between Egypt and Canaan in the Early Bronze Age, IEJ 23, 1973, 198–205 [weitere Lit. ebd. 198 Anm. 2]). Die Hauptabzweigung nach Syr. liegt bei Megiddo und quert nördl. von Beth-Sean den Jordan in Richtung Damaskus und geht von dort nach Aleppo oder nordostwärts nach Tadmor (Palmyra). Eine weitere Straße nach Norden führt von Hazor über das *Wādī et-Tēm* und dann *'Aqbat Kāmid Bēqa'* und *Ḥamā*. Zwischen Sidon und näher bei Tyrus führt ein Weg zwischen Liba-

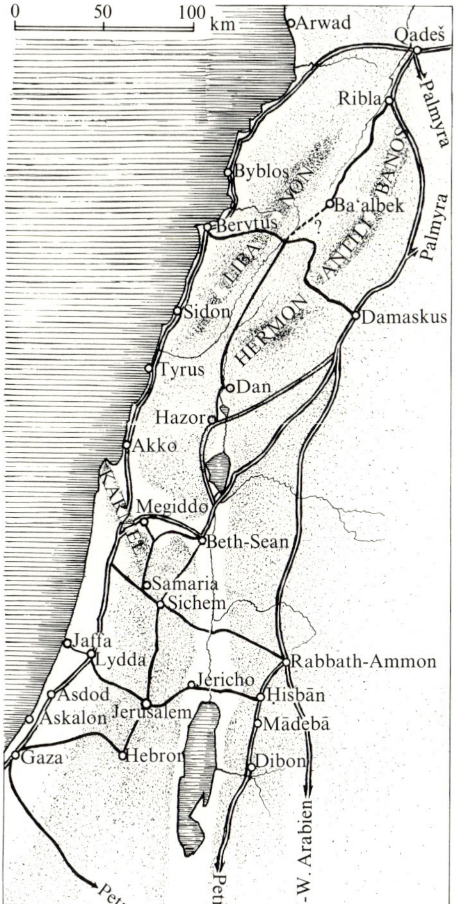

Abb. 35 **Handel und Verkehr** Straßennetz in Syr.-Pal. in der SB- und E-Zeit

non und Hermon nach Ribla und von dort nach Qadeš am Orontes. Im ostjordanischen Hochland geht eine Straße von Karkemiš über Aleppo und Damaskus nach der Ammoniterhauptstadt (→Rabbath-Ammon). Der Weg von dort in Südrichtung über *Ḥisbān, Mādebā* und Dibon heißt im Bereich der Edomiter „die Königsstraße“ (Nu. 20_{17}) und wird auch im nördl. Teil bei den Moabitern eine offizielle und kontrollierte Straße gewesen sein. In unsicherer Situation mußte man abseitige Nebenwege benutzen (Jdc. 5_{6}).

Zwischen den Hauptstraßen gab es für H. und V. noch manche Straße „zweiter Ordnung“, so z.B. den Zuweg nach Jerusalem von der Küstenstraße aus – über Lachis – oder weiter nördl. über Beth-Horon. Von Jerusalem ging er in das südl. Jordantal (Jericho – vgl. auch M. Harel, The Judean Desert, BIES 31,1966/67, 172–188) und hinauf nach *'Ammān,* von Jerusalem nordwärts nach Sichem und (seit dem 9.Jh.) auch nach Samaria und von dort über Dothan zur Jesreelebene, wo die Querstraße *Tell Abū Hawām* bei Haifa – Megiddo – Beth-Sean überquert wurde. Die Ausgrabungen in →Hazor lassen zwei Straßen vermuten: eine, die nach Dan im Norden, und eine, die nach Damaskus ausgerichtet war.

Das Straßennetz Pal.s in röm. Zeit (Avi-Yonah) ist zu einem guten Teil durch Meilensteine fixiert, auf denen auch Erneuerungsarbeiten verzeichnet wurden (Thomsen). In nabatäischer Zeit führte – zur Türkisgewinnung – auch eine Straße zum *Wādī Fērān* (B. Rothenberg, PEQ 102, 1970, 4-29).

3. Beim Binnen-H. stand der Naturaltausch im Vordergrund. Das wird auch bei den isr. Gruppen der Fall gewesen sein, die vom Weidewechsel zur Seßhaftigkeit übergingen. Aus der Sicht der seßhaft Gewordenen werden die Händler – ob Einheimische oder Eingeordnete – „Kanaanäer“ genannt (u.a.Ho. 12_{8} Zeph. 1_{11} Ez. 16_{29} 17_{4}). In nachexilischer Zeit mußte beim H. mit Nicht-Juden die Sabbatordnung erneut eingeschärft werden (Neh. 10_{31} 13_{16-22}, vgl. auch Jewish Quarterly Review 61, 1971, 188–198 für die byz. Zeit). Die Diaspora-Juden im Deltabereich (Thahpanhes) trieben vornehmlich Handwerk und H. In Elephantine und Syene gab es vor dem 6.Jh. eine jüd. Militärkolonie. Zu den in den Papyri auftretenden Benennungen „Juden“ (zum Jahu-Tempel gehörend) und „Aramäer“ vgl. E. Volterra. in: Atti dell'Academia nazionale dei Lincei, Rendiconti 13, 1936, 131–173. In den Oasenorten Arabiens wohnten in nachexilischer Zeit auch Juden (vgl. J. Gadd, AnSt 8, 1958, 86f). Die Lage der bab. Diaspora wurde nach 520 erheblich besser (vgl. die Kontrakte des Finanzhauses Murašû bei Cardascia). In den von Juden bewohnten Gebieten Pal.s herrschte in röm. Zeit die Landwirtschaft vor; doch gab es daneben auch Großkaufleute (Mt. 13_{45} 25_{14f}).

4. Der Fern-H. mit Import und Export ist in der MB II- und SB-Zeit sowie in der E II- und pers. Zeit bes. gegenüber Ägypten stark gewesen. Funde und Nachrichten in Ägypten umfassen eine große Zahl von Handelsprodukten (Helck, Beziehungen), die aus Syr. oder über Syr. ins Land strömten. Der Fern-H. war nicht nur in Ägypten, sondern auch in den Ländern des Orients (und bei den Hethitern) Königs-Monopol. Vom Transit-H. zur Zeit Salomos berichtet 1 R. 10_{28f}: Die Pferde von *Qwh* (Kilikien) wurden nach Ägypten weitergeliefert; umgekehrt kamen von Ägypten zweirädrige Wagen, die ihrerseits durch Vermittlung der königlichen Händler „an alle Könige der Hethiter" (d.h. die nordsyr. Staaten) und an die Könige von Aram „ausgeführt" wurden (vgl. aber auch →Pferd und Streitwagen, 1.). Mit den verbleibenden Pferden und Wagen konnte man die (zumeist von ehemaligen Kanaanäern) geführten Wagenkampftruppen ausrüsten. Fern-H. ließ sich auch durch Verträge sichern (vgl. 1 R. 20_{34} für Samaria und Damaskus). An die Beschreibung des Prachtschiffes Tyrus (Ez. 27_{1-11}) hat man später (nach Rüger erst um 484/2) eine Liste von fremdländischen Handelsgütern angehängt (V.$_{12-23}$), die (nach Fohrer sekundär) alle aus Tyrus bzw. Phönizien bezogen wurden. Weitere Aspekte zu dieser Liste bei Zimmerli. An der pers. Königsstraße (Galling, Studien, 42–48) von West (Jonien) nach Ost (Kilikien, Phrygien, Armenien) ist die Reihe in Ez. 27_{13f} orientiert: exportiert werden außer Sklaven Kupfergeräte, Zugpferde, Reitpferde und Maultiere. Zu den Gestaden (Inseln) möchte man außer Rhodos (V.$_{15}$) auch Zypern rechnen – seit 526 in der Hand der Perser –; von dort bezog man Elfenbein und Ebenholz; beides kam aus Ägypten bzw. Nubien. Edom lieferte Edelsteine und purpurgefärbte Textilien; aus Juda und dem „Land Israel" (auffallende Formulierung!) bezogen die Phönizier Getreide und (nach C. Rabin, JSS 11, 1966, 2–9 auch aus Afghanistan stammenden und in Mesopotamien seit dem 7. Jh. nachweisbaren) Reis vor oder nach dem Zuwachs durch die vom Perserkönig veranlaßte Übereignung der herrlichen Getreideländer der Ebene Saron (vgl. K. Galling, ZDPV 79, 1963, 140–151). Damaskus lieferte Wein und Wolle (V.$_{16-18}$). V.$_{19-22}$ nennen Bereiche in der von Südarabien heraufführenden „Weihrauchstraße", von denen man Stoffe, Kleinvieh, Edelsteine, Gold und Balsam bezog (vgl. G.W. van Beek, Frankincense and Myrrh, BA 23, 1960, 70–95 und zu dem in Bethel aufgetauchten südarab. beschrifteten Stempel : BASOR 151, 1950, 9–16; 163, 1961, 15–18). An den *ḫarrān šarri*, den Weg von Assur nach Karkemiš, wird man bei den in V.$_{23}$ genannten Orten zu denken haben; von dort kamen Prachtgewänder und Seide. Das Tauschgut von →Tarsis (vgl. auch unten →5.: See-V.) sind Silber, Eisen, Zinn und Blei (V.$_{12}$). Handelspolitische Bedeutung darf man der im 5./4. Jh. erfolgten Besetzung pal. Küstenorte zwischen Haifa und Askalon durch (ausgewichene?) Tyrer und Sidonier zuschreiben (Pseudo-Skylax: Galling, Studien, 185–208). In →Gaza (vgl. Her III 88) endete ein Karawanenweg aus Arabien, von wo aus die Aromata zu Schiff nach dem Westen oder im Landtransport nach Ägypten gingen. Die äg. Zenonpapyri (vgl. J. Herz, PJ 24, 1928, 107) aus dem 3. Jh. nennen unter den Küstenorten Akko-Ptolemais, Stratonsturm (Caesarea), Jaffa, Askalon und Gaza, in Judäa Marisa, Jerusalem, Jericho und verschiedene Orte im Ostjordanland (S. Mittmann, Zenon im Ostjordanland, Festschr. K. Galling, 199–210).

5. Am Fern-H. zu Schiff hatten verständlicherweise die phön. Küstenorte wie Byblos, Sidon und Tyrus (→Hafen) einen unmittelbaren Anteil, während die Israeliten der vorköniglichen Zeit (Sebuloniten als Hafenarbeiter für Sidon: Gn. 49_{13}) im 9./8. Jh. an den Gütern teilhatten, die übers Meer *via* Phönizien auch zu den Städten Nordisraels und Judas gelangten. Seit dem AR gab es in Ägypten „Byblosfahrer" (*Terminus technicus* auch für äg. →Schiffe auf dem Roten Meer) und im NR daneben auch *Kft'w*-Fahrer, die Kreta anliefen (kretische Orte nennt eine Liste unter Amenophis III.: E. Edel, Die Ortsnamenliste aus dem Totentempel Amenophis III, Bonner Biblische Beiträge 25, 1966). Der Reisebericht des Wenamun (TGI Nr. 17) – um 1075 – zeigt, daß man in Ägypten bes. an „Zedern"-Holz (→Wald und Forstwirtschaft) interessiert war. Der Schiffsverkehr wurde durch bilaterale Verträge (hier das kan. Fremdwort *ḥbr*) abgesichert. Es gab auch in Tanis phön. H.sherren. Neben den

Phöniziern aus Byblos und Sidon handelten auch die *Ṯkr* (nach 1180 zugewanderte Seevölker) von ihrem Hafen →Dor auf Schiffen (TGI 44f, Nr. 17). Vom Westen her (auch über Zypern?) kam myk. →Keramik (3.) zu den Küstenorten und ins Innere Pal.s (vgl. F.H. Stubbings, Mycenaean Pottery from the Levant, 1951 und V. Hanky, Mycenaean Pottery in the Middle East: Notes and Finds since 1951, The Annual of the British School at Athens 62, 1967, 107–147) und seit dem 9. Jh. zunächst noch spärlich auch geometrische Keramik nach Phönizien und Pal. (Dunabin, Boardman, Riis, Muhly). Die rhodische Keramik von *Məṣad Ḥăšavyāhū* (1,5 km südl. von *Mīnet Rūbīn,* dem Hafen von Jabne/Jamnia) aus dem letzten Drittel des 7. Jh.s weist auf griech. Kaufleute. Der ass. König Asarhaddon sagt am Schluß eines Siegesberichtes über Sidon, Tyrus, Arza am Bach Ägyptens (bei *el-ʿArīš*) und über ganz Ägypten: „Alle Könige, die mitten im Meer wohnen, vom Lande Yadnana (und) vom Land Yāwān bis zum Lande Tarsisi, unterwarfen sich meinen Füßen. Schweren Tribut nahm ich in Empfang". Yadnana ist Zypern und Yāwān die griech. Inselwelt; →Tarsis ist das südl. Spanien. Die Küstenkontrolle überwies Asarhaddon dem König Ba'lu von Tyrus (Galling, ZDPV 88, 7).

In den Tagen Salomos (1 R. 9_{26f} 10_{11f}) wurden mit phön. Hilfe vom Golf von *ʿAqaba* (Hafenort die *Ǧezīret Far'ūn*) Fahrten nach dem südarab. Ophir vorab zur Gewinnung von Gold unternommen. 1 R. 10f substituiert „Ophir"-Schiffe der Phönizier, die von Norden (so auch 2 Ch. 2_7) *'almuggīm*-Hölzer und Edelsteine heimbrachten. Hirams und Salomos Schiffe werden allein im dritten Passus (1 R. 10_{21f}) „Tarsis"-Schiffe genannt. Dieser Fachausdruck eines Autors aus dem 7. Jh. meint ein seetüchtiges Ruder- oder Segelschiff unabhängig von der Route. Der Terminus ist um 730 zuerst in Jes. 2_{16} belegt (Tarsisschiffe mit kostbarer Ladung). Da Jes. 2_{12-16} ein Gerichtswort über Israel/Juda ist, dürfte eher an jud. (nach Ophir fahrende) Schiffe gedacht sein als an solche der Phönizier, für die →Tarsis in Spanien der namengebende Landebereich darstellte. Der Fern-H. zu Schiff seitens der Phönizier, dessen Stationen hier nicht im einzelnen darzustellen sind, und der später zur Anlage von Faktoreien und Siedlungen führte, zu Ende des 9. Jh.s einsetzend, hatte seine Hauptperiode in der 2. Hälfte des 8. Jh.s (Details bei Galling, ZDPV 88), blieb aber noch bis in die 1. Hälfte des 6. Jh.s bemerkenswert, wie die Beschreibung von Tyrus als „Prachtschiff" in Ez. 27_{1-11} beweist. Die Jona-Legende (5./4. Jh.) setzt einen Fern-H. wohl sidonischer Schiffe von Jaffa in Richtung Tarsis voraus (1_3 4_2).

6. Die H.sstraßen galten nicht nur dem Transport von Waren, sondern auch dem Übermitteln von Briefen. Einen regen Post-V. der Pharaonen mit den Großkönigen in Syr.-Pal. bezeugen die Amarna-Briefe, die in der Residenz Amenophis' IV. Echnaton gefunden wurden. Das Tagebuch eines äg. Grenzbeamten aus dem 13. Jh. zeigt, daß der Briefwechsel auch unter den Pharaonen der 19. Dyn. weiterlief (TGI Nr. 14). Vom Post-V. der ass. Zeit im syr. Raum geben Briefe Kenntnis (A. Alt, ZDPV 66, 1943, 1–20). Bes. ausgedehnt war das Postwesen bei den Persern, wie die in das letzte Drittel des 6. Jh.s anzusetzende Poststraße von Susa nach Sardes zeigt (Galling, Studien, 43–46). Daß das pers. Postwesen in der Nachfolge eines ass. stand, beweist die Übernahme des bab. *egertu* (= „Amtsschreiben") in dem uns in griech. Form bekannten Terminus *ἄγγαροι* für Eilboten bei den Persern. Die Post- und H.sstraßen mit Posthäusern und Stationen waren in Wegstrecken eingeteilt (A. Christensen, Die Iranier, 1933, 282f). Wie bei den Persern waren auch in hell.-röm. Zeit bestimmte Dienste wie Instandhaltung der Straßen und Gestellung von Tieren üblich (*ἀγγαρεύειν:* 1 Macc. 10_{33} Mt. 5_{41} Mc. 15_{21}).

Literatur: Y. Aharoni, The Land of the Bible, 1967, 39–57 – M. Avi-Yonah, Map of Roman Palestine, QDAP 5, 1936, 139–193 – ders. The Development of the Roman Road System in Palestine, IEJ 1, 1950/51, 54–60 – J. Boardman, The Greeks Overseas, 1964 – G. Cardascia, Les archives des Murašû. Une famille d'hommes d'affaires Babyloniens à l'époque Perse (455–403 av. J.C.), 1951 – W. Culican, The First Merchant Ventures: The Ancient Levant in History and Commerce, 1966 – R. Dussaud, Topographie historique de la Syrie antique et médiévale, Bibliothèque Archéologique et Historique 4, 1927 – G. Fohrer, Ezechiel, HAT 1/13, 1955, 156–159 – K. Galling, Der Weg der Phöniker nach Tarsis in literarischer und archäologischer Sicht, ZDPV 88, 1972, 1–18, 140–181 – R.G. Goodchild, The Coast Road of Phoenicia and its Roman Milestones, Berytus 6, 1948/49, 91–127 – H.G. Gowen, Hebrew Trade and Trade Terms in Old Testament Times, Journal of the Society of Oriental Research 6, 1922, 1–16 – Helck, Beziehungen, *passim* – J.B. Hennessy, The Foreign

Relations of Palestine During the Early Bronze Age, 1967, *passim* – J. D. Muhly, Homer and the Phoenicians, Berytus 19, 1970, 19–64 – F. Nötscher, Biblische Altertumskunde, 1940, 194–210 – P. J. Riis, Sukas I, 1970 – H. P. Rüger, Das Tyrusorakel Ez. 27, Diss. theol. ev. Tübingen, 1961 (masch.), bes. 55–123 – J. Schmidt, Straßen in altorientalischen Wohngebieten, Baghdader Mitteilungen 3, 1964, 125–147 – D. Sperber, On Social and Economic Conditions in the Third Century B.C., Archiv Orientální 38, 1970, 1–25 – P. Thomsen, Die römischen Meilensteine der Provinz Syria, Arabia und Palästina, ZDPV 40, 1917, 1–103 – R. de Vaux, Das Alte Testament und seine Lebensordnungen I, 1964², 224–279 – H. Walter/K. Vierneisel, Ägyptische und Orientalische Funde aus Brunnen G und dem Bothros, MDAIA 74, 1959, 35–42 – W. Zimmerli, Ezechiel, BK 13/2, 1969, 649–661. *K. Galling*

Harz

1. Allgemeines. 2. In Pal. heimische H.e. 3. Aus Südarabien importierte H.e.

1. H. umfaßt hier als Sammelbegriff chemisch unterschiedliche Absonderungen (auch H.öl, Gummi, Gummi-H.) von Bäumen und Sträuchern, die von selbst oder durch Einschnitte in die Rinde ausfließen und an der Luft erstarren. Diese H.e waren für kultische (Räuchern: Lv. 2_{1f}; Salben: Ex. 30_{23f}) und profane (Medizin: Jer. 8_{22}; Kosmetika: Est. 2_{12}) Zwecke begehrt. Da die wenigen Funde von antiken H.en in Ägypten (Lucas) nicht chemisch exakt analysiert sind, muß eine Rekonstruktion der im Pal. der SB- und E-Zeit gebrauchten H.e von der literarischen Tradition ausgehen und sie mit den Kenntnissen über die damaligen botanischen Verhältnisse in Pal. und seiner Umwelt kombinieren.

2. Gn. 37_{25} 43_{11} nennen drei in Pal. heimische H.e: *lōṭ* (LXX: *σταϰτή*; Vg.: *stacte*), das wohl nicht mit *Ladanum*, sondern mit der harzigen Rinde der *Pistacia mutica* zu identifizieren ist (L. Köhler, ZAW 58, 1940/41, 232–234), *nəkōt* (LXX: *θυμίαμα*; Vg.: *aroma, storax*; vgl. auch *nk't* auf einem ammonitischen Ostrakon: F. M. Cross, Andrew University Studies 13, 1975, 1–18), das mit dem *Ladanum*-H. der im Mittelmeerbereich verbreiteten *Cistus*-Rose gleichzusetzen ist, und *ṣŏrī* (LXX: *ῥητίνη*; Vg.: *resina),* worin eher das Mastix-H. der *Pistacia lentiscus* als das Storax-H. zu sehen ist (nach Ez. 27_{17} pal. Exportartikel). Als *hapax legomena* erscheinen in Ex. 30_{34} die H.bezeichnungen *ḥelbənā* (LXX: *χαλβάνη*, vgl. Sir. 24_{15}; Vg.: *Galbanum*) und *nāṭāp* (LXX: *σταϰτή*; Vg.: *stacte*). Ersteres dürfte das von der *Ferula galbaniflua* gewonnene Galbanum, letzteres das Storax (nach anderen: Mastix) vom *Styrax officinale* meinen.

3. Wichtige H.lieferanten waren (Bodenbeschaffenheit, Klima!) Südarabien und die benachbarte Somaliküste, von wo die Ägypter schon im 3. Jt. (falls = Punt, vgl. Müller; zum Zwischenhandel: Saleh) H.e bezogen. Ob von dort bereits unter Salomo (1 R. 10_{1-11}) H.e nach Pal. kamen, ist ungewiß, darf aber für die jüngere Königszeit als sicher gelten (Jer. 6_{20}; zur „Weihrauchstraße" →Handel, 4.). Bevorzugtes Räucherwerk war der Weihrauch (Jes. 60_{6}: *ləbōnā*; aram. *lbnt'*, Inschrift eines Räucherkästchens aus Lachis, E-Zeit: L III 358f, Tf. 68; LXX: *λίβανος*; Vg.: *thus*), der vom Boswellia-Baum stammt, und den man nach Plin NH XII 30_{54} durch die Minäer bezog. Die Myrrhe (hebr. *mōr*; LXX: *σμύρνα*; Vg.: *myrrha*) lieferte der Balsamodendron. Ct. 5_{5} kennt sie in fester und flüssiger Form (vgl. zu letzterem die neupun. Inschrift: KAI Nr. 161 Z. 8). Während die Myrrhe im AT bes. als Duftmittel erwähnt wird (z.B. Ps. 45_{9}), gilt sie in EA 269_{16f} als Heilmittel. Der Balsam vom *Balsamodendron opobalsamum* (hebr. *bōśem, bēśem, *bāśām*, auch Allgemeinbezeichnung für Parfüm; in den Übersetzungen uneinheitlich wiedergegeben) wurde in der E-Zeit importiert (1 R. 10_{2} Ez. 27_{22}); in röm. Zeit wuchs er auch bei Jericho und Engedi (JosAnt XV 96; JosBell I 138, 361). Eine weitere südarab. Balsamstaude lieferte das Bdellium (Gn. 2_{12} Nu. 11_{7}: *bədōlaḥ*; von LXX als Steinart mißverstanden; Vg.: *bdellium*). Unwahrscheinlich ist es, mit Ryckmans an einigen atlichen Stellen (z.B. Ps. 52_{15}) *zāhāb* mit altsüdarab. *dhb* zu verbinden und als H. zu interpretieren.

Literatur: G. W. van Beek, Fankincense and Myrrh, BA 23, 1960, 70–95 – R. H. Harrison, Healing Herbs of the Bible, 1966 – A. Lucas, Notes on Myrrh and Stacte, JEA 23, 1937, 27–33 – ders./J. R. Harris, Ancient Egyptian Materials and Idustries, 1962⁴, 85–97 – W. W. Müller, Alt-Südarabien als Weihrauchland, Theologische Quartalschrift 149, 1969, 350–368 (Lit.) – G. Ryckmans, De l'or(?), de l'encens et de la myrrhe, RB 58, 1951, 372–376 – A.-A. Saleh, An Open Question on Intermediaries in the Incense Trade during Pharaonic Times, Or NS 42, 1973, 370–382. *K. Galling*

Haus

Da sich das Leben in Pal. weitgehend im Freien abspielte, konnte das H. kleingehalten werden. Auch zwang der geringe zur Verfügung stehende Platz in einer um-

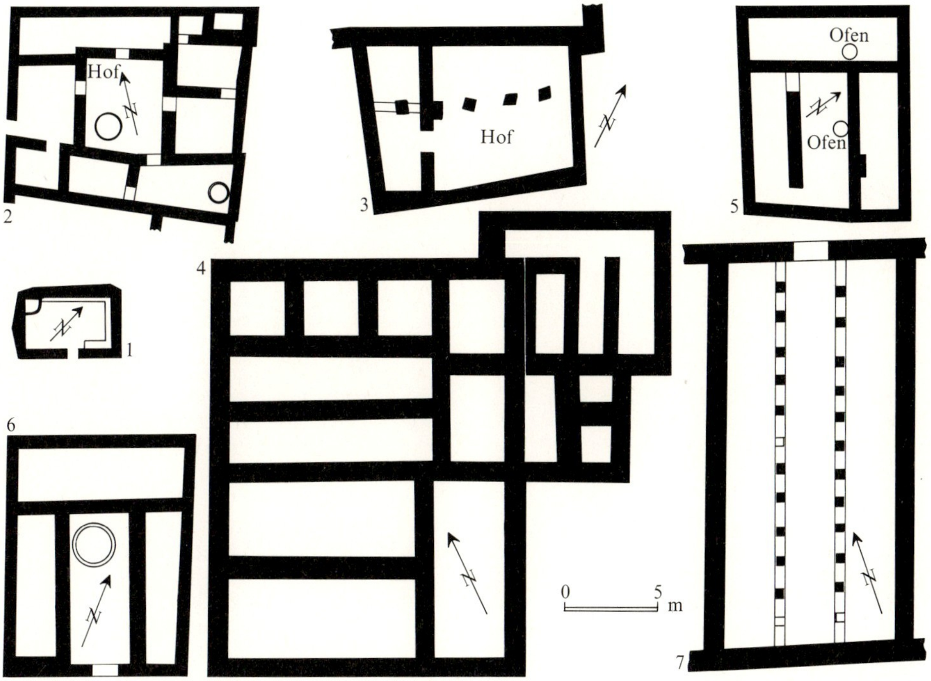

Abb. 36 **Haus** (1) Breitraumhaus, Arad (FB), (2) Hofhaus, Megiddo (MB II), (3) Hofhaus, Hazor (E II), (4) Gebäude 338, Megiddo (E II), (5) Vierraumhaus, *Ḫirbet el-Mešāš* (E I), (6) Vierraumhaus, *Tell en-Naṣbe* (E II), (7) dreischiffiges Gebäude, Megiddo (E II)

mauerten Stadt zur Beschränkung. Im äußersten Fall genügte ein zur Nächtigung dienender Raum. Häufig gehörte zum H. ein Hof, in dem man sich tagsüber aufhielt, und der oft Kochgruben (→Herd), manchmal ein Silo enthielt. Die Mauern des H.es waren aus Stein oder aus Lehm- →Ziegeln errichtet, die ihrerseits auf einem steinernen Fundament und oft auch auf einem niedrigen Sockel aus Stein ruhten (→Mauer und Mauertechnik, 2.). Schwellen und Türangelsteine weisen auf die Existenz der →Tür hin. →Fenster können seltener direkt nachgewiesen werden, waren aber bei den meisten H.ern sicherlich vorhanden. Bes. Mauerdicke weist wie ein Treppenaufgang auf die Existenz eines Obergeschosses. Auf dem flachen →Dach eines H.es befand sich zuweilen ein Obergemach (hebr. *ʿălīyā*, z.B. Jdc. 3_{20-25} 2S. 19_1 1R. 17_{19} 2R. 1_2 23_{12}). In der einfachsten Ausführung bestand es in einer Hütte aus Reisig, die mittels einer Leiter über das Dach zugänglich war. Mehr Aufwand erforderte die Errichtung eines Obergemachs aus Lehmwänden (hebr. *ʿălīyat qīr,* 2R. 4_{10}). Bei den zuweilen nur einen Teil des Daches eines einstöckigen H.es einnehmenden Obergemächern gab es ein Gitter (2R. 1_2). Wenn die steinernen Stufen eines Treppenaufgangs nicht mehr erhalten sind, lassen ihn schmale, korridorähnliche Einheiten oder eine bes. Verdickung der Mauer im Grundriß noch erkennen. So weisen die zwei schmalen Räume in Abb. $36_{2,4}$ auf eine doppelläufige Treppe.

In der FB-Zeit ist wie auch schon im CL der Typ des Breitraum-H.es (Abb. 36_1) verbreitet (z.B. →Arad, 1.); daneben finden sich apsidiale (PEQ 104, 1972, 12 [Lit.]) und auch schon komplexere H.formen (Meg II Abb. 392f; vgl. A. Ben-Tor, EI 11, 1973, 92–97 [hebr.]). Im H.bau der MB II-Zeit ist eine Differenzierung des Grundrisses festzustellen. Ein H. besteht jetzt aus einem Hof, um den an einer oder mehreren Seiten Räume gelagert sind (Abb. 36_2; Meg II Abb. 401; TBM II Tf. 55). Die weniger gut bekannte

Wohnarchitektur der SB-Zeit unterscheidet sich nicht wesentlich von der der MB II-Zeit (vgl. auch →Stadtanlage, 2.).

Es ist nicht einfach, die verschiedenen Formen des E-zeitlichen H.es auf bestimmte Typen zurückzuführen, da einerseits durch die bes. Bedürfnisse und Möglichkeiten des Erbauers der Plan eines H.es modifiziert werden konnte und da andererseits der beengte Raum innerhalb der Mauern einer Stadt eine freie Entfaltung nicht zuließ, das H. sich also seiner Umgebung anpassen mußte. Im Vergleich zur SB-Zeit ist in der E I-Zeit ein Rückgang in der Bautechnik festzustellen; die Mauern sind oft schwach, die Mauerführung nicht gerade. Die H.formen der E II-Zeit sind weitgehend jedoch schon in der E I-Zeit vorhanden. Charakteristisch für die E-Zeit sind H.er mit einem Hof, von dem ein kleiner Teil durch Pfeiler (→Säule) abgetrennt war (Abb. 36_3). Dieser kleinere Teil war überdacht und konnte auch ganz vom offenen Hof getrennt sein; in diesem Fall standen die Pfeiler nicht frei, sondern dienten als Konstruktionspfeiler in einer massiven Mauer, wenn nicht überhaupt eine gewöhnliche massive Mauer zur Abtrennung diente. Abgesehen von dem abgetrennten Teil befanden sich kleinere Räume an einer (Abb. 36_3) oder an mehreren Seiten des Hofes. Die Variationsmöglichkeiten im H.bau der E-Zeit (vgl. z.B. den großzügigen Grundriß des Gebäudes 338 von Megiddo: Abb. 36_4) lassen sich gut an Stadtanlagen (TBM III Tf. 1, 3, 6; TN I Abb. 43) studieren. Ein Sonderfall der E-zeitlichen H.form ist das sogenannte Vierraum-H., das nicht mit dem Megarontyp in Verbindung zu bringen ist. Schon in der E I-Zeit kommt es etwa auf der *Ḫirbet el-Mešāš* vor (Abb. 36_5; ZDPV 91, 1975, 110–114), danach ist es in zahlreichen Ausgrabungen in Pal. belegt (vgl. Shiloh, IEJ 20), bes. in *Tell en-Naṣbe* (Abb. 36_6; TN I Abb. 51f) und *Tell el-Fār'a* Nord (R. de Vaux, RB 59, 1952, 559, 565; 62, 1955, Tf. 6). Das Vierraum-H. besteht aus drei parallelen Räumen, die kaum als Teile einer mehrschiffigen Halle interpretiert werden dürfen (so K.M. Kenyon, Archäologie im Heiligen Land, 1967, 242). Hinter ihnen ist ein weiterer Raum quer angeordnet. Die beiden parallelen seitlichen Räume sind vom mittleren Raum, der normalerweise den Hof darstellt, durch Pfeiler, durch massive Mauern oder auch in einer kombinierten Bauweise abgetrennt. Diese beiden Räume können genauso wie der querliegende Raum weiter unterteilt sein. Der H.eingang lag meistens in der Mitte der Schmalseite am Hof, seltener an einem Seitenraum. Größere Vierraum-H.er finden sich häufig an ausgezeichneten Stellen innerhalb einer Stadt und sind dann als Verwaltungsgebäude oder als Wohn-H.er höher gestellter Personen zu interpretieren (Branigan). Noch größere und massivere Gebäude dienten wohl als Zitadelle. Das beste Beispiel hierfür ist die Zitadelle von Hazor (Hazor II Tf. 205), deren Grundriß mit dem eines Vierraum-H.es verwandt ist (Shiloh, IEJ 20). Neben den Wohn-H.ern der E-Zeit, die zum größten Teil aus einem Hof bestehen, um den in verschiedener Weise kleinere Räume angeordnet sind, fallen bes. in größeren Städten (Megiddo: Abb. 36_7, Hazor, Beth-Semes, *Tell es-Seba'*; vgl. Shiloh, IEJ 20, Abb. 1) dreischiffige H.er auf. Die drei nebeneinanderliegenden Räume sind meist durch Pfeiler voneinander getrennt. Auf *Tell es-Seba'* fanden sich drei dieser H.er mit ihren Längsseiten aneinandergebaut (Beer-Sheba I 23–30). Obwohl die H.er von Megiddo von den Ausgräbern für Pferde-→Ställe gehalten wurden (Meg I 32–47), müssen sie eher als Lager-H.er interpretiert werden (→Speicher).

In den auf die E-Zeit folgenden Perioden unterschied sich das einfache H. in seiner Anlage kaum von seinen Vorläufern. Diese Tatsache wird durch die talmudische Überlieferung (Krauß, TalmArch I, 19–48) bestätigt. Unter fremdem Einfluß konnten neue Dekorationselemente und manchmal auch neue H.formen übernommen werden. Die Residenz von Lachis (→Abb. 62_9; L III Tf. 120) zeigt wie H.er von *Tell Ǧemme* (G.W. van Beek, IEJ 24, 1974, 138f.) die Verwendung von Bogen und →Gewölbe seit ass. Zeit (→Palast, 3.). Die hell. Stadtanlage von Marisa *(Tell Sandaḥanna)* läßt erkennen, wie eine geordnete Stadtplanung mit größerer Komplexität der Gebäudeeinheiten Hand in Hand geht. Das arab. H. in Pal. läßt den Charakter des E-zeitlichen H.es noch erkennen, wenn auch die Gewölbedecke ein jüngeres Element darstellt.

Literatur: R.B.K. Amiran/I. Dunayevsky, The Assyrian Open-Court Building and its Palestinian Derivatives, BASOR 149, 1958, 25–32 – A. G. Barrois, Manuel d'Archéologie Biblique I, 1939, 244–285 – H. K. Beebe, Ancient Palestinian Dwellings, BA 31, 1968, 38–58 – K. Branigan, The Four-Room Buildings of Tell en-Naṣbeh, IEJ 16, 1966, 206–208 – T. Canaan, The Palestinian Arab House: Its Architecture and Folklore, JPOS 12, 1932, 223–247; 13, 1933, 1–83 – Dalman, AuS VII, 1–175 – V. Fritz, Bestimmung und Herkunft des Pfeilerhauses in Israel ZDPV, 93, 1977 – Krauß, TalmArch I, 19–48 – Y. Shiloh, The Four-Room House: Its Situation and Function in the Israelite City, IEJ 20, 1970, 180–190 – ders., The Four-Room House – The Israelite Type-House? EI 11, 1973, 277–285 (hebr.) – F. Wachtsmuth, Was ist ein „Hilani", was ein „bît ḫilāni"? ZDMG 108, 1958, 66–73. *H. Rösel*

Hazor

1. Identifizierung und Lage. 2. Ausgrabungen und Geschichte.

1. Der *Tell Waqqāṣ,* auch *Tell Qidaḥ el-Ġūl* genannt, wurde um 1850 von Josias Leslie Porter entdeckt und zutreffend mit H. identifiziert. Die materielle Hinterlassenschaft von H. bildet ein rechteckiges Plateau, dessen Längsachse von Norden nach Süden (genau Nordnordost-Südsüdwest) verläuft (Yadin, Hazor, Tf. 1a). Es erhebt sich durchschnittlich 30 m über die umgebende Landschaft, die ein leichtes Gefälle von Süden nach Norden aufweist. Seine Südwestecke ist zu einem Tell aufgewölbt, zur Oberstadt, die die Unterstadt um ca. 10 m überragt, aber nur ein Zwölftel ihrer Gesamtfläche einnimmt. Reichlich Wasser boten Quellen im *Wādī el-Waqqāṣ* an der Südflanke von H. Seine Bedeutung verdankt H. seiner ungewöhnlich günstigen Lage am Kreuzpunkt der wichtigsten binnenländischen Route von Ägypten nach Nord-Syr. und Mesopotamien, deren Mittelabschnitt von Megiddo über H. auf der Westseite des obersten Jordangrabens, dann durch das *Wādī et-Tēm* und die *Beqā'* nach Ribla und Qadeš verlief, mit der West-Ost-Verbindung von der Hafenstadt Akko nach Damaskus, deren Übergang über den Jordan bei *Ġisr Benāt Ya'qūb* von H. aus leicht zu kontrollieren war. Bes. auffällig wird die Bedeutung von H. durch die Ausmaße der MB- und SB-zeitlichen Stadtanlage: ihre 72 ha sind zu vergleichen mit den 36 von Ugarit, den 8 von Megiddo und den 4 des vorsalomonischen Jerusalem.

2. Den Bericht von J. Garstang über die ersten, 1928 von ihm durchgeführten Sondierungen in H. siehe bei Yadin, Hazor, 19–22. Von 1955–58 und 1968 wurden von der Universität Jerusalem Ausgrabungen durchgeführt (Leitung: Y. Yadin). Im fol-

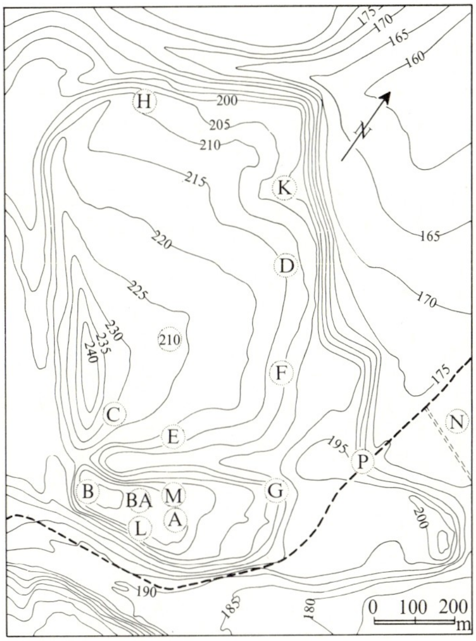

Abb. 37 **Hazor** (1) Topographische Karte mit Grabungsfeldern

genden Überblick bezeichnen wir die Grabungsareale nach Abb. 37$_{1f}$ mit ihren Buchstaben.

Bei Tiefgrabungen in A und L (Hazor III–IV Tf. 28) stieß man auf Fußböden und Hausreste der FB II-III-Zeit (ebd. Tf. 4), auf Scherben der nördl. MB I-Kulturen (ebd. Tf. 156$_{1-17}$) nur in späteren Auffüllungen. Spuren der MB IIA-Zeit fehlen in der Oberstadt fast ganz, in der Unterstadt ohnehin. So kann sich die erste literarische Bezeugung von H. in den äg. Ächtungstexten (E 15, 1. Hälfte des 18. Jh.s) nur auf die Oberstadt beziehen.

Mit Beginn der MB IIB-Zeit setzte plötzlich der großangelegte Ausbau von H. ein. Auf der westl. Hälfte des Tells (Abb. 37$_{2}$) entstand die Akropolis: Palast (Hazor III–IV Tf. 5–7) und Tempel samt Nebengebäuden im Schutz einer 7,5 m starken Lehmziegelmauer auf breitem Steinfundament (ebd. Tf. 29f) und eines den Westsporn krönenden Forts (ebd. Tf. 33). Gleichzeitig wurde die riesige Unterstadt gegründet. Sie erhielt eine Umwallung aus Basaltkern, Lehmziegeln und Stampferde mit Toranlagen, von denen zwei freigelegt wurden (K und P, Yadin, Hazor, 51–66; Hazor III–IV

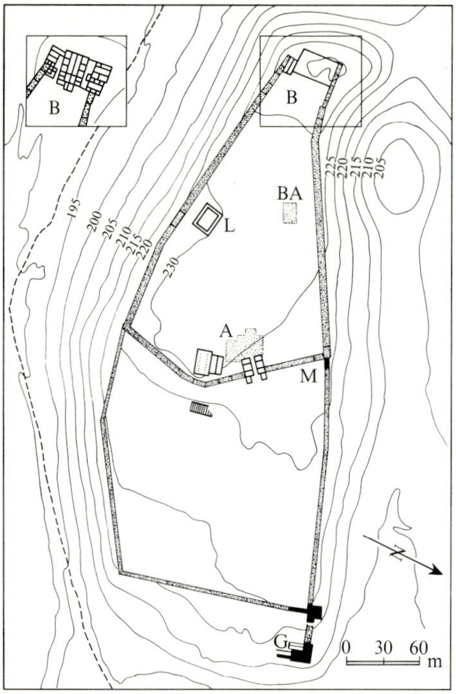

Abb. 37 **Hazor** (2) Plan der Oberstadt

Tf. 130–145). Ihre durchschnittliche Höhe betrug 10 m, die Basis-Breite 50 m, je nach Geländebeschaffenheit. Die Tore wiesen fünf Bauphasen von der MB IIB- bis zur SB IIB-Zeit auf. Die historische Einordnung solch rechteckiger Wallanlagen ist noch immer kontrovers (→Mauer und Mauertechnik, 3.). Die Unterstadt von H. war jedenfalls kein Lager für Streitwagenkontigente, sondern dicht besiedelter Wohnbereich (vgl. z.B. den Gesamtplan von C: Hazor II Tf. 208). Gegen Ende der MB IIB-Zeit wurde auch der Ostteil der Oberstadt in das Befestigungssystem einbezogen (Yadin, Hazor, Tf. 4b; Hazor III–IV Tf. 78–80).

Die bemerkenswertesten Gebäude der MB IIB- und SB-Zeit waren nach den bisherigen Befunden die hier in chronologischer Folge aufgeführten Sakralbauten (Yadin, Hazor, 67–105): 1. Der nach Südosten orientierte Langhaus-Tempel (→Abb. 85_{18}) beim Palast (A). 2. Der im äußersten Norden der Stadt gelegene (H), in der MB IIB-Zeit gegründete Orthostaten-Tempel (→Abb. 85_{22}; Hazor III–IV Tf. 101–129), der in vier Bauphasen fast den gleichen Plan hatte: ein nach Südosten orientierter Breitraum mit Kultnische in der nordwestl. Rückwand, ihm vorgelagert ein Durchgang zwischen zwei Türmen, bzw. deren Treppenhäusern. In der SB IIA-B-Zeit hatte er eine Vorhalle, die nicht die ganze Breite der Tempelfront einnahm, und Orthostaten schmückten die Sockel der Vorhalle und der Cella (→Abb. 85_{24}). 3. Unter einer „Kulthöhe" der SB II-Zeit im Südosten der Stadt (F) ein Gebäuderest aus der SB I-Zeit (→Abb. 85_{14}), der typologisch dem sogenannten Quadratbau von *'Ammān* (J.B. Hennessy, PEQ 98, 1966, Abb. 2) nächst verwandt sein soll. Darunter in der MB IIB-Zeit ein Doppeltempel, dessen Plan (→Abb. 85_{13}; Detailbefunde: Hazor III–IV Tf. 69–77) weithin hypothetisch ist. Seine angenommene Verwandtschaft mit dem Sîn-Šamaš-Tempel von Assur (B. Hrouda, Vorderasien I, Handbuch der Archäologie, 1971, Abb. 70) besteht nur in der Symmetrie der beiden Teile. 4. Das in der SB IIA-Zeit errichtete Stelen-Heiligtum im Südwesten der Stadt (C) war ein kleiner, nach Osten orientierter Breitraum mit halbrunder Nische in der westl. Rückwand. In der 2. Phase (SB IIB) war diese mit zehn, dem Eingang zugewandten Basaltstelen ausgestattet (→Abb. 49_4 und Hazor I Tf. 29–31). Man wird weniger an einen Tempel des Mondgottes (Yadin, Hazor, 73f) als an einen Memorialschrein (W.F. Albright, VTS 4, 1957, 252; vgl. auch Galling) zu denken haben.

Wenn es in Jos. 11_{10} heißt, H. sei „vormals das Haupt aller dieser Königreiche" gewesen, so spiegelt sich darin eine Erinnerung an die oben skizzierte Großstadt wider. Ihr jäher Aufschwung fiel zeitlich zusammen mit der letzten Blüte des Reiches von Mari unter Zimrilim (1717–1695). Briefe aus dem Mari-Archiv (ARM VI 23+78; VII 236; XII 747 u.a.) beleuchten die regen diplomatischen und wirtschaftlichen Beziehungen zwischen Euphrat und Mittelmeer und die wichtige Rolle, die H. im westl. Teil des fruchtbaren Halbmonds spielte (Malamat). H. erscheint dort gleichrangig mit Qaṭna, Ugarit und Aleppo. Diese hervorragende Stellung hat es später nie wieder erreicht. Nur archäologisch bezeugt ist eine Zerstörung und kurze Siedlungslücke um die Mitte des 16. Jh.s, vielleicht verursacht durch den Zusammenbruch der Hyksos-Herrschaft und seine Folgen. In der SB I-Zeit hat sich H. zwar erholt, wie die Instandsetzung bzw. der Wiederaufbau der obenerwähnten Bauten und die Erwähnung von H. in den Städtelisten Thutmosis' III. und Amenophis' II. (Simons, Handbook, Nr. I 32; II 27; VI 18; vgl. auch M. Görg, Untersuchungen zur hieroglyphischen Wiedergabe palästinischer Ortsnamen, 1974, 107–125) zeigen; aber in der Amarnazeit stellte der König von H. offenkundig kaum mehr dar als die vielen anderen pal.-syr. Stadtfürsten, die sich durch Schaukelpolitik zwischen dem damals schwachen Ägypten und den rebellierenden Kräften im asiatischen Vorfeld zu behaupten suchten (EA 227f 148_{41-43} 364_{17-20}). Letztmals wird das kan. H. erwähnt unter Sethos I. (Simons, Handbook, Nr. XIII 64; XIV 66) und Ramses II. (ANET 477). Kurz darauf erfolgte sein Untergang, wie Scherben der Importware Mykenisch IIIB in den Asche- und Versturzschichten der 2. Hälfte des 13. Jh.s markieren. Über Hintergrund und Ursache dieses Geschehens und über sein Verhältnis zu Jos. 11_{10f} und Jdc. 4f läßt sich keine Klarheit gewinnen.

Direkt über den Trümmern der kan. Oberstadt fand sich die älteste Siedlung der E-Zeit: runde oder gekurvte Fundamente aus unbehauenen Feldsteinen, Reste primitiver Hütten, Öfen und Vorratsgruben. Die Einwanderer waren noch Halbnomaden, wahrscheinlich Sippen des Stammes Naphthali; ihre Keramik ist identisch mit derjenigen, die Aharoni in den früheisenzeitlichen Siedlungen Obergaliläas gesammelt hat. Im 11. Jh. folgte eine offene bäuerliche Siedlung mit einer kleinen Kultstätte auf der Westseite des Tells (Yadin, Hazor, 132f, Abb. 29; Hazor III–IV Tf. 37f, 39_1).

Erst die Freilegung des salomonischen H. gab im Hinblick auf 1 R. 9_{15} den Anstoß zu erneuten Grabungen in →Megiddo und →Geser und erwies sich damit als Schlüssel zum Verständnis dieser Notiz (Yadin, Hazor, 147–164): um die große nordsüdl. Transitstraße und die exponierten Teile des isr. Kernlandes zu sichern, hat Salomo drei strategisch günstig gelegene Siedlungshügel – in Anlage und Architektur gleichförmig – zu stark befestigten Garnisonen ausgebaut. In H. umschlossen die Kasemattenmauern wie die MB-zeitlichen Stadtmauern nur die westl. Hälfte des Tells. Ihrem nordsüdl. verlaufenden Osttrakt war ein Sechskammertor (Hazor III–IV Tf. 2f) eingefügt und ein tiefer, trockener Graben vorgelegt. Wie in Megiddo übertreffen die Anlagen des 9. Jh.s (Ahab) die salomonischen an Großzügigkeit der Planung und an technischem Aufwand. Abb. 37_2 gibt einen Überblick: die an die salomonische Kasemattenmauer im Süden und Norden angefügte (M: Yadin, Hazor, Tf. 25b, c) und den Ostteil der Kuppe einfassende Mauer mit Vor- und Rücksprüngen, das Tor an der neuen Nordostecke (G), das Fort auf der Westspitze (B: Yadin, Hazor, Tf. 28; Hazor III-IV Tf. 44–53), eine Schacht- und Tunnelanlage, die den Zugang zur Quelle sicherte (L: Yadin, Hazor, Abb. 46f, Tf. 29–32; →Wasserversorgung mit Abb. 92_2), und das große Pfeilergebäude mit dem nördl. angelehnten kleinen Bau (A: Yadin, Hazor, Abb. 44; Hazor II Tf. 4f), beide von den Truppen als Magazin benutzt.

Als Nordost-Pfeiler im Verteidigungssystem des isr. Reiches muß H., vor allem in den Aramäerkriegen des 9. Jh.s, eine bedeutende Rolle gespielt haben. Doch darüber schweigen die atlichen Quellen. Zum letzten Mal wird H. erwähnt in der knappen, aber vielsagenden Annalennotiz 2 R. 15_{29}. Nach der Einverleibung Galiläas in die ass. Provinz *Magidū* im Jahre 733 (Alt, KlSchr II, 195) diente H., genauer die Zitadelle auf der Westspitze des Tells, nur noch den Besatzungsmächten – Assyrern, Achämeniden, Seleukiden (1 Macc. 11_{67}) – als Stützpunkt. Bisher hat man in und bei H. weder Bestattungen von einzelnen Erwachsenen noch Gräberfelder entdeckt. Dieser Umstand mag erklären, daß Schmuck u.a. als Grabbeigaben übliche Wertgegenstände in den Fundlisten Raritäten geblieben sind.

Literatur: Zur Lage: J.L. Porter, A Handbook for Travellers in Syria and Palestine, 1875^3, 414f, 422 – ders., The Giant Cities of Bashan and Syria's Holy Places, 1865, 270.
Zur Archäologie: Hazor I, II, III–IV – Yadin, Hazor (kann als vorläufiger Textband zu Hazor III–IV angesehen werden) – ders., Hazor: The Rediscovery of a Great Citadel of the Bible, 1975 – Y. Aharoni, The Settlement of the Israelite Tribes in Upper Galilee, 1947 (hebr.) – K. Galling, Erwägungen zum Stelenheiligtum von Hazor, ZDPV 75, 1959, 1–13 – J. Gray, Hazor, VT 16, 1966, 26–52 – W.G. Dever, The Water Systems at Hazor and Gezer, BA 32, 1969, 71–78.

Zur Geschichte: F. Maaß, Hazor und das Problem der Landnahme, BZAW 77, 1958, 105–117 – A. Malamat, Hazor "The Head of all those Kingdoms", JBL 79, 1960, 12–19 – ders., Northern Canaan and the Mari Texts, Festschr. N. Glueck, 164–177 – ders., Syro-Palestinian Destinations in a Mari Tin Inventory, IEJ 21, 1971, 31–38. *A. Kuschke*

Hebron und Mamre

1. Lage. 2. Literarische Tradition. 3. Archäologisches zu, a H., b den Patriarchengräbern, c M.

1. Die Nachfolgesiedlung des im AT *Ḥebrōn* heißenden Ortes (Borée, Ortsnamen, 58; Lipiński 51), die Stadt *Ḫalīl er-Raḥmān* („der Freund [= Abraham] des Erbarmers [= Allāh]", vgl. Jes. 41_{8}), an der Straße von Jerusalem nach Beerseba, 36 km südl. von Jerusalem, lehnt sich an den Osthang eines Nord-Süd-Tales an, während das aus dem AT bekannte H. auf dem gegenüberliegenden Westhügel (*Ǧebel er-Rumēde*) zu lokalisieren ist. Auf der 3 km nördl. der heutigen arab. Altstadt gelegenen *Rāmet el-Ḫalīl* ist M., das Gn. 13_{18} in der Flur von H. lokalisiert (*'ǎšēr bə-Ḥebrōn*), anzusetzen. Nahe dabei muß das von Abraham gekaufte Grundstück mit den späteren Patriarchengräbern „in der Machpela, welche vor (bzw. gegenüber von) M. liegt" (Gn. 23_{17}), gesucht werden, obwohl eine bis in herodianische Zeit zurückreichende Tradition es am Fuß des Osthügels gegenüber dem B- und E-zeitlichen H. plaziert (zur Lokalisierung bei den antiken Schriftstellern: P. Thomsen, Loca Sancta, 1907, 110f, 115f).

2. Dem engen lokalen Zusammenhang entspricht die Verknüpfung der drei Stätten in den atlichen Traditionen. Das „früher" *Qiryat 'Arba'* genannte H. (Jos. 14_{15} 15_{45}; vgl. dazu Borée, Ortsnamen, 87 Anm. 8; Lipiński 48–55) war laut Nu. 13_{22} eine kurz vor dem äg. Zoan (LXX: *Τάνις*, vgl. ANET 252f) gegründete Stadt des Riesengeschlechts der Enakiter (E. C. B. MacLaurin, VT 15, 1965, 468–474 deutet *'Ănāq* kaum zutreffend als philistäischen Titel), die auch in den Ächtungstexten genannt werden (e 1–3, f 4: *Y'nq*; E 36, 64: *Y'nqi*; Mirgissa e 1–3, 6, f 4 [G. Posener, Syria 43, 1966, 285f.]: *Ynq*; dazu zuletzt: Lipiński). Von den Berichten über die Eroberung H.s durch Josua (Jos. 10_{36-39}), den Stamm Juda (Jdc. 1_{10}) oder Kaleb (Jos. 15_{13f}) und den Harmonisierungsversuchen, Josua (Jos. 14_{13f}) bzw. Juda (Jdc. 1_{20}) habe H. an Kaleb gegeben, dürfte die Tradition einer kalebitischen Inbesitznahme der Stadt dem historischen Ablauf am ehesten gerecht werden. David regierte siebeneinhalb Jahre in H. über Juda (2S. 2_{11}) und wurde dort von den Stämmen zum König über ganz Israel gewählt (2S. 5_{1-4}). Absaloms Versuch, ebenfalls in H. die Königswürde zu erlangen (2S. 15_{7-10}), scheiterte. Rehabeam befestigte H. (2Ch. 11_{10}); ferner zählte es zu den Asyl- und Levitenorten (Jos. 20_{7} 21_{11f}). Die (militärische?) Bedeutung H.s in der E II-Zeit bezeugen die Krugstempel mit der Aufschrift *lmlk Ḥbrn* (→Siegel, 3.c*β*). Die Südgrenze der bab. und pers. Provinz Juda schloß H. aus (Alt, KlSchr II, 327–329), das im edomitischen Gebiet lag (von den Ptolemäern bis in röm. Zeit die Hyparchie Idumäa). Dennoch beanspruchten die Judäer H. weiterhin als ihren Besitz (Neh. 11_{25}). Von der Eroberung H.s durch Judas Makkabäus im Jahr 164 berichten 1 Macc. 5_{65} und JosAnt XII 353 (vgl. K. Galling, PJ 36, 1940, 59f). Bei der Belagerung Jerusalems durch Vespasian ließ der röm. Offizier Cerealis H. 63 n. Chr. in Asche legen (JosBell IV 554).

Eng mit H. verbunden ist die Überlieferung, daß Abraham, Isaak und Jakob bei den Terebinthen von M. (wohl ein altkan. Baumheiligtum) zelteten (Gn. 13_{18} 35_{27} 37_{14}). Da Gn. 13_{18} über einen Altarbau Abrahams an dieser Stätte berichtet, stand der Ort sicher in hohem Ansehen, und um so schwerer wog seine Profanierung durch Hadrian, der nach der Niederwerfung des Bar Kochba-Aufstandes in M. einen Markt einrichtete und hier jüd. Sklaven verkaufen ließ. Später ließ Konstantin (306–337) an der Stätte eine Basilika errichten.

Abraham erwarb von dem in H. ansässigen Ephron (Gn. 23) das bereits erwähnte Grundstück mit einer Höhle darauf, die ihm und Sara (Gn. 25_{9} 23_{19}), Isaak und Rebekka (Gn. 49_{31}), Jakob und Lea (Gn. 50_{13} 49_{31}) als Grabstätte diente. Nach jüngerer Überlieferung sollen hier auch die Gräber Adams und Evas, Kalebs und der elf Jakobsöhne (ausgenommen Joseph, dessen Grab bei →Sichem gesucht wurde) liegen (Jeremias).

3.a In drei Grabungskampagnen (1964–1966, geleitet von P. C. Hammond) auf dem *Ǧebel er-Rumēde* wurden Teile H.s der Bund E-Zeit freigelegt. Ein zusammenhängendes Bild der Stadtanlage und ihrer Entwicklung läßt sich zwar noch nicht entwerfen; doch steht fest, daß der seit dem späten CL besiedelte Ort (Wohnhöhlen, in der MB II-Zeit als Nekropole verwendet) seit der MB-Zeit von einer Stadtmauer umgeben war, die in der MB IIB-Zeit verstärkt wurde (darauf könnte sich Nu. 13₂₂ beziehen). Nach der MB II-Zeit scheint H. erst in der E II-Zeit wieder dicht besiedelt gewesen zu sein. Auch in hell., röm., byz. und arab. Zeit war der Hügel bewohnt.

3.b Die Stätte Machpela (*Makpēlā*; die alten Übersetzer leiten von *KPL* = „verdoppeln" ab und übersetzen „Doppelhöhle"; doch bezieht das AT den Namen auf die Flur, in der die Höhle lag, nicht auf die Höhle selbst) setzte man in herodianischer Zeit am Fuß des Osthangs gegenüber dem H. der B- und E-Zeit an. Die noch heute bis zu ca. 9 m hochragenden Umfassungsmauern (60 × 33 m) des *Ḥaram* mit Quadern und über dem Sockel vorspringenden Pilastern sind typisch für die herodianische Architektur (als Material nennt JosBell IV 532 fälschlich „Marmor"). Daß hier schon im 2. Jh. v. Chr. ein Memorialbau gestanden hätte, wie F.-M. Abel aus dem häufig im Buch der Jubiläen genannten „Turm Abrahams" erschließt, ist wenig wahrscheinlich; dieser Turm ist eher auf der *Rāmet el-Ḫalīl* zu suchen (S. Klein, ZDPV 57, 1934, 21f; Mader I 263–270). Im Nordwestteil des *Ḥaram* ließ Justinian (527–565) eine Basilika errichten; im Südostteil folgte eine Kreuzfahrerkirche, die heute in eine Moschee umgewandelt ist.

3.c Die heute auf der *Rāmet el-Ḫalīl* sichtbaren Quadermauern (Abb. 38; ausgegraben von E. Mader, 1926–1928), die ein ca. 65 × 50 m großes Rechteck umschließen (Eingang im Norden: E; Fenster im Westen: F), stammen aus der Zeit Hadrians (nur die Ostmauer ist herodianisch). Freigelegt wurden aus der Zeit Konstantins (306–337) die Fundamente einer an die Ostmauer angebauten Basilika (Langhaus mit Apsis: A; zwei Seitenschiffe; Vorhalle: B; davor eventuell ein Freialtar: C) und die Brunneneinfassung in der Süd-West-Ecke (D). Beiden Bauphasen ging eine (literarisch nicht bezeugte) herodianische voraus, was sich aus der

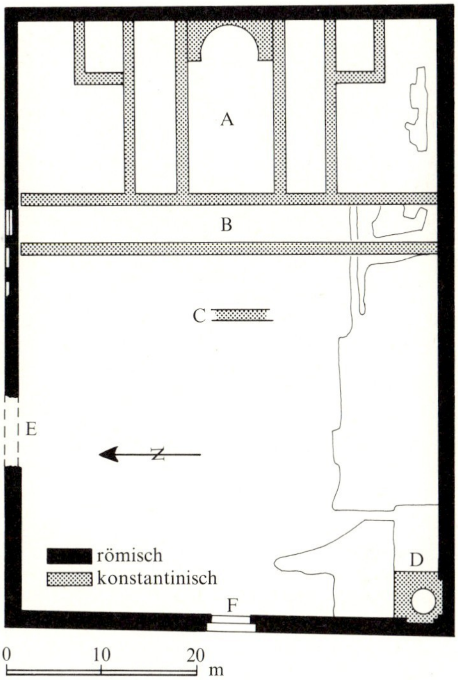

Abb. 38 **Hebron und Mamre** Röm. Anlage in Mamre

Steinbearbeitung der später von Hadrian wiederverwendeten Quadern ablesen läßt (Parallelen: Umfassungsmauern des *Ḥaram* in Jerusalem und des *Ḥaram* in H.). Vorherodianische Bautätigkeit könnten das sich den Umfassungsmauern nicht einfügende Bodenpflaster sowie zwei der Westmauer vorgelagerte Turmfundamente anzeigen. Eine frühe Besiedlung des Bereichs können die wenigen hier gefundenen Keramikgefäße (seit FB I-Zeit) nicht beweisen.

Literatur: F.-M. Abel, La maison d'Abraham à Hébron, JPOS 1, 1920–21, 138–142 – C. F. Arden-Close, The Cave of Machpela, PEQ 83, 1951, 69–77 – P. C. Hammond, Hebron, RB 72, 1965, 267–270; 73, 1966, 566–569; 75, 1968, 253–258 – ders., Hebron, Bible et Terre Sainte 80, 1966, 6–8, – J. Jeremias, Heiligengräber in Jesu Umwelt, 1958, 90–100 – E. Lipiński, ʻAnaq – Kiryat ʼArbaʻ – Hébron et ses sanctuaires tribaux, VT 24, 1974, 41–55 – E. Mader, Mambre: Die Ergebnisse der Ausgrabungen im heiligen Bezirk Râmet el Ḫalîl in Südpalästina, 1926–1928, I, II, 1957 – S. Mowinckel, Die Gründung von Hebron, Orientalia Suecana 4, 1955, 67–76 – L. H. Vincent/E. J. H. Mackay/F.-M. Abel, Hébron. Le Ḥaram el-Khalîl: Sépulture des Patriarches I, II, 1923 – Z. Yeivin, Note on the Makphela Cave (Hebron), ʻAtiqot HS 7, 1974, 58–60. *H. Weippert*

Helm

Der H. (hebr. *k/qōba'* [Fremdwort]) erscheint im AT neben →Panzer oder →Schild als Kopfschutz meist des fremden Kriegers (1S. 17_{5}: Goliath) und wird nur zweimal als Bestandteil der pal. Soldatenausrüstung genannt (1S. 17_{38}: Saul; 2Ch. 26_{14}: Hiskia rüstet Heer mit H.en aus). Als Material für den H. gibt das AT bisweilen *nәḥōšet* an.

Die geringe Bedeutung des H.s in Pal. erklärt sich weniger vom Klima als von der Funktion des Schwertes her, das als Stich- und nicht als Hiebwaffe benutzt wurde (→Dolch und Schwert, 1.), wogegen der →Schild ausreichend Schutz bot. Dazu paßt, daß von den wenigen in Syr.-Pal. gefundenen H.en keiner sicher syr.-pal. Herkunft ist. Die in Lachis gefundene bronzene H.raupe gehörte zu einem ass. H. (L III 387 Tf. 39_{1}; vgl. ANEP 175), wie ihn das Lachisrelief (AOB 141 unten rechts) zeigt. Analoges gilt wohl auch für den Spitz-H. aus Zincirli (Sendsch V 75–79 Abb. 83f, Tf. 40) und die weiteren dort gefundenen H.fragmente (ebd. Abb. 86–88); denn Kegel-, Spitz- und Raupen-H. gehörten zur Ausrüstung ass. Soldaten (→Abb. 14_{1}; Hrouda, Kulturgeschichte, Tf. 23). Ein korinthischer H. aus Bronze (6./5. Jh.) wurde bei Askalon aus dem Meer gefischt (IEJ 8, 1958, Tf. 32C; zum griech. H.: MDAIA 75, 1960, 54–56; E. Kunze, VIII. Bericht über die Ausgrabungen in Olympia, 1967, 111–183; zum H. in Zypern und der Ägäis: Catling, Bronzework, 137–139; J. Borchardt, Homerische Helme: Helmformen der Ägäis in ihren Beziehungen zu orientalischen und europäischen Helmen in der Bronze- und frühen Eisenzeit, 1972).

Der syr.-pal. H.typus muß aus Abbildungen erschlossen werden, da kein Exemplar erhalten blieb. Selbst in Gräbern, deren Beigaben eindeutig auf die Bestattung eines Kriegers hinweisen, fehlen metallene H.reste. Auch das kupferne/bronzene Band um den Schädel eines Skelettes in einem MB I-zeitlichen Grab in Jericho (Jer II Abb. 41_{8}), dessen Bindelöcher und Textilspuren eine Interpretation als Bestandteil einer Kopfbedeckung nahelegen, dürfte kaum mit einem H.typus in Verbindung zu setzen sein. Aus dem negativen Befund ergibt sich, daß die syr.-pal. H.e wohl meist aus Leder gefertigt waren. Äg. Darstellungen von Asiaten aus der SB-Zeit zeigen (Leder-?)Kappen mit „H."-Busch (AOB 62; ANEP 315; vgl. →Abb. 63_{4}). Ohne Kopfbedeckung werden die kämpfenden Philister dargestellt, deren hochgebundenes Haupthaar Schachermeyer fälschlich als „Federkrone" interpretiert hat (dagegen Galling, Ug VI). Die auf dem Lachisrelief abgebildeten Verteidiger der Stadt (701) tragen einen Spitz-H. oder eine runde (Leder-?)Kappe; beides ist mit Wangenschutz ausgestattet (→Abb. 14_{1}). Die Spitz-H.e ähneln denen der ass. Belagerer und veranschaulichen die Verbreitung der ass. H.typen in der E II-Zeit. Darstellungen kriegerischer Götter zeigen diese häufig mit einem Hörner-H. (→Götterbild, männliches mit Abb. 30 *passim*; vgl. auch →Abb. 73_{1}).

Literatur: Bonnet, Waffen, 201–209 – K. Galling, Goliath und seine Rüstung, VTS 15, 1966, 150–169 – ders., Die Kopfzier der Philister in den Darstellungen von Medinet Habu, Ug VI, 247–269 – Hrouda, Kulturgeschichte, 89f, 132f – F. Schachermeyer, Hörnerhelme und Federkronen als Kopfbedeckung bei den ‚Seevölkern' der ägyptischen Reliefs, Ug VI, 451–459 – Yadin, Warfare, *passim*. *H. Weippert*

Herd

Die meisten in Pal. ausgegrabenen Häuser aller Perioden haben entweder in der Mitte oder in einer Ecke eines Raumes im Fußboden eine runde Vertiefung unterschiedlicher Größe mit deutlichen Feuerspuren. Offensichtlich handelt es sich dabei um die Feuerstelle (Jes. 30_{14}: *yāqūd*), die als H. diente. Oft ist dieses H.loch von größeren, einige Zentimeter in den Boden eingelassenen Steinen eingefaßt, die u.a. dazu dienen, die Kochgefäße zu tragen. Obwohl Lv. 6_{5f} für das Altarfeuer vorschreibt, daß es nie verlöschen darf, besaß das H.feuer im Vorderen Orient nicht die zentrale Bedeutung wie in europäischen Ländern. Brannte das H.feuer im Wohnraum, so war die Rauchentwicklung für die Augen schmerzend (Prv. 10_{26}); man konnte eine bes. Luke als Kamin (Ho. 13_{3}) einbauen; doch gewöhnlich zog der Rauch durch Tür oder Fenster ab.

In der am *Wādī Fallāḥ (Naḥal 'Ōren)* ausgegrabenen präkeramischen neolithischen Ortslage besaßen die runden einräumigen Häuser H.e von 40–60 cm Durchmesser (IEJ 13, 1963, 1–12). Bereits in der MB-Zeit legte man nach Möglichkeit den auch als H. verwendeten Ofen (→Backen und Backofen) im Hof östl. des Hauses an, damit der vorherrschende Westwind den Rauch vom Hause weg blies. In einem MB-Haus in Jericho diente der Hauptraum (Vorrraum und Hof vorgelagert) zugleich als Wohnraum und Küche: die gemauerte H.stelle befand sich in einer Ecke (AOB 623). In Hazor fand man im Hof eines Gebäudes einen runden H. aus Ton mit einem Kochtopf darauf *in situ* (Hazor I Tf. 6_3, Stratum V). Auch Jer. 1_{13} läßt an eine H.stelle vor dem Haus denken. Vermutlich sind die beiden in Gebäuden in *Tell el-ʿAǧūl* gefundenen Lehmziegeltische (AG I 6 Tf. 61_{f}) als H.e zu interpretieren (vgl. aber auch →Altar, 1.a). Eine aus gebrannten Ziegeln gemauerte H.anlage fand sich in einem Haus („ass. Zeit") in *Tell Ḥalāf* (TH II 214 Abb. 109). In *Tell Bēt Mirsim* fand man mehrere Öfen auf einem Platz an der Straße, dagegen keine Öfen oder H.e in den umliegenden Häusern (Beebe 52). Ähnlich entdeckte man in *Tell es-Saʿīdīye* (ebd.) kein Haus, das einen H. oder Ofen hatte; vielmehr wurden fünf nebeneinanderliegende Öfen offenbar von mehreren Familien gemeinsam benutzt (vgl. Lv. 26_{26}).

Auch in Tempelküchen erforderte der Bedarf die Anlage mehrerer H.e (Ez. 46_{23}: *məbaššəlōt;* dazu mit Belegen aus der Umwelt Israels: W. Zimmerli, Ezechiel, BK 13/2, 1969, 1184f). Aus herodianischer Zeit sind eine Reihe von Öfen entlang der Südmauer des Hofes eines Gebäudes in Engedi zutage gekommen (IEJ 17, 1967, 141). Im jüd. Viertel Jerusalems dagegen wurden in einem Haus (zerstört 70 n.Chr.) in jedem Raum ein oder zwei Öfen gefunden (IEJ 20, 1970, 7). Der Dual des Lv. 11_{35} *kīrayim* bezeichneten Koch-H.es weist entweder auf einen Doppel-H. mit zwei Kochstellen für zwei Töpfe (vgl. für die röm. Zeit: J.M. Landay, Silent Cities – Sacred Stones, 1972, 213; mit vier Kochstellen: Y. Yadin, Masada, 1967^2, 123) oder auf eine einfache, nur aus zwei Steinen oder Lehmwänden hergestellte Anlage (so K. Elliger, Leviticus, HAT I/4, 1966, 153) hin. Um einen beweglichen H. (oder →Ofen) handelt es sich in Sach. 12_6 *(kīyōr)*. Ein solcher H. (vgl. 4Esr. 4_{48} mit Anspielung auf Gn. 15_{17}) läßt sich auch aus 2S. 13_{5f} erschließen. Einen Metallwagen aus *Tell Ḥalāf* (140 × 120 cm, vermutlich Ende des 9.Jh.s) deutet M. von Oppenheim (THA 190 Tf. 58b; vgl. auch TH II 45–50 Tf. 12) als fahrbaren H. zur Zubereitung geschlachteter Opfertiere. Auf dem H. wurden Fleisch (Ex. 23_{19} 1S. 2_{13f} 1R. 19_{21} Jes. 44_{16} Ez. 24_{3-5}) und Gemüse (Gn. 25_{29} 2R. 4_{38-42}) gekocht und gebraten. Zur Zubereitung des Passalammes bei den Samaritanern in einer H.grube vgl. J. Jeremias. Die Passafeier der Samaritaner, BZAW 59, 1932.

Literatur: H.K. Beebe, Ancient Palestinian Dwellings, BA 31, 1968, 37–58 – Dalman, AuS IV, *passim* – R.J. Forbes, Studies in Ancient Technology VI, 1966^2, 58–67 – E. Neufeld, Hygiene Conditions in Ancient Israel, BA 34, 1971, 42–66 (bes. 46–48).

M. Kellermann

Holzbearbeitung

1. Werkzeuge zur H. 2. Gegenstände aus H.

1. Während das Fallholz gesammelt (1R. $17_{10,12}$) und, sofern nötig, gespalten (Qoh. 10_9) und zur Feuerung benutzt wurde, gingen die gefällten, von ihren Ästen befreiten Stämme der Nutzbäume (→Wald und Forstwirtschaft) zur Weiterbearbeitung an den Holzarbeiter (hebr. *ḥōrēš hāʿēṣ*, 2R. 12_{12}). Ihn und seine Werkzeuge zeigen z.B. eine Tonplakette des frühen 2.Jt.s aus Warka (ANEP 779) und ein ass. Relief aus dem 7.Jh. (Hrouda, Kulturgeschichte, Tf. 18_9). Häufig ist er auf äg. Darstellungen des NR abgebildet (Abb. 39_{1f}), die gleichzeitig auch über die z.T. komplizierten Hilfsgeräte informieren (Abb. 39_3). Die H. verlangte technische und künstlerische Fähigkeiten: Jes. 44_{13} nennt als Hilfsmittel etwa den Zirkel (hebr. *məḥūgā*), die Meßschnur (hebr. *qāw/qaw*) sowie den Zeichenstift (hebr. *śēred*). Angesichts der hohen Anforderungen an den

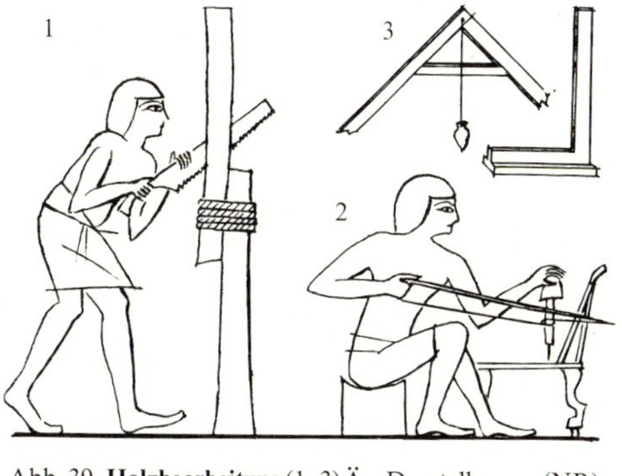

Abb. 39 **Holzbearbeitung** (1–3) Äg. Darstellungen (NR)

Holzarbeiter wird verständlich, weshalb David für die Holzarbeiten in seinem Palast Hiram von Tyrus um Spezialisten bat (2S. 5_{11}).

Mit der Säge (Jes. 10_{15}: *maśśōr*; 2S. 12_{31}: *məgērā*) wurden die Stämme in Bretter zerlegt, wobei der an einen in die Erde gerammten Block festgebundene Stamm in Längsrichtung von einem Arbeiter zersägt wurde (Abb. 39_{1}; vgl. ANEP 123). Ähnlich wie bei der →Sichel waren noch bis in die E-Zeit Sägen aus gezahntem Feuerstein üblich (Abb. 39_{4}), obwohl bei diesem Material die Schneidenlänge nicht groß sein konnte (TM I Tf. 14A; EG III Tf. 138f, 193; HES I Abb. 213; MegT Tf. 79_{5}). Eine gut erhaltene 50,6 cm lange Säge mit eingeritztem Kuhkopf (Hathorsymbol?) fand sich mit anderen, ebenfalls der FB II- bzw. III-Zeit zuzuweisenden Kupfergeräten in *Kəfar Mōnaš* (IEJ 13, 1963, Tf. 26A, C; zur Datierung: T.F. Watkins, PEQ 107, 1975, 53–63). Zwei kleinere analoge Modelle aus der FB/MB I-Zeit tauchten im Kunsthandel im Iran auf (J. Deshayes, Syria 42, 1965, Tf. 7_{10f}). Weniger gut erhalten sind eine bronzene Säge der MB-Zeit aus Byblos (FB I Tf. 67_{2174}), bronzene Fragmente aus der MB- und E-Zeit aus Geser (Abb. 39_{5}; EG III Tf. 193_{12}) und der SB-Zeit aus *Tell el-ʿAǧūl* (AG IV Tf. 31_{380A}). Aus *Umm el-Biyāra* bei Petra (RB 73, 1966, Tf. 24c) und aus *Ḥamā* (Hama II/1 Abb. 268 oben rechts; vgl. ferner Iranica Antiqua 9, 1972, 30 mit Anm. 4 und Tf. 11_{12}) sind fragmentierte Sägen aus Eisen bekannt (E II-Zeit).

Mit dem Meißel (hebr. *ḥereṯ*? Ex. 32_{4}), der in Syr.-Pal. zahlreich belegt ist, bearbeitete man die Oberfläche des Holzes und fertigte Fugen und Einsatzlöcher. Neben der H. wurde er auch bei der →Steinbearbeitung verwendet. Der Umriß des Meißels ähnelt dem der Flachaxt (→Axt, 2.a); doch ist sein Blatt dicker (rund oder eckig), aber schmäler und z.T. auch länger. Ein kurzer, meist hölzerner Stiel faßte das Metallblatt (Abb. 39_{6f}). Mit der linken Hand hielt der Arbeiter den Stiel, während er mit einem in der Rechten gehaltenen →Hammer auf das Stielende klopfte. Die bronzenen Meißel sind bei Deshayes zusammengestellt; hier ist nur zu erwähnen, daß die frühesten (CL) aus einer Höhle in der jud. Wüste (CTr 116–119) und aus dem schon genannten Hort von *Kəfar Mōnaš* (IEJ 13, 1963, Tf. 27B-D)

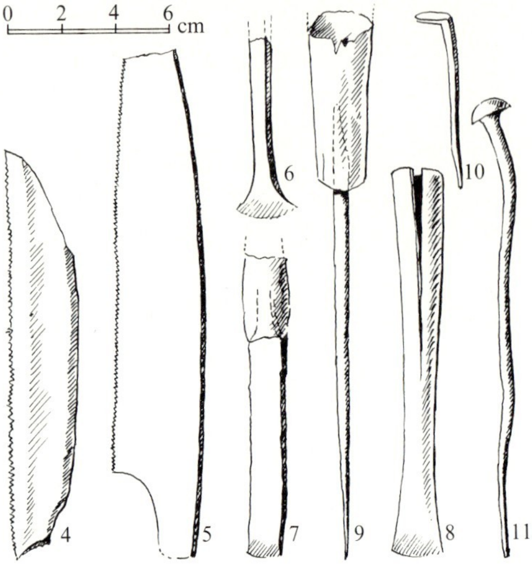

Abb. 39 **Holzbearbeitung** Handwerkszeuge: (4) Säge aus Feuerstein, (5) Säge aus Bronze, (6–8) Meißel, (9) Bohrer, (10, 11) Metallnägel

stammen. Die eisernen Meißel der E-Zeit (EG III Tf. 194_{2-6}; Hazor II Tf. 78_{15}; L III Tf. 54_{34} $61_{5f,8}$; Meg I Tf. 83_{16-19}) verdrängten die bronzenen nicht völlig. Hohlmeißel, in die der Stiel eingelassen wurde, kommen seit der MB-Zeit aus Bronze (Abb. 39_{8}; EG III Tf. 193_{13f}; Ger Tf. 23_{14}; BSIA Abb. 104_{6}), später auch aus Eisen (EG III Tf. 193_{15}; Ger Tf. 32_{25}; HES I Abb. $221_{2b,c}$) vor. Erst in hell. Zeit sind eiserne Schaftlappenmeißel bezeugt (HES I Abb. 221_{3a}; EG II Abb. 396; vgl. L III Tf. 61_{6}?).

Auch die Form des Dächsels (Jes. 44_{12} Jer. 10_{3}: *maʿăṣād*) entspricht der der Flachaxt (→Axt, 2.a); er ist aber in der Regel kleiner. Wie der Meißel diente er zur Oberflächenbearbeitung, bes. aber wurde er für Feinarbeiten verwendet (vgl. Jer II Abb. 228; ANEP 779). Das Blatt wurde einem hakenartigen Knie-Stiel vorgebunden (Jer. I Abb. 227_{3}): das einzige sichere Beispiel aus Pal. (AG I Tf. 16_{23}, MB-Zeit) läßt noch Reste der Verschnürung erkennen.

Als Bohrer benutzte man spitze, in längere Griffe eingesetzte Bronzestifte (Abb. 39_{9} und z.B. Meg II Tf. 188_{1-7}). Äg. Darstellungen des NR (vgl. Abb. 39_{2}) erläutern den Vorgang des Bohrens: Die Linke hielt einen flach ausgehöhlten Stein, in dem der

Bohrer rotierte. Die Bewegung rief ein Violinbogen hervor.

Für Schnitzarbeiten (1 R. 6_{32}) benutzte man das →Messer.

Über die Arten der Holz-Verbindungen geben MB-zeitliche Möbelfunde aus Gräbern in Jericho Auskunft (Jer I Abb. 229). Metallnägel (1 Ch. 22_{3}: **maśmēr*) waren das einfachste Verbindungsmittel. Abb. 39_{10f} zeigen übliche Nagelformen, während der 33 cm lange Kupfernagel aus *Kəfar Mōnaš* (IEJ 13, 1963, Tf. 27A) ein frühes (FB II/III-Zeit) Kuriosum darstellt.

2. Eine wichtige Rolle spielten Holzbalken im Bauwesen (Naumann, Architektur, 52f), wo sie als tragende (→Dach) und stützende (→Säule) Architekturteile eingesetzt wurden. Eine dicke Aschenschicht über der E I-zeitlichen Festung von →Gibea (L. A. Sinclair, An Archaeological Study of Gibeah [Tell el-Fûl], AASOR 34–35, 1960, 14, 28) ist als Indiz dafür zu werten, daß bei mehrgeschossigen Bauten der Oberbau oft aus Holz gefertigt wurde. Bretter dienten ferner als Wandverkleidung (→Abb. 62_{6}) und wurden zu →Türen und →Toren verarbeitet; auch Pfosten, Riegel und →Fenster-Stäbe waren oft aus Holz. Als Holzteile des →Schiffs sind Masten, Planken, Querstreben und Ruder zu nennen.

Hölzerne →Möbel sind in MB II-zeitlichen Gräbern in Jericho erhalten (Jer I 527–534). Von dort kennen wir auch kleine Gegenstände aus Holz wie Becher, Schalen und Teller aus dieser Epoche (Jer I Abb. 133_{3} 155–158, 163, 184, 192) , aber auch Kästchen (ebd. Abb. 117_{2} 222, 133_{1}) und Kämme (ebd. Abb. 134, 221). Da Holz nur unter bestimmten Bedingungen (trokken, keine Luftzufuhr) erhalten blieb, fehlen Funde aus dem Landesinneren Pal.s und erst aus röm. Zeit sind wieder Holzgegenstände aus der jud. Wüste überkommen. Die Holzgefäße aus dieser Zeit sind auf der Drehbank gefertigt (Y. Yadin, IEJ 12, 1962, Tf. 43B). Insgesamt ist das Repertoire der erhaltenen Objekte reichhaltiger als das aus der MB II-Zeit: neben Kästchen (ebd. Tf. 44B) und Kämmen (N. Avigad, IEJ 12, 1962, Tf. $19A_{1f}$; Y. Aharoni, ebd., Tf. 26C, D) kommen nun auch →Spielgeräte (Spielsteine: ebd. Tf. 25E), Kisten (ebd. Tf. 25F, 26A, B) und Sarkophage (→Sarkophag, 2.) aus Holz vor. Zu den archäologisch in Pal. nicht nachgewiesenen, aber aus dem AT und aus der Umwelt Israels bekannten Gegenständen aus Holz gehören u.a. Last-→Wagen (1 S. 6_{14}), →Musikinstrumente (1 R. 10_{12}), →Dresch-Schlitten (1 Ch. 21_{23}), Joche (Jer. 28_{13}) und →Ascheren (Dt. 16_{21}). Holzplastiken von Götterfiguren nennt Jes. 44_{13-17}, und hinsichtlich der Technik (nicht der Größe!) kann man auf eine wahrscheinlich syr. Schnitzarbeit aus einem äg. Grab verweisen (Levant 3, 1971, 89 mit Tf. 26b). Einen Holzkern besaßen auch die 5 m hohen und 2,5 m breiten Keruben (→Mischwesen, 5.) im Allerheiligsten des Jerusalemer Tempels, deren Fugen mit Gold überzogen waren (→Metall, 3.). Zum breit gefächerten Katalog von Holzgegenständen etwa in Mesopotamien vgl. E. Strommenger, Art. Holz B, RLA IV, 454–458.

Literatur: J. Deshayes, Les outils de Bronze de l'Indus au Danube I, 1960, 85–100; II, 1960, 36–50.

(K. Galling/) H. Weippert

Hund

Bei den H.en (hebr. *kēleb*) ist zwischen dem herrenlosen Paria-H. und dem Rasse-H. zu unterscheiden. Die Funktion des geduldeten, aber verachteten (Qoh. 9_{4}) Paria-H.es bestand darin, den Unrat in den Straßen zu beseitigen; dabei stürzt er sich auf zu Tode Getroffenes (1 R. 14_{11} Jer. 15_{3}), ist stets hungrig (Jes. 56_{11}) und knurrt (KAI Nr. 24 Z. 10) und heult des Nachts in den Straßen (Ps. 59_{7}). Eklig ist sein Schnuppern an den Exkrementen (Prv. 26_{11}). Von dem sich ängstlich duckenden Paria-H. wird man die Selbstbezeichnung eines Menschen gegenüber einem König oder hohen Vorgesetzten als „Hund" zu verstehen haben (EA II S. 1432 *sub voce kalbū*; 1 S. 17_{43} 2 R. 8_{13}, Ostrakon II von Lachis: KAI Nr. 192; →Brief, 4. – nach A. Jepsen, MIO 15, 1969, 1–5 ein Eigenname [hebr. *Kālēb*], vgl. O. Eißfeldt, BO 24, 1967, 105f). Zu KAI Nr. 37 vgl. Dt. 23_{19} Apc. 22_{15} (männliche Prostituierte).

Rasse-H.e hat man in Syr.-Pal. im Haus aufgezogen (Mc. 7_{37}) als Wächter, die zur rechten Zeit anschlagen (Jes. 56_{11}; vgl. das Ritzbild Ger Tf. 41_{10} auf einem Räucherkästchen). Nach Hi. 30_{1} gab es auch Herden-H.e. Von Wach-H.en am Stadttor, die in Käfigen gehalten wurden, ist in ass. Texten die Rede (D. D. Luckenbill, Ancient

Records of Assyria and Babylonia II, 1927, §819f, 829: Assurbanipal). Verschiedene H.erassen (Wind-H.e, Molosser, vgl. A. Parrot, Assur, 1961, Abb. 68; H. Gese ZThK 65, 1968, 9f zu Ps. 22$_{17,21}$) hat man außerhalb Pal.s für die Großwild-→Jagd auch aufgezogen. In Assyrien, Ugarit und Zypern begegnen Jagdbilder mit solchen den Jagdwagen begleitenden H.en (u.a. Goldschale von Ugarit: →Abb. 40$_1$; Elfenbeinkasten von Enkomi: ASyr 166; Pyxis aus *Nimrūd*: Barnett, Catalogue, Tf. 18, 34).

Literatur: P. Mouterde, La faune du Proche-Orient dans l'antiquité, MUSJ 45, 1969, 445–462 – F.E. Zeuner, Dog and Cat in the Neolithic of Jericho, PEQ 90, 1958, 52–55. *K. Galling*

Jagd

1. Die Tiere. 2. J.arten. 3. Tierparks.

1. Für die Ernährung, aber auch zur Abwehr gefährlicher Raubtiere hat man schon in der Frühzeit in Syr.-Pal. J. auf Wild gemacht. Nach V. Maag (ThZ 13, 1957, 418–429) klingt in dem Gegenüber von Esau und Jakob (Gn. 27) ein „Kulturmythus" nach, in dem der Jäger die ältere zurückgedrängte Kulturstufe darstellt. In dem hier vornehmlich anvisierten Zeitraum des 2.–1. Jt.s haben die Landansässigen Löwe, Wildstier und Bär abzuwehren versucht. Die Redewendung in Gn. 10$_{8f}$ (J) „Ein gewaltiger Jäger vor Jahwe wie Nimrod" verweist auf einen ass. (Mi. 5$_5$) König der Vorzeit, vielleicht auf Tukultī-Ninurta I. (F.M.Th. de Liagre Böhl, JEOL 16, 1964, 116). Über heldenhaftes Kämpfen eines Einzelnen gegen Löwe (und Bär) wird in Jdc. 14$_5$ 1S. 17$_{34}$ 2S. 23$_{20}$ berichtet (Simson, David, Benaja). Ausführlich beschreibt Hi. 40f (sekundär?) das äg. Nilpferd und das Krokodil (vgl. J.P. Peters/H. Thiersch/S.A. Cook, Painted Tombs in the Necropolis of Marissa, 1905, Tf. 12).

In Syr.-Pal. galten als die gefährlichsten Tiere: der Löwe (hebr. *'aryē̜*), der Bär (hebr. *dōb*), der Menschen und Tiere angreift (2R. 2$_{24}$ Am. 5$_{19}$), und der Wildstier (Hi. 39$_9$: *rə'ē̜m*). Zu Darstellungen des syr. Bären vgl. AfO 8, 1932/33, 45–51; 17, 1954/56, 338–346. Ein Relief des 8. Jh.s aus Karatepe (M. Riemenschneider, Die Welt der Hethiter, 1954, Tf. 84) zeigt, wie ein Jäger von zwei Bären angefallen wird. Löwe und Bär begegnen auf Orthostaten aus Karkemiš (Ca III Tf. 60f). Bes. zahlreich sind Darstellungen von J.tieren auf den Orthostaten des 9. Jh.s vom Audienzpalast des mesopotamischen Guzana (TH III Tf. 37f, 41, 53–55, 57–59, 64): Löwe, Panther, Wildstier, Hirsch und Hirschkuh, Eber und Bache, Gazelle und Hase. Den gefleckten Panther (hebr. *nāmē̜r*) erwähnen Ho. 13$_7$ Jer. 13$_{23}$. Eine Beschwörungstafel aus Arslan Taş (ANEP 662; Text: KAI Nr. 27) zeigt einen menschenverschlingenden Steppenwolf (hebr. *zə'ē̜b 'ărābōt*, Jer. 5$_6$). Fuchs (hebr. *šū'āl*) und Schakal (hebr. **tan, šū'āl*) sind scheues Getier (in Jdc. 15$_{4f}$ ist an Schakale gedacht).

Der Hase (hebr. *'arnĕbet*), in Griechenland und Italien eine Lieblingsspeise (Paulys Real-Encyclopädie der classischen Altertumswissenschaften XII/2, 1925, 2079–2082), war den Israeliten zum Fleischgenuß verboten (Dt. 14$_7$). Er wurde in Syr.-Pal. gejagt (TH III Tf. 64; [zypr.] Siegel aus Megiddo: TM II Abb. 63; Relief eines röm. Offiziers in Pal.: RB 33, 1924, Tf. 1). An eßbaren J.tieren nennt Dt. 14: den Damhirsch (hebr. *'ayyāl/'ayyēlet*), die Gazelle (hebr. *ṣəbī* [Sammelbezeichnung]) und den Rehbock (hebr. *yaḥmūr*). Diese Tiere kamen nach 1R. 5$_3$ an die Hoftafel Salomos (Darstellungen des Damhirsches: TH III Tf. 64; Ca III Tf. 59; Arslan Taş: C. Decamps de Mertzenfeld, Inventaire commenté des ivoires phéniciens et apparentés découverts dans le Proche-Orient 1954, Tf. 1; *Nimrūd:* Barnett, Catalogue, Tf. 48). An weiteren eßbaren J.tieren nennt Dt. 14: die Wildziege (hebr. *'aqqō*), zwei Antilopenarten (hebr. *dīšōn* und **zēmer*) und den im Netz zu fangenden *tə'ō* (nach Targum Onkelos ein Auerochs). Der Steinbock (hebr. *yā'ē̜l*) haust in den Bergen („Steinbockfelsen": 1S. 24$_3$). In der östl. Wüste lebt der Wildesel (hebr. *'ārod*; Hi. 11$_{12}$: *'ayir* = der Wildeselhengst), der auch mit *pĕrē* gemeint sein dürfte (nach KBL eine Zebraart).

Bestimmte Wildvögel, u.a. den Strauß, schließt Dt. 14$_{11-18}$ aus. Neben der Wachtel (hebr. *śelāw*, Ex. 16$_{13}$) und der Wildtaube (→Viehwirtschaft, 3.) wurden in der Spätzeit auch Sperlinge gefangen (Tob. 2$_{10}$ Mt. 10$_{29}$). Die für die Hoftafel Salomos genannten *barbūrīm* und *'abūsīm* (1R. 5$_3$) sollen nach L. Köhler (Kleine Lichter, 1945, 27–30) gemästete Kuckucke sein (vgl.

Abb. 40 **Jagd** (1) Goldschale aus Ugarit, SB (Durchmesser: 18 cm)

Plin NH X 9); Driver (S. 33) denkt an junge Hühner. Daß man in der E II-Zeit in Pal. Rebhühner (hebr. *qorē*, 1 S. 26₂₀ Jer. 17₁₁) gefangen hat, ist nicht unmöglich.

2. Die normale J.art war die mit Pfeil und →Bogen (Darstellungen: Malerei auf einem Krug des 13. Jh.s: Hama II/3 Tf. 12 = ASyr 726; auf Orthostaten von *Tell Ḥalāf:* TH III Tf. 10–15, 38). Die Feudalherren in Ägypten und im Orient jagten von zweirädrigen Wagen aus (→Pferd und Streitwagen), wobei der Schütze hinter dem Wagenlenker stand. Eine Ausnahme begegnet auf einer Goldschale aus Ugarit (Abb. 40₁). Der König ist Lenker und Schütze zugleich, er jagt Wildstiere und Antilopen, begleitet von einem J.hund (vgl. dazu auch Ug VI 1–8). Diese Tiere jagt auch der auf der Hauptseite eines Elfenbeinkastens aus Enkomi dargestellte König. Als Helfer dienen ein Zypro-Philister mit Streitaxt und mit einer Stoßlanze (ASyr 166). Löwen-J. zu Wagen zeigen ein Orthostat aus Guzana (TH III Tf. 41) und Bronzeschalen des 9./8. Jh.s aus *Nimrūd* und Olympia (ASyr 803f). Die Assyrerkönige rühmen sich bes. hoher J.erfolge (Tiglathpileser I.: BuA I 73f; Assurnasirpal II.: JNES 31, 1972, 172–178; Assurbanipal: ANEP 184). Vom 8. Jh. an und über die röm. Zeit hinaus haben im Vorderen Orient auch Reiter die J. mit Stoßlanze oder Bogen

Abb. 40 **Jagd** (2) Fresko eines Sidoniergrabes in Marisa (hell.)

ausgeübt (Schäfer/Andrae, Kunst, 528 mit Tf. 32; Barnett, Catalogue, Tf. 18, 34). Auf dem Bild eines Sidoniergrabes aus Marisa (Abb. 40_{2}) jagt ein Reiter mit Stoßlanze eine Leopardin (im Libanonbereich?). Das Fragment eines Reliefs röm. Zeit aus Pal. (RB 33, 1924, Tf. 1) setzt einen reitenden Jäger voraus. Nach JosBell I 429 hat Herodes I. J.en zu Pferd unternommen.

Die urtümliche, Sinuhe bekannte (TGI 4 Nr. 1 Z. 89f) Weise, Tiere in Fallgruben (Ez. 14_{4}: *šaḥat;* Jer. 48_{43f}: *paḥat*) zu fangen, wurde in der E-Zeit noch in Pal. zur Bekämpfung schädlichen Raubwildes benutzt. Außerdem bediente man sich zusätzlich der Fangnetze (*rēšet,* Ez. 19_{8}; **mikmēret,* Jes. 51_{20}) oder eines Flechtwerkes von Baumästen (Hi. 18_{8}: *śəbākā*). Ob man in Pal. auch Treib-J.en veranstaltet hat, wird diskutiert (→Stall und Hürden). Neben der Schleuder (Hi. 41_{20}; vgl. TH III Tf. 18) dienten vornehmlich Netze dem Vogelfang (AOB 181; BP I Tf. 55). Das äg. Klappnetz (Ho. 9_{8} Prv. 7_{23}: *paḥ*) läßt sich rekonstruieren (AOB 182).

3. Für die Assyrerkönige hat man seit dem 9. Jh. Tierparks bzw. J.reviere eingerichtet und sich dabei großer Treib-J.netze bedient (Schäfer/Andrae, Kunst, 533, 535). Nach Assurnasirpal II. (D. D. Luckenbill, Ancient Records of Assyria and Babylonia II, 1927, §519), der Löwen, Löwinnen und Jungtiere einfangen ließ und so die Aufzucht spezieller J.löwen inaugurierte, ließ auch Assurbanipal Löwen zur J. in Käfigen halten (Schäfer/Andrae, Kunst, 528). Das nach Beth-Sean importierte Basaltrelief (ANEP 288) zeigt nicht Löwe und Dogge, sondern das Liebesspiel von Löwe und Löwin. Es dürfte erst dem 8. Jh. angehören (K. Galling, ZDPV 83, 1967, 125–131). Pers. *pairidaēza* = griech. *παράδεισος* bezeichnet sowohl den Tierpark als auch einen gepflegten Baumpark (hebr. *pardēs*; Xenophon, Anabasis, I 4_{10}).

Literatur: G. R. Driver, Birds in the Old Testament, PEQ 87, 1955, 5–20, 129–140 – G. Gerleman, Contributions to the Old Testament Terminology of the Chase, 1946 – P. Mouterde, La faune du Proche Orient dans l'antiquité, MUSJ 45, 1969, 445–462 – J. Wiesner, Fahren und Reiten in Alteuropa und im Alten Orient, 1939 – W. Wreszinski, Die Löwenjagd im Alten Ägypten, Morgenland 23, 1932. *K. Galling*

Jericho

1. Name und Lage. 2. Ausgrabungen. 3. Geschichte, a im NL, b in der FB-Zeit, c in der MB- und SB-Zeit, d in der E- und pers. Zeit, e in hell., röm. und byz. Zeit.

1. Ungeklärt ist die Ableitung (vielleicht von westsem. *yrḥ* = „Mond") des Namens *Yərēḥō*/*Yərīḥō* (Jos. 2_{1} u. ö./Jer. 39_{5} 52_{8} 1 R. 16_{34}) und das Datum seines Aufkommens. Unwahrscheinlich ist die These von Vincent, daß die in den Mari-Texten bezeugten *„Bəne Yamīna"* (lies: *Mārū Yamīna*) um 1800 nach J. gekommen seien und es nach dem von ihnen verehrten Mondgott von *Ḫarrān* benannt hätten. Die arab. Bezeichnung *er-Rīḥā* der heutigen Oasenstadt ist eine Weiterführung des alten Namens. Ungebrochen läßt sich auch die Identifizierung des 2 km nordöstl. davon liegenden ovalen *Tell es-Sulṭān* (Länge ca. 350 m, Breite ca. 150 m) mit J. über die Pilgerschriften bis in die Antike zurückverfolgen (P. Thomsen, Loca Sancta, 1907, 71f; kritisch zur Identifizierung: H. J. Franken, PEQ 108, 1976, 3–11).

Die Lage J.s 250 m unter dem Meeresspiegel, ca. 8 km westl. des Jordans und ca. 10 km nördl. der Nordspitze des Toten

Meeres in einer von der *'Ēn es-Sulṭān* (Elisa-Quelle, vgl. 2R. 2_{19-22}; JosBell IV 460–464) reichlich mit Wasser versorgten, fruchtbaren Oase führte dazu, auch die Bezeichnung „Palmenstadt" (Dt. 34_3 Jdc. 3_{13} 2Ch. 28_{15}) auf J. zu beziehen. Den Grund dafür, daß hier um 7000 die älteste aus Pal. bekannte Stadt entstand, sucht Kenyon (Digging up Jericho, 74f) im Bewässerungssystem der Oasenlandschaft, das eine straffe Organisation verlangt, Anati andererseits im Handel mit →Salz und →Asphalt aus dem Toten Meer. In jüngerer Zeit lag J. jedenfalls abseits der großen Handelswege, was das Schweigen der äg. und ass. Quellen über J. erklären könnte. Die Straße von Jerusalem über J. (dazu zuletzt Wilkinson) nach Rabbath-Ammon und die von J. nach Beth-Sean besaßen nur sekundäre Bedeutung (Y. Aharoni, The Land of the Bible, 1967, 55–57, 53).

2. Der Bericht von Jos. 6 über die wunderbare Zerstörung der Mauern J.s und seine Eroberung durch die Israeliten unter Josua, in geringerem Maße auch die Notiz von 1R. 16_{34}, daß Hiel von Bethel J. zur Zeit Ahabs befestigt habe, machten den *Tell es-Sulṭān* mehrfach zum Ziel archäologischer Erforschungen und Ausgrabungen.

Ohne großen Erfolg endete die Schachtgrabung von 1868 unter der Leitung von Ch. Warren; doch vermutete 1894 F.J. Bliss, nahe der *'Ēn es-Sulṭān* Reste der in Jos. 6 genannten Mauern entdeckt zu haben. Auch bei der ersten größeren Ausgrabung von 1907–09 glaubten die Ausgräber C. Watzinger und E. Sellin auf dem Tell die kan. Mauern J.s und an seinem Fuße die Befestigungen Hiels gefunden zu haben (1926 korrigierte Watzinger Datierung und Deutung). Als 1930–36 J. Garstang erneut Grabungen durchführte, fand auch er mehrere Stadtbefestigungen (zusätzlich zu den beiden bekannten, von ihm in die MB-Zeit datierten, je eine aus der FB-, SB- und E-Zeit auf dem Tell), von denen er die beiden jüngsten mit den Mauern zur Zeit Josuas und Hiels identifizierte. Die Ausgrabungen K.M. Kenyons von 1952–58 erbrachten jedoch für beide Befestigungen eine Datierung in der FB-Zeit, so daß trotz vielen schon bekannten und vielen von Kenyon neu entdeckten Mauern sich keine mehr mit den Berichten von Jos. 6 oder 1R. 16_{34} verbinden ließ. Um wenigstens die Diskrepanz zwischen dem Fehlen einer SB-zeitlichen Stadtmauer und Jos. 6 zu beseitigen, entwickelten die Ausgräberin und W.F. Albright die Erosions-Hypothese, derzufolge Witterungseinflüsse für das Verschwinden der SB-zeitlichen Reste verantwortlich seien (zusammenfassend: M. Weippert, Die Landnahme der israelitischen Stämme, FRLANT 92, 1967, 55); doch erhoben dagegen M. Noth (Hat die Bibel doch recht? Aufsätze zur biblischen Landes- und Altertumskunde I, 1971, 24f) und H.J. Franken berechtigte Kritik.

3.a Erste Siedlungsspuren auf dem Tell datieren in die Zeit um 8000. Die während der ersten drei Stufen (mesolithische und protoneolithische Stufe, dann um 7000 Stadtgründung) verwendeten Feuersteingeräte entwickelten sich so kontinuierlich (Kirkbride), daß die um 7000 auf dem Tell entstehende Stadt als eine lokale Entwicklung zu interpretieren ist (Kenyon, PEQ 92, 99f).

Die erste Stadtgeschichte während des präkeramischen NL ist rund von 7000–5000 datiert (C14-Datierungen). Sie zerfällt in zwei stratigraphisch getrennte (Siedlungshiatus) Epochen A und B mit unterschiedlicher Architektur (A: Häuser mit rundem Grundriß; Mauern aus länglich-ovalen plankonvexen Ziegeln; B: Häuser mit rechteckigem Grundriß, Winkel abgerundet; verputzte und polierte Böden; Mauern aus Ziegeln, deren Oberseite ein mit dem Daumen eingedrücktes Muster trägt). Typisch für beide Epochen sind Bestattungen unter den Häusern (A: tiefere Gräber) und die Sitte, Schädel bisweilen gesondert zu bestatten; aber erst aus der Epoche B finden sich kunstvoll mit Lehm zu Porträts stilisierte Schädel (Kenyon, Digging up Jericho, Tf. 20–22; vgl. ANEP 801; vergleichbare Schädel sind auch aus *Bēsāmūn* bekannt: RB 62, 1973, 400 mit Tf. 10a).

Die Stadt des präkeramischen NL war bereits ca. 4 ha groß (vergleichbar der B-zeitlichen Stadt). Drei sukzessive massive Steinmauern (Abb. 41: A) umgaben die Stadt der Epoche A (im Osten nicht nachweisbar, da hier die moderne Straße den Tell anschneidet), mit denen drei Bauphasen eines Rundturmes (an der östl. Innenseite der Mauer: B) von 9 m Durchmesser und einer Treppe mit 20 Stufen im

Inneren korrespondieren (vgl. ANEP 863). Seit der zweiten Phase war der Mauer ein ca. 9 m breiter, 3 m tiefer Graben vorgelagert. Auch aus der Epoche B sind drei sukzessive massive Steinmauern sowie drei kultisch gedeutete Bauten im Stadtinnern bekannt. Einen als Megaron-Typ beschriebenen Tempel entdeckte Garstang (AAA 33, 69f); Kenyon fand einen kleinen Schrein mit einer →Massebe (Digging up Jericho, Tf. 17) und einen ca. 6 × 4 m großen Raum mit halbkreisartigen Anbauten an den Seiten, in dessen Mitte sich ein kleines Bassin befindet (ebd. Tf. 18). Auch die beiden von Garstang gefundenen Dreiergruppen von Statuen aus Ton (Mann, Frau, Kind, z.T. lebensgroß, vgl. AAA 22, 166f und ANEP 221) und entsprechende Fragmente (Kenyon, PEQ 92, 92) stammen aus der Epoche B, auch wenn ihre stark schematisierende Ausführung mit der realistischen Gestaltung der mit Lehm modellierten Schädel kontrastiert (zu einer religiösen Deutung: R. Amiran, BASOR 167, 1962, 23–25). Die frühe Stadt nahm an einem weiträumigen Handel teil, wie Funde von Obsidian, Türkis und Kauriemuscheln beweisen (Kenyon, Digging up Jericho, 76).

Die nächsten Siedler auf dem Tell entwickelten keine Stadtkultur (Höhlenwohnungen; kaum Häuser; runde plankonvexe Ziegel) und auch Gräber wurden von ihnen nicht gefunden. Sie bringen (aus dem Norden, vgl. Branigan, Kaplan) zwei verschiedene Keramikgattungen mit sich (keramisches NL), wovon die eine mit roter Bemalung, die andere mit Ritzmustern dekoriert ist (Kenyon, a.a.O., Abb. 7f; PEQ 92, 102f).

3.b Während der Hauptphase des CL blieb der Tell unbesiedelt; erst um 3200 finden sich schwache Siedlungsspuren (Kenyon: "protourban") einer Bevölkerung, die vor allem durch ihre Grabbeigaben bekannt ist (Jer I 4–51: Sekundärbestattungen). Demnach handelte es sich um zwei Gruppen, deren Keramik einmal der zu Ende gehenden CL-Kultur verpflichtet ist (z. B. Grab A94), zum anderen aber bereits zu den neuen FB-Gattungen gehört (z. B. Grab A13).

In der FB-Zeit entstand auf dem Tell wieder eine Stadt, von der nur die Grundzüge dargestellt werden können, da bislang die Keramik nicht genau analysiert und die Geschichte der Befestigung mit im Westen z. B. 17 Bauphasen äußerst kompliziert ist. Auf Terrassen erstreckte sich die Stadt über den ganzen Tell. Im Osten ist die Stadtmauer durch die moderne Straße zerstört (PEQ 91, 104); im Süden, Westen und Norden sind mehrere sukzessive, aber auch gleichzeitige Mauern unterschiedlicher Stärke (1,2–4,25 m) mit Steinfundamenten und Ziegeloberbau (Ziegel nun in Modeln geformt) nachgewiesen (Abb. 41 : A). Holzbalken stabilisieren den Ziegeloberbau; Hohlräume in der Mauer verhinderten, daß bei Erdbeben die ganze Anlage einstürzen konnte. Die frühe Mauer war im Westen durch einen halbrunden, aus der Mauer vorspringenden Turm geschützt; den späteren Mauern war ein Graben vorgelagert. Bei einem rechteckigen Turm im Norden lag eventuell ein Tor (PEQ 92, 104); der Zugang zur Oase erfolgte wohl damals wie auch später durch ein Osttor (Kenyon, Digging up Jericho, 178).

3.c Ein Brand zerstörte die FB-Stadt. Die folgende, unbefestigte Siedlung (Hausmauern aus grünlichen Ziegeln) auf dem Tell und seinen Abhängen dürfte von den siegreichen Angreifern stammen. Zwei als Lehmziegelaltäre (Parallelen →Altar, 2.a) zu deutende Blöcke in den beiden Räumen eines nur unvollständig freigelegten Baus sowie Votivgaben und das Skelett eines Kindes unter den Fundamenten (Gründungsopfer?) stützen die Interpretation des Baus als Tempel (Kenyon, Digging up Jericho, 193f).

In der Nekropole im Westen und Nordwesten des Tells (von Garstang entdeckt, vgl. AAA 19, 18f) gehören von 507 Gräbern 297 und eventuell weitere 21 in diese Epoche (Jer I 2 II 1). Da es sich um (sekundäre) Einzelbestattungen (höchstens zwei Leichen in einem Grab) handelt, ist die These Kenyons, daß außer den Siedlern auf dem Tell auch in der Nähe zeltende Nomaden oder Halbnomaden die Nekropole benutzten, von der Zahl her nicht geboten. Auch die fünf nach Grabbeigaben oder Grabformen klassifizierten Grabtypen sprechen nicht zwingend für das Nebeneinander verschiedener Stämme in dieser Region (vgl. Th. L. Thompson, The Historicity of the Patriarchal Narratives, BZAW 133, 1974, 165–171).

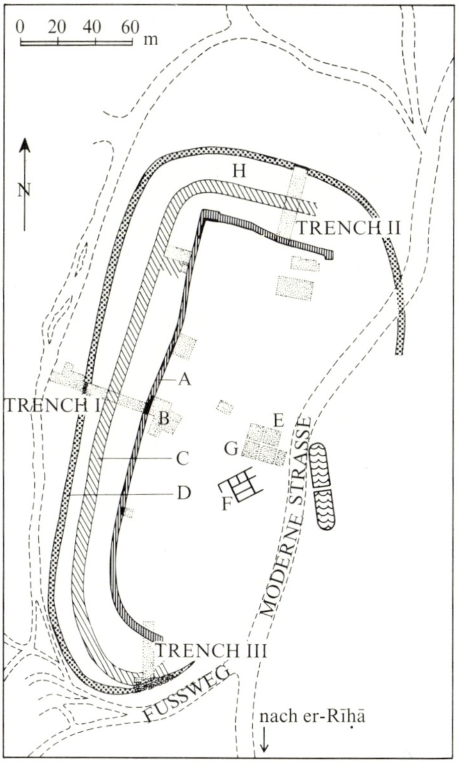

Abb. 41 **Jericho** Stadtplan

Eine weitere, nur schwach ausgeprägte Siedlungsphase auf dem Tell (aus dieser Zeit gemauertes Ziegelgrab mit Ansatz zu Kragsteingewölbe auf dem Tell, vgl. Kenyon, Digging up Jericho, 213) geht einer neuen, für die MB II-Zeit in Pal. typischen Entfaltung städtischer Kultur voraus (→Stadtanlage, 2.). Charakteristisch für diese Zeit ist auch die Befestigungsanlage (→Mauer und Mauertechnik, 3.), die lediglich im Osten die Konturen des Tells verläßt und hier auf flachem Gebiet verläuft (Abb. 41: D), um die *'Ēn es-Sulṭān* in das ummauerte Stadtgebiet miteinzubeziehen. Die eigentliche Stadtmauer (C) erhob sich auf einer künstlichen 11 m hohen gepflasterten Böschung (Neigungswinkel 35°), die am Fuße durch eine ca. 3,5 m hohe Mauer gestützt wurde. Die frühere Annahme, daß zu diesem System auch ein Graben gehört habe, hat Kenyon (Digging up Jericho, 219) inzwischen korrigiert. Vom terrassierten Stadtinneren ergaben bes. die Grabungen auf dem Ostabhang (E) das Bild eines dicht bebauten Viertels (im Untergeschoß der Häuser Läden und Vorratsräume), durch das im Abstand von 27 m zwei Straßen aus Stampferde (bisweilen auch Steinstufen) auf den Tell hinaufführten. Unter der Keramik dieser Epoche ragen theriomorphe Gefäße (Kenyon, a.a.O., Tf. 46C, 48A; Garstang, AAA 21, Tf. 44) und ein 21,2 cm hohes Rhyton mit dem plastisch gearbeiteten Gesicht eines bärtigen Mannes hervor (AAA 19, Tf. 43). Über die →Möbel dieser Zeit informiert das Inventar der Gräber in der Nekropole, in denen Funde aus Holz erhalten blieben (vgl. Jer I 527–534 II *passim* und ANEP 778, 780f; →Holzbearbeitung).

Im frühen 16. Jh. wurde die Stadt zerstört. Schwache Hinweise einer Wiederbesiedlung finden sich nach Kenyon (Digging up Jericho, 261 Tf. 62C) erst um 1400. In diese Zeit gehört auch ein von Garstang ausgegrabenes großes Gebäude ("Middle Building") auf dem Tell und eine mittelbab. Keilschrifttafel, wohl eine Namensliste (AAA 21, 105–117; 20, 41f). Ferner wies Garstang in der Nekropole die Wiederbenutzung MB-zeitlicher Gräber während der SB-Zeit nach (AAA 20, 14–38). Das Ende der SB-zeitlichen Stadt wurde lange diskutiert (zusammenfassend: Weippert 105–112), da man hoffte, damit ein Datum für den Beginn der isr. Landnahme zu gewinnen; doch stimmt das Ergebnis dieser Diskussion mit den neuen Funden Kenyons aus der SB-Zeit darin überein, daß das Ende der SB-Stadt noch im 14. Jh. und somit lange vor der isr. Ansiedlung in Pal. erfolgte.

3.d Nur spärliche Reste (hauptsächlich aus dem 7. Jh.) haben die Ausgrabungen Kenyons aus der E-Zeit erbracht: Häuser an den Abhängen des Tells, vom Tell gespülte Keramik und nur drei Gräber in der Nekropole (10. und 7. Jh.: Jer II 479–515). Nach Kenyon (Digging up Jericho, 264f) endete die Besiedlung des Tells 586 und wurde erst in spätbyz. Zeit in ganz bescheidenem Umfang (gefunden wurde von Kenyon nur ein Haus) wieder aufgenommen.

Die Siedlungslücke zwischen dem 14. und 7. Jh. rief einerseits die Erosions-Hypothese (s.o. →2.), zum anderen Erklärungen dafür auf den Plan, weshalb der Tell so lange unbesiedelt blieb (Franken: Zusammenbruch des Bewässerungssystems; I.M. Blake, PEQ 99, 1967, 86–97; 101, 1969, 131f: radioaktive Verseuchung der *'Ēn es-Sulṭān*; dagegen: E. Mazor, PEQ 101, 1969, 46f; E.V. Hulse, PEQ 102, 1970, 92–101: durch Muscheln in der *'Ēn es-Sulṭān* ausgelöste Infektionskrankheit).

Die früheren Grabungsergebnisse machen jedoch diese Erklärungen und weitgehend wohl auch die Erosions-Hypothese überflüssig. Garstang verzeichnet Gräber und Bauten aus der frühen E-Zeit (dazu Weippert 113 Anm. 80), darunter den bereits von Sellin und Watzinger freigelegten „*Ḥilāni*-Bau“ (AAA 19, 37; 20, 36, 42; 21, 102–104; 33, 76), der in der Tat aufgrund seiner typologischen Verwandtschaft mit Bau 6000 von Megiddo ins 10.(/9.?) Jh. gehört (Abb. 41: F, vgl. Weippert 139–145). Die von Watzinger und Sellin als „jüd.“ bezeichneten Häuser (G) auf der Ostseite des Tells (von Watzinger, ZDMG 80 dann ins 10.–9. Jh. datiert) lieferten Keramik von der E I- (11. Jh.) bis gegen das Ende der E II-Zeit (JerA Tf. 31–39; dazu Weippert 112–130). Der Hintergrund für die historische Ätiologie Jos. 6 ist demnach das Bestehen einer isr. Siedlung auf der Ruinenstätte des *Tell es-Sulṭān*. Der in 1R. 16_{34} bezeugte Ausbau J.s dürfte mit der Offensivpolitik Mẹ̄šaʿs von Moab (vgl. KAI Nr. 181) zusammenhängen, die Ahab zwang, die Wege nach Cisjordanien abzusichern, wobei dem längst bestehenden J. (vgl. z.B. 2S. 10_5) sicher eine wichtige Rolle zufiel.

Der pers. Zeit sind die im Norden des Tells freigelegten Häuser (Abb. 41: H) zuzuweisen (vgl. Esr. 2_{34} Neh. 3_2 7_{36}), die Watzinger und Sellin als „spätjüd.“ klassifizierten. Aus ihnen stammen eine Reihe von pers. Krugstempeln (JerA Tf. 42) mit den Legenden *Yh, Yhd, Mṣh* und *l'zryh* sowie typischen Bildmotiven (ergänzendes Material bei Hammond und Lemaire). Die Notiz über eine Zerstörung J.s bei Solinus XXXV 4 bezieht sich eventuell auf die kriegerischen Aktionen Artaxerxes' III. Ochus (345/3) im Zusammenhang des Aufstands des Tennes in →Sidon (so D. Barag, BASOR 183, 1966, 6–12 bes. 11f); doch bleibt dies ebenso hypothetisch wie die Vermutung Lemaires, daß J. in pers. Zeit Sitz einer Garnison gewesen sei.

3.e Aus hell. Zeit fehlen Funde auf dem Tell; doch gibt es hier und in der nördl. Nekropole Gräber aus röm. Zeit (Jer II 516–545, vor allem aus dem 1. Jh. n. Chr.). Erst in spätbyz. Zeit war der Tell selbst wieder besiedelt (JerA 82–92).

Die Oase, deren Fruchtbarkeit JosBell IV 459–475 rühmt, wurde in röm. Zeit als Domäne verwaltet, die Herodes I. von Kleopatra pachtete und an seine Schwester Salome vererbte, die sie ihrerseits der Frau des Augustus vermachte (zusammenfassend: G. Schmitt, ZDPV 91, 1975, 58). Herodes I. stattete den Ort mit Prunk- und Palastbauten im Gebiet der *Tulūl Abū el-'Alāyiq* an der Mündung des *Wādī el-Qelṭ* in den Jordangraben (westl. von *er-Rīḥā*) aus (→Palast, 4. mit Abb. 62_{11f}). Typisch für das Mauerwerk dieser Bauten ist die Verwendung von *opus reticulatum* und *opus sectile*. Die Wohnhäuser der Stadt dürften sich über ein weites Gebiet verteilt haben (Streufunde in der Oase: Jer II 2). Aus byz. Zeit sind nordöstl. vom *Tell es-Sulṭān* eine Synagoge auf dem *Tell el-Ġurn* und im Südosten eine Kirche auf der *Ḫirbet en-Nitla* (Kelso-Baramki 50–60) bekannt (die Bischofsliste von J. beginnt 325 n. Chr.).

Literatur: Ausgrabungsberichte: Ch. Warren, Underground Jerusalem: An Account of Some of the Principal Difficulties Encountered in its Exploration and the Results Obtained. With a Narrative of an Expedition through the Jordan Valley and a Visit to the Samaritans, 1876, 192–197 – F.J. Bliss, Notes on the Plain of Jericho, PEFQSt 26, 1894, 175–183 – JerA (Sellin/Watzinger) – J. Garstang, Jericho: City and Necropolis, AAA 19, 1932, 3–22, 35–54; 20, 1933, 3–42; 21, 1934, 99–136; 22, 1935, 143–184; 23, 1936, 67–128 – ders./J.B.E. Garstang, The Story of Jericho, 1948^2 – K.M. Kenyon, Excavations at Jericho, PEQ 84, 1952, 4–6, 62–82; 85, 1953, 81–95; 86, 1954, 45–63; 87, 1955, 108–117; 88, 1956, 67–82; 89, 1957, 101–107; 92, 1960, 88–113 – dies., Digging up Jericho, 1957 – Jer I, II.

zu 1.–3.d: E. Anati, Prehistoric Trade and the Puzzle of Jericho, BASOR 167, 1962, 23–31 – K. Branigan, A Unique Juglet from Jericho, PEQ 99, 1967, 98–100 – H.J. Franken, Tell es-Sultan and Old Testament Jericho, Oudtestamentische Studiën 14, 1965, 189–200 – P.C. Hammond, A Note on two Seal Impressions from Tell es-Sulṭan, PEQ 89, 1957, 68f – J. Kaplan, A Suggested Correlation between Stratum IX, Jericho, and Stratum XXIV, Mersin, JNES 28, 1969, 197–199 – D. Kirkbride, A Brief Report on the Pre-Pottery Flint Cultures of Jericho, PEQ 92, 1960, 114–121 – A. Lemaire, Un nouvel ostracon araméen du Ve siècle av. J.-C., Semitica 25, 1975, 87–96 – J.A. Soggin, Gerico: Anatomia di una conquista, Protestantesimo 29, 1974, 193–213 – A. Vincent, Jéricho. Une hypothèse, MUSJ 37, 1960–61, 79–90 – C. Watzinger, Zur Chronologie der Schichten von Jericho, ZDMG 80, 1926, 131–136 – H. und M. Weippert, Jericho in der Eisenzeit,

ZDPV 92, 1976, 105–148 – J. Wilkinson, The Way from Jerusalem to Jericho, BA 38, 1975, 10–24.
zu 3.e: D. C. Baramki, An Early Synagogue near Tell es-Sultan, QDAP 6, 1937, 73–77 – J. L. Kelso/D. C. Baramki, Excavations at New Testament Jericho and Khirbet en-Nitla, AASOR 29–30, 1955 – E. Netzer, The Hasmonean and Herodian Winter Palaces at Jericho, IEJ 25, 1975, 89–100 – J. B. Pritchard, The Excavation at Herodian Jericho, 1951, AASOR 32–33, 1958 – Weitere Lit. bei E. K. Vogel, HUCA 52, 1971, 42–44.

H. Weippert/M. Weippert

Jerusalem

1. Name und Lage. 2. Ausgrabungen. 3. Geschichte der Stadtanlage: a das jebusitische und davidische J., b J. unter Salomo, c J. in der Königszeit, d J. in der pers. Zeit, e J. in der hell. und frühröm. Zeit.

1. Der Name J. scheint literarisch zuerst in den äg. Ächtungstexten der 12. Dyn. (19./18. Jh.) als *ʾwšʾmm* (= *Rušalimum*?) bezeugt zu sein (e27, 28 f18 E45). Er begegnet in der Form *Urusalim* in den Amarna-Briefen (EA 285–290) des Stadtfürsten Abdiḫeba an Amenophis IV. Echnaton (1. Hälfte des 14. Jh.s); vgl. *Ursalimmu* in den ass. Königsinschriften. Im AT lautet er *Yərūšālēm*, von den Masoreten *Yərūšālayim* vokalisiert; griech. Transliterationen: *Ιερουσαλημ*, *Ιεροσολυμα*. Seine Bedeutung ist ganz unsicher („Stadt oder Gründung des Gottes Šālēm"? Im Hebräischen nach der Wurzel *ŠLM* „wohlbehalten, friedlich sein" gedeutet). Die archaisierende Bezeichnung *Yəbūs* (Jdc. 19_{10f} 1 Ch. 11_{4}) ist eine künstliche Bildung nach dem Gentilicium „Jebusiter". Der Versuch Davids, die Jebusitersiedlung nach der Eroberung um 1000 in „Davidsstadt" umzubenennen (2 S. 5_{9} 1 Ch. 11_{7}), blieb Episode. Der Name „(Burg) Zion" scheint zunächst die älteste Stadt bezeichnet zu haben (1 R. 8_{1}); später wurde er auf den Heiligen Bezirk (*Ḥaram*) und dann auch (poetisch) auf ganz J. übertragen. Nach dem zweiten jüd. Krieg (132–135 n. Chr.) hieß die von Juden zunächst weitgehend entvölkerte Stadt *Colonia Aelia Capitolina*; dieser Name ist neben dem alten bis zur arab. Eroberung unter dem zweiten Kalifen ʿOmar (638) in Gebrauch geblieben. Seitdem heißt J. *al-Quds* („die Heiligkeit", seltener *Bait al-Maqdis* „das Haus des Heiligtums" oder *al-Bait al-Muqaddas* „das geheiligte Haus").

J. liegt auf dem Kamm des zentralpalästinischen Gebirges ca. 750 m über dem Meeresspiegel auf derselben Breite wie das Nordende des Toten Meeres, ca. 1–2 km östl. der Wasserscheide. Das Stadtareal wird im Norden durch den langsamen Anstieg zum *Mons Scopus* (*Rās el-Mušārife*, ca. 800 m) begrenzt; nach Norden schließt ein ca. 6 km langes und maximal 1 km breites, leicht gewelltes Glacis an, das Aufmarschterrain feindlicher Heere gegen J. Im Osten ist J. durch den tiefen Einschnitt des Kidrontales (*Wādī en-Nār*) von der Ölbergkette (*Ǧebel eṭ-Ṭōr* ca. 800 m und *Baṭn el-Hawā* 740 m) getrennt. Im Westen, Südwesten und Süden verläuft das halbmondförmig gebogene Hinnomtal (Westen: *Wādī el-Mēs*; Südwesten und Süden: *Wādī er-Rabābe*); es mündet ca. 150 m nördl. des Hiobsbrunnens (*Bīr ʿEyyūb*, Höhe ca. 600 m) ins Kidrontal. Das so abgegrenzte Stadtgebiet wird durch das vom Damaskustor zum Vereinigungspunkt des Hinnom- mit dem Kidrontal laufende Stadttal (nach Josephus *φάραγξ τυροποιῶν* u. ä. „Käsemachertal", arab. *el-Wād*) in zwei ungleiche Hälften geteilt; das ursprüngliche Niveau des Stadttales liegt innerhalb der türkischen Mauer bis zu 18 m unter dem heutigen. Vom Jaffator aus mündet eine west.-östl. flache Mulde ins Stadttal und trennt die Nordwestfläche der Stadt von ihrer Südwestkuppe (deren südl. Teil der sogenannte christliche Zion ist). Der östl. Höhenzug wird durch eine im Laufe der Geschichte stark aufgeschüttete schmale Westostsenke in zwei Teile gegliedert: im Norden der Heilige Bezirk (*Ḥaram eš-Šerīf*) und der Stadtteil Bezetha (Josephus); im Süden der spornartige, leicht gekrümmte, von 700 auf 620 m abfallende Südosthügel.

Die Wasserversorgung J.s beruht hauptsächlich auf zwei Quellen: 1. Die Gihonquelle (1 R. $1_{33,38}$ u. ö.; heute *ʿĒn Sittī Maryam* „Marienquelle" oder *ʿĒn Umm ed-Dereǧ* „Quelle der Mutter der Treppe") am Fuß des Osthanges des Südosthügels auf der Sohle des Kidrontales. Sie lag im Altertum stets außerhalb der Mauern. Zur Nutzung des Wassers gab es mindestens seit der SB-Zeit einen ca. 15 m senkrecht, dann ca. 30 m schräg verlaufenden Verbindungsschacht nach dem Stadtinnern, außerdem einen am unteren Osthang des Südosthügels verlaufenden Kanal (1886 von C. Schick entdeckt; Siloah von Jes. 8_{6}?), der das Wasser nach dem „unteren Teich" (*Birket el-Ḥamrā*, heute zugeschüttet, oder sein Vorgänger?) führte. Nicht lange vor 701 ließ König Hiskia den ca. 513 m langen „Hiskiatunnel" (auch Siloahtunnel, vgl. ANEP 744) unter dem Südosthügel graben, der das Wasser bis heute nach dem auf der Westseite der Südspitze gelegenen Siloahteich (*'Ēn Silwān, el-Birke*) leitet. 2. Die Rogelquelle („Quelle dessen, der [das Schöpfrad] tritt", 1 R. 1 9 u.ö., heute *Bīr 'Eyyūb* „Hiobsbrunnen") ca. 300 m südl. des Südosthügels im Kidrontal, vermutlich identisch mit der „Drachenquelle" von Neh. 2 13. Zum Auffangen und Speichern des Regenwassers dienten Zisternen (allein auf dem *Ḥaram* nach Ch. Warrens Berechnung heute für ca. 50000 m^3) und Teiche; die letzteren sind vielfach erst später bezeugt (Josephus, Pilgerschriften, mittelalterliche Autoren), können aber älter sein. Die wichtigsten Teiche sind: *Birket Benī Isrā'īn* (Abb. 42: e) und Struthionsteich (d) nördlich des *Ḥaram*, sogenannter Hiskiateich (c) östl. der Zitadelle (*Birket el-Batrak* „Patriarchenteich"; identisch mit Amygdalonteich?), Mamillateich nordwestl. der Nordwestecke der heutigen Altstadt.

Verkehrsgeographisch lag das alte J. nicht günstig. Die Hauptstraße auf der Wasserscheide des Gebirges führte weiter westl. vorbei, und keiner der kleineren bekannten Verkehrswege berührte den Südosthügel unmittelbar. J.s Aufstieg ist nicht das Ergebnis seiner Lage, sondern beruht auf dem Entschluß Davids, die Stadt um 1000 zur Residenz ober- und außerhalb der Reiche Israel und Juda zu machen (2 S. 5 6-12).

2. Ausgrabungen in J. (→Ausgrabung, 2.) begannen in der Mitte des 19. Jahrhunderts; sie dauern in verschiedenen Arealen bis zur Gegenwart an. Ihre Ergebnisse sind in den 3. Abschnitt eingearbeitet. Die bes. Schwierigkeiten archäologischer Grabungen in J. beruhen a) auf den wechselvollen Schicksalen (Zerstörungen) der Stadt; b) darauf, daß weite Gebiete des Stadtareals bis zur Gegenwart besiedelt sind (Grabungen in der Altstadt nur in geringem Umfang, auf dem *Ḥaram* aus religiösen Gründen überhaupt nicht möglich); c) auf dem Umstand, daß bestimmte wichtige Areale bereits im 19. und beginnenden 20. Jahrhundert ausgegraben und dadurch stark gestört worden sind.

Die wichtigsten Ausgrabungen in zeitlicher Folge: Ch. W. Warren 1867–70 (Südosthügel, Südostecke und Südwestseite der *Ḥaram*-Mauer); H. Guthe 1881 (Südosthügel, bes. Siloahteich); F. J. Bliss/E. C. Dickie 1894–97 (Südspitze des Südosthügels, Südwesthügel, Stadttal, Hinnomtal); M. Parker/L. H. Vincent 1909–1911 (Gihonquelle, Hiskiatunnel); R. Weill 1913–14, 1923–24 (Südspitze des Südosthügels); R. A. S. Macalister/J. G. Duncan 1923–25 (Südosthügel, bes. Osthang oberhalb der Gihonquelle); J. W. Crowfoot/G. M. Fitzgerald 1927–28 (Südosthügel, bes. Westhang); E. L. Sukenik/L. A. Mayer 1925–27, 1940 (sogenannte „3. Mauer" nördl. der Altstadt); R. W. Hamilton 1931, 1937–38 (Damaskus- und Herodestor, Stadttal); C. N. Johns 1934–40 (Zitadelle); K. M. Kenyon/R. de Vaux 1961–67 (Südosthügel, bes. oberhalb der Gihonquelle; Altstadt: *Mūristān*, armenisches Viertel; sogenannte „3. Mauer"); J. B. Hennessy 1964–66 (Damaskustor); israelische Grabungen unter B. Mazar, R. Amiran, A. Eitan, N. Avigad, M. Avi-Yonah, D. Bahat, M. Broshi u.a. 1968–74 (Südseite der Südwestecke der *Ḥaram*-Mauer, jüd. Viertel, Zitadelle, armenisches Viertel, sogenannter christlicher Zion).

3. Die Geschichte der Stadtanlage von J. ist hier nach dem gegenwärtigen Stand der Kenntnis und ohne Rücksicht auf ältere Auffassungen darzustellen.

3.a Das älteste, jebusitische und davidische J. (FB[?], MB, SB, E I) lag ausschließlich auf dem Südosthügel (Abb. 42: A) und umfaßte ein Areal von ca. 440 a. Die älteste, auch später noch benutzte Nekropole befand sich am Westhang des Ölberges und im Kidrontal (Keramik aus MB II B und SB II A, auch ägäische und äg. Importware). Das einzige sicher nachgewiesene Relikt der MB II A-Stadtmauer, die bis zum 8. Jh. in Gebrauch blieb, erstreckt sich in Nordsüd-Richtung etwa auf Drittelhöhe des Osthanges ca. 25 m oberhalb der Gihonquelle: vermutlich ein Teil des nördl. Torturmes des Wassertores (Abb. 42: 1; vgl. Neh. 3 26 8 1 u.ö.). Der Verlauf dieser Mauer ist z.T. durch archäologische Untersuchungen zu rekonstruieren, z.T. aufgrund der Geländegegebenheiten zu erschließen: Sie bog nördl. des Wassertores (1) alsbald nach Nordwesten, dann nach Westen ein und schloß die Stadt ca. 225 m südl. der *Ḥaram*-Mauer nach Norden ab;

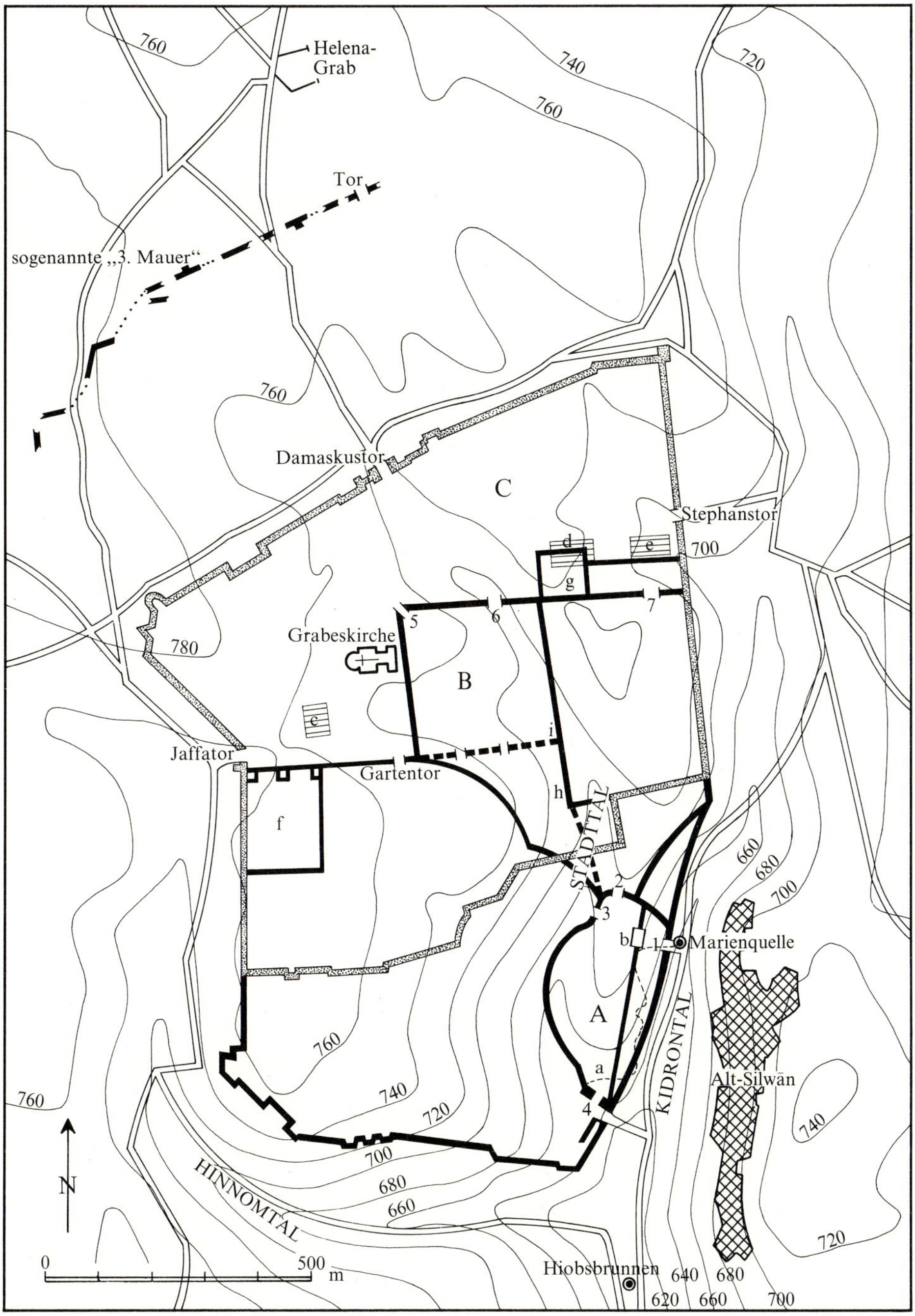

Abb. 42 **Jerusalem** Stadtplan

im Westen verlief sie auf der Krone des Südosthügels in Nordsüd-Richtung, oberhalb der Böschung zum Stadttal (der Westhang des Südosthügels ist nicht vor der makkabäischen Zeit besiedelt worden). Die West- und Ostmauern trafen an der Südspitze des Südosthügels zusammen. Außer dem sicheren Wassertor (1) sind ein Nordtor (2), ein Taltor (3) und ein Tor im Süden (4) zu vermuten. Von der MB-Besiedlung des auf dem Felsgrund im Neigungswinkel von 25° (heute 45°) abfallenden Osthanges ist nichts erhalten. Aus der SB-Zeit (14./13. Jh.) konnte jedoch die Terrassierung des Hanges oberhalb der Gihonquelle nachgewiesen werden: Starke Stützmauern mit bis zu 6 m hoher Steinfüllung bildeten horizontale Terrassen, auf denen sich die Gebäude erhoben. Fundamentreste von Häusern aus dem 7. Jh. (E II-Zeit) fand man nur auf der obersten dieser SB-Terrassen; alles andere und ältere ist bei der Zerstörung der Stützmauern (mehrfach, zuletzt 586) abgerutscht und ins Kidrontal gestürzt. Immerhin läßt sich eine ungefähre Anschauung gewinnen: Die Hanglage J.s muß von der SB-Zeit bis 586 etwa so ausgesehen haben wie heute das auf dem Westhang des Ölberges gegenüberliegende Dorf *Silwān*. David hat die Stadt wahrscheinlich nicht erweitert, sondern nur instand gesetzt und ausgebaut. Literarisch bezeugt (in Texten aus verschiedenen Epochen; manches David wohl nur zugeschrieben), archäologisch jedoch nicht nachgewiesen sind: Palast (2S. 5_{11} 7_2 Neh. 12_{37}), Frauenhaus (2S. 20_3), Heldenhaus (Neh. 3_{16}), Zeughaus (Neh. 3_{19}), Gefängnis (Neh. 3_{25}), Turm Davids (Cant. 4_4). Die rätselhafte Stelle 2S. 5_{9b} „und David baute ringsum vom *Millō* und in Richtung auf das Haus" (danach 1Ch. 11_8 exegesierend) läßt keine sichere Deutung zu. Das Wort *Millō* „Füllung, Aufschüttung" ist unspezifisch und muß topographisch nicht überall dasselbe bedeuten; es kann die Steinfüllung der Osthangterrassen meinen (Kenyon) oder Anachronismus sein (Kosmala). Der Richtungsakkusativ *baytā* könnte „nach innen, d.h. stadtwärts" oder „zum Haus, Palast" heißen.

3.b Unter Salomo ist J. nach Norden (unter Einschluß des größeren Teils des heutigen *Ḥaram*) und wahrscheinlich auch nach Nordwesten erweitert worden. Salomo baute auf dem *Ḥaram* den →Tempel (3.a mit Abb. 85_{32}) und südl. davon seinen Palast (mit Königshaus, Haus der Pharaonentochter, Libanonwaldhaus, Säulenhalle, Gerichtssaal: 1R. 3_1 7_{1-12} $9_{10,15,24}$ 10_{12} u.ö.). Den Raum zwischen der Südmauer dieses Bezirks und der Nordmauer der Davidsstadt (=Ophel, bei Josephus 'Οφλας, nicht der ganze Südosthügel!) bezog er ins Stadtgebiet ein (1R. 11_{27b} „Salomo hatte den *Millō* gebaut [und damit] den Riß der Stadt seines Vaters David verschlossen"; zum ‚Riß': Der Einschnitt zwischen der Nordmauer der Davidsstadt und der Südmauer des *Ḥaram* war in der SB/E I-Zeit mindestens doppelt so tief wie das Felsniveau der ersteren). Die Reihenfolge „Tempel, Palast, *Millō*, Mauer J.s" (1R. 9_{15}) endet bei der Nordmauer der Davidsstadt, die jetzt ins Stadtinnere geriet. Die MB/SB/E I-Mauer auf der Ost- und Westseite des Südosthügels wurde wahrscheinlich nach Norden bis an die Südost- und Südwestecke des *Ḥaram* gezogen (im Osten eine Erweiterung aus dem 8. Jh.?).

3.c Über die Baugeschichte J.s in der Königszeit (926–586) ist wenig Sicheres bekannt: Die archäologischen Daten sind rar, die Texte spärlich und oft rätselhaft, und bei der Auswertung der Chronikbücher (wo sie von der Vorlage in den Königsbüchern abweichen) ist äußerste Zurückhaltung geboten.

Südosthügel (Davidsstadt): Die MB/SB/E I-Stadtmauer ist am Osthang zu Beginn des 7. Jh.s erneuert und danach bis 586 sechsmal ausgebessert worden. Die Osthangterrassen mußten während der ganzen Königszeit ständig repariert werden. Die Grabung oberhalb des Wassertores (1) erbrachte zahlreiche Kleinfunde aus der E II-Zeit (7. Jh.): Keramikscherben, Terrakottafragmente (Menschen- und Pferdeköpfe, kaum Hunde), Statuettenbruchstükke einer Muttergottheit, Steingewichte. Ca. 25 m nördlich des Wassertores trat eine bemerkenswerte, innerhalb der Stadtmauer gelegene Anlage aus dem 9.–8. Jh. zutage: eine Felshöhle mit kleinem Vorhof, nördl. anschließend ein Raum mit zwei monolithischen Pfeilern (→Massebe, 2.). Es ist an eine (heterodoxe?) Kultstätte zu denken; die Höhle diente vermutlich als *favissa* (zur Ablage gebrauchter kultischer Gefäße), eine Steinsetzung oberhalb der Höhle vielleicht als Altarbasis. Die Kombination mit dem Schlangenbildkult (*nəḥuštān*) von 2R. 18_4 ist möglich, doch nicht zu erweisen. Im Zusammenhang der Fortifikationsmaßnahmen Hiskias gegen die Assyrer von 701 wurden die Stadtmauern ausgebessert und der Hiskiatunnel gegraben (Tunnelinschrift: KAI Nr. 189; TGI Nr. 38), der das Wasser der Gihonquelle in den Siloahteich leitete (2R. 20_{20} 2Ch. $32_{1-5,30}$; →Wasserversorgung). Wie dieser Teich vor feindlichem Zugriff geschützt war, ist unbekannt. Früher (Galling, BRL[1], 304 u.a.) rechnete man mit einer nach Westen ins südl. Stadttal ausgebogenen Schutzmauer, auf deren Existenz das „Tor zwischen den beiden Mauern" (2R. 25_4 u.ö.) hinweisen könnte; in diesem Fall hätte das alte Südtor (4) wegen des Zugangs zur Rogelquelle jetzt den Namen „Quelltor" (Neh. 2_{15} u.ö.) erhalten. Wahrscheinlicher ist die Annahme (Kenyon), daß der Siloahteich Hiskias eine felsengedeckte, unterirdische, nur vom Stadtinnern aus zugängliche Zisterne war, die erst dann zum offenen Teich wurde, als man bei Steinbrucharbeiten (in röm. Zeit?) das ganze Südwestende des Südosthügels senkrecht abschnitt.

Die Neustadt (Abb 42: B): Im Laufe der Königszeit (vermutlich schon seit dem 9. Jh.) wuchs das Stadtgebiet nach Nordwesten, das Stadttal hinauf, vielleicht bis auf die Höhe der nördl. Begrenzung des salomonischen *Ḥaram*. Das ist die „Zweitstadt" (*mišnē*, 2R. 22_{14}; nicht der Westhügel, Avigad, Mazar u.a.), nach der Geländebeschaffenheit auch „Mörser" genannt (*maktēš*, Zeph. 1_{11}), das Wohngebiet vor allem der handeltreibenden Bevölkerung (Zeph. 1_{10f}). 2R. 14_{13} nennt ein Mauerstück zwischen dem Ephraimtor (Abb. 42: 6) und dem Ecktor (5) von 400 Ellen = ca. 200 m Länge; wüßte man die genaue Position des Ephraimtores, dann könnte man die Ostwest-Ausdehnung der Neustadt approximativ berechnen. Sie lag jedenfalls nicht auf der Sohle, sondern z.T. auch auf dem Ostgefälle des Stadttales und auf dem Nordosthang des Westhügels. Ob die Westmauer der Neustadt vom Ecktor (5) aus zunächst ca. 400 m nach Süden (bis auf die Höhe der sogenannten 1. Mauer des Josephus) lief, um dann nach Südosten in Richtung auf das Taltor (3) einzubiegen (Galling), muß offenbleiben; die Beschreibung Jer. 31_{38-40} ist in den meisten topographischen Einzelheiten unklar und erlaubt höchstens Vermutungen. Neh. 3 und 12 sind später und dürfen nicht ohne weiteres in vorexilische Zeit zurückprojiziert werden. Andere Rekonstruktionsversuche des Umfangs und Mauerverlaufs der Neustadt (z.B. Kosmala, BHH II, 831f Abb. 2) sind spekulativ. Die Deutung der Funde, die bei israelischen Grabungen im ehemaligen jüd. Viertel der Altstadt gemacht wurden (Fundamentmauern, Keramik aus E II, 8./7. Jh.), ist durchaus offen. Man wird aber damit rechnen müssen, daß einzelne Siedlungsplätze – vielleicht außerhalb der Stadtmauer (Weichbild) – bereits in der E II-Zeit auf dem Westhügel lagen. Das gilt auch für die E II-Siedlungsreste auf dem Gelände der heutigen Zitadelle und dem südl. anschließenden armenischen Viertel.

Die Tore: Sie sind zumeist nur ungefähr zu lokalisieren. Im Norden: Benjamintor (7) (Jer. 20_2 37_{13} 38_7 Sach. 14_{10}) = Schaftor (Neh. 3_1 12_{39}) = Wachtor (Neh. 3_{31} 12_{39}; gemeint ist vielleicht nur die Innenseite des Tores) in der Nordmauer des salomonischen *Ḥaram;* Ephraimtor (6) (2R. 14_{13} 2Ch. 25_{23} Neh. 8_{16} 12_{39}) = Fischtor (Zeph. 1_{10}) = Mitteltor (Jer. 39_3) in der Nordmauer der Neustadt; Ecktor (5) (2R. 14_{13} 2Ch. 26_9 Jer. 31_{38}) = Jesanator (Neh. 3_6 12_{39}; Jesana = *Ḫirbet el-Isāne,* Zollstation der pers. Provinz Samaria) an der Nordwestecke der Neustadt; Taltor (3) (2Ch. 26_9 Neh. $2_{13,15}$); Quelltor (4) (Neh. 2_{14} 3_{15} 12_{37}) = Misttor (Neh. 3_{13f} 12_{31}; Misttor und Quelltor vermutlich während der Königszeit auseinandergetreten) = Scherbentor (Jer. 19_2) an der Südspitze des Südosthügels; Wassertor (1) s.o. →3.a. Nicht jede dieser Gleichungen kann als sicher gelten. Nicht lokalisierbar sind das „Tor zwischen den beiden Mauern" (2R. 25_4 u.ö.) im Süden und das „Roßtor" (2R. 11_{16} Jer. 31_{38-40} 2Ch. 23_5), letzteres vielleicht im südöstl. Teil der Südmauer des *Ḥaram.*

Die Königsgräber (Abb. 42: a) der davidischen Dynastie bis mindestens Hiskia (Neh. 3_{16}) lagen wahrscheinlich auf dem Südosthügel über der großen Südkurve des Hiskiatunnels (bei röm. und späteren Steinbrucharbeiten abgeschnitten, doch restweise noch sichtbar; →Grab, 3.d*β*). Der „Garten des Uzza" (2R. 21_{18}), in dem spätere Könige bestattet wurden, könnte am Fuß des Ölbergs nahe dem heutigen Dorf *Silwān* gelegen haben. Es verdient Erwähnung, daß Gräber des 8./7.Jh.s auch auf dem Nordosthang des Westhügels (Stadttalseite, ca. 700–720 m) gefunden worden sind; ihre Lage rät dazu, die Ausdehnung der Stadt nach Nordwesten als einen sehr langsamen Vorgang zu denken, der erst in der 2. Hälfte der Königszeit zum Abschluß kam. – Approximative Größe des Stadtareals: ca. 16 ha.

3.d Das J. der Perserzeit (520–330) war kleiner als das der vorhergehenden Epoche. Während der Exilszeit war J. ein nicht völlig entvölkerter (2R. 24_{14}) Trümmerhaufen; der Sitz des bab. Befriedungskommissars Gedalja war →Mizpa (2R. 25_{23}). 515 wurde der bescheidene 2. Tempel von den Rückwanderern vollendet. Die Instandsetzung der Stadtmauer und der Wiederaufbau J.s erfolgte erst in der Mitte des 5.Jh.s unter Nehemia (Neh. 2_{11-15} 3_{1-32} 12_{31-39}), nicht ohne Widerstand von seiten der pers. Provinzialverwaltung zu Samaria. Die topographischen Details der atlichen Berichte sind schwer, oft gar nicht zu identifizieren. Der berühmte nächtliche Ritt Nehemias (2_{11-15}) führte nur um die Davidsstadt (Südosthügel): vom Taltor (3) zur Drachenquelle (*Bīr 'Eyyūb*), dem Misttor (4), Quelltor (bei 4) und Königsteich (im Kidrontal? oder *Birket el-Ḥamrā*?), durch das vom Geröll der Katastrophe von 586 verschüttete und eng gewordene Kidrontal nach Norden zurück zum Taltor. Was den Mauerbau betrifft, so ist archäologisch und literarisch ganz sicher, daß der ehemals terrassierte Osthang des Südosthügels unbesiedelt blieb und die Mauer an den Ostrand des Südosthügels zurückgenommen wurde: Die Kenyon-de Vauxsche Grabung ergab, daß die von Macalister-Duncan für SB-zeitlich gehaltene, in Wirklichkeit makkabäische Mauer der nehemianischen aufruht; ein kleines Stück der letzteren (roh; ca. 2,75 m dick; außen Schutt des 5.–4.Jh.s) konnte identifiziert werden. Der Neubau der Stadtmauer dauerte 52 Tage; also war das ummauerte Terrain relativ klein (Mauerlänge bei Einbeziehung der Davidsstadt, des *Ḥaram*, der Neustadt, ca. 2500 m), und gelegentlich (im Westen) konnte man sich auf Restaurierung beschränken. Der Verlauf nach Neh. 3: Schaftor (7), Fischtor (6), Jesanator (5), Ofenturm (Westen?), Taltor (3) – dann 1000 Ellen = ca. 500 m bis Misttor (4) und Quelltor (bei 4), dort „Mauer des Teiches der Wasserleitung am Königsgarten" und „Stufen, die von der Davidsstadt herabführen", Winkel (Ostseite des Südosthügels, wo die Mauerstücke nach Grundstücken und sonst unbekannten Gebäuden, nicht Toren, beschrieben sind), Roßtor, Wachtor. Das alte Wassertor (1) ist ausdrücklich draußengelassen (Neh. 3_{26}); die Mauer führte fast 50 m oberhalb vorbei.

3.e J. ist in hell. und frühröm. Zeit (330 v.Chr.–135 n.Chr., Errichtung der *Colonia Aelia Capitolina* unter Hadrian) auf mehr als das Doppelte seines Umfangs gewachsen. In dieser Periode bildet die Regierungszeit Herodes I. (37–4 v.Chr.) baugeschichtlich den Höhepunkt. Literarische Hauptquellen sind von nun an die Makkabäerbücher und Josephus (Ant und Bell, bes. JosBell V 4). Nach anfänglicher Stagnation beginnt das Wachstum J.s in der 2. Hälfte des 2. Jh.s (Makkabäer, Hasmonäer), ausgelöst durch den Eingriff des Seleukiden Antiochus IV. Epiphanes 168 v.Chr. Die Seleukiden errichteten in J. einen befestigten Militärposten, die „ Akra der Syrer", deren Lokalisation umstritten ist: Südosthügel (K. Galling, BRL[1], Simons u.a.), Nordostteil des Westhügels gegenüber dem *Ḥaram* (Avi-Yonah u.a.) oder Gelände der heutigen Zitadelle (Vincent, Abel, Kenyon). Nach 1 Macc. 1_{33} lag die Akra in der Davidsstadt; doch kann diese Bezeichnung schon im 2.Jh. v.Chr. auf den Westhügel übergegangen sein. 141 v.Chr. ergab sich die Akra-Besatzung; zur Zeit des Josephus (JosAnt XIII 215–217 Jos Bell V 139) stand sie nicht mehr, war abgetragen oder unter dem Hasmonäerpalast auf dem Terrain der Zitadelle verschwunden. Unter Simon Makkabäus (142–135), dessen bauliche Aktivitäten Sir. 50_{1-4} gerühmt werden, oder – wahrscheinlicher – unter Johannes I. Hyrkan (134–104) ist die östl. Stadtmauer des Südosthügels instandgesetzt und verstärkt worden: Der große Turm Macalister-Duncans (Abb. 42:b), früher für davidisch-salomonisch gehalten, gehört in die 2. Hälfte des 2. Jh.s v.Chr.; die unmittelbar nördl. anschließende sogenannte „Jebusiterrampe" ist eine noch jüngere unterirdische Verstärkung der Stadtmauer, eine Substruktion zur Verhinderung der Hangerosion, wie ähnliche an anderen Stellen der Ostmauer vermutet werden dürfen. Erst jetzt erweiterte sich die Besiedlung des Südosthügels vom Rücken nach Westen ins Stadttal hinein: Bis zu 10,75 m unter dem heutigen Niveau der Sohle des Stadttales fanden sich starke Fundamente und Stützmauern (künstlicher Baugrund); dazu das Fragment einer 3,50 m dicken Mauer, die im 2. Jh. v. Chr. die Südwestbegrenzung der Stadt gebildet haben könnte, halbmondförmig nach Westen ausbuchtete und vermutlich südl. des Crowfootschen Taltores (3) auf die ältere Westmauer stieß (an der breitesten Stelle ca. 30 m von der älteren Westmauer entfernt). Die von Crowfoot 1927 ergrabene Gestalt des Taltores dürfte in dieselbe Zeit gehören. Die in diesem Gebiet gefundene Keramik ist im Gegensatz etwa zu Samaria überwiegend nicht hell.-mediterraner Provenienz (Imitation oder Import), sondern einheimisch-provinziell. Erwähnung verdienen einige gestempelte Krughenkel, die Weinimport von den ägäischen Inseln bezeugen. Kein klares Bild ist über die Einbeziehung des Westhügels ins Stadtgebiet zu gewinnen. Mit Sicherheit stand der Hasmonäerpalast (JosAnt XX 189–192 JosBell II 344) im 1. Jh. v. Chr., vermutlich schon früher, auf dem Nordteil des Westhügels (heutige Zitadelle [Abb. 42:f]); die Besiedlung wird von dort aus nach Süden vorgerückt sein (Armenierviertel). Wann der Südteil des Westhügels erreicht und einbezogen wurde, ist ungewiß. Die von Bliss-Dickie 1894–97 z.T. ausgegrabene Mauer, die vom Misttor (4) aus den Südhang des Westhügels begleitet und in der Nähe eines Tores (Josephus: Essenertor) mit dem Talverlauf nach Norden umbog, ist nicht sicher zu datieren. Kleine Nachgrabungen (Kenyon) ergaben zwar, daß Gebäude innerhalb dieser Mauer nicht vor dem 1. Jh. n. Chr. nachzuweisen waren, woraus die Datierung der Mauer in die Zeit Herodes Agrippas I. (41–44 n. Chr.) zu folgen schien (dazu →Ausgrabung, 2.); aber das Areal des südl. Westhügels und des Osthanges des Westhügels (insgesamt der sogenannte christliche Zion) muß keineswegs städtisch besiedelt gewesen sein; auch eine Art Villenvorstadt wäre denkbar (ähnlich dem heutigen Zustande). Im letzteren Falle könnte die Bliss-Dickie-Mauer noch aus dem 1. Jh. v. Chr. stammen, im ersteren müßte die Südmauer des herodianischen J. weiter nördl., etwa auf der Linie der heutigen Altstadtsüdmauer, verlaufen sein. Die großen Gräber im Kidrontal (sogenanntes Absalomgrab, Zachariaspyramide, Jakobusgrab u.a.) dürften in hasmonäischer Zeit entstanden sein; die hasmonäischen Nekropolen umgaben im übrigen die ganze Stadt.

Durch die gewaltige Bautätigkeit Herodes I. ist das Gesicht J.s völlig verändert worden: Es wurde erst jetzt eine hell.-röm. Stadt. Herodes I. vergrößerte den Heiligen Bezirk, umgab ihn mit einer neuen Umfassungsmauer (aus riesigen bossierten Quadern [→Abb. 50_7], im Südosten/Süden/Südwesten [sogenannte Klagemauer] erhalten; beim Warren-Schacht an der Südostecke 24 m unter das heutige Niveau reichend), ließ Aufschüttung, Planierung und Substruktion (sogenannte Ställe Salomos) vornehmen und errichtete die von Säulenhallen umgebene Prachtanlage des 3. Tempels (→Tempel, 4. mit Abb. 85_{34}). Die herodianische Temenosmauer hatte mindestens fünf, z.T. über Freitreppen erreichbare Zugänge: im Westen "Barclays Gate" und am Robinson-Bogen, im Süden Doppeltor und Dreifachtor, im Osten Goldenes Tor. An der Nordwestecke des *Ḥaram* baute Herodes auf den Fundamenten einer kleinen nehemianischen Festung (*bīrā*, Neh. 2_8 7_2), die in der Hasmonäerzeit vergrößert worden war (Josephus: *Baris*) die Tempelburg Antonia; sie reichte nach Ausweis des abgeschlagenen und geglätteten Felsens ein Stück in den heutigen Nordwestteil des *Ḥaram* hinein (Abb. 42:g). Den Hasmonäerpalast (f) (Zitadelle, *el-Qal'a*) verwandelte er in die Stadtburg mit den auf der Nordseite gelegenen Türmen Phasael (Unterbau des heutigen sogenannten Davidsturmes), Hippicus und Mariamne; hier residierte später der röm. Procurator bei Besuchen in J. (Prätorium des Pontius Pilatus). Auf der östl. Sohle des Stadttales legte Herodes I. über Substruktionen eine breite, aus Bruchquadern von 2 × 1,5 m bestehende Nord-Süd-Straße an, von der aus auf der Höhe des Robinson-Bogens (h) eine zweimal rechtwinklig geknickte und auf hohen

Bögen ruhende Freitreppe zum Tempelplatz hinaufführte. Eine ähnliche Straße (Ost-West) südl. des Tempelareals verband das Gebiet des alten Ophel mit den westl. Stadtteilen.

Der Verlauf der Stadtmauern des herodianischen J. ist nicht völlig sicher zu rekonstruieren, da archäologische Nachweise fehlen und die Angaben des Josephus zeitlich nicht exakt bestimmbar sind. Über den Verlauf der Südmauer (mit oder ohne christlichem Zion) s.o. Für den Norden der Stadt nennt Josephus drei Mauern: 1. die erste oder alte Mauer von der Zitadelle und dem Jaffator *(Bāb el-Ḫalīl)* nach Osten, wo sie in der Nähe des Xystos und einer Bogenbrücke über das Stadttal (Wilson-Bogen [Abb. 42: i], ca. 180 m nördl. der Südwestecke des *Ḥaram*) die Westmauer des Tempelareals erreichte; 2. die zweite Mauer von der Antonia (g) zum nicht sicher lokalisierbaren, wahrscheinlich aber südl. der Grabeskirche gelegenen „Gartentor" der alten Mauer (umstritten; der heutige *Mūristān* lag mit Sicherheit außerhalb der 1. und 2. Mauer); 3. die dritte Mauer im Norden, deren Verlauf nach den Grabungen von Hennessy am Damaskustor (*Bāb el-ʿAmūd*) ungefähr der heutigen Altstadtnordmauer entsprach und die aus der Zeit Herodes Agrippas I. (41–44 n.Chr.) stammt (die Nordvorstadt Bezetha [C] lag also außerhalb der herodianischen Mauern!). Die Expansion J.s nach Norden ist durch die Kriegswirren des ersten jüd. Aufstandes (66–70 n.Chr.) verlangsamt und schließlich unterbrochen worden. Die ca. 500 m nördl. der Altstadtnordmauer parallel zu ihr verlaufende sogenannte „3. Mauer" (Sukenik-Mayer) – auf ca. 350 m Länge erhalten und 4,5 m dick – ist nicht sicher zu deuten: vielleicht die Reste der *circumvallatio* des Titus aus dem Jahre 70 n.Chr. (Kenyon) oder ein jüd. Verteidigungswall gegen Titus (Hamrick), sicher nicht die 3. Mauer des Josephus (Sukenik-Mayer, Avi-Yonah, Ben-Arieh u.a.). Das Militärlager der X. Fretensischen Legion muß in der Nähe der Zitadelle gelegen haben (Ziegelstempel aus der Grabung im Armenierviertel).

Nach der Zerstörung J.s 70 n.Chr. stagnierte die Baugeschichte der Stadt bis zur Errichtung der *Colonia Aelia Capitolina* 135 n.Chr., deren Umfang ungefähr der heutigen Altstadt entsprach, ohne den immer mehr verödenden und zu Steinbrucharbeiten benutzten Südosthügel, vielleicht zunächst auch ohne den christlichen Zion, der jedoch in byz. Zeit sicher zum ummauerten Stadtgebiet gehörte.

Literatur: Allgemeines: T. Tobler, Zwei Bücher Topographie von Jerusalem und seinen Umgebungen, 1853–54 – F. Spieß, Das Jerusalem des Josephus, 1881 – Ch. Warren/C. R. Conder, The Survey of Western Palestine: Jerusalem, 1884 – C. Schick, Die Baugeschichte der Stadt Jerusalem, ZDPV 16, 1893, 237–246; 17, 1894, 1–24 – G. A. Smith, Jerusalem from the Earliest Times to A.D. 70, 1907–08 (Nachdruck 1972) – H. Vincent, Jérusalem sous terre, 1911 – ders., Jérusalem antique, 1912 – G. Dalman, Jerusalem und sein Gelände, 1930 – J. Simons, Jerusalem in the Old Testament, 1952 – H. Vincent/M. A. Steve, Jérusalem de l'Ancien Testament, 1954–56 – M. Avi-Yonah (ed.), *Sēfer Yərūšālayim* I, 1956 – Busink, Tempel – Alt, KlSchr III, 243–257, 326–347.

zu 2.: Ch. Warren, Underground Jerusalem, 1876 – H. Guthe, Ausgrabungen bei Jerusalem, ZDPV 5, 1882, 7–204, 271–378 – F. J. Bliss/A. C. Dickie, Excavations at Jerusalem, 1894–1897, 1898 – R. Weill, La cité de David, 1920/47 – R. A. S. Macalister/J. G. Duncan, Excavations on the Hill of Ophel, Jerusalem 1923–25, PEFA 4, 1926 – J. W. Crowfoot/G. M. Fitzgerald, Excavations in the Tyropoeon Valley, Jerusalem, 1927, PEFA 5, 1929 – E. L. Sukenik/L. A. Mayer, The Third Wall of Jerusalem, 1930 – C. N. Johns, Excavations at the Citadel, Jerusalem 1935, QDAP 5, 1936, 127–131 – K. M. Kenyon, Jerusalem. Die heilige Stadt von David bis zu den Kreuzzügen, Ausgrabungen 1961–67, 1968 – E. W. Hamrick, New Excavations at Sukenik's "Third Wall", BASOR 183, 1966, 19–26 – ders., Further Notes on the "Third Wall", BASOR 192, 1968, 21–25 – B. Mazar/M. Avi-Yonah, The Excavations in the Old City of Jerusalem. Preliminary Report of the First Season, 1968 – B. Mazar, The Excavations South and West of the Temple Mount in Jerusalem, BA 33, 1970, 47–60 – B. Mazar/M. Ben-Dov, The Excavations in the Old City of Jerusalem Near the Temple Mount. Preliminary Report of the 2nd and 3rd Seasons, 1971 – R. Amiran/A. Eitan, Excavations in the Courtyard of the Citadel, Jerusalem 1968–69, IEJ 20, 1970, 9–17 – N. Avigad, Excavations in the Jewish Quarter of the Old City of Jerusalem 1969–70, IEJ 20, 1970, 1–8, 129–140; 22, 1972, 193–206 – J. B. Hennessy, Preliminary Report on Excavations at the Damascus Gate, Jerusalem 1964–66, Levant 2, 1970, 22–27 – S. Ben-Arieh/E. Netzer, Excavations along the Third Wall of Jerusalem, IEJ 24, 1974, 97–107 – Y. Yadin, ed., Jerusalem Revealed, Archaeology in the Holy City 1968–74, 1975.

zu 3.a: S. J. Saller, The Excavations at Dominus Flevit II: The Jebusite Burial Place, 1964 – R. B. Y. Scott, The Scale Weights from Ophel 1964–65, PEQ 97, 1965, 128–139.

zu 3.c: E. Vogt, Das Wachstum des alten Stadtgebietes von Jerusalem, Biblica 48, 1967, 337–358 – M. Broshi, The Expansion of Jerusalem in the Reigns of Hezekiah and Manasseh, IEJ 24, 1974, 21–26.

zu 3.d: M. Burrows, Neh. 3₁₋₃₂ as a Source for the Topography of Ancient Jerusalem, AASOR 14, 1934, 115–140 – M. Avi-Yonah, The Walls of Nehemia, IEJ 4, 1954, 239–248.

zu 3.e: J. Jeremias, Jerusalem zur Zeit Jesu, 1963³ – D. Barag, Brick Stamp-Impressions of the Legio X Fretensis, EI 8, 1967, 168–182 – M. Avi-Yonah, The Third and Second Walls of Jerusalem, IEJ 18, 1968,

98–125 – P. Benoit, L'Antonia d'Hérode le Grand et le forum oriental d'Aelia Capitolina, Harvard Theological Review 64, 1971, 135–167.
Weitere Lit. bei: H. Kosmala, Art. Jerusalem, BHH II, 820–850 – E. K. Vogel, HUCA 42, 1971, 44–49 – U. Lux, ZDPV 90, 1974, 197f Anm. 55. *H. Donner*

Kalender und Zeitrechnung

1. Allgemeines. 2. Der pal. K. in der SB-Zeit. 3. K.systeme im AT: a Grundsätzliches, b der Tag, c die Woche, d der Monat, e das Jahr. 4. Die Z.

1. Die natürlichen Zeiteinheiten sind astronomisch bedingt: der Tag durch die Erdrotation, der Monat durch den Umlauf des Mondes, das Jahr durch den scheinbaren Umlauf der Sonne um die Erde, der mit periodisch wiederkehrenden Abläufen in der Natur (Wetter, Pflanzenwuchs) zusammenfällt. Da diese Zeitabschnitte durch Beobachtung feststellbar sind, bilden sie in allen Kulturen die Grundlage der Zeitmessung. Ihr kompliziertes Verhältnis zueinander (1 Sonnenjahr = 12 Mondmonate [ca. 354 Tage] + 11 Tage = 365,24 Tage) führte jedoch zu lokal unterschiedlichen K.n. So ging man in Ägypten (seit dem 3. Jt.) vom solaren Jahr, in Mesopotamien aber vom lunaren Monat aus. Astronomische Beobachtungen und Interkalation (Einfügung von Schalttagen und -monaten), durch die man das kalendarische Jahr dem jahreszeitlichen Rhythmus des natürlichen Jahres anglich, bewirkten jedoch, daß die Jahreslänge in beiden Kulturen annähernd gleich ausfiel. Wesentlich größere Differenzierungen gab es bei den nicht auf Beobachtung, sondern auf Festsetzung zurückgehenden und daher kulturell bedingten Elementen der Zeitmessung und des K.s (Tageseinteilung, Woche, Monats- und Jahresbeginn, Festtermine) und bei den Ausgangspunkten der Z.

2. Eine hieratische Schaleninschrift aus Lachis, in der Steuereingänge nach äg. Weise datiert sind (L IV 132f) beweist, daß die äg. Verwaltung in Pal. in der SB-Zeit ihren eigenen K. benutzt hat. Keinen Hinweis auf die Verwendung des äg. K.s geben jedoch Spielbretter mit 30 oder 58 Löchern (→ Spielgerät), die oft als K. für einen Monat von 30 bzw. zwei Monate von je 29 Tagen gedeutet werden (so z. B. W. Helck, Betrachtungen zur großen Göttin und den ihr verbundenen Gottheiten, Religion und Kultur der alten Mittelmeerwelt in Parallelforschungen 2, 1971, 22, 24f). Aufeinanderfolgende Monate von je 29 Tagen finden sich weder im solaren (1 Monat = 30 Tage) noch im lunaren (alternierende Monate von 29 bzw. 30 Tagen) K. Gegen die Deutung der Pläne mit 30 Löchern als K. ist einzuwenden, daß dieses Spiel (mit Feldereinteilung) auf einem steinernen Exemplar aus Hazor (Hazor II Tf. 78_6 164_{13}) zusammen mit dem 20-Felderspiel vorkommt.

Außerhalb des Bereichs der äg. Verwaltung hat der äg. K. im SB-zeitlichen Pal. wohl kaum eine Rolle gespielt, schon deshalb nicht, weil seine von den klimatischen Verhältnissen Ägyptens ausgehende Dreiteilung des Jahres den Bedürfnissen der pal. Agrarwirtschaft nicht entsprach. Der Reflex eines einheimischen K.s dürfte in dem „Bauern-K." auf einer Kalksteintafel aus Geser vorliegen, der paläographisch ins 10. Jh. datiert ist (KAI Nr. 182 mit Lit.; ferner: S. Talmon, JAOS 83, 1963, 177–187; A. Lemaire, VT 25, 1975, 15–26; Text: →Ackerwirtschaft, 5.). Dieser „K." läßt das Jahr mit der Olivenernte (Oktober/November), also im Herbst, beginnen und weist den einzelnen landwirtschaftlichen Tätigkeiten je einen oder zwei der namentlich nicht genannten 12 Monate (*yrḥ*) zu.

3.a Die Zeitangaben des ATs setzen nicht ein einheitliches kalendarisches System voraus. Vielmehr sind im Laufe der Zeit bestehende Systeme modifiziert und neue aus der Umwelt Israels übernommen worden. So beginnt z. B. das Erlaßjahr nach Lv. 25_9 am 10. Tag des 7. Monats; in einem Zusatz wird dieser Termin jedoch sogleich mit dem Großen Versöhnungstag identifiziert. Der Vergleich mit Ez. 40_1 zeigt, daß der 10.7. einmal als Neujahrstag gegolten hat (vgl. W. Zimmerli, Ezechiel, BK 13/2, 1969, 995f), während der Zusatz den Jahresanfang am 1.7. (vgl. Lv. 23_{24}) voraussetzt, der die Bestimmung des 10.7. als Versöhnungstag ermöglicht (vgl. Lv. 23_{26}). Mag hier noch eine innerisr. Entwicklung reflektiert sein, so können einschneidende K.änderungen auch mit dem Wechsel der politischen Verhältnisse zusammenhängen, wie die nach ass. Weise datierenden Keilschriftkontrakte aus Geser (EG I 23–29 und Titelbild) und Samaria (HES I 247 Nr. 1 Tf. 56) zeigen, die aus der Zeit stammen, als Israel ass. Provinz war. Verschiebungen wie die Verlegung von Festen um einen Monat (1 R. 12_{32f}, vgl. de Vaux II

358f; M. Noth, Könige, BK 9/1, 1968, 286f; 2Ch. 30, vgl. H. Haag, Vom alten zum neuen Pascha, Stuttgarter Bibel-Studien 49, 1971, 103–107 [Lit.]) mögen auf unterschiedlichen lokalen Traditionen beruhen, ohne daß verschiedene K.systeme vorausgesetzt werden müssen.

3.b Alle Ritualvorschriften sowie nachexilische Texte (Est. 4_{16} Jud. 11_{7}) lassen den Tag (hebr. *yōm*) mit dem Abend beginnen; vorexilisch ist jedoch auch der Tagesanfang mit dem Morgen belegt (Stroes). Zur Unterteilung des Tages dienen die natürlichen Fixpunkte „Abend" (hebr. *'ēreb*), „Morgen" (hebr. *bōqer*) und „Mittag" (hebr. *ṣŏhŏrayim*), aber auch kultische wie das Abend- (Esr. 9_{4f} Dan. 9_{21}) und Morgenopfer (2R. 3_{20} vgl. 1R. $18_{29,36}$). Die „Stunde" begegnet vielleicht in einem Amarnabrief (falls = akk. *šētu,* EA 138_{76}), sonst erst im Danielbuch (aram. *šəʿā/šāʿā*, z.B. 3_{6}). Zur Stundenbestimmung benutzte man seit dem 2. Jt. in Mesopotamien und Ägypten Wasser- und Sonnenuhren (de Vaux I 294). In Geser fand man eine äg. Sonnenuhr (SB-Zeit; EG II Abb. 456; AOB 110; E.J. Pilcher, Portable Sundial from Gezer, PEFQSt 55, 1923, 85–89); doch sind erst aus hell. Zeit wieder Sonnenuhren aus Pal. bekannt (M. Dunand/R. Duru, Oumm el-ʿAmed, 1962, 185 Tf. 39_{1}; aus christlicher Zeit: Segal 263 Anm. 1; RB 12, 1903, 430), so daß fraglich ist, ob die *maʿălōt* von Jes. 38_{8} (2R. 20_{9-11}) die Einteilung einer Sonnenuhr und nicht eher Stufen (eines Obergemachs?) meinen. Die Nacht war in drei (Thr. 2_{19} Jdc. 7_{19} Ex. 14_{24} 1S. 11_{11}), nach Übernahme des röm. Brauchs in vier Nachtwachen (hebr. *'ašmōret,* griech. *φυλακή*) unterteilt (Mt. 14_{25} vgl. Mc. 13_{35}).

3.c Die Woche (hebr. *šābūaʿ*), bestehend aus sechs Arbeitstagen und einem Ruhetag (hebr. *šabbāt,* Sabbat) ist eine sekundär in den K. eingetragene Zeiteinheit, die den Rhythmus der Monate und des Jahres durchbricht. Anders als die Unterteilung des Monats in drei Dekaden in Ägypten und die Bestimmung des 7., 14., (19.,) 21. und 28. Tages eines Mondumlaufs als Unglückstage in bab. Menologien stört die atliche Woche den K.zyklus. Die Schwierigkeit beseitigt erst der K. des Jubiläenbuchs, der ein Jahr von 364 Tagen in 52 Wochen unterteilte und die vier Jahreszeiten je 13 Wochen umfassen läßt (A. Jaubert, Le calendrier des Jublilés et les jours liturgiques de la semaine, VT 7, 1957, 35–61). Die Frage nach der Herkunft der Woche ist mit der nach dem Ursprung des Sabbats verknüpft, dessen Beachtung schon das Bundesbuch (Ex. 23_{12}), der sogenannte „kultische Dekalog" (Ex. 34_{21} [J]) und beide Dekalogfassungen (Ex. 20_{8-11} Dt. 5_{12-15}) fordern. Aufzugeben ist wohl die Ableitung von Wort und Sache von bab. *šap/battu(m)* und die der Woche aus dem mesopotamischen K. Das Wort Sabbat hängt eher mit dem hebr. Verbum *ŠBT* zusammen (vgl. Gn. 2_{2f}; nach de Vaux II 331 „Tag, der anhält, eine Grenze markiert, teilt"), und die Siebenzahl der Wochentage dürfte auf die gemeinaltorientalische Hochschätzung der Sieben als runder oder heiliger Zahl zurückgehen (zu den Hypothesen über den Ursprung des Sabbats vgl. die Lit. bei Andreasen).

3.d Das AT verwendet für „Monat" das gemeinsem. Wort *yēraḥ* (aram. *yəraḥ*), ursprünglich wohl „Mond", häufiger aber den in dieser Bedeutung nur hebr. Terminus *ḥōdeš*, eigentlich „Neumond(stag)" (ug. *ḥdṯ*, phön. *ḥdš*, hebr. z.B. 1S. 20_{5}). Das bedeutet, daß der atliche Monat wie der mesopotamische vom Mondumlauf ausging, mit dem Sichtbarwerden des Neumonds begann (McKay 439–443) und alternierend 29 und 30 Tage umfaßt haben muß. Erst ein Zusatz zur Sintflutgeschichte von P rechnet ausschließlich mit Monaten zu 30 Tagen (vgl. Gn. 7_{11} 8_{3f}: zwischen dem 17.2. und dem 17.7. liegen 150 Tage). Wenn nach P die Sintflut aber 12 Monate und 10 bzw. 11 Tage dauert (Gn. 7_{11} 8_{14}), so gleichen diese 10 bzw. 11 Tage genau die Differenz zwischen 12 Mondmonaten = 354 Tagen und dem solaren Jahr zu 364 (Jubiläenbuch) bzw. 365 (Ägypten) Tagen aus (vgl. de Vaux I 303f; andere Lösung: E. Vogt, Note sur le calendrier du Déluge, Biblica 43, 1962, 212–216).

Ursprünglich wurden die Monate mit Namen bezeichnet, die aus ug. und phön.-pun. Texten bekannt, im AT aber nur noch in Spuren belegt sind (Material bei Koffmahn, mit Kritik zu benutzen): *'ābīb* („Ährenmonat"?) Ex. 13_{4} 23_{15} 34_{18} Dt. 16_{1}, nur im AT; *zīw* („Blütenmonat"?) 1R. $6_{1,37}$, vielleicht auch in 2S. 21_{9} LXX (vgl. S.P. Brock, VT 23, 1973, 100–103), wohl pun. *zyb*; *'ēṯānīm* („Monat der perennierenden Bäche“?) 1 R. 8_2, phön.-pun. *'tn(y)m*; *bûl* 1 R. 6_{38}, phön. *bl.* Nicht hierher gehört der Ausdruck *ṣaḥ* Jes. 18_4 Jer. 4_{11}, der aufgrund einer Kruginschrift aus Arad fälschlich als Monatsname interpretiert wurde (vgl. A. Lemaire, VT 23, 1973, 243–245 [Lit.]). Wie lange diese Namen in Israel verwendet wurden, ist unbekannt. Im AT dominiert die Monatsbezeichnung durch Ordnungszahlen, die sich zuerst im Jeremia- und Ezechielbuch, sonst in exilisch-nachexilischen Texten (Dtr., P, Hag., Sach., Est., Esr., Neh., Ch.) findet. Ihre Herkunft ist unbekannt; jedenfalls stammt sie aber nicht aus Ägypten, wo die Monate nur innerhalb der drei Jahreszeiten von 1 bis 4 durchgezählt wurden. Erst Texte aus der pers. Zeit verwenden die bis heute bei den Juden üblichen bab. Monatsnamen in aram.-hebr. Gestalt (Sach. 1_7 7_1 Est. 2_{16} u.ö. Neh. 1_1 2_1 6_{15} vgl. 1 Macc. 7_{43} 2 Macc. 15_{36}; epigraphisch in den aram. Ostraka 1–9 vom *Tell es-Seba'*: Beer-Sheba I 79f). Die beiden jüngeren Bezeichnungssysteme gehen vom Jahresanfang im Frühjahr aus. Durch inhaltliche Andeutungen und Querverweise in den Texten läßt sich folgende Liste der hebr. Monatsbezeichnungen aufstellen (Zählung: bab. Name: gegebenenfalls alter Name; im AT nicht belegter Name in *[ ]*; der 1. Monat entspricht März/April): 1. *nîsān* : *'ābīb*; 2. *['iyyār]* : *zîw* 3. *sîwān*; 4. *[tammûz]*; 5. *['āb]*; 6. *'ĕlûl*; 7. *[tišrî]* : *'ẹtānîm*; 8. *[marḥešwān/ḥešwān]* : *bûl*; 9. *kislẹw*; 10. *ṭẹbẹt*; 11. *šəbāṭ*; 12. *'ădār*.

Die Tage eines Monats wurden fortlaufend numeriert (sehr häufig, z.B. 2 R. $25_{1,3}$ Jer. 39_2), eine Praxis, die auch durch ein hebr. Ostrakon aus Arad belegt wird (Y. Aharoni/J. Naveh, Arad Inscriptions, JDS 1975, 34–36 Nr. 17_{8f} [6. Jh.]; vgl. auch ebd. 12–14 Nr. 1_{3f}), das wie die →Ostraka von Samaria und die Aufschriften auf →Gewichten hieratische Zahlzeichen benutzt (vgl. Y. Aharoni, BASOR 184, 1966, 13–19) und die äg. Tradition der Verwaltung in Juda (und Israel) bezeugt. Diese Zahlzeichen werden in der pers. Zeit durch die phön.-aram. Ziffern ersetzt (z.B. in den aram. Ostraka von Arad und *Tell es-Seba'*: Y. Aharoni/J. Naveh, a.a.O., 167–200; Beer-Sheba I Tf. 35–38).

3.e Das Jahr (hebr. *šānā*) des AT hat 12 Monate (1 R. 4_7 1 Ch. 27_{1-15}). Da die Monate dem nur gut 29 Tage dauernden Umlauf des Mondes um die Erde entsprachen, mußte ein Jahr zu 12 lunaren Monaten = 354 Tagen durch 11 zusätzliche Tage dem Sonnenjahr und dem Jahresablauf in der Natur angepaßt werden. Wie diese Angleichung erfolgte, ist unbekannt (Segal 256–259 findet in 1 R. 12_{32f} 2 Ch. 30 Indizien für die Interkalation; zur Interkalation im Jubiläenbuch zusammenfassend Beckwith [Lit.]). Im äg. K. wurden jährlich fünf Schalttage an die 12 Monate zu 30 Tagen angehängt (Her II 4; de Vaux I 286f). Im lunaren mesopotamischen K. glich man die jährliche Differenz von 11 Tagen gegenüber dem Sonnenjahr zunächst willkürlich (ebd. 287f), seit dem 8. Jh. durch sieben Schaltmonate in 19 Jahren aus (Parker-Dubberstein 1–3). Ein ähnliches Verfahren dürfte auch beim atlichen K. praktiziert worden sein (vgl. aber Segal; der spätere Schaltmonat ist ein zweiter Adar).

Der Jahresbeginn (vgl. allgemein Clines) fiel traditionell in den Herbst. Der Geser-K. (s.o. →2.) läßt das Jahr mit den letzten Erntearbeiten (Olivenernte) beginnen. Diese Praxis ist noch in den isr. Fest-K.n (Ex. 23_{14-19} 34_{18-26} Lv. 23_{1-14} Dt. 16_{1-7}) bewahrt, wenn sie das Erntefest (hebr. *ḥag hā-'āsîp*) an die Jahreswende (*təqûpat haš-šānā*) setzen (Ex. 34_{22}). Dasselbe Fest datiert Ex. 23_{16} *bə-ṣẹt haš-šānā* „am Anfang des Jahres“ (so de Vaux II 357; anders E. Auerbach, VT 3, 1953, 186f; E. Kutsch, ZAW 83, 1971, 15–21). Wenn dieses Fest dem der →Laubhütten entspricht, fand es nach Lv. 23_{34} am 15.7. statt, der bei einem Jahresbeginn am (1. oder) 10.7. (Lv. 25_9 Ez. 40_1 ; dazu →3.a) „am Anfang des Jahres“ lag. Die Numerierung der Monate (→3.d) setzt nach verbreiteter Ansicht einen Jahresanfang im Frühjahr voraus, der wohl aus dem mesopotamischen K. übernommen wurde (nach E.R. Thiele, The Mysterious Numbers of the Hebrew Kings, 1965^2, galt dies im Nordreich schon seit Jerobeam I.). Ungeklärt ist, ob bereits die Vasallität zur Übernahme des K.s des Oberherrn nötigte, Juda also unter Ahas (so E. Kutsch, Art. Israel, RGG III, 943f) oder Jojakim (so E. Auerbach, VT 9, 1959, 113–121; 10, 1960, 69f) den Jahresanfang im Frühjahr einführte, oder ob man bis zum Fall Jerusalems für die Regierungsdaten der jud. Könige das alte Herbstjahr ansetzen muß (so A. Malamat, IEJ 18, 1968, 137–156; dagegen D. J. A. Clines, Australian Journal of Biblical Archaeology 2, 1972/73, 9–34; E. Kutsch, Biblica 55, 1974, 520–545).

4. Zur absoluten zeitlichen Festlegung von Ereignissen und ihrer Abfolge ist der K. mit seinen zyklisch wiederkehrenden Daten allein ungeeignet; es bedarf dazu einer zusätzlichen Angabe, die einmalig und unwiederholbar und deren Ort im Zeitablauf bekannt ist. So gelangten die Ägypter und Babylonier früh dazu, die Jahre nach hervorragenden Ereignissen zu benennen, während die Assyrer zu diesem Zweck die Namen der höchsten Reichsbeamten verwendeten (Jahreseponymen). Für die Z. brauchbar waren diese Jahresnamen jedoch nur, wenn sie in ihrer Reihenfolge in Listen zusammengefaßt waren, die ständig ergänzt wurden (Daten-, Eponymenlisten, vgl. A. Ungnad, RLA II, 131–194, 412–457). Ähnliche, allerdings inoffizielle, Datierungen finden sich auch im AT, so nach „dem" Erdbeben (Am. 1_1, vgl. J. A. Soggin, ZAW 82, 1970, 117–121) oder einem militärisch-politischen Ereignis (Jes. 20_{1f}); rein literarisch ist die Exodus-Ära von 1 R. 6_1. Erheblich praktischer war die Datierung nach den Regierungsjahren der Könige, die in Ägypten (über Vorstufen) unter der 11. Dyn., in Babylonien in der Kassitenzeit eingeführt wurde und auch im AT die herrschende ist (zu den dabei auftretenden Problemen wie Vor- und Nachdatierung, Koregentschaften etc. vgl. Begrich und Thiele). Epigraphisch ist die Datierung nach den Jahren isr. und jud. Könige in den →Ostraka von Samaria (HES I 239–242, z.T. mit hieratischen Zahlzeichen) und in Amphorenaufschriften (HES I 243 Nr. 63; L III 339 Tf. 48A,B_1; Y. Aharoni/J. Naveh, Arad Inscriptions, JDS 1975, 42f Nr. 20_1) belegt. Ein Sonderfall ist die Jahreszählung des Ezechielbuches, die von der Deportation Jojachins ausgeht (1_2 vgl. 33_{21} 40_1) und die nach Zedekia ignoriert. In der Literatur über die spätvorexilische und die exilische Zeit kommen gelegentlich Datierungen nach den bab. Königen Nebukadnezar II. (2 R. 24_{12} 25_8 Jer. 25_1 32_1 52_{12} u.ö.) und Evilmerodach (2 R. 25_{27} Jer. 52_{31}) vor, während nachexilische Werke nach den Jahren der pers. Könige rechnen (z.B. Hag. 1_1 Sach. 1_1). Eine von den Regierungsjahren der einzelnen Könige unabhängige Jahreszählung haben im Orient erstmalig die Seleukiden eingeführt (Seleukidische Ära; vgl. 1 Macc. 1_{10}); sie beginnt bald nach der Eroberung Babylons durch Seleukos I. Nikator, am 1. Dios (7.10.) 312 nach syr.-makedonischer, am 1. Nisan (3.4.) 311 nach bab. Zählung (vgl. J. Schaumberger, Die neue Seleukidenliste BM 35603 und die makkabäische Chronologie, Biblica 36, 1955, 423–435; Parker-Dubberstein 20–24 [Lit.]). Die hell.-röm. Zeit brachte zahlreiche lokale Ären von Staaten und autonomen Städten hervor, von denen hier nur die des 1. (66–70 n. Chr.) und 2. (132–135 n. Chr.) jüd. Krieges erwähnt seien (vgl. dazu →Münze).

Literatur: N.-E. Andreasen, Recent Studies of the Old Testament Sabbath: Some Observations, ZAW 86, 1974, 453–469 – R. T. Beckwith, The Modern Attempt to Reconcile the Qumran Calendar with the True Solar Year, Revue de Qumran 7 (27), 1970, 379–396 – ders., The Qumran Calendar and the Sacrifices of the Essenes, Revue de Qumran 7 (28), 1971, 587–591 – J. Begrich, Die Chronologie der Könige von Israel und Juda und die Quellen der Königsbücher, 1929 – D. J. A. Clines, The Evidence for an Autumnal New Year in Pre-exilic Israel Reconsidered, JBL 93, 1974, 22–40 – Dalman, AuS I/1, 3–50 – J. Finegan, Handbook of Biblical Chronology: Principles of Time Reckoning in the Ancient World, and Problems of Chronology in the Bible, 1964 – J. van Goudoever, Biblical Calendars, 1959 – E. Koffmahn, Sind die altisraelitischen Monatsbezeichnungen mit den kanaanäisch-phönikischen identisch? Biblische Zeitschrift NF 10, 1966, 197–219 – R. Martin-Achard, Essai biblique sur les fêtes d'Israël, 1974 (Lit.) – J. W. McKay, The Date of Passover and its Significance, ZAW 84, 1972, 435–447 – R. A. Parker, The Calendars of Ancient Egypt, 1950 – R. A. Parker/W. H. Dubberstein, Babylonian Chronology 626 B.C.-A.D. 75, 1971^4 – J. B. Segal, Intercalation and the Hebrew Calendar, VT 7, 1957, 250–307 – H. R. Stroes, Does the Day Begin in the Evening or Morning? VT 16, 1966, 460–475 – E. R. Thiele, The Mysterious Numbers of the Hebrew Kings: A Reconstruction of the Chronology of the Kingdoms of Israel and Judah, 1965^2 – R. de Vaux, Das Alte Testament und seine Lebensordnungen I, 1964^2, 286–313 (Lit. 366–369); II, 1962, 322–380 (Lit. 401–405) – W. Wolf, Das alte Ägypten, 1971, 217–251 (Lit. 287–289).

M. Weippert

Keramik

1. Allgemeines. 2. Chronologische Entwicklung, a NL, b CL, c FB-Zeit, d MB-Zeit, e SB-Zeit, f E-Zeit. 3. Importe und Sondergruppen. 4. Atliche Terminologie.

1. In der Erforschung der kulturellen und geschichtlichen Entwicklung Syr.-Pal.s nimmt die Untersuchung der hier gefundenen K. einen breiten Raum ein. Im Gegensatz zu anderen Kulturkreisen weist diese Region verhältnismäßig wenig schriftliche

Zeugnisse auf, so daß K. schon relativ früh bei →Ausgrabungen als datierendes Material in Betracht kam. Zwei Umstände haben dies begünstigt: einmal die weite Verbreitung der Haushalts-K., die als billiges Gebrauchsprodukt, dessen Grundmaterialien fast überall verfügbar waren, in jeder Siedlung in großen Mengen auftrat, zum andern deshalb, weil K. wie jedes andere Gebrauchsgut den beiden prägenden Einflüssen des technologischen Fortschritts sowie des Zeitgeschmacks unterworfen war. Verbesserungen der K.technologie schlugen sich umgehend in neuen Gefäßformen nieder, die vorher aus technischen Gründen nicht hergestellt werden konnten. Damit wird die Gefäßtypologie zu einem wichtigen chronologischen Hilfsmittel. Aus der technischen Qualität der Gefäße lassen sich aber auch bedingt Schlüsse auf soziokulturelle Entwicklungen ziehen, etwa dann, wenn die Qualität der Ware trotz bekannter Technologie nachläßt. Der Einfluß des Zeitgeschmacks zeigt sich daran, daß bestimmte Formen an Verbreitung verlieren, ohne daß hierfür technologische Gründe angeführt werden könnten. Ausdruck solcher Strömungen ist auch die Bedeutung und Verbreitung, die Importen zukommt. Gerade hier zeigen die Versuche, lokale Imitationen von den im allgemeinen teuren Importen herzustellen, die große Anziehungskraft, die von den eingeführten Gefäßen ausging.

Diese vielfältigen Einflüße auf die Entwicklung der K. Syr.-Pal.s haben stetige Änderungen in der Gefäßtypologie hervorgerufen, die ihrerseits wiederum so kennzeichnend sind, daß K. zum „Leitfossil" syr.-pal. Archäologie wurde, ein Umstand, dem in jedem Grabungsbericht entsprechend Rechnung getragen wird.

2.a Gefäße aus gebranntem Ton tauchen erstmals im keramischen NL in Syr.-Pal. auf. Am umfangreichsten waren die Funde in →Jericho (3.a), aber auch in →Megiddo (4.a) und *Tell el-Fār'a* Nord (→Thirza) und anderenorts fanden sich Belege dieser Periode. Typologisch gesehen ist die Bandbreite der Gefäßformen (Abb. 43$_{1}$) noch verhältnismäßig schmal: einfache, z.T. napfartige Schalen (Abb. 43$_{1a,\ b}$) mit geraden oder gerundeten Körpern, kleine und mittelgroße Krüge mit und ohne Stehkragenhals (*hole-mouth jars*), sowie Amphoriskoi. Alle Gefäße sind unregelmäßig von Hand aufgebaut und weisen einen flachen Boden auf, dessen Unterseite manchmal die Eindrücke von fischgrätenmustrig oder spiralig geflochtenen Matten, den Vorgängern der →Töpferscheibe, zeigt (vgl. auch →Korb- und Flechtwerk, 2.). Einfache Schlingen-, Ösen- und Leistenhenkel erleichtern den Transport der Gefäße, deren Ränder entweder spitz oder gerundet auslaufen. Im Vergleich zur Form ist die Dekoration vielfältig: Kerbschnittbänder, Nagelritzungen im Fischgrätenmuster, im Zickzack verlaufende Farbstreifen, grob aufgetragene Bürstenbemalung (*grain wash*) und roter, geglätteter Schlickerüberzug sind die häufigsten Verzierungen. Die Oberflächengestaltungen wurden jeweils vor dem Brennen der Gefäße vorgenommen. Ein Krug aus Jericho (K. Branigan, PEQ 99, 1967, 98–100) stellt eine Ausnahme dar: er ist mit einem, in dieser Periode sonst nicht nachgewiesenen Standring (!) versehen; seine Wellenbemalung stellt eine Verzierung dar, die allgemein erst später Verbreitung findet.

2.b Im Verlauf des CL nimmt der Formenreichtum zu. Neu sind eistütenartige Gefäße (Abb. 43$_{2d}$) und auf groben Trompetenfüßen ruhende Kelche und Pokale (Abb. 43$_{2b}$). Erstmals finden sich auch große Vorratsgefäße (TGhI Abb. 53). In der Dekorationstechnik lassen sich regionale Unterschiede feststellen: im Norden herrschen Seilabdruckverzierungen (*Telēlāt Ġassūl*), im Süden (Beerseba-Kultur) cremefarbene Oberflächen vor (dazu: R. Amiran, The „Cream Ware" of Gezer and the Beersheba Late Chalcolithic, IEJ 5, 1955, 240–245). Weitere Belege der unterschiedlichen Stilarten finden sich in Megiddo, *'Affūle, Bāb eḏ-Ḏrā'*, Beth-Sean und Geser. Die Ränder der Gefäße sind in dieser Zeit teilweise gerundet, teilweise spitz auslaufend. Erstmalig tauchen keramische Objekte auf, die als Kultgeräte interpretiert werden können: flache Schalen auf hohen, durchbrochenen Trompetenfüßen, zu denen sich Parallelen aus Basalt (→Stein und Steinbearbeitung, 3.a) finden (*Tell Abū Maṭar*: IEJ 5, 1955, Tf. 18). Umstritten ist die Funktion eines einer aufgeblasenen Tierhaut nachgebildeten und als „Butterfaß" (*churn*) bezeichneten Gefäßes (Abb. 43$_{2e}$). Der lange, manchmal mit einem Sieb

Abb. 43 **Keramik** (1–7)

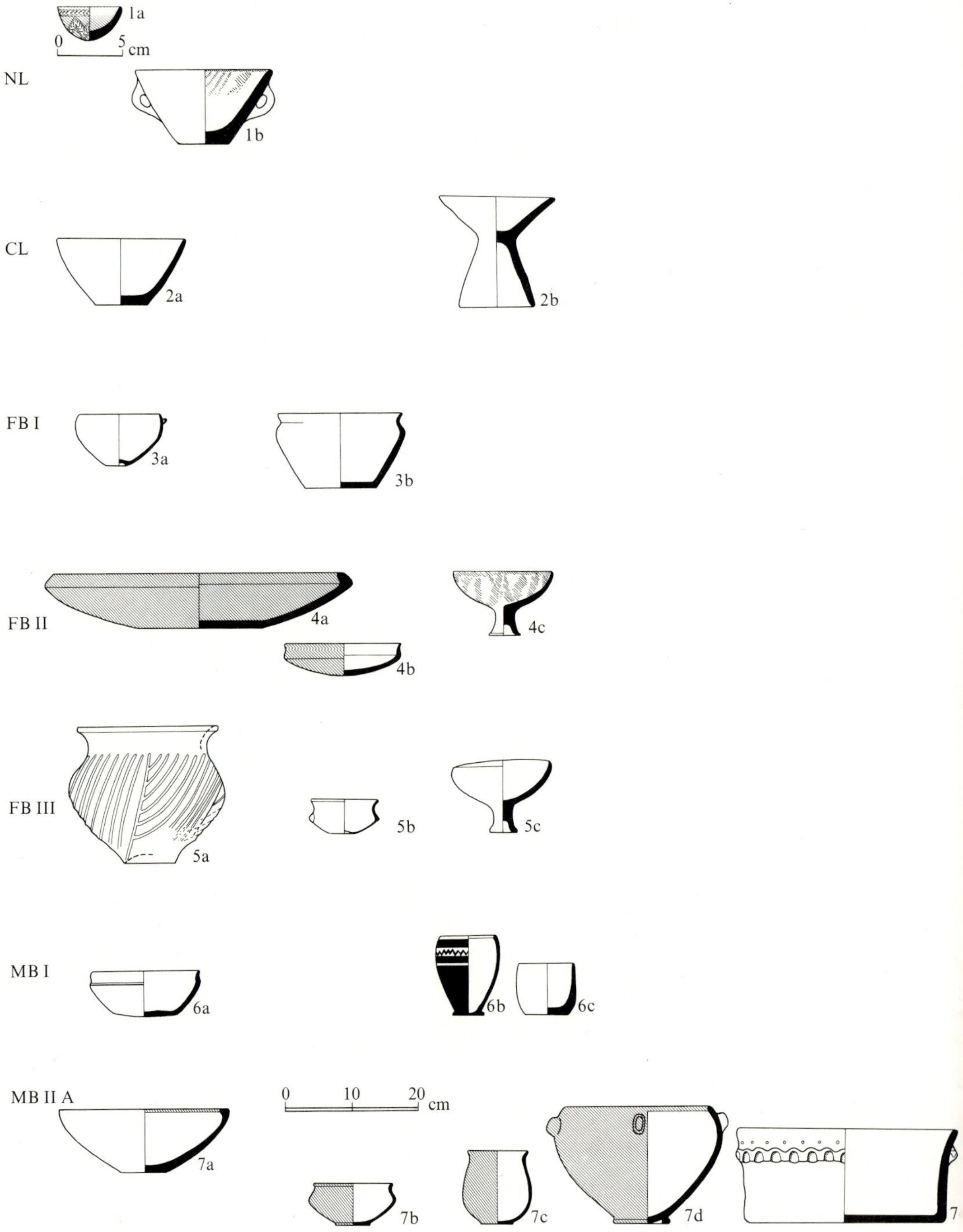

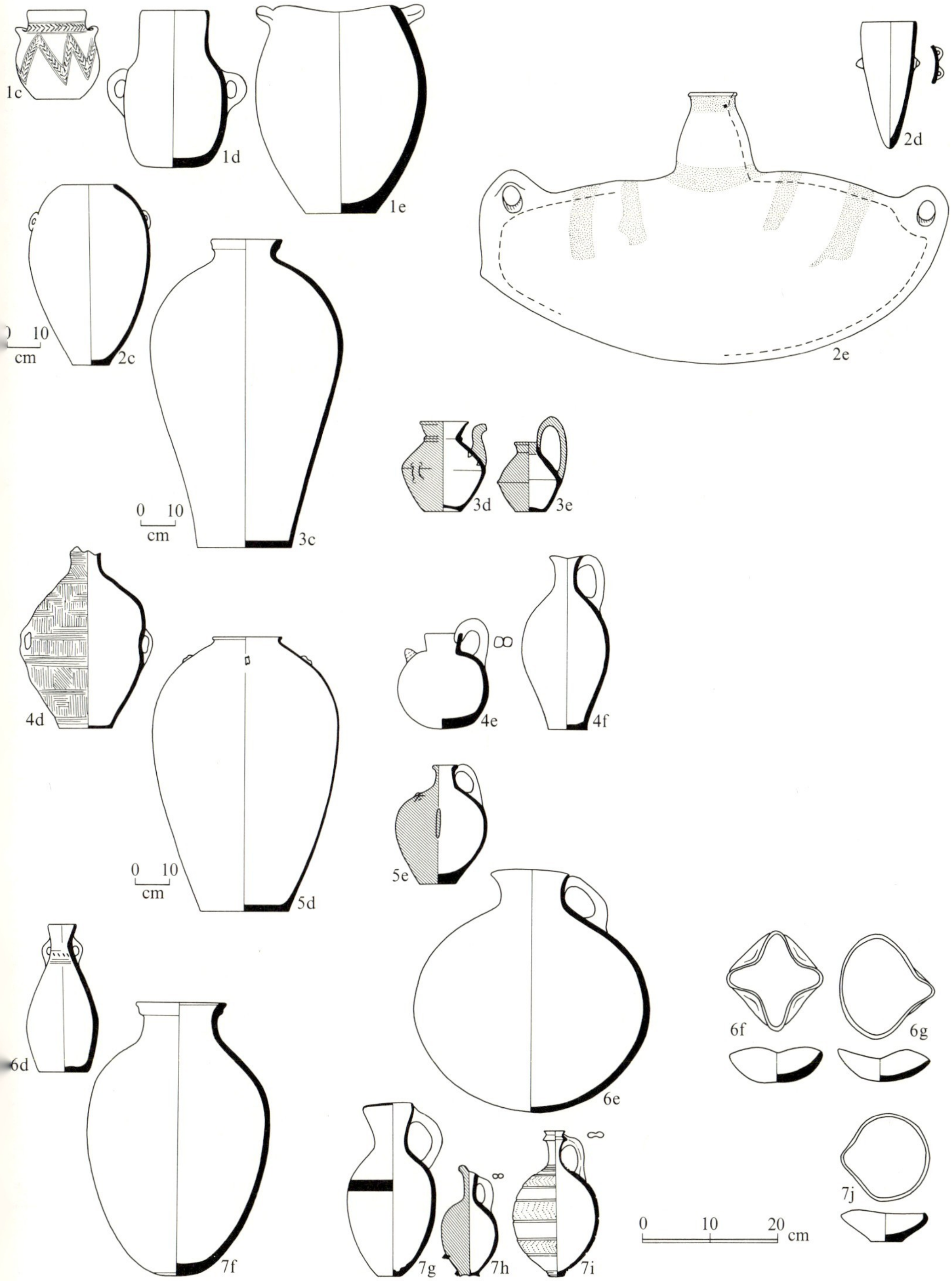
1c
1d
1e
2d
2e
2c
10
cm
3c
0 10
cm
3d
3e
4d
4e
4f
5e
5d
0 10
cm
6d
6e
6f
6g
7f
7g
7h
7i
7j
0 10 20 cm

versehene Ausguß auf der oberen Längsseite läßt eher an einen keramischen „Wassersack" oder aber an ein Gärungsgefäß (für Bier?) denken. Für die Deutung als „Wassersack" sprechen zwei Tonfiguren des CL aus Engedi und Gilat. Die eine stellt ein Tier dar, das zwei dieser Gefäße trägt (D Ussishkin, BA 34, 1971, 32), bei der anderen handelt es sich um ein 31 cm hohes anthropomorphes Gefäß in Form einer auf einem Hocker sitzenden, unbekleideten Frau, die den „Wassersack" auf ihrem Kopf trägt und mit der rechten Hand seine Balance sichert (D. Alon, 'Atiqot ES 11, 1976, 116–118 mit Tf. 33, 36).

2.c Zunehmende Beherrschung der keramischen Technologie und sorgfältigere Oberflächengestaltung erweitern den Formenreichtum in der FB I-Zeit. Die Bezeichnung *Proto-Urban* (K. M. Kenyon) für diese Periode läßt den Grund hierfür erkennen. Die regionalen Unterschiede innerhalb dieser K. stellen sich im Norden als ein Vorherrschen der rautenförmigen Bandbemalung in Braun, Rot und Gelb sowie in rot und grau geglätteten Oberflächen dar (JPOS 21, 1947, Tf. 18), während im Süden die meist rote Netzbemalung oder das von parallelen Linien eingegrenzte Dreiecksmuster überwiegt (J. Marquet-Krause, Les fouilles d'Ay [Et-Tell] 1933–35, 1949, Tf. $67_{7.587}$). Als neue Formen sind Omphalos-Schalen mit ihren charakteristischen, nach innen aufgewölbten Böden, „Teekannen", Knickwandschalen (Abb. 43_{3b}) und Krüge mit übergroßen Henkeln (Abb. $43_{3d,e}$) zu beachten.

Die in der Folgezeit in Syr.-Pal. verstärkt einsetzende Stadtentwicklung bringt typische Gefäßformen hervor, die z. T. bis nach Ägypten verbreitet wurden. Für die Haushaltsware ist der flache, mit einem rotbraunen, geglätteten Überzug versehene Teller mit zumeist eingezogenem Rand kennzeichnend (Abb. 43_{4a}). Auf den Vorratsgefäßen erscheint die Verzierung durch Seilabdrücke jetzt seltener, dafür wird erstmals als neuartige Oberflächenbearbeitung die in einzelnen Feldern verschieden ausgerichtete, jedoch mehrheitlich senkrecht zueinander verlaufende Kämmung des noch feuchten Tons angewandt (Abb. 43_{4d}). Der Ton selbst wird sorgfältiger geschlämmt, die Ware klingt daher beim Anschlagen metallisch. Die verbesserte Qualität des Tones erlaubt dünnwandigere, bzw. hohe Gefäße, von denen ein Teil nach seinem Fundort in Ägypten als „Abydos-Ware" bezeichnet wird (Abb. 43_{4f}). Es sind zumeist Kannen mit eiförmigem, schlanken Körper und scharf geschnittenem, flachen Boden. Vom wenig ausladenden Rand geht ein einfacher Schlingenhenkel zur Gefäßschulter. Möglicherweise wurden in diesen Gefäßen wertvolle Öle nach Ägypten exportiert.

Diese Handelsbeziehungen wurden in der FB III-Zeit offenbar intensiviert, da neben den bekannten Formen und Oberflächenverzierungen (Kämmung) jetzt auch keramische Imitationen äg. Steingefäße auftauchen (Marquet-Krause, a.a.O., Tf. $65_{24.1519}$). Gänzlich neu und fremd ist jedoch eine Tonware, die weder nach Form noch nach Technologie in Syr.-Pal. irgendwelche Vorgänger hat und die nach ihrem Hauptfundort als *Ḫirbet el-Kerak*-Ware bezeichnet wird. Ihr Ton ist ausgesprochen grob und unregelmäßig gemagert, was aber durch dicken Tonschlickerüberzug auf Innen- und Außenseiten verdeckt wird. Die Oberflächen sind sorgfältig poliert und weisen durch Schmauchbrand gezielt hervorgerufene rote und schwarze Zonen auf. Die Außenlinie des Körpers verläuft häufig S-förmig, der Mündungsdurchmesser beträgt ein Vielfaches des Bodendurchmessers (Abb. 43_5). Einige Gefäße weisen einen Omphalosboden auf. In feuchtem Zustand angebrachte Verzierungen (Fingerkuppenzüge?) sind auf den größeren Gefäßen häufig. *Ḫirbet el-Kerak*-Ware wurde in Ugarit, *Ḥamā* und der *'Amq*-Ebene ebenso nachgewiesen wie in Jericho und Ai (Amiran, IEJ 17, 185f). Ihre Herkunft ist noch unklar, möglicherweise wurde sie von Einwanderern aus Ostanatolien und Armenien eingeführt.

2.d In Anschluß an die FB III-Zeit wird von einigen Archäologen eine Periode „FB IIIB-Zeit" (W. F. Albright, The Archaeology of Palestine, 1956, 77; G. E. Wright, The Bible and the Ancient Near East, 1961, 86) von anderen eine „FB IV-Zeit" (R. M. Engberg/G. M. Shipton, Notes on the Chalcolithic and Early Bronze Age Pottery of Megiddo, 1934, 53 Abb. 14) angesetzt. Das dafür herangezogene Material bedarf jedoch noch sorgfältiger Untersuchung, da seine Bezüge zur FB III- wie auch zur MB I-Zeit noch nicht vollständig geklärt sind.

Bis zum Ende der FB-Zeit war die →Töpferscheibe in Syr.-Pal. unbekannt, sieht man von den erwähnten drehbaren Flechtmatten ab. Mit dem Beginn der MB I-Zeit erscheinen erstmals Gefäße, die z.T. auf der Töpferscheibe gearbeitet wurden. Dieser Umstand und eine gewisse typologische Verwandtschaft zur vorausgehenden Periode haben dazu geführt, die MB I-Zeit als „FB-MB-Zwischenzeit" (Kenyon) zu bezeichnen, eine Benennung, die sich jedoch nicht in der Archäologie durchgesetzt hat. Zwar werden einige Gefäßformen der FB-Zeit beibehalten, eine Reihe von Veränderungen charakterisieren jedoch diese neue Periode. Die Gefäße weisen mehrheitlich sphärisch-ovoide Formen auf. Wenn überhaupt noch Henkel in Erscheinung treten, so sind es kleine Ösen- und Schlaufenhenkel, die in der Halskehle sitzen. Vereinzelt finden sich noch Leistenhenkel, die denen der FB-Zeit ähnlich sind (Amiran, Pottery, Tf. 23_{15}). Der verarbeitete Ton erscheint hell grüngrau, was eine veränderte Brenntechnik nahelegt. Der Körper der Gefäße wirkt von Hand aufgebaut, während Hals und Rand deutliche Drehspuren aufweisen; die Gefäße wurden also aus zwei Teilen zusammengesetzt (Qadmoniot 2, 1969, 45–49), deren oberes scheibengedreht ist. Die Oberflächenverzierung besteht häufig aus horizontal verlaufender, mehrzinkiger Kämmung oder ebensolchen Wellenbändern im Süden (L IV Tf. 66_{397}; TBM IA Tf. 3_{10}), daneben finden sich auch Punzungen und Nagelritzungen im Norden (Meg I Tf. 10_9 21_{10}). Neue Formen sind ein- oder vierschnäuzige Lampen (Abb. $43_{6f,g}$), rundbodige Kannen (Abb. 43_{6e}), sowie Becher mit scheibenähnlichem Boden (Abb. 43_{6b}), die an *Ḥamā*-Becher (Typ IV) erinnern (Hama I Tf. 11_2), aber etwas früher als diese anzusetzen sind.

Der Gebrauch der schnelldrehenden Scheibe zur Herstellung keramischer Gefäße ist das Kennzeichen der nun folgenden Perioden. Die veränderte Technologie erlaubt es, schwierigere und kompliziertere Formen herzustellen, Ränder und Böden genauer auszuformen. Markant ist die offenbar Metallschalen nachempfundene (Amiran, Pottery, 90) Knickwandschale, wie es auch hölzerne Vorbilder (Jer II 15 Tf. 4_{17}) nachahmende keramische Teller gibt (Meg I Tf. 15_{15}). Die Gefäßböden der MB IIA-Zeit weisen meist flache Scheibenbasen auf, die deutlich vom Körper abgesetzt sind. Nur selten finden sich niedrige Ringbasen. Offene Schalen weisen gerundete Seiten (Abb. 43_{7a}), Becher eine sackartige Form auf (Abb. 43_{7c}). Mischkrüge (Abb. 43_{7d}) haben eine einfache Terrinenform, sind aber bemalt und besitzen geglättete Tonüberzüge (Meg II Tf. 13_{11}). Kochtöpfe nehmen erstmals in der MB IIA-Zeit breiteren Raum ein; sie stellen sich mehrheitlich als flachbödige, mit nahezu senkrecht stehenden Seitenwänden versehene Gefäße dar (Abb. 43_{7e}). In der Nähe des Randes tragen sie häufig Daumeneindrükke auf einer Zierleiste aus Ton. Die größeren Vorratsgefäße besitzen einen gedrungenen, ovoiden Körper mit Wackelboden und verstärktem Rand (Abb. 43_{7f}). Kleine und mittlere Krüge unterscheiden sich von ihren späteren Nachfolgern durch ihre geringere Größe und ihre flachen Basen (Abb. 43_{7g-i}). Die K. der MB IIA-Zeit weist eine enge Verwandtschaft zur *Ḫābūr*-Ware auf, die über Byblos und *Qaṭna* zurückverfolgt werden kann. Vergleichbar sind Gefäße ohne Henkel, Becher und Dekorationsmuster, sofern man hier die Gefäßform unberücksichtigt läßt (Amiran, Pottery, Tf. 35_{2f}). Bei der Bemalung herrschen dreieckige und rhombische Muster vor, die jeweils auf dem oberen Teil des Körpers aufgemalt wurden. Verbindungen nach Ägypten belegen die *Tell el-Yehūdīye*-Kännchen. Sie wurden im kan. Raum hergestellt und finden sich nicht im Inneren von Syr. (Amiran, IEJ 7, 93–97). Die Kännchen der MB IIA-Zeit sind noch eiförmig und besitzen mehrheitlich flache Böden, zeigen aber bereits die charakteristische, mit weißer Paste gefüllte Punzung in verschiedenen geometrischen Mustern. Ihre Henkel sind zumeist mehrsträngig. Die einschnäuzige, kaum eingekniffte Lampe (Abb. 43_{7j}) verdrängt die vierschnäuzigen Exemplare.

In der MB IIB-Zeit treten wesentliche Veränderungen ein: bestimmende Merkmale sind jetzt die Ringbasis und der konvexe Boden. Die *Tell el-Yedūdīye*-Kännchen werden birnenförmiger und gehen schließlich in zylindrische Formen über (Abb. 43_{8g-i}). Die Krüge nehmen an Größe zu und haben jetzt Ringfüße. Vorratsgefäße (Abb. 43$_{8f}$) werden gestreckter, der Stehkragenhals aus der MB IIA-Zeit ist nur noch selten anzutreffen, der Boden wird spitz gerundet. Neben Kochtöpfen mit senkrecht stehenden Wandungen und Daumeneindrücken unterhalb des Randes finden sich jetzt verstärkt solche mit gerundetem Boden und deutlichem Knick in der Gefäßwandung (Abb. 43$_{8e}$), teilweise haben sie Schlaufenhenkel (Meg II Tf. 46$_{10}$). Im Vergleich zu ihrem Durchmesser sind die Töpfe tief. Die Mischkrüge (Abb. 43$_{8d}$) werden schlichter, zum Teil höher. Statt Bemalung findet sich, wenn überhaupt (Amiran, Pottery, Tf. 29$_{6}$), Verzierung nur in Form von Einritzungen (Meg II Tf. 45$_{24}$). Becher und Kelche (Abb. 43$_{8c}$) erhalten hohe, trompetenförmige ausladende Standfüße; die Wandungen sind bisweilen sehr dünn und sorgfältig mit unterschiedlichen Mustern verziert (Meg II Tf. 45$_{19}$). Ein Teil der Knickwandschalen der MB IIB-Zeit leitet sich mit großer Wahrscheinlichkeit (Amiran, Pottery, 94) nicht von ihren Vorgängern her. Die einfach geknickten Schalen treten zwar noch auf, doch unterscheiden sich die neuen Formen dadurch von ihnen, daß der jetzt auftauchende S-förmige Doppelknick seinen Platz an der Wandung variiert, kleeblattförmige Mündungen zu finden sind (Hazor I Tf. 114$_{18}$) und die Füße z. T. als hochgezogene Trompetenbasen ausgestaltet sind (Abb. 43$_{8b}$). Auch hier sind die Wandungsstärken im Verhältnis zur Gefäßgröße gering. Bei niedrigen offenen Schalen fallen vor allem zwei Merkmale auf: die Wandungen sind minder gerundet und die Ringbasis ersetzt den flachen Boden (Abb. 43$_{8a}$). Insgesamt kann die MB IIB-Zeit als die keramische Periode angesehen werden, in der Technologie und Formgebung den höchsten Stand erreichen.

2.e In der SB I-Zeit setzt sich die Tradition der Knickwandschalen (Abb. 43$_{9b}$) fort; die Schalen werden aber insgesamt niedriger und haben z. T. erheblich stärkere Wandungen (Hazor I Tf. 73$_{1}$); der doppelte und der einfache Knick bestehen nebeneinander. Entsprechendes gilt für Kelche und Becher (Abb. 43$_{9c}$). Mischgefäße (Abb. 43$_{9d}$) weisen teils noch die für die MB-Zeit charakteristischen Seilabdrücke auf (Meg II Tf. 52$_{5}$). Die Kochtöpfe (Abb. 43$_{9e}$) ähneln in der Form stark den entsprechenden Gefäßen der vorausgegangenen Periode, sie unterscheiden sich aber in ihrer dunkleren Oberflächenfarbe und in der verdickten bzw. nach außen ausladenden Randlippe, die auf unterschiedliche Weise gestaltet wird (vgl. L II Tf. 55$_{353}$ und Hazor III–IV Tf. 265$_{18}$). Die großen Vorratsgefäße (Abb. 43$_{9f}$) haben im wesentlichen noch die Form der Exemplare der MB IIB-Zeit. Krüge (Abb. 43$_{9g,h}$) zeichnen sich durch deutliche Stehkragenhälse aus; die kleineren Krüge tendieren zu zylindrischen Formen. Auch hier ist die Dickenzunahme der Gefäßwandungen unverkennbar. Unter den Krügen ist eine Sonderform zu vermerken, bei der der Gefäßkörper aus zwei fast symmetrischen, konischen Teilen besteht (Meg II Tf. 49$_{11}$). Mündungs- und Bodendurchmesser sind häufig annähernd gleich. Neben diesen Krügen sind einige Mischgefäße ähnlicher Gestaltung gefunden worden (RB 58, 1951, 579 Abb. 9$_{10}$). Einen zuvor unbekannten Gefäßtyp stellt die Pilgerflasche dar (Abb. 43$_{9i}$), deren Herkunft unbekannt ist (Amiran, Pottery, 166). Die Formen der SB I-Zeit weisen einen gedrungenen Ausguß mit enganliegenden Henkeln auf. Die Lampen, die in der MB IIB-Zeit nur mäßig im Bereich der Schnauze geknifft waren, zeigen jetzt stärkere Einfaltungen der Wandungen (Abb. 43$_{9j}$).

Während die Formgebung der Gefäße in der SB I-Zeit Qualitätseinbußen erkennen läßt, entwickelt sich eine reichhaltige Oberflächengestaltung, meist als Bemalung mit den unterschiedlichsten Mustern. Charakteristisch hierfür ist die sogenannte zweifarbige Ware, die von Ugarit bis Gaza verbreitet war. Es besteht inzwischen Einigkeit darüber, daß es sich bei dieser Ware um in Syr.-Pal. hergestellte K. handelt; offen bleibt, welche Einflüsse auf sie gewirkt haben. Epstein (188) bringt sie mit den Hyksos in Verbindung, sieht aber gleichzeitig einen Einfluß früherer zypr. Importe als gegeben an (Epstein, PEQ 97). Heurtley unterscheidet zwei Stilrichtungen der Ware von *Tell el-ʿAǧūl*, in der die Figuren der zweiten Richtung durch teilweise oder vollständige Ausmalung charakterisiert sind, was er auf einen einzigen Maler zurückführt. Die zweifarbige Ware übernimmt im wesentlichen die herkömmlichen Formen von Kannen und Mischgefäßen, bringt aber auch neue Formen, z. B. weitausladende, bauchige Kannen mit vergleichsweise engem Hals hervor (AG IV Tf. 56$_{68K3}$; Meg II Tf. 51$_{6}$). Die Bemalung der zweifarbigen Ware bedeckt im allgemeinen den oberen Teil des Gefäßkörpers, wobei die Schulterregion bes. betont wird. Sie gliedert sich in friesartige Bänder, denen jeweils mehrere rote Bänder, von zwei schwarzen Streifen eingerahmt, benachbart sind. Der Fries selbst wird durch verschiedene Muster in Bildflächen unterteilt, z.B. durch gerade Linien, Schachbrettmuster u.a. In den Metopen finden sich Darstellungen von Steinböcken, Vögeln und Fischen. Eine andere spezifische Ausbildung der SB I-Zeit ist die „Braun-auf-Weiß-Ware". Sie bedient sich der gängigen Formen; doch wird auf den feuchten Ton ein cremeweißer Schlickerüberzug angebracht, der nach dem Trocknen sorgfältig geglättet wird; erst dann wird die schokoladen- oder rotbraune Farbe aufgetragen, wobei geometrische Muster häufig, Tierdarstellungen selten sind (Meg II Tf. 134$_{21}$). Diese Ware war bis nach Transjordanien hinein verbreitet (Amiran, Pottery, 159).

Mit dem Beginn der SB IIA-Zeit nimmt die „Braun-auf-Weiß-Ware" an Bedeutung und Verbreitung ab. Die zweifarbige Ware kann sich hingegen behaupten (Meg II Tf. 59$_{6, 8}$). Bei den doppelkonischen Gefäßen schwingen jetzt die Henkel weiter und höher aus (Meg II Tf. 57$_{21}$), während die Dekorationsmittel im wesentlichen unverändert bleiben. Darüber hinaus zeichnet sich die Tendenz ab, die Ränder differenzierter zu gestalten, eine Entwicklung, die in der SB IIB-Zeit ihren Höhepunkt findet und gleichzeitig das Ende dieser Gattung darstellt. Bei den Krügen (Abb. 43$_{10g,h}$) bleiben die Schulterhenkel gängig; im allgemeinen enden sie unterhalb des Randes. Die Formen der kleinen Krüge werden weicher, der markante Übergang von der Schulter zum Hals wird flüssiger als in der SB I-Zeit. Die großen Vorratsgefäße der SB IIA-Zeit (Abb. 43$_{10f}$) sind durch den Rückgang der Bemalung gekennzeichnet; wie in der SB I-Zeit finden sich noch keine Dekorationen auf dem unteren Teil des Körpers. Exportierte Gefäße zeigen im Gegensatz zu den heimischen Vorratsgefäßen in der SB-Zeit keine Bemalung. Gegenüber den Formen der SB I-Zeit entwickelt sich jetzt der Stehkragenhals, die Gefäßform geht von ovoiden in eher dreieckige Formen über (L IV Tf. 87$_{1018}$). Eine vergleichbare Entwicklung zeigen die Pilgerflaschen, deren Hals an Länge zunimmt, wodurch sich der Rand von den Henkeln löst (Abb. 43$_{10i}$). Bei den Kochtöpfen (Abb. 43$_{10e}$) wird der dreieckige Rand stärker ausgeprägt, der Wandungsknick sitzt überwiegend oberhalb der Gefäßmitte. Charakteristisch für Mischgefäße (Abb. 43$_{10d}$) ist die zunehmende Bemalung, bes. des Metopenstils. Im Gegensatz zur SB I-Zeit finden sich jetzt auch häufig Gefäße mit bemalten Henkeln. Becher und Kelche (Abb. 43$_{10c}$) weisen in der SB IIA-Zeit deutlich nach außen ausgebauchte Wandungen auf, wobei die Höhe des Trompetenfußes zunimmt, während sich der Dekorationsstil kaum ändert. Die Lampenkörper erhalten eine im Längsschnitt schwalbenähnlich erscheinende Form; die Randkniffungen berühren sich nahezu (Abb. 43$_{10j}$). Die Schnauze ist in ihrem vorderen Teil aber noch gerundet. Knickwandschalen (Abb. 43$_{10b}$) verlieren den deutlichen Wandungsabsatz, z.T. erscheint er nur noch als Leiste auf der Gefäßaußenseite (Hazor II Tf. 129$_{3}$). Bei den offenen Schalen kommen neben Ringbasen (Meg II Tf. 61$_{17}$) jetzt auch Scheibenböden vor (Abb. 43$_{10a}$).

In der SB IIB-Zeit setzt sich diese Entwicklung fort, wobei allerdings die Füße insgesamt niedriger werden. Kelche und Becher (Abb. 43$_{11c}$) zeigen deutliche Qualitätseinbußen; ihre Formen werden unregelmäßig, die Bemalung erscheint als flüchtig angebracht. Erheblich geht die Bemalung bei den Mischgefäßen (Abb. 43$_{11d}$) zurück, der Wandungsknick nähert sich dem Rand. Die Formen der Kochtöpfe (Abb. 43$_{11e}$) werden plumper und erstmals erscheinen Ränder mit hängender Randlippe (L IV Tf. 78$_{801}$). Bemalung oder streifige Glättung auf dem unteren Gefäßkörper charakterisiert jetzt die großen Vorratsgefäße (Abb. 43$_{11f}$). Für den Export bestimmte Gefäße weisen eine scharf dreieckige Form auf (L IV Tf. 87$_{1020}$). Deutliche Kennzeichen der Krüge der SB IIB-Zeit (Abb. 43$_{11g,h}$) sind der allgemeine Rückgang der Ringbasis zugunsten der Scheiben- und Wackelböden (Hazor II Tf. 124$_{18}$) sowie der Ansatz der Henkel

Abb. 43 **Keramik** (8–14)

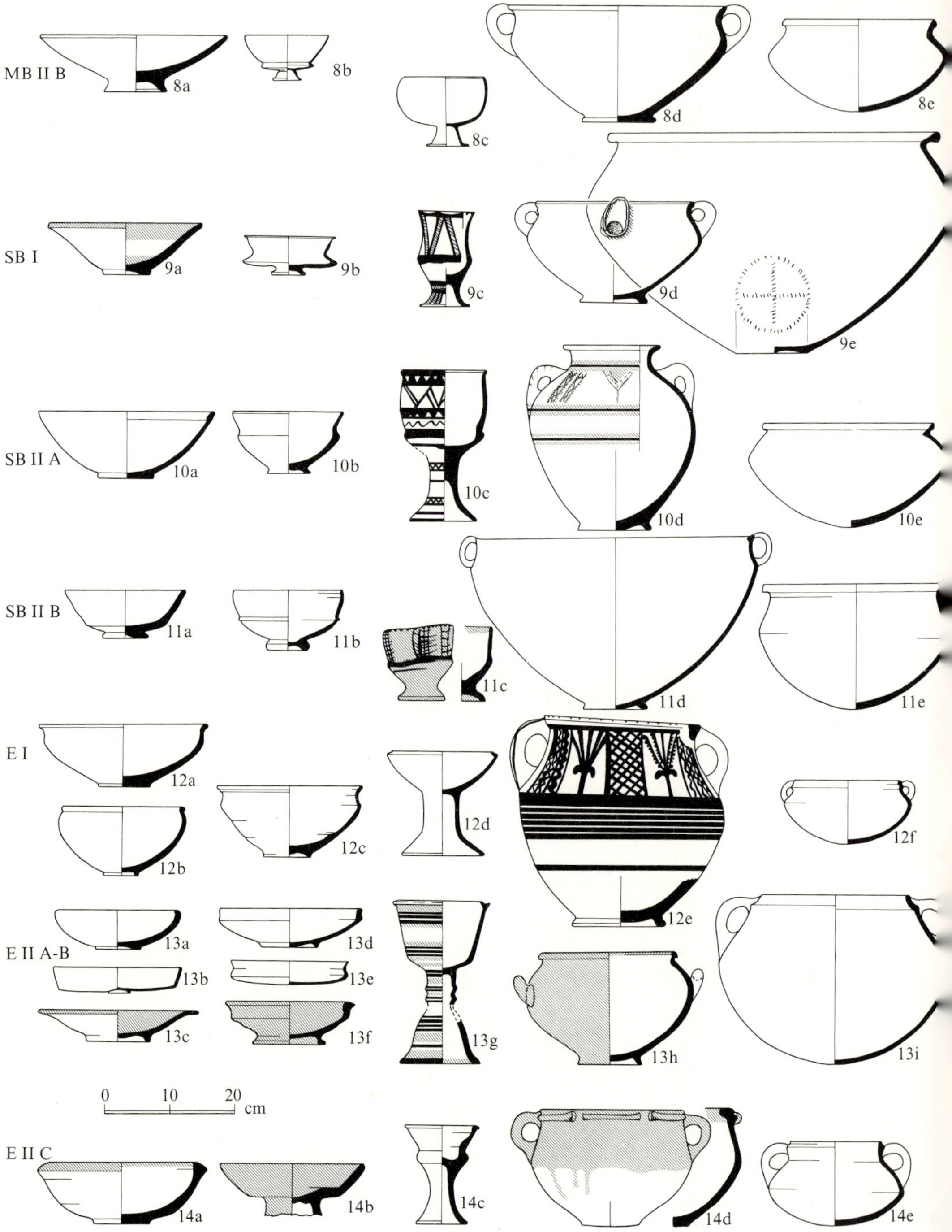

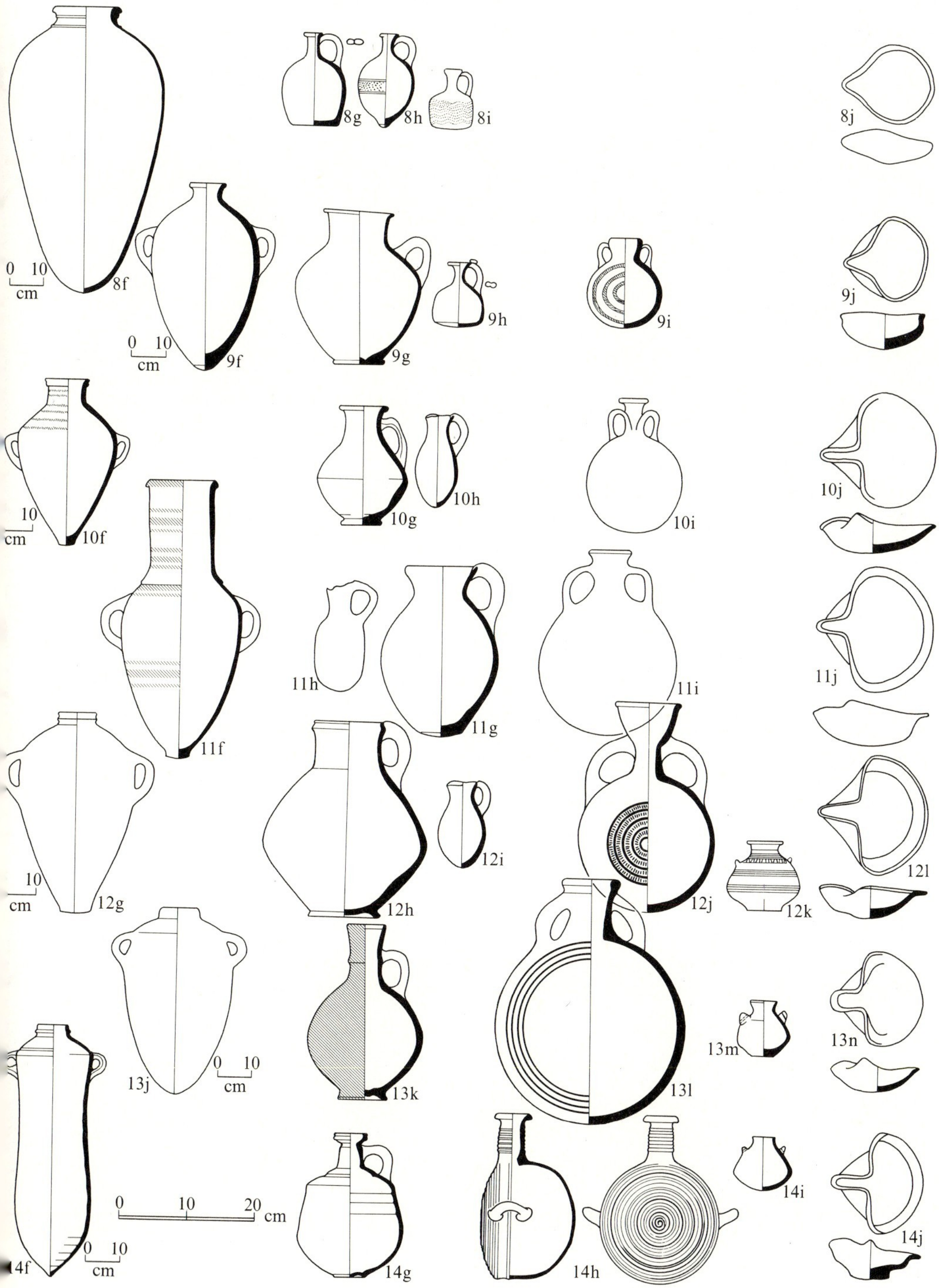
8f
0 10 cm
8g
8h
8i
8j
9f
0 10 cm
9g
9h
9i
9j
10f
10 cm
10g
10h
10i
10j
11f
11g
11h
11i
11j
12g
10 cm
12h
12i
12j
12k
12l
13j
0 10 cm
13k
13l
13m
13n
14f
0 10 cm
0 10 20 cm
14g
14h
14i
14j

direkt am Gefäßrand. Kleine Krüge wirken sackiger. Die Henkel der Pilgerflaschen sind jetzt nicht mehr so gedrungen, sondern schwingen weiter aus (Abb. 43_{11i}). Die Bemalung in konzentrischen Kreisen nimmt zu (Meg II Tf. 67_{1}). Die Schnauzen der Lampen werden spitz; weit verbreitet ist der suppentellerartig ausladende Rand (Abb. 43_{11j}).

Der Ausgang der SB-Zeit wird von zwei wesentlichen Merkmalen geprägt: Einerseits zeigt sich ein Absinken der technologischen Qualität, was sich in plumperen, unregelmäßigeren Formen niederschlägt, andererseits wird die Bemalung, ein Kennzeichen der SB-Zeit, gegen Ende der Periode zunehmend oberflächlicher und verschwindet z.T. ganz. Diese Entwicklungen scheinen die damalige sozio-kulturelle Situation Syr.-Pal.s insgesamt widerzuspiegeln.

2.f Die K. der E-Zeit setzt sich deutlich von der der vorausgegangenen Epochen ab. Die gerundeten Gefäßkörper sind nicht mehr dominant, die Wandungsverläufe belegen eine Vielzahl geometrischer Möglichkeiten. Diesen Unterschieden in der Form zwischen der SB- und der E-Zeit entsprechen solche der Oberflächengestaltung. Überwog bisher die Bemalung, so ist es in der E-Zeit der polierte Überzug.

Bereits in der E I-Zeit ist zu beobachten, daß die nördl. und die südl. Region Syr.-Pal.s zwar verwandte, aber eben doch unterscheidbare Gefäßformen hervorgebracht haben; im Unterschied zu den folgenden Perioden ist die Ähnlichkeit der Formen beider Gruppen in der E I-Zeit jedoch noch recht groß. Bei den Schalen stellen sich die nördl. Vertreter als grobe, dickwandige Ware dar, die meistens unverziert ist (Abb. 43_{12a}). Ihnen stehen im Süden meist mit Ringbasen versehene Schalen gegenüber. Becher und Kelche (Abb. 43_{12d}) haben gleichermaßen hohe Trompetenfüße, im Süden sind aber die knickwandigen Formen stärker verbreitet (AS IV Tf. 59_{27}). Bei den Mischkrügen leben im Norden die Merkmale der SB-Zeit weiter (Abb. 43_{12e}), die Ware ist jedoch dickwandiger. Erstmals tauchen Gefäße mit mehreren Henkeln auf, so in Beth-Sean (BS II/2 Tf. 46_{13}) und Megiddo (Meg II Tf. 74_{12}). Ebenfalls in Megiddo ist ein Mischgefäß mit drei Henkelfüßen für diese Periode belegt (Meg II Tf. 79_{5}). Im Süden scheinen Mischkrüge keine wesentliche Bedeutung gehabt zu haben; sie sind hier nur selten belegt (AS IV Tf. 60_{26}). Die Form der Kochtöpfe (Abb. 43_{12f}) ähnelt noch stark der der SB-Zeit, sie sind jedoch feiner gemagert als diese. Im Norden werden die Randlippen stärker ausgeprägt und weisen zahlreiche Variationen auf (Hazor III–IV Tf. $201_{11,13-15}$). Demgegenüber sind die südl. Randformen einfacher, z.T. kompakter. Bei den größeren Vorratsgefäßen wird im Süden die Tradition der SB II-Zeit fortgeführt (Abb. 43_{12g}), die Gefäße haben die prägnante Dreiecksform. Im Norden herrscht der ovoide Körper vor. Nur hier finden sich Bemalungen und Verzierungen (Amiran, Pottery, Tf. 78_{4}). Die Krüge haben im Süden gerundete oder ovoide (Duncan Typ 34_{72}), meist unbemalte Körper, während im Norden Formen überwiegen, bei denen eine knickartige Richtungsänderung der Gefäßwandung feststellbar ist. (Abb. 43_{12h}). Eng verwandt mit der SB-zeitlichen Pilgerflasche sind die Flaschen der E I-Zeit (Abb. 43_{12j}), die jedoch längere Hälse aufweisen und deren Ränder z.T. zu Schalen ausgeformt sind (MegT Tf. 68_{10}). Die Gefäße sind im Norden überwiegend bemalt. Verbreitet unter den K.formen ist die Pyxis, ein kleines, birnenförmiges Gefäß (Abb. 43_{12k}). Die südl. Ware ist hier feiner als die nördl. (Meg II Tf. 77_{10}). Die Lampen der E I-Zeit zeigen die typischen Merkmale der Formen der SB-Zeit (Abb. 43_{12l}), nur im Norden finden sich Belege für Flachböden (Hazor III–IV Tf. 169_{10}).

Die Gefäße der E IIA-B-Zeit sind in der Qualität eindeutig verbessert. Der Ton wird feiner gemagert und gleichmäßiger gebrannt als in der E I-Zeit. Schalen (Abb. 43_{13a-c}) werden häufig mit einem roten Schlickerüberzug versehen und von Hand oder auf der Scheibe geglättet. Während im Norden die Scheibenbasis selten wird, findet sie sich im Süden noch oft (AS IV Tf. 63_{2}). Unter den Formen überwiegt die gerundete Schale. Die Erzeugnisse des Nordens wirken insgesamt schwerer. Knickwandschalen (Abb. 43_{13d-f}) werden fast nicht mehr hergestellt (Hazor II Tf. 53_{12}). Einige Ausnahmen hierzu finden sich unter den sogenannten Samaria-Schalen. Dabei handelt es sich um eine K., die äußerst sorgfältig gedreht und deren Tonüberzug fast bis zum Glänzen geglättet wurde. Während die dünnwandigen Schalen vergleichsweise kleine oder gar keine Füße besitzen, haben die meisten dickwandigen breite Ringbasen. Die Becher und Kelche (Abb. 43$_{13g}$) der E IIA-B-Zeit weisen fließendere Formen auf, die Übergänge zwischen den Gefäßteilen sind weicher gestaltet. Im Norden besteht die Bemalung aus mehrfarbigen, horizontalen Bändern, die im Süden nicht vorkommen (Duncan Typ 17$_{K6}$). Die Mischkrüge in Norden werden durch verdickte Ränder gekennzeichnet; im Gegensatz zur E I-Zeit haben die meisten Gefäße jetzt nur noch zwei Henkel und durchgehende Ringbasen (Abb. 43$_{13h}$). Ausnahmen zur Henkelzahl fanden sich in Megiddo (Meg I Tf. 21$_{125}$), Samaria (SS III Abb. 20$_{2}$) und in Hazor (Hazor II Tf. 56$_{14}$). In *Tell Abū Hawām* fand sich ein Mischgefäß mit drei Henkelfüßen (QDAP 4, 1935, Tf. 13$_{81}$). Den im Süden nur wenig verbreiteten Mischkrügen sind flache Böden und einfache Ränder eigen. Die Kochtöpfe der E IIA-B-Zeit weisen häufig Henkel auf. Im Norden herrschen knickwandige Formen vor; ihre Ränder zeigen nun einfache Lippen mit inseitiger Hohlkehle (Abb. 43$_{13i}$). Demgegenüber sind die Kochtöpfe im Süden teils sphärisch gerundet, teils mit geknickten Wandungen versehen, ihre Randlippen denen der E I-Kochtöpfe ähnlich (AS IV Tf. 63$_{37}$). Bei den großen Vorratsgefäßen herrscht im Süden noch die dreieckige Form vor, die aber durch Rundungen leicht modifiziert wird (Abb. 43$_{13j}$). Neben der ovoiden Form im Norden (Hazor II Tf. 60$_{6}$), die jetzt einen scharfen Knick an der Schulter aufweist, erscheint der langgestreckte, unten spitz zulaufende Vorratskrug (Meg I Tf. 20$_{119}$). Auch er besitzt einen deutlichen Schulterknick. Daneben finden sich Krüge mit weiten Mündungen, sogenannte *hole mouth jars* (Hazor II Tf. 59$_{1}$). Die Krüge und Kannen (Abb. 43$_{13k}$) repräsentieren im wesentlichen die Formen der E I-Zeit. Im Norden ist eine Zunahme der Verwendung des Tonüberzugs festzustellen, die Ringbasen werden allgemein höher, der Wandungsknick ist nicht mehr so hervorstechend. Durchgehend finden sich erstmals kleine schwarze Krüge (Meg I Tf. 5$_{124}$); die Belege im Süden sind aber insgesamt nicht sehr zahlreich. Die Verbreitung der Pilgerflasche nimmt während der E IIA-B-Zeit allgemein ab. Im Norden werden die Flaschen noch zweifarbig verziert (Abb. 43$_{13l}$), sind aber einfacher gestaltet als ihre Vorgänger. Im Unterschied dazu sind die Flaschen im Süden durchgehend kleiner als im Norden und nur in wenigen Fällen verziert. Hälse und Ränder sind überall einfach gestaltet. Die Pyxiden (Abb. 43$_{13m}$) dieser Periode unterscheiden sich nur in zweierlei Hinsicht von denen der E I-Zeit: sie sind gedrungener und seltener bemalt. Die Lampen besitzen durchgehend einen runden Boden, ihre Schnauze ist nun stärker ausgeprägt (Abb. 43$_{13n}$).

In der E IIC-Zeit sind bei den Schalen drei Dekorationsstile zu beobachten: ein roter, geglätteter Überzug auf dem ganzen Gefäß oder nur auf der Innenseite sowie eine rote, bandartige Bemalung unterhalb des Randes. Typisch für die Schalen im Norden ist der nach innen und außen verdickte Rand der Schalen mit gerundeter Wandung (Abb. 43$_{14a}$), während im Süden der einfache Rand relativ häufig ist (AS IV Tf. 63$_{25}$). Daneben finden sich hier senkrecht gestellte Schlingenhenkel (TBM III Tf. 20$_{16}$). Die Samaria-Schalen sind jetzt tiefer geworden, bei den dickwandigen werden die Füße höher (SS III Abb. 14$_{13}$). Die Verbreitung von Kelchen und Bechern nimmt ab, z. T. repräsentieren sie wieder die einfachen Formen aus der E I-Zeit, unterscheiden sich jedoch von jenen durch ihre weicheren Formen (Abb. 43$_{14c}$); bemalte Exemplare werden seltener. Die Mischkrüge im Norden (Abb. 43$_{14d}$) haben neben Ringbasen jetzt auch flache Böden, ferner finden sich geglättete Überzüge auf der Außenseite bzw. ein rotes, gemaltes Band auf dem Rand. Im Süden kommen erstmals Mehrfachhenkel auf (L III Tf. 82$_{124}$), ansonsten lassen die wenigen Funde keine differenziertere Aussage zu. Auffallende Unterschiede zeigen sich bei den Kochtöpfen der E IIC-Zeit (Abb. 43$_{14e}$). Während im Norden die knickwandige Form weiter vorherrscht, wobei die Ränder jedoch zumeist ihre typische Lippe verlieren, nehmen die Töpfe im Süden stark gerundete Formen an (TBM I Tf. 55$_{3}$). Ihr Rand weist zahlreiche Variationen auf. In beiden Regionen sind Henkel gängig. Die Formen der großen Vorratsgefäße (Abb. 43$_{14f}$) gleichen sich zwischen Nord und Süd an. Charakteristisch ist der sehr langgestreckte, in der

Mitte ein wenig eingeschnürte, unten spitz zulaufende Körper mit deutlichem Schulterknick (*sausage jar*). Daneben bestehen leicht veränderte Formen aus der E IIA-B-Zeit; Bemalung und Verzierungen werden jedoch seltener (Hazor I Tf. 68_{3} II Tf. 101_{11}). Insgesamt ist ein Austausch von Formelementen zwischen Nord und Süd erkennbar. Unter Krügen und Kannen findet sich sowohl im Norden als auch im Süden eine auffällige Form, der sogenannte Wasserkrug (*decanter*) (Abb. 43_{14g}). Während im Norden der Ton hoch gebrannt ist, wird die schlechtere Qualtität im Süden oft durch einen roten Überzug verdeckt. Der Rand des *decanter* zeigt im Norden eine Rille, die im Süden durchgängig fehlt. Charakteristisch ist der bauchige, mit einem Schulterknick versehene Gefäßkörper. Die Pilgerflaschen der E IIC-Zeit weisen zu einem guten Teil asymmetrische Körper auf (Abb. 43_{14h}). Die Variationsbreite ihrer Formen nimmt erheblich zu. Oberflächenverzierungen überwiegen im Norden. Die Verbreitung der Pyxiden sinkt rapide, die wenigen belegten Formen sind unbemalt und in der Gestaltung schlicht (Abb. 43_{14i}). Die Rundböden der Lampen im Norden verflachen, der Rand wird stark betont (Meg I Tf. 37_{15}), während im Süden erstmals Lampen mit Scheibenbasen auftauchen (Abb. 43_{14j}). Auch hier herrscht der breite Rand vor.

3. Handelsbeziehungen im östl. Mittelmeerraum und die Wanderung einzelner Volksgruppen in dieser Region haben frühzeitig zu einem Austausch von keramischen Gefäßformen und Technologien geführt. Die durch Ausgrabungen erhobenen Befunde zeigen, daß diese Prozesse drei K.gruppen unterscheiden lassen: originär importierte K., ihre lokalen Imitationen und die am Ort von eingewanderten Töpfern hergestellte Ware, die sich im Ton von der K. des Herkunftlandes unterscheidet, später auch örtliche Modifikationen erfährt. Die beiden letztgenannten Gruppen sind oft nur schwer zu identifizieren, da bei ihnen die technologischen Fähigkeiten bzw. die Materialgegebenheiten eine breite Variationsskala bewirkten. Die Darstellung beschränkt sich deshalb im wesentlichen auf die K., die entweder originär importiert oder die zweifelsfrei von eingewanderten Töpfern hergestellt wurde. Für *beide* wird fortan der Begriff Import verwandt.

Neben den Importen werden hier ferner Sondergruppen behandelt, die zwar in Syr.-Pal. auftreten, aber bestimmte regionale Schwerpunkte erkennen lassen. Dies gilt bes. für die syr. Ware der B-Zeit und für die Philister- wie auch Phönizier-K. der E-Zeit.

Die mutmaßlich früheste Import-K. im oben genannten Sinne stellt die *Ḫirbet el-Kerak*-Ware der FB III-Zeit dar (s.o. →2.c).

Erste Importe aus Zypern lassen sich in der MB-Zeit nachweisen. Die Handelsbeziehungen waren wechselseitiger Natur, da für Enkomi auf Zypern *Tell el-Yehūdīye*-Kännchen belegt sind (Amiran, Pottery, 120). Die zypr. K. weist drei technologische Merkmale auf: sie ist stets von Hand gemacht, die Henkelansätze sind auf der Schulter sehr oft mit einer Art Zapfen im Gefäßkörper verankert und die vorherrschende Form ist das kugelig gerundete Gefäß (Abb. 43_{15a}). Bezüglich der Oberflächenbearbeitung lassen sich drei Gruppen unterscheiden: Die Rot-auf-Schwarz-Ware, bei der das Gefäß mit einem dunkelbraunen oder schwarzen Überzug versehen wurde, auf den man dann rote, büschelartige Linien mit einem breiten Pinsel oder einer Bürste auftrug; die bemalte weiße Ware, deren heller Untergrund mit dunklen Streifen oder Linienbändern verziert wurde, und schließlich die bemalte, mit weißem Überzug versehene Ware, die über einem dicken, grauweißen Tonschlickerüberzug braun oder rot bemalt ist. Die drei genannten Gruppen treten alle in der MB IIA-B-Zeit auf; die bemalte weiße und die mit weißem Überzug versehene Ware sind auch noch in der SB-Zeit belegt.

In der SB-Zeit nehmen die Importe stark zu. Die zypr. Ware weist immer noch den gezapften Henkel auf. Charakteristische K.formen sind die zypr. sogenannte Milchschale (*milk bowl*) (Abb. 43_{15b}) und die *bilbil,* ein Krug mit aufstrebendem, stets absichtlich schräg angesetztem Hals und mittelhoher Ringbasis (Abb. 43_{15c}). Beide Gefäßtypen finden sich in allen Perioden der SB-Zeit. Bei der Milchschale handelt es sich um ein Gefäß mit gerundetem Boden der bemalten, mit weißem Überzug versehenen Ware. Charakteristisch ist die Bemalung mit leiterartigen Mustern unterhalb

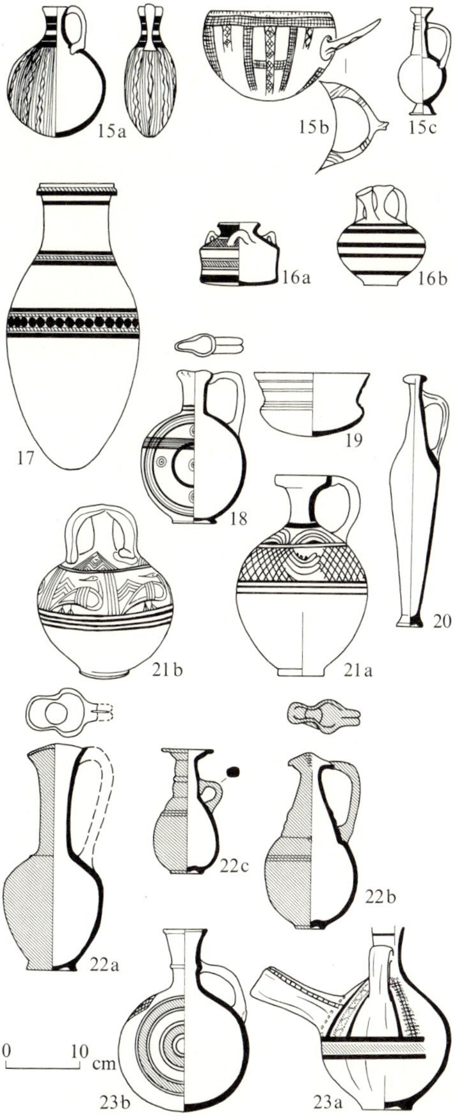

Abb 43 **Keramik** Importgefäße (15a-c) zypr., (16a,b) myk., (17) äg., (18) „zypr.-phön.“, (19) ass. Herkunft und Sonderformen: (20) Syr. Flasche, (21a,b) Philister-Keramik, (22a-c) phön. Keramik, (23a,b) Zweifarbenkeramik

des Randes und auf dem Körper sowie der gabelförmig gebogene Henkel (*wish bone handle*). Die *bilbil* gehört der sogenannten Basis-Ring-Ware (*base ring*) an. Ihr Ton ist hoch gebrannt metallisch und mit einem braunroten Überzug versehen. Die Bezeichnung *bilbil* spielt auf das gluckernde Geräusch beim Ausgießen des Gefäßes an. Beide Gefäßtypen sind in Syr.-Pal. häufig imitiert worden, hier jedoch auf der Scheibe gedreht, was die Unterscheidung verhältnismäßig leichtmacht.

Ebenfalls in allen Perioden der SB-Zeit vertreten sind myk. Importe. Schwierigkeiten bereitet die Eingrenzung des Begriffes „myk.“ Import; denn mit der Ausbreitung myk. Siedlungen erhebt sich die Frage, ob myk. Importe nur aus dem ursprünglichen Mutterland oder aber auch aus den späteren Siedlungen (z.B. auf Kreta, Rhodos und Zypern) stammen. Charakteristische Formen dieser Importe sind die Steigbügelkanne (Abb. 43$_{16b}$), die Pyxis (Abb. 43$_{16a}$) und ausladende Kelche (EI 6, 1961, Tf. 3). Im Gegensatz zum zypr. Import ist diese Ware durchgehend scheibengedreht. Ihr Ton ist daher sehr fein geschlämmt, die Gefäße gut gebrannt. Die Bemalung wurde vor dem Brand aufgetragen, teils auf der Töpferscheibe, teils mit bes. Instrumenten. Bestimmte Silikatbeimengungen zu den Farbgrundstoffen ergaben nach dem Brand glasurartig glänzende Farbbänder und -muster. Vorherrschende Töne sind Rot, Braun und Schwarz. Auch diese Importe erfuhren Imitationen, die teils am schlechter aufbereiteten Rohmaterial, teils an der Bemalung erkennbar sind.

Äg. Importe der SB-Zeit sind weniger häufig. Charakteristische Gefäßformen weisen die ovoiden Vorratsgefäße mit hohen, vergleichsweise weiten Hälsen auf (Abb. 43$_{17}$). Die Bemalung zeigt parallele Linien, zwischen denen sich blattartige Flächen aneinanderreihen auf Körper, Schulter und auch Rand. Lokale Imitationen sind hierzu nicht bekannt.

In der E-Zeit finden sich in Syr.-Pal. Importe, die an zypr. Ware erinnern, aber auch in Kilikien und Phönizien auftauchen (Amiran, Pottery, 286), weshalb für diese Importe oftmals die Bezeichnung „zypr.-phön.“ gebraucht wird. Da eingehende Untersuchungen zu diesem Problem zur Zeit noch fehlen, muß die Erörterung der genauen Herkunft dieser Importware noch offenbleiben (vgl. vorläufig Chapman 170f). Dominant ist hier die Schwarz-auf-Rot-Ware. Die Gefäße wurden mit einem rotbraunen Tonüberzug versehen, auf den anschließend in nahezu allen Fällen schwarze Bemalung aufgetragen wurde. Häufigste Muster sind horizontal umlaufende Bänder, Gruppen konzentrischer Kreise auf dem Körper, seltener metopenartige Muster. Bei den Formen überwiegen kugelige und bauchige Gefäße (Abb. 43$_{18}$). Der Höhepunkt zypr.-phön. Importe liegt in der E IIA-B-Zeit.

Ass. Importe unterscheiden sich von syr.-pal. K. sowohl in ihren Formen als auch in ihrer keramischen Technik. Diese K. findet sich erst in der E IIC-Zeit in Pal. Typisch sind Schalen, die entfernt an Knickwandschalen erinnern. Sie sind dünnwandig, hart gebrannt und teils sehr gut geglättet. Ihre Verzierung besteht aus umlaufenden, eingekerbten Rillen oder aufgesetzten bzw. ausgeformten Leisten (Abb. 43$_{19}$).

Unter den Sondergruppen syr.-pal. K. ist in der MB-Zeit die *Ḫābūr*-Ware zu vermerken (s.o. →2.d).

In der SB-Zeit findet sich eine typisch syr. Ware, die in erster Linie als Flaschentypus zwar weit verbreitet wurde (Zypern, Ägypten, vgl. Amiran, Pottery, 170), in Pal. jedoch nur selten auftaucht. Die syr. Flasche (Abb. 43$_{20}$) ist gekennzeichnet durch ihren hochgezogenen Körper, dessen unterer Teil nahezu gerade Wandungen besitzt. Der Boden zeigt einen niedrigen Ringfuß, vom oberen Drittel des Halses geht ein Schlingenhenkel zur Gefäßschulter, der Rand ist z.T. tellerartig nach außen gezogen. Der Ton selbst ist meist grau, häufig mit einem roten, geglätteten Überzug versehen.

In der E-Zeit verdienen zwei Gruppen bes. Beachtung: die Philister- und die phön. K. Die Philister-K. kann als eine der wenigen K.gruppen auf eine bestimmte Volksgruppe zurückgeführt werden (Amiran, Pottery, 266; zur Gegenposition: M. Weippert, GGA 223, 1971, 11–20 [Lit.]). In ihrem keramischen Repertoire mischen sich der myk. und der kan. Einfluß. Zu dem ersteren sind Formen wie die Steigbügelkanne (Abb. 43$_{21b}$) und die Pyxis zu zählen, der zweite zeigt sich in der Gestalt der Krüge (Abb. 43$_{21a}$). Die Dekorationen der Gefäße sind im wesentlichen auf den oberen Teil des Körpers beschränkt. Vorherrschend ist das von parallelen Farbbändern begrenzte Metopenband, wobei in den Bildflächen geometrische Muster und Vogeldarstellungen bestimmend sind. Hinzuweisen ist auf die Darstellung einer Prozession, bei der Steinböcke, Stiere und andere Tiere neben einem Menschen (!) abgebildet wurden (Meg II Tf. 76).

Die phön. K. der E-Zeit weist klar fixierbare chronologische Unterschiede auf. In der E IIA-B-Zeit finden sich vorrangig dickwandige, schwere Gefäße, die mit einem roten, geglätteten Schlickerüberzug versehen wurden. Die Körper der Kannen sind noch gerundet birnenförmig und tragen einen aufstrebenden Hals. Vom Rand geht ein Schlingenhenkel zur Schulter (Abb. 43$_{22a}$). In der E IIC-Zeit überwiegen hingegen doppelkonische Kannen (Abb. 43$_{22b}$), die offenbar auf bronzene Vorbilder zurückgehen. Daneben finden sich dem *decanter* ähnliche Krüge, die sich von ihm aber durch einen vergleichsweise weit ausladenden Tellerrand unterscheiden (Abb. 43$_{22c}$). Der Henkel geht bei diesen Gefäßen vom unteren Halsteil zur Schulter.

Eng verbunden mit den beiden genannten Gruppen ist die zweifarbige Ware (Abb. 43$_{23a,\ b}$), die sich durch Bemalung in großen konzentrischen Kreisen auf dem Gefäßkörper auszeichnet. Die Kreise sind hier nicht horizontal um das Gefäß herumgeführt, sondern wurden in der Weise der Pilgerflaschenbemalung angebracht. Die hierzu benutzten Farben sind Schwarz und Rot. Die Gefäße haben überwiegend kugelige Form; der Henkel geht von der Halsmitte zur Schulter. Zweifarbige Ware findet sich während allen Perioden der E-Zeit; ihre Hauptphase liegt in der E IIA-B-Zeit. Dieser Stil scheint eher in Phönizien und Nordisrael als in Zypern entstanden zu sein (Amiran, Pottery, 271).

4. K.gefäße werden im AT mit den Termini *kəlī ḥēreś* (Lv. 6$_{21}$ u.ö.) = „Tongefäße" und *kəlī yōṣẹ̄r* (2S. 17$_{28}$) = „Töpfergefäße" bezeichnet; doch sind bei der Nennung einzelner Exemplare Materialangaben, die ihre Zurechnung zur Tonware sicherstellen, Ausnahmen (z.B. Thr. 4$_{2}$: *niblẹ̄ ḥēreś*; Jes. 30$_{14}$: *nẹ̄bel yōṣərīm*), und auch der Kontext erlaubt nur selten, ein Gefäß eindeutig als Tongefäß zu identifizieren (so z.B. Jer. 19$_{1}$ in Kombination mit Jer. 19$_{10}$). Es ist deshalb nicht auszuschließen, daß sich die Vielzahl der Gefäßbezeichnungen im AT auch auf solche aus Metall (für im Kult verwendete Gefäße ist

dies die Regel und zumeist auch ausdrücklich vermerkt!), Stein oder Holz (etwa in nomadischem Milieu) beziehen.

Eine weitere Schwierigkeit, atliche Gefäßnamen auf archäologisch dokumentierte K.typen der E-Zeit zu beziehen, ergibt sich aus den meist recht knappen Textangaben, die in der Regel nur die Funktion, nicht aber die Form der Gefäße betreffen, so daß die Identifizierungsvorschläge die verschiedenen Benennungen nur grob mit den hauptsächlichen Gattungen, nicht aber mit bestimmten Typen dieser Gattungen verbinden können (dazu und zum Folgenden Honeyman und Kelso).

Mit der angesichts dieser Sachlage gebotenen Vorsicht lassen sich die Termini *sap* (Ex. 12_{22}), *ṣəlōḥīt* (2R. 2_{20}) und *ṣallaḥat* (Prv. 19_{24} 26_{15}) auf die Gattung der Tonschalen beziehen, eventuell auch noch *sẹ̄pel* (akk. *saplu*), das nach Jdc. 6_{38} ein Gefäß mit weiter Mündung, nach Jdc. 5_{25} jedoch ein Trinkgefäß, vielleicht einen napfartigen Becher bezeichnet (da die Szene zwischen Jael und Sisera sich in einem Nomadenzelt abspielt, könnte auch ein Holzgefäß gemeint sein, vgl. E.L. Sukenik, PEQ 72, 1940, 59ff).

Zur Gattung Kelch bzw. Becher gehören die in Jer. 35_{5} als Trinkgefäße für Wein aufgeführten *gəbīʿīm* und *kōsōt* (zu *gābīaʿ* vgl. auch Josephs silbernen Becher in Gn. $44_{2,\ 12,\ 16f}$), sowie das in Jes. $51_{17,\ 22}$ *qubbaʿat* (ug. *qbʿt*) genannte Gefäß. Wie Darstellungen von der SB IIB- (Elfenbein aus Megiddo: →Abb. 19_{3}), über die E IIA- (ʾAḥīrōm-Sarkophag aus Byblos: →Abb. 71_{1}) bis hin zur E IIC-Zeit (Relief Assurbanipals: ANEP 451) zeigen, dürfte zu diesem Zweck der fuß- und henkellose, napfartige Bechertyp verwendet worden sein, dessen Durchmesser in etwa eine Hand ausfüllte.

Das Mischgefäß (griech. *κρατήρ*) für Wasser und Wein hieß **ʾaggān* (Cant. 7_{3}; vgl. VT 19, 1969, 158 und Arad-Ostrakon Nr. 1 Z. 10 bei Y. Aharoni/J. Naveh, Arad Inscriptions, JDS 1975 [hebr.], 12, 14; nach G. Rinaldi, Bibbia e Oriente 10, 1968, 76 bezeichnet **ʾaggān* die Trinkschale). Das *mizrāq* genannte Gefäß, das im kultischen Bereich als Sprengschale diente (hier aus Metall!), findet sich in Am. 6_{6} als Weinschale, aus der getrunken wird. Da der Kontext den ungezügelten Weingenuß tadelt (H.W. Wolff, Dodekapropheton 2: Joel und Amos, BK 14/2, 1969, 321) und somit nicht den Normalfall, sondern den Mißbrauch schildert, dürfte *mizrāq* im Profanbereich nicht ein Trink-, sondern wie **ʾaggān* ein Mischgefäß meinen.

Als verschiedene Bezeichnungen für Kochgefäße finden sich in 1S. 2_{14} *kīyōr* (häufiger für Waschwannen und Feuerbekken gebraucht), *dūd* (bezeichnet oft den Korb), *qallaḥat* und *pārūd*. Merkwürdigerweise fehlt in dieser Aufzählung der für den Kochtopf häufigste Terminus *sīr* (z.B. Ex. 16_{3}; gegen die Deutung von *sīr* in Jer. 1_{13f} als Kultgefäß durch G. Sauer, ZAW 78, 1966, 59f vgl. W. Rudolph, Jeremia, HAT 1/12, 1968^{3}, 12). Auch *marḥẹ̄šet* (Lv. 2_{7} 7_{9}) bezeichnet einen Kochtopf. Die differenzierte Nomenklatur entspricht dem oben (→2.f) beschriebenen archäologisch belegten Formenreichtum; doch ist eine präzise Kombination zwischen den einzelnen Termini und Typen unmöglich.

Vorratsgefäße für Wasser, die beim Gang zur Quelle oder zum Brunnen von Frauen auf Schultern getragen wurden (Gn. 24_{14-18} u.ö.), in denen man aber auch Lebensmittel im Haus aufbewahrte (1R. 17_{12-16}: z.B. Mehl), hießen *kad* (vgl. ug. *kd*), während *nẹ̄bel* (ug. *nbl*) (und vielleicht auch das *Hapax legomenon ʾōbōt* in Hi. 32_{19} – so A. Guillaume, PEQ 93, 1961, 147–150) Vorratsgefäße für →Wein und →Öl bezeichnet, die man sich als bes. groß vorstellen darf, da sie auch in der staatlichen Vorratswirtschaft verwendet wurden, wie aus den →Ostraka aus Samaria hervorgeht. Eine pun. Inschrift wohl aus röm. Zeit verzeichnet *nbl nskt*, setzt also metallene Exemplare voraus (KAI Nr. 137 Z. 6).

Vor allem für kleinere Ölmengen dürften die zur Gattung Kanne und Kännchen gehörenden Gefäße benutzt worden sein, da für diese Zwecke eine enge Mündung und ein oder zwei Henkel eine praktische Handhabung ermöglichten. Demnach gehören hierher das in 2R. 4_{2} *ʾāsūk šẹ̄men* genannte Gefäß und das bei der Salbung Sauls (1S. 10_{1}) und Jehus (2R. $9_{1,\ 3}$) verwendete Ölgefäß *pak*. Auch zur Entnahme von Flüssigkeit aus großen Vorratsgefäßen werden Kannen gebraucht worden sein, und ebenso zur Aufbewahrung von Lebensmitteln, die nur in kleineren Mengen in einem Durchschnittshaushalt vorrätig waren. Von daher könnte das in 1 R. 14₃ (vgl. Jer. 19₁, ₁₀) genannte *baqbūq*, ein Gefäß, in dem man Honig aufbewahrte, ebenfalls der Gattung Kannen zuzuordnen sein.

In der Pilgerflasche führte man schließlich kleinere Vorräte an Wasser oder Öl unterwegs mit sich, und so legt sich nahe, *ṣappaḥat* (1 S. 26₁₁ f, ₁₆) mit der Pilgerflasche zu identifizieren. Diesen Gebrauch der Pilgerflasche veranschaulicht ein myk. Tonpferd, an dessen Seite eine solche Flasche hängt (Hampe-Winter Abb. 58). Der oft schalenartig ausgebildete Ausguß der Pilgerflasche mag unterwegs auch einen Teller bzw. eine Schale ersetzt haben, indem man Flüssigkeit in die Schale laufen ließ, in die man dann wohl Brot eintunkte.

Zur Terminologie der Beleuchtungsgeräte →Lampe, 1.

Literatur: Zu 1.: H.J. Franken, Analysis of Methods of Potmaking in Archaeology, Harvard Theological Review 64, 1971, 227–255 – ders., In Search of the Jericho Potters, North-Holland Ceramic Studies in Archaeology 1, 1974 – R. Hampe/A. Winter, Bei Töpfern und Töpferinnen in Kreta, Messenien und Zypern, 1962 – V. Hankey, Pottery-Making at Beit Shebab, Lebanon, PEQ 100, 1968, 27–32 – J.L. Kelso/J. Palin Thorley, in: TBM III 86–142 – H. Waetzoldt, Zwei unveröffentlichte Ur-III-Texte über die Herstellung von Tongefäßen, WO 6, 1971, 7–41.

Zu 2.: R. Amiran, The Story of Pottery in Palestine, Antiquity and Survival 2, 1957, 187–207 – dies., Pottery – J.G. Duncan, Corpus of Dated Palestinian Pottery, 1930 – F. Luciani, La ceramica nella Palestina antica, Bibbia e Oriente 3, 1961, 186–189 – L.-H. Vincent, Céramique de la Palestine, 1929.

Zu 2.a–c: R. Amiran, Khirbet Kerak Ware at Ai, IEJ 17, 1967, 185f – dies., Chronological Problems of the Early Bronze Age, AJA 72, 1968, 316–318 – dies., A Second Note on the Synchronism between Early Bronze Arad and the First Dynasty, BASOR 195, 1969, 50–53 – J.-L. Huot, Typologie et chronologie relative de la céramique du Bronze Ancien à Tell el-Fâr'ah, RB 74, 1967, 517–554 – D. Kirkbride, A Commentary on the Pottery Neolithic of Palestine, Harvard Theological Review 64, 1971, 281–289 – P.W. Lapp, Bâb edh-Dhrâ' Tomb A 76 and Early Bronze I in Palestine, BASOR 189, 1968, 12–41 – G.E. Wright, The Pottery of Palestine from the Earliest Times to the End of the Early Bronze Age, 1937.

Zu 2.d: R.B.K. Amiran, Tell el-Yahudiye Ware in Syria, IEJ 7, 1957, 93–97 – dies., A New Type in a Middle Bronze I Pottery Group, BIES 31, 1966–67, 104–107 (hebr.) – dies., The Pottery of the Middle Bronze I, Qadmoniot 2, 1969, 45–49 (hebr.) – A.K. Dajani, Middle Bronze Age Pottery, ADAJ 4–5, 1960, 99–113 – W.G. Dever, Vestigial Features in MB I: An Illustration of some Principles of Ceramic Typology, BASOR 200, 1970, 19–30 – H. Otto, Keramik der mittleren Bronzezeit in Palästina, ZDPV 61, 1938, 147–216 – J.D. Seger, The Pottery of Palestine at the Close of the Middle Bronze Age: A Study of the MB IIC Ceramic Remains from Biblical Shechem and their Palestinian Correspondences, Harvard Theological Review 58, 1965, 461f – O. Tufnell, The Pottery from Royal Tombs I–III at Byblos, Berytus 18, 1968, 5–33.

Zu 2.e: D.C. Baramki, A Late Bronze Age Tomb at Sarafend, Ancient Sarepta, Berytus 12, 1956–58, 129–142 – C. Epstein, Bichrome Wheel-Made Tankards from Tell el-'Ajjul, PEQ 93, 1961, 137–142 – dies., Bichrome Vessels in the Cross Line Style, PEQ 97, 1965, 42–53 – dies., Palestinian Bichrome Ware, 1966 – W.A. Heurtley, A Palestinian Vase-Painter of the Sixteenth Century B.C., QDAP 8, 1938, 21–34 – J.B. Pritchard, A Cosmopolitian Culture of the Late Bronze Age, Expedition 7, 1964–65, 26–33.

Zu 2.f: Y. Aharoni/R. Amiran, A New Scheme for the Sub-Division of the Iron Age in Palestine, IEJ 8, 1958, 171–184 – R. Amiran, A Note on the "Gibeon Jar", PEQ 107, 1975, 129–132 – S.V. Chapman, A Catalogue of Iron Age Pottery from the Cemeteries of Khirbet Silm, Joya, Qrayé and Qasmieh of South Lebanon, Berytus 21, 1972, 55–194 – W. Culican, Sidonian Bottles, Levant 7, 1975, 145–150 – J.S. Holladay, Jr., The Pottery of Northern Palestine in the Ninth and Eighth Centuries B.C., Harvard Theological Review 59, 1966, 446f.

Zu 3.: W.F. Albright, Correspondence with Professor Einar Gjerstad on the Chronology of "Cypriote" Pottery from Early Iron Levels in Palestine, BASOR 130, 1953, 22–26 – F. Asaro/I. Perlman/M. Dothan, An Introductory Study of Mycenaean III C1 Ware from Tel Ashdod, Archaeometry 13, 1971, 169–175 – G.W. van Beek, Cypriote Chronology and the Dating of Iron I Sites in Palestine, BASOR 124, 1951, 26–29 – ders., The Date of Tell Abu Huwam Stratum III, BASOR 138, 1955, 34–38 – J.L. Benson, A Problem in Orientalizing Cretan Birds: Mycenaean or Philistine Prototypes? JNES 20, 1961, 73–84 – A. Biran, A Mycenaean Charioteer Vase from Tel Dan, IEJ 20, 1970, 92–94 – ders./R. Gophna, An Iron Age Burial Cave at Tel Ḥalif, EI 9, 1969, 29–39 (hebr.) – C. Clairmont, Greek Pottery from the Near East, Berytus 11, 1954–55, 85–139; 12, 1956–58, 1–30 – J.N. Coldstream, Greek Geometric Pottery: A Survey of ten local Styles and their Chronology, 1968 – W. Culican, Quelques aperçus sur les ateliers phéniciens, Syria 45, 1968, 275–293 – ders., Phoenician Oil Bottles and Tripod Bowls, Berytus 19, 1970, 5–18 – V.R. d'A. Desborough, The Last Mycenaeans and their Successors, 1964 – T. Dothan, The Philistines and their Material Culture, 1967, *passim* (hebr.) – dies., A Female Mourner Figurine from the Lachish Region, EI 9, 1969, 43–47 (hebr.) – R. Dussaud, Les civilisations préhelléniques dans le bassin de la mer égée, 1914², *passim* – G. Edelstein, A Philistine Jug from Tell 'Aitun, Qadmoniot 1, 1968, 100 (hebr.) – A. Furumark, The Chronology of Mycenaean Pottery, 1941 – ders., The Mycenaean Pottery: Analysis and Classification, 1941 – E. Gjerstad, The Swedish Cyprus Expedition IV/2, 1948, 242–257 – V. Hankey, Mycenaean Pottery in the Middle East: Notes on Finds since 1951, Annual of the British School of Athens 62, 1967, 107–147 – dies., A Late Bronze Age Temple at Amman, I. The Aegean Pottery, Levant 6, 1974, 131–159 – W.A. Heurtley, Note on Fragments of two Thessalian Proto-Geometric Vases found at Tell Abu Hawām, QDAP 4, 1935, 181 – ders., The Relationship between „Philistine" and Mycenaean Pottery, QDAP 5, 1936, 90–110 – J.H. Iliffe, Pre-Hellenistic Greek Pottery in Palestine, QDAP 2, 1933, 15–26 – H.J. Kantor, The Aegean and the Orient in the Second Millennium B.C., AJA 51, 1947, 1–103 – V. Karageorghis, Notes on the Mycenaean Charioteer Vase from Tel Dan, Qadmoniot 4, 1971, 11–13 (hebr.) – B. Maisler, The Stratification of

Tell Abū Huwâm on the Bay of Acre, BASOR 124, 1951, 21–25 – E.D. Oren, Cypriote Imports in the Palestinian Late Bronze I Context, Opuscula Atheniensia 14, 1969, 127–150 – J. du Plat Taylor, The Cypriote and Syrian Pottery from Al Mina, Syria, Iraq 21, 1959, 62–92 – C.F.-A. Schaeffer, Enkomi Alasia. Nouvelles Missions en Chypre 1946–1950, 1952, 81–88 – F.H. Stubbings, Mycenaean Pottery from the Levant, 1951 – S. Symeonoglou, A Chart of Mycenaean and Late Minoan Pottery, AJA 74, 1970, 285–288.

Zu 4.: A.M. Honeyman, The Pottery Vessels of the Old Testament, PEQ 71, 1939, 76–90 – J.L. Kelso, The Ceramic Vocabulary of the Old Testament, BASOR Suppl. Studies 5–6, 1948, 2–48. *U. Müller*

Keule

Bereits in der MB-Zeit verlor die K. ihre Bedeutung als Waffe und von daher erklärt es sich, daß im AT kein sicher auf die K. zu beziehender Terminus (*tōtāḥ?*) vorkommt. Gerade der Rang der K. als Urwaffe begünstigte jedoch ihr ikonographisches Weiterleben als Herrschaftssymbol in der Hand von Helden, Königen und Göttern (z.B. →Abb. 30_{3f}; vgl. für Mesopotamien: Solyman); doch ist in diesen Fällen vielleicht eher von Szepter (hebr. *šēbeṭ*) als von K. zu sprechen (Gn. 49_{10} Jdc. 5_{14} Ps. 2_9). Bei der Beil-K. – einer Addition von K. und Axtklinge – handelt es sich um eine Phantasiewaffe, die nur als Herrschaftssymbol und nie als Waffe erscheint (ZDPV 86, 1970, 36f).

K.nköpfe aus Stein finden sich neben solchen aus Kupfer, Bronze und selten auch Eisen (AG II Tf. 20_{305}) in Pal. seit dem CL (Hennessy). Die ca. 240 kupfernen K.nköpfe aus dem *Wādī Maḥras* (*Naḥal Mišmār*) aus dem Ende des 4. Jt.s repräsentieren den Formenreichtum der Gattung: Neben der einfachen Kugelform und ihrer ein- oder beidseitig abgeplatteten Variante (CTr 122–137) steht die in Pal. seltene Scheiben- und Dreiecksform (CTr 99). Für die in Pal. vom CL bis in die E-Zeit üblichen Formen vgl. Meg II Tf. 270_{2-15}.

Ca. 80 kupferne, z.T. hohle K.nstäbe von 10 bis 40 cm Länge fanden sich ebenfalls im *Wādī Maḥras* (CTr 56–97, 121). Kugelförmige und konische Verdickungen in der oberen Hälfte, Wulstränder, kräftige Rippen und stumpfe Stacheln können die Schlagkraft erhöht haben, wenn nicht der gesamte Metallhort aus dem *Wādī Maḥras* als Zeremonialinventar aus dem nahegelegenen Tempel von Engedi zu deuten ist (dazu BA 34, 1971, 23–29). Als nächste Parallele zu diesen K.nstäben ist ein allerdings kleineres Exemplar aus *Tell Abū Maṭar* (IEJ 5, 1955, 172 Abb. 20_{24}) zu nennen und ferner ist auf die gleichzeitigen K.n aus Mesopotamien zu verweisen (W. Nagel, Altorientalisches Kunsthandwerk, Berliner Beiträge zur Vor- und Frühgeschichte 5, 1963, Tf. 72_{6-8} $73_{1-3,6f}$). Vergleichbare Gegenstände sind erst in der E II-Zeit wieder in Zincirli belegt (Sendsch V Tf. 42i–k); doch gehören eventuell auch die zumeist als Möbelfüße gedeuteten Metallgegenstände von verschiedenen Fundstätten in diesen Kontext (so Barnett, vgl. ein Miniaturmodell in FB II/1 172 zu Nr. 8125).

Keine Waffen, sondern allenfalls Szepter waren die Stäbe mit Menschengesicht bzw. mit Ibex(?)-Köpfen aus dem *Wādī Maḥras* (CTr 46–53). – Zu einer Gußform für ein Szepter aus Jaffa vgl. vorläufig IEJ 24, 1974, 136.

Literatur: R.D. Barnett, Layard's Nimrud Bronzes and their Inscriptions, EI 8, 1967, 1*–7* – Bonnet, Waffen, 1–16 – CTr *passim* – J.B. Hennessy, The Foreign Relations of Palestine during the Early Bronze Age, 1967, 32f, 42f – T. Solyman, Die Entstehung und Entwicklung der Götterwaffen im alten Mesopotamien und ihre Bedeutung, 1968, 19–46, 65–100 – Yadin, Warfare, *passim*. *H. Weippert*

Kleidung

1. MB-Zeit. 2. SB-Zeit. 3. E-Zeit. 4. Pers. Zeit. 5. Kl. bei bes. Anlässen.

Von den vorröm. Textilfunden in Pal. (→Stoff, 1.) sind die aus Gräbern der FB-MB-Zeit in Jericho am zahlreichsten (Jer I 519–526). Sie zeigen zwar, daß Stoff-Kl. schon früh neben die ursprüngliche Fell-Kl. (→Leder, 2.) trat und sie allmählich verdrängte; doch helfen sie für ein detailliertes Bild der Entwicklung der Kl. nicht weiter. Erst die Fremdvölkerdarstellungen aus Ägypten und Assyrien ermöglichen zusammen mit den einheimischen Denkmälern eine Beschreibung der wechselnden Moden. Da die meisten Darstellungen vom Krieg handeln oder Tribute wiedergeben, sind wir über die Männer-Kl. besser unterrichtet; doch unterscheidet sie sich meist nur geringfügig von der der Frauen, obwohl Dt. 22_5 einen größeren Abstand zwischen beiden erwarten lassen sollte. Die atliche Terminologie für einzelne Kl.sstücke läßt nicht immer eine direkte Verbindung mit den Darstellungen zu; die Oberbegriffe *bēged* und *ləbūš* bezeichnen ganz allgemein Kl. oder Gewand.

1. Für die Kl. der MB-Zeit ist ein äg. Grabbild des frühen 2.Jt.s (*Benī Ḥasan*) mit einer Karawane von 37 Asiaten informativ (AOB 51; ANEP 3). Die Kl. der Männer und Frauen (Abb. 44_6) besteht aus bunt gemusterten, um den Körper gelegten Tüchern. Meist bleibt die rechte Schulter frei, und das Tuch wird über die linke Schulter auf den Rücken geführt. Bei den Männern endet diese Art der Kl. in Kniehöhe, bei den Frauen bedeckt sie die Waden. Die Frauen-Kl. unterscheidet sich von der der Männer auch dadurch, daß sie ein Kopfband (hebr. *pəʾēr?*) und Schuhe tragen, während die Männer barhäuptig sind und in Sandalen gehen. Eine der Frauen trägt das in späterer Zeit häufiger bezeugte Hängerkleid (wohl hebr. *kuttōnet*) mit rundem Ausschnitt. Einige Männer und Kinder sind mit einem knielangen Hüftschurz (hebr. *ʾēzōr*) bekleidet. In Pal. gefundene Skarabäen mit Personendarstellungen (MB IIB) zeigen das Wickelgewand: dabei hing ein Ende der Stoffbahn von der linken Schulter vor dem Körper bis zur Wade hinab, das rückwärtige Ende wickelte man ein- oder zweimal um die Taille und führte es schließlich als Überwurf über die linke Schulter, so daß der linke Arm verborgen blieb (O. Tufnell, „Hyksos" Scarabs from Canaan, AnSt 6, 1956, 67–73). Daß in der MB-Zeit die gewickelte und nicht die zugeschnittene und genähte Kl. das Übliche war, bestätigen auch die Grabfunde in Jericho, wo Gewand- →Nadeln in Schulter- und Hüftnähe einiger Bestatteten gefunden wurden (Jer I 520).

2. Für die Kl. der SB-Zeit stehen zahlreiche äg. (ANEP 1–62; Pritchard) und aus Pal. stammende Darstellungen zur Verfügung. Seit der SB I-Zeit tragen auf äg. Bildern syr. Tributträger oder Gefangene schmale, knöchellange Hemdkleider mit langen, engen Ärmeln und rundem Halsabschluß (ANEP 2, 46, 48; AOB 55). Nähte und Ränder dieser ungemusterten hellen Kl. sind mit Borten verziert, und ein mindestens bis auf die Brust reichender Schlitz am Halsausschnitt ermöglichte das An- und Ausziehen. Daneben blieb der Hüftschurz erhalten. Bestand er aus einem schmalen längsgemusterten Stoffstreifen, so ergab sich bei spiralförmiger Umwicklung ein Horizontalmuster wie bei Abb. 44_1 (zu den vor der Brust gekreuzten Bändern: H.M. Pope, The Saltier of Atargatis Reconsidered, Festschr. N. Glueck, 178–196). Der Hüftschurz konnte – wie bisweilen auch das eben beschriebene Hemdkleid (ANEP 45) – mit Quasten am unteren Saum versehen sein (→Abb. 48_5; Nu. 15_{37-41} Dt. 22_{12}; vgl. Bertman). Diese auch für die äg. Darstellung der *Š̓św* typischen Verzierungen (R. Giveon, Les bédouins Shosou des documents égyptiens, 1971, 241–251) lebte bei den Israeliten, die wohl aus ihrem Kreis gekommen sind, weiter. Neu in der SB I-Zeit ist das Kopfband für Männer, das von nun an häufig erscheint. Eine für die SB II-Zeit typische Mode ist der über einem Hemdkleid getragene Schurz (Abb. 44_2). Bei dem aus der MB-Zeit bekannten Wickelgewand läuft jetzt die meist gemusterte Stoffbahn in mehreren sich überkragenden Spiralen um den Körper und bildet über den Schultern eine Art Umhang (Abb. 44_3). Auch unabhängig davon war nun der Schulterumhang beliebt (ANEP 5, 770). Eine Bronzeplakette aus Hazor (Abb. 44_4) zeigt einen Kanaanäer mit einem bauschigen Umhang, einem Wickelgewand (oder nur Rock?) und einem Hemdkleid darunter, wie der runde Halsausschnitt vermuten läßt. Auch für die Frauen-Kl. sind der Umhang und das Wickelkleid (Rock?) bezeugt (AOB 86; ANEP 49 links). Die hebr. Bezeichnung *kuttōnet passīm* (Gn. 37_2 2S. 13_{8f}; vgl. ug. *lbš psm rq*: J. Aistleitner, Wörterbuch der ugaritischen Sprache, 1963, Nr. 2238) meint wohl das Wickelgewand, dessen überkragende Spiralen wie „Tafeln" (kan. *ps* = Tafel, KAI III 20 *sub voce ps*) wirken.

Einen Eindruck von der Mode der kan. Oberschicht in der zu Ende gehenden SB-Zeit vermitteln die Elfenbeine von Megiddo. Bes. informativ ist eine geritzte Plakette (→Abb. 19_3) mit zwei nackten Gefangenen (vgl. Jes. 20). Der vorangehende Soldat trägt den Hüftschurz (vgl. MegIv Tf. 33_{161f}), der auch in der E-Zeit die typische Soldaten-Kl. bleibt, sofern nicht die spezielle Rüstung mit →Panzer, →Helm und →Beinschienen getragen wurde. Hinter dem Thron stehen zwei Diener im langen Hemdkleid und einem Obergewand (hebr. *śimlā, śalmā, kəsūt* und **gəlōm*) mit engem Halsausschnitt und weiten halblangen Ärmeln. Das vorn kurze Oberkleid fällt im Rücken als Schleppe bis zum Saum des

Abb. 44 **Kleidung** (1–5) Männerkleidung

Hemdkleides herab (vgl. 1 S. 24_{5-12}). Hemd- und Oberkleid tragen auch zwei vor dem Thron stehende Frauen. Bei beiden kommen die langen Ärmel des Hemdkleides unter den weiten halblangen des Oberkleides hervor. Das Obergewand besitzt keine Schleppe, sondern bauscht sich in Kniehöhe nach innen. Die vorn stehende, reicher gekleidete Frau trägt über einem auf den Rücken fallenden, in Fransen endenden Schal eine polosartige Kopfbedeckung, die auch andere Elfenbeine aus Megiddo als Frauentracht bezeugen (MegIv Tf. 43_{186} 39_{175}; vgl. ANEP 126). Weniger gut erkennbar ist die Kl. des Thronenden; doch trägt er sicher über dem Gewand eine über die Schulter geführte Schärpe. Daß das Wickelgewand und das Hemdkleid in der SB IIB-Zeit nebeneinander in Mode waren, läßt sich ebenfalls den Megiddo-Elfenbeinen entnehmen (MegIv Tf. 32_{160} 38_{173}; vgl. ANEP 125).

3. Viele aus der MB- und SB-Zeit bekannten Kl.sstücke lebten in der E-Zeit weiter: so der Schulterumhang (Hazor I Tf. 150; vgl. ANEP 854), der Hüftschurz als Soldaten-Kl., und nur das Wickelgewand verschwand allmählich (zu seinem Vorkommen in Mesopotamien im 9. und 8. Jh.: Hrouda, Kulturgeschichte, Tf. 2f). Das kurzärmelige, lange Hemdkleid mit Gürtel (hebr. *ḥăgōr*) und Fransen am Saum trägt Jehu auf dem Schwarzen Obelisken Salmanassars III. (ANEP 355); ohne Gürtel und Fransen tragen es auch die Männer der eroberten Stadt Lachis (ANEP 371; zu den sich Ergebenden mit Kopfbedeckung: R. D. Barnett, IEJ 8, 1958, 161–164). Auch für Frauen war das Hemdkleid das Übliche; doch ist es auf Abbildungen meist von einem Mantel mit Kapuze (ANEP 187) oder einem lang herabhängenden Kopftuch (hebr. *mispāḥōt?* Abb. 44_7) zum Teil verdeckt. Neu ist in der E-Zeit ein ärmelloser Mantel (hebr. *məʿīl*), der der modernen arab. *ʿabā, ʿabāye* vergleichbar ist (Dalman, AuS V, 240–248). Es besteht aus zwei oben und seitlich zusammengenähten Stoffbahnen, die einen Durchschlupf für den Kopf und die Arme offen lassen. Seine Ränder sind in der E-Zeit mit Borten markiert (Abb. 44_5: einer der Deportierten der Stadt Astartu = Astaroth). Als Kopfbedeckung trägt Jehu einen undeutlich dargestellten Turban (hebr. *ṣānīp, miṣnēpet*; ANEP 355), einen anderen Turbantyp tragen die Männer von Lachis (ANEP 371; vgl. auch Abb. 44_5).

4. Eine wichtige Quelle für die Kl. der pers. Zeit sind die Reliefs von Persepolis. Die sechste Abordnung zeigt syr. Gesandte in plissierten, die Waden bedeckenden Hemdkleidern mit halblangen Ärmeln und einer breiten Stola. Die gewickelten, in einer stumpfen Spitze endenden Turbane erinnern an den Jehus (ANEP 355); nach nordsyr. Mode (vgl. z. B. →Abb. 73_1) sind die Schuhe vorn hochgebogen (ANEP 11; G. Walser, Die Völkerschaften auf den Reliefs von Persepolis, 1966, 78–80).

5. Daß es neben modischen Extravaganzen (Jes. 3_{19-23}; H. Wildberger, Jesaja,

Abb. 44 **Kleidung** (6–8) Frauenkleidung

BK 10/1, 1972, 142–145) und der Übernahme fremdländischer Moden (Jos. 7_{21} vgl. Jo. 3_{6}) auch für bestimmte Anlässe je bes. Kl.stücke gab (z.B. Witwenkleider: Gn. 38_{14}; ausnahmsweise Verschleierung des Gesichts bei Frauen: Gn. 24_{65}, dazu R.de Vaux, RB 44, 1935, 397–412), läßt sich vor allem für die Trauerriten belegen: man streute Asche auf sein Haupt, machte sich Einritzungen (äg.: AOB 198; ANEP 634, 638; ZDMG 84, 1930, Tf. 1) und trug den *śaq*, nachdem man die Alltags-Kl. zerrissen hatte (1 R. 21_{27}). Der *śaq* war ein von einem Gürtel gehaltenes Tuch, das man um die Hüften legte. Darstellungen von klagenden Frauen zeigen diese mit entblößtem Oberkörper (vgl. die äg. Belege oben und die Darstellung auf dem ʼAḥīrōm-Sarkophag: Abb. 44_{8}).

Literatur: S. Bertman, Tasseled Garments in the Ancient East Mediterranean, BA 24, 1961, 119–128 – Dalman, AuS V, 199–362 – E. Haulotte, Symbolique du vêtement selon la Bible, 1966, bes. 17–68 – Hrouda, Kulturgeschichte, 21–50, 141–143 – J.B. Pritchard, Syrians as Pictured in the Paintings of the Theban Tombs, BASOR 122, 1951, 36–41 – G.E. Wright, Israelite Daily Life, BA 18, 1955, 50–79 bes. 61–70. *H. Weippert*

Korb und Flechtwerk

1. Verwendung. 2. Funde.

1. Aus verschiedenen Pflanzenfasern und Ruten (Dalman, AuS VII, 236f) geflochtene oder in Spiralwulsttechnik gefertigte K.e wurden seit dem NL je nach Größe und Form bei der Haus- und Feldarbeit, im Handwerk und Kult verwendet. In flachen K.en (Am. 8_{1f}: *kəlūb*; Dt. $26_{2,4}$: *ṭenē*) transportierte oder bewahrte man Früchte auf. Größere Frucht-K.e unter einer Palme zeigen jüd. Münzen der Aufstandszeit (→Abb. 56_{5}). Das K.fest (Philo, De specialibus legibus II 215f) ist nach den beim Überbringen der Erstlingsfrüchte benutzten K.en benannt. Im hebr. *sal* heißenden K. wurde Brot aufbewahrt (Gn. 40_{16-18}), ungesäuertes Brot, Kuchen und Fladen bei der Priesterweihe dargebracht (Ex. 29_{3} Lv. 8_{26}), aber auch andere Speisen serviert (Jdc. 6_{19}). Nach Mc. 6_{43} bzw. 8_{8} par. sammelte man bei der Speisung der 5000 bzw. 4000 die Reste in K.en ein *(κόφινος/σπυρίς)*. Als Kennzeichen der Juden nennt Juvenal (Satiren III 14 VI 542) mit Heu gefüllte K.e zum Warmhalten der Speisen. In großen K.en (Jer. 24_{1f}: *dūd* = Feigen-K., öfter aber Kochtopf) transportierte man Baumaterial (Ps. 81_{7}; AOB 176; ANEP 115). Groß muß auch der K. gewesen sein, in dem Paulus über die Stadtmauer von Damaskus hinabgelassen wurde (Act. 9_{25}: *σπυρίς*; 2 Ko. 11_{33}: *σαργάνη*). Zur Verminderung der Feuchtigkeit beim Hausbau oder in sumpfigem Terrain verwendete man in Mesopotamien aus Schilfrohr geflochtene Matten (BuA I 245). Mit Pech (Ex. 2_{3}) bzw. Leder abgedichtetes F. benötigte man für Wasserfahrzeuge (Jes. 18_{2}; AOB 159).

2. Mattenreste wurden in Wohnhäusern des NL in Jericho (PEQ 87, 1955, 110f Tf. 16_{2}) und in den Heiligtümern von *Çatal Hüyük* (AnSt 13, 1963, 75 Tf. 16c) gefunden. Die Gefäßböden chalkolithischer Keramik tragen z.T. Abdrücke von F. (z.B. Meg II Tf. 2_{16f} 92_{15}; L IV 72 Tf. 13_{91}; TGh I

Tf. $39_{2,4}$). Dabei stimmen die Mitten der Mattenspiralen und der Gefäßböden überein, was nahelegt, daß die Matten etwas größer als die Gefäßböden waren und speziell für Töpferarbeit hergestellt wurden (TGh I 92; R. de Vaux, RB 68, 1961, 567; vgl. auch →Töpferscheibe). Reste von Matten und K.en aus dem CL kommen aus der jud. Wüste (CTr 198–206). In MB-zeitlichen Gräbern in Jericho fanden sich neben in geflochtene Matten gehüllten Leichen K.e mit verschiedenen Grabbeigaben (Jer I 524–526). Außer Mattenabdrücken auf der sogenannten „Negev"-Keramik sind bisher aus der E-Zeit in Pal. keine F.- oder K.funde bekannt. Reiche Überreste aus röm. Zeit enthielten die Höhlen am Toten Meer, die während des jüd. Aufstands als Unterschlupf dienten. Ein Beispiel bes. kunstvoller K.flechterei ist der im „Cave of Letters" gefundene Weiden-K. (Yadin, Cave of Letters, Tf. 49 Abb. 57).

Literatur: Beer-Sheba I 47–51 – Ch. Singer/E.J. Holmyard/A.R. Hall, ed., A History of Technology I, 1956^3, 413–447 – Yadin, Cave of Letters, 136–156.

M. Kellermann

Kultgeräte

1. K. aus Ton, a Ständer, b Tonhäuschen, c Kernoi. 2. K. aus Stein, a Räucheraltäre, b Opferplatten, c Salbschalen, d Räucherkästchen. 3. Bronzene Drei- und Vierfußständer.

Die sehr verschiedenartigen Gefäße (→Keramik) und Geräte lassen sich nur hypothetisch bestimmten kultischen Funktionen zuordnen, zumal sie in den wenigsten Fällen in eindeutigem Tempel- oder Grabkontext gefunden wurden. Andererseits tauchen dort Gefäße in offenbar kultischer Funktion auf, die aus häuslichem Gebrauch stammen. Die Anordnung der jeweils typologisch verwandten Stücke erfolgt daher einfach nach den Materialien: Ton, Stein und Metall.

1.a Aus Ton geformte runde Ständer mit angesetzter Schale und charakteristischen „Fenstern" in der Wand des erhöhten Fußes, wie sie sich z.B. in Beerseba im CL, in Beth-Sean in der FB-Zeit (Amiran, Pottery, Photo 331–334) und in *Tell Qasīle* in der SB-Zeit (Qadmoniot 6, 1973, Tf. 3; IEJ 25, 1975, 82 Tf. 7E) finden, und in der E I-Zeit in Hazor (Amiran, Pottery, Photo 341), Megiddo (ebd. Photo 348), in der E II-Zeit in Thaanach (AOB 466) begegnen, werden meist als Räucherständer („incense burner") bezeichnet. Brandspuren im Innern des Fußes wurden allerdings nicht nachgewiesen. Daneben steht der Typ des oben und unten offenen Ständers, dessen Schale meist nicht erhalten ist. Nur im Falle eines Ständers aus Megiddo (Abb. 45_1; aus Stratum VI, E I; Gesamthöhe: 67 cm) ist die passende Einsatzschale vorhanden, die sogar mittels eines Pflöckchens durch vorgebohrte Löcher am Ständer befestigt werden konnte. Im Gegensatz zu dem trichterartigen Parallelstück (MegC Tf. $19_{P.5803}$) weist diese keine Durchbohrung auf. Beide Schalen zeigen Verbrennungsspuren im Innern. Die Funktion hoher, schlanker Räucherständer, wie sie in großer Zahl in Assur (Katalog bei Andrae 41–47 Tf. 18–20; Beispiel: AOB 483, vgl. auch die Rekonstruktion AOB 481) gefunden wurden, ist aus ass. Opferszenen (ANEP 624–628) belegt (zur Diskussion anderer Möglichkeiten: MegC 20f mit Lit.).

Reich verzierte Formen mit Henkeln und plastischem Schmuck, menschlichen Figuren in Relief, Vögeln, Schlangen und anderen Tieren finden wir in der MB-, SB- und E I-Zeit z.B. in *Nahărīyā* (MB II, Amiran, Pottery, Photo 336), Byblos (FB I Tf. 139), *Tell Qasīle* (BA 36, 1973, 42–48; IEJ 25, 1975, 82 Tf. 7D, E), Megiddo (Stratum VI, E I, ANEP 582), Beth-Sean (Abb. 45_2, 11.Jh.), Hazor (Kultplatz, Stratum XI, 11.Jh., Hazor III-IV Tf. 345 = Amiran, Pottery, Photo 341, dazu Yadin, Hazor, 133; vgl. auch die sekundäre Verwendung von offenen Ständern im Kanalsystem des SB I-Tempels, ebd. 81), in der Region von *Bēt Aulā* bei Hebron (R. Amiran, The Israel Museum News 9, 1972, 56–60, in der Verzierung der Schale ähnlich wie Abb. 45_1 [Megiddo]; jedoch zusätzlich ein Fries von neun Metopen mit handgeformtem menschlichen Gesicht) und in Ai (Amiran, Pottery, Photo 344). In die E II-Zeit wird ein großer vollständiger Ständer aus Asdod datiert (Ashdod I 136 mit Abb. 38_6). Ein Unikum ist bisher der Ständer aus Asdod mit fünf Musikantenfiguren vom Ende der E I-Zeit, der vom Ausgräber nicht mit Räucheropfern, sondern mit Libationen in Zusammenhang gesehen wird (M. Dothan, The Musicians of Ashdod, Archaeology 23, 1970, 310f). Verzierte Tonständer fanden sich auch auf Zypern (K. Ohnefalsch-Richter, Kypros. Die Bibel und Homer,

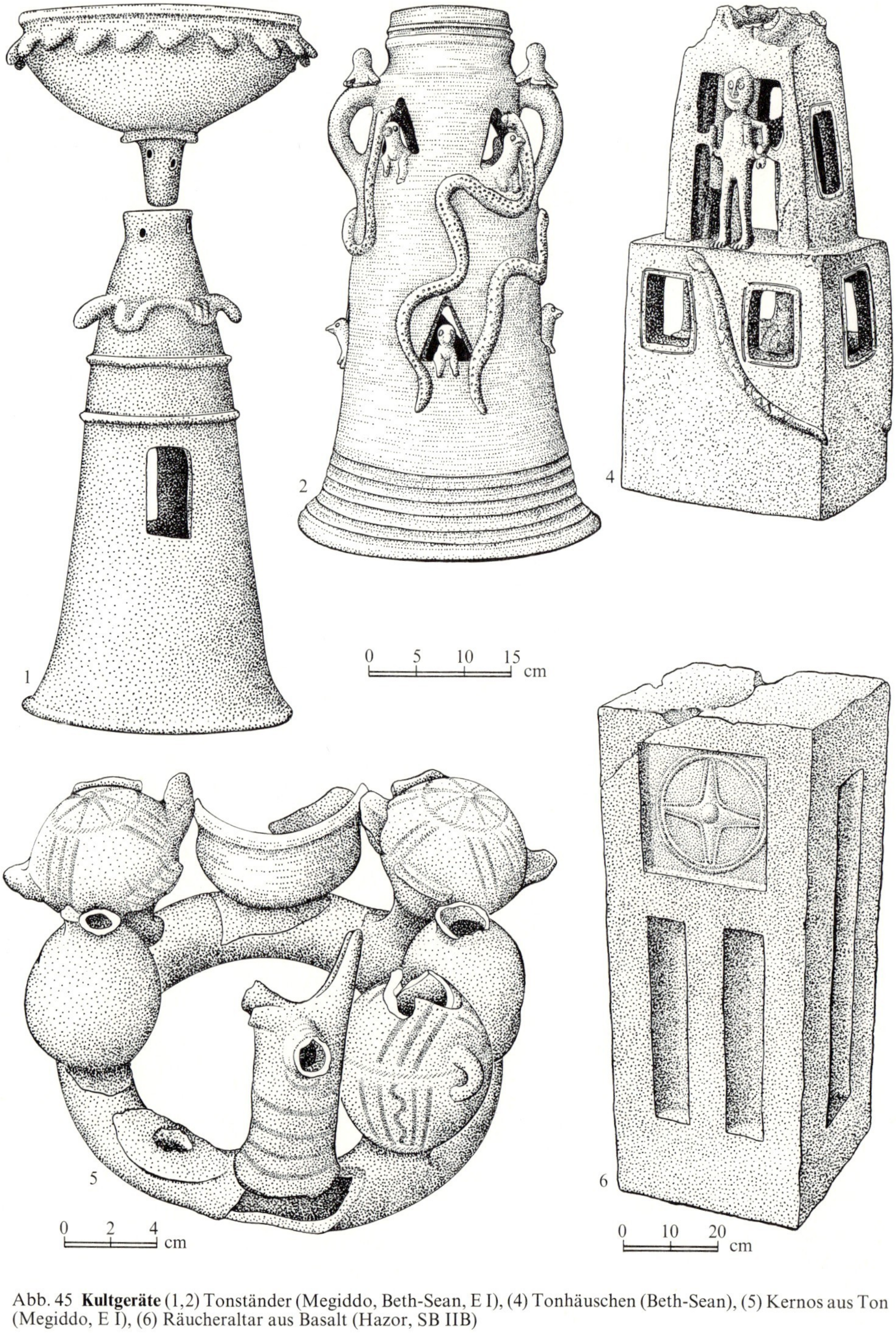

Abb. 45 **Kultgeräte** (1,2) Tonständer (Megiddo, Beth-Sean, E I), (4) Tonhäuschen (Beth-Sean), (5) Kernos aus Ton (Megiddo, E I), (6) Räucheraltar aus Basalt (Hazor, SB IIB)

1893, Tf. 17, vgl. AOB 524; AA 78, 1963, 559 mit Abb. 36; Bulletin de Correspondence Hellénique 94, 1970, 211 mit Abb. 46) und auf dem *Tell er-Rimāḥ* (J. Oates, Late Assyrian Temple Furniture from Tell al-Rimah, Iraq 36, 1974, 179–184 mit Tf. 28f). Die seltene rechteckige Form mit vier Fenstern aus dem Tempel von Ai der FB-Zeit (Amiran, Pottery, Photo 335) ist möglicherweise Prototyp der Tonhäuschen (→1.b).

Zwei Kultständer besonderer Art sind in Thaanach zutage gekommen. 1902 fand E. Sellin (TT I 76–78, 109–111 Abb. 102 Tf. 12f, vgl. AOB 396f) in einem Haus des 12. Jh.s Bruchstücke eines 90 cm hohen Tongeräts von ungefähr rechteckiger Form (an der Basis 45 × 45 cm), dessen Seiten von z. T. geflügelten Tierkörpern flankiert und dessen Front mit Tier- und Menschenköpfen bestückt war. Bei Nachgrabungen fand P. W. Lapp 1968 im Schutt des 10. Jh.s (BASOR 195, 1969, 2–49) einen ähnlichen, ca. 50 cm hohen, besser erhaltenen „Kultständer", der mit einem flachen Bassin gekrönt ist (Abb. 45₃). Die Tierkörper im Hochrelief sind paarweise in vier Registern angeordnet. Lapp schließt aus dem Fehlen jeglicher Brandspuren, daß dieser, wie auch der Sellinsche Ständer, die Tonhäuschen und die zylindrischen Ständer mit flachen Schalen eher für Libationen als zum Räuchern verwendet wurden.

1.b Zwei den Kultständern vergleichbare Tonhäuschen fanden sich in Beth-Sean (AOB 672, vgl. BS II/1 Tf. 56A₁₋₃ und Abb. 45₄, 11. Jh.). Sie sind dreistöckig und mit männlichen und weiblichen (Göttin?) Figuren, Vögeln und Schlangen, die sich zwischen den Fenstern hindurchwinden, geschmückt. Möglicherweise sind als Vorläufer die Tonhäuschen anzusetzen, die in reicher Zahl im archaischen Ištar-Tempel in Assur (Andrae 34–38 Abb. 5–8 Tf. 14–17; Beispiel: AOB 442f) aus der Mitte des 3. Jt.s bekannt sind. Sie sind zweistöckig und mit vielen recht- oder dreieckigen Fenstern so gebildet, daß das Untergeschoß die doppelte Breite des oberen umfaßt und ein „Absatz" entsteht, auf den Opfergaben, Vasen o.ä. gestellt werden können (vgl. K. Galling, Der Altar in den Kulturen des Alten Orients, 1925, 22f, „Absatzaltar"; zur Funktion: AOB 441 und zusammenfassend van Buren).

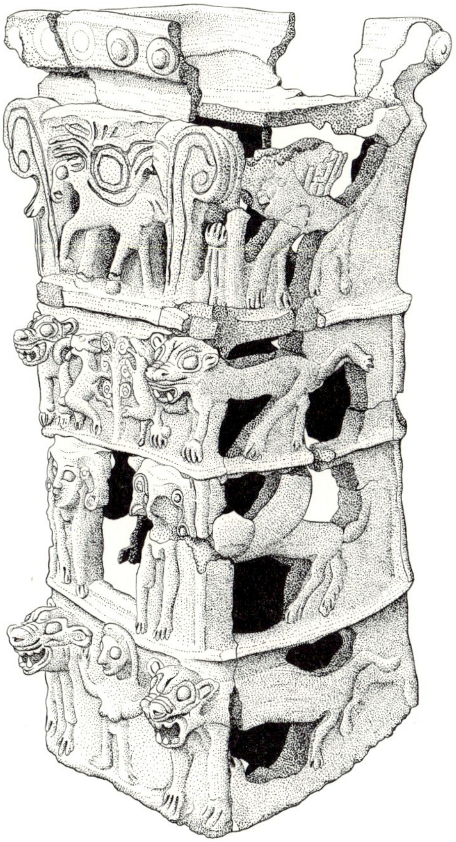

Abb. 45 **Kultgeräte** (3) Tonständer (Thaanach, 10. Jh.)

1.c Ringförmige sogenannte Kernoi aus Ton, auf denen Miniaturvasen, Tierköpfe, Vögel, Granatäpfel und anderes so angebracht sind, daß sie mit dem hohlen Ring in einer Art kommunizierender Röhre verbunden sind und außerdem meist noch eine Ausflußöffnung haben, aus der die Flüssigkeit fließt, wenn diese Stelle beim Spendeopfer gesenkt wird, sind aus dem SB-zeitlichen Zypern bekannt (H.-G. Buchholz/V. Karageorghis, Altägäis und Altkypros, 1971, 1650, 1653) und in Megiddo (Abb. 45₅, vgl. ANEP 589, E I) und Beth-Sean (AOB 676) gefunden worden. Eine Fülle von Ringfragmenten und Kernoiköpfen aus der E II-Zeit enthielten (Grab-) Gruben und eine Keramikwerkstatt in Asdod (Ashdod I 138 Abb. 45 II-III 125–135 Abb. 66, 68–71, 75, 92, 96). Ein bes. gut gearbeiteter und erhaltener Kernos aus der Zeit um 600 wurde in Samos ausgegraben (K. Vierneisel/H. Walter, Die Funde der Kampagnen 1958/59 im Heraion von Samos, MDAIA 74, 1959, 10–34 bes. 29f mit Beilage 67). Fast unversehrt ist auch ein 1975 bei Ausgrabungen in Sasa in Galiläa in offenbar kultischem Fundkontext, dessen Keramik in die E I-Zeit datiert, gefundener Kernos mit aufgesetzten Vögeln, Granatäpfeln und einem kleinen Becher (Mitteilung von I. Pommerantz).

2.a Steinerne Räucheraltäre aus Basalt, wie sie in Beth-Sean (BS II/1 93 Tf. 69A1f, Zeit Thutmosis III., SB) und im SB IIB-Tempel von Hazor (Abb. 456, Areal H, vgl. Yadin, Hazor, 92f Tf. 19: er ist 1,70 m hoch und hat auf der flachen Oberfläche Brandspuren; am oberen Teil einer Seitenfläche ist das Relief einer Scheibe mit vierstrahligem Emblem in einem quadratischen Rahmen angebracht) gefunden wurden, lassen nordsyr.-heth. Einfluß vermuten (vgl. ANEP 616 und den Basalt-Altar aus *Ḥamā* →Altar, 1.d).

Auch die kleineren Hörneraltäre aus Kalkstein aus dem 10.–8.Jh. aus Megiddo, Sichem und weiteren Orten (→Altar, 1.e) dienten zum Räuchern. Unterstützt wird diese Annahme durch – um nur einige Beispiele aus der Umwelt anzuführen – den bemalten syr. Kalksteinaltar von *Tell el-ʿĀṣi* (RB 70, 1963, Tf. 21B, 10.Jh. [Photographie kopfstehend!]), den ass. Kalksteinaltar von *Tell er Rimāḥ* (J. Oates, Iraq 36, 1974, 184 Tf. 295, um 800), den pun. Altar aus Karthago mit Räucherszenen (J. Vercoutter, A propos des autels brûle-parfums puniques, Chronique d'Egypte 20, 1945, 54–63 mit Abb. 9, 11f., Ende des 7.Jh.s), den Alexander-Amron-Altar aus *Ḫirbet et-Tannūr* (N. Glueck, Deities and Dolphins, 1965, 125, 495f mit Tf. 187a, b, 188a, b). Hingegen wird der reliefverzierte Altar aus Lachis (L III Tf. 428f; nach Y. Aharoni, IEJ 18, 1968, 157–169 in frühhell. Zeit zu datieren) als Libationsaltar bezeichnet. Der hier zu nennende runde, stundenglasförmige Kalksteinaltar von *Tell es-Sebaʿ* (Stratum IV, 9.Jh., vgl. Y. Aharoni, IEJ 22, 1972, 170 mit Tf. 33B "incense altar") könnte ebenfalls anderen Funktionen gedient haben (vgl. die sogenannte Libationsszene auf der gut tausend Jahre älteren Urnammu-Stele: ANEP 306).

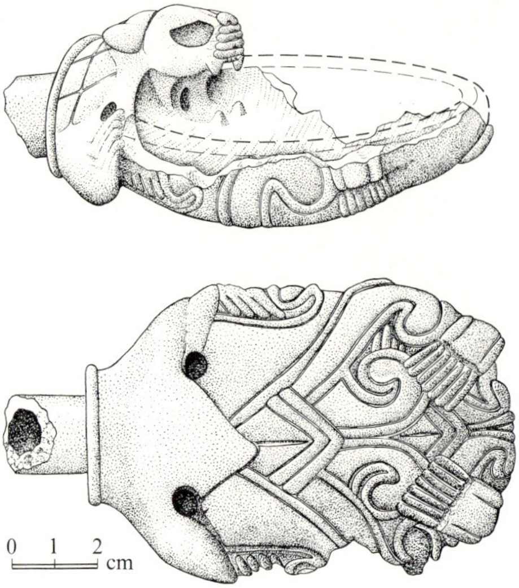

Abb. 45 **Kultgeräte** (7) Salbschale aus Steatit (*Tell Bēt Mirsim*, E II)

2.b Große Basalt-Opferplatten in den Tempeln von *Tell Mardīḫ* (wahrscheinlich MB II, vgl. P. Matthiae, Unité et développement du temple dans la Syrie du Bronze Moyen, in: Le Temple et le culte, 43–72, bes. Tf. 16 Abb. 15), Hazor Areal H, am Eingang des SB II-Tempels ("libation altar", auf einer niedrigen Plattform liegend, mit einer rechteckigen Eintiefung an einer Ecke, vgl. Hazor III–IV Tf. 1291f und Yadin, Hazor, 86; vgl. auch den unter →Altar, 1.c genannten großen Opferaltar aus Areal F), Hazor im SB IIB-Tempel (drei kleinere Platten mit einer oder mehreren rechteckigen Eintiefungen (Yadin, Hazor, 93), Alalaḫ (Ende SB, C. L. Woolley, Alalakh, 1955, 89 Tf. 13b) und Geser (EG III Tf. 2241–15) scheinen Libationen gedient zu haben.

2.c Syr. Salbschalen sind als Streufunde zwischen Syr. und dem Euphrat-Tigris-Gebiet (bis Hasanlu am Urmia-See) aufgetaucht, etwa die Hälfte der über 100 Stücke in datierbaren Ausgrabungsschichten des 9.–7.Jh.s, in Pal. z.B. in *Tell Bēt Mirsim* und Megiddo. Galling unterscheidet in seinem Katalog, je nachdem ob das Ornament auf der Unterseite der Schale aus einer im Flachrelief ausgearbeiteten Hand bzw. einem Volutenornament oder einem eingeritzten Kreuzband besteht und ob die Schale ausschließlich oder zusätzlich von einer

Löwenapplike mit aufgerissenem Maul gehalten und mit den Pranken gleichsam umfaßt wird, acht verschiedene Typen und Kombinationsformen. Der Löwe ist in (apotropäischer) Wächterfunktion zu verstehen; zum Volutenornament, wie es die Steatitschale Abb. 45_7 zeigt (bisher nicht beachtet: die Vogelattaschen) vgl. →Baum, sakraler. Die Deutung ihrer mutmaßlichen Funktion analog den äg. Räucherarmen der Spätzeit ist abwegig, ebenso unwahrscheinlich der Zusammenhang mit den aus Ton gefertigten heth. Libationsarmen des 15./13.Jh.s. Anzunehmen ist die Verwendung bei einem Ritus (?) des Salbens (→Salbe und Salbgefäße, 1.), wobei am Zapfen ein Lederbeutelchen mit dem kostbaren ätherischen Öl befestigt worden sein könnte. Einen sicheren Beleg für kultische Verwendung eines in der Form anderen (Adaption der „schönen Schwimmerin"), aber vergleichbaren Gerätes bietet nur die Stele des Ba'lyaton aus *Umm el-'Amed* (→Abb. 67_1, 4.Jh., vgl. dazu WO 5, 1969/70, 105–107 Tf. 5).

2.d Kleine, blockförmige Kalksteinkästchen mit vier Füßchen und geometrischen, gelegentlich figürlichen (Baum, Tier, Mensch) Ritzzeichnungen (Abb. 45_8) sind zahlreich in Pal., Transjordanien, Südarabien, Mesopotamien und Zypern aufgetaucht (Zusammenstellung bei Pritchard, hinzuzufügen sind weitere Exemplare von *Tell el-Milḥ* und *Tell es-Seba',* vgl. Beer-Sheba I 52f Tf. 29f, 52). Sie reichen vom 7.–1.Jh., dienten zum Räuchern und sind möglicherweise mit den biblischen *ḥammānīm* (Ez. $6_{4,\,6}$) gemeint (K. Galling, Festschr. K. Elliger, 69f), wenngleich dieser Begriff auch andere Formen von Räucheraltären mit umfaßt haben wird (ZDPV 91, 1975, 93f).

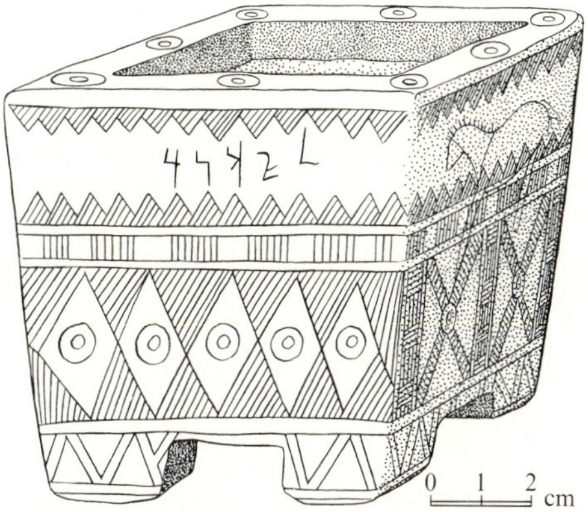

Abb. 45 **Kultgeräte** (8) Räucherkästchen aus Kalkstein (*Tell es-Sa'īdīye*)

3. In Beth-Sean (Abb. 45_9) und Ugarit (Abb. 45_{10}) – der mit Granatapfelanhänger

Abb. 45 **Kultgeräte** (9,10) Bronzene dreifüßige Ständer (Beth-Sean, Ugarit)

9

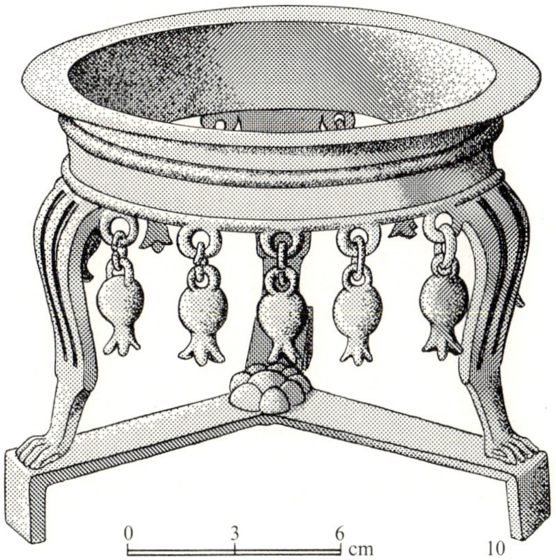

10

Abb. 45 **Kultgeräte** (11) Bronzener vierfüßiger Ständer (Megiddo)

verzierte Dreifuß aus den Ruinen des Hauses des Hohen Priesters in Ugarit ist in das 12. Jh. zu setzen (Catling, Bronzework, 202f) – sowie in *Tell es-Sa'īdīye* (BA 28, 1965, 13 Abb. 6) sind bronzene Dreifüße gefunden worden, deren Typ sich über Zypern bis Tiryns verfolgen läßt (Catling, Bronzework, 190–213 Tf. 35–37, zu den tönernen Imitationen 213–223 Tf. 38f). Auf ihnen muß man sich Metallgefäße denken (z. B. die Bronzeschale Hazor II 152f Tf. 137_{17}, SB II-Zeit). Mit den vierfüßigen Ständern sind typologisch die Kesselwagen verwandt, die in 1 R. 7_{27-39} (vgl. M. Noth, Könige, BK 9/1, 1968, 156–162) genannt werden und von deren Aussehen Miniaturmodelle aus Zypern (Catling, a.a.O., Tf. 35f) eine Vorstellung vermitteln (vgl. auch das Exemplar aus Megiddo: Abb. 45_{11}; Catling, a.a.O., 205 Tf. 33d). Eine Sonderform mit Doppelflöte blasender Frauengestalt als Mittelständer und angenieteter (verlorener) Schale stellt der Bronze-Dreifuß aus Megiddo dar (AOB 654; Catling, a.a.O., 213 Tf. 37e, 10. Jh.).

Literatur: W. Andrae, Die archaischen Ischtar-Tempel in Assur, WVDOG 39, 1922, *passim* – E. D. van Buren, Akkadian Stepped Altars, Numen 1, 1954, 228–234 – Busink, Tempel, *passim* – Catling, Bronzework, *passim* – V. Fritz, Tempel und Zelt, WMANT 47, 1977, *passim* – K. Galling, Die syrischen Salbschalen, ADPV 1978 – M. Haran, The Uses of Incense in the Ancient Israelite Ritual, VT 10, 1960, 113–129 – O. Keel, Kanaanäische Sühneriten auf ägyptischen Tempelreliefs, VT 25, 1975, 413–469 – M. Löhr, Das Räucheropfer im Alten Testament, 1927 – Le Temple et le culte. Compte rendu de la 20 ème rencontre assyriologique internationale organisée à Leiden du 3 au 7 juillet 1972, 1975 – J. B. Pritchard, An Incense Burner from Tell es-Sa'idiyeh, Jordan Valley, in: J. W. Wevers/D. B. Redford, ed., Studies on the Ancient Palestinian World Presented to F. V. Winnett, 1972, 3–17. *A. Reichert*

Kulthöhe

In der kan. Religion des 2. Jt.s können wir zwei Gattungen von Heiligtümern unterscheiden: Tempel mit Gottesbild einerseits und offene Heiligtümer mit kultischer →Massebe und →Aschera zur Kennzeichnung des heiligen Ortes (Anwesenheit der Numina) und einem Brandopferaltar andererseits (Gese, Religionen, 173). Eine solche Gegenüberstellung von Tempel und K. ist im AT und in Syr.-Pal. im 1. Jt. nicht in gleicher Weise möglich. Der überwiegend (über 650 mal) als *'bayit'* bezeichnete Jerusalemer →Tempel (3.a) stellt theologisch als Zentralheiligtum und als Reichstempel der davidischen Dynastie eine eigene Kategorie dar, was auch ausstattungsmäßig unterstrichen wird (ohne Gottesbild!). In der Kontinuität des 2. Jt.s stehen die ebenfalls als *'bayit'* bezeichneten Tempel in Asdod (Dagon; 1 S. 5_2), Sichem und Silo (weniger als 10 Belege). Auch die klassische K. (hebr. *bāmā*) begegnet, etwa in der prophetischen Kritik des 8. Jh.s (z. B. Ho. 4_{13} 10_{1-8}), wo Aschera, Massebe und Altar ausdrücklich genannt sind . Dabei handelt es sich um ursprünglich als legitim angesehene Jahwekultstätten (Rost). Als K. begegnen aber auch Anlagen mit Gebäuden, so in Rama (1 S. 9_{12-25}) oder in Gibeon (1 R. 3_{4-15}). Nach den als Annalennotizen zu qualifizierenden Angaben aus der Zeit Josias (z. B. 2 R. 23_{19}) gab es auch in Städten K.n, deren Bezeichnung als *bāttę habbāmōt* o.ä. (2 R. 17_{29}) auch auf Gebäude hinweist und die entsprechend als „Tempelhöhen“ (Welten) von den Höhen ohne Gebäude zu unterscheiden sind (nach Schunck 139 soll „Haus“ nur den Speiseraum für das Essen des Opferfleisches bezeichnen). Beziehungen zu Grab und Totenkult sind an keiner Stelle nachweisbar (mit Vaughan 15–20 gegen Albright).

Die Wahrscheinlichkeit, Höhen im strengen Sinn archäologisch nachweisen zu können, ist gering. Die einfachen Installationen (Aschera, Massebe, Altar) außerhalb einer Siedlung sind äußerst schwer feststellbar. Allenfalls wären die E-zeitlichen Tumuli westl. von Jerusalem zu nennen, wenn die kultische Deutung richtig ist, die R. Amiran (The Tumuli West of Jerusalem, IEJ 8, 1958, 205–227) vertritt.

Bekannt ist dagegen eine größere Zahl von Kultanlagen innerhalb von Siedlungen, meist im Zusammenhang mit Gebäuden, die man als Tempelhöhen bezeichnen sollte. Prominentestes Beispiel ist die Anlage in →Arad. Anzuschließen sind die große Plattform in →Dan (18 × 18,7 m), ein gepflasterter Hof mit Kultgeräten in →Hazor (Areal B) aus der unmittelbar vorsalomonischen Zeit, eine Anlage mit Wasserbecken und Massebe in Thaanach und →Thirza, ein Komplex von Kulträumen in →Megiddo (Stratum VA) und eine Anlage mit Depositbänken, Massebe und möglicherweise Aschera in Lachis (10. Jh.; vgl. Y. Aharoni, Investigations at Lachish, V, 1975, 26–32). Nach Y. Yadin wäre eine entsprechende Anlage, bestehend aus dem Hörneraltar mit Treppe, einem dazugehörenden Gebäude und einer Wasserrinne auch auf *Tell es-Seba'* rekonstruierbar, die Josia (2 R. 23_{8}) zerstören ließ (BASOR 222, 1976, 5–17). Diesen E-zeitlichen Anlagen (dazu Welten 20–29) wären Beispiele aus anderen Epochen an die Seite zu stellen (z. B. die SB II-Anlage in Hazor, vgl. Yadin, Hazor, 100f; vgl. zum Ganzen Vaughan 40–51 mit allerdings problematischer Typologie).

Literatur: W. F. Albright, The High Places in Ancient Palestine, VTS 4, 1957, 242–258 – W. G. Dever, The Gezer Fortifications and the 'High Place', PEQ 105, 1973, 61–70 – Gese, Religionen, *passim* – C. C. McCown, Hebrew High Places and Cult Remains, JBL 69, 1950, 205–219 – L. Rost, Erwägungen zu Hosea 4_{13f}, in: Das kleine Credo und andere Studien zum Alten Testament, 1965, 53–64 – O. Saller, Sacred Places and Objects of Ancient Palestine, LA 14, 1963/64, 161–228 – K. D. Schunck, Zentralheiligtum, Grenzheiligtum und „Höhenheiligtum" in Israel, Numen 18, 1971, 132–140 – P. H. Vaughan, The Meaning of 'bāmâ' in the Old Testament, 1974, – L.-H. Vincent, La notion biblique du haut-lieu, RB 55, 1948, 245–278, 438–445 – P. Welten, Kulthöhe und Jahwetempel, ZDPV 88, 1972, 19–37. *P. Welten*

Kultmaske

Bei Grabungen oder als Zufallsfunde sind in Syr. und Pal. kleine, stark stilisierte Gesichts-M.n aus Ton oder Kalkstein aufgetaucht, die der SB- und E II-Zeit angehören. Sie unterscheiden sich in der Form von den in Syr., Mesopotamien und Iran verbreiteten, aus Tempeln oder Gräbern stammenden Fayence- bzw. Fritte-M.n mit farbigen Glaseinlagen (Zusammenstellung: A. Parrot, Ug VI, 409–418) dadurch, daß sie meist Höhlungen für die Augen, gelegentlich auch für den Mund, und seitliche kleine Löcher zur Befestigung haben. Hervorzuheben sind zwei SB II-zeitliche Ton-M.n aus Hazor: a) die in einer Zisterne gefundene M. von 14 × 16 cm; sie wurde auf der Töpferscheibe geformt, dann wurden die Augen ausgeschnitten, der Mund durch eine tiefe horizontale Kerbe angedeutet, Nase, Brauen und Ohren aus Ton modelliert und angesetzt (Hazor I 138 Tf. 163) – b) die wesentlich feiner, mit der Hand modellierte M. aus der Nähe einer Töpferwerkstätte mit ausgearbeiteten Augenhöhlen und -brauen und vorstehendem Mund (Hazor II 115 Tf. 183; zu beiden: Y. Yadin, Hazor, 1975, 49–57). Im SB-zeitlichen Philister-Tempel 200 von *Tell Qasīle* wurde eine lebensgroße M. mit Augen- und Mundöffnungen gefunden (IEJ 25, 1975, 81). Unsicher ist die Datierung einer in der Gegend von Hebron erworbenen ovalen (18 × 14 cm) Kalkstein-M. von seltener Perfektion mit ausgeschnittenen Augen und Mund (Bible et Terre Sainte 49, 1962, 9f Abb. 23); ein ähnliches Stück von *er-Rām* hat keine Öffnungen (PEFQSt 22, 1890, 268f). Fragmente von M.n fanden sich in Geser (EG II 234 Abb. 233), *Tell Sūkās* (AAS 13, 1963, Abb. 16 [die Unterschriften von Abb. 15 und 16 sind vertauscht!]) und Enkomi auf Zypern (Lagarce).

Anscheinend aus der Phase der Wiederbenutzung von Gräbern in der 2. Hälfte des 6. Jh.s stammt eine gut erhaltene Ton-M. aus der Nekropole von *ez-Zīb* (Achsib) mit sehr kleinem Gesicht in der Mitte einer ca. 10 cm breiten M. mit drei Befestigungslöchern (M. W. Prausnitz, RB 69, 1962, 404f Tf. 44b); in Stil und Technik ist sie einem Fragment aus Hazor (Stratum VA, 8. Jh.) vergleichbar (Hazor II 60 Tf. 103_{6} 163_{5}).

Die Funktion solcher M.n ist schwer zu bestimmen. Möglicherweise handelt es sich bei einem Teil der Fundstücke um Nachbildungen wirklicher M.n; nur die wenigsten sind – abgesehen von der geringen Größe – auf der Innenseite den Formen des menschlichen Gesichts angepaßt. Verbreitet ist von Ägypten bis Mykene, Etrurien und Rom der Brauch der Toten-M. (A. Rieth, Antike Welt 4, 1973 [Heft 1], 28–34); diese Deutung ist für Funde in sepulchralem Kontext naheliegend. Als kultische Tanz-M.n sind eher Tier- als Gesichts-M.n zu erwarten (Priester [?] mit Stier-M. aus Ugarit: Syria 18, 1937, 146 Tf. 18; vgl. zu zypr. Priestern mit Stier-M.n: V. Karageorghis, Harvard Theological Review 64, 1971, 261–270). Auch eine apotropäische oder Votivfunktion der M.n ist schwer vorstellbar. Vielleicht ist bei einigen an eine kultisch-rituelle Repräsentanz (respektive Verhüllung) des göttlichen Strahlenglanzes zu denken (vgl. E. Cassin, La splendeur divine, 1968, 9–15 in kritischer Aufnahme der philologischen Untersuchung entsprechender akk. Begriffe durch A. L. Oppenheim, JAOS 63, 1943, 31–34).

Eine Identifikation mit den atlichen *tərāpīm* ist erwogen worden (vgl. K. Elliger, RGG VI, 690f); doch ist die Etymologie des Terminus umstritten. Unsicher ist auch die Deutung von Ex. 34_{29-35} auf eine „Gesichts-M. des Mose" (A. Jirku, Von Jerusalem nach Ugarit, 1966, 247–249, 397). Die ikonographisch erst seit dem 12. Jh. n. Chr. belegte und in Michelangelos Figur für das Grabmal Julius II. am bekanntesten gewordene Darstellung Moses mit Hörnern geht wohl auf die Vulgata-Übersetzung von Moses „strahlendem" Angesicht (Ex. 34_{29}) zurück (weitere Belege: Lexikon der christlichen Archäologie III, 1971, 285f).

Literatur: F. Behn, Vorgeschichtliches Maskenbrauchtum, Sitzungsberichte der sächsischen Akademie der Wissenschaften zu Leipzig, phil.-hist. Kl. 102/1, 1955 – E. und J. Lagarce, A propos du masque A. 71.1 d'Enkomi, Syria 50, 1973, 349–354.
zu *tərāpīm*: W. F. Albright, Are the Ephod and the Teraphim mentioned in the Ras Shamra Texts? BASOR 83, 1941, 39–42 – G. Hoffmann/H. Greßmann, Teraphim. Masken und Winkorakel in Ägypten und Vorderasien, ZAW 40, 1922, 75–137 – H. A. Hoffner, Jr., Hittite *Tarpiš* and Hebrew *Terāphîm* JNES 27, 1968, 61–68 – C. J. Labuschagne, Teraphim – a New Proposal for its Etymology, VT 16, 1966, 115–117 – K. Seybold, Art. *tərāpīm*, in: E. Jenni/C. Westermann, ed., Theologisches Handwörterbuch zum Alten Testament II, 1976, 1057–1060. *A. Reichert*

Lachis

1. Lage und Identifizierung. 2. Ausgrabung und Geschichte.

1. Etwa in der Mitte zwischen Jerusalem und Gaza erhebt sich der *Tell ed-Duwēr* ungefähr 40 m hoch im Hügelland der Schephela. Sein nahezu rechteckiges Plateau umfaßt etwa 7,3 ha und entspricht damit der Größe von →Geser. Daß dieser Tell mit dem oft im AT genannten *Lākīš* (zum Namen: L IV 37) identisch sei, schlug zuerst W. F. Albright (ZAW 47, 1929, 3 Anm. 2) ausgehend von EusOn 120_{19-22} vor (L. liegt demnach 7 Meilen südl. von Eleutheropolis = *Bēt Ǧibrīn*). Daß diese Identifizierung den früheren, unter denen der *Tell el-Ḥesī* an erster Stelle rangierte (C. R. Conder, W. M. Fl. Petrie, W. F. Bliss – zusammenfassend: L III 38–40), vorzuziehen ist, legen auch die Ergebnisse der Ausgrabung auf dem *Tell ed-Duwēr* nahe. Unter den 24 hier gefundenen Ostraka ist ferner eines (Nr. IV) nach L. gerichtet.

2. Die in den Jahren 1932–1938 durchgeführten Grabungen auf dem *Tell ed-Duwēr* endeten vorzeitig duch den Tod ihres Leiters, J. L. Starkey. Die Baugeschichte der Stadt ist deshalb nur fragmentarisch bekannt, und speziell für die Perioden vor der E-Zeit stehen bisher nur die Ergebnisse aus einem Schnitt nahe der Nordwestecke des Tells zur Verfügung. 1966 und 1968 nahm Y. Aharoni Ausgrabungen im Gebiet des pers. Tempels auf und 1973 begannen Grabungen auf dem Tell unter der Leitung von D. Ussishkin.

Auf der durch das *Wādī Ġafr* gut mit Wasser versorgten Ortslage finden sich ebenso wie in der nächsten Umgebung (Höhlensiedlung nordwestl. des Tells im CL und in der FB-Zeit: L IV 29f, 39–43) Streufunde, die bis in das NL zurückreichen (ebd. 44). Anhand des Schnittes läßt sich nicht feststellen, ob schon die FB-Siedlung auf dem Tell ummauert war (ebd. 45). Die erste nachgewiesene Befestigung aus der Zeit um 1700 bestand aus einem rechteckigen Wall aus Stampferde mit einem vorgelagerten schmalen Graben, der im Westen über eine Strecke von 140 m verfolgt wurde (ebd. 45–49; zum Befestigungstyp →Mauer, 3.). Gut 100 Jahre später hatte der Wall seine Bedeutung verloren, und gegen Ende der SB-Zeit befand sich auf ihm im Bereich des Schnitts ein Haus (ebd. 49). Über eine SB-zeitliche Stadtmauer ist so gut wie nichts bekannt (doch vgl. L III 77 Tf. 11_2); Analoges gilt für die unter einer dicken Aschenschicht begrabene SB-zeitliche Stadt (ebd. 77f), die erst durch die neuen Grabungen Ussishkins allmählich Konturen gewinnt. Die Amarna-Briefe nennen aus dieser Epoche zwei Stadtfürsten aus L. namens Zimredda und Yabni'ilu (vgl. EA II S. 1353f zu den Briefen 328f), und Abdiḫeba von Jerusalem beklagt sich in EA 287_{14-16} darüber, daß L. mit Geser und Askalon die 'Apiru unterstütze. In der 18. Dyn. erwähnt der Papyrus Petersburg 1116A einen Boten aus L. (Helck, Beziehungen, 166). Die in den Amarna-Briefen bezeugte Abhängigkeit der Stadt von Ägypten dokumentieren die Funde aus dem SB-Tempel am Fuße des Westabhangs des Tells im ehemaligen Befestigungsgraben ("Fosse Temple", L II; ANEP 731). In dem um 1475 errichteten und zweimal (um 1400 und 1325; vgl. den Grundriß →Abb. 85_9) erweiterten Tempel, dessen Zerstörung um 1200 wohl mit der der Stadt zusammenfiel (ein Skarabäus Ramses' III. deutet auf eine Zerstörung nach 1200, L III 46–52 IV 36f), dominierten äg. und ägyptisierende Votivgaben (L II 59–76), darunter große Kollektionen von Elfenbein (ebd. Tf. 15–21), Schmuck (Tf. 14, 34, 36) und Skarabäen (Tf. 32f).

Wem die Zerstörung der SB-Stadt zuzuschreiben ist (Ägyptern, Philistern, Israeliten [Jos. $10_{5,32}$]?), ist ungewiß, da Hinweise auf eine direkt auf die Zerstörung folgende Siedlung und damit auch auf ihre Bewohner spärlich sind (L III 52; Ussishkin, IEJ 25, 167). Erst Schicht V (ca. 1000–900) zeigt eine neue urbane Phase mit einem Palast (über zwei Bauten der SB-Zeit: Ussishkin, IEJ 25, 166), der auf einer 32 m^2 großen, z.T. noch 7 m hoch anstehenden Plattform erbaut und während der Schichten IV und III (ca. 900–700) zweimal erweitert wurde (L III 78–86). Im 9. und 8. Jh. umgab eine doppelte Mauer die Stadt; beide paßten sich mittels Vor- und Rücksprüngen den Konturen des Tells an. Die obere Mauer war ein 6 m starker Ziegelbau, auf dem nach Schicht III eine 3,7 m breite steinerne Schalenmauer errichtet wurde. Die untere Mauer bestand aus Steinen (ebd. 87–93). Der einzige bislang bekannte Zugang zur Stadt erfolgte durch ein Tor im Südwesten (ebd. 93–102). Ein großer (22 × 25,2 × 25,5 m), nicht genau datierter Schacht im Südosten des Tells diente wie an anderen pal. Orten zur →Wasserversorgung (ebd. 158–163; zum Brunnen im Nordosten: ebd. 92f). Den Ausbau der jud. Grenzstadt (Jos. 15_{39}) verbindet man allgemein mit der Bautätigkeit Rehabeams (2 Ch. 11_9), das Ende von Schicht III mit der Eroberung durch Sanherib im Jahr 701 (L III 55f; zur Diskussion: P. Welten, Die Königs-Stempel, ADPV 1969, 84f), die in 2 R. $18_{14,17}$ 19_8 vorausgesetzt wird, und die ein Relief aus *Nimrūd* darstellt (ANEP 371–374; AOB 137–141; Ausschnitt: →Abb. 14_1). Nur wenige Privathäuser und die modifizierten Befestigungsanlagen repräsentieren Schicht II (ca. 700–586). Mit Y. Aharoni (BIES 31, 1967, 80–91 [hebr.]) kann man fragen, ob die auf den Ruinen des Palastes errichtete und üblicherweise in pers. Zeit datierte Residenz (L III 131–141; vgl. K. Galling, PJ 34, 1938, 78; ANEP 728) als ass. Verwaltungssitz zu interpretieren ist, zumal ihr Grundriß typologisch dem ass. Palast in →Megiddo entspricht (→Palast, 3. mit Abb. 62_8; vgl. Meg I 69–72 Abb. 89). L. muß jedoch noch einmal an Juda gefallen sein, da Jer. 34_7 L. und Aseka als die zwei letzten befestigten Städte Judas nennt, die Nebukadnezar II. noch nicht erobert hatte. Die Bauspuren aus pers. Zeit sind spärlich, und der Ort blieb trotz seiner Wiederbesiedlung durch jud. Exulanten (Neh. 11_{30}) unbedeutend. Die letzten auf dem Tell entdeckten Bauten, ein Tempel ("Solar Shrine", dazu Aharoni) und ca. 40 m davon entfernt ein Pfeilerbau (L III 146–149) stammen aus hell. Zeit.

Unter den Kleinfunden sind bes. die Schriftdokumente in mehreren Schriften und Sprachen bemerkenswert. Neben zahlreichen äg. Skarabäen finden sich ein anthropoider Sarkophag mit hieroglyphischer (L IV 131f Tf. 45_3 46; →Sarkophag, 2.c) und Schalen mit hieratischen Inschriften (ebd. 132f Tf. 44_{3-6} 47_{1-4}) sowie ein hieratisches Inschriftenfragment (Ussishkin, IEJ 24, 272; M. Gilula, TA 3, 1976, 107f Tf. 5_1). Kurze Texte in protokan. Schrift tragen ein Dolch (L IV 128 Tf. 22_{15} 42_2; ANEP 271), ein Gefäß (L II 49–54 IV 130; ANEP 273) und ein Siegel (W.F. Albright, The Proto-Sinaitic Inscriptions and their Decipherment, Harvard Theological Studies 22, 1969², 3–5 Abb. 2f). 24 hebr. Ostraka (L I; III 331–339; B. Roco, Rivista Biblica 14, 1966, 203–208; Aharoni, IEJ 18, 168f; A. Lemaire, TA 3, 1976, 109f Tf. 5_2; KAI Nr. 192–199) stammen mehrheitlich aus dem Tor; letztere geben Einblick in die militärische Korrespondenz kurz vor dem Fall des Südreichs. Eindrücklich sind die Menge der in L. gefundenen *lmlk*-Krugstempel (→Siegel, 3.cß) und die insgesamt 19 Tonbullen, mit denen Papyrusdokumente versiegelt wurden, und von denen zwei die königlichen Beamten Gədalyāhū und Šəbanyāhū nennen (L III 348; Aharoni, IEJ 18, 164–168).

Literatur: Y. Aharoni, Trial Excavation in the 'Solar Shrine' at Lachish, Preliminary Report, IEJ 18, 1968, 157–169 – ders., Investigations at Lachish, V: The Sanctuary and the Residency, 1975 – L I–IV – O. Tufnell, Lachish, in: D. W. Thomas, ed., Archaeology and Old Testament Study, 1967, 296–308 – D. Ussishkin, IEJ 24, 1974, 272f; 25, 1975, 166–168.

H. Weippert

Lampe

1. Allgemeines. 2. Typologische Entwicklung der L.n. 3. Leuchter. 4. Laterne.

1. Die L. (hebr. *nẹr*) war zur Beleuchtung geschlossener Räume (Wohnhäuser: Prv. 31$_{18}$; Tempel: 1S. 3$_{3}$ 1R. 7$_{49}$) notwendig. Da man dem Licht apotropäische Kraft beimaß, wurden bisweilen L.ndeposita in Grundmauern, unter Türpfosten und Schwellen eingebaut (EG II 434–437; Galling 44f; Smith, BA 27, 13). L.nnischen kommen seit der MB I-Zeit in Gräbern vor; in ihnen werden L.n oft noch *in situ* gefunden (dazu z.B. TA 1, 1974, 124f). Einen größeren Lichtradius erzielte man, indem man L.n auf einen Standfuß bzw. Leuchter (hebr. *mənōrā*) setzte (vgl. Mt. 5$_{15}$ par.). Nach dem AT gehörten Leuchter zu den Kultgeräten (Ex. 25$_{31-35}$ 1R. 7$_{49}$ u.ö.); doch kamen sie auch im häuslichen Bereich vor (2R. 4$_{10}$). Nicht im AT, aber durch Funde belegt ist die im Freien verwendete Laterne.

L.n waren in der Regel aus Ton, selten aus Bronze (*Tell el-Qāḍī*, SB II: BA 37, 1974, 34 Abb. 7; *Tell es-Saʿīdīye*, E I: TA 1, 1974, 164; *Tell Ḫuwēlfe*, E II: IEJ 20, 1970, 156 Abb. 13 Tf. 38A; Lachis, pers. oder hell.: L III 142 Tf. 42$_{2}$ = 63$_{1}$), Eisen (EG II 271) oder Stein (*Saḥāb*: ADAJ 15, 1970, 34 Tf. 16$_{SA 139}$). Als Brennmaterial diente Öl (Ex. 27$_{20}$ Lv. 24$_{2}$), dessen Leuchtkraft nach Her II 62 durch Salz zu steigern war. Öl zum Nachfüllen (vgl. Mt. 25$_{1-13}$) bewahrte man in Krügen mit engem Ausguß auf (hell. Ölkanne: K. Katz/P. P. Kahane/M. Broshi, Von Anbeginn, 1968, Abb. 82). Den aus Stoff oder Fäden bestehenden Docht putzte oder kürzte man mit einer Lichtschere (1R. 7$_{49}$: *melqāḥayim*? vgl. ug. *mqḥt*: M. Dahood, Analecta Orientalia 48, 1971, 31–34).

2. Als früheste L.n (seit Ende des 3. Jt.s) dienten – nach Brandspuren an den Rändern zu schließen – flache, vielseitig verwendbare Schalen (Kennedy 68). Von eigentlichen L.n ist aber erst dann zu sprechen, wenn Schalen durch Einkneifen des Randes eine Schnauze zur sicheren Auflage des Dochts besitzen. Ausreichendes L.nmaterial, anhand dessen die jeweiligen Haupttypen einer Epoche bestimmbar sind, steht erst seit dem Übergang von der FB- zur MB-Zeit zur Verfügung. Demnach war seit der FB III- mit Schwerpunkt in der MB I-Zeit die vierschnäuzige L. typisch (Abb. 46$_{1}$; BASOR 204, 1971, 33f, Abb. 1$_{2f}$; 210, 1973, 17 Abb. 6$_{1}$ 8$_{26}$ und 28f Abb. 2$_{15-17}$ und 48–50 Abb. 4$_{6-8}$), die in der MB IIA-Zeit nur noch vereinzelt auftritt (Amiran, Pottery, 190 Tf. 59$_{1}$). Sporadisch kommt seit der MB I-Zeit die einschnäuzige L. vor (ebd. 82 Tf. 22$_{16}$ 24$_{14}$; BASOR 200, 1970, 29 Abb. 3$_{18}$: L. mit einseitigem Knopfhenkel vom *Ǧebel Qaʿaqīr*), die von der MB IIA- bis in pers. Zeit mit wenig Modifikationen den hauptsächlichen L.ntypus darstellt. Die zunächst nur schwach angedeutete Schnauze der flachen Schale (Abb. 46$_{2}$; Amiran, Pottery, 190 Tf. 59$_{2-12}$) ist seit der SB II-Zeit stärker ausgeprägt; bei einigen L.n berühren sich fast die umgeschlagenen Ränder (Abb. 46$_{3}$; bei zwei L.n aus Gräbern von *Ḫirbet Tell ed-Ḍurūr* [isr. *Tẹl Zərōr*], die nach den Beigaben in die SB II-E I-Zeit gehören, bilden die zusammenstoßenden Ränder einen geschlossenen Steg: TZ II Tf. 10$_{9}$ = 48$_{1}$ III Tf. 60). Gleichzeitig werden die Schalen tiefer und größer und sitzen seit der SB IIB-Zeit bisweilen auf kleinen Scheibenfüßen (Amiran, Pottery, Tf. 59$_{20}$). Ohne Bruch setzt sich in der E I-Zeit die Entwicklung fort. Typisch für den Süden Pal.s sind große L.n mit rundem Boden; im Norden kommen daneben kleinere mit flacher Standfläche vor (Amiran, Pottery, 291 Tf. 100$_{1-7}$). In der E IIA-B-Zeit dominiert die L. mit rundem Boden und stärker vorspringender Schnauze (ebd. Tf. 100$_{8-13}$). Der relativ hohe Scheibenfuß und der vom gewölbten Schalenkörper scharf abgesetzte nach außen gebogene Rand sind Merkmale der L.n der E IIC-Zeit (Abb. 46$_{4}$). Demgegenüber folgt bei der für die pers. Zeit

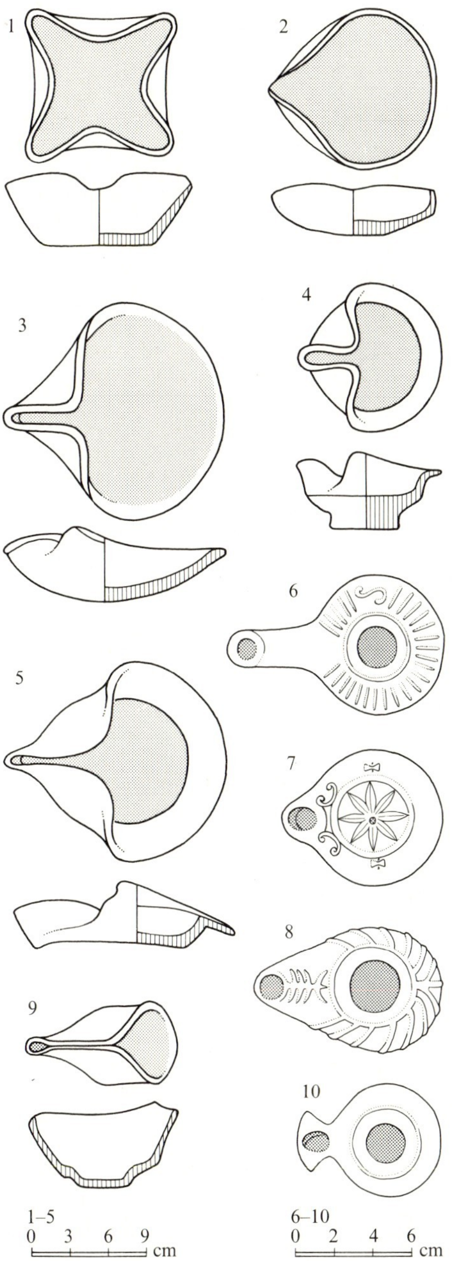

Abb. 46 **Lampe** (1) Offene vierschnäuzige Lampe (MB I), (2–5) offene einschäuzige Lampen (MB IIA, SB IIA, E IIC, pers.), (6–8) in Formen gepreßte geschlossene Lampen (hell., röm., byz.), (9, 10) auf der Scheibe gedrehte geschlossene Lampen (hell., herodianisch)

typischen L. über dem flachen runden Boden sofort der schräg nach außen stehende Rand (Abb. 46_{5}). Gegen Ende des 7. Jh.s beginnt der Import geschlossener griech. L.n (IEJ 12, 1962, 108f Abb. 8_{1-4}), die in hell. Zeit die Masse der in Pal. gefundenen L.n darstellen. Bei ihnen sind Dochttülle und Eingußloch durch einen das Eingußloch umlaufenden Ring voneinander getrennt. Typisch ist für sie ferner die langgestreckte Dochttülle (Abb. 46_{6}; Smith, BA 27, 102–110). Seit dem 2. Jh. kommen aus Griechenland in Formen gepreßte L.n (Unter- und Oberteil jeweils für sich gepreßt), deren Schultern ornamentale, pflanzliche und figürliche Muster tragen (ebd. Abb. 7–10; Lapp 194–196). Demgegenüber sind die ebenfalls meist importierten röm. L.n runder; ihr Eingußloch ist von einem eingetieften Spiegel umgeben, der nun der hauptsächliche Bildträger wird (Abb. 46_{7}; Sussman, Levy). Die byz. L. ist birnenförmig und höher, ihre Ornamente in der Ausführung roh (Abb. 46_{8}; vgl. z. B. O. R. Sellers / D. C. Baramki, BASOR Supplementary Studies 15–16, 1953, 36–55; z. T. griech.-christliche Aufschriften, dazu z. B.: ZAW 74, 1962, 324). Neben den in Formen gepreßten L.n tauchen in hell. und röm. Zeit in Pal. immer wieder auf der Scheibe gedrehte Schalen-L.n auf, deren Schnauzen durch die übergeschlagenen Seiten zur Dochttülle hin tendieren (Abb. 46_{9}; Lapp 192; Kennedy Tf. 20_{481}). Ebenfalls auf der Scheibe gedreht sind die geschlossenen L.n mit spatenförmig ausladender Schnauze, die während der Zeit der herodianischen Dynastie in Pal. verbreitet waren (Abb. 46_{10}; Smith, Berytus).

Parallel zur typologischen Hauptlinie finden sich zu allen Zeiten Nebenformen, unter denen die mehrschnäuzigen L.n (höhere Leuchtkraft!) eine prominente Stellung einnehmen. Eine sechsschnäuzige L. der FB-Zeit ist aus Ai (PEQ 104, 1972, 23 Abb. 17_{4}), dreischnäuzige der FB-Zeit sind aus *Bāb eḏ-Ḏrā'* bekannt (LA 15, 1964–65, 183–185). Zwei- (Smith, BA 27, 18 Abb. 18), acht- (L III Tf. 90_{379}) und vor allem siebenschnäuzige L.n sind für die E II-Zeit belegt (North *passim* mit Hinweis auf siebenschnäuzige L.n aus *Nahārīyā* aus der Zeit um 1750). In röm. Zeit sind mehrschnäuzige L.n mit parallel oder radial angeordneten Schnauzen häufig (z. B.:

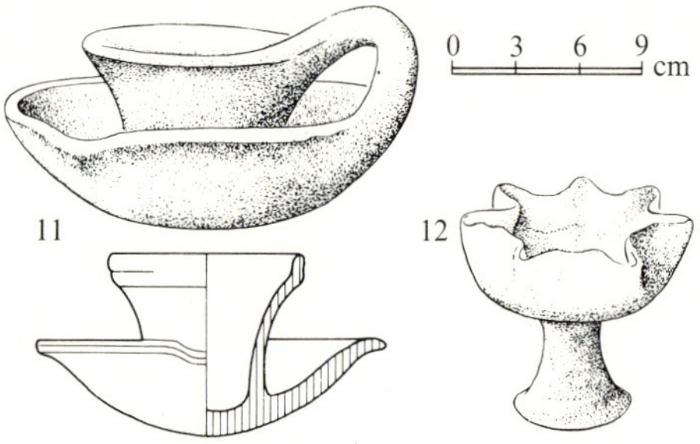

Abb. 46 **Lampe** (11) "Cup-and-Saucer"-Lampe, (12) siebenschnäuziger Leuchter

QDAP 11, 1945, 1–26 Tf. 7–9). Analoge Lichtwirkung erhielt man, indem man mehrere L.n auf einem gemeinsamen Untersatz befestigte, wie es bei Exemplaren vom *Tell eṣ-Ṣāfī* und *Tell Sandaḥanna* aus pers. Zeit der Fall ist (Smith, BA 27, 29f Abb. 17f; zu einem typologischen Vorläufer aus der SB-Zeit in Ugarit [zypr. Import] vgl. Syria 50, 1973, 305 Abb. 10). Eine weitere Sonderform, deren Deutung als L. strittig ist (Amiran, Pottery, 303), besteht aus einer Schale mit oder ohne Henkel, in deren Mitte ein zylindrisches Gefäß sitzt, das möglicherweise das Brennmaterial enthielt ("cup-and-saucer-lamp"). Auch dieser Typus reicht in die FB-Zeit zurück (BA 35, 1972, 73 Abb. 5) und ist ebenso in der MB-, SB- (Amiran, Pottery, Photos 338, 340) und E-Zeit belegt (Abb. 46_{11}; vgl. SS III 181f mit Abb. 27_{7-11} und die typologisch verwandten ass. L.n: Iraq 21, 1959, 135 Tf. $39_{104-106}$).

3. Auf Ständern (meist Tonröhren: Smith, BA 27, 9–11 Abb. 4) sitzende L.n sind als Leuchter zu deuten. Ein indirektes Indiz für den Gebrauch von L.nuntersätzen liefert eine L. aus Jericho (MB II), aus deren L.nboden eine Tülle aufsteigt, mittels der sie auf einem Ständer befestigt werden konnte (Jer II Abb. 251_{26}). Während die Klassifizierung von Untersätzen aus Ton, Metall (zu letzterem vgl. das hell. Grabbild vom *Tell Sandaḥanna* bei Smith, BA 27, 107–109 Abb. 6) oder Stein (SS III 377f Tf. 24_{1-4}) ohne fest montierte L.n als Leuchter unsicher ist, bereitet die der fest auf ihrem stammartigen (TBM III Tf. 32_3; TN II Tf. 71_{1645}) oder figürlichen (N. Glueck, The Other Side of the Jordan, 1970, Abb. 90f) Untersatz befestigten L.n der E II-Zeit keine Schwierigkeiten. Auch der Typus der "cup-and-saucer lamp" (Smith, BA 27, 15 Abb. 7) und herodianische L.n (Sussman 31 Abb. unten links) kommen mit hohem Standfuß vor. Zahlenmäßig am stärksten ist aber die Gruppe der Schalen-L. mit sieben Schnauzen auf hohem Fuß, die in Ugarit seit der SB-, in Pal. erst seit der E II-Zeit nachgewiesen ist (Abb. 46_{12}; North *passim*). Da die Leuchter-Vision von Sach. 4 zwischen der *mənōrā* und den sieben L.n eine *gullā* (= Schale?) nennt, können sie am ehesten als Vergleichsmaterial zur Rekonstruktion dieses Leuchters beitragen (vgl. North mit Abb. 42). Mit dem von P (5. Jh.) in Ex. 25_{31-40} beschriebenen siebenarmigen Leuchter aus Gold verbindet sie nur die Siebenzahl der Lichter. Unübersehbar ist jedoch die Verwandtschaft zwischen dem Leuchter von Ex. 25_{31-40} mit dem des herodianischen Tempels, der auf dem Titus-Bogen in Rom dargestellt ist (analoge Darstellungen in röm.-byz. Zeit auf L.n, Mosaiken, jüd. Goldgläsern und als Graffiti, vgl. Goldberg und →Abb. $84_{1,2,4}$).

4. Laternen sind bisher nur selten bei Ausgrabungen aufgetaucht. Zwei E II-zeitliche tönerne Exemplare aus Transjordanien in der Form einer Halbkugel mit einem Henkel am oberen gewölbten Ende besitzen eine seitliche Öffnung, durch die ein auf dem Boden befestigtes zylindrisches Gefäß sichtbar ist, das das Brennmaterial enthielt (QDAP 11, 1945, Tf. 17_{40}; PEFA 6, 1953, Tf. 6_{50}). Diesen Modellen sehr ähnlich, jedoch mit zusätzlichen Öffnungen für den Rauchabzug, sind noch die byz. Laternen aus Samaria (SS III 363 Abb. $84a_8$) und Jericho (JerA Tf. 44_{A19}).

Literatur: R. Amiran, Pottery, 82, 190, 291, 303 – W. Eltester, Der siebenarmige Leuchter und der Titusbogen, Beihefte zur ZNW 26, 1960, 62–76 – K. Galling, Die Beleuchtungsgeräte im israelitisch-jüdischen Kulturgebiet, ZDPV 46, 1923, 1–50 – A. M. Goldberg, Der siebenarmige Leuchter, zur Entstehung eines jüdischen Bekenntnissymbols, ZDMG 117, 1967, 232–246 – U. Jantzen/R. Tölle, Beleuchtungsgerät, in: S. Laser, Hausrat, Archaeologia Homerica II/P, 1968, 83–98 – A. Jirku, Eine Laterne aus dem altorientalischen Palästina, FF 29, 1955, 157 – Ch. A. Kennedy, The Development of the Lamp in Palestine, Berytus 14, 1961–63, 67–115 – M. Kon, The Menorah of the Arch of Titus, PEQ 82, 1950, 25–30 – P. W. Lapp, Palestinian Ceramic Chronology 200 B.C.-A.D. 70, 1961, *passim* – A. Levy, An Observation on the Direction of the Decorations on Palestinian Oil Lamps, IEJ 23, 1973, 48f – L. Loeschke, Antike Laternen und Lichthäuschen, Bonner Jahrbücher 118, 1909, 370–430 – A. Negev, The Chronology of the Seven-Branched Menorah, EI 8, 1967, 193–210 (hebr.) – R. North, Zechariah's Seven-Spout Lampstand, Biblica 51, 1970, 183–206 – R. H. Smith, The "Herodian" Lamp of Palestine: Types and Dates, Berytus 14, 1961–63, 53–65 – ders., The Household Lamps of Palestine in Old Testament Times, BA 27, 1964, 2–31 – ders., Household Lamps of Palestine in Intertestamental Times, BA 27, 1964, 101–124 – ders., The Household Lamps of Palestine in New Testament Times, BA 29, 1966, 2–27 – D. Sperber, The History of the Menorah, The Journal of Jewish Studies 16, 1965, 135–159 – V. Sussman, Ornamented Jewish Oil Lamps From the Fall of the Second Temple through the Revolt of Bar Kochba, 1972 (hebr.) – G. Wirgin, On the Shape of the Foot of the Menorah, IEJ 11, 1961, 151–153 – ders., The Menorah as Symbol of Judaism, IEJ 12, 1962, 140–142 – ders., The Menorah as Symbol of After-Life, IEJ 14, 1964, 102–104. *H. Weippert*

Lanze

Die L. (hebr. *ḥănīt* und *rōmaḥ*; vgl. auch *šēbeṭ* in 2S. 18_{14}) besteht aus einem hölzernen Schaft (2S. 23_{7}) und einer metallenen Spitze. Zur L. Goliaths mit eiserner Spitze und dem Vergleich mit einem Weberbaum (1S. 17_{7}) vgl. Yadin, PEQ 87 und Galling sowie →Weben und Weberei. In der Regel dient die L. als Stoßwaffe im Nahkampf, ausnahmsweise auch als Wurfwaffe (1S. 18_{11}). Der mit ihr ausgerüstete Krieger, Jäger (→Abb. 40_{2}) oder auch eine Gottheit (äg. Darstellungen zeigen Rešep mit L.: JEA 45, 1959, Tf. 1; vgl. auch →Abb. 30_{4}) behält eine Hand frei und kann sich mit dem →Schild schützen. L. und Schild treten dementsprechend in Texten (1 Ch. 12_{24}) und auf Darstellungen (z. B. →Abb. 73_{1}) oft gemeinsam auf. Üblich war in Pal. wohl die Stoß-L. mit dickem Schaft; ihre Länge schwankte zwischen 1,25 und 1,80 m.

L.nspitzen können von →Pfeil-Spitzen nur durch ihre Größe (Cross/Milik 19), von →Dolchen nicht immer sicher abgegrenzt werden. Die flache, lanzettförmige Spitze (Abb. 47_{1}) ist häufiger als die dreieckige (Abb. 47_{2}). Beide Formen können durch eine Mittelrippe verstärkt sein. Steckspitzen (Abb. 47_{1f}) – vereinzelt schon in der FB-Zeit nachweisbar (Hennessy 80; MegT Tf. 86_{1}; Ca III Tf. 61 a–c) – wurden in einen ausgehöhlten Schaft eingelassen und nur selten durch Nägel zusätzlich befestigt (AOB 79: vier Nägel am Schaft sichtbar; vgl. auch BP I Tf. 34_{210}). L.n mit Angelhakenspitzen kommen in Syr. seit der FB-Zeit vor (Ca III Tf. 60a; Ug II 50 Abb. 18_{1-5} IV 241 Abb. 32F-H; Syria 47, 1970, 9 Abb. 4; 29, 1972, 23f Abb. 24). Die vier kupfernen

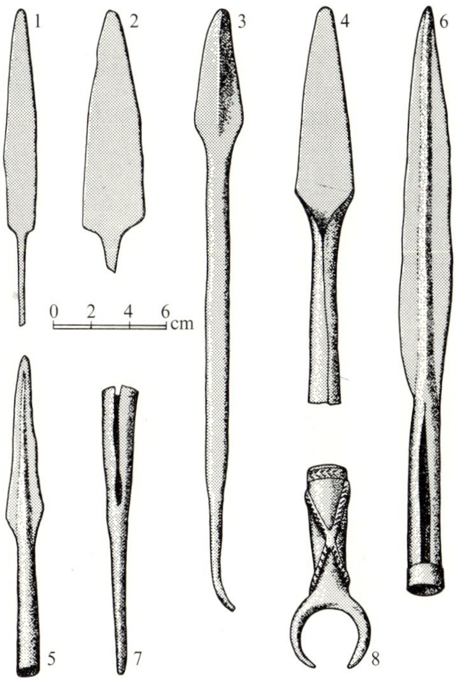

Abb. 47 **Lanze** (1–3) Steckspitzen, (4–6) Tüllenspitzen, (7, 8) Lanzenschuhe

Angelhakenspitzen aus *Kəfar Mōnaš* (FB) mit 33 bis 66 cm Länge und einem Gewicht bis zu ca. 2 kg (IEJ 13, 1963, Tf. 29A-D; vgl. ANEP 783c; zur Datierung: PEQ 107, 1975, 53–63) sind schwerer als die typischen pal. Angelhakenspitzen, deren Kopf nur etwa 1/4 der gesamten Spitze ausmacht (Abb. 47_{3}; Dever 103 mit Abb. 5; de Maigret Abb. 12), oder deren Kopf kaum breiter als der Zapfen ist (Dever 103 mit Abb. 6). Meist als Grabbeigaben aus der MB I- bis in die SB-Zeit sind solche L.nspitzen in Pal. aufgetaucht (zum Gußverfahren: Levant 6, 1974, 188–192). Einen breiteren und längeren Kopf haben die in Hazor (Hazor III-IV Tf. 244_{23f} 283_{36}) gefundenen Angelhakenspitzen (eventuell Dolche?). In den gespaltenen Schaft setzte man die Spitze ein; die Angel verhinderte nach dem Umwickeln, daß sich die Spitze verschob (Yadin, Warfare, 156f). Tüllenspitzen wurden auf den Schaft aufgeschoben und eventuell durch Nägel (AG II Tf. 19_{266}; L III Tf. 56_{30}) abgesichert. Die pal. Exemplare sind in der Regel kleiner als die aus Syr. bekannten (vgl. de Maigret Abb. 23–34). Selten sind flache Spitzen mit Schaftlappentüllen (Abb. 47_4: aus Megiddo, FB; TBM III Tf. 62_{10}; BP II Tf. 48_1; FB I Tf. 67_{2177} II Tf. $58_{8279, 8282}$; de Maigret Abb. 22). Üblich sind die in einem Arbeitsgang gegossenen Tüllenspitzen (Abb. 47_5; vgl. die Gußform: FB I/2 Abb. 312_{6558}), die in Pal. seit der FB- (Hennessy 81) und in der MB I-Zeit dann häufiger vertreten sind (ZDPV 87, 1971, 115f; BSNC 65; Atiqot 7, 1974, Tf. 9_{4-10}). Den unteren Tüllenrand schließt oft ein Verstärkungsring ab (Abb. 47_6; ZDPV 87, 1971, Tf. 8_2; Meg II Tf. 173_{12} MegT Tf. 133_7; AG II Tf. 19_{266}), was vor allem in Ugarit häufig belegt ist. Von dort stammt auch ein Exemplar mit zwei Eberköpfen am Abschlußring (Ug I Tf. 23). Vom Ende der FB- bis in die röm. Zeit sind bis auf die Angelhakenspitzen, die nach der SB-Zeit nicht mehr bezeugt sind, alle Typen in Pal. nebeneinander in Gebrauch.

Am Schaftende der L. konnte eine, sich nach unten verjüngende Metallröhre angebracht sein, um die L. in den Boden stecken zu können (Abb. 47_7; vgl. 1 S. 26_7 und die Darstellung AOB 79). Die zwei gegabelten L.nschuhe aus Beth-Sean (Abb. 47_8 und BSNC Abb. 45_5) dürften aus Ägypten stammen (Parallelen: Dothan [Datierung der Gruppe: 13.–11. Jh.]). Ob auch die Gegenstände in L III Tf. 41_{7f}; BP I Tf. 34_{133} 38_{228}; Meg II Tf. 185_3 als L.nschuhe zu deuten sind, ist unklar.

Literatur: Bonnet, Waffen, 96–108 – M. Cross/ J. T. Milik, A Typological Study of the el Khadr Javelin- and Arrow-Heads, ADAJ 3, 1956, 15–23 – W. G. Dever, Middle Bronze Age I Cemeteries at Mirzbâneh and 'Ain-Sâmiya, IEJ 22, 1972, 95–112 – T. Dothan, Forked Bronze Butts from Palestine and Egypt, IEJ 26, 1976, 20–34 – K. Galling, Goliath und seine Rüstung, VTS 15, 1966, 150–169 – J. B. Hennessy, The Foreign Relations of Palestine during the Early Bronze Age, 1967, – A. de Maigret, Le lance nell'Asia anteriore nell'età del bronzo. Studio Tipologico, Studi Semitici 47, 1976 – Ug II 55f – Y. Yadin, Goliath's Javelin and the *mnwr 'rgym,* PEQ 87, 1955, 58–69 – ders., Warfare, *passim.*

H. Weippert

Laubhütte

Der hebr. Ausdruck *sūkkā* (daneben auch *sōk*) für Dickicht, in dem sich z. B. ein Löwe verbergen konnte (Jes. 25_{38}), bezeichnet auch die kleine, aus Zweigen und Laub erbaute kurzlebige L., die jährlich erneuert werden mußte (Hi. 27_{18}). Sie diente als Versteck (Ps. 31_{21}), als Viehunterkunft (Gn. 33_{17}), als Schattendach (Jes. 4_6), als Militärunterkunft im Feld (2 S. 11_{11}) oder als Schutz für Reisende (Jon. 4_5). Auf Pfosten bzw. Steintürmen (Jes. 1_8) errichtete L.n, wie sie noch heute in mediteranen Ländern anzutreffen sind (Dalman, AuS II, Abb. 11–16), waren in der Landwirtschaft wichtig, da von hier aus der Wächter einen Überblick hatte und Tiere verscheuchen konnte. In den Dörfern schlief man während der heißen Jahreszeit in L.n, die neben den Häusern oder auf dem →Dach erbaut wurden.

Obwohl L.n zur Agrarwirtschaft des Kulturlandes gehören, leiten zwei Ätiologien den Ursprung des L.nfestes sekundär aus den Verhältnissen der Wüste ab, wo aber das nötige Baumaterial fehlte (vgl. dazu einen Brief von Bar Kochba bei Y. Yadin, Bar Kochba, 1971, 128f): Lv. 23_{39-43} begründet die Forderung an das Volk, sieben Tage lang in L.n zu wohnen, damit, daß Israel beim Auszug aus Ägypten in L.n gelebt hätte; 2 Macc. 10_6 interpretiert das Fest als Erinnerung an die Makkabäer, die während der Vorbereitung des Widerstandes gegen die Seleukiden in L.n in der Wüste gewohnt hätten (um 166). Auch die Festrituale werden unterschiedlich beschrieben: Lv. 23_{33-38} verlangt Opfer und Versammlungen; Lv. 23_{39-43} Neh. 8_{14-18} sehen den Bau von L.n aus abgebrochenen Zweigen und das Wohnen darin vor; keine L.n, aber das Sammeln von Zweigen fordert 2 Macc. 10_6; Dt. 31_{10-13} schreibt für das L.nfest des Erlaßjahres Thoralesungen vor; nach Neh. 8_{14-18} fand eine Thoraverlesung am 1. und 2. Tag des 7. Monats und am nachfolgenden L.nfest statt (→Kalender, 3.e).

Nach dem normalen bäuerlichen Jahresablauf benötigte man damals wie heute L.n gegen die sommerliche Hitze und für die Getreideernte, also für die Zeit, die im Geser-Kalender (10. Jh., Text →Ackerwirtschaft, 5.; vgl. auch →Baum- und Gartenkultur, 2.) mit dem „Monat für die Gerste" beginnt (Mai/Juni). Ex. 23_{16} setzt das Erntefest an den Jahresbeginn (→Kalender und Zeitrechnung, 3.e), während Lv. 23_{33-43} das L.nfest auf den 15. Tag des 7. Monats (September/Oktober) bestimmt und es als Erntefest beschreibt.

Literatur: Dalman, AuS I/1, 160–163; I/2, 473–475; II, 55f, 61f; IV, 316–318.

D. Irvin

Leder und Lederbearbeitung

1. Technik. 2. Verwendung.

1. Hebr. *'ōr* bezeichnet neben Haut und Fell auch L., d.h. die präparierte Schicht zwischen Haaren und Haut von Haus- und Jagdtieren. In Pal. kam dafür am ehesten Schafs-, Ziegen-, seltener auch Rinds-L. (Wenamun lieferte im 11. Jh. 500 Rinderhäute nach Byblos: TGI 46 Nr. 17) in Frage (→ Viehwirtschaft, 1. und 2.). Analysen von L.funden aus röm. Zeit in der jud. Wüste bestätigen diese Annahme (Yadin, Cave of Letters, 157). Hebr. *taḥaš* (Ez. 16_{20}) bzw. *'ōr taḥaš* (z.B. Ex. 25_{5}) meint kaum die gegerbte Haut einer Delphinart (vgl. arab. *d/tuḫas*), vielleicht eine feine, aus Ägypten importierte L.art (vgl. äg. *ṯḥś;* W. Zimmerli, Ezechiel, BK 13/1, 1969, 352).

Da das AT nichts über die L.bearbeitung berichtet, und erst das NT den Gerber erwähnt (Act. 9_{43} $10_{6,\ 32}$), muß das Verfahren aus äg. Darstellungen (5.–26. Dyn.: Lit. bei Lucas 34f) und dem jüd. Recht (Dalman, AuS V, 190–195) erschlossen werden. Von den durch Waschen und Schaben gereinigten Fellen wurde durch Abpälen, d.h. Ablösen der Haare, und Entfernen der Haut das L. gewonnen, das man durch Gerben geschmeidig, haltbar und wasserundurchlässig machte. Am häufigsten war wohl das Gerben mit vegetabilischen Mitteln (Galläpfel, Schale von Granatäpfeln, verschiedene Baumrinden), ferner wurden Mineralien (Salz, Alaun), Öl oder Tierexkremente verwendet. Die Mittel wurden in Wasser aufgelöst und das L. längere Zeit hineingelegt. In Holzrahmen oder über Gefäßöffnungen gespannt, trocknete man das feuchte L. und verarbeitete es anschließend. Die verschiedenen, meist von äg. Abbildungen her bekannten Werkzeuge sind breite Messer zum Abziehen von Fell und Haut (AG IV Tf. 31_{371}; vgl. W. Fl. Petrie, Tools and Weapons, 1927, Tf. 31_{2}), Messer mit ausschwingender Schneide (Abb. 48_{1}; vgl. TBM III 78 Tf. 61_{10}) und runde Messerklingen (z.B. MegT Tf. 119_{17}; EG III Tf. 198_{15} 199_{10f}) zum Schaben, Hakenmesser (Abb. 48_{2}; vgl. TM I 21 Abb. $18a_{2}$ II 6 Nr. 33 Abb. 9; L IV Tf. 23_{7f}) und Scheren (z.B. HES II Tf. 82b, hell.) zum Schneiden. Aus hygienischen Gründen lagen Gerbereien außerhalb von Ortschaften (nach jüd. Recht 50 Ellen östl. der Stadt, Dalman, AuS V, 192).

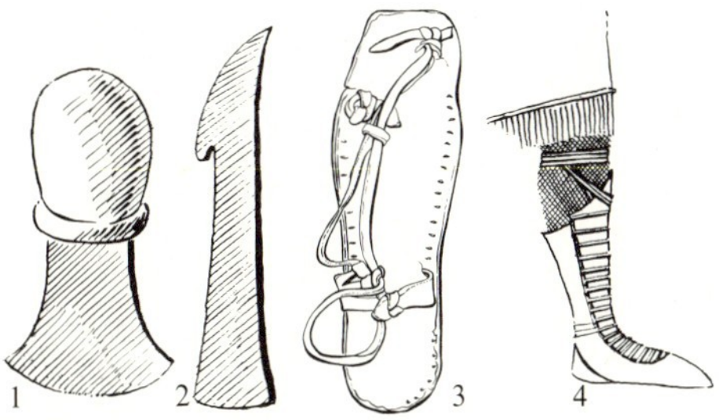

Abb. 48 **Leder und Lederbearbeitung** (1,2) Messer zur Lederbearbeitung, (3) röm. Sandale, (4) ass. Soldatenstiefel

2. Da L. nur unter trockenen Bedingungen Jahrhunderte überdauert, beschränken sich die Funde in Pal. weitgehend auf die jud. Wüste oder stammen aus Gräbern der MB-Zeit in Jericho. Das lückenhafte Bild läßt sich jedoch durch Funde in Ägypten, wo das Klima für die Erhaltung von L. günstiger ist, oder durch Rückschluß von modernen arab., in Pal. gebräuchlichen L.artikeln ergänzen.

Am häufigsten unter den Funden in Pal. sind Sandalen: aus der FB I-Zeit in einem Grab bei *Bāb ed-Ḏrā'* (BASOR 189, 1968, 33 Abb. 15), aus der MB-Zeit in einem Grab in Jericho (Jer II 390; vgl. dazu auch P. Benoit/J. T. Milik/R. de Vaux, Les grottes de Murabba'ât, DJD II, 1961, 25 Tf. 7_{1}) und zahlreich aus röm. Zeit in der jud. Wüste (aus Masada: Abb. 48_{3}; Yadin, Cave of Letters, 165–168 Tf. 57 mit Angabe bisheriger Funde; zu ergänzen: M. Kochavi, ed., Judaea, Samaria and the Golan: Archaeological Survey 1967–1968, 1972, 100 [hebr.]). Auch das AT setzt Sandalen (hebr. *na'al*; **śərōk* = Riemen) als selbstverständlich voraus (zur Schuhsymbolik von Dt. 25_{9f} Ru. 4_{7}: W. Rudolph, Das Buch Ruth, KAT 17/1, 1962^{2}, 67f mit Lit.). Weitere Kleidungsstücke aus L. oder Fell waren der Mantel (Ex. 22_{26}), Rock oder Gürtel (2R. 1_{8}). Spuren eines L.gürtels fanden sich in einem MB-zeitlichen Grab in Jericho (Jer I 454). Die *kəlī 'ōr* von Nu. 31_{20} dürften Dinge meinen wie die Hirtentasche (1S. 17_{40}) und Schläuche für Flüssigkeiten (1S. 16_{20}: *nōd*; Gn. 21_{14f}: *ḥēmet*; Hi. 32_{19}: *'ōb*), die aus dem zusammengenähten Fell einer Ziege gefertigt wurden (vgl. zu beidem Funde aus röm. Zeit bei Yadin, Cave of Letters, Tf. 51f, 54f; ein Alabastergefäß in

5

Abb. 48 **Leder und Lederbearbeitung** (5) Tributbringende Syrer (äg. Darstellung, NR)

Form eines Ziegenschlauches aus der FB II-Zeit wurde in Ai gefunden, eine Parallele dazu ist aus Abydos bekannt: IEJ 20, 1970, 170–179). Decken aus L. oder Fell (häufig in Ägypten, vgl. Lucas) setzen Ex. 25_5 26_{14} u.ö. für die Stiftshütte, Nu. 4_6 u.ö. für den Transport der Kultgeräte auf der Wüstenwanderung voraus. Auch das Schreiben auf L., das in Ägypten seit der 4. Dyn. bezeugt ist, war sicherlich auch in Pal. üblich (vgl. *Qumrān*-Handschriften; →Schreibmaterial und Schrift, 1.g). Bes. wichtig war L. für die Kriegerausrüstung. Anstelle von →Beinschienen trugen ass. Soldaten hohe Schnürstiefel aus L. (Abb. 48_4); in Gebrauch waren L.kappen als →Helme und mit L. oder Fell überzogene →Schilde; →Panzer aus L. trugen die röm. Soldaten (Benoit u.a., a.a.O., 35 Tf. 9_{22-25}) und ihre jüd. Gegner (Yadin, Cave of Letters, 164f, Tf. 56). Ein äg. Tributbild (14. Jh.) zeigt Syrer, die außer →Bogen und Krummschwert, Köcher aus L. und einen Streitwagen bringen, dessen Wagenkasten und Bogentasche aus L. waren (Abb. 48_5). Die Herstellung von Schilden, Köchern und Streitwagen aus L. illustriert ein äg. Grabbild um 1400 (Forbes Abb. 2). Auch das Zaumzeug von Pferden war häufig aus L. (vgl. für Ägypten: ebd. Abb. 6; vgl. auch →Pferd und Streitwagen, 4.).

Literatur: Dalman, AuS V, 185–198 – R.J. Forbes, Studies in Ancient Technology V, 1957, 1–77 – A. Lucas/J. R. Harris, Ancient Egyptian Materials and Industries, 1962^{4}, 33–37 – R. Reed, Ancient Skins, Parchments, and Leathers, 1972 – A. Salonen, Die Möbel des Alten Mesopotamien, Annales Academiae Scientiarum Fennicae B/127, 1963, 231–244 – ders., Die Fußbekleidung der alten Mesopotamier, ebd. B/157, 1969, 67–86 – Yadin, Cave of Letters, 157–168.

H. Weippert

Maße

1. Quellen. 2. Längenmaße. 3. Wegmaße. 4. Flächenmaße. 5. Hohlmaße.

1. Das AT enthält zahlreiche Maßbegriffe, aber nur wenig Angaben über die Relationen und Anhaltspunkte für absolute Werte. Sie können in begrenztem Umfang ergänzt werden durch archäologisches Material, durch Rückschluß aus dem besser bekannten, aber nicht problemlosen späteren jüd. Maßsystem und durch Vergleich mit anderen (äg., mesopotamischen) Maßen.

2. Das hauptsächliche Längenmaß ist die Elle (hebr. *'ammā*). Nach Ez. 40_5 43_{13} 2 Ch. 3_3 gab es mindestens zweierlei Ellen. Die gewöhnliche entspricht wohl der durchschnittlichen natürlichen Elle (44–45 cm), die um eine Handbreite größere des Ezechiel der königlichen äg. Elle von 7 Handbreiten (52,5 cm); doch vgl. zu *qānē*. Zum Nachweis beider Maße an Bauten: Y. Aharoni, BA 31, 1968, 23f; D. Ussishkin, Levant 8, 1976, 88f, 93–95; Scott; zur rabbinischen Elle: Ben-David 160 Anm. 12 und 168f. Kleinere Einheiten sind Spanne (*zēret*), Handbreite (*ṭōpaḥ*), Fingerbreite (*'eṣba'*). Vermutlich galt die kleinere Elle = 2 Spannen = 6 Handbreiten = 24 Fingerbreiten (= rabbinische Einteilung der größeren Elle). Das Meßrohr (*qānē*) hat nach Ez. 40_5 6 große, also 7 kleine Ellen. Ein Meßrohr von 7 (kleinen?) Ellen ist neubab. (Segré 77f). *Gōmed* (Jdc. 3_{16}) ist ein unbekanntes Längenmaß. Im NT: *πῆχυς* = Elle; *ὀργυιά* (Act. 27_{28f}) = Klafter = 4 Ellen.

3. Das unbekannte Wegemaß *kibrat hā'āreṣ* (Gn. 35_{16} 2 R. 5_{19}) setzt sich nach E. Vogt (Biblica 56, 1975, 30–36) zusammen aus *ḵ* = etwa und akk. *bēru* = Weg(doppel)stunde, was aber zu viel ist für die in 2 R. 5 vorausgesetzte Situation. Im NT und den Apokryphen: *μίλιον* (Mt. 5_{41}; 1 röm. Meile = 1480 m); *στάδιον* (Mt. 14_{24} u.ö.) = ca. 200 m; *σχοῖνος* (2 Macc. 11_5 Hss) = 30 Stadien; Sabbatweg (Act. 1_{12}) = 2000 Ellen.

4. *Ṣēmed śādē* (1 S. 14_{14} Jes. 5_{10}) = Fläche, die ein Gespann Rinder an einem Tag pflügen kann (Dalman, AuS II, 47), als bestimmtes Maß wohl = 4 Sea-Flächen = 10 000 Quadratellen. *Bēṯ sāṭayim* (1 R. 18_{32}) = Fläche von 2 Sea (s.u.) Aussaat; nach rabbinischer Praxis = Fläche von 50 × 100

Ellen und damit gleich dem Vorhof von Ex. 27_{9-18} (H. Junker, Trierer Theologische Zeitschrift 69, 1960, 70–72). 50 Ellen lang war die Meßschnur. Ez. 45_{1-6} scheint diese Art der Landvermessung vorauszusetzen.

5. Flüssigmaße sind *bat, hīn* (äg. *hnw*, mit anderem Wert), *lōg*, später Sea (*sə'ā*). Das Hin des zweiten Tempels hatte 12, das Sea 24, das Bat (nach zweifelhafter Tradition) 72 Log. Ez. 45_{14} läßt eine 10-Teilung des Bat vermuten; Epiphanius kennt eine 50-Teilung (wohl syr. Maß); vgl. zwei Kruginschriften aus pers. Zeit (F.M. Cross, IEJ 18, 1968, 226–233): „25 königlich(es Maß) Wein".

Trockenmaße sind *kōr* (akk. *kurru*), *ḥōmer* (ass. *imēru*), Epha (*'ēpā*,äg. *ip.t*), Sea (akk. *sūtu*), *qab* (äg. *qby, qb,* für Flüssiges), *'ōmer* oder *'iśśārōn*. Es gelten a) 1 Homer = 10 Epha = 100 Omer; b) 1 Kor = 30 Sea = 180 Qab. Im mesopotamischen System sind diese beiden Systeme unverbunden bzw. berühren sich in der kleinsten Einheit. Nach Ez. 45_{14} und späterer Tradition ist Homer = Kor, das Epha mithin = 3 Sea. Aber „Kor" in Ez. 45_{14} ist interpoliert; zweifelsfrei bezeugen die Gleichsetzung beider Großmaße erst Lv. 27_{16} Nu. 11_{32} (LXX). *Lētek* (Ho. 3_3) ist später ein halbes Kor, eine Eselslast.

Die beiden Hauptmaße für Trockenes und Flüssiges, Bat und Epha, sollen nach Ez. 45_{11} gleich groß sein, vielleicht nur ein Postulat. Nach rabbinischen Angaben halten die Trockenmaße nur 2/3 der entsprechenden Flüssigmaße; dagegen haben Kor und Saton (Sea) des Josephus und die herodianischen Hohlmaße (s.u.) den vollen Standard der Flüssigmaße.

Die absoluten Werte sind nur für die röm. Zeit einigermaßen bekannt. Der Talmud kennt drei Normen, die zueinander je im Verhältnis 5:6 stehen: Wüstenmaß, Jerusalemer Maß, sefforisches Maß. Eines davon, wahrscheinlich das Jerusalemer Maß entsprach röm. Standard (1 Log = 1 röm. Sextar von 546 ccm; vgl. Ben-David). Die Aufschrift auf dem Krug von *Ḫirbet Qumrān* (Milik) bezieht sich auf sefforisches Maß. Das für den Tempeldienst maßgebende, also wohl älteste, Wüstenmaß kommt für Rückschlüsse am ehesten in Frage; ausdrücklich bezeugt ist es aber nur als Trockenmaß. Die Norm war (oder wäre) ca. 455 ccm für das Log, demnach für das Hin 5,41 und für das Bat von 72 Log 32,7 l. Dieser Wert des Bat hat nicht immer gegolten, vgl. die Maße des ehernen Meeres in 1 R. 7_{26} (Bat höchstens 29 l bei einer Elle von 52,5 cm; 2 Ch. 4_5 anscheinend um 1/3 kleiner). W.F. Albright (TBM III 58 Anm. 7) schätzt Krugfragmente mit der Inschrift *bt (lmlk)* auf die Hälfte von intakten, gestempelten (Standard-?)Krügen von (im Mittel) 46 l. 50 Log Wüstenmaß = 22,7 l. Auch das Hin war vielleicht einmal kleiner. Gemessen an der Ezechiel bewilligten Hungerration von 230 g Getreide und Hülsenfrüchten täglich (Ez. 4_{11}) wäre eine Trinkwasserration von 1/6 Hin = 2 Log Wüstenmaß = 0,9 l fast reichlich. Wir haben mit einem kleineren Standard für das Log zu rechnen oder mit einem kleinen Hin (vgl. Epiphanius) von 6 Log (2,7 l).

Die Maße für Trockenes halten nach rabbinischer Tradition wohl: Issaron = 2,18 l, Epha = 3 Sea Wüstenmaß = 21,8 l, Kor Wüstenmaß = 218 l. Je nach örtlichem Brauch wurde gehäuft oder abgestrichen gemessen; die angegebenen Werte gelten für gestrichenes Maß. Nach Josephus wäre das Assaron kleiner, nämlich 7 attische Kotylen, das sind entweder $7+0{,}273$ = 1,91 l (statt genau 8 Kotylen gemäß rabbinischen Angaben) oder $7\times 0{,}204$ = 1,43 l = 2/3 des rabbinischen Werts. Epha ist im AT nicht nur ein Maßbegriff, er bezeichnet auch das Maßgefäß (Lv. 19_{36} Sach. 5_{6-11}). Das größte aus der Antike bekannte Getreidemaßgefäß hält 20 l (Lucas 77: äg. Maß, 15. Jh.). Alle anderen monumental oder urkundlich belegten Maßgefäße einschließlich der jüd. sind wesentlich kleiner. Die 22 l des rabbinischen Epha sind demnach Maximum, ein kleinerer Wert (Josephus) ist wahrscheinlicher.

Erhaltene Maßgefäße stammen aus herodianischer Zeit (Ben-David 160ff). Es sind etwa zylindrische Steingefäße, darunter zweihenklige Trockenmaße, und Flüssigmaße mit Ausguß; der Standard ist ca. 540 ccm = 1 Log bzw. Viertelqab.

Im NT: *σάτον* (Mt. 13_{33}) = Sea, *κόφος* (Lc. 16_7), *βάτος* (Lc. 16_6 Hss); dazu *χοῖνιξ* (Apc. 6_6) = ca. 1 l; *μετρητής* (J. 2_6) = 26 oder 39 l.

Literatur: A. Ben-David, Ha-Middah ha-Yerushalmit, IEJ 19, 1969, 158–169 – Epiphanius' Treatise on Weights and Measures. The Syriac Version (ed. J.E. Dean) – Krauß, TalmArch II, 382–398 – H. Lewy,

Assyro-Babylonian and Israelite Measures of Capacity and Rates of Seeding, JAOS 64, 1944, 65–73 – A. Lucas/ A. Rowe, Ancient Egyptian Measures of Capacity, Annales du Service des Antiquités de l' Égypte 40, 1940, 69–92 – J.T. Milik, Deux jarres inscrites provenant d'une grotte de Qumran, DJD III, 1962, 37–41 = Biblica 40, 1959, 985–991 – R.B.Y. Scott, The Hebrew Cubit, JBL 77, 1958, 205–214 – ders., Weights and Measures in the Bible, BA 22, 1959, 22–40 – ders., Postscript on the Cubit, JBL 79, 1960, 368 – A. Segré, Babylonian, Assyrian and Persian Measures, JAOS 64, 1944, 73–81 – A. Strobel, Art. Maße und Gewichte, BHH II, 1159—1168 – J. Trinquet, Métrologie Biblique, Dictionnaire de la Bible, Supplément V, 1957, 1212–1250. *G. Schmitt*

Massebe

1. Begriffsbestimmung. 2. Archäologisches Material.

1. Mit M. (hebr. *maṣṣēḇā*) wird im AT der aufgerichtete (Gn. 35_{14}: *NṢB*) Stein bezeichnet. Er begegnet im rechtlichen Bereich als Grenzstein (Graesser 38) und Vertragszeuge (Gn. 31_{45}; Jos. 24_{26f}: einfach *'ēben* genannt; vgl. auch →Stele, 2. mit Abb. 83_{2}). Als Erinnerungssteine gelten die nach Jos. 4 zum Gedenken (V. $_{7}$) an den Jordandurchzug aufgerichteten „Steine", deren Zwölfzahl (wie die in der Opferszene Ex. 24_{3-8} vor oder um den Altar aufgestellten 12 M.n) Gesamtisrael in der Zwölfzahl der Stämme repräsentieren soll. Im Befehl von Dt. 27_{1-8}, diese „Steine" zu übertünchen und mit „den Worten des Gesetzes" zu beschreiben, liegt eine typische dtn. Uminterpretation vor. Als *Pro-memoria*-Stelen für tote Könige und *personae nobiles* wurden u.a. die Stelenreihen von Assur, Geser und Hazor aufgefaßt (Galling). Schließlich werden M.n als Kultsteine genannt, entweder allein (Gn. 28_{18} 35_{14} mit Beschreibung eines Salbungs- und Libationsrituals) oder mit →Aschera und →Altar auf den →Kulthöhen, so vornehmlich in der prophetischen (z.B. Ho. 10_{1f}) und dtn./dtr. Polemik (Dt. 12_{3} 2R. 17_{10} u.ö.) gegen einen baalisierten Jahwekult. Zur Ausstattung der offenen Naturheiligtümer (→Kulthöhe) der syr. Religionen des 2.Jt.s gehörten außer dem Altar für den Opferkult die M. und Aschera zur Markierung des heiligen Ortes und zur Bezeichnung der Anwesenheit der Numina. Ob sich ein solcher Kult aus der Übernahme und Uminterpretation megalithischer Menhire entwickelt hat (Maag), bleibt ungewiß (Gese, Religionen, 48, 173 mit Lit.).

Terminologisch werden M.n von →Stelen neuerdings (Graesser) insofern unterschieden, als unter M.n nur die für den syr.-pal. Raum charakteristischen, (meist) pfeilerartigen, inschrift- und (meist) bildlosen Steinsäulen zusammenzufassen sind. Zum Problem Bethel/Bätyl vgl. Gese, Religionen, 112f, 224 Anm. 57.

2. Archäologisch kann man verschiedene Typen unterscheiden: a) der unbehauene oder nur grob behauene Stein, b) der flache Pfeiler (häufigste Form), oft mit rundem, manchmal mit zugespitztem Kopf, c) der runde Typ, gewöhnlich mit nur einer flachen Seite, selten rein konisch, d) die obeliskoide Form, vor allem in Byblos, e) die seltene rechteckige Form (Schema bei Graesser Abb. 2). Eine signifikante Beziehung zwischen Form und Funktion scheint nicht zu bestehen.

Die älteste M. im pal. Raum wurde in →Jericho, im neolithischen Heiligtum entdeckt (K.M. Kenyon, Digging up Jericho, 1957, 58f Tf. 17A). Eine weitere M. fand sich dort im FB I-Heiligtum (AAA 23, 1936, 74 Tf. 41b). In das Ende der FB- und den Anfang der MB I-Zeit werden die transjordanischen Menhire von *Bāb eḏ-Ḏrā', Āder, Ḫirbet Iskander, el-Muġērāt* und *el-Leǧǧūn* datiert (N. Glueck, Explorations in Eastern Palestine I, AASOR 14, 1934, 44–47; ders., Explorations in Eastern Palestine III, AASOR 18/19, 1939, 128f; BASOR 14, 1924, 5–7, 10; 53, 1934, 14f; 86, 1942, 14; AASOR 34–35, 1960, 96f Tf. 20B). Ob es sich bei diesen Monolithen (bis zu 4,5 m Höhe) und Pfeilerreihen um Heiligtümer im offenen Gelände handelt oder ob sie im Zusammenhang mit dem Totenkult (→Dolmen) stehen, ist schwer zu entscheiden (W.F. Albright, VTS 4, 1957, 242–258). Im archäologischen Kontext ungesichert oder in ihrer Funktion unklar sind die meisten M.n aus der MB-Zeit (dies gilt auch für die 1975 in *el-Kābrī* gefundene M., mündliche Mitteilung von A. Kempinski). Bei den in →Megiddo (Stratum XII) gefundenen Pfeilern wird eine Verbindung mit dem Kult nur vermutet (Meg II 90–92 Abb. 206f). Zu den komplizierten Fundumständen der beiden Eingangs-M.n des Tempels in Sichem (→Abb. 85_{21}) und der großen M. (Abb. 49_{1}) im 1962 rekonstruierten Vorhof vgl. G.E. Wright, Shechem, 1965, 82–86. In dem als SB I-Heiligtum gedeuteten Quadratbau der *Ḫirbet et-Tenānīr* am Abhang des Garizim

Abb 49 **Massebe** (1) Große Massebe im Vorhof des Tempels von Sichem

(→Abb. 85_{12}; →Sichem, 3.) fand sich mitten im offenen (oder überdeckten?) Innenhof eine steinerne Basis von 67 cm Durchmesser (bei der Nachgrabung nicht mehr nachweisbar, R. G. Boling, BA 32, 1969, 82–103). Während sie von G. Welter (AA 47, 1932, 313f) als Basis für eine M. interpretiert wurde, wird die doppelte Steinsetzung im Zentrum eines ähnlichen, nur kleineren SB-Tempels bei *'Ammān* (→Abb. 85_{11}; G. R. H. Wright, ZAW 78, 1966, 351–359) für einen Altar gehalten, da sie auf der Oberfläche verkohlt und von zahlreichen Aschen- und Knochenresten umgeben ist (J. B. Hennessy, PEQ 98, 1966, 157, 162, Tf. 33B). Für beide Gebäude wird allerdings von E. F. Campell und G. E. Wright (BA 32, 1969, 104–116) eine Deutung als Zentralheiligtümer umwohnender und im Bundesverhältnis lebender Stämme vorgeschlagen. Als große M. in einem Heiligtum wird zumeist die Darstellung der Macrinus-Münze aus Byblos (217 n. Chr.!) erklärt (Abb. 49_5). S. Ronzevalle (MUSJ 15, 1930/31, 162, 178 zu Tf. 27_7) hält sie für die Grabpyramide des Adonis (vgl. Gese, Religionen, 188). Aus dem Anfang des 2. Jt.s kennen wir in Byblos einzeln bzw. in Gruppen (im „Obelisken-Tempel") stehende obeliskoide M.n (FB II Tf. 36_1 bzw. 20–35 mit Text 643–653). Nachgrabungen

Abb. 49 **Massebe** (2) Massebenreihe in Geser (MB II)

Abb. 49 **Massebe** (3) Massebe im Tempel Thutmosis' III. in Beth-Sean (SB II; ca. 60 cm hoch)

(1967–1971: BA 34, 1971, 120–124; PEQ 105, 1973, 68–70) im "High Place" von Geser (Abb. 49₂; zu den früheren Grabungen: EG I 105–107 II 381–406) ergaben, daß es sich bei den zehn in einer Nord-Süd-Reihe stehenden, bis zu 3,25 m hohen Monolithen nicht um Memorialstelen für Fürsten (wie bei der zum Vergleich oft herangezogenen Stelenreihe von Assur, AOB 414f, 417–421, 423) handeln kann, da sie gleichzeitig und zwar ausweislich der Keramik in der MB II-Zeit (um 1600) aufgerichtet worden sind (vgl. zur Datierung aber auch →Geser, 4.b). Die Mittelstellung des trogartig ausgehöhlten Steinblocks (Basis für einen bes. großen Steinpfeiler oder ein Altar?) und Knochenfunde lassen eine kultische Funktion der M.nreihe vermuten, wenn auch nicht in Verbindung mit einem Heiligtum (nach Graesser 57f: Denksteine für Bundschlüsse). In dem baulich undurchsichtigen Tempel Thutmosis' III. von Beth-Sean (Schicht IX = SB II) ist auf einem Podium (Abb. 49₃) eine runde, niedrige M. (A) neben einer Spendeschale (B) aufgetaucht (unmittelbar daneben Fundort der *Mkl*-Stele, →Abb. 30₁₀). SB-zeitlich sind auch die beiden Phasen des Stelen-Tempels von →Hazor, aus desssen letzter Phase eine religionsgeschichtlich bes. interessante Reihe von zehn oben gerundeten Basaltstelen (Höhe 22–65 cm) und einer Sitzfigur (Gottheit?/König? Höhe 40 cm mit richtig wieder aufgesetztem Kopf) aus Basalt gefunden wurde (Abb. 49₄). Sie wurden einerseits als Memorialstelen (Galling) und andererseits vom Ausgräber (Y. Yadin, Festschr. N. Glueck, 199–231; ders., Hazor, 67–74) als frühe Vorläufer des pun. *Ba'l-Ḥammōn*-und *Tennit*-Kultes von Kar-

Abb. 49 **Massebe** (4) Stelenreihe im Stelen-Tempel in Hazor (SB)

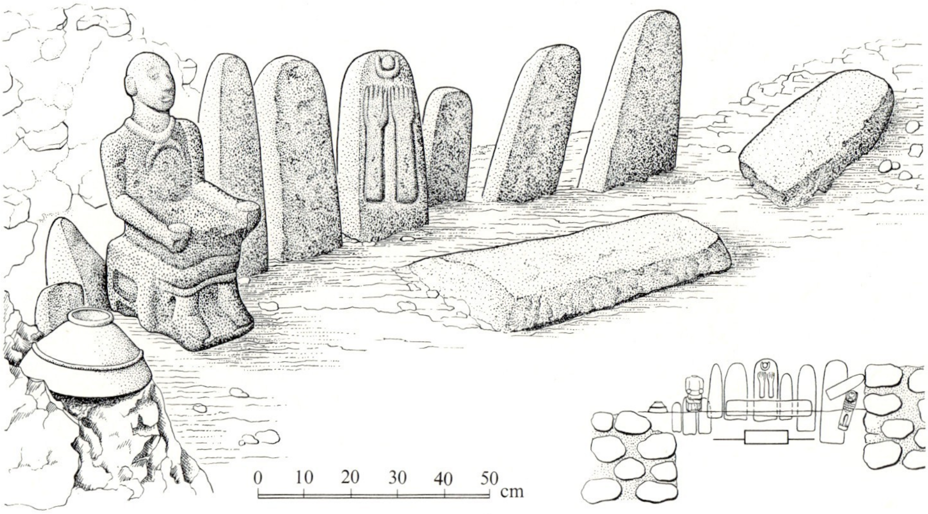

Abb. 49 **Massebe** (5) Massebe in einem Heiligtum auf der Macrinus-Münze aus Byblos (217 n. Chr.)

thago aufgefaßt, deren Symbole Yadin auf der Reliefstele mit den ausgestreckten („betenden“, vgl. Y. Aharoni, Investigations at Lachish V: The Sanctuary and the Residency, 1975, 44–46) Händen und dem darüberliegenden Halbmond wiederfindet (dazu auch Gese, Religionen, 209–212). In Hazor wurden eine weitere große Kult-M. (Hazor III-IV Tf. 9_{1-4}) und drei Miniatur-M.n (ebd. Tf. 294_{12-14} 333_{2-8} 129_{1f} 142_{2}; Yadin, Hazor, 104) im Zusammenhang kultischer Anlagen entdeckt. E-zeitlich sind zwei Monolithe aus Megiddo (Meg II 45 Abb. 103 – in Verbindung mit den Kultobjekten von Abb. 102?), eine größere M. und drei Miniatur-M.n aus Thaanach (P. W. Lapp, BASOR 173, 1964, 35f: 10. Jh.), mehrere M.n im „Solar Shrine“-Komplex in Lachis (Aharoni, a.a.O., 26–32) und die fünf in einer Reihe neben Altar und Spendeschale stehenden M.n in einem von B. Rothenberg (Timna, 1972, 112–114 Tf. 110) als Heiligtum gedeuteten Gebäude im Bergbauzentrum von *el-Menēʿīye (Timnaʿ)*. Im isr. Heiligtum in →Arad (Stratum X, 9. Jh.; vgl. V. Fritz, Tempel und Zelt, 1977, *passim*) fand sich in der vom Ausgräber als „Allerheiligstes“ bezeichneten Nische (Y. Aharoni, BA 31, 1968, 18–32; vgl. aber P. Welten, ZDPV 88, 1972, 19–37) eine M. aus Kalkstein von 90 cm Höhe, oben gerundet mit flachen Seiten und roten Farbspuren, daneben zwei weitere verputzte Steinblöcke, anscheinend ebenfalls M.n (restaurierter Zustand: BA 31, 1968, 20 Abb. 13). Zwei monolithische, fast 2 m hohe, rechteckige Pfeiler in eigenartiger Nebeneinanderstellung fand K. M. Kenyon bei den Ophelgrabungen. Sie bestimmt deren Funktion nicht als Dachstützen (wegen der Kleinheit des Raumes unnötig), sondern als M.n in einem Kultzentrum aus der Zeit um 800 und deutet die gesamte Anlage als Hinweis auf außerhalb der Mauern praktizierte Fremdkulte (K. M. Kenyon, Jerusalem, 1968, 82f Tf. 33–35; doch vgl. B. Mazar, The Mountain of the Lord, 1975, 165f; →Jerusalem, 3.c). Auf die zahlreichen, aus den Felswänden reliefartig ausgehauenen oder freistehenden M.n in Petra aus hell.röm. Zeit kann hier nur summarisch verwiesen werden; ein großer Teil sind Grab- oder Votivstelen.

Literatur: K. Galling, Erwägungen zum Stelenheiligtum von Hazor, ZDPV 75, 1959, 1–13 – Gese, Religionen, *passim* – C. F. Graesser, Standing Stones in Ancient Palestine, BA 35, 1972, 34–63 – E. Stockton, Stones at Worship, Australian Journal of Biblical Archeology 1/3, 1970, 58–81. *A. Reichert*

Mauer und Mauertechnik

1. M.typen. 2. Material und Technik. 3. Stadt-M.n.

1. Mit den Termini *ḥōmā* für die Stadt-M. und *qīr* für die Gebäude-M. differenziert das AT (meist) zwischen den beiden hauptsächlichen M.typen. Hinzu kommen Grenz.-M.n für Viehherden (→Stall und Hürden) und landwirtschaftliche Anlagen (z. B. Weinberge: Nu. 22_{25}; vgl. auch C. H. J. de Geus, PEQ 107, 1975, 65–74) wie etwa Stützmauern bei Terrassierungen. Auch Städte in Hanglage waren auf Terrassierungen angewiesen. Prominentes Beispiel ist das auf abschüssigem Gelände erbaute Jerusalem, dessen Stütz-M.n bis in die SB-Zeit zurückverfolgt wurden (K. M. Kenyon, Royal Cities of the Old Testament, 1971, 33–35 Tf. 15). Zur fraglichen Verbindung dieser Stütz-M.n mit dem *Millō* (wörtlich „Auffüllung“) von Jerusalem (M. Noth, Könige BK 9/1, 1968, 219f zu 1 R. $9_{15, 24}$) →Jerusalem, 3.a; zum *Bēt Millō* von Jdc. $9_{6, 20}$ →Sichem, 2.

2. Über Material und Technik der M.n läßt sich Sicheres meist nur über die in den Boden eingetieften Steinfundamente (bei normalen Wohnhäusern aus ein oder zwei Lagen Feld- oder Bruchsteinen; stärker und sorgfältiger bei öffentlichen Bauten)

mit bisweilen darüberliegendem Steinsockel aussagen, da die höheren M.teile aus Stein oder Ziegel (Jes. 9₉) nur in seltenen Fällen erhalten blieben (dazu auch →Ausgrabung, 1. mit Abb. 6₁). Dort, wo Wasser zur Ziegelherstellung zu knapp war (z. B. in Arad: R. Amiran, Festschr. N. Glueck, 93), oder im Gebirge, wo Steine das billigste Baumaterial waren, kam reine Steinarchitektur vor (z. B. in Samaria). In der wasserreichen und stärker von Ägypten beeinflußten Küstenebene dominierte die Ziegelarchitektur. Am Beispiel Asdods (vgl. z. B. IEJ 22, 1972, 166) und des *Tell Qasīle* (IEJ 1, 1950/51, 75) zeigt sich, daß hier bisweilen auch die Fundamente aus Ziegeln waren. Als stabilisierende Bauelemente dienten Holzbalken (2S. 5₁₁ Hab. 2₁₁; vgl. etwa Meg II Abb. 45); als Bindemittel wurde Lehmmörtel verwendet (Jer. 43₉: *mēleṭ*, dazu: M. Wagner, Die lexikalischen und grammatikalischen Aramaismen im alttestamentlichen Hebräisch, BZAW 96, 1966, 77 Nr. 169). Die aus dem AR in Ägypten und aus der achämenidischen Architektur bekannten Metallklammern (C. Nylander, Iranica Antiqua 6, 1966, 130–146; in der SB-Zeit sporadisch im Vorderen Orient: ebd. 132 Anm. 1) sind in Pal. nicht belegt; doch verkleideten Orthostaten mit je zwei Dübellöchern auf der Oberkante die Innenwände des Vorraums und der Cella des Tempels in Areal H von Hazor (SB IIB; Yadin, Hazor, 87–91), und diese dürften wie ihre syr. und anatolischen Parallelstücke als Sockel für Holzverschalungen oder Ziegelfachwerk gedient haben (Naumann, Architektur, 111–117; vgl. auch →Abb. 62₆).

Typisch für M.n aus frühen Perioden sind grob behauene Bruchsteine (Abb. 50₁). Eine wohl aus äg. Bautradition abzuleitende Ausnahme ist die 2 m dicke M. des Tempels A von Ai in der FB III-Zeit, deren rechteckig zugehauene Steine wie Ziegel in Lehmmörtel verlegt sind (M. ferner verputzt, eventuell bemalt: J. A. Callaway/W. W. Ellinger, The Early Bronze Age Sanctuary at Ai [et-Tell] No. I, 1972, 247f). Erst seit der SB-Zeit kommen Quader mit glatten, zueinander parallelen Flächen oder mit einer auf der Schauseite hervorragenden Bosse vor. In verschiedenen SB-zeitlichen Bauphasen des Tempels 2048 in Megiddo verwendete man solche Quadern (Meg II Abb. 250, 252; zur Stratigraphie: ZDPV 89, 1973, 180–184). Einen Rückschritt in der M.technik brachte die E I-Zeit: während bei öffentlichen Bauten und Befestigungen grob behauene Steine horizontal übereinander geschichtet wurden (Abb. 50₂), waren die Fundamente der Wohnhäuser aus Geröll oder Bruchstein nur dünn und unregelmäßig gesetzt (z. B. AASOR 39, 1968, 32). Zur Stabilisierung solcher M.n waren in Abständen größere übereinanderliegende Steine in den M.verband eingeschaltet (ebd. und z. B. Tf. 22a, b). Im 8. und 7. Jh. stabilisierte man einfache M.n aus Geröll oder Bruchsteinen durch einzelne Monolithe, wie es in pers. Zeit auch noch in *Tell Abū Hawām* und *Tell ed-Duwēr* bezeugt ist (L III 147). Unter Salomo nahm die Quaderarchitektur einen neuen Aufschwung (dazu Laperrousaz), jedoch kaum als Rückgriff auf die lokale (SB-) Tradition, sondern durch an den Bauten tätige phön. Fachleute (1 R. 5₃₂; zu Parallelen in Ugarit und Tyrus: SS I 6). Nach 1 R. 5₂₉ erforderte die salomonische Bautätigkeit den Einsatz zahlreicher Steinhauer (hebr. *ḥōṣēb*, vgl. auch *ḥārāš* in Esr. 3₇) im jud. Gebirge; doch sind E-zeitliche Steinbrüche für Quadern archäologisch jeweils innerhalb oder nahe bei den Orten belegt, in denen diese Steine verwendet wurden (Shiloh-Horowitz). Normalerweise erhielten die Steine am Bauplatz ihre exakte Quaderform (mit der Säge: 1 R. 6₉); doch verzeichnet das AT beim Tempelbau (nach ZDPV 88, 1972, 38–52: anläßlich seiner Renovierung) eine Ausnahme: um den Kultort von Baulärm freizuhalten, erreichten die Steine bereits in ihrer endgültigen Form den Bauplatz (so deutet H. Schult, ebd. 53f den Ausdruck *'ēben-šəlēmā massā'* in 1 R. 6₇). Da die nach genauem Maß behauenen Quadern (hebr. *gāzīt*, 1 R. 6₃₆ 7₉, ₁₁f) exakt verlegt werden mußten, halfen dem Steinsetzer entsprechende Markierungen als Leitfaden (vgl. z. B. Meg I Abb. 32). Die sicherlich bes. kostbaren und kunstvollen M.n des Tempels und der Palastanlagen in Jerusalem sind archäologisch nicht nachgewiesen (→Jerusalem, 3.a.b); doch läßt sich eine Vorstellung von der salomonischen Monumentalarchitektur an den gleichförmigen M.n der Toranlagen von Geser, Hazor und Megiddo gewinnen, deren Türme M.werk

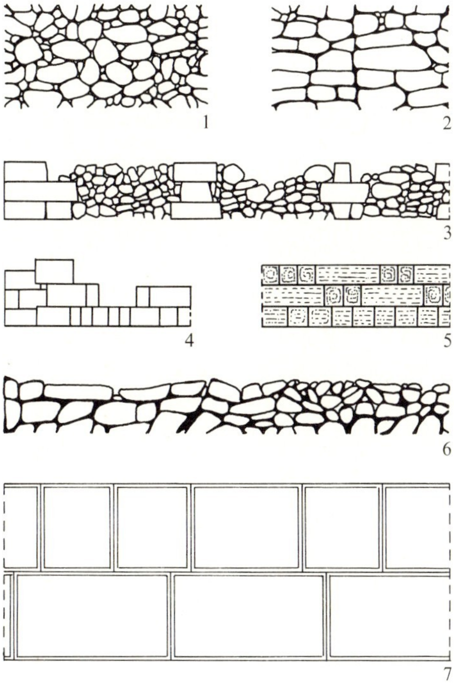

Abb. 50 **Mauer und Mauertechnik** (1) Stadtmauer, Jericho (MB II), (2) Festungsmauer, Gibea (E I), (3) Hausmauer, Gebäude 338, Megiddo (E IIA), (4,5) Palast- und Akropolismauer, Samaria (E IIC), (6) Zitadellenmauer, Beth-Zur (hell.), (7) Umfassungsmauer des Tempelbezirks, Jerusalem (herodianisch)

aus exakt verlegten Quadern zeigen (Yadin, Hazor, 147–167). Stabilisierende Quaderaufbauten nach dem Läufer-Binder-System, d.h. alternierend längs und quer gesetzte Quadern, sind nun auch bei Gebäude-M.n aus Bruchsteinen eingefügt (Abb. 50_3) oder verstärkten ihre Ecken (Meg I Abb. 12, 25f). Die Entwicklung dieser Technik zu Beginn der E II-Zeit zeigen die M.substruktionen des Palastes (glatte Schauflächen: Abb. 50_4) und später der Umfassungs-M. der Akropolis (Bossenquadern: Abb. 50_5) in Samaria, die ganz aus Quadern nach dem Läufer-Binder-System gesetzt sind (SS I 5–20). Ob die aus dem Exil Heimgekehrten eine derart teure Bautradition fortsetzen konnten, ist strittig. M. Dunand (Byblos, Sidon, Jerusalem, VTS 17, 1969, 64–70) führt positiv dafür die achämenidischen Quader-M.n der Podien im 'Ešmūn-Heiligtum von Sidon und in Byblos an, die dem M.werk an der Südostecke des *Ḥaram* in Jerusalem gleichen (anders: E.-M. Laperrousaz, Syria 50, 1973, 355–392). Aus hell. Zeit finden sich neben einfachen M.n aus kaum behauenen Steinen (Abb. 50_6) auch hervorragende Beispiele wie die Rundtürme in Samaria (SS I 24–27 Tf. 36f: horizontal verlegte Binder mit konvexer Schaufläche). Typisch für die herodianische Monumentalbauten sind entsprechend der röm. Architektur Quader mit Randschlag und Spiegel von riesigen Ausmaßen, wie z.B. bei der Umfassungs-M. des Tempelbezirks in Jerusalem (Abb. 50_7). Auch Gesimse und Pilaster führte man nun in Quadertechnik aus (E. Mader, Mambre I, 1957, 69–78). Das Zahneisen (Zahnkamm oder Zahnmeißel) wird nun häufiger zur Bearbeitung von Quaderschauflächen (ebd. Tf. 23, 44; Beispiele aus Jericho und *Ḫirbet Ṣāliḥ*: IEJ 15, 1965, 180) eingesetzt, während es für die E-Zeit bisher nur in Arad und auf ass. Reliefs nachgewiesen ist (BIES 31, 1967, 90; BASOR 202, 1971, 29 Anm. 23 gegen IEJ 15, 1965, 180; 17, 1967, 56–59).

3. Seit der FB I-Zeit gab es in Pal. von M.n umgebene Städte (→Stadtanlage, 1.; Vorläufer: →Jericho). Diese M.n besaßen tiefe Steinfundamente gegen Unterminierung, ihre Dicke richtete sich gegen Breschen, ihre Höhe gegen die M. übersteigende Feinde (→Belagerung). Da sich die im Innern einer Stadt anhäufenden Schuttmassen nach außen drückten, mußte die M. stets repariert, verstärkt (im FB-zeitlichen →Ai umgaben zuletzt drei Ring-M.n die Stadt) und bisweilen mit einer geböschten (= schrägen) Stütz-M. aus Stampferde oder Steinen (= Glacis) ausgestattet werden (Beispiele aus der FB-Zeit: Parr 39–42).

Typisch für Stadt-M.n der FB-Zeit sind in regelmäßigen Abständen aus ihr vorkragende halbrunde, quadratische oder rechteckige Türme bzw. Bastionen (→Arad, 1.; R. Amiran, Festschr. N. Glueck, 93 mit Tf. 10; P. W. Lapp, ebd. 109f).

In der MB II-Zeit kam es im Zuge einer starken urbanen Entwicklung (→Stadtanlage, 2.) zu neuartigen M.anlagen, deren Konstruktion im Falle von Hazor (→Hazor, 2.) bes. gut erkennbar ist (Yadin, Hazor, 51–57; vgl. auch das Photo der Befestigungsanlage vom *Tell Ǧerīše* in EAEHL II

576). Ein Erdwall von ca. 10 m Höhe und 50 m Basisbreite und ein vorgelagerter Graben umgaben die Unterstadt. Eine Ziegel-M. im Innern des Walls mißt am Fundament 11–16 m, nach oben verjüngt sie sich auf 8 m. Hohlräume in ihr (Yadin, a.a.O., 55: "structural casemate") sind mit Bruchsteinen aufgefüllt. Zwei gepflasterte Erdlagen überziehen den Kern; ein 15 cm dicker Kalkbelag befestigt die oberste Erdschicht. Neue Ausgrabungen (z.B. in Akko: RB 82, 1975, 84f; *ez-Zīb*: IEJ 25, 1975, 202–210; *Ḫirbet el-Mešāš*, *Tell el-Milḥ*: TA 1, 1974, 67f, 72) vermehren ständig die zahlreichen Parallelen zu dieser nicht nur in Pal., sondern auch in Syr. und Ägypten vorkommenden Befestigungsanlage (Belege bei Parr, Wright, Kaplan). Sowohl die Funktion dieser Wälle (Y. Yadin, BASOR 137, 1955, 23–32: militärische Anlage gegen Sturmbock und Rammwidder, →Belagerung, 2. mit Abb. 14_{1f}; Wright: gegen Erosion) als auch ihre Ableitung aus einer von den "Hyksos" (so zuerst W.F. Albright, JPOS 2, 1922, 122f) oder den „Amoritern" (so Kaplan) importierten Architektur oder aus den pal. FB-zeitlichen Stadt-M.n mit Glacis (so Parr) stehen zur Debatte.

Während die Erdwälle ein Charakteristikum der MB II-Zeit blieben, bildeten sich in derselben Periode auch die M.formen aus, die die Stadtarchitektur der SB- und E-Zeit bestimmten. Zu nennen sind massive M.n des kyklopischen Typs (= aus unregelmäßigen großen Blöcken) wie die Stadt-M. von Jericho (Abb. 50_1) und die West-M. von Sichem (IEJ 22, 1972, 156 Tf. 25; RB 80, 1973, 567f Tf. 24) und solche, deren grob behauene Steine regelmäßig gesetzt und mit Geröll verfugt sind wie die Stadt-M. von Bethel (AASOR 39, 1968, 10–19 Tf. 13). Hinzu kommen M.n mit flachen Vorsprüngen (Meg II Abb. 8, 10f; vgl. ANEP 712) oder mit Vor- und Rücksprüngen, deren mit wechselnden Winkeln angesetzte Abschnitte sich den Konturen der Stadt anpaßten (G.E. Wright, Shechem, 1965, 70), Schalen-M.n mit Außenwänden aus sorgfältig gesetzten Blöcken und einer Geröllfüllung im Zwischenraum (ebd. 62f Abb. 23) sowie die im Prinzip ähnlichen Kasematten-M.n, bei denen jedoch der Zwischenraum frei bleibt und durch Trennwände in einzelne vom Stadtinnern aus betretbare Zellen (für Vorräte? vgl. Y. Aharoni, BASOR 154, 1959, 35–39) unterteilt wird. Solche M.n sind in der MB II-Zeit in Hazor und Sichem als Verbindungsstück zwischen einem Tor und einer M. (Kaplan 14–16; vgl. IEJ 23, 1973, 244f; BASOR 216, 1974, 39) sowie in Thaanach nachgewiesen (BASOR 195, 1969, 16–22). Zur typischen Stadtbefestigung wurde sie in Pal. erst im 10. Jh. (z.B. in Hazor, *'Ēn Gęv*, Beth-Semes, *Tell Bēt Mirsim*, Arad; Belege: Beer-Sheba I 108). Einige dieser Kasematten-M.n blieben auch nach der E IIA/B-Zeit in Gebrauch, neue wurden errichtet (Samaria, *Tell eš-Šēḫ Aḥmed el-'Arēnī*, *Ḫirbet Ṣāliḥ*, *Tell es-Seba'*, ebd. 109). Die Kasematten-M. von *Tell es-Seba'* besitzt Vor- und Rücksprünge wie sie sonst nur bei massiven M.n vorkommen (ebd. 10). Die im 10. Jh. seltenen massiven M.n (*Tell es-Seba'*, Asdod, ebd. 9f, 109) wurden erst nach der Reichsteilung, wohl bedingt durch die wachsende Bedrohung von außen, zum Regelfall. Dabei erhöhten aus der M. vorspringende Türme die Verteidigungsmöglichkeit (TN I Tf. 66–69), da sie die Flankierung von Angreifern ermöglichten.

Über den M.oberbau in der E-Zeit informieren ass. Reliefs. Demnach war die M.krone (hebr. **ṭīrā*, Cant. 8_9) mit Zinnen (hebr. *pinnā*, Zeph. 1_{16} 3_6) von spitzer oder halbrunder Form besetzt (ANEP 366f bzw. 346). Ob ein in Megiddo gefundener stufenförmiger Stein als M.zinne diente (Meg I Abb. 36), ist unsicher, da es sich um ein isoliertes Stück handelt. Die Zinnen boten den Soldaten auf den Wehrgängen Schutz (zu diesem Zweck am Wehrgang bzw. Turm aufgehängte Schilde zeigt u.a. das Relief mit der Eroberung von Lachis: →Abb. 14_1), ohne die Verteidigung zu sehr zu behindern.

Literatur: J. Kaplan, Further Aspects of the Middle Bronze Age II Fortifications of Palestine, ZDPV 91, 1975, 1–17 – E.-M. Laperrousaz, Remarques sur les pierres à bossage préhérodiennes de Palestine, Syria 51, 1974, 105–128 – N.L. Lapp, Casemate Walls in Palestine and the Late Iron II Casemate at Tell el-Ful (Gibeah), BASOR 223, 1976, 25–42 – Naumann, Architektur, *passim* – M. Noth, Die Welt des Alten Testaments, 1962^4, 133–138 – P.J. Parr, The Origin of the Rampart Fortifications of Middle Bronze Age Palestine and Syria, ZDPV 84, 1968, 18–45 – Y. Shiloh/A. Horowitz, Ashlar Quarries of the Iron Age in the Hill Country of Israel, BASOR 217, 1975, 37–48 – G.R.H. Wright, Tell el-Yedūdīyah and the Glacis, ZDPV 84, 1968, 1–17 – ders., Iran and the Glacis, ZDPV 85, 1969, 24–34.

H. Weippert

Megiddo

1. Name und Lage. 2. Geschichte. 3. Ausgrabungen. 4. Stadtentwicklung, a NL und CL, b FB-Zeit, c MB I-Zeit, d MB II-Zeit, e SB-Zeit, f E I-Zeit, g E II- und pers. Zeit.

1. Der sem. Ortsname *Məgiddō* (äg. *Mkt*, EA und Thaanach-Brief 5_{15} *Magiddā*, ass. *Magidū*, 1mal *Magidūnu* wie *Məgiddōn* Sach. 12_{11} und [*'Aϱ*]*μάγεδον* Apc. 16_{16}) ist wohl eher von der Wurzel *MGD* (Kurzform auf -*ō*[*n*] eines theophoren Namens „Geschenk [des Gottes NN]"?; M. Weippert mündlich) als von *GDD* („abschneiden") abzuleiten (vgl. Borée, Ortsnamen, 65; anders M. Görg, Untersuchungen zur hieroglyphischen Wiedergabe palästinischer Ortsnamen, 1974, 151–155).

Schon *'Eštōrī hap-Parḥī* (15. Jahrhundert) und E. Robinson (19. Jahrhundert) identifizierten M. mit dem arab. Dorf *el-Leǧǧūn* 1 km südl. des *Tell el-Mutesellim*. Ausgrabungen seit Beginn dieses Jahrhunderts bestätigen, daß nur dieser Tell für das vorhell. M. in Frage kommt. Die Oberstadt auf dem Tell umfaßt 6, das Gesamtareal mit Unterstadt 10 ha. Der Ort beherrscht den nordöstl. Ausgang des *Wādī 'Āra*, durch das ein wichtiger Verbindungsweg zwischen der Küstenstraße und der Straße durch die Jesreel-Ebene verlief; letztere führte einerseits wieder an die Küste zurück nach Phönizien, andererseits nach Süden über Thaanach; und über Beth-Sean und Hazor weiter nach Damaskus und Syr. Die verkehrsgünstige Lage verlieh M. eine strategische Schlüsselposition, die seine Umgebung immer wieder zum Schlachtfeld werden ließ.

2. Ob bereits die Ächtungstexte (E 37, 62) M. nennen (Görg, a.a.O., 142–144), ist fraglich. Der erste, sichere Beleg findet sich in den Annalen Thutmosis III., wo M. zusammen mit Qadeš am Orontes als Mitglied einer antiäg. Koalition unter mitannischer Führung erwähnt wird. Nach der Niederlage dieser Koalition bei M. (um 1480) belagerte Thutmosis III. sieben Monate lang (runde Zahl!) die Stadt, die sich schließlich ergab (keine Zerstörung!) und eine äg. Garnison erhielt (TGI Nr. 4f). Als äg. Militärbasis erscheint M. wohl auch unter Amenophis II. (TGI Nr. 11 Bf; vgl. Y. Aharoni, The Land of the Bible, 1967, 156) und in dem vielleicht in dieselbe Situation gehörenden Thaanach-Brief Nr. 5 (→Thaanach, 2.), der vom König von Thaanach verlangt, Truppen und Gefangene nach M. zu schicken. Noch vor Beginn der Amarna-Periode konnte sich M. wieder freier als kan. Stadtstaat entfalten, da die äg. Garnison abgezogen und wohl nach Beth-Sean verlegt worden war. Dazu paßt ein Brief des Königs Biridiya von M. an den Pharao (EA 244), in dem er um die Rückkehr der äg. Truppen (100 Bogenschützen) bittet. Weitere Briefe des Amarna-Archivs (EA 242–246) geben für diese Epoche Aufschluß über die Rolle M.s in der Jesreel-Ebene. So war der König von M. für landwirtschaftliche Fronarbeiten in diesem Gebiet bis hin nach Sunem verantwortlich (vgl. TGI Nr. 10). Bekannt ist auch, daß Lab'aya von Sichem ihn bedrohte, während er seinerseits an der Verschwörung zur Ermordung Lab'ayas in Qina teilnahm. Die äg. Oberherrschaft über M. hielt sich bis in die Mitte des 12. Jh.s (Indizien: s.u. →4.e). Unsicher ist, wann das zu Beginn der E-Zeit philistäische M. zu Israel kam. Obwohl es erst in der Gauliste Salomos (1 R. 4_{12}) und unter den von ihm befestigten Orten (1 R. 9_{15}) erscheint, dürfte der Wechsel unter David erfolgt sein. Šošenq I. eroberte M. im Jahr 924 und ein auf dem Tell gefundenes Fragment einer Stele dieses Pharaos (Meg I 60f) spricht für eine kurzfristige Besetzung der Stadt. Vermutlich war M. unter den Omriden eine königliche Festungsstadt, in die Ahasja während der Revolte Jehus flüchtete (2 R. 9_{27}). Nach der Eroberung M.s durch Tiglathpileser III. im Jahr 732 wurde es Hauptstadt der gleichnamigen ass. Provinz. Für das Jahr 679 ist der Provinzstatthalter *Itti/ša-Adad-(a)nīnu* namentlich bezeugt (RLA II 449). Nach dem Zusammenbruch des ass. Großreiches dehnte Josia seinen Herrschaftsbereich bis nach M. aus (2 R. 23_{29}). Nachrichten über M. in pers. Zeit fehlen, und in hell. Zeit wandert der Ort nach *Kəfar 'Otnay* im Ausgang des *Wādī 'Āra*, wo nach der Revolte des Bar Kochba die 6. Legion stationiert war; darauf bezieht sich der arab. Ortsname *el-Leǧǧūn* (*legio*).

3. Erste Ausgrabungen auf dem Tell leitete G. Schumacher im Auftrag der Deutschen Orient-Gesellschaft von 1903–05 (Schnitt durch den Tell in Nord-Süd-Richtung; Entdeckung des sogenannten myk. Grabes und Kammergewölbe-Grä-

ber; wichtiger Kleinfund: Siegel des *Šm' 'bd Yrb'm* [8.Jh.; Original verloren; vgl. auch →Siegel, 3.cß]). Er unterschied sechs Schichten, wobei die früheste Schicht der „Mittelburg" dem Stratum XII der späteren amerikanischen Grabungen, der „Palast" dem salomonischen Bau 1723 der amerikanischen Grabungen entsprechen. Neue Grabungen führte von 1925–39 das Oriental Institute der Universität Chicago unter der Leitung von C.S. Fisher, P.L.O. Guy und G. Loud durch. Geplant war die schichtenweise Freilegung des ganzen Tells; doch beschränkte man sich aus finanziellen Gründen nach Stratum IV auf einzelne Areale (sections). Die Hebräische Universität in Jerusalem unternahm in letzter Zeit Sondagen auf dem Tell: 1960/66/67: Y. Yadin (Überprüfung der Straten IV und V); 1963/65: I. Dunayevski/ A. Kempinski (Tempel im Areal BB); 1971–72: Y. Yadin (Unterstadt, Palast 6000); 1974: A. Eitan (Osthang).

4.a Stratum XX umfaßt die Reste aus dem NL und CL, die sich bes. um die beiden Quellen im Osten und Westen des Tells konzentrieren. Den Übergang vom CL zur FB-Zeit setzen die Ausgräber in den Beginn von Stratum XIX. Die Gebäude aus dem NL und CL sind durch Bautätigkeiten der Straten XIX und XVIII zerstört. Gleichzeitig mit der CL-Siedlung in Areal BB auf dem Tell entstand auf seinem nach Südosten langsam abfallenden Hang eine weitere Siedlung, deren sieben Phasen ("stages") vom CL bis zum Ende der FB-Zeit differenzierter dokumentiert sind als die gleichzeitigen Straten auf dem Tell selbst.

4.b Dem Stratum XIX (FB I) im Areal BB korrespondieren in der Siedlung im Südosten des Tells die Phasen VI, V und IV. Auf ein Breitraumhaus (Arad-Typ) mit zwei Räumen in Phase V folgen um 3000 in Phase IV (Übergang FB I/II) Apsidenhäuser. Gleichzeitig entstand im Areal BB Tempel 4049 mit zwei großen Breiträumen und dazwischenliegendem kleinen Magazinraum (→Abb. 85_3). Zusammen mit dem großen ummauerten Hof vor dem Tempel entstand so ein Kultbezirk, der seine Funktion bis zum Ende der B-Zeit bewahrte. Der Tempel blieb bis zum Beginn der FB II-Zeit (= "stage" III) unverändert; doch folgte an seiner Stelle in Stratum XVIII der neue Tempel 4112. Parallel dazu wurde die Zitadelle (nicht der ganze Tell) ummauert. In Stratum XVIIIA wurde der Tempel geringfügig nach Westen verlegt. In Stratum XVII (Beginn von FB III, um 2700) wurde die Zitadelle vollständig erneuert. Zwar blieb sie ein ummauerter Bezirk innerhalb der Stadt; doch umgab nun auch eine Stadtmauer die übrigen Wohngebiete auf dem Tell. Im östl. Teil der Zitadelle entstand ein öffentliches Gebäude, vermutlich ein Palast (3177). Im Zentrum der Zitadelle diente eine runde Plattform aus Feldsteinen (ANEP 734) als →Altar (1.a), nordwestl. davon befand sich ein Tempel des Megaron-Typus (4040). Die erstmals in diesem Stratum auftauchende *Ḫirbet el-Kerak*-Keramik weist ebenso wie der Grundriß des Tempels Beziehungen zum nordsyr.-südanatolischen Raum auf; auch die Konzeption einer ummauerten Zitadelle mit Palast und Tempel dürfte über Nordsyr. aus mesopotamischer Tradition stammen. In Stratum XVI (ca. 2600–2500) änderte sich im Bereich der Zitadelle nur wenig. Hingegen wurden in Stratum XV (Ende von FB, um 2350) zwei typologisch entsprechende weitere Tempel (→Abb. 85_6) westl. des älteren Tempels errichtet; die Zitadelle war nun durch ein Tor mit zwei parallelen Treppenaufgängen von Osten her zugänglich. Stratum XIVb markiert das Ende der FB-Siedlung.

4.c Die MB I-Zeit ist im Areal BB durch Stratum XIVa vertreten. Der Innenraum von Tempel 4040 wurde durch Verstärkung der Mauern beträchtlich verkleinert; eine Apsis im Süden ersetzte den Altar. Der nahegelegene runde Altar aus Feldsteinen verschwand unter einem Pflaster (4009); doch behielt der Platz seine kultische Funktion, wie hier gefundene Kultgefäße zeigen, die typologisch Stratum XIVa in die Zeit zwischen 2200 bis vor 2000 datieren. In diese Zeit gehören auch die technisch hochstehenden Felsen-Gräber in der Nekropole südwestl. des Tells.

4.d Die MB II-Zeit umfaßt die Straten XIIIB-X (XIIIB-A, früher Teil von XII = MB IIA, 2050/2000–1750; später Teil von XII, XIa.b, X = MB IIB, 1750–1600). Die Überreste dieser Periode finden sich in den Arealen AA (Torbereich), BB (Zitadelle) und CC (Wohngebiet und Teil der Befestigung). Die Stadt entwickelte sich während der MB II-Zeit ohne tiefgreifende Veränderungen oder Brüche. Mit Stratum XIIIB entstand in Areal BB rings um den Tempel eine Wohnsiedlung. Zu diesem Stratum gehören auch die frühesten Gräber innerhalb der Siedlung, die stratigraphisch die Straten XIV und XV schneiden. In Stratum XIIIA umgab eine Lehmziegelmauer auf Steinfundament die Stadt; parallel zu ihr verlief eine Ringstraße – erste Anzeichen geregelter Stadtplanung! Diese Mauer wurde in Stratum XII verstärkt und mit Türmen ausgestattet. Ihre Datierung durch K.M. Kenyon (The Cambridge Ancient History II, 1973^{3}, 98) und Y. Yadin (BASOR 212, 1973, 23–25) in den Übergang von der MB IIA/IIB- bzw. in die MB IIB-Zeit ist kaum zutreffend, da das stratigraphische Verhältnis zwischen der Straße, den an ihr liegenden Häusern und der Stadtmauer von den Ausgräbern klar aufgezeigt worden ist (Meg II 87 Abb. 198). In Stratum XII entstand in Areal BB neben einer in Stratum XIII errichteten Kulthöhe ein Palast. Das von den Ausgräbern zu Stratum XIII gerechnete Tor mit gewinkeltem Zugang bestand anscheinend noch in Stratum XII; denn die über der Toranlage liegenden Gebäude 4117, 4115 gehören wohl erst zu Stratum XIb (vgl. IEJ 18, 1968, 76 Anm. 25). Wie in Areal AA finden sich auch in Areal CC zwei parallel verlaufende, durch Glacis verstärkte Befestigungsmauern, von denen die untere die jüngere sein könnte.

Zu Recht setzten die Ausgräber auf den östl. und nördl. Terrassen des Tells eine Unterstadt an; doch erst Y. Yadins Schnitt am nördl. Rand der Unterstadt stellte klar, daß hier Schichten der MB-Zeit vorhanden sind (IEJ 22, 161f). Über Yadin hinaus darf man annehmen, daß sich hier die Reste eines Erdwalles aus der MB IIA-Zeit befinden.

Wichtig für die Chronologie und Geschichte M.s sind Fragmente einer Statue Thuthoteps, Gouverneurs des Hasengaus (Statthalter in M.?), die zu Stratum XII gehören müssen, obwohl sie zusammen mit weiteren äg. Statuen in einer Favissa des Stratum VII gefunden wurden. Für eine Synchronisation von Stratum XII mit Nordsyr. und Anatolien sind die „anatolischen" Krüge, zu denen es Parallelen in Kaniš gibt, hilfreich (R. Amiran, Anadolu 12, 1970, 59–62).

Der Übergang von der MB IIA- zur MB IIB-Zeit erfolgte in Stratum XII. Das Tor der Straten XI (Meg II Abb. 379 Quadrat K/8) und X unterscheidet sich typologisch von dem der Straten XIII und XII; doch erst in Stratum X erscheint die entwickelte Toranlage (vier Kammern), die auch während der SB-Zeit benutzt wurde. Die Oberstadt war nun durch einen Erdwall mit Mauerkern befestigt. In Areal BB löste ein massiver Tempel (Stratum X; →Abb. 85_{19}) die Kulthöhe der Straten XIII–XI ab. Der daneben liegende Palast wurde verkleinert; ein Teil der königlichen Familie dürfte bereits in den neuen Palast 4031 in Areal AA übergesiedelt sein. Die Zahl der Kammergewölbe-Gräber (→Gewölbe und Bogen mit Abb. 29_{1}) innerhalb der Stadt nahm während der MB II-Zeit zu. Am Ende dieser Epoche taucht in Stratum X Zweifarben-Keramik („Bichrome Ware") auf, die M. mit Orten im Süden Pal.s *(Tell el-'Ağūl, Tell en-Nağīle, Tell Ḫēḏar)* verbindet. Auch eine Tonbulle mit Keilinschrift (Meg I Tf. 72_{18}: ^{I}*Sí-ṭu-un-šu*) stammt möglicherweise aus diesem Stratum.

4.e SB-zeitlich sind die Straten IX–VIIA; der Übergang zur E-Zeit erfolgt in Stratum VIIA. In Stratum IX (von der Eroberung Pal.s durch Aḥmose um 1570 bis zur Übergabe M.s an Thutmosis III.) verlagerte sich die Bauaktivität aus Areal BB in Areal AA. So verkleinerte sich der Palast in Areal BB weiter, und der in Areal AA wurde unter Beibehaltung der Konzeption eines geräumigen Hofhauses nach Westen erweitert; seine Nordmauer diente zugleich als Stadtmauer. Typisch für Stratum IX ist die häufig vorkommende Zweifarben-Keramik. In Stratum VIII (Zeit Thutmosis' III. bis ins beginnende 14. Jh.) ist der Palast in Areal BB verschwunden; hier blieb nur der Tempel bestehen, dessen Eingang nun zwei Türme flankierten (Migdal-Typ; →Abb. 85_{20}). Völlig verändert wurde der Palast in Areal AA, der nun aus zwei Gebäuden westl. und östl. des Tores (Areale AA und DD) bestand, zwischen denen auf Höhe des zweiten Stockwerkes eine Verbindung über das Tor hinweg möglich war. Der Grundriß des Palastkomplexes ähnelt dem von Ugarit, und es ist wahrscheinlich, daß er und damit auch eine neue Konzeption der Zitadelle auf nordsyr. Einfluß zurückgeht. Zu erwähnen sind ferner die Zunahme von Quadern beim Mauerbau und ein Deposit unter den Fundamenten des Palastes aus Stratum VIII mit äg. Gegenständen aus Edelmetall und Stein (nach äg. Parallelen: Zeit Thutmosis' III.). Unsicher ist, ob Stratum VIII vor oder während der Amarna-Zeit endet; für ersteres könnten einige Keramikgruppen sprechen. Stratum VIIB (Amarna-Zeit bis in die Mitte des 13. Jh.s) setzt deutlich Stratum VIII fort, jedoch mit Veränderungen in beiden Teilen des Palastkomplexes, der nun z. T. mit Fresken geschmückt war. Ein Tontafelfragment des Gilgameš-Epos (wahrscheinlich!) aus diesem Stratum zeigt, daß die Tätigkeit der Schreiber in M. über administrative und diplomatische Aufgaben hinausging. Der kan. Abschnitt von Stratum VIIA ist anhand der Kartusche Ramses' III. auf einem der Elfenbeine (MegIv Tf. 62_{377}) aus dem Keller des Palastes von Stratum VIIA und anhand der Basisinschrift einer Statue Ramses' VI. (Meg II 135–138), die sich unter einer Mauer von Stratum VIIA befand, recht exakt von der Mitte des 13. Jh.s bis um 1150 zu datieren. Der Palastkomplex blieb in Stratum VIIA fast unverändert; in Areal BB wurden die Turmeingänge am Tempel umgebaut. Das Keramikrepertoire enthält neben myk. und zypr. Importen auch lokale Typen, die dann in der E I-Zeit typisch werden. Die wenigen philistäischen Scherben liefern einen guten *terminus a quo* für das Aufkommen dieser Keramik. Obwohl der direkte Anlaß für die Zerstörung M.s zu Beginn der E-Zeit unbekannt ist, wird sie mit den Wirren beim Zusammenbruch der äg. Oberherrschaft über Pal. um 1150 zusammenhängen. Diese Zerstörung verursachte einen tiefen Bruch in der Stadtentwicklung.

4.f Auf dem SB-zeitlichen Schutt erbaute in der E I-Zeit eine neue Bevölkerungsschicht in Stratum VIB (Beginn 1150) ärmliche Häuser, deren Grundrisse (Vier- bzw. Dreiraumhäuser) auf eine dorfartige isr. Besiedlung M.s deuten (Meg II Abb. 385 Quadrate J-K/8). Die neue Stadtanlage mit öffentlichen Gebäuden sowie die Kleinfunde des folgenden Stratums VIA (keine Phase, selbständige Schicht!) – vom Ende des 12. bis ins 11. Jh. – zeigen, daß M. nun unter philistäische Herrschaft geriet. Zu den Kleinfunden gibt es Parallelen in Orten an der Küste und im Süden Pal.s; zahlreich vertreten sind Spätformen philistäischer Keramik. E I-zeitliche Zweifarben-Keramik („Bichrome Ware") und Metallgegenstände (vgl. T. Dothan, The Philistines and their Material Culture, 1967, 47–61 [hebr.]; O. Negbi, TA 1, 1974, 160–162, 166f). Die Architektur bleibt aber bei den lokalen Techniken (niedrige Steinfundamente mit Ziegeloberbau); auch der herkömmliche Platz des Tores in Areal AA wird beibehalten. Unklar ist der Grundriß des neuen Tores; doch weisen die großen Quadern auf eine neue Bautradition. Ähnlich der SB-Konzeption liegen westl. (AA) und östl. (DD) des Tores je ein öffentliches Gebäude. Letzteres (2072) zeigt in seinem Grundriß ägäischen Einfluß (vgl. A. Harif, PEQ 106, 1974, 83–90). Das Ende von Stratum VIA bewirkte ein großer Brand, der die Lehmziegel z. T. derart verbrennen ließ, daß sie als dicke rote Schuttschicht den ganzen Tell versiegeln.

4.g Auf diese Zerstörung um 1000 (David?) folgte in Stratum VB eine dorfartige Siedlung mit Wohnhäusern, die sich am Rand des Tells so dicht zusammendrängen, daß ihre Rückseiten einen Verteidigungsgürtel bildeten (Meg I 3 II 45). Die Ausgräber nehmen an, daß das Tor aus Stratum VIA weiter in Gebrauch blieb; die Keramik weist aber mit „isr." Gattungen – darunter mehrere des handpolierten Typus – auf eine neue Tradition. Das von den Ausgräbern als selbständige Schicht definierte Stratum VA verbanden W. F. Albright (TBM III 2–3 Anm. 1) und G. E. Wright (JAOS 70, 1950, 59f; BA 13, 1950, 39–46) mit Stratum IVB zu einer Einheit; doch trennt Y. Aharoni (JNES 31, 1972, 302–311) mit neuen Argumenten beide wieder (Abb. 51). Einige Wohnhäuser und die aus Quadern gebauten Paläste 1723 (A – vgl. →Abb. 62_7) und 6000 (B – letzterer ausgegraben von Y. Yadin, BA 33, 1970, 66–96) stammen aus diesen Straten. Die typischen Merkmale der Stadt von Stratum IVA sind die als Pferdeställe oder Magazine (D – vgl. →Speicher) interpretierten Bauten, die Stadtmauer mit Vor- und Rücksprüngen (E) und das „salomonische" Tor (F). Die Diskussion um Datierung und Abgrenzung von Straten und Phasen in dieser Zeit ist durch die konträren Meinungen Y. Aharonis und Y. Yadins bestimmt. Aharoni: VB

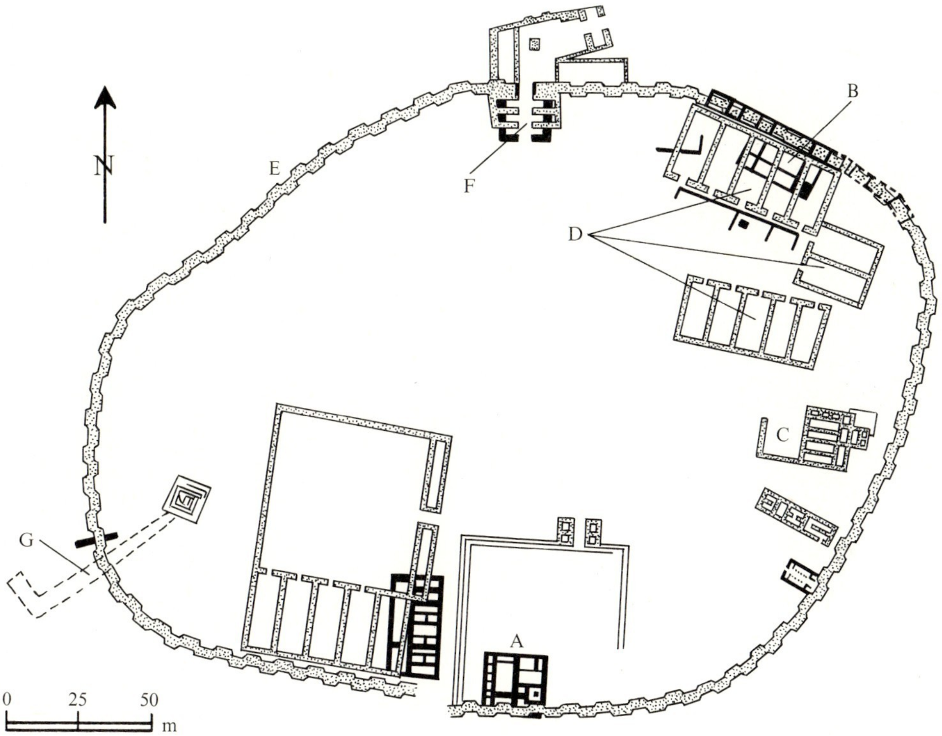

Abb. 51 **Megiddo** Stadtplan der Straten VA–IVB (schwarz) und IVA (gepunktet) (E IIA, B)

= peripherer Verteidigungsgürtel, Wohnhäuser, Zeit Sauls; VA = Paläste 1723 und 6000, Zeit Davids; IVB = Tor (eine Phase!), Mauer mit Vor- und Rücksprüngen, Magazine, Zeit Salomos; IVa = neues Tor mit vier Kammern, unveränderter Stadtplan, Zeit Jerobeams I., Ahabs. Yadin: VB = kleiner, unbefestigter Ort, Zeit Davids; VA-IVB = Paläste 1723 und 6000, Kasemattenmauer mit Tor (frühe Phase) Zeit Salomos; IVA = Magazine, Tor (späte Phase), Mauer mit Vor- und Rücksprüngen, Zeit Jerobeams I., Ahabs (Vierkammertor erst unter Ahab). Beide Schemata basieren auf drei Axiomen: 1. öffentliche Gebäude aus Quadern nicht vor Stratum VA; 2. wegen der Notiz über Salomos Bautätigkeit in M., Hazor und Geser (1 R. 9_{15}) sind die drei typologisch verwandten Tore dieser drei Orte salomonisch; 3. das Ende von Stratum IVB markiert die Zerstörung M.s durch Šošenq I. (Karnak-Liste, M.-Stele). Während bei Yadins Deutung die Unterscheidung zweier Straßenniveaus im „salomonischen“ Tor und die Verbindung der Kasemattenmauer mit dem Tor problematisch sind, ist bei Aharonis Theorie die scharfe Trennung zwischen einer davidischen und einer salomonischen Stadt von den Grabungsergebnissen her fraglich. Die Šošenq I. zugeschriebene Zerstörung ist nur im Torgebiet nachgewiesen und somit nicht sicher bewiesen. Auf einige der offenen Fragen kann man Antworten von der Endpublikation der Yadinischen Untersuchungen erhoffen.

Beim M. der Straten VA und IVB handelt es sich um eine Verwaltungsstadt mit Wohnvierteln und Speichern zwischen zwei öffentlichen Gebäuden im Norden und Süden des Tells. Das nördl. Gebäude 6000 entspricht dem Typ des nordsyr. *Ḫilāni*-Hauses (Yadin, BA 33, 75). Einen komplizierteren, aber auch Elemente des *Ḫilāni*-Hauses aufweisenden Grundriß besitzt der südl. Palast 1723, der durch eine Mauer (mit Tor) von der übrigen Stadt abgetrennt ist (Ussishkin, IEJ 16). Erstmals kommen hier Volutenkapitelle (→Abb. 68) als tragende Architekturteile vor. In Stratum IVA bestimmt der Komplex der Magazine das Bild der Stadt, der den Funktionswechsel M.s von einer Verwaltungs- zu einer Versorgungsstadt signalisiert. Die Datierung der Wasseranlage (Abb. 51:G) ist durch die neuen Sondagen Y. Yadins erneut in Frage gestellt: er datiert die Poterne im Westen in die Zeit Salomos, den Schacht in die Zeit Ahabs (→Wasserversorgung). Stratum IVA endet mit der Zerstörung M.s durch Tiglathpileser III., der es in Stratum III (732 bis zum Zusammenbruch der ass. Herrschaft um 630) als Zentrum der ass. Provinz Megiddo ausbauen ließ. Auffallend sind drei neue Elemente der Stadt: 1. ass. Hofgebäude westl. des Tores (Amiran/Dunayevski), 2. schachbrettartig angeordnete Wohnblöcke *(insulae)*, 3. ein zentraler, in die Erde eingelassener runder Speicher. Die typisch ass. Hofhäuser sind in ihrem rückwärtigen Teil *Ḫilāni*-artig gestaltet und waren wohl Sitz der ass. Verwaltung. Der ass. Stadtplan blieb in Stratum II erhalten; doch waren die Verwaltungsbauten beim Tor wohl zerstört, und im östl. Teil des Tells stand eine isr. Festung (Josias Expansionspolitik?). Das Ende der Festung dürfte 609 mit der Schlacht von M. gekommen sein. Stratum I zeigt mit einem unbefestigten Großdorf auf dem Tell M. als unbedeutenden Ort der pers. Zeit.

Literatur: Zu 3.: Ausgrabungen von seiten der Deutschen Orient-Gesellschaft: TM I, II – Ausgrabungen von seiten des Oriental Institute der Universität Chicago: Meg I, II MegC MegIv MegT MegW – C.S. Fisher, The Excavation of Armageddon, 1929 – P.L.O. Guy, New Light from Armageddon, 1931 – R.M. Engberg/G.M. Shipton, Notes on the Chalcolithic and Early Bronze Pottery of Megiddo, 1934 – G. Shipton, Notes on the Megiddo Pottery of Strata VI-XX, 1939 – Sondagen von seiten der Hebräischen Universität in Jerusalem: Y. Yadin, IEJ 16, 1966, 278–280; 17, 1967, 119–121; 22, 1972, 161–164 – I. Dunayevski/A. Kempinski, IEJ 16, 1966, 142 – A. Eitan, IEJ 24, 1974, 275f.

Zu 4.: Y. Aharoni, The Stratification of Israelite Megiddo, JNES 31, 1972, 302–334 – R. Amiran/ I. Dunayevski, The Assyrian Open-Court Building and its Palestinian Derivatives, BASOR 149, 1958, 25–32 – M. Dothan, Some Problems of the Stratigraphy in Megiddo XX, EI 5, 1958, 38–40 (hebr.) – I. Dunayevski/ A. Kempinski, The Megiddo Temples, ZDPV 89, 1973, 161–187 – R.M. Engberg/G.M. Shipton, Another Sumerian Seal Impression from Megiddo, PEFQSt 66, 1934, 90–93 – C. Epstein, An Interpretation of the Megiddo Sacred Area During Middle Bronze II, IEJ 15, 1965, 204–221 – A. Goetze/S. Levy, Fragment of the Gilgamesh Epic from Megiddo, 'Atiqot ES 2, 1959, 121–128 – K.M. Kenyon, Some Notes on the Early and Middle Bronze Age Strata of Megiddo, EI 5, 1958, 51–60 – dies., Megiddo, Hazor, Samaria and Chronology, Bulletin of the Institute of Archaeology, University of London, 4, 1964, 143–156 – dies., The Middle and Late Bronze Strata at Megiddo, Levant 1, 1969, 25–60 – U. Müller, Kritische Bemerkungen zu den Straten XIII bis IX in Megiddo, ZDPV 86, 1970, 50–86 – J.B. Pritchard, The Megiddo Stables: A Reassessment, Festschr. N. Glueck, 268–276 – Th.L. Thompson, The Dating of the Megiddo Temples in Strata XV–XIV, ZDPV 86, 1970, 38–49 – D. Ussishkin, King Solomon's Palace and Building 1723 in Megiddo, IEJ 16, 1966, 174–186 – ders., On the Original Position of two Proto-Ionic Capitals at Megiddo, IEJ 20, 1970, 213–215 – G.E. Wright, The Problem of the Transition between the Calcolithic and Bronze Ages, EI 5, 1958, 37–45 – Y. Yadin, New Light on Solomon's Megiddo, BA 23, 1960, 62–68 – ders., The Megiddo of the Kings of Israel, BA 33, 1970, 66–96 – ders., The Megiddo of the Kings of Israel, Qadmoniot 3, 1970, 38–56 (hebr.) – ders., A Note on the Stratigraphy of Israelite Megiddo, JNES 32, 1973, 330 – ders., The Megiddo Stables, EI 12, 1975, 57–62 (hebr.).

A. Kempinski

Messer

Im Unterschied zum zweischneidigen →Dolch besitzt das M. meist nur eine Schneide und einen gebogenen Rücken. Zweischneidige M. (z.B. EG III Tf. 198_{4-11}) setzt das AT wohl voraus, wenn es *ḥēreb* in der Bedeutung von M. verwendet (Jos. 5_{2f}; vgl. *ṣōr* in Ex. 4_{25}). Während der Ausdruck *śakkīn* (Prv. 23_{2}) keine nähere Bestimmung erlaubt, muß *ma'ăkēlet* (Gn. $22_{6,10}$) ein großes, *ta'ar* ein kleineres Scher-M. (Nu. 6_{5} vgl. auch Jer. 36_{23}) meinen. **Mazmērā* (Jes. 18_{5}) bezeichnet das Winzer-M. Das unter den Altargeräten genannte *məzammēret* (1R. 7_{50}) kann M., eventuell aber auch (Licht-)Schere bedeuten (vgl. die hell. Schere in HES II Tf. 82b; zu *melqāḥayim* →Lampe, 1.). Zu Spezial-M.n bei der →Lederbearbeitung vgl. →Abb. 48_{1f}.

Seit der FB-Zeit gab es in Pal. kupferne M. (z.B. IEJ 13, 1963, Tf. 30A,B); doch erst seit der MB II-Zeit waren bronzene M. zahlenmäßig stärker als die seit dem NL gebräuchlichen Feuerstein-M. Anders als bei →Dolch und Schwert wird gleich zu Beginn der E-Zeit Eisen das bevorzugte Material für M. (vgl. etwa die eiserne Klinge aus *Tell Qasīle*, 12.Jh.: IEJ 25, 1975, 78 Tf. 7B).

Zur Verbindung von Klinge und Griff boten sich wie bei →Dolch und Schwert verschiedene Möglichkeiten an. Die Me-

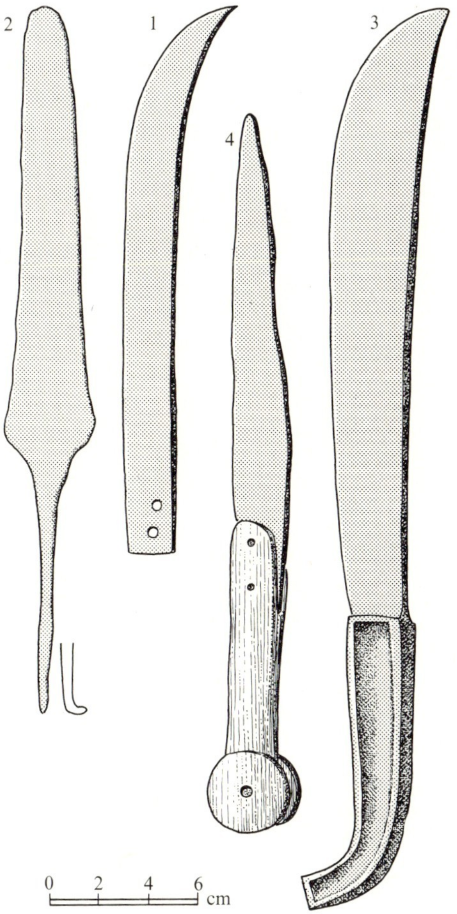

Abb. 52 **Messer** (1) Einfache Klinge, (2) Klinge mit Angelhakenzapfen, (3) mit Schalengriff, (4) mit Elfenbeingriff

tallklinge konnte in einen Griff eingeschoben und durch Nieten oder Umwickeln festgehalten werden (Abb. 52_1; L III Tf. $56_{10,26,34}$). Seltener ist die Klinge um einen Zapfen verlängert, der in den Griff eingeschoben wurde (AG III Tf. 20_{23-35}). Beides kommt seit der MB-Zeit nebeneinander vor. Auf die SB-Zeit beschränkt blieben Zapfenende in Angelhakenform (Abb. 52_2; AG II Tf. 19_{267} III Tf. 21_{39}; MegT Tf. 125_{13-15}; EG III Tf. 121_2). Selten und eventuell importiert sind M. mit Schalen- (Abb. 52_3), Tüllen- (AG III Tf. 22_{94}; EG III Tf. 198_9) oder Vollgriff (Ger Tf. 30_{29}; HES I Abb. 219a,b). M., deren Vollgriffe in Tierfüßen enden, sind in Pal. und Ägypten belegt (vgl. L IV 78). Um das M. an einer Schnur aufhängen zu können, endete der Griff (aus Elfenbein) bisweilen in einer runden durchbohrten Scheibe (Abb. 52_4; TM II Abb. 22; IEJ 25, 1975, 78 Tf. 7B).

Literatur: J. Deshayes, Les outils de bronze de l'Indus au Danube I, 1960, 301–334; II, 1960, 123–143.

H. Weippert

Metall und Metallbearbeitung

1. M.arten, a im Vorderen Orient, b in Pal., c im AT. 2. M.bearbeitung. 3. Typische Arten von M.gegenständen.

1.a Von den neun in vorchristlicher Zeit bekannten M.en und Legierungen sind Gold und Kupfer, in geringen Mengen auch Blei und Silber, seit der 2. Hälfte des 5. Jt.s im Vorderen Orient belegt (D. Stronach, AnSt 9, 1959, 47–50). Gegenstände aus Blei sind aber in vorröm. Zeit selten (dann häufig, z.B. als Wasserröhren, vgl. Boulakia), vielleicht, weil man Blei vor allem für die Silbergewinnung benötigte (→Bergbau, 2.). Seit Ende des 3. Jt.s ist Elektron (natürliche Gold-Silber-Legierung) und Bronze (künstliche Kupfer-Zinn-Legierung) bezeugt. Die Erfindung der Bronze führen G. A. Wainwright (JEA 20, 1934, 29–32; Antiquity 17, 1943, 96–98; 18, 1944, 100–102) und C. F. A. Schaeffer (JEA 31,1945, 92–95) auf das gemeinsame Vorkommen von Kupfer- und Zinnerz bei Byblos zurück. Das Zinn wurde wohl hauptsächlich zur Herstellung von Bronze verwendet, die dem Kupfer an Härte überlegen ist (Gegenstände aus Zinn: Antiquity 18, 1944, 57). Das siebente M., Eisen, erscheint seit der altass. Zeit (Ende 3. Jt.) in Texten, zunächst wohl als Meteoreisen (vgl. altbab. *miqit parzillim* „[vom Himmel] heruntergefallenes Eisen", Th. G. Pinches, Journal of the Royal Asiatic Society of Great Britain and Ireland, Centenary Supplement, 1924, 71 Z. 21; die Hethiter der SB-Zeit unterscheiden „[irdisches] Eisen" von „schwarzem Eisen [des Himmels]" = Meteoreisen, E. Laroche, Revue Hittite et Asianique 16/60, 1957, 11). Die Funde sind für die ältere Zeit sporadisch (vgl. H. C. Richardson, AJA 38, 1934, 555–583; 41, 1937, 447–451; A. Hertz, ebd. 441–446) und werden erst vom Ende der SB-Zeit an häufiger (z.B. Dolchklinge im Grab

Tutanchamons: ANEP 181; Axtblatt aus Ugarit: Ug I 108–113 Tf. 22; vgl. für Ugarit allgemein Fensham). Ein ernsthafter Konkurrent der Bronze wurde Eisen erst im 11./10. Jh. (Waldbaum), als man gelernt hatte, die Oberfläche von Eisengegenständen durch kontrolliertes Glühen im Holzkohlenfeuer zu stählen (zur Technik: T. Stech Wheeler/J. D. Muhly/R. Maddin, Levant 8, 1976, 107–112). Wenn *ḫabalkinnu* (<protohattisch/heth./hurr. *ḫapalki*– „Eisen") in der Geschenkliste Tušrattas von Mitanni EA 22 (I_{32} $III_{7,49}$) „gestähltes Eisen" bedeutete (Helck, Beziehungen, 391), müßte das Verfahren schon im 14. Jh. bekannt gewesen sein (nach E. Laroche, a.a.O., 9 ist *ḫ.* aber die phonetische Lesung des im selben Text gebrauchten Logogramms *AN.BAR* „Eisen" [gewöhnlich *parzillu* zu lesen]). Ungewiß ist, ob die Kupfer-Zink-Legierung Messing, die die Römer seit 20 v. Chr. auch als Münz-M. verwendeten, schon früher eine Rolle spielte (nach EG II 265 enthielt eine Nadel der „3. sem. Periode" [SB II/E I-Zeit] 66,4 % Kupfer, 23,4 % Zink, 10,7 % Zinn). Das sicher seit dem 1. Jh. v. Chr. in Spanien bekannte Quecksilber ist für die Entwicklung der vorderasiatischen M.urgie bedeutungslos.

1.b Pal. ist ein metallarmes Land (→Bergbau, 2.) und damit von Natur nicht zum Zentrum einer M.industrie prädestiniert. Das erklärt vielleicht die Tatsache, daß die frühesten in Pal. gefundenen Kupfer-Gegenstände erst dem ausgehenden CL (Ende 4. Jt.) angehören (*Telēlāt Ġassūl,* Beerseba-Kultur, *Wādī Maḥras [Naḥal Mišmār],* vgl. J. B. Hennessy, The Foreign Relations of Palestine during the Early Bronze Age, 1967, 33, 41). Die stilistisch und technisch nach dem Norden weisenden Gegenstände von z. T. hoher Qualität sind nicht importiert, sondern lokal hergestellt, wie die Reste einer Kupferwerkstätte in *Tell Abū Maṭar* belegen (J. Perrot, IEJ 5, 1955, 79f, 84, 188). Auch die FB-zeitlichen M.funde (z. B. in *Tell el-Ḥesī, Kəfar Mōnaš,* vgl. Moorey/Schweizer 192) bestehen aus Kupfer-Gegenständen (nach C. A. Key, IEJ 13, 1963, 289f, stammt das Rohmaterial des Horts von *Kəfar Mōnaš* aus dem Sinai bzw. Nordsyr./Anatolien; zur Datierung in die FB III-Zeit: T. F. Watkins, PEQ 107, 1975, 53–63). Obwohl chemische Analysen eines Objektes aus *Telēlāt Ġassūl* (Ende 4. Jt.) eine (zufällige?) Kupfer-Zinn-Legierung nachwiesen (TGh I 75f), bürgerte sich Bronze in Pal. erst seit der MB IIA-Zeit ein (bes. für Tüllen- und Fensteräxte), verdrängte aber das Kupfer nicht aus dem Gebrauch (Moorey/Schweizer 193). Ein Indiz für den Aufschwung der syr.-pal. Bronzeindustrie in der MB IIA-Zeit sind wohl die Zinnimporte syr. Herrscher, die das Mari-Archiv bezeugt (bes. der Text A 1270, G. Dossin, RA 64, 1970, 97–106, der auch die Könige von Hazor und Lais unter den Handelspartnern nennt, vgl. Malamat). Voll entfaltete sich die kan. Bronzeindustrie in der SB-Zeit (zum damaligen Zinnhandel vgl. die Ladung des um 1200 bei Kap Gelidonya gesunkenen Schiffes: G. F. Bass, AJA 65, 1961, 273) und überdauerte auch die durch die Ansiedlung der Israeliten und Philister im Lande herbeigeführten Veränderungen zumindest in der Jesreel-Ebene und dem mittleren Jordangraben (O. Negbi, TA 1, 159–172). Bronzewerkstätten der E I-Zeit sind aber auch aus dem nun philistäischen Gebiet aus *Tell Ḥedar,* Beth-Semes und *Tell Qasīle* bekannt, ebenso vom transjordanischen *Tell Dēr ʿAllā* (vgl. ebd. 170 mit Anm. 48). Obwohl schon in Texten des 14. Jh.s (Arm-)Ringe aus Eisen (EA 25 II_{22}: *ŠU.GUR = unqu* „Ring"), z. T. mit Goldüberzug (EA 22 $II_{1,3}$ 25 II_{28}) vorkommen (die allerdings mitannischer Herkunft sind), findet sich zu Schmuck verarbeitetes Eisen in Pal. erst seit der ausgehenden SB-Zeit (z. B. in Megiddo: MegT Tf. 137_{13} Meg II Tf. 226_{7}; *Mādebā:* PEFA 6, 1953, Tf. 4_{160f} 5_{228f}; vgl. auch B. Rothenberg, Timna, 1972, 174); doch erst im 11. Jh. nehmen die Funde von Waffen und Geräten aus Eisen merklich zu (Wright; TBM III 32f; BA 33, 1970, 95; vgl. aber auch IEJ 25, 1975, 78 Tf. 7B: eiserne Messerklinge vom *Tell Qasīle,* 12. Jh.) und erreichen im 10. Jh. etwa dieselbe Häufigkeit wie entsprechende Objekte aus Bronze (Waldbaum). Die seit der FB II/III-Zeit in Pal. belegten Edelmetalle Gold und Silber (Goldplakette aus einem Grab bei *Kinnēret:* R. Amiran, IEJ 2, 1952, 100f, Tf. 6A; Silber im Hort von *Kəfar Mōnaš*) wurden in der Folgezeit vorwiegend zu →Schmuck verarbeitet; Elektron blieb immer selten (z.B. AG III Tf. 14_{31} IV Tf. 11_{1f} 21_{209}; L IV Tf. 25_{15}; ANEP 774). Wegen des sporadischen Vorkommens kann bei diesem M. wie bei Blei, das durch kleine Figurinen (AG I Tf. 21_{112} III Tf. 16_{37}; BSIA Abb. 108_{1}; EP Tf. 85_{2}; G. Contenau, Manuel d'archéologie 4, 1947, 1919 mit Abb. 1041), Netzgewichte (Ger Tf. 23_{16}; AG III Tf. 9_{35}) und →Gewichte in Pal. vertreten ist, der Zeitpunkt des ersten Auftretens noch nicht bestimmt werden.

1.c Die wichtigsten hebr. M.-Termini sind in Nu. 31_{22} wohl in absteigender Rangfolge aufgezählt: *zāhāb* „Gold", *kēsep* „Silber", *nəḥōšet* „Kupfer/Bronze", *barzēl* „Eisen", *bədīl* „Zinn", *'ōpēret* „Blei". Ferner sind belegt *'ănāk* „Zinn" (nur Am. 7_{17f}, Lehnwort aus akk. *anaku*; zur Bedeutung vgl. Landsberger), *ḥašmal* (Ez. $1_{4,27}$ 8_{2}), nach den Versionen „Elektron" (vgl. W. Zimmerli, Ezechiel, BK 13/1, 1969, 56f), sowie Termini für spezielle Goldarten: *kētem* (Jes. 13_{12}), *paz* (Ps. 19_{11}), *ḥārūṣ* (Sach. 9_{3}; vielleicht aber Synonym zu *zāhāb*); vgl. auch **bēṣer* „Golderz" (Hi. 22_{24f}; vgl. A. Guillaume, PEQ 94, 1962, 132; F. Rundgren, Or NS 32, 1963, 180). Anders als das Akkadische, das meist Kupfer (*erû*) und Bronze (*siparru*) unterscheidet (C. Zaccagnini, OA 10, 1971, 123–144), hat das Hebräische nur einen Ausdruck, *nəḥōšet*, für beide M.e.

Daß Pal. auf M.importe angewiesen war (s.o. →1.b), läßt auch das AT erkennen (ähnlich Ägypten, vgl. Helck, Beziehungen, 379–391, und Assyrien, vgl. Maxwell-Hyslop [Eisen]): als Beute und Tribut kamen im Gefolge der Aramäerkriege Davids Gold, Silber und *nəḥōšet* nach Israel (2S. 8_{5-11}), in der E II-Zeit handelten die Phönizier mit Silber, Eisen, Zinn und Blei aus →Tarsis (Ez. 27_{12}) und Eisen aus „Usal" (Ez. 27_{19}; lies wohl **'Īzāl* = *Izalla* [*Ṭūr 'Abdīn*], vgl. A.R. Millard, JSS 7, 1962, 201–203; Zimmerli, a.a.O., BK 13/2, 1969, 655), während Gold vor allem aus Südarabien bezogen wurde (Gn. 2_{11f}: Goldland Hawila; 1R. $10_{2,10}$ Ps. 72_{15} Ez. 27_{22}: Gold aus Saba und Ragma), in dessen Umkreis auch das Goldland Ophir (1R. 10_{22}; Ostrakon vom *Tell Qasīle*: IEJ 1, 1950/51, 209f; →Handel, 5.) zu suchen sein wird.

2. Die zumeist in der Nähe ihrer Abbaustellen verhütteten Roh-M.e (→Bergbau, 3.) wurden in Klumpen-, Barren-, Scheiben- oder Zungenform (→Geld, 3.) zur Weiterverarbeitung an lokale Gießereien/Schmiedewerkstätten geliefert. Auch die mehrfach aufgetauchten Horte von zerhackten M.gegenständen (→Geld, 3.) waren zum Einschmelzen bestimmt. Bisweilen dürften die Schmiedewerkstätten auch selbst Erze verhüttet haben (*Tell Abū Maṭar*, CL: J. Perrot, IEJ 5, 1955, 79f; vgl. auch O. Negbi, TA 1, 170 Anm. 48). Das Einschmelzen für den M.guß erfolgte in kräftigem Holzkohlenfeuer (das auch die Oxydation des M.s verhinderte) in dickwandigen, in die Erde eingelassenen Schmelzöfen (hebr. *kūr*, Ez. $22_{18,20,22}$), meist in Schmelztiegeln (hebr. *maṣrēp*, Prv. 17_{3}), wobei die M.e auch weiter gereinigt werden konnten. Weiche und somit leicht formbare M.e wie Gold ließen sich auch durch Hämmern zu Blech verarbeiten. Da die in den antiken Schmelzöfen erreichbaren Temperaturen nicht ausreichten, Eisen zu verflüssigen, konnte dieses M. nur geschmiedet, nicht aber gegossen werden (bei pun. *nsk [h]brzl*, wörtlich „Eisengießer", Ch.F. Jean/J. Hoftijzer, Dictionaire des inscriptions sémitiques de l'ouest, 1965, 180_{22-26}], beruht der Gebrauch des Verbums *NSK* „gießen" wohl auf Übertragung von anderen M.en [z.B. *nḥšt* und Gold, Jean/Hoftijzer, ebd.] auf Eisen; in KAI Nr. 100 wird numidisch *nbṭn n-zl* „die Eisenschmiede" durch pun. *hnskm š brzl* wiedergegeben [jeweils Z. 7]).

Von den pal. Schmelzöfen (z.B. in *Tell el-Ḥesī*: F.J. Bliss, A Mound of Many Cities, or Tell el Hesy Excavated, 1894, Abb. 94; *Tell Ǧemme*: Ger 14 Tf. 6, 9, 25; *Tell Ḥēdar*, Beth-Semes, *Tell Dēr 'Allā*: O. Negbi, TA 1, 170 Anm. 48) sind in der Regel nur die in den Boden eingetiefte Grube und die unteren Teile des Oberbaus erhalten, aus denen der Rest erschlossen werden muß (vgl. die Rekonstruktion eines Ofens vom *Tell Qasīle*, 12./11.Jh.: IEJ 1, 1950/51, 74f, Abb. 3, und die Kritik daran bei B. Rothenberg, Negev, Archaeology in the Negev and the Arabah, 1967, 57f [hebr.]; anders die Öfen im *Wādī el-'Araba* bei dems., Timna, 1972, 78–103). Während in Pal. nur Luftkanäle und Tondüsen (z.B. L II 68; AS V 56; Rothenberg, Negev, 35 Abb. 57 und 50 Abb. 82 = Timna, Tf. 32–34) auf die Verwendung des Blasebalgs (hebr. *mappūaḥ*, Jer. 6_{29}) zur Sauerstoffzufuhr in das Innere der Öfen hinweisen, ist er auf äg. Grabbildern auch dargestellt (z.B. Erman/Ranke, Ägypten, Abb. 232, 18. Dyn., fußbetrieben; die angeblichen „Blasebälge" der im Grab des Ḫnumḥotep in *Benī Ḥasan* dargestellten Semitenkarawane und auf dem *Ytm*-Siegel vom *Tell el-Ḫlēfe* sind anders zu deuten: vgl. K. Galling, ZDPV 83, 1967, 131–134; Rothenberg, Negev, 61–64).

Das verflüssigte M. wurde in Gußformen gefüllt. Für die M.arbeiten vom *Tell Abū Maṭar* (Ende CL) vermutete J. Perrot die Verwendung von Sandformen (IEJ 5, 1955, 80). Die Kupfergeräte aus dem *Wādī Maḥras* zwingen aber zu der Annahme, daß im CL schon so komplizierte Techniken wie der Hohlguß im Wachsausschmelzverfahren bekannt waren (CTr 28–137, 240f, 244). Bei dieser Technik wird der gewünschte Gegenstand über einem Tonkern in Wachs geformt und mit einem Formmantel aus Ton umgeben, der eine Öffnung für das Ausschmelzen des Wachses und das Eingießen des M.s enthält. Durch Mantel und Kern gesteckte M.stäbchen bewirken, daß beide nach dem Ausschmelzen des Wachses ihre Stellung zueinander nicht mehr verändern können. Nach dem Erkalten des eingegossenen M.s wird der Mantel zerschlagen und – sofern das Gußobjekt eine Öffnung besitzt – der Kern entfernt, die Stützstäbe und eventuelle Unebenheiten mit der Feile beseitigt. Mit dem Rückschritt in der M.technologie seit der FB-Zeit ging die Kenntnis dieses Verfahrens in Pal. wohl wieder verloren. Spätere Hohlbronzen wie die Möbelfüße der pers. Zeit aus Samaria (M. Tadmor, Fragments of an Achaemenid Throne from Samaria, IEJ 24, 1974, 37–43) wurden in einer zweiteiligen Form über einem Tonkern gegossen. Das Wachsausschmelzverfahren wurde dagegen in der SB- und E-Zeit nur selten für kleine Vollplastiken wie Stierbronzen (z.B. ANEP 832 aus Hazor; P.R.S. Moorey, Levant 3, 1971, 90f) und Götterbilder (Beispiele bei O. Negbi, Qadmoniot 3) angewandt, die sich ohne Kern in Vollguß herstellen ließen. Für die Mehrzahl der überkommenen M.gegenstände seit der FB-Zeit verwendete man jedoch den offenen Herdguß in steinernen Halbformen und brachte die Gußstücke durch Hämmern, Feilen und Polieren in ihre endgültige Form (vgl.

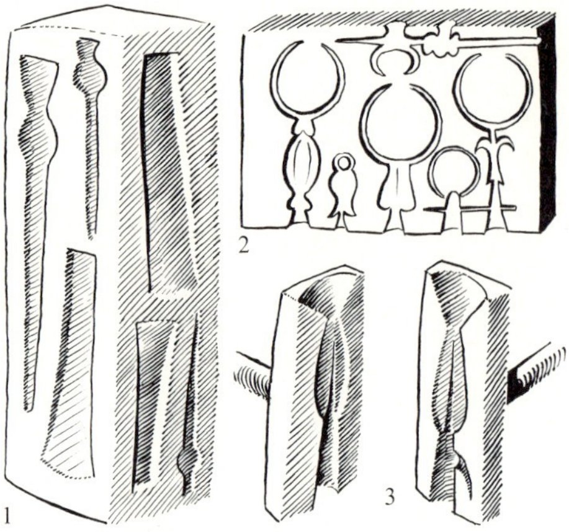

Abb. 53 **Metall und Metallbearbeitung** (1,2) Offene Gußformen für Waffen und Schmuck (Sichem, Geser), (3) doppelte Gußform für Pfeilspitzen (Karkemiš)

T. Watkins, Levant 6, 1974, 188–192). Derartige Gußformen, die häufig bei Ausgrabungen auftauchen, gab es für Waffen und Geräte aller Art (Abb. 53_1; vgl. auch Meg I Tf. 105_{1-5}), Schmuckstücke (Abb. 53_2; →Schmuck, 1.) und Figurinen (Thaanach: BA 30, 1967, 24 Abb. 13; *Nahărīyā*: Qadmoniot 3 Tf. 1 nach S. 80). Seltener sind Doppelformen (Abb. 53_3; vgl. auch Sendsch V 23 Tf. 8b; Ug I, Abb. 32: Halbformen für ein Diadem). Erst in röm. Zeit stellte man Abgüsse von – oft getriebenen – Arbeiten her, deren Gußformen sich leicht vom Original abnehmen ließen (G.M.A. Richter, AJA 62, 1958, 369–377).

M.gefäße wie Schalen, Schüsseln, Becher und Krüge wurden getrieben, wobei das in Form geschnittene Blech erhitzt und von innen oder außen über einem Amboß in die gewünschte Form gehämmert wurde (Maryon 93–101). Muster ließen sich einritzen (ziselieren) oder von der Vorder- bzw. Rückseite her einhämmern (reliefieren; dazu ebd. 115–118, 120–124). Das früheste in Pal. gefundene getriebene Gefäß ist ein Silberbecher mit Reliefdekor der MB I-Zeit von *'Ēn Sāmiye* (Z. Yeivin, IEJ 21, 1971, 78–81; →Abb. 74_3 [Abrollung]). Ihren Höhepunkt erreichte diese Technik in der SB- (vgl. z.B. die Goldschale aus Ugarit: →Abb. 40_1) und E-Zeit.

Großplastiken aus M. mußten in mehreren Teilen hergestellt und zusammengesetzt werden. So wurde etwa die 1,77 m hohe

Statue Pepis I. (6. Dyn.) aus Hierakonpolis (G. Möller, Die Metallkunst der alten Ägypter, 1925, Tf. 22f; K. Lange/ M. Hirmer, Aegypten, 1957^2, Tf. 78) aus getriebenen Kupferblechen und gegossenen Teilen zusammengenietet und mit Kupfernägeln auf einem Holzkern montiert. Eisenteile konnten auch durch Schweißen verbunden werden, während bei Objekten aus Kupfer oder Kupferlegierungen nur das Angießen (bes. für Reparaturen) in Frage kam (Maryon 102–106). Weniger Schwierigkeiten bereitete das Löten (dazu und zu feinen Techniken wie der Herstellung von Draht, Granulation, Filigran →Schmuck, 1.).

Die Verbindung mehrerer der geschilderten Techniken bei der Herstellung eines Götterbildes zeigt Jes. 40_{19f}, (vgl. 41_{6f}): der Handwerker (*ḥārāš,* hier konkret der M.gießer) gießt (*NSK*) das Bild, der Goldschmied (*ṣōrēp*) hämmert (*RQʿ*) Goldblech darüber; ein weiterer „geschickter Handwerker" (*ḥārāš ḥākām,* hier konkret Zimmermann) verankert das Bild fest in einem hölzernen Sockel (dazu: K. Elliger, Jesaja II, BK 11, 1970-, 73–81, 128–131).

3. Da sich M.e auf vielfältige Weise verarbeiten lassen, sind auch die Gattungen von M.gegenständen entsprechend zahlreich und vielgestaltig. Großformatige M.arbeiten sind aus Pal. nicht erhalten, da sie im Laufe der Geschichte immer wieder zerschlagen und eingeschmolzen wurden. Dieses Schicksal widerfuhr auch den Großbronzen des Jerusalemer Tempels (Säulen „Jachin" und „Boas", 1 R. $7_{15-22,41f}$, „Meer", 1 R. $7_{23-26,44}$, Kesselwagen, 1 R. $7_{27-38,43}$, →Kultgeräte, 3.), deren M. 586 nach Babylon gebracht wurde (2 R. 25_{13}). Nach 1 R. 7_{15} (Text nach LXX und Jer. 52_{21} zu korrigieren) waren die beiden Säulen aus *nəḥōšet* gegossen (in einzelnen Trommeln?) und hohl; ihre Höhe betrug 18 (ca. 8 m), ihr Umfang 13 Ellen (Durchmesser ca. 1,7 m), ihre Wandstärke 4 Fingerbreiten (ca. 7,5 cm). Zwei Säulen, für die angeblich je 3000 Talente (90 t) Bronze aufgewandt wurden, ließ Sanherib für seinen Palast in Ninive anfertigen (D. D. Luckenbill, The Annals of Sennacherib, OIP 2, 1924, 97 Z. 84). Teilweise mit Goldblech überzogen waren die Keruben im *dəbīr* (1 R. 6_{28}; →Mischwesen, 5.) und die geschnitzten Holztüren (1 R. $6_{32,35}$) des salomonischen Tempels (wenig vertrauenswürdig ist die sekundäre Notiz über seinen goldenen Fußbodenbelag in 1 R. 6_{30}; dazu: M. Noth, Könige, BK 9/1, 1968, 124,126–128). M.beschläge an Tempel- und Palasttüren werden in ass. Bauberichten öfter erwähnt; erhalten sind u.a. Bronzebeschläge von den Türen des Palasts Salmanassars III. in Imgur-Ellil *(Balawāt),* auf denen Szenen aus den Feldzügen des Königs dargestellt sind (ANEP 356–365, 625; Rekonstruktion der Tür →Abb. 88). M.türen waren auch in Ägypten bekannt: eine Darstellung der 18. Dyn. zeigt den Bronzeguß der Türen des Amun-Tempels in Theben (Erman/Ranke, Ägypten, 548f, Abb. 232).

Möbelteile aus Bronze sind aus pers. Zeit in Pal. belegt: Eckstücke und Füße eines Bettes aus *Tell el-Fārʿa* Süd (→Möbel, 2. mit Abb. 55_1) sowie Füße und ein durch sechs Wülste gegliedertes Bein eines Thrones aus Samaria (M. Tadmor, IEJ 24, 1974, 37–43; →Möbel, 4.).

Häufiger als die in den Bereich der Baukunst und der Innenarchitektur fallenden Gattungen von M.arbeiten sind kleinere Objekte wie Waffen und Geräte (vgl. die einzelnen Stichwörter), →Nadeln und →Fibeln, →Spiegel, →Schmuck und Figurinen (→Götterbild, männliches, 5.b →Götterbild, weibliches, 4., →Göttergruppe).

Bei den M.gefäßen sind Kannen aus Bronze relativ häufig (Beispiele: aus Asdod, SB IIB/E I-Zeit: Ashdod II-III 138 Abb. 76_2; aus Geser, 10. Jh.: BA 34, 1971, 117 Abb. 9), während der silberne Becher aus der MB I-Zeit von *ʿĒn Sāmiye* (→Abb. 74_3; IEJ 21, 1971, 78–81) in Pal. bisher ohne Parallele ist. Eine mehrfach belegte Gruppe von Schale, Schöpfkelle und Sieb aus Silber oder Bronze deutet E. D. Oren als „Weinservice" (Belege aus der E- und pers. Zeit: BSNC 116f; ferner: R. Amiran, Levant 4, 1972, 135–138: aus *Ḫirbet eš-Šēḫ Baṣṣūm,* Bronze, pers. Zeit; vgl. auch ANEP 137: silberne Schale und Schöpfkelle aus einem Grab in *Tell el-Fārʿa* Süd, pers. Zeit). Technisch und künstlerisch nehmen die dekorierten phön. M.schalen eine Sonderstellung ein. Sie verbreiteten sich im 1. Jt. von Luristan im Osten bis Italien im Westen; doch wurde bislang nur ein einziges Exemplar in Pal. gefunden (Meg I Tf. 115_{12}, Stratum IV).

Die Schalen sind aus Silber oder Bronze getrieben, die Dekoration (Tierkampf-, Prozessions-, Bankettszenen, →Mischwesen [mit Abb. 54₁], →Baum, sakraler, pflanzliche Ornamente etc.) ist in konzentrischen Bildzonen um eine Mittelrosette oder -medaillon angeordnet und in Ritz- oder Relieftechnik ausgeführt. Die Schalen haben einen Durchmesser von 15–25 cm (grundlegend: Gjerstadt; weitere Belege und neue Lit.: P. Welten, Festschr. K. Galling, 273–286; ferner z.B. W. Culican, Syria 47, 1970, 65–76; P. Z. Montucoro, Atti e Memorie della Società Magna Grecia NS 11/12, 1972, Tf. 8; R. D. Barnett, Rivista di Studi Fenici 2, 1974, 11–33).

Literatur: L. Aitchison, A History of Metals I, 1960 – J. D. C. Boulakia, Lead in the Roman World, AJA 76, 1972, 139–144 – Busink, Tempel, *passim* – F.C. Fensham, Iron in Ugaritic Texts, OA 8, 1969, 209– 213 – R. J. Forbes, Studies in Ancient Technology VIII, 1971²; IX, 1972²– E. Gjerstad, Decorated Metal Bowls from Cyprus, Opuscula Archaeologica 4, 1946, 1–18 – B. Landsberger, Tin and Lead, JNES 24, 1965, 285–296 – A. Malamat, Syro-Palestinian Destinations in a Mari Tin Inventary, IEJ 21, 1971, 31–38 – H. Maryon, Metal Working in the Ancient World, AJA 53, 1949, 93–125 – K. R. Maxwell, Assyrian Sources of Iron, Iraq 36, 1974, 139–154 – P. R. S. Moorey/F. Schweizer, Copper and Copper Alloys in Ancient Iraq, Syria and Palestine: Some New Analyses, Archaeometry 14/2, 1972, 177–198 – O. Negbi, Metal Figurines in Israel and the Neighbouring Lands, Qadmoniot 3, 1970, 78–87 (hebr.) – dies., The Continuity of the Canaanite Bronzework of the Late Bronze Age into the Early Iron Age, TA 1, 1974, 159–172 (Lit.) – J. C. Waldbaum, The Use of Iron in the Eastern Mediterranean, Diss. phil. Harvard University (masch.), 1968 (hier zitiert nach der Kurzfassung in: Harvard Studies in Classical Philology 73, 1969, 328– 331) – G. E. Wright, Iron: The Date of its Introduction into Common Use in Palestine, AJA 43, 1939, 458–463. *M. Weippert*

Mischwesen

1. Allgemeines. 2. Sphinx. 3. Greif. 4. Weitere M. 5. M. im AT.

1. Nicht nur zahlreiche Funde aus pal. Ausgrabungen, sondern auch die atlichen Beschreibungen von Saraphen und Keruben machen deutlich, welche Rolle mischgestaltige Wesen, zusammengesetzt aus tierischen und menschlichen Elementen im alten Israel spielten. Diese im gesamten Alten Orient verbreitete Vorstellung wäre mißverstanden, wollte man M. als reale Abbilder der entsprechenden Gottheiten oder Dämonen ansehen. Die Addition von Bildelementen verschiedener Herkunft (Tier, Mensch) dient vielmehr dazu, die Gestalt „ in ihrer Wesensart zu kennzeichnen und von anderen zu unterscheiden“ (E. Hornung, Der Eine und die Vielen, 1971, 113). Während in Ägypten seit der 2. Dyn. auch die großen Götter als M. dargestellt wurden (ebd. 101), begegnen im Zweistromland und dessen Ausstrahlungsbereich fast ausschließlich M. als Dämonen (z.B. Fuhr-Jaeppelt). Die für uns auf Siegeln, in Elfenbein und auf Metallschalen faßbaren, in den phön.-pal. Raum übernommenen M. besaßen neben dem dekorativen Charakter Schutzfunktionen für ihren Träger bzw. Besitzer.

2. Trotz mancher Wandlungen in Einzelheiten (reiche Materialsammlung zum 2. Jt.: Dessenne) ist die Sphinx in ihrer Grundstruktur weitgehend fixiert: Löwenkörper, Menschenkopf, meist mit einem Flügelpaar versehen (zur ursprünglichen Gestalt der äg. Sphinx: Helck 6). Das in Ägypten anfänglich männliche M. (als Darstellung des Königs, vgl. RÄRG 746–748) dürfte schon dort auch die weibliche Gestalt angenommen haben, in der es über Pal.-Syr. in den mesopotamischen Raum und in den Westen gewirkt hat (zur Rückwirkung auf Ägypten: Helck 1–10). Aus dem phön.-pal. Raum gibt es eine Fülle von Material. Eine erste Gruppe von Sphingen wird stehend bzw. schreitend dargestellt. Aus dem Elfenbeinfund aus Samaria sind zwei stark ägyptisierende (Schurz, Doppelkrone) Darstellungen aus dem 9./8. Jh. zu nennen (SS II Tf. 5₁,₃; →Abb. 19₇). Ein aram. Rollsiegel vom Ende des 9. Jh.s kann angeschlossen werden (K. Galling, ZDPV 64, 1941, 121–202 Nr. 149): Sphinx und Ibex stehen antithetisch am Lebensbaum; die Sphinx trägt trotz der sonst stark syr. Darstellung noch den Schurz. Die Sphinx begegnet aber auch (wie der Greif) mit erhobener Pranke über die Feinde triumphierend u.a. auf Metallschalen (Abb. 54₁; vgl. auch P. Welten, Eine neue „phönizische“ Metallschale, Festschr. K. Galling, 273–286). Zu nennen sind hier weiter die Sphingenthrone (→Möbel, 4.). Im Unterschied zum Greifen kommen kaum sitzende Sphingen vor. Verbreitet ist dagegen der Typus der liegenden Sphinx, so z.B. auf einem Siegel aus Megiddo um 600 (→Abb. 78₇; Galling, a.a.O., Nr. 15), auf der Silberschale von Amathus um 700 (E. Gjerstad, Opuscula Archaeologica 4, 1946, Tf. 6). Ein

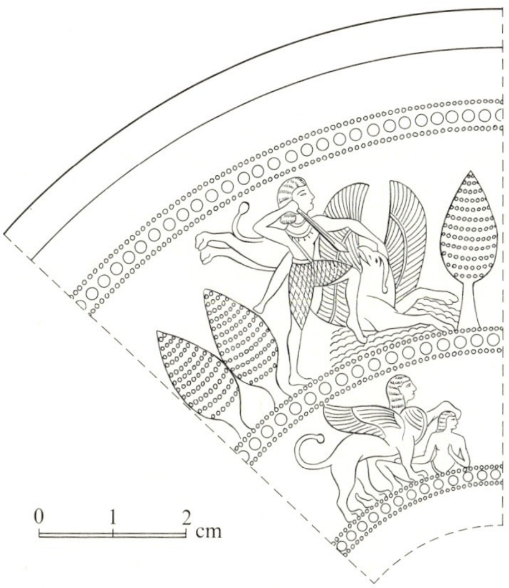

Abb. 54 **Mischwesen** (1) Sphinx und Greif auf einer phön. Metallschale

für das ausgehende 2. Jt. typisches M. auf einem Elfenbein aus Megiddo (Abb. 54_2) zeigt die Sphinx vor einer mißverstandenen Königskartusche. Außerhalb der der Kleinkunst angehörenden Gattungen sind Darstellungen von M. selten. Zu nennen wäre ein ca. 90 cm hoher Räucherständer aus Thaanach (→Kultgeräte, 1.a mit Abb. 45_3 [9./8. Jh.]) mit auf jeder Seite drei schreitenden Sphingen – übereinander angeordnet (dazwischen je zwei Löwen), weiter ein M. (Abb. 54_3), bestehend aus einem Löwen- (so de Vaux 253) oder Stierkörper (so Gressmann, AOB 395), menschlichem Kopf (mit phrygischer Mütze) und Flügelpaar, eingemeißelt in den sogenannten Königshöhlen unter der Nordmauer Jerusalems, 35 × 24 cm (Ch. Clermont-Ganneau, Archaeological Researches I, 1899, 242–245; nach de Vaux: E I-Zeit). Ohne Parallelen in Pal. und ein Beispiel für die monumentale Darstellung ist das als Säulenbasis gestaltete Sphingenpaar (Höhe 96 cm) aus Zincirli (ANEP 648).

3. Herkunft, Verbreitung und Darstellungsweise des auf äg. Tradition zurückgehenden Greifen entsprechen weitgehend denen der Sphinx (Helck 7–9). Beim Greifen ist der Löwenleib mit einem Falkenkopf (selten mit Widderkopf) verbunden. Davon abzuheben ist ein M. mit Adlerkopf aus Mesopotamien (Bisi; Börker-Klähn). Einen schreitenden Greifen zeigt z.B. ein Siegel aus Megiddo (Galling, a.a.O., Nr. 2; →Abb. 78_5, 9. Jh.) mit Doppelkrone, Schurz und geradem Flügelpaar vor einem Lebenszeichen. Anzuschließen sind über die Feinde triumphierende Greifen, belegt etwa durch ein aus dem 8. Jh. stammendes Siegel (Galling a.a.O., Nr. 6), durch die Darstellung auf Metallschalen derselben Epoche (Idalion: Abb. 54_1; *Nimrūd*: R.D. Barnett, EI 8, 1967, Tf. 2) und durch ein Elfenbeinfragment aus Samaria (SS II Tf. 14_4). Öfter begegnen sitzende Greifen, teils antithetisch an der Palmette (Metallschalen: Gjerstad, a.a.O., Tf. 14) teils allein (Siegel aus Jericho: Galling, a.a.O., Nr. 8, 8./7. Jh.). Nicht weniger häufig ist der Greif gelagert, so auf einem Siegel aus Sichem (Galling, a.a.O., Nr. 11, um 700; stark kretischer Einschlag: nach oben gestreckter Kopf, Federbusch) und auf einem Elfenbein aus Megiddo (Abb. 54_4, Ende des 2. Jt.s). Widderköpfige Greifen – alle aus dem 1. Jt. – begegnen auf den Elfenbeinen

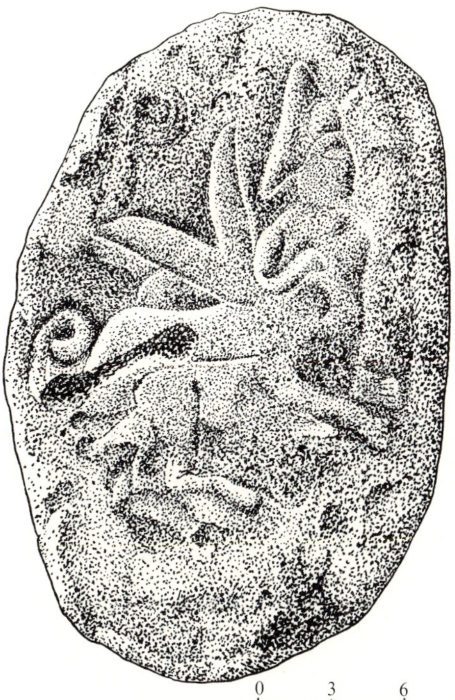

Abb. 54 **Mischwesen** (3) Mischwesen mit Löwen- oder Stierkörper auf einem Relief in Jerusalem

2

4

5

Abb. 54 **Mischwesen** (2) Sphinx, (4) Greif und (5) Greif mit Widderkopf auf Elfenbeinen aus Megiddo (2,4: SB IIB) und *Nimrūd* (5: 9./8. Jh.)

aus Samaria (SS II Tf. 6_2), Arslan Taş (F. Thureau-Dangin u.a., Arslan Tash, 1931, Tf. 27f) und *Nimrūd* (Abb. 54_5; Mallowan, Nimrud II, Abb. 483f, 522). Ohne Analogien bei Sphingen ist das Motiv von Greif und Greifentöter (Elfenbeine aus *Nimrūd:* Mallowan, a.a.O., Abb. 455; zypr. Metallschalen: Gjerstad a.a.O., Tf. 7, 9f; vgl. auch Abb. 54_1). Monumentale Darstellungen führen wiederum aus dem phön.-pal. Raum hinaus, so die sitzende Gestalt aus *Tell Ḥalāf* (TH III Tf. 116, Höhe 2,4 m), die stärker mesopotamischen Einfluß zeigt.

4. Neben den in der Zusammenstellung der Elemente stark festgelegten M. Sphinx und Greif begegnet im phön.-pal. Raum eine weitere Gruppe von M., in der einem bestehenden Bildmotiv (Uräus, Skarabäus) ein weiteres Flügelpaar hinzugefügt wird. Neben den in Ägypten undenkbaren vierflügeligen Uräusdarstellungen (→Schlange, 3.) sind vierflügelige Skarabäen zu nennen (→Abb. $78_{4,21,27f}$ und P. Welten, Die Königs-Stempel, ADPV 1969, 10–16). Einmalig in Pal. ist ein bronzenes M. vom *Tell es-Seba'*, bestehend aus einem Vogelkörper mit ausgebreiteten Flügeln und einem Frauenkopf, von R. Giveon als Ba-Vogel identifiziert (Beer-Sheba I 54 Tf. 23_1). Im Unterschied zu Phönizien-Pal. weist die spätheth. Bildkunst – auch im Gefolge mesopotamischer Bildtradition – eine Fülle von M. verschiedenster Zusammensetzung auf (zu den Typen: H.W. Haussig, ed., Wörterbuch der Mythologie I, 1965, 100f und *passim*): Fischmensch (TH III Tf. 94a), Skorpionmensch (ebd. Tf. 92b), geflügelte, gehörnte Löwen mit Vogelschwanz (ebd. Tf. 91a) und Genien mit bis zu drei Flügelpaaren (ebd. Tf. 95a und Abb. 54_6).

5. Das AT nennt eine beträchtliche Zahl von M.; doch ist strittig, welchen Gestalten der archäologischen Denkmäler diese entsprechen. Es empfiehlt sich, nicht von den hebr. Termini auszugehen, sondern von den Phänomenen bzw. Funktionen dieser M., da die Terminologie vielfach schillert und im Laufe der Zeit Schwankungen unterworfen war.

a) Wüstenschlangen, geflügelt (Dt. 8_{15} Nu. 21_6 Jes. 14_{29} 30_6), hebr. *nāḥāš śārāp* („Schlangensaraph") und *śārāp məʿōpēp* („fliegender Saraph"); Bildvorstellung: wohl geflügelte Uräi (vgl. aber Wiseman).

b) Menschengestaltige, geflügelte Wesen, nach Jes. 6_{1-4}: Saraphen (hebr. *śərāpīm*), in Ez. 1_{5-14} umbenannt, im nachezechielischen Text (W. Zimmerli, Ezechiel, BK 13/1, 1969, 240), Ez. 10_{20} „Keruben“, gleichzusetzen mit geflügelten Genien (Abb. 54_{6}). Als fliegende Uräusschlangen gedeutet von Joines, als Schlangen im Zusammenhang mit Blitzsymbolik von de Savignac. Es fällt auf, daß diese Wesen in vorjesajanischen Texten nicht begegnen, daß aber auch menschengestaltige, geflügelte Wesen dem phön.-pal. Raum (im Unterschied zum nordsyr.-mesopotamischen) relativ fremd sind.

c) Wächtergestalten und Throntiere: Nach Ps. 18_{1} fährt Jahwe auf Keruben (hebr. *kərūb;* zum Namen: [G.]R[inaldi]) einher; nach Ps. 80_{1} 1 S. 4_{4} u. ö. thront er auf Keruben; nach 1 R. 6_{23-28} flankieren Keruben die Lade, nach Gn. 3_{24} und

Abb. 54 **Mischwesen** (6) Genius auf einem Orthostaten vom *Tell Ḥalāf*

Ez. $28_{14,16}$ sind Keruben Wächter des Gottesgartens. Kerubenfriese (neben Palmen- und Blumenornamenten) in Holz geschnitzt, gehörten zur Innenausstattung des salomonischen Tempels (1 R. $6_{29,32,35}$). Nach Ez. 41_{18} handelte es sich um zweiköpfige Wesen (Menschen- und Löwenkopf). Da sich keine Hinweise auf Menschengestalt finden, da andererseits von Throndarstellungen her Sphingen als Träger- und Wächtertiere zu erwarten sind, wird man sich die Keruben als Sphingen oder Greifen vorzustellen haben. R. de Vaux vermutet, daß das M. aus den Königshöhlen in Jerusalem (Abb. 54_{3}) eine solche Gestalt darstellt (de Vaux 253).

Literatur: A. M. Bisi, Il grifone, 1965 – J. Börker-Klähn, Art. Greif, RLA III, 633–639 – A. Dessenne, Le sphinx, 1957 – I. Fuhr-Jaeppelt, Materialien zur Ikonographie des Löwenadlers Anzu-Imdugud, 1972, – H. W. Helck, Die liegende und geflügelte weibliche Sphinx des Neuen Reiches, Mitteilungen des Instituts für Orientforschung 3, 1955, 1–10 – K. R. Joines, Winged Serpents in Isaiah's Inaugural Vision, JBL 86, 1967, 410–415 – O. Keel, Jahwe-Visionen und Siegelkunst, Stuttgarter Bibelstudien 84/85, 1977 – (G.)R(inaldi), k^e^rub, Bibbia e Oriente 9, 1967, 211 f – J. de Savignac, Les „Seraphim“, VT 22, 1972, 321–325 – U. Schweitzer, Löwe und Sphinx im Alten Ägypten, 1948 – R. de Vaux, Les chérubins de l'arche d'alliance, les sphinx gardiens et les trônes divins dans l'ancien Orient, in: ders., Bible et Orient, 1967, 231–259 = MUSJ 37, 1960/61, 91–124 – D. J. Wiseman, Flying Serpents? Tyndale Bulletin 23, 1972, 108–110. *P. Welten*

Mizpa

M. heißt hebr. „Warte“ und kommt als Name verschiedener Orte im AT vor: im Ostjordanland (Jdc. 10_{17} $11_{11,29,34}$), am Fuß des Hermon (Jos. $11_{3,8}$), in Juda (Jos. 15_{38}) und in Moab (1 S. 22_{3}). Im folgenden ist nur von dem benjaminitischen M., einer isr. Neugründung (ein atlicher Eroberungsbericht über den Ort liegt nicht vor) die Rede. Jdc. 20 f und 1 S. 7_{5ff} 10_{17} nennen M. als Versammlungsort in vorköniglicher Zeit. Die nach der Reichstrennung wohl isr. Stadt kam unter Asa zum Staat Juda und wurde als Grenzbefestigung gegen Israel ausgebaut (1 R. 15_{22} vgl. Jer. 41_{9}). Nach dem Fall Jerusalems war M. Sitz des Statthalters Gedalja (2. R. 25_{23} Jer. 40 f), im 5. Jh. diente es als Bezirksvorort (Neh. 3_{15}). 1 Macc. 3_{46} erwähnt M. als Zentrum des Aufstandes gegen die Seleukiden.

Die Diskussion über die Lokalisierung von M. entweder auf den *Nebī Ṣamwīl* ca.

7 km nordwestl. von Jerusalem oder dem *Tell en-Naṣbe* ca. 12 km nördl. von Jerusalem verschob sich nach den von W. F. Badè auf dem *Tell en-Naṣbe* durchgeführten Grabungen zugunsten letzterer Identifikation, nachdem man schon lange darauf hingewiesen hatte, daß die Lage des *Tell en-Naṣbe* an der Römerstraße Neapolis – Jerusalem für eine Grenzbefestigung besser geeignet sei als der abgelegene *Nebī Ṣamwīl* (zur Diskussion: TN I 13–44 und Alt, der das M. der vorköniglichen Zeit auf dem *Nebī Ṣamwīl,* das spätere auf dem *Tell en-Naṣbe* ansetzt).

Die Besiedlungsgeschichte des *Tell en-Naṣbe* beginnt in der FB-Zeit; nach einem Rückgang in der MB-Zeit war der Ort in der SB-Zeit unbewohnt, so daß die Siedlung der frühen E-Zeit als isr. Neugründung gelten darf. Eine nur mit Unterbrechungen und bes. im Süden zu verfolgende ca. 1 m dicke Mauer und wohl auch die beiden Türme nahe der Westmauer (TN I Tf. 64f) schützten den eher Dorf als Stadt zu nennenden frühen Ort. Um 900 erhielt er eine stärkere, außerhalb der ersten Mauer verlaufende ca. 600 m lange Befestigungsanlage mit neun oder zehn aus der Mauer vorspringenden Türmen (TN I Tf. 66–69; ANEP 716). Die Mauer ist unregelmäßig (mehrere Phasen?) gebaut und von unterschiedlicher Dicke (durchschnittlich ca. 4 m). Das Stadttor mit seinen zwei Kammern (TN I Tf. 70–73; ANEP 717) liegt nicht, wie man für eine zum Südreich gehörende Stadt erwartet, im Süden, wo auch die Stadtquelle entspringt (Südosten), sondern im nördl. Teil der Ostmauer und öffnet sich nach Norden. Mit Alt (4f) ist dies so zu deuten, daß mit dem Bau der Befestigung noch begonnen wurde, als der Ort zum Nordreich gehörte, und daß die Grundkonzeption später nicht geändert wurde. Ein Datum für die Zerstörung der Befestigung läßt sich nicht angeben (TN I 202f). Da sich stratigraphisch kaum verschiedene Schichten der E-zeitlichen Stadt voneinander abheben lassen und da auch nur wenig Waffen gefunden wurden (TN I 62), darf man vermuten, daß sie den Untergang der Reiche Israel und Juda ohne nennenswerten Angriff überstand und von den Babyloniern deshalb als Residenz des Statthalters Gedalja gewählt wurde. Von den auf dem Tell ausgegrabenen Gebäuden sind drei Vierraumhäuser nahe dem Tor erwähnenswert, gegen deren Deutung als Heiligtum zuerst K. Galling (ZDPV 55, 1932, 245–250) Einspruch erhob, und in denen eher Wohn- oder Vorratshäuser (→Speicher) zu sehen sind (TN I 206–212; dazu Branigan). Für ein Fortleben der Siedlung bis in makkabäische Zeit sprechen Funde von griech. Keramik (TN I Tf. 59f), griech., ptolemäische und seleukidische Münzen. Byz. Gräber (TN I 109–128) dürfen kaum mit einem Ort auf dem Tell selbst, sondern mit der byz. Siedlung auf der *Ḫirbet eš-Šuwēke* (hier eine Kirche) zusammenhängen.

Von den Einzelfunden auf dem Tell sind neben einer neubab. Inschrift auf einem bronzenen Gegenstand (TN I 150–153 Tf. 55_{80}) und dem Siegel des Ya'ăzanyāhū (→Abb. 78_{15}), der mit dem in 2R. 25_{23} genannten Minister identisch sein könnte, bes. die Krugstempel wichtig (TN I 156–172), von denen die *lmlk*-Stempel die Zugehörigkeit des Ortes zu Juda in vorexilischer und die *Yhd*-Stempel die Verbindung mit dem Süden auch in nachexilischer Zeit sicherstellen. Die 28 *Mṣh*-Stempel aus pers. Zeit, die W. F. Badè *Mṣp* las und als Argument für die Identifikation von *Tell en-Naṣbe* mit M. anführte (vgl. aber TN I 165–167; H. L. Ginsberg, BASOR 109, 1948, 20–22 sah in *Mṣh* eine Abkürzung für *Mṣ[p]h* = M.), beziehen sich wohl auf den nahegelegenen Ort Moza (Jos. 28_{26}), der Wein in die Umgebung lieferte (Avigad; Cross; weiter *Mṣh*-Stempel: J. B. Pritchard, Hebrew Inscriptions and Stamps from Gibeon, 1959, 27 Abb. 10_1 11_1; K. Baltzer, ZDPV 87, 1971, 39f Abb. 4 Tf. 3B; JerA 158 Tf. 42k; vgl. ferner →Siegel, 3.cγ).

Literatur: TN I, II – A. Alt, Neue Erwägungen über die Lage von Mizpa, Ataroth, Beeroth und Gibeon, ZDPV 69, 1953, 1–27 – N. Avigad, New Light on the MṢH Seal Impressions, IEJ 8, 1958, 113–119 – K. Branigan, The Four-Room Buildings of Tell en-Naṣbeh, IEJ 16, 1966, 206–208 – F. M. Cross, Jr., Judean Stamps, EI 9, 1969, 20–27 – Weitere Lit. bei E. K. Vogel, HUCA 42, 1971, 87. *H. Weippert*

Möbel

1. Allgemeines. 2. Bett. 3. Tisch. 4. Stuhl und Thron.

1. 2R. 4_{10} nennt als M., die die reiche Sunemitin für Elisa in einem Obergemach ihres Hauses aufstellen läßt, Bett (hebr. *miṭṭā,* daneben auch *'ēreś,* nach H. G. May,

PEQ 65, 1933, 88f = Bett mit Elfenbeinintarsien, vgl. Am. 6_4), Tisch (hebr. *šulḥān*), Stuhl (hebr. *kissē*) und dazu noch die →Lampe. Ein M. zu Aufbewahrungszwekken fehlt bezeichnenderweise. Zwar zeigt eine ass. Darstellung eine Art Regal mit Töpfen (Baker Abb. 33) und reich verzierte Truhen sind aus äg. Pharaonengräbern bes. der 18. Dyn. bekannt (ebd. Abb. 106–116; ANEP 318); doch fehlen analoge Zeugnisse für Pal. (nur bisweilen läßt die Fundlage von Keramik und anderen Gegenständen den Rückschluß auf Regale zu). Auch die M. im Zimmer des Elisa erklären sich aus dem Reichtum der Sunemitin. Das Bett als ein hölzernes Gestell mit bisweilen Metallteilen und Rahmenbespannung für Polster und Decken (Prv. 7_{16f}) war im Vorderen Orient ein Luxusgegenstand. Der einfache Mann schlief auf Decken auf dem Boden und hüllte sich in seinen Mantel (Jdc. 4_{18} Ex. 22_{26f}). Auch Tische nennt das AT bes. als M. des königlichen Palastes (2S. 9_{7-13}), als Besitz der Reichen (Hi. 36_{16}), als Träger von Kultgeräten im Tempel und erst in jüngerer Zeit als Sammelpunkt der Familie bei Mahlzeiten (Prv. 9_2). Seine geringe Bedeutung im häuslichen Bereich erklärt sich daraus, daß der Orientale zum Sitzen im allgemeinen niederhockt (vgl. für Ägypten: ANEP 133, 230; für Mesopotamien: ebd. 144). Auf Stühlen bzw. Thronen saßen vornehmlich Götter und Könige. Der auf einem Stuhl vor dem Tempel in Silo sitzende Priester Eli ist eine Ausnahme (1S. 1_9 $4_{13,18}$). Aus dem Gesagten geht hervor, daß die in Pal. gefundenen M. und M.darstellungen selten alltägliche Gebrauchs-, sondern meist Luxusgüter sind. In diesen Rahmen ordnen sich auch die zahlreichen →Elfenbein-Plaketten aus Megiddo (SB II) und Samaria (E II) ein, die zu einem großen Teil als M.intarsien dienten (Am. 6_4: Betten aus Elfenbein; vgl. auch Am. 3_{12} und dazu H. Gese, VT 12, 1962, 427–432; W. Rudolph, Festschr. W. Elliger, 157f; Mittmann). Relativ gut erhaltene Throne bzw. Betten mit Elfenbein-Einlagen fanden sich in Ugarit (Syria 31, 1954, 51–62 Tf. 7f; Ug IV 23–25), *Nimrūd* (Mallowan, Nimrud II, Abb. 335–415 *passim*; Kyrieleis 60f) und Salamis auf Zypern (V. Karageorghis, in: S. Laser, Hausrat, Archaeologica Homerica II/P, 1968, 99–103; Qadmoniot 3, 1968, 106– 109). Auch die mit Wulst- und Blattkränzen verzierten elfenbeinernen Fragmente aus *Tell Abū Hawām* (QDAP 4, 1935, 61 Tf. 32_{375}, SB-Zeit) und Zincirli (Sendsch V Tf. 63, E II-Zeit) dienten wohl als Beine für Prunk-M. Das Modell einfacherer (von äg. Mobiliar beeinflußter) Gebrauchs-M. läßt sich eher an hölzernen Fragmenten aus MB II-zeitlichen Gräbern von Jericho ablesen (Jer I 527–534 II *passim*). Bei den das Bild ergänzenden Miniatur-M.n aus Ton kann es sich um →Spielgeräte handeln; doch ist für sie auch eine kultische Deutung möglich.

2. Die Grundform des Bettes bestand aus einem auf vier Beinen ruhenden Rahmen, der über einer Bespannung und eventuellen Querverstrebungen mehrere Polster trug. Fragmentarische Tonmodelle dieses Typus aus Ai, *Ḫirbet el-Mešāš* und *Tell en-Naṣbe* (J. Marquet-Krause, Les fouilles d'Ay [Et-Tell] 1933–35, 1949, Tf. $65_{6,1494}$ 77_{1961}; ZDPV 92, 1976, Tf. 12A; TN I Tf. 84_{25A-28}) lassen sich nach vollständigen analogen bab. und myk. Modellen (Baker Abb. 283, 395) ergänzen. Muster deuten in allen Fällen die Bespannung an. Bronzene Eckstücke und mit Wulstringen verzierte Beine aus einem pers. Grab in *Tell el-Fār'a* Süd (BP I Tf. 45f; vgl. auch Jer I Abb. 214) lassen nach der Rekonstruktion von C. Watzinger (Abb. 55_1; vgl. H. Iliffe, QDAP 4, 1935, 182–186) einen ähnlichen Bettypus erschließen. Auch das im 8. Jh. in Assyrien aufgekommene Bett mit gebogenem Kopfteil (Kyrieleis 19) wurde eventuell nach Pal. importiert und dort kopiert, wenn die kleinen E II-zeitlichen Tonmodelle von Betten mit schräg erhöhtem Kopfteil als vereinfachte Wiedergabe dieser Bettform interpretiert werden dürfen (vgl. L III Tf. 29_{19-21}; Beer-Sheba I Tf. 27_3 = Tf. 71_2; Ashdod II–III Abb. 63_6). Das ass. Bett (ANEP 170, 451, 658; Hrouda, Kulturgeschichte, Tf. 16_{4f}) ist im Vorderen Orient bis ins 5. Jh. bezeugt (Abb. 55_2 zeigt es auf einer Stele aus Memphis; dazu F. W. von Bissing, ZDMG 84, 1930, 226–238). Ein Spezifikum äg. Betten sind Längsseiten und Beine in Gestalt zweier Trägertiere (Baker Abb. 143–147). Die Verbreitung des äg. Bettypus ist im Vorderen Orient zwar nur schwach belegt; doch zeigt ein Rollsiegel aus *el-Lādiqīye* mit einer Tierbettdarstellung (H. Seyrig, Syria 32, 1955, 38f Tf. 4_3), daß sich zumindest im phön.

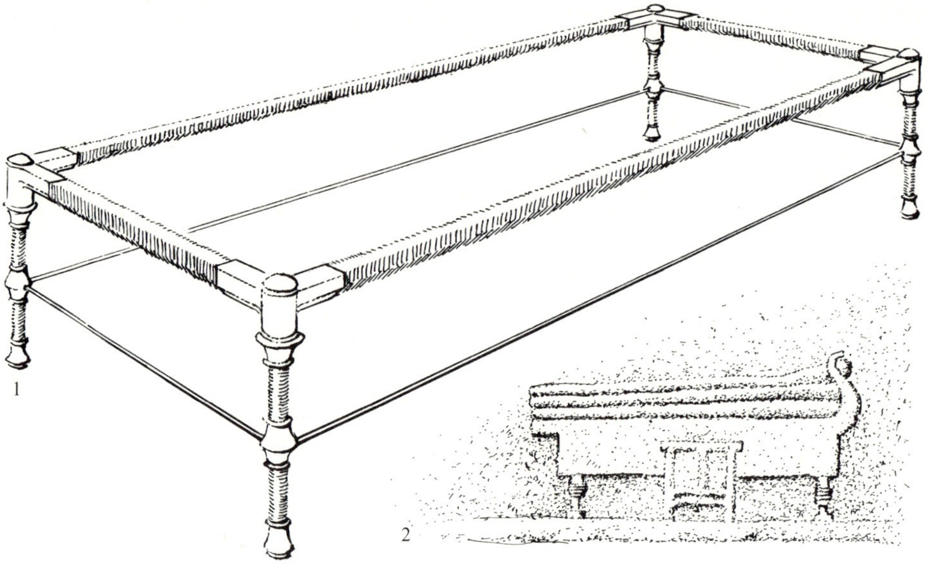

Abb. 55 **Möbel** (1) Rekonstruktion eines pers. Bettes mit Bronzeteilen aus *Tell el-Fār'a* Süd, (2) Bett auf einer pers. Stele aus Memphis

Raum äg. Einflüsse auf die Gestaltung von Betten auswirkten.

3. Originalfunde von Tischen aus vorröm. Zeit in Pal. beschränken sich auf hölzerne Fragmente aus MB-zeitlichen Gräbern in Jericho (ANEP 778). Die niedrigen Tische stehen auf meist drei (guter Stand auch auf unebener Fläche!) nach außen geschwungenen oder gerade gedrechselten Füßen (Jer II Abb. 200f, 239). Ein kleines Tischmodell aus Geser (11./10. Jh.) besitzt vier niedrige Beine (Gezer I Tf. 24B = Tf. 36_{18}). Auf Abbildungen erscheinen Tische meist im Zusammenhang mit Mahlzeiten, selten als Hilfsmittel von Handwerkern (ANEP 133). Die prächtige Gestaltung der Mahlszenen, bei denen ein oder zwei Personen bei Tisch bedient und bisweilen von Musikanten unterhalten werden (Baker Abb. 317; Ca II Tf. 30b; ANEP 451), sowie ihre Darstellung auf Sarkophagen (etwa dem des 'Aḥīrōm von Byblos: →Abb. 71_1) oder (Toten?-)Stelen (z.B. →Abb. 83_3), lassen vermuten, daß Wiedergaben aus dem höfischen und kultischen Bereich vorliegen. Die verschiedenen dargestellten Tischtypen lassen eine lokale Verteilung zu: Für Ägypten ist zunächst der hohe, auf einem Standbein ruhende Tisch typisch; erst in der unteren Hälfte teilt sich das Standbein in drei bzw. vier Füße (K. Lange/M. Hirmer, Ägypten 1957², Tf. 18f, 72; vgl. auch den Tisch auf einer Stele aus Ugarit: →Abb. 83_2). Niedrigere Modelle mit geraden nach außen gestellten Füßen setzten sich später durch (ebd. Tf. 147, 150f, 154). Rechteckige (ANEP 451, 624–626) und runde (ebd. 144) Tische mit Querverstrebungen zwischen den senkrechten in Löwenpranken endenden Beinen, einer Mittelstütze und bisweilen auch Trägerfiguren zwischen den Querverstrebungen der Platte (ANEP 623; Hrouda, Kulturgeschichte, Tf. 13) sind für Assyrien bezeugt. Im nordsyr.-kleinasiatischen Raum sind Tische mit gekreuzten Beinen und Rinderfußenden häufig (ANEP 631f und →Abb. 83_3). Eine vom Kreuzpunkt der Füße nach oben gehende Mittestütze kann die Platte zusätzlich tragen (Klapptische?). Nach außen geschwungene Beine, Querverstrebung und davon ausgehend eine nach oben gerichtete Mittelstütze sind Merkmale der phön. Tisch-

form (→Abb. 71_1; E. Gjerstad, Opuscula Archaeologica 4, 1946, Tf. 1, 3; E. Porada, Archaeology 17, 1964, 202; DP II Abb. 56 [hell.]).

4. So wie *kissẹ̄* gleichermaßen Stuhl und Thron bezeichnet, so lassen sich auch bei den dargestellten Sitz-M.n Stuhl und Thron nicht immer scheiden. Zwar sprechen das Vorhandensein eines Podiums (H. Brunner, VT 8, 1958, 426–428) und eines Fußschemels (Sendsch V Tf. 62: Rekonstruktion eines Schemels aus Elfenbein) jeweils für eine Deutung als Thron (z. B. →Abb. 19_3 30_1 71_1 78_{20} 83_3); doch ist eine sichere Klassifizierung deshalb oft schwierig, weil unklar ist, ob die Sitzenden Götter, Könige oder Privatpersonen sind. Eine auf einem vierbeinigen Hocker sitzende Privatperson zeigt sicherlich das Anglerbild von Zincirli (Sendsch III Tf. 38a; vgl. ANEP 779). Auch die Reste eines hölzernen Hockers in Jericho (MB) dürften ein alltägliches Sitz-M. veranschaulichen (Jer II Abb. 204F; vgl. BP I Tf. 45f). Einen syr. Krieger auf einem Klappstuhl mit gekreuzten Beinen zeigt eine äg. Darstellung (ANEP 157; vgl. ebd. 795). Auch der vierbeinige Lehnstuhl (seine Herstellung zeigt →Abb. 39_2) erscheint auf Abbildungen mit privatem Genre (H. Th. Bossert, Altanatolien, 1942, 814; AG I Tf. 13_{33}; vgl. das Tonmodell aus Lachis: L III Tf. 29_{22}, aber auch den ähnlichen kleinen Bronzestuhl aus Enkomi, der einer bronzenen Götterfigur als Sitz diente: C. F.-A. Schaeffer, Enkomi-Alasia I, 1952, Tf. 70–75).

Da die Throntypen des Vorderen Orients neuerdings in den Arbeiten von Kyrieleis und Metzger übersichtlich geordnet zugänglich sind, genügt hier die Betrachtung des aus Pal. stammenden Materials, obwohl zu unterstreichen ist, daß gerade bei der Entwicklung von Thronformen, Pal. im Schnittpunkt verschiedener, von außen kommender Einflüsse lag. Die der SB II-Zeit zuzuordnenden Statuen aus Hazor (Hazor I Tf. 31_1 [dazu K. Galling, ZDPV 75, 1959, 4–10] II Tf. 197 III–IV Tf. 326f, 330) weisen mit den drei senkrechten Stützen auf der Rückseite der Lehne nach Ägypten, während die statische Haltung und die auf den Knien der Sitzenden liegenden Hände auch von allerdings jüngeren Darstellungen aus dem nordsyr. Bereich her bekannt sind (Ca II Tf. B25 III Tf. B48b; TH III Tf. 1–9, 146–148, 153). In diesen Zusammenhang gehört auch die kleine, auf einem Hocker sitzende Elfenbeinfigur aus *Kāmid el-Lōz* (R. Hachmann/A. Kuschke, Bericht über die Ergebnisse der Ausgrabungen in Kamid el-Loz [Libanon] in den Jahren 1963 und 1964, Saarbrücker Beiträge zur Altertumskunde 3, 1966, Abb. 18–20). Ein Elfenbein aus *Tell el-Fār'a* Süd (SB II) zeigt einen in Ägypten als Sitz-M. des Pharao bezeugten Fellhokker mit gekreuzten Beinen und einer Rükkenlehne (BP I Tf. 55; vgl. ANEP 820; Baker Abb. 217f, 264). Eine äg. Art von Lehnstühlen mit über die obere Hälfte der Lehne herabfallender Decke ist auch auf der *Mkl*-Stele von Beth-Sean (→Abb. 30_{10}) und einem Elfenbein aus Samaria (SS II Tf. 11_1) dargestellt. Ebenfalls aus Beth-Sean stammt ein kleines Thronmodell (Schicht Amenophis' III., SB IIA) mit je einem Ritzbild eines Greifen auf beiden Seiten (BS II Tf. 48A). Typisch als Trägertiere des Thrones im pal.-syr. Raum sind jedoch menschengesichtige Löwen mit ausgebreiteten Flügeln (→Mischwesen, 2.; 5.c). Die frühesten, deutlich von Ägypten her beeinflußten Belege (SB II) sind Darstellungen auf Elfenbeinen aus Megiddo (→Abb. 19_3) und auf dem 'Aḥīrōm-Sarkophag (frühe E-Zeit) aus Byblos (→Abb. 71_1). Im Zuge der phön. Kolonisation fand dieser Throntyp zahlreiche Nachahmungen in den Mittelmeerländern (bis in nachchristliche Zeit; vgl. de Vaux; Metzger; K. Galling, Baghdader Mitteilungen 7, 1974, 85–95). Auch den Thron Salomos (1 R. 10_{18-20}; dazu: M. Noth, Könige, BK 9/1, 1968, 230–232; Canciani/Pettinato) wird man sich mit den beidseitigen Löwen als dem Sphingenthron verwandt vorstellen dürfen. Seine „runde" (gegen LXX) Lehne entspricht z. B. den Darstellungen aus Megiddo und Byblos, seine Elfenbeinverkleidung illustrieren die oben (→1.) genannten M.funde in Ugarit, *Nimrūd* und Salamis. Archäologisch ohne Parallelen ist bislang das sechsstufige Podium mit den Löwen, die sich (nach Metzger) am besten verteilen, wenn man das Podium auf drei Seiten von Stufen umgeben denkt, wobei die Löwen auf den seitlichen Stufen zu stehen kämen.

Da Throne verschiedenen Typus' ohne darauf Sitzendem aus dem Vorderen Orient überkommen sind, folgerte man, daß der leere Thron dem verehrten Gott die Möglichkeit zum Erscheinen bot, oder daß der Thron die Anwesenheit des Gottes symbolisiere (Danthine). Diese Belege zog man auch für die Deutung der Lade als eines leeren Jahwethrones oder für die des Tempels als Thron Jahwes heran, den man sich unsichtbar über den Keruben (→Mischwesen, 5.) denken müsse (Metzger), wobei sich die zwischen den Keruben stehende Lade als „Schemel der Füße Jahwes" erklären ließe (de Vaux; weitere Lit. allgemein zur Lade bei H.J. Stoebe, Das erste Buch Samuelis, KAT 8/1, 1973, 154–166).

Den Löwen als Trägertier von Thronen benutzten in Pal. (wie auch sonst im Vorderen Orient) achämenidische Herrscher, wie zwei aus Samaria (?) stammende, im Hohlguß hergestellte bronzene, in Löwenpranken endende Füße bezeugen. Ein in sechs Wulste gegliedertes Bein (ebenfalls aus Bronze; vgl. dazu die Gußform aus Samaria: HES II Tf. 64m) ist dem achämenidischen Throntyp entsprechend über den mit je einer Rosette und seitlichen Voluten dekorierten Füßen anzuschließen (Tadmor).

Literatur: H.S. Baker, Furniture in the Ancient World, 1966 – F. Canciani/G. Pettinato, Salomos Thron, philologische und archäologische Erwägungen, ZDPV 81, 1965, 88–108 – H. Danthine, L'imagerie des trônes vides et des trônes porteurs de symboles dans le Proche Orient Ancien, Festschr. R. Dussaud II, 857–866 – Hrouda, Kulturgeschichte, 66–70, 125f – H. Kyrieleis, Throne und Klinen, JDAI Ergänzungsheft 24, 1969 – M. Metzger, Königsthron und Gottesthron, Theol. Habil.-Schrift Hamburg, 1969 (masch.) – S. Mittmann, Amos 3, 12–15 und das Bett der Samarier, ZDPV 92, 1976, 149–167 – A. Salonen, Die Möbel des Alten Mesopotamien, Annales Academiae Scientiarum Fennicae B/127, 1963 – M. Tadmor, Fragments of an Achaemenid Throne from Samaria, IEJ 24, 1974, 37–43 – R. de Vaux, Les chérubins et l'arche d'alliance, les sphinx gardiens et les trônes divins dans l'Ancien Orient, MUSJ 37, 1960/61, 93–124. *H. Weippert*

Mühle

Das einfachste und vom präkeramischen NL (Jericho, Ǧarmo) über Jahrtausende hin ziemlich unverändert (vgl. noch die in den Lagern der röm. Grenzsoldaten gefundenen Reibschüsseln) gebrauchte Gerät zum Mehlmahlen ist die Reib-, Quetsch- oder Stoß-M. (hebr. *ṭəḥōn, rēḥayim*). Auf einem meist wohl durch den Gebrauch zu einer flachen Mulde ausgehöhlten – daher auch die Bezeichnung Sattel-M. – Unterstein (hebr. *pēlaḥ taḥtīt*) zerstieß oder zerrieb man die Körner mit einem Oberstein (hebr. *pēlaḥ rēkeb*), dem Reibstein, meist wegen der Härte und Rauheit aus Basalt, der aus dem *Ḥaurān* importiert wurde. Die Müllerin sitzt, kniet oder steht hinter der M. (Ex. 11_5, vgl. E. Brunner-Traut, Die Alten Ägypter, 1974, Abb. 27f). Nach Dt. 24_6 darf M. oder Oberstein nicht gepfändet werden. Jdc. 9_{53} (par. 2S. 11_{21}) handelt es sich entweder um einen Oberstein einer Reib-M. oder einer Töpferscheibe (so Amiran). In der E II-Zeit wurde der Oberstein meist mit einem Schlitz versehen zur besseren Aufnahme des Mahlgutes. Dieser Schütttrichter konnte vergrößert werden, so daß die Form eines kleinen Fensters entstand, wofür diese Steine auch fälschlich gehalten wurden (EP 143 mit Tf. 73_{2z} und HES 338; vgl. TH IV Tf. 38c). Außerdem wurden Falze für Holzgriffe am Oberstein angebracht (zur Funktion: Moritz 45). Um die Mahleffizienz zu erhöhen, wurden die Flächen der Steine durch Rillenmuster (Sendsch V Tf. 8; TH IV Tf. 38c) aufgerauht.

Die rotierende Hand-M. ist der →Töpferscheibe nachgebildet. Daß es sich um eine M. – anfangs wahrscheinlich wegen des geringen Fassungsvermögens für Farben und Gewürze – handelt, läßt sich überall dort folgern, wo der obere Stein nicht flach, sondern abgerundet ist, ein seitliches Loch für eine Kurbel zum Drehen, oder in der Mitte eine trichterförmige Öffnung zum Einfüllen des Mahlgutes vorhanden ist. Die rotierende Hand-M. wurde erstaunlich spät (im westl. Mittelmeerraum wahrscheinlich um 200) erfunden (Moritz 104f, 109f). Die für *Tell Ḥalāf* erwähnten Belege (THA 180f; TH IV 205f) sind nicht datiert und wohl erst aus hell. Zeit. Für Pal. lassen sich eindeutige Belege für die rotierende Getreide-Hand-M. nicht vor der hell. (Moritz 113f; Amiran 49: pers.), für den rotierenden Oberstein mit Schütttrichter nicht vor der früharab. Epoche anführen (Dalman, AuS III, 227). Die in Mt. 18_6 par. vorausgesetzte Esels-M. meint kaum den im klassischen Griechisch *ὄνος* genannten Oberstein einer Reib-M., sondern den doppelt konischen, von einem Tier oder Menschen bewegten Oberstein einer Trichter-M. Sie ist in Pal. röm. Import (schöne Exemplare z.B. in Kapernaum). Zur Oliven-M. →Öl und Ölbereitung.

Weniger zum Mahlen als vielmehr zum Enthülsen des Spelzgetreides diente der Mörser (hebr. *maktēš, mədōkā*), der sich wie die Reib-M. seit dem NL findet. Im neolithischen Jericho fanden sich in den Boden eingelassene breite Würfel aus hartem Kalkstein mit Schalenvertiefungen und als Stößel (hebr. *'elī*) schmale, oben sich zuspitzende Steine aus Basalt oder Kalkstein. Zu den gemeinhin als Mörser interpretierten Dreifußschalen aus Basalt →Stein und Steinbearbeitung, 3.a.

Literatur: R. Amiran, The Millstone and the Potter's Wheel, EI 4, 1956, 46–49 (hebr.) – R.J. Braidwood, The Near East and the Foundations for Civilization, 1952 – Dalman, AuS III, 207–253 – L.A. Moritz, Grain-Mills and Flour in Classical Antiquity, 1958.

D. Kellermann

Münze

Während beim Roh-→Geld das →Gewicht jeweils fixiert werden mußte, stellt die M. eine nach Gewicht und Metallgehalt durch den Prägenden garantierte Werteinheit dar. Das auf zwei Metallstempeln herausgearbeitete Negativum für Avers und Revers ergab für den Schrötling das positive M.bild (Christ 17–20).

Die lydischen M.n aus der Mitte des 7.Jh.s (Bauopfer von Artemisium in Ephesus) sind die ältesten uns bekannten (Elektron-)M.n. In Persien behielten sich die Großkönige das Prägen von Gold-M.n vor (feststehender Typus, Avers: knieender König mit Bogen und Lanze); Silber-M.n konnten auch die Satrapen prägen. Vom Beginn des 6.Jh.s an begegnen auch im östl. Mittelmeerbereich M.n mit verschiedenen Bildmotiven entsprechend der Vielfalt der griech. Städte (nach attischem Gewicht); die M.n der phön. Städte (z.B. Arwad, Sidon, Tyrus) haben eigene Bilder. Einen neuen Einsatz mit porträtartigem Herakles-Alexander zeigen die M.n Alexanders, die auch variiert von den Diadochen weitergeprägt wurden (332–232). Bei den Seleukiden und Ptolemäern kam es zu neuen Bildtypen. Ein Schatz aus Sichem (BA 25, 1962, 87–96) umfaßt M.n der Ptolemäer des 3. und solche der Seleukiden des 2.Jh.s. Ein Schatz aus Geser zeigt neben ein

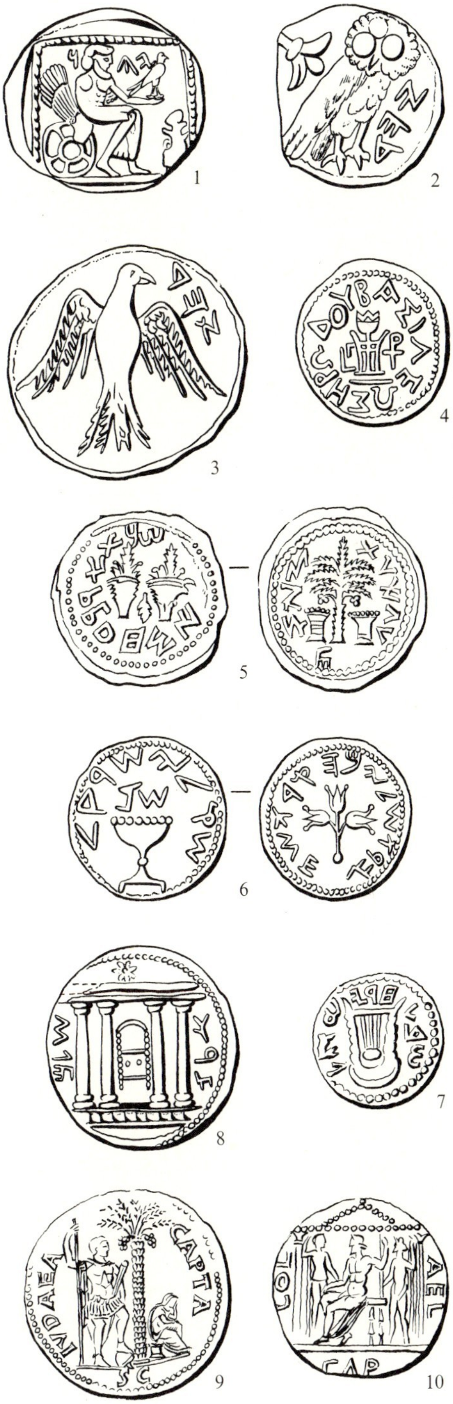

Abb. 56 **Münze** (1–3) *Yhd(h)*-Münzen, (4) herodianische Münze, (5,6) Münzen aus dem 1.jüd. Aufstand, (7,8) aus dem Bar-Kochba-Aufstand, (9) „*Judaea Capta*"-Münze (Titus), (10) Münze der *Colonia Aelia Capitolina* (Hadrian)

paar Alexander-M.n solche von athenischen, sidonischen und tyrischen Typen und äg.-arab. Klein-M.n (QDAP 2, 1933, 1–10 Tf. 1f).

Von griech. Gold-Drachmen ist in einer auf 521 zu datierenden Liste der Rückkehrer unter Serubbabel die Rede (**darkəmōn,* Esr. 2_{69} Neh. 7_{69-72}). Bald nach 400 registriert Esr. 8_{27} als Spenden mitgebrachte goldene Becher im Wert von 1000 Gold-Dareiken. 1 Ch. 29_{7} (Tempelbau) spricht anachronistisch von 10000 Gold-Dareiken. In pers. Zeit dürften sich beide Recheneinheiten entsprochen haben. Zur Zeit Nehemias, Statthalter von Juda seit 445 (bis ca. 425?), kennt man den Silber-Šeqel (Neh. 5_{15}) und einen Drittel-Šeqel (Neh. 10_{33}). Nach Reifenberg erhielt Nehemia (um 445) das Münzrecht (die älteste M. = Halb-Šeqel mit zwei weiblichen Köpfen sei in das 3. Viertel des 5. Jh.s zu datieren). Mehrere M.n der Provinz Juda (mit hebr. Legende: *Yhd[h] = Yəhūd*) gehören in das 4. Jh. (vgl. IEJ 24, 1974, 73–76, 77f). Bei der M., deren Avers einen auf einem Flügelrad thronenden Gott nebst Satyrmaske (Abb. 56_{1}) zeigt, las man statt *Yəhūd* irrtümlich **Yāhū* und erwog eine durch Ez. 1 und 10 zu stützende Gleichsetzung von Jahwe mit Zeus/Dionysos (vgl. AOB S. 104 zu 362). Nach Meshorer ist es eine Münzprägung eines pers. Statthalters (Bagoas?), wodurch der Anstoß eines jüd. Synkretismus eliminiert werden kann. Die Eule der athenischen M.n mit *Yəhūd* zeigt Abb. 56_{2}. Die M. gleichen Typs aus Beth-Zur mit der zusätzlichen Legende *Yḥzqyhw* hat mit dem gleichnamigen Hohenpriester (Josephus, Contra Apionem I 187) nichts zu tun, sondern stammt von einem Statthalter (*pēḥā*), da statt „*Yəhūd*" nach deutlichen Parallelstücken vom *Tell Ǧemme hpḥh* zu lesen ist (L. Y. Rahmani, IEJ 21, 1971, 158–160). Eine silberne *Yəhūd*-M. zeigt einen Falken, das Revers eine Lilie (Abb. 56_{3}). Nach 1 Macc. 15_{6} durfte Simon Makkabäus (nur kupferne?) M.n prägen. Umstritten ist, ob die M.n mit althebr. Legende „Johanan, der Hohepriester, und die Gemeinde der Juden" mit Johannes I. Hyrkan (134–104) oder mit Hyrkan II. (63–40) – so Meshorer – zusammengehören. Von Alexander Jannäus (103–77) gibt es außer M.n mit althebr. Legende auch zweisprachige: „Jonathan der König/König Alexander". Die Münzbilder der Hasmonäer zeigen vorwiegend hell. Motive, nur die M.n des Matthias Antigonus (40–37) mit der Legende „Mattityā, der Hohepriester/König Antigonus" zeigen den siebenarmigen Leuchter. Die Herodianer prägten nur M.n mit griech. Legenden (Abb. 56_{4}). M.n mit althebr. Schrift begegnen im 1. Aufstand (66–70 n. Chr.): Abb. 56_{5} „Jahr 4 der Erlösung Israels – halber (Šeqel)" und Abb. 56_{6} „Šeqel Israels, Jahr 2" und (Revers) „Jerusalem, die heilige (Stadt)". Die M.n des Bar-Kochba-Aufstands (132–135/6 n. Chr.) nennen vereinzelt für das Jahr 1 den Priester Eleasar, sonst Simon den Fürsten Israels: Abb. 56_{7} „Simon – Jahr 2 der Freiheit Israels". M.n mit dem Bild einer Tempelfront (innen: Schrein, dazu →Synagoge 2.b) zeigen oben den Stern des Sternensohnes (= Bar Kochba, Abb. 56_{8}). Von Titus stammt die *Judaea-Capta*-M. (Abb. 56_{9}), von Hadrian nach 136 n. Chr. die M. der umbenannten Stadt Jerusalem mit der Legende „*Colonia Aelia Capitolina*" (Abb. 56_{10}).

Literatur: K. Christ, Antike Numismatik, Einführung und Bibliographie, 1972[2] – JS I 268–279 III Abb. 667–699 – Y. Meshorer, Jewish Coins of the Second Temple Period, 1967 – L. Mildenberg, The Monetary System of the Bar Kokhba Coinage, International Numismatic Convention Jerusalem 27.–31. December 1963, Proceedings 1967, 41–52 – ders., Bar Kochba in Jerusalem?, Schweizer Münzblätter 27/105, 1977, 1–6 – A. Reifenberg, Ancient Jewish Coins, 1947[2] – A. Spijkerman, Coins Mentioned in the New Testament, LA 6, 1955/56, 279–298. *K. Galling*

Musikinstrumente

1. Saiteninstrumente. 2. Blasinstrumente. 3. Schlaginstrumente. 4. Musik.

Obwohl bei der archäologischen Erforschung Pal.s M. aus allen Perioden von der FB- bis zur röm. Zeit, sei es im Original, sei es auf zeitgenössischen Darstellungen gefunden worden sind, ist eine sichere Identifikation der atlichen Instrumentennamen noch nicht in allen Fällen möglich.

1. An Saiteninstrumenten sind Leiern, Harfen und Lauten bekannt geworden. Leiern (hebr. *kinnōr,* Gn. 4_{21}; vgl. Abb. 57_{2}) sind zuerst auf Felszeichnungen in Megiddo (Meg II Tf. 271_{1}, Stratum XIX, ca. 3300–3000) und im Negev (E. Anati, Palestine before the Hebrews, 1963, 210) dargestellt. Eine Leierspielerin zeigt in der SB II-Zeit eine Elfenbeinplakette aus Megiddo

Abb. 57 **Musikinstrumente** (1) Laute, Doppeloboe und Schlaghölzer (Relief, Karkemiš, E II)

(→Abb. 19_3); in der E I-Zeit findet sich eine Leier auf dem tönernen Kultständer aus Asdod (→Kultgeräte, 1.a; Archaeology 23, 1970, 310f). Eine kleine Tonfigur mit einer Leier aus Areal D in Asdod (außerhalb des stratigraphischen Kontextes gefunden) hat in der E IIC-Zeit Parallelen in Zypern und Kreta (Ashdod II Abb. 62_1 = Tf. 55_1; zu den Vergleichsstücken: ebd. 127 mit Anm. 4). In die 1. Hälfte der E II-Zeit gehört die Elfenbein-Pyxis aus *Nimrūd* mit einer Leierspielerin (Mallowan, Nimrud I, Abb. 168). Auf Münzen des Bar Kochba-Aufstandes sind schließlich zwei verschiedene Leierformen abgebildet (A. Reifenberg, Ancient Jewish Coins, 1947^2, Nr. 192, 205; vgl. →Abb. 56_7). – Harfen (hebr. *nēbel/nēbel,* 1S. 18_6) erscheinen wieder zuerst auf einer Steinritzzeichnung aus Megiddo (Meg II Tf. 273_5, Stratum XIX), in hell. Zeit dann auf einem Fresko eines Grabes von *Tell Sandaḥanna* (J.P. Peters/H. Thiersch/S.A. Cook, Painted Tombs in the Necropolis of Marissa, 1905, Tf. 16). – Eine Laute (vgl. Abb. 57_1) ist wahrscheinlich das Instrument der in *Tell el-ʿAǧūl* (AG II Tf. 16_{39} – vgl. ebd. Tf. 15 oben) zutage gekommenen tönernen Musikantenfigur sowie der bronzenen aus Beth-Sean (BSIA Abb. 116_2). Da die antike Laute meist drei Saiten hatte, war ihr hebr. Name vielleicht **šālīš* (1S. 18_6; aber s.u. →3.).

2. Zu den Blasinstrumenten zählen Horn, Trompete, Flöte und Doppeloboe. Das Horn (hebr. *šōpār,* Ex. 19_{16}) ist als Kultgerät der Synagoge eines der häufigsten Motive der jüd. Kunst (z.B. →Abb. $84_{2,4}$). – Das Mundstück einer Trompete (hebr. *ḥăṣōṣərā,* Ho. 5_8) aus der Schicht „Pre Amenophis III" ist in Beth-Sean (BS I Tf. $69A_6$) ausgegraben worden. Einen (Jagd-)Trompeter zeigt ein hell. Grabbild in *Tell Sandaḥanna* (→Abb. 40_2). Die zwei auf dem Titus-Bogen in Rom (E. Lessing, Die Bibel: Die Geschichte Israels und seines Glaubens, in Bildern erzählt, 1969, Tf. 113) und auf Münzen des Bar Kochba-Aufstandes (Reifenberg, a.a.O., Nr. 186) abgebildeten Trompeten sind letztlich die Kultinstrumente von Nu. 10_{1-10}. – Beinerne Flöten aus der FB- und E-Zeit wurden in Jericho (Jer I Tf. 8_3) und Hazor (Hazor II Tf. 166_{10}, Stratum Va) gefunden. – Darstellungen von Doppeloboen (vgl. Abb. 57_1) stammen aus *Tell el-Fārʿa* Süd (BP I Tf. 55: Elfenbeinplakette, SB II), Megiddo (TM I Tf. 50: Bronzener Dreifußständer), Asdod (Archaeology 23, 1970, 310f: Tönerner Kultständer, E I), *ez-Zīb* (Lessing, a.a.O., Tf. 56), *Nimrūd* (Mallowan, Nimrud I, Abb. 168: Elfenbeinpyxis, E II) und *Tell Sandaḥanna* (Peters/Thiersch/Cook, a.a.O., Tf. 16: Fresko, hell.). Als hebr. Bezeichnung von Flöte und Doppeloboe kommen am ehesten *ʿūgāb* (Gn. 4_{21}) und *ḥālīl* (1S. 10_5) in Frage.

3. Schlaginstrumente sind Rahmentrommel, Schlaghölzer, Rassel, Zimbel, Sistrum und Glocke. Die Rahmentrommel (hebr. *tōp,* Gn. 31_{27}; vgl. Abb. 57_2) ist von einer Felszeichnung im Negev (Anati, a.a.O., 211) sowie von Darstellungen aus *ez-Zīb* (Lessing, a.a.O., Tf. 56), Asdod (Archaeology 23, 1970, 310f) und *Nimrūd* (Mallowan, Nimrud I, Abb. 168) bekannt. Zu den E II-zeitlichen tönernen Frauenfiguren mit Rahmentrommel bzw. Tambourin →Götterbild, weibliches, 6. – Schlaghölzer (vgl. Abb. 57_1) waren vielleicht die in 2S. 6_5 erwähnten *ʿăṣē bərōšīm.* – Tönerne Rasseln unterschiedlicher Form sind z.B. in Megiddo (Meg II Tf. 225_5) und *Tell el-Fārʿa* Nord (R. de Vaux, RB 58, 1951, Tf. 24_6) gefunden worden (vgl. auch →Spielgeräte). Ihr hebr. Name war möglicherweise *mənaʿanʿīm* (2S. 6_5). – Zimbeln (hebr. *ṣelṣəlīm,* 2S. 6_5 oder *məṣiltayim,*

Abb. 57 **Musikinstrumente** (2) Rahmentrommel und Leiern (Relief Zincirli, E II)

1 Ch. 13_{8}) kommen aus SB-(/E I-?)-zeitlichen Straten in Hazor (Hazor I Tf. 162_{2f}), Beth-Semes (AS I Tf. 21 oben links IV Tf. 53_{56} und dazu V 154), *Tell Abū Hawām* (QDAP 4, 1935, 60 Nr. 369) und Megiddo (Meg II Tf. 185_{4-7}). Auf dem Tonständer aus Asdod (Archaeology 23, 1970, 310f) ist eine Zimbelspielerin dargestellt. – Teile von Sistren sind im Hathor-Tempel von *el-Menēʿīye (Timnaʿ)* (B. Rothenberg, Timna, 1972, 163, 166: äg. Votivgaben) und in Bethel (AASOR 39, 1968, Tf. 42) gefunden worden. Da ein Sistrum aus einem Griff und einem hufeisenförmigen Oberteil besteht, in das in der Regel drei Klangstäbe eingesetzt sind, war sein hebr. Name vielleicht *šālīš* (aber s.o. →1.). – Bronzene Glöckchen aus hell. und röm. Zeit stammen aus Geser (EG III Tf. 72_{17} 115_{17}), Jerusalem (B. Bagatti/J.T. Milik, Gli scavi de „Dominus Flevit" I: La Necropoli del periodo romano, Pubblicazioni dello Studium Biblicum Franciscanum 13, 1959, Tf. 42 Photo 129_{4-6}), Samaria (HES I Abb. 235) und anderen Ausgrabungsstätten. Die Glöckchen (hebr. *paʿămōnīm*) am Gewand des Hohenpriesters (Ex. 28_{23}, vgl. Syria 20, 1939, Tf. 26 und →Priesterkleidung) hatten ursprünglich ebenso wie die Glocken (hebr. *məṣillōt*) der Pferde (Sach. 14_{20}, dazu: R.D. Barnett/W. Forman, Assyrische Palastreliefs, o.J., Tf. 83f) apotropäische Bedeutung, erfüllten daneben aber auch einen musikalischen Zweck.

4. Vom Klang der althebr. M. kann man sich kaum eine Vorstellung machen. Es sei denn, man dürfte die mesopotamischen und ug. Nachrichten über die Harfenstimmung auch für das antike Pal. in Ansatz bringen. Mit Sicherheit ist jedoch den atlichen Texten (z.B. 2S. 6_{5} 1Ch. 13_{8}) und auch den archäologischen Dokumenten zu entnehmen, daß man in Pal. (vgl. etwa den Kultständer aus Asdod!) wie in Phönizien verschiedene M. in „Orchestern" zusammenfaßte.

Literatur: J. Dölger, Die Glöckchen am Gewande des jüdischen Hohepriesters, Antike und Christentum 4, 1934, 233–242 – A. Draffkorn-Kilmer, The Cult Song with Music from Ancient Ugarit: Another Interpretation, RA 68, 1974, 69–71 – F. Ellermeier, Sibyllen, Musikanten, Haremsfrauen, Theologische und Orientalistische Arbeiten 2, 1970 – ders., Beiträge zur Frühgeschichte altorientalischer Saiteninstrumente, Festschr. K. Galling, 75–90 – H. Hickmann, Die Musik des arabisch-islamischen Bereichs, in: H. Hickmann/W. Stauder, Orientalische Musik, Handbuch der Orientalistik I Ergänzungsband IV, 1970, 1–134 – ders., Altägyptische Musik, ebd. 135–170 – J. Jenkins/P.R. Olsen, Music and Musical Instruments in the World of Islam, o.J. (1976) – H.M. Kümmel, Zur Stimmung der babylonischen Harfe, Or NS 39, 1970, 252–263 – J. Rimmer, Ancient Musical Instruments of Western Asia in the British Museum, 1969 – A. Sendrey, Musik in Alt-Israel, o.J. (1970) – J.A. Soggin, „Wacholderholz" gleich „Schlaghölzer", „Klappern", VT 14, 1964, 374–377 – W. Stauder, Die Musik der Sumerer, Babylonier und Assyrer, in: H. Hickmann/W. Stauder, Orientalische Musik, Handbuch der Orientalistik I Ergänzungsband IV, 1970, 171–243 – M. Wegner, Die Musikinstrumente des Alten Orients, Orbis Antiquus 2, 1950 – D. Wohlenberg, Kultmusik in Israel. Eine forschungsgeschichtliche Untersuchung, Diss. theol. Hamburg, 1967.

H.P. Rüger

Nadel

1. Gewand-N.n (Toggle-Pins). 2. Näh-N.n.

1. Die Gewand-N. aus Bronze, Edelmetall (z.B. ANEP 774: aus Elektron vom *Tell es-Saʿīdīye,* 13./12. Jh.), selten aus Knochen (z.B. AG I Tf. 21_{97f}), mit meist verziertem Oberteil, Öhr und Spitze ist seit dem Ende der FB- und der beginnenden MB-Zeit in Syr.-Pal. nachgewiesen; seit dem 11. Jh. wurde sie von der →Fibel verdrängt. Die frühesten (Beginn des 3. Jt.s) mesopotamischen Exemplare (KlBo 80 Anm. 620) sind zwischen Öhr und Kopf rechtwinklig abgebogen, doch kommt daneben auch schon der gerade Typus vor. Die Anwendung zeigen Frauendarstellungen aus dem frühen 3. Jt. aus Mari (Abb. 58_{1}; vgl. Syria 39, 1962, Tf. 11f; A. Moortgat, Tell Chuēra in Nordost-Syrien, Bericht über die vierte

Grabungskampagne 1963, 1965, 43f), deren Umschlagtuch auf der Brust von zwei gekreuzten geraden oder einer abgewinkelten Gewand-N. geschlossen wird. Vom Öhr bzw. der Kreuzungsstelle der geraden N.n hängt eine mit Perlen (auch mit Siegel?; zur Befestigung von Siegeln an Gewand-N.n vgl. H. Kantor, JNES 16, 1957, 156) geschmückte Schnur herab, die den Sitz der N.n sicherte. Die in Gräbern in Ugarit (um 2000) häufig neben Gewand-N.n gefundenen olivenförmigen Bronzeperlen (z. B. Ug II Abb. 20) könnten dasselbe Verfahren bezeugen. Eine weitere Befestigungsart zeigt Abb. 58_{2} (Rekonstruktion nach transkaukasischem Grabfund). Auch der bisweilen noch im Öhr befindliche Metallring (Abb. 58_{3}; vgl. Jer I Abb. 128_{12}; Ug IV 308 Abb. 6) weist auf eine ehemals hier befestigte Schnur hin.

Die typologische Entwicklung der Gewand-N. dokumentieren Grabfunde aus Megiddo (MegT Abb. 174). Die beiden frühesten (Ende FB/MB I; vgl. dazu auch Levant 6, 1974, 94f) Formen (Abb. 58_{4f}) haben Parallelen vor allem in Byblos und Ugarit (zu Abb. 58_{4}: z. B. FB II Tf. 76_{10775f}; Ug II Abb. 22), aber auch in Kleinasien und Zypern (zu Abb. 58_{5}: Henschel-Simon Abb. 7; Ug IV 427 Abb. 14_{4}; P. Montet, Byblos et l'Égypte, Texte, 1928, Abb. 55). Typisch für die MB II-Zeit ist die schlanke Form mit verziertem Oberteil (Abb. 58_{6}). Die SB-zeitlichen Typen sind meist gedrungener, die Verzierung des Oberteils ist plastischer (Abb. 58_{7}). Weniger praktisch dürften die E I-zeitlichen N.n mit kurzen Spitzen gewesen sein (Abb. 58_{8}; vgl. Henschel-Simon Tf. 71). Zur Herstellung vgl. die Gußform aus Beth-Semes (AS II Tf. 47_{8}).

Auch N.n ohne Öhr mit verzierten Köpfen (z. B. AG I Tf. 18 unten; mit figürlicher Dekoration z. B. FB I Tf. 103_{3974}) dürften als Gewand-, eventuell auch als Schmuck- oder Haar-N.n gedient haben. Mit zwei flachen, nebeneinanderstehenden Spiralen als Kopf sind solche N.n seit Mitte des 3. Jt.s vom Indus- bis zum Donautal verbreitet (Huot).

2. Selten sind Näh-N.n (nähen = hebr. *TPR*, Qoh. 3_{7}) aus Knochen (Abb. 58_{9}); die meisten sind aus Bronze (zu frühen Exemplaren, CL: AnSt 9, 1959, 47–50). Das Öhr entstand durch Umbiegen des N.schaftes (Abb. 58_{10}) oder Durchbohren des gehämmerten N.endes (Abb. 58_{11}). Als N.halter dienten hohle Röhrenknochen (Hazor III–IV Tf. 343_{10}).

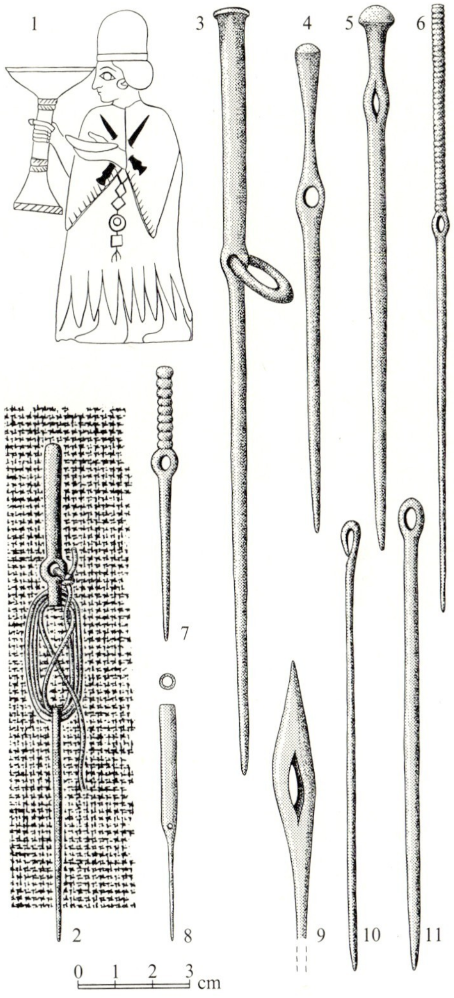

Abb. 58 **Nadel** (1,2) Funktion der Gewandnadel, (3–8), Typenfolge von Gewandnadeln, (9–11) Nähnadeln

Literatur: E. Henschel-Simon, The 'Toggle-Pins' in the Palestine Archaeological Museum, QDAP 6, 1938, 169–209 – J.-L. Huot, La diffusion des épingles à tête à double enroulement, Syria 46, 1969, 57–93 – P. Jacobsthal, Greek Pins and their Connexions with Europe and Asia, 1956 – KlBo 79–101. *H. Weippert*

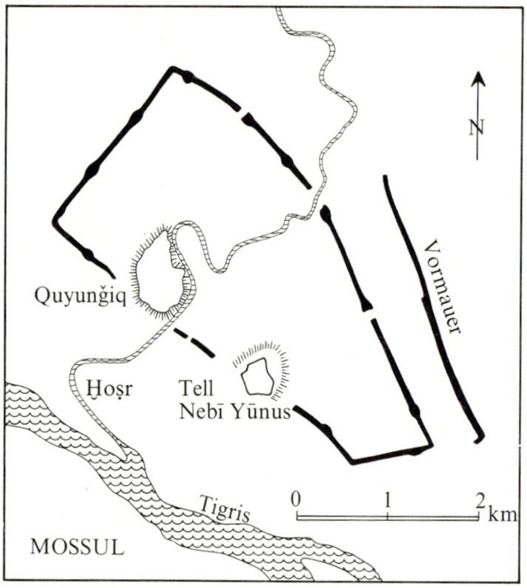

Abb. 59 **Ninive** Stadtplan

Ninive

N., ass. Stadt am oberen Tigrislauf gegenüber dem heutigen Mossul an der Mündung des *Ḫoṣr*. – Das AT nennt N. unter den ass. Städten als Gründung Nimrods (Gn. 10_{11}); doch ist archäologisch die Geschichte der Stadt noch nicht rekonstruierbar. Eine Tiefgrabung hat erwiesen, daß die erste Besiedlung um 5400 erfolgte (Keramik Hassuna 1c), N. auch in der Akkadezeit eine bedeutende Siedlung war (ANEP 432: Bronzekopf, sogenannter Narām-Sîn). Hammurabi nennt sie unter den großen Städten seines Reiches. Unter Tiglathpileser I. (1115–1076) wird N. erstmals Residenz, als solche aber erst von Sanherib (vgl. 2R. 19_{36} = Jes. 37_{37}), Asarhaddon und Assurbanipal mit prächtigen Palästen (vgl. Jon. 3_{2} 4_{11}) ausgebaut. Nahum, Zephanja (2_{13-15}) und Jona prophezeien den Untergang dieser hoffärtigen Zwingburg der Völker, der 612 mit Eroberung und Plünderung durch Babylonier und Meder kam. In hell.-parth. Zeit bestand hier eine kleine Siedlung, heute ein Heiligtum des Propheten Jona (vgl. auch H.W. Wolff, Dodekapropheton 3: Obadja und Jona, BK 14/3, 1977, 122ff).

Das ausgedehnte Stadtgebiet (Abb. 59; 4,2 × 1,2 km) ist noch unvollkommen erforscht, obgleich es seit 1842 Ziel archäologischer Expeditionen bes. der Engländer war. Die Stadtmauer läßt sich an Erhebungen verfolgen; sie war im Osten durch eine Vormauer verstärkt, erreichte eine Gesamtlänge von ca. 12 km und war stellenweise bis zu 45 m breit. 15 Tore führten durch ihre Befestigungen. Die Tempel und Paläste sind unter den Erhebungen *Tell Nebī Yūnus* und *Quyunǧiq* verborgen.

Der kleinere *Tell Nebī Yūnus* im Südwesten birgt die Ziqqurat und wahrscheinlich einige Haupttempel der Stadt; Grabungen in letzter Zeit erschlossen Teile eines Palastes Asarhaddons mit äg. Beutestücken.

Unter dem Hügel *Quyunǧiq* und dem nordwestl. angrenzenden Gebiet liegen: 1. der Tempel der berühmten, wegen ihrer Zauberkraft im ganzen Orient bekannten Ištar von N., dessen Gründung ins 3. Jt. zurückgeht, an dem zuletzt Assurbanipal baute; – 2. der Tempel des Nabû nördl. davon an der Südecke des Assurbanipal-Palastes (s.u. 5.), in dem auch eine kleine Tempel-Bibliothek ans Licht kam; – 3. Reste eines Palastes Assurnasirpals II. (883–859); – 4. der sogenannte Südwest-Palast Sanheribs, dessen Reliefplattenschmuck (darunter die Eroberung von Lachis: ANEP 371–374) erstmals bei Jagd- und Kriegsszenen zusammenhängende Ereignisberichte geben; der Palast wurde von Assurbanipal weiter benutzt und verziert; hier war die 1849 von Layard entdeckte berühmte Bibliothek untergebracht, deren rund 25000 Tafelfragmente den Grundstock der Keilschriftliteratur bilden; – 5. der Nord-Palast Assurbanipals, dessen künstlerisch bes. wertvollen Orthostatenreliefs (z.B. „Sterbende Löwin") heute zu den Schätzen des Britischen Museums gehören.

Literatur: A.H. Layard, Niniveh and its Remains, 1848 – ders., The Monuments of Niniveh, 1849–53 – T. Madhloum, Excavations at Niniveh, Sumer 23, 1967, 76–81 – A. Paterson, Assyrian Sculptures, Palace of Sinacherib, 1915 – R.C. Thompson/R.W. Hutchinson, A Century of Exploration at Niniveh, 1929 – D.J. Wiseman, Chronicles of Chaldaean Kings, 1956.

W. Röllig

Öl und Ölbereitung

Während der Ölbaum (hebr. *zayit*) in Mesopotamien (Her I 193) schlecht gedeiht und daher im wesentlichen Sesamöl produziert wurde und in Ägypten sich nur wenige Gegenden zum Anbau eignen und daher neben Olivenöl Sesam- und Rizinusöl verwendet wurde, gilt Syr.-Pal. (neben Kreta)

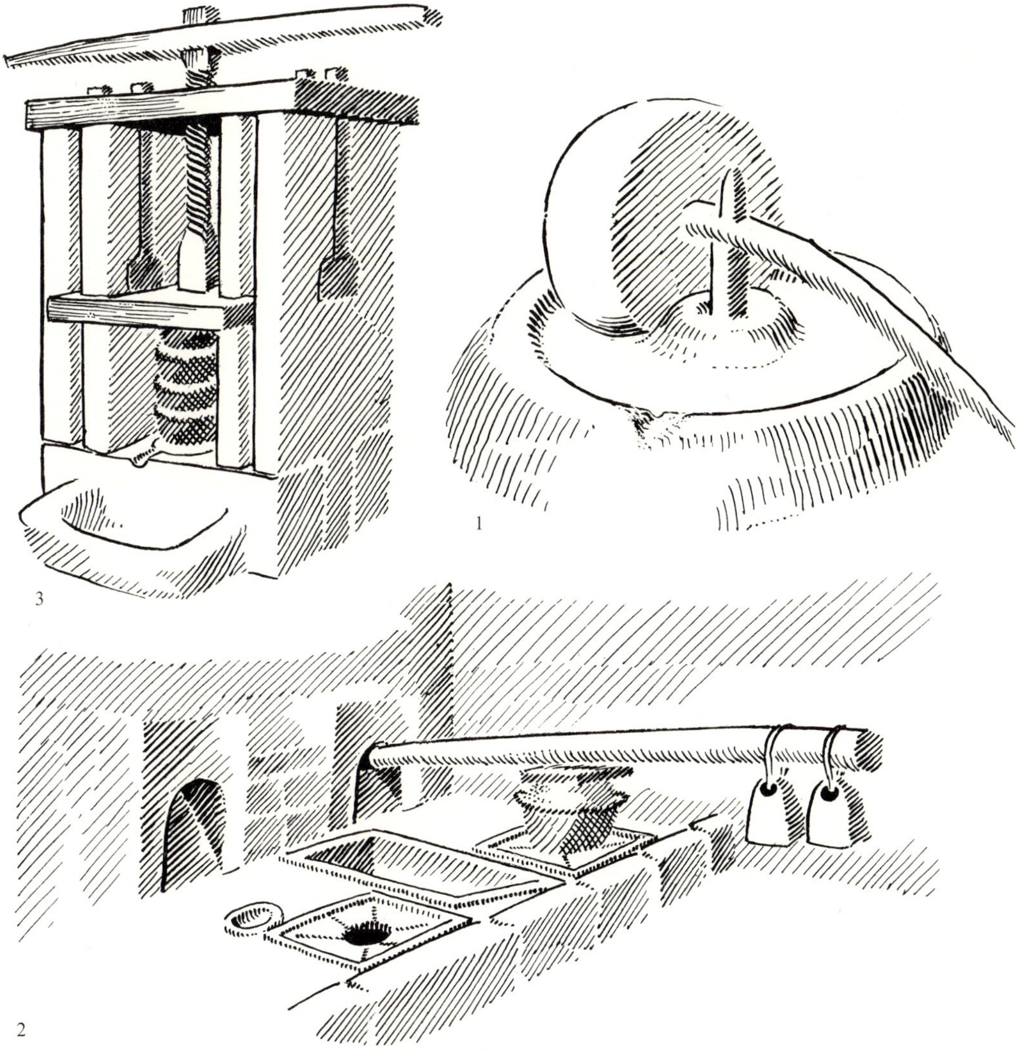

Abb. 60 **Öl und Ölbereitung** (1) Ölmühle, (2) Balkenpresse, (3) Pfeilerpresse

als Heimat des wilden Ölbaums (Hoops), der frühzeitig veredelt (vgl. Rm. 11_{17-24}) wurde. Neben Getreide und Wein gehört Olivenöl (hebr. *šǣmen*) zu den Hauptprodukten Pal.s (Dt. 7_{12} Ho. 2_{8}); daher erscheint es als Exportartikel (nach Ägypten: Ho. 12_{2}, Tyrus: Ez. 27_{17} 1 R. 5_{25} par. 2 Ch. 2_{9}, Sidon: Esr. 3_{7}).

Die Oliven wurden mit Stöcken von den Ästen abgeschlagen °(Dt. 24_{20} Jes. 24_{12}, Forbes Abb. 23) und dann in Körben eingesammelt. Die Gewinnung des Öls erforderte zwei Arbeitsgänge: das Zerquetschen und Entsteinen der Beeren (Jes. 17_{6}: *gargərīm*) im Mörser oder in der Ölmühle bzw. Ölquetsche und das Auspressen des Fruchtfleisches in der Ölkelter bzw. Ölpresse. Beim Entsteinen mußte darauf geachtet werden, daß der Stein nicht zerklopft wurde, weil sonst das Öl einen bitteren Beigeschmack erhielt. Zur Zerkleinerung diente in der B- und E-Zeit ein Mörser, der auch in unmittelbarer Nähe des Olivengartens als Vertiefung im Naturfels angelegt sein konnte. Die Olivenmühle, die im Unterschied zur Mehlmühle einen senkrecht rotierenden Oberstein und größere Ausmaße hat (Abb. 60$_1$), taucht in Pal. erst in röm. Zeit auf. *DRK* + *zayit* (Mi. 6$_{15}$) heißt analog zu *DRK* + *'ănābīm* (Am. 9$_{13}$) keltern, läßt also nicht darauf schließen, daß Oliven zur Ölgewinnung mit den Füßen zertreten wurden, was schwerlich zum Erfolg geführt hätte. Die älteste Methode (in Ägypten seit ca. 3000 bekannt), Trauben oder Oliven auszupressen, bestand darin, ein Tuch zu füllen und es zusammengefaltet an beiden Enden auszuwringen. Indem man Oliven in Körben, die zugleich als Sieb dienten, oder zwischen Brettern mit Gewichten beschwerte, konnte man das Öl in daruntergestellten Gefäßen auffangen. Eine Verbesserung dieser Methode bestand darin, daß man Balken mit Gewichten beschwerte und durch die Hebelwirkung des Preßbaumes mehr Druck ausüben konnte (Abb. 60$_2$; EP Tf. 92), den man durch einen Flaschenzug und eine Seilwinde noch verstärken konnte. Die Kenntnis des Schraubengewindes erlaubte in röm. Zeit die Einführung günstigerer Preßtechniken durch die Pfeilerpresse (Abb. 60$_3$) und die Kreuzpresse (Dalman, AuS IV, 231f). Das beim ersten Pressen durch leichten Druck gewonnene Öl war das beste (Am. 6$_6$ 2R. 20$_{13}$). Durch verstärkten Druck oder durch Erhitzen (vgl. Her II 94) der Trester konnte bei einer zweiten oder dritten Pressung nochmals Öl minderer Qualität gekeltert werden. Ein großer Baum lieferte ca. 25 l Öl. Der Kelterung folgte die Reinigung (vgl. die Deutung von *šmn rḥṣ* der Samaria-Ostraka durch M. Noth, ZDPV 50, 1927, 200 als „gereinigtes Öl"; doch vgl. dagegen F. Israel, Rivista degli Studi Orientali 49, 1975, 17–20 und dazu →Bad und Baden, 3.) des Öls sowie seine Abfüllung in Vorratsbehälter. Da die Olivenernte fast zwei Monate nach der Weinlese liegt, konnten Weinkelteranlagen ebenso zum Keltern der Oliven benutzt werden, wobei die Balkenpresse in beiden Fällen ihre Dienste tat. Da der Ölbaum (ANEP 669 und auf der Palette des Skorpion: K. Lange/M. Hirmer, Ägypten, 1957^2, Abb. 3) nur jedes zweite Jahr reichlich Frucht trägt, mußten die Olivengärten so angelegt werden, daß für jedes Jahr genügend tragende Bäume vorhanden waren. Das Umhauen von Pflanzungen im Kriege hatte verheerende Wirkung, weil der Ölbaum nur sehr langsam wächst, und war deshalb in Israel verboten (Dt. 20$_{19f}$).

Olivenöl diente in erster Linie als Nahrungsmittel (vgl. die *mašmannīm* von Neh. 8$_{10}$ und 1R. 17$_{12}$ 2R. 4$_2$ Nu. 11$_8$ Jud. 10$_5$). Daneben spielte es im Kult eine wichtige Rolle: beim Speisopfer (Lv. 2) und beim zum täglichen Brandopfer gehörenden Speisopfer (Ex. 29$_{40}$ Nu. 28$_5$). Als Beleuchtungsmittel diente Öl in Lampe und Leuchter (Ex. 27$_{20}$ Nu. 8$_{1-4}$ Mt. 25$_{3f}$). Zur Salbung mit Öl vgl. E. Kutsch, Salbung als Rechtsakt im Alten Testament und im Alten Orient, BZAW 87, 1963 und →Salbe und Salbgefäße, 1. Auch als Heilmittel (Jes. 1$_6$) kannte man Olivenöl. Myrrhen- und Balsamöl (→Harze, 3.) sind ätherische Öle, die hauptsächlich zu kosmetischen (Est. 2$_{12}$) und kultischen (Balsam als Bestandteil des Salböls: Ex. 30$_{23}$ 25$_6$) Zwekken dienten. Zum Ölfest in *Qumrān* vgl. VTS 4, 1957, 25 und BA 30, 1967, 137.

Literatur: Dalman, AuS IV, 153–290 – A.G. Drachmann, Ancient Oil Mills and Presses, Archaeologisk-kunsthistoriske Meddelelser udgivne af det Kongelige Danske Videnskabernes Selskab I/1, 1932 – R.J. Forbes, Studies in Ancient Technology III, 1955, 101–105, 131–138 – J. Hoops, Geschichte des Ölbaums, Sitzungsberichte der Heidelberger Akademie der Wissenschaften 33, 3, 1942/43, 1944 – ders., Geschichte des Ölbaums, FF 21/23, 1947, 35–38 – W. Richter, Die Landwirtschaft im Homerischen Zeitalter, Archaeologia Homerica II/H, 1968, 134–140.

D. Kellermann

Ofen

Nach ihrer Funktion lassen sich folgende Arten von Öfen für Syr.-Pal. im Altertum unterscheiden: Backöfen (→Backen und Backofen), Röst- und Küchenöfen (→Herd), Brenn- und Schmelzöfen zur Herstellung verschiedener Produkte (→Bergbau mit Abb. 15, →Fayence, →Glas, →Keramik, →Metall und Metallbearbeitung) und Heizöfen, meist in Form von Kohlenbecken, zum Heizen der Wohnzimmer und Badeanlagen. Während der kalten Jahreszeit diente im allgemeinen das Herdfeuer zum Schutz gegen die Kälte. Nur reiche Leute konnten ihre Wohnräume mit einem tragbaren Kohlenbecken (Jer. 36$_{22f}$: **'aḥ*) oder Feuerbecken (Sach. 12$_6$: *kīyōr 'ēš*, falls nicht ein →Herd gemeint ist) heizen (vgl. die Darstellung einer sich am Feuerbecken Wärmenden: Ausstellungskatalog: Nofretete, Echnaton, 1976,

Abb. 83). Vielleicht war auch der metallene Wagen aus *Tell Ḥalāf* (THA 190 Tf. 58b; TH II 45–50 Tf. 12) ein fahrbares Kohlenbecken (→Herd).

Bei der Unterscheidung von Winter- und Sommerhaus (Am. 3_{15} Jer. 36_{22}; KAI Nr. 216 Z. 18f) handelt es sich nicht um verschiedene Räume oder Stockwerke eines größeren Gebäudes (so noch HAL 119 *sub voce bayit*), sondern um zwei verschiedene Häuser, deren Bauweisen jeweils ihren bes. Zweckbestimmungen entsprachen. Das Winterhaus (vielleicht ist auch der in 1R. 21_{1} erwähnte Palast Ahabs in Jesreel ein Winterhaus neben seiner Residenz in Samaria) war wärmeisolierend gebaut (vgl. LXX zu Am. 3_{15}, wo an Fensterläden als Kälteschutz gedacht ist) und mit Heizöfen ausgestattet. Die Badeanlagen hatten in röm. Zeit die übliche Hypokaustheizung mit Fornax (vgl. EG III Tf. 50; Y. Yadin, Masada, 1967^2, 76f, 80). Als Brennmaterial für Öfen diente dürres Gras (Mt. 6_{30}), Häcksel (Mal. 3_{19}), Oliventrester, getrockneter Kamel- und Kuhdung (Ez. 4_{15}) und – soweit verfügbar – Holz und Kohle.

Literatur: Dalman, AuS IV, *passim* – R.J. Forbes, Studies in Ancient Technology VI, 1966^2, 29–36 – A. Salonen, Die Öfen der alten Mesopotamier, Baghdader Mitteilungen 3, 1964, 100–124. *M. Kellermann*

Ostrakon

Unter einem O. versteht man eine gebrannte Tonscherbe, in die man Worte eingeritzt oder die man mit Tinte beschrieben hat. Gelegentlich sind mehrere Bruchstücke eines Gefäßes als Schreibmaterial verwendet worden. So stammen die Lachis-Ostraka 2, 6–8 und 18 von demselben Krug.

In Pal. sind Ostraka in hebr., aram., äg.-hieratischer, griech. und lat. Sprache und Schrift gefunden worden (dazu auch →Schreibmaterial, 1.d). Die wichtigsten hebr. Ostraka der Königszeit sind (in alphabetischer Reihenfolge der Fundorte) die folgenden:

Arad: In der E II-zeitlichen Festung wurden seit 1962 175 Ostraka (darunter 85 aram. und vier arab. Ostraka) gefunden, unter denen vor allem die Briefe wichtige Informationen über Versorgung und Nachschub einer →Festung im Grenzgebiet liefern. Ostrakon Nr. 18 nennt in Z. 9 *byt yhwh*. Zur Fundstätte, zur Gruppe der Ostraka des „'Elyāšīb-Archivs" und zu weiteren Einzelheiten →Arad, 2.

Ḫirbet Ṣāliḥ: In einer Festung der E II-zeit wurde 1959 ein O. mit zwei Eigennamen freigelegt.

Jerusalem: Bei den Grabungen auf dem Südosthügel (Ophel) kam 1924 ein O. des 7. Jh.s mit einer Namenliste zutage (KAI Nr. 190).

Lachis: 1935 wurden unter dem Brandschutt eines Wachraums der Toranlage 18, 1938 an anderen Stellen fünf weitere Ostraka gefunden. Alle diese Ostraka stammen wahrscheinlich aus der Zeit des ersten (Nr. 21) und zweiten (Nr. 1–19) Feldzugs Nebukadnezars gegen Juda. Nr. 1, 11 und 19 enthalten Namenlisten, Nr. 2–10, 12–18 Briefe meist militärischen Inhalts (KAI Nr. 192–199; TGI Nr. 45); das sogenannte O. Nr. 20 ist ein Fragment eines beschrifteten Kruges. – Bei der Sondage am "Solar Shrine" wurde 1966 ein O. mit einer Namenliste entdeckt.

Məṣad Ḥăšavyāhū: 1970 wurden in einer Festung des 7. Jh.s sechs Ostraka ausgegraben. Das erste (KAI Nr. 200; TGI Nr. 42) enthält die Bittschrift eines jud. Erntearbeiters. Bei den anderen, die außerordentlich schlecht erhalten sind, handelt es sich wahrscheinlich um Wirtschaftstexte.

Samaria: Bei den Ausgrabungen der Harvard University kamen 1910 in einem Magazinraum des Palastes (→Samaria, 3.) 102 Ostraka aus der ersten Hälfte des 8. Jh.s zutage. Diese Ostraka enthalten durchweg Wirtschaftstexte, die Lieferungen von Wein und Öl an das Königshaus betreffen

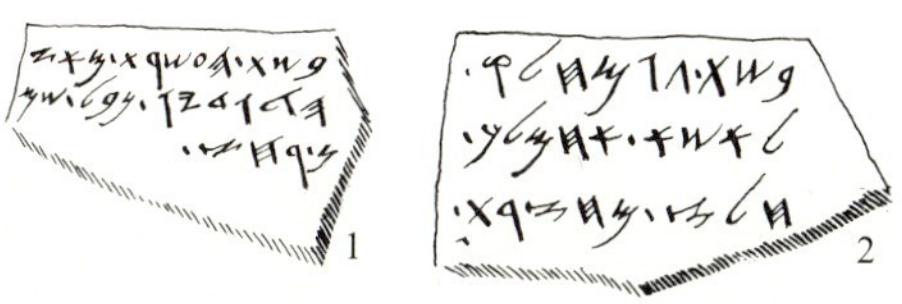

Abb. 61 **Ostrakon** (1,2) Ostraka 17a und 23 aus Samaria

(KAI Nr. 183–187). Abb. 61_1 zeigt O. 17a („im 10. Jahr von 'Azzā an Gadyaw ein Krug mit Öl für Waschungen" dazu →Bad, 3.), auf Abb. 61_2 ist O. 23 dargestellt („Im Jahr 15 von Ḥeleq an *'š'* 'Ăḥīmelek Ḥeleṣ aus Ḥăṣērōt"). – Von der „Joint Expedition" wurden zwischen 1931 und 1935 vier weitere Ostraka entdeckt. Dabei handelt es sich abgesehen von O. C 1101 (KAI Nr. 188) ausschließlich um Namen oder Namenlisten.

Tell Qasīle: Auf der Oberfläche des Ruinenhügels wurden 1945 und 1946 zwei Ostraka des 8. Jh.s mit Wirtschaftstexten gefunden. O. 2 lautet: „Ophir-Gold (vgl. 1 Ch. 29₄ Sir. 7₁₈; dazu →Handel, 5. und →Metall, 1.c) für Beth-Ḥoron (oder: den Tempel des Horon) … 30 Šeqel".

Literatur: Allgemeines: D. Diringer, Le iscrizioni antico-ebraiche palestinesi, 1934 – A. Lemaire, Les ostraca hébreux de l'époque royale israélite I, II, Diss. Paris, 1973 (masch.) – S. Moscati, L'epigraphia ebraica antica 1935–1950, 1951.
Zu Arad: Y. Aharoni/J. Naveh, Arad Inscriptions, JDS 1975 (hebr.) (Lit.).
Zu *Ḫirbet Ṣāliḥ:* Y. Aharoni, ERR I 15f.
Zu Jerusalem: R. A. S. Macalister/J. G. Duncan, Excavations on the Hill of Ophel, PEFA 4, 1926, 182–184.
Zu Lachis: H. Torczyner, in: L I – ders., The Lachish Ostraca, Letters of the Time of Jeremiah, 1940 (hebr.) – D. Diringer, in: L III 21–23, 331–339 – B. Rocco, L'ostracon Canfra, Rivista Biblica 14, 1966, 203–208 – Y. Aharoni, Trial Excavations in the "Solar Shrine" at Lachish, IEJ 18, 1968, 168f.
Zu *Məṣad Ḥăšavyāhū:* J. Naveh, A Hebrew Letter from the Seventh Century B.C., IEJ 10, 1960, 129–139 – ders., More Hebrew Inscriptions from Meṣad Ḥashavyahu, IEJ 12, 1962, 27–32.
Zu Samaria: HES I 227–246 II Tf. 45c, d, e – I. T. Kaufmann, The Samaria Ostraca, A Study in Ancient Hebrew Palaeography, Diss. Harvard, 1966 – S. A. Birnbaum, in: SS III 11–25 – K. Galling, Ein Ostrakon aus Samaria als Rechtsurkunde: Erwägungen zu C 1101, ZDPV 77, 1961, 173–185 – A. Lemaire, L'ostracon C 1101 de Samarie: Nouvel essai, RB 79, 1972, 565–570.
Zu *Tell Qasīle:* B. Maisler, The Excavations at Tell Qasile. Preliminary Report, IEJ 1, 1950/51, 208–210.

H. P. Rüger

Palast

1. Allgemeines. 2. P.e in kan. Zeit. 3. P.e in der isr.-jud. Königszeit. 4. Spätere Bauten.

1. P.e im alten Israel und in seiner näheren Umgebung sind nicht zu vergleichen mit neuzeitlichen P.en; sie kommen eher unseren mittelalterlichen Burgen nahe, sind aber, wenn man von den P.en der Großreiche am Nil, in Mesopotamien und Kleinasien absieht, wesentlich bescheidener als diese. „Zu den Palästen rechnen wir alle Wohngebäude, die an Größe über den normalen Wohnhaustypus hinausgehen oder auch nur innerhalb einer Ansiedlung als größtes Haus so hervorgehoben sind, daß sie als Wohnsitz des Herrschers gedeutet werden können" (Naumann, Architektur, 389), bzw. als ein wie auch immer geartetes „öffentliches Gebäude". Dieser von Naumann im Blick auf die Baugeschichte Kleinasiens vom 7. bis 1. Jt. formulierte Grundsatz kann auch auf Pal. angewendet werden, ist jedoch dahingehend zu ergänzen, daß es im altorientalischen Pal. P.e nur in befestigten Orten gegeben hat. Zum Sprachlichen vgl. HAL *sub vocibus 'armōn, bayit* und *hēkāl.*

2. Aus der nicht geringen Zahl der in den letzten Jahrzehnten zutage gekommenen P.e der kan. Zeit führen wir hier nur drei Beispiele vor. Für die 2. Hälfte der MB IIB-Zeit haben wir in Abb. 62₁ das Wohngebäude eines lokalen Herrschers auf *Tell Bēt Mirsim.* Nur wenig jünger ist die sogenannte Westburg von Thaanach (Abb. 62₂; ihr Plan ist nach dem neuen Grabungsbefund von P. W. Lapp, BASOR 173, 1964, 16f leicht korrigiert). Ganz ähnlich, aber ein Jahrhundert jünger ist das öffentliche Gebäude, das M. Dothan in Stratum 3 von Asdod (SB IIA) freigelegt hat (Asdod I 74–77 mit Plan 4; weitere Parallelen aus Pal. vgl. ebd. 76 Anm. 1–3; vgl. auch EAEHL I 108). Abb. 62₃ zeigt einen P. aus *Tell el-Fār'a* Süd, der vom 13. bis ins 11. Jh. existiert hat (Encyclopaedia of Archaeological Excavations in the Holy Land II, 1970, 552f, mit Plan [hebr.]). Als Grundelement des gediegenen Hauses und des P.es erscheint der Hof. Ihm sind die Räume auf einer Seite (Abb. 62₁), auf zwei (Abb. 62₂), drei oder allen vier Seiten angereiht. Man spricht dann vom Hofhaustyp, der bes. stark im bab.-ass. Raum verbreitet war (vgl. dazu Hrouda Abb. 56, 58 und 73). Bei dem in Abb. 62₃ gezeigten P., der am südpal. Abschnitt der *„Via maris"* gelegen hat und vielleicht als äg. Kommandanten-P. errichtet wurde, darf man Nachwirkungen des Amarna-Normalhaustyps (Ricke 25f mit Abb. 26) vermuten. Wir hätten dann hier wie dort eine gedeckte Mittelhalle, die die angrenzenden Räume überragt hat und oben mit Lichtgaden ausgestattet war (ebd. 32). Es wäre auch denkbar, daß die Mittelhalle sich aus einem offenen Hof entwickelt hat, wie Ricke (28) mit der „Entstehung der Empfangshalle aus einem offenen Vorhofe" rechnet. Ähnlich interpretieren schon W. Fl. Petrie und K. Galling (BRL[1], 410) den Bau, und letzterer erwägt, in Abb. 62₃ Raum A als Bad, den nördl. Eckraum B als Schlafzimmer mit Podium und Bettnische, C als Treppenraum, D, wo 45 Weinamphoren mit äg. Verschluß-

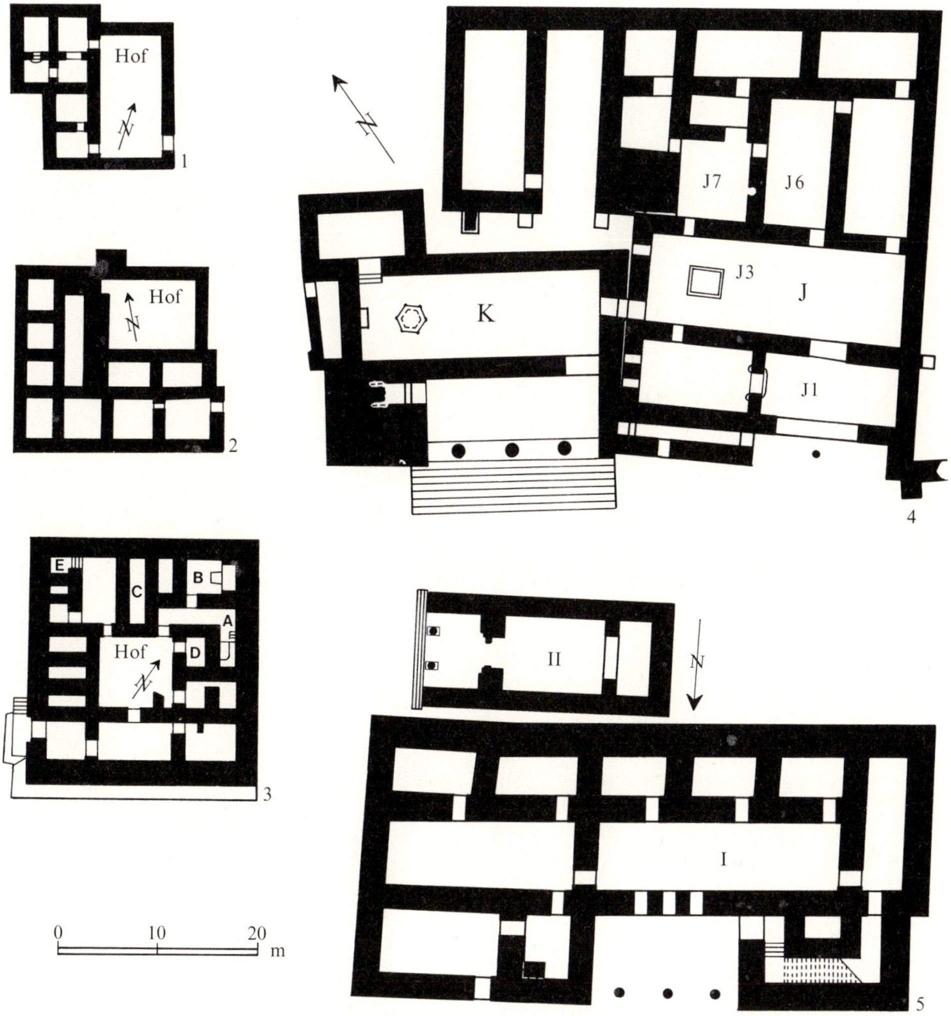

Abb. 62 **Palast** (1–3) Paläste aus kan. Zeit (*Tell Bēt Mirsim,* MB IIB, Thaanach, MB IIB, *Tell el-Fār'a* Süd, 13.–11. Jh.), (4,5) Paläste des *Bīt Ḫilāni*-Typus im 9. Jh. (Zincirli, *Tell Ta'yīnāt*)

stempeln gefunden wurden, als Vorratsraum und den etwas tiefer gelegenen und mit verdecktem Abflußkanal versehenen Raum E als Toilette zu deuten.

3. P.e der E I-Zeit sind in Pal. bisher nicht zutage gekommen und auch nicht zu erwarten, wohl aber kleinere Festungen (→Festung) wie z.B. →Gibea.

Erst in der E IIA-Zeit, genauer zur Zeit der vereinigten Reiche Israel und Juda, setzt eine planmäßige Bautätigkeit ein. Von David wird in dieser Hinsicht nur berichtet, daß Hiram von Tyrus ihm einen P. bauen ließ (2S. 5_{11}). In der Überlieferung erscheint Salomo als der große Bauherr (→Jerusalem, 3.b und →Stadtanlage, 3.; zu neueren Kontroversen hinsichtlich der chronologischen Fragen →Megiddo, 4.g). Die für die Bauten erforderlichen Fronmaßnahmen erregten das Mißfallen der dtr. Verfasser der Königsbücher so sehr, daß sie aus den Annalen über seinen P.bau nur 12 Verse auszogen (1 R. 7 1–12). Dieser Text ist so schlecht überliefert, daß er keinen Ersatz liefern kann für die nicht vorhandenen und auch nicht mehr zu erwartenden archäologischen Befunde aus der jud. Königszeit in Jerusalem. K. Galling (ZDPV 55, 1932, 243) und C. Watzinger (DP I, 1933, 96) haben bereits erkannt, daß man mittels Vergleichsmaterial zu den Stichworten „Säulenvorhalle" und „Thronhalle" zu Analogieschlüssen gelangen kann, und daß baugeschichtliche Beziehungen bestehen zwischen dem salomonischen P. in Jerusalem und den *Ḫilāni*-Bauten auf dem *Tell Ḥalāf* und in Zincirli. Ein *Bīt Ḫilāni* (Abb. 62 4:K) ist ein P. mit zwei langen, schmalen Räumen, deren Hauptachse parallel zur Front verläuft; der vordere ist eine Eingangshalle mit einer bis zu drei Säulen, die meist auf der obersten einer flachen Flucht von Stufen stehen. Da dieser P.typ ein in sich geschlossener Bau war, konnte er nicht wesentlich erweitert werden. Reichte sein Raum nicht mehr aus, mußte ein zweiter Bau derselben Art errichtet werden. Die Eingangshalle des *Bīt Ḫilāni* war der Vorraum zu dem anschließenden langen Querraum, der Thronsaal genannt werden kann (Frankfort 120–122). Zu den komplizierten und lange umstrittenen Fragen des Namens und der Herkunft dieses P.typs vgl. W. von Soden, Akkadisches Handwörterbuch I, 1965, 345 *sub voce ḫilāni;* Frankfort, Weidhaas, anders Naumann, Architektur, 406–430, 494.

K. Galling hat erstmals eine Rekonstruktion des salomonischen Tempel- und P.bezirks (→Jerusalem, 3.b) vorgelegt (BRL[1], 411 f), die weite Verbreitung gefunden hat (z.B. H. Kosmala, Art. Jerusalem, BHH II, 827 mit Abb. 1). Ussishkin wendet gegen sie ein, daß „diese 'Hallen' als Teile eines einzigen *Bīt Ḫilāni* identifiziert werden sollten" (IEJ 16, 176; BA 36, 88). Er macht seinen Einwand deutlich an dem gegenseitigen Verhältnis zweier P.e in Zincirli (Abb. 62 4): P. J, von Kilamū von Sam'al in der 2. Hälfte des 9. Jh.s und P. K, von seinem Nachkommen Birrākib um die Mitte des 8. Jh.s errichtet. J 1 war ursprünglich die Säulenvorhalle, J 3 der Thron- bzw. Audienzsaal, J 6 und/oder J 7 wohl ein Hof; die übrigen Räume dürften der Verwaltung, Wohnung und Bewirtschaftung gedient haben. Knapp 100 Jahre später baute Birrākib einen neuen repräsentativen *Bīt Ḫilāni* (K) und verband ihn mit dem alten zu einem P.komplex. Versucht man sich dann noch das räumliche Verhältnis des P.es zum Tempel des Königs vorzustellen, so sollte man die Residenz von *Tell Ta'yīnāt* am Orontes, 20 km oberhalb von Antiochia, nicht übersehen (Abb. 62 5). Wird man es also für das wahrscheinlichste halten müssen, daß die in 1 R. 7 6–8 aufgeführten architektonischen Elemente als Teile eines *Bīt Ḫilāni* aufzufassen sind, so muß man doch das sehr viel größere „Libanonwaldhaus" (1 R. 7 2–5) als eine vom P. etwas abgesetzte Einheit verstehen. Der Text ergibt nur soviel, daß der Bau ca. 50 × 25 m maß und 15 m hoch war, daß er wie der P. Jojakims (Jer. 22 14) →Fenster hatte (V. 4), und daß „alle Eingänge geviertet" (V. 5), also mit gestaffelten Türrahmen versehen waren (→Tür). Ussishkin (BA 36, 90) macht darauf aufmerksam, daß die Holzbohlenverkleidung der Mauern von

Abb. 62 **Palast** (6) Holzbohlenverkleidung im Palast von Zincirli (Rekonstruktion)

Birrākibs Thronsaal die Beschreibung von 1R. 7_{7b} verständlich macht. Darüber hinaus dürfte diese kombinierte Ziegel- (bzw. Quader-)Holzkonstruktion (Abb. 62_6) Licht werfen auf die weiteren, bisher rätselhaften Details der Wand- (und Decken-?)Konstruktion in V.$_{2-5}$. Zu den $3 \times 15 = 45$ Säulen, die die Decke des 25 m breiten Saales trugen, scheinen sich Parallelen bisher nur im urartäischen Bereich anzubieten (Hrouda Abb. 86: Arın-Berd; Ussishkin, BA 36, Abb. 8: Altıntepe; vgl. dazu jetzt auch M. J. Mulder, ZAW 88, 1976, 99–105).

Grundmauern von P.en der salomonischen Periode hat die Archäologie in Megiddo zutage gefördert, was nach 1R. 9_{15b} (vgl. M. Noth, Könige, BK 9/1, 1968, 213f) erwartet werden konnte. Es handelt sich um die Gebäude 1723 (Abb. 62_7) und 6000, die ebenfalls den Grundriß des *Bīt Ḫilāni*-Typs aufweisen (→Megiddo, 4.g mit Abb. 51 [Stadtplan der Straten VA-IVB, IVA]). Ein dem Gebäude 6000 vergleichbarer P.bau läßt sich auch in Jericho erschließen (→Jericho, 3.d).

Für die Baugeschichte der P.e in Pal. haben die Ausgrabungen in der Hauptstadt des Reiches Israel kaum etwas beigetragen, wohl aber für den Plan eines königlichen Verwaltungszentrums (→Samaria, 3. und →Stadtanlage, 3.). Auch die von Kasemattenmauern umschlossene Anlage in *Ḫirbet Ṣāliḥ* (→Beth Kerem) ist kaum als P., sondern als →Festung anzusprechen.

Nachdem Tiglathpileser III. den größten Teil des Nordreiches dem ass. Provinzialsystem einverleibt hatte, kam in Pal. ein fremder P.typ auf: das ursprünglich bab., später auch ass. Hofhaus. Es ist in der Regel rechteckig und nur durch einen kleinen Seiteneingang zugänglich; Hauptmerkmal ist der große offene Hof, der auf allen vier Seiten von ein oder zwei Reihen von Hallen oder Räumen umgeben ist. Hierzu werden in Pal. gerechnet die Gebäude 1052 und 1369 (Abb. 62_8 – beide Stratum III) sowie die „Nordburg" Schumachers in Megiddo und die Festung im Grabungsfeld B von Hazor (Stratum III; dazu und zu Grundrissen von Vorbildern aus Assur und *Ḫorsābād*: Amiran/Dunayevsky). In einer zweiten Phase der Rezeption dieses Typs habe man vom 7. Jh. an unter Einwirkung des pal. Vierraumhauses (→Haus) den ass.

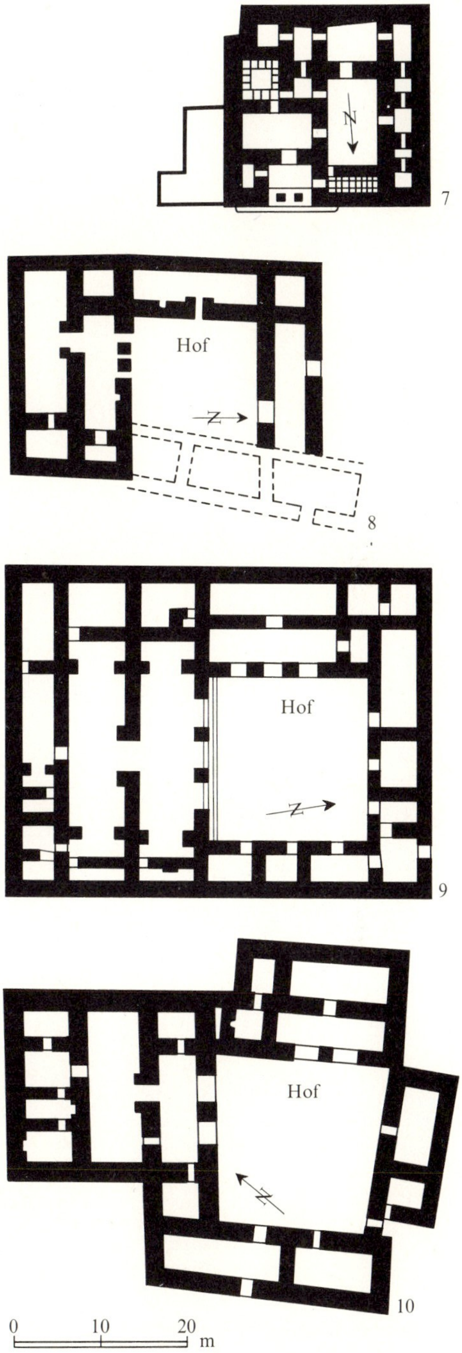

Abb. 62 **Palast** (7) Palast 1723 von Megiddo (9. Jh.), (8–10) ass. Residenzen in Mediggo, Lachis, Zincirli

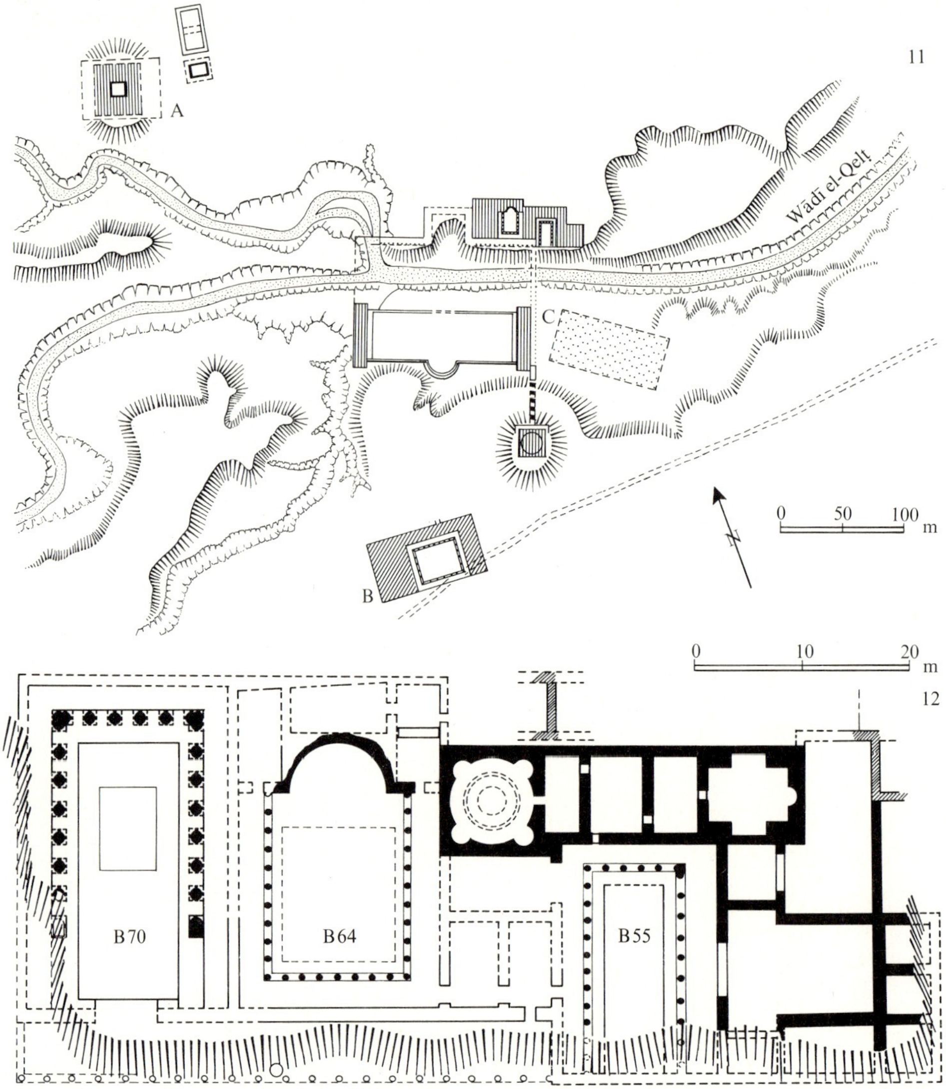

Abb. 62 **Palast** (11) Die häsmonäischen und herodianischen Palastanlagen von *Tulūl Abū el-'Alāyiq* (Jericho), (12) Detail zu (11): bis 1977 freigelegter Teil des Nordflügels des herodianischen Palastes C

Plan so variiert, daß der Hof nur an drei Seiten von Räumen gesäumt und damit die Möglichkeit für den Einbau eines Frontportals gegeben war. Hier werden u.a. eingereiht (Amiran/Dunayevsky 30: Grundrisse): „Stratum II Fortress" und Gebäude 736 von Megiddo (Meg I Abb. 95 und 98 [9–10/RS]), die „pers. Residenz" von Lachis (Abb. 62_{9}). Die letztere fügt sich jedoch nicht in dieses Schema ein und gehört zweifellos in die ältere Reihe. Aharoni wies nach, daß dieser P. und das Gebäude 1369 von Megiddo (Abb. 62_{8}) ebenso wie der obere P. von Zincirli (Abb. 62_{10}) eine Verbindung des mesopotamischen Hofhauses mit dem nordsyr. *Bīt Ḫilāni* darstellen und daß alle drei als Residenzen ass. Statthalter im ausgehenden 8. oder frühen 7. Jh. erbaut worden sind. Vorläufige Mitteilungen über ein ass. Gebäude mit →Gewölbe aus Ziegelsteinen auf *Tell Ǧemme* macht G. W. van Beek (IEJ 24, 1974, 138f).

4. Über pal. P.e der pers. Zeit wissen wir wenig (Stern 56–60). Wie der ass. P. von Lachis wurden wohl auch andere wieder benutzt.

Zum Thema →Festung in hell.-röm. Zeit weiß Josephus – freilich zuweilen stark übertreibend – viel zu berichten. Zur Ergänzung und Korrektur liegen neue archäologische Befunde vor. Das letztere gilt für →Jerusalem (3.e) nur eingeschränkt. Zur Stratigraphie und Geschichte der hasmonäischen und herodianischen Bauten in der Zitadelle haben zwar die Grabungen von C. N. Johns (QDAP 5, 1936, 121–131) und R. Amiran/A. Eitan (IEJ 20, 9–17) wichtige Klärungen gebracht, aber ein Gesamtplan ist nicht mehr zu gewinnen. Und von der Antonia wissen wir außer ihrem Standort nichts.

Zweifellos hatten nur die bedeutendsten der von Josephus erwähnten Festungen auch einen P. Als Beispiel sei Masada genannt. Der Gesamtplan (→Abb. 24_2) zeigt die drei Terrassen des schmalen, steilen Nordsporns und den um drei Höfe gruppierten West-P. (IEJ 7, 1957, 17 Abb. 7), der als der „eigentliche offizielle P. des Königs" gilt (Yadin 119), während die „königliche Villa" auf dem Nordsporn wohl der in JosBell VII 289 anvisierte P. ist (ebd. 70). Die ausgedehntesten P.anlagen dieser Periode sind westl. Jerichos von J. L. Kelso/D. Baramki und J. B. Pritchard (1950/51) und seit 1972 von E. Netzer freigelegt worden. Abb. 62_{11} zeigt den später von einer herodianischen Villa überlagerten hasmonäischen P. mit Schwimmbad und Ruhehalle (A) (nähere Einzelheiten bei Netzer, Qadmoniot 7, 27f, mit Plan [hebr.]). Der unten markierte Komplex (B) ist frühherodianisch: ein von Kolonnaden umsäumter, großer Hof und ein sich westl. anschließendes kleineres Peristyl werden von annähernd 40, z.T. durch Hypokausten beheizten Räumen und Stufenbädern umgeben (Pritchard Tf. 66). Später hat Herodes I. die beide Ufer verbindende Anlage C errichten lassen, deren nördl. Flügel erst E. Netzer kürzlich ausgegraben und beschrieben hat (93–100). Von dem die Umgebung weit überragenden südl. Hügel, in den wahrscheinlich ein Bad eingelassen war (Netzer 100), führte eine Treppe zum Talboden hinunter in den eingesenkten Garten, dessen Südwand durch eine große Apsis und beiderseits von je 24 abwechselnd eckigen und runden Nischen gegliedert war (Kelso/Baramki Tf. 33, 38f). Der auf dem Nordufer gelegene P. mißt, soweit bisher freigelegt, 86 × 46 m (Abb. 62_{12}). Er besteht aus einer riesigen Empfangshalle (B 70) und zwei Kolonnadenhöfen (B 55 und 64), um die sich Wohnräume und Bäder gruppieren. Die hier wie in allen herodianischen P.en vorgefundenen und für hell. Bauweise und Raumgestaltung kennzeichnenden Ziegelmauer- und Mosaiktechniken sowie die Marmor imitierenden Stuckverkleidungen und die Bemalungen sind anschaulich dokumentiert bei Netzer, Qadmoniot 7.

Literatur: Zu 1.: A. Badawy, Architecture in Ancient Egypt and the Near East, 1966 – H. Frankfort, The Art and Architecture of the Ancient Orient, 1958^2 – B. Hrouda, Vorderasien I, Handbuch der Archäologie, 1971 – Naumann, Architektur, *passim*.
Zu 2.: TBM II – TT I – BP II – H. Ricke, Der Grundriß des Amarna-Wohnhauses, WVDOG 56, 1932.
Zu 3.: Y. Aharoni: Die „persische Festung" ein assyrischer Palast? BIES 31, 1967, 80–91 (hebr.) – ders., The Building Activities of David and Solomon, IEJ 24, 1974, 13–16 – ders., Investigations at Lachish V: The Sanctuary and the Residency, 1975 – R. Amiran/I. Dunayevsky, The Assyrian Open-Court Building and its Palestinian Derivates, BASOR 149, 1958, 25–32 – H. Frankfort, The Origin of the Bît Hilani, Iraq 14, 1952, 120–131 – K. Galling, Der Tell Ḥalaf, ZDPV 55, 1932, 241–244 – C. van Gelderen, Der salomonische Palastbau, AfO 6, 1930/31, 100–106 – R.-C. Haines, Excavations in the Plain of Antioch II, OIP 95, 1971 – E. Stern, The Material Culture of the Land of the Bible in the Persian Period, 538–332 B.C.E., 1973, 56–60 (hebr.) – G. Turner, The State Apartments of Late Assyrian Palaces, Iraq 32, 1970, 177–213 – D. Ussishkin, King Solomon's Palace and Building 1723 at Megiddo, IEJ 16, 1966, 174–186 – ders., King Solomon's Palaces, BA 36, 1973, 78–105 – K. Weidhaas, Der bīt hilāni, ZA 45 (NF 11), 1939, 108–168.
Zu 4.: R. Amiran/A. Eitan, Herod's Palace IEJ 20, 1970, 9–17; 22, 1972, 50f, – M. Avi-Yonah u.a., The Archaeological Survey of Masada 1955–1956, IEJ 7, 1957, 1–60 – C. N. Johns, The Citadel, Jerusalem, QDAP 14, 1950, 121–190 – J. L. Kelso/D. Baramki, The Excavation of New Testament Jericho and Khirbet en-Nitla, AASOR 29–30, 1955 – E. Netzer, The Hasmonean and Herodian Winter Palaces at Jericho, IEJ 25, 1975, 89–100 – ders., The Hasmonean and Herodian Winter Palaces at Jericho, Qadmoniot 7, 1974, 27–36 (hebr. mit reichhaltiger und auch farbiger Dokumentation) – J. B. Pritchard, The Excavation at Herodian Jericho, 1951, AASOR 32–33, 1958 – A. Schulten, Masada, die Burg des Herodes und die römischen Lager, ZDPV 56, 1933, 1–184 – Y. Yadin, The Excavation of Masada 1963–64, IEJ 15, 1965, 1–120 – ders., Masada, 1967^2.

A. Kuschke

Panzer

Nach dem Zeugnis der schriftlichen Überlieferung und der archäologischen Funde spielte der P. in Pal. keine große Rolle (vgl. aber TGI 19 Nr. 4: Thutmosis III. erbeutete in Megiddo 202 P.hemden, von denen aber nur zwei aus Bronze, die anderen wohl aus Leder waren). Das AT bezeichnet ihn mit dem nicht-sem. Ausdruck *s/širyōn* (dazu JAOS 70, 1950, 47–49; VT 8, 1958, 107f), was auf einen außerpal. Ursprung des P.s deutet. Das Wort beschreibt den metallenen Schuppen-P., dessen Blättchen auf eine lederne Weste aufgenäht waren (1S. 17$_{5}$: *širyōn qaśqaśśīm*).

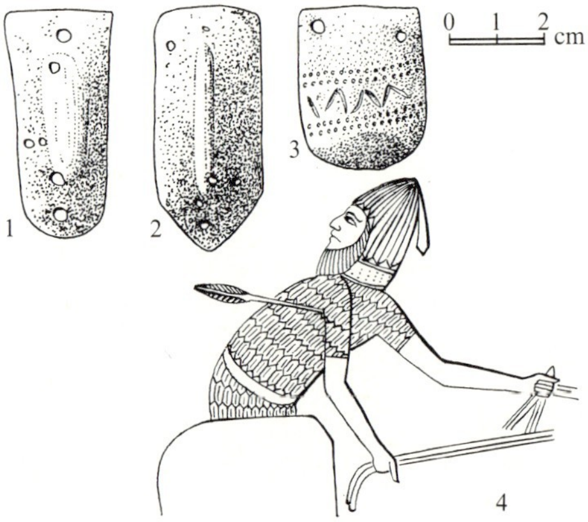

Abb. 63 **Panzer** (1–3) Panzerschuppen, (4) syr. Wagenkämpfer (äg. Darstellung, NR)

Erst nach dem Exil zählte der P. in Pal. zur allgemeinen Soldatenausrüstung (Neh. 4$_{10}$), vorher trugen ihn nur Helden oder Könige (1S. 17$_{5,38}$ 1R. 22$_{34}$). Ob hebr. *taḥrā* (Ex. 28$_{32}$) den wohl vor dem Schuppen-P. üblichen Lederschutz meint, ist fraglich (JAOS 73, 1953, 155; VT 24, 1974, 361–366). Eventuell zeigen ihn die Kriegervase von Megiddo (AOB 24) und ein ebenfalls von dort stammender bemalter, tönerner Ausguß eines Gefäßes (Meg II Tf. 247$_{7}$). Beide zeichnen die Oberkörper der Krieger mit Quer-(Leder-?)Streifen und Punkten dazwischen, die aufgenähte Metallblättchen wiedergeben könnten, wie sie aus allerdings jüngerer Zeit überkommen sind (Meg I Tf. 88$_{19}$; vgl. auch FB II Tf. 182$_{16760}$). Der Schuppen-P., dessen Heimat im mesopotamisch-kleinasiatischen Raum zu suchen ist (das älteste bekannte P.blättchen stammt aus Boğazköy, 18. Jh.: KlBo 103), ist in Syr.-Pal. anhand einzelner Schuppen seit der SB-Zeit nachgewiesen. Die meisten sind aus Bronze (AG III Tf. 22$_{81-83}$ IV Tf. 35$_{551-553}$; BS II/1 Tf. 31$_{20}$; L III Tf. 57$_{16f}$ 58$_{4f,9}$; TZ II 41; VT 11, 1961, Tf. 12; Meg I Tf. 85$_{3-10}$ II Tf. 177$_{6-8}$ MegT Tf. 176$_{9}$; Hazor II Tf. 127$_{26}$; PEFA 6, 1953, Tf. 5$_{189-192}$; Ug IV 74 Abb. 61C,I; Syria 18, 1937, 144 Abb. 9; 28, 1951, 11 Abb. 6; Hama II/1 Abb. 344. 4E$_{203}$; BASOR 30, 1928, 3; IEJ 1, 1950/51, 195). Seit der 2. Hälfte der E-Zeit kommen auch eiserne Schuppen vor (L III Tf. 56$_{11f}$ 58$_{7f,10-14}$; Meg I Tf. 85$_{1f}$; RB 58, 1951, Tf. 19$_{3}$; QDAP 13, 1948, Tf. 34$_{173}$; Hama II/3 Abb. 143; Sendsch V Abb. 89). Die in Masada gefundenen silbernen Schuppen gehörten zu P.n ranghöherer röm. Soldaten (IEJ 15, 1965, Tf. 23A). Häufig ist die unten abgerundete Schuppenform (Abb. 63$_{1}$), doch kann der untere Teil auch zugespitzt sein (Abb. 63$_{2}$); neben der funktionalen Längsrippe (besserer Widerstand!) gab es auch ornamentale Verzierungen (Abb. 63$_{3}$). Die Anordnung der Löcher ergibt sich aus der Notwendigkeit, die Schuppen dachziegelartig übereinander und auch in fester Verbindung mit dem ledernen „Futter" des P.s anzuordnen (KlBo Abb. 35). Der vollständige Schuppen-P. ist nur von Abbildungen her bekannt (z.B. Abb. 63$_{4}$). Größere Fragmente stammen aus Nuzi (um 1500: ANEP 161), *Nimrūd* (9./8. Jh.: ANEP 789) und Kamir-Blur (B.B. Piotrovsky, Kamir-Blur III, 1955, Abb. 21$_{36}$). Die 800 bei *Kəfar Mōnaš* gefundenen Kupferblättchen (IEJ 13, 1963, Tf. 30D) und die ähnlichen vom *Tell Aḥmed eš-Šēḫ el-ʿArēnī* (JNES 27, 1968, 43 Tf. 1C) aus der FB-Zeit sind in ihrer Deutung als Teile eines Schuppen-P.s strittig (KlBo 103). Der in der Ägäis vorkommende Thorax- bzw. Muskel-P. (frühestes Exemplar aus Dendra, 15. Jh.: Galling Abb. 12) kommt im Vorderen Orient nicht vor.

Literatur: Bonnet, Waffen, 209–216 – K. Galling, Goliath und seine Rüstung, VTS 15, 1966, 150–169 – KlBo 102–104 – A. Snodgrass, Early Greek Armours and Weapons from the end of the Bronze Age to 600 b.c., 1964, 71–86 – Yadin, Warfare, *passim*. *H. Weippert*

Pfeil

Der Pf. (hebr. *ḥēṣ*; vgl. Ps. 120_4 zu geschärften, Hi. 6_4 zu giftigen und Ps. 7_{14} zu Brand-Pf.en) ist das Geschoß des →Bogens. Ein leichter gerader Schaft und eine schwere scharfe Spitze erzielen zusammen eine gute Flugbahn und Durchschlagskraft. Federn am Schaftende verhindern ein Überschlagen des Pf.es. Als Schaft dient ein Stück Rohr, in das der Zapfen der Spitze eingelassen wird. Die Verbindung von Spitze und Schaft ließ sich durch Umwickeln mit Draht verbessern (vgl. eine bronzene Pf.spitze, die noch mit Eisendraht umwickelt gefunden wurde, aus dem hell. Samaria: HES I Abb. 223_{9a}). Endete die Spitze in einer Tülle, so wurde sie auf einen zugespitzten hölzernen Stab gesteckt; um das Gewicht zu vermindern, war dieser oft kurz und wurde seinerseits in den Rohrschaft geschoben.

Pf.spitzen aus Feuerstein waren vom NL bis in die FB-Zeit üblich (z.B. BP II Tf. 27), doch kommen sie sporadisch auch noch später vor (vgl. für die bab.-pers. Zeit TM I Tf. 48g). Selten sind Pf.spitzen aus Knochen (B-Zeit: Meg II Tf. 174_5 $175_{20,41}$; E-Zeit: TM I Tf. 23c; EG III Tf. 215_{72}; L III Tf. 63_{16-20}; hell. Zeit: EG III Tf. 215_{69-71}). Aus Bronze gegossene Spitzen (vgl. L IV Tf. 21_{11-15} die roh gegossenen, noch nicht gehämmerten Pf.spitzen!) lösen in der MB-Zeit die steinernen ab. In der SB-Zeit nehmen sie wohl bedingt durch den Gebrauch des zusammengesetzten →Bogens zu (ADAJ 6/7, 1962, 63–66). Eiserne Steckspitzen kommen seit der E I-Zeit vor, treten aber erst in der E II-Zeit gut doppelt so häufig wie die bronzenen auf. Gegen Ende der E-Zeit nehmen bronzene Pf.spitzen wieder zu; in röm. Zeit ist etwa ein Gleichgewicht zwischen bronzenen und eisernen Steckspitzen erreicht (TBM §45– 47; L III 386). Da man im Altertum Eisen nicht gießen konnte, blieben eiserne Tüllenspitzen seltene Ausnahmen (BP I Tf. 32_{178}; HES I 348).

Pf.- und →Lanzen-Spitzen lassen sich nur der Größe, kaum der Form nach unterscheiden (Cross/Milik 19). Unter den Pf.spitzen selbst muß man Steck- und Tüllenspitzen einerseits, flache und Drei- bzw. Vierkantspitzen andererseits auseinanderhalten. Die größte Breite liegt bei den im ganzen Vorderen Orient und auch in Pal.

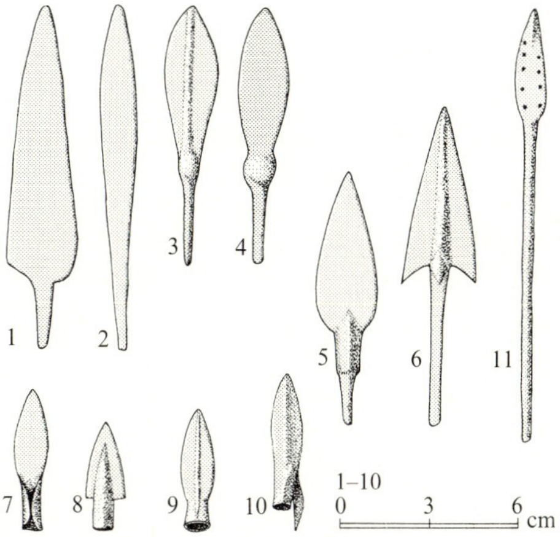

Abb. 64 **Pfeil** (1–6) Steckspitzen, (7–10) Tüllenspitzen, (11) Brandpfeil

üblichen Steckspitzen gegen den Zapfen hin (Abb. 64_1), bei den für Syr.-Pal. spezifischen in der Mitte (Abb. 64_2) und nur selten nahe der Spitze (Abb. 64_3; Meg I Tf. 80_{30}; Ger Tf. 29_{65}; SS III Abb. 111_{13}). Eine kugelförmige (Abb. 64_4; SS III Abb. 111_{8-11}) oder vierkantige (Abb. 64_5; Meg I Tf. $81_{4,7}$) Verdickung zwischen Spitze und Zapfen soll verhindern, daß sich die Spitze zu weit in den Schaft hineinschiebt. Seit dem Ende der E- und bis in röm. Zeit kommen Steckspitzen mit Widerhaken (Abb. 64_6; SS III Abb. 110_{15-21}) von dreikantiger (BP II Tf. 74_{101}) und vierkantiger (Gezer I Tf. 25C = Tf. 37_8; HES I Abb. 218_{10}; SS III Abb. 111_{20}) Gestalt vor. Die Widerhaken erschweren ein Herausziehen des Pf.es aus der Wunde; der massive Spitzenkörper garantiert eine erhöhte Durchschlagskraft. In der SB II-Zeit begegnen auch oben abgestumpfte Pf.spitzen (vgl. L IV 79 Tf. $25_{27,32,47}$), die bei der Vogeljagd Verwendung gefunden haben sollen. Ein Orthostat vom *Tell Ḥalāf* zeigt jedoch einen Schützen mit einem solchen Pf. bei der Jagd auf einen Wildstier (TH III Tf. 103). Pf.e mit Tüllenspitzen sind seit der E-Zeit belegt. Tülle und Spitze wurden meist in einem Arbeitsgang gegossen (vgl. die Gußformen: →Abb. 53_3; Sendsch V Tf. 8b), doch ist auch die Form mit flacher Spitze bezeugt, bei der die Tülle aus zwei Schaftlappen in Form gehämmert wird (Abb. 64_7). An die Tülle kann sich eine fast flache

(Abb. 64_8; Ger Tf. 29_{6-8}), eine dreikantige (Abb. 64_9; SS III Abb. 110_{3-8}), seltener eine vierkantige (TH IV Tf. 36_{143}) Spitze anschließen. Ein Widerhaken an der Tülle (Abb. 64_{10}; SS III Abb. 110_{13f}) erhöht die Effektivität der Waffe. Bei der durchlöcherten Tüllenspitze aus Sichem (Abb. 64_{11}) wird es sich um einen (hell./röm.?) Brand-Pf. handeln: durch die Löcher zog man ölgetränkte Wergfäden, wickelte sie um die Spitze und schoß den brennenden Pf. ab.

Die Funktion der Inschriften auf syr.-pal. Pf.spitzen der SB IIB/E I-Zeit (*ḥṣ* + NN...) ist umstritten (Iwry: Orakel-Pf.e; Milik, BASOR 143, 6: Besitzkennzeichnung; vgl. auch RA 65, 1971, 179).

Ein Schütze trug ca. 40 Pf.e in einem Köcher (hebr. *'ašpā*) aus →Leder oder Metall (AnSt 3, 1953, 126f; 22, 1972, 168–171) über der Schulter (Sendsch IV Tf. 61; Hrouda, Kulturgeschichte, Tf. 20_{11-21} 21_{1-5}). Der am Streitwagen befestigte Köcher (z.B. →Abb. 19_3) dürfte eine größere Zahl von Pf.en beinhaltet haben (Papyrus Koller 1,4 [A.H. Gardiner, Late-Egyptian Miscellanies, 1937, 117 Z. 1] nennt 80 Pf.e im Köcher als Normalausrüstung eines Streitwagens für einen Feldzug nach Syr.).

Literatur: Bonnet, Waffen, 156–181 – Hrouda, Kulturgeschichte, 84f, 130 – S. Iwry New Evidence for Belomancy in Ancient Palestine and Phoenicia, JAOS 81, 1961, 27–34 – J.T. Milik, An Unpublished Arrow-Head with Phoenician Inscription of the 11th-10th Century B.C., BASOR 143, 1956, 3–6 – ders., Flèches à inscriptions phéniciennes au Musée National Libanais, BMB 16, 1961, 105–108 – ders./F.M. Cross, Inscribed Javelin-Heads from the Period of the Judges: A Recent Discovery in Palestine, BASOR 134, 1954, 5–15 – dies., A Typological Study of the el Khadr Javelin- and Arrow-Heads, ADAJ 3, 1956, 15–23 – Yadin, Warfare, *passim*.

H. Weippert

Pferd und Streitwagen

1. Pf.e. 2. Stw. 3. Besatzung. 4. Zaumzeug. 5. Reit-Pf.e.

Da das domestizierte Pf. (hebr. *sūs*, fem. **sūsā*) am Tage bis zu 100 km zurücklegt, bevorzugte man es als Zugtier des Stw.s, bei dem es auf Beweglichkeit und Schnelligkeit ankam. Erst zweitrangig und in jüngerer Zeit diente es auch als Reittier.

1. Die Herkunft des Pf.es im Vorderen Orient (frühester Beleg für Pf.eknochen um 4350 in der Ukraine: Berger/Protsch 222, 225) liegt im Dunkeln, obwohl man sein Auftreten aus linguistischen Gründen (Ableitung der Termini für Pf. von indoarisch *aśva-*; vgl. aber Mayrhofer 27 Anm. 4) mit einer indoarischen Völkerbewegung verband, die an Götter- und Personennamen, an Termini für Pf. und Pf.etechnisches bei der Oberschicht des hurritischen Mitanni-Reiches und schwächer auch an einigen Namen von Stadtfürsten in Syr.-Pal. (ebd. 29f) ablesbar sei. Doch nennt bereits der vor dem Mitanni-Reich (Mitte des 2. Jt.s) anzusetzende heth. Anitta-Text 60 Stw. (vgl. Hauschild 51). Auch die wahrscheinlich erste Nennung des Pf.es in Mesopotamien um 2000 widerrät einer einseitigen Verbindung von Pf. und Stw. mit den Indoariern. Dazu kommen in Pal. Funde von Pf.eknochen in *Bīr Abū Maṭar* bei Beerseba aus dem Ende des CL (Th. Josien, IEJ 5, 1955, 255f; vgl. MegT 210 für die FB-Zeit). Die These, daß das Pf. und seine Benennung erst durch die „Hyksos" über Pal. nach Ägypten gekommen sei (H. Donner, ZÄS 80, 1955, 97–103), wird durch diese Funde und eventuell auch durch solche in Ägypten selbst (W.B. Emery, Kush 8, 1960, 8f: Pf.eknochen in Buhen ca. 200 Jahre vor der sogenannten Hyksos-invasion; doch vgl. dagegen M. Bietak, MDAIK 23, 1968, 92) fraglich.

In der MB-Zeit finden sich Pf.e als Grabbeigaben, meist paarweise, neben Waffen in Kriegergräbern in Jericho (Jer I 306f, 535f, II 694–696; die Hochdatierung der Funde in *Tell el-'Ağūl* ist dagegen aufzugeben: Dajani 57–61) und *Tell ed-Dab'a* in Ägypten (Bietak, a.a.O., 79–114); Grabform und -beigaben sind für Ägypten atypisch, ein Zusammenhang mit Syr.-Pal. ist wahrscheinlich. Paarweise Pf.ebestattungen sind im 8./7. Jh. dann auch in den Dromos-Gräbern in Salamis auf Zypern bezeugt, wo die ins Joch gespannten Pf.e oft noch an die Stw. angebunden sind (V. Karageorghis, Salamis III: Excavations in the Necropolis of Salamis I/1, 1967, 154–181). Ins Ende der MB-Zeit fällt schließlich die früheste aus Pal. bekannte Pf.edarstellung (Elfenbeineinlagen: J. Ory, QDAP 12, 1946, Tf. 14_{81f}).

In der SB II-Zeit erscheint das Pf. dann als Zugtier des Stw.s z.B. auf den Elfenbeinen von Megiddo (→Abb. 19_3; MegIv Tf. 9_{36} 32_{159} 33_{161}; vgl. auch die Darstellung auf einer Goldschale aus Ugarit

→Abb. 40_{1}), und aus der E-Zeit gibt es Darstellungen von Pf.en (z.B. auf einem Gefäß vom *Tell Qasīle:* IEJ 1, 1950–51, Tf. 34C) sowie zahlreiche kleine Pf.e und Pf.eköpfe aus Ton (z.B. Meg II Tf. 246_{31}; L III Tf. $27_{5,7}$ $32_{7f.,11}$; SS III Tf 12_{2-5}; BS II/1 Tf. 21_{14}; Hazor III-IV Tf. 176_{24}). In der Tradition der Pf.ehaltung in Pal. ist jedoch zwischen der SB- und E-Zeit eine durch die Landnahme der Israeliten bedingte Zäsur anzusetzen. Den Israeliten war das Pf. zunächst fremd. Noch David ließ einen Teil der von den Syrern erbeuteten Pf.e lähmen (2S. 8_{4}), und erst seit Salomo gehörten Pf.e zum militärischen Potential Israels (z.B. 2R. 13_{7}; TGI 50 Nr. 19). Die Notiz von 1R. 10_{28}, derzufolge Salomo Pf.e aus Ägypten und *Qwh* (ass. *Qūe,* Kilikien) bezog, zeigt die Abhängigkeit der Israeliten von den in der Pf.ezucht überlegenen Nachbarländern. Das gilt bes. für den Norden, wo Karkemiš seit ca. 1700 Umschlagplatz für Pf.e war (vgl. den Brief aus Karkemiš an Zimrilim von Mari: Nagel 24). Mehrere Schriftdokumente belegen die Vorrangstellung des Nordens in der Pf.ehaltung: im heth. Gesetz (ANET 188–197) spielt das Pf. eine große Rolle, der Kikkuli-Text (Kammenhuber) und ein wohl aus derselben (mitannischen) Tradition kommender mittelass. Text (Ebeling) aus dem 14./13. Jh. geben Anleitung zum Pf.etraining für den Stw., aus Ugarit liegt ein Text zur Behandlung von Pf.ekrankheiten vor (CTA Nr. 160f; Ug V 625–627 Abb. 16, 16A, B). Für Ägypten und wohl auch Pal. darf eine weitere Möglichkeit des Pf.eimports aber nicht übersehen werden. 734 erbeutete Tiglathpileser III. „große Pf.e aus *Muṣri*" in Pal., kurz danach auch in Tyrus (TGI Nr. 25f). „Zwölf große Pf.e aus *Muṣri,* dergleichen es im Lande nicht gab" erhielt Sargon II. 716 in einem Ort im *Wādī el-ʿArīš* als äg. Tribut (TGI Nr. 33 = ANET 286). Versuche, *Muṣri* an diesen Stellen auf ein anderes Land als Ägypten zu beziehen, blieben nicht unbestritten (H. Tadmor, IEJ 11, 1961, 143–150) und sind auch nicht nötig. Bes. der letzte Text läßt auf auffallend große Pf.e schließen, die im Vorderen Orient, wo man mit einem relativ kleinen Pf.etypus rechnen muß (dazu M.A. Littauer, Iraq 33, 1971, 24–30), unbekannt waren. Das als „groß" beschriebene äg. Pf. dürfte am ehesten das ursprünglich aus Westeuropa kommende Kaltblut sein, das über Spanien nach Nordwestafrika gelangte, wo es um 1000 auf Felszeichnungen in der libyschen Sahara bezeugt ist (D.J. Wölfel, Mitteilungen der Anthropologischen Gesellschaft in Wien 92, 1962, 302–304; E. Skorkowski, ebd. 267). Pf.e aus „dem Westen und dem Osten" erwähnt ein äg. Text unter Ramses II. (J.H. Breasted, Ancient Records of Egypt III, 1962, § 441); Siegesberichte über Kriege mit Libyern unter Merneptaḥ (ebd. § 589) und Ramses III. (ebd. IV, 1962, § 90?) nennen Pf.e als Beute. Das erlaubt die Vermutung, daß das Pf. nicht nur aus dem Norden über Syr.-Pal. nach Ägypten kam, sondern daß seit dem Übergang vom 2. zum 1. Jt. ein zahlenmäßig jedoch geringer zu veranschlagender Pf.eexport auch von Ägypten ausging (so auch W.F. Albright, BASOR 141, 1956, 24f), was sich gut mit 1R. 10_{28}vereinbaren ließe (vgl. dagegen und zum unklaren V.$_{29}$ M. Noth, Könige, BK 9/1, 1968, 234–237 und auch →Handel und Verkehr, 4.).

Obwohl seit Salomo Pf.e und Stw. zur militärischen Ausstattung gehörten, blieben sie ein dem jahwistischen Glauben verdächtiges Element: Das dtn. Königsgesetz warnt vor Pf.ereichtum (Dt. 17_{16}), die Propheten verkünden Jahwes Gericht gegen Pf.e und Stw. (z.B. Mi. 5_{9}). Ob diese Polemik in mit Pf. und Stw. verbundenen Kultpraktiken wurzelt, ist nicht sicher. Zwar beseitigte Josia dem Šamaš geweihte Pf.e und Stw. im Zug seiner Kultreform (2R. 23_{11}); doch wandte er sich damit gegen Praktiken, die vielleicht erst unter seinen Vorgängern aus Loyalität gegenüber Assyrien eingeführt wurden (K. Galling, ZThK 53, 1956, 143; doch vgl. auch M. Cogan, Imperialism and Religion: Assyria, Judah and Israel in the Eighth and Seventh Centuries B.C.E., 1974, 84–88). Für die frühere Zeit lassen sich in der Umwelt Pal.s Pf. und Stw. im Kult nachweisen: auf Stw. fahrende Götter in Mesopotamien (ANEP 689) und Syr. (D. Collon/J. Crouwel/M.A. Littauer, A Bronze Chariot Group from the Levant in Paris, Levant 8, 1976, 71–81; vgl. auch E. Akurgal, Die Kunst der Hethiter, 1961, Tf. 105 oben), in Ägypten die reitende Göttin Astarte (ANEP 479 und →Götterbild, weibliches, 2.), im nordsyr.-phön. Bereich Götter, deren Namen mit Pf.e- oder

Stw.termini gebildet sind (dazu KAI II 34 zu Nr. 24 Z. 16; M.H. Pope, BASOR 200, 1970, 56–61). Zu angeblichen Pf.eställen in Pal. →Stall und Hürden.

2. Klimabedingt sind Funde von Stw. selten und bisher nur aus Ägypten (Potratz 70 Anm. 1), Mesopotamien (Salonen, Landfahrzeuge, 155–167) und Salamis (Karageorghis, a.a.O., 117–121) bekannt. Die Untersuchung eines äg. Stw.s der 18. Dyn. ergab, daß das Material (Deichsel: Ulmenholz; Felgen: Eschenholz; Umwicklung: Birkenrinde bzw. -bast) oder der ganze Stw. aus dem Norden importiert wurde (Schäfer 730–738; vgl. auch JEA 59, 1973, 91–94), der für die Entwicklung des Stw.s richtungweisend war. Schriftzeichen aus Uruk (Mitte des 4. Jt.s) zeigen einen Schlitten mit Kastenaufsatz und vier Rädern (Nagel Abb. 1a, b). Wenig später kam im nördl. Mesopotamien der meist zweirädrige (Scheibenräder) Deichselbockwagen auf (ebd. Abb. 3f; Potratz Abb. 4f; mit vier Rädern: ANEP 303), den Rinder oder Equiden (Onager, Eselbastarde) zogen. Aus dem Übergang vom 3. zum 2. Jt. sind zahlreiche vierrädrige Wagenmodelle aus Syr. und Anatolien bekannt (M.A. Littauer/J.H. Crouwel, Levant 5, 1973, 102–126).

Als im 2. Jt. das Pf. als Zugtier üblich wurde, führte man (zur Gewichtsverringerung) Speichenräder ein. Seit ca. 1400 dominierten in Vorderasien (ANEP 165, 172, 356–365; AOB 118f, 137) und Ägypten (ANEP 322, 327; AOB 72, 78, 105, 548) sechsspeichige Räder, wie sie für Pal. durch die Elfenbeine von Megiddo bezeugt sind (MegIv Tf. 32$_{159}$ 33$_{161}$), daneben kamen auch achtspeichige vor (ANEP 314–316; AOB 62; Nagel 38f). Räder bis zu vierzehn Speichen wurden im iranisch-elamischen Bereich verwendet (ANEP 11, 28, 167), während im myk. Kulturkreis das Vierspeichenrad typisch war (M.A. Littauer, AJA 76, 1972, 155f; vgl. auch das Stw.bild auf einem myk. Krater vom *Tell el-Qāḍī*: A. Biran, IEJ 20, 1970, 92–94 und ein E-zeitliches Siegel vom *Tell Qasīle*: IEJ 1, 1950–51, 206 Abb. 13a – analog ist das Siegel in BP I Tf. 31$_{284}$). Der Raddurchmesser nahm allmählich zu, so daß unter Assurbanipal und den späteren Achämeniden (z.B. Silbermünze aus Sidon: K. Galling, ZDPV 79, 1963, 149 Tf. 15) das Rad über den Pf.erücken emporragte (Nagel Abb. 50f). Seit dem 7. Jh. schützte man das Rad vor zu rascher Abnutzung durch Nagelbeschlag (z.B. ANEP 11 und Räder eines Stw.modells vom *Tell Ǧemme*: Ger Tf. 39$_{15-18}$).

Die Verbindung zwischen Stw. und Pf.en stellte die unter dem Wagenkasten verankerte Deichsel her. Da sie bes. bruchgefährdet war, entwickelte man in Ägypten (16. Jh.) einen zweiteiligen Balkentyp, dessen Teile sich unter dem Vorderrad des Wagenkastens trafen (→Abb. 48$_5$). Als man unter den Achämeniden die einteilige Deichsel wieder einführte, ließ man die Wagenplattform nach vorn ansteigen, um eine Schräglage des Stw.s zu vermeiden (Nagel 13f). Aus dem Westen stammte der Brauch einer zusätzlichen Oberdeichsel (vgl. für den myk. Bereich Catling Tf. 22$_{3,5,8,12}$ 24$_{1f}$), die im Vorderen Orient z.T. durch Stricke ersetzt wurde (ANEP 172; Ca III Tf. B 41–43; vgl. Nagel 49–52).

Form und Plazierung des Wagenkastens auf der Achse variierten. Die rechteckige oder halbrunde, von der Brüstung umgrenzte Plattform ließ an der Rückseite einen Einstieg offen (äg.: Schäfer Tf. 7$_1$; pal.: Ger Tf. 39$_{12-14}$; zypr.: Studniczka Abb. 13–15, 17, 30, 32), den jedoch ein Schild versperren konnte (ebd. Abb. 12; Hrouda, Kulturgeschichte, Tf. 29$_3$; ANEP 172). Die Brüstung bestand aus Brettern (heth.: Studniczka Abb. 2f; Seevölker: AOB 11), Korbgeflecht (Schachermeyer Abb. 2b; Sendsch V 130f, Tf. 71a, k, 270) oder →Leder-Bespannung (→Abb. 48$_5$), bisweilen war sie mit Metallplatten gepanzert (Ca III Tf. B 41–43). Die frühen Stw.bilder aus Ur zeigen einen großen, schweren Wagenkasten (ANEP 163, 303); seine Größe nimmt in der Folgezeit ab. Bei den äg. Stw. (ANEP 314–316; AOB 62, 72) und davon abhängig auch bei den im Pal. der SB II-Zeit üblichen (→Abb. 19$_3$; vgl. auch →Abb. 40$_1$) verläuft der hintere Brüstungsrand geschwungen. Eine myk. Besonderheit war der nach hinten ausladende doppelte Wagenkorb (Catling Tf. 22$_{8,12}$; Biran, a.a.O., 92–94). Im Laufe der Zeit verlagerte sich die Mitte des Wagenkastens von der Achse nach vorn (bessere Federung!), so daß der hintere Rand des Wagenkastens über der Achse lag (z.B. ANEP 28, 165, 184).

3. Vom hebr. Verbum *RKB*, das primär das Fahren und nur sekundär das Reiten (Neh. 2_{12}) meint, ist nicht nur der Terminus für den Stw. (*merkābā*), sondern auch für das Stw.korps (*rēkeb*, kollektiv gebraucht, bezieht sich bisweilen auch auf den einzelnen Stw.) und den Stw.lenker (*rakkāb*, 1R. 22_{34}) abgeleitet. Die Stw.bilder auf den Elfenbeinen von Megiddo zeigen als Besatzung nur einen Lenker, obwohl keineswegs ausschließlich repräsentatives Fahren (→Abb. 19_3; MegIv Tf. 33_{161}), sondern auch der Stw. im Kampf (ebd. Tf. 32_{159}) dargestellt ist. Da die Hände des Lenkers die Zügel halten, kann dem Stw. hier nur abschreckende Wirkung zufallen. Auch äg. Darstellungen des Pharaos zeigen ihn allein auf dem Stw., doch liegen die Zügel um seine Hüfte, damit er die Hände für den Bogen frei hat (ANEP 314–316; AOB 62; vgl. auch →Abb. 40_1). Bei den äg. Kriegsdarstellungen gehört dies zum Typus, um den Pharao als alleinigen Sieger hervorheben zu können. Normalerweise bestand die Besatzung aber aus einem Lenker und einem Bogenschützen (ANEP 172, 183f). Bei den Hethitern hielt ein dritter Mann einen Schild, bei den Assyrern hielt ein dritter Mann bei Repräsentationsfahrten einen Schirm über den König. Die hebr. Offiziers- (2R. $7_{2,17,19}$) oder Truppengattungsbezeichnung (1R. 9_{22}) *šālīš* dürfte den dritten Mann der Stw.besatzung meinen (H. Donner, ZAW 73, 1961, 275–277; anders P.C. Craigie, VT 20, 1970, 83–86). Seit Assurbanipal gab es in Assyrien die vierköpfige Stw.besatzung (Yadin, Warfare, 452).

Der für den Fernkampf eingesetzte Stw. trug an den seitlichen Brüstungen überkreuzt je einen Köcher für →Pfeile und eine Bogentasche (MegIv Tf. 32_{159} 33_{161}), daneben konnte noch eine Lanze stecken (→Abb. 19_3). Angehörige des Königshauses benutzten den Stw. auch zu repräsentativen Zwecken (2S. 15_1), was eine Krugstempeldarstellung der E II-Zeit illustrieren kann (Hazor III–IV Tf. 196_{27}).

4. Zum Anschirren der Pf.e diente das Nackenjoch, dessen Mitte auf der hochgezogenen Deichsel aufsaß. Mittels Halsgurt wurden zwei (ANEP 11; →Abb. 19_3 und 40_1) oder vier (ANEP 166, 184, 190) Pf.e in das Joch eingespannt. Da bei diesem (vom Pflügen mit Buckelrindern abgeleiteten)

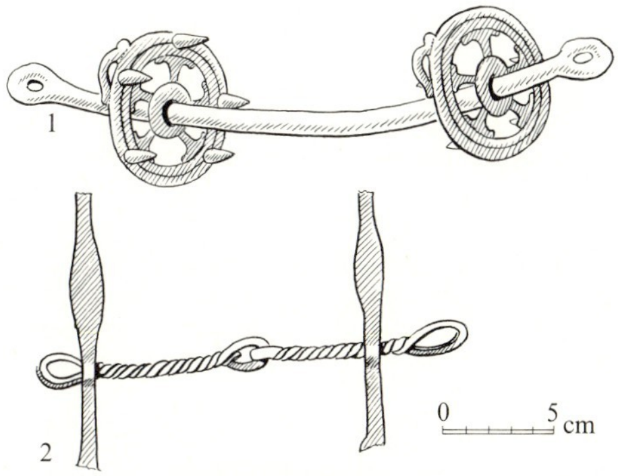

Abb. 65 **Pferd und Streitwagen** (1,2) Bronze- und Eisentrensen (*Tell el-ʿAǧūl*, *Tell el-Fārʿa* Süd)

Verfahren der Hals des Pf.es übermäßig belastet wurde, führte man einen zusätzlichen Bauchgurt ein (äg.: ANEP 314f, 327f; vgl. auch →Abb. 19_3 40_1; ass.: ANEP 184), der nur auf Abbildungen aus Kleinasien fehlt (Potratz 15–36).

Auf dem Joch (ANEP 28) oder der Deichsel (ebd. 163) aufsitzende Zügelringe (Nagel Abb. 53–59) sicherten den Verlauf der Zügel. Die Einführung von Trensen (= ins Maul eingelegte Gebißstangen mit seitlich angebrachten länglichen oder runden Platten mit Ösen für die Zügel) im 14. Jh. nutzte die empfindliche Maulpartie der Pf.e zum Übermitteln von Leitsignalen aus. Neben den uns erhaltenen Trensen aus Metall waren wohl auch solche aus Knochen, Horn, Textil oder Sehnen sowie Kappzaum und Backenriemen aus Leder in Gebrauch. Vom äg. *Tell el-ʿAmārna* kommen die frühesten bekannten Metall-Trensen (Potratz 109, 115f). Die pal. Exemplare stammen aus dem Süden des Landes: *Tell el-ʿAǧūl* (Abb. 65_1; AG V Tf. 17_{209f}; Fragmente: AG I Tf. $20_{73,81}$ II Tf. 19_{294} III Tf. 25_{221}), *Tell el-Fārʿa* Süd (Abb. 65_2: eiserne Backenstangen, E IIA; vgl. BP I Tf. 41_{264}) und Geser (EG II Abb. 214; vgl. dazu Wolf Tf. 19_2). Weiteres Material aus Asien und Europa bei Potratz (vgl. auch KlBo Tf. 58, 75).

Weniger technische als vielmehr schmükkende oder apotropäische Zwecke erfüllten Stirn- und Wangenplaketten aus Metall oder Elfenbein (zu den Glocken von Sach. 14_{20} →Musikinstrumente, 3.). Eine bronzene Wangenplakette aus Lachis (L III Tf. 41_5, kein Helmstück!) gehört in die Zeit um 700. Unter den in *Nimrūd* zahlreich gefundenen Elfenbein-Plaketten sind die für die Stirn häufig mit nackten Frauenfiguren, die für die Wangen mit geflügelten Sphingen verziert (Orchard; analoge Stükke aus Gordion: AJA 66, 1962, 166f; zum Motiv: Barnett). Ein beschriftetes ähnliches, in Zypern gefundenes Exemplar aus Bronze weist nach Phönizien als ursprünglichem Herkunftsort (O. Masson/M. Sznycer, Recherches sur les Phéniciens à Chypre, 1972, 108–110 Tf. 12). Solchen Schmuck trägt z.B. einer der beiden großen steinernen Pf.eköpfe von Zincirli (Sendsch V Abb. 248f; frühes 1. Jt.), und bei den Pf.eskeletten in Salamis finden sich Trensen und Plaketten bisweilen noch *in situ* (Karageorghis, a.a.O., 9, 33, 77, 79, 105).

5. Obwohl kleine Tonplaketten des frühen 2. Jt.s aus dem Irak Reiter zu Pf. zeigen (Moorey), besaß das Pf. als Reittier zunächst kaum Bedeutung. Als königliches Reittier galt noch in der frühen isr. Königszeit das Maultier (2S. 13_{29} 18_{9} 1R. 1_{33}; vgl. für die frühere Zeit die Darstellung auf einer goldenen Dolchscheide aus Byblos: FB II Tf. 117_{14443}; ferner einen Text des Mari-Archivs: BA 34, 1971, 18 und →Viehwirtschaft, 5.). Die ersten äg. Bildbelege für Pf.ereiter fallen ins Ende der 18. Dyn. (Schulman), und in Pal. sind Reiterdarstellungen (Ritzzeichnung auf einem Kalksteinkästchen: EG III Abb. 213) und kleine Reiterfiguren aus Ton nur selten und nicht vor der E-Zeit anzutreffen (z.B. L III Tf. 27_{2} 29_{17f} 33_{1}; Ashdod II-III 173 mit Anm. 70–72 Abb. 97_{15}; QDAP 14, 1950, 46f Tf. 13_{1} 15_{12}). Vereinzelt bei Schlachtszenen dargestellte Reiterkrieger (z.B. Schlacht von Qadeš auf äg. Seite: Wreszinski, Atlas II, Tf. 169f) dienten wohl der Befehlsübermittlung. Reitende Boten nennen auch heth. Quellen (Hanfman 252). Bewaffnete zu Pf. zeigen im frühen 1. Jt. Orthostaten vom *Tell Ḥalāf* und aus Zincirli (→Abb. 73_{2}; Sendsch III Tf. 34c,d Abb. 130); doch fehlt ein ihre Funktion bestimmender Kontext. Unter Sargon II. spielten Kundschafter zu Pf. eine wichtige Rolle bei der Kriegsvorbereitung (Iraq 25, 1963, 141) und seit Assurbanipal treten im ass. Heer meist mit Bogen bewaffnete Reiter, begleitet von ebenfalls berittenen Schildträgern auf (Yadin, Warfare, 384f). Ihre Aufgabe dürfte die Verfolgung flüchtender Feinde (ANEP 63) und die Befehlsübermittlung gewesen sein („rufender Reiter“: A. Parrot, Assur, 1961, Abb. 57). Im AT, wo das Reit-Pf. (Jer. 46_{4}) und der Reiter (1S. 13_{5}) *pārāš* (altaram. *prš*: KAI Nr. 202 B Z. 2) heißen (anders K. Galling, ZThK 53, 1956, 135; vgl. KAI II 209f), werden reitende Boten in vorexilischer Zeit selten erwähnt (2R. 9_{18}); erst in pers. Zeit kommen sie häufiger vor (Sach. 1_{8} Est. 8_{10}; ebenso Kriegs- und Jagdreiter: Sach. 10_{5} Hi. 39_{18}, vgl. →Jagd, 2. mit Abb. 40_{2}). Vereinzelt ist der ass. König zu Pf. bei der Löwenjagd dargestellt (A. Parrot, a.a.O., Abb. 263). Est. 6_{8} nennt das Reit-Pf. des pers. Königs, doch zeigen ihn Darstellungen stets auf dem Stw. stehend (Nagel Abb. 51). Zur Ausbildung von Reitertruppen kam es erst unter den Persern, und unter den Seleukiden schließlich sind sie keine Seltenheit mehr.

Literatur: R. D. Barnett, North Syrian and Related Harness Decoration, in: K. Bittel/B. Hrouda/W. Nagel, ed., Vorderasiatische Archäologie, Studien und Aufsätze A. Moortgat zum 65. Geburtstag gewidmet, 1964, 21–26 – R. Berger/R. Protsch, The Domestication of Plants and Animals in Europe and the Near East, Or NS 42, 1973, 214–227 – H. W. Catling, A Mycenaean Puzzle from Lefkandi Euboea, AJA 72, 1968, 41–49 – A. K. Dajani, Transportation in the Middle Bronze Periods, ADAJ 8–9, 1964, 56–67 – E. Ebeling, Bruchstücke einer mittelassyrischen Vorschriftensammlung für die Akklimatisierung und Trainierung von Wagenpferden, Deutsche Akademie der Wissenschaften zu Berlin, Institut für Orientforschung 7, 1951 – F. Hančar, Das Pferd in prähistorischer und früher historischer Zeit, 1956 – G. M. A. Hanfman, A Near Eastern Horseman, Syria 38, 1961, 243–255 – R. Hauschild, Über die frühesten Arier im Alten Orient, Berichte über die Verhandlungen der sächsischen Akademie der Wissenschaften zu Leipzig, phil.-hist. Kl. 106/6, 1962 – Hrouda, Kulturgeschichte, 93–101, 134–136 – A. Kammenhuber, Hippologia Hethitica, 1961 – M. Mayrhofer, Die Indo-Arier im Alten Vorderasien mit einer analytischen Bibliographie, 1966 – P. R. S. Moorey, Pictorial Evidence for the History of Horse-Riding in Iraq before the Kassite Period, Iraq 32, 1970, 36–50 – W. Nagel, Der mesopotamische Streitwagen und seine Entwicklung im ostmediterranen Bereich, 1966 – J. J. Orchard, Equestrian Bridle-Harness Ornaments, Ivories from Nimrud (1949–1963) I/2, 1967 – J. A. H. Potratz, Die Pferdetrensen des Alten Orients, Analecta Orientalia 41, 1966 – A. Salonen, Die Landfahrzeuge des Alten Mesopotamien, Annales Academiae Scientiarum Fennicae B/72/3, 1951 – ders., Hippologica Accadica, ebd. B/100, 1955 – F. Schachermeyer, Streitwagen und Streitwagenbild im Alten Orient und bei den mykenischen Griechen, Anthropos 46, 1951, 705–753 – H. Schäfer, Armenisches Holz in altägyptischen Wagnereien, Sitzungsberichte der Preußischen Akademie der Wissenschaften, phil.-hist. Kl. 15, 1931, 730–738 – A. R. Schulman, The Egyptian Chariotry: A Reexamination, Journal of the American Research Center in Egypt 2, 1963, 75–98 – F. Studniczka, Der Rennwagen im syrisch-phönikischen Gebiet, JDAI 22, 1907, 147–196 – J. Wiesner, Fahren und Reiten, Archaeologia Homerica I/F, 1968 – M. Wolff/D. Opitz, Jagd zu Pferde in der altorientalischen und klassischen Kunst, AfO 10, 1935–36, 317–335 – Yadin, Warfare, *passim*. *H. Weippert*

Pflug

1. Pf.schar. 2. Pf.

1. Der zeitlich nicht exakt feststellbare Übergang von Grabstöcken und Pf.scharen aus in Feuer gehärtetem Holz zu metallenen Pf.scharen steigerte die Erträge in der →Ackerwirtschaft Pal.s. Das zuerst von Menschen bearbeitete und gegossene Metall, Kupfer, war für Pf.scharen zu weich, und erst als man aus Kupfer und Zinn die härtere Bronze produzierte (in Pal. seit der MB IIA-Zeit, →Metall und Metallbearbeitung, 1.), konnte man diese für Pf.scharen verwenden. Solche bronzenen Pf.scharen sind für die E I-Zeit in Beth-Sean (BSIA Abb. 103_3) und *Tell Bēt Mirsim* (TBM III 32f Tf. $62_{1,4}$), für die E IIA-Zeit in Beth-Semes (AS IV Tf. 13_{74} V 153) belegt. Die Pf.schar besteht aus einem zugespitzten Blatt, das die Erde aufbricht, und aus einem Schaft, der das Lenkholz (Sterz) des Pf.es umschließt, so daß man die Schar als Metallhülle und Verlängerung der früher üblichen hölzernen Spitze bezeichnen kann. Da Eisen härter ist als Bronze, verdrängten eiserne Pf.scharen rasch die bronzenen. Aus der E I- bzw. E IIA-Zeit stammen Exemplare aus *Tell el-Fūl* (W.F. Albright, AASOR 4, 1924, 17; L.A. Sinclair, AASOR 34–35, 1960, 47 Tf. 19A), *Tell Ǧemme* (Ger Tf. 26_3 46_5), Beth-Zur (BZ I 67 Abb. 64) und Thaanach (unpubliziert). Jünger (E IIB-röm. Zeit) sind die Pf.scharen aus *Tell es-Seba'* (Abb. 66_1, 7. Jh., vgl. Beer-Sheba I 43f), *Bētīn* (W. F. Albright/ J.L. Kelso, AASOR 39, 1968, 88), Geser (EG III Tf. 128_{1f}) *Tell ed-Duwēr* (L III 388f, Tf. $61_{1,3f}$), Megiddo (TM I 130 Abb. 193; Meg II Tf. 81_2), *Tell Bēt Mirsim* (TBM III 32f, 78 Tf. $61_{1-4,14f}$), *Tell en-Naṣbe* (TN I 255 Tf. 96_{1-5}) und schließlich Samaria (röm., SS III Abb. 113_1). Das Vorkommen einer bronzenen Pf.schar aus pers. Zeit in *Tell en-Naṣbe* versucht man hypothetisch damit zu erklären, daß während des 6.-4. Jh.s Eisen in Pal. Mangelware gewesen sei. Die Pf.scharen sind zwischen 15 und 35 cm lang und variieren stark hinsichtlich der Größenrelation von Blatt und Schaft. Das am besten analysierte Exemplar vom *Tell es-Seba'* ist zugleich das größte (2,8 kg schwer, 35 cm lang). Seine metallurgische Untersuchung wirft auch einiges Licht auf die angewandte Schmiedetechnik (eventuell auch auf die für Schwerter, Jes. 2_4 Mi. 4_3 Jo. 3_{10}).

Abb. 66 **Pflug** (1) Eiserne Pflugschar vom *Tell es-Seba'* (7. Jh.)

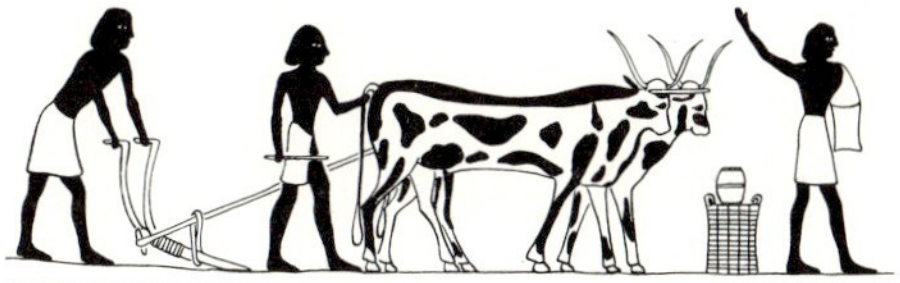

Abb. 66 **Pflug** (2) Pflugszene (äg. Darstellung, 12. Dyn.)

2. Während wir über das Aussehen des Pf.es in Ägypten (Abb. 66_2 zeigt eine Pf.szene aus einem Grab in *Benī Ḥasan*, 12. Dyn.) und im Zweistromland durch Darstellungen unterrichtet sind (z.B. AOB 161–163; ANEP 84–88, 91), fehlen uns für Pal. Bilder und vollständige Funde. Das Letztgenannte ist ohne weiteres verständlich, da ein Großteil des Pf.es ja aus Holz besteht. Man wird sich den pal. Pf. entsprechend den Darstellungen aus der Umwelt vorstellen dürfen, jedoch ohne den in Mesopotamien üblicherweise mit dem Pf. verbundenen Saattrichter (BuA I 194), der für Pal. erstmals in Jub. 11_{23f} beiläufig erwähnt wird. Im AT heißt „pflügen" *ḤRŠ* (wie kan., vgl. TGI Nr. 10 Z. 10, Brief aus Megiddo, um 1360, und ug. *ḤRṮ*), poetisch *ŚDD* pi. Von *ḤRS* ist auch *maḥărēšet* „Pf.schar" (1 S. 13_{20f}) abgeleitet; häufiger wird dafür aber *'ēt* gebraucht. Das Joch heißt hebr. *'ōl* (wie kan. *ḫullu*, EA 257_{15} 296_{38}; dort jeweils bildlich gebraucht), seltener *mōṭā*. Am Joch sind Haken (*mōṭōt*) und Schnüre (*mōsērōt*). Vorgespannt waren dem Pf. gewöhnlich zwei Tiere, die das „Gespann" (hebr. *ṣēmed*) bildeten, meist

Rinder, zuweilen Esel (Jes. 30_{24}). Nach Dt. 22_{10} war es verboten, am gleichen Joch Tiere verschiedener Gattung wie Ochsen und Esel anzuschirren (vgl. 2Ko. 6_{14}). Die Zugtiere wurden mit einem Stecken (hebr. **malmā/ęd*, **dārəbōn, šę̄bet han-nōgę̄ś*) angetrieben.

Literatur: S. Avitzur, The Native Ard of Eretz-Israel, 1965 (hebr.) – L. Beit-Arieh, in: Beer-Sheba I 43f – Dalman, AuS II, 64–120 – A. Lupu, in: Beer-Sheba I 45f – B. Rothenberg, in: Y. Aharoni, Investigations at Lachish V: The Sanctuary and Residence, 1975, 72–83 – A. Salonen, Agricultura Mesopotamica, Annales Academiae Scientiarum Fennicae B/149, 1968 – G. Schumacher, Der arabische Pflug, ZDPV 12, 1889, 157–166. *(K. Galling/) D. Irvin*

Priesterkleidung

1. Darstellungen aus Syr.-Phönizien. 2. Atliche Angaben zur P.

1. Während es bei der profanen Kleidung berechtigt ist, Parallelen aus einem weiten Umkreis heranzuziehen, muß bei der P. mit Besonderheiten des jeweiligen Kults gerechnet werden. Immerhin sind vier Eigenarten der P. im Vorderen Orient davon auszunehmen: 1.) die bevorzugte Farbe der P. ist Weiß; 2.) der Priester trägt eine ihm allein zustehende Kopfbedekkung; 3.) eine archaistische Tendenz ist bei der P. unverkennbar; 4.) es besteht eine Beziehung zwischen Gottes- und Priesterkleidung. Weitverbreitet war im Altertum auch die Sitte, im Heiligtum die Schuhe abzulegen; doch blieb sie nicht auf den Personenkreis der Priester beschränkt (vgl. Ex. 3_5 Jos. 5_{15}). Selbstverständlich fehlt es nicht an Rangzeichen innerhalb einer Priestergruppe, wobei die Purpurfarbe bevorzugt wird, und auch für verschiedene Kultakte können bestimmte Kleidungsstücke vorgeschrieben sein. Die Variationsbreite der P. etwa in Palmyra ist dokumentiert bei R.A. Stucky, Prêtres Syriens, Syria 50, 1973, 163–180.

Eine Statuette aus gegossenem Bernstein zeigt Assurnasirpal II. mit einem Brustlatz mit quadratischen Feldern, den A.T. Olmstead (Bulletin of the Museum of Fine Arts, Boston, 36, 1938, 77–83) als Rangzeichen des Königs in seiner Funktion als Priester deutet und mit der Orakel-Tasche (hebr. *ḥōšen*) des isr. Hohenpriesters von Ex. 28_{15-20} kombiniert. Ein ähnliches, sicher gewirktes Muster überzieht jedoch

Abb. 67 **Priesterkleidung** (1) Priester auf einer Stele von *Umm el-ʿAmed* (4. Jh.) und (2) auf einem Fresko in Dura-Europos (2. Jh. n. Chr.)

auch das Gewand des Königs Warpawalas auf dem Felsrelief von Ivriz (AOB 343; E. Akurgal, Die Kunst der Hethiter, 1961, Abb. 140 Tf. 24; 2. Hälfte des 8 Jh.s).

Die aus dem 4. Jh. stammenden Priesterstelen von *Umm el-ʿAmed* (Abb. 67_1 und M. Dunand/R. Duru, Oumm el-ʿAmed, 1962, 160–163 Tf. 78_1 79_3 80_1 81_1 82_1) zeigen die phön. Priester mit einer langärmligen Tunika und einer flachen runden Mütze. Auf der Stele des Baʿlyatōn ist die P. bes. deutlich zu erkennen (Abb. 67_1): der nach rechts gewandte Priester erhebt die Rechte und hält in der Linken eine Libationsschale (K. Galling, WO 5, 1969, 105f). Ein Gürtel, der von dem weiten Ärmel verdeckt ist, hält die talarartige Tunika in Taillenhöhe zusammen, so daß das Gewand auf der Vorderseite des Körpers in mehreren Falten herabfällt. Der Priester ist barfuß; die Mütze läßt die Ohren und den Haaransatz im Nacken frei.

Unter den Darstellungen syr. Priester aus röm. Zeit ist die einer Stele aus Hierapolis bemerkenswert (H. Seyrig, Syria 20, 1939, 183–188 mit Tf. 26). Der ebenfalls unbeschuhte Priester hält ein Gottessymbol (Blitz) in der linken Hand, und am unteren Rand seiner Tunika befindet sich eine Quastenreihe, die an die mit Granatäpfeln alternierenden Glöckchen (hebr. *pa'ămōn;* vgl. →Musikinstrumente, 3.) am Saum des hohepriesterlichen Gewandes (Ex. 28_{33-35} 39_{24-26}, vgl. auch Sir. 45_{9}) erinnert. H. Seyrig (a.a.O., 184f, mit Anm. 1) lehnt diese Kombination allerdings ab und verweist statt dessen auf ähnliche Quastenreihen an ass. und syr. Königsgewändern (z.B. ANEP 441, 455, 617).

Instruktiv ist auch die Freskodarstellung eines Priesters aus dem 2. Jh. n. Chr. im Bēl-Tempel (früher „Tempel der palmyrenischen Götter" genannt) in Dura-Europos (Abb. 67_{2} und F. Cumont, Fouilles de Doura-Europos, 1926, 58–64 Tf. 31–33); er trägt eine hohe weiße Mütze und ein langes, gegürtetes weißes Ärmelkleid (zum Stil der Darstellung: A. Perkins, The Art of Dura-Europos, 1973, 38–41). In der Linken hält er eine Kanne (Situla?) und eine Schale mit zwei Opfermessern. Mit der Rechten wirft er Räucherwerk oder Aromata in den vor ihm stehenden Räucherständer (so Perkins, a.a.O., 40; B. Schlumberger, Der hellenisierte Orient, 1969, 109f). Bezeichnenderweise ist der Priester wieder ohne Schuhe dargestellt.

2. Eine Zusammenstellung der vom isr. Hohenpriester getragenen Kleidungsstükke liegt im AT erst in P vor (Ex. 28f, 39 Lv. 8_{13} – diese P. war den Aaroniden vorbehalten), die immer wieder zu Bildern anregte (vgl. z.B. die Darstellung Aarons auf einem Fresko in der Synagoge von Dura-Europos: C. H. Kraeling, The Excavation at Dura-Europos VIII/1, The Synagogue, 1956, Tf. 48_{4} 60). Aus vorpriesterschriftlicher Tradition sind nur sporadische Notizen überliefert. Nach 1 S. 2_{8} trug der Knabe Samuel in Silo einen linnenen Schurz (hebr. *'ēpōd bad*) wie die zu Gibea amtierenden Priester (1 S. 22_{18}) und der vor der Lade tanzende David (2 S. 6_{14}). A. Phillips (VT 19, 1969, 485–487) deutet diesen Schurz in 1 S. 2_{18} und 2 S. 6_{14} als profanes Kleidungsstück und schließt für 1 S. 22_{18} (analog 1 S. 14_{3}) wegen des Verbums *NŚ'* ein Verständnis des *'ēpōd bad* als Kleidungsstück aus. Davon zu unterscheiden ist der *'ēpōd*, den der Hohepriester nach P über der Kleidung trägt (Ex. 25_{7} $28_{4,6}$ u.ö., dazu Görg), und der wohl im Kultakt eine Annäherung des Priesters an den von ihm verehrten Gott bewirken soll. Die archaische Tradition kennt nämlich einen *'ēpōd* als Gottesgewand, der zur Orakelbefragung geholt wird (1 S. $23_{6,9}$ 30_{7}), der im Heiligtum aufbewahrt wird und ursprünglich wohl einem anikonischen Holzpfahl oder einer Bronzefigur umgehängt war (Jes. 30_{22}, Jdc. 8_{27}?). An dieses Gottesgewand scheint auch in Jdc. 17f, und Ho. 3_{4} gedacht zu sein; in beiden Fällen werden daneben auch die *tərāpīm* (→Kultmaske) genannt.

In vorexilischer Zeit trug der Priester eine lange Tunika (hebr. *kətōnet tašbēṣ,* Ex. 28_{4}) und darunter einen doppelten Schurz (Ex. 28_{42}: *miknəsē-bad*). Vermutlich kam in der frühen nachexilischen Zeit (6. Jh.) ein purpurfarbenes Obergewand (hebr. *mə'il,* Ex. 39_{22-26}; dazu Görg) zum hohepriesterlichen Ornat, dessen Saum alternierend mit goldenen Glöckchen und Granatäpfeln geschmückt war (Ex. 39_{25f}). Darüber trug der Hohepriester den *'ēpōd,* dem keine bes. Funktion zugesprochen wird. Von großer Bedeutung ist dagegen der *ḥōšen,* der „Brustschild der Entscheidung", eine Tasche, in der sich die Orakelsteine (Urim und Tummim) befanden und auf dessen Vorderseite in vier Reihen je drei Edelsteine befestigt waren (in sie waren die Namen der 12 Stämme eingraviert: Ex. 28_{17}). Da es sich bei dem aus Gold und Purpur gewirkten *ḥōšen* um eine Tasche handelt, bezeichnet ihn Ex. 28_{16} als *kāpūl* = doppelt gelegt.

Seit alters trugen die Priester eine hohe (turbanartige?) weiße Mütze (Ex. 29_{9}: **migbā'ā*). Der vom Hohenpriester getragene Kopfbund (Ex. 28_{4} Sach. 3_{5}: *ṣānīp/ miṣnēpet*) dürfte ähnlich gewesen sein, besaß aber an der Stirnseite ein goldenes Diadem mit der Inschrift „Heilig für Jahwe" (Ex. 28_{36-38}).

Literatur: G. Beer/K. Galling, Exodus, HAT I/3, 1939, 139–143 – K. Elliger, Ephod und Choschen, VT 8, 1958, 19–35 – ders., Leviticus, HAT I/4, 1966, 116–118 – J. Friedrich, Ursprung und Wesen von Ephod und Choschen im Lichte des Alten Orients, 1968 – M. Görg, Zum sogenannten priesterlichen Obergewand, Biblische Zeitschrift 20, 1976, 242–246 (Lit.) – W. Nowack, Lehrbuch der hebräischen Archäologie II, 1894, 116–120.

K. Galling

Rabbath-Ammon

1. Name und Lage. 2. Archäologie und Geschichte.

1. Neben dem Namen *Rabbat Bənē ʻAmmōn* kommt im AT auch häufig die Kurzform *Rabbā* = „die Große" (2S. 12$_{26f}$) für die Hauptstadt der Ammoniter vor (in Jos. 15$_{60}$ bezeichnet *Rabbā* eine Stadt in Juda). Als Hauptstadt des kleinen, zwischen dem Jabbok und dem *Wādī Ḥisbān* gelegenen transjordanischen Staates, besaß R. eine wasserreiche und strategisch günstige Lage auf der steilwandigen, heute *Ǧebel el-Qalʻa* genannten Kuppe am Oberlauf des Jabbok.

2. Die noch heute sichtbaren Ruinen stammen aus röm. Zeit, als die Stadt, benannt nach Ptolemäus II. Philadelphus (285–246), Philadelphia hieß (zur Identität mit dem alten R.: EusOn 16$_{15}$) und sich auch südl. der Kuppe im *Wādī ʻAmmān* ausdehnte (Butler, Karte nach S. 34). Auf der Akropolis fanden sich Reste zweier Tempel, unter den Funden ein marmorner Kopf der röm. Stadtgöttin mit Mauerkrone (ADAJ 4–5, 1960, 114 Tf. 3$_{1}$) und ein Altar mit Reliefschmuck (ADAJ 6–7, 1962, 110f). Im Tal sind Säulenstraßen, ein Osttor, ein Nymphäum, zwei Theater, ein Forum (el Fakharani; Hadidi 87–91) und Propyläen erhalten bzw. erschließbar. Hinzu kommen Gräber aus röm. Zeit (QDAP 14, 1950, 81–94; ADAJ 1, 1951, 30–33; 6–7, 1962, 111; 15, 1970, 37f; 16, 1971, 114; 17, 1972, 81f) und ein nab. Grab (QDAP 12, 1946, 58–62).

Ein Bild der vorhell. Stadt ist nur in geringem Umfang rekonstruierbar, da das Plateau auf der Kuppe beim Bau der hell. Stadt eingeebnet wurde (ADAJ 1, 1951, 7; wenige Reste aus der FB/MB- und E II-Zeit notiert Bennett 137, 141). Zahlreiche, verschiedenen Epochen angehörende Gräber und Einzelfunde beweisen aber eine lange Besiedlungsgeschichte des Orts. Auf die beiden frühesten bisher bekannten Gräber aus der MB I-Zeit (ADAJ 12–13, 1967–68, 68f; 17, 1972, 93–95) folgen solche der MB II-Zeit (PEFA 6, 1953, 14–18, 19–26; ADAJ 4–5, 1960, 114), die aufgrund der darin gefundenen Siegel auch noch in der SB-Zeit benutzt worden sein dürften (ADAJ 11, 1966, 5–18). Ein zuerst in der SB-Zeit benutztes Grab (die meisten Grabbeigaben gehören in die E-Zeit) enthält myk. Importkeramik (ADAJ 11, 1966, 48–52). Auch der 1955 auf dem Flughafengelände von *ʻAmmān* entdeckte ca. 16 × 16 m große Quadratbau (zu einer möglichen Deutung →Tempel, 2.b mit Abb. 85$_{11}$) aus der SB II-Zeit (PEQ 90, 1958, 10–12; Hennessy) enthielt neben Schmuck, einem Rollsiegel mit bab. Keilinschrift (R. Tournay, RB 74, 1967, 248–254) und Waffen zahlreiche myk. Importware (Hankey). Hypothetisch ist die Deutung des Baus als amphyktionisches Heiligtum (BA 32, 1969, 104–116); ebensowenig läßt sich über seine mögliche Beziehung zum damaligen (vgl. W.F. Albright, BASOR 35, 1929, 11f), ca. 3 km entfernten R. ausmachen.

Den Wohlstand der E-zeitlichen Stadt bezeugen die vielen Gräber mit reichen Beigaben (QDAP 11, 1945, 6–74, 75–80; ADAJ 1, 1951, 37–40 Tf. 14 oben: Tonfigur mit spiralförmiger Kopfbedeckung; ADAJ 4–5, 1960, 114 Tf. 3$_{2}$: weiblicher Kopf aus Ton; ADAJ 6–7, 1962, 111; 11, 1966, 41–47, 103). Das bekannteste ist das des ʼAdōnīnūr (PEFA 6, 1953, 48–65, 66–72; vgl. →Abb. 71$_{3}$), der laut seinem Siegelring ein „Diener des ʻAmmīnādāb" war, d.h. ein hoher Beamter des aus Inschriften Assurbanipals bekannten ammonitischen Königs. Einen gleichnamigen ammonitischen König (um 600) nennt die Inschrift einer 1972 in einem Außenbezirk von *ʻAmmān* gefundenen Bronzeflasche (BASOR 212, 1973, 5–11, 12–15; BA 37, 1974, 13–19). Über die in R. residierenden Könige der E-Zeit sind wir anhand atlicher, mesopotamischer und ammonitischer (dazu G. Garbini, AION 30, 1970, 249–258; JSS 19, 1974, 159–168; P. Bordreuil, Syria 50, 1973, 181–195) Quellen gut informiert (W.F. Albright, Notes on Ammonite History, Miscellanea Biblica B. Ubach, Scripta et Documenta 1, 1953, 6: Königsliste).

Die hochstehende, von Assyrien stark beeinflußte Kultur (z.B. →Sarkophag, 2.b; Landes 78) zeigen am besten die Skulpturen aus dem 9./8. Jh. (ANEP 64; ADAJ 1, 1951, 34–36; dazu F. Zayadine, Syria 51, 1974, 129–136; ADAJ 4–5, 1960, 114–116) und die ins 7./6. Jh. datierten doppelten Frauenköpfe (Zayadine Tf. 21–23), die wohl Karyatidenfunktion besaßen (→Säule). Zu den Skulpturen gibt es Parallelen aus *Ḫirbet el-Ḥaǧǧār,* ca. 7 km südwestl. von

'Ammān (M.M. Ibrahim, ADAJ 16, 1971, 91–97).

Wenig ist dagegen über die E-zeitliche Stadtanlage bekannt, und die Annahme eines ammonitischen Höhenheiligtums auf dem *Ǧebel el-Qal'a* (Bartoccini) ist äußerst unsicher. Siedlungsspuren seit der E II-Zeit wiesen Ausgrabungen (Zayadine) am Abhang des *Ǧebel el-Qal'a* nach. Aus 2S. 12_{26-31} ist ferner zu entnehmen, daß Joab einen tiefer gelegenen Stadtteil, nämlich die *'īr ham-mayim* (V.$_{27}$), einnahm. Dieser Stadtteil ist mit großer Wahrscheinlichkeit im *Wādī 'Ammān* zu suchen, und die neuerdings unter dem Forum entdeckten Siedlungsspuren aus der E I- und E II-Zeit (auch aus hell. Zeit) passen damit gut zusammen. Obwohl David schließlich auch noch die Oberstadt eroberte und plünderte (V.$_{29-31}$; dazu auch K. Galling, ThLZ 81, 1956, 66f), scheinen sich das Ammoniterreich und seine Hauptstadt relativ rasch von diesem Schlag wieder erholt zu haben (2S. 12_{27}) und sie blieben ein gefährlicher Gegner Israels und Judas (z.B. Am. 1_{13-15} 2R. 24_2). Erst Nebukadnezars II. Zug gegen die Ammoniter und Moab (JosAnt X 181f) setzte dem unter den Assyrern blühenden Staat (Landes 74) ein Ende.

Literatur: F.M. Abel, Géographie de la Palestine II, 1967, 424f – R. Bartoccini, Ricerche e scoperte della missione italiana in Amman, Bolletino dell'Associazione internazionale degli Studi Mediterranei 1/3, 1930, 15–17 – ders., Scavi ad Amman della Missione Archeologica Italiana, ebd. 3/2, 1932, 16–23; 4/4–5, 1933–34, 10–15; ders., La terza campagna di scavi sull'acropoli di Amman, Bollettino d'Arte III/28, 1934, 275–285 – ders., La roccia sacra degli Ammoniti, Atti del IV Congresso nazionale di Studi Romani 1, 1938, 103–108 – ders., Un decennio di ricerche e di scavi italiani in Transgiordania, Bolletino del Reale Istituto di Archeologia e storia dell'Arte 9/1, 1939, 75–84 – C.M. Bennet, Excavations at the Citadel, Amman, 1975, ADAJ 20, 1975, 131–142 – H.C. Butler, Syria II: Architecture, 1919, 34–62 – F.el Fakharani, Das Theater von Amman in Jordanien, AA 90/3, 1975, 377–403 – A. Hadidi, The Excavations of the Roman Forum of Amman (Philadelphia), 1964–1967, ADAJ 19, 1974, 71–91 – V. Hankey, A Late Bronze Age Temple at Amman: I. The Aegean Pottery, II. Vases and Objects Made of Stone, Levant 6, 1974, 131–178 – J.B. Hennessy, Excavation of a Late Bronze Age Temple at Amman, PEQ 98, 1966, 155–162 – ders., Supplementary Note, ZAW 78, 1966, 357–359 – G.M. Landes, The Material Civilization of the Ammonites, BA 16, 1961, 66–86 – S. Mittmann, Zenon im Ostjordanland, Festschr. K. Galling, 199–210 – S.K. Tell, Notes on the Archaeology of Amman, ADAJ 14, 1969, 28–33 – G.R.H. Wright, The Bronze Age Temple at Amman, ZAW 78, 1966, 351–357 – F. Zayadine, Recent Excavations on the Citadel of Amman, ADAJ 18, 1973, 17–35.

H. Weippert

Säule

S.n (hebr. *'ammūd*) oder Pfeiler (= im Querschnitt rechteckige S.n) waren notwendig, um →Dächer mit großer Spannweite abzustützen. Alle größere Bauten, wie Tempel (vgl. z.B. Jdc. 16_{25-29}) und Paläste, aber auch die meisten Häuser waren auf S.n oder Pfeiler als tragende Architekturteile angewiesen (vgl. die Grundrisse →Abb. 85, 62, 36). Eher schmückende Funktion besaßen die kleinen Palmetten-S.n, die in der E II-Zeit bei Darstellungen von Fenstern erscheinen und in *Ḫirbet Ṣāliḥ* im Original zutage kamen (→Fenster mit Abb. 23). Pilaster (= an die Wand anstoßende Pfeiler) sind im Pal. der E II-Zeit für die Palastarchitektur nachgewiesen (s.u. zu den Volutenkapitellen).

Da bei Ausgrabungen meist nur Pfostensteine zutage treten, muß man annehmen, daß die S.n selbst in der Regel aus Holz waren (1R. 7_{1-12}), und daß die darunter liegenden Steine das aufliegende Gewicht verteilen und ein Einsinken der S.n in den Boden verhindern sollten (Naumann, Architektur, 131). S.n aus Stein nennt das AT erst in pers. Zeit (Est. 1_6); doch kommen sie in Pal. unter äg. Einfluß schon in der SB-Zeit vor: kannelierte steinerne S.ntrommeln fanden sich in Sichem (Wright; vgl. BASOR 204, 1971, 11f), oktogonale in Lachis (IEJ 25, 1975, 167). In der E II-Zeit krönten die für Pal. typischen Volutenkapitelle aus Quadern gemauerte Pfeiler oder Pilaster. Seit hell. Zeit wurden die großen Städte (Jerusalem, Samaria, Gerasa etc.) mit prachtvollen S.nstraßen geschmückt.

Die S.n Jachin und Boas des salomonischen Tempels (→Tempel, 3.a) waren hohl aus Bronze gegossen (1R. $7_{15-21,41f}$). Bei einer Höhe von 18 Ellen (2Ch. 3_{15}: 35 Ellen!) muß man an mehrere aufeinander gesetzte Trommeln denken (→Metall, 3.). Dafür, daß Jachin und Boas freistehende S.n vor der Tempelfront gewesen seien (Diskussion und Rekonstruktion bei Busink, Tempel, 299–321), verweist man auf die allerdings unklare Beschreibung der beiden S.n des Melqart-Tempels in Tyrus bei Her II 44 und auf Tempelmodelle mit S.n vor dem Eingang; doch sind bei den beiden pal. Exemplaren die S.n in die Vorderfront eingebaut (RB 62, 1955, Tf. 13; QDAP 11, 1945, Tf. 21) und bei dem Exemplar aus Idalion tragen sie ein Vordach

(AOB 523). Nur bei einem SB-zeitlichen Tempelmodell aus *Kāmid el-Lōz* liegen zwei Basen vor der Tempelfront, auf denen Kultgeräte oder freistehende S.n gestanden haben müssen (W. Culican, ZDPV 92, 1976, 50 Tf. 6C, D). Auch die bisweilen vor einem Tempeleingang gefundenen S.n-basen (etwa vor einem SB II-Tempel in Hazor: Yadin, Hazor, 89) tragen zur Klärung der Frage nichts bei, da sie freistehende S.n oder solche, die wie bei dem Tempelmodell aus Idalion ein Vordach stützten, getragen haben können.

Ausgehend von der reichen S.narchitektur Ägyptens und ihrer Wirkung im Pal. der SB-Zeit (zu Papyrus-Kapitellen in Beth-Sean: BS II/1 Tf. 26_{20}) leitete man auch die in Pal. gefundenen S.nfragmente aus der E-Zeit von äg. Vorbildern ab. Für das im Pal. der Königszeit (seit dem 10./9. Jh.) typische Volutenkapitell aber, das mit 34 Exemplaren in Megiddo (Abb. 68), Jerusalem (K. M. Kenyon, Jerusalem, 1968, Tf. 20), Samaria, *Ḫirbet Ṣāliḥ, Meḏēbī'* und Hazor belegt ist (Wesenberg Abb. 115–128; ergänzend Shiloh), und das in Samaria auch in Gestalt einer elfenbeinernen (Wand-?)Dekoration vorkommt (SS II Tf. 22_{1}), lassen sich fremde (phön.?) Vorläufer nicht beibringen. Nach Wesenberg (mit Abb. 130–136) soll es im phön. Bereich erst seit hell. Zeit bezeugt sein; doch sind ein Kapitell aus der 2. Hälfte der E-Zeit in Zypern (Shiloh 67 mit Abb. 2) und ein Modellschrein aus Amathus mit Voluten-S.n im Eingang (P. Betancourt, AJA 75, 1971, 427f, Tf. 91; nach Culican, a.a.O., 49f: Ende der E-Zeit) zu beachten. Da nur fünf der pal. Volutenkapitelle auch auf der Rückseite bearbeitet sind (für Pfeiler), muß die Mehrzahl den Abschluß von Pilastern gebildet haben.

Als Basen dienten rechteckige und runde abgeplattete Steinscheiben. Ohne Parallelen in Pal. sind bislang die drei mit Blattkränzen verzierten Basen des nordsyr. Typus (9./8. Jh., vgl. Wesenberg 87–89) aus der Toranlage vom *Tell el-Qāḍī* (Qadmoniot 4, 1971, 8 Abb.; →Dan, 2.). Neuerdings interpretiert R. Amiran (BASOR 222, 1976, 29–40) den Kalksteinlöwen aus *Tell Bēt Mirsim* als Rest einer ursprünglich von zwei Löwen flankierten Basis, die sie ins 9./8. Jh. datiert. Wenn diese Deutung zutrifft, läge damit die erste pal. Parallele

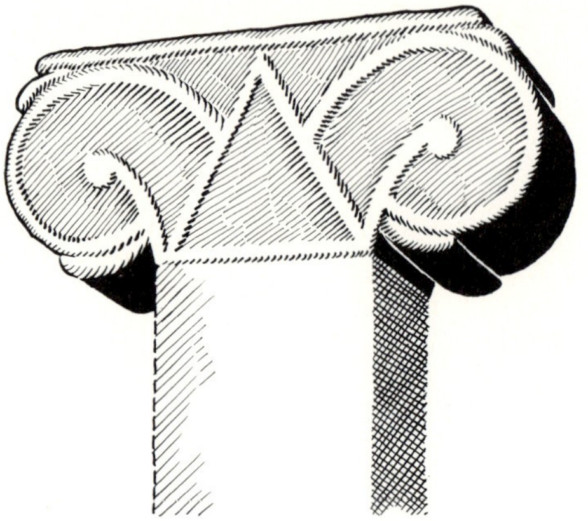

Abb. 68 **Säule** Volutenkapitell (Megiddo, 10./9. Jh.)

zu den nordsyr. Tierbasen vor (vgl. Naumann, Architektur, Abb. 157–169). Zwei auf rechteckigen Plinthen liegende Wulstbasen (achämenidischer Typ) fanden sich in der pers. Residenz von Lachis (L III Tf. 22_{6}; vgl. auch J. Börker-Klähn, ZA 61, 1971, 119–121). Achämenidische Kapitelle mit Stierprotomen wurden in →Sidon entdeckt.

Dafür, daß in der E-Zeit als S.n auch Karyatiden verwendet wurden, sprechen vier doppelte Frauenköpfe aus *'Ammān* (7./6. Jh.). Diese steinernen, jeweils mit dem Hinterkopf aneinanderstoßenden Köpfe besitzen ein Zapfenloch für die Auflager (ADAJ 18, 1973, 33–35 mit Tf. 21–23; vgl. dazu das Tonmodell eines Schreines bei Culican, a.a.O., Tf. 5B).

Literatur: Busink, Tempel, *passim* – Y. Shiloh, New Proto-Aeolic Capitals Found in Israel, BASOR 222, 1976, 67–77 – B. Wesenberg, Kapitelle und Basen, Beihefte der Bonner Jahrbücher 32, 1971 – G. R. H. Wright, Fluted Columns in the Bronze Age Temple of Baal-Berith at Shechem, PEQ 97, 1965, 66–84 – ders., Another Fluted Column Fragment from Bronze Age Shechem, PEQ 101, 1969, 34–36. *H. Weippert*

Salbe und Salbgefäße

1. Verwendung und Herstellung von S.n. 2. Salbgefäße und -geräte, a Schalen, b Löffel, c Dosen, d Kännchen und Flaschen, e Schminkröhren, f Spachtel und Stäbchen.

1. Salbung ist im Alltagsleben des alten Orients und des alten Israel so grundlegend wie Nahrung und Kleidung (Kutsch 1–6). S. dient zur Körperpflege (→Bad und Baden, 3.) und gewinnt bes. Bedeutung in der

Kosmetik, wie allgemein aus Est. 2_{12} (kosmetische Kur von 12 Monaten), aber auch aus Einzelnachrichten (Augenschminke: 2R. 9_{30} Jer. 4_{30} Hi. 42_{14}) deutlich hervorgeht. Bei Verwundung und Krankheit ist S. Heilmittel (Jes. 1_{6}; K. Galling, ZDPV 83, 1967, 134f; vgl. auch KAI Nr. 49 Z. 22 und Sir. 38_{8}).

Nicht weniger wichtig ist S. im rituellen und kultischen Bereich. Gesalbt wird der König (David: 1S. 16; Salomo: 1R. $1_{34,39}$; für Nordreichkönige vgl. Jehu: 2R. 9_{3}), nach P auch der Priester (z.B. Ex. 28_{41}). In Ausnahmefällen ist von einer Prophetensalbung die Rede (Elisa: 1R. 19_{16}; ein namenloser Prophet: Jes. 61_{1}). Schließlich werden auch die verschiedenen Kultgeräte gesalbt (Altar: Ex. 29_{36}; Zelt und Lade: Ex. 30_{26}; Kultgeräte allgemein: Ex. 40_{11}).

Bei der Grundbedeutung von S. und Salbung wird man kaum zwischen Reinigung und Stärkung unterscheiden können (so Kutsch), sondern davon ausgehen müssen, daß durch Salbung sowohl im profanen als auch im kultischen Bereich dem Gesalbten eine Qualität übertragen wird, die etwa als Kraft und Gesundheit zu umschreiben ist (Veenhof bes. 309).

Grundlage für die S.nzubereitung war Olivenöl (→Öl und Ölbereitung), dem nach Bedarf Essenzen, meist →Harze, beigemischt wurden (vgl. das S.nrezept für kultischen Gebrauch: Ex. 30_{23-26}). „S.nmischer" war ein Beruf, etwa am Königshof (1S. 8_{13}) oder am Tempel (Ex. 30_{25}), der in nachexilischer Zeit (und gewiß auch schon früher) zunftmäßig organisiert war (Neh. 3_{8}).

2. Bei der Herstellung wie bei der Verwendung von S.n war eine Fülle von Geräten notwendig: Schalen und Löffel zum Zubereiten, Pyxiden und Flaschen zum Aufbewahren, Spachtel zum Rühren und Auftragen. Diese sind archäologisch in großer Zahl und mit weiter Streuung nachweisbar. Ihre antiken Namen sind allerdings in den wenigsten Fällen bekannt. Meist ist nicht zu entscheiden, ob ein Gerät im Alltagsleben oder im Kult verwendet wurde; doch wird man weit verbreitete Gattungen eher dem Bereich Körperpflege und Kosmetik zuweisen.

2.a Ausgangspunkt für die Zubereitung von S.n waren neben gereinigtem Öl zahlreiche Harze, die zunächst in kleineren Mörsern (→Stein und Steinbearbeitung, 3.a mit Abb. 82_{1f}) zerstoßen wurden. Gemischt wurden die S.n in Schalen verschiedenster Art. Am weitesten verbreitet (über 100 Exemplare in Pal.) ist eine Gruppe von Schalen aus Kalkstein (gelegentlich Fayence, Alabaster, Marmor) von 8–9 cm Durchmesser, ca. 2,5 cm Höhe mit flachem, breitem Rand (ca. 2 cm), der mit Punktreihen (→Abb. 82_{5}) oder einfachen geometrischen Ritzornamenten (→Abb. 82_{4}) dekoriert ist. Einige Schalen zeigen Ansätze von Henkeln (z.B. FB II Tf. 204_{14240}). Diese Gruppe von Schalen datiert ins 8./7. Jh. (Thompson 148–150). Die zuletzt bekannt gewordenen Exemplare stammen aus Sichem (BA 38, 1975, 25) und *Ḫirbet Rabūd* (TA 1, 1974, Tf. 4_{1}).

Bei den schiffchenförmigen Schalen mit einem (meist zurückgewandten) Entenkopf (bisweilen auch mit anderen Tierköpfen: Wallert 20–23) handelt es sich um äg. Importe, gelegentlich auch um lokale Nachahmungen (A. Hermann, ZÄS 68, 1932, 86–105). Der vollständigste Vertreter dieser Gattung in Pal. stammt aus Megiddo (Abb. 69_{1}; weiteres Material: MegT 188 mit Anm. 257). Die Schale ist 13 cm lang und 5 cm hoch; Hals und Kopf der Ente sind einzeln gefertigt. Nicht erhalten ist der Deckel; doch sind zwei Zapfenlöcher vorn und hinten auf dem Schalenrand sichtbar. Das Ganze steht auf einem 1 cm hohen und 4 cm breiten Sockel. Um lokale Nachahmungen dürfte es sich bei den Stücken aus *Tell el-Fār'a* Süd handeln (Abb. 69_{2}). Ähnliche Schalen, allerdings ohne Entenkopf, kommen ebenfalls aus *Tell el-Fār'a* Süd (BP II Tf. 57_{361}) sowie aus Beth-Semes (AS IV Tf. 52_{1}), Geser (EG II Abb. 293, 2 Exemplare), *Tell Sandaḥanna* (EP Tf. 77_{10}), *Tell ed-Duwēr* (L II Tf. 20_{21f}, 2 Exemplare), Megiddo (MegT Tf. 142_{1}) und neuerdings *Tell el-Qāḍī* (BA 37, 1974, Abb. 7, 2 Exemplare, einmal Hals erhalten). Deckel zu derartigen Schalen fanden sich als Einzelfunde in *Tell ed-Duwēr* (L II Tf. 19_{16f}; Nr. 19 mit Ente auf dem Deckel). Die Schalengruppe gehört in die SB II-Zeit (z.B. die Exemplare vom *Tell el-Qāḍī*); doch reichen ihre Anfänge in Pal. bis in die MB II-Zeit zurück (z.B. Abb. 69_{1}).

Ebenfalls um äg. Import dürfte es sich bei der offenen elfenbeinernen Schale in Fischform aus Megiddo handeln (MegT

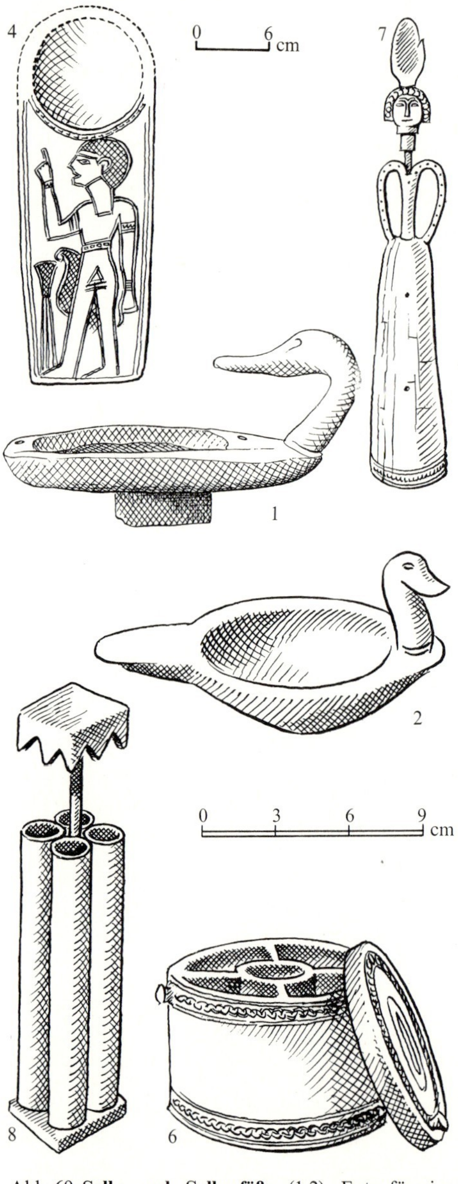

Abb. 69 **Salbe und Salbgefäße** (1,2) Entenförmige Elfenbeinschalen (Megiddo, MB II, *Tell el-Fār'a* Süd, SB), (4) Elfenbeinlöffel (Beth-Zur, um 1000), (6) Elfenbeinpyxis (*Tell Ḥalāf,* 9./8. Jh.), (7) Elfenbeinflasche (*Tell ed-Duwēr,* 14. Jh.), (8) Röhrendose (*'Atlīt,* um 500)

Tf. 168_{13} – zur Fischform als Schale: Wallert 64), der Fragmente aus *Nimrūd* an die Seite zu stellen sind (Barnett, Catalogue, Tf. 61 oben; kaum in Flaschenform wie ebd. 95 angenommen ist).

Als Schalen wurden auch die großen Tridacna-Muscheln verwendet (ein Exemplar aus Bethlehem hat einen Durchmesser von ca. 23,5 cm), deren Rand ornamental verziert und deren zulaufende Spitze als Frauenkopf gestaltet wurde (Abb. 69_3; P. Amandry, Syria 35, 1958, 96–100 mit Lit.; Bennett Tf. 21 C). In Gestaltung und Funktion an die Tridacna-Muscheln anzuschließen sind nicht nur die Knochenpalette aus *Tell en-Naṣbe* (TN I Tf. 90_{23}), sondern auch entsprechende Steinpaletten wie die aus *Umm el-Biyāra* bei Petra, nach dem Fundkontext in die 1. Hälfte des 7. Jh.s datiert. Die trapezförmige Palette (Länge 9 cm, Breite beim Kopf 4,7 cm, untere Breite 6 cm, Dicke 2 cm) läuft in einen Frauenkopf mit eingeritzten Federn auf der Hinterseite aus. Mit diesem Stück können bisher fünf weitere zusammengestellt werden (Bennett 197–199; Culican 65–67). Bei dieser Gattung dürfte es sich um ein Produkt phön. Kunsthandwerks des 7. Jh.s handeln (Culican 67).

Zur Gattung der syr. „S.schalen" → Kultgeräte, 2.c.

2.b Löffel, d. h. Schalen mit breitem Griff, sind bislang in Pal. nur spärlich belegt. Um ca. 1000 ist ein Elfenbeinlöffel aus Beth-Zur angesetzt. Auf seinem breiten Griff ist als Ritzzeichnung ein Mann mit hochgeschürztem Kleid (Galling, BRL[1], 437) und erhobener Rechten vor einer Lotosblüte dargestellt. Die Rundung des Löffels ist weitgehend ergänzt (Abb. 69_4). Vergleichsstücke mit der Darstellung einer liegenden bzw. stehenden Sphinx sind aus Sultantepe (R. D. Barnett, AnSt 3, 1953, 48) und aus dem Hort von *Nimrūd* (Mallowan, Nimrud II, Abb. 529) bekannt (beide 7. Jh.). Diese Löffel sind einer größeren Zahl äg. Exemplare an die Seite zu stellen, die als „Löffel in Spiegelform" bezeichnet werden und seit der 18. Dyn. belegt sind (Wallert 34–36). M. E. L. Mallowan (a. a. O. 574) nimmt an, daß diese auch als Salzgefäße verwendet wurden. Dem Typus vergleichbar ist ein Elfenbeinlöffel aus Hazor (1. Hälfte des 8. Jh.s) mit breitem Griff, in den die runde Schale gewissermaßen eingelassen ist (Länge: 13,5 cm; Schalendurchmesser: 3,5 cm, Breite: 5,5–4,5 cm, Dicke: 2 cm). Der Griff ist als Volutenbaum gestal-

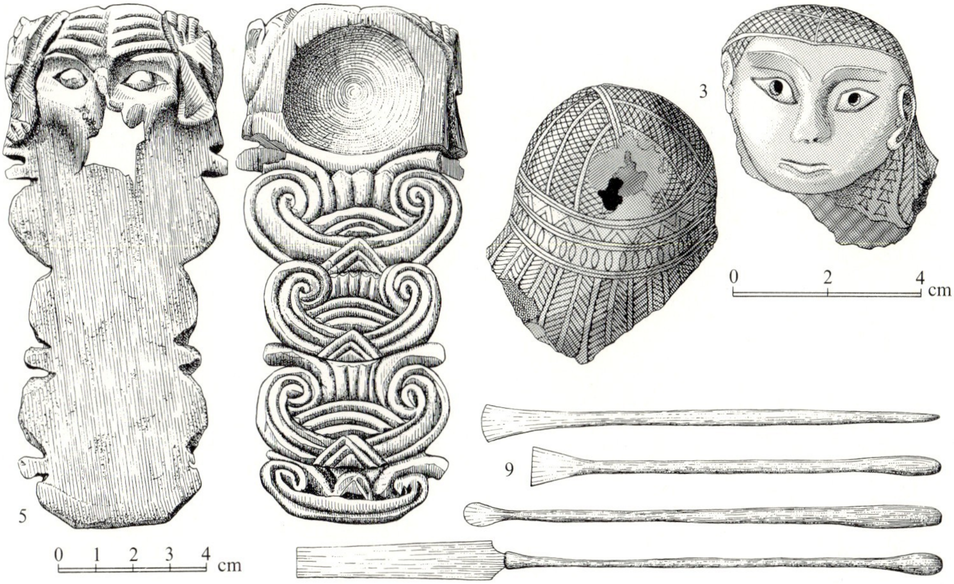

Abb. 69 **Salbe und Salbgefäße** (3) Tridacna-Muschel (Ninive), (5) Elfenbeinlöffel (Hazor, 8. Jh.), (9) Spachteln und Stäbchen (Geser)

tet, die Rückseite der etwas gewölbten Schale als Frauenkopf (Abb. 69_5).

Zu erwähnen ist ferner der Löffeltyp mit Schwimmerin als Griff, der mit einem vollständigen Exemplar und mehreren Fragmenten unter den Elfenbeinen von *Nimrūd* vertreten ist (Barnett, Catalogue, 92 Tf. 51). Ein Löffel mit rechteckiger Schale und neun (teils nur kleine) Fragmente mit runder Schale finden sich unter den Elfenbeinen von Megiddo (MegIv Tf. 40–42; zu den äg. Vorbildern: Wallert 38–41).

2.c In verschiedenen Dosen (Pyxiden) bewahrte man die fertigen S.n auf. Neben kleinen, meist nur einfach dekorierten Dosen (Deckel: L II Tf. 19_{18} mit Zirkelornament, Durchmesser 5,5 cm; ähnlich: AS IV Tf. 53_{47}; fast vollständiges Exemplar vom *Tell el-Qāḍī:* BA 37, 1974, Abb. 8 oben links) gab es solche mit Fächereinteilung und reichen Schmuckfriesen in Hochrelieftechnik, z. T. in mehreren Bildzonen. Vom *Tell Ḥalāf* stammt ein hervorragendes Beispiel aus Elfenbein, bei dem vier gleichartige, trapezförmige Fächer um ein rundes Mittelfach angeordnet sind (Durchmesser: 11,5 cm, Höhe mit Deckel: 11,5 cm). Die Dose war mit getriebenem Goldblech, ihr Deckel mit einer Rosette aus Gold und Emaille geschmückt (Abb. 69_6; vgl. TH IV Tf. 50_{271}). Ein entsprechendes Exemplar mit Ritzornamenten tauchte im Antikenhandel auf (Galling 3f). Beide Dosen datieren ins 9./8. Jh. In *Tell ed-Duwēr* und Hazor fand sich je eine Dose mit reich verziertem Fries: Stier und Löwe schmücken die Dose vom *Tell ed-Duwēr* (L II Tf. 18, 18a, SB II-Zeit, zwei Bildzonen); ein Mischwesen und ein Adorant am sakralen Baum sind auf der Dose aus Hazor dargestellt (Hazor I Tf. 15, 1. Hälfte des 8. Jh.s, eine Bildzone). Eine größere Zahl solcher Pyxiden fand sich in *Nimrūd,* die den gesamten Motivschatz phön. Kunst in Hochrelieftechnik repräsentieren (in ein oder zwei Bildzonen: Barnett, Catalogue, Tf. 16–37).

2.d Öle und andere flüssige Kosmetika wurden in Kännchen und Flaschen aufbewahrt. Unter den Keramikfunden aller Epochen wird man die kleinsten Kännchen im Zusammenhang mit Salbung/Ölung interpretieren müssen. Ebenso sind hier die Alabastergefäße (→Stein und Steinbearbeitung, 3.c) zu nennen. Seit der 18. Dyn. gibt es auch Glasfläschchen, die in Pal. seit der SB-Zeit belegt sind (→Glas, 2.); doch erst seit hell. Zeit werden die Glasfunde häufiger. Alabastron in Mc. 14_3 bezeichnet die kleine Glasflasche, wobei „Alabastron“ ursprünglich Gattungsbezeichnung für dieses Gefäß darstellte und erst sekundär zur Materialbezeichnung wurde.

Als Sonderform ist eine 24 cm hohe Elfenbeinflasche aus *Tell ed-Duwēr* zu nennen. Sie besteht aus einem Corpus, in das der Schminkstift mit Frauenkopf und angesetzter Hand gesteckt ist (Abb. 69_7, 14. Jh.). Ob in diesen Zusammenhang auch die verschiedenen Elfenbeinhörner aus Megiddo gehören, bleibt fraglich. Am ehesten kommt das (nicht restaurierte?) Exemplar Meg II Tf. 202 in Betracht, das wohl ebenfalls mit Kopf und Hand vorzustellen ist (vgl. ferner MegIv Tf. 24_{129} $43_{186-189}$).

2.e Speziell für die Aufbewahrung von Schminke dienten schmale Röhren, die gelegentlich zu einer Gruppe von drei oder vier gebündelt wurden. Das älteste bekannte Exemplar ist aus Glas gefertigt und kommt aus *Tell el-ʿAǧūl* (AG II Tf. 26_{136}, 18. Dyn.). Bes. gut erhalten ist ein bronzenes Stück aus *ʿAtlīt* (um 500), bei dem der Schminkstift gleichzeitig als Angel für den drehbaren Deckel dient (Abb. 69_8). Ohne Parallelen in Pal. sind zwei Kalksteingefäße aus Geser. Sie bestehen aus je einem kleinen, oben offenen Kasten, der von zwei gegenüberstehenden Affen gehalten wird (W. G. Dever u.a., Further Excavations at Gezer, 1967–1971, BA 34, 1974, 105f Abb. 5, Höhe des Kastens: 3,3 cm, der Tiere: 4 cm). Die Ausgräber deuten die Gefäße als Behälter für Augenschminke.

2.f Für die Zubereitung und Anwendung von S.n und Schminke waren zahlreiche Spachtel und Stäbchen notwendig, die – teils aus Bronze, teils aus Elfenbein oder Knochen (Abb. 69_9) – reichlich belegt sind (Geser: EG II Abb. 291; Megiddo: Meg II Tf. 200_{9f}; *Tell ed-Duwēr*: L II Tf. 20_{23-28}).

Literatur: Barnett, Catalogue, *passim* – C. M. Bennett, A Cosmetic Palette from Umm el-Biyara, Antiquity 41, 1967, 197–201 – W. Culican, A Palette of Umm el-Biyara Type, PEQ 102, 1970, 65–67 – K. Galling, Zwei Salbgefäße und ein Armreif aus dem syrischen Raum, ZDPV 86, 1970, 1–9 (Lit.) – E. Kutsch, Salbung als Rechtsakt im Alten Testament und im Alten Orient, BZAW 87, 1963 – H. O. Thompson, Cosmetic Palettes, Levant 4, 1972, 148–150 – K. R. Veenhof, BO 23, 1966, 308–313 (Besprechung E. Kutsch) – I. Wallert, Der verzierte Löffel, Ägyptologische Abhandlungen 16, 1967, *passim*. *P. Welten*

Salz

1. Terminologie. 2. Gewinnung. 3. Verwendung.

1. Hebr. *mēlaḥ* (aram. *məlaḥ,* Esr. 4_4 6_9 7_{22}; vgl. KAI Nr. 222 A Z. 36) bezeichnet wohl undifferenziert verschiedene S. sorten (in Ex. 30_{35} Natron?) und gibt keine Auskunft über die Herkunft des S.es. Das Verbum *MLḤ* = „salzen“ (Ex. 30_{35} Lv. 2_{13} Ez. 16_4), wohl von *mēlaḥ* denominiert, und der Ausdruck *məlēḥā* „S.land“ (Jer. 17_6 Ps. 107_{34} Hi. 39_6) kommen nur je dreimal vor, letzteres in synonymem Parallelismus zu *ʿărābā* „Steppe“ und *midbār* „Steppe, Wüste“. Ob das in seiner Deutung strittige *ṣīṣ* in Jer. 49_8 Sir. 43_{19} im Vergleich mit ug. *ṣīṣūma* (pl.) mit S. zu übersetzen ist (Moran), ist sehr fraglich; das ug. Wort bedeutet eher „S.gärten“ (Heltzer).

2. Hauptsächliches Fördergebiet für S. war und ist in Pal. das Tote Meer und sein südl. Küstenbereich. Der hohe S.gehalt des Toten Meeres (durchschnittlich 31%, Bender 168), das deshalb hebr. meist *Yām ham-Mēlaḥ* „S.meer“ genannt wird (z.B. Nu. $34_{3,12}$ Dt. 3_{17}), macht jedes tierische und pflanzliche Leben in ihm unmöglich. Das verdunstete Wasser läßt am Ufer eine weiße S.kruste zurück (vgl. Sir. 43_{19}); um die Verdunstung zu beschleunigen, leitete man das Wasser in kleine Tümpel oder Sümpfe in Ufernähe (Ez. 47_{11}) oder hob flache Gruben dafür aus (Zeph. 2_9: *mikrę̄ mēlaḥ* „S.grube“). Stein-S. brach man am *Ǧebel Usdum* am Südwestende des Toten Meeres (dazu J. Vroman, IEJ 1, 1950/51, 185–193), wo bizarre S.formationen den Haftpunkt für die Überlieferung von der zur S.säule erstarrten Frau Lots (Gn. 19_{26}) boten. Im „S.tal“ (*Gę̄ ham-Mēlaḥ*) besiegten die Judäer zweimal die Edomiter (David: 2S. 8_{13}; Amazja: 2R. 14_7). Dieses Gebiet wollte man früher aufgrund des Namensanklangs mit dem *Wādī el-Milḥ,* die nur in Jos. 15_{62} genannte „S.stadt“ (*ʿĪr ham-Mēlaḥ*) mit dem *Tell el-Milḥ* östl. von Beerseba identifizieren. *Gę̄ ham-Mēlaḥ* ist aber wahrscheinlich mit dem s.reichen *Ġōr* südl. des Toten Meeres, *ʿĪr ham-Mēlaḥ* mit der *Ḫirbet Qumrān* gleichzusetzen (Noth; vgl. zu letzterem auch BASOR 142, 1956, 15f). Ob man in Pal. bereits in vorchristlicher Zeit S. aus Salinen am Mittelmeer bezog, ist nicht bekannt.

3. S. gehört zu den unersetzlichen Lebensmitteln (Hi. 6_6 Sir. 39_{26}). Die These

von E. Anati (BASOR 167, 1962, 25–31), daß →Jericho seine frühe Entwicklung zur Stadt im NL dem Handel mit →Schwefel, →Asphalt und S. verdanke, ist somit recht wahrscheinlich. Spätestens in hell. Zeit wurde S. besteuert (1 Macc. 10_{29} 11_{35}). Der gemeinsame Genuß von S. bewirkte ein Gemeinschaftsverhältnis (Esr. 4_{14}), wie noch Dalman (AuS IV, 50f) beobachten konnte. Ähnliche Vorstellungen liegen wohl auch dem Begriff der *bərīt mēlaḥ* „S.bund" zugrunde (Lv. 2_{13} Nu. 18_{19} 2 Ch. 13_{5}). Eine wichtige Rolle spielte S. im Kult bei tierischen Opfern (Lv. 2_{13} Ez. 43_{24}) und Räucherwerk (Ex. 30_{35}). Zur Haltbarmachung von →Fischen (durch Wasserentzug) benutzte man S. (Forbes 187). Reinigende und apotropäische Funktionen erfüllte es bei der Versorgung von Neugeborenen (Ez. 16_{4}; Parallelen dazu bei W. Zimmerli, Ezechiel, BK 13/1, 1969, 349); ähnlich stellte man sich wohl die Wirkung des S.es bei Elisas Quellreinigung vor (2 R. 2_{20f}). Der Ritus, S. auf eine zerstörte Stadt zu streuen, kommt im AT nur in Jdc. 9_{45} bei der Zerstörung Sichems durch Abimelech vor (ein weiterer Beleg wäre Jer. 49_{8}, wenn man mit Moran *ṣīṣ* als „S." übersetzen dürfte und das Verbum *NTN* paßte). Kaum zutreffen dürfte Honeymans Deutung der Handlung als eines apotropäischen Ritus, der die Totengeister und Erschlagenen bannen sollte. Gevirtz erschließt aus heth. Quellen einen Reinigungsritus. Dagegen findet Fenshams Auffassung, daß mit dem Streuen von S. künftige Unfruchtbarkeit, d.h. Verödung des Stadtgebiets intendiert sei, nicht nur in außerbiblischen Texten eine Bestätigung (KAI Nr. 222 A Z. 36), sondern paßt auch zu atlichen Texten wie Dt. 29_{22}und Zeph. 2_{9}. Zum unterschiedlich gedeuteten Wort vom S., das seine Kraft verliert (Mt. 5_{13} par.), vgl. L. Köhler, Kleine Lichter, 1945, 73–76; E.P. Deatrick, BA 25, 1962, 41–48.

Literatur: F. Bender, Geologie von Jordanien, Beiträge zur regionalen Geologie der Erde 7, 1968, 162–165 – F.C. Fensham, Salt as Curse in the Old Testament and the Ancient Near East, BA 25, 1962, 48–50 – R.J. Forbes, Studies in Ancient Technology III, 1955, 157–201 – S. Gevirtz, Jericho and Shechem: A Religio-Literary Aspect of City Destruction, VT 13, 1963, 52–62 – M.L. Heltzer, The Word *ṣṣ* in Ugaritic (About the occurence of salt-taxes in Ugarit), AION 28, 1968, 355–361 – A.M. Honeyman, The Salting of Shechem, VT 3, 1953, 192–195 – W.L. Moran, Ugaritic *ṣîṣûma* and Hebrew *ṣîṣ*, Biblica 39, 1968, 69–71 – M. Noth, Der alttestamentliche Name der Siedlung auf chirbet ḳumrān, Aufsätze zur biblischen Landes- und Altertumskunde I, 1971, 332–343. *M. Weippert*

Samaria

1. Lage und Name. 2. Ausgrabungen. 3. E-Zeit. 4. Pers. und hell. Zeit. 5. Röm. Zeit.

1. Als Omri nach sechsjähriger Regierungszeit in →Thirza seine Residenz nach S. verlegte (1 R. 16_{23f}), wählte er damit einen Hügel inmitten des fruchtbaren pal. Berglandes, der den westl. Zugang zum Gebirge Ephraim beherrscht. S. besaß gute Verbindungen zu den nur ca. 10 km südöstl. von S. bei Sichem sich kreuzenden internationalen Straßen in Ost-West- (Transjordanien-Küstenebene) und Süd-Nord-Richtung (Jerusalem-Damaskus); vgl. Dalman). Die Verlegung der nordisr. Hauptstadt von Osten nach Westen eröffnete somit bessere Kontaktmöglichkeiten mit den phön. Hafenstädten (vgl. etwa die Heirat Ahabs mit Isebel, Tochter des tyrischen Königs 'Ittōba'l: 1 R. 16_{31}); die Verlegung hinderte Omri aber nicht daran, seine Interessen in Transjordanien einschließlich Moabs zu verfolgen (vgl. den Bericht der Mẹša'-Inschrift: KAI Nr. 181). Wenig wahrscheinlich ist die These A. Alts (KlSchr III, 258–302), daß Omri wegen der gemischten kan.-isr. Bevölkerung des Nordreiches S. als kan. und Jesreel als isr. Residenz gewählt habe.

Daß erst Omri die neue Hauptstadt *Šōmərōn* genannt haben soll (abgeleitet von *ŠMR*) ist weniger einsichtig als die in 1 R. 16_{24} gebotene volksetymologische Ableitung vom Namen *Šēmer* des Vorbesitzers (so B. Mazar nach IEJ 8, 1958, 179 Anm. 35), als deren historischer Kern eine voromridische Siedlung des Clans *Šēmer* gedient haben könnte. Die kleine arab. Nachfolgesiedlung im Osten des Tells bewahrt mit dem Namen *Sebasṭye* die Erinnerung an die Umbenennung des Ortes durch Herodes I., der S. von Augustus übereignet bekam (JosBell I 396), ausbaute und dem röm. Kaiser zu Ehren *Sebaste* nannte (ebd. 403).

2. Dichte Ölbaumpflanzungen behindern systematische Ausgrabungen auf dem Tell, so daß vom Hügelplateau, das von Osten nach Westen ca. 400, von Norden nach Süden ca. 200 m mißt, zusammenhän-

gende E-zeitliche Architekturreste nur im westl. Teil freigelegt sind. Intensive Bautätigkeit späterer Zeiten hat zusätzlich viele frühere Spuren verwischt (vgl. HES II Plan 2: Bauten auf dem Tell von E- bis arab. Zeit). Die Mauern der röm. Stadt verlaufen am Abhang des Tells und umschließen ein Gebiet von ca. 1 km in Ost-West-Richtung und ca. 800 m in Nord-Süd-Richtung, in dem ebenfalls nur einzelne Bauten ausgegraben sind.

Grabungen fanden 1908–10 unter der Leitung von G.A. Reisner (mit G. Schumacher, C.S. Fisher u.a. – Harvard Excavations), 1931–33 und 1935 unter der Leitung von J.W. Crowfoot (mit K.M. Kenyon, E.L. Sukenik u.a. – Joint Expedition) und 1968 unter der Leitung von J.B. Hennessy (British School of Archaeology, Jerusalem) statt. Die bei den Grabungen der Joint Expedition durchgeführte und vor allem von K.M. Kenyon vertretene Methode, wonach die unter den Fußböden gefundene Keramik die darüber liegenden Bauten datiert, trägt zwar dem Umstand Rechnung, daß bei der dominierenden Steinarchitektur in S. Zerstörungsschichten über den Fußböden nicht so ausgemacht werden können wie bei Orten mit vorwiegend Ziegelbauten; doch führte die Methode zu Schwierigkeiten bei der Korrelation der Straten in S. mit denen anderer ausgegrabener pal. Orte, bei denen die jeweils über einem Fußboden befindliche Keramik ein Stratum datiert (zur Diskussion: Aharoni/Amiran, Wright; Tufnell; Kenyon).

3. Felsbearbeitungen, Scherben und zwei unter E-zeitlichen Böden versiegelte Mauern zeigen, daß der Tell erstmals in der FB-Zeit besiedelt war (SS I 91–93). Darauf folgte erst in der E-Zeit wieder eine Siedlung, deren Gründung anhand von 1R. 16_{23}f Omri zugeschrieben wird, was zu den frühesten Bauten auf dem Tell paßt. Die unter den Böden der ersten Bauten gefundene Keramik (Perioden I und II) besitzt aber enge Beziehungen zu Keramiktypen des 10.Jh.s (W.F. Albright, BASOR 150, 1958, 21–23; Aharoni/Amiran 178–180; Wright 20) und Analoges gilt für drei Amphoriskoi aus einem Grab am Westhügel des Tells (Zayadine 565 Abb. 1_{3-5}), so daß nicht auszuschließen ist, daß im 10. und frühen 9.Jh. auf dem Tell eine kleine Siedlung lag, deren Bauten jedoch bei der Anlage der neuen Hauptstadt völlig beseitigt wurden.

Bei den amerikanischen Ausgrabungen (1908–10) wurde auf dem Tell im südwestl. Teil eines ummauerten (Abb. 70_1: Mauer A) Gebietes eine Palastanlage (B) freigelegt, deren östl. und nördl. Fortsetzung unbekannt ist (zu Unsicherheiten im Südostteil: SS I 7, 97), deren Grundriß jedoch erkennen läßt, daß einzelne Räume sich jeweils um Innenhöfe gruppierten. Gleichzeitig mit diesem Omri zugeschriebenen Palast ist das im Norden an die Mauer A anstoßende 5,2 × 10,3 m große Wasserbassin (C), das die Ausgräber als „Teich von S." (2R. 22_{38}) deuteten. Ein zweiter, auf Ahab zurückgeführter Gebäudekomplex (D) liegt weiter westl. zwischen Mauer A und der Kasemattenmauer (H). Auch sein nördl. Teil ist unbekannt; doch sind im südl. Teil aneinandergebaute Einheiten von je drei Kammern rechts und links eines Korridors zu erkennen; an der östl. Längswand schließen sich zwei langgestreckte Räume an. Der Grundriß (?) und die hier gefundenen →Ostraka machen eine Interpretation des Baus als →Speicher wahrscheinlich. Die Ostraka sind nach der überzeugenden Aufschlüsselung ihrer Datumsangaben durch Y. Aharoni (BASOR 184, 1966, 13–19) wohl den Königen Joas und Jerobeam II. (um 790 bzw. 770) zuzuweisen (ebd. 18 Anm. 30). Von Jerobeam II. sollen auch die Anbauten im Südwesten der Kasemattenmauer (E) stammen.

Östl. des Grabungsbereichs der Harvard-Excavation verläuft in einem Nord-Süd-Streifen über das Hügelplateau der der Joint Expedition. Die verfeinerten Methoden erlaubten eine differenziertere (aber nicht unangefochtene) Schichtenbestimmung, die mittels keramischen und/oder architektonischen Indizien sechs Perioden von der Gründung S.s bis zu seiner Zerstörung (dicke Brandschicht: SS I 110f) durch Salmanassar V. im Jahr 722 (TGI Nr. 29, vgl. 2R. 17_6 18_{10}; dazu H. Tadmor, JCS 12, 1958, 33–39) unterscheidet. Keine Baureste, aber bestimmte Keramiktypen (SS III 97f) der folgenden Periode VII weisen auf die neue Bevölkerungsschicht hin, die die Assyrer hier ansiedelten (2R. 17_{24-41}; TGI Nr. 34). S. bewahrte seine Sonderstellung als ehemalige Hauptstadt,

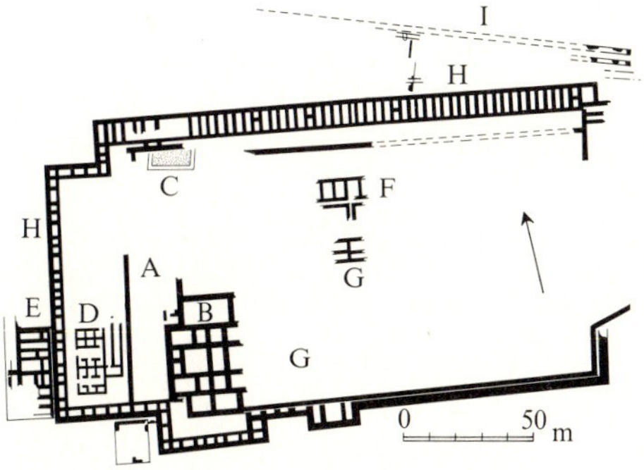

Abb. 70 **Samaria** (1) Stadtplan der E II-Zeit

indem es zur ass. Provinzhauptstadt wurde (2R. 17$_{24}$: „Städte S.s"). Aus dieser Zeit stammen die in S. gefundenen Keilschrifttexte: Stelenfragment, Tonbulle mit ass. Königssiegel, ass. Rechtsurkunden und Rollsiegel (TGI Nr. 31$_{5}$).

Die genaue Stratigraphie führte zu einer exakteren Datierung der Umfassungsmauern auf dem Tell. Demnach umschloß Mauer A (Schalenmauer, 1,6 m dick, Außenseiten aus Quadern: SS I Tf. 12$_{2}$ 13) in der Periode I (Omri) ein 178 × 89 m großes Gebiet. Sie war gleichzeitig Stützmauer, da der ummauerte Bereich aufgefüllt und geebnet wurde. Südl. der Nordmauer fanden sich drei Räume und einige weitere Mauern eines Gebäudes (F), an das sich nach Süden zu (östl. von Omris Palast) ein großer Hof anschloß (G). In Periode II (Ahab) folgte eine Kasemattenmauer (H), die im Norden insgesamt 9,8 m dick war. Diese Mauer blieb (mit Reparaturen) bis zur Eroberung Pal.s durch Alexander den Großen in Gebrauch, während Mauer A in Periode III zwar noch einmal erbaut (SS I Tf. 13$_{2}$), dann aber aufgegeben wurde. Die Bauten F im Norden durchliefen während der Perioden I-VI mehrere Veränderungen (SS I Abb. 47–50). In ihrem Bereich fand sich die Menge der → Elfenbeine (SS II) und der Tonbullen (SS III 88f: Hinweis auf eine Kanzlei?) jedoch in stark gestörtem Kontext (SS I 111: zusammen mit Keramik der Periode VII), so daß die Datierung der Elfenbeine und ihre Beziehung auf das „Elfenbeinhaus Ahabs in S." (1R. 23$_{39}$) anhand stilistischer Kriterien erfolgen muß und nicht als völlig gesichert gelten kann (vgl. I.J. Winter, Iraq 38, 1976, 1–22).

Umstritten ist die Trennung der Perioden I und II (SS III 94: die ihnen zugewiesene Keramik ist homogen), da fraglich ist, ob die sechsjährige Regierungszeit Omris in S. für die ihm zugeschriebene Bautätigkeit ausreicht, und ob nicht eher ein fließender, archäologisch nicht differenzierbarer Übergang von seiner zu Ahabs Bauaktivität anzunehmen ist (Wright 19 Anm. 15). Unbekannt sind der Zugang zum ummauerten Gebiet auf dem Tell und der Gesamtumfang der E-zeitlichen Stadt. Das Tor ist ebenso im Osten zu suchen (SS III 1 Anm. 2 gegen HES I 121) wie die Wohnstadt, da die Grabungen Hennessys auf den westl. Terrassen keine vorpers. Siedlungsspuren erbrachten, und auch der Verlauf zweier (sukzessiver) E-zeitlichen Mauern (I) auf den mittleren Terrassen nur vage bekannt ist (SS I 108–110). Wenn sich Sargon II. rühmt, aus S. mehr als 2700 Menschen deportiert zu haben (TGI Nr. 30), so muß diese Zahl auf jeden Fall auch Bewohner derUmgebung miteinbeziehen.

Bekannt sind demnach vom E-zeitlichen S. nur Teile einer ummauerten Residenz mit Palast, „Elfenbeinhaus" und administrativen Bauten (Ostraka, Tonbullen!). Darüber hinaus berichtet das AT noch von einem, dem tyrischen Ba'l geweihten Tempel Ahabs (1R. 16$_{32}$), den Jehu zerstören ließ (2R. 10$_{26f}$).

4. In pers. Zeit blieb S. Provinzhauptstadt (bis zur Zeit Nehemias auch für Jerusalem zuständig), deren Statthalter von ca. 460–335 namentlich belegt sind (zusammenfassend: Galling, Studien, 209f). Bauten aus dieser Zeit sind bislang nicht bekannt, und im von der Joint Expedition ausgegrabenen Gebiet wiesen Erdaufschüttungen lediglich auf die Existenz eines *παράδεισος* hin (SS I 112–115). Hervorragende Kleinfunde aus dieser Epoche sind die zahlreich vertretene attische Keramik (HES II Tf. 69o, 70a, b: rotfiguriger Krater, vgl. auch SS III 213), die wahrscheinlich aus S. stammenden bronzenen Füße eines achämenidischen Thrones (M. Tadmor, IEJ 24, 1974, 37–43; → Möbel, 4.) und fünf aramäische Ostraka (SS III 25–33).

Die totale Zerstörung S.s im Jahre 108/7 beseitigte die meisten Bauten der hell. Stadt, in der Alexander der Große 331 mazedonische Kolonisten ansiedelte und damit die Stadt für 200 Jahre zu einem hell.

Zentrum machte (vgl. die bronzenen Statuen des Herakles und die eines Athleten: HES II Tf. 77f; SS III Tf. 6_{1-4} 7_{1f}). Erhalten und wieder freigelegt sind aus dieser Zeit die Reste dreier Rundtürme (Abb. 70_2: J; vgl. ANEP 720) und eine spätere (Mitte des 2. Jh.s, vgl. SS I 118–120), 4 m dicke Mauer (K) mit Bastionen, die großenteils dem Verlauf der früheren Kasemattenmauer folgt. Ob die am Fuße des Westabhangs verfolgte Mauer L ebenfalls in diese oder erst in die Zeit des Gabinius (57–55) gehört, ist ungewiß. Unter den Kleinfunden fällt die Menge der rhodischen Krugstempel (SS III 379–386: 1500 Henkel, 950 mit lesbarem Stempel) auf, die auf einen regen Import von →Wein schließen läßt. An den Münzfunden ist der Wechsel von der Ptolemäer- zur Seleukidenherrschaft im Jahr 198 abzulesen; sie belegen ferner, daß S. in den späteren seleukidischen Auseinandersetzungen die Partei Demetrius' II. Nikator gegen Tryphon ergriff (SS III 5, 43).

5. 108/7 wurde S. von Johannes I. Hyrkan belagert und zerstört (JosAnt XIII 275–281; vgl. Tushingham). Das unter Gabinius neu erbaute S. entsprach mit der Anlage von Häuserquadraten (M) auf dem Hügel späthell. Bautradition (HES II Plan 7; SS I 31f); doch haben die folgenden herodianischen Bauten viele Spuren zerstört (SS I 120–123).

Herodes I. siedelte in S. 6000 Veteranen an (JosBell I 403) und umgab die Stadt mit einer Mauer (N), die mit Rund- und Ecktürmen bewehrt war. Sie umspannt die Hänge von S. in weitem Bogen und schließt nicht weniger als 80 ha ein. Gut erhalten ist das Westtor mit zwei Rundtürmen (O); zu vermuten sind ein Nord- (P?) und ein Osttor (Q?). Der von Herodes I. auf dem Hügel erbaute Augustus-Tempel (R) ist über gewaltigen Substruktionen errichtet und von einem Vorhof (70 × 70 m) her über eine Freitreppe (24 Stufen) zugänglich. Aus den Resten des Tempels erschließt C. Watzinger (DP II 49–51) einen Prostylos (hell. Bautradition!) mit achtsäuliger Vorhalle, einer Cella mit breitem Mittelschiff und zwei schmalen Seitenschiffen. Südl. von ihm lag ein Basilika-Gebäude, im Südosten ein Atrium-Haus. Das Stadium (S) ist ebenfalls auf Herodes I., eventuell schon auf Gabinius zurückzuführen (SS I 34), und

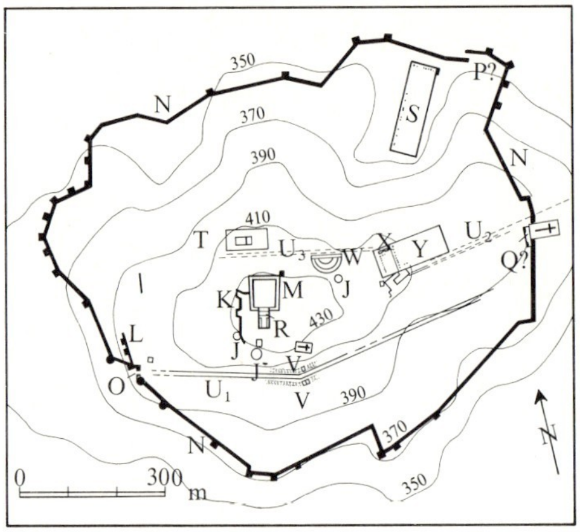

Abb. 70 **Samaria** (2) Stadtplan der hell.-röm. Stadt

auch unter dem späteren Kore-Tempel (T) (zum Kore-Kult in S.: Flusser) könnte bereits zur Zeit des Herodes I. ein Tempel gelegen haben (SS I 34). In der Zeit zwischen Vespasian (69–79 n. Chr.) und Severus (222–235 n. Chr.), während der S. zeitweilig das Münzrecht besaß (SS III 44) und schließlich unter Severus den Rang einer *Colonia (Colonia Lucia Septimia Sebaste)* erhielt, wurden die Monumentalbauten z.T. restauriert und weitere errichtet: zu den Neubauten gehören die erhaltene Säulenstraße (U_1) mit Geschäftshäusern (V) und die im wesentlichen zu ergänzenden Straßen U_2 und U_3. An U_2 lagen der Bezirk des Kore-Tempels (T) und das Theater (W); sie führte hinauf zum Markt (Ratsbasilika [X – dazu DP II 95–97] und Forum [Y]).

Aus byz. Zeit stammt die Täufer-Johannes-Kirche am Südhang, am Osthang befindet sich eine Kirche (heute Moschee) aus der Kreuzfahrerzeit (in Abb. 70_2 je ein liegendes Kreuz).

Literatur: Grabungsberichte: HES I, II – SS I–III – J. B. Hennessy, Excavations at Samaria-Sebaste 1968, Levant 2, 1970, 1–21.

Sonstiges: Y. Aharoni/R. Amiran, A New Scheme for the Sub-Division of the Iron Age in Palestine, IEJ 8, 1958, 171–184 – A. Alt, Der Stadtstaat Samaria, KlSchr III, 258–302 – ders., Archäologische Fragen zur Baugeschichte von Jerusalem und Samaria in der israelitischen Königszeit, ebd. 303–325 – G. Dalman, Die Stadt Samaria und ihre Verkehrswege, PJ 2, 1906, 27–43 – D. Flusser, The Great Goddess of Samaria, IEJ 25, 1975, 13–20 – K. M. Kenyon, Megiddo, Hazor, Samaria and Chronology, Bulletin of the Institute of Archaeology, University of London 4, 1964, 143–156 – O. Tufnell, Hazor, Samaria and Lachish, PEQ 91, 1959, 90–105 – A. D. Tushingham, A Hellenistic Inscription from

Samaria-Sebaste, PEQ 104, 1972, 59–63 – G.E. Wright, Israelite Samaria and Iron Age Chronology, BASOR 155, 1959, 13–29 – F. Zayadine, Une tombe du Fer II à Samarie-Sébaste, RB 75, 1968, 562–585 – Weitere Lit. bei E.K. Vogel, HUCA 42, 1971, 73–75.

H. Weippert

Sarkophag, Urne, Ossuar

1. Allgemeines. 2. S.e, a Kasten-S.e, b Wannen-S.e, c anthropoide S.e. 3. U.n. 4. O.e, a aus dem CL, b aus hell.-röm. Zeit.

1. Ein S. ist ein Behälter zur Erstbestattung von Toten, eine U. ein Behälter zur Aufnahme der Überreste (Asche, Knochen) bei Brandbestattungen, ein O. dient zur Aufnahme der Gebeine bei Zweitbestattungen. Vorkommen und Verbreitung der verschiedenen Behälter hängen mit lokal, ethnisch und zeitlich unterschiedlichen Begräbnisbräuchen zusammen.

2. In Syr.-Pal. waren S.bestattungen – im Unterschied zu Ägypten und Mesopotamien – wohl nie heimisch (*'ărōn* = S., Gn. 50_{25} als äg. Sitte neben dem Einbalsamieren unter Proto-Israeliten in Ägypten). Ob das mit der Institution des Familiengrabes (seit MB IIA) und der damit verbundenen Vorstellung vom „Versammeltwerden zu den Vätern" (vgl. Oudtestamentische Studiën 5, 1948, 118–131; →Grab, 2.) zusammenhängt, ist ungeklärt; dagegen kann angeführt werden, daß zur Zeit des Vorherrschens des Einzel- oder Gemeinschaftsgrabes (vor MB IIA) der Brauch der S.beisetzung nicht bestand. Wo S.e auftreten, handelt es sich um eine importierte (oft wohl von Fremden geübte) Sitte. Als einheimisch kann allenfalls die vom keramischen NL (FB V 32, 100f, 136f Tf. 39_2 41, 89) an durch alle Perioden hindurch zu beobachtende Beisetzung von Kindern in Tongefäßen (meist Pithoi, auch Krateres und Schalen) betrachtet werden; doch ist dieser Brauch gemeinaltorientalisch. In Byblos werden im CL auch Erwachsene in Pithoi begraben (FB V 252–259). In jüngerer Zeit kommen Bestattungen in zwei mit den Öffnungen einander zugekehrten Pithoi vor (z.B. TZ III 67f, 71f, 74 Tf. 13, 56; TM I Abb. 14f; RB 69, 1962, 397; IEJ 11, 1961, 173 Tf. 35_3). Bei den eigentlichen S.en lassen sich typologisch Kasten-, Wannen- und anthropoide S.e unterscheiden.

2.a Kasten-S.e aus Kalkstein, die entsprechende äg. S.e aus Granit etc. imitieren, wurden in der MB IIA-Zeit in der Königsnekropole in Byblos verwendet (Grab I: P. Montet, Byblos et l'Égypte, Texte, 1928, 153f mit ebd., Atlas, 1929, Tf. 11, 84 oben vgl. 74f; Grab IV: ebd. Tf. 87 rechts vgl. 77 rechts; Grab V: ebd. 228 Abb. 103; Grab VII: ebd. 207 Abb. 93 Tf. 121 oben). Die S.e haben rechteckigen Grundriß, senkrechte Innen- und Außenwände und flache, gewölbte oder gegiebelte Deckel z.T. mit Zapfen, an denen sie bewegt wurden. Aus Grab V stammt der in Syr.-Pal. bislang einzigartige S. der Königs 'Aḥīrōm von Byblos (Abb. 71_1; Montet, a.a.O., 228–238 Tf. 127–141; Chéhab 46 Tf. 1f), der aus stilistischen Gründen in den Anfang des 10. Jh.s zu datieren sein wird (Porada; anders Hachmann) und eine einheimische Weiterbildung des äg. Kasten-S.es darstellt. Der S.kasten ruht auf einem Sockel, dessen Längsseiten zwei kauernde Löwen im Flachrelief zeigen, deren Protomen an den Schmalseiten vollplastisch hervortreten. Die vier Kastenseiten sind mit einem Figuralfries geschmückt, das nach oben von einem Kymation aus Stab, Lotusblüte und Taustab, nach unten von einem Stab als Standlinie begrenzt wird. An den vier Ecken sind Pfosten angedeutet. Die Hauptszene (vordere Längsseite) zeigt das sogenannte Totenmahl: links der Inhaber des S.es auf einem Sphingenthron, in den Händen eine Schale und eine Lotusblüte, die Füße auf einem Schemel, vor einem Tisch mit Speisen, und rechts vor ihm eine Prozession von sieben Männern: der erste schwingt ein Fliegenwedel über den Tisch und hält in der Linken ein ungedeutetes Objekt (Tuch? Menat?), die beiden folgenden tragen Schalen, die restlichen erheben verehrend die Hände. Den Zug setzen auf der gegenüberliegenden Längsseite zwei Frauen und zwei Männer mit Gefäßen auf dem Kopf bzw. den Schultern, ein Mann mit einer Ziege und drei weitere Männer mit erhobenen Händen fort. Die beiden Schmalseiten zeigen je vier klagende Frauen mit entblößtem Oberkörper: je zwei schlagen sich die Brust, je zwei werfen die Hände über den Kopf empor (→Abb. 44_8). An jeder Schmalseite des gewölbten Deckels vertritt eine Löwenprotome den Griff zum Bewegen des Deckels. Wie beim Sockel setzen sich ihre Körper im Flachrelief auf der Deckeloberfläche fort. Zwei auf Podien stehende antithetische

1

2

Abb. 71 **Sarkophag, Urne, Ossuar** (1) Kastensarkophag des ’Aḥīrōm von Byblos (10. Jh.), (2) Kastensarkophag aus dem Helenagrab in Jerusalem (röm.)

männliche Gestalten flankieren die Löwen. Die rechte Figur erhebt grüßend die Rechte und trägt in der Linken eine nach unten gerichtete Lotusblüte; die linke Figur senkt die Rechte und trägt in der Linken eine nach oben gerichtete Lotusblüte (nach Chéhab 115 = ’Aḥīrōm und sein Sohn [’I]ttōba‘l; letzterer ließ nach der Inschrift auf der rechten Schmalseite den S. für seinen Vater anfertigen: vgl. KAI Nr. 1 = TGI Nr. 18 Z. 1). Die Reliefs zeigen noch Spuren der ursprünglichen polychromen Bemalung (Chéhab Tf. 1f).

Die reliefierten Kasten-S.e des 5./4. Jh.s aus der Königsnekropole von Sidon (O. Hamdy Bey/Th. Reinach, Une nécropole royale à Sidon, 1892, Tf. 6ff; N. Jidejian, Sidon Through the Ages, 1971, Abb. 32–78), unter denen der „Satrapen-S.“ (Hamdy/Reinach, a.a.O., Tf. 20–22; Kleemann), der „lykische S.“ (Hamdy/Reinach, a.a.O., Tf. 14–17), der „Klagefrauen-S.“ (ebd. Tf. 6–9) und der „Alexander-S.“ (Winter; Schefold) bes. hervorragen, setzen nicht die äg.-byblische S.tradition fort, sondern wurden von (ost)griech. Künstlern geschaffen, die sich in Einzelheiten (z.B. anthropoide Innenform des „Satrapen-S.es“) den Wünschen ihrer Auftraggeber anpaßten. In röm.-byz. Zeit sind importierte und lokal angefertigte Kasten-S.e in Syr.-Pal. bei den vermögenden Klassen weithin üblich (Abb. 71_2; vgl. DP II 68–70; JS I 133–139 III Abb. 232–250; N. Avigad, Beth She‘arim III, 1971, 97–127 Tf. 34–59 [hebr.]; Tyrus: M. Chéhab, BMB 21, 1968), wobei im Reliefschmuck öfter die Religion des Inhabers erkennbar ist. Kasten-S.e aus Holz haben sich in Pal. nur in trockenen Regionen erhalten, so die S.e in der jud. Wüste aus röm. Zeit (IEJ 12, 1962, 182f Tf. 22A; vgl. BA 33, 1970, 25 Abb. 13; nach Fundzustand primär S.e, sekundär auch O.e?). Zur Gattung der Kasten-S.e kann man auch die vereinzelten Ton-S.e (z.B. F. Vitto, IEJ 24, 1974, 279 Tf. 61A; 1./2. Jh. n. Chr.) und bes. die Blei-S.e des 2.–5. Jh.s n. Chr. zählen (vgl. u.a. M. Avi-Yonah, QDAP 4, 1935, 87–99, 138–153; M. Chéhab, Syria 15, 1934, 337–350; L.Y. Rahmani, IEJ 24, 1974, 124–127), die, billiger als die Stein- oder Marmor-S.e, auch den weniger Begüterten zur Verfügung standen. Noch ungeklärt ist die Zuordnung eines tönernen Kasten-S.es des 14. Jh.s aus Höhle I.10A von Geser, den die Ausgräber mit den minoisch-myk. Larnakes zusammenstellen möchten (W.G. Dever u.a., BA 34, 1971, 106; J.D. Seger, Qadmoniot 5, 1972, 18 [Abb.]).

2.b Wannenförmige Großgefäße dienten verschiedenen Zwecken (z.B. →Bad und Baden, 1.), so daß ihre sepulkrale Verwendung oft nicht eindeutig nachzuweisen ist: so etwa bei den Tonwannen aus einem Grab der SB-Zeit bei Akko (G. Edelstein, Qadmoniot 5, 1972, 19f) und vom *Tell el-Qiṭāf* (vgl. R. Amiran, 'Atiqot ES 2, 1959, 129) aus ass. Zeit. Sicher ein Wannen-S. wohl aus ass. Zeit (E IIC) ist aber die 84 cm lange, 42 cm breite und 50 cm hohe Tonwanne aus Megiddo (TM I Abb. 216), die, wie vergleichbare mesopotamische Exemplare (A. Haller, Die Gräber und Grüfte von Assur, WVDOG 65, 1953, 60–73), zur Erleichterung des Brennens aus zwei Hälften zusammengesetzt ist und Gebeine enthielt. Drei Wannen-S.e mit sich nach unten verengenden Wänden und Henkeln am Rand fanden sich im Grab des 'Adōnīnūr in *'Ammān* (7. Jh.; Abb. 71_3; G.L. Harding, Four Tomb Groups from Jordan, PEFA 6, 1953, 59f). Auch sie gehen auf mesopotamische Vorbilder zurück (vgl. O. Tufnell bei Harding, a.a.O., 67; Haller, a.a.O., 74ff). Ein Sondertyp ist bislang der S. mit senkrechten Wänden, gerundeten Enden und zigarrenförmigem Grundriß aus Grab J3 von Dibon (9. Jh.), der einen durchgehenden Deckel mit (an die anthropoiden Ton-S.e erinnernder) primitiver Gesichtsdarstellung und zwei Handgriffen aufweist (F.V. Winnett/W.L. Reed, The Excavations at Dibon [Dhībân] in Moab, AASOR 36–37, 1964, 59f Tf. 52_2 53, 97; ANEP 851f).

2.c Die anthropoiden (menschengestaltigen) S.e (zum Terminus: Her II 86) sind in Ägypten heimisch (seit der 12. Dyn. aus Holz, seit der 18. Dyn. aus Stein und wohl auch Ton; vgl. Buhl, Sarcophagi, 16f). Die Sitte der Bestattung in anthropoiden S.en strahlte zu verschiedenen Zeiten nach Syr.-Pal. aus und führte zum Import von äg. Original-S.en und zu Nachahmungen.

Aus der SB IIB/E I-Zeit sind aus Cis-, aus der E II-Zeit aus Transjordanien anthropoide Schiebe-S.e aus Ton bekannt, d.h. konische Röhren, die am weiteren (oberen) Ende abgerundet, am engeren (unteren) glatt abgeschnitten und an beiden Enden geschlossen sind (bisweilen mit kleinem runden Loch). Die Leiche(n) wurde(n) durch eine Öffnung im oberen Drittel der Röhrenwand hineingeschoben. Die Öffnung verschloß ein Deckel, der bei den älteren Stücken stets, bei den jüngeren z.T. Gesichtszüge, oft auch Arme, Haare bzw. Perücke oder Kopftuch und Kopfschmuck zeigt. Es lassen sich zwei gleichzeitig verwendete Typen unterscheiden: einer, bei dem die Gesichtsdarstellung wie eine aufgesetzte Maske wirkt (Form B), und ein differenzierterer mit deutlich von Schultern und Rumpf abgesetzter Kopfpartie (Form A; Dothan, IEJ 22, 69 Anm. 6; analoge Klassifizierung der phön. Stein-S.e bei Buhl, Sarcophagi, 182 Gruppen I und II).

Die S.e der SB IIB/E I-Zeit stammen aus *Dēr el-Balaḥ* (über 40 S.e, nur z.T. veröffentlicht: Hestrin; Dothan/Bet-Arieh, Qadmoniot 5, 26 Tf. 4; Dothan, IEJ 22, Tf. 9C, 10f; IEJ 23, Tf. 33–42), der Nordnekropole von Beth-Sean (ca. 40 S.e: BSNC 101–150 Abb. 52–58, 78–84), *Tell el-Medrese* bei Beth-Sean (1 S.: Zori; Dothan, Philistines, 212, 215 Abb. 113 [sic]), Lachis (2 S.e: L IV 248f Tf. 45f), *Tell el-Fār'a* Süd (3 S.e: BP I 8f Tf. 24 II 25) und Pella (*Ḫirbet Ṭabaqāt Faḥil*; unveröffentlicht, vgl. Yassine 60 Anm. 11). Üblich ist Typ B; A kommt nur in (Ägypten und) *Dēr el-Balaḥ* vor. Die äg. Herkunft dieser S.form dokumentieren die Hieroglypheninschrift und Bemalung eines S.es von Lachis (L IV Tf. 46); in Ägypten finden sich derartige Ton-S.e in

Gräbern der SB II-E II-Zeit, oft mit ähnlichen Beigaben wie in Pal. (vgl. Rowe, Catalogue, xxxvf Anm. 1; BSNC 142–146). Träger der Sitte in Pal. waren nach E.D. Oren (BSNC 142) Ägypter; sie mag aber auch von der kan., eventuell der philistäischen Oberschicht (*Tell el-Fār'a* Süd?) angenommen worden sein (Weippert 15 Anm. 56). Von der Menge der mehr oder minder naturalistisch gestalteten Gesichtsdeckel hebt sich eine kleine Gruppe mit gröber („grotesk") und technisch primitiver ausgeführten Gesichtszügen und Accessoires ab (*Tell el-Fār'a* Süd; BSNC Abb. 52_{1-4} 53_{4}; vgl. Abb. 71_{4}), die gewöhnlich äg. Söldnern aus dem Kreis der Philister/Seevölker zugewiesen wird (BSNC 142, 149f); doch ist diese These schlecht begründet und wohl zu eng (vgl. z.B. den „grotesken" S.deckel aus *Kōm Abū Billū* in Ägypten: Or NS 40, 1971, Tf. 22_{8}).

Ebensowenig belegen die ähnlichen S.e der E II-Zeit aus dem ammonitischen Bereich (*Saḥāb,* 1S.: Albright 295–297 Tf. 12_{1}f; *'Ammān,* 5 S.e: Yassine, vgl. ANEP 853) Einfluß oder Kolonien der Seevölker im Ostjordanland (so z.B. J.B. Pritchard in W.A. Ward, ed., The Role of the Phoenicians in the Interaction of Mediterranean Civilizations, 1968, 108f), eher das Fortleben eines älteren Brauchs, der in Pal. weiter verbreitet gewesen sein mag, als die bisherige Bezeugung erkennen läßt, wofür die unäg. Weiterbildung der Form spricht. Die zur Klasse B gehörenden S.e weisen im Unterschied zu den älteren paarweise Ösen auf, mittels derer der Deckel am Rumpf festgebunden wurde; weitere Ösenreihen finden sich an den Seitenwänden. Auf den Röhrenwänden sind in Längsrichtung ausgestreckte Arme angegeben: sie fehlen, wo der Deckel keine Gesichtsdarstellung trägt (2 S.e aus *'Ammān*; über den S. aus *Saḥāb* ist nichts Genaueres bekannt).

Anthropoide Stein-S.e benutzten in pers. Zeit die Phönizier. Sonderfälle sind die Bestattungen der sidonischen Könige Tabnīt, 'Ešmūn'azōr I. und einer unbekannten Dame (Buhl, Sarcophagi, Nr. Ca3, Ca5, KIV; O. Hamdy Bey/Th. Reinach, Une nécropole royale à Sidon, 1892, Tf. 44, 52–52bis, 41f; N. Jidejian, Sidon Through the Ages, 1971, Abb. 79–82, 85, 232, 6–9) in importierten äg. Stein-S.en der 26. Dyn. (Ende 6./Anfang 5.Jh., vgl. K. Galling,

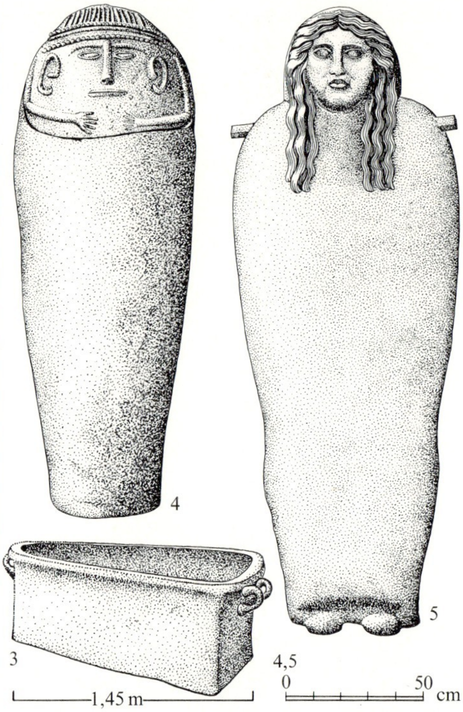

Abb. 71 **Sarkophag, Urne, Ossuar** (3) Wannensarkophag aus dem Grab des 'Adōnīnūr, *'Ammān* (7.Jh.), (4,5) anthropoide Sarkophage aus Beth-Sean (SB IIB/E I) und Gaza (pers.)

ZDPV 79, 1963, 140–151). Die im 5./4.Jh. vor allem in Sidon und Arwad verwendeten anthropoiden Marmor- oder Kalkstein-S.e (Kukahn; Buhl, Sarcophagi, 181–195; Acta Archaeologica 35, 61–80) schließen typologisch nicht an diese Kolossal-S.e, sondern an schlankere äg. S.e aus Holz, Stein und Ton an, wie die älteren Stücke (von aus Ägypten kommenden griech. Bildhauern?) noch deutlich zeigen. Die meisten dieser S.e stellten nach dem Stil der Gesichtsdarstellungen wohl ostgriech. (oder griech. geschulte) Kunsthandwerker her; sowohl im phön. Mutterland wie in den Kolonien kommen aber auch Nachahmungen in Kalkstein aus der Hand einheimischer Handwerker vor. Zwei Exemplare wurden in Pal. in Gaza (Abb. 71_{5}; vgl. Buhl, Sarcophagi, 185f Nr. IVf Abb. 89) und *Šāvē Ṣīyōn* (E. Stern, The Material Culture of the Land of the Bible in the Persian Period 538–332 B.C., 1973, 91 Abb. 105 [hebr.]) gefunden. Daneben gab es auch anthropoide S.e dieser Art aus Holz, die aber wegen der Vergänglichkeit des Materials nur selten erhalten sind. Ein Frauensarg des 4./3. Jh.s aus der pun. Nekropole von *'Erq el-Ġazwānī* bei *Karkawān* (Kerkouane, Tunesien) ist dadurch bemerkenswert, daß (zumindest) der abgewinkelte rechte Unterarm angesetzt ist und die Gewandfalten mit Gips über dem Holz modelliert sind (M. Fantar, CRAIBL 1972, 340–354). Über den Negativabdruck des Deckels eines ähnlichen S.es, der selbst zerfallen war, in Sand in einem Grab in Karthago berichtet L. Delattre, Mémoires de l'Académie des Sciences, Belles-Lettres et Arts de Rouen, 1905, 4–12; vgl. CRAIBL 1905, 328f.

3. Die früheste (2. Hälfte des 11. Jh.s) aus Pal. bekannte U.nbestattung wurde in Grab D63 in *Yāzūr* festgestellt (M. Dothan, IEJ 11, 1961, 173 Tf. 33_{5f} 35_2: Überreste eines Erwachsenen und eines Kindes in einem Pithos). U.ngräber der E II-Zeit kommen in Pal. in küstennahen Orten vor (*ez-Zīb*: Prausnitz, OA 5, 178–182; *'Atlīt*: QDAP 6, 1938, 125f, 152 Abb. 19 Tf. 39_3; *Tell el-'Ağūl*: AG II Tf. 56–58 *passim*; *Tell el-Fār'a* Süd: BP I 11–13; *Tell er-Ruqēš*: Culican; vgl. auch IEJ 24, 1974, 141 Tf. 24A). Als U.n dienten meist phön. Krateres, gelegentlich auch Pithoi, Amphoren und Kannen. Da vergleichbare U.nbestattungen im phön. Mutterland (*Ḫālde*: BMB 19, 1969, 60f, 66f; *Qāsmīye*: Berytus 21, 1972, 147f; *Tell er-Rašīdīye*: RB 13, 1904, 565, 567f) und in den Kolonien im westl. Mittelmeer (vgl. K. Galling, ZDPV 88, 1972, 142; J. M. Blázquez, Tartessos y los orígenes de la colonización fenicia en Occidente, 1975², 337–354) vorkommen, handelt es sich wohl auch in Pal. um Gräber von Phöniziern. Leichenbrand und U.nbestattung sind im 1. Jt. im syr. Binnenland (Karkemiš, Deve Hüyük, Alalaḫ, Hamath: vgl. Hama II/3 27–45) und vereinzelt in Mesopotamien (neuass. Zeit: A. Haller, Die Gräber und Grüfte von Assur, WVDOG 65, 1953, 51–53) bekannt. Die Kremation stammt vielleicht aus dem SB-zeitlichen Kleinasien (vgl. B. Hrouda bei Haller, a.a.O., 182 Anm. 239).

4. Obwohl Zweitbestattungen in Pal. häufig sind (Meyers, BA 33; Jewish Ossuaries, 3–11), finden sich Behälter zur Aufnahme der Gebeine nur selten. Es ist freilich nicht auszuschließen, daß unter den Beisetzungen in Tongefäßen (s.o. →2.) auch Zweitbestattungen vorkommen (z. B.: Sussman/Ben-Aryeh 31 Abb. 4_1). O.e im engeren Sinne, d.h. speziell für diesen Zweck gefertigte Knochenbehälter sind in Pal. bislang nur aus dem CL und der hell.-röm. Zeit belegt.

4.a O.e aus dem CL sind hauptsächlich in der pal. Küstenebene zwischen *el-Ḫeḏēra* und dem *Wādī Ġazze*, ferner einmal in der jud. Wüste nachgewiesen. Sie gehören einer lokalen Ausprägung der *Ġassūl*-Kultur (Ende 4. Jt.) an und wurden meist in künstlichen Höhlen beigesetzt (oft neben Bestattungen ohne O.e). Die O.e enthalten in der Regel nur Schädel und Langknochen; bisweilen sind die Gebeine mehrerer Toter in *einem* O. gesammelt. Zu unterscheiden sind drei *promiscue* vorkommende Typen: steinerne oder tönerne O.e in Trogform (α), gefäß- (β) und hausförmige (γ) aus Ton.

α) Die trogförmigen O.e (Ton: Sukenik 17–20 Abb. 2f Tf. 2_{1f}; Sandstein: Ory 57 Abb. 5; Perrot, 'Atiqot ES 3, 15, 80f Abb. 42_{16} Tf. 5_7; Sussman/Ben-Aryeh 29, 31 Abb. 5 Tf. 6_1; Kalkstein: Perrot, EI 8, 47* Tf. $11*_2$ $12*_1$) sind zwischen 45 und 110 cm lang, zwischen 25 und 80 cm breit und zwischen 19 und 53 cm hoch; die Aushöhlung ist, so weit bekannt, zwischen 15 und 30 cm tief. Alle Exemplare wurden offen gefunden: eine Abdeckung (aus vergänglichem Material?) ist nicht nachgewiesen.

β) Die Grundform der O.e in Gefäßform (Abb. 71_6; Perrot, 'Atiqot ES 3, 66–69 Abb. 35f; Sussman/Ben-Aryeh 30 Abb. 4_{3f}; Perrot, EI 8, Tf. $12*_2$ 13*; vgl. Ory Tf. 16:3_3?) ist eine henkellose Amphore mit flachem Boden und Scheinhals. Der obere Teil der Seitenwand besitzt eine Öffnung, deren oberer Rand zu einer Art Vordach aufgebogen oder mit einem von den Haus-O.en (s.u. →γ) entlehnten Giebel mit „Nase" versehen ist. Einige O.e aus *Yāzūr* sind mit Linienmustern bemalt, eines aus *Ben-Šēmen* trägt plastische Schlangendarstellungen. Vielleicht handelt es sich bei den Gefäß-O.en um eine Weiterentwicklung der Bestattungspithoi des NL/CL mit seitlich herausgebrochener Öffnung (FB V 264f).

γ) Die O.e in Hausform (an allen Fundorten) bilden ein Langhaus von rechtecki-

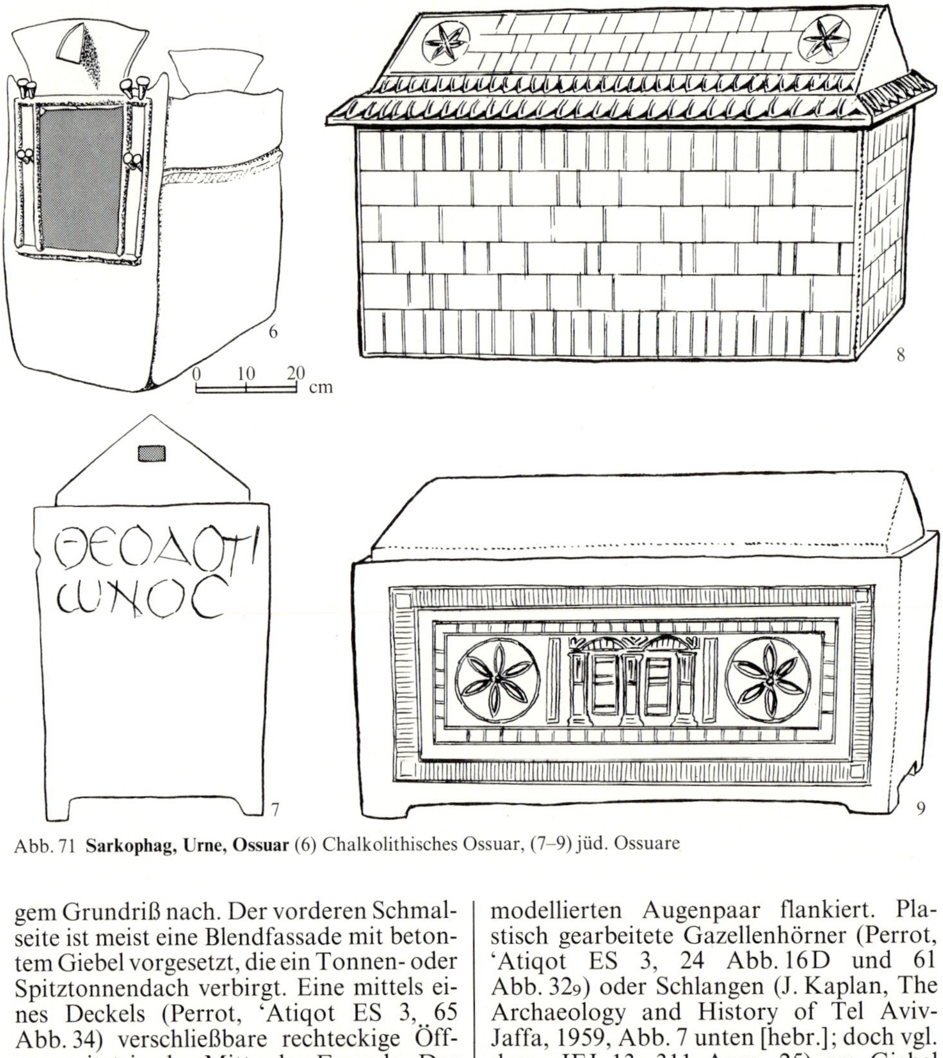

Abb. 71 **Sarkophag, Urne, Ossuar** (6) Chalkolithisches Ossuar, (7–9) jüd. Ossuare

gem Grundriß nach. Der vorderen Schmalseite ist meist eine Blendfassade mit betontem Giebel vorgesetzt, die ein Tonnen- oder Spitztonnendach verbirgt. Eine mittels eines Deckels (Perrot, ʻAtiqot ES 3, 65 Abb. 34) verschließbare rechteckige Öffnung sitzt in der Mitte der Fassade. Der Boden ist in der Regel flach; einige Haus-O.e besitzen vier oder mehr Standpfeiler, andere einen zentralen runden Standfuß. Zahlreiche O.e sind mit linearen Ornamenten bemalt; plastische Dekorationen kommen auf den Vorderfassaden vor (Profilrahmen um Öffnung; Andeutung der Pfosten und Balkenköpfe der vorausgesetzten Balkenkonstruktion). Allen Giebelformen (rund, spitz, rechteckig, zumeist Stufengiebel mit fächerförmigem Abschluß) gemeinsam ist eine vortretende „Nase“ (Vogelschnabel?), oft von einem gemalten oder modellierten Augenpaar flankiert. Plastisch gearbeitete Gazellenhörner (Perrot, ʻAtiqot ES 3, 24 Abb. 16D und 61 Abb. 32_9) oder Schlangen (J. Kaplan, The Archaeology and History of Tel Aviv-Jaffa, 1959, Abb. 7 unten [hebr.]; doch vgl. ders., IEJ 13, 311 Anm. 25) am Giebel haben vielleicht apotropäische Bedeutung (Perrot, ʻAtiqot ES 3, 32–34). Die von Perrot (ebd. 13f) von den Haus-O.en unterschiedenen tierförmigen O.e sind wohl nur eine Untergruppe der ersteren (M. Weippert, ZDPV 79, 1963, 170 Anm. 39; dazu Darstellungen theriomorpher Häuser auf thinitischen Siegeln: z.B. Revue d'Égyptologie 8, 1951, 93–97 Abb. 1–15, 17, 26; EG III Tf. 214_{27}). Die vieldiskutierte Verwandtschaft der hausförmigen O.e mit den europäischen Hausurnen (vgl. F. Behn, Hausurnen, Vorgeschichtliche Forschungen 1/1, 1924) ist wohl eher funktional als genetisch.

4.b Die pal. O.e (jüd.-aram. sg. **ḥlh* [wohl **ḥillā*], J.T. Milik, LA 7, 1956/57, 234f Z. 1; J. Naveh, IEJ 20, 1970, 36f Nr. 4 Z. 1; vgl. Milik, a.a.O., 238, wie phön. *ḥlt* „Sarkophag", KAI Nr. 14 Z. 3, 5, 7, 11, 21) der hell.-röm. Zeit sind, wie ihre Inschriften (bisher nicht umfassend gesammelt; vieles bei J.B. Frey, Corpus Inscriptionum Iudaicarum I, 1936; II, 1948, *passim*) zeigen, jüd. Ursprungs und, ohne daß bisher ein genauerer Termin genannt werden kann, seit dem 1.Jh. v.Chr. belegbar (vgl. auch →Grab, 3.dδ); die jüngsten Exemplare dürften aus dem 3./4.Jh. n.Chr. stammen. Ihr Hauptverbreitungsbereich ist bis 70 n.Chr. Jerusalem und Umgebung; doch kommen sie später in allen Teilen Pal.s (vgl. Meyers 37–39) und in der Diaspora (Alexandria: JS I 115 III Abb. 113, 216; Karthago: J. Ferron, Cahiers de Byrsa 6, 1956, 106f Tf. 10f; Spanien: H. Beinhart, EI 8, 1967, 299–301 Abb. 1) vor. In der Regel handelt es sich um Steinkisten mit nach außen geneigten Wänden, die meist auf vier Füßen stehen, aber auch einen flachen Boden haben können (Beispiele: JS III Abb. 105–231). Selten sind O.e aus Ton (E.L. Sukenik, Tarbiz 1, 1930, 124 Tf. $2_{3,3a}$; F. Vitto, IEJ 24, 1974, 279 Tf. 61A; Ferron, a.a.O., 107 Tf. 11) und Blei (JS I 123 III Abb. 173); O.e aus Holz werden aufgrund von Nägelfunden in Gräbern postuliert (vgl. auch →2.a). In Ausnahmefällen benutzte man wohl auch andere Behälter, z.B. Körbe (Yadin, Cave of Letters, Tf. 6). Die O.e sind mit einem Deckel verschlossen, der die Form eines Flach-, Flachtonnen-, Sattel-, Walm- oder Fußwalmdaches haben kann. Der einfachste O.typus ist unverziert und trägt höchstens eine aram., griech. oder bilingue Inschrift, die angibt, wessen Gebeine sich darin befinden (Abb. 71_7). Die Mehrzahl der O.e ist jedoch auf den Seitenwänden, oft auch auf dem Deckel, mit einer charakteristischen Mischung von orientalischen und orientalisierten hell. Motiven ornamentiert, wie sie auch sonst, z.B. bei der Dekoration jüd. Bauten der röm.-byz. Zeit, vorkommt (Meyers 44–47 [Lit.]). Bes. typisch sind die Zirkelrosette in unterschiedlicher Ausgestaltung (oft in Kerbschnittechnik), Zickzackbänder für Umrahmungen und die Darstellung eines Portals (Abb. 71_9) oder einer „jonischen" Säule (vgl. JS III Abb. 160–162, 165–167) in der Symmetrieachse der Seitenwände. Geschätzt hat man auch die Imitation von Mauerwerk in röm. Bautechnik auf den Seitenwänden (Abb. 71_8 [auch auf dem Deckel]; EI 8, 1967, Tf. 39_1; JS III Abb. 108, 135 [nur Rückseite], 138/140 vgl. 107?). Auch die dekorierten O.e sind häufig mit Namensinschriften versehen. Die Herkunft des Brauchs ist noch ungeklärt (vgl. dazu Meyers 27–36). Sicher steht er in der pal. Tradition der Zweitbestattung (vgl. →4.); die Form könnte eine Adaption des Kasten-S.es für diesen Zweck sein.

Literatur: Zu 2.a: M. Chéhab, Observations au sujet du sarcophage d'Ahiram, MUSJ 46, 1970/71, 105–117 – R. Hachmann, Das Königsgrab V von Jebeil (Byblos): Untersuchungen zur Zeitstellung des sogen. Ahiram-Grabes, Istanbuler Mitteilungen 17, 1967, 93–114 – JS I 133–139 – I. Kleemann, Der Satrapen-Sarkophag aus Sidon, Istanbuler Forschungen 20, 1958 – E. Porada, Notes on the Sarcophagus of Ahiram, The Journal of the Ancient Near Eastern Society of Columbia University 5, 1973, 354–372 – K. Schefold, Der Alexander-Sarkophag, 1968 – F. Winter, Der Alexander-Sarkophag aus Sidon, Schriften der Wissenschaftlichen Gesellschaft in Strassburg 15, 1912 (wichtig für die Bemalungsspuren).

Zu 2.c: W.F. Albright, An Anthropoid Clay Coffin from Saḥāb in Transjordan, AJA 36, 1932, 292–306 – BSNC 101–150 – M.-L. Buhl, The Late Egyptian Anthropoid Sarcophagi, Nationalmuseets Skrifter, Arkæologisk-Historisk Række 6, 1959 – dies., Anfang, Verbreitung und Dauer der phönikischen anthropoïden Steinsarkophage, Acta Archaeologica 35, 1964, 61–80 – T. Dothan, The Philistines and their Material Culture, 1967, 211–246 (hebr.) – dies., Anthropoid Clay Coffins from a Late Bronze Age Cemetery near Deir el-Balaḥ (Preliminary Report), IEJ 22, 1972, 65–72 – dies., The Cemetery near Deir el-Balaḥ and Burial in Anthropoid Sarcophagi in Eretz-Israel, Qadmoniot 5, 1972, 21–25 (hebr.) – dies., Anthropoid Clay Coffins from a Late Bronze Age Cemetery near Deir el-Balaḥ (Preliminary Report II), IEJ 23, 1973, 129–146 – dies./Y. Bet-Arieh, Rescue Excavation at Deir el-Balaḥ, Qadmoniot 5, 1972, 26 (hebr.) – R. Hestrin, Two Anthropoid Clay Coffins, *Ḥădāšōt Mūzẹ'ōn Yiśrā'ẹl* 9, 1972, 65–67 (hebr.) – E. Kukahn, Anthropoide Sarkophage in Beyrouth und die Geschichte dieser sidonischen Sarkophagkunst, 1955 – I. Perlman/F. Asaro/T. Dothan, Provenance of the Deir el-Balaḥ Coffins, IEJ 23, 1973, 147–151 – E. Stern, Phoenician Anthropoid Coffins from Eretz-Israel, Qadmoniot 4, 1971, 27f (hebr.) – W.H. Stiebing, Jr., Another Look at the Origins of the Philistine Tombs at Tell el-Far'ah (S), AJA 74, 1970, 139–143 – J.C. Waldbaum, Philistine Tombs at Tell Fara and their Aegean Prototypes, AJA 70, 1966, 331–340 – M. Weippert, Göttingische Gelehrte Anzeigen 223, 1971, 1–20 (Besprechung T. Dothan, The Philistines and their Material Culture, 1967) – G.E. Wright, Philistine Coffins and Mercenaries, BA 22, 1959, 54–66 – Kh.N. Yassine, Anthropoid Coffins From Raghdan Royal Palace Tomb in Amman, ADAJ 20, 1975, 57–68.

Zu 3.: W. Culican, The Graves at Tell er-Reqeish, Australian Journal of Biblical Archaeology 2/2, 1972, 66–105 – M.W. Prausnitz, A Phoenician Krater from Akhziv, OA 5, 1966, 177–188 – ders., Israelite and Sidonian Burial Rites at Akhziv, Proceedings of the Fifth World Congress of Jewish Studies, 1969, 85–89.
Zu 4.a: J. Kaplan, Excavations at Benei Beraq, 1951, IEJ 13, 1963, 300–312 – B.A. Mastin, Chalcolithic Ossuaries and Houses for the Dead, PEQ 97, 1965, 153–160 – E.M. Meyers, Secondary Burials in Palestine, BA 33, 1970, 1–29 – ders., Jewish Ossuaries: Reburial and Rebirth. Secondary Burials in Their Ancient Near Eastern Setting, Biblica and Orientalia 24, 1971 – J. Ory, A Chalcolithic Necropolis at Benei Beraq, QDAP 12, 1946, 43–57 – J. Perrot, Une tombe à ossuaires du IVe millénaire à Azor, près de Tel-Aviv, 'Atiqot ES 3, 1961, 1–83 – ders., Tombes à ossuaires du IVe millénaire en Palestine, CRAIBL 1964, 1965, 15–26 – ders., Les ossuaires de Ben Shemen, EI 8, 1967, 46*–49* – E.L. Sukenik, A Chalcolithic Necropolis at Ḥederah, JPOS 17, 1937, 15–30 – V. Sussman/S. Ben-Aryeh, Ancient Burials in Giv'atayim, 'Atiqot HS 3, 1966, 27–39.
Zu 4.b: JS I 110–133 – E.M. Meyers, Jewish Ossuaries (s.o. unter 4.a; Lit. ebd. 97–107) – R. Houston Smith, The Cross Marks on Jewish Ossuaries, PEQ 106, 1974, 53–66.
M. Weippert

Schaufel

Sch.n (hebr. *yā'īm,* stets pl.) aus polierter Bronze kennt das AT als Kultgeräte (im Wüstenheiligtum: Ex. 27_{3}; im Tempel: 1R. $7_{40,\,45}$) zum Auflegen von Kohle und zum Entfernen der Asche beim Brandopfer. Solche Zwecke kann die SB IIB-zeitliche Bronze-Sch. aus Megiddo mit ihrer nur 15 cm langen rechteckigen Sch.fläche, ihrem niedrigen Rand und ihrem dünnen, 42 cm langen gedrehten Stiel (Meg II Tf. 238_{2}) in einem kan. Tempel erfüllt haben, während sie für schwerere Arbeiten sicher ungeeignet war. Die ähnliche Sch. aus Beth-Semes (E. Grant, Beth Shemesh, 1929, 137) ist analog zu datieren. Keinen Stiel, sondern nur einen kurzen Zapfen, der in einen hölzernen Stiel eingelassen wurde, besitzt eine Bronze-Sch. aus der SB IIA-Zeit vom *Tell el-Qāḍī* (IEJ 20, 1970, 118 und A. Kempinski mündlich). Sie stammt aus Grab 387, in dem sich neben einheimischer Keramik auch myk. und zypr. Importstücke fanden. Das bestärkt die Vermutung, daß die bisher im Pal. der SB-Zeit gefundenen Sch.n zypr. Ursprungs sind. Rechteckige Sch.n mit gedrehtem Stiel wie die Exemplare aus Megiddo und Beth-Semes kommen während der SB-Zeit in Zypern häufig vor (Catling, Bronzework, 100 Tf. 10c,d,e).

Die verzierten Sch.n aus röm. Zeit mit vier kleinen Füßen unter der Sch.fläche und kurzem Stiel (AOB 151; Yadin, Cave of Letters, Tf. 15f) sind als Kultgeräte der Synagoge ein bevorzugtes Motiv der jüd. Kunst (vgl. z.B. →Abb. 84_{2}).

Sch.n bzw. Spaten wurden zur Bodenbearbeitung, bes. zum tieferen Graben, neben der →Hacke benötigt. Da nur wenige metallene Geräte, die eine solche Erklärung erlauben, aus Pal. seit der E- bis in die röm. Zeit bekannt sind (Ger Tf. 27_{1}; L III Tf. 62_{1}; EG II Abb. 224; SS III Abb. 113_{6}), waren die meisten wohl aus Holz (vgl. hebr. *yātēd* in Dt. 23_{14} = Spaten?, das sonst den hölzernen Zeltpflock oder den hölzernen Weberbaum bezeichnet, vgl. →Weben und Weberei). *H. Weippert*

Schiff

1. Terminologie. 2. Typologie. 3. Archäologie.

1. Sch.fahrt zum Zwecke des Übersetzens (Mc. 4_{35} 5_{1} par.) und des Fischfangs (Mc. 1_{16-20} par.) hat es auf pal. und syr. Binnengewässern zu allen Zeiten gegeben; vgl. röm. Hafenanlagen am Toten Meer (→Hafen, 3.), den Steinanker vom See Genezareth (s.u. →3.) und die *Mādebā*-Karte (M. Avi-Yonah, The Madeba Mosaic Map, 1954, Tf. 1–3). In der Seefahrt dagegen hatte Israel zu keiner Zeit eine selbständige Rolle gespielt. Salomo stützte sich auf die Phönizier (1R. 9_{26f} 10_{11f}, zu 10_{22} vgl. Galling 10–15), und der Versuch Josaphats, eine eigene Flotte zu bauen, schlug fehl (1R. 22_{49}). So ist von Sch.en stets in Verbindung mit Phöniziern (1R. 9_{26f} $10_{11,22}$ Ez. 27_{9} Jon. 1_{3}) und anderen Völkern (Kittäern: Nu. 24_{24} Da. 11_{30}; Ägyptern: Jes. 18_{2}) die Rede, wie auch Ez. 27_{3-8} ausführlich ein phön. Sch. beschreibt (Rüger 28–32). Dem entspricht, daß die hebr. Sprache neben dem allgemeinen Ausdruck *'ŏnī* bzw. *'ŏnīyā* (ug. *ảny*/*ảnyt*) für Sch. nur anderen Sprachen entlehnte Synonyma kennt: *ṣī* (Nu. 24_{24} Jes. 33_{21} Da. 11_{30}), **śəkīyā* (Jes. 2_{16}) aus äg. *ḏ;j* und *śktï* (K. Budde, ZAW 49, 1931, 198; vgl. A. Alt, AfO 15, 1945–51, 69–71; K. Aartun, WO 4, 1967–68, 281) und *səpīnā* (Jon. 1_{5}, parallel zu *'ŏnīyā* in V. $_{3}$) aus aram. *səpīnətā* (eigentlich = „Sch. mit einem Deck", Salonen 19). Erst durch Komposita werden Schilfkähne (*'ŏnīyōt 'ẹbē*, Hi. 9_{26} = *kəlẹ̄ gōmē* „Papyrusnachen", Jes. 18_{2}), See-(*'ŏnīyōt hayyām,* Ez. 27_{9}, vgl. C.H. Gordon, Ugaritic

Textbook, Analecta Orientalia 38, 1965, Nr. 2061$_{13f}$), Handels- (*'ŏnīyōt sōḥēr*, Prv. 31$_{14}$), Ruder- (*'ŏnī šayiṭ*, Jes. 33$_{21}$ vgl. Ez. 27$_{6}$), Tarsis- (*'ŏnī/'ŏnīyōt taršīš*, Jes. 2$_{16}$ u.ö. = „Großsegler", vgl. Galling 9f und äg. *kbn.t*; dazu auch →Handel und Verkehr, 5.) und Kittäer-Sch.e (*ṣiyīm kittīm*, Da. 11$_{30}$) unterschieden. Nur für zu Flößen zusammengebundene große Baumstämme, die von Sch.en geschleppt wurden (vgl. Strabo VII 4$_{1}$), kennt das AT den bes. hebr. Terminus *dōbərōt* (1R. 5$_{23}$ – zu *rapsōdōt* in 2Ch. 2$_{15}$ vgl. Stieglitz 87f).

2. Die ältesten und reichsten Zeugnisse für den antiken Sch.sbau finden sich in Ägypten. Die Fluß-Sch.e mit den an beiden Enden nach innen hochgebogenen Steven behielten bis in die Spätzeit ihre an die vorgeschichtlichen Papyrusflöße angelehnte Gestalt. Sie besaßen am Heck zwei feststehende Steuerruder und wurden nilaufwärts mit Segeln, nilabwärts mit Rudern angetrieben. Schon im 3.Jt. schickten die Ägypter Sch.e über die Nilmündung hinaus der Küste entlang nach Syr., so daß „Byblosfahrer" (äg. *kbn.t*) für sie die Bezeichnung für Groß-Sch.e wurde. Solche See-Sch.e waren im Prinzip umgebaute Fluß-Sch.e, deren kielloser Rumpf durch an Bug und Heck mit Gurten gehaltene Spanntrossen versteift wurde (Syr.-Sch.e des Saḥure': ANEP 41f; Modell: Faulkner Tf. 2f; Landström Abb. 187–191, 197–199; Punt-Sch.e der Hatschepsut, Modell: Faulkner Tf. 4; Landström Abb. 372, 376f). Ihre Größe ist schwer zu bestimmen. Die Erzählung des Schiffbrüchigen aus dem MR spricht von einem seetüchtigen Sch. von 120 × 40 Ellen (ca. 60 × 20 m) mit 120 Mann Besatzung (A. Erman, Die Literatur der Ägypter, 1923, 58f). Dieselben Maße nennt die Grabinschrift des Ineni für ein Last-Sch. der Zeit Thutmosis' I. zum Transport zweier, zusammen 372 Tonnen schwerer Obelisken (Landström 128f). Dagegen waren die Sch.e der Saḥure'-Reliefs kaum größer als 17,5 × 4 m (ebd. 65), während das Königs-Sch. des Cheops 43,4 × 5,9 m mißt. Mit der Größe der Sch.e wuchs die der Segel. Im AR nur an einer Rahe befestigt, wurden sie zur Vergrößerung der Fläche vom MR an zwischen zwei Rahen gespannt, die dann im NR stetig verlängert wurden. Zum Reffen der Segel wurde die obere Rahe herabgelassen (Landström

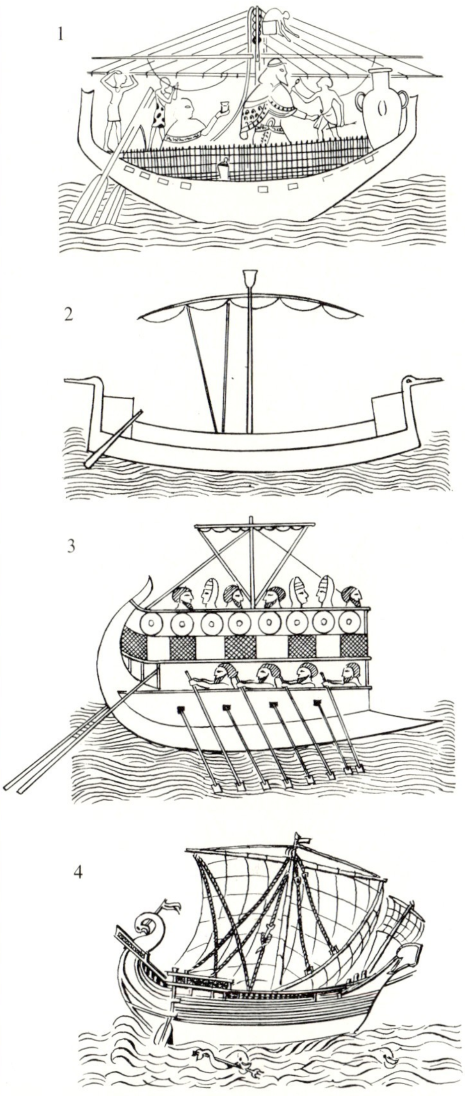

Abb. 72 **Schiff** (1) Syr. Handelsschiff (äg. Darstellung, 14.Jh.), (2) Philisterschiff (äg. Darstellung, E I), (3) phön. Kriegsschiff (ass. Darstellung, E II), (4) Handelsschiff (Sarkophagrelief aus Sidon, röm.)

Abb. 327, 404). Auch die älteste Darstellung syr. Handels-Sch.e stammt aus Ägypten (1. Hälfte des 14.Jh.s; Abb. 72$_{1}$, vgl. Davies/Faulkner). Ihre Besonderheit sind die senkrecht aufstehenden Vor- und Achtersteven, der Mastkorb (auf äg. Sch.en erst unter Ramses III. belegt: ANEP 341; Landström Abb. 344) und die Umzäunung des Laderaumes. Zudem scheint, anders als in Ägypten üblich, beim Reffen des Segels die untere Rahe hinaufgezogen worden zu sein. Ähnlich zeigen die Reliefs von der Schlacht Ramses' III. gegen die Philister die philistäischen, wie erstmals auch die äg. Kampf-Sch.e mit unter der oberen Rahe zusammengezogenen Segeln (AOB 112; Landström Abb. 345f). Eines dieser Philister-Sch.e mit erhöhtem Setzbord (Schutzwand), zwei hohen Vogelkopfsteven und einem Mastkorb zeigt Abb. 72_2. Im Unterschied zu den Sch.en Ramses' III. fehlt ihm ein Rammsporn und ein Ruderbord zur Fortbewegung bei Windstille.

Phön. Ruder-Sch.e mit in Pferdeköpfen endenden Steven sind von Reliefs Salmanassars III. (AOB 126; ANEP 356) und Sargons II. (ANEP 107) bekannt. In der Zeit Sanheribs, der sich von phön. Bauleuten Sch.e herstellen ließ, kommen dreideckige Kriegs-Sch.e mit Rammsporn auf. Sie haben ein offenes Oberdeck für die Krieger und zwei darunterliegende Ruderdecks, die eine Verstärkung der Rudermannschaft und damit erhöhte Wendigkeit im Kampf ermöglichten (Abb. 72_3).

Weitere E-zeitliche Sch.sdarstellungen fehlen (die von R. R. Stieglitz, IEJ 23, 1973, 236f auf dem Ma'ăśēyāhū-Siegel als Sch. gedeutete Figur ist eine Palmette in phön. Stil, so Y. Yadin, IEJ 24, 1974, 32f). In hell. und röm. Zeit finden sich Wiedergaben von Sch.en in Gräbern (dazu B. Mazar, Beth She'arim, 1957, 102, 155f [hebr.]) und auf Münzen (Ben-Eli). Aus hell. Zeit besitzen wir recht grob gezeichnete Graffiti auf Grabwänden in *Bēt Ǧibrīn* (PEFQSt 51, 1919, 76–78) und *Ḫirbet Bēt Layy* (IEJ 13, 1973, 78 Abb. 7). Graffiti im Jason-Grab zu Jerusalem zeigen ein – durch Segel und Ruder vorwärts bewegtes – Kriegs-Sch. bei der Verfolgung zweier Handels-Sch.e ('Atiqot HS 4, 1964, Tf. 10_{1f}), von denen eines neben dem Haupt- ein Vorsegel besitzt. Diese technische Verbesserung, die Segeln auch bei halbem Wind gestattet, ist noch deutlicher bei dem röm. Sch. eines Sarkophagreliefs aus Sidon zu erkennen (Abb. 72_4). Einen einfacheren Typus des Segel-Sch.s repräsentieren die Graffiti von *Bēt Šəʿārīm* (Bulletin of the Jewish Palestine Exploration Society 4, 1936–37, 118 = QDAP 10, 1944, Tf. 29_4; Mazar, a.a.O., Tf. 23_{1f}).

3. Die archäologischen Sch.sfunde beschränkten sich bis vor kurzem – von den papyrusförmigen Booten aus dem Bereich der Pyramide Sesostris' III. in *Dahšūr* (vgl. Landström 90) abgesehen – auf Modelle, zumeist aus Ägypten, vereinzelt auch aus Syr. (FB II Tf. 69_{10089} II/2 1051 zu Nr. 19010). Erst das 1955 in *Gīze* aufgedeckte Königs-Sch. des Cheops gab detaillierte Einblicke in die äg. Sch.sbautechnik (vgl. Landström 26–34), und in neuester Zeit ist die Unterwasserarchäologie dabei, bislang unzugängliche Fundkomplexe zu erschließen, deren Erforschung wichtige neue Erkenntnisse verspricht. Da ein Überblick noch nicht zu geben ist, sei auf einzelne Beispiele verwiesen. Die bislang ältesten Unterwasserfunde sind Reste eines Sch.s aus der Zeit um 1500 in der Bucht von Lipari (bisher noch nicht publiziert). Es folgt in der ausgehenden SB-Zeit das vor Kap Gelidonya gesunkene phön. Handels-Sch. mit einer Ladung zypr. (?) Kupferbarren. Die (für eine Größenbestimmung zu geringen) Überreste des Rumpfes zeigen, daß der Sch.sboden – zur besseren Lastenverteilung? – innen mit Ästen und Zweigen bedeckt war. Einzelfunde deuten in Verbindung mit der Ladung darauf hin, daß der Seehandel im östl. Mittelmeer zu jener Zeit in den Händen der Kanaanäer lag.

Als frühester Beleg für die, aus röm. Zeit bekannte, Außenverkleidung des Sch.srumpfes mit Blei ist das Wrack von der Straße von Messina (bei Porticello) aus dem Ende des 5. Jh.s zu nennen. Das ca. 20–25 m lange, mit Amphoren u.a. beladene Handels-Sch. war in Schalenbauweise konstruiert, die einzelnen Planken mit Bronzenägeln an den Spanten befestigt. Zum gleichen Typ gehört das im 4. Jh. gebaute, 11,4 × 4,8 m große Fracht-Sch., das mit 403 Amphoren und 29 Mühlsteinen an Bord vor Kyrenia sank. Handels-Sch.e mittlerer Größe (ca. 19 × 6,6 m) waren auch die beiden Wracks von Yassi Adda aus dem 4. und 7. Jh. n. Chr., deren enge Verwandtschaft auf eine über Jahrhunderte bestehende Tradition des Sch.sbaues weist.

Die Sch.sanker waren während der ganzen B- und E-Zeit, vereinzelt auch in späteren Epochen, aus Stein. Sie sind nach Form (Rechteck oder längliches Dreieck) und Verwendungsbereich (sandige oder felsige Meeresböden) unterschieden. Die beiden wichtigsten und durch Beispiele der MB- und SB-Zeit aus Ugarit, Byblos u.a. belegten Typen sind der Felsanker mit nur einem Loch am oberen Rand für das Tau – Beispiele der MB II-Zeit in Ugarit (Frost, Ug VI, 237f, 244f) und Byblos, durch die Saḥure'-Reliefs schon um 2400 bezeugt (Landström Abb.192) – sowie der daraus entwickelte Kompositanker mit zusätzlichen Löchern an den beiden unteren Ecken für Holzpflöcke, die sich bei Bedarf in den sandigen Boden bohrten – Beispiele der SB-Zeit in Larnaka und Ugarit. Im 6.Jh. entwickelte sich die heute noch übliche Ankerform, zunächst wohl aus Holz mit bleibeschwertem Schaft und metallverstärkten Spitzen (Owen 3), dann mit metallenem Ankerstock an hölzernem Schaft (Beispiele von Syrakus: Archaeology 23, 1970, 317). Daneben blieb bei kleineren Sch.en auf dem See Genezareth noch in röm. Zeit der Steinanker in Gebrauch (BA 24, 1961, 54 Abb. 9).

Das Gewicht SB-zeitlicher Steinanker lag im Schnitt zwischen 100 und 200 kg und entsprach damit dem der griech.-röm. Metallanker. Davon ausgehende Rückschlüsse auf Sch.sgrößen sind problematisch, da ein Sch. mehrere Anker gehabt haben kann; doch läßt der Steinanker von ca. 600 kg aus Ugarit (Frost, Ug VI, 235, 244f Tf. 1_5; von Galling 176 Anm. 217 in hell. Zeit datiert) auf ein Sch. von 200 Tonnen und 20 m Länge schließen (Frost, a.a.O., 238f). Tatsächlich betrug die Ladefähigkeit antiker Fracht-Sch.e durchschnittlich 150 Tonnen (Casson 183f). Frachter von 350–500 Tonnen waren daneben durchaus geläufig, Sch.e über 1000 Tonnen hingegen eine große Seltenheit (Casson 184ff).

Unter den primitiven Verhältnissen, mit denen Sch.spassagiere damals zu rechnen hatten, mag man auf einem Sch. durchschnittlicher Größe an die 300 Personen (Act. 27_{37}), bei größeren sogar bis 600 (Josephus, Vita 15) untergebracht haben.

Literatur: G.F. Bass, Cape Gelidonya – A Bronze Age Shipwreck, Transactions of the American Philosophical Society 57/8, 1967 – ders./F.H.van Dorninck, Jr., A Fourth Century Shipwreck at Yassi Ada, AJA 75, 1971, 27–37 – A.L. Ben-Eli, Ships and Parts of Ships on Ancient Coins, 1976 (hebr.) – L. Casson, Ships and Seamanship in the Ancient World, 1971 – N.de G. Davies/R.O. Faulkner, A Syrian Trading Venture to Egypt, JEA 33, 1947, 40–46 – R.O. Faulkner, Egyptian Seagoing Ships, JEA 26, 1940, 3–9 – H. Frost, The Stone-Anchors of Ugarit, Ug VI, 1969, 235–245 – dies., The Stone-Anchors of Byblos, MUSJ 45, 1969, 425–442 – K. Galling, Der Weg der Phöniker nach Tarsis in literarischer und archäologischer Sicht, ZDPV 88, 1972, 1–18, 140–181 – A. Göttlicher/W. Werner, Schiffsmodelle im Alten Ägypten, 1971 – D. Gray, Seewesen, Archaeologia Homerica I/G, 1974 – V. Karageorghis, Notes on a Late Cypriote Settlement and Necropolis Site near Larnaca Salt Lake, Report of the Department of Antiquities of Cyprus, 1968, 1–11 – M.L. Katzev, The Kyrenia Shipwreck, Expedition 11/2, 1969, 55–59 – ders., Kyrenia 1969: A Greek Ship is Raised, Expedition 12/4, 1970, 6–14 – B. Landström, Die Schiffe der Pharaonen, 1970 – J.S. Morrison/R.T. Williams, Greek Oared Ships 900–322 B.C., 1968 – D.I. Owen, Ausgrabung eines Schiffwracks aus dem 5. Jahrhundert v.Chr. in der Straße von Messina, Antike Welt 4/1, 1973, 3–10 – H.-P. Rüger, Das Tyrusorakel Ez. 27, Diss. theol. ev. Tübingen, 1961 (masch.) – A. Salonen, Die Wasserfahrzeuge in Babylonien, Studia Orientalia 8/4, 1939 (vgl. bes. die Tafelabbildungen) – R.R. Stieglitz, Maritime Activity in Ancient Israel, 1971 (Microfilm). *M. Wüst*

Schild

In erster Linie ist der Sch. die Schutzwaffe des →Lanzen-Kämpfers (Abb. 73_1); sodann erscheinen Sch.träger häufig zur Dekkung von →Bogen-Schützen (z.B. AOB 132; ANEP 368). Nur die bisweilen mit Stacheln besetzten ass. Sch.e (vgl. etwa Mallowan, Nimrud I, Abb. 63) konnten beim Nahkampf auch als Angriffswaffen eingesetzt werden.

Nur einmal unterscheidet das AT (1R. 10_{16}f) zwischen *ṣinnā* als dem größeren und *māgēn* als dem kleineren Sch. (bei beiden handelt es sich um goldbeschlagene Parade-Sch.e). Wenn 2S. 1_{21} Jes. 21_5 von geölten Sch.en sprechen, so setzen sie lederbespannte Holz-Sch.e voraus. Solche, wohl oft durch Nagelbeschlag verstärkte Sch.e dürften in Syr.-Pal. in der B- und E-Zeit das Übliche gewesen sein (vgl. für Ägypten, MR: ANEP 180), da nur wenig Sch.e bzw. Sch.fragmente überkommen sind. Die

Abb. 73 **Schild** Reliefdarstellungen eines heth. Gottes und eines syr. Reiters (Zincirli, *Tell Ḥalāf*, 9./8.Jh.)

Fundliste umfaßt zwei Sch.buckel der E I-Zeit aus Sichem (E. Przeworski, Eurasia Septentrionalis antiqua 10, 1936, 95), zwei der E II-Zeit aus Zincirli (Sendsch V Tf. 54c, e) und ein Gorgo-Sch. aus Karkemiš, das wohl wie die dort gefundenen →Beinschienen (→Abb. 13_2) einem hier (604) kämpfenden griech. Söldner gehörte (Ca II Tf. 24; vgl. Galling 165; zum Motiv: Berytus 14, 1961–63, 1–22). Aus dem weiteren Umkreis Syr.-Pal.s kommen mehr oder weniger gut erhaltene bronzene Sch.e aus dem Zypern der SB-Zeit (Catling, Bronzework, 142–146 Tf. 18d,e); die E-zeitlichen Sch.e aus Kreta (E. Kunze, Kretische Bronzereliefs, 1931, 52–69), *Nimrūd,* Kamir-Blur (Hrouda, Kulturgeschichte, 133 mit Anm. 111, 113) und Toprak Kale (R.D. Barnett, Iraq 12, 1950, 13–15; AnSt 22, 1972, 163–168) sind bis auf die Exemplare aus *Nimrūd* mit figürlichen Darstellungen verziert, die Sch.e aus Toprak Kale tragen zusätzlich Keilinschriften.

Für eine Vorstellung von den in Syr.-Pal. gängigen Sch.typen ist man in erster Linie auf zeitgenössische Darstellungen angewiesen. Für die MB-Zeit ist der rechteckige Sch. durch ein Ritzbild in Grab P3 von Jericho belegt (Jer II Abb. 76); in der SB II- und E IIA-Zeit ist er durch zwei Bronzefiguren aus Megiddo (ANEP 496, 494), im 8./7. Jh. durch die sogenannte Kriegervase aus Megiddo (AOB 24; ANEP 60) bezeugt. Ob auch drei auf einem SB II-zeitlichen Tongefäß (Kernos?) dargestellten Krieger den rechteckigen Sch. tragen, ist nicht ganz sicher (vgl. Meg II Tf. 247_7). Mit rechteckigen Sch.en kämpften ferner die Hethiter (ANEP 345) und die Seevölker (AOB 62) gegen die Ägypter. Auch der Rund-Sch. kommt in Pal. bereits in der SB II-Zeit vor: auf zwei Elfenbeinplaketten aus Megiddo sind Infanteristen (MegIv Tf. 32_{159} 33_{161}) und Wagenkämpfer (ebd. Tf. 32_{159}) damit ausgestattet. Der Rund-Sch. gehört dann auch zur Ausrüstung der Seevölker-Krieger, in der E II-Zeit wird er bei Syrern (Abb. 73_2), Assyrern (Hrouda, Kulturgeschichte, Tf. 23_{22-29} 24_{1-5}) und Israeliten (bei der Belagerung von Lachis im Jahr 701: AOB 141; ANEP 373; Ausschnitt: →Abb. 14_1) dargestellt. Den oben abgerundeten, unten geraden Sch. (=Turm-Sch.) kannten Ägypter (ANEP 345) wie Assyrer (Hrouda, a.a.O., Tf. 24_{6f}). Bei Belagerungen benutzten letztere einen übermannshohen, oben über dem Kopf zurückgebogenen Sch. (= Setztartsche) zum Schutz gegen Geschosse, die von den Stadtmauern herabgeschossen wurden (ebd. Tf. 24_{9-11}). Diesen Sch.typ zeigt erstmals ein Relief der FB-Zeit aus Mari (IEJ 22, 1972, 90 Abb. 1). Eine heth. Besonderheit sind Sch.e in der Form einer 8 (Wreszinski, Atlas II, 83), wie sie in spätheth. Zeit noch in Nordsyr. vorkommen (Abb. 73_1).

Literatur: Bonnet, Waffen, 181–201 – K. Galling, Goliath und seine Rüstung, VTS 15, 1966, 150–169 – Hrouda, Kulturgeschichte, 90f, 133f – Yadin, Warfare, *passim.*

H. Weippert

Schlange

1. Allgemeines. 2. Bronze-Schl.n. 3. Schl.n auf Gebrauchsgegenständen. 4. Gottheit und Schl.

1. Der Fauna des östl. Mittelmeerraumes entsprechend gibt es auch in Pal. zahlreiche Schl.narten: neben ungiftigen Nattern vor allem Vipern und Ottern mit mehreren Unterarten. Wissenschaftlich zuverlässig erarbeitet ist das zoologische Material neben der Arbeit von Barash/Hoofien nur in älteren, allerdings in der Nomenklatur überholten Arbeiten (z.B. Anderson). In welchem Maße Schl.n auch im Altertum den pal. Alltag prägten, zeigen neben Am. 5_{19} Mt. 7_{10} die in Thaanach gefundenen Schl.nköpfe aus Privathäusern (TT I 112; apotropäisch?), ebenso die Orts- und Personennamen, die von Schl.n abgeleitet sind (1R. 1_9 1S. 11_{1f}). Abgesehen von geflügelten Schl.n (→Mischwesen, 4.) begegnet im AT zweimal die auch Nehustan genannte eherne Schl. (*nəḥaš nəḥōšet*), die nach 2R. 18_4 als Kultgerät im Jerusalemer Tempel der Reform des Königs Hiskia zum Opfer fiel und die nach Nu. 21_{4-9} von Mose in der Wüste aufgerichtet wurde (→Feldzeichen, 1.). Ohne literarisch voneinander abhängig zu sein, sind die beiden Stellen doch so aufeinander zu beziehen, daß die auch 2R. 18_4 belegte Rückführung des Jerusalemer Kultgerätes auf Mose dieses legitimieren sollte (V. Fritz, Israel in der Wüste, 1970, 93–96). Strittig ist die Deutung der ehernen Schl. Ob sie ein Fruchtbarkeitssymbol war (so Joines, JBL 87, 246–250), ist fraglich. Eine Bildvorstellung vermitteln die Bronze-Schl.n (Abb. 74_{1f}) oder die Darstellungen auf Standarten (R.D. Barnett, EI 8, 1967, 3*).

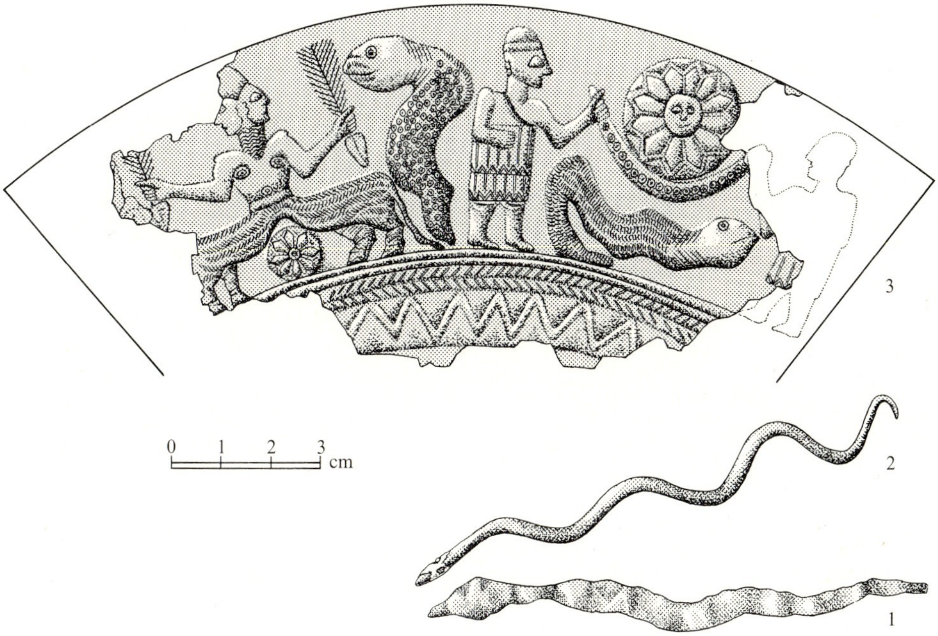

Abb. 74 **Schlange** (1,2) Bronzeschlangen aus Hazor (MB IIB) und *el-Menē'īye* (E I), (3) Abrollung eines Silberbechers aus *'En Sāmiye* (MB)

2. Folgende Bronze-Schl.n mit Längen von 7–22 cm wurden bisher in Pal. gefunden (MB-E I-Zeit): zwei in Geser (EG II 399 Abb. 488 = AOB 398, nach Keramikkontext: SB II-Zeit; RB 79, 1972, 414f, SB I-Zeit), zwei in Hazor (Abb. 74_1; Hazor III-IV Tf. 339_5, MB IIB- bzw. SB IIB-Zeit), eine in *el-Mene'īye (Timna')* (Abb. 74_2; vgl. B. Rothenberg, Timna, 1972, Tf. 19f; PEQ 101, 1969, 57–59, E I-Zeit) und eine in *Tell Mubārak* (IEJ 26, 1976, 50 Tf. 10C, SB IIB-Zeit). Die aus Tempeln stammenden Schl.n von Hazor, *Tell Mubārak* und *el-Menē'īye* sind als Votivgaben zu interpretieren. Mit Ausnahme der kunstvoll aus gezogenem und gehämmertem Kupferdraht hergestellten und ursprünglich ganz (jetzt nur noch Kopf) mit Goldfolie belegten Schl. aus *el-Menē'īye* sowie der nicht nachprüfbaren neuen Schl. aus Geser handelt es sich um Exemplare aus flachem Bronzeblech. Hinzuweisen ist ferner auf Standarten, wie sie etwa eine *Nimrūd*-Schale zeigt (R. D. Barnett, EI 8, 1967, Abb. 2): je ein zweiflügliger Uräus auf einer Papyrussäule, einen Skarabäus flankierend.

3. Eine größere Zahl von Schl.ndarstellungen besitzt apotropäische Wirkung (vgl. dazu auch →Abb. 23), wobei die ornamental-dekorative Seite eine Rolle spielte. Zu nennen sind hier die stark ägyptisierenden Uräusdarstellungen (zu Ägypten: RÄRG 844–847) der phön. Kunst auf Siegeln des 1. Jt.s (K. Galling, ZDPV 64, 1941, 121–202 Nr. 49: flügellos, Nr. 15: zweiflüglig, von Megiddo, vgl. →Abb. 78_7), auf Elfenbeinen (z. B. SS II Tf. 13_4) und Metallschalen (E. Gjerstad, Opuscula Archaeologica 4, 1946, Tf. 14). In Ägypten unbekannt ist die vierflüglige Gestalt (Galling, a.a.O., Nr. 64–66; Ward). Schl.ndarstellungen schmückten auch Waffen (EG II 370 Abb. 470, hell.?), Skarabäen (ebd. 317 Nr. 110) und Keramik. Bei letzterer zeichnet sich in der FB-Zeit eine gewisse Häufung ab (EG II 20 III Tf. 124_{26f}; vgl. auch M. J. Stève/H. Gasche, L'acropole de Suse, Mémoires de la Mission Archéologique Française en Iran 46, 1971, 89 Tf. 14_3 15_{1-5}). Daß bei frühen Beispielen möglicherweise auch an Ti'āmat-Darstellungen zu denken ist (zu mythologischen Fragen: Gese, Religionen, 61), legt sich vor allem

für einen 1970 in einem MB-zeitlichen Grab in *'Ēn-Sāmiye* gefundenen Silberbecher mit getriebenen figürlichen Darstellungen nahe: einer liegenden und einer aufgerichteten Schl. (Abb. 74_3; Z. Yeivin, IEJ 21, 1971, 78–81; R. Grafman, IEJ 22, 1972, 47–49 mit Lit.).

4. Von einer pal. Schl.göttin kann keine Rede sein (gegen Joines, JBL 87, 246f). Die meist dafür reklamierten Darstellungen zeigen nicht eine sich um den Körper wikkelnde Schl., sondern ein Wickelgewand (→Götterbild, weibliches, 2.). Die gelegentlich vorkommende schl.nköpfige Gottheit (Material: Rowe, Catalogue, Nr. 293) wird als die äg. Erdgottheit Geb anzusprechen sein (RÄRG 201–203). Schließlich begegnet die Gestalt der Hathor-*Qdš* mit Schl.n, z.B. in den abgewinkelten Armen (→Abb. 31_{11}) oder über den Körper gelegt (J.B. Pritchard, Palestinian Figurines in Relation to Certain Goddesses Known through Literature, American Oriental Series 24, 1943, Nr. 600). Ob diese Schl.n Zeichen für Heilung und Fruchtbarkeit sind oder Embleme chthonischer Gottheiten (so R. Stadelmann, Syrisch-palästinensische Gottheiten in Ägypten, 1967, 112 Anm. 3; Materialsammlung: ebd. 110–123), muß offenbleiben. Hier sind auch die Kultstandarte aus Hazor zu nennen (→Abb. 22_1: nackte Figur, seitlich umrahmt von zwei aufsteigenden Schl.n; Hazor II 181; Yadin, Hazor, 73f) und die Räucherständer in Röhren- oder Häuschenform aus Beth-Sean (→Abb. $45_{2,4}$, 9./8.Jh., mit je aufsteigenden Schl.n) Als Bindeglied zu den Hathor-*Qdš*-Darstellungen kann ein Tonaltar aus dem Hathor-Tempel in *el-Menēʿīye (Timnaʿ)* mit einer Schl. rund um den oberen Rand betrachtet werden (Rothenberg, a.a.O., 154).

Literatur: J. Anderson, Zoology of Egypt I, 1898 (Nachdruck 1965) – A. Barash/J.H. Hoofien, Reptiles of Israel, 1956 (hebr.) – W.W. Graf Baudissin, Die Symbolik der Schlange im Semitismus, insbesondere im Alten Testament, Studien zur semitischen Religionsgeschichte, 1911, 255–292 – K.R. Joines, The Serpent in the Old Testament, Diss. Southern Baptist Theological Seminary, 1967 – ders., Winged Serpents in Isaiah's Inaugural Vision, JBL 86, 1967, 410–415 – ders., The Bronze Serpent in the Israelite Cult, JBL 87, 1968, 245–256 – L. Keimer, L'histoire de serpents dans l'Egypte ancienne et moderne, 1947 (Geschichte der Schl.nbeschwörung) – W.A. Ward, The Fourwinged Serpent on Hebrew Seals, Rivista degli Studi Orientali 43, 1968, 135–143 – D.J. Wiseman, Flying Serpents? Tyndale Bulletin 23, 1972, 108–110. *P. Welten*

Schleuder

Die in ihrer Schußweite (ca. 200 m, vgl. Korfmann 17) dem →Bogen überlegene Schl. (hebr. *qēlaʿ*) bestand aus einem in der Mitte verbreiterten Leder- oder Gewebestreifen (H. Carter, Tut-ench-Amun III, 1934, 148f Tf. 70A), dessen Enden zusammengefaßt geschwungen wurden. Die plötzliche Freigabe eines Endes ließ den Schl.stein nach vorn schießen. Mit der Schl. waren Hirten ausgestattet (1S. 17_{40}), sie gehörte aber auch zur Soldatenausrüstung (Jdc. 20_{16} 2Ch. 26_{14}). Die Schl. in Ruhestellung und in Aktion zeigen zwei Orthostaten vom *Tell Ḥalāf* (TH III Tf. 18, 9.Jh.). Mit Schl.n kämpften im Jahr 701 die Verteidiger von Lachis (→Abb. 14_1) und auch unter den Assyrern gab es mit Schl.n ausgerüstete Truppeneinheiten (A. Paterson, Assyrian Sculptures, Palace of Sinacherib, 1915, Tf. 77, 96_9). Schl.steine aus Feuerstein, Basalt, Kiesel, gebranntem Ton und in hell. Zeit auch aus Blei (EG II Abb. 470; KlBo 73) tauchen häufig bei Ausgrabungen auf.

Literatur: Bonnet, Waffen, 114–117 – Dalman, AuS II, 57f; VI, 223f, 240f – M. Korfmann, Schleuder und Bogen in Südwestasien, Antiquitas III/13, 1972 (Lit.) – Yadin, Warfare, *passim*. *(K. Galling/) H. Weippert*

Schmuck

1. Material und Technik. 2. Armring. 3. Fingerring. 4. Ohrring. 5. Hals-Schm. 6. Diadem. 7. Unsichere Gattungen, a Nasenring, b Zehenring, c Fußring.

1. Schm.stücke sollten ihren Träger verschönern (Jes. 3_{16-26}), seinen sozialen Status unterstreichen und erfüllten bisweilen →Amulett-Funktionen. Als Materialien kamen →Edelsteine und Metalle in Frage, letztere vor allem deshalb, weil ihr →Geld-Charakter sie zur sicheren Wertanlage machte und weil sie vielfältig bearbeitet werden konnten. Dementsprechend verdrängte seit der FB-Zeit Metall-Schm. die früher üblichen Arm- und Fingerringe aus Knochen oder Muscheln (z.B. BASOR 189, 1968, 31 Abb. 14; BMB 17, 1964, 26 Tf. 1; Meg II Tf. 224_1). Bronze, Gold und Silber standen im 2. und 1. Jt. in Syr.-Pal. an der Spitze der zu Schm. verarbeiteten Metalle. Das seit der SB II/E I-Zeit verfügbare Eisen wurde keine ernsthafte Konkurrenz (nur Fingerringe aus Eisen sind relativ häufig). Selten war auch Elektron, und ein Ohrring und Anhänger aus Blei aus Bo-

ǧazköy sind Ausnahmen (KlBo Tf. 59_{1731} 60_{1749}).

Von den verschiedenen Arten der Metallbearbeitung (→Metall, 2.) waren auch für Schm.stücke das Treiben zur Herstellung dünner Bleche und das Gießen von grundlegender Bedeutung. Gußformen (Halbformen!) für kleinere Schm.stücke wie Perlen, Ohrringe und Anhänger der SB II- und E-Zeit tauchen häufig bei Ausgrabungen in Pal. auf (→Abb. 53_2; vgl. ferner Meg I Tf. 105_6 II Tf. 269_{6-8}; Hazor III–IV Tf. 143_{31}; QDAP 4, 1935, 34 Nr. 206 und 58 Nr. 359). Aus Ugarit stammt eine doppelte Gußform für ein Diadem (?) mit Anhängern in Granatapfelform (Ug I Abb. 32, 15./14.Jh.); eine Gußform für einen Hals-Schm. kommt aus Byblos (FB I Tf. 1084_{541}). Gußformen sind zur Lokalisierung bestimmter Schm.formen wichtig; denn während Schm.stücke einen weiten Verbreitungsradius besitzen, und Fund- und Herstellungsort nicht einfach identisch sind, lassen Gußformen auf lokale Produktionen schließen, obwohl auch mit wandernden Schmieden zu rechnen ist (vgl. für die FB-Zeit: J.V. Canby, Iraq 27, 1965, 42–61).

Verzierten Edelsteine ein Schm.stück, so konnte auf dem Metalluntergrund befestigter Draht die Steine einfassen, oder man konnte bei massivem Untergrund Zellen für die Steine aushöhlen. Als Klebemittel dürfte zusätzlich →Asphalt verwendet worden sein. Beim (jüngeren) Emaillier-Verfahren verband sich der Glaspuder beim Erhitzen mit dem Metall.

Draht wurde auf verschiedene Weise hergestellt (vgl. D.L. Carroll, AJA 74, 1970, 401; 76, 1972, 321–323): nach Ex. 39_3 schnitt man Draht von dünnen Goldplatten ab. Dieser kantige Draht konnte spiralförmig aufgerollt und zur Verfeinerung zwischen zwei harten Oberflächen gewalzt werden. Zog man ihn mehrmals durch die Löcher eines Bronze- oder Eisenstücks, so verschoben sich die Spiralaufrollungen, bis sie fast parallel zueinander lagen. Verfuhr man analog mit einem einfachen Metallstreifen, so rollte er sich zu einem runden Draht zusammen.

Aus verschiedenen Metallteilen oder Metallarten zusammengesetzte Schm.stükke (vgl. z.B. den silbernen Anhänger aus Zincirli mit einer weiblichen Figur aus Gold: Sendsch V 100 Tf. 46i) benötigten als Binde- bzw. Lötmittel ein Metall mit niedrigerem Schmelzpunkt als dem der zu verbindenden Metalle, damit es beim Erhitzen zuerst flüssig wurde und so die Metalle verband. Große Geschicklichkeit erforderte die Granulation, d.h. Dekoration mit winzigen Metallkügelchen. Das zuerst in Mesopotamien, um 2000 auch in Byblos bekannte Verfahren (Maxwell-Hyslop 102–105; D.L. Carroll, AJA 78, 1974, 33–39) verbreitete sich rasch im Vorderen Orient einschließlich Ägyptens (Wilkinson Tf. 1D; vgl. dazu die Parallele: FB I Tf. 136_{2314}) und der Ägäis (H.G. Buchholz/V. Karageorghis, Altägäis und Altkypros, 1971, Nr. 1296). Bes. beliebt waren in Dreiecken angeordnete Granulationsmuster in Pal. (Siegelfassung: L IV Tf. 40_{393}; Fingerring: Abb. 75_7; Ohrring: Abb. 75_{19}) wie in seiner Umwelt (Byblos: FB II Tf. 132_{16700}; Susa: P. Amiet, Elam, 1966, Abb. 313; Zincirli; Sendsch V Tf. 4 1i; Kamir-Blur: Iraq 14, 1952, 132–147 Abb. 10; Südarabien: Iraq 35, 1973, Tf. 55_{33}). Eine nur ca. 2 cm hohe und 0,4 cm breite zylindrische Goldperle aus *Nimrūd* (spätes 7.Jh.) gehört mit 30 Granulationsdreiecken zu den kunstvollsten bisher bekannten Stücken dieser Art (Iraq 33, 1971, 110 Tf. 30a). Auch Draht wurde ähnlich dekorativ eingesetzt (= Filigran): z.B. zeichnet bei den Gold-Ohrringen in Vogelform aus *Tell el-ʿAǧūl* feiner Draht die Umrißlinien der Vögel nach (AG I Tf. 15_2 V Tf. 8_4; zum Motiv vgl. äg. Ohrringe der SB II-Zeit: Wilkinson Tf. 45B).

Muster konnten ferner in Metall eingeritzt (z.B. ANEP 478) oder durch Hämmern von der Vorder- (= Ziselieren) oder Rückseite (= Reliefieren) her ausgearbeitet werden, wie bei den zahlreichen Metall-Anhängern mit dem Bild einer Göttin (→Götterbild, weibliches, 5. mit Abb. 31_{10f}). Vollplastische Schm.teile, etwa Anhänger in Tierform, konnten außer gegossen (Gußform für Stierkopfanhänger: Hazor III-IV Tf. 143_{31}) auch aus Blech über einem grob vorgeformten Kernstück modelliert werden. Mehrfach benötigte Motive ließen sich in oder über Metallformen hämmern (derart hergestellte Stierkopf-Anhänger: JNES 16, 1957, Tf. 24; vgl. auch JNES 9, 1950, 111f).

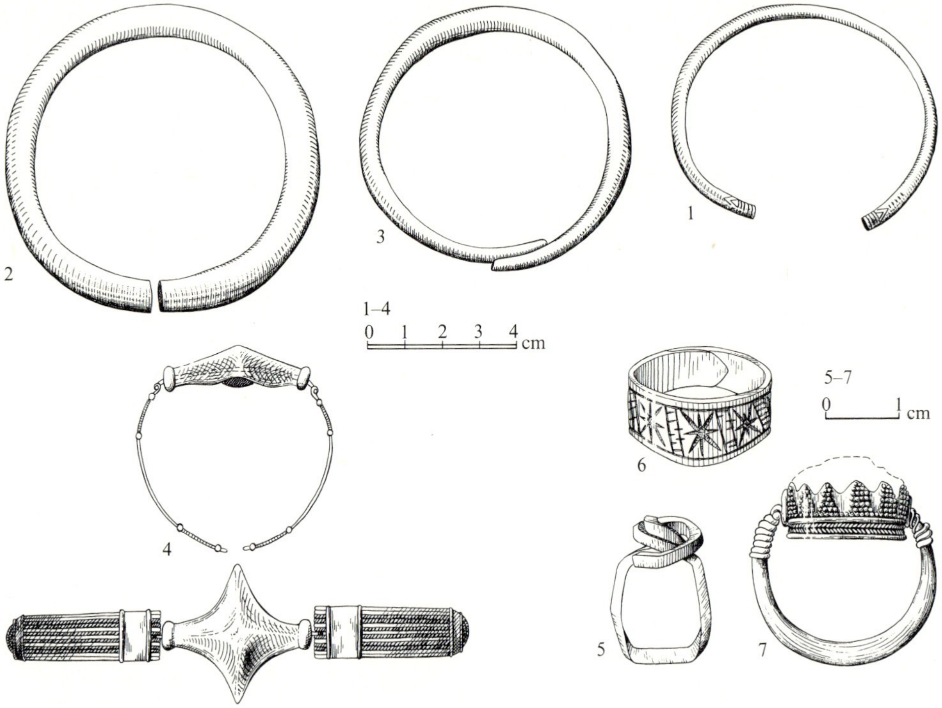

Abb. 75 **Schmuck** (1–4) Armringe, (5–7) Fingerringe

2. Die häufigste, seit der MB II-Zeit in Pal. bezeugte Schm.gattung sind Armringe aus Bronze, Gold, Silber und – seltener, seit der E-Zeit – Eisen. Arm-Schm. aus Perlen (Meg II Tf. 213_{74}: Fayence-Perlen, SB II-Zeit) war wohl die Ausnahme; gläserne (TN I 269f; EG II 101) oder hölzerne (EG II Abb. 284_{2}) Armringe tauchen erst seit röm. Zeit auf. Neben den selten geschlossenen Arm(?)-Ringen aus Metall (MegT Tf. 137_{14} 170_{1}: aus Eisen, E I-Zeit) waren die Hauptformen offene (Abb. 75_{1}, aus *Tell el-ʿAǧūl*, MB II), fast geschlossene (Abb. 75_{2}, aus Beth-Semes, 10. Jh.) oder Armringe mit überlappenden Enden (Abb. 75_{3}, aus Geser, SB). Bei einem silbernen Armring aus Megiddo (Meg II Tf. 226_{1}, MB IIB) verschränken sich die überlappenden Enden zu einer Art Verschluß. Verschlüsse mit Haken und Ösen (seit der SB-Zeit: MegT Abb. 179_{2-4}; TN I Abb. 73_{1-3}) und solche mit einer durch Ösen geführten Nadel (AG IV Tf. 14_{37}; Maxwell-Hyslop 122f; vgl. auch EG I Abb. 157_{6}) sind belegt.

Armringe wurden meist massiv gegossen, seltener (Materialeinsparung, Gewichtsverminderung) aus Blech über einem Kernstück oder hohl gehämmert. Letzteres zeigt ein kunstvolles Exemplar aus Megiddo (Abb. 75_{4}, SB I). An massiven Ringen ließen sich Muster einritzen. Zwei Sets von je fünf goldenen Armringen aus *Tell el-ʿAǧūl* (AG II Tf. 2) sind an den Enden mit Zählstrichen von 1–5 markiert (Abb. 75_{1}: mit fünf Zählstrichen), die entweder den Besitzer oder die Reihenfolge des Aufschiebens bestimmen. Auch die aus der Umwelt Pal.s bekannte Mode, Armringe in Tierköpfen enden zu lassen (K. Galling, ZDPV 86, 1970, 5–9 mit Lit. zur Perserzeit), kommt in Pal. schon in der MB II-Zeit vor. Das früheste Exemplar ist ein Bronze-Ring mit Schlangenkopf-Enden aus Bethel (J. L. Kelso, AASOR 39, 1968, 91 Tf. 115_{5}). Fraglich ist, ob ein analoger Armring aus Gold in *Tell el-ʿAǧūl* belegt ist (AG II 6f Tf. 3_{11}). Weitere Exemplare kommen aus Hazor (Hazor III-IV Tf. 365_{6}), Samaria (SS III Abb. 106_{2}) und zwei unsichere Stücke aus Megiddo (MegT Tf. 161$_{20f}$). Die Deutung der stark vereinfacht ausgeführten Köpfe als solche von Schlangen bleibt hypothetisch, auch wenn es zum Typus Parallelen in Byblos gibt (FB I Tf. 93$_{3054}$ II/2 Abb. 760$_{13835}$).

Armringe schmückten Frauen und Männer. Für die SB-Zeit belegen das die Amarna-Briefe (z.B. EA 22, 25), für die E-Zeit Jes. 3$_{19}$ (*šᵉrōt*, vgl. H. Wildberger, Jesaja, BK 10/1, 1972, 142; vgl. auch Gn. 24$_{22}$: *ṣāmīd*) und 2S. 1$_{10}$ (*'eṣ'ādā*) sowie ass. Reliefs (Hrouda, Kulturgeschichte, 57–59). Letztere zeigen Ringe am Oberarm nur bei Männern.

3. Sowohl Frauen (Jes. 3$_{21}$) als auch Männer (Gn. 41$_{42}$ Est. 3$_{10,\ 12}$ u.ö.) trugen Fingerringe (hebr. *ṭabba'at*), unter denen Siegelringe mit Skarabäen (Abb. 75$_{7}$; MegT Tf. 107$_{19}$), Rollsiegeln (EG III Tf. 31$_{2}$) und mit Stempelsiegeln rechteckiger (QDAP 10, 1944, Tf. 13$_{1}$; 13, 1948, Tf. 33$_{4f}$; R. Hachmann/A. Kuschke, Bericht über die Ergebnisse der Ausgrabungen in Kamid el-Loz [Libanon] in den Jahren 1963 und 1964, Saarbrücker Beiträge zur Altertumskunde 3, 1966, 71 Abb. 28$_{2}$) oder ovaler (AG III Tf. 8$_{2}$; QDAP 4, 1935, Tf. 32$_{204}$) Siegelfläche Sonderfälle sind. Die einfachen, von der FB- (Jer I Abb. 40$_{7}$; MegT Tf. 86$_{6}$) bis in röm. Zeit üblichen Ringe bestanden aus einem um den Finger gebogenen Draht; geschlossene Ringe gab es seit der MB II-Zeit (Jer II Abb. 103$_{8}$). Neue Typen der SB-Zeit sind flach gehämmerte Reifen- (MegT Tf. 100$_{19}$) und Drahtringe, deren Enden zu einem Schm.knoten geschlungen sind (Abb. 75$_{5}$; Meg I Tf. 86$_{9}$; L IV Tf. 25$_{10}$; QDAP 2, 1933, Tf. 31$_{826}$ 23$_{557}$; AASOR 40, 1972, Abb. 25$_{52}$). Als auffallend schöne Stücke sind zu nennen: ein aus fünf Silberdrähten gebildeter Reif, den eine achtblättrige, ursprünglich eingelegte Rosette bekrönt (QDAP 14, 1950, Tf. 15$_{6}$: aus einem Grab in *el-Meqābelēn*, 7.Jh.) und vier E I-zeitliche Ringe aus Megiddo: zwei mit Golddrähten verzierte Eisenringe (MegT Tf. 166$_{2,\ 4}$), ein flacher Goldreif mit Ritzmuster (Abb. 75$_{6}$) und ein Siegelring, dessen Skarabäus in einer mit Granulation und Draht verzierten Goldfassung sitzt (Abb. 75$_{7}$). Die aus Kleinasien bekannten Fingerringe mit Tierkopfenden (AJA 63, 1959, Tf. 65$_{6}$; ZDPV 86, 1970, Tf. 2D) haben bislang in Pal. keine Parallelen.

4. Die atlichen Termini für Ohrringe bezeichnen die verschiedenen Formen: *nēzem* (Ex. 32$_{2f}$), das auch ganz allgemein „Ringe" beschreibt, meint wohl den häufigen kahn- bzw. mondsichelförmigen Typ; *'āgīl* (Ez. 16$_{12}$) benennt etwas „Rundes" (vgl. das Verbum *'GL*) und somit vielleicht scheibenartige Ohrringe; *nəṭīpōt* (Jes. 3$_{19}$), das vom Verbum *NṬP* „tropfen" abgeleitet ist, bezeichnet schließlich den Ohrring mit Anhängern. Daß Männer und Frauen Ohrringe trugen, beweisen Grabfunde und Darstellungen auf ass. Reliefs (Hrouda, Kulturgeschichte, 55–59).

Zwar kann jeder entsprechend große Ring über ein Ohr gehängt bzw. das Ohr zwischen die Enden eines nicht ganz geschlossenen Ringes geklemmt werden; doch sind beide Formen (vgl. etwa die Zusammenstellung: Meg I Tf. 86) vielseitig verwendbar. Von Ohrringen ist strenggenommen erst dann zu sprechen, wenn das eine, durch das durchbohrte Ohrläppchen zu führende Ende zugespitzt und das andere stumpf ist. Diesen seit der MB II-Zeit bezeugten Typus (Meg II Tf. 225$_{1}$) verziert bisweilen ein Knopf (MegT Tf. 115$_{10}$; AG IV Tf. 18$_{84,\ 92,\ 101,\ 107f,\ 114-119}$); im Laufe der Zeit nahmen diese Knöpfe zu (Abb. 75$_{8}$, aus *Tell el-'Ağūl*, 14./13.Jh.; AG IV Tf. 16$_{70f,75f}$ 20$_{142f,148}$; Meg II Tf. 225$_{5}$; BP I Tf. 33$_{382}$; EG II Abb. 287 III Tf. 31$_{16}$). Die fortgeschrittene Entwicklung zeigt ein silberner Ohrring aus der Zeit um 600 aus *Tell el-Fār'a* Süd mit hohlen, traubenähnlichen, am Ohrring angelöteten Silberkügelchen (BP I Tf. 48$_{572f}$). Als Verzierung kam auch ein Zapfen in Frage (Abb. 75$_{9}$, aus *Tell el-'Ağūl*, 14./13.Jh.; AG II Tf. 3$_{17-20}$; QDAP 4, 1935, Tf. 39$_{417}$). Einer dieser Ohrringe mit Zapfen besitzt einen Ring aus gedrehtem Golddraht (PEQ 98, 1966, Tf. 34A). Ohne Zapfen sind Ohrringe aus gedrehtem Golddraht häufig in *Tell el-'Ağūl* (Abb. 75$_{10}$ und z.B. AG IV Tf. 14$_{38-40}$); doch kommen sie auch sonst in Syr.-Pal. vor (Ugarit, 18.Jh.: Ug IV 308 Abb. 6; Megiddo, MB II: Meg II Tf. 225$_{7}$; Lachis, SB II: L II Tf. 26$_{18}$). Ebenfalls zahlreich sind geriefelte Ohrringe unter den Schm.-stücken in *Tell el-'Ağūl* (Abb. 75$_{11}$; AG I Tf. 15$_{4}$ IV Tf. 22$_{250}$). Seit der SB II-Zeit treten massive (IEJ 22, 1972, Tf. 13C) oder aus Blech über einem Kernstück oder hohl gehämmerte (Beispiele aus *Nimrūd*, 7.Jh.:

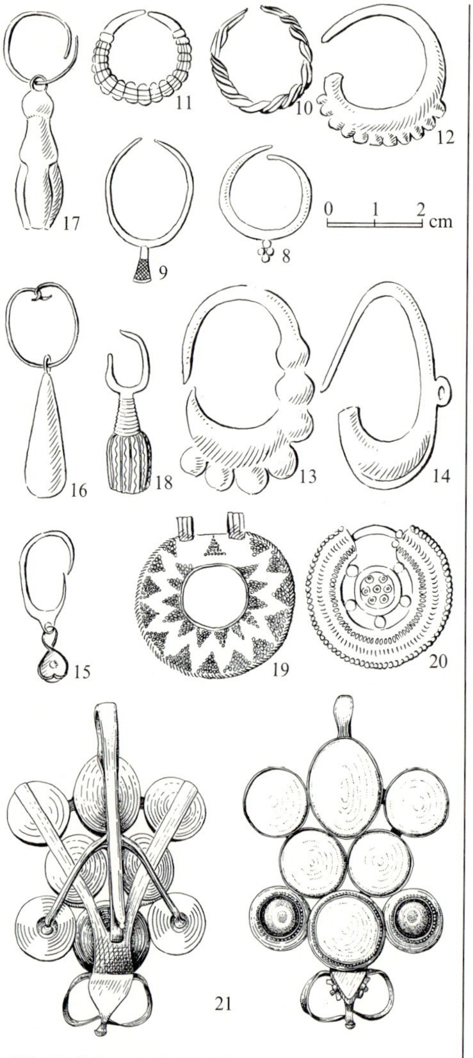

Abb. 75 **Schmuck** (8–21) Ohrringe

Iraq 33, 1971, 111 Abb. 7 Tf. 30b,c) Ohrringe in Kahn- bzw. Mondsichel-Form auf. Nur selten verdickt eine Tropfenreihe die untere Rundung solcher Ohrringe (Abb. 75_{12f}, *Tell Ǧemme*; vgl. ferner Ger Tf. 20_{48}). Seitlich (Abb. 75_{14}, *Tell Ǧemme*) oder unten am Ring konnte eine Aufhängevorrichtung sitzen, wie bei dem goldenen Ohrring aus *'Atlīt* (5. Jh.), dessen Anhänger noch erhalten ist (Abb. 75_{15}; vgl. auch Sendsch V Tf. 45i: Ohrring mit drei Aufhängevorrichtungen; vgl. ferner den überladenen phön. Ohrring bei W. Culican, Essay on a Phoenician Ear-Ring, PEQ 90, 1958, 90–103). Neben die reinen Anhänger-Ohrringe aus *Tell el-'Aǧūl* und *Tell el-Fār'a* Süd (Abb. 75_{16f}) sind als Vergleichsstücke goldene Ohrringe aus einem (äg.!) Grab bei *Dēr el-Balaḥ* (13. Jh.) zu stellen (IEJ 22, 1972, Tf. 13B). Wie bei den Troddel-Ohrringen aus *Tell el-Fār'a* Süd (Abb. 75_{18}; BP I Tf. $33_{345, 368, 381}$ 43_{514}) sind auch bei den silbernen, reich granulierten Ohrringen aus *Kāmid el-Lōz* (Hachmann/Kuschke, a.a.O., 47 Abb. 20_{6f}; BMB 22, 1969, 63 Tf. $9_{1, 4}$) Anhänger und Ring fest miteinander verbunden. Ein vergleichbarer Ohrring kommt aus einem Grab des 7. Jh.s in *el-Meqābelēn* (QDAP 14, 1950, Tf. 15_4). Granulierte Scheiben-Ohrringe tauchen gegen Ende der MB II-Zeit in *Tell el-'Aǧūl* auf (Abb. 75_{19}; nach M. Negbi, IEJ 21, 1971, 3 bilden diese Ohrringe pflanzliche Motive nach). Sie haben oben zwei Ösen, durch die eine das Ohr durchbohrende Nadel geschoben wird. Davon zu trennen sind jüngere (E II) Scheiben-Ringe aus *Nērab* in Syr. (Abb. 75_{20}). Eine kostbare Sonderform zeigen Gold-Ohrringe mit Granulation und Fassungen für mehrere Steine bzw. Glas- oder Fayence-Einlagen aus *Tell el-'Aǧūl* (AG IV Tf. 16_{51f}, V Tf. 7) und Megiddo (Abb. 75_{21}) vom Übergang der MB II- zur SB I-Zeit. Ob sie am Ohr festgeklemmt werden konnten, wie wahrscheinlich die bescheideneren, nicht so schweren Stücke aus Hazor und Byblos (Hazor III–IV Tf. 290_{17}; FB II Tf. 140_{7701}), läßt sich nicht sicher entscheiden. Ein fragmentarischer Ohrring mit einem Ziegenkopf aus dem spätpers.-frühhell. Asdod (Ashdod II–III Tf. 21_2 = ANEP 773) ist in Pal. ein Unikum; in der Umwelt Pal.s aber sind Ohrringe mit Anhängern in Tierform oder in Tierform keine Seltenheit.

5. Die atlichen Ausdrücke für Hals-Schm. sind im einzelnen nicht immer sicher zu deuten (Prv. 25_{12}: **ḥălī*; Ho. 2_{15}: *ḥelyā*; Nu. 31_{50}: *kūmāz* [aus Metall]; Cant. 4_9: *'ănāq*), doch ist der archäologische Befund klar: zu Perlen verarbeitete →Edelsteine und Perlen aus →Glas, →Fayence, Muscheln, Knochen und Metall wurden getrennt oder gemeinsam zu meist mehrsträngigen Ketten aufgereiht. Metallperlen (gol-

dene dominieren, Silber ist selten: z.B. QDAP 2, 1933, Tf. 26) waren massiv gegossen oder hohl aus Blech gehämmert. Einige sind kunstvoll granuliert (Meg II Tf. 213_{56} 215_{106}, SB); komplizierte Formen kommen vom *Tell el-ʿAǧūl* (AG IV Tf. 16_{55-60} 18_{121} $20_{137,\ 162-176}$). Daß viele Ketten mehrreihig waren, ergibt sich aus zeitgenössischen Darstellungen (zu den ass. Reliefs: Hrouda, Kulturgeschichte, Tf. 9_{1-6}) und aus den seit der MB II-Zeit gebräuchlichen flachen rechteckigen „Perlen" mit mehreren „Kanälen" für die einzelnen Kettenschnüre (Meg II Tf. 209_{29} 210_{39} $211_{46-48,\ 52}$; EG II Abb. 290), die ein Verwirren der Fäden verhindern sollten. Zwar ist die genaue Anordnung der Ketten nicht mehr rekonstruierbar, doch ergibt sich aus den Fundlagen die Kombination der verschiedenen Materialien. Häufig verzierten Anhänger diese Ketten (vgl. den goldenen Hals-Schm. aus Sichem: ZDPV 49, 1926, Tf. 30; ferner K. Galling, in: M.A. Beek u.a., ed., Symbolae Biblicae et Mesopotamicae F. M. Th. de Liagre Böhl dedicatae, 1973, 166f zu *bāttę̄ han-nēpeš*, Jes. 3_{20}). Die meisten Anhänger besaßen →Amulett-Charakter: das gilt für die Möndchen (→Abb. 3_{8}), runde Scheiben mit Sternen bzw. dem „Kappadokischen Symbol" (G.A. Wainwright, AnSt 6, 1956, 137–143; KlBo 19–30; R. Laffineur, AA 90/3, 1975, 305–312), für Anhänger in Sternenform (AG IV Tf. 14_{13-15} V Tf. $8_{3,\ 5}$; L II Tf. $26_{11,\ 14f}$), für Plaketten mit dem Bild einer Göttin (→Götterbild, weibliches, 5. mit Abb. 31_{10f}; kaum zutreffend ist die Deutung der Plaketten durch Platt; vgl. dazu auch →Dolch und Schwert, 2.i) und wohl auch für Anhänger in Tierform (z.B. Fliegen aus *Tell el-ʿAǧūl*: AG IV Tf. 16_{61-66}; äg. Parallelen: Wilkinson Tf. 23). Anhänger mit pflanzlichen Motiven dürften eher dekorativ eingesetzt worden sein. Zu nennen sind zwei Goldketten aus Gräbern im Tal des *Nahr Rūbīn* (QDAP 13, 1948, Tf. 33_{16f}, Ende der MB-Zeit) mit Anhängern in Form von Blättern bzw. Lotusknospen und eine Goldkette (13. Jh.) aus der (äg.) Nekropole von *Dēr el-Balaḥ* mit Palmetten-Anhängern (IEJ 22, 1972, Tf. 12B, 13A).

6. Die in ihrer Interpretation unsicheren Kupfer-„Kronen" aus der jud. Wüste, die ins Ende des 4. Jt.s gehören (CTr 28–43), liegen außerhalb des hier interessierenden zeitlichen Rahmens. Die späteren Diademe bestehen aus einfachen oder verzierten Metallstreifen mit Bindelöchern und entsprechen damit dem von Männern und Frauen im Vorderen Orient getragenen Stirnband aus Stoff. In einem MB I-zeitlichen Grab in Jericho fand sich um den Schädel eines Skeletts ein kupfernes bzw. bronzenes Band mit Bindelöchern (Jer II Abb. 41_{8}), das jedoch nicht nur als Diadem, sondern wegen der Textilspuren auch als der untere feste Rand einer Kopfbedeckung gedeutet werden kann. Es folgen Diademe aus unverzierten Goldstreifen mit Bindelöchern in Megiddo (Meg II Tf. 227_{1-3}, um 1750–1650). Damit gleichzeitig oder nur wenig jünger sind das unverzierte Golddiadem aus Thaanach (TT II Tf. 4) und das von einer gehämmerten Punktlinie umrahmte aus Geser mit Drahtösen-Verschluß (EG III Tf. 31_{1}; zum Verschluß: L IV Tf. 25_{14}; AG IV Tf. 16_{42}). In der SB-Zeit verzieren Strich- oder Punktmuster häufig Diademe (Abb. 75_{22}, aus *Tell el-ʿAǧūl*; Meg II Tf. 227_{5}; AG III Tf. 14_{5}; BP I Tf. 40). Einen anderen Typ repräsentieren die kaum mehr als 10 cm langen Plaketten aus Gold-, Silber- oder Bronzeblech, wie sie Abb. 75_{23} zeigt (aus *Tell el-Fārʿa* Süd). Diese in der SB II-E I-Zeit in Pal. vorkommenden Plaketten (MegT Tf. 120_{5} 128_{9-11} 152_{18f} Meg II Tf. 227_{6f} 119_{15} $265_{12,\ 16f}$; PEQ 98, 1966, Tf. 34B) können als Diademe (Fundlage!) oder Mundbleche, die man Toten bei der Bestattung auf den Mund legte, gedeutet werden (vgl. zu BS I Tf. 39_{2} KAI Nr. 11 und BSNC 119). Eine weitere Diademform ahmt Blütenkränze nach, wie sie in Ägypten seit dem MR (Wilkinson Tf. 11A; für das NR: ebd. Tf. 39–43) und in Mesopotamien sicher in der E-Zeit (Hrouda, Kulturgeschichte, 51; Maxwell-Hyslop Abb. 232–235) geschätzt waren. Ein schmales Goldband mit aufgesetzten Goldrosetten kommt aus *Tell el-ʿAǧūl* (AG V Tf. 6), und auch die immer wieder bei Grabungen auftauchenden Goldrosetten (Meg II Tf. 224_{22-24}; BS II/1 Tf. 34_{3}; EG III Tf. 31_{29}; AG III Tf. 14_{22} IV Tf. $20_{159-161}$; BA 37, 1974, 35 Abb. 8 rechts) können wie die Goldblätter vom *Tell el-ʿAǧūl* (AG IV Tf. 20_{144} V Tf. 6_{15}) und die jüngeren aus Silber von *ʿAtlīt* (QDAP 2, 1933, Tf. 17_{410} 25_{646f}) zu Diademen gehört haben, wenn sie nicht auf Kleider aufgenäht waren

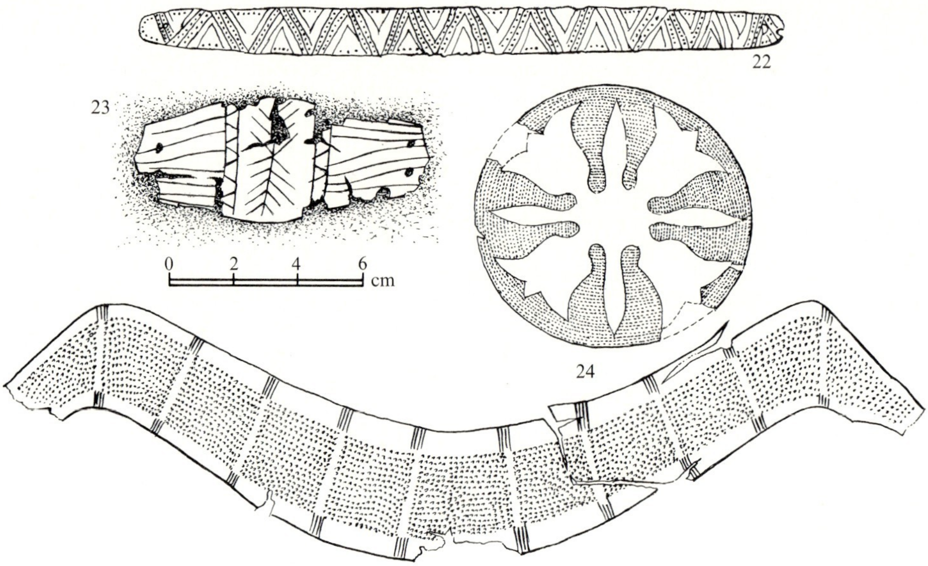

Abb. 75 **Schmuck** (22–24) Diademe

(2S. 1_{24}? – vgl. A.L. Oppenheim, The Golden Garments of the Gods, JNES 8, 1949, 172–193). Ohne Parallelen in Pal. ist bisher das Diadem aus Goldblech und die mit ihm zusam̆men gefundene Lotusrosette vom *Tell Ǧemme* (Abb. 75_{24}, 10./9. Jh.).

Nach dem Zeugnis des ATs trugen verschiedene Personen bei unterschiedlichen Anlässen Diademe (hebr. *ʿăṭārā*): sie waren Rangzeichen von Herrschern (Ps. 21_{4}) und auch der Königsmutter (Jer. 13_{18}); Diademe trugen ferner der Hohepriester (Sach. 6_{11}), hohe Beamte der pers. Regierung (Est. 8_{15}) sowie Brautleute (Ez. 16_{12} Cant. 3_{11}).

7. Nicht alle Schm.stücke können eindeutig bestimmt werden. Zahlreiche aus Gräbern stammende Funde lassen zwar die Funktion eines Schm.stückes aus seiner Lage ablesen, doch stammt eine große Anzahl von Schm.stücken aus Horten (*Tell el-ʿAǧūl,* dazu: Negbi; Byblos, z. B. „Montet-Jar", dazu: O. Tufnell/W.A. Ward, Syria 43, 1966, 165–241), wo dies unmöglich ist.

7.a So lassen sich Ohr- und Nasenringe kaum unterscheiden. Der hebr. *nēzem* (Gn. 24_{22} Jes. 3_{21} – der Ausdruck wird auch für Ohrringe verwendet) und wohl auch *ḥāḥ* (Ex. 35_{22}) genannte Nasenring hat wie der Ohrring die Form eines offenen Ringes, doch sind seine beiden Enden zugespitzt (vgl. das goldene Exemplar aus *Nimrūd,* 7. Jh.: Iraq 33, 1971, 105 Tf. 31a). Aus einem Grab bei *Mādebā* (SB II/E I-Zeit) stammen bronzene Nasenringe (PEFA 6, 1953, 32 Tf. 5_{206f}); goldene Nasenringe, die ähnlich einigen Ohrringen (Abb. 75_{8} zeigt ein etwas komplzierteres Exemplar) mit einem Tropfen verziert sind, kommen aus SB-zeitlichen Gräbern in Megiddo (Meg II Tf. $225_{2,\ 15}$). Eine Figur aus Idalion zeigt einen am ehesten den Ringen aus *Mādebā* entsprechenden Nasen-Schm. (M. Ohnefalsch-Richter, Kypros. Die Bibel und Homer, 1893, Tf. 55_{4}). Zur Unterscheidung von Haar- und Ohrringen →Haartracht, 4.

7.b Das Fußfragment einer zypr. Figur (ebd. Tf. 52_{8}) trägt Zehenringe. Solche sind in *Tell el-Fārʿa* Süd und *Ḫirbet Tell eḏ-Ḏurūr* (isr. *Tēl Zərōr*) aufgetaucht (BP I 11f; TZ III Tf. 57: sechs bronzene Zehenringe am linken Fuß eines weiblichen Skeletts, SB II). Von der Form her sind diese Ringe von Fingerringen nicht zu unterscheiden.

7.c Da am Fuß und am Oberarm getragene Ringe einen ähnlichen Umfang benötigen, bleibt die Zuweisung vielfach offen. Bei Männer- und Frauen-Bestattungen der SB- und E-Zeit sind bronzene Fußringe häufig (vgl. auch die Metallfiguren →Abb. 32$_3$). Selten überlappen die Enden (L III Tf. 57$_{45}$); eiserne Exemplare (L III Tf. 54$_{61}$), solche mit aufgeschobener Perle (QDAP 13, 1948, Tf. 34$_{165}$), mit Tierkopfenden (aus Silber: EG III Tf. 89$_{15}$) oder Bronzebänder (EG III Tf. 89$_{15}$) waren ebenso Ausnahmen wie die aus Bronzeperlen zusammengesetzten Fußspangen (?) zweier Kinder in Megiddo (um 1550, TM I Abb. 17 II Abb. 7), neben die als Vergleichsstücke hinsichtlich der Technik (Finger-?)Ringe aus Byblos (FB II Tf. 69$_{10069f}$) und ein urartäischer Armring (AnSt 13, 1963, 180 Abb. 32$_7$) zu stellen sind. Der Regelfall waren jedoch offene bronzene Ringe, deren Enden bisweilen geometrische Ritzmuster trugen (A. Biran/R. Gophna, IEJ 20, 1970, 156 Abb. 12, dort weitere Lit.). Fußringe wurden, nach Darstellungen (z. B. ANEP 469; Hazor III–IV Tf. 253$_{11}$) und ihren Fundlagen in Gräbern zu schließen, paarweise und oft mehrere übereinander an beiden Füßen getragen. Fußringe (hebr. *'ēkes*) für Frauen nennt Jes. 3$_{18}$; die Amarna-Briefe (EA 14, 22, 25) nennen meist goldene, aber (für Frauen: EA 25 III$_{64}$) auch silberne Fußringe.

Literatur: W. Culican, Phoenician Jewellery in New York and Copenhagen, Berytus 22, 1973, 31–47 – R. J. Forbes, Studies in Ancient Technology VIII, 1971[2] – Hrouda, Kulturgeschichte, *passim* – H. Maryon, Metal Working in the Ancient World, AJA 53, 1949, 93–125 – K. R. Maxwell-Hyslop, Western Asiatic Jewellery c. 3000–612 B.C., 1971 – O. Negbi, The Hoards of Goldwork from Tell el-'Ajjul, Studies in Mediterranean Archaeology 25, 1970 – E. E. Platt, Triangular Jewelry Plaques, BASOR 221, 1976, 103–111 – Ch. Singer/E. J. Holmyard/A. R. Hall, ed., A History of Technology I, 1956[3], 623–662 – A. Wilkinson, Ancient Egyptian Jewellery, 1971.

H. Weippert

Schreibmaterial, Buch und Schrift

1. Schr., a Stein, b Metall, c Tontafeln, d Tonscherben, e Papyrus, f Holz, g Leder, h Pergament. 2. Buch. 3. Schrift.

1. Texte aus Syr.-Pal. sind auf unterschiedlichstem Schr. wie Stein und Metall, Tontafeln und -scherben, Papyrus und Holz, Leder und Pergament geschrieben worden.

1.a Bei Stein als Schr. ist zu unterscheiden zwischen den von vornherein zur Aufnahme von Inschriften bestimmten Steinen und den zusätzlich beschrifteten Gegenständen aus Stein. Zur ersten Gruppe gehören die mit und ohne Bildschmuck seit dem 2. Jt. nachweisbaren →Stelen, von denen hier nur die Stele von *el-Bālū'* (→Abb. 32$_5$) und die Stele des Königs Mēša' von Moab (KAI Nr. 181; TGI Nr. 21) erwähnt seien, die Felsinschriften wie die des Siloah-Tunnels (KAI Nr. 189; TGI Nr. 38) oder der Gräber in *Silwān* (KAI Nr. 191; TGI Nr. 37) und *'Arāq el-Emīr* (J. B. Frey, Corpus Inscriptionum Judaicarum II, 1948, Nr. 868), ferner die →Siegel aus Kunst- oder Naturstein. Selten ist in Pal. die Verwendung von Kalkstein zu kleinen Tafeln wie beim sogenannten Bauernkalender von Geser (KAI Nr. 182; Text: →Ackerwirtschaft, 5.); häufiger sind dem Mauerwerk eingefügte Tafeln wie die am Zweitgrab des Ussia (TGI Nr. 23 B), am Vorhof des herodianischen Tempels (TGI Nr. 55), an der Theodotos-Synagoge (TGI Nr. 56) oder die Bauinschrift des Pontius Pilatus aus Caesarea am Meer (Bible et Terre Sainte 57, 1963, 8–19). – Zur zweiten Gruppe gehören →Sarkophage (2.) und Ossuare, ferner Säulen und Portalsteine, denen die aus Steinwürfeln gelegten Mosaikinschriften (→Synagoge, 3.) anzureihen sind. Im AT ist die Rede von steinernen Tafeln (hebr. *lūḥōt hā-'ăbānīm*) des Dekalogs, in die die Schrift eingegraben (Ex. 32$_{16}$: *ḥārūt*) ist, und von *more aegyptiaco* mit Kalk getünchten Steinen (Dt. 27$_{2ff}$).

1.b Urkunden auf Tafeln aus Gold oder Silber, wie wir sie z. B. aus Assyrien (Die Welt des Alten Orients: Keilschrift – Grabungen – Gelehrte, 1975, 103) kennen, sind in Syr.-Pal. ungebräuchlich. Hingegen hat man in Byblos an der Wende vom 3. zum 2. Jt. Bronzetafeln (M. Dunand, Byblia Grammata, 1945, IXf) und in *Ḫirbet Qumrān* um 100 n. Chr. eine Kupferrolle (DJD III, 1962, 199–302) als Beschreibstoff verwendet. Daneben kommen seit dem 2. Jt. beschriftete Gebrauchsgegenstände aus Bronze vor, so der Dolch aus Lachis (L IV Tf. 22$_{15}$) und das Messer aus dem *Wādī el-Bīre* (Qedem 2, 1945, Tf. 3$_2$), die fünf →Hacken aus Ugarit (Driver Tf. 44) oder die →Pfeil-Spitzen aus *el-Ḫaḍr* bei Bethlehem (KAI Nr. 21) und von zwei Fundplätzen im Libanon (KAI Nr. 20, 22). In den jüngeren Büchern des AT werden beschriftete Diademe (Ex. 39_{30}; vgl. →Priesterkleidung, 3.) und Pferdeglocken (Sach. 14_{20}) erwähnt. Hi. 19_{24} bezieht sich möglicherweise auf das Auslegen von in Stein gemeißelten Inschriften mit Blei (Raschi; dazu K. Galling, WO 2, 1954–59, 3–6).

1.c Tontafeln wurden in ungebranntem Zustand mit einem Griffel (Driver Tf. 20_2) beschrieben. Die Form der Schriftzeichen mußte daher möglichst geradlinig sein. Neben Tontafeln in akk. und ug. Keilschrift wie dem Amarna-Brief 333 aus *Tell el-Ḥesī* bzw. den Texten aus Beth-Semes (AS III Tf. 20) und →Thaanach (2.) (BASOR 173, 1964, 45–50) sind hier solche mit einer noch nicht entzifferten Schrift zu nennen, die bei den Ausgrabungen von *Tell Dēr ʿAllā* (VT 14, 1964, 377–379, 421; PEQ 96, 1964, 73–78) zutage gekommen sind.

1.d Bei Tonscherben (Ostraka) hat man die Buchstaben gelegentlich eingeritzt, zumeist aber mit Tinte geschrieben. Die wichtigsten protoalphabetischen Ostraka sind die Scherben von Geser, Sichem, *Tell el-ʿAǧūl, Tell el-Ḥesī,* Beth-Semes und Lachis (Driver Abb. 41, 44, 46f, 40, 48). Die Zahl der zwischen 1910 (HES I 227–246 II Tf. 55c.d.e) und 1970 (IEJ 20, 1970, 227–229) gefundenen hebr. →Ostraka der Königszeit beläuft sich auf über 250. Daneben stehen Ostraka in edomitischer (RB 73, 1966, 389f Tf. 22a), aram. (z.B. IEJ 14, 1964, 185f) und hieratisch-äg. (IEJ 16, 1966, 153–159 Tf. 17A) Sprache und Schrift.

1.e Papyrus wurde hergestellt, indem man das Mark von *Cyperus papyrus L.* in Streifen schnitt, in Längs- und Querreihung preßte und hernach glättete. Das so gebildete Papyrusblatt (Jes. 8_1: *gillāyōn*) konnte mit anderen zu einer Rolle (Jer. 36_{23}: *məgillā*) zusammengeklebt werden. Papyrus wurde aus Ägypten, wo er spätestens seit der 5. Dyn. als Schr. verwendet wurde (A General Introductory Guide to the Egyptian Collections of the British Museum, 1964, 81f Abb. 27), nach Syr.-Pal. exportiert. Der älteste hebr. Papyrus ist ein im *Wādī Murabbaʿāt* entdecktes Palimpsest aus dem 8. Jh. (DJD II, 1961, 17); sein aram. Gegenstück ist der in *Ṣaqqāra* ausgegrabene Brief des Philisterkönigs ʾAdōn an Necho II. (KAI Nr. 226; TGI Nr. 43). Wichtige Papyrusfunde sind ferner die Urkunden aus der jüd. Militärkolonie in Elephantine (A. E. Cowley, Aramaic Papyri of the Fifth Century B.C., 1923; E. G. Kraeling, The Brooklyn Museum Aramaic Papyri, 1953), die im *Wādī Dālīye* gefundenen Texte aus Samaria (4. Jh.: BA 26, 1963, 110–121), die Fragmente hebr. Bibelhandschriften aus Höhle 6 von *Qumrān* (2. Jh. v. Chr.–1. Jh. n. Chr.; DJD III, 1962, 106–141) und die Briefe des Bar Kochba aus dem *Wādī Murabbaʿāt* (DJD II, 1961, 43f) und dem *Wādī Ḫabrā (Naḥal Ḥēver)* (IEJ 11, 1961, 41f).

1.f Für kürzere Aufzeichnungen konnte man sich auch eines Holzstücks bedienen. So ist einer der Bar Kochba-Briefe aus dem *Wādī Ḫabrā* (IEJ 11, 1961, 41f) auf Holz geschrieben. An den Höfen der Groß- und Kleinkönige des 1. Jt.s verwendete man mit Vorliebe aufklappbare Schreibtafeln, die aus drei oder mehr mit einer Wachsschicht versehenen und durch je neun lederne Angeln miteinander verbundenen Holz- oder Elfenbeintafeln bestanden (Iraq 17, 1955, 3–13, 14–20). Die hebr. Bezeichnung für eine solche Klapptafel war vielleicht *dělet* (KAI Nr. 194; TGI Nr. 45 Z. 4). Abb. 76_1 (aus einem Relief Sanheribs) zeigt einen Leder- und einen Klapptafel-Schreiber, und auf Abb. 76_2 (aus Zincirli) ist dargestellt, wie ein Schreiber mit einer Palette in der Hand und einer Klapptafel unter dem Arm König Birrākib von *Samʾal* begrüßt. Die Schreiberpalette (Ez. 9_2: *qęset*; äg. *gśtỉ*) bestand gewöhnlich aus Holz und enthielt ein Fach für das Schreibrohr (Jer. 8_8: *ʿęṭ*) sowie eine oder mehrere Vertiefungen für die Farbe, die jeweils zu Tinte (Jer. 36_{18}: *dəyō*) angerührt wurde (A General Introductory Guide to the Egyptian Collections in the British Museum, 1964, 82f Abb. 32). In Megiddo (MegIv Tf. 62) ist eine elfenbeinerne Schreiberpalette des 12. Jh.s gefunden worden. Zur Ausrüstung des Schreibers gehörte ferner das Schreibermesser (Jer. 36_{23}: *taʿar has-sōpēr*), das zum Spitzen des Schreibrohrs und zum Schneiden von Papyrusblättern verwendet wurde.

1.g Die älteste beschriebene Lederrolle stammt aus dem Ägypten der 22. Dyn. (Journal of Hellenic Studies 35, 1914, 24). Sowohl in der jüd. Militärkolonie von Elephantine (E. Sachau, Aramäische Papyrus und Ostraka, 1911, XXVIIIf) als auch

Abb. 76 **Schreibmaterial, Buch und Schrift** (1) Relief Sanheribs mit Leder- und Klapptafel-Schreiber, (2) Relief aus Zincirli mit Klapptafel-Schreiber vor König Birrākib

in der Kanzlei des pers. Satrapen (G.R. Driver, Aramaic Documents of the Fifth Century B.C., 1957) diente Leder als Schr. Ebenso ist die überwiegende Mehrzahl der *Qumrān*-Texte auf Leder geschrieben (vgl. z.B. DJD I, 1955). Der auf Abb. 76$_1$ im Vordergrund stehende Schreiber hält in der linken Hand ein Stück Leder. Der älteste literarische Beleg für Leder als Beschreibstoff für die Thora ist Aristeasbrief 176 par. JosAnt XII 89f.

1.h Unter Pergament versteht man eine durch Kalkbeize geglättete Tierhaut. Die Entwicklung dieses Verfahrens der Lederbearbeitung schrieb man König Eumenes von Pergamon (195–158) zu.

2. Bei der Tontafel sind, auch wenn man wie üblich beide Seiten beschreibt, kaum mehr als acht Kolumnen unterzubringen (Driver 17). Für größere Literaturwerke benötigte man daher mehrere Tafeln. Vielfach hat man die Tafeln, die zu einem „Buch" zusammengehörten, mit Stichwortzeilen, Serienbenennung (z.B. CTA 14: *lkrt*) oder Tafelzählung gekennzeichnet. Die Tafeln wurden in Krügen, Kisten (Driver Tf. 26$_{2f}$) oder Regalen aufbewahrt. – Das Papyrus- „Buch" ist die Rolle, deren Ausmaß nach der Textlänge bestimmt wurde. Sie konnte einen Aushängezettel bekommen, der auch bei geschlossener Rolle den Inhalt oder Titel erkennen ließ. – Auch aus Leder oder Pergament hat man durch Aneinandernähen oder -kleben von Leder- bzw. Pergamentstreifen Rollen hergestellt. So besteht die erste Jesaja-Rolle aus Höhle I von *Ḫirbet Qumrān* mit ihren 54 Kolumnen (Jer. 36$_{23}$: *dəlātōt*) aus 17 mit Leinengarn aneinandergenähten Lederstreifen von durchschnittlich 26,2 cm Höhe und einer Länge, die zwischen 25,2 und 62,8 cm schwankt. Die Gesamtlänge dieser Rolle beträgt 7,34 m. – Die beliebteste Buchform für christliche Texte ist der Kodex, bei dem Blatt über Blatt gelegt und geheftet werden. Er besteht zunächst aus Papyrus, seit dem 4. Jh. n. Chr. fast ausschließlich aus Pergament. Auch hier gibt es Aushängezettel.

3. Außer der akk. Keilschrift (→1.c) und den drei äg. Schriftarten Hieroglyphisch, Hieratisch (→1.d) und Demotisch sowie den griech. und lat. Alphabetschriften (→1.a) sind in Syr.-Pal. vom 3.-1. Jt. die verschiedensten Schriften verwendet worden (vgl. etwa die in →Geser [5.] und →Lachis [2.] gefundenen Schriftdokumente).

Während des MR war in Byblos eine Silbenschrift mit 114 Zeichen in Gebrauch (→1.b). Der Entzifferungsversuch von

E. Dhorme (Syria 25, 1946–48, 1–35) stieß auf weitgehende Skepsis (J. Friedrich, Entzifferung verschollener Sprachen und Schriften, 1966^2, 120–124). – Auch die Entzifferung der im 15. (?) Jh. auf Inschriften von der Sinaihalbinsel und auf Ostraka aus Pal. (→1.d) verwendeten protoalphabetischen Schrift durch W.F. Albright (The Proto-Sinaitic Inscriptions and their Decipherment, 1966) ist nicht allgemein akzeptiert worden (Friedrich, a.a.O.,140–143). – Erhebliche Vorbehalte sind auch gegenüber der Entzifferung der aus 22 Zeichen bestehenden Schrift auf den aus dem 13. Jh. stammenden Tontafeln von *Tell Dēr ʿAllā* (→1.c) durch A.van den Branden (VT 15, 1965, 129–152, 532–536) und H. Cazelles (Semitica 15, 1965, 5–21) angemeldet worden (M. Weippert, ZDPV 82, 1966, 299–310; dazu wiederum: A.van den Branden, al-Mašriq 61, 1967, 357–370). – Demgegenüber konnten die keilalphabetischen Texte des 14./13. Jh.s, die seit 1929 in Ugarit, aber auch an verschiedenen Stellen Pal.s (→1.b und 1.c) gefunden werden, schon 1930 unabhängig voneinander von H. Bauer, E. Dhorme und C. Virolleaud gelesen und gedeutet werden (H. Bauer, Das Alphabet von Ras Shamra. Seine Entzifferung und seine Gestalt, 1932; Friedrich, a.a.O., 69–72). – Die frühesten Belege für die kan. Alphabetschrift sind kurze Eigentumsvermerke auf Gebrauchsgegenständen wie der aus dem 12./11. Jh. stammenden bronzenen Pfeilspitze aus *el-Ḫaḍr* (→1.b).

Der älteste Text in althebr. Schrift ist der ins 10. Jh. zu datierende sogenannte Bauernkalender von Geser (→1.a). Die althebr. Schrift wurde bei den Juden vom 3. Jh. v. Chr. an allmählich durch eine aram. Kursive (Quadratschrift) ersetzt, während sie bei den Samaritanern in stilisierter Form bis zur Gegenwart beibehalten wurde.

Für neuere Schrifttafeln für die verschiedenen Stadien und Typen der nordwestsem. Konsonantenschrift vgl.: Inscriptions Reveal: Documents from the time of the Bible, the Mishna and the Talmud, Israel Museum Catalogue 100, 1973, hebr. Teil, 10f (allgemein); W.F. Albright, The Proto-Sinaitic Inscriptions and their Decipherment, 1969^2, Abb. 1 (protoalphabetisch); Y. Aharoni/J. Naveh, Arad Inscriptions, JDS 1975, 131–137 (hebr. Kursive des 8.–6. Jh.s); Naveh *passim*, bes. Abb. 1–12 (aram.); Cross 137–139, 148f, 162–164 (jüd.-aram.).

Literatur: K.W. Clark, The Posture of the Ancient Scribe, BA 26, 1963, 63–72 – M. Cohen, La grande invention de l'écriture et son évolution, 1958 – F.M. Cross, The Development of the Jewish Scripts, in: G.E. Wright, ed., The Bible and the Ancient Near East, Essays in Honor of W.F. Albright, 1961, 133–202 – D. Diringer, The Story of the Aleph Beth, 1958 – ders., Writing, 1962 – G.R. Driver, Semitic Writing from Pictograph to Alphabet, 1954^2 – J.-G. Février, Histoire de l'Écriture, 1959^2 – J. Friedrich, Geschichte der Schrift, 1966 – K. Galling, Tafel, Buch und Blatt, in: H. Goedicke, ed., Near Eastern Studies in Honor of W.F. Albright, 1971, 207–223 – I.J. Gelb, Von der Keilschrift zum Alphabet, 1958 – H. Jensen, Die Schrift in Vergangenheit und Gegenwart, 1958^2 – F. Kenyon/A.W. Adams, Our Bible and the Ancient Manuscripts, 1962^2 – B.M. Metzger, The Furniture in the Scriptorium of Qumran, Revue de Qumrân 1, 1958/59, 509–515 – A.R. Millard, The Practice of Writing in Ancient Israel, BA 35, 1972, 98–111 – J. Naveh, The Development of the Aramaic Script, The Israel Academy of Sciences and Humanities, Proceedings 5/1, 1970 – W. Röllig, Die Alphabetschrift, in: U. Hausmann, ed., Allgemeine Grundfragen der Archäologie, 1969, 289–302 – C. Wendel, Die griechisch-römische Buchbeschreibung verglichen mit der des Vorderen Orient, Hallische Monographien 3, 1949.

H.P. Rüger

Schwefel

Elementarer Schw. (hebr. *gåprīt*, Lehnwort unbekannter Herkunft; griech. ϑεῖον) kommt in Pal. in Schichten- und Knollenform in den jungpleistozänen *Lisān*-Mergeln des unteren Jordangrabens (für die Umgebung von Jericho bezeugt bei Abū 'l-Fidā 236, G. Le Strange, Palestine under the Moslems, 1890, 397; vgl. Blanckenhorn, Studien, 62–67) und der Umgebung des Toten Meeres vor (ders., ZDPV 19; Studien, *passim*), ferner im Negev und südl. von Gaza (hier in Sandstein).

Von der aus Mesopotamien (Thompson) bekannten medizinischen Verwendung des Schw.s (Räuchern; äußerliche, innerliche Anwendung) findet sich in der Bibel keine Spur. Man wußte aber, daß schw.haltiger Boden unfruchtbar ist (Jes. 34_6 Hi. 18_{15}), und erzählte von dem Feuer- und Schw.regen, der Sodom und Gomorrha (und weitere Städte) zerstört habe (Gn. 19_{24} vgl. Dt. 29_{22} Lc. 17_{29}); in analoger Weise erwartete man von Gott die Vernichtung der Gottlosen (Ps. 11_6 vgl. Apc. 9_{17f}) und des endzeitlichen Feindes (Gog, Ez. 38_{22}). Die Assyrien zugedachte Feuerstätte (*tōpet*), „in der der Atem Jahwes wie ein Schw.bach brennt" (Jes. 30_{33}), ist das Urbild der „Hölle", des „Feuersees, der von

Schw. brennt", der Apc. (19₂₀ 20₁₀ 21₈). Die zahlreichen schw.haltigen Thermen der Senke des Jordans und des Toten Meeres (vgl. Blanckenhorn, Studien, *passim*) wurden z.T. seit der röm. Zeit als Kurbäder genutzt, z.B. *el-Ḥamme* am Jarmuk (E.L. Sukenik, JPOS 15, 1935, 103–117) und *Ḥammat* südl. von Tiberias.

Literatur: F.-M. Abel, Géographie de la Palestine I, 1967[3], 198f – M. Blanckenhorn, Entstehung und Geschichte des Todten Meeres, ZDPV 19, 1896, 44–48 – ders., Naturwissenschaftliche Studien am Toten Meer und im Jordantal, 1912 – F. Bender, Geologie von Jordanien, Beiträge zur regionalen Geologie der Erde 7, 1968, 160f Abb. 150 – O. Fraas, Der Schwefel im Jordanthal, ZDPV 2, 1879, 113–119 – R. Sachsse, Beiträge zur chemischen Kenntnis der Mineralien, Gesteine und Gewächse Palästinas, ZDPV 20, 1897, 24f – R.C. Thompson, A Dictionary of Assyrian Chemistry and Geology, 1936, 38–41. *M. Weippert*

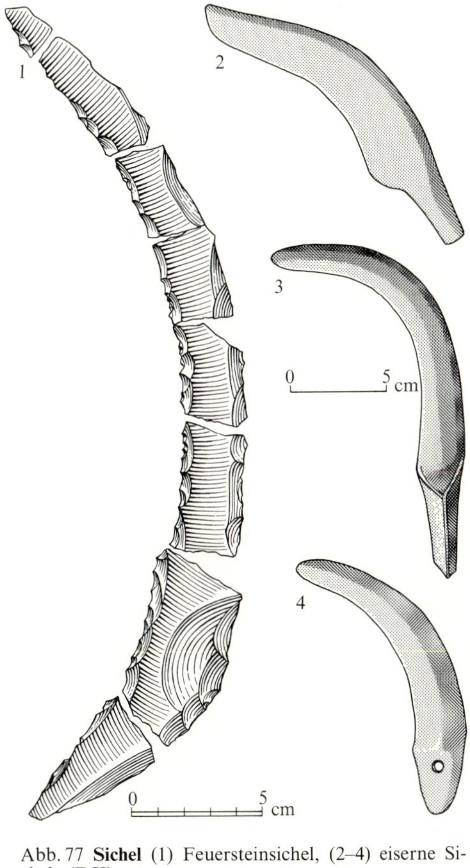

Abb. 77 **Sichel** (1) Feuersteinsichel, (2–4) eiserne Sicheln (E II)

Sichel

Die S. (hebr. *ḥermēš* und *maggāl*) ist ein gebogenes, auf der Innenseite scharfes Messer. Bis in die Wende der SB-Zeit hat man S.n aus Feuersteinstücken (Abb. 77_1) zusammengesetzt, wobei diese von einem geschwungenen Holz gehalten wurden (vgl. die sensenartigen äg. S.n: AOB 166). Den Metall-S.n sind die Garten- oder Winzermesser (hebr. **mazmērā*) ähnlich. Bronze-S.n sind in Pal. selten (EG III Tf. 128_8; Meg II Tf. 179_{29}); häufiger kommen sie in Syr., bes. in Ugarit, vor (Deshayes II 144–150). Von der E II-Zeit an gibt es eiserne S.n bzw. Winzermesser (Abb. 77_{2-4}), bei denen der Griffansatz verschieden geformt ist (weitere Beispiele: Ger Tf. 27; EG III Tf. 94_{17} 96_{6f} 128_{13}; Meg I Tf. 84_{1-12}; Hazor II Tf. 165_{3-6}). Eine Elfenbeinplakette aus *Nimrūd* zeigt Assurnasirpal II. mit einer Zeremonial-S., deren Griffende als Vogelkopf gestaltet ist (Mallowan, Nimrud I, 62 mit Abb. 21).

Literatur: Dalman, AuS III, 19–44 – J. Deshayes, Les outils de bronze, de l'Indus au Danube I, 1960, 335–354; II, 1960, 144–150 mit Tf. 45–47. *K. Galling*

Sichem

1. Lage, Name, Geschichte. 2. Ausgrabungen. 3. Heiligtümer in der Umgebung von S.

1. Die Angaben bei EusOn 54_{24-26} 150_{1-7} und die Lage S.s südöstl. von Neapolis auf der *Mādebā*-Karte (M. Avi-Yonah, The Madaba Mosaic Map, 1954, 46) weisen auf *Tell Balāṭa* (nach Wright, ZDPV 83 abgeleitet von aram. *ballūṭā* = Eiche) als Stätte des im AT *Šəkēm* genannten Ortes. Diese Identifikation, die im 14.Jh. n.Chr. bereits der jüd. Arzt Estori hap-Parchi vorschlug (L. Grünhut, Die Geographie Palästinas nach Estori haf-Farchi, 1912, 54), erhielt 1903 ihre erste archäologische Bestätigung, als H. Thiersch und G. Hölscher (Mitteilungen der Deutschen Orient-Gesellschaft 23, 1904, 34f) Spuren der alten Stadtummauerung entdeckten.

Im Einschnitt zwischen dem Ebal (938 m) im Norden und dem Garizim (868 m) im Süden besaß S. eine verkehrstechnische und strategische Schlüsselposition, die es zur Vorherrschaft über den mittelpal. Raum bestimmte (Alt, KlSchr III, 246: „ungekrönte Königin Palästinas“). So nimmt es nicht wunder, daß S. schon im 19. Jh. Ziel kriegerischer Aktionen Ägyptens war (ANET 230; vgl. auch Ächtungstexte: E 6), und daß der aus dem Amarna-Archiv bekannte Stadtkönig von S. Lab'aya zusammen mit seinen Söhnen im 14. Jh. das gesamte mittelpal. Bergland kontrollierte. Dies brachte ihn jedoch bei den benachbarten Stadtfürsten und beim äg. Oberherrn in Mißkredit und führte schließlich zu seiner Ermordung (Wright, Shechem, 191–207). Aus dieser Epoche stammt auch ein privater Keilschriftbrief aus S. (dazu zuletzt: F. M. Th. de Liagre Böhl, Der Keilschriftbrief aus Sichem [Tell Balâṭa], Baghdader Mitteilungen 7, 1974, 21–30).

Das AT räumt S. in der Vor- und Frühgeschichte Israels eine prominente Stellung ein (dazu Nielsen): Den ersten Rastplatz und Altarbau Abrahams im verheißenen Land lokalisiert Gn. 12_{6f} an der „Orakel-Eiche“ bei S. Als Grabstätte Josephs gilt in Jos. 24_{31} ein Grundstück, das Jakob „von den Söhnen Hemors, des Vaters S.s“ gekauft hat (Gn. 33_{18}; anders Act. 7_{16}). Unklar sind die Angaben über die isr. Inbesitznahme S.s, obwohl die Stadt im Leben der Stämme eine bedeutende kultische (Dt. 27) und politische (Jos. 24) Rolle spielte. Einen mißlungenen Versuch der einheimischen Bevölkerung zu friedlicher Koexistenz mit den Israeliten setzt Gn. 34 voraus, während Gn. 48_{22} eine Eroberung S.s durch Jakob kennt. Wohl ähnlich wie Lab'aya im 14. Jh. versuchte in der E I-Zeit Abimelech nach seiner Wahl zum König von S. seine Macht auszuweiten (Jdc. 9, dazu Reviv), was aber mißlang und zur Zerstörung S.s führte. Nachdem Jerusalem Hauptstadt des geeinten Reichs geworden war, behielt S. zunächst einen Teil seiner Bedeutung: Rehabeam mußte nach S. gehen, um sich von den (Nord-)Stämmen als König bestätigen zu lassen (1 R. 12_{1}; vgl. N. Allan, Jeroboam and Shechem, VT 24, 1974, 353–357). Erst als Jerobeam I. →Thirza zur Residenz erhob, verlor S. seine Vorrangstellung unter den isr. Städten.

2. 1908 erwarb Fr. W. von Bissing einen Waffenfund aus einem Grab der MB II-Zeit (DP I Abb. 51f, 54f; vgl. →Abb. 17_{20}), der jetzt in der ägyptologischen Sammlung der Universität München aufbewahrt wird. Wenig später setzten systematische Ausgrabungen in S. ein, zunächst unter der Leitung von E. Sellin (1913/14; 1926; 1934: zusammen mit H. Steckeweh) und G. Welter (1928; 1931), später folgten acht von G. E. Wright (1956–1969) und zwei von W. G. Dever (1972; 1973) geleitete Grabungskampagnen (Plan der freigelegten Areale: ANEP 867).

Keramikfunde aus dem 4. Jt. erwiesen sich als erste menschliche Spuren auf dem Tell. Das früheste bekannte architektonische Zeugnis in S. ist eine in der MB IIA-Zeit aufgeschüttete Plattform im Westen des Tells, auf der in einer 2. Phase ein Gebäudekomplex entstand, der trotz mehrerer Veränderungen (MB IIB-Zeit) seine Grundkonzeption als offener Hof mit Ummauerung bzw. Kasematten-Räumen bewahrte. Durch eine im Norden und Osten nachgewiesene Mauer ist der erhöhte Bezirk vom übrigen Tell abgetrennt (oft mit dem *millō* und *migdal Šəkēm* von Jdc. $9_{6,20,46}$ identifiziert; doch vgl. Soggin, ZDPV 83). Die Trennmauer („Temenos Wall“) begünstigte eine kultische Interpretation des Platzes. G. E. Wright deutete das hier stehende Gebäude (MB IIA-B) als Hoftempel (Shechem, Abb. 58: Rekonstruktion) und berief sich auf analoge Bauten in Syr. und Kleinasien, deren Funktion als Tempel (oder Palast) aber strittig ist (G. R. H. Wright, ZAW 80, 2–9). Auch das völlige Fehlen kultischer Gegenstände macht eine Deutung des Gebäudes als Tempel fraglich (Kritik bei P. W. Lapp, BA 26, 1963, 129f). Im Nordosten des Bezirks erschließt G. R. H. Wright für die Zeit von 1700–1675 einen Quadratbau-Tempel (ZAW 87) und Dever (BASOR 216, 39–44) deutet neuerdings auch die drei in diesem Bereich an die Südmauer des Nordwesttores angrenzenden Kasematten-Räume als “royal chapel” aus dem Ende der MB-Zeit. Ihre Interpretation als erster Vertreter des Dreiraum-Tempels in Syr.-Pal. scheitert aber bereits daran, daß der angenommene Altar sich im mittleren Raum befindet und somit allenfalls – wenn überhaupt! – ein Zweiraum-Tempel (Vorraum, Cella) mit einem Hinterraum vorliegen könnte. Um einen Tempel (Parallele: Meg II Abb. 247) handelt es sich dagegen sicher bei dem um 1650 südwestl. vom Nordwesttor errichteten ca. 26 m langen und 21 m breiten Bau mit 5 m dicken Mauern (→Abb. 85_{21}).

Im von zwei Türmen flankierten Eingang stand eine Säule. Etwa 50 Jahre später trugen sechs äg. oder ägyptisierende →Säulen das Dach des Tempels; rechts und links vom Eingang standen zwei →Masseben (die vorher im Eingang stehende Säule wurde entfernt). Ob nach einer Zerstörung um 1550 und einer ca. 100 Jahre dauernden Siedlungslücke an derselben Stelle ein Breitraumtempel folgte, oder ob der alte Tempel erhalten blieb (oft mit dem des *Ba'al Bərīt* von Jdc. $9_{4, 46}$ identifiziert), steht zur Diskussion. Seinen Eingang flankierten ebenfalls zwei Masseben; in einer 2. Phase (1200–1100) kam eine dritte Massebe hinzu. Die Zerstörung S.s in der E I-Zeit setzte der Tradition kultischer Bauten an dieser Stelle ein Ende. Der Platz diente dann wahrscheinlich als →Speicher (G.R.H. Wright, ZAW 82).

Gleichzeitig mit den ersten Bauten auf der Plattform erfolgte auch die erste Befestigung durch eine ca. 2,5 m breite Schalenmauer mit Ziegeloberbau. Gegen Ende des 18. Jh.s umgab den Tell ein Erdwall; ihm folgte (ca. 8 m nach außen verschoben) um 1650 die noch heute an der West- und Nordwestseite des Tells sichtbare kyklopische Mauer (IEJ 22, Tf. 25; RB 80, Tf. 24). Den Zugang zur Stadt bot das im Nordwesten liegende Tor (→Abb. 87_2). Ebenfalls ausgegraben sind die kurz danach gebaute Ostmauer mit Vor- und Rücksprüngen sowie das Osttor mit seinen vier Orthostatenpaaren (ANEP 866), die allerdings erst aus seiner 2. Bauphase stammen. Da Türangelsteine nicht zutage kamen, deuteten die Ausgräber – kaum zutreffend! – die Orthostaten als Vorrichtungen für Schiebe- oder Falltüren. Zahlreiche Bauphasen im Tor (7 SB- und 14 E-Böden) ließen das Niveau ansteigen, so daß schließlich Treppen nötig wurden. Nach der bereits erwähnten Zerstörung um 1550 erfolgten um 1450 Restaurierungsarbeiten, aber keine Befestigungsneubauten größeren Stils.

Die meist auf Abimelech (Jdc. 9) zurückgeführte Zerstörung in der E I-Zeit hat S. nicht überwunden. Zwar erhielt die Stadt im 9. Jh. eine Kasemattenmauer; doch gingen der Zerstörung durch Salmanassar V. (724) mehrere Zerstörungen voraus und verhinderten die Entfaltung städtischer Kultur: kein Tempel oder Palast, nur Wohnhäuser sind bislang aus dieser Zeit bekannt. Auch als die Assyrer eine neue Bevölkerung (neue Keramiktypen) neben den Zurückgebliebenen ansiedelten, nahm die Stadt keinen Aufschwung. Attische Keramikscherben und eine Münze aus Thasos bezeugen für die pers. Zeit einen gewissen Handel, der eventuell von einer in S. befindlichen sidonischen Handelskolonie ausging (vgl. JosAnt XI 340–345 XII 257–264; dazu: Delcor 34–42).

3. Auch S. war davon betroffen, als die Perser die Rivalität zwischen Samaria als politischem und Jerusalem als kultischem Zentrum zu beheben suchten, indem sie die durch die ass. Politik vertiefte Trennung zwischen dem Süd- (Judäa) und dem Nordreich (Samaria) wieder einführten (Alt, KlSchr II, 316–337, 346–362). Kultisches Zentrum der Provinz Samaria wurde der bei S. gelegene Garizim, den Dt. 12_{29} 27_{12f} als einen von Jahwe erwählten Kultort nennen. Wie weit die Tradition des Garizim als Platz eines Heiligtums zurückreicht, ist unbekannt. Wegen seiner Lage tief unten am Hang des Berges kann man den Quadratbau der *Ḫirbet et-Tenānīr* (ca. 17 × 17 m; →Abb. 85_{12}) aus dem Übergang von der MB- zur SB-Zeit (Welter, AA 47, 313f; Nachgrabungen: Boling) dafür nicht in Anspruch nehmen. Auch ist seine Deutung als Tempel nicht unangefochten (nach W.F. Albright, The Archaeology of Palestine, 1963, 92 handelt es sich um eine Villa; vgl. auch V. Fritz, ZDPV 87, 1971, 146–152; zur Diskussion und weiteren Parallelbauten: →Tempel, 2.b). Der in JosAnt XII 257–264 zur Zeit Alexanders des Großen auf dem Garizim vorausgesetzte Tempel wird mit den Ruinen aus der pers. Zeit auf dem Nebengipfel *Tell er-Rās* zu identifizieren sein; doch ergaben die bisherigen Ausgrabungen (Bull/Campell, BASOR 190, 4–19) kein zusammenhängendes Bild. Als Johannes I. Hyrkan die Provinz Samaria zu erobern versuchte (erster Versuch 128), zerstörte er den Garizim-Tempel (wohl erst 108/107) und die Stadt S., die nicht wieder aufgebaut wurde. Ihre Nachfolge traten das am Hang des Ebal liegende, in J. 4_5 genannte Sychar (= *'Askar*, vgl. Delcor 42–48; Schenke 181–184) und das 72 n. Chr. von Vespasian gegründete *Flavia Neapolis* (heute *Nāblus*) an. Die kultische Tradition auf dem Garizim lebte jedoch weiter: Hadrian erbaute auf dem *Tell er-Rās* einen

Zeustempel, zu dem aus dem Stadtbereich eine Treppe heraufführte (Bull, AJA 71; BA 31). Beides ist auf Münzen von *Neapolis* dargestellt. Auf dem Hauptgipfel des Garizim baute Zeno (5. Jh. n. Chr.) eine der Theotokos geweihte oktogonale Kirche (Schneider), und bis heute feiert die Gemeinde der Samaritaner ihr jährliches Passa auf dem Garizim (J. Jeremias, Die Passahfeier der Samariter, BZAW 59, 1932).

Ferner sind aus der Umgebung von S. zu nennen das nordöstl. vom Dorf *Balāṭa* lokalisierte Grab Josephs (Jos. 24 31), das in hell. Zeit wohl nahe des Jakobsbrunnens (J. 4 5f. 12) südöstl. von *Balāṭa* (Schenke 159–181; vgl. dazu auch L. Wächter, Das Baumheiligtum bei Sichem, Folia Orientalia 17, 1976, 71–86) angesetzt wurde. Über dem Jakobsbrunnen ist vor 333 n. Chr. ein einfaches Baptisterium, um 380 n. Chr. dann eine kreuzförmige Kirche bezeugt (F.-M. Abel, RB 42, 1933, 384–402).

Literatur: Vorberichte über Grabungen unter deutscher Leitung: E. Sellin, Anzeiger der Kaiserlichen Akademie der Wissenschaften phil.-hist. Kl. 51, 1914 VII, 35–40. XVIII, 204–207 – ders., ZDPV 49, 1926, 229–236, 304–320; 50, 1927, 205–211, 265–274; 51, 1928, 119–123; 64, 1941, 1–20 – G. Welter, FF 4, 1928, 317f – ders., AA 47, 1932, 289–314 – F. M. Th. Böhl, De Opgraving van Sichem, 1927 – ders., ZDPV 49, 1926, 321–327.
Vorberichte über Grabungen unter amerikanischer Leitung: G. E. Wright, BASOR 144, 1956, 9–20; 148, 1957, 11–28 – ders., Shechem: The Biography of a Biblical City, 1965 – L. E. Toombs/G. E. Wright, BASOR 161, 1961, 11–54; 169, 1963, 1–60 – R. J. Bull u.a., BASOR 180, 1965, 7–41 – R. J. Bull/E. F. Campell, BASOR 190, 1968, 2–41 – E. F. Campell/J. F. Ross/L. E. Toombs, BASOR 204, 1971, 2–17 – J. D. Seger, BASOR 205, 1972, 20–35 – W. G. Dever, IEJ 22, 1972, 156f, 239f; 23, 1973, 242–245 – ders., RB 80, 1973, 567–570; 82, 1975, 81–83 – ders., BASOR 216, 1974, 31–52.
Weitere Lit.: R. G. Boling, Bronze Age Buildings at the Shechem High Place, BA 32, 1969, 82–103 – R. J. Bull, A Re-Examination of the Shechem Temple, BA 23, 1960, 110–119 – ders., A Preliminary Excavation of an Hadrianic Temple at Tell er Ras on Mount Gerizim, AJA 71, 1967, 387–393 – ders., The Excavation of Tell er-Ras on Mt. Gerizim, BA 31, 1968, 58–72 – ders., An Archaeological Context for Understanding John 4:20, BA 38, 1975, 54–59 – E. F. Campell/G. E. Wright, Tribal League Shrines in Amman and Shechem, BA 32, 1969, 104–116 – M. Delcor, Vom Sichem der hellenistischen Epoche zum Sychar des Neuen Testaments, ZDPV 78, 1962, 34–48 – S. H. Horn, Scarabs from Shechem, JNES 21, 1962, 1–14; 25, 1966, 48–56 – ders., Shechem: History and Excavation of a Palestinian City, JEOL 18, 1965, 284–306 – ders., Objects from Shechem, JEOL 20, 1967–68, 71–90 – V. I. Kerkhof, Catalogue of the Shechem Collection in the Rijksmuseum van Oudheden in Leiden, Oudheidkundige Mededelingen uit het Rijksmuseum van Oudheden te Leiden 50, 1969, 28–109 – N. R. Lapp, Pottery from some Hellenistic Loci at Balâtah (Shechem), BASOR 175, 1964, 14–26 – E. Nielsen, Shechem: A Traditio-Historical Investigation, 1959² – H. Reviv, The Government of Shechem in the el-Amarna Period and in the Days of Abimelech, IEJ 16, 1966, 252–257 – H.-M. Schenke, Jakobsbrunnen – Josephsgrab – Sychar: Topographische Untersuchungen und Erwägungen in der Perspektive von Joh. 4, 5. 6, ZDPV 84, 1968, 159–184 – A. M. Schneider, Römische und byzantinische Bauten auf dem Garizim, ZDPV 68, 1946–1951, 211–234 – J. D. Seger, The Middle Bronze IIC Date of the East Gate at Shechem, Levant 6, 1974, 117–130 – ders., The MB II Fortifications at Shechem and Gezer, EI 12, 1975, 34*–45* – J. Simons, Topographical and Archaeological Elements in the Story of Abimelech, Oudtestamentische Studiën 2, 1943, 35–78 – J. A. Soggin, Zwei umstrittene Stellen aus dem Überlieferungskreis um Shechem, ZAW 73, 1961, 78–87 – ders., Bemerkungen zur alttestamentlichen Topographie Sichems mit besonderem Bezug auf Jdc. 9, ZDPV 83, 1967, 183–198 – L. E. Toombs, The Stratigraphy of Tell Balatah (Ancient Shechem), ADAJ 17, 1972, 99–110 – L. Wächter, Salem bei Sichem, ZDPV 84, 1968, 63–72 – G. R. H. Wright, The Place Name Balāṭah and the Excavations at Shechem, ZDPV 83, 1967, 119–202 – ders., Temples at Shechem, ZAW 80, 1968, 1–35 – ders., The "Granary" at Shechem and the Underlaying Storage Pits, ZAW 82, 1970, 275–278 – ders., The Mythology of Pre-Israelite Shechem, VT 20, 1970, 75–82 – ders., Shechem and League Shrines, VT 21, 1971, 572–603 – ders., Joseph's Grave under the Tree by the Omphalos at Shechem, VT 22, 1972, 476–486 – ders., Temples at Shechem – A Detail, ZAW 87, 1975, 56–64 – Weitere Lit. bei E. K. Vogel, HUCA 42, 1971, 76f.

H. Weippert

Sidon

35 km nördl. von Tyrus liegt S. (hebr. *Ṣīdōn,* äg. *Ḏdn,* in den Amarna-Briefen *Ṣīdūna/u,* ass. *Ṣidunna,* bab. *Ṣa'idūnu,* arab. *Ṣaidā* – zur Ableitung: Eiselen 10–15) auf einer Landzunge an der Küste in einer kleinen fruchtbaren Ebene. Im Norden besaß S. einen →Hafen (Poidebard/Lauffray).

Die frühesten literarischen Belege für S. in den Amarna-Briefen zeigen den Versuch des Königs Zimreddi von S., sich aus der äg. Vorherrschaft zu lösen (EA 144f mit Kommentar!), dem jedoch vermutlich durch die Vorstöße Sethos' I. und Ramses' II. bis →Tyrus bzw. den *Nahr el-Kelb* (→Stele, 3.) eine neue Unterwerfung folgte. Spätere Kontakte mit Ägypten dokumentieren zwei in S. gefundene Metallkannen mit der Kartusche des Pharao Amasis (26. Dyn.; vgl. dazu auch Dunand, BMB 26, 12 Anm. 2) und eine Inschrift mit der des Pharao Hakoris (29. Dyn.; dazu Dunand, Syria 7, 121–127). Den Assyrern gegenüber verhielt sich S. zunächst loyal (ANET 275f, 280f); doch entzog sich Lūlī (Eluläus) von S. durch Flucht der Tributzahlung, und

Sanherib setzte 'Ittōba'l (Tūba'il) an seine Stelle (ANET 287; TGI Nr. 39). Als sich später Abdimilkutte von S. gegen Asarhaddon auflehnte, zerstörte dieser S., deportierte die Bewohner und gründete weiter inlands die Siedlung „Asarhaddonsburg" (ANET 290–292, 302). S. erholte sich rasch von diesem Schlag: als →Tyrus durch die Belagerung unter Nebukadnezar vom Handel abgeschnitten war, übernahm S. die Führungsrolle unter den phön. Städten. Die Gleichsetzung von Phöniziern mit Sidoniern (Jos. 13_6) muß aber, da sie schon bei Homer (Ilias VI 289 XXIII 743; vgl. Gn. 10_{15}: S. = Erstgeborener Kanaans) vorkommt, frühere Verhältnisse widerspiegeln. Zu Beginn des 5. Jh.s fiel S. die Küste südl. des Karmels mit Dor und Jaffa zu (K. Galling, ZDPV 79, 1963, 140–151). Verhängnisvoll wurde der Führungsanspruch S.s (unter König Tennes) erst beim Versuch der phön. Städte, sich gegen die pers. Oberhoheit zu behaupten: Artaxerxes III. Ochus zerstörte im Gegenzug S. (Galling, Studien, 204–209). Die geschwächte Stadt ergab sich 332 kampflos Alexander dem Großen.

Der genaue Umfang des antiken S. ist unbekannt. Sanherib nennt ein Groß- und Klein-S. (ANET 287; TGI Nr. 39). Asarhaddon beschreibt S. als Inselstadt (ANET 290), was bedeuten könnte, daß Stadtteile – etwa eine Festung – auf einer der S. vorgelagerten Inseln lagen. Die 'Ešmūn'azōr-Inschrift kann mit *Ṣdn 'rṣ ym* (= S. des Meerlandes, KAI Nr. 14 Z. 16) einen Stadtteil oder ganz S. meinen. Sie nennt auch einen 'Ešmūn-Tempel und gibt als Lage „*'ndl(l)* am Berge" an (KAI Nr. 4 Z. 17); er ist mit großer Sicherheit mit dem 2 km nordnordöstl. von S. am Ufer des *Nahr el-Awwalī* (= Bostrenus) gelegenen Kultbezirk *(Bustān eš-Šēḫ)* identisch.

Funde in S. und seiner Umgebung führten schon im 19. Jahrhundert zu mehreren Ausgrabungen, von denen die von E. Renan sowie O. Hamdy-Bey und Th. Reinach hervorzuheben sind. Von 1900–1909 setzte Th. Macridy-Bey, seit 1914 G. Contenau die Arbeit fort. M. Meurdac und L. Albanese untersuchten die hell.-röm. Nekropolen (zum schon 1887 gefundenen „Alexander"-Sarkophag vgl. von Graeve). 1963 übernahm M. Dunand, der schon 1924 beim 'Ešmūn-Tempel gegraben hatte, die Gesamtleitung (Vorberichte zu früheren Ausgrabungen: BMB 2, 1938, 111–113; 3, 1939, 79–81; 4, 1940, 118–120; 5, 1941, 88f; 6, 1942–43, 82f; 7, 1944–45, 110; 8, 1946–48, 159f).

In S. beschränken sich die Ausgrabungen auf das Gebiet im Südosten beim Château Saint Louis, wo Tiefgrabungen Siedlungsspuren von der 2. Hälfte des 4. Jt.s an erbrachten (BMB 20, 1967, 27). Daß hier eine pers. Residenz stand (Galling, Studien, 208: nach dem Tennes-Aufstand), läßt der Fund eines achämenidischen Kapitells mit zwei Stierprotomen (Syria 4, 1923, Tf. 43f) vermuten. Ähnliche Fragmente (Syria 7, 1926, Tf. 5) und ein gut erhaltenes Exemplar mit vier Stierprotomen (BMB 20, 1967, 44 Tf. 8) tauchten beim 'Ešmūn-Tempel auf (vgl. ein Parallelstück aus Arwad: Syria 29, 1952, 126f Abb. 7). Südwestl. dieses Grabungsfeldes veranschaulicht ein großer Murex-Hügel die Bedeutung der Purpurindustrie für S. (BMB 20, 1967, 28).

Von den zahlreichen Nekropolen in der Umgebung von S. sind bes. wichtig die allgemeine Nekropole im Süden von S. (beginnend mit Gräbern der SB/E I-Zeit: BMB 22, 1969, 102f) und die königlichen Nekropolen im Südosten, wo der Sarkophag 'Ešmūn'azōrs (ANEP 283; →Sarkophag, 2.c) gefunden wurde (bei neuen Grabungen fand man hier reiche Bestattungen des 6./5. Jh.s: BMB 20, 1967, 164f), und im Nordosten, aus der der Sarkophag Tabnīts stammt (K. Galling, ZDPV 79, 1963, 140–151; J. Chr. Assmann, Zur Baugeschichte der Königsgruft von Sidon, AA 78, 1963, 690–716). Aus den Inschriften beider Sarkophage ergibt sich für das späte 6. und frühe 5. Jh. folgende Königsreihe: 'Ešmūn'azōr I., Tabnīt, 'Ešmūn'azōr II., Bōd'aštart, *Ytnmlk* (KAI Nr. 13f). 'Ešmūn'azōr II. (KAI Nr. 14) und Bōd'aštart (KAI Nr. 15f) erbauten den 'Ešmūn-Tempel, aus dessen Favissa zahlreiche Kinderstatuetten auftauchten (M. Dunand, Festschr. K. Galling, 61–67), darunter eine mit einer Inschrift, die weitere sidonische Königsnamen für das 5./4. Jh. (in diese Zeit gehört auch der „Satrapen"-Sarkophag, dazu Kleemann und →Sarkophag, 2.a) angibt: Ba'lšillēm I., 'Abd'amūn, Ba'nā, Ba'lšillēm II. (?) (BMB 18, 1965, 103–109; BASOR 216, 1974, 25–30). Als reiche Fundgrube phön. Personennamen erwiesen sich ferner sieben beim Tempel gefundene Ostraka aus dem 5./4. Jh. (dazu A. Vanel, BMB 20, 1967, 45–95; MUSJ 45, 1969, 343–364; J.W. Betlyon, BMB 26, 1973, 31–34).

Vom 'Ešmūn-Tempel selbst ist abgesehen von wenigen Fragmenten nur noch ein etwa 25 m hohes großes Podium erhalten, dem ein massiver ziqquratähnlicher Bau vorausging (BMB 22, 1969, 105f). Nördl. des großen Podiums liegt nach Nordwesten orientiert ein Komplex mit einem steinernen Sphingenthron, den M. Dunand als Astarte-Kapelle (mit Wasserbecken) deutet (BMB 24). Zahlreiche hell.-röm. Bauten beweisen das Fortleben des Kultes für den nun mit dem griech. Asklepios identifizierten Gott 'Ešmūn am Ort (KAI 21 zu Nr. 14 Z. 2).

Literatur: G. Contenau, Mission Archéologique à Saida (1914), 1921 = Syria 1, 1920, 16–55, 108–154, 198–229, 287–317; 4, 1923, 261–281; 5, 1924, 9–23 – M. Dunand, Syria 7, 1926, 1–8 – ders., BMB 18, 1965, 114f; 19, 1966, 103–105; 20, 1967, 27–44, 162–165; 22, 1969, 101–107; 24, 1971, 19–25 – ders., Le Temple d'Echmoun à Sidon, BMB 26, 1973, 7–25 – R. Dussaud, Topographie historique de la Syrie antique et médiévale, Bibliothèque Archéologique et Historique 4, 1927, 37–58 – F.C. Eiselen, Sidon: A Study in Oriental History, Columbia University Oriental Studies 4, 1966 (Nachdruck der Auflage von 1907) – V. von Graeve, Der Alexandersarkophag und seine Werkstatt, Istanbuler Forschungen 28, 1970 – O. Hamdy-Bey/Th. Reinach, Une nécropole royale à Sidon, 1892 – N. Jidejian, Sidon Through the Ages, 1971 – I. Kleemann, Der Satrapen-Sarkophag aus Sidon, Istanbuler Forschungen 20, 1958 – Th. Macridy-Bey, Le temple d'Echmoun à Sidon et à travers les nécropoles sidoniennes, 1904 – M. Meurdac/L. Albanese, A travers les nécropoles gréco-romaines de Sidon, BMB 2, 1938, 73–98 – A. Poidebard/J. Lauffray, Sidon, Aménagements antiques du port de Saida, 1951 – A. Renan, Mission de la Phénicie, 1864. *H. Weippert*

Sieb

Nach dem →Dreschen wird noch heute in Pal. das geworfelte Getreide zweimal gesiebt: zuerst in einem grobmaschigen S. (arab. *kirbāl*), in dem alle über Korngröße hinausgehenden unerwünschten Beigaben zurückbleiben, während die Körner durchfallen; danach mit einem engmaschigen S. (arab. *ġi/urbāl*), wobei die Körner im S. bleiben, während Staub und Spreu durchfallen. Daneben kennt man als weiteres Gerät zum Sichten der Körner die „Schwinge", eine Holzscheibe ohne Löcher mit erhöhtem Rand. Durch geschicktes Schütteln können Steinchen über den Rand geschleudert werden, während die Körner in der Schwinge bleiben. In der Mühle verwendet man als Mehl-S., um Mehl und Kleie zu scheiden, ein feines Haar-S. (arab. *munḫal*) (vgl. Dalman, AuS III, 256–258; PEQ 101, 1968–69, 108). Das Am. 9_9 erwähnte S. (*kəbārā*) soll das Unbrauchbare zurückhalten, das Brauchbare durchfallen lassen. Es handelt sich demnach wohl um ein grobmaschiges Getreide-S. (vgl. P. Volz, ZAW 38, 1919/20, 105–111), obwohl man auch an ein Mehl-S. oder an das Sand-S. des Maurers denken kann (dazu W. Rudolph, Zwölfpropheten II, KAT 13/2, 1971, 276). Auch in Sir. 27_4 ist ein S. gemeint, das den Unrat zurückhält und das Gute durchfallen läßt. Falls in Jes. 30_{28} *nāpā* ein S. meint, wird es sich um das Mehl-S. handeln (so Dalman, AuS III, 259f; vgl. aber H.L. Ginsburg, Jewish Quarterly Review 22, 1931/32, 143–145 = Joch; KBL *sub voce nāpā* und die Kommentare z.St.).

Als Unikum ist aus dem CL ein Stroh-S. mit Löchern von 2–3 mm^2 aus der jud. Wüste zu verzeichnen, das wohl als Korn-S. diente (P. Bar-Adon, IEJ 11, 1961, 30f Abb. 2 Tf. 14G, 15B, C; CTr 5, 198 Abb. 216–218). Aus dem 14. Jh. ist z.B. ein S. aus Palmblättern und -fasern in *Tell el-'Amārna* vollständig erhalten (T.E. Peet/C.L. Woolley, The City of Akhenaten I, 1923, 74 Tf. 22_2). Seit der SB-Zeit finden sich verschiedene Formen tönerner S.e (J.G. Duncan, A Corpus of [Dated] Palestinian Pottery, 1930, Typ 67: Schalen-S.e, Trichter-S.e, kleine Krüge mit zum S. durchlöcherten Boden und verschieden große Gefäße mit S.ausgüssen). Ein schöner Philisterkrug mit S.ausguß stammt aus *Tell 'Ēṭūn* (Qadmoniot 1, 1968, 100; vgl. auch BSNC 107; Amiran, Pottery, 251). Gefäße mit S.ausgüssen wurden in erster Linie für →Bier verwendet, um Spelzen, Reste von Treber und Bierhefe zurückzuhalten, aber wohl auch für jedes andere Getränk mit abseihbaren Beimengungen. Aus Mesopotamien ist bekannt, daß der Gärbottich beim Bierbrauen einen s.artigen Boden hatte, so daß das Bier in das darunter stehende Auffanggefäß tropfte (W. Röllig, Das Bier im Alten Mesopotamien, 1970, 26). Auch Milch wurde seit alters gesiebt, wie der Melkerfries aus *Tell 'Obēd* (Ur I-Zeit) zeigt (ANEP 99). Seltener sind Metall-S.e. Eines aus *Tell el-Fār'a* Süd

(BP I Tf. 47_{817} = [Photo] Tf. 27) besitzt einen Griff in Form eines Entenkopfes. Öfters werden eine bronzene Schale, ein S. und ein kleiner Krug zusammen gefunden und bilden, wie Darstellungen beweisen, ein vollständiges Weinservice (BSNC 116f; ferner: IEJ 21, 1971, 106).

Literatur: A. G. Barrois, Manuel d'Archéologie Biblique I, 1939, 388–391 – BSNC 115–117 – Dalman, AuS III, 254–260 – Encyclopaedia Biblica IV, 1962, 11 (hebr.). *D. Kellermann*

Siegel und Stempel

1. Allgemeines. 2. Roll-S. und Skarabäen, a Roll-S., b Skarabäen. 3. Skaraboide, ovale St.-S., a Allgemeines, b Bildliche Darstellungen, c Inschriften, α Privat-S. und Privat-St., β Amtliche S. der vorexilischen Zeit, γ Amtliche S. und St. der nachexilischen Zeit, δ Weitere S. und St.

1. Aus Syr.-Pal. kennen wir Hunderte von einheimischen und importierten S.n mit vielfältigen Funktionen. Die Grundvorstellung ist dabei, daß im S. – ursprünglich im Abdruck z. B. des Daumennagels – der Besitzer gegenwärtig ist und die Authentizität einer Urkunde (1 R. 21_8 Jer. 32_{10}) bestätigt (Cassin). Somit kann das S. auch Besitzmarke sein wie z. B. auf Krügen (→3.b). S. stellen daneben Schmuckstücke und Wertgegenstände dar (Hag. 2_{23}) und können auch als →Amulette dienen. Ein S. kann als Ring am Finger (Jer. 22_4, bildlich), am Arm (Cant. 8_6) oder an einer Kette um den Hals (Gn. $38_{18,\ 25}$) getragen werden (vgl. auch →Fibel, 3.).

Das AT kennt den Beruf des S.schneiders (z. B. Ex. 28_{11} Sir. 38_{27}), der mit Bohrer, Schleifrad und Stichel Halbedelsteine (Karneol, Chalzedon u. a., vgl. Galling 126f) bearbeitet. An Formen begegnen die aus dem mesopotamischen Bereich stammenden Roll- und Zylinder-S., die aus Ägypten kommenden Skarabäen und verschiedene Arten von meist einheimischen St.-S.n (Kegel-S., ovale St.-S. = Skaraboide). Terminologisch ist folgendermaßen zu differenzieren: in Relieftechnik ausgeführte Arbeiten sind als Kameen (Kameo – in Syr.-Pal. unbekannt, typisch für den griech. Raum) zu bezeichnen, vertieft geschnittene als Gemmen. S. sind als Schmuckstücke, St. rein funktional gestaltet (etwa zum Stempeln von Krughenkeln in Töpfereien). Befindet sich ein S.- oder St.abdruck auf einem kleinen Tonstück, das eine Papyrus-, eine Lederrolle (IEJ 18, 1968, 165–168) oder einen Weinkrug (RB 80, 1973, 547–558) verschloß, so spricht man von einer Tonbulle. – Im folgenden liegt das Gewicht auf S.n und St.n des 1. Jt.s.

2.a Roll- oder Zylinder-S. begegnen in Pal. ausschließlich als Importe aus dem syr. und vor allem mesopotamischen Raum; denn diese S. mit relativ großer Abrollungsfläche eigneten sich bes. zum Stempeln von Tontafeln. Daß ganz allgemein und bes. aus dem 1. Jt. nur wenig Roll-S. in Pal. gefunden wurden, dürfte, abgesehen davon, daß sie immer Importe darstellten, damit zusammenhängen, daß in der ausgehenden ass. Periode St.-S. die Roll-S. zunehmend verdrängten (Galling 124f).

Eine Übersicht über das Material zu gewinnen ist schwierig, weil neuere Gesamtdarstellungen für Syr.-Pal. fehlen (für die Ägäis vgl. jetzt H.-G. Buchholz, Transactions of the American Philosophical Society 57 [Dezember 1967], 148–159). J. Nougayrol (1939) verzeichnet 149 Exemplare aus pal. Ausgrabungen, davon 39 aus der E-Zeit; B. Parker (1949) veröffentlichte 194 Exemplare, davon etwa 30 aus der E-Zeit (die S. von Nougayrol sind dort meist ebenfalls verzeichnet). Die zeitliche Zuordnung ist vielfach umstritten. Da das neuere Material verstreut publiziert ist, kommt den Arbeiten bes. Bedeutung zu, die die Publikation einzelner Beispiele zum Anlaß grundsätzlicher Interpretation nehmen (FB-Zeit: S. Mittmann, ZDPV 90, 1974, 1–13; A. Ben-Tor, BASOR 217, 1974, 17–21; MB-Zeit: H. Gese, ZDPV 81, 1965, 166–179). Ferner sind im Blick auf Vergleichsmaterial die großen Publikationen öffentlicher und privater Sammlungen zu nennen (Gese, a.a.O., 169 Anm. 17). Erwähnens-

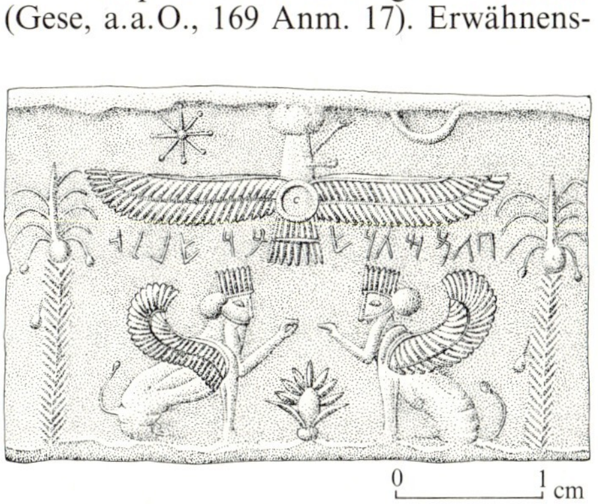

Abb. 78 **Siegel** (1) Rollsiegel mit aram. Inschrift

wert ist eine Anzahl von Roll-S.n mit aram. Inschrift (Galling Nr. 148–172). Nur ein Beispiel stammt aus Pal.: es zeigt zwei gegenständige Sphingen, darüber Ahuramazda in der Flügelsonne; zwei Palmbäume flankieren die Darstellung; Inschrift: *ḥtm mtrś br šyly* (Abb. 78_{1}, Galling Nr. 169).

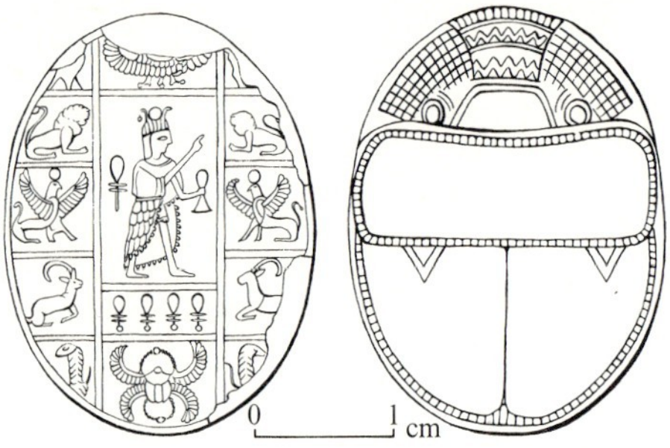

Abb. 78 **Siegel** (21) Skarabäus (9./8. Jh.)

2.b Viel häufiger als Roll-S. begegnen bei Ausgrabungen und als Oberflächenfunde Skarabäen, d.h. S. mit glatter, ovaler Unterseite mit Bild und Schrift und gewölbter Oberseite, die als Skarabäus (*Ateuchus sacer*) mit Kopf, Brustschild und Flügeln gestaltet ist (Abb. 78_{21}). Skarabäen sind in Ägypten seit der 1. Zwischenzeit belegt (ca. 2200–2000; z.B. W. Helck/E. Otto, Kleines Wörterbuch der Ägyptologie, 1970², 347f). Das reichhaltige Material aus Pal., so weit es in das Palestine Archaeological Museum in Jerusalem gelangt ist, liegt bis 1934 gesammelt vor im Katalog von A. Rowe (1204 Objekte, darunter 918 Skarabäen im engeren Sinn). Für das seither bekannt gewordene, nicht weniger umfangreiche Material fehlt eine Monographie.

Funde von Skarabäen in Pal. dokumentieren den wechselnden Einfluß Ägyptens, der sich nach Rowes Katalog folgendermaßen umreißen läßt:

12. Dyn.	17
13./14. Dyn.	124
15./16. Dyn. (Hyksos)	325
18. Dyn.	139
Übergang	32
19. Dyn.	167
Übergang	20
20. Dyn.	20
21./22. Dyn.	1
22. Dyn.	12
25. Dyn.	15
26. Dyn.	16

Abschließend ist zu erwähnen, daß Skarabäen in Pal. mit bes. Vorliebe als →Amulette verwendet wurden.

3.a Unter den Skaraboiden und ovalen St.-S.n aus dem syr.-pal. Raum gibt es verschiedene Ausprägungen: reine Bild-S., reine Namen-S., beschriftete Bild-S. Grundsätzliche Unterschiede bei der Funktion und Verwendung der verschiedenen Typen sind kaum anzunehmen; doch überwiegen bei den sogenannten Privat-St.n auf Krughenkeln die reinen Namen-S. Zahlreiche Beispiele zeigen, daß die Inschrift erst nach dem Bildmotiv eingraviert und bisweilen nur mit Mühe eingefügt werden konnte (z.B. Abb. $78_{3,5,8}$). Dies legt es nahe, Bild- und Inschriftenteil getrennt zu behandeln.

3.b Neben den Elfenbeinarbeiten und Metallschalen sind S. mit Bild die wichtigste Quelle für die phön.-pal. Ikonographie. Die kleine Bildfläche bedingt zwar, daß Szenen kaum vorkommen; doch vermittelt die große Zahl dieser S. einen repräsentativen Einblick in den Motivkatalog. Charakteristisch ist die starke Aufnahme äg. Motive, die allerdings sehr oft stilisiert (Skarabäen: Abb. 78_{27f}) oder heraldisch umgestaltet sind (Flügelsonne: Abb. 78_{29-31}), so daß vermutlich ihre ursprüngliche Bedeutung nicht mehr voll vorauszusetzen ist. Man darf wie bei Amuletten eine schützende und heilbringende Funktion der Motive annehmen. Dies gilt für die oft begegnenden Lebensschleifen (*ʿnḫ*-Zeichen – meist zusammen mit anderen Motiven: Abb. $78_{4-6,17,21}$), das *wḏꜣ.t*-Auge (Abb. 78_{2}), den sakralen Baum (Abb. 78_{3}) und die Uräusschlange (Abb. $78_{7,21}$). Die Charakteristika phön. Kunst sind bei Flügelsonne und Skarabäus (oft auf Privat- und Königs-St.) bes. gut zu studieren. Die Flügelsonne begegnet mit einem sonst kaum vorkommenden Kopfstück (Abb. 78_{29-31}), das eine spiegelbildliche Verdoppelung des Schwanzes darstellt (Welten 16–30). Neben zweiflügligen Skarabäen (Abb. $78_{12,17}$) sind vierflüglige belegt (Abb. $78_{4,21,27f}$), die höchstens im Ägypten der Spätzeit aus Nubien (ca. 750–650) Parallelen haben (Welten 10–16; A.R. Millard, BASOR 208, 1972, 5–9). →Mischwesen, Sphinx und

Abb. 78 **Siegel** (2–8, 11–20, 22) beschriftete Bildsiegel, (9, 10) Bildsiegel, (23–26) Namenssiegel.

Greif, kommen schreitend, sitzend und liegend vor (Abb. 78_{5f}; Galling 128–136). Die zu den Götterbildern gehörende Darstellung des Horusknaben auf der Lotosblüte (Abb. 78_{9}; Galling Nr. 84f, 1. Hälfte des 8. Jh.s) begegnet auch auf zwei S.abdrücken aus *Nimrūd* (Parker 39) und auf einem S. aus *Rəvādīm* (R. Giveon, PEQ 93, 1961, 40–42 Tf. 3b). Ebenfalls äg. ist das Motiv des Gottes Bes (Galling Nr. 86f). Ass. dagegen und später pers. ist das Motiv des Gottes in der Flügelsonne, etwa auf einem Kegel-S. des 8. Jh.s aus *Beirūt* (ebd. Nr. 81) oder auf einem St.-S. aus Jerusalem (Abb. 78_{10}, Galling Nr. 82; Vattioni Nr. 64) mit nach links gewandter Gottheit über Sonne und Mondsichel zwischen zwei Adoranten (Inschrift auf der Rückseite). Auch geflügelte Genien sind belegt, etwa auf einem S. aus einem karthagischen Sarkophag des 3. Jh.s, das aber älter sein dürfte und wohl aus Syr.-Pal. stammt (Abb. 78_{8}). Auf einem phön. S. aus dem Antikenhandel steht ein vierflügliger Genius auf einem Kapitell und trägt ein *ʿnḫ*-Zeichen (N. Avigad, Festschr. A. Dupont-Sommer, 1971, 3f, 8. Jh.). Vergleichbar ist ein Genius mit Horuskopf auf einem ebenfalls aus dem Antikenhandel stammenden S. (N. Avigad, EI 9, 1969, 1–9 Tf. 1_{2}; ferner Galling Nr. 89–99).

Als Motiv sind schließlich zahlreiche Tiere belegt. Unter den Löwendarstellungen gehen einige aus der 1. Hälfte des 8. Jh.s mit einem schreitenden Löwen entweder auf eine Vorlage zurück oder stammen aus einer Werkstatt. Ausgangspunkt ist das bekannte S. des Šemaʿ aus Megiddo (Galling Nr. 17; Vattioni Nr. 68) mit nach links schreitendem Löwen (auf Standlinie) mit geöffnetem Rachen, erhobenem Schwanz und kahlem Fleck auf der Schulter. Der Löwe auf dem S. des *Šʿybb* aus dem jud.-isr. Bereich (Abb. 78_{11}, N. Avigad, IEJ 14, 1964, 190f; Vattioni Nr. 216) scheint bis auf den Schulterfleck damit identisch zu sein (ähnlich Galling Nr. 18, mit Position nach rechts: ebd. Nr. 19–22 und Abb. 78_{12}). Belegt sind auch liegende Löwen (Galling Nr. 23f). Auch aus den Stierdarstellungen hebt sich eine Gruppe des 8./7. Jh.s heraus, die einer Werkstatt zuzuordnen ist (ebd. Nr. 26–28): der Stier galoppiert nach links; das Bildfeld ist in drei Zonen geteilt (Herkunftsorte: Syr., Aleppo, *Baġdād*; Abb. 78_{13}).

Gruppen von Muttertier mit saugendem Jungtier zeigen Kuh mit Kalb (Abb. 78_{14}, Galling Nr. 33, 8. Jh.; vgl. B. Parker, Iraq 24, 1962, 31 Tf. 12_{2}) sowie Reh und Ziege bzw. Ibex (Galling Nr. 34, 8. Jh., Nr. 35 aus Sidon, wohl 7. Jh.; vgl. ein S. aus Thaanach, 12. Jh. bei P. W. Lapp, BA 30, 1967, 26 Abb. 14). Neben weiteren Capriden (Galling Nr. 36–40) begegnen auch Widderdarstellungen (ebd. Nr. 39a; dazu jetzt: K. Galling, ZDPV 83, 1967, 131–134). Ein Kampfhahn schmückt ein S. vom *Tell en-Naṣbe* (Abb. 78_{15}, vgl. TN I 163 Tf. 57_{4}; Vattioni Nr. 69) und ein sicher aus derselben Werkstatt stammendes S. (um 600) aus dem Antikenhandel (Abb. 78_{16}, N. Avigad, EI 9, 1969, Nr. 21). Ferner kommen vor Eber (Galling Nr. 42), Kamel (ebd. Nr. 44), Affen (Abb. 78_{22}, ebd. Nr. 30, 46), Vögel, darunter auch Falken (Abb. 78_{17}, ebd. Nr. 49–55).

Unter den seltenen Szenen sind Adorationen hervorzuheben: auf einem aram. beschrifteten Skarabäus (wohl noch 7. Jh.) ist eine Göttin auf einem Thron mit erhobener Rechten dargestellt, davor ein Adorant, dazwischen ein *ʿnḫ*-Zeichen, über der Szene ein Venusstern (Abb. 78_{18}, Galling Nr. 111). Den Typus mit zwei Adoranten zeigt ein ovales St.-S. (Mitte des 7. Jh.s); zwischen beiden steht ein kandelaberförmiger Altar, darüber die Flügelsonne (Abb. 78_{19}, Galling Nr. 122; zur hebr. Inschrift →3.cβ). Daneben gab es auch profane Szenen wie die Huldigung vor der Königin (Abb. 78_{20}, Galling 159–161 und Nr. 144).

Motive konnten kombiniert werden wie auf einem reinen Bild-S. der Sammlung W. A. Ward, dessen Fläche in 14 Felder geteilt ist. Im Zentrum steht ein König (Gott?) mit zwei *ʿnḫ*-Zeichen über einem Feld mit vier *ʿnḫ*-Zeichen, darüber eine geflügelte Sonnenscheibe, darunter ein vierflügliger Skarabäus. Die fünf Felder rechts und links zeigen – jeweils gegenständig – Falke, Löwe, Sphinx, Ibex und Uräus (Abb. 78_{21}; W. A. Ward, JEA 53, 1967, 69–71, 8.–6. Jh.). Ähnlich reich an Motiven ist ein S. aus einem Grab des 9./8. Jh.s nach W. Culican, Levant 6, 1974, 195–198.

3.cα Eine Gruppe von S.n mit Inschriften werden üblicherweise als Privat-S. zusammengefaßt, da sie keine Amtsbezeichnung des Besitzers angeben. Die Inschrift führt den Inhaber mit *lə* ein; in der Regel folgt der Name des Vaters. Die Formel ist eine Abkürzung folgender Vollform: *[ḥtm 'šr] lš'l bn 'lyš'* = [S., das] dem Šū'āl, Sohn des 'Ĕlīšā' [gehört] (Abb. 78$_{13}$). Selten fehlt *lə*; dann ist als Vollform folgende cstr.-Verbindung vorauszusetzen: *[ḥtm] šbnyhw [bn] 'zryhw* = [S.des] Šəbanyāhū [Sohn des] 'Ăzaryāhū (vgl. Diringer 122f$_{5a-c}$). Ausnahmsweise kann *ḥtm* genannt sein (Vattioni Nr. 97, 225; zum Ganzen: A.F. Rainey, IEJ 16, 1966, 187–190). Die S. sind eine bislang noch nicht ausreichend ausgewertete Quelle für phön.-pal. Personennamen. Das Material der S. und Tonbullen ist durch die Listen von Vattioni erschlossen, das der Krugstempel durch die Zusammenstellungen von Diringer und Moscati.

Aus der Materialfülle seien die wenigen Frauen-S. hervorgehoben, die die Rechtsfähigkeit der Frau voraussetzen. Das wohl älteste (8./7.Jh.) Beispiel aus unserem Raum lautet: *l'lśgb bt 'lšm'* = 'Elśāgāb [gehörend], der Tochter des 'Elšāmā' (Abb. 78$_{22}$, Galling Nr. 46 mit der Darstellung zweier Affen; Vattioni Nr. 59; vgl. ferner ebd. Nr. 60f, 103, 226). Einen zweiten Typus repräsentiert die Formulierung: *l'bgyl 'št 'śyhw* = 'Ăbīgayil [gehörend], der Frau des 'Ăśāyāhū (Vattioni Nr. 62, ferner Nr. 63f, 152).

Die auf Privat-S.n genannten Personen deutet man entweder als Töpferfamilien oder als Großgrundbesitzer, die in den *quasi* mit Firmen-St.n versehenen Krügen ihre Produkte absetzten. Bei der Interpretation ist aber zu berücksichtigen, daß das Zusammentreffen von Privat- und Königs-St. auf einem Krug bzw. Henkel kein Zufall ist, wie man nach dem Einzelfund von *Ḫirbet Ṣāliḥ* (→Beth-Kerem) vermuten konnte (zum Ganzen: Welten 34f); denn inzwischen sind vom *Tell ed-Duwēr* zwei weitere Vorratskrüge mit beiden St.arten bekannt (IEJ 24, 1974, 273; 25, 1975, 168). Ob angesichts dieser Funde zu Recht noch von Privat-St.n gesprochen werden kann, erscheint fraglich.

3.c*β* Wenn das Formular der Privat-St. um eine Amtsbezeichnung des S.besitzers erweitert ist, dürfte den mit solchen S.n versehenen Dokumenten eine amtlich-öffentliche Bedeutung zukommen (Übersicht über Beamte: R.de Vaux, Das Alte Testament und seine Lebensordnungen I, 1964², 187–214).

Die geläufige Bezeichnung *'bd ('ēbed)* für hohe Hofbeamte ist am besten mit „Minister" zu übersetzen (z.B. 2R. 22$_{12}$ Jer. 36$_{24, 31}$). Eine erste Gruppe von *'bd*-S.n bezeichnet Minister eines bestimmten Königs. Aus dem Nordreich ist nur das Löwen-S. mit der Inschrift „dem Šēma' [gehörend], dem Minister des Jerobeam" bekannt (Jerobeam II.; dazu Vattioni Nr. 68; Abb.: Galling Nr. 17). Aus dem Südreich sind zwei Minister des Königs Ussia/Asarja belegt (*l'byw 'bd 'zyw* und *lšbnyw 'bd 'zyw*, vgl. Vattioni Nr. 65, 67 mit dem Horusknaben auf der Lotosblüte bzw. einem Adoranten auf der Vorder- und zwei geflügelte Sonnenscheiben auf der Rückseite mit Hauptinschrift; vgl. Galling Nr. 125). Bekannt sind ferner ein Minister des Ahas (*l'šn' 'bd 'ḥz*, Vattioni Nr. 141, mit Uräusdarstellung, vgl. Galling Nr. 1a), einer des Hiskia auf einer Tonbulle (*lyhwzrḥ bn ḥlqyhw 'bd ḥzqyhw*, reines Namen-S.: Abb. 78$_{23}$; R. Hestrin/M. Dayagi, IEJ 24, 1974, 27–29) sowie drei ammonitische Minister-S. ('Ădōnīpēleṭ und 'Adōnīnūr, Minister des 'Ammīnādāb, Vattioni Nr. 98, 164, um 600, vgl. Nr. 73). In einer zweiten Gruppe wird der Amtsinhaber einfach *'bd hmlk* = „Minister des Königs" genannt, wofür es drei jud. Beispiele aus vorexilischer Zeit gibt: ein S. vom *Tell en-Naṣbe* (*ly'znyhw 'bd hmlk*, Abb. 78$_{15}$, Vattioni Nr. 69, um 600) und zwei reine Namen-S. aus Jerusalem (*lšm' 'bd hmlk*, Vattioni Nr. 71) und unbekannter Herkunft (*l'bdyhw 'bd hmlk*, ebd. Nr. 70). Ferner sind ein nachexilisches S. (Vattioni Nr. 125) und eines aus Edom (Elath) bekannt (*lqws'nl 'bd hmlk*, ebd. Nr. 119).

Einen bes. Rang im Ministerrat nahm der *sōpēr*, der „Kanzler" wahr (z.B. 2S. 8$_{17}$ 1R. 4$_{3}$ 2R. 18$_{18}$ Jer. 36$_{12}$), den ein jud. S. des 7.Jh.s (*'mṣ hspr*, Abb. 78$_{19}$, Vattioni Nr. 74; Galling 157 und Nr. 122) und ein moabitisches S. nennen (Vattioni Nr. 113).

Vor allem im ausgehenden 8.Jh. dominierte im Jerusalemer Ministerrat der „Palastvorsteher" = *'ăšēr 'al hab-bayit* (Welten 139f), der auf einem reinen Namen-S. vom *Tell ed-Duwēr* erscheint (Abb. 78$_{24}$: *lgdlyhw 'šr 'l hbyt*, Vattioni Nr. 149).

Weitere königliche Beamte werden als *na'ar* bezeichnet (vgl. 2S. 9$_{9f}$). Vier Abdrücke eines Namen-S.s mit der Aufschrift *l'lyqm n'r ywkyn* (Jojachin) sind bekannt

(Abb. 78_{25}; 2 aus *Tell Bēt Mirsim,* 1 aus Beth-Semes, 1 aus *Ḫirbet Ṣāliḥ*; Vattioni Nr. 108). Ein jud. *n'r*-S. des 7. Jh.s nennt den Bediensteten eines Privatmannes, wohl eines Großgrundbesitzers entsprechend Ru. 2_{5}f (*l'bd' n'r 'lrm,* Vattioni Nr. 217). Ein weiteres S. dieser Art dürfte ammonitisch sein (*lbṭš n'r brk'l,* ebd. Nr. 221).

Eine letzte S.gruppe bezeichnet den Inhaber als *bḗn ham-mēlek* = „Sohn des Königs". Strittig ist, ob damit leibliche Söhne oder ein verleihbarer Rang gemeint ist (vgl. N. Avigad, IEJ 13, 1963, 133–136 und etwa 1 R. 22_{26} Jer. 36_{26} 2 R. 15_{5}; M. Heltzer, AION 21, 1971, 183–193). Ins 8./7. Jh. gehört das S. des *'lšm'* mit einer vierflügligen Uräusschlange (Galling Nr. 65; Vattioni Nr. 72). Auch die anderen Beispiele gehören in die spätere Königszeit: ein S.abdruck auf einem Papyrusfetzen aus Beth-Zur (Abb. 78_{26}: *lg'lyhw bn hmlk,* vgl. Vattioni Nr. 110, 209, 252) und eine vielleicht hier anzuschließende Tonbulle aus *Tell ed-Duwēr,* deren Lesung an der entscheidenden Stelle aber offen ist (*lšbnyhw 'bd/bn* [?] *hmlk,* Y. Aharoni, IEJ 18, 1968, 166f).

Nur zwei Königs-S. sind bekannt: eines aus Zincirli mit der Legende *brrkb br pnmw* und geflügelter Sonnenscheibe (2. Hälfte des 8. Jh.s, Sendsch V Tf. 38b; zu Birrākib: KAI 224f zu Nr. 215) und eines aus *Umm el-Biyāra,* das den König Qausgabar nennt (*lqwsg[br] mlk '[dm],* Vattioni Nr. 227, 1. Hälfte des 7. Jh.s).

Häufig sind dagegen gestempelte Krughenkel aus dem jud. Territorium (8./7. Jh.) mit der Aufschrift *lmlk* und vier verschiedenen Ortsnamen: *ḥbrn* = Hebron, Abb. 78_{27f}, *zyp/zp* = Ziph (Jos. 15_{55}, *Tell Zīf*) Abb. 78_{31}, *swkh* = Socho (Jos. 15_{35}, *Ḫirbet 'Abbād* bei *Ḫirbet eš-Šuwēke*), Abb. 78_{29}, *mmšt* in der Region Beth-Semes – Ajalon (so jetzt auch A. Lemaire, RB 82, 1975, 15–23), Abb. 78_{30}. Zwischen beiden Inschriftenteilen ist ein vierflügliger Skarabäus (Abb. 78_{27f}) oder eine Flügelsonne (Abb. 78_{29-31}) umrißhaft oder naturalistisch dargestellt (→3.b). Die auf ca. 30 St. zurückgehenden über 800 Abdrücke finden sich auf Henkeln großer Vorratskrüge mit zwei oder vier Henkeln und einer Kapazität von ca. 45 l. Die etwa 30 Fundorte liegen im jud. Territorium (1 Streufund in Asdod). Hauptfundorte sind *Tell ed-Duwēr* (über 300), *Ḫirbet Ṣāliḥ* (145), *Tell en-Naṣbe* (145) und *el-Ǧīb* (80). Weitgehend übereinstimmend werden die St. mit Flügelsonne zwischen das letzte Viertel des 7. Jh.s und das Exil, also insbesondere in die Zeit Josias datiert. Paläographisch gehören die St. mit Skarabäus ins Ende des 8. Jh.s. Unsicherheiten bei der Ansetzung E II-zeitlicher Schichten in Südjuda (*Tell ed-Duwēr,* Arad) und bei der stratigraphischen Einordnung der Funde lassen eine Datierung in die Zeit Hiskias (Welten 103–117) oder ins 7. Jh. (H. D. Lance, Harvard Theological Review 64, 1971, 315–332; A. D. Tushingham, BASOR 200, 1970, 71–78; 201, 1971, 23–35) unentschieden. Zwei neuerdings auf dem *Tell ed-Duwēr* gefundene Krüge mit Skarabäus bzw. Flügelsonne stellen erneut vor die Frage nach der zeitlichen Differenzierung (IEJ 24, 1974, 273; 25, 1975, 168).

Neben älteren Deutungen der Königs-St. als kultisches Depositum oder als Nennung königlicher Töpfereien erwägt man vor allem zwei Deutungen. Nach der einen sind die vier Orte jud. Verwaltungszentren; die Krüge sieht man dann im Zusammenhang mit dem Abgabewesen, und *lmlk* könnte eine königliche Maßgarantie sein (in verschiedenen Modifikationen u.a. W. F. Albright, JPOS 5, 1925, 44–53; Y. Aharoni, The Land of the Bible, 1967, 340–346). Nach der anderen Deutung bezeichnen die vier Ortsnamen Krongüter (so erstmals Galling, BRL[1], 339); die Fundorte wären dann die Bestimmungsorte (z.B. Festungen) der Krüge (mit Wein, Öl). Hierfür spricht die Fundstatistik, nach der sich vierflüglige Symbole an der Westfront konzentrieren, zweiflüglige an der Nordfront. Bei einer zeitlichen Differenzierung der Typen ergeben sich so wichtige Gesichtspunkte für die jud. Militärpolitik im 8./7. Jh. (Welten 143–174). Die Verwendung der Motive in der phön. Kunst verbietet auf jeden Fall, den Wechsel von Skarabäus und Flügelsonne mit der politischen Orientierung der Könige zu erklären (vgl. bes. Abb. 78_{21}).

3.cγ Amtliche S. und St. der nachexilischen Zeit sind weniger zahlreich und konzentrieren sich noch stärker auf die Provinz *Yəhūd.* Deutlich amtliche Funktion besitzen die St. mit der Aufschrift *Yəhūd* oder Jerusalem, unsicher ist dies bei St.n mit

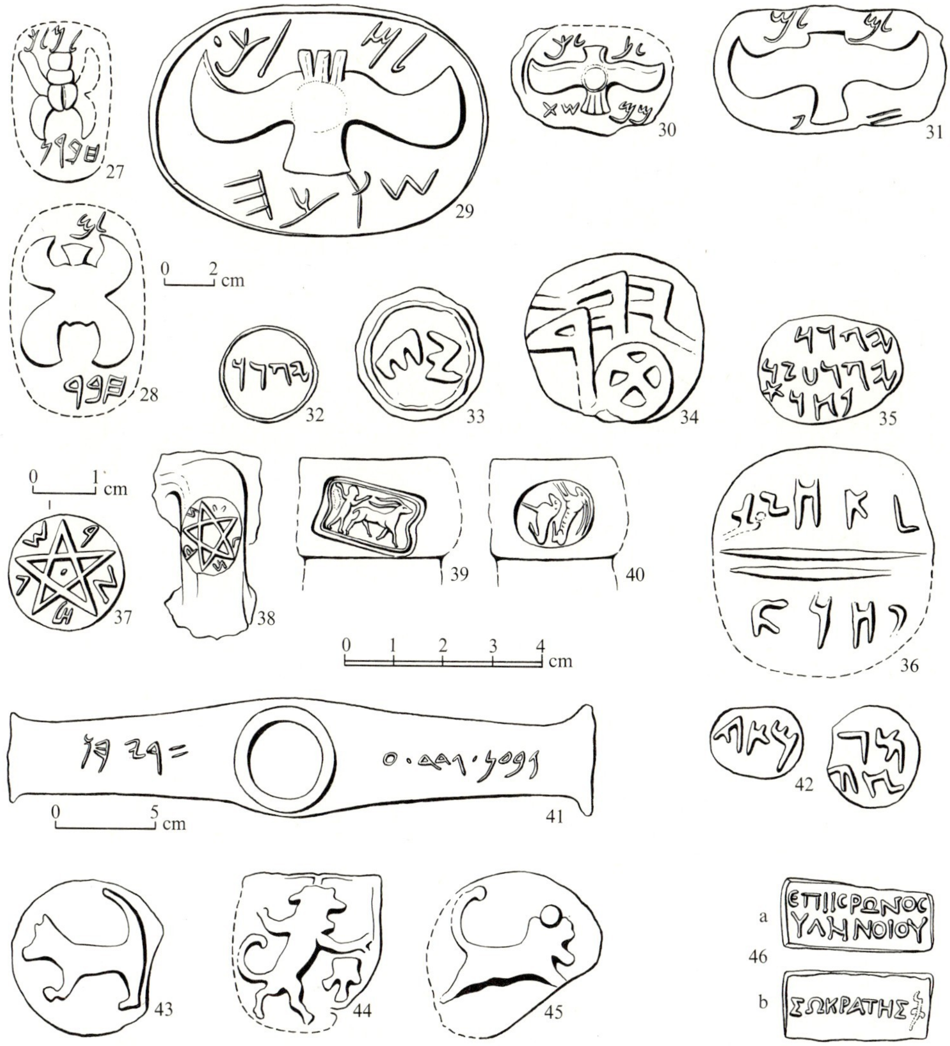

Abb. 78 **Siegel** (27–31) Jud. Krugstempel (8./7. Jh.), (32–36) *Yəhūd*-Stempel, (37,38) *yršlm*-Stempel, (39,40) Tierstempel (E I), (41,42) *gb'n*- und *mṣh*-Henkel, (43–45) Tierstempel (pers.), (46) rhodische Krughenkel

Tierdarstellungen (→3.cδ). Zu unterscheiden sind die S. und St. mit aram. Schrift aus pers. und die mit paläohebr. Schrift aus hell. Zeit (so F. M. Cross, EI 9, 1969, 22f; N. Avigad, IEJ 24, 1974, 52), wie sich an den *Yəhūd*-St.n zeigen läßt. Die volle Form *yhwd* und die Form *yhd* kommen in aram. Schrift vor mit oben offenem *d* und sehr unregelmäßigem *h* (Abb. 78$_{32}$). Dieser Gruppe sind auch die *yh*-St. zuzuordnen (Abb. 78$_{33}$). Im Gegensatz dazu stehen die *yhd*-St. mit dem Kreiszeichen und mit paläohebr. Schrift mit geschlossenem *d* und *h* mit drei regelmäßigen Querbalken (Abb. 78$_{34}$).

Die älteren St., die in verschiedener Weise die Provinz *Yəhūd* nennen, begegnen auf Henkeln großer Vorratskrüge in *Tell en-Naṣbe* (TN I 164f), Bethanien (LA 3, 1952/53, 12–22), Jerusalem (IEJ 24, 1974, 52–58) und vor allem *Ḫirbet Ṣāliḥ* (zusammenfassend ERR II 43–45; 146 Henkel: 28

yhwd, 49 *yhd,* 69 *yh*). Die hell. Gruppe mit *yhd* und dem Kreiszeichen kommt 21mal vor. Das Kreiszeichen mit eingeschriebenem Kreuz (Abb. 78_{34}) oder mit einem Querbalken stellt ein *ṭ* dar und begegnet seit dem 5. Jh. sowohl in Elephantine als auch im phön. Raum neben der Aufschrift *lmlk* und dürfte eine Art offizielle Maßgarantie darstellen (Material: N. Avigad, IEJ 24, 1974, 52–54; entsprechende Zeichen auf Henkeln aus Sichem: BASOR 172, 1963, 22–35 Abb. 2f; G. E. Wright, Shechem, 1965, Abb. 92; zur Deutung auch P. Colella, RB 80, 1973, 547–558).

Eine kleine Zahl von St.n aus *Ḫirbet Ṣāliḥ* und wenigen anderen Orten nennt neben *Yəhūd* einen Personennamen und eine Amtsbezeichnung, die die Ausgräber *pḥw'* lasen, eine ungewöhnliche Form für *pḥh* = „Statthalter" (Da. 3_2 Esr. 5_3 u.ö.). Mit F. M. Cross (EI 9, 1969, 20–27) ist demgegenüber *pḫr'* = „Töpfer" zu lesen (Da. 2_{41}). Aus *Ḫirbet Ṣāliḥ* kommen vier Henkel mit der Aufschrift *yhwd yhw'zr pḫr'* (*Yəhūd,* Yəhō'ēzer, der Töpfer, vgl. Abb. 78_{35}) und fünf Henkel mit *l'ḥzy pḫr'* ('Aḥzay, dem Töpfer; zur Lesung 'Aḥzay vgl. jetzt auch Y. Aharoni, The Land of the Bible, 1967, 360 Anm. 83; Abb. 78_{36}). Vier weitere, zuerst *yhwd pḥw'* gelesene Abdrükke dürften ungeschickte Nachahmungen von des Schreibens weitgehend unkundigen Töpfern sein (Cross, a.a.O., 26f; vgl. schon ERR I 9f). Die neue Lesung bedeutet, daß die Liste der Statthalter der Provinz *Yəhūd* über die bekannten Gestalten hinaus nicht erweitert werden kann. Offen ist nach wie vor der Verwendungszweck der so gestempelten Krüge (im Zusammenhang mit Abgabewesen oder mit Naturalien aus Staatsgütern?).

Die hell. *yhd*-St. mit dem Zeichen *ṭ* (Abb. 78_{34}) – zunächst *h'yr* = „Hauptstadt" gelesen (vgl. N. Avigad, BASOR 158, 1960, 23–27) – sind dank verschiedener Funde in Jerusalem sicher im 3./2. Jh. anzusetzen (N. Avigad, IEJ 24, 1974, 54–58). In dieselbe Epoche gehören auch die St. mit Pentagramm und der Aufschrift *yršlm* (= Jerusalem, Abb. 78_{37}). Überraschend ist die Vielfalt von Gefäßen, auf denen diese St. begegnen: große Vorratskrüge (*Ḫirbet Ṣāliḥ*, zusammenfassend: ERR II 43), Kochtopf (Abb. 78_{38}, BASOR 192, 1968, 12–16), Kanne (Jerusalem). Auch bei ihnen stellt sich die Frage nach einer Deutung (Abgabewesen, Tempelsteuer oder Herkunftsangabe von Wein und Öl? →3.cδ).

Eine Tonbulle aus dem Antikenhandel (Jerusalem?) lautet *yntn khn gdl yršlm m* = Jonathan, Hohepriester, Jerusalem *m* (= 40?). Ob der Genannte mit Jonathan Makkabäus oder mit Alexander Jannäus (hebr. Jonathan) gleichzusetzen ist, ist schwer entscheidbar (vgl. N. Avigad, IEJ 25, 1975, 8–12).

3.cδ Vor allem von Krughenkeln sind weitere St. und S. sowie Ritzzeichnungen bekannt, von denen wichtige Einzelfunde und Gruppen genannt seien.

Aus der E I-Zeit, die bislang wenig S. und St. geliefert hat, fanden sich auf großen Vorratskrügen aus dem transjordanischen *Saḥāb* eine Anzahl von Tierstempeln (Abb. 78_{39}: Mann hinter schreitendem ziegenähnlichem Tier; Abb. 78_{40}: zwei Tiere übereinander), daneben ornamentale St. (Rosette und skorpionähnliche Darstellungen) sowie als einfachste St. Abdrücke von Fingernägeln (M. Ibrahim, The Collared-Rim Jars of the Early Iron Age, Festschr. K. M. Kenyon, 1976). Aus derselben Epoche stammt ein Krughenkel aus *Ḫirbet Raddāna* mit drei eingeritzten Buchstaben *'ḥl[d]* ('Ăḥīlūd?) (F. M. Cross/D. N. Freedman, BASOR 201, 1971, 19–22; anders Y. Aharoni, IEJ 21, 1971, 130–135: *'ḥr[m]* = 'Ăḥīrām).

Ebenfalls um Ritzzeichnungen handelt es sich bei den *gb'n*-Henkeln aus *el-Ǧīb* mit Aufschriften nach dem Muster *gb'n . gdd (gdr)* und ein oder mehreren Personennamen (Abb. 78_{41}, Name: *'zryhw*), *gb'n* und Personennamen oder *dml' . gb'n.* Strittig ist die Lesung von *gdd/gdr* (Personenname/ *gādēr* = Steinwall/Ortsname). Weitgehend unklar ist die Verwendung der Krüge, die einen Inhalt zwischen 10 und 27 l fassen. Vorgeschlagen sind: Versorgung lokaler Truppenkontingente in der Region Gibeon (K. Galling, BO 22, 1965, 244f), Weinexport mit Nennung des Herkunftortes Gibeon und der Besitzer der Weingüter (J. B. Pritchard, Hebrew Inscriptions and Stamps from Gibeon, 1959, 16) oder Lieferung von Wein an einen Zentralkeller in Gibeon (A. Demski, BASOR 202, 1971, 20–23). Die Gruppe der *gb'n*-Henkel ist zwischen 700 und dem Exil zu datieren (zum Ganzen: Pritchard, a.a.O.; ders.,

BASOR 160, 1960, 1–6; ders., Gibeon, Where the Sun Stood Still, 1962; Streufund aus *el-Ǧīb*: BASOR 213, 1974, 46–48; vgl. N. Avigad, IEJ 9, 1959, 130–135).

Eine weitere Gruppe beschrifteter Krughenkel – diesmal gestempelt – fand sich in *Tell en-Naṣbe* (vgl. auch →Mizpa) mit der Aufschrift *mṣh* oder *mwṣh* (Abb. $78_{42a,b}$ – 28 Henkel, je 1 Exemplar aus Jericho und *el-Ǧīb*; vgl. N. Avigad, IEJ 8, 1958, 113–119). Neuerdings wurde eine Ritzinschrift auf einem Henkel bekannt mit *hmṣh . š'l (ham-Mōṣā . Šū'āl)*. Die zusätzliche Nennung eines Personennamens vergrößert die Analogie zu den *gb'n*-Henkeln (N. Avigad, IEJ 22, 1972, 5–9). Der Ort Moza (Jos. 18_{26}) dürfte mit *Qālūniyā* oder *Ḫirbet Bēt Mizzā* westl. von Jerusalem zu identifizieren sein. Da die Krug-St. die aram. Schrift verwenden, dürfte es sich bei ihnen um die älteste Gruppe nachexilischer St. aus Juda handeln (F.M. Cross, EI 9, 1969, 23).

Eine weitere Gruppe von Henkeln aus Juda (Ausnahme: *Tell Balāṭa*) trägt Tier-St.: einen schreitenden Löwen (Abb. 78_{43}), einen auf den Hinterbeinen stehenden Löwen vor einem pers. Altar (Abb. 78_{44}) oder einen Stier mit Sonnenscheibe zwischen den Hörnern (Abb. 78_{45}). Hauptfundorte sind *Ḫirbet Ṣāliḥ* (45), *Tell en-Naṣbe* (5), Jerusalem (6), Engedi (5); daneben gibt es vereinzelte Streufunde. Ob diese sicher nachexilischen Henkel offizielle pers. St. tragen mit analogen Funktionen wie die *Yəhūd*-St., die die Tier-St. abgelöst haben sollen, ist äußerst fraglich (E. Stern, BASOR 202, 1971, 6–16 mit Lit. und weiterem Material).

Zu den weit verbreiteten rhodischen Krughenkeln (Abb. 78_{46}: zwei St. eines Kruges vom *Tell Ḥēdar* mit den Legenden „in der Amtszeit des Hieron" und „Sokrates"), die Weinimporte in größerem Umfang nach Pal. im 3./2. Jh. belegen, →Wein und Weinbereitung.

Literatur: E. Cassin, Le Sceau: Un fait de civilisation dans la Mésopotamie ancienne, Annales. Économies, sociétés, civilisations 15, 1960, 742–751 – D. Diringer, Le iscrizioni antico-ebraiche palestinesi, 1934 – K. Galling, Beschriftete Bildsiegel des ersten Jahrtausends v.Chr. vornehmlich aus Syrien und Palästina, ZDPV 64, 1941, 121–202 – J. Nougayrol, Cylindres sceaux et empreintes de cylindres trouvés en Palestine, 1939 – B. Parker, Cylinder Seals from Palestine, Iraq 11, 1949, 1–43 – Rowe, Catalogue – F. Vattioni, I sigilli ebraici, Biblica 50, 1969, 357–388 (= Vattioni) – ders., I sigilli ebraici II, Augustinianum 11, 1971, 447–454 – ders., I sigilli, le monete e gli avori aramaici, ebd. 47–87 – P. Welten, Die Königs-Stempel, ADPV 1969. *P. Welten*

Silo

S., ursprünglich hebr. wohl *Šīlōn* (Borée, Ortsnamen, 66f), ist identisch mit der *Ḫirbet Sēlūn,* 22 km südl. von Sichem und 4 km östl. der Straße von Jerusalem nach *Nāblus.* S. war ein seit dem 11. Jh. von Israeliten bewohnter Ort, sein Tempel war Wallfahrtsstätte (1 S. $1_{3,9}$), solange dort die Lade stand. Nachträglich hat man hier auch die →Stiftshütte lokalisiert (1 S. 2_{22}). Daß aus dem Judaspruch die Aussage Gn. 49_{10} „bis daß er kommt nach S." auf David zielt und durch diesen in der Weise realisiert wurde, daß er durch die Überführung der Lade „S. nach Jerusalem (zuzüglich des neuen Jahwenamens ‚Jahwe Zebaoth, der Kerubenthroner') gebracht habe" (Eißfeldt, vgl. Lindblom), ist problematisch. Die in Jdc. 21_{15-28} geschilderte Episode des Frauenraubes seitens der Benjaminiten wird durch ein Herbstfest tanzender Mädchen datiert, das ursprünglich einer kan. Gottheit galt. Jer. 7_{12ff} und Ps. 78_{60} müssen im Blick auf den Jerusalemer Tempel als allein gültigem Jahwe-Heiligtum verstanden werden. Aufgrund zu hoch datierter E-zeitlicher Funde bei den dänischen Ausgrabungen (Kjaer) hat man die in Jer. 7_{14} genannte Verstoßung des Heiligtums von S. auf die Mitte des 11. Jh.s gesetzt und mit einer Zerstörung S.s durch die Philister kombiniert; aber diese These läßt sich nicht halten. Wenn in Jer. 41_{4-10} anläßlich der Ermordung isr. Tempelpilger durch Ismael (586) als deren Herkunftsorte Sichem, S. und Samaria genannt werden, so muß dem die Ausschaltung der Orte bzw. der Heiligtümer vorangegangen sein. Das weist nach Holm-Nielsen auf die Okkupation von Israel/Ephraim durch die Assyrer (732/722), oder zielt auf die Reform unter Josia (2 R. 23_{15-19}). Nach 1 R. 11_{29} (dtr.!) und Jer. 41_{4-10} war S. jedenfalls eine von Israeliten noch im Anfang des 6. Jh.s bewohnte Stadt.

Die dänischen Ausgrabungen von 1926, 1929 und 1932 (Kjaer, Schmidt), denen sich eine Nachgrabung 1963 anschloß, bezeugen eine intensivere Besiedlung des Ortes in der MB II- (mit einer starken Mauer) und in der E-Zeit. Die innerhalb der Stadt gelegenen Felskammergräber der MB II-Zeit wurden in der E II-Zeit als Vorratsräume verwendet, wobei sich herausstellte, daß die großen vierhenkligen Vorratskrüge in das

8. Jh. zu datieren sind. S. war in der seleukidischen und byz. Zeit ein bewohnter Ort. In der Nähe des *Ǧāmi' es-Sittīn* gab es eine mit Mosaiken geschmückte byz. Kapelle, bei dem *Ǧāmi' el-Yetēm* eine Basilika des 6. Jh.s n. Chr. (vgl. auch EusOn 156₂₈₋₃₁).

Literatur: M. L. Buhl/S. Holm-Nielsen, Shiloh: The Danish Excavations at Tall Sailūn, Palestine in 1926, 1929, 1932, and 1963: The Prehellenistic Remains, 1969 – O. Eißfeldt, Silo und Jerusalem, Kleine Schriften III, 1966, 417–425 – H. Kjaer, The Danish Excavation of Shiloh, Preliminary Report, PEFQSt 59, 1927, 202–213 – ders., A Summary Report of the Second Danish Expedition, 1929, PEFQSt 63, 1931, 71–88 – J. Lindblom, The political Background of the Shiloh Oracle, VTS 1, 1953, 78–87 – J. van Rossum, Wanneer is Silo verwoest? Nederlands Theologisch Tijdschrift 24, 1969/70, 321–332 – W. Rudolph, Jeremia, HAT I/12, 1963³, 250. *K. Galling*

Speicher

Da die Israeliten in Pal. hauptsächlich von Produkten aus der →Ackerwirtschaft und →Baum- und Gartenkultur lebten, waren sie auf eine Vorratswirtschaft angewiesen. Bes. das Getreide bedurfte einer Lagerung, die Schutz vor Nässe und Ungeziefer bot, in Sp.n oder im Wohnhaus selbst. Die hebr. Termini **ma'ăbūs* und **'āsām* (Jer. 50₂₆ Prv. 3₁₀, vgl. *'SM* = „anhäufen" und ug. *àsm* = „Vorratshaus": KAI 200 zu Nr. 200 Z. 5) und griech. ἀποθήκη (Lc. 13₃₀) bezeichnen solche Sp., ohne über ihr Aussehen Angaben zu machen. Ob man sie sich analog zu den von äg. Abbildungen her bekannten (AOB 177; ANEP 90) kegelförmigen Getreidesilos vorzustellen hat, ist ungewiß. An unterirdische und – wohl wegen der Kriegszeit! – auf dem Felde gelegene Sp. ist in Jer. 41₈ gedacht. Üblicherweise befanden sich runde, in den Boden gehauene und meist auch ausgemauerte Getreidebehälter mit einem Durchmesser von ca. 1–2 m und einer Tiefe von 2–2,5 m unter Wohnhäusern. Sie sind seit der MB IIA-Zeit (etwa in Geser: BA 34, 1971, 126 mit Abb. 12) und häufig vor allem in der E-Zeit (Belege bei Wright und aus pers. Zeit bei Stager) bezeugt.

Die hebr. Ausdrücke *mammǝgūrā* und *mǝgūrā* (Jo. 1₁₇ Hag. 2₁₉) deutete Dalman (AuS III, 201f) als im Haus aufgestellte Getreideschreine; doch fehlt dafür bislang eine archäologische Bestätigung. Bekannt sind vielmehr als Vorratsgefäße in Häusern große tönerne Krüge, die sich zur Aufbewahrung von Getreide, Mehl, Öl und Wein eigneten. So lassen sich etwa in einem Haus in *Tell Bēt Mirsim* (spätes 17. Jh.) zwei Räume anhand der vielen dort gefundenen Vorratskrüge eindeutig als Vorratskammern bestimmen (TBM II 37 Tf. 55; ANEP 723).

Daß neben der privaten auch eine staatliche Vorratswirtschaft größeren Ausmaßes zumindest seit der Königszeit üblich war, ergibt sich indirekt aus den zahlreichen Krugstempeln mit der Aufschrift *lmlk* (dazu →Siegel, 3.cβ). Die weitgehend in Form von Naturalien bezahlten Steuern (→Geld, 1.) mußten in großen Sp.n für den Fall einer Naturkatastrophe (z. B. Dürre: vgl. Josephs Maßnahmen in Ägypten: Gn. 41₄₇f) oder zur Versorgung des Heeres im Krieg aufbewahrt werden. Die großen Magazine von Masada aus röm. Zeit (→Abb. 24₂; Y. Yadin, Masada, 1967², 86–103) liefern dafür ein eindrückliches Beispiel. Großräumige Sp. erforderte auch die Versorgung des Hofes und seiner Beamten (vgl. für die Zeit Salomos 1 R. 4₇ 5₂f). Als Bezeichnung von offiziellen Sp.n nennt das AT *(bēṯ) hā-'ōṣār/hā-'ăsūppīm* (Mal. 3₁₀ Neh. 10₃₉ 1 Ch. 26₁₅, ₁₇) und außerdem vom König eingerichtete „Vorratsstädte" (*'ārē miskǝnōt*, 1 Ch. 27₁₅, ₂₈: David; 1 R. 9₁₉: Salomo; 1 Ch. 32₂₈: Hiskia). Damit dürften die langgestreckten, dreischiffigen, von je zwei Pfeilerreihen unterteilten Gebäude aus der Königszeit zu verbinden sein, von denen oft mehrere nebeneinander liegen (etwa in Megiddo, vgl. →Abb. 51). Freigelegt sind solche Gebäude in Megiddo, Hazor, *Tell es-Seba'* und weiteren Städten (Material zusammengestellt bei Y. Shiloh, IEJ 20, 1970, 182f mit Abb. 1; Beer-Sheba I 23–30; ergänzend: IEJ 26, 1976, 49, 51f; ferner →Haus mit →Abb. 36₇). Daß es sich um Magazine und nicht wie bisweilen vermutet um Ställe (→Stall und Hürden) handelt, ergibt sich im Falle von *Tell es-Seba'* daraus, daß zahlreiche Vorratskrüge in einem dieser Gebäude gefunden wurden (Beer-Sheba I 23–30). Ob auch andere Gebäudetypen, etwa der Gebäudekomplex in Samaria, in dem die Ostraka gefunden wurden (HES I 114–117), als Sp. zu interpretieren sind, muß anhand der Funde von Fall zu Fall entschieden werden. Als Zeugnisse einer staatlichen oder zumindest von der Ortsgemeinschaft geregelten Vorratswirtschaft dürfen wegen ihrer beträchtlichen

Dimensionen oder wegen ihrer auffallenden Häufung auf engem Raum auch die in den Boden eingetieften Gruben gelten. Welche Güter in ihnen gelagert wurden – J. B. Pritchard, Winery, Defenses, and Soundings at Gibeon, 1964, 1–27 deutet z. B. die 63 in den Felsen gehauenen, flaschenförmigen Gruben aus der E II-Zeit in *el-Ǧīb* als Weinkeller (dagegen →Gibeon 2.) – ist unklar. Sollten die mit Bruchsteinen ausgemauerte Grube mit einem Durchmesser von 11 m und einer Tiefe von 7 m in Megiddo aus der E IIC-Zeit (Meg I 66–68 Abb. 77; ANEP 743) und die nur wenig kleineren aus pers. und hell. Zeit auf *Tell eš-Šerīʿa* (IEJ 24, 1974, 264f Tf. 57B) und *Tell Ǧemme* (Ger 8f Tf. 13; IEJ 22, 1972, 245; 24, 1974, 138f; mit Spitzbogen- →Gewölbe) als Getreidebehälter gedient haben, so mußten bei der Einlagerung jeweils bes. Maßnahmen getroffen werden, da sonst Feuchtigkeit eindringen und das Getreide verderben konnte. Offen ist, ob man etwa in den Anlagen auf *Tell Ǧemme* ein Versorgungslager der pers. Armee sehen darf (so Ger 8f), oder ob die vielen in diesem Gebiet gefundenen Vorratsgruben wegen der stark wechselnden Niederschlagsmengen angelegt wurden (so Stager, dort weitere Belege).

Literatur: Dalman, AuS III, 188–206 – E. Stager, Climatic Conditions and Grain Storage in the Persian Period, BA 34, 1971, 86–88 – G. R. H. Wright, The „Granary" at Shechem and the Underlaying Storage Pits, ZAW 82, 1970, 275–278. *H. Weippert*

Spiegel

Sp. aus →Glas kamen erst in röm. Zeit auf (JGS 8, 1966, 62–64). Wo das AT den Sp. erwähnt (Ex. 38_{8}: *marʾā*; Hi. 37_{18}: *rəʾī*), sind Hand-Sp. aus Bronze oder Silber mit polierter Oberfläche gemeint. Ob es solche Sp. schon im Pal. der FB II-Zeit gab, ist ungewiß (IEJ 13, 1963, 285). In der MB II- (P. Montet, Byblos et l'Égypte, Atlas, 1929, Tf. 92_{616}; äg. Parallele: Schäfer Tf. 59_{1}) und SB-Zeit (EA 14 II_{75-79}) war Ägypten Sp.lieferant für den Vorderen Orient. Typisch für diese äg. oder äg. Vorbilder nachahmenden Sp. ist ein Griff in Form einer stilisierten Papyrussäule, wie ihn ein Sp. aus *Tell el-ʿAǧūl* (18. Dyn.) besitzt (Abb. 79_{1}; äg. Darstellung: ANEP 76). Umgekehrt wurden in der SB-Zeit auch Sp. nach Ägypten importiert (Schäfer Tf. 58_{1}): EA 25

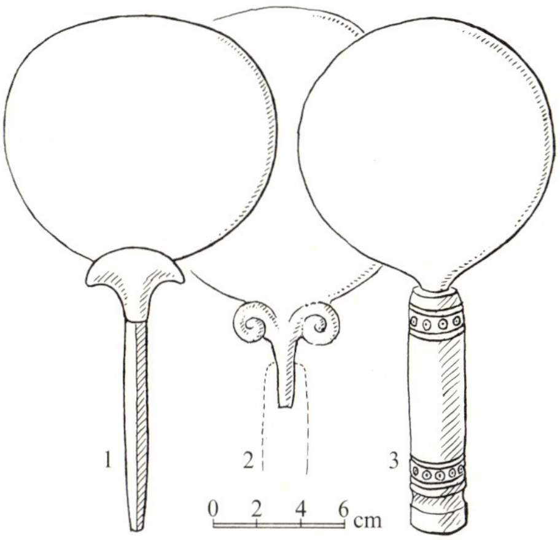

Abb. 79 **Spiegel** (1) Äg. Spiegel (*Tell el-ʿAǧūl*, SB), (2.3) pers. Spiegel (*ʿAtlīt*)

II_{56-59} nennt mitannische Silber-Sp. mit hölzernen Griffen in Form von Frauenfiguren. Solche Sp. sind in Ägypten mehrfach belegt; einer tauchte in einem (äg.!) Grab bei Akko auf (RB 80, 1973, 571 Tf. 25e; vgl. EAEHL I Tf. auf S. 19; 14. Jh.). Spätheth. Reliefs (ANEP 631f) zeigen als nordsyr. Dekor des Sp.griffs die einfache oder doppelte Volute; ein entsprechendes Original wurde in *ʿAtlīt* gefunden (Abb. 79_{2}). Elfenbeinerne Gerätestiele, die über den Voluten eine Schmuckplatte mit pflanzlichen (MegIv Tf. 19_{116f} 34_{166} 35_{167}) oder figürlichen (Schäfer) Motiven tragen, kommen seit Ende des 2. Jt.s in Syr.-Pal. vor. Bei ähnlichen myk. Griffen ist der Zapfen der runden Sp.scheibe bisweilen noch in den Schaft eingelassen und somit ihre Deutung als Sp.griffe sicher (zu unterscheiden von ähnlichen Wedelgriffen, die über der Schmuckplatte in Röhren enden, z. B.: Mallowan, Nimrud I, Abb. 85). Neben den beiden Hauptformen, die entweder aus der äg. (Papyruskapitell) oder pal. (Volutenkapitell) →Säulen-Architektur abzuleiten sind, gibt es in Syr.-Pal. seit der MB II- (Montet, a.a.O., Tf. 98_{615}) und SB-Zeit (AG II Tf. 15_{83f} III Tf. 9_{23}; IEJ 22, 1972, 70 Tf. 11), vor allem aber in der E II- und pers. Zeit (QDAP 14, 1950, Tf. 14_{9}; Hazor III-IV Tf. 241_{17}; L III Tf. 57_{33}; EG I Abb. 157_{5}; SS III Abb. 106_{3}) runde unverzierte Metallplatten mit Zapfen (EG I Abb. 154_{5}: mit verzierter Rückseite), der, wie bei dem Beispiel aus *'Atlīt* (Abb. 79_3), in einen knöchernen Schaft eingelassen war (ähnliche Griffe: Hazor I Tf. 150; EG II Abb. 463). Analoge Metall-Sp. sind auch aus hell. und röm. Zeit bekannt (IEJ 17, 1967, 91 mit Anm. 87 und Tf. 24C). Ob es auch eckige Sp.typen gab (SB I-zeitliches Exemplar aus Megiddo?: Meg II Tf. 283_3), ist unsicher. Klapp-Sp., deren polierte Oberfläche zwischen zwei Holzdeckeln geschützt war, sind für die röm. Zeit in der jud. Wüste bezeugt (Yadin, Cave of Letters, 125 Tf. 38).

Literatur: P. Munro, Eine Gruppe spätägyptischer Bronzespiegel, ZÄS 95, 1969, 92–109 – J. Schäfer, Elfenbeinspiegelgriffe des zweiten Jahrtausends, MDAIA 73, 1958, 73–87. *H. Weippert*

Spielgerät

Sp.e für Kinder nennt weder das AT, noch sind bei Ausgrabungen in Pal. Gegenstände aufgetaucht, deren Charakter als Kinder-Sp. eindeutig feststeht. Eventuell kämen dafür die seit der SB-Zeit bezeugten tönernen (zerbrechlichen!) Rasseln in Frage (BP II Tf. 47, 51; EG II Abb. 445; MegC Tf. 22; TN I Tf. 90_{12-14}; L III Tf. $27_{6,\ 9}$ 28_{15f}; SS III 182f Abb. 27_{12-17}); doch dürften sie eher als →Musikinstrumente (3.) verwendet worden sein. Zu erinnern ist auch an Miniatur- →Möbel und kleine Tierfiguren aus Ton (z. B. →Pferde), die aber auch kultischen Zwecken (Votivgaben, Grabbeigaben) gedient haben können. Die mit einem Brettspiel und einem Kreisel spielenden Kinder des Königs Iariris („Araras") zeigt ein Relief aus Karkemiš (8. Jh., E. Akurgal, Die Kunst der Hethiter, 1961, Tf. 122), und hell. Steinstatuetten von Kleinkindern, die mit Vögeln und Schildkröten spielen, fanden sich in der Favissa des 'Ešmūn-Tempels von →Sidon (M. Dunand, Festschr. K. Galling, 61–67).

Aus Pal. selbst sind bisher lediglich Steck- und Setzspiele (wahrscheinlich für Erwachsene) bekannt, von denen keines ursprünglich in Pal. beheimatet ist. Aus Ägypten kam das „Spiel der 58 Löcher", dessen für Pal. typischer Grundriß in Form eines Geigenkastens in der SB IIB-Zeit durch vier elfenbeinerne Exemplare aus Megiddo (Abb. 80_1; MegIv Tf. 47–50; vgl. ANEP 215) und zwei fragmentarische aus Beth-Sean (BSNC Abb. 41_{37} 45_{23}) sowie durch zwei Tonfragmente vom *Tell Ǧemme* und aus Geser (Ger Tf. 60_{88c} = Tf. 39_{22};

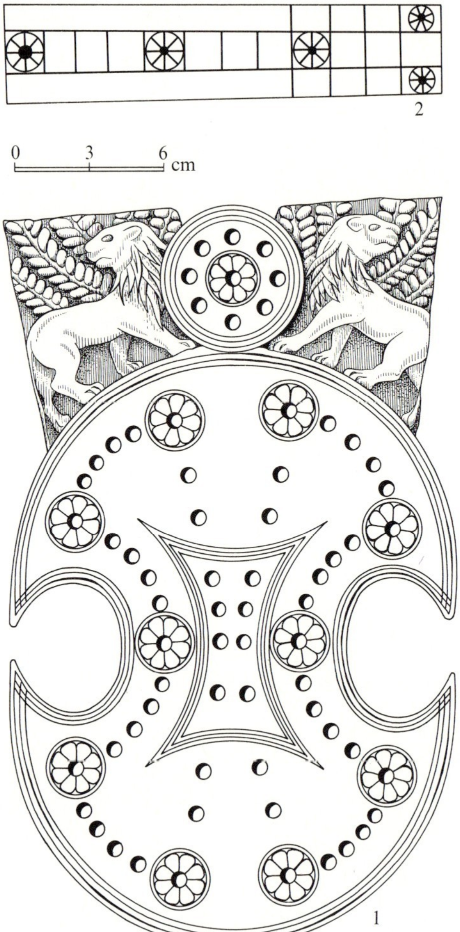

Abb. 80 **Spielgerät** (1,2) Spielpläne aus Elfenbein (Megiddo, SB, *Tell el-Fār'a* Süd, SB)

EG II 416 Abb. 501) vertreten ist. Ebenfalls aus Ägypten übernommen ist das „Spiel der 30 Felder" mit drei Reihen zu je zehn Feldern. Eingeritzt auf Steinplatten kommt das Spiel in Byblos (FB II/1 Abb. 340_{9734} II/2 Abb. 610_{12526} [?], 661_{13092}) und im 9. Jh. auch in Hazor vor (Hazor II Tf. 78_6). Vermutlich spielte man dieses Spiel auch als Steckspiel (vgl. BP I Tf. 40_{481} – hier fälschlich als Kalender erklärt; dazu →Kalender und Zeitrechnung, 2.). Auf der Rückseite der Platte aus Hazor ist das ursprünglich aus Mesopotamien kommende „Spiel der 20 Felder" eingeritzt (analoge

Kombinationen auf zwei Seiten eines Spielbrettes sind in Ägypten häufig). Die in Mesopotamien übliche Felderanordnung in zwei Blöcke mit dazwischenliegendem Verbindungssteg (ANEP 212) wird im Pal. der SB-Zeit und im Ägypten des NR so variiert, daß von einem Block von 3×4 Feldern eine mittlere Verlängerung von acht Feldern ausgeht. Bes. kunstvoll sind die elfenbeinernen Exemplare aus Megiddo (MegIv Tf. 47, 50f) und *Tell el-Fār'a* Süd (Abb. 80$_{2}$). Früher anzusetzen sind die Spielpläne auf Steinplatten aus *Tell Ḥalāf* (TH IV Tf. 7$_{43b}$), Beth-Semes (AS III Abb. 4 Tf. 20) und *Kāmid el-Lōz* (unpubliziert), bei denen die Verlängerung von einem Felderblock (wie in Mesopotamien) ausgeht, dann aber umbiegt und zum Felderblock zurückführt (Vorform der pal. und äg. Variante mit einem Block?). Fragmentarische Spielpläne des „Spiels der 20 Felder" aus Stein oder Elfenbein sind in Pal. relativ zahlreich (TBM II Tf. 37a, 20b; vgl. ANEP 214; AS III Abb. 4; EG III Tf. 201$_{3f, 10f}$; AG III Tf. 28$_{25}$). Die Verbreitung des Spieles in Zypern bezeugen – allerdings fragmentarische – elfenbeinerne Spielbretter (P. Dikaios, Enkomi: Excavations 1948–1958 IIIa, 1969, Tf. 128$_{65f}$ 129) sowie das berühmte Spielkästchen aus Enkomi, das eine Schublade für die Setzsteine besitzt (A.S. Muray/A.H. Smith/H.B. Walters, Excavations in Cyprus, 1900, Abb. 19 und Tf. 1).

Obwohl die Regeln all dieser Spiele noch im Dunkeln liegen, gilt grundsätzlich, daß ein meist elfenbeinerner Würfel die Züge auf dem Spielfeld bestimmte. Die Würfel mit in der Regel 1–4 Augen (AG I Tf. 23$_{11}$ III Tf. 28$_{10-17}$ IV Tf. 36$_{21-27}$) bewegte man kreiselartig mit Hilfe eines Stäbchens; doch sind aus dem 9./8. Jh. auch ein achtflächiger (Abb. 80$_{3}$) und aus röm. Zeit sechsflächige Würfel (z.B.: Y. Yadin, Masada, 1967^{2}, 145) belegt. Beim „Spiel der 58 Löcher" benutzte man zum Ziehen kleine Steckfiguren (in Ägypten mit Hundeköpfen: ANEP 213) und bei den Felderspielen Setzsteine (Abb. 80$_{4}$; MegIv Tf. 53$_{246-257}$; AG IV Tf. 36$_{29-31}$; L IV Tf. 54$_{6}$).

Die häufig bei Ausgrabungen aufgetauchten Schweineknöchelchen (Material: P.W. Lapp, BASOR 195, 1969, 45–47) gehörten wohl zu dem auch aus der griech.-röm. Antike wohlbekannten Astragali-

Abb. 80 **Spielgerät** (3) Achtflächiger Würfel (Geser, 9./8. Jh.), (4) Würfel und Setzsteine (*Tell Bēt Mirsim*, MB IIB)

Spiel (dazu und zu Spielen aus röm. Zeit: M. Aline de Sion, La Fortresse Antonia à Jérusalem et la question du Prétoire, 1956, 119–142).

Literatur: AS V 161 – E.D. van Buren, A Gaming-Board from Tell Ḥalaf, Iraq 4, 1937, 11–15 – E. Drioton, Un ancien jeu copte, Bulletin de la Société d'Archéologie copte 6, 1940, 177–206 – EG II 299–306 – C.J. Gadd, An Egyptian Game in Assyria, Iraq 1, 1934, 45–50 – U. Moortgat-Correns, Ein Spielbrett vom Tell Ailun (?), in: R. von Kienle u.a., ed., Festschr. J. Friedrich zum 65. Geburtstag am 27. August 1958 gewidmet, 1959, 339–345 – W. Needler, A Thirty-Square Draught-Board in the Royal Ontario, JEA 39, 1953, 60–75 – M. Pieper, Ein Text über das ägyptische Brettspiel, ZÄS 66, 1930, 16–33 – TBM II 48f – J. Vandier, Manuel d'Archéologie Egyptienne IV, 1964, 486–533. *H. Weippert*

Spinnen

1. Vorbereitung der Fasern. 2. Spinngeräte und Spinntechnik. 3. Zwirngeräte und Zwirntechnik.

1. Das AT berichtet nur wenig darüber, wie Wolle, Flachs oder Baumwolle für das Sp. vorbereitet wurden; doch dürften die aus anderen Kulturen bekannten Methoden auch in Pal. angewandt worden sein. Einige Arbeitsgänge sind durch entsprechende Gerätefunde in Pal. und durch atliche Texte bezeugt. Nach der Schaf- und Ziegenschur (z.B. Gn. 38$_{12f}$ 1S. 25$_{2}$ 2S. 13$_{23}$; →Viehwirtschaft, 2.) wurde die Wolle gewogen und gekämmt. Gewaschen wurde sie vor oder nach dem Sp., das in mancher Hinsicht leichter war, wenn die natürlichen Fette noch nicht ausgewaschen waren. Anstelle des in jüngerer Zeit benutzten Kremplers nahm man zum Reinigen der Wolle und zum Entwirren der Fasern wohl einfach die Finger oder einen Kamm. Flachs wurde nach dem „Ausraufen" (vgl. „ein Monat für das Ausraufen des

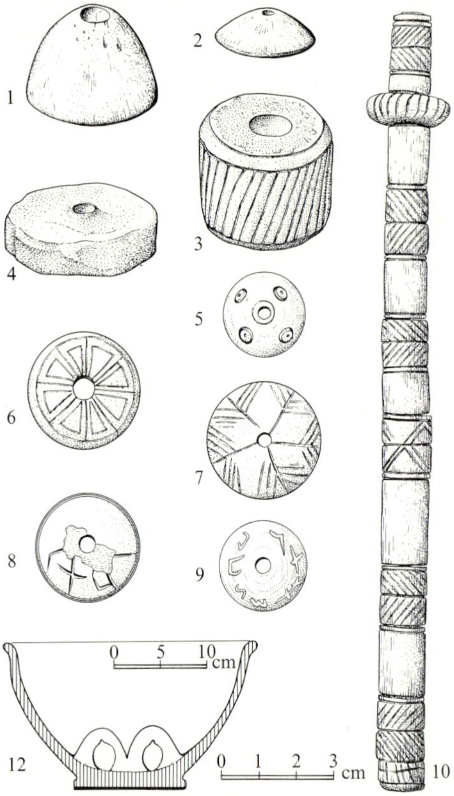

Abb. 81 **Spinnen und Spindel** (1–9) Spinnwirtel, (10) Spindelstab, (12) Zwirnschüssel

Flachses“ im Geser-Kalender, →Ackerwirtschaft, 5.) in Wasser eingeweicht, dann entfernte man die äußeren Rinden- und Holzteile und erhielt so die brauchbaren Fasern (Jos. 2_6). Bei Baumwolle mußten vor dem Kämmen die Samen entfernt werden.

2. Spinngeräte waren die hängende Spindel und bisweilen eine Spinnschüssel. Die hängende Spindel bestand aus einem Wirtel und einem Stab (hebr. *pelek,* Prv. 31_{19} = „Spindel“, vgl. akk. ^{giš}*pilakku*; akk. *qaqqad pilakki* = „Spinnwirtel“; arab. *rās el-miġzal* = „Spinnwirtel“). Die Form der Spinnwirtel variiert (Abb. 81_{1-4}); doch mußten sie in jedem Fall exakt rund und relativ schwer sein, damit sie gleichmäßig rotierten und durch ihr Gewicht den Faden möglichst lang ausdehnten. Unregelmäßige oder beschädigte Wirtel waren unbrauchbar. Billige Wirtel waren aus Ton, dauerhafter waren solche aus Knochen, Elfenbein, Stein (Kalkstein, Hämatit, Steatit, Alabaster, Serpentin) oder Glas. Bisweilen tragen sie ein einfaches Ritzmuster (Abb. $81_{3,\ 5-7}$) oder sind beschriftet (Abb. 81_{8f}; Tsori, Gervitz). In das Loch in der Mitte des Wirtels steckte man einen Stab, der an einem Ende eingekerbt war. Zur Gewichtsvermehrung konnte man einen zweiten Wirtel hinzunehmen. Während in pal. Ausgrabungsstätten zahlreiche Wirtel gefunden wurden, blieben nur wenig Stäbe erhalten, da sie aus leicht vergänglichem Material wie Holz oder Knochen bestanden (Abb. 81_{10}: Spindelstab aus Megiddo, MB IIB; Meg II Tf. 197_2; BSIA Abb. 114_1).

Beim Spinnvorgang zog die Spinnerin zunächst Wolle oder Flachs aus dem gekämmten Gespinst, formte daraus von Hand einen groben Faden, wickelte ihn um das untere Ende der Spindel, hakte ihn dann in die Kerbe am oberen Ende des Stabes ein und ließ den Wirtel so nach unten fallen, daß er sich drehte. Wolle und Flachs wurden so gestreckt und zu einem festen Faden gedreht, den die Spinnerin dann um den Stab wickelte (Abb. 81_{11}). Hinweise auf die Benutzung des senkrechten Spinnrockens beim Sp. von Leinen fehlen (obwohl das in seiner Bedeutung unklare Wort *kīšōr* in Prv. 31_{19} bisweilen so übersetzt wird); eventuell hielt man das Gespinst einfach als lose Masse in der Hand (Crowfoot 29). Die Vielzahl von Formen und Gewichten der Wirtel aus Pal. zeigt, daß die Spinntechnik hoch entwickelt und so differenziert war, daß man für unterschiedliche Stoffqualitäten Fäden verschiedener Dicke und verschiedenen Gewichts spinnen konnte. Wollte man feine Fäden spinnen, dann konnte der Faden bisweilen unter dem Gewicht des Wirtels zerreißen. Um dies zu verhindern, behalf man sich mit einer Spinnschüssel, einer kleinen Tonschüssel mit einem Loch für die Spitze der Spindel und einer Rundung an der Stelle, auf der die rotierende Spindel aufsaß (Abb. 81_{11}). Damit wurde der dünne Faden von einem Teil des Gewichts befreit. Für feine Wolle war eine Spinnschüssel nützlich, für Baumwolle unerläßlich. Die hängende Spindel konnte man auch mit dem Wirtel am oberen Ende benutzen (ANEP 144; Crowfoot 40); die Kerbe war dann am

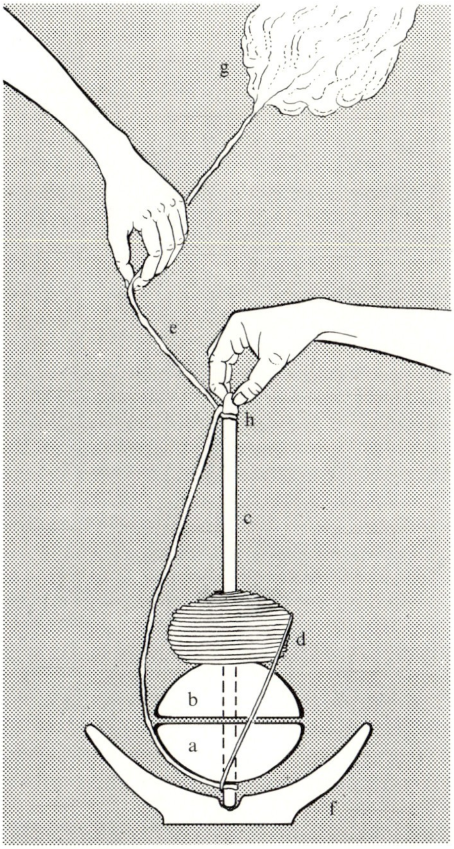

Abb. 81 **Spinnen und Spindel** (11) Schematische Darstellung des Spinnvorgangs: a,b) Wirtel (im Verhältnis zu den Händen etwa zehnfach vergrößert), c) Stab, d) gesponnener Faden, e) zu spinnender Faden, f) Spinnschüssel, g) Vorgespinnst, h) Kerbe

unteren Ende des Stabes eingeschnitten. In röm. Zeit ersetzte ein eiserner Haken am oberen Ende des hölzernen Stabes die Kerbe (P. Benoit/J. T. Milik/R. de Vaux, Les grottes de Murabba'ât, DJD II, 1961, Tf. 13_{8f}). Faden konnte in S- (nach rechts) oder Z- (nach links) Richtung gesponnen werden. Beides ist in Pal. durch →Stoffe archäologisch belegt. Sp. wurde sitzend oder stehend ausgeführt; in Pal. galt es in erster Linie als Frauenarbeit (Ex. 35_{25} Prv. 31_{13}), in Ägypten und Mesopotamien übten es aber Männer und Frauen aus.

3. Reißfestere, aber dennoch dünne Fäden erhielt man durch Zwirnen bzw. Spulen. Dabei wurden zwei in S- bzw. Z-Richtung gesponnene Fäden in umgekehrter Richtung zusammengesponnen. Solche Fäden waren stärker, feiner und dichter und drehten sich nicht so leicht wieder auf (vgl. *šeš mošzār* = „gezwirntes Leinen", Ex. $26_{1,31,36}$ u.ö.). Für bunte Stoffe konnte aus verschiedenfarbigen Fäden gezwirntes Garn hergestellt werden. Einige Zwirnschüsseln (bisweilen fälschlich „Spinnschüsseln" genannt) wurden in Pal. gefunden (Abb. 81_{12}: aus *Tell el-'Ağūl,* SB IIB; BSIA Abb. 49_{21} 51_{10} 53_{23} 55_2 56_{17}; Meg II Tf. 70_3; weitere Belege bei Dothan 97–101). Auf ihrem inneren Boden befinden sich zwei oder drei Schlaufen, durch die je ein Faden verlief, damit sich beim Zwirnen die Fäden nicht verwirrten. Mit diesen Schüsseln konnte man auch gleichzeitig mit zwei Spindeln ein vorbereitetes Gespinst spinnen (Crowfoot 22–27).

Literatur: G. Crowfoot, Methods of Hand Spinning in Egypt and the Sudan, 1931 – Dalman, AuS V, 1–70 – T. Dothan, Spinning-Bowls, IEJ 13, 1963, 97–112 – R. J. Forbes, Studies in Ancient Technology IV, 1956, 1–80, 149–171 – S. Gevirtz, A Spindle Whorl with Phoenician Inscription, JNES 26, 1967, 13–16 – N. Tsori, A Spindle Whorl with Hebrew Inscription, IEJ 9, 1959, 191f – S. Weir, Spinning and Weaving in Palestine, 1970, 6–10.

D. Irvin

Stadtanlage

1. Allgemeines und Vorgeschichte. 2. MB- und SB-Zeit. 3. E-Zeit und jüngere Perioden.

1. Da Städte primär durch bes. Sozialstrukturen (arbeitsteilige Gesellschaft) und erst sekundär durch bestimmte, meist große, in gemeinschaftlichem Einsatz errichtete Bauten (→Tempel, →Palast, →Mauer, →Tor, →Wasserversorgung) definiert sind, bleibt es bei einer von den archäologischen Daten ausgehenden Beschreibung oft ungewiß, ob die beigezogenen Siedlungen in die Kategorie „Stadt" oder „Dorf" fallen.

Vor allem in den frühen Perioden ist die Grenze fließend, da in Pal. und Transjordanien nur langsam und mit Unterbrechungen (FB IV/MB I) eine urbane Kultur entstand und endgültig sich erst in der MB II-Zeit durchsetzte. Zwar kann bereits das neolithische →Jericho (K. M. Kenyon, Digging up Jericho, 1957, 51–76) mit einer den Ort oder die Zitadelle umschließenden Mauer und einem 8,5 m hohen Rundturm an ihrer Innenseite als Stadt gelten; doch handelt es sich dabei um ein bisher isoliertes Beispiel inmitten einer Umgebung, in der sich seßhafte Lebensweise in dörflichem Rahmen abspielte (W. M. Prausnitz, From Hunter to Farmer and Trader, 1970, *passim*; A. M. T. Moore, The Late Neolithic in Palestine, Levant 5, 1973, 36–68 bes. 41–45). Analoges gilt nach R. de Vaux (in: The Cambridge Ancient History I/1, 1974[3], 520–537) auch für das CL; doch ist das Bild eventuell im Hinblick auf neue und künftige Ausgrabungen zu revidieren (vgl. S. W. Helms, ADAJ 18, 1973, 41–44; ders., Levant 7, 1975, 20–38; 8, 1976, 1–23 zum transjordanischen *Ǧāwa* aus dem Ende des CL: befestigte Stadt mit gesondert ummauerter Oberstadt und großem Wasserreservoir).

Erst in der FB I-Zeit nahm die Zahl ummauerter Orte zu (Jericho, *Tell eš-Šeḫ Aḥmed el-ʿArēnī, Tell el-Fārʿa* Nord, *Rās el-ʿĒn*); doch überwogen nach bisheriger Kenntnis offene Siedlungen (Amiran 84; Lapp 109f). In der FB II/III-Zeit erreichte die urbane Kultur einen ersten Höhepunkt, der an der gut organisierten Planung von →Arad am besten ablesbar ist: Die Wohnviertel (Breitraum-Häuser) sind durch parallel zur Stadtmauer verlaufende Straßen (ähnlich in Ai) gegliedert, die sich bisweilen zu Plätzen erweitern. Ein größerer Platz befindet sich wohl vor drei mit der Rückwand aneinandergebauten Häusern (zum Doppeltempel →Abb. 85₅), die öffentliche Funktionen erfüllt haben mögen (in →Megiddo [Straten XVIII-XV] dafür ummauerte Akropolis mit Tempel und Palast); etwas entfernt davon liegt das Wasserreservoir der Stadt (Amiran 92–95; vgl. auch IEJ 24, 1974, 257f mit Abb. 1). Gerade, 2m breite Straßen durchzogen die Wohnviertel in *Tell el-Fārʿa* Nord; in *Ḫirbet el-Kerak* waren sie sogar 2,5 m breit (de Vaux, a.a.O., I/2, 1971[3], 217). Inwieweit eine derart entwickelte Stadtarchitektur aus lokalen Bedingungen erwachsen konnte oder auf von außen kommende Anstöße (Ägypten, Mesopotamien) angewiesen war, steht noch zur Diskussion (Thesen bei Amiran und Lapp). Die Architektur selbst liefert nur wenig Anhaltspunkte: da als Baumaterial Ziegel dominieren (nicht in Arad!), rechnet R. de Vaux (a.a.O., 233f) mit Einwanderern aus dem Norden, wo Steine knapp, Lehm aber ausreichend zur Verfügung stand (mögliches Gegenargument: Ziegelarchitektur in Jericho schon im NL). In der späten FB-Zeit wuchs der äg. Einfluß: in Ai zeigt Tempel A (Phase VI = FB III) äg. →Mauertechnik. Mit Ausgang der FB III- bzw. der FB IV-Zeit brach die erste urbane Periode Pal.s ab, was zumeist mit dem Eindringen „amoritischer" Nomaden nach Pal. erklärt wird (kritisch dazu: Th. L. Thompson, The Historicity of the Patriarchal Narratives, BZAW 133, 1974, 118–171).

2. In der MB I-Zeit ist nur eine schwache (halbnomadische?) Besiedlung des Landes vor allem im Bereich des Negev nachgewiesen (Mazar 67–69; vgl. z. B. die Ausgrabungen in *Ǧebel Reḥme* = *Har Yərūḥām* [IEJ 24, 1974, 133f], *Ǧebel Qaʿaqīr* [Dever 164f], *Tēl Pōlēg* [RB 62, 1965, 552f]). Strittig ist, ob bereits in der MB IIA- (Mazar 72f mit Anm. 17) oder erst in der MB IIB-Zeit (Dever 132–135, 150) die zweite urbane Phase in Pal. und Transjordanien beginnt. Die neuen Grabungen in *Rās el-ʿĒn* (IEJ 24, 1974, 261) sprechen für einen Ansatz in der MB IIA-Zeit (Stadt zu Beginn der MB IIA-Zeit ummauert, im Norden des Tells 500 m^2 eines Palastes freigelegt), der sich in der MB IIB-Zeit voll entfaltete (Mazar 78–88). Deutlich zeigen sich nun die Kriterien, die für die Wahl eines Ortes als Platz einer Stadt ausschlaggebend waren. Beste Verteidigungsmöglichkeit bot eine erhöhte Lage. Da jedoch die Quellen am Fuß der Hügel oder Berge entspringen, mußten diese entweder in die St. einbezogen oder ein geschützter Zugang zur Quelle geschaffen werden. Ferner konnten Zisternen die →Wasserversorgung garantieren. Aus ökonomischen Gründen war ein landwirtschaftlich nutzbares Hinterland und im Hinblick auf den Handel die Lage an einer wichtigen Straße wünschenswert. Ein starker Bevölkerungszuwachs führte jedoch dazu, daß die Idealforderungen nicht in jedem Fall erfüllt wurden: der frühere Raum der FB-zeitlichen Orte reichte nicht mehr aus, und dementsprechend bedeckten die Wohnviertel auch die Abhänge der Tells (z. B. Jericho) oder gruppierten sich in Form einer Unterstadt (z. B. Hazor) um einen Tell herum. Zugunsten einer einfacheren Wasserversorgung (z. B. Bethel) oder der Lage an einer Fernverkehrsstraße (z. B. Sichem) verzichtete man bisweilen auf eine erhöhte Lage, was durch entsprechend starke Befestigungsanlagen ausgeglichen

werden mußte. Unter diesen bilden gewaltige Erdwälle (→Mauer, 2.) ein Charakteristikum der MB II-zeitlichen St.n. Die Bevölkerungsdichte innerhalb der Städte spiegeln etwa die eng am Abhang des Tells von Jericho zusammengedrängten Häuser wider, durch die im Abstand von 27 m zwei Straßen mit Stufen auf den Tell hinaufführten (Kenyon, Digging up Jericho, 1957, Abb. 45), oder die im Südwesten von *Tell el-Fār'a* Nord eng beieinander stehenden und an die Stadtmauer anstoßenden Häuser (RB 69, 1962, Tf. 35a). Daß dennoch eine gewisse Planung der St.n in der MB II-Zeit herrschte, ergibt sich etwa in *Tell Bēt Mirsim* daraus, daß der Bau der sich ebenfalls an die Stadtmauer anlehnenden Häuser in Blöcken, und d.h. vorgeplant, erfolgte (BASOR 208, 1972, 19–24). Auch der fragmentarische Stadtplan von *Tell el-'Ağūl* mit seiner langen Nord-Süd-Straße, deren angrenzende Verwaltungs-, Kult- und Wohnbezirke durch Nebenstraßen in einzelne Blöcke gegliedert sind, läßt eine geplante Entwicklung der St. erkennen (K.N. Yassine, ADAJ 19, 1974, 129–133). Deutlichere Spuren einer Stadtplanung sind die nun an jedem Ort vorhandenen Verwaltungsbauten und Tempel. Eine ummauerte Akropolis befand sich in Hazor auf dem Tell (Yadin, Hazor, 121–125); in Sichem dürfte das "courtyard building" auf einem in der MB IIA-Zeit künstlich erhöhten Terrain, das durch eine Mauer von der übrigen Stadt abgetrennt war, analoge Funktionen erfüllt haben (zur Diskussion →Sichem, 2.). Insgesamt bieten die stark befestigten MB II-Städte das Bild straff organisierter und dicht bewohnter Zentren mit eigener Verwaltung (= Stadtstaaten), die wohl im Kriegsfall auch den in offenen Siedlungen Lebenden (IEJ 22, 1972, 157: unbefestigtes „Dorf" nahe bei Beth-Semes) als Fluchtburgen dienten.

Mit dem Übergang zur SB-Zeit änderte sich das Bild kaum. Umfang, Befestigung und auch die grundsätzliche Gliederung der Städte blieben zunächst unverändert; nur die Grundrisse der Bauten weichen an einigen Orten von denen der MB II-zeitlichen ab (so in Hazor: Yadin, Hazor, 32; *Tell Bēt Mirsim*: TBM II 62; anders in Bethel: AASOR 39, 1968, 28–31). Typisch für die SB-zeitliche Stadt ist eine die Wohngebiete beherrschende Zitadelle mit Palast, Tempel und Verwaltungsbauten (Hazor, Sichem, Beth-Sean, *Tell el-Fār'a* Süd, Lachis); doch finden sich öffentliche Bauten wie der Graben-Tempel von Lachis (L II), der Tempel von *Tell Dēr 'Allā* (VT 14, 1964, 419) und der Quadratbau in der Nähe von *'Ammān* (→Abb. 85$_{11}$) nun häufiger als in der MB II-Zeit (z.B. der Tempel von *Nahārīyā*, →Abb. 85$_8$, der Quadratbau bei Sichem, →Abb. 85$_{12}$) auch außerhalb befestigter Städte.

Zahlreiche Zerstörungsschichten aus dem Ende der SB-Zeit illustrieren den schließlichen Zusammenbruch der äg. Oberherrschaft über Pal. (M. Weippert, Die Landnahme der israelitischen Stämme, FRLANT 92, 1967, 126f). Der damit verbundene Rückgang der SB-Stadtkultur begünstigte die Einwanderung und Landnahme jener Bevölkerungsgruppen, die in der E-Zeit als die Bewohner Pal.s erscheinen, wie die Israeliten und ihre Verwandten und die Philister.

3. Die Israeliten siedelten sich meist im Gebirge auf unberührtem Boden (Alt, KlSchr I, 89–125, 126–175) oder auf längst verlassenen Tells an (z.B. →Ai). Selten wählten sie in der SB-Zeit zerstörte Orte als Wohnplatz; doch wird gerade hier bes. deutlich, wie weit diese Neusiedlungen bautechnisch (vgl. z.B. AASOR 39, 1968, 32–35) und im Umfang (Hazor maß in der MB/SB-Zeit 1100 × 650 m, in der E-Zeit 400 × 150 m; weitere entsprechende Daten bei M. Noth, Die Welt des Alten Testaments, 1962[4], 134; L III 35) hinter ihren Vorgängerinnen zurückblieben. Einige der kan. Zentren (Megiddo, Beth-Sean, Sichem) blieben jedoch bestehen und lieferten wichtige Impulse für die sich langsam entwickelnde isr. Urbanisation. Diese setzte in der E II-Zeit mit städtebaulichen Maßnahmen Davids (vgl. Aharoni zu Dan und *Tell es-Seba'*) und vor allem Salomos in Jerusalem, Hazor, Megiddo, Geser und weiteren Städten ein (1 R. 6f, 9$_{15-23}$). Primäres Ziel war nicht die Schaffung von Wohnraum, sondern von administrativen und militärischen Stützpunkten der Monarchie. Während im weniger dicht besiedelten und weniger gefährdeten Süden diese Aufgabe weitgehend →Festungen zufiel, bedurfte es dafür im bevölkerungsreichen und sowohl von außen als auch innen (höherer Anteil an kan. Bevölkerung; z.B. Fortdauer der

kan. Tempel in Beth-Sean auch im 10./9. Jh.: BSIA 138f) gefährdeten Norden festungsartiger Städte (vgl. hebr. *'īr mibṣār,* 2R. 10_{2} 17_{9}). Als derartige Städte kommen im 10. Jh. Hazor, Megiddo (→Abb. 51) und Geser in Betracht. Sie waren gleichermaßen von Kasemattenmauern umgeben, der Zugang erfolgte durch ähnliche Sechskammer-Tore und im Stadtinnern standen zahlreiche offizielle Gebäude (Kenyon, Cities, 53–70; Yadin, Hazor, 135–164). Nicht als militärisches, sondern als Verwaltungszentrum (→Ostraka), ließ Omri seine neue Hauptstadt des Nordreiches, →Samaria, anlegen. Die Palastbauten standen in einem ummauerten Bezirk, der in einer späteren Phase zur befestigten Akropolis umgebaut wurde. Die Wohnviertel sind so weiträumig angelegt (Häuser von Höfen umgeben), daß sich vor allem im Vergleich mit den sonst dicht besiedelten pal. Städten der E II-Zeit der Schluß nahelegt, daß es sich um Häuser königlicher Beamter handelt (Kenyon, Cities, 71–89). Einen weiteren Stadttypus nennt das AT „Vorratsstädte" (→Speicher), unter die Y. Aharoni die auf dem *Tell es-Seba'* ausgegrabene Stadt rechnen möchte (Beer-Sheba I 17, 106). Soweit die St. bisher bekannt ist (ebd. Tf. 84), spricht ihre klare Gliederung in der Tat dafür, daß der Bau nach offiziellen Plänen erfolgte: durch das Tor im Südosten führte eine Straße, die parallel zur Stadtmauer den inneren Stadtbezirk umkreiste; rechts und links von ihr lagen radial zur Stadtmauer angeordnet die Häuser (die Zellen der Kasemattenmauer sind in den Grundriß der äußeren Häuser einbezogen, ebd. 36); neben dem Tor befanden sich große Magazine (→Speicher) und ein offizielles Gebäude. Für alle genannten Details gibt es zwar Parallelen in anderen isr. Städten (ebd. 17); doch treffen sie nirgends so zusammen wie auf dem *Tell es-Seba'*. Demgegenüber bieten die aus den lokalen und sozialen Gegebenheiten und Erfordernissen sich entwikkelnden Städte ein buntes Bild: zwar gehörten Stadtmauern, oft auch eine parallel zur Mauer verlaufende Ringstraße (*Tell Bēt Mirsim, Tell en-Naṣbe,* Beth-Semes), →Speicher (Shiloh 181–183) und Verwaltungsbauten (ebd. 183–190) zur sicher geplanten St. und ebenso zeigt die durch Parallelstraßen in Wohnblöcke gegliederte Stadt auf dem *Tell Qasīle* eine deutliche Planung (IEJ 23, 1973, 71); doch zwang an vielen Orten der Bedarf an Wohnraum zu stetem Häuserum- und -anbau, so daß das Stadtinnere schließlich unübersichtlich wurde und Häuser aus Platznot auch außerhalb der Mauern gebaut wurden (Kenyon, Archäologie, 260f).

Die Sozialstruktur der Städte, etwa ihre Gliederung in reichere und ärmere Viertel, läßt sich anhand der Architektur (etwa in →Thirza) oder anhand der Verteilung der Kleinfunde im Stadtgebiet (z.B. TN I 205 Abb. 50) erschließen. Ähnlich ist bisweilen auch die hauptsächliche Erwerbsquelle einer Stadt erkennbar (Kenyon, Archäologie, 229, 261: Beth-Semes, E I-Zeit: Bronzeverarbeitung; *Tell Bēt Mirsim,* E II-Zeit: Textilindustrie; IEJ 26, 1976, 54: Dan, E-Zeit: Bronzeverarbeitung). Wenn das AT auch Städte ohne Stadtmauern erwähnt (Lv. 25_{30}) oder die Rangordnung zwischen Städten mit den Termini „Mutter" (2S. 20_{19}) und „Töchter" (Jos. 17_{11} Jdc. 11_{26}) ausdrückt, so läßt sich dies bislang nicht mit archäologischen Beispielen belegen.

Die Eroberung des Nordreiches durch die Assyrer und später die des Südreiches durch die Babylonier setzte der lokalen Stadtarchitektur in Pal. ein Ende. Als die Perser die Oberherrschaft über Pal. antraten, beschränkte sich ihre Bautätigkeit auf Residenzen (*Tell ed-Duwēr, Tell Ǧemme,* Megiddo, Samaria), während die Bevölkerung in ärmlichen dorfartigen Siedlungen (z.B. *Tell Abū Hawām*) lebte (Kenyon, Archäologie, 284–289). Die Bautätigkeit der aus dem Exil Heimgekehrten war situationsbedingt nur von bescheidenem Ausmaß (Kenyon, Cities, 39f, Tf. 17f; vgl. aber auch E.-M. Laperrousaz, Syria 50, 1973, 355–392), aus der sich keine eigene Stadtkultur entwickelte. Diese lebte erst unter hell. Einfluß wieder auf (St.n nach dem sogenannten hippodamischen System: senkrecht und parallel zur Hauptstraße verlaufende Straßen, zentraler Marktplatz; vgl. den Plan von Marisa [= *Tell Sandaḥanna*] in hell. Zeit: EP Tf. 16).

Literatur: Y. Aharoni, The Building Activities of David and Solomon, IEJ 24, 1974, 13–16 – R. Amiran, The Beginnings of Urbanization in Canaan, Festschr. N. Glueck, 1970, 83–100 – City Invincible: A Symposium on Urbanization and Cultural Development in the Ancient Near East, Oriental Institute Special Publication, 1960 – W.G. Dever, The "Middle Bronze I" Period in Syria and Palestine, Festschr. N. Glueck, 132–163 – K. M. Kenyon, Archäologie im Heiligen Land, 1967 – dies., Royal Cities of the Old Testament, 1971 – P. W. Lapp, Palestine in the Early Bronze Age, Festschr. N. Glueck, 101–131 – B. Mazar, The Middle Bronze Age in Palestine, IEJ 18, 1968, 65–97 – P. R. Miroschedji, L'époque pré-urbaine en Palestine, Cahiers de la RB 13, 1971 – Y. Shiloh, The Four-Room House. Its Situation and Function in the Israelite City, IEJ 20, 1970, 180–190 – G. E. Wright, The Archaeology of Palestine from the Neolithic Through the Middle Bronze Age, JAOS 91, 1971, 276–293. *H. Weippert*

Stall und Hürden

Für die pal. St.e in vorchristlicher Zeit, die möglicherweise mit den Termini *'urwā* (2 Ch. 32₂₈) und **rēpet* (Hab. 3₁₇) bezeichnet wurden, fehlen klare archäologische Indizien. Der z. T. überdachte Hof des pal. →Hauses bot einigen Nutztieren nachts und in der kalten Jahreszeit ausreichenden Schutz. Auch im Haus selbst war die Grenze zwischen Wohn- und Tierhaltungsbereich wohl fließend.

Die dreischiffigen, von zwei Pfeilerreihen unterteilten Gebäude in Megiddo interpretierten zwar die Ausgräber und neuerdings wieder Y. Yadin als Pferde-St.e (Meg I 32–47); doch deuten die Gegengründe (Pritchard; Beer-Sheba I 23–30) eher darauf hin, daß es sich bei diesen und analogen Bauten in anderen Orten (→Haus, →Speicher) um Vorratshäuser handelt. Pferde-St.e mit unter Bogen eingebauten steinernen Krippen (hebr. *'ēbūs,* Jes. 1₃; griech. φάτνη, Lc. 2₇ 13₁₅ – auch Krippen aus Holz gab es, vgl. die Darstellung einer Krippe mit gekreuzten Beinen in einem ass. Kriegslager bei Barnett-Falkner, Sculptures, Tf. 63) sind erst in spätnab. Zeit z. B. in Kurnub bezeugt (A. Negev, IEJ 17, 1967, 50, 121–123; Archaeology 24, 1971, 168; Antike Welt 3/4, 1972, 21–24). Solange archäologische Hinweise auf St.e in früherer Zeit fehlen, muß man vermuten, daß neben der teilweisen Unterbringung von Tieren im Wohnhaus behelfsmäßige Bauten aus Holz und Laub als St.gebäude dienten.

Für die außerhalb der Siedlungen weidenden Kleinviehherden errichtete man durch Steinsetzungen H. (hebr. *gədērā*, 1 S. 24₄; *miklā*, Hab. 3₁₇; zu *ḥāṣēr* vgl. A. Malamat, JAOS 82, 1962, 146f). Den Dual *mišpətayim* (Gn. 49₁₄ Jdc. 5₁₆) erklärte Eißfeldt als Gabel-H., die er in bis zu 400 m langen, aufeinander zulaufenden und bei ihrem Zusammentreffen eine Einschließung bildenden Mauerzügen im Ostjordanland (und im *Wādī el-'Araba*) bezeugt fand. Diese auch auf einer safatenischen Ritzzeichnung dargestellte Konstruktion könnte aber auch als Falle bei Treibjagden auf Gazellen gedient haben (Meshel), wenn die Mauerzüge nicht im Zusammenhang der Wasserversorgung zu interpretieren sind (so S. W. Helms, Levant 7, 1975, 36; 8, 1976, 19f). Da H. den Herden nur nachts Schutz vor Raubtieren, aber nicht vor Kälte und Regen boten, suchten sie wohl in der kalten Jahreszeit Zuflucht in natürlichen Höhlen, in denen man bisweilen noch in den Stein gehauene Krippen findet (Dalman, AuS VI, 287).

Literatur: Dalman, AuS VI, 276–287 – O. Eißfeldt, Gabelhürden im Ostjordanland, Kleine Schriften III, 1966, 61–66 – ders., Noch einmal: Gabelhürden im Ostjordanland, ebd. 67–70 – ders., Noch ein safatenisches Bild vom Grabmal des Hāni, ebd. 318–327 – Z. Meshel, New Data about the "Desert Kites", TA 1, 1974, 129–143 – J. B. Pritchard, The Megiddo Stables: A Reassessment, Festschr. N. Glueck, 268–274 – Y. Yadin, The Megiddo Stables, EI 12, 1975, 57–62 (hebr.). *H. Weippert*

Stein und Steinbearbeitung

1. Gesteinsarten. 2. Methoden der St.bearbeitung. 3. Gefäße aus a Basalt, b Kalkstein, c Alabaster.

1. Meeresablagerungen der Jura- und Kreideformation führten in Pal. zu einer Schichtenabfolge von Jura, nubischem Sand-St. und darüber Kalk-St. Tektonische Vorgänge veränderten die flach übereinanderliegenden Schichten derart, daß an den Abhängen von Grabeneinbrüchen (Jordan-, Jabboktal) Jura und auch Sand-St. zutage treten. Vulkanischer Basalt bedeckt das nördl. Drittel des Ostjordanlandes und den südöstl. Teil des galiläischen Gebirges (F.-M. Abel, Géographie de la Palestine I, 1967, 23–57, 180–192; M. Noth, Die Welt des Alten Testaments, 1962⁴, 37–41; eine die neueste Lit. berücksichtigende Übersicht bei H. Donner, Einführung in die Biblische Landes- und Altertumskunde, 1976, 15–35).

Für Bauten standen somit Basalt und Kalk-St. in ausreichenden Mengen zur Verfügung und wurden je nach den lokalen geologischen Gegebenheiten verwendet: so ist z. B. die Synagoge in Chorazin aus lokalem dunklen Basaltgestein erbaut (S. J. Saller, Second Revised Catalogue of the Ancient Synagogues of the Holy Land, 1972, 54f mit Lit.). Ein Gegenbeispiel ist allerdings die aus hellem Kalk-St. erbaute Synagoge in Kapernaum (ebd. 26–29 mit Lit.), deren Baumaterial über den See Genezareth gebracht werden mußte. Auch größere Gegenstände (etwa Masseben, Sarkophage, Stelen, Säulen) wurden meist aus lokalem St. hergestellt: so sind die Hörneraltäre von Megiddo (Meg II Tf. 254_{1f}, E IIA-B-Zeit; →Altar, 1.e mit Abb. 2_{6}) und der (Doppel-?)Löwe aus *Tell Bēt Mirsim* (TBM II 66 Tf. 23; nach R. Amiran, BASOR 222, 1976, 29–40 aus dem 9./8. Jh.) aus Kalkstein, die Libationstische bzw. Opferaltäre und Löwenskulpturen aus Hazor dagegen aus Basalt (Hazor III-IV Tf. 284_{5-8}; Yadin, Hazor, Tf. 18, SB-Zeit).

Bei den kleinen Gegenständen aus St., von denen im folgenden die Rede ist (zur Verwendung von St.en in der Architektur →Mauer und Mauertechnik; zu in Felsen gehauenen Anlagen →Grab und →Wasserversorgung) war es schon seit früher Zeit üblich, das Rohmaterial in Form von Blökken oder die fertigen Stücke im Handel über weite Gebiete hin auszutauschen (M. W. Prausnitz, From Hunter to Farmer and Trader, 1970, *passim*; vgl. für die FB-Zeit L IV 72: Diorit aus Nubien in Lachis). Während etwa Syr.-Pal. steinerne Dreifußschalen in die Ägäis lieferte (Buchholz 68), bezog es seinerseits Alabastergfäße aus Ägypten, und nur ein kleiner Teil der in Pal. gefundenen Alabastra ist aus einheimischem St. (mit bestimmter chemischer Zusammensetzung) gefertigt, der in St.brüchen in *Mənaḥẹmīyā*, ca. 18 km nördl. von Beth-Sean abgebaut wurde (Ben-Dor 93–96). Neben dem in Pal. heimischen Basalt, Kalk-St. und Alabaster sowie dem aus Ägypten importierten Alabaster tauchen bei Ausgrabungen auch Gegenstände aus selteneren Gesteinsarten auf (vgl. auch →Edelsteine). Äg. Importstücke der SB II-Zeit sind wohl der einhenklige, ca. 20 cm hohe Serpentin-Krug aus Lachis (L II Tf. 25_{6}) und das kleine dickbauchige Serpentingefäß mit Goldfolien-Rand aus Megiddo (Meg II Tf. 231_{2}), mit dem zusammen ein Gefäß aus vermutlich Hämatit gefunden wurde, dessen Rand und Boden mit Goldfolie belegt sind (ebd. Tf. 231_{3}). Bisher einmalig ist das Fragment einer Schale aus Mangan-Oxyd mit Griffen in Form von Entenköpfen (Hazor II 158 Tf. 149_{15}, SB II-Zeit; vgl. zum Typ der Henkel: Hankey 171 zu S10; ferner Levant 1, 1969, 79 mit Anm. 30). Für einfachere Güter wie Spinnwirtel (→Spinnen, 2.), →Gewichte, →Keulen, Gußformen (z. B. Meg I Tf. 105 II Tf. 269) oder Gefäße (Meg II Tf. $262_{8,\ 10}$) verwendete man auch Diorit, Trachyt, Steatit und Granit (?) neben Kalk-St. und Basalt. Sehr selten sind Sand-St. (z. B. Hazor III-IV Tf. 260_{27}) und Marmor (z. B. L III Tf. $64_{5,\ 8-10}$). Außerhalb des hier gesteckten zeitlichen Rahmens liegen die frühen Geräte und Waffen aus Feuer-St. (dazu Singer/Holmyard/Hall 128–140), von denen jedoch →Sicheln bis in die SB-Zeit hinein in Gebrauch blieben.

2. Einige halbfertige, in Beth-Sean gefundene Alabastergefäße aus der MB II-Zeit zeigen die pal. Methoden der St.bearbeitung recht gut (Ben-Dor 96–98; BSNC 90–93): demnach schlug der Künstler aus einem St.block das gewünschte Gefäß in groben Umrissen heraus. Zum Aushöhlen benutzte er den Meißel und nicht, wie es in Ägypten üblich war, den Bohrer (Ben-Dor Tf. 23). Abschließend wurden die sichtbaren Oberflächen geglättet und poliert. Inwieweit dabei die Drehscheibe zum Einsatz kam (Lucas 421–428), läßt sich nicht genau feststellen. Die Mehrzahl der St.gefäße ist aus einem Stück gearbeitet; doch kommen auch mehrteilige Gefäße vor (Ben-Dor 105). Die dekorative Behandlung der Oberfläche nutzte die Möglichkeiten der verschiedenen Gesteinsarten aus. Beim in sich gelb-weiß gemusterten Alabaster war bereits die geglättete Oberfläche reizvoll, und Alabaster wurde deshalb nur ab und zu mit geometrischen Mustern bemalt (z. B. Meg II Tf. 261_{30f}) oder mit Ritzmuster versehen (ebd. Tf. 259_{26}: Deckel mit Zirkel-Ritzmuster). Glatten Kalk-St. verzierten oft eingekerbte Kreise und Striche (Abb. 82_{4f}), während grobkörniger Basalt großzügigere Reliefdekorationen verlangte (Abb. 82_{3}). Reich reliefierte St.gefäße sind meist aus Steatit gearbeitet, da dieses weiche Material sich leicht schnitzen läßt (vgl. die reich dekorierten Steatitschalen bei K. Galling, Die syrischen Salbschalen, ADPV 1978). Zur Bearbeitung kleiner Gegenstände aus St. →Edelsteine und →Siegel, 1.

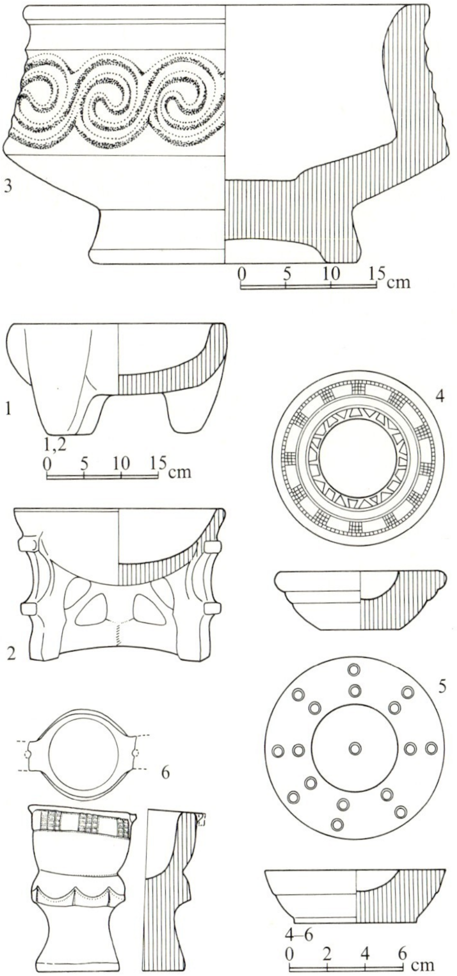

Abb. 82 **Stein und Steinbearbeitung** (1–3) Basaltgefäße, (4–6) Kalksteingefäße

3. Sieht man von einfachen Gebrauchsgütern aus St. mit rein funktionalen Formen (z.B. Spinnwirteln) ab, so zeigt sich bes. bei der Gestaltung von Gefäßen (Ex. 7_{19} nennt St.gefäße in Ägypten) eine Korrelation zwischen Form und Material.

3.a Die frühesten pal. St.gefäße waren aus Basalt (vgl. etwa für das 5.Jt.: PEQ 84, 1952, 44 Abb. 2). Aus dem CL sind in Syr.-Pal. mehrere Becher oder Schalen auf hohem, fensterartig ausgeschnittenem Fuß bekannt (Buchholz 55f; dazu MegT Abb. 21; IEJ 13, 1963, Tf. 32C; 17, 1967, 216f Abb. 13_{1f}), die keramische Vorbilder nachahmen (Amiran, Pottery, 24 mit Photo 10–12). Ein außergewöhnlich großes Exemplar ist 50 cm hoch und wiegt ca. 40 kg (IEJ 18, 1968, 45f). In diesem Typus sieht Buchholz den Vorläufer der späteren Dreifußschalen, die in Pal. in der Regel aus Basalt (Ausnahmen z.B.: L III Tf. 57_{36} IV Tf. 26_{33}) sind (Abb. 82_{1}, aus Hazor, E IIC). Die frühesten und meisten Exemplare kommen aus Syr.-Pal., das somit als Ursprungsland der Gattung zu gelten hat, von dem aus sie sich im ganzen Vorderen Orient und in der Ägäis verbreitete (Buchholz; Bisi). Seit der E-Zeit treten auch kompliziertere Formen mit Mittelsäule und Querverstrebungen zwischen den drei Füßen auf (Abb. 82_{2}, aus Megiddo, E IIA; Buchholz 59f Abb. 20). Eine ass. (?) Dreifußschale vom *Tell el-Qiṭāf* besitzt Füße in Form von Stierhufen und Entenköpfen (R. Amiran, ʿAtiqot ES 2, 1959, 129–132; vgl. dazu auch die Füße eines Bronzeständers: Levant 5, 1973, 85 mit Abb. 1). Da zusammen mit Dreifußschalen oft Stößel gefunden werden (z.B. L IV 84 zu Tf. 26), legt sich ihre Deutung als Mörser nahe (Prv. 27_{22} nennt Mörser und Stößel: *maktēš* und *ʿělī*). Je nach Größe der Schalen wird man mehr oder weniger feine Substanzen darin zerstoßen haben, darunter auch Farbe, wie Farbspuren in einigen Schalen vermuten lassen (Buchholz 65). Auf dem Relief, das Assurbanipal und seine Gemahlin trinkend in einer Weinlaube zeigt (ANEP 451), sind zwei Dreifußschalen dargestellt, in denen wohl Gewürze für den Wein oder sonstige Aromata zerstoßen wurden. Daß die Schalen auch im Kult Verwendung fanden, ist nicht auszuschließen (Amiran, a.a.O., 131f; Buchholz 62).

Neben Dreifußschalen waren einfache Schalen aus Basalt in Gebrauch (z.B. Hazor II Tf. 103_{14-21}), unter denen eine mit Standfuß durch ihr bes. Dekor auffällt (Abb. 82_{3}, aus Hazor, SB IIB; myk. Parallelen zum Dekor: H.-G. Buchholz/V. Karageorghis, Altägäis und Altkypros, 1971, Nr. 168, 1088 u.ö.). Selten sind in der SB- und E-Zeit Basaltgefäße mit hohem Standfuß (etwa Meg II Tf. 262_{15}).

3.b Gefäße aus Kalk-St. wurden erst in der SB/E-Zeit in Pal. üblich. Einen breiten Raum nehmen unter ihnen flache Schminkschalen (→Salbe und Salbgefäße, 2.a) mit palettenartiger Vertiefung und eingeritzten Kreisen oder Kerbschnittmustern ein (Abb. 82_{4f}). Sie waren vor allem vom 8. Jh. an bis in pers. Zeit in Pal. in Gebrauch (Meg I Tf. 108–111; SS III 463f; Thompson), und selten waren sie aus einem anderen Material als Kalk-St. (Thompson, ADAJ 16, 61 Anm. 2–3: bisweilen aus Glas, Fayence, Sandstein, Alabaster oder Marmor).

Weitere für Kalk-St. typische Gefäßformen sind nicht erkennbar; doch scheinen Standfußgefäße aus diesem Material häufiger zu sein als etwa aus Basalt. Zwei E IIA-B-zeitliche Schalen auf Standfüßen kommen aus Megiddo (Meg II Tf. 254_{3f}) und ein knapp 10 cm hohes Thymiaterion (vgl. AOB 466f; EG II Abb. 460) mit dickem Fuß und doppeltem Blattkranz aus Hazor (Abb. 82_{6}, 8. Jh.). Ein Unikum ist der kleine rechteckige, von einem nur fragmentarisch erhaltenen Löwen gehaltene Räucheraltar (?) aus *Makmiš* (IEJ 10, 1960, Tf. 10D, 5./4. Jh.).

3.c Die frühesten von Ägypten nach Pal. importierten Gefäße aus Alabaster wurden in Engedi, Ai und Megiddo gefunden (A. Kempinski, IEJ 22, 1972, 12f; R. Amiran, IEJ 20, 1970, 179; Meg II Tf. 258_{1}). Dabei handelt es sich um FB II-zeitliche Schalen und ein fragmentarisches Gefäß in Form einer Tierhaut (→Leder, 2.; eine Parallele dazu in Abydos: Amiran, a.a.O., Tf. 42). Keines dieser Gefäße ist für die spätere Alabasterproduktion wegweisend (erst in nachexilischer Zeit tauchen wieder flache Alabasterschalen auf: L III Tf. 57_{49} 64_{2f}).

Da Alabastergefäße fast ausschließlich als Behälter für Salben und Parfümöle (→Salbe und Salbgefäße, 2.d) benutzt wurden (vgl. Plin NH XIII 3_{19}; auch die in den Amarna-Briefen mehrfach genannten, mit Öl gefüllten St.gefäße dürften aus Alabaster gewesen sein, z.B. EA 14 III_{34-46}), bevorzugte man Formen mit enger und somit leicht verschließbarer Öffnung (Alabaster-Deckel sind relativ selten: Meg II Tf. $259_{18, 24-26}$; Hazor III-IV Tf. 290_{11}; AG V Tf. 19_{16-20}; VT 11, 1961, Tf. 23 [aus *Tell Dēr 'Allā*]). Seit der MB II-Zeit exportierte Ägypten zahlreiche Alabastergefäße nach Pal., die eine bescheidene lokale Produktion mit Zentrum in Beth-Sean anregten (Ben-Dor; A.K. Dajani, ADAJ 6–7,

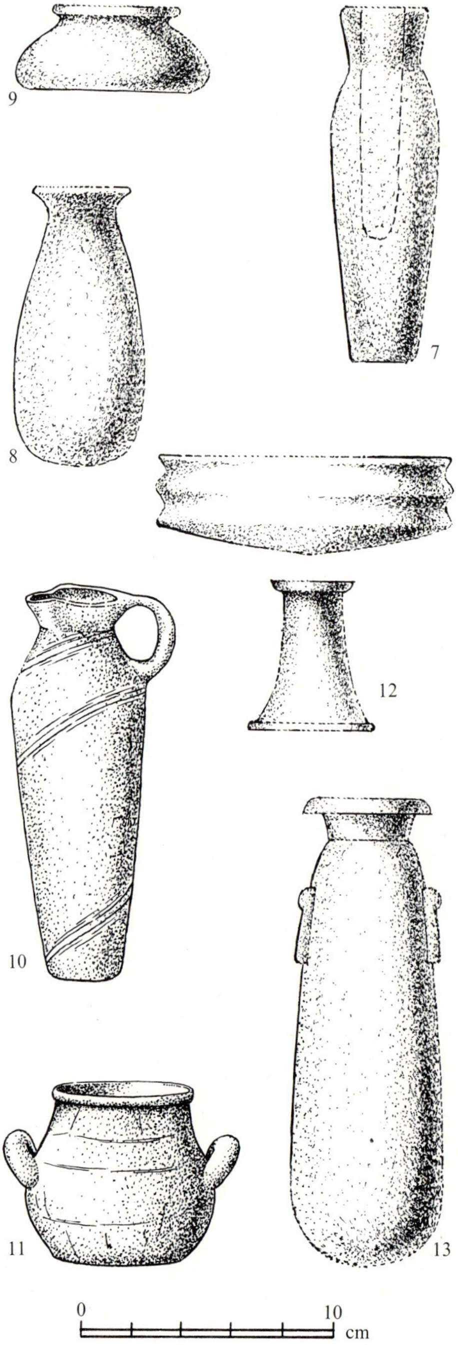

Abb. 82 **Stein und Steinbearbeitung** (7–13) Alabastergefäße

1962, 67–69). Zu weiteren, vom äg. Export angeregten lokalen Alabasterprodukten im Vorderen Orient und Mittelmeerbereich vgl. F.W. von Bissing, ZA 46, 1940, 149–182; 47, 1941, 27–49; ders., Studi Etruschi 13, 1939, 131–178; 14, 1940, 99–146. Die in Pal. mit Beginn der E-Zeit abflauende Importwelle äg. Alabastra stieg im 8. Jh. noch einmal an, und erst die in hell. Zeit beginnende Massenfabrikation von Gefäßen aus →Glas (2.) für Salben und Parfüme brachte die Alabasterindustrie allmählich zum Erliegen. Weiterhin bezeichnete aber der Terminus „Alabastron" im Griechischen jedes henkellose Salbgefäß gleich welchen Materials (vgl. Mc. 14_{3}).

Eine Unterscheidung äg. von pal. Alabastergefäßen ist nur aufgrund chemischer Analysen möglich. Typologische Kriterien helfen kaum, da z.B. schon in der FB-Zeit äg. Alabastergefäße pal. Keramiktypen imitierten (IEJ 20, 1970, 172), und sich andererseits die pal. Exemplare eng an die äg. Vorbilder anlehnten (dazu und zum Folgenden BSNC 90–93). Aus der Fülle des Materials und seines Formenreichtums (z.B. MegT Abb. 184; TBM I Tf. 9_{1-3} 42_{1-3} 43_{1f}; AG I Tf. 25 II Tf. 9f IV Tf. 38f V Tf. 19f) können nur wenige repräsentative Beispiele vorgeführt werden. MB II-zeitliche Exemplare zeigt Abb. 82_{7-10}: am Anfang stand der schlanke, kaum ausgehöhlte Typ (Abb. 82_{7}), der bald besser ausgehöhlten Exemplaren Platz machte (Abb. 82_{8}). Häufiger als die Flaschenformen sind gedrungene Gefäße (Abb. 82_{9}). Daneben kamen aus Ägypten importierte (Abb. 82_{10}) und in Pal. gearbeitete Henkelkrüge vor, denen zweihenklige Krüge (z.B. AG II Tf. 22_{17}) und die als Keramikgattung bekannten „Pilger-Flaschen" (z.B. L IV Tf. 26_{47}) nachfolgten. In der SB II-Zeit traten zwei neue Formen auf, die durch ihre relativ große Öffnung gekennzeichnet sind: Töpfe mit kurzen Griffen (Abb. 82_{11}) und Schalen mit geripptem Rand, die meist auf einem Standfuß ruhen (Abb. 82_{12}). Erst im 6. Jh. wurde in Pal. die Form üblich, die man später auch in Glas und Fayence imitierte und die in jedem Falle den Namen „Alabastron" trägt (Abb. 82_{13}). Große Alabastergefäße wie die fast 40 l fassende Henkelamphora mit der Kartusche des Pharao Osorkon II. (1. Hälfte des 9. Jh.s) aus Samaria (HES I Abb. 205, vgl. auch SS III Abb. 119_{6}) gehören in Pal. ebenso zu den Raritäten (Exemplare aus der Umwelt Pal.s bei K. Galling, Festschr. K. Elliger, 66; Mallowan, Nimrud I, 169–171) wie der merkwürdige „Doppelbecher" aus Hazor (Hazor II 158 Tf. 150_{1}).

Literatur: I. Ben-Dor, Palestinian Alabaster Vases, QDAP 11, 1945, 93–112 – A.M. Bisi, Un bacino d'offerta del Museo di Nicosia e la distribuzione dei tripodi in pietra nel Mediterraneo Orientale, OA 5, 1966, 27–58 – F.W. von Bissing, Steingefäße, CGC 1904/07 – H.-G. Buchholz, Steinerne Dreifußschalen des ägäischen Kulturkreises und ihre Beziehungen zum Osten, JDAI 78, 1963, 1–77 – V. Hankey, A Late Bronze Age Temple at Amman: II. Vases and Objects made of Stone, Levant 6, 1974, 160–178 – A. Lucas/J. R. Harris, Ancient Egyptian Materials and Industries, 1962[4], 406–428 – MegT 186–188 – Ch. Singer/E. J. Holmyard/A. R. Hall, ed., A History of Technology I, 1956[3], *passim* – SS III 463–468 – H.O. Thompson, Iron Age Cosmetic Palettes, ADAJ 16, 1971, 61–70 – ders., Cosmetic Palettes, Levant 4, 1972, 148–150.

H. Weippert

Stele

1. Begriffsbestimmung. 2. Einheimische St.n. 3. Äg. St.n. 4. Ass. St.n.

1. In Pal.-Syr. wurden immer wieder bearbeitete, beschriftete und bebilderte Steine mit verschiedensten Funktionen von fremden und einheimischen Fürsten oder von Privaten aufgestellt. Einer Gruppierung und Bezeichnung dieser Denkmäler stehen Schwierigkeiten auf drei Ebenen entgegen: a) Es gibt mehrere hebr. bzw. allgemein sem. Termini, die sich in ihrer Bedeutung teilweise überschneiden. So bezeichnet *maṣṣēbā* (Massebe) in 2S. 18_{18} die Memorial-St. für Absalom in Parallele zu *yād* = „Vorderarm, Hand", das in 1S. 15_{12} die (beschriftete?) Sieges-St. Sauls bezeichnet. Die Zusammensetzung *yād wā-šēm* meint in Jes. 56_{5} die Memorial-St. im Tempelhof (K. Galling, ZDPV 75, 1959, 9) und in Ez. 21_{24} den beschrifteten Wegweiser (W. Zimmerli, Ezechiel, BK 13/1, 1969, 487). Eine Sieges-St. kann aber auch einfach *'ēben* = ‚Stein" heißen (1S. 7_{12}). – b) Die aufgestellten, beschrifteten Steine tragen Inschriften der verschiedensten Gattungen, wobei eine formgeschichtliche Analyse des gesamten Materials ein nach wie vor unerfülltes Postulat ist. Man wird grob unterscheiden können: Sieges-St., Memorial-St., Votiv-St. und Grab-St. – c) Entsprechend dem Vorkommen verschiedener Gattungen von Inschriften auf dem freistehenden bearbeiteten Stein begegnet etwa die Gattung der Siegesinschrift in

genau derselben Funktion auf mehreren Gattungen archäologischer Denkmäler, also auch auf Felsreliefs und Statuen. Eine Aufarbeitung des Materials in dieser Hinsicht steht bisher ebenfalls aus.

So wird man sinnvollerweise nur grob einteilen können und den aufgerichteten, freistehenden Stein mit geglätteten Flächen, oben meist halbkreisförmig abgerundet, mit Inschrift oder bildlicher Darstellung als St. bezeichnen, den entsprechenden Stein ohne Darstellung oder Inschrift als →Massebe.

2. Der hier zu besprechenden Gruppe von geographisch und zeitlich weit gestreuten einheimischen St.n ist gemeinsam, daß sie nicht von Herrschern oder Notabeln der äg. oder ass. Großmacht aufgestellt wurden, sondern von den entsprechenden Vertretern der lokalen Fürstentümer. In welch weitem Rahmen die Monumente verteilt sind, zeigt eine St. aus der FB II-Zeit von Arad (Höhe 0,24 m) mit der schematischen Darstellung einer liegenden und einer stehenden menschlichen Figur einerseits (IEJ 22, 1972, 86–88) und andererseits eine St. aus dem Atargatis-Heiligtum in Dura-Europos aus dem 3. Jh. n. Chr. mit einer Mondsichel-Standarte (ASyr 567).

Aus Pal. selbst kennen wir nur wenige Beispiele. Aus Samaria stammt ein Fragment (10,5 × 9 cm) mit der Relativpartikel *'ăšer*, das die Gattung St. für das isr. Nordreich belegt (SS III 33f, Tf. 4_1; Mitte des 8. Jh.s). Die übrigen Beispiele stammen aus Moab. An erster Stelle zu nennen ist die 1868 bei *Ḏībān* gefundene, um 840 zu datierende St. des Königs Mẹ̄šaʻ von Moab mit 34-zeiliger Inschrift (Höhe: 1,1 m, oben gerundet). Ob ein Sieg über Israel Anlaß zum Aufstellen dieser St. war, oder ob sie als Memorial-St. gegen Ende der Regierungszeit Mẹ̄šaʻs aufgestellt wurde, ist umstritten (KAI Nr. 181; TGI Nr. 21; M. Miller, The Moabite Stone as a Memorial Stela, PEQ 106, 1974, 9–18). Aus *el-Kerak* stammt ein 14 × 12,5 cm großes Fragment, das den Vater des Mẹ̄šaʻ, *Kmšyt*, nennt. Reste einer bildlichen Darstellung zeigen, daß die Inschrift nach nordsyr. und ass. Übung über das Bild lief (BASOR 172, 1963, 1–9). Eine St. anderer Art wurde 1930 bei *el-Bālūʻ*, ca. 17 km südl. von *'Ammān* gefunden (datiert um 1200). Sie zeigt Reste einer (hieroglyphischen?) Inschrift im obersten Drittel und unten eine Darstellung des Königs zwischen Gott und Göttin (→Göttergruppe, 2. mit Abb. 32_5; ADAJ 7/8, 1964, 5–29). Aus weit früherer Zeit, wohl aus dem 24./23. Jh. stammt ein Fragment von *Ruǧm el-ʻAbd* bei *Faqūʻ* (sogenannte St. von *Šīḥān*; Höhe 1,03 m) mit der Darstellung eines Kriegers, der mit einem Schurz bekleidet ist und eine Lanze schräg nach unten hält (ANEP 177; O. Tufnell, Iraq 15, 1953, 161–166).

Im Blick auf ihre Funktion besser einzuordnen sind einige syr. St.n. Als Beispiel für eine Sieges-St. ist ein 45 km südwestl. von Aleppo gefundenes Monument zu nennen, das den König Zakkūr von Hamath und *Lʻš* aus Anlaß eines Sieges über eine Koalition nordsyr. und anatolischer Kleinfürsten errichtete (KAI Nr. 202).

Als Votiv-St.n wird man nicht nur die drei großen, reinen Bild-St.n aus Ugarit mit Darstellungen des Wettergottes zu bezeichnen haben (→Götterbild, männliches, 4.b mit Abb. 30_4). Die kleineren St.n (Nr. 1 = Abb. 83_1; Nr. 2 = ANEP 262) tragen ausschließlich eine kurze Weihinschrift an den Gott Dagon. Der Herrin von Byblos geweiht ist die St. des *Yḥwmlk* (→Götterbild, weibliches, 2.; ANEP 477; KAI Nr. 10). Auch die Melqart-St. (→Götterbild, männliches, 5.a; ANEP 499; KAI Nr. 201; F. M. Cross, BASOR 205, 1972, 36–42) gehört in diese Reihe. Beispiele für die Gat-

Abb. 83 **Stele** (1,2) Beschriftete Stele und Bildstele von Ugarit

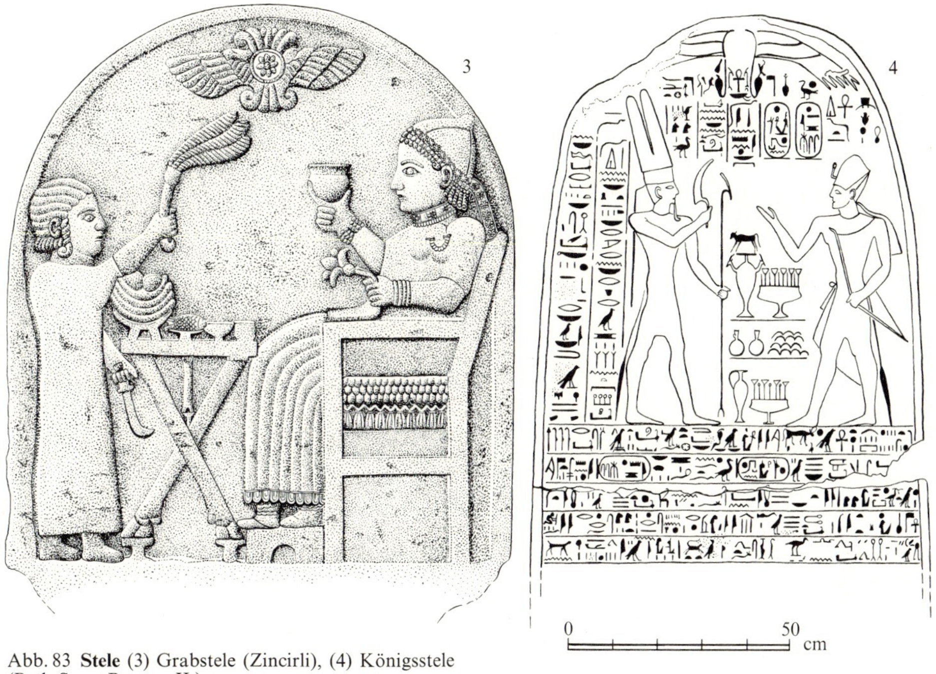

Abb. 83 **Stele** (3) Grabstele (Zincirli), (4) Königsstele (Beth-Sean, Ramses II.)

tung der Votivinschriften auf Statuen sind die Hadad-Statue Panammūs I. (→Abb. 30_{12}) und die Statue Panammūs II. aus Zincirli (KAI Nr. 214f).

Als Vertrags-St.n wird man die in die Mitte des 8. Jh.s zu datierenden drei St.n aus *Sefīre* zu bezeichnen haben (KAI Nr. 222–224). Anschließen darf man an diese reinen Inschrifts-St.n eine St. aus Ugarit mit der Darstellung von zwei Partnern, die einen Schwur vollziehen bzw. einen Vertrag schließen (Abb. 83_2).

Die am häufigsten vorkommende Gattung ist die Grab-St. Beispiele finden sich aus dem gesamten Bereich phön. Kolonisation, in bes. großer Zahl aus Nordafrika (KAI *passim,* bes. pun. und neupun. Inschriften). Aus dem 7. Jh. stammen zwei Grab-St.n von Priestern aus *Nērab* (7 km südöstl. von Aleppo), beide mit Inschrift, die eine mit der Darstellung des nach rechts schreitenden Priesters mit der zu einem Segensgestus erhobenen Rechten, die andere mit einer Speiseszene, die den Priester sitzend an einem Tisch und ihm gegenüber einen Diener mit Fiegenwedel zeigt (ANEP 280 und KAI Nr. 225; ANEP 635 und KAI Nr. 226). Eine entsprechende Szene findet sich auf einer unbeschrifteten Grab-St. aus Zincirli (Abb. 83_3; Höhe: 1,34 m, 8./7. Jh.).

3. Bei den von Ägyptern in Pal.-Syr. aufgestellten St.n wird man zwischen privaten und königlichen Stiftern zu unterscheiden haben. Bes. reich an privaten St.n ist Beth-Sean. Neben der *Mkl*-St. (→Götterbild, männliches, 5.a mit Abb. 30_{10}) und einer unbeschrifteten St., die eine Adorantin vor einer Göttin in durchsichtigem Gewand zeigt (→Abb. 31_1), sind zwei Fragmente zu nennen: das eine enthält ein die Opfer begleitendes Gebet für einen Verstorbenen, das andere ein Opfergebet an ʿAnat (BS I 37f, Tf. 49_1 und ebd. 32 Tf. 50_2). Aus Ugarit ist die dem Baʿl Ṣapōn geweihte St. des Mami zu nennen (→Götterbild, männliches, 5.a; ANEP 485).

Bemerkenswert ist die Reihe königlicher St.n, die im folgenden den betreffenden Herrschern zugeordnet sind. Von Thutmosis III. ist ein St.nfragment vom *Tell el-ʿOrēme* bekannt (JEA 14, 1928, 281–287 Tf. 29_2). Sethos I. können vier St.n zugeordnet werden: zwei stammen aus Beth-Sean (historisch wichtig ist bes. der Text der großen St.: TGI Nr. 13; ANEP 320; kleine St.: TGI Nr. 12B), ein St.noberteil aus *Tell eš-Sihāb* (15 km nordwestl. von *Der'ā*; AOB 90) und ein weiteres Fragment aus Qadeš am Orontes (→Götterbild, männliches, 5.a). Ramses II. können zwei St.n und vier Felsreliefs in St.nform zugeschrieben werden. Auch aufgrund ihres Textes wichtig ist die St. von Beth-Sean (Abb. 83$_4$; ANET 255; J. Cerny, EI 5, 1958, 75–82). Die zweite St. stammt aus *Šēḫ Sa'd* (28 km nordwestl. von *Der'ā*), die den Pharao vor dem Gott darstellt (→Götterbild, männliches, 5.a). Am strategisch wichtigen Übergang des *Nahr el-Kelb* stehen drei in den Felsen eingehauene St.n Ramses' II. (AOB 146; Porter-Moss 385). Ähnlich, auch nur halb freistehend ist eine weitere St. in *'Adlūn* (ca. 20 km nördl. von Tyrus; MUSJ 3, 1908, 793f). Ein Fragment schließlich einer St. von Šošenq I. mit erhaltener Titulatur des Pharao stammt aus Megiddo (20 × 30 cm; Meg I 61 Abb. 70).

4. Aus den Feldzugsberichten der ass. Könige wird immer wieder deutlich, daß diese Herrscher ihre Siege durch Aufstellen von St.n feierten, die zugleich die königliche Präsenz garantieren sollten (Genge IV; Tadmor 192f). Aus den umkämpften Randprovinzen des ass. Weltreiches sind bisher über 20 St.n bekannt geworden, die älteste von Tukultī-Ninurta II. in *Tell 'Ašara* (Mündung des *Ḫābūr* in den Euphrat) aufgestellt (AAS 2, 1952, 169–190; JNES 16, 1957, 123), die jüngste von Assurbanipal in Babylon (M. Streck, Assurbanipal, Vorderasiatische Bibliothek 7, 1916, XLIVf, 240–245 Nr. S^2). Der Großteil der St.n fand sich an der Nordgrenze des ass. Herrschaftsbereichs. Für Syr.-Pal. sind folgende Beispiele zu nennen: Von Sargon II. sind drei Basaltfragmente einer St. aus Asdod bekannnt (Tadmor), ein Fragment aus Samaria (SS III 35 Tf. 4$_2$f), eines aus *'Ašārine* (ca. 40 km nordwestl. von *Ḥamā* am Orontes; RA 30, 1933, 55f) und eines aus Karkemiš (Ca III Tf. A 33m); aus Larnaka auf Zypern stammt eine vollständige St. (AOB 135; Tadmor 194), eine weitere aus *Naǧafehābād* im Iran (Tadmor 197 Postscript). Asarhaddon können ebenfalls mehrere St.n zugeschrieben werden (R. Borger, Die Inschriften Asarhaddons Königs von Assyrien, AfO Beiheft 9, 1956, 96–100). Eine fast völlig erhaltene, 3,22 m

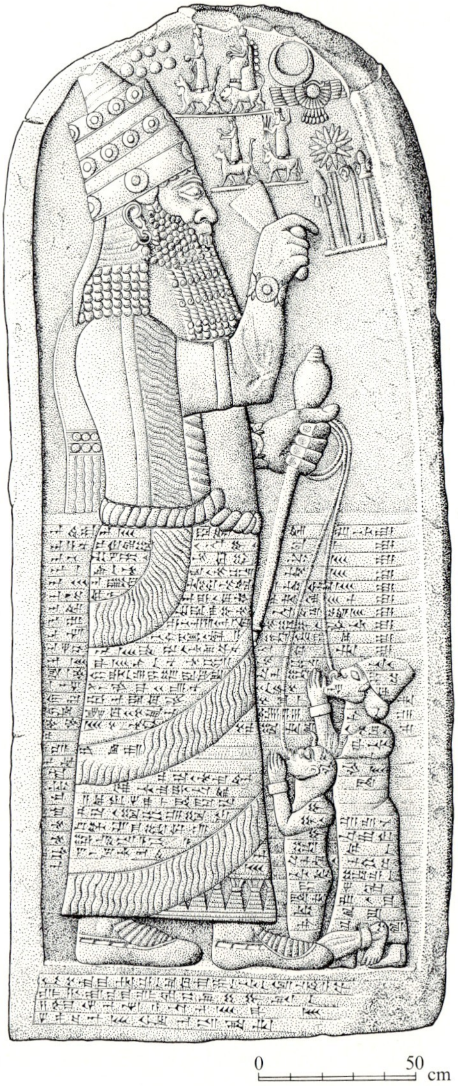

Abb. 83 **Stele** (5) Ass. Königsstele (Zincirli, Asarhaddon)

hohe St. stammt aus Zincirli. Dargestellt ist der nach rechts schreitende König Asarhaddon mit einem Becher in der Rechten und einer Keule in der Linken, die zugleich zwei Stricke hält, die durch die Lippen der vor ihm stehenden bzw. knienden besiegten Könige laufen (Abb. 83$_5$). Zwei zerbrochene, aber vollständig rekonstruierbare St.n vom *Tell Aḥmar* (nur St. A mit Inschrift) zeigen den König mit den zwei besiegten lokalen Königen vor sich (F. Thureau-Dangin/M. Dunand, Til Barsip, 1936, Tf. 12f). Schließlich ist die in den Fels gehauene St. vom *Nahr el-Kelb* zu nennen, unmittelbar neben der entsprechenden St. von Ramses II. (AOB 146). Welchem ass. König das vor kurzem aus *Qāqūn* bekannt gewordene St.nfragment mit Inschrift zuzuweisen ist, läßt sich bislang nicht entscheiden (*Ḥădāšōt 'Arkẹ'ōlōgīyōt* 51/52, 1974, 16).

Literatur: E. D. van Buren, The ṣalmê in Mesopotamian Art and Religion, Or 10, 1941, 65–92 – H. Genge, Stelen neuassyrischer Könige, Teil I, Diss. Freiburg 1965 (Lit.) – D. Levine, Two Neo-Assyrian Stelae from Iran, Occasional Papers 23, Art and Archaeology, Royal Ontario Museum, Toronto 1972 – B. Porter/R. L. B. Moss, Topographical Bibliography of Ancient Egyptian Hieroglyphic Texts, Reliefs, and Paintings VII, 1951 – H. Tadmor, Fragments of an Assyrian Stele of Sargon II, in: Ashdod II–III 192–197. *P. Welten*

Stiftshütte

St. ist die deutsche, in Luthers Übersetzung eingeführte umschreibende Wiedergabe des im AT verschieden genannten Zeltheiligtums der Israeliten vor der Landnahme. Die alte, in Ex. 33_{7-11} erhaltene Überlieferung spricht von einem nicht näher beschriebenen „Zelt der Begegnung" (hebr. *'ōhel mō'ẹd*), das außerhalb des Lagers der Israeliten befindlich der Gottesbefragung diente (sekundär auch in →Silo und →Gibeon angesetzt). Davon zu unterscheiden ist das von David für die Lade bestimmte Zelt, vor dem ein Hörneraltar stand (1 R. 2_{28}). Erst die relativ junge Priesterschrift (6./5. Jh.) beschreibt in Ex. 26_{15-30} 36_{20-34} ein „Heiligtum" (Ex. 25_{8}: *miqdāš*) der Wüstenwanderung. Dabei stehen die Ausdrücke *'ōhel* und *miškān* nebeneinander (Ex. 40_{34}). Der Parallelismus, der in Ugarit für Tempelbauten des 14. Jh.s belegt ist, geht wohl auf Jerusalemer Kultsprache zurück (W. Schmidt, ZAW 75, 1963, 91 f) und drückt die Vorstellung einer dauernden Präsenz Jahwes aus. Auch wenn die hebr. Termini *ŠKN/miškān* auf dem Hintergrund ug. Texte als gleichbedeutend mit „zelten/Zelt" (F. M. Cross, Jr., BA 10, 1947, 45–68) verstanden werden können, wofür auch ass. *maškanu* (W. von Soden, Akkadisches Handwörterbuch II, 1972, 626f) und aram. *mškn* in Inschriften aus Hatra im 1./2. Jh. n. Chr. (D. R. Hillers, BASOR 207, 1972, 54–56) sprechen, ist die St. von P dennoch *de facto* der in die Zeit der Wüstenwanderung zurückprojizierte Jerusalemer Tempel (grundlegend: J. Wellhausen, Prolegomena zur Geschichte Israels, 1883, 38; zur Gegenposition vgl. Y. Aharoni, The Solomonic Temple, the Tabernacle and the Arad Sanctuary, AOAT 22, 1973, 1–8). Die Wände der St. bestehen sinngemäß aus transportablen Brettern, Teppiche dienen als Dach und Seitenwände sowie Vorhänge als Türen. Als Höhe werden 10 Ellen (→Maße, 2.) angegeben und für den Hauptraum 10 × 20 Ellen Innenmaße. Das Allerheiligste hat eine Grundfläche von 10 × 10 Ellen. Auf eine Vorhalle, wie sie der Jerusalemer Tempel besaß, ist verzichtet. Da der Hinterraum (hebr. *dəbīr*) des Tempels nach 1 R. 6_{20} in Breite und Länge 20 Ellen maß, wird deutlich, daß P für die vorläufige Gotteswohnung die halben Maße des Jerusalemer Tempels substituiert. Die in Ex. 25_{10-22} als erstes beschriebene Lade befindet sich nach P auch im Zelt der Wüstenwanderung. Von daher erklären sich die Ausdrücke „Wohnung des Zeugnisses" (Ex. 38_{21}) und „Zelt des Zeugnisses" (Nu. 17_{12f}). Wie das alte Zelt der Begegnung (Ex. 33_{7-11}) ausgesehen hat, vermögen wir nicht zu sagen. Das Vergleichsmaterial aus dem Bereich der syr.-arab. Wüsten- und Steppenbewohner (Schmitt 81–84, 204f) hilft nicht weiter, und gegenüber der von heutigen Beduinenzelten aus erwogenen Rekonstruktion mit einem dort nicht vorkommenden Eingang an der Schmalseite ist der Vorschlag von Alt, KlSchr III, 233–242 vorzuziehen, der an ein Spitz-→Zelt denkt.

Literatur: M. Görg, Das Zelt der Begegnung, Bonner Biblische Beiträge 27, 1967 – R. Schmitt, Zelt und Lade als Thema alttestamentlicher Wissenschaft, 1972, (Lit.). *K. Galling*

Stoff

1. Fundübersicht. 2. Leinen. 3. Wolle. 4. Baumwolle. 5. Byssos.

1. Das als erstes zum Weben benutzte Material scheint Palmbast gewesen zu sein; das Verfahren stand somit dem Herstellen von →Korb- und Flechtwerk nahe. Von St.en im strengen Sinne ist aber erst dann zu sprechen, wenn gesponnene Fasern zusammengewoben werden. Die ältesten erhaltenen, z.T. gefärbten St.reste kommen aus

der NL-Schicht VI in Çatal Hüyük (um 6000). Ob die zahlreichen aus doppelt gezwirntem Garn gewobenen Stücke aus tierischen oder pflanzlichen Fasern bestehen, ließ sich nicht klären (J. Mellaart, Çatal Hüyük, 1967, Tf. 116–118; Helbæk). Die ältesten äg. St.e aus der Zeit von 5000–4000 sind aus Bast, Leinen oder Rhamie. Frühe St.reste aus Pal. stammen aus *Telēlat Ġassūl* (CL) und aus Gräbern (meist Reste von Kleidern der Bestatteten!) von Jericho (FB-MB, vgl. E. Crowfoot). Erstere waren wahrscheinlich aus pflanzlichen Fasern; dasselbe gilt auch bis auf ein Stück aus tierischen Fasern für die St.e aus Jericho, die wohl aus gesponnenem und gezwirntem (→Spinnen, 3.) Palmbast zu einem dichten Gewebe von 6×10 bis 18×20 Fäden je cm^2 verarbeitet sind. Einige Stücke besitzen eine Webkante. In *el-Menē'īye (Timna')* wurden rot und gelb gefärbte Woll- und Leinen-St.e aus der SB-Zeit gefunden (B. Rothenberg, Timna, 1972, 151). In röm. Zeit nehmen die Funde zu. In Höhle I von *Qumrān* wurden 77 Leinenfragmente entdeckt, von denen einige als Hüllen für Schriftrollen dienten (G. M. Crowfoot). Ihre Dichte beträgt zwischen 10×8 bis 18×18 Fäden je cm^2; bei einigen Fragmenten blieb die Webkante erhalten. Die dekorativen blauen Streifen vieler Stücke erhielt man, indem man mit Indigo gefärbte Fäden (Schuß! →Weben) in den St. einwob; als Muster kommen ferner blaue Rechtecke vor. Es spricht einiges dafür, daß diese St.e auf einem vertikalen Webstuhl gefertigt wurden (→Weben). Recht gut erhaltene St.fragmente aus Wolle und Leinen, die zum großen Teil gefärbt sind, kommen aus der Cave of Letters (Yadin, Cave of Letters). Aus den im CL, in der E-, röm. und arab. Zeit bewohnten Höhlen im *Wādī Murabba'āt* stammen viele Kleidungsstücke und St.fragmente aus Leinen, Wolle, Baumwolle sowie aus Mischgeweben wie Baumwolle-Wolle, Baumwolle-Leinen und Seide-Leinen. Unter diesen St.en sind zahlreiche gefärbte und bestickte Exemplare (G. M. Crowfoot/E. Crowfoot).

2. Das AT nennt die Flachspflanze *pištā* (Ex. 9_{31}) und berichtet vom Trocknen der Flachsstengel (Jos. 2_6: *pištę hā-'ēṣ*) und von Leinen-St.en für Kleider (Gn. 41_{42} Ex. $28_{5,39}$). Die als *šēš môšzār* beschriebene Leinenqualität (Ex. $26_{1,31,36}$) wird wohl St.e aus gezwirnten Fäden bezeichnen (→Spinnen, 3.); denn zahlreiche Leinen-St.e aus gezwirnten Fäden sind vom CL bis in röm. Zeit bezeugt. Daß Leinen gefärbt wurde, zeigen Funde aus Höhle I in *Qumrān*, aus den Höhlen im *Wādī Murabba'āt* und aus der Cave of Letters (→Farben, 3.).

3. Schafwolle und Ziegenhaar (Jdc. 6_{37-40}: *gizzā*) sind von Natur von Schwarz, Braun, Ocker bis hin zu Weiß gefärbt; doch kann Wolle (hebr. *ṣēmer*) auch künstlich gefärbt und zu Kleidern verarbeitet werden (Lv. $13_{47,59}$ Ez. 34_3). Beispiele dafür gibt es in *el-Menē'īye*, dem *Wādī Murabba'āt* und der Cave of Letters.

4. Baumwolle wird im AT nur in Est. 1_6 erwähnt (*karpas*). Sie muß selten gewesen sein, auch wenn zur Zeit Sanheribs in Assyrien das auf Bäumen wachsende *Gossypium arboreum* angepflanzt und geerntet wurde (*iṣṣū nāš šīpāti* = „Bäume, die Wolle tragen", D. D. Luckenbill, The Annals of Sennacherib, OIP 2, 1924, 111 Z. 56 und 116 Z. 64). In hell.-röm. Zeit baute man Baumwolle in Oberägypten an; doch handelte es sich um eine minderwertige Sorte, die allein verarbeitet zwar weich und angenehm, aber wenig dauerhaft war. Besser und strapazierfähiger war ein Mischgewebe aus leinerner Kette und baumwollenem Schuß. Das Verbot, Leinen und Wolle zu einem St. zu verarbeiten (Lv. 19_{19} Dt. 22_{11}), tangiert dieses Mischgewebe aus zwei pflanzlichen Fasern nicht. Archäologisch belegt ist es unter den Funden aus dem *Wādī Murabba'āt*.

5. Byssos beschreibt in erster Linie eine Qualität, Farbe und Feinheit eines St.es, nicht sein Ausgangsmaterial. Der griech. Terminus *βύσσος* umfaßt die Flachspflanze, leinerne St.e, Baumwolle und Seide; bezieht sich aber nie auf Wolle. Hebr. *būṣ*, von dem der griech. Ausdruck abgeleitet ist, kommt nur selten und erst in jungen Büchern des ATs vor, in denen *būṣ* ein Material für königliche oder priesterliche Kleidungsstücke und für Vorhänge angibt (Ez. 27_{16} Est. 1_6 8_{15} 1 Ch. 4_{21} 2 Ch. 2_{13} 3_{14} 5_{12}). Die LXX übersetzt sowohl *būṣ* als auch *šēš* mit *βύσσος*. *Būṣ* erscheint neben bes. feinen oder gemusterten St.en und neben solchen, die purpurn, blau oder karmesinfarben sind. *Būṣ* selbst dürfte weiß gewesen sein. Dementsprechend könnte der hebr. Terminus ein fein gewobenes,

gebleichtes Leinen meinen; doch ist wegen der durchweg jungen Textbelege nicht auszuschließen, daß *būṣ* Baumwolle oder das Mischgewebe Baumwolle-Leinen bezeichnet. 1 Ch. 4_{21} nennt eine Familie aus Beth-Asbea, die *būṣ* hergestellt habe, während Ez. 27_{16} aus Syr. oder Edom importierten *būṣ* erwähnt.

Literatur: E. Crowfoot, in: Jer I 519–524 II 662–663 – G. M. Crowfoot, in: Barthélemy/J. T. Milik, Qumran Cave I, DJD I 1955, 18–38 – G. M. Crowfoot/E. Crowfoot, in: P. Benoit/J. T. Milik/R. de Vaux, Les grottes de Murabbaʿât, DJD II, 1961, 51–62 – R. J. Forbes, Studies in Ancient Technology IV, 1956, 1–80 – H. Helbæk, Textiles from Catal Huyuk, Archaeology 16, 1963, 39–46 – A. Hurvitz, The Usage of *šš* and *bwṣ* in the Bible and its Implication for the Date of P, Harvard Theological Review 60, 1967, 117–121 – Yadin, Cave of Letters, 169–279. *D. Irvin*

Synagoge

1. Definition und Entstehung. 2. (Bau-)Elemente, a Gebets- und Versammlungsraum, b Thoraschrein, c Apsis, d Frauenraum, e Nebenräume, f Wasseranlagen und Grundbesitz. 3. S.n in Pal. 4. S.n in der Diaspora. 5. S.n der Samaritaner.

1. Die S. (hebr. *bẹ̄t kənēset*; aram. *bẹ̄[t] kəništā*; griech. *συναγωγή* [Pal.], *προσευχή* [Ägypten, Diaspora], nach 70 n. Chr. auch *ἅγιος – ἁγιώτατος τόπος* oder nur *οἶκος*) ist der Ort des gemeinsamen Gebets, der Schriftlesung und der Unterweisung im Gesetz (DeF 79 = TGI Nr. 56: Theodotos-Inschrift).

Über die Enstehung der S. läßt sich wenig Sicheres sagen. Wahrscheinlich geht sie auf das Exil in Babylonien zurück. Ihre frühe Verbreitung in der Diaspora ist Ausdruck des Bedürfnisses nach einem religiösen Mittelpunkt, der wegen der räumlichen Trennung vom Tempel in Jerusalem, den sie weder ersetzen konnte noch sollte, notwendig erschien. Älteste Zeugnisse sind Inschriften aus Schedia bei Alexandria (DeF 92) und Arsinoë/*Fayyūm* (DeF 99) aus der 2. Hälfte des 3. Jh.s. Der älteste S.nbau wurde auf Delos gefunden (um 100 v. Chr.). In Pal. ist vor dem 1. Jh. n. Chr. keine S. nachweisbar. Früheste Zeugnisse sind hier die Theodotos-Inschrift, die Evangelien und Josephus. Archäologisch fehlen sichere Kriterien, um ein Gebäude aus dieser Zeit in Pal. als S. auszuweisen.

2. Bindende Vorschriften für den Bau von S.n gab es nicht; es kann jeder Raum als S. gedient haben. Zwar sollten sie nach späterer rabbinischer Tradition (analog zum Tempel) an der höchsten Stelle des Ortes liegen (TMeg IV 23) und nach Osten ausgerichtet sein (TMeg IV 22); doch weicht der archäologische Befund häufig davon ab.

2.a Die charakteristischen Bauelemente der S. sind der Gebets- und Versammlungsraum (*οἶκος*?, Phokäa: DeF 13; Akmonia: DeF 33; vgl. L. Robert, Revue de philologie, de littérature et d'histoire anciennes 32, 1958, 46f). Dieser Raum wurde meist, wie die antiken Basiliken, durch Säulenreihen (jBer $13a_{26}$; jMeg $74d_{8}$) in ein Haupt- und zwei Nebenschiffe abgeteilt (Gerasa, *Bẹ̄t 'Alfā* u.a.) und hatte manchmal noch eine dritte Reihe an der Rückwand (*el-Ḥamme* u.a.).

2.b Sakraler Mittelpunkt war – insbesondere nach der Zerstörung des Tempels – der Schrein (*'ărōn haq-qōdeš* = atliche Bezeichnung für die Lade, die häufig dem Thoraschrein ähnlich dargestellt wird, z. B. JS XI 235, 240; *tẹ̄bā*; aram. *'ărōnā, tẹ̄būtā*; griech. *κιβωτός*) mit den Thorarollen. Ursprünglich tragbar (MTaan II 1) und aus Holz wurde er in einem Nebenraum (Masada?, Kapernaum?, *Ḥammām Līf*) oder einem benachbarten Gebäude aufbewahrt und vor Sabbatbeginn in den Gebetsraum gebracht (bErub 86b), wo er seinen Platz im Mittelschiff an der Jerusalem zugewandten Seite hatte. Zunächst wurde er dort auf einer Estrade abgestellt. Später bekam er seinen festen Platz in einer Nische (*aedicula*), an deren oberen Ende eine Muschel

Abb. 84 **Synagoge** (1) Thoraschrein (Darstellung aus Dura Europos)

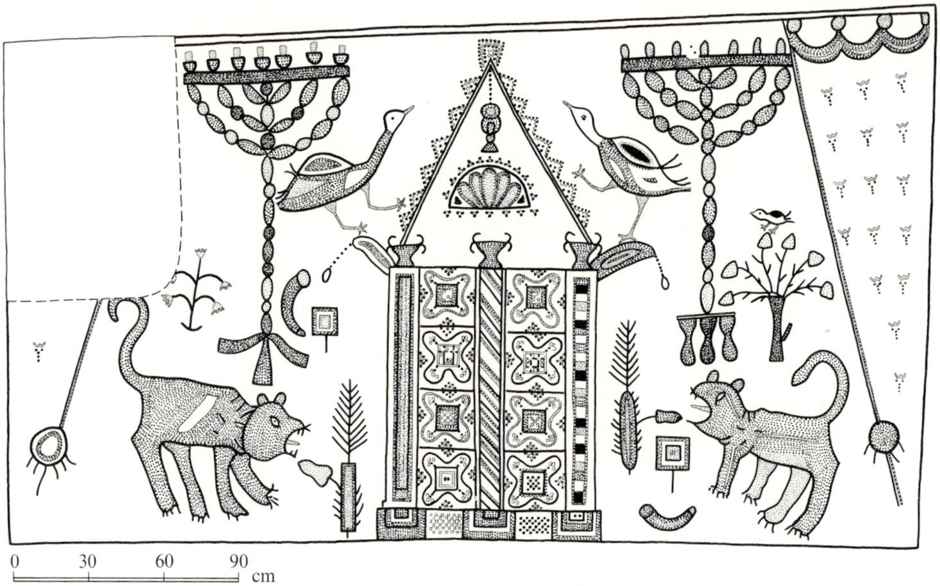

Abb. 84 **Synagoge** (2) Thoraschrein (Mosaik aus *Bēṯ 'Alfā*)

Abb. 84 **Synagoge** (3) Rekonstruktion eines Thoraschreines (nach einem Relief aus Pekiin)

abgebildet sein konnte (Abb. 84_{1-3}). Aus dieser Nische hat sich die Apsis entwikkelt, die bezeichnenderweise *κόγχη* (DeF 72: *κῶνχη*) genannt wurde (*es-Semūʻ, el-Ḥamme, Bēṯ 'Alfā* u.a.). Die vermutlich ursprüngliche Form des Schreins ist die der antiken Bücherkiste (Th. Birt, Die Buchrolle in der Kunst, 1907, 148 Abb. 84). Die in einem Mosaik in Mopsuestia (Türkei, 4. Jh. n. Chr.) abgebildete „Arche Noah" (*KIBΩΤΟΣ ΝΩΕ*) mit vier Füßen (vgl. die Arche Noah auf einer Münze aus Apamea/Phrygien, 3. Jh. n. Chr.: JS III 700), könnte diese Truhenform wiedergeben. Nicht sicher gedeutet ist eine Darstellung auf einem Fries der S. von Kapernaum, bei der es sich um einen Thoraschrein auf einem Wagen handeln könnte (JS III 472). Die auf Münzen des Bar Kochba-Aufstandes, auf Mosaiken, Wandmalereien, Goldgläsern und als Relief erhaltenen Darstellungen bezeugen einheitlich einen (häufig dem Tempeleingang nachgebildeten) zweitürigen Schrank (Abb. 84_3). Meist schließt ihn ein spitzer (Abb. 84_{2f}; JS III 442, 817 u.a.), seltener ein runder Giebel ab (Abb. 84_1, *Bēṯ Šəʻārīm*: JS III 53). Dieser weist häufig eine Muschel auf (*Ḫirbet Ṣuṣīye*; Jericho: JS III 666; Abb. 84_{2f}) oder Symbole wie Menora (JS

III 968, 978), Ewige Lampe (Abb. 84_2), Schofar (→Musikinstrumente, 2.) und Ethrog (= Zitrusfrucht) (JS III 968). Es finden sich Darstellungen des Schreins mit geschlossenen (Abb. 84_{1f}) und geöffneten Türen (JS III 964–968, 973f). Sein Inneres ist aufgeteilt in meist sechs Einzelfächer in verschiedener Anordnung, in denen je eine (Abb. 84_4) oder mehrere (JS III 974) Thorarollen liegen. Eine Kapsel (*capsa*) ist auf einem Fresko in Dura-Europos abgebildet, allerdings nicht in Verbindung mit einem Thoraschrein (JS XI Tf. 5 rechts unten); auf den Goldgläsern ist normalerweise die aufgewickelte Rolle erkennbar (Abb. 84_4; JS III 964–966, 973f), während auf anderen Darstellungen unsicher ist, ob es sich um eine stilisierte Rolle oder eine Kapsel handelt (JS III 706f, 710; – die kreisrunde Öffnung in den Kalksteinreliefs [JS III 440–442] stellt keine Thorarolle dar, sondern diente nach Avi-Yonah zur Aufnahme eines Glases als Abwehr des bösen Blickes). Die einzelnen Fächer des Schreins konnten mit Türchen verschlossen sein (JS III 968). Dem Thoraschrein sehr ähnlich sind christliche Darstellungen von Bibelschränken (z.B. Ravenna: Budde 16 Abb. 14); vgl. auch die *cista* zur Aufbewahrung der Kultgeräte in Mysterienkulten (z.B. Apuleius, Metamorphosen, XI 11).

2.c Die Apsis (s.o. →2.b) konnte mit einem Vorhang (Abb. 84_2) und einer „Chorschranke" (Fund aus Askalon: JS III 575f; Asdod: JS III 571; S. bei *Tell eṣ-Ṣārim* [*Tẹl Rəḥov*]: IEJ 23, 1973, Tf. 48 u.a.) abgetrennt sein. Unmittelbar vor der Apsis war eine Estrade, auf der der Vorbeter beim Vortrag stand (*bẹmā*, *βῆμα*: DeF 102). Sie konnte aus Holz sein (Alexandria: TSuk IV 6; sie stand hier in der Mitte einer fünfschiffigen Basilika [*διπλόστοον*], die spätestens 116/117 n.Chr. zerstört wurde). An den Wänden waren (steinerne) Sitzbänke (*sapsālīn*, lat. *subsellia*: jMeg $73d_{61}$; Delos; Masada: Abb. 84_5; *Bẹt 'Alfā*). Häufig finden sich ein oder mehrere Ehrensessel (*qātedrā*, *qātedrā də-Mōšẹ*: jSchab $6a_2$; *καθέδρα Μωυσέως*, *πρωτοκαθεδρία*: Mt. $23_{2,6}$; Delos, *Ḥammat* bei Tiberias; Chorazin: JS III 544) für die Ältesten, die dort mit dem Rücken zum Thoraschrein saßen (TMeg IV 21). Die Sitze waren halbkreisförmig angeordnet (in Form eines *σῖμμα* = *σῖγμα* = *C*, Side: DeF 36; Kohl/Watzinger

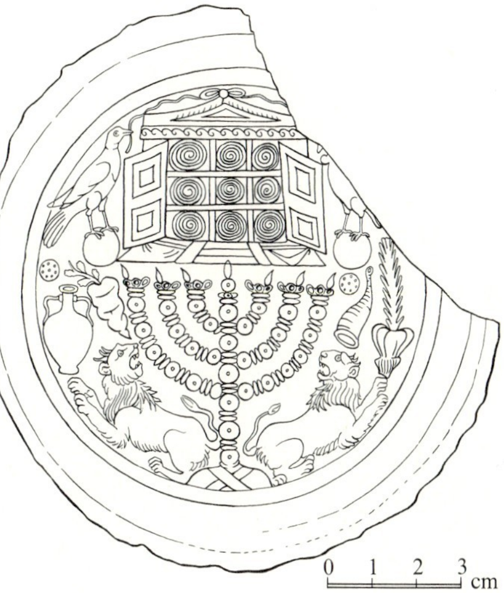

Abb. 84 **Synagoge** (4) Geöffneter Thoraschrein (Goldglas aus Rom)

141). In Alexandria soll es 71 Sitze gegeben haben (bSuk 51b; nach TSuk IV 6: 70 Sitze). Eine Balustrade (*σκαμνοκάνκελος*, Smyrna: DeF 14) konnte sie vom übrigen Versammlungsraum trennen.

2.d Für die Frauen war ein eigener abgetrennter Raum (Philo, De vita contemplativa, 32f) oder eine von Säulen getragene Galerie (*'ălīyā*; Kapernaum; Chorazin) eingerichtet.

2.e Einige S.n (bes. in der Diaspora) waren ursprünglich als Privathaus gebaut worden (Haus-S.) und hatten mehrere Nebenräume (Inschriften aus Ägypten: *τὰ συγκύροντα*, d.h. alles Dazugehörende, DeF 87, 94; Delos: Abb. 84_6; Dura-Europos: Abb. 84_{10}; Ostia; *Ḥammām Līf*). So war einigen S.n eine Herberge mit Aufenthaltsräumen (*δώματα*) angeschlossen (Theodotos-Inschrift: DeF 79 = TGI Nr. 56; *Ḥirbet Ṣuṣīye*; Ostia; Alexandria; vgl. bPes 101a; jMeg $74a_{65}$). Die geometrischen Muster auf dem Fußboden von *Bẹt 'Alfā* können beim Würfelspiel benutzt worden sein. Ein marmornes Brettspiel fand sich in Sardes. Ein Speiseraum (*τρίκλεινον*, Stobi: DeF 10; Caesarea: DeF 66) deutet ebenfalls auf die Speisung von Fremden und sicher auch Armen hin. Weiter gab es S.n mit einem Innenhof (*'ăwīr bẹt hak-kənẹset bə-Lōd*: TAhil III 2; *μέσαυλος*, Side: DeF 37) oder – an der Front- oder

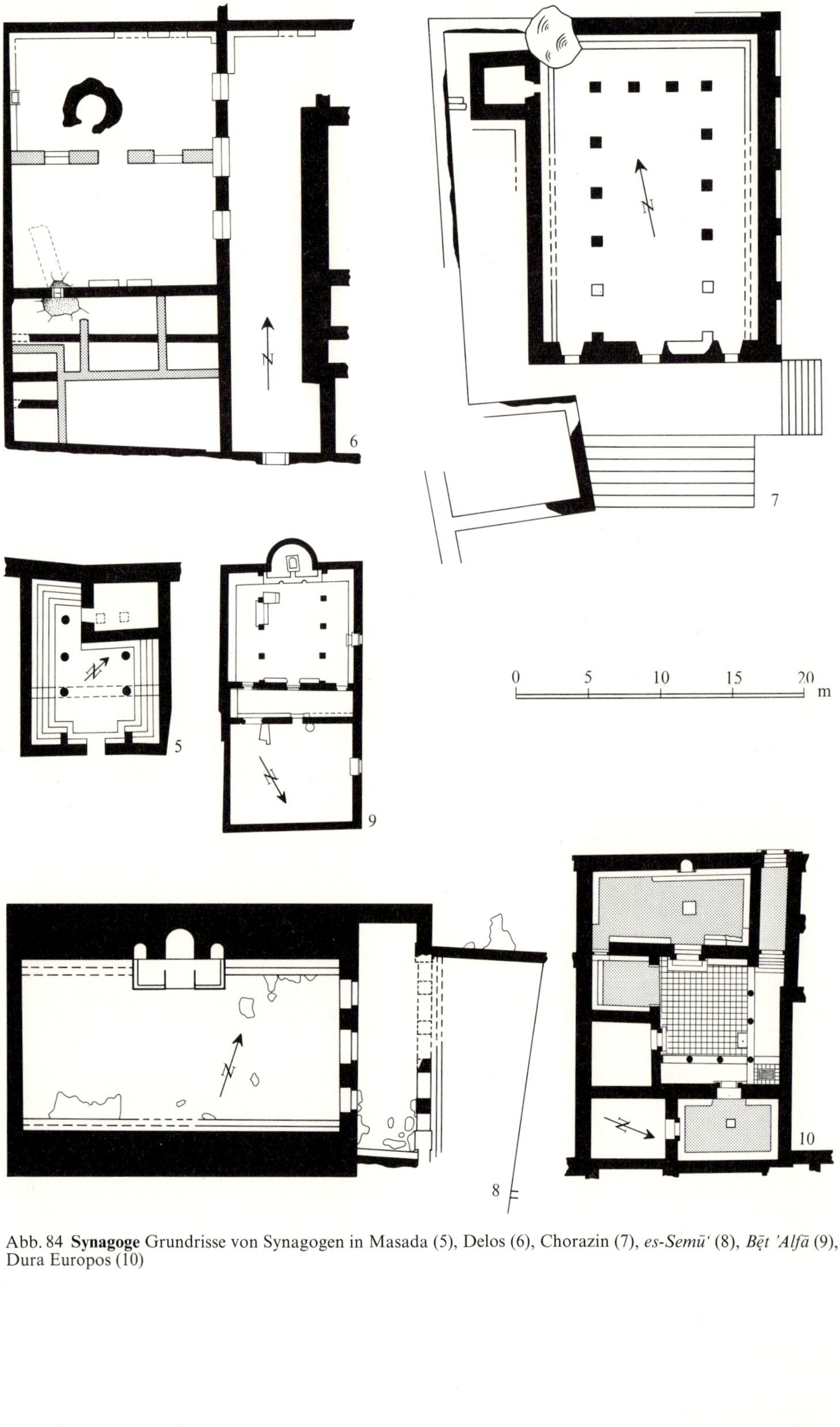

Abb. 84 **Synagoge** Grundrisse von Synagogen in Masada (5), Delos (6), Chorazin (7), *es-Semūʿ* (8), *Bẹ̄t ʾAlfā* (9), Dura Europos (10)

Längsseite – einem umfriedeten Hof (*περίβολος τοῦ ὑπαίθρου*, Phokäa, DeF 13), einer Vorhalle mit Säulenreihen (*τετράστοον*, Stobi: DeF 10), einem Vestibül (*πρόναος*, Mantinäa: DeF 9) oder einer Exedra (Athribis: DeF 96). S.n mit und ohne Wohnung für den Ḥazzan werden bErub 55b, 74b und bJom 11a/b erwähnt (ersteres vielleicht in Dura-Europos archäologisch nachweisbar). In Stobi wohnte der Stifter der S. im Obergeschoß (*ὑπερῷον*: DeF 10).

2.f Wasseranlagen nennen die Theodotos-Inschrift (DeF 79 = TGI Nr. 56) und andere Stiftungsinschriften (*κρήνη*, Side: DeF 37; *μασκαύλης*, Philadelphia/Lydien: DeF 28) und sind auch archäologisch nachgewiesen (*Bēt 'Alfā; Ḫirbet Šušīye; Yāfā* [Galiläa]; *Bēt Šəʿārīm*; Ostia). Die S. von Arsinoë besaß Grundbesitz (*ἱερὰ παράδεισος*: Corpus Papyrorum Judaicorum 134$_{20}$).

3. Die Bauformen der S.n in Pal. lassen sich in drei Hauptgruppen einteilen, wenn man von den frühen, nicht eindeutig identifizierten S.n des 1.Jh.s n.Chr. in Masada und im Herodeion absieht. Diese haben relativ kleine Hallen mit Eingang im Osten, im Inneren zwei Säulenreihen und Bänke an den Längswänden; eine Nische für die Thorarollen, Verzierungen und Inschriften fehlen. Für die Identifizierung als S. in Masada sprechen Funde von Bibelfragmenten unter dem Boden des Nebenraums (Abb. 84$_{5}$).

Der älteste Typ (2.-Anfang des 4.Jh.s n.Chr.; Galiläa, *Gōlān;* Beispiele: Chorazin: Abb. 84$_{7}$; Kapernaum; *Kefr Birʿim, ed-Dikke*) ist ein Langhaus mit einem dreiteiligen Eingang in der Jerusalem zugewandten Seite. Eine Nische für den Thoraschrein fehlt; dieser wurde zum Gebet hereingebracht und im Inneren des Mitteleingangs aufgestellt. Man mußte die S. also durch einen Seiteneingang betreten und sich zum Gebet (in Richtung auf den Tempel in Jerusalem) um 180° umwenden. Der Raum hatte Bänke an den Wänden und zwei oder meistens drei Säulenreihen, davon eine an der Stirnwand. Der Boden wurde mit Steinplatten belegt. Verzierungen finden sich vor allem an der Eingangsfront. Eine über eine Treppe erreichbare Galerie war für die Frauen bestimmt (Kapernaum).

Der zweite Typ (3. und 4.Jh. n.Chr.; vor allem in Judäa; Beispiele: *es-Semūʿ*: Abb. 84$_{8}$; *Ḫirbet Šamʿ* [Galiläa]) ist der sogenannte Breithaustyp. Um Gebetsrichtung und Eingang zu trennen, wurde dieser in den Osten verlegt und in die Jerusalem zugekehrte Längswand eine Nische für den Thoraschrein gebaut. Die ersten Fußbodenmosaiken tauchen auf.

Die Hauptmerkmale des dritten Typs (schließt zeitlich an den zweiten Typ an und reicht bis ins 7.Jh. n.Chr.; Beispiele: *Bēt 'Alfā*: Abb. 84$_{9}$; *el-Ḥamme*) sind der der zeitgenössischen christlichen Basilika ähnliche Grundriß mit einem Haupt- und zwei Seitenschiffen, die durch Säulen abgetrennt sind, die nach Jerusalem ausgerichtete Apsis mit dem Thoraschrein, der in der Jerusalem abgewandten Seite liegende Eingang und die reichhaltige Ausschmückung mit Mosaiken. Diese haben als Themen vor allem biblische Darstellungen (*Bēt 'Alfā*: Opferung Isaaks; Gaza: David), Tierkreis mit Sonne und Mond (*Bēt 'Alfā*), Symbole sowie Darstellungen aus der Tier- und Pflanzenwelt Pal.s (*Ḫirbet el-Maʿīn, Bēt 'Alfā*). Häufig finden sich aram. und griech., seltener hebr. Stiftungsinschriften auf Türstürzen, Säulen oder Mosaiken (*Ḥammat* bei Tiberias, *el-Ḥamme* am Jarmuk). Eine Inschrift mit halachischen Vorschriften gibt es in einer S. bei *Tell eṣ-Ṣārim* (*Tēl Rəḥov*), eine Inschrift mit Verwünschungen in Engedi.

4. In der Diaspora finden sich S.n im gesamten Mittelmeerraum und in Mesopotamien. Die Mehrheit ist, wie die S.n Pal.s, nach Jerusalem orientiert. Sie liegen zumeist (Ausnahme: Sardes), vermutlich aus Reinheitsgründen, außerhalb der Siedlungen (vgl. bSchab 24b) oder doch wenigstens, wohl aus rechtlichen Gründen, außerhalb des *Pomeriums* (Rom? vgl. J.B. Frey, Corpus Inscriptionum Judaicarum I, 1975^2, Nr. 531). Bevorzugt wird eine Lage in Wassernähe (Halikarnaß: JosAnt XIV 258; Philippi: Act. 16$_{13}$?; Delos; Aegina; Milet). Der älteste Typ scheint die Haus-S. zu sein: Ein Privathaus mit bis zu 15 Räumen (*Ḥammām Līf*), einer Säulenhalle (Ostia) u.ä. wurde durch Stiftung und/oder Umbau zu einer S. (Delos, 1.Jh. n.Chr.; Stobi, Ende des 3.Jh.s n.Chr.; *Ḥammām Līf*, Ostia, 3./4.Jh. n.Chr.). In Dura-Europos läßt sich der Umbau in das Jahr 244/245 n.Chr. datieren (Abb. 84$_{10}$). Die S.n von Priene und Aegina (4.Jh. n.Chr.) sind nach Form einer Basilika um-

gebaute Privathäuser, während die von Alexandria (1. Jh. v. oder n. Chr.) und Sardes (3. Jh. n. Chr.) ausgesprochene Basilika-S.n waren. Der Innenraum war dem der pal. S.n ähnlich: durch Säulen abgetrennte Schiffe, Nische oder Apsis, Steinbänke, *Bẹ̄mā* u.s.w. Fußbodenmosaike finden sich in Aegina, Ostia, *Ḥammām Līf*, Sardes. Einzigartig sind Fresken mit biblischen Motiven in Dura-Europos. Die S.n der Diaspora sind vereinzelt durch Inschriften (auf dem Türsturz) als solche gekennzeichnet (z.B. Korinth: *ΣΥΝ]ΑΓΩΓΗ ΕΒΡ[ΑΙΩΝ*: Frey, a.a.O., Nr. 718). Vielfach sind Einzelteile oder ganze S.n gestiftet worden, wie aus Inschriften hervorgeht. Zum Teil sind die S.n dem Herrscher gewidmet (im ptolemäischen Ägypten die Regel: Schedia: DeF 92; *Fayyūm*: DeF 99; im röm. Reich Ausnahme *Ḫirbet Qasyūn* [= S.?]; J.B. Frey, Corpus Inscriptionum Judaicarum II, 1948, 972: Ostia).

5. Die Samaritaner hatten ihre eigenen S.n. Die bekannteste ist die auf den Berg Garizim ausgerichtete von *Selbīt* mit einem Mosaik (samaritanische Inschrift und Darstellung des Garizim). Aus der Diaspora ist eine samaritanische S. in Saloniki bekannt (RB 75, 1968, 368–378).

Literatur: Allgemeines: M. Avi-Yonah, Synagogenforschung in Israel, Ariel 17, 1973, 29–43 – DeF – K. Galling, Erwägungen zur antiken Synagoge, ZDPV 72, 1956, 163–178 – M. Hengel, Proseuche und Synagoge, Festschr. H. Kuhn, 1971, 157–185 – K. Hruby, La synagogue dans la littérature rabbinique, L'orient Syrien 9, 1964, 473–514 – F. Hüttenmeister/G. Reeg, Die antiken Synagogen in Israel, Beiheft zum Tübinger Atlas des Vorderen Orients B/12, 1977 (Lit.) – JS I–XIII – H. Kohl/C. Watzinger, Antike Synagogen in Galilaea, 1916 – S. Krauss, Synagogale Altertümer, 1922 – N. Müller/A. Bees, Die Inschriften der jüdischen Katakombe am Monteverde zu Rom, 1919 – L. Rabinowitz Fund, Bulletin I–III, 1949–1960 – S.J. Saller, Second Revised Catalogue of the Ancient Synagogues of the Holy Land, 1972 (Lit. zu den pal. S.n) – E. Sukenik, Ancient Synagogues in Palestine and Greece, 1934.
Zu 2.b: E. Budde, Armarium und *κιβωτός*, Diss. phil., Münster 1939 – A. Reifenberg, Der Thoraschrank auf den Tetradrachmen des zweiten jüdischen Aufstandes, JPOS 11, 1931, 51–54 – E. Sukenik, Designs of the Thora Shrine in Ancient Synagogues in Palestine, PEQ 63, 1931, 22–25 – C. Wendel, Der Thoraschrein im Altertum, 1950.
Zu 4.: Delos: Ph. Bruneau, Recherches sur les cultes de Délos à l'époque hellénistique et à l'époque impériale, 1970, 480–493 – Dura-Europos: JS IX–XI – C. Kraeling, The Excavations at Dura-Europos VIII/1: The Synagogue, 1956 – Ostia: M. Squarciapino, Archaeology 16, 1963, 194–203 – Stobi: M. Hengel, ZNW 57, 1966, 145–183.

F. Hüttenmeister in Zusammenarbeit mit M. Hengel

Tarsis

Das nach Ez. 27_{12} Silber, Eisen, Zinn und Blei liefernde T., das in Gn. 10_4 (7. Jh.) neben Elisa (= Alasia/Enkomi auf Zypern) als Sohn Jawans genannt wird, ist in Südost- bzw. Südspanien zu lokalisieren, nach Her I 163 ein größeres Gebiet, nach Her IV 152 ein gleichnamiger, zu einer Stadt T. gehörender Landeplatz. Eine genaue Festlegung des (um 500 zerstörten) Ortes T. – im Sumpfgebiet des Guadalquivir, bei Asta Regia oder Huelva? – ist archäologisch bisher nicht gelungen.

Der Name T. geht auf ein iberisches *tart/uli* zurück und erhielt von den Phokäern (?) die (kleinasiatische) Endung *Tartessos*. Eine Inschrift Asarhaddons spricht von „mitten im Meer wohnenden", Tribut zahlenden Königen und nennt in Westrichtung: *Yadnana* (Zypern), *Yāwān* (die griech. Ägäis) und *Tarsisi*, das nichts mit dem kleinasiatischen Tarsus (so Josephus) zu tun hat (akk. *Tarzu*!).

Nach Texten des 6./4. Jh.s (Ps. 72_{10} Jes. 60_9 Ps. 48_8 Jon. 1_3 4_2) muß T. im äußersten Westen gesucht werden. Wenn LXX T. (meist in Umschrift) in Jes. 23_{1ff} und Ez. 27_{12} mit Karthago gleichsetzt, so ist dabei (3./2. Jh.) vermutlich an das pun. Großreich gedacht, das auch Spanien umfaßte. Der Terminus „T.schiffe", vergleichbar den äg. Schiffsbezeichnungen „Byblosfahrer" und „*Kft'w*(Kreta)-Fahrer", der von Phöniziern geprägt auf Spanien zielt, begegnet in Jes. 2_{16} (um 730 – ältester Beleg!) als Gattungsbezeichnung für Schiffe mit kostbarer Ladung (→Handel, 5. und →Schiff, 1.). Die 1941 von Albright aufgebrachte These, bei den T.-schiffen sei an mit Roherz beladene Schiffe (vgl. akk. *rašāšu*) gedacht und daher könne T. auch andere Landeorte bezeichnen, beruht u.a. auf einer Fehlinterpretation der dem 8. Jh. zuzuweisenden Inschrift von Nora, in welcher der Eingang vielmehr mit „Kap-Tempel von *Ngr* (Nora), das auf Sardinien liegt" zu übersetzen ist. Von den in 1 R. 9_{26-28} $10_{11f,22}$ berichteten vom Golf von *'Aqaba* nach Ophir (Südarabien) gerichteten Seefahrten hat nur der letzte Passus den Terminus T.schiffe (wahrscheinlich eine „gelehrte" Formulierung des 7. Jh.s, die in 1 R. 22_{49} nachwirkt). Der Chronist erklärt beide Texte dahin, daß es sich um Schiffe handele, die nach T. fahren und von T. zurückkehren (2Ch. 9_{21} 20_{35}), was keineswegs besagt, daß er ein in Arabien gelegenes T. kennt. Entgegen den literarischen Traditionen (Strabo, Diodor, Plinius), die „trojanische“ Daten für phön. Siedlungen von Gades (Cádiz) und von Utica, sowie Lixus in Nordafrika nennen, beweisen die archäologischen Importe aus dem phön. Raum, daß ein intensiver Kontakt zwischen Ostphönizien und dem „altpun.“ Bereich (Niemeyer: Westphönizien) erst in der 2. Hälfte des 8.Jh.s existierte. Die Funde in Almuñécar, dem Raum von Sevilla, von Carmona, Galera und Aliseda, einschließlich der rotglänzenden Keramik, deren Typen man auch in der Glasur später nachahmte, beginnen im Ausgang des 8.Jh.s und gehören zumeist in das 7./6.Jh. Die von Tyrus nach Almuñécar (Sexi) exportierten äg. Alabastra (vgl. Culican) sind als Urnen in der 1. Hälfte des 7.Jh.s verwendet worden, was u.a. protokorinthische Kotylen im Grabkontext beweisen. Wie auf Sardinien, Malta, Westsizilien und in Nordafrika haben phön. Faktoreien in Spanien im Ausgang des 8. und im Beginn des 7.Jh.s bestanden.

Literatur: W.F. Albright, New Light on the Early History of Phoenician Colonisation, BASOR 83, 1941, 14–22 – J.M. Blázquez, Tartessos y los orígenes de la colonización fenicia en Occidente, 1975[2] – R. Borger, Die Inschriften Asarhaddons Königs von Assyrien, AfO Beiheft 9, 1956, 86 § 57 -P. Cintas, Tarsis-Tartessos-Gades, Semitica 16, 1966, 5–37 – W. Culican, Almunecar, Assur and the Phoenician Penetration of the Western Mediterranean, Levant 2, 1970, 28–36 – K. Galling, Der Weg der Phöniker nach Tarsis in literarischer und archäologischer Sicht, ZDPV 88, 1972, 1–18, 140–181 (Lit.) – H.G. Niemeyer, Orient im Okzident – Die Phöniker in Spanien. Ergebnisse der Grabungen in der archäologischen Zone von Torre del Mar (Malaga), Mitteilungen der Deutschen Orient-Gesellschaft zu Berlin, 104, 1972 – H.P. Rüger, Das Tyrusorakel Ezechiel 27, Diss. theol. ev., Tübingen, 1961 (masch.) – U. Täckholm, Tarsis, Tartessos und die Säulen des Herkules, Opuscula Romana, Lund 1965, 143–196.

K. Galling

Tempel

1. Allgemeines. 2. T. der B-Zeit: a FB-Zeit, b MB- und SB-Zeit. 3. T. der E-Zeit: a der salomonische T., b weitere E-zeitliche T. 4. T. der hell.-röm. Zeit.

1. Hauptgegenstand der Darstellung ist der T. der altorientalischen →Stadtanlagen in Pal. und Syr. Die Städte waren meist Königsstädte und ihre Zentralheiligtümer Eigen-T. des Königs. Für den T. von Jerusalem ist dieser Sachverhalt von Salomo bis Herodes I. auch literarisch bezeugt (Galling, ZDPV 68). Außerdem kommt das darin zum Ausdruck, daß der T. in den Komplex des königlichen →Palastes einbezogen war. Daß dies nicht immer so sein mußte, zeigt z.B. die Lage der beiden T. von Ugarit (ZDPV 89, 1973, Plan nach S. 160) und die der beiden T. auf dem hohen Westsporn über der Stadt Emar (→2.b mit Abb. 85_{31}).

Anders als bei den Denkmälern der spätantiken Sakralarchitektur beschränkt sich unsere Kenntnis der vorhell. T. fast ganz auf die horizontalen Dimensionen. Vom aufgehenden Mauerwerk sind meist nur geringe Reste erhalten. In seltenen Fällen hat uns literarische Überlieferung Informationen geliefert. Aber deren Interpretation ist weitgehend umstritten; nicht selten scheitert sie daran, daß uns die Bedeutung der bautechnischen Fachausdrücke noch verschlossen ist; vgl. M. Noths Auslegung von 1R. 6 (95–129; auch K. Rupprecht, ZDPV 88, 1972, 38–52). So muß sich unser Überblick im wesentlichen mit der Typologie der Grundrisse begnügen. Wir werden räumlich über den engeren Rahmen der Biblischen Archäologie nur dort hinausgehen, wo Einwirkungen älterer und außerpal. T.typen zur Diskussion stehen und wo Nachwirkungen vorhell. T. bis in die röm. Kaiserzeit beobachtet werden können.

2. Das alte Kanaan, also das vorisr. Pal. samt dem nördl. anschließenden Küstenland, ist als Transitzone zwischen den großen Reichen am Nil, im Zweistromland und in Anatolien den verschiedenartigsten Einflüssen ausgesetzt gewesen. Seine Kultur war eine Mischkultur. Wir stehen einer verwirrenden Fülle von Formen gegenüber, und es ist verständlich, wenn die Bauforscher sich bemühen, sie auf möglichst wenige Grundtypen zurückzuführen. Andrae (18) unterschied für den mesopotamischen Raum das Megaron, das ass. Herdhaus und das bab. Hofhaus. An ihn anknüpfend und die feldarchäologischen

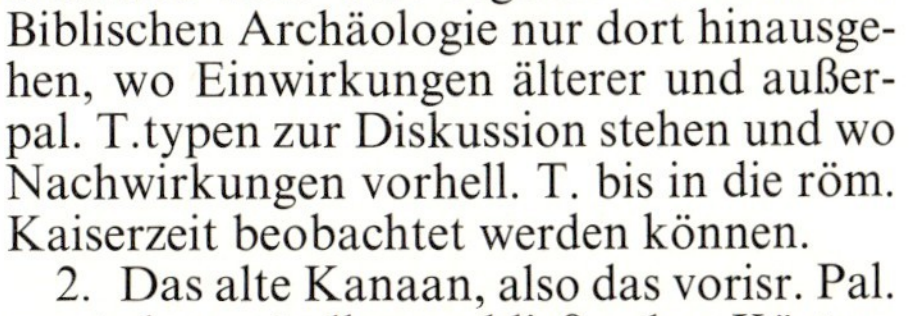

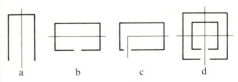

Abb. 85 **Tempel** (1) Grundtypen: a) Langbau, b) Breitbau, c) Knickachsbau, d) Quadratbau

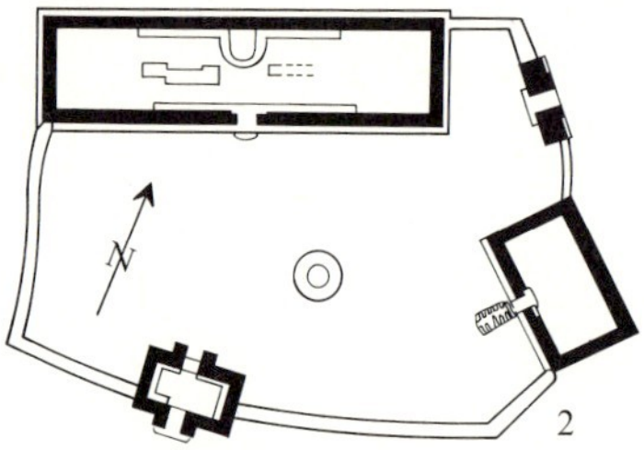

2

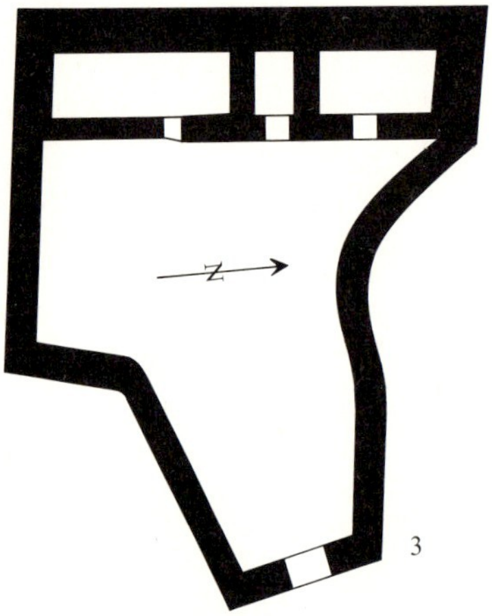

3

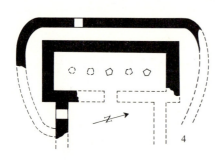

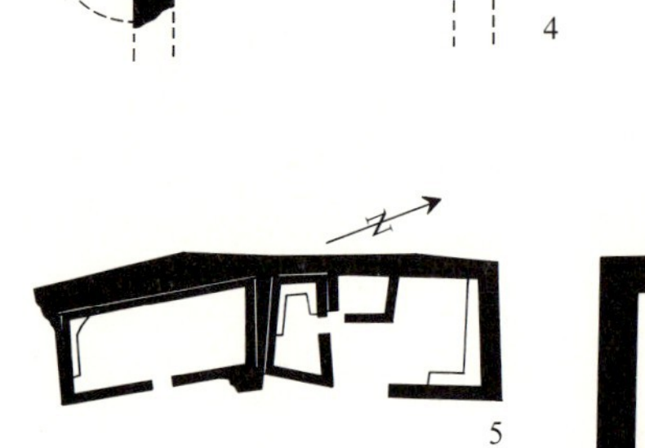

4

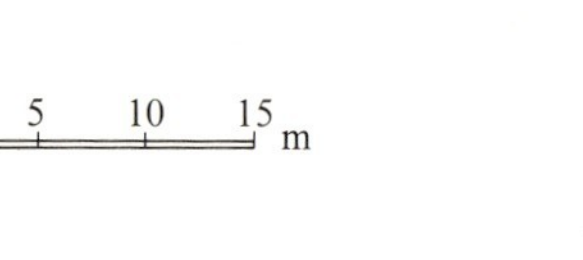

5

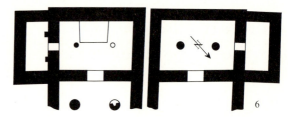

6

Erträge eines halben Jahrhunderts berücksichtigend, bemüht man sich jetzt, die Vielfalt der Erscheinungen in vier Grundtypen einzuordnen, wobei die drei ersten denen von Andrae entsprechen.

Abb. 85_1 (nach Wright, PEQ 103, Abb. 1, mit leichter Änderung von a) zeigt die vier Grundtypen: a) Langbau bzw. Langraum (den Ausdruck „Megaron“ sollte man in der Vorderasiatischen Archäologie nicht mehr benutzen, vgl. Hrouda), er hat zwei Varianten, den Langbau mit geschlossener Front und den Anten-T., der als der charakteristische Langbau-T. gelten kann; – b) Breitbau bzw. Breitraum ist identisch mit Andraes bab. Hofhaus (der Hof wurde hier um des Schemas willen weggelassen); – c) Knickachsbau, der sich mit Andraes ass. Herdhaus deckt; – d) der Quadratbau ist erst in den letzten Jahrzehnten mehrfach aufgetaucht und wird hier aufgenommen, obwohl seine kultische Funktion zwar weithin als selbstverständlich vorausgesetzt wird, aber bisher nicht sicher erwiesen ist. Die disparate Fülle der Befunde ist zwar mit diesem Schema nicht völlig in den Griff zu bekommen; doch lehrt uns die Erfahrung, daß wir es beibehalten, ergänzen und eventuell korrigieren, aber nicht verwerfen sollten.

2.a Mit Beginn der FB-Zeit, als sich in Pal. erstmals städtische Kultur voll entfaltete, lebte man dort wie in Ägypten überwiegend in Breiträumen (→Haus mit Abb. 36_1), wobei der Eingang in der Mitte oder am Ende einer der beiden Langseiten

Abb. 85 **Tempel** (2–6) Einfache und doppelte Breitraumtempel der FB-Zeit in (2) Engedi, (3) Megiddo, (4) Ai, (5) Arad, (6) Megiddo – (7) Äg. Tempel in Beth-Sean (19. Dyn.), (8) Knickachstempel in *Nahărīyā* (MB IIA), (9) „Fosse-Temple“ in Lachis (Phase III, SB IIB), (10) Ba'al-Tempel in Ugarit – Quadratbautempel (11) bei *'Ammān* (SB), (12) bei Sichem (MB IIB), (14) in Hazor (SB I) und (13) Doppelquadratbautempel in Hazor (MB IIB)

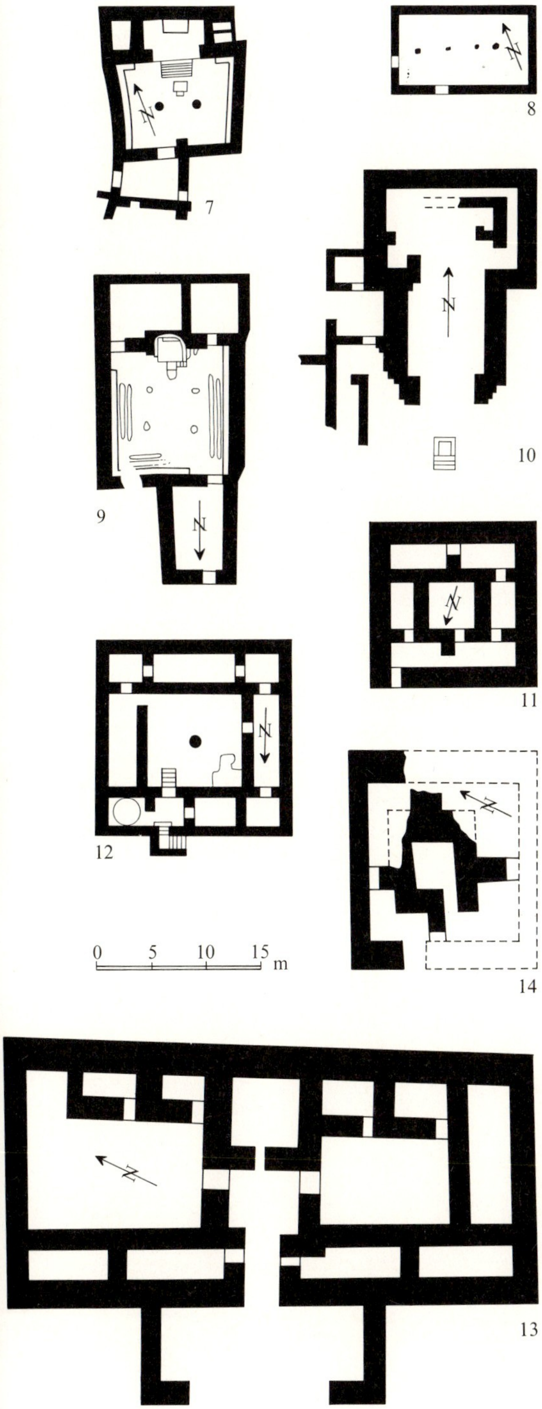

liegen konnte (Arad: EAEHL I 77; für Ägypten: Badawy Abb. 39, 54). Bei pal. T.n aber lag er offenbar stets in der Mitte einer Langseite. Als ältester T. dieses Typs in Pal. gilt z.Zt. der von Engedi (Abb. 85_2; dazu Ussishkin, BA 34). Es kann als sicher gelten, daß diese Anlage nächst verwandt ist mit dem Doppel-T. in Megiddo Stratum XIX (Abb. 85_3; dazu Epstein, EI 11; Kempinski; →Megiddo, 4.b). Beide T. datieren in die FB I-Zeit. Kaum später liegt die Bauphase I des früher als Palastsaal interpretierten T.s in der Zitadelle von →Ai (Abb. 85_4). Bauphase II entstand gegen Ende der FB II-Zeit. Zwischen beiden ist der Doppel-T. von Arad anzusetzen (Abb. 85_5; →Arad, 1.). Der Typ des FB-zeitlichen Breitraum-Doppel-T.s hat nachgewirkt bis in die Baugruppe 5192– 5269 + 4040 von Megiddo Stratum XV (Meg II Abb. 394), die Dunayevski/Kempinski in der FB IV-Zeit ansetzen (Thompson dagegen: MB I). Unsere Abb. 85_6 folgt der Rekonstruktion von Dunayevski/Kempinski Abb. 9.

Die beiden Varianten des Langraum-T.s tauchen bereits in dieser frühen Periode in Nordsyr. auf. Sie gewannen später einen starken und lang anhaltenden Einfluß auf die Entwicklung der syr.-pal. Sakralarchitektur.

Die Ansetzung der Anten-T. von *Tell el-Ḫuwēra* in die FB III-Zeit kann jetzt als gesichert gelten (A. Moortgat, AfO 22, 1968/69, 126–131; vgl. ebd. in Abb. 13 die aufschlußreiche isometrische Darstellung von Phase 2 des sogenannten Kleinen Anten-T.s). Die weitere Entfaltung dieser Konzeption kündigt sich ganz deutlich im sogenannten Außenbau an (Abb. 85_{27}). Seine Länge ist doppelt so groß wie die Breite. Mit dem Kleinen Anten-T. und dem Nord-T. hat er die Ostorientierung, mit dem letzteren die dreiteilige Gliederung gemeinsam: die Vorhalle wird von der Frontwand und den beiden Anten gebildet. Der Innenraum ist häufig durch eine Zwischenwand in Cella und Adyton gegliedert. Der Durchgang zum Adyton – falls eine Trennwand vorhanden – und das vor der westl. Rückwand errichtete Podium liegen auf der Längsachse des Gebäudes.

Die Variante zum Anten-T. innerhalb der Gruppe der Langraum-T., der Langraum-T. mit geschlossener Front, scheint uns erstmals greifbar in dem kleinen T. der frühsyr. Schicht 4 von *Mumbaqat,* 80 km östl. von Aleppo, auf dem Ostufer des Euphrat. Wie Abb. 85_{15} zeigt, besteht er nur aus einem leicht trapezoiden, von mächtigen Mauern umschlossenen Langraum. Er wirkt gedrungen und abweisend. Durch den schmalen Eingang blickt man von Osten auf das vor der Westwand gelegene Podium.

2.b Mit guten Gründen können wir die MB- und SB-Zeit Kanaans als kulturelle Einheit behandeln. Hier erreicht die Vielfalt der Formen ihren Höhepunkt, bes. in Hazor (kurzer Überblick in ZDMG 126, 1976, 163f). Es scheint ratsam, diesen Befund zunächst anhand einiger Beispiele anschaulich zu machen, bevor wir uns wieder den Hauptlinien des sakralarchitektonischen Traditionsablaufs zuwenden.

Ein Element, das bisher unerwähnt blieb, ist der äg. Einfluß, der uns in Beth-Sean unverkennbar entgegentritt in den Amenophis III. (BS I/1 Tf. 5f) und Sethos I. (Abb. 85_{7}) zugeschriebenen T.n, deren chronologische Einordnung wieder kontrovers ist (vgl. BSIA 161–163, 179; andererseits A. Kempinski, EAEHL I, 213f).

Die 1. Bauphase (SB I) des sogenannten „Fosse Temple" von Lachis (*Tell ed-Duwēr*) kann zur Not als Knickachs-T. definiert werden; eindeutig tritt dieser Typ innerhalb Pal.s schon erstaunlich früh (MB IIA) auf in Phase B des T.s vom *Nahārīyā* (Abb. 85_{8}; dazu Dothan; zu seiner Herkunft: B. Hrouda, Vorderasien I, Handbuch der Archäologie, 1971, 91 mit Anm. 1). Phasen II und III des „Fosse Temple" sind zwar keine Langraum-T.; daß sie aber in diese Richtung tendieren, wird man einräumen müssen. So erweist sich gerade die Baugeschichte dieses T.s als Zeuge für den Mischcharakter der kan. Kultur Pal.s. Seine 3. Bauphase (Abb. 85_{9}) hat im Grundriß eine gewisse Ähnlichkeit mit dem Ba'al-T. von Ugarit (Abb. 85_{10}).

Als bisher singuläres Beispiel einer SB-zeitlichen Stätte des Ahnenkults auf pal. Boden (K. Galling, ZDPV 75, 1959, 1–13) sollte in diesem Zusammenhang noch das Stelenheiligtum von Hazor erwähnt werden (→Massebe, 2. mit Abb. 49_{4}).

Während das Breithaus scheinbar verschwindet, tritt mit dem Quadratbau ein neuer Typ in der Baugeschichte Pal.s auf. Das erst vor einem Jahrzehnt auf dem Flughafen von *'Ammān* entdeckte SB-zeitliche Exemplar (Abb. 85_{11}; dazu Hennessy) hat das Interesse für den aus der MB IIB-Zeit stammenden Quadratbau am Nordhang des Garizim oberhalb von →Sichem (3.) wieder erweckt (Abb. 85_{12}). W.F. Albright (The Archaeology of Palestine, 1963, 92) und ähnlich J. Kaplan (JNES 30, 1970, 293–307) deuten ihn als Villa der MB-Zeit. Ein weiterer Bau dieses Typs hat vielleicht in Sichem selbst während der fraglichen Zeit existiert (G.R.H. Wright, ZAW 87, 1975, 56–64). Schließlich haben wir in Hazor die mutmaßliche Wiederherstellung eines Doppel-Quadratbaus aus der MB IIB-Zeit in Feld F (Abb. 85_{13}). Das in Abb. 85_{14} skizzierte Gebäude ist nach Yadin (Hazor, 98) auf dem nördl. Teil des Doppel-T.s zu Beginn der SB I-Zeit errichtet worden. Daß es sich bei diesen Quadratbauten um T. handelt, wurde mehrfach energisch bestritten. Wir müssen einräumen, daß die mageren Befunde bisher keine Anhaltspunkte für die Funktionen der einzelnen Bauteile geliefert haben. Die erstaunlichen Mengen von ägäischer Importkeramik, von Skarabäen und äg. Gefäßen aus Diorit, Porphyr, Serpentin und anderen Gesteinsarten, die im Quadratbau von *'Ammān* gefunden wurden (V. Hankey, Levant 6, 1971, 131–178; W.A. Ward, ADAJ 8–9, 1964, 47–55), sprechen jedenfalls gegen die Hypothese, daß es sich um einen Turm „zur Sicherung eines Gebietes oder Verkehrsweges" gehandelt habe (V. Fritz, ZDPV 87, 1971, 140–152). Andererseits kann man einstweilen für die sakrale Deutung der Quadratbauten nur ins Feld führen, daß ihnen einige hell.-röm. T. im transjordanischen Bereich strukturell verwandt sind.

Zu den Langraum-T.n zurückkehrend, setzen wir bei dem kleinen, massiven T. von *Mumbaqat* 4 (späte FB III-Zeit) ein (Abb. 85_{15}). Gehen wir von dort nach Westen und Südwesten, so stoßen wir – der chronologischen Ordnung folgend – in Alalaḫ Stratum XII auf einen T. des 19. Jh.s, der sich von dem ersteren vor allem durch eine Quermauer unterscheidet, die den Innenraum in eine breite Cella und einen Vorraum nebst Treppenhaus aufteilt (Abb. 85_{16}). Südwestl. von Aleppo begegnen wir in der Unterstadt von Ebla (*Tell Mardīḫ*, um 1800) dem T. B 1 (Abb. 85_{17}), der sich von seinem frühen Vorläufer nur dadurch abhebt, daß die Cella nicht durch eine Frontwand abgeschlossen ist. Nach Yadin (Hazor, 102–104 Abb. 26) war etwa 200 Jahre später die Akropolis von Hazor von einem T. bekrönt (Abb. 85_{18}), der mit seinem syr. Prototyp fast übereinstimmt.

In Megiddo beobachten wir an T. 2048 den Übergang von Schicht X (Abb. 85_{19}, MB IIB) zu Schicht VIII (Abb. 85_{20}, SB IIA), d.h. zum voll entwickelten Migdal-T., der sonst nur noch im sogenannten „T. des *Ba'al Bərīt*" in Sichem vertreten ist. Abb. 85_{21} zeigt die älteste Bauphase 1a dieses T.s, der dem von Megiddo Schicht VII als Vorbild gedient haben dürfte; denn er geht ihm zweifellos voraus (zur Diskussion über die Datierung der Migdal-T. von Megiddo und Hazor: Dunayevski/Kempinski 180–187 [Lit.]). Mit T. 2048 in Schicht X von Megiddo (Abb. 85_{19}) sind der T. von Hazor Schicht XVI in Feld H (Abb. 85_{22}) und der von Alalaḫ Stratum VII (Abb. 85_{23}) gleichzeitig und im Plan weithin identisch. Ob die Eingänge dieser drei T. ebenfalls von Türmen flankiert waren, läßt sich kaum noch sicher entscheiden. Die Weiterentwicklung des T.s in Hazor (Abb. 85_{22}) zum Orthostaten-T. in Schicht XIV (SB IIA) läßt diese Vermutung jedenfalls diskutabel erscheinen. In dieser Bauphase des T.s (Abb. 85_{24}) kam im Südosten nur der Vorhof hinzu; erst hinter ihm erhob sich die Front des T.s. Die Gestaltung der Fundamente schließt die Möglichkeit nicht aus, daß die Vorhalle von zwei mächtigen Türmen flankiert war. Bei dem T. von Alalaḫ in Schicht IV (Abb. 85_{25}) ist wohl ebenso wenig an Frontttürme zu denken wie bei dem in Schicht VII (Abb. 85_{23}).

Der Überblick von dem kleinen T. von *Mumbaqat* (Abb. 85_{15}) bis hin zum Orthostaten-T. von Hazor (Abb. 85_{24}) legt die Vermutung nahe, daß diese massive und abweisende Form des Langraum-T.s in Nordsyr. beheimatet war. Dieser Bautradition dürfte auch der erst in der ausgehenden E I-Zeit errichtete T. von *'Ēn Dāra* (6 km südl. von *'Afrīn*) zuzuweisen sein (F. Seirafi/M. Kirichian, AAS 15, 1965, Abb. 1 auf S. 8). Gewagt erscheint es jedoch, wenn Matthiae (42f mit Abb. 4) die Räume B, C und D des Bâtiment II von Byblos (Abb. 85_{26}) diesem Typ zuordnet. Die Räume A und F werden von ihm als sekundäre Anbauten interpretiert. – Zum Bau 7300 von Sichem, den Dever kürzlich entdeckt, in die MB IIB-Zeit datiert und als T. gedeutet hat →Sichem, 2. An dieser Stelle sei auch der kürzlich entdeckte T. von *Ṣarafand* erwähnt (J. B. Pritchard, Sarepta, 1975, 13–40 Abb. 2).

Die Darstellung der B-zeitlichen T. beschließen wir mit dem Anten-T. Abb. 85_{27} zeigt den sogenannten Außenbau von *Tell el-Ḫuwēra,* der wegen seiner Maße unter den Anten-T.n dieses Ortes als bes. typisch gelten kann. Der nächst jüngere T. dieser Art ist der T. D auf der Akropolis von Ebla (*Tell Mardīḫ*). Er gehört in die erste Phase der MB IIA-Zeit. Abb. 85_{28} zeigt, daß er von der sonst bei den Anten-T.n vorherrschenden Ostorientierung abweicht. Dann haben wir in der Nordweststadt von *Mumbaqat* hoch über dem Ostufer des Euphrat zwei einander benachbarte Anten-T., die beide, obwohl sie schon am Hang liegen, nicht zur Flußaue und d.h. nach Westen, sondern in entgegengesetzter Richtung orientiert sind: Abb. 85_{29} und 85_{30}. Etwa 15 km südsüdwestl. von *Mumbaqat* ist *Meskene,* das alte Emar, auf dem Westufer des Flusses gelegen. Abb. 85_{31} zeigt einen Doppelanten-T. auf hohem Sporn westl. über der Residenz. Beide Bauten waren stark der Erosion ausgesetzt, aber ihre Struktur konnte einwandfrei geklärt werden: wieder zwei Langhäuser, von Osten her zugänglich durch die von der Frontwand und den beiden Anten gebildete Vorhalle, die Cella und das Adyton vor der westl. Rückwand. Dieser Doppel-T. war wohl dem Hauptgott der Stadt und seiner Genossin geweiht. Die hier dokumentierte letzte Phase seiner Benutzung deckt sich mit dem letzten Jahrhundert der SB-Zeit.

Mit der Entdeckung der frühen Anten-T. von *Tell el-Ḫuwēra* und ihrer MB- und SB-zeitlichen Nachfolger in *Mumbaqat,* Emar und Ebla ist A. Alts Frage nach „Verbreitung und Herkunft des syrischen Tempeltypus" (KlSchr I, 100–115) definitiv beantwortet.

3. Wie eingangs festgestellt, ist der königliche T. der altorientalischen Stadt der eigentliche Gegenstand dieses Artikels, nicht die „T.höhe" (→Kulthöhe), wozu auch die Grenzheiligtümer in →Arad (2.) und →Dan (2.) zu rechnen sind (Welten 20–

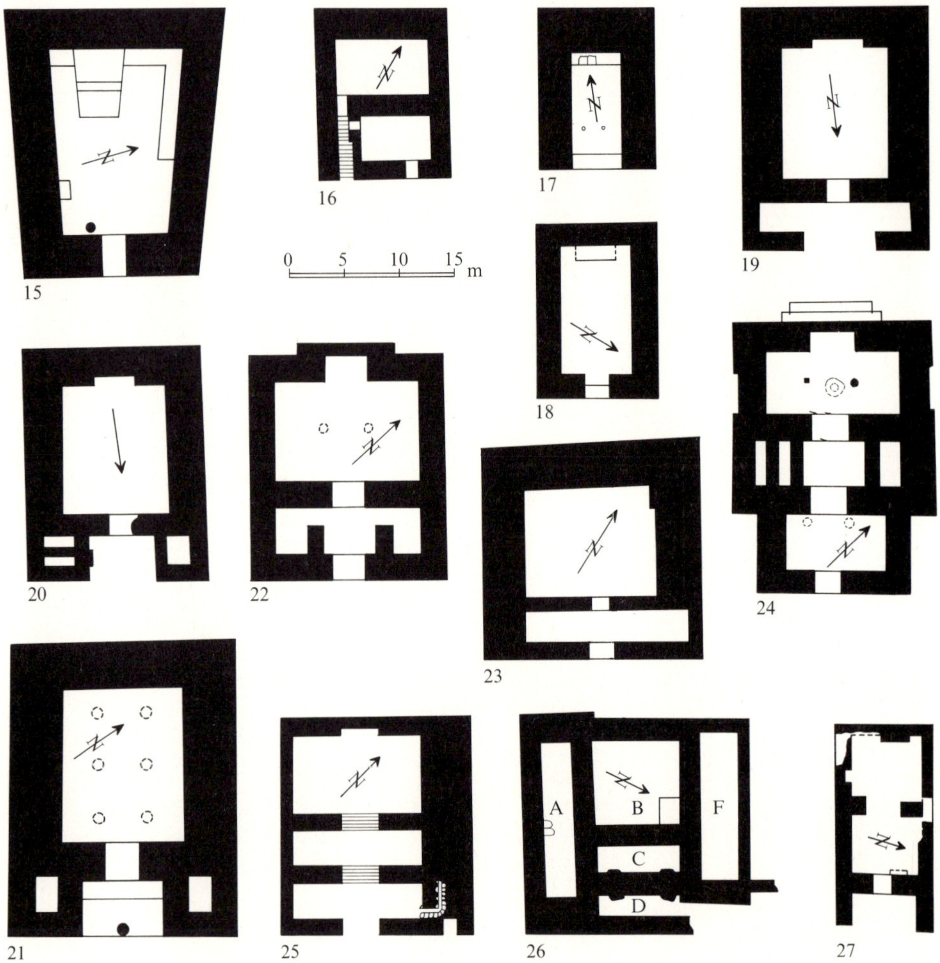

Abb. 85 **Tempel** (15–24) Langbautempel (Migdal-Typ) von (15) *Mumbaqat* (FB III), (16) Alalaḫ (MB IIA), (17) *Tell Mardīḫ* (MB IIA), (18) Hazor (MB IIB), (19, 20) Megiddo (MB IIB, SB IIA), (21) Sichem (MB IIB), (22) Hazor (MB IIB), (23) Alalaḫ (MB IIB), (24) Hazor (SB IIA) – (25) Tempel von Alalaḫ Schicht IV, (26) Bâtiment II von

25, 27; ähnlich Schunck 136f). Möglicherweise war auch *Tell es-Seba'* mit einer solchen Anlage ausgestattet (Y. Yadin, BASOR 222, 1976, 5–17).

In der frühen E-Zeit kam im philistäischen *Tell Qasīle* der Knickachs-T. noch einmal vor (A. Mazar, Qadmoniot 6, 1973, 20–23); außerdem blieben die Migdal-T. von Sichem (Abb. 85_{21}) und von Megiddo (Abb. 85_{20}) noch bis ins erste Jahrhundert der E I-Zeit in Gebrauch.

3.a Das unter Salomo als Teil des königlichen Palastes auf der breiten Felskuppe nördl. oberhalb der alten Jebusiter- und Davidsstadt erbaute „Haus Jahwes“ (Abb. 85_{32}) war von Osten her durch eine Vorhalle (*'ūlam*) zugänglich. Ihre Rückwand war zugleich die Front des eigentlichen T.s, des *hēkal*. Eine durch „geviertete Pfosten“ gerahmte →Tür in ihrer Mittelachse führte in diesen Hauptraum. Auf seiner gegenüberliegenden Schmalseite erreichte man den mit „gefünfteten Pfosten“ eingefaßten Eingang zum hintersten Teil des T.s, dem *dəbīr*, vor dessen westl. Rückwand Jahwe, der Gott Israels, über den Keruben der Lade unsichtbar thronte (1 R. 8_{12f}), später „seinen Namen wohnen“

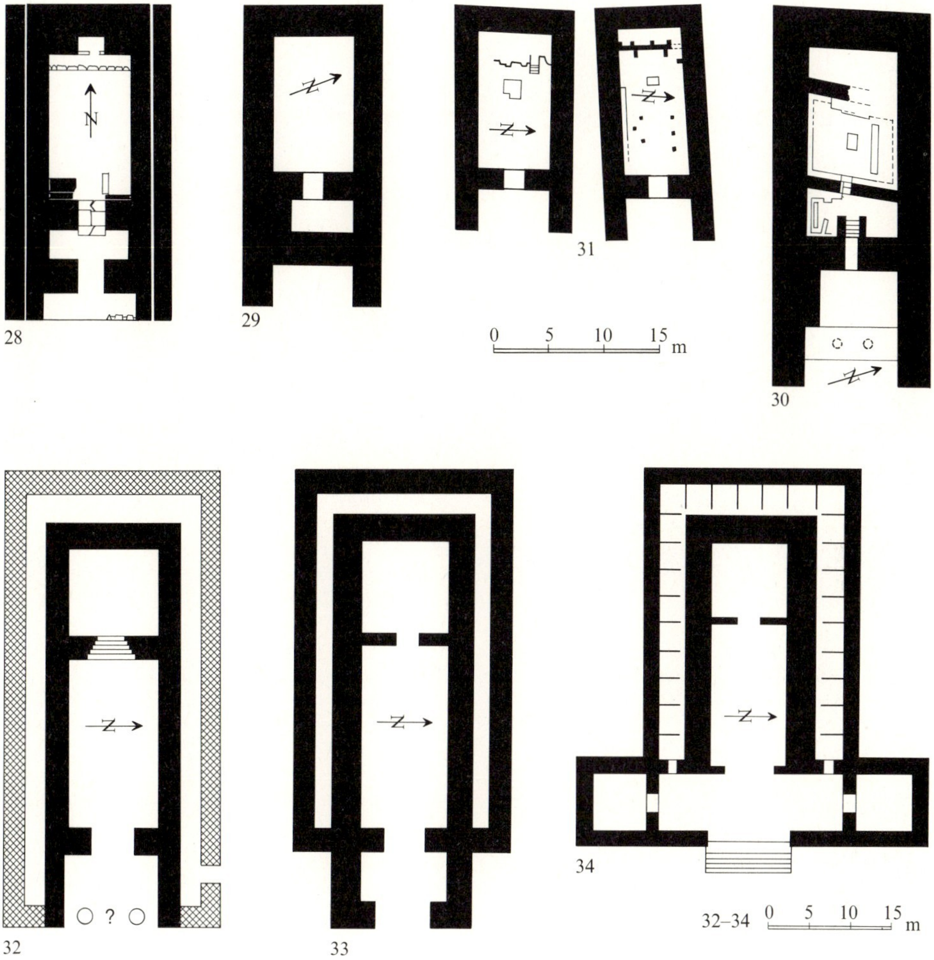

Byblos, (27–31) Langbautempel (Anten-Typ) von (27) *Tell el Ḫuwēra* (FB III), (28) *Tell Mardīḫ* (MB IIA), (29,30) *Mumbaqat* (MB/SB), (31) *Meskene* (SB IIB) – (32–34) Rekonstruktionen des (32) salomonischen Tempels, (33) des 2. Tempels nach Ezechiel und (34) des herodianischen Tempels in Jerusalem

(Dtr.) bzw. „seine Herrlichkeit erscheinen" ließ (P).

Dem schwierigen und wenig ergiebigen Text von 1 R. 6 lassen sich für den salomonischen T. immerhin einige gesicherte Daten entnehmen. Die Maße des Grundrisses können aus Abb. 85$_{32}$ abgelesen werden (1 Elle ist mit ca. 50 cm angesetzt). Die Höhe des „Hauses" (*hēkal* und *dəbīr*) wird mit 15 m angegeben (V.$_{2}$), die des *'ūlam* wird nicht genannt. Vom *dəbīr* heißt es, daß er aus Holzbalken hergestellt und 10 m lang, 10 m breit und 10 m hoch war (V.$_{16,20a}$). Diese Angaben führten zu kontroversen Hypothesen, die fraglich erscheinen lassen, ob eine in jeder Hinsicht gesicherte Rekonstruktion des salomonischen T.s überhaupt erwartet werden kann. Richtig dürfte sein, daß „in 2a*β* b. 3 bereits alles über den Steinbau gesagt ist, was den Grundriß des Gebäudes betrifft" (Noth 111 nach Schult 47). Einig ist man sich darin, daß der *dəbīr* als hölzerner Kubus vorzustellen ist (Galling, JPOS 12, 45; Schult 48; Noth 121). Umstritten ist nur die Frage, wie dieser Kubus vor der westl. Rückwand des *hēkal* eingebaut war: auf einem Podium (Galling, ebd. 45 mit Skizze 1; Möhlenbrink 138; Watzinger, DP I, 90 Abb. 39; Alt, KlSchr II, 112f) oder auf dem Niveau des *hêkal* (Vincent/Steve Tf. 101; Th. A. Busink, BO 13, 1963, 157; ders., Tempel, 167 Abb. 49; Noth 121). Wägt man alle aufgeführten Argumente ab, so wird man eher der ersteren These den Vorzug geben. Eine Überbewertung des Unterschiedes zwischen Holz- und Steintektonik (Noth 111, 120f) führt zwangsläufig zu Fehlinterpretationen: man deutet z.B. den *dəbīr* als „Inventarstück des Tempels", einen „in den bereits getäfelten *bayit* hineingesetzten kubischen Gegenstand aus Holz" (Schult 48), und der salomonische T. wird auf diese Weise fälschlich als ein einteiliges, bestenfalls zweiteiliges Langhaus qualifiziert und dann mit den Migdal-T.n von Sichem (Abb. 85_{21}) und Megiddo (Abb. 85_{20}) zusammengestellt (Noth 111). Wie ein Vergleich der Abb. 85_{27-31} und →Abb. 62_5 untereinander lehrt, ist bei der inneren Gliederung dieser Gebäude die Dreiteiligkeit zwar vorherrschend, aber keineswegs unabdingbares Kriterium für die Zugehörigkeit zum Typ des Anten-T.s. Entscheidende Merkmale für diesen Bautyp sind vielmehr: 1. die sehr starke Betonung der Länge gegenüber der Breite des Baus; – 2. die Orientierung nach Osten, sofern die Gegebenheiten des Terrains es zulassen; – 3. die Anten, d.h. die Verlängerung der Längsmauern über die Frontwand der Cella hinaus.

Beim salomonischen T. ist das Verhältnis der Länge zur Breite 3 : 1, und obwohl 1 R. 6 keine Angaben über seine Orientierung macht, ist man sich doch darüber einig, daß er ebenso nach Osten ausgerichtet war wie der neue T. im „Verfassungsentwurf des Ezechiel" (Gese, Verfassungsentwurf, 36) nach Ez. 43_{1-4} und wie der herodianische T. Das dritte und wichtigste Charakteristikum des Anten-T.s vermißt man noch immer auf publizierten Grundrißrekonstruktionen, obwohl 1 R. 6_3 eine Frontwand des *'ūlam* nicht kennt, und 1 R. 6_{31-35}, wo die Eingänge zum *dəbīr* und *hêkal* beschrieben werden, einen solchen für den *'ūlam* offenbar nicht vorsehen, d.h. davon ausgehen, daß diese Eingangshalle des salomonischen T.s auf ihrer Ostseite keine Mauer hatte, also nur gebildet wurde durch die Frontwand des *hêkal* im Westen und durch die Anten im Norden und Süden; K. Galling (RGG VI, 685) und Noth (111) haben bereits vor Jahren auf diesen Sachverhalt hingewiesen. Wohl besagt Ez. 40_{48} eindeutig, daß nach Ezechiels Entwurf (Abb. 85_{33}) an den Innenseiten der Antenköpfe Pfeiler hochgezogen waren, aber dies bedeutet nichts für den salomonischen T. (Zimmerli 1010f gegen Busink, Tempel, 170 Anm. 26). Durch die Entdeckung der in Abb. 85_{28-31} vorgeführten T. ist eine Lücke zwischen den Anten-T.n von *Tell el-Ḫuwēra* (Abb. 85_{27}) und dem von *Tell Ta'yīnāt* (→Abb. 62_5) geschlossen. Dadurch ist für den syr. Anten-T. eine ununterbrochene Traditionskette vom späteren 3. Jt. bis zu den „Römischen Tempeln in Syrien (Krencker/Zschietzschmann) gesichert.

Die offene Vorhalle bedarf zur Stützung ihres Daches von einer gewissen Weite und Tiefe ab zweier Säulen. Beim T. 2 von *Mumbaqat* (Abb. 85_{30}) und beim T. von *Tell Ta'yīnāt* (→Abb. 62_5) konnten ihre Basen, bzw. deren Fundamentierungen noch nachgewiesen werden. Genaue Position und Funktion der Bronze- →Säulen Jachin und Boas werden in 1 R. 7_{15-22} nicht angegeben; ihre Symbolik bleibt erst recht ungeklärt (dazu Noth 153f, 141). Für die herkömmliche Auffassung, daß sie als Symbolträger freistehend vor dem T. aufgestellt waren, scheinen Tonmodelle von Götterschreinen zu sprechen (dazu zusammenfassend W. Culican, ZDPV 92, 1976, 47–53); doch ist deren Zeugniswert für die Baugeschichte nur gering. Naheliegend mag die Vermutung sein, daß die stets paarweise vor den T.n des äg. NR stehenden Obelisken als Vorbilder gedient haben könnten; doch ist Noths (154) Einwurf „keine Ähnlichkeit" kaum zu widerlegen. Man sollte sich schließlich der simplen, aber grundlegenden Einsicht der älteren Bauforscher wie R. Koldewey (Sendsch II 187) und O. Puchstein (JDAI 7, 1892, 9ff) erinnern, daß auch die Baumeister der Antike an die Gesetze der Statik gebunden waren. J. Ouellette hat neuerdings bemerkenswerte Argumente für die bautechnische Funktion der Säulen des salomonischen T.s in der Vorhalle vorgebracht, auf die der Kürze wegen verwiesen wird. Letzte Sicherheit ist in dieser Frage einstweilen noch nicht zu gewinnen.

Daß aber Salomo bei Errichtung des Jahwe-T.s in Jerusalem syr. Bautraditionen gefolgt ist, kann nicht mehr bestritten werden. Das ist vor allem dann nicht überraschend, wenn man die aram. Herkunft der Israeliten und ihrer ostjordanischen Nachbarvölker bedenkt. Alle exegetischen Spekulationen, die über den eindeutigen Text der Gründungslegende 2S. 24_{18-25} hinausgehen und einen kan.-phön. Kernbau des salomonischen T.s zu konstruieren suchen, verlassen den Boden der geschichtlichen Fakten. Ezechiels T.entwurf (Abb. 85_{33}) scheint An- und Umbauten der späteren Königszeit widerzuspiegeln (Noth 106f; Zimmerli 1011, 1039f).

3.b Außer dem salomonischen T. haben wir für die E-Zeit im syr.-pal. Bereich nur noch einen Anten-T. zu registrieren, den immer wieder als nahen „Verwandten" des salomonischen T.s herangezogenen und von uns mehrfach erwähnten T. von *Tell Ta'yīnāt* am unteren Orontes aus dem 8. Jh. (→Abb. 62_5). Das gleichzeitige oder wenig ältere Gebäude IV der Palastanlage von *Ḥamā* Schicht E ist hier ebenfalls eingereiht worden (Ussishkin, IEJ 16); aber nicht zu Recht. Wenn es überhaupt ein Kultbau gewesen ist, so kann man es sicher nicht als Anten-T. ansprechen. Umso mehr ist es zu bedauern, daß aus den städtischen Zentren der Aramäerstaaten der 1. Hälfte des 1. Jt.s so wenig Grabungsbefunde vorliegen.

Nachdem sich ergeben hat, daß der sogenannte „Solar Shrine" in Lachis (L III Tf. 121) nicht in der Achämeniden-Zeit, sondern erst in der hell. Ära errichtet wurde (Y. Aharoni, IEJ 18, 1968, 159f), und da dieses Bauwerk noch keine befriedigende Interpretation gefunden hat, können wir es hier übergehen und uns mit der Feststellung begnügen, daß der im Jahre 515 fertiggestellte nachexilische T. (Galling, Festschr. W. Rudolph, 1961, 67–96) – freilich in bescheidener Ausführung (Hag. 2_3) – die Grundrißlinien des salomonischen T.s im wesentlichen an den T. Herodes' I. überliefert hat.

4. Für die hell.-röm. Epoche beschränken wir uns auf einige wichtige Informationen. C. Watzinger bietet in DP II 33–45, ungeachtet der eindrucksvollen Ergebnisse von A. Mazars Ausgrabungen auf der Südseite des herodianischen Temenos (EAEHL II 599–607), immer noch die klassische Beschreibung und Würdigung dieses gewaltigen Bauwerks, die weniger auf den übertriebenen, tendenziösen Ausführungen des Josephus (Bell V 184–227) als auf den recht exakten Augenzeugenberichten des Mischnatraktats Middot (Text, Übersetzung und Erklärung von Holtzmann) fußt. Der Grundriß (Abb. 85_{34}) zeigt, daß der Kernbau in etwa dem Plan des spätvorexilischen T.s folgt. Der Bauherr aber hat „um den Kern des salomonischen Baus eine großartige Schale gelegt und ihm damit erst die monumentale Wirkung verliehen" (DP II 42). In der Rekonstruktion der Vorhalle bleiben Widersprüche (Holtzmann 38; DP II 44).

Als zusätzliches Korrektiv zu den in DP II herangezogenen hell.-röm. T.bauten bietet sich das reiche Vergleichsmaterial des erst später erschienenen Werks von Krencker/Zschietzschmann an: 37 Anten-T., die größtenteils nach Osten orientiert sind, an der Vorhallenfront eine tragende Säulenstellung aufweisen, und deren hinterer Cellateil mit einem Adyton (bzw. Thalamos) ausgestattet ist und dessen Gestaltung von der einfachen Rückwandaedicula bis zum architektonisch großräumig ausgebildeten Baldachin reichen kann. In jedem Falle erweist es sich als „ein der altrömischen Formung widersprechendes, rein syrisches, altorientalisches Gut und im römischen Tempel als ein Fremdkörper" (Krencker/Zschietzschmann 291). Zur feineren Differenzierung der röm. T. in Syr. ist der Aufsatz von E. Will unentbehrlich, der von Lukians Beschreibung des T.s von Hierapolis (*Membiǧ*, nördl. von Aleppo) ausgeht.

Literatur: Allgemeines: W. Andrae, Das Gotteshaus und die Urformen des Bauens im Alten Orient, 1930 – Gese, Religionen, *passim* – B. Hrouda, Die „Megaron"-Bauten in Vorderasien, Anadolu 14, 1972, 1–14 – J. S. Saller, Sacred Places and Objects of Ancient Palestine, LA 14, 1963/64, 161–228 – G. R. H. Wright, Pre-Israelite Temples in the Land of Canaan, PEQ 103, 1971, 17–32.

Zu 2.: A. Badawy, The History of Egyptian Architecture I, 1954, *passim* – I. Ben-Dor, A Middle Bronze Age Temple at Nahariya, QDAP 14, 1950, 1–41 – J. Boese/W. Orthmann, Mumbaqat, eine 5000 Jahre alte Stadt am Euphrat, Saarbrücken 1976 – G. R. Boling, Bronze Age Buildings at the Shechem High Place, BA 32, 1969, 81–103 – E. F. Campell, Jr./G. E. Wright, Tribal League Shrines in Amman and Shechem, BA 32, 1969, 104–116 – W. G. Dever, The MB IIC Stratification in the Northwest Gate Area of Shechem, BASOR 216, 1974, 31–52 – M. Dothan, The Excavations at Nahariya, Preliminary Report (Seasons 1954/55), IEJ 6, 1956, 14–25 – I. Dunayevsky/A. Kempinski, The Megiddo Temples, ZDPV 89, 1973, 161–187 – C. Epstein, An Interpretation of the Megiddo Sacred Area during

Middle Bronze II, IEJ 15, 1965, 204–221 – dies., The Sacred Area of Megiddo in Stratum XIX, EI 11, 1973, 54–57 (hebr.) – J.B. Hennessy, Excavation of a Late Bronze Age Temple at Amman, PEQ 98, 1966, 155–162 – A. Kempinski, The Sin Temple at Khafaje and the En-Gedi Temple, IEJ 22, 1972, 10–15 – J. Margueron, Quatre campagnes de fouilles à Emar (1972–1974): Un bilan provisoire, Syria 52, 1975, 51–85 bes. 62, 69, 81 – P. Matthiae, Unité et développement du temple dans la Syrie du Bronze Moyen, in: Le Temple et le culte. Compte rendu de la 20ème rencontre assyriologique internationale organisée à Leiden du 3 au 7 juillet 1972, 1975, 43–72 – M. Metzger, Der spätbronzezeitliche Tempel von Tell Kāmid el-Lōz, VTS 22, 1972, 155–173 – W. Orthmann, Mumbaqat 1974, Vorläufiger Bericht erscheint demnächst in MDOG 108, 1977 und in AAS 25, 1977 oder 26, 1978 – Th.L. Thompson, The Dating of the Megiddo Temples in Strata XV-XIV, ZDPV 86, 1970, 38–49 – D. Ussishkin, The „Ghassulian" Temple in Ein Gedi and the Origin of the Hoard from Nahal Mishmar, BA 34, 1971, 23–39 – G.R.H. Wright, Temples at Shechem, ZAW 80, 1968, 1–35.

Zu 3.: Y. Aharoni, Arad: Its Inscriptions and Temple, BA 31, 1968, 2–32 – A. Alt, Verbreitung und Herkunft des syrischen Tempeltypus, KlSchr II, 100–115 – Busink, Tempel – B. Diebner, Die Orientierung des Jerusalemer Tempels und die „ Sacred Direction" der frühchristlichen Kirchen, ZDPV 87, 1971, 153–166 – G. Fohrer/K. Galling, Ezechiel, HAT I/13, 1955, 220–241 – K. Galling, Das Allerheiligste in Salomos Tempel, JPOS 12, 1932, 43–46 – ders., Serubabel und der Wiederaufbau des Tempels in Jerusalem, in: A. Kuschke, ed., Verbannung und Heimkehr, Beiträge zur Geschichte und Theologie Israels im 6. und 5. Jahrhundert v.Chr. W. Rudolph zum 70. Geburtstag dargebracht, 1961, 67–96 – ders., Königliche und nichtkönigliche Stifter beim Tempel von Jerusalem, ZDPV 68, 1949–51, 134–142 – H. Gese, Der Verfassungsentwurf des Ezechiel, Beiträge zur historischen Theologie 25, 1957 – A. Kuschke, Der Tempel Salomos und der „syrische Tempeltypus", BZAW 105, 1967, 124–132 – A. Mazar, Excavations at Tell Qasîle, IEJ 23, 1973, 65–71; 25, 1975, 71–88 – M. Noth, Könige, BK 9/1, 1968, 95–167 (ebd. 95: Lit. bis 1964) – J. Ouelette, Le vestibule du Temple de Salomo était-il un Bit Ḫilâni? RB 76, 1969, 365–378 – ders., The Solomonic d^ebîr according to the Hebrew Text of I Kings 6, JBL 89, 1970, 338–343 – ders., The yāṣīaʿ and the ṣ^elāʿōt: Two Mysterious Structures in Solomon's Temple, JNES 31, 1972, 187–191 – H. Schmid, Der Tempelbau Salomos in religionsgeschichtlicher Sicht, Festschr. K. Galling, 241–250 – H. Schult, Der Debir im salomonischen Tempel, ZDPV 80, 1964, 46–54 – K.D. Schunck, Zentralheiligtum, Grenzheiligtum und 'Höhenheiligtum' in Israel, Numen 18, 1971, 132–140 – D. Ussishkin, Building IV in Hamath and the Temples of Solomon and Tell Tayanat, IEJ 16, 1966, 104–110 – H. Vincent/M.A. Steve, Jérusalem de l'Ancien Testament II/III, 1956, 373–431 – P. Welten, Kulthöhe und Jahwetempel, ZDPV 88, 1972, 19–37 – W. Zimmerli, Ezechiel, BK 13/2, 1969, 979–1069.

Zu 4.: C. Clemens, Lukians Schrift über die syrische Göttin, AO 37, 1948, *passim* – DP II 33–45 – O. Holtzmann, Middot, Von den Maßen des Tempels, 1913 – D. Krencker/W. Zschietzschmann, Römische Tempel in Syrien, 1938 – E. Will, L'Adyton dans le temple syrien, Annales de l'Est, Publiées par la Faculté des Lettres de l'Université de Nancy, Mémoire No. 22, 1959, 136–145.

A. Kuschke

Thaanach

1. Name und Lage. 2. Ausgrabungen. 3. Geschichte.

1. *Taʿnāk* (Jos. 12_{21} 17_{11} Jdc. 1_{27} 5_{19} 1 R. 4_{12}), das äg. Texte des 15. und 10. Jh.s als *Tʿnk* (Thutmosis III., Simons, Handbook, Nr. I 42; Šošenq, ebd. Nr. XXXIV 14) und wahrscheinlich auch der Amarna-Brief EA 248_{14} erwähnen, ist zweifellos mit dem ca. 340 × 40–180 m großen *Tell Taʿannek* am Südende der Jesreel-Ebene identisch (Plan: AOB 657). Während die tiefer gelegenen Teile der südl. Jesreel-Ebene seit der B-Zeit im Winter von Sümpfen bedeckt waren (= *mę̄ Məgiddō*, Jdc. 5_{19}?), konnten das im Osten direkt anschließende Gebiet und das Gelände südöstl. des Tells landwirtschaftlich genutzt werden. Die begrenzten Niederschlagsmengen wurden durch Quellen und perennierende Flüße aufgewogen, so daß der Ort, der weder an einer großen Straße noch in strategisch günstiger Position lag, seine Entwicklung der Landwirtschaft verdankte.

2. Die Ausgrabungen E. Sellins (1902–1904) und P.W. Lapps (1963 und 1968) wiesen eine Besiedlung seit der FB-Zeit nach. Von der FB II- bis in die FB III-Zeit umgab eine 4,2 m dicke Ringmauer, die in der frühen FB III-Zeit verstärkt und schließlich mit einem Glacis aus Huwwar (Kreidemergel) versehen wurde, den Ort, von dem bis jetzt (das ausgegrabene Areal ist allerdings klein) nur einzelne frei stehende Häuser, Höfe und Straßen, aber keinerlei öffentliche Gebäude zutage traten. Die erste der beiden FB-Besiedlungsphasen endete durch einen Brand; Funde aus der späten FB III-Zeit fehlen gänzlich.

Die MB I- und MB IIB-Zeit ist durch zahlreiche Scherben vertreten, so daß der Tell in dieser Periode besiedelt gewesen sein muß, auch wenn Architekturreste bisher nicht nachgewiesen sind. Eine neue Befestigungsanlage mit Glacis wurde gegen Ende der MB-Zeit auf der FB-zeitlichen Mauer errichtet und in einer zweiten Phase zu einer 4,5–5,25 m dicken Kasemattenmauer aus großen unbehauenen Steinen ausgebaut. Nach einer Zerstörung im frühen 15. Jh. wurde die Mauer restauriert und bis in die Mitte des 15. Jh.s weiter benutzt. Die MB IIB/SB I-Siedlung mit dem großen Gebäude („Westburg"), einer gepflasterten Straße und anschließenden Wohnräumen, sorgfältig verlegten Fußböden und dem großen SB I-zeitlichen Schacht und Zisterne bezeugt einen Aufstieg des Ortes, der schon vor dem Bau der Verteidigungsanlagen einsetzte. Eine große Anzahl von Hausgräbern wurde aus der ausgehenden MB-Zeit entdeckt. Die letzte SB I-Schicht lag unter einer starken Schicht von Zerstörungsschutt. Funde aus dem späten 15. und dem 14.Jh. fehlen, und die dem 13./12.Jh. zuzuweisenden Schichten sind durch spätere Bebauung und Gruben stark gestört, so daß wenig von der – in dieser Periode wohl schwachen – Besiedlung nachweisbar ist. Ein großes Haus aus dem 12.Jh. (vergleichbar den Häusern in *Tell Bēt Mirsim* und Ai) und sein noch größerer Nachfolger, sowie ein weiteres großes, gut gebautes Haus („Drainpipe Structure") mit seinem gut erhaltenen „Bienenkorb"-Ofen beweisen jedoch, daß die frühe E-zeitliche Siedlung, wenn auch räumlich beschränkt, so doch wohlhabend war. Die beiden Phasen dieser Periode zeigen zwei Zerstörungen im frühen bzw. späten 12.Jh. Die E-zeitliche Verteidigungsmauer erhob sich über der ersten Auffüllung der E-Zeit (Mitte des 12.Jh.s) und auch die späteren E-zeitlichen Mauern folgten diesem Verlauf. Sie bestand aus kleinen Steinen und war mehr als 4,25 m stark. Ein dem späten 9.Jh. zuzuweisender massiver Turm aus behauenen Steinen im Nordosten am Fuß des Tells war eingebaut in einen zweiten, außer- und unterhalb der ersten Mauer verlaufenden Verteidigungsring. Obwohl die Verteidigungsanlagen während der E I- und E II-Zeit benutzt wurden, fehlen Architekturreste aus dem 11.Jh. Die wichtigsten Gebäude der E I/II-Zeit standen in Zusammenhang mit dem sogenannten „Kultareal"; doch dürfte es sich bei den beiden Räumen, in denen zahlreiche kultisch deutbare Gegenstände gefunden wurden, um Vorratsräume handeln. Ihre erste Phase (spätes 10.Jh.) wurde zerstört; zwei weitere Phasen (9./8.Jh.), aus denen die genannten Gegenstände stammen, schlossen sich unmittelbar an. Spärliche Hinweise lassen eine geringe, aber kontinuierliche Besiedlung in der restlichen E II-Zeit annehmen. Für die pers. Zeit sind zwei Phasen eines ziemlich großen Gebäudes aus der zweiten Hälfte des 6.Jh.s nachgewiesen. Einige wenige hell. Scherben fanden sich auf dem Tell; nördl. und östl. des Tells lagen Siedlungen in röm.-byz. Zeit.

Von den vielen Kleinfunden sind neben Waffen und Geräten aus Eisen, Webergewichten und Mahlsteinen bes. kultische Gegenstände nennenswert: Zwei „Kultständer" aus dem 10.Jh. (TT I Tf. 12f; vgl. AOB 396f; BASOR 195, 1969, 43; ferner: →Kultgeräte, 1.a mit Abb. 45₃), Stelen oder Masseben (AOB 410) in Räumen aus der E II-Zeit (eine in einem verputzten Bassin stehend; →Massebe, 2.), viele Schweine- und Schaf-Astragali aus der FB-, MB IIB-, SB I- und E II-Zeit sowie zahlreiche Figurinen und →Amulette aus dem Ende der MB-, SB I- und E-Zeit, hauptsächlich mit Darstellungen von Frauen (AOB 282, 284, 287f; vgl. →Götterbild, weibliches, 6.) und des äg. Gottes Bes (AOB 558). In einem Vorratsraum (E II-Zeit) fand P.W. Lapp eine Matritze für die Anfertigung solcher Götterbilder. Zahlreiche undatierte Skarabäen stammen aus MB IIB- und SB I-Schichten (BASOR 195, 1969, 46). Zu dem von Sellin gefundenen Rollsiegel des Ātanaḫ-Ilī (TT I 28 Abb. 22; vgl. AOB 577) kommt eine Gruppe von solchen des mitannischen (um 1500) oder unter äg. Einfluß weiterentwickelten mitannischen (15.Jh.) Stils hinzu. Auch Goldschmuck (TT II Tf. 4; vgl. AOB 613_{11-19}) und viele knöcherne Nadeln wurden gefunden. Als hervorstechende Keramikfunde sind zu nennen eine Schüssel, die die für die MB IIB-Zeit typische „chocolate-on-cream" mit der für die SB I-Zeit typischen bichromen Bemalung kombiniert, sowie zwei weißgrundige attische Lekythen aus pers. Zeit. Acht akk. Keilschriftbriefe (→Brief, 2.) und sechs Fragmente, die eine wichtige Quelle für pal. Personennamen sind, fanden sich in Kontexten des späten 15.Jh.s (TT I 113–122 Tf. 10f II 36–41 Tf. 1–3; A.E. Glock, BASOR 204, 1971, 17–30; vgl. W.F. Albright, BASOR 94, 1944, 12–27). Eine Getreideabrechnung in alphabetischer Keilschrift ist dem 12.Jh. zuzuweisen (D.R. Hillers, BASOR 173, 1964, 45–50; M. Weippert, ZDPV 82, 1966, 311–320; 83, 1967, 82f; vgl. aber F.M. Cross, BASOR 190, 1968, 41–46).

3. Die Geschichte Th.s während der B-Zeit – mit Höhepunkten in der FB II/III- und MB IIB/SB I-Zeit – war dadurch bestimmt, daß es ein wichtiges landwirt-

schaftliches Zentrum war und es bis ins 10. Jh. blieb.

Unter äg. Kontrolle kam Th. nach dem pal. Feldzug Thutmosis' III. (um 1470); die Zerstörung der ersten SB I-Verteidigungsanlage kann eventuell damit zusammenhängen. Von Amenophis II. stammen wahrscheinlich die an Riyašur von Th. gerichteten Keilschriftbriefe 5 und 6 (A. Malamat, Scripta Hierosolymitana 8, 1961, 218–227). Obwohl SB II-Schichten bisher nicht bekannt sind, stützt die Erwähnung des Biridiya von Megiddo in EA 248_{14} die Lesung des Namens Th. in diesem Brief und weist so auf eine Weiterbesiedlung des Ortes in der SB-Zeit. Die äg. Hegemonie über die Jesreel-Ebene endete im 12. Jh.; doch eroberte der Pharao Šošenq I. Th. noch einmal (eventuell mit der Zerstörung der ersten Phase des „Kultareals" zu verbinden).

In der frühen E-Zeit ist Th. als bedeutendes kan. Zentrum bekannt (Jos. 12_{21} 17_{11} Jdc. 1_{27}). Es ist nicht überliefert, wann Th. unter isr. Oberhoheit kam. Daß dies schließlich der Fall war, ergibt sich aus einer Salomo zugeschriebenen Gauliste (1 R. 4_{12}), wo Th. neben Megiddo, dem politischen Zentrum der Region, genannt wird. Über die spätere Geschichte Th.s ist wenig bekannt; EusOn 100_7 erwähnt Th. als sehr großes Dorf.

Literatur: TT I, II – P.W. Lapp, BA 26, 1963, 121–134 – ders., BASOR 173, 1964, 4–44 – ders., BA 30, 1967, 1–27 – ders., BASOR 185, 1967, 2–39; 195, 1969, 2–49. *Th. L. Thompson*

Thirza

W. F. Albright schlug 1931 vor, *Tirṣā* mit dem 11 km nordöstl. von *Nāblus* liegenden *Tell el-Fār'a* Nord zu identifizieren, der, von den Quellen *'Ēn el-Fār'a* und *'Ēn ed-Dlēb* mit Wasser gut versorgt, eine für eine Stadtentwicklung günstige Lage am Paß ins Jordantal sowie an der Straße nach Beth-Sean und nach Sichem besaß. G. Dalman (PJ 8, 1912, 31 f) und A. Alt (PJ 23, 1927, 36 f; 28, 1932, 40 f) sahen in ihm den Ort von Gideons Ophra (Jdc. $6_{11,24}$) und nach F.-M. Abel (Géographie de la Palestine II, 1967, 268) ist hier Beth-Bara von Jdc. 7_{24} anzusetzen. Ausgehend von dem unsicheren Text von 2 R. 15_{16} suchen Abel (a.a.O., 485) und K. Elliger (BHH III, 1973) Th. in der Nähe von Thappuah (*eš-Šēḫ Abū Zarad*) in *Ǧemmā'īn* 12 km südwestl. von *Nāblus*.

Geographische Angaben über die Ortslage sind im AT nicht überliefert; doch berichtet es über die Geschichte der Stadt: vor der isr. Landnahme soll hier ein Stadtfürst geherrscht haben (Jos. 12_{24}), danach zählte Th. zum Stamm Manasse (Nu. 26_{33} u. ö.). Jerobeam I. wählte Th. als Hauptstadt des Nordreiches (1 R. 14_{17}, LXX^B = *Ṣərēdā* analog zu 1 R. 11_{26}; doch ist der MT vorzuziehen: PEQ 88, 1956, 135 Anm. 2). Omri zerstörte Th. (1 R. 16_{17f}), verlegte die Residenz aber erst in seinem 6. Regierungsjahr nach →Samaria (1 R. 16_{23}). Im 8. Jh. konnte Menahem von Th. aus die Macht an sich reißen (2 R. 15_{14}). Spätere literarische Zeugnisse in- oder außerhalb des ATs fehlen.

Die neun von R. de Vaux geleiteten Grabungskampagnen (1946–1960) auf dem *Tell el-Fār'a* Nord können seine Identifizierung mit Th. zwar nicht sicherstellen, machen sie aber wahrscheinlich.

Die bis ins NL zurückreichende Besiedlung des Tells führte in der FB I-Zeit zu einer befestigten Stadt (Mauer mit Türmen oder Bastionen; in der FB II-Zeit terrassenartiges Glacis vorgelagert; Westtor mit zwei aus der Mauer vorspringenden Türmen: ANEP 865) mit gepflasterten Straßen und darin eingetieften Wasserrinnen. Neben dem Tempel (RB 68, Tf. 41 B–43) ist in der FB II-Zeit der bislang älteste in Pal. bekannte Töpferofen bezeugt (ANEP 786).

Die mit Beginn der FB III-Zeit abgebrochene Besiedlung begann schwach im 19., ausgeprägt gegen Ende des 18. Jh.s erneut (Mallet). Das Zweikammer-Tor der MB II-zeitlichen Befestigung (Mauer mit Glacis; Mauer und Tor blieben – mit Modifikationen – bis zur Zerstörung durch die Assyrer in Gebrauch) besaß eine Art „Vorhof" (Bank an der Westseite; in einer Nische Krug mit einem Kinderskelett). Singulär in Pal. ist das unterirdische Heiligtum (darin u.a. Funde von Schweineknochen, →Viehwirtschaft, 4.) mit darüber gebautem Tempel (RB 64, 559–567). R. de Vaux versteht das Heiligtum ebenso wie das ähnliche aus dem 16. Jh. in Alalaḫ (C. L. Woolley, Alalakh, 1955, 66–69 Abb. 29) als einer chthonischen Gottheit geweiht. Ein Vierraum-Haus in den stark gestörten SB-Straten (RB 64, 575 Abb. 8) erklärt de Vaux als Tempel (eine bronzene, mit Silber überzogene Hathorfigur wurde darin gefunden: ebd. Tf. 11 A).

Ein Hinweis auf eine kriegerische Zerstörung der Stadt zwischen der SB- und E-Zeit (Landnahme) ließ sich nicht erbringen. Die direkt auf die SB-zeitlichen Schichten folgenden, über die Stadt verteilten gleichförmigen Vierraum-Häuser der E I/IIA-Zeit (RB 59, 559 Abb. 5) lassen für die frühe isr. Gesellschaftsstruktur vermuten, daß keine starke sozialen Differenzierungen bestanden. Die Zerstörung im frühen 9. Jh. könnte eventuell auf Omri zurückgehen (1 R. 16_{17f}). Beim Wiederaufbau der Stadt blieb ein großes Gebäude unvollendet, das de Vaux als unter Omri begonnenen Palastneubau interpretiert, der verlassen worden sei, als Samaria Residenz wurde (1 R. 16_{23}). Da die für das Samaria von 880–850 typische Keramik in *Tell el-Fār'a* Nord nicht aufgetaucht sei, danach aber die Keramik an beiden Orten aufs engste korrespondiere, vermutet de Vaux, daß Omri zur Erbauung Samarias einen Großteil der Bevölkerung aus Th. abgezogen habe. In der E IIB/C-Zeit (nach 850) läßt sich die soziale Differenzierung in ein städtisches Proletariat und eine Oberschicht an der Architektur ablesen. Im Reichenviertel finden sich – mit verbesserter Mauertechnik – die Vierraum-Häuser wieder (RB 59, 565 Abb. 7), während im durch eine Mauer abgetrennten Armenviertel kleinere und schlecht gebaute Häuser sich zusammendrängen. Der große Bau in Tornähe könnte als Gouverneurssitz (Menahem?, 2 R. 15_{14}) gedient haben. Kultische Funktion dürften das am Toreingang stehende steinerne Bassin und Podium gehabt haben (Kontinuität seit MB II?), auf dem wahrscheinlich eine Massebe stand (ein entsprechender Stein wurde in der Nähe gefunden). Nach der Zerstörung durch die Assyrer um 723 dokumentiert die hier wie in Samaria, Dothan und *Tell Ǧemme* gefundene Keramik, deren ass. Herkunft durch Funde in *Nimrūd* feststeht, die Anwesenheit der ass. Besatzungsmacht oder der von ihnen angesiedelten Kolonisten. Etwa um 600 wurde die Stadt aus unbekannten Gründen (Malaria?) endgültig verlassen.

Literatur: Grabungsvorberichte: R. de Vaux, RB 54, 1947, 394–433, 573–589; 55, 1948, 544–580; 56, 1949, 102–138; 58, 1951, 393–430, 566–590; 59, 1952, 551–583; 62, 1955, 541–589; 64, 1957, 552–580; 67, 1960, 245–247; 68, 1961, 557–592; 69, 1962, 212–253.
Weitere Lit.: W. F. Albright, The Site of Tirzah and the Topography of Western Manasseh, JPOS 11, 1931, 241–251 – J. Gray, Tell el Far'a by Nablus: A „Mother"in Ancient Israel, PEQ 84, 1952, 110–113 – J. L. Huot, Typologie et Chronologie relative de la céramique du Bronze Ancien à tell el-fâr'ah, RB 74, 1967, 517–554 – U. Jochims, Thirza und die Ausgrabungen auf dem Tell el-Fār'a, ZDPV 76, 1960, 73–96 – J. Mallet, Tell el-Far'ah (Région de Naplouse): L'installation du Moyen Bronze antérieure au rempart, Cahiers de la RB 14, 1973 – ders., Tell Far'ah près de Naplouse, Remarques sur le Tombe A et le Cylindre-Sceau F 140, RB 81, 1974, 423–431 – R. de Vaux, The Excavations at Tell el-Far'ah and the Site of Ancient Thirzah, PEQ 88, 1956, 125–140 – ders., Tirzah, in: D. W. Thomas, ed., Archaeology and Old Testament Study, 1967, 371–383 – Weitere Lit. bei E. K. Vogel, HUCA 42, 1971, 83f.
H. Weippert

Töpferscheibe

Neben der von Hand aufgebauten Keramik des CL tauchen Gefäße auf, die auf in Spiralen- oder Fischgrätenmuster geflochtenen Drehmatten hergestellt wurden, wie Bodenfragmente beweisen (z. B. Meg II Tf. 2_{16f} 92_{14f}; TGh I Tf. $39_{2,4}$; vgl. →Korb- und Flechtwerk, 2.). Diese auf ebener Unterlage langsam gedrehten Matten stellen die Vorläufer der T. dar, die sich erst gegen Ende der FB-Zeit in Syr.-Pal. durchsetzte. Sie besteht aus einer Basisscheibe mit zentralem Zapfen sowie der T., die, mit einer dem Zapfen entsprechenden Spurpfanne versehen, auf der Basis ruht (Abb. 86_1). In einigen Fällen weist die obere Scheibe den Zapfen und die untere die Spurpfanne auf (Abb. 86_2); die unterschiedliche Anordnung stellt jedoch kein Kriterium zur Datierung dar. Die beiden Scheiben sind meist aus Basalt, seltener aus Kalkstein. T.n dieser Konstruktion oder

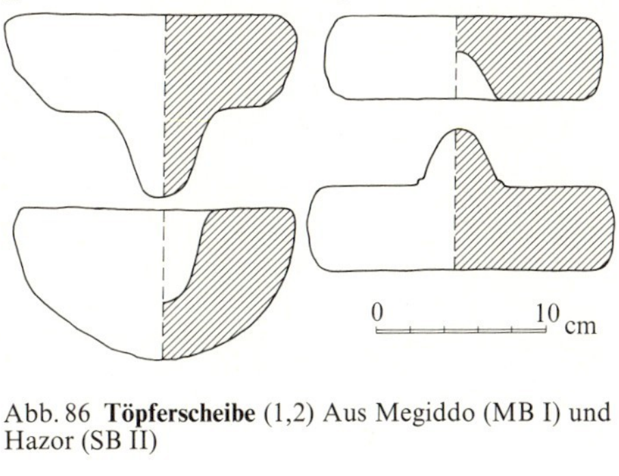

Abb. 86 **Töpferscheibe** (1,2) Aus Megiddo (MB I) und Hazor (SB II)

Fragmente von ihnen wurden in vielen Orten Syr.-Pal.s gefunden (Amiran 46f), so etwa in Hazor (Hazor II Tf. 127₂₂) und Lachis (Rieth 33), wurden jedoch häufig fälschlich als →Mühlen der entsprechenden Epoche gedeutet, von denen sie sich aber durch die plattenartige Abflachung mindestens eines der beiden Steine unterscheiden (richtig eingeordnet: TM I Abb. 82; AAA 21, 1934, Tf. 19₂; falsch: EG II 36; TH IV Tf. 39c). Im Verlauf der MB-Zeit wurde die T. technisch zunehmend verbessert, indem die Reibung zwischen den Scheiben im Gegensatz zur →Mühle verringert wurde; dies schlug sich im Übergang von der sogenannten „langsamen" zur „schnellen" Scheibe nieder, der anhand der Drehspuren an den Gefäßwandungen der Keramik nachweisbar ist. Dabei wurden jedoch die Grundzüge der Konstruktion bis zum Ende der E-Zeit nicht verändert, wie u.a. zwei T.n aus Megiddo (Meg II Tf. 268₃, um 2000; Meg I Tf. 114₂f, um 600) beweisen. Die Erfindung der fußbetriebenen T. (Johnston Abb. 9) ist für das 3.Jh. durch ein äg. Relief (Rieth Tf. 72f)) belegt und in Syr.-Pal. für das 2.Jh. literarisch bezeugt (Sir. 38₃₂). Trotz der dadurch entstandenen Arbeitserleichterung konnte sich die handbetriebene T. ihrer einfacheren Konstruktion wegen neben der fußbetriebenen halten (Hampe Abb. 13f).

Dem geringen sozialen Ansehen der Töpfer entsprechend (vgl. für Ägypten: H. Brunner, Die Lehre des Cheti, 1944, 22), findet die T. im AT und im NT neben Sir. nur noch in Jer. 18₃(*'*ōbnayim* = die doppelte Scheibe!) Erwähnung, während bildliche Darstellungen von T.n für Syr.-Pal. bisher fehlen.

Literatur: R. Amiran, The Millstones and the Potter's Wheel, EI 4, 1956, 46–49 (hebr.) – R. Hampe/A. Winter, Bei Töpfern und Töpferinnen in Kreta, Messenien und Zypern, 1962 – R.H. Johnston, The Biblical Potter, BA 37, 1974, 86–106 – A. Rieth, 5000 Jahre Töpferscheibe, 1960. *U. Müller*

Tor

Jede Stadtbefestigung benötigte T.anlagen, die in Friedenszeiten den normalen Verkehr möglichst wenig behinderten, in Kriegszeiten jedoch Ausfall und effektvolle Verteidigung erlaubten. Die Zahl der T.e war von der Größe des umschlossenen Gebietes abhängig (so hatte Jerusalem in der E II-Zeit sieben T.e), ihre Lage vom Vorgelände und den Hauptverkehrswegen (vgl. Meg I Abb. 3). Jedes T. stellte als Durchbrechung der Befestigungsanlagen einen strategisch schwachen Punkt dar, woraus sich der bes. bautechnische Aufwand der einzelnen Konstruktionen erklärt.

In der MB II-Zeit findet sich in Syr.-Pal. ein einheitlicher T.typus, der, an vielen Orten belegt (Kaplan 10f), folgende Kennzeichen aufweist: a) Das T. besteht aus einer Passage, die sich an den eigentlichen Durchlaß anschließt (Abb. 87₁). – b) Diese Passage wird in den meisten Fällen durch der Stadtmauer vorgesetzte, das T. flankierende Türme nochmals verlängert, die in Sichem (Abb. 87₂) und in *Tell Açana* (Naumann, Architektur, Abb. 380) durch Treppen von innen besteigbar waren. Nach äg. und ass. bildlichen Darstellungen überragten diese Türme Durchgang und Passage beträchtlich (→Abb. 14₁f; ANEP 336, 356, 369). – c) In der Passage selbst finden sich von den Seitenwänden ausgehende Vorsprünge oder Zangenmauern. Überwiegend handelt es sich dabei um drei Zangenpaare (Kaplan 12); doch wurden für Sichem, Megiddo und *Tẹl Pōlẹg* auch T.e mit nur zwei Zangenpaaren nachgewiesen (ebd. 13). Charakteristisch ist für diesen T.typus der von der Stadtmauer in die Stadt hineinreichende Aufbau der T.anlage. Eine solche Konstruktion macht einen weitgefächerten Angriff von außen unmöglich, indem die T.türme zum in der Breite begrenzten Frontalangriff zwingen. Das Vorspringen der Türme gegenüber der Stadtmauer ermöglichte es, den auf das T. selbst gerichteten Angriff frühzeitig zu stören. Nahm der Feind den äußersten T.durchlaß, so war er den Angriffen der Verteidiger von oben um so stärker ausgesetzt, je weiter er eindringen konnte, da man sich die eigentliche Passage im Gegensatz zu einigen Rekonstruktionen (z.B. Naumann, Architektur, Abb. 401) ungedeckt vorzustellen hat.

Im Übergang von der SB- zur E I-Zeit nehmen die Nischen zwischen den Zangenmauern unter heth. Einfluß an Größe zu (Meg II Abb. 382), während der Gesamtplan im wesentlichen unverändert bleibt. Für das 10.Jh. sind in Geser, Megiddo (Abb. 87₃) und Hazor schließlich T.e belegt, die – in ihrer Gestaltung als Sechskammer-T.e und mit ihren nahezu iden-

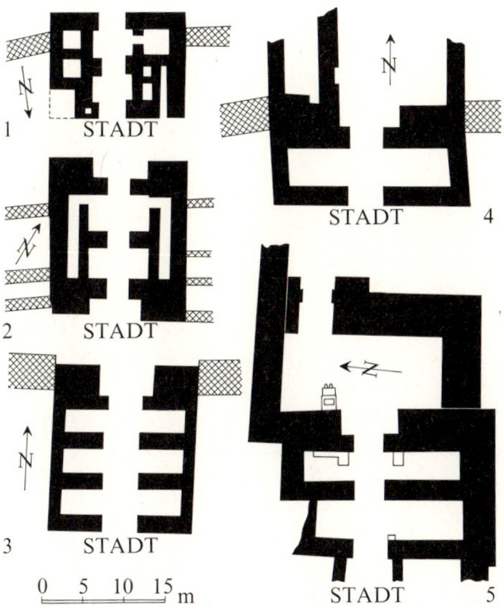

Abb. 87 **Tor** (1) Nordtor von Beth-Semes (MB II), (2) Nordwesttor von Sichem (MB II), (3,4) Nordtor von Megiddo (E IIA und E IIC), (5) Südtor vom *Tell el-Qāḍī* (E IIA)

tischen Maßen – auf einen gemeinsamen Plan schließen lassen (Yadin, IEJ 8, 84f). Ein dem Aufbau dieser T.e bedingt ähnlicher Plan läßt sich aus der Beschreibung des Ost-T.es des Vorhofes des Tempels (Ez. 40_{6-16}) erheben. Da hier jedoch die „Vorhalle" (Ez. 40_{7f}) des T.es sich auf der Innenseite der T.passage anschließt (Gese 16) und nicht, dem Raum zwischen den T.türmen vergleichbar, auf der Außenseite des T.es zu suchen ist – wobei bei Ezechiel keine Türme erwähnt werden –, liegt bei diesem T. eine Umkehrung der üblichen T.anlagen vor, die gleichzeitig auf eine den Stadt-T.en nicht vergleichbare Funktion hinweist (gegen Howie 14). Gegen Ende der E II-Zeit verbreitern sich die Kammern zwischen den Zangen unter ass. Einfluß erheblich (Abb. 87_4).

Die Bedeutung der T.anlagen in Kriegszeiten findet ihren Niederschlag in äg. und ass. Reliefs, die großes Gewicht auf den Sturm auf das T. und dessen Verteidigung legen. Während die äg. Reliefs den Türsturz stets waagrecht darstellen (z.B. ANEP 344), kommen auf ass. Reliefs sowohl Rundbögen als auch waagrechte Türstürze als oberer T.abschluß vor (→Abb. 14_{1f}; Yadin, Warfare, 423). Übereinstimmend zeigen die Darstellungen jedoch Flügeltüren, die durch Riegel von innen gesichert wurden, und die in *Tell el-Qāḍī* (A.Biran, IEJ 22, 1972, 164) und in Megiddo (Meg II Abb. 104) durch Türangelsteine nachgewiesen werden konnten. Für Sichem nehmen die Ausgräber Schiebetüren als T.verschlüsse an (G.E. Wright, Shechem, 1965, 60, 73); diese Interpretation scheidet aber wegen der außergewöhnlichen Breite der Türversenkungen aus.

Wenige T.e weisen einen in der Längsachse gewinkelten Zugang auf. In Ugarit (Naumann, Architektur, Abb. 131) und in *Tell el-Qāḍī* (Abb. 87_5) – hier in Gestalt einer äußeren, sekundären Verbauung – handelt es sich um echte Verteidigungsmaßnahmen, während eine solche Konstruktion sonst durch die Abschüssigkeit des Geländes vor der Stadtmauer erzwungen wird, was etwa durch die T.anlage von Megiddo, einer Kombination von Sechskammer-T. und gewinkeltem Aufgang verdeutlicht wird. Ein Vergleich der Aufwege in Geser (nach links geknickt) und in Megiddo (nach rechts geknickt) zeigt, daß bei der Anlage der Aufwege Überlegungen, welche Körperseite des möglichen Angreifers auf diese Weise entblößt werden sollte, keine Rolle gespielt haben (gegen Yadin, Warfare, 22).

Die T.anlagen bedeckten Flächen bis zu 400 m^2 (Meg II Abb. 105), die lichte Breite der Durchgänge liegt zwischen 2 und 4 m, wobei die T.e der E II-Zeit die Tendenz zu breiteren Durchgängen aufzeigen (Yadin, IEJ 8, 84f), was durch den Gebrauch des Streitwagens (→Pferd und Streitwagen, 2.) zu erklären ist. Die Mauerstärke schwankt je nach Bauart (Stein oder →Ziegel aus Lehm) zwischen 1,5 und 2,5 m.

Die Nutzung des T.es in Friedenszeiten wird im wesentlichen durch Texte belegt. Demnach erfüllte der Raum im T. und stadteinwärts vor dem T. die unterschiedlichsten Aufgaben, zumal öffentliche Gebäude häufig in der Nähe eines T.es lagen (z.B. in *Tell el-Fār'a* Nord: RB 59, 1952, Tf. 11; vgl. auch 2S. 15_2). Fußböden und Pflasterungen in und neben den Nischen deuten auf die Nutzung als Wachräume und Verkaufsplätze hin (Meg II Abb. 105). Als natürliches Zentrum der Begegnung diente das T. zum Abhalten des Marktes

(2R. 7_{1}), war Empfangsort von Fremden (Gn. 19_{1}), Versammlungsplatz (Neh. 8_{16}) und Treffpunkt der Ältesten. Im T. wurden ferner Ankündigungen bekanntgegeben, Abmachungen getroffen (Ps. 127_{5} Gn. 23_{10}) und Recht gesprochen (Am. 5_{10}). Archäologische Hinweise auf diese verschiedenen Funktionen des T.es können die Bänke im T. von *Tell el-Qāḍī* sowie die hier wie in Karkemiš gefundenen Podeste für Statuen (des Stadtherrschers?) oder Stelen sein.

Literatur: H. Gese, Der Verfassungsentwurf des Ezechiel, Beiträge zur historischen Theologie 25, 1957 – C. G. Howie, The East Gate of Ezekiel's Temple Enclosure and the Solomonic Gateway of Megiddo, BASOR 117, 1950, 13–19 – J. Kaplan, Further Aspects of the Middle Bronze Age II Fortifications in Palestine, ZDPV 91, 1975, 1–17 – Y. Yadin, Solomon's City Wall and Gate at Gezer, IEJ 8, 1958, 81–86 – ders., Warfare, *passim* – ders., Hazor, Gezer and Megiddo in Solomon's Times, in: A. Malamat, ed., The Kingdom of Israel and Judah, 1961, 66–109 (hebr.). *U. Müller*

Tür

Die durch die beiden T.pfosten (hebr. *'ayil, 'ōmənā?, məzūzā*), den T.sturz (hebr. *mašqōp*), der einen gebogenen Ansatz haben konnte (vgl. Meg I Abb. 46f) und die Schwelle (hebr. *sap*) gebildete T.öffnung wurde vor allem bei größeren und bedeutenderen Gebäuden durch eine T. verschlossen, die gesperrt werden konnte (vgl. Gn. 19_{10f}). Einfache Häuser muß man sich dagegen mit offenen Eingängen denken, die eventuell durch Vorhänge geschlossen wurden. Die Existenz von „Perlen-T.en" – Fäden mit runden Anhängern hängen in der T.öffnung herab – ist literarisch für Mesopotamien belegt (Salonen 42 Abb.).

Die T. bestand aus einem oder – bei Palast-, Tempel- oder Stadt-→Toren – zwei Flügeln (hebr. *dělet*). Zum einzelnen T.blatt gehörte der mit ihm verbundene Zapfen, der oben und unten vorragte. Die T. war normalerweise aus Holz gefertigt; Nachahmungen finden sich bei Gräbern aus röm. Zeit auch aus Stein (z.B. EG III Tf. 105). Gegossene Bronze-T.en sind in Ägypten bezeugt (Erman/Ranke, Ägypten, Abb. 232; →Metall, 3.). An der T. eines Tores konnten zum Schutz sowie zur Ausschmückung bandähnliche Metallbeschläge angebracht sein, die auch zur Stabilität der Verbindung von T.blatt und Zapfen des T.blattes in sich beitrugen. Ein am T.zapfen angebrachter Teil eines Bronzebeschlags des Stadtores von Jaffa (SB-Zeit) wurde bei Grabungen gefunden (Encyclopaedia Biblica III, 1958, 739 [Abb.] [hebr.]). In den gestrichelten Bändern von Abb. 88 handelt es sich um Bronzebeschläge der T. von *Balawāt,* auf denen in Reliefs Szenen von den Kriegen Salmanassars III. wiedergegeben sind (vgl. AOB 126–129; ANEP 356–365). Der T.zapfen drehte sich oben in einer Angel, die aus Stein (TH IV Tf. 42c), Holz und vielleicht auch aus Bronze gefertigt sein konnte (Naumann, Architektur, Abb. 217). Unten ging er in einen zugespitzten, manchmal mit Bronze bekleideten Drehzapfen (hebr. *'ammā?*) über, der sich in einem Loch (hebr. **ṣīr*) des Angelsteins oder der Pfanne bewegte. In einfacher Ausführung mit relativ großer halbkugelförmiger Vertiefung wurden zu Türpfannen bearbeitete Steine verschiedentlich bei Ausgrabungen gefunden (vgl. BS II/1 Tf. 27_{11}; Naumann, Architektur, Abb. 201f). Es finden sich aber auch kompliziertere Konstruktionen von Angelkapseln, welche mit einer für die Drehsäule rundlich ausgeschnittenen Steinplatte abgedeckt waren (Naumann, Architektur, Abb. 213; TH IV Tf. 41b, 42b) und bei denen der eigentliche tieferliegende Angelstein nur eine kleine lochartige Vertiefung besaß (Naumann, a.a.O., Abb. 209–212; TH IV Tf. 41a, c).

Auf die Existenz einer hölzernen T.leibung weisen die vier Bohrlöcher in den Orthostaten am Eingang des Lang-Tempels von Hazor (Hazor III–IV Tf. 10). Steinerne T.gewände sind von äg. Darstellungen kan. Städte bekannt (AOB 94f, 102; ANEP 329, 334). Ein T.gewände wurde am Eingang des Gebäudes 338 von Megiddo (→Abb. 36_{4}: Grundriß) rekonstruiert, wobei der T.sturz an beiden Seiten von zwei Pilastern mit Volutenkapitellen (→Abb. 68) unterstützt wird, die in Durchgangsrichtung orientiert sind. Auf ass. Einfluß geht der T.bogen (der Außenmauer von Tyrus? – AOB 126; vgl. →Gewölbe) zurück. Von äg. Grabanlagen und ass. Bauwerken (Mallowan, Nimrud I, Abb. 270) sowie vom Tempel von *Tell Ta'yīnāt* (C. W. McEwan, AJA 41, 1937, 9 Abb. 4) kennen wir den mehrfach gestaffelten T.rahmen, der für den Durchgang zum Allerheiligsten und vom Vorraum zum *Hẹkāl* in Jerusalem bezeugt ist (M. Noth,

Abb. 88 **Tür** Rekonstruktion der Türflügel mit Bronzebeschlägen von *Balawāt* (9. Jh.)

Könige, BK 9/1, 1968, 127). Auch das Libanon-Waldhaus Salomos (1R. 7_{2-5}) besaß vierfach gestaffelte Fenster- und T.rahmen (V.$_5$). Eine Doppel-T. zwischen der Vorhalle und dem Hauptraum des Jerusalemer Tempels glaubt H. Gese (Der Verfassungsentwurf des Ezechiel, Beiträge zur historischen Theologie 25, 1957, 181–183 Abb. 4) erschließen zu können.

Zum Verschluß der T. diente ein Riegelbalken (hebr. *bərīaḥ,* Dt. 3_5), die von innen schräg gegen die T.flügel gestellte Holzspreize – der ins Pflaster eingelassene Spreizenfuß wurde in *Tell Ḥalāf* mehrfach gefunden (Naumann, Architektur, 169–171; TH II Tf. 43_1 53_1) – oder in selteneren Fällen ein Schloß mit Schlüssel (vgl. Jdc. 3_{25} 1Ch. 9_{27}). Schloß und Schlüssel arbeiteten folgendermaßen: Ein Querriegel (hebr. *man'ūl*) wurde in ein Loch des T.pfostens geschoben, wobei einige bewegliche Stifte des Pfostens in die entsprechenden Löcher des Riegels fielen. Um den Querriegel wieder zu lösen, schob man den Schlüssel (hebr. *maptēaḥ*) von der Seite in eine Aussparung des Riegels. Der Schlüssel war so mit entsprechenden Stiften versehen, daß man mit ihnen nun die in den Riegel gefallenen Stifte des Pfostens in den Pfosten zurückdrücken konnte und so den Riegel beweglich machte. Bei einer steinernen Grab-T. (röm. Zeit) aus Jerusalem (Dussaud) war dieses Prinzip durch verschieden lange, geteilte Schloßstifte und entsprechende Schlüsselstifte sowie bes. Bearbeitung von Schlüsseloberfläche und der entsprechenden Fläche im Riegel zum „Sicherheitsschloß" verfeinert. Zu diesem Typ des Hebeschlosses kam in röm. Zeit der des Drehschlosses hinzu (P. Benoit/J.T. Milik/R. de Vaux, Les grottes de Murabba'ât, DJD II, 1961, 38 Abb. 10_7).

Literatur: Dalman, AuS VII, 50–55, 67–74 – R. Dussaud, La serrure de Sour-Baher, Syria 6, 1925, 188–193 – Krauß, TalmArch I, 36–42 – Naumann, Architektur, 160–171 – A. Salonen, Die Türen des Alten Mesopotamien, Annales Academiae Scientiarum Fennicae B/124, 1961. *K. Galling/H. Rösel*

Tyrus

9 km südl. der Mündung des *Nahr el-Liṭānī* ins Mittelmeer befindet sich die griech. T. (hebr. *Ṣōr,* akk. *Ṣurru,* bab. *Ṣūru,* arab. *Ṣūr,* äg. *Ḏr*; Ableitung wohl von sem. *ṣr* = „Felsen") genannte Stadt auf einer Halbinsel. Ursprünglich lag T. auf zwei Inseln, die der zur Zeit Salomos in T. herrschende König Hiram verband und durch Aufschüttungen erweiterte (Josephus, Contra Apionem I, 113). 332 wurde Insel-T. mit dem Festland verbunden, als Alexander der Große während der →Belagerung (4.) von T. einen Damm aufschütten ließ, an dessen Seiten sich inzwischen Schwemmsand ansetzte (zur Lage: Katzenstein 9–17).

Die Bedeutung von T. beruhte auf seiner Insellage, die es dem Zugriff vom Festland aus entzog. Handelsmöglichkeiten boten ein →Hafen im Norden der Insel und einer im Süden. Der Handel mit dem Hinterland und die Zufuhr von Wasser und Lebensmittel erforderten eine Dependance auf dem Festland. Wasser lieferte die Quelle *Rās el-'Ēn* südl. von T. auf dem Festland, und so ist es naheliegend, die akk. *Usū,* griech. *ἡ πάλαι Τύρος* (JosAnt IX 285) genannte Stadt auf dem unweit davon entfernten *Tell Rašīdīye* anzusetzen (Chéhab, BMB 6, 86;

K. Galling, ZDPV 69, 1953, 91–93; ders., Studien, 196; Katzenstein 14f). Lebensmittel erhielt T. u.a. auch von Pal. (1R. 5_{23f} Ez. 27_{17} Act. 12_{20}), und die Heirat Ahabs mit Isebel, Tochter des Königs 'Ittōba'l von T. (1R. 16_{31-33}) diente wohl nicht zuletzt der Sicherung der Handelskontakte. Noch für die hell.-röm. Zeit belegt die große Zahl in Pal. gefundener tyrischer Münzen die engen Handelsbeziehungen (Ben-David), die die Einflußsphäre von T. schon früh weit nach Süden reichen ließen (vgl. Alt, KlSchr II, 144–149; K. Elliger, ZAW 62, 1950, 96–99). Im Norden kollidierten die Interessen von T. zwar mit den sidonischen (Galling, Studien, 195); doch behielt T. im 9.–7. Jh. die Oberhand: 1R. 16_{31} und KAI Nr. 31 Z. 1 nennen Könige von T. bezeichnenderweise „Könige der Sidonier", und ein Vertrag zwischen Asarhaddon und Ba'lu von T. sicherte diesem die Küstenkontrolle zu (R. Borger, Die Inschriften Asarhaddons Königs von Assyrien, AfO Beiheft 9, 1956, 107–109). Zu den (Handels-)Kolonien auf dem Festland (Urnengräber der E II-Zeit in *'Atlīt, Tell el-Fār'a* Süd, *Tell el-'Aǧūl*; dazu →Sarkophag, Urne, Ossuar, 3.) kamen solche auf Mittelmeerinseln (KAI Nr. 31, 36, 43, 46f), in Nordafrika (KAI Nr. 86) und Spanien (K. Galling, ZDPV 88, 1972, 1–18, 140–181). Diese standen in engem Kontakt mit T., und auch sie verehrten Melqart (**mlk qrt* = „König der Stadt", dazu: KAI Nr. 16), den Stadtgott von T.

Erstmals erwähnen die äg. Ächtungstexte T. (E 35; zum hier genannten Herrscher und zur Königsliste von T.: Katzenstein 349), das nach Her II 44 um 2750 gegründet wurde. Einen Schrein der Aschera von T. nennt das *Krt*-Epos (Katzenstein 19–21). Die Amarna-Briefe EA 146–155 (dazu W.F. Albright, JEA 23, 1937, 190–203; Katzenstein 28–45) und in T. gefundene Inschriften mit den Pharaonennamen Sethos I. und Ramses II. (Chéhab, BMB 18, 113) dokumentieren die Kontakte Ägyptens mit T. in der SB IIB-Zeit. Wirtschaftspolitische Interessen (nach ug. Wirtschaftstexten dominierte der Textilhandel: Ch. Virolleaud, Le Palais royal d'Ugarit II, 1957, 146 Nr. 112–16.04; Katzenstein 47f; zur Purpurindustrie: Jidejian 143–159; →Farbe, 2.b) zwangen T. in der Regel zu einer loyalen Haltung (=Tributzahlung) gegenüber den Großmächten, die T. seinerseits als Handelspartner und Garanten der Handelswege benötigte. Ihrerseits waren die Großmächte an der phön. Flotte interessiert. Die Bronzetüren von *Balawāt* stellen den auf Schiffen von T. dargebrachten Tribut an Salmanassar III. dar (ANEP 356 oberes Register, dazu: G. Kestemont, OA 11, 1972, 137–144). Erst seit Tiglathpileser III. griffen die Assyrer auch in die inneren Angelegenheiten der phön. Städte ein (B. Oded, ZDPV 90, 1974, 38–49). Seine Vorrangstellung verlor T. an Sidon während einer 13jährigen Belagerung durch Nebukadnezar II., obwohl Insel-T. entgegen Ez. 26–28 nicht erobert wurde, zuletzt aber kapitulierte (Ez. 29_{17f}). Erst Alexander der Große eroberte und zerstörte die Stadt 332.

Ausgrabungen in T. (1860: E. Renan; 1921: D. Le Lasseur; 1934–36: A. Poidebard [Hafen]; seit 1947: M. Chéhab) legten röm. Stadtteile (beginnend im 1. Jh. n. Chr) frei: eine mit Mosaiken gepflasterte Säulenstraße, eine zwischen Zisternen gelegene rechteckige (45 × 35 m) von fünf Sitzreihen umgebene Arena (?) und Wohnviertel. Nur unsichere Ergebnisse erbrachten die Untersuchungen der →Hafen-Anlagen durch Poidebard (ergänzend: Frost). Auf dem Festland, südl. des 332 aufgeschütteten Damms, fand sich eine große röm.-byz. Nekropole, eine durch einen Prunkbogen führende Säulenstraße und ein U-förmiges, 480 m langes Hippodrom.

Literatur: A. Ben-David, Jerusalem und Tyrus: Ein Beitrag zur palästinischen Münz- und Wirtschaftsgeschichte (126 a.C.–57 p.C.), Kleine Schriften zur Wirtschaftsgeschichte 1, 1969 – M. Chéhab, BMB 6, 1942–43, 86; 8, 1946–48, 160f; 9, 1949–50, 108; 12, 1955, 47f; 18, 1965, 112f; 20, 1967, 159–161; 21, 1968, 7–93 – ders., Tyr à l'époque romaine, MUSJ 38, 1962, 11–40 – ders., Tyrus, Geschichte – Topographie – Ausgrabungen, 1972 – O. Eißfeldt, Art. *Τύρος*, Paulys Real-Encyclopädie der classischen Altertumswissenschaft 2. Reihe VII, 1948, 1875–1908 – W.B. Fleming, The History of Tyre, Columbia University Oriental Studies 10, 1966 (Nachdruck der Auflage 1915) – H. Frost, Recent Observations on the Submerged Harbourworks at Tyre, BMB 24, 1971, 103–111 – F. Jeremias, Tyrus bis zur Zeit Nebukadnezar's, 1891 – N. Jidejian, Tyre Through the Ages, 1969 (Lit.) – H.J. Katzenstein, The History of Tyre from the Beginning of the Second Millennium B.C.E. until the Fall of the Neo-Babylonian Empire in 538 B.C.E., 1973 – D. Le Lasseur, Mission archéologique à Tyr, Syria 3, 1922, 1–26, 116–133 – A. Poidebard, Un grand port disparu, Tyr, 1939 – E. Renan, Mission de Phénicie, 1864 – H.P. Rüger, Das Tyrusorakel Ezechiel 27, Diss. theol. ev. Tübingen, 1961 (masch.) – J.B. Ward-Perkins, The Imported Sarcophagi of Roman Tyre, BMB 22, 1969, 109–145. *H. Weippert*

Viehwirtschaft

1. Großvieh. 2. Kleinvieh. 3. Geflügel. 4. Schwein. 5. Esel und Maultier. 6. Kamel.

Für die Anfänge der V., auf die hier nicht näher eingegangen werden kann, begnügen wir uns mit einem Résumé, das J. Clutton-Brock aufgrund der Knochenfunde aus dem NL vom *Tell es-Sulṭān* (Jericho) statuiert hat (The Primary Food Animals of the Jericho Tell from the Proto-Neolithic to the Byzantine Period, Levant 3, 1971, 41–55, bes. 54f): Seit dem präkeramischen NL B (d.h. etwa 6.Jt.) wird die Gazelle durch die Ziege ersetzt, da diese leichter kontrollierbar ist. Rinder nehmen mit der Zeit an Bedeutung zu, waren aber nie so bedeutend wie Schaf und Ziege. Häufig ist das Wildschwein während des präkeramischen NL B; das domestizierte Schwein tritt erst in der B-Zeit in geringer Zahl auf. Die Domestikation von Rind und Schwein in der B-Zeit erfolgt aus lokalen wilden Rassen. Schaf und Ziege dagegen wurden von der Bevölkerung des präkeramischen NL B domestiziert mitgebracht.

Der hier vorgelegte Übersichtsartikel ist vornehmlich an den hebr. Termini und an Darstellungen der SB- und E-Zeit orientiert. Für die Situation der E-Zeit Pal.s ist bezeichnend, daß hebr. *miqnē* = „Erwerb, Habe" in den meisten Fällen konkret den Besitz an Vieh meint.

1. Hebr. *bāqār* = „Großvieh" kann kollektiv gebraucht werden (das einzelne männliche Tier: *ben-bāqār*) und sowohl neben männlichen auch die weiblichen Tiere einschließen. Das gemeinsame Wort für Rind lautet ug. *ảlp*, hebr. **'ēlep*, das für Stier ug. *ṯr*, hebr. *šōr* (wo in deutschen Bibelübersetzungen von „Ochsen" die Rede ist, meint dies niemals den kastrierten Stier!). Das männliche Rind heißt *par*, die Kuh *pārā*, der Jungstier bzw. das Kalb *'ēgel*, die Kalbin *'eglā* (vgl. aber auch R. Péter, VT 25, 1975, 486–496).

Welche Rindersorte man in und seit der MB-Zeit aufzog, läßt sich nicht mit Sicherheit sagen. Wahrscheinlich war es das Bukkelrind, das man im NR nach Ägypten einführte, und das für die E II-Zeit Pal.s durch das ass. Relief „Sanherib vor Lachis" (Ausschnitt →Abb. 89) bezeugt ist. Im Zeltlager seiner Gegner erbeutete Thutmosis III. vor Megiddo 1929 Rinder, 2000 Ziegen und 20500 Schafe (AOT 86; TGI 20 Nr. 4). Kilamū von Zincirli (um 825) rühmt sich, für Großvieh- und Kleinviehbesitz seiner Untertanen gesorgt zu haben (KAI Nr. 24 Z. 11f). Der ans Wunderbare grenzende Reichtum Hiobs wird an 7000 Schafen, 500 Eselinnen, 3000 Kamelen und an 500 Joch Rindern deutlich gemacht (Hi. 1_3; Verdoppelung: Hi. 42_{12}). Aber schon die Eltern des nachmaligen Propheten Elisa waren wohlhabende Leute, wenn sie ihn mit 12 Joch Rindern auf den Acker zum Pflügen schicken konnten (1 R. 19_{19-21}). Es gab jud. Orte, deren Namen auf Herden, Kuh und Kalb wiesen (Borée, Ortsnamen, 109f). Das Rind war in erster Linie Arbeitstier. Man spannte es vor den →Pflug oder den Last- →Wagen (hebr. *'ăgālā*). Beim →Dreschen mußte es den Schlitten ziehen. Wie von Schaf und der Ziege erhielt man auch von der Kuh die Milch, die entweder frisch getrunken oder zu Dickmilch und Käse verarbeitet wurde. Gemästete Rinder waren etwas Kostbares (Am. 6_4 Ez. 39_{18}) und wurden nur zu seltenen Gelegenheiten geschlachtet. Ein Mastkalb zu schlachten hieß den Gast bes. ehren (Gn. 18_7 Lc. 15_{30}). Bei der Versorgung des salomonischen Hofes mit seinem großen Personal benötigte man täglich 30 Rinder (1 R. 5_3, dazu M. Noth, Könige, BK 9/1, 1968, 76f). Stallplätze (hebr. *'urwā*) für Vieh (2Ch. 32_{28} – Zeit Hiskias) wird man sich wenigstens teilweise gedeckt vorzustellen haben; daneben gab es offene Gehege (Hab. 3_{17}: **rēpet*), vgl. →Stall und Hürden. Ähnlich der Krippe (hebr. *'ēbūs*) für Pferde werden auch die Steintröge für „Ochs und Esel" (Jes. 1_3) zu denken sein. (In das „Weihnachtsbild" sind Ochs und Esel durch die christologische Deutung dieser Stelle hereingekommen; vgl. K.L. Schmidt, ThZ 5, 1949, 469–471). Ein im Alten Orient und Ägypten seit dem 3.Jt. verbreitetes Motiv ist die säugende Kuh (P. Matthiae, Rivista degli Studi Orientali 37, 1962, 1–31), mit bes. Feinheit auf den syr. Elfenbeinen von Arslan Taş gestaltet; zum Motiv auf einem Siegel →Abb. 78_{14}. Zum Wildstier →Jagd, 1.

2. Die Sammelbezeichnung hebr. *ṣōn* = „Kleinvieh", die Schafe und Ziegen umfaßt, wird immer vor dem Großvieh genannt, weil die Zahl der Schafe und Ziegen die der Rinder überwog. Der gemeinsem. Terminus *'mr* begegnet im AT nur in aram.

Form (vgl. W. Baumgartner, VT 4, 1954, 196). Zur Herde gehören der Widder (hebr. *'ayil*), das Mutterschaf (hebr. *rāḥēl*) sowie das männliche (hebr. *kēbeś*) und das weibliche Lamm (hebr. *kibśā*). Das gemästete Lamm heißt hebr. *kar*.

Das Schaf wurde wegen der Wolle und des Fleisches geschätzt (vgl. 1 R. 5_{3} Neh. 5_{18}). Bereits in der B-Zeit wird man das Fettschwanzschaf gezüchtet haben (aus ass. Zeit: AOB 133; ANEP 366). Herden von 3000 Stück (1 S. 25_{2}) waren ein beachtlicher Großbesitz. Die Zahlen bei Hiob (1_{3}) sind noch höher (s.o. →1.). Im Zusammenhang mit dem Tribut des Moabiterkönigs Mēša' (2 R. 3_{4}) ist übertreibend von 100000 Schafen und 100000 Widdern die Rede. Um für das →Spinnen geeignete, saubere Wolle zu erhalten, trieb man die Schafe vor der Schur durch eine Schwemme. Cant. 4_{2} ist von 6_{6} aus zu interpretieren (E. Cassin, Or NS 28, 1959, 225–229; Belege aus Ägypten: J. L. Greenfield, Or NS 29, 1960, 98–102). Die Schafschur (Bibbia e Oriente 2, 1962, 157–159) fand im Frühjahr statt (2 S. 13_{23}). Die gewonnene Wolle wurde gespindelt (→Spinnen) und zur Herstellung von Kleidern gewoben (→Weben). Das Fleisch wurde gekocht und gebraten (1 S. 2_{11-17}), das Fett war nach Ex. 29_{22} Opfergabe. Jerusalem hatte im Nordosten ein bes. „Schaftor" (Neh. 3_{1}; früher Benjaminstor? vgl. →Jerusalem, 3.d mit Abb. 42:7). Der an der Nordostecke gelegene Schafsteich (J. 19_{13}; vgl. Chr. Maurer, ZDPV 80, 1964, 137–149) diente wohl vornehmlich dazu, die zum Opfer bestimmten Schafe vor der Abgabe oder dem Verkauf zu reinigen.

Die als Verzehr weniger wertvolle Ziege (hebr. *'ēz*) war wegen der Haare geschätzt (daher auch hebr. *śā'īr;* vgl. ferner **śə'īrā* = „der Haarige"), aus denen man Zeltdekken und schwarze Gewänder herstellte (→Weben). Das Jungtier war auch Nahrung (Gn. 27_{9-17} 1 S. 15_{22}). Im Kontrast zu Fremdkulten (?) wurde verboten, das Böckchen in der Milch der Mutter zu kochen (Ex. 23_{19}). Eine säugende Ziege ist auf einem sidonischen Siegel des 7. Jh.s dargestellt (K. Galling, ZDPV 64, 1941, 178 Nr. 35). Die gewendete Ziegenhaut verwendete man zur Herstellung von Wasserschläuchen, die man auf längeren Wanderungen (Gn. 21_{14}) oder auf dem Weg in die Gefangenschaft (→Abb. 89; ANEP 168, 373) mitgeführt hat. Weinschläuche erwähnt 1 S. 16_{20} (vgl. Mt. 9_{17}).

Für die wandernden Kleinviehherden errichtete man durch Steinsetzungen (daher hebr. *gədērā*) abgegrenzte Hürden; dazu →Stall und Hürden.

3. Gegenüber Groß- und Kleinvieh spielt die Hühnerzucht in Syr.-Pal. vor dem 6. Jh. nur eine geringe Rolle. Die von Indien kommenden Tiere waren jedoch im Orient und in Ägypten schon im 2. Jt. bekannt. Thutmosis III. (Urkunden IV 700) notiert zum Tribut von vier Vögeln aus Syr. als etwas Besonderes, daß es Vögel seien, „die jeden Tag gebären". Offenbar hat man in der Mitte des 2. Jt.s in Ägypten noch keine Hühnerzucht betrieben; doch begegnet gut ein Jahrhundert später auf einem Ostrakon die Zeichnung eines Hahnes (H. Carter, JEA 9, 1923, Tf. 20_{1}). Die Darstellung eines Hahnes auf einem Ritzbild in *Nag' el-Medāmūd* in Mittelägypten (R. Cottevielle-Giraudet, Rapport sur les fouilles de Médamoud [1930], 1931, 43 Abb. 4 und 74) gehört in die Ramessidenzeit. Erst im Demotischen (seit dem 7./6. Jh.) ist ein spezieller Terminus für Huhn geprägt worden (vgl. auf einem Relief der Spätzeit: ZÄS 74, 1938, 41–49). Für die Gegend von *Sefīre,* 25 km südöstl. von Aleppo – um 750 – erwähnt eine Inschrift Hennen (*btkh*) (KAI Nr. 222A Z. 24). Auf einem Orthostaten des 9. Jh.s aus *Tell Ḥalāf* (TH III Tf. 66b) scheint über einem Straußen ein Hahn dargestellt zu sein. Auf einer (ass. oder syr.) Elfenbeinpyxis des ausgehenden 2. Jt.s aus Assur (A. Haller, Die Gräber und Grüfte von Assur, WVDOG 65, 1953, Abb. 161) sind Hähne und Hühner auf Bäumen sitzend wiedergegeben. Eine bab. Gemme des 8. Jh.s aus Ninive zeigt einen Hahn auf einem Kultsockel (?) (vgl. BuA I Abb. 53). Eindeutig ist die Darstellung eines Kampfhahnes auf einem Stempelsiegel aus Mizpa (→Abb. 78_{15}; vgl. auch das aus dem Antikenhandel stammende Siegel →Abb. 78_{16}) sowie die Abbildung eines Huhnes auf einem Weihrauchkästchen aus Geser (EG II Abb. 524b, d). Krugstempel auf Henkeln aus Gibeon zeigen ebenfalls den Hahn (J. B. Pritchard, The Water System of Gibeon, 1961, Abb. $47_{343, 492}$; vgl. ANEP 793), und aus Ton geformte Hähne (6./5. Jh.) fanden sich in *Ḫarāyeb* (BMB 26, 1973, 50 Tf. 13_{3f}).

Der in seiner Klugheit dem Ibis an die Seite gestellte Hahn (hebr. *śekwī*) wird erstmals in Hi. 38_{36} genannt. Der akk. Ausdruck für Hahn (*tarlugallu*) ist in der Mischna in dem Wort *tarnəgōl* und *tarnəgōlet* (= „Henne") erhalten. Wahrscheinlich hat sich in Pal. die Hühnerzucht in stärkerem Maße im 6./5. Jh. ausgebreitet.

Die in Ägypten seit alters her bekannten, aber ebenso in Mesopotamien aufgezogenen Gänse mag es (vereinzelt) in der E II-Zeit an den Hoftafeln unter dem Geflügel (hebr. *ṣippōrīm:* Neh. 5_8) gegeben haben. Das gemeinsem. Wort *'*wz* für Gans ist auch im Mittelhebräischen (*'awwāz*) belegt (bSchabb XXIV 3), fehlt aber im AT. Die Darstellung von einem Gänsetribut auf einem elfenbeinernen Deckelkasten aus Megiddo (MegIv Tf. 33) kann, wie der Orthostat vom *Tell Ḥalāf* (TH III Tf. 60b) für Syr., nicht ohne weiteres für Pal. herangezogen werden. Die gemästeten *barbūrīm* am Hofe Salomos, die am Schluß der Jagdtiere stehen (1R. 5_3), deutet O. Eißfeldt (JSS 5, 1960, 27–47) als Gänse, aber das ist unsicher.

Was in Dt. 14_{12-19} Lv. 11_{13-21} unter „reinen Vögeln" zum Essen freigegeben wird, läßt sich nicht näher festlegen.

Die wilde Taube (hebr. *yōnā*), die in Felsklüften lebte (Jer. 28_{28} Ez. 7_{16} Cant. 2_{14}) gehörte zu den Opfertieren bes. der Armen (Lv. 5_7). Von Taubenhäuschen ist in Jes. 60_8 die Rede; Taubenzucht hat es demnach bereits in der E IIC-Zeit in Pal. gegeben. Die in Judäa und Jerusalem gefundenen Kolumbarien gehören erst der hell.-röm. Zeit an (Dalman, AuS VII, 270–272). Nach E.D. Oren (PEQ 100, 1968, 56–61) sollen Tauben in Pal. für den Aphrodite/Atargatis-Kult aufgezogen worden sein, aber das war immer exzeptionell, wenn überhaupt zutreffend. Für die Wallfahrer bei den großen Festen in Jerusalem benötigte man viele Tauben. Die Beschreibung eines Beutestückes in Ps. 68_{14}: „Flügel der Taube, überzogen mit Silber und ihre Schwingen mit gelbem Gold" bezieht sich u.E. auf eine Flügelsonne.

4. Das Wildschwein (hebr. *ḥăzīr miyya'ar*: Ps. 80_{14}, dazu →Jagd, 1.) und das durch einen Orthostaten vom *Tell Ḥalāf* (TH III Tf. 102b: Sau mit Frischling) bildlich bezeugte Hausschwein (vgl. für die Existenz des Hausschweines auch Prv. 11_{22}) galten bei den Israeliten als bes. unrein und ihr Fleisch durfte nicht gegessen werden (Dt. 14_8). In Hen. 89_{10} (späthell.-röm. Zeit) werden Wildschwein und Hausschwein zusammen mit gefährlichen und jedenfalls zu verabscheuenden Tieren (vgl. Mt. 7_6) genannt. Der Bereich, in dem das NT (Mt. 8_{30f} Lc. 15_{15f}) das gezüchtete Hausschwein voraussetzt, liegt außerhalb des von Juden bewohnten Gebietes.

Im Unterschied zur Opferpraxis der Griechen ist im Kultus der vorisr. Bevölkerung Syr.-Pal.s das Schweineopfer eine Ausnahme. In einem Heiligtum in →Thirza aus der Zeit um 1600 fand man Knochen eines jungen geopferten Hausschweines (R. de Vaux, in: J. Hempel/L. Rost, ed., Von Ugarit nach Qumran, Beiträge zur alttestamentlichen und altorientalischen Forschung O. Eißfeldt zum 1. September 1957 dargebracht, BZAW 77, 1958, 250–265). Obwohl man in Ägypten das Hausschwein gezüchtet hat, galt es als ein unreines Tier (RÄRG 690f; RLV XI, 383f), in Babylon dagegen wurde das Schwein geschlachtet, gegessen und vereinzelt auch geopfert, obwohl es auch dort als unrein eingestuft wurde (BuA I 220f). In Ugarit findet sich *Ḫnzr* in Eigennamen, wie in der nachexilischen Zeit auch sporadisch bei Juden (1Ch. 24_{25}). Eine in Ugarit gefundene Axt mit zwei Eberköpfen dürfte ein Importstück aus Elam sein (Ug I Tf. 22). In den beiden nicht ganz durchsichtigen Texten Jes. 65_4 $66_{3,\ 17}$ ist im Zusammenhang mit abgelehnten Riten auch vom Essen von Schweinefleisch die Rede.

5. Der Wildesel (→Jagd, 1.) ist sowohl in Ägypten als auch in Mesopotamien schon sehr früh domestiziert worden. Auf dem Grabbild von *Benī Ḥasan* um 1880 sieht man bei den in das Nilland einwandernden Nomaden (AOB 51; ANEP 3) einen gezähmten Esel beladen mit einer Last (kaum ein Blasebalg, vgl. →Metall, 2.) und einen, der dazu noch zwei Kinder trägt.

Die hebr. Termini sind: *ḥămōr* = „Esel", *'ātōn* = „Eselin" und *'ayir* = „der reinblütige Eselshengst". Die Aussage in Sach. 9_9 (vgl. Gn. 49_{11}) (zu *'ayir*, das nicht Füllen bedeutet vgl. L. Köhler, Kleine Lichter, 1945, 52–57; in Mt. 21_2 ist der *Parallelismus membrorum* mit explikativem „und" mißverstanden) hat ihre genaue Entsprechung in Mari (M. Noth, Gesammelte Studien zum Alten Testament, 1957, 142–154); auch der Parallelismus von *'r* und *pḥl* (arab. *faḥl*) in einem Ugarit-Text (CTA Nr. 4 Kol. 4 Z. 9) stellt sicher, daß es sich bei *'ayir* um einen Eselshengst handelt. Dieser ist Reittier der Vornehmen (Jdc. 10_4 12_{14}), ebenso auch die geschätzten weißen Eselinnen (Jdc. 5_{10}). Unter bes. Voraussetzungen sind Esel und Eselin auch das Reittier einer Frau (Jdc. 1_{14} 2 R. 4_{24}). Auf einem Weihrauchkästchen aus Geser (EG II Abb. 525) ist ein von einem Löwen bedrohter Esel gezeichnet. Eselherden waren ein wertvoller Besitz (Jakobs Gabe an Esau: 20 Eselinnen und 10 Hengste, Gn. 32_{15}). Hiob besitzt 500 Eselinnen (Hi. 1_3); im jud. Krongut standen die Eselinnen unter einem bes. Aufseher (1 Ch. 27_{30}). 61 000 Esel als Beute (Midianiterfeldzug) nennt Nu. 31_{34}, 6720 zählt Esr. 2_{67} bei der Repatriierung der Exilierten. Der Esel war kein Opfertier (Ex. 34_{20}).

Das Maultier (hebr. *pēred, pirdā*) fand als Lasttier (2 R. 5_{17}) und als Reittier (1 R. 1_{33}) Verwendung. Vermutlich hat man das Maultier nach Pal. eingeführt (Tribut an Salomo: 1 R. 10_{25}, aus Armenien; nach Tyrus: Ez. 27_{14}).

6. Das Kamel (hebr. *gāmāl*; Jes. 60_6 66_{20}: **bek̆er, kirkārōt*) – und zwar das einhöckrige Dromedar – ist Last- und Reittier im Krieg und Frieden. Die ass. Darstellungen (ANEP 63, 187, 375) und die von Salmanassar III. genannten 1000 Kamele des Arabers Gindibu' (TGI Nr. 19) sowie atliche Texte beweisen, daß man das Kamel vornehmlich als Tier der aram. und arab. Wüste kannte (zu Jes. 21_{13} vgl. K. Galling, in: E. Würthwein/O. Kaiser, ed., Tradition und Situation, Studien zur alttestamentlichen Prophetie A. Weiser zum 70. Geburtstag, 1963, 62). Lastkamele brachten von Damaskus Transporte nach Samaria (2 R. 8_9) und solche von Saba nach Jerusalem (1 R. 10_2), oder sie kreuzten Pal. (Gn. 37_{25}). Die von den Exulanten des ausgehenden 6. Jh.s (Esr. 2_{67}) nach Pal. gebrachten Kamele (an Zahl gegenüber den Eseln sehr gering!) dienten vermutlich dem Transport. Im 6. Jh. (?) dürfte es – aus konkretem Anlaß? – zum Verbot gekommen sein, Kamelfleisch zu essen (Lv. 11_4). Als Wüstenbewohner kommen die Midianiter auf Kamelen zum Raubzug nach Pal. (Jdc. 6–8); und auch die Amalekiter bedienen sich der Kamele (1 S. 15_3 27_9 30_{17}). Wie in Ägypten, so ist auch im 2. Jt. im syr.-pal. Raum das Kamel unbekannt, was sich u.a. auch negativ aus den Amarna-Briefen erschließen läßt. Zwar wurden verschiedentlich in älteren Schichten Kamelknochen gefunden (zu Mari vgl. Syria 32, 1955, 323), aber sie sind kein sicherer Beweis für das Datum der effektiven Domestikation des Dromedars, die nach R. Walz (ZDMG 104, 1954, 45–87) erst im 12. Jh. anzusetzen ist, aber auch nach W. G. Lambert (BASOR 160, 1960, 42f – Alalaḫ und Ugarit) bereits im Laufe des 2. Jt.s durchgeführt wurde. Gn. 12_{16} und Ex. 9_3 sind Anachronismen (Gn. 24 ist vom Kolorit in *Ḫarrān* bestimmt!). Die Notiz in 1 Ch. 27_{30}, daß ein Ismaeliter David gehörende Kamelherden hütete und aufzog, wird historisch zutreffend sein, da der Text in V. $_{30f}$ Ausländer in der königlichen Verwaltung ansetzt. Jer. 2_{23-25} spricht von einer brünstigen Kamelin, nicht von einem Wildesel (so K. E. Bailey/W. L. Holladay, VT 18, 1968, 256–260). Vereinigung von Kamel und Kamelin zeigt ein Relief Assurbanipals (ANEP 170 und dazu AfO 7, 1931/32, 7–13). Mit Getreidesäcken beladen wird ein Lastkamel von gefangenen Judäern aus Lachis mitgeführt (A. Paterson, Assyrian Sculptures: Palace of Sinacherib, 1915, Tf. 71 [unten]). Kamelreiter (vgl. Jes. 21_7) zeigen ein Relief des 9. Jh.s vom *Tell Ḥalāf* (TH III Tf. 27a; ANEP 188) und eines aus Karkemiš (Ca III Tf. B50a). Ein niedergeknietes Lastkamel (vgl. Gn. 24_{11}) stellt eine syr. Terrakotte aus röm. Zeit dar (ASyr 661), und für ein korbartiges Gerüst, wie es Gn. 31_{34} voraussetzt (*kar hag-gāmāl*), ist vergleichsweise auf eine in *Tell Ḥalāf* gefundene Terrakotte aus pers. Zeit zu verweisen (TH IV Tf. 17_{14}). Auf einem Räucherkästchen vom *Tell Ğemme* (Ger Tf. 40_2) aus dem 6. Jh. ist u.a. auch das Dromedar abgebildet. In diesem an die Wüste grenzenden Bereich wird man die Aufzucht der Kamele zu lokalisieren haben. Die besten Darstellungen von Rennkamelen, die Nomaden abgenommen werden oder auf denen diese gegen ihre Verfolger kämpfen, finden sich verständlicherweise auf ass. Reliefs des 9.–7. Jh.s. Aus dem aram. Raum stammt ein beschriftetes Siegel des 7. Jh.s mit dem Bild eines Dromedars (K. Galling, ZDPV 64, 1941, 143, 179 zu Nr. 44).

Einzigartig ist die Szene auf einem Rollsiegel aus achämenidischer Zeit (Landesmuseum Karlsruhe, Inventar-Nr. 73/113). Ein aus Korbgeflecht bestehender Lastwagen mit Achtspeichenrädern wird von zwei Dromedaren gezogen, die ein Lenker mit einer Peitsche antreibt. Im Kastenwagen sitzt hinten ein bärtiger, ein Kopftuch tragender Mann, der in der Linken eine Blüte, in der Rechten hochragende Stäbe (Kultstrauch ?) hält. Da die Dromedare Paßgänger sind, war jedenfalls die Fahrt des Wagens erheblichen Schwankungen ausgesetzt. Handelt es sich bei dem Siegel um das eines der „Könige von Amurru, die in Zelten wohnen" (TGI 84 Nr. 50 Z. 29 [Tonzylinder des Kyrus]), der einem Perserkönig oder Ahuramazda seine Reverenz zu erweisen unterwegs war und ein solches Motiv dargestellt wünschte?

Auf dem wegen des Jehu-Tributes oft abgebildeten schwarzen Obelisken Salmanassars III. stellen die zwei Darstellungen des zweihöckrigen Trampeltieres etwas ganz Singuläres dar. Im Tribut des Gilzanäers – Armenien – (1. Reihe: AOB 121; ANEP 353) ist dies sachgemäß. Das Bild wird vom Glyptiker jedoch auch in der 3. Reihe gebracht (Tribut aus *Muṣri* = Ägypten), aber hier (AOB 123; ANEP 351) ist das u.E. ein Verlegenheitsbild. Der Tributskatalog nennt zu dieser Reihe außer Affen, Auerochs, Antilope und Rhinozeros (alle abgebildet) auch das offenbar dem Aussehen nach unbekannte Nilpferd: an dessen Stelle hat der Glyptiker die beiden Trampeltiere der 1. Reihe repetiert, die dann auch im nachträglich eingemeißelten Text des Tributs zusätzlich genannt werden.

Literatur: F.S. Bodenheimer, The Animals of Palestine, 1935 – A.J. Brawer, Der Esel in der Bibel, Bet Miqra' 12/3, 1966/67, 82–86 (hebr.) – B. Brentjes, Das Kamel im Alten Orient, Klio 38, 1960, 23–52 – ders., Das Schwein als Haustier des Alten Orients, Ethnographisch-Archäologische Zeitschrift 3, 1962, 125–138 – ders., Nutz- und Hausvögel im Alten Orient, Wissenschaftliche Zeitschrift, Halle Wittenberg 1962, 643–646 – ders., Die Schafzucht im Alten Orient, Ethnographisch-Archäologische Zeitschrift 4, 1963, 1–22 – ders., Onager und Esel im Alten Orient, in: M. Lurker, ed., In memoriam E. Unger, Beiträge zu Geschichte, Kultur und Religion des Alten Orients, 1971, 131–145 – Dalman, AuS II, 159–168 VI 147–203 – G.R. Driver, Birds in the Old Testament, PEQ 87, 1955, 5–20, 129–140 – J. Feliks, The Animal World of the Bible, 1962 – J. Wiesner, Das Kamel als Haustier, Kosmos 49, 1953, 549–552. *K. Galling*

Waage

Der hebr. Dual *mōzənayim* meint die beiden W.schalen und steht als *pars pro toto* für die W. (Jer. 32_{10}). Auch hebr. *qānē* kann in der Bedeutung „W.balken" die W. bezeichnen (Jes. 46_{6}). Ob *mōzənayim* als Hand-W. von *pĕles* (Jes. 40_{12} Prv. 16_{11}; vgl. KAI Nr. 81 Z. 9) als Stand-W. zu unterscheiden ist, läßt sich nicht mit Sicherheit bestimmen. Beide dürften – wie in Ägypten (Stand-W.: ANEP 133, 639; →Abb. 27; vgl. Kisch Abb. 4) – in der SB/E-Zeit in Pal. bekannt gewesen sein. Ein syr. Relief (9./8. Jh.) zeigt einen Mann, der in der Rechten eine Hand-W. balanciert, in der Linken ein analoges Modell zusammengeklappt hält (ANEP 117). Ass. Reliefs bilden zweimal die Stand-W. ab (ANEP 350; Hrouda, Kulturgeschichte, 73 Tf. $18_{8,10}$). In allen diesen Fällen handelt es sich um W.n mit gleicharmigen W.balken.

Da Nahrungsmittel und Flüssigkeiten mit Hohlmaßen (→Maße, 5.) gemessen und Fleisch im Ganzen oder in Teilstücken verkauft wurden, benötigte man (vor dem Aufkommen von Münzen) die W. vor allem zum Wiegen des →Geldes nach geeichten →Gewichten. So erklärt sich Am. 8_{5}: die betrügerischen Händler verkleinern die Hohlmaße (= Ware) und vergrößern die Gewichte (= Preise). Gewogen wurden ferner die in kleinen Mengen verkauften und deshalb mittels Hohlmaßen nur ungenau abgrenzbaren Waren wie Gewürze und Aromata (vgl. Ex. 30_{24}).

Die in Pal. gefundenen bronzenen W.schalen haben einen Durchmesser von ca. 10 cm und drei oder vier Durchbohrungen zum Aufhängen am W.balken (MegT Tf. 125_{6-9} 167_{3}; QDAP 10, 1944, 57 Tf. 13_{4}; zu den in Asdod nahe dem ins 10. Jh. datierten Tor gefundenen W.schalen vgl. vorläufig IEJ 22, 1972, 244; vgl. ferner zu Ugarit: Syria 18, 1937, Tf. 24; zu Byblos: FB II/1 Abb. 298_{9296}). Einen Sonderfall stellen die knöchernen W.schalen aus Megiddo dar (TM I 102 Abb. 150; Meg I Tf. 98_{1f} II Tf. 203_{2}). Den W.balken illustrieren zwei eiserne Exemplare aus Lachis (L III 389 Tf. 62_{2f}; zu Exemplaren aus Beth-Zur: BZ II Tf. 44_{15}; zu Boğazköy: KlBo Tf. 39_{1193}).

Literatur: B. Kisch, Scales and Weights: A Historical Outline, 1965 (Lit.). *H. Weippert*

Wagen

Lasten trug man häufig auf dem Rücken (ANEP 56), dem Kopf (ebd. 351) oder an einer zwei Trägern auf den Schultern liegenden Stange (ebd. 350). Der →Handel über weite Gebiete hinweg verlangte jedoch den Einsatz von Lasttieren, meist Eseln und Kamelen (→Viehwirtschaft, 5. und 6.). Demgegenüber war der von Rindern gezogene Last-W. (hebr. *'ăgālā*) selten. Nu. 7_{3-8} nennt sechs W. und zwölf dazugehörige Rinder als kostbares Opfer der Stammesfürsten. Auch in Ägypten scheinen Last-W. selten gewesen zu sein; denn nach zwei Grabmalereien um 1400 mußten dort von →Pferden gezogenc Streit-W. (ausnahmsweise) bei der Ernte eingesetzt werden (Yadin, Warfare, 210f). Das AT erwähnt nur in Am. 2_{13} den W. bei der Ernte (dazu H. Gese, VT 12, 1962, 417–424 und →Dreschen, 2.). W. dienten wohl hauptsächlich dazu, ältere Menschen, Frauen und Kinder über weite Strecken hinweg zu transportieren. So ließ Joseph seine Familie auf äg. W. nach Ägypten holen (Gn. $45_{19, 21, 27}$ 46_5) und auch die meisten Darstellungen zeigen einen solchen Gebrauch. Dabei handelt es sich meist um die Deportation von besiegten Gegnern der Assyrer (Abb. 89: W. mit Gefangenen aus Lachis; vgl. auch ANEP 167f, 367). Zum Transport von Gegenständen benutzte man den W. nur in seltenen Fällen: etwa als Thutmosis III. Schiffe aus Byblos von Rindern auf W. durch „Asien" an den Euphrat ziehen ließ (ANET 240) oder als auf einem Feldzug Salmanassars III. neun Soldaten eine erbeutete mannshohe Amphora auf einem W. zogen (A. Parrot, Assur, 1961, Abb. 139). Auch zum Transport sakraler Gegenstände, bei denen man einen direkten Kontakt mit Menschen zu vermeiden suchte, verwendete man den W. (etwa zum Transport der Lade, 1 S. 6_{7-14} 2 S. 6_3).

Im Unterschied zum von Pferden gezogenen Streit-W. spannte man vor den Last-W. zwei Rinder (2 S. 6_3). Die W. der Philister hatten Viererbespannung und fuhren auf zwei großen Scheibenrädern (ANEP 813; AOB 11). Die sonst bezeugten zwei Speichenräder des Last-W.s (Abb. 89; ANEP 167f, 367) waren größer als die des Streit-W.s und besaßen dickere Felgen. Der rechteckige W.kasten ruhte mittelständig auf der Achse und bot Platz für Lasten und

Abb. 89 **Wagen** Ass. Darstellung eines Wagens mit Gefangenen aus Lachis (701)

mehrere Personen. Als Herstellungsmaterial verwendete man →Holz (1 S. 6_{14}). Die in Nu. 7_3 und Jes. 66_2 genannten Plan-W. (hebr. *ṣāb*) darf man sich wohl entsprechend mesopotamischer (ANEP 169) und zypr. W.modelle vorstellen (E. Gjerstad u.a., The Swedish Cyprus Expedition III, 1937, Tf. 116).

Wie für den Streit-W. (→Pferd und Streitwagen, 2.) so gilt auch für den Last-W. Mesopotamien als Ursprungsland (in altsum. Zeit schriftlich bezeugt: A. Kammenhuber, Hippologia Hethitica, 1961, 9), von wo aus er über Nordsyr. nach Kleinasien (ebd. 30: erstmals um die Mitte des 2. Jt.s belegt) und Syr.-Pal. gelangte. Von dort übernahmen die Ägypter ihn und seine Benennung (äg. *'gr.t*). *H. Weippert*

Wald und Forstwirtschaft

1. Bestand und Baumarten. 2. Nutzung.

1. Der Umfang an W.bäumen, den es im Altertum in Syr.-Pal. gegeben hat, läßt sich weder aus dem gegenwärtigen Bestand noch aus den antiken Zeugnissen genauer bestimmen. Der heutige W.bestand weist zwar (vgl. PJ 27, 1931, 111–122; PEQ 87, 1955, 87f; ZDPV 72, 1956, 109–122) ohne Zweifel auf einen Urbestand zurück (→Akkerwirtschaft, 1.), hat sich aber durch Neuforstung (auch hinsichtlich der Baumarten) verändert, wie er sich umgekehrt auch durch Rodung und frei weidende Ziegenherden gegenüber dem Urbestand verringert hat. Außerdem trug der Bedarf an Bau- und Brennholz bei einer dichteren Besiedlung im 2. Jt. zur Verminderung des W.bestandes bei. Eine freilich nicht zu generalisierende Einzelheit mag hier genannt sein: vor dem 10. Jh. wurde in *Tell el-Fūl*

Zypressen- und Pinienholz benutzt, später nur noch Mandelholz (PEQ 87, 1955, 87f).

Im frei gewachsenen W. gab es nicht selten Kümmerwuchs (sogenannte Macchie und Garigue); hebr. *ya'ar* bezeichnet zumeist generell Gehölz und Dickicht. Andererseits zielen die mit dem pl. *yə'ārīm* gebildeten Ortsnamen (Jos. 9_{17} 15_{9}) wohl auf W. im eigentlichen Sinne. Was die antiken Angaben betrifft, so ist, abgesehen von der nicht immer möglichen botanischen Präzisierung (z.B. *tirzā* in Jes. 44_{14}), die jeweils auftauchende Erwähnung von der Situation und der Bewertung bestimmt; auch die mit einem bestimmten Landstrich verknüpfte Nennung schließt nicht aus, daß der gleiche Baum auch in anderen Gebieten im dortigen W.bestand oder als Forstbaum vorgekommen ist.

Reicher, ja z.T. die Wege hindernder W.bestand Pal.s wird in altäg. Berichten um 2000 erwähnt (→Ackerwirtschaft, 1.); auch beim „Hoch-W. (*gā'ōn*) am Jordan" (Jer. 12_{5}) ist an Unwegsamkeit gedacht. Für das 1.Jt. sei beispielsweise auf die Baumholz entführenden ass. Könige hingewiesen. Tiglathpileser I. holte sich vom Libanon „Zedern"-Balken, Assurnasirpal II. vom Amanusgebirge „Zedern", Fichten, Wachholder und Zypressen (AOT 340f).

Im AT werden die Termini **'ẹlōn, 'ẹlā* (Ho. 4_{13} von *'allōn* unterschieden) und *'allōn* für einen hohen, kräftigen W.baum verwendet; es ist möglich, aber nicht sicher, daß dabei an eine der beiden heute in Pal. vorkommenden Eichenarten gedacht ist (*Quercus pseudo-conifera* und *Quercus aegylops* [die Ziegenbarteiche]). Bei den *'allōnīm*-Bäumen des ostjordanischen Basan (Sach. 11_{2}) ist – vom heutigen Bestand aus gesehen – wohl sicher an Eichen zu denken. Neben der Mastix-Terebinthe (*Pistacia lentiscus,* hebr. *bākā*) existierten noch andere Terebinthenarten, von deren ölhaltiger Rinde man Parfüm- →Harze gewann (hebr. *lōṭ*) und deren Nüsse (*bọṭnīm,* Gn. 43_{11}) in Ägypten Leckerbissen bildeten.

Auf dem Libanon wächst die Zypresse (*Cupressus sempervirens,* ug. *tišr[m],* hebr. *tə'aššūr,* Ez. 31_{3}) und *Juniperus phoenicia excelsa,* von der die *'almuggīm/'algummīm*-Hölzer (ug. *ålmg*) stammen (vgl. M. Noth, Könige, BK 9/1, 1968, 227f zu 1R. 10_{11f}). Die selten immergrüne Tamariske (hebr. *'ẹšel,* Gn. 21_{33} vgl. auch JSS 13, 1968, 11–20) wird angepflanzt. Der hebr. *'ērez,* äg. *ꜥaš* genannte Baum meint (nach Köhler und Jaquemin) die langstämmige Tanne (*Abies cilicia*), die im Hoch-W. des Libanon beheimatet ein begehrtes Holz darstellte (vgl. TGI 45f Nr. 17; Ez. 27_{5} für Schiffsmasten). Die Übersetzung von *'ērez* mit „Zeder" kann man nur unter dem Vorbehalt gelten lassen, daß man *'ērez* nicht generell mit *Cedrus Libani* gleichsetzt. Im 3./2.Jt. hat man in Mari auch Holz der *Cedrus Libani* beim Bauen verwendet (Syria 48, 1965, 20f), und in der E-Zeit ist sie für Säulen in einem Tempel in *Tell Qasīle* nachgewiesen (IEJ 23, 1973, 67) und auch im Negev belegt (ebd. 35).

Häufiger und nicht nur in Phönizien begegnet der der Zypresse ähnliche, als Bauholz geeignete Wachholder (*Juniperus phoenicia*), der mit hebr. *bərōš* (**bərōt*) gemeint ist (ist *'ar'ār* in Jer. 17_{6} der gleiche Baum?). Durch Ortsnamen ist die Verbreitung der Akazie (*Accacia nilotica,* hebr. *šiṭṭā,* Jes. 41_{19}) für Pal. bezeugt. Auch der Mandelbaum (hebr. *lūz; šāqẹd*) lieferte

Abb. 90 **Wald und Forstwirtschaft** Fällen von *ꜥaš*-Bäumen im Libanon (äg. Relief, NR)

Bauholz. Neben dem Ölbaum wird in Neh. 8_{15} ein „Baum des Öls" (hebr. *'ęṣ-šęmen*) genannt, in dem wohl die Aleppo-Kiefer zu sehen ist (Dalman, AuS IV, 163f), die in größerem Bestand im *'Ağlūn* anzutreffen ist. An Wasserbächen und auch am Jordan wächst die Pappel (*Populus euphratica*; hebr. **'ărābā*, Ps. 137_2; in Pal.: Lv. 23_{40} Jes. 44_4 Hi. 40_{22}). Vereinzelt begegnet die hochstämmige Platane (hebr. *'armōn*, Gn. 30_{37} Ez. 31_8).

2. Die meisten vorgenannten Bäume wurden für Nutzholz (→Holzbearbeitung) geschlagen (Jes. 44_{14f}). Von Holzfällern spricht Jos. 9_{21}. Das Fällen von Tannen (*'aš*-Bäumen) ist auf einem Relief Sethos' I. dargestellt (Abb. 90), wobei stark stilisiert ist: dem Stamm gab man die gewünschte Form der Masten und setzte an diese dann Blätter an. Die im Libanongebiet geschlagenen und bearbeiteten Stämme hat man ans Meer gebracht (u.a. nach Byblos und Sidon) und von dort zum Empfangshafen geflößt oder auf Schiffen transportiert (vgl. ANEP 107; ASyr 975f; 1R. 5_{22} Esr. 3_7). Nach Jes. 9_9 1Ch. 27_{28} wurde auch die breitästige Sykomore (hebr. **šiqmā*, →Baum- und Gartenkultur, 2.) als (zweitrangiges?) Bauholz verwendet, wenn Tannen- oder „Zedern"-Holz nicht zu erwerben war. Aus der Wenamun-Geschichte (TGI Nr. 17; ANET 25–29) wird deutlich, wie teuer sich der König von Byblos diese Baumstämme bezahlen ließ. Eichen(?) (*'allōn*)-Holz (Jes. 6_{13}) brauchte man für Schiffsruder (Ez. 27_5). Kiefernholz wurde beim Tempel Salomos zu Holzwänden, Zypressenholz zum Fußbodenbelag und Tannen(„Zedern")-Holz für das Dach verwendet. Aus *'almuggīm*-Hölzern (kein Sandelholz! vgl. ZDPV 88, 1972, 12) vom Libanon (1R. 10_{11f} 2Ch. 2_7) wurden Geländer (?) und Musikinstrumente hergestellt. P läßt die Kultgeräte des Stiftzeltes aus Akazienholz hergestellt sein (Ex. 25ff), das man auch in Babylonien kannte (Jes. 41_{19}).

In mehreren MB II-zeitlichen Gräbern in Jericho sind Geräte und Möbel aus Holz erhalten; u.a. verwendete man: Tamariske, Weide, Mandelbaum, Vogelkirsche und Hopfenbaum (vgl. A. C. Western, The Ecological Interpretation of Ancient Charcoals from Jericho, Levant 3, 1971, 31–40).

Literatur: B. Avigad/S. Berlinger/Z. Silberstein, Trees and Shrubs in Israel: Twenty Seven Wild Trees and Shrubs, 1963 – Dalman, AuS I/1, *passim* IV, 163f – M. Jaquemin, Cèdre ou sapin? Kêmi 4, 1931 (1933), 113–118 – L. Köhler, Hebräische Vokabeln II, ZAW 55, 1937, 163–165 – N. Liphshitz/Y. Waisel, Dendroarchaeological Investigations in Israel, IEJ 23, 1973, 30–35 – M. Noth, Die Welt des Alten Testaments, 1962[4], *passim* – W. E. Shewell-Cooper, Plants and Fruits of the Bible, 1962.

K. Galling

Wasserversorgung

Die Versorgung mit Trinkwasser bildete für jede Siedlung in Syr.-Pal. die Existenzgrundlage. Nur wenige Orte konnten hierbei auf Oberflächengewässer (Seen, Flüsse, Bäche) zurückgreifen, wobei der Jordan über weite Strecken wegen seines Verlaufs durch das Wüstengebiet des tiefen Jordangrabens ausschied. Dagegen weisen die Regionen am Fuß der Gebirgszüge, an denen das ganze Jahr hindurch vom unterirdischen Wasservorrat gespeiste Quellen entspringen, schon früh Siedlungen auf. Die Ansiedlung in der Nähe von Quellen belegen Ortsnamen wie z.B. Engedi (Jos. 15_{62}), Endor (Ps. 83_{11}), En-Semes (Jos. 15_7). In der Regel waren diese Quellen durch Steinsetzungen gefaßt, die Nutzung und Wartung erleichterten.

An Orten, an denen die grundwasserführenden Gesteinsschichten die Oberfläche nicht erreichten, wurden Brunnen (hebr. *bə'ẹr*) gebohrt (Nu. 21_{17f}), die bis über 20 m Tiefe aufwiesen. Dieser Arbeitsaufwand und die Wasserarmut Syr.-Pal.s erklären das Entstehen von Brunnenrechten (Gn. 26), die in Weidegebieten ihre bes. Bedeutung haben. Auch auf Brunnen weisen Ortsnamen hin (z.B. Beerseba, Gn. 21_{13}). Gelegentlich finden sich Brunnen innerhalb von Siedlungen; so sind im Ugarit der MB II-Zeit Hausbrunnen in Innenhöfen nachgewiesen (Ug I 30). Quellen und Brunnen lieferten das „lebendige Wasser" (Gn. 26_{19} Sach. 14_8), während man in Zisternen (hebr. *bōr*) das Wasser der Winterregen speicherte, das mit der Zeit schal wurde. Zisternen wurden anfangs in wasserundurchlässiges Gestein in Form einer birnenartigen Höhlung eingehauen; sie setzten sich jedoch als funktionierende Wasserspeicher erst in der SB I-Zeit durch (z.B. in Hazor: Abb. 91_1 und Yadin, Hazor, 39; *Tell Ta'annek:* BASOR 195, 1969, 33), nachdem gegen Ende der MB II-Zeit

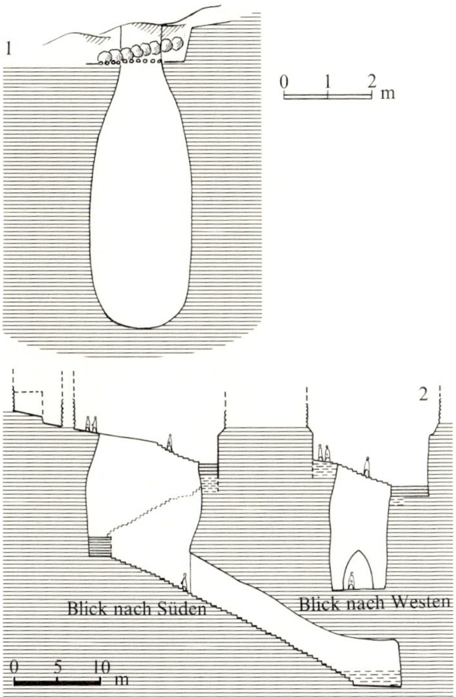

Abb. 91 **Wasserversorgung** (1) Schnitt durch eine Zisterne (MB IIB/SB) und (2) durch die Schachtanlage von Hazor (E IIA)

die Entdeckung des wasserundurchlässigen Kalkverputzes gemacht und die Erstellung von Zisternen somit von den anstehenden Gesteinsarten unabhängig wurde. Zisternen mußten laufend gewartet, d.h. der Verputz in regelmäßigen Abständen ausgebessert werden; denn rissige Zisternen waren im Kalkstein Syr.-Pal.s nutzlos (Jer. 2_{13}).

Da Quellen und Brunnen im allgemeinen außerhalb der Umfassungsmauern der Siedlungen lagen, mußten für den Verteidigungsfall bes. Maßnahmen ergriffen werden. Dabei handelt es sich mit wenigen Ausnahmen um Einstiegsschächte, die vom Innern der Siedlung auf den Quellkopf hin vorgetrieben wurden. Die drei frühesten Anlagen dieser Art in Jerusalem (→Jerusalem, 1.), *Ḫirbet Bel'ame* (PEFQSt 42, 1910, 111) und Geser (EG III Tf. 52) lassen sich nur grob in den Zeitraum von der MB- bis in die SB-Zeit datieren (für die Anlage in Geser schlägt Dever ein Datum in der SB-Zeit vor). Der Schacht in Jerusalem verläuft vom Scheitel des Südwesthügels schräg nach Osten abfallend auf den Gihon zu (AOB 627). Schächte der E IIA-Zeit finden sich in Hazor (Y. Yadin, Hazor, 1975, 244) und in Megiddo (BA 33, 1970, 89). Abb. 91_2 zeigt im Schnitt die Anlage von Hazor mit ihrem 19 m tiefen Einstiegsschacht (mit Treppen) und dem weitere 10 m abfallenden 25 m langen Tunnel. Die Anlage in Lachis entstand in der E IIC-Zeit (L III 162) und E-zeitlich ist auch die wahrscheinlich überdeckte Treppe zur Quelle des *Tell es-Sa'īdīye* (BA 38, 1965, 12–14; ANEP 877). Unbekannt ist die Entstehungszeit der Schachtanlage von *Ḫirbet el-Ḫōḫ* (Etam; H. Donner, ZDPV 79, 1963, 113–116). Als technologischer Vorläufer des Siloah-Tunnels in Jerusalem mag die Schachtanlage von Gibeon gelten, die neben dem Schacht zum unterirdischen Reservoir noch über einen Tunnel verfügt, der das Wasser des entfernteren Quellkopfes in das Reservoir einspeiste (Pritchard; ANEP 875).

Als erster unterirdischer Kanal wurde unter der Regierung Hiskias um 700 (2R. 20_{20}) der Siloah-Tunnel erstellt (Vincent/Steve), der von beiden Enden aus (vgl. dazu die Kanalinschrift: KAI Nr. 189; TGI Nr. 38) unter Zuhilfenahme planmäßiger Vermessungstechnik (gegen K. M. Kenyon, Jerusalem, 1968, 104) vorgetrieben wurde und in S-Form bei einer Länge von über 600 m (dazu Ussishkin) den Gihon mit dem heutigen Siloah-Teich verband und darüber hinausführte, wobei das Gefälle des Tunnels mit 0,5 % dem moderner Wasserleitungen entspricht. Eine ähnliche Anlage findet sich in Aleppo (Ancient Egypt, 1920, 107–110). Sie stammt allerdings ebenso aus röm. Zeit wie der Tunnel von *Muqible*, der jedoch nicht in den Felsen eingehauen, sondern gemauert und überwölbt wurde (ADAJ 17, 1972, 89f).

Als Jerusalem in hell. und frühröm. Zeit seinen Umfang mehr als verdoppelte (→Jerusalem, 3.e), reichte die lokale W. nicht mehr aus; über Aquädukte und Tunnels mußte Wasser aus höher gelegenen Gebieten im Süden (*Wādī 'Arrūb, Wādī Biyār* und aus der Nähe der „Salomonischen Teiche") in die Stadt geleitet werden (Mazar).

Erste Versuche, Felder durch oberirdische Wasserleitungen zu bewässern (bei Jericho und im *Ḥaurān*) sind ebenfalls in röm. Zeit zu datieren. Bes. Maßnahmen zur W. in Friedenszeit wurden im transjordanischen *Gāwa* ergriffen, wo ein Damm- und Reservoirsystem der FB I-Zeit (?) oberirdisch die saisonalen Regenfälle speicherte (S.W. Helms, Levant 8, 1976, 20). Als kriegstechnische Versorgungseinrichtungen sind die Brunnenstationen des NR längs der Heerstraße nach Syr.-Pal. anzusehen (ZÄS 65, 1930, 57f); analog ist die Wasserstation „Quelle des Merneptaḥ" (*Liftā*, Jos. 15_9 18_{15}) im Gebirgsland bei Jerusalem zu deuten (Borée, Ortsnamen, 113f).

Literatur: R. Amiran, The Water Supply of Israelite Jerusalem, in: Y. Yadin, ed., Jerusalem Revealed, 1975, 75–78 – G. Dalman, Die Wasserversorgung des ältesten Jerusalem, PJ 14, 1918, 47–72 – W. G. Dever, The Water Systems at Hazor and Gezer, BA 32, 1969, 71–78 – A. Mazar, The Aqueducts of Jerusalem, in: Y. Yadin, ed., Jerusalem Revealed, 1975, 79–84 – MegW – Naumann, Architektur, 190–197 – J. B. Pritchard, The Water System of Gibeon, 1961 – D. Ussishkin, The Original Length of the Siloam Tunnel in Jerusalem, Levant 8, 1976, 82–95 – L.H. Vincent/M.A. Steve, Jérusalem de l'Ancien Testament, 1954–56, 269–279 Tf. 65–68.

U. Müller

Weben und Weberei

Es unterliegt keinem Zweifel, daß man in Syr.-Pal. wie in den Hochkulturen von Nil und Euphrat, von denen man die Darstellung von bekleideten Menschen des 4./3. Jt.s vorfindet (z.B. AOB 26f, 32f), ebenfalls in einem Webverfahren hergestellte Gewänder und Decken besessen hat. Während in Ägypten Garn aus Flachs (→Stoff, 2.) dominierte, stand in Syr.-Pal. die von Schafen und Ziegen gewonnene Wolle im Vordergrund, die zur Herstellung von Gewändern (→Kleidung) und – so beim Ziegenhaar – vornehmlich für Zeltdecken verwendet wurde. Leinen diente vorab zur Herstellung von einfarbig weißen Geweben (Segel aus buntgewirktem Byssus aus Ägypten nennt freilich Ez. 27_9); Gewänder aus Schafwolle sind hingegen nicht selten durch verschiedenfarbige Purpurmuster verziert, wofür die eine sem. Karawane darstellende Malerei aus einem Grab von *Benī Ḥasan* (um 1900) ein gutes Beispiel bietet (AOB 51; ANEP 3; Ausschnitt: →Abb. 44_6). In den Reinheitsgesetzen Lv. 13_{47-59} wird von einem aussatzähnlichen Pilzbefall bei Kleidung aus Wolle (hebr. *ṣēmer*) und Leinen *(pištīm)* gesprochen, sowie von *šətī* und *'ēreb* aus den beiden Materialien („Gewebe" oder „Gewirke"?); nach Dalman, AuS V, 104 ist entsprechend der jüd. Tradition wohl an Kette und Schuß gedacht (vgl. Dt. 22_{11}).

Nach dem →Spinnen erfolgte das W. auf einem waagrechten und später senkrechten „Webstuhl", der auf äg. Darstellungen des MR und NR begegnet (Erman/Ranke, Ägypten, 222f). Nach diesen Darstellungen waren sowohl Frauen allein (ebd. 222) als auch Frauen und Männer am Webstuhl tätig (ebd. 223); in beiden Fällen handelt es sich um Bedienstete. In dem akrostichischen „Lob der tugendsamen Hausfrau" (Prv. 31_{10-31} – nachexilisch!) gelten Spinnen und W. als Geschäft der Hausfrau, die das über den Bedarf Nötige dem Händler verkauft (VV.$_{18-24}$). Gewerbsmäßiges W. war Männerarbeit, die Berufsbezeichnung war *'ōrēg* (Ex. 28_{3-43} 1 S. 17_7); nur bei P findet sich daneben die Bezeichnung *rōqēm* = „der Buntwirker" (Ex. 26_{36} u.a.). Die Israeliten bedienten sich sowohl des horizontalen wie des vertikalen Webstuhls. Den horizontalen setzt die Erzählung von Simsons (vergeblicher) Bändigung (Jdc. 16_{13f}) voraus, der entsprechend den Webstühlen, die die Nomaden Pal.s benutzen, rekonstruiert werden kann (Abb. 92):

Vier in die Erde gerammte Pflöcke halten den Vorder- bzw. Tuchbaum (B) (hebr. *hay-yātēd,* so in Jdc. 16_{14} statt *ha-yətad hā-'ēreg* zu lesen) und den Hinterbaum (C) in Position. Rundhölzer (A) verstärken die Spannung der über den Vorder- und Hinterbaum verlaufenden Kettenfäden (L) (hebr. **massēket*). Der auf zwei Steinen aufliegende Schlingenstab bzw. das Webjoch (D) zieht mittels Schlaufen (E), die mit einer Schnur (F) am Webjoch befestigt sind, jeden zweiten Kettenfaden in die Höhe. Der dahinter liegende Trennstab (G) hebt die andere Hälfte der Kettenfäden an, deren Verlauf eine Schnurschlinge (H) zusätzlich sichert. Mit dem Webschwert (I) und dem Reißhaken (K) (aus Gazellen- oder Ziegenhorn) preßt man den mit dem Weberschiffchen (J) (hebr. *'ēreg*) durchgezogenen Schuß (M) fest an das bereits gewebte Tuch (N) an. Während für den ersten Schuß das Webjoch die benötigten Kettenfäden in die Höhe zieht, müssen für den zweiten Schuß die anderen, vom Trennstab nach oben gezogenen Fäden manuell angehoben werden. Das Webjoch und der Trennstab wer-

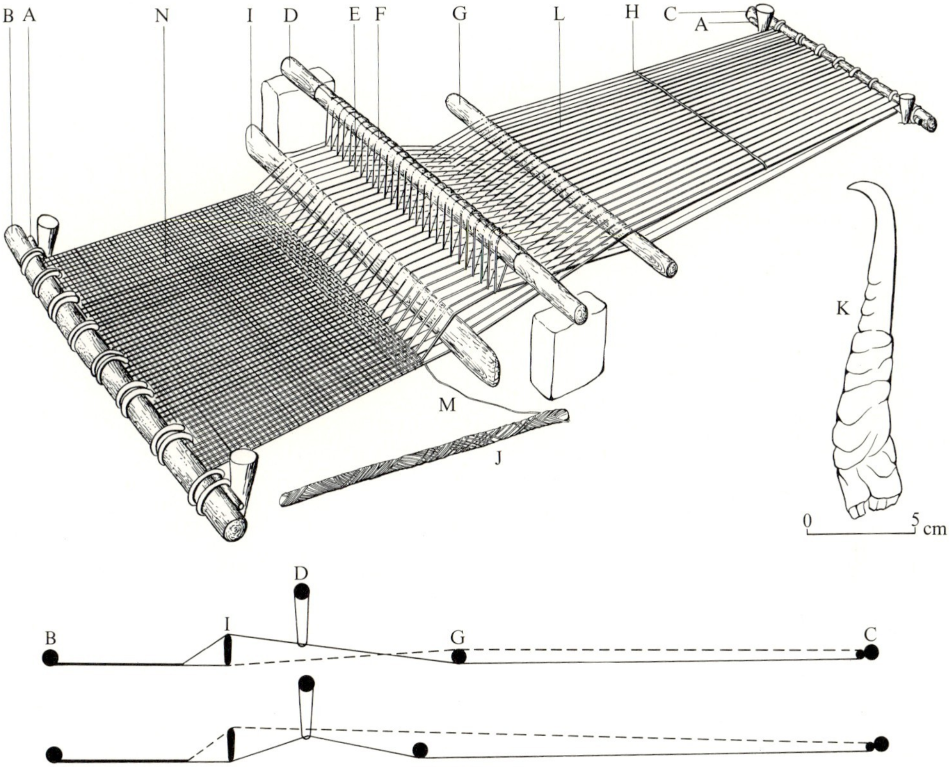

Abb. 92 **Weben und Weberei** Arab. horizontaler Webstuhl

den beim ganzen Webvorgang nie in vertikaler, sondern ausschließlich in horizontaler Bewegung auf den Hinterbaum zugeschoben.

Analog dürfte der vertikale Rahmen- oder Hängewebstuhl funktioniert haben. In Häusern der E II-Zeit in *Tell Bēt Mirsim, Tell ed-Duwēr* und *Tell el-ʿĀṣī* wurden tönerne Webergewichte (TBM III Tf. 45; HES II Tf. 68; SS III Abb. $92a_{23-26}$; Qadmoniot 4, 1971, 84f) gefunden, die beim Hängewebstuhl die Kettenfäden beschwerten. Den Rahmenwebstuhl (vgl. Erman/Ranke, Ägypten, 223) gab es auch in *Tell ed-Duwēr* (J.L. Starkey, PEFQSt 68, 1939, 189). Noch vor wenigen Jahrzehnten fand man den Rahmenwebstuhl bei Mattenwebern im Bereich des *Baḥret el-Ḫēṭ* (*Ḥūle*-See).

Der Vergleich der Lanze Goliaths (1S. 17_7) mit einem Weberbaum (*mənōr 'ōrəgīm*) zielt allem Anschein nach auf das Weberjoch, aber nicht auf das mit den vielen Schlaufen, die Yadin auf eine in der Mitte reduziert (das wäre dann ein Riemen am Wurfspieß = griech. ἀγκύλη), sondern auf ein früheres Stadium, als der lange, für die Schlaufen notwendige Faden noch lose am Ende des Weberstocks hing.

Literatur: G.M. Crowfoot, The Vertical Loom in Palestine and Syria, PEQ 73, 1941, 141–151 – dies., Basketry and Mats, in: Ch. Singer/E.J. Holmyard/A.R. Hall, A History of Technology I, 1955, 413–447 – Dalman, AuS V, 94–144 – R.J. Forbes, Studies in Ancient Technology IV, 1956, 192–219 – K. Galling, Goliath und seine Rüstung, VTS 15, 1966, 159–161 – P. Horn, Textilien in biblischer Zeit, Ciba-Rundschau 1968 [Heft 2], 3–37 – H. Johl, Art. Webstuhl (Ägypten), RLV XIV, 261–263 – Krauß, TalmArch I, 149–153 – H. Lutz, Textiles and Customs among the People in the Ancient Near East, 1923 – S. Weir, Spinning and Weaving in Palestine, 1970 – dies., The Bedouin. Aspects of the material culture of the bedouin of Jordan, 1976 – Y. Yadin, Goliath's Javelin and the menor orgim, PEQ 87, 1955, 58–69.

K. Galling

Wein und Weinbereitung

In der →Baum- und Gartenkultur (2.) Pal.s nahm der W.anbau eine hervorragende Stelle ein; denn der W. galt als ein Segen des Landes (Nu. 13_{23} Jes. 65_8). Zu Noah als W.bauer (Gn. 9_{20}) vgl. L. Rost, Das Kleine Credo und andere Studien zum Alten Testament, 1965, 44–53. Man aß die ausgereiften rotsaftigen (Jes. 63_{2-6}) Trauben; die Trauben des ersten Saftes waren den Zähnen schädlich (vgl. das Sprichwort in Jer. 31_{29f} Ez. 18_2). Aus getrockneten Trauben stellte man Rosinenkuchen her, die neben solchen aus Feigen der Soldatenverpflegung dienten (1S. 5_{18} 30_{12} u.ö.: *ṣimmūkīm*). Ein davon zu unterscheidender, in der Qualität besserer Rosinenkuchen hieß *'ǎšīšā* (z.B. 2S. 6_{19} Cant. 2_5), der auch als kultische Depositgabe Verwendung fand (in Ho. 3_1 als kan. verworfen). Der Großteil der Traubenernte wurde zu W. verarbeitet.

Auf einem relativ ebenen, der Tenne (→Dreschen, 1.) vergleichbaren Kalksteinplateau – außerhalb der Ortschaft, möglichst nahe den W.pflanzungen – wurde ein Tretplatz (hebr. *gat*) geschaffen, der etwa in den Maßen zwischen 1 und 2 m rechteckig oder quadratisch ausgehauen wurde und der normalerweise etwa eine Handbreit vertieft war (Abb. 93). Vom Tretplatz führten eine oder auch mehrere durch den Felsen getriebene Röhren zu einem (oder mehreren) Sammelbecken, der Klärgrube oder Kufe (hebr. *yęqeb*). Wie die Kufe *pars pro toto* auch die Kelteranlage bezeichnen kann, so begegnet neben *gat* (Tretplatz) auch das seltenere (jüngere?) *pūrā* = „Keltertrog" als Kennzeichen der Gesamtanlage (Jes. 63_3 Hag. 2_{16}). Die Reben wurden von den Winzern in der Kelter getreten (Am. 9_{13}). Bei der äg. Darstellung aus einem Grab bei Theben (15.Jh.), die den Vorgang illustrieren kann (AOB 183; ANEP 156), ist zu beachten, daß der Tretplatz im Unterschied zu den pal. Exempeln (Dalman, AuS IV, Abb. 99–111) aus einer bes. Wanne besteht. Wie bei der →Ölbereitung gab es erst seit röm. Zeit Pfeiler- und Kreuzpressen auch zum Keltern (E. Kutsch, ZDPV 79, 1963, 116–126).

Der durch Hefe zur Gärung gebrachte W. (hebr. *ḥēmer*) wurde zunächst in neuen Ziegenschläuchen aufgehoben (Mc. 2_{22} par.). Auf Wanderungen führte man auch

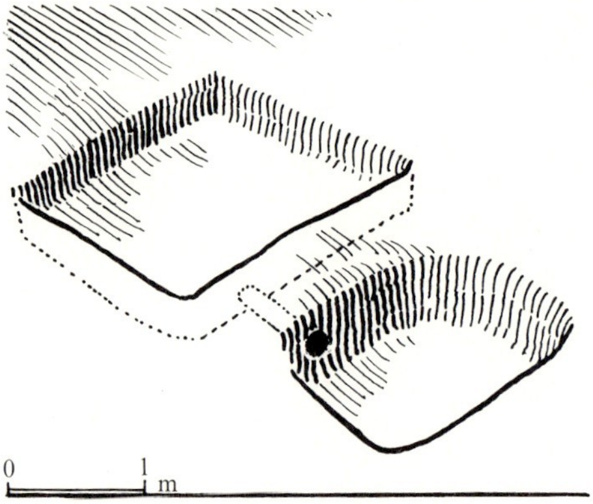

Abb. 93 **Wein und Weinbereitung** Weinkelter

den fertigen W. in Schläuchen mit (z.B. 1S. 16_{20}: *nōd*; vgl. →Leder, 2.). Zumeist verwendete man aber dazu ein tönernes Gefäß (hebr. *nębel,* 1S. 1_{24} 10_3 25_{18} Jer. 13_{12}). In der Bedeutung umstritten ist der nur in Hi. 32_{19} begegnende Terminus *'ōbōt* (Schläuche oder eine bes. Art von Krügen? für letzteres entscheidet sich A. Guillaume, PEQ 93, 1961, 147–150). Bei Lieferungen (von den Krongütern der nordisr. Könige) kam nur „alter W." in Frage, wie die →Ostraka von Samaria ausdrücklich vermerken.

W.keller in jud. Krongütern setzt 1Ch. 27_{27} bereits für die Zeit Davids an. In der Beschreibung des Jerusalemer Palastes der Zeit Hiskias könnte mit „... dem ganzen Haus seiner Gefäße" (Jes. 39_2) speziell ein W.keller gemeint sein (J. Dahood, Biblica 40, 1959, 162–164). W.vorräte in den Festungen waren für die Versorgung der Soldaten nötig, wie sich aus zahlreichen Belegen in den →Ostraka aus Arad (E II-Zeit) ergibt (Y. Aharoni/J. Naveh, Arad Inscriptions, JDS 1975 [hebr.], *passim,* vgl. Register 159 *sub voce yyn*). Der äg. Resident in *Tell el-Fār'a* Süd (Zeit Sethos' I.) hatte in seinem Palast einen W.keller, in dem 45 aufbewahrte Amphoren gefunden wurden (→Palast, 2. mit Abb. 62_3). Die äg. Verschlußstempel zeigen, daß es sich um Import-W. aus Ägypten handelte. Das ist um so verständlicher, als an der Küste Pal.s kein W.bau möglich war. Bei den Ausgrabungen in *el-Ǧīb* wurde ein als "winery" bezeichnetes Areal aufgedeckt; man fand 63 in das Kalksteinplateau gehauene, zisternenartige Lagerräume, die ohne Abdichtung nur zur Aufstellung von Vorratskrügen gedient haben sollen. Krüge wurden jedoch nicht in ihnen gefunden und die Deutung der Anlage als W.keller ist fraglich (→Gibeon, 2.; die Ritzinschriften auf zweihenkligen Krügen haben mit W.export nichts zu tun). Eine ähnliche Anlage fand sich z.B. auch auf *Ḫirbet et-Tell* bei *Sinǧil* (K.D. Schunck, ZDPV 78, 1962, 148f).

Geschätzte Import-W.e kamen aus dem Libanon (Ho. 14_{8}) und dem Antilibanos (Helbon bei Damaskus: Ez. 27_{18f}, vgl. dazu A. Millard, JSS 7, 1962, 201–203; S.M. Paul, IEJ 25, 1975, 44). In hell. Zeit bezogen die Wohlhabenden griech. W.e bes. aus Rhodos, Knidos und Thasos. Die großen W.amphoren dieser Zeit (3./2. Jh.) trugen griech., vor dem Brennen eingedrückte Stempel (→Siegel, 3.cδ mit Abb. 78_{46}), die verschieden erklärt wurden, wohl aber mit H. Seyrig (Syria 47, 1970, 287–290) als Hinweise auf eine staatliche Kontrolle der Töpfereien zu deuten sind. Zahlreiche Krughenkel dieser Art fand man in Samaria (SS III 379–388) und Jerusalem (PEFA 4, 1926, 203–212). Sidonische Kaufleute von Marisa handelten mit rhodischem W. (EP 131–134).

Vom W., der Götter und Menschen erfreut, spricht Jdc. 9_{13} (vgl. auch Dt. 32_{37f}). So hat man auch im Jahwe-Kult W.libationen dargebracht (1S. 1_{24} 10_{3} Ho. 9_{4}; zum Fest des neuen W.es in *Qumrān*: BA 30, 1967, 137). Temporäre W.askese wurde dem Priester anbefohlen (Ez. 44_{21} Lv. 10_{9}). Das wohl mit dem „nomadischen Ideal" zusammenhängende Gelübde der W.enthaltung wird bei den Rechabitern (Jer. 35) und den Nasiräern (Am. 2_{12} Jdc. 13_{14} Nu. 6_{3f}) vorausgesetzt. – Zu „W.servicen" →Sieb.

Literatur: Dalman, AuS IV, 291–413 – W. Dommershausen, Der Wein im Urteil und Bild des Alten Testaments, Trierer Theologische Zeitschrift 84, 1975, 253–260 – R.J. Forbes, Studies in Ancient Technology III, 1955, 70–83, 132f – W. Herrmann, Götterspeise und Göttertrank in Ugarit und Israel, ZAW 72, 1960, 205–216 – H. Lewy, Sobria Ebrietas, 1929 – H.F. Lutz, Viticulture and Brewing in the Ancient Orient, 1922 – A. Maurizio, Geschichte der gegorenen Getränke, 1933, 151–194 – J.B. Pritchard, Gibeon, Where the Sun Stood Still, 1962, 79–99 – ders., Winery, Defenses, and Soundings at Gibeon, 1964 – R. Schoene u.a., Bibliographie zur Geschichte des Weines, im Auftrag der Gesellschaft für Geschichte des Weines (ed. K. Fill), 1976. *K. Galling*

Zelt

Z.e (hebr. *'ōhel*) sind die mobilen Wohnstätten nomadischer oder halbnomadischer Bevölkerung. Als Z.bewohner schildert daher das AT die Erzväter (Abraham: Gn. 12_{8}; Isaak: Gn. 24_{67}; Jakob: Gn. 25_{27}), die aus Ägypten nach Pal. ziehenden Stämme (Ex. $33_{8,\,10}$) und einige östl. des Jordans und in Arabien wohnende Nachbarvölker Israels (Edom: Ps. 83_{7}; Kedar: Jer. 49_{29}; Kūšān und Midian: Hab. 3_{7}). Auch das Heiligtum Israels während der Wüstenwanderung wird als Z. beschrieben (→Stiftshütte). Noch nach dem Seßhaftwerden der isr. Stämme im Kulturland, als die Bevölkerung in festen Häusern wohnte und nur die Gruppe der Rechabiter am nomadischen Ideal festhielt und in Z.en lebte (Jer. $35_{7,\,10}$), behielt man in einigen Wendungen das Wort Z. als gleichbedeutend mit Haus bei (vgl. 2S. 20_{1} 1R. 12_{16}; weitere Beispiele bei Dalman, AuS VI, 8f, 31 und Alt 240). Benutzt hat man jedoch nur noch Hirten-Z.e (Jes. 38_{12}) und bisweilen Z.e auf dem →Dach (2S. 16_{22} Ps. 132_{3}). Von Kriegs-Z.en spricht das AT bei feindlichen Lagern (Midianiter: Jdc. 7_{13}; Syrer: 2R. 7_{7-10}; Chaldäer: Jer. 37_{10}), während es im Heerlager Davids nach 2S. 11_{11} für die Truppen und die Lade Hütten (hebr. *sukkā*) gab, die man sich wohl entsprechend den →Laubhütten vorstellen muß (vgl. auch 1R. $20_{12,\,16}$).

Bis auf die hölzernen Stangen, die das notwendige Gerüst bilden (hebr. *'ammūd?*, vgl. Ex. $26_{32,\,37}$), nennt das AT alle Teile des Z.es: die Decken (Jes. 54_{2}: *yərī'ā*) aus Fell (Ex. 26_{14}) oder – in der Regel – aus gewebtem Ziegenhaar (Ex. 26_{7}), die hölzernen Pflöcke (Jdc. 4_{21}: *yātēḏ*) und die Stricke (Jes. 33_{20}: *ḥēbel*; Jer. 10_{20}: **mētār*). Nichts erfährt man dagegen über die Gestalt des Z.es. Es konnte sich um rechteckige Z.e handeln, wie sie im Kriegslager Tiglathpilesers III. dargestellt sind (Barnett/Falkner, Sculptures, Tf. 60, 63) und wie sie ähnlich noch bis heute von Nomaden als Wohn-Z.e benutzt werden (Dalman, AuS VI, 12–29 Abb. 1–19). Rund-Z.e sind in Kriegsszenen aus der Umwelt Pal.s häufiger abgebildet: im äg. Lager bei der Schlacht von Qadeš mit spitzem Dach und senkrechten Wänden (Wreszinski, Atlas II, Tf. 81f, 92, 177; von Alt als Hütten interpretiert); zwei solche Z.e zeigt ein äg.

Relief im Grab des Ḥaremḥab im Querschnitt (Wreszinski, Atlas I, Tf. 386); ähnliche Z.e mit Mittel- und davon ausgehenden Seitenstützen und mit ausgestellten Seitenwänden finden sich auch auf ass. Reliefs im Querschnitt dargestellt (ANEP 170f; Hrouda, Kulturgeschichte, Tf. 12_5). Daß dieser Z.typus auch als Wohn-Z. in Gebrauch war, beweist die Darstellung eines brennenden Z.es arab. Beduinen (R.D. Barnett, Assyrische Palastreliefs, o.J., Tf. 114). Im ass. Kriegslager sind als Unterkunft des Königs (ANEP 374) und wohl auch der Offiziere (Yadin, Warfare, 292, 432) langgestreckte, mit zwei halbtonnenartigen Aufbauten an den Schmalseiten bekrönte Gebilde dargestellt, deren Deutung als Z.e oder Hütten aus Schilfmatten strittig ist (Alt 237f).

Literatur: A. Alt, Zelte und Hütten, KlSchr III, 233–242 – Dalman, AuS VI, 1–145 – Hrouda, Kulturgeschichte, 64 mit Tf. 12 – S. Weir, The Bedouin. Aspects of the material culture of the bedouin of Jordan, 1976.

H. Weippert

Ziegel

Z. (hebr. *ləbēnā*) wurden aus gestampftem Lehm in Formen hergestellt. Man mischte dem gefeuchteten Lehm Häcksel der Tenne bei, um ein Auseinanderbröckeln bei der Lufttrocknung zu verhindern (Ex. 5_7). An einigen Orten sind in Ägypten auch Z. ohne Häcksel aufgetaucht (BA 13, 1950, 22–28). Holzrahmen (hebr. *malbēn*, Na. 3_{14}) sind vereinzelt in Syr.-Pal. nachweisbar (TM I 41b; Ca II 143f).

Die Maße der Z. variieren oft unabhängig von einer bestimmten Periode am gleichen Ort. Die Maße schwanken zwischen Längen von 25–60 cm, Breiten von 16–35 cm und Höhen von 10–15 cm (vgl. JerA *passim*; Ger 72; IEJ 19, 1969, 140–142; BASOR 180, 1965, 21). Quadrat-Z. aus Jericho (35 × 35 cm) und *Tell Bēt Mirsim* (50 × 50 cm) sind für die MB II-Zeit eruiert worden. Vgl. auch die Liste der in Nordsyr. gemessenen Z. bei Naumann, Architektur, 48f; es handelt sich dort überwiegend um Quadrat-Z. und z.T. um Halb-Z. Zu den frühen Z.formen im NL →Jericho, 3.a.

Bei rechteckigen Z.n hat man in der E-Zeit zuweilen das Läufer-Binder-System angewendet, um den Z.verband zu sichern. Die ass. Darstellung der Eroberung von Geser (AOB 134; ANEP 369) weist auf quadratische Z.; doch kann es sich auch um eine Nachzeichnung der ass. Normalform handeln. Es ist eine Ausnahme, wenn man ohne eine Unterlage von Stein mit einem Mauerbau aus Lehm-Z.n beginnt, wie bei den Kapellen von Beth-Sean (vgl. auch →Mauer und Mauertechnik, 2.). Der polemische Spruch in Jes. 9_9 besagt nicht, daß man Wände bis zum Dach aus Steinquadern hochgeführt hat, sondern daß das Fundament nicht wie bei den einfachen Häusern aus Bruchsteinen bestand. Die verschiedenen Arbeiten zur Z.herstellung zeigen äg. Bilder aus Theben (AOB 176; ANEP 115; Knaurs Lexikon 310). Auf den Z.n finden sich manchmal Hersteller(?)-Zeichen (TT I 25; BS II/1 Tf. 26_{15-17} 65A). Gestempelte Z. aus röm. Zeit begegnen in Juda bes. in und um Jerusalem (*Ḫirbet Ṣāliḥ*; vgl. PEFA 4, 1926, 167f; OA 3, 1964, Tf. 17; EI 8, 1967, 168–182).

Feuergebrannte Z. des 14. Jh.s verzeichnet J. Garstang für Gaza (PEFQSt 52, 1920, 156f); doch ist die Datierung höchst fraglich (in Ägypten zuerst um 600 bezeugt!). Dem 9./8. Jh. gehören feuergebrannte Z. aus Karkemiš an (Ca II 153). Vor dem Audienzpalast von Guzana (9. Jh.) stand ein Podium mit gebrannten Z.n (TH II 71–74 mit Abb. 36). Für den Turm von →Babylon nennt Gn. 11_3 gebrannte Z. (dazu auch →Asphalt).

Literatur: BuA I 257f – A.G. Barrois, Manuel d'Archéologie Biblique I, 1939, 100–105, 176–178, 247, 262 – Dalman, AuS VII, 17–22 – Knaurs Lexikon der ägyptischen Kultur, 1959, 309f – Interpreter's Dictionary I, 1962, 465f – Busink, Tempel, 225–229 – A. Salonen, Die Ziegeleien im alten Mesopotamien, Annales Academiae Scientiarum Fennicae B/171, 1972.

K. Galling

Register

GN = Gottesname; * vor Seitenzahl(en) gibt an, daß es sich um den Artikel zu dem betreffenden Stichwort handelt.

Abakus 80
Abend 166
Abgabewesen 45, 88, 304, 306
Abguß 222
Abydos-Keramik 172
Achat 65
Acker(wirtschaft) *1–4, 36, 131, 135, 255f, 308
Adad (GN) →Hadad 18, 107
Adler 78, 225
'Adlūn 324
'Adōnīnūr: Sarkophag des 271
Adonis (GN) 207
Adyton 335, 337, 341
Aegina 331f
Affe 11, 264, 302f, 355
'Aglibōl (GN) 119
'Ağlūn 358
'Aḥīrōm: Sarkophag des 53, 70, 129, 183, 188, 230f, 269f
Ahuramazda (GN) 300, 355
Ai →*et-Tell* *5, 37, 96, 314f, 334f, 343
Akazie 357f
Akko (Ptolemais) 51, 132, 134–136
Akmonia 327
„Akra der Syrer" 162
Akropolis →Zitadelle 141, 314–316
Alabaster 42, 65, 203f, 263, 312, 318–321, 333
Alabastron 99, 264, 321
Alalaḫ 6, 114, 336f, 338, 344
Alaun 203
Aleppo 134f, 359
Aleppo-Kiefer 358
Alexandreion 82
Alexandria 128, 329, 332
Allerheiligstes →*dəbīr* 209, 325, 348
'almuggīm-Holz 137, 357
al-Quds →Jerusalem 157
Altar *5–10, 194, 206f, 261, 302, 307, 318
Altargesetz 6
Amanus 357
Amarna →*Tell el-'Amārna* 50f
Amarna-Briefe 50f
Amethyst 65
'Ammān →Rabbath-Ammon 135, 142, 207, 258, 271f, 315, 334–336
Amphora →Vorratsgefäß 356
Ton: 273, 278, 362f
Stein: 321
Amphoriskos 169
'Amrīt 105–109
Amulett *10f, 74, 83, 100, 115, 282, 287, 299f
'Anat (GN) 50, 112f, 115, 323
'Anat-Bēt'ēl (GN) 119
'Anat-Yāhū (GN) 119
Angel 84
Anhänger (Schmuck) 65, 75, 116, 120, 282f, 286f
Anker 278f
Anten 335–337, 339–341
Antilibanon 363
Antilope 150f, 355
Antiochia 134
Antonia (Burg) 163
Anu (GN) 18
Apamea 328
Apfelbaum 34
Aphrodite (GN) 353
Aphrodite parakyptusa (GN) 80
Aphrodite Urania (GN) 15
Apsis 145, 328f, 331f
'Aqaba, Golf von 133, 137, 332

'Aqbat Kāmid Beqā' 134
Aquädukt 359
Arad →*Tell 'Arād* 6f, *11f, 51, 82, 139, 195, 209, 241, 314, 322, 334f, 337, 362
„Arche Noah" 328
Areal (Ausgrabung) 21f
Arkosolium 124–127
Armring 284f, 299
Aromata 136, 257, 319, 355
Arsinoë 327, 331
Arslan Taş 31f, 34, 67, 69–71, 102, 108f, 351
Arwad 132–135, 272
Arza 137
'Ašārine 324
Asche 188, 276
Aschera (auch GN) 5, *12f, 111, 149, 194f, 206, 350
Asdod →*Esdūd* 6, *13–15, 66, 73, 86, 118, 132, 134f, 191, 242, 324, 329
Aseka 197
'Ašim-Bẹt'ẹl (GN) 119
Askalon →*'Asqalān* *15f, 38, 51, 67, 87, 112, 132, 134–136, 197, 329
Asklepios (GN) 298
Asphalt *16, 54, 153, 283
'Asqalān →Askalon 15
Assur →*Qal'at Širqāt* *17–19, 78f, 136, 142, 189, 191, 206
Assur (GN) 17f, 78, 111
Astaroth(-Karnaim) 111f
Astarte (GN) 111–114, 116, 119f, 251, 298
Atargatis (GN) 84, 112, 120, 322, 353
Atarsuḫas (GN) 108f
Athribis 331
'Atlīt 11, 128, 132f
Auerochs 150, 355
Ausgrabung *19–23, 169, 266
Axt *23–26, 36, 61, 89, 107, 111, 148, 151, 220, 353
'Ayyā 5
'Ayyāt 5

Ba'al/*Ba'l* (GN) 107–111, 119, 122, 267, 334–336
Ba'al-Bərīt (GN) 337
Ba'l-Ḥammōn (GN) 208
Ba'al Šāmēm (GN) 119
Ba'al/Ba'l Ṣapōn (GN) 106f, 323
Ba'al-Tāmār (GN) 34
Ba'al Zəbūb (GN) 67, 119
Ba'alat (GN) 112
Ba'albek 7
Ba'lyatōn: Stele des 114, 256
Babylon *26–29, 324
Bache 150
Backen *29f
Bad und Baden *30–32, 240–243, 247
Bär 150
Balawāt 39, 348–350
Balken 54, 127, 149, 154, 210, 274, 339, 357
Balsam 136, 240
Balsamodendron 138
Bank (Grab) 123–128
Barren (Metall) 89, 221, 278
Bart 101f, 105, 129–131
Basalt 1, 62, 65, 169, 192, 208, 232, 282, 317–319, 345
Basan 357
Basilika 16, 145, 268, 327, 329, 331f
Bast 252, 325f
Bastion 211
Bauern-Kalender von Geser 3, 92, 165, 167, 202, 289, 292
Baum- und Gartenkultur *32–34, 308, 362
Baum, sakraler 13, *34f, 263, 300
Baumstamm 54, 147f, 358
Baumwolle 311f, 326f
Bdellium 138
Becher 324
  Holz: 149, 183
  Metall: 183, 222f, 282
  Stein: 319
  Ton: 173–179, 183, 192
Beeroth →*Rās eṭ-Ṭaḥune* 97
Beerseba →*Bīr es-Seba'* 2, *36, 68, 358
Beerseba-Kultur 11, 36, 91, 169, 220
Beilhacke *36f
Beilkeule 185
Beinschiene *37, 204, 280
Beirūt 7f, 132
Beizen 73f, 291
Bēl (GN) 119, 257
Belagerung *37–42, 72, 349
Bemalung →Farbe 209f, 247, 270f, 274
Bergbau *42–44, 112
Bergkristall 65f
Bernstein 65f, 256
Bes (GN) 11, 69, 302, 343
Bēsān →Beth-Sean 46
Bestattung 62, 122–129, 153f, 269–276, 287
Bẹt 'Alfā 327–331
Bethanien 305
Beth-Bara 344
Bethel →*Bētīn* 5, *44f, 77, 100, 136, 314f
Beth-Horon 135
Beth-Kerem →*Ḫirbet Ṣāliḥ* bzw. *Ḫirbet Abū Brēk* *45f
Bethlehem 45

Bethsaida 84
Beth-Sean →*Tell el-Ḥōṣn* bzw. *Bēsān* 6, *46f, 105, 107, 109, 113, 134f, 189f, 193, 208, 271, 315f, 318, 320, 323f, 334–336, 364
Beth-Semes 11, 74, 140, 316, 347
Beth-Ter 42
Beth-Zur →*Ḫirbet eṭ-Ṭubēqa* 32, *47f, 74, 80, 211
Bētīn →Bethel 44f, 74
Bēt Šəʿārīm 328, 331
Bett 223, 228–230
Beutel 89, 112
Bewässerungssystem 153, 156, 359f
Bier *48f, 172, 298
Bildverbot 100f
Bīr es-Sebaʿ →Beerseba 36
Bīr Qadīsmū 46
Birke 252
Blasbalg 43f, 221f, 353
Blattkranz 229, 260, 320
(Walz-)Blech 104, 115, 221–223, 281, 283–285, 287
Blei 84, 94, 115, 136, 219, 221, 271, 275, 278, 282f, 290, 332
Blitz 85, 102–104, 107, 227, 257
Bʿlt Gbl (GN) →„Herrin von Byblos" 53
Bodenbesitz, -recht 4, 88
Böckchen 352
Bogen (Waffe) *49f, 89, 151, 204, 233, 249, 253, 279, 282
Bohne 34
Bohrer 147–149, 299, 318
Boswellia-Baum 138
Brache 2
Brandopfer(altar) 5f, 9f, 12, 194, 240, 276
Braun-auf-Weiß-Keramik (chocolate-on-cream) 175, 343
Brett 148f, 252, 325
Brief *50–52, 137
Bronze 53, 58, 115, 198, 219–224, 282–289, 309, 316, 348f
Brosche 83
Brot 3, 29f, 34, 184, 188
Brunnen 1f, 358–360
„Buch" 291
Buckelrind 253, 351
Buhen 38
Burǧ Bētīn 45
Butterfaß 169
Byblos →*Ǧebēl* 7, 25, *53f, 104f, 108, 112, 114, 132, 134–137, 206f, 209, 211, 219, 269f, 337–339, 358
Byssus 113, 115, 326f, 360
Caesarea (Palaestinae) 63, 132f, 136, 329
Capriden 302
Cella 5, 112, 266, 335–341
Chalzedon 65, 299
Chorazin 317, 329–331
Cistus-Rose 138
Colonia Aelia Capitolina →Jerusalem 157, 162, 164, 233f

Dach *54, 139, 149, 202, 259f, 273–275, 325, 363
Dächsel 148
Dämon 83, 224
Dagon (GN) 13, 119, 322
Damhirsch 150
Damaskus →*(Dimašq) eš-Šām* 9, *54f, 134–136, 354
Dan →*Tell el-Qāḍī* *55f, 77, 100, 135, 195, 315f, 337
Dattel 29
Dattelpalme 34f
Dattelwein 48
Debir →*Ḫirbet Rabūd* *56f
dəbīr →Allerheiligstes 338–340
Decke 204, 325, 352, 360, 363
Deichsel 252f
Delos 133, 327, 329–331
Delphin 203
Depotgrube (Grab) 123–126
Dēr el-Azhar →Kirjath-Jearim 97
Dēr el-Balaḥ 271
Derketo (GN) 84
Diadem 257, 283, 287f, 290
Ḏībān →Dibon 57, 322
Dibon →*Ḏībān* *57, 135
Dickmilch 29, 351
Dill 34, 64
(Dimašq) eš-Šām →Damaskus 54
Dinītu (GN) 46, 234
Diorit 65, 318, 336
Dogge 152
Dolch und Schwert *57–62, 102, 104, 119, 121, 146, 218, 289
Dolmen *62, 95, 206
Doppelflöte, -oboe 194, 235
Dor →*el-Burǧ* *62f, 132, 137, 297
Dorf 313–315
Dost 34
Dothan 135
Draht 281, 283, 285
Drehbank, -scheibe 149, 318
Dreifußschale 318f
Dreizack 85, 102f, 107
Dreschen und Worfeln *63f, 351
Dreschschlitten 63f, 149, 351

Dromedar 354f
Dromos (Grab) 123–126
Dürre 1, 308
Dura-Europos 257, 322, 327, 329–332

Ebal 295
Ebenholz 136
Eber 150, 202, 302, 353
Ebla →*Tell Mardīḫ* 336f
ed-Dāmiye 7
ed-Dikke 331
Edelstein 42, *64–66, 68, 99, 134, 136f, 257, 282f, 286, 299, 318
Eiche 293f, 357f
Eisen 42, 58, 75, 83, 88, 134, 136, 148, 198, 218–221, 223, 255, 282–289, 332
Ekron →*Ḫirbet el-Muqanna'* *66f, 86
El (GN) 101, 106, 111, 122
el-'Amq 134
el-Bālū': Stele von 120, 289, 322
el-Beled 133
'Ēl-Bēt'ēl (GN) 44
el-Brēǧ 107, 109
el-Burǧ →Dor 62
Elefant 67
Elektron 116, 120, 219–221, 223, 236, 282
Elephantine 52, 67, 111, 119, 135, 290
Elfenbein 34f, 65, *67–72, 80, 99, 134, 136, 186f, 197, 224–226, 229, 231, 261–264, 267, 290, 310–312, 351
el-Ǧīb →Gibeon 97, 304, 306f, 309, 362f
el-Ḥamme 327f, 331
Elisa-Quelle →*'Ēn es-Sulṭān* 2, 153
el-Kābrī 206
el-Kerak 57, 322
el-Menē'īye (Timna') 209
el-Mīne 132
el-Mišrife 105, 114
Emaille 74, 283
Emar →*Meskene* 333, 337
Emmer 3, 48
'Ēn Dāra 337
Endor 358
'Ēn es-Sulṭān →Elisa-Quelle 153, 155f
Engedi 78, 138, 307, 331, 334f, 358
Enkomi-Alasia 105
Enlil (GN) 18
En-Semes 358
Ente 76f, 261f, 299, 318f
Equiden 252
Erdwall 212, 315
Erlaßjahr 165
Ernte 3f, 33, 63, 202, 240, 356
Erntefest 167, 202
er-Rīḥā →Jericho 152
Erz 42f, 221, 332
Esche 252
Esdūd →Asdod 13
Esel 252, 256, 351, 353f, 356
Eselin 351, 353f
Eselshengst 353f
'Ešmūn (GN) 119, 211, 297f
'Ešmūn'azōr I.: Sarkophag des 272, 297
es-Semū' 328, 331
Ethrog 329
et-Tell →Ai 5
eṭ-Ṭīre 74
ez-Zīb 132f

Fachwerk 210
Fackel *72
Faden 73f, 198, 312f, 326, 360f
Falke 225, 234, 302
Familiengrab, -gruft 122, 128, 269
Farbe und Färberei →Bemalung *72–74, 232, 290, 319, 326
Faser 312, 325f
Fayence 11, 65, *74–77, 98, 195, 284, 286, 320f
Fayyūm 327, 332
Federkrone 115, 120f, 146
Feige 33f, 362
Feigenbaum 32f
Feldzeichen →Standarte *77–79
Fell 185, 203f, 363
Felskammer (Grab) 123–127
Fēnān 42
Fenster 71, *79f, 139, 146, 149, 191, 232, 241
Ferula galbaniflua 138
Fest 165, 167
Festung 12, 37, 41f, 45f, 72, *80–82, 96, 245, 247, 304, 315
Fett 33, 352
Feuer 146
Feuerbecken 183, 240
Feuerstein 148, 153, 218, 282, 293, 318
Fibel *82f, 236
Fichte 357
Fingerring 282–285, 288, 299
Fisch und Fischfang *83f, 85, 175, 261f, 265, 276
Flachs 3, 311f, 326, 360
Fladen 29f, 188
Flasche 261, 263f
  Fayence: 75–77
  Glas: 99, 263f
  Stein: 263f, 321
Fleisch 147, 150, 352–355
Fliege 287

Fliegenwedel 35, 269, 309, 323
Flöte 235
Floß 276
Flügel 113, 224–227, 353
Flügelsonne 69, 79, 100f, 106, 110, 300–304, 353
Flußpferd →Nilpferd 67
Fresko 152, 216, 257, 332
Frischling 353
Fritte 74, 195
Fruchtbaum 32, 38
Fuchs 150
Fußring 289
Fußschemel 100f, 105, 231f, 269f

Gabala 132f
Ǧabbūl 108
Gabel 64, 84, *85
Gadara 32
Galbanum 138
Gallapfel 203
Gamala 41
Gans 353
Garn 291, 313, 326, 360
Garizim 295f, 332, 336
Ġassūl-Kultur 273
Gath *85f
Ǧāwa 54, 95, 314, 360
Gaza →*Ġazze* 67, *86–88, 132, 134–136, 272, 331
Gazelle 107f, 150, 274, 317, 351, 360
Ġazze →Gaza 86
Geb (GN) 282
Ǧebēl →Byblos 53
Ǧebel Qaʿaqīr 314
Ǧebel Reḫme (Har Yərūḥām) 7, 314
Ǧebel er-Rumēde →Hebron 144
Geflügel 352f
Geier 78
Ǧekke 102, 109
Geld *88–90, 134, 233, 282, 355
Ǧemmāʿīn 344
Gemüse 32–34, 48, 147
Genezareth, See von →Kinnereth, See von 84, 276
Genius 226f, 302
Gerasa 327
Gerben 203
Gerste 2f, 48
Gercin 108f
Geser →*Tell el-Ǧazarī* 9, 11, 15, 47, 51, 74, *90–93, 197, 206–208, 315f, 346, 359
Getreide 2–4, 30, 57, 63f, 136, 232f, 298, 308f, 343
Gewebe 360
Gewicht 88, *93f, 221, 233, 318, 355
Gewirke 360
Gewölbe und Bogen 54, *94–96, 140, 309
Gewürze 29, 32, 34, 64, 232, 319, 355
Ǧezīret Farʿūn 133, 137
Gibea →*Tell el-Fūl* *96, 211
Gibeon →*el-Ǧīb* *97f, 306f, 325, 359
Gießen (Metall) 99, 221–223
Gilgameš-Epos 216
Ginti-Kirmil 47
Glacis 211f
Glas 65, 68, 75, 94, *98f, 195, 263f, 283f, 286, 309, 312, 320f, 329
Glasur 74
Glatze 129f
Glocke/Glöckchen 235f, 257, 290
Götter(bilder) 11, 69, 99–122, 146, 191, 194, 223f, 251f, 283, 302, 322–324
Götterbild, männliches *99–111
Götterbild, weibliches *111–119
Göttergruppe *119–122
Ǧōlān 62
Gold 11, 68, 83, 89, 99, 116, 120, 136f, 149, 219–221, 223, 242, 282–289
Goldglas 200, 328f
Gorgo 280
Grab 62, *122–129, 154, 163, 195f, 198, 209, 213, 215, 250, 318
Graben, syr. 1f
Granat 65
Granatapfel(baum) 11, 33, 72, 191–193, 203, 257, 283
Granit 269, 318
Granulation 283, 285f
Gras 241
Greif 69, 224–227, 231, 302
Grenzstein 90, 92, 206
Grieß 3, 30
Großplastik 99f, 102, 108, 112, 222f
Großvieh 351
Grundbesitz 4, 88
Gürtel 187, 203, 256f
Gummi 138
Gurke 34
Gußform 11, 16, 24f, 105, 115, 120, 185, 222, 237, 283, 318

Haare (tierisch) 203, 352, 360, 363
Haar(tracht) 72, *129–131
Hacke 36, *131f, 276, 289
Hadad (GN) →Adad 55, 85, 106–108, 114, 120, 323
Häcksel 64, 241, 364
Hämatit 65, 312, 318
Hafen 13, 15, 53, 62, 86f, *132f, 296, 349f

Hafer 2
Hahn 302, 352f
Halikarnaß 331
Ḫalīl er-Raḥmān →Hebron 144
Halsschmuck 116, 120f, 283, 286f
Ḥamā 9, 134, 341
Ḥammām Līf 327, 329, 331f
Ḥammat bei Tiberias 329, 331
Hammer *133f, 148
Handel und Verkehr 88, *134–138
Handtrommel →Tambourin 118
Ḥaram in Hebron 145
Ḥaram in Jerusalem 145, 157f, 160, 211
Harfe 234–236
Ḥarrān 152
Harz *138, 261, 357
Hase 150
Hathor (GN) 44, 53, 68, 78, 112–117, 129, 148, 236, 282, 345
Ḥaurān 2, 7f, 232, 359
Haus 11, 54, 79f, *138–141, 146f, 198, 202, 242, 245, 273–276, 308, 314–316, 317, 334, 363
Haut (tierische) 203, 291, 352
Hawila 221
Hazor →*Tell Qidāḥ el-Ġūl* bzw. *Tell Waqqāṣ* 7, 51, 95f, 134f, 139f, *141–144, 190–192, 195, 206, 208f, 211f, 220, 245, 308, 314–316, 334–338, 346, 359
Hebron (und Mamre) →*Ḫalīl er-Raḥmān* bzw. *Ǧebel er-Rumēde* 56, *144f, 304
Hefe 298, 362
Heilmittel →Medizin 240, 261
Heilsopfer 130
hēkāl (Tempel) 338–340, 348
Helbon 363
Helm 103, *146, 204
Henna 72
Herakles (GN) 107, 110, 233
Herd 139, *146f, 240
Herde 149, 317, 351–355
Herdguß 23, 222
Hermon 1, 135
Herodeion 32, 82, 331
„Herr der Tiere" (GN) 106
„Herrin der Tiere" (GN) 114, 116
„Herrin von Byblos" (GN) →*B'lt Gbl* 112, 114, 322
Hierapolis 84, 341
Ḫilāni 156, 217f, 244–246
ḫirbe 20
Ḫirbet Abū Brēk →Beth-Kerem 45
Ḫirbet Bel'ame 359
Ḫirbet Bēt el-Iblaḫīye →*Tell Iblaḫīye* 87
Ḫirbet el-Ḫōḫ 359
Ḫirbet el-Kerak 314
Ḫirbet el-Ma'īn 331
Ḫirbet el-Mešāš 139f
Ḫirbet el-Muqanna' →Ekron 66
Ḫirbet et-Tenānīr 206
Ḫirbet eṭ-Ṭubēqa →Beth-Zur 47
Ḫirbet Ḥayyān 5
Ḫirbet Kefīre →Kaphira 97
Ḫirbet Qasyūn 332
Ḫirbet Qumrān 32, 264, 289–291
Ḫirbet Rabūd →Debir 56
Ḫirbet Ṣāliḥ →Beth-Kerem 45, 80, 241, 303–307
Ḫirbet Šam' 330f
Ḫirbet Sēlūn →Silo 307
Ḫirbet Ṣuṣīye 328f, 331
Hirsch 71, 150
Hirschkuh 150
Hirse 2f
Ḥisbān 135
„Hiskiatunnel" →Siloah-Tunnel 158, 161
Hof 139f, 147, 242, 244–246
Hohlguß 24, 98, 222
Holz 52–54, 64, 80, 134, 147–149, 155, 173, 241, 255, 259, 271–273, 275f, 289f, 339f, 348, 356–358
Holzbearbeitung *147–149
Holzfällen 23, 38, 147, 357f
Holzkohle 16, 43f, 220f
Holzspreize 349
Holzverschalung, -verkleidung 210, 244f
Hopfen(baum) 48, 358
Honig 84, 184
Horn (Musikinstrument) →Schofar 235
Hörner 103f, 108, 113, 115, 196
Hörneraltar 9, 56, 192, 195, 318, 325
Hörnerhelm, -krone, -mütze 99, 101f, 105, 108, 120, 146
Horus (GN) 71, 116, 302f
Hürden 209, 317, 351f
Hütte 139, 363f
Huhn 151, 352f
Humus 2
Hund *149f, 151
Hyrkania 82

Ibex 68, 185, 224, 302
Ibis 353
Idalion 225
Indigo 72, 326
Interkalation 165, 167
Isis (GN) 11, 53, 116
Iškur (GN) 107
Ištar (GN) 17f, 28, 111, 114, 130, 191, 238

Jabne 4
Jachin und Boas 223, 259, 340
Jade 65
Jaffa 63, 132, 136f, 297, 348
Jagd *150–152, 249, 254
Jahr 3, 165–168, 202
Jahresbeginn 165, 167, 202
Jahreseponymen 168
Jahu/*Yāhū* (GN) 111, 135, 234
Jahwe (GN) 44, 100, 119, 234, 325, 338, 363
Jaspis 65
Jenoam in Galiläa 15
Jericho →*Tell es-Sulṭān* bzw. *er-Rīḥā* 1f, 6, 34, 37, 68, 135f, 138, *152–157, 169, 206, 211, 245–247, 265, 292, 313–315, 328, 359
Jerusalem →*al-Quds* 9, 20, 29, 37, 41, 47, 51, 84, 109, 111, 127, 135f, *157–165, 209, 211, 225, 227, 241, 243f, 247, 304–307, 315, 325, 327, 331, 333, 338–341, 346–349, 354, 359f
Jesreel 80, 241, 265
Jesreel-Ebene 1, 46f, 135, 213, 342, 344
Jet 65
Joch 253, 255f, 351
Jordan 1f, 55, 134f, 292f, 358
Jotapata 41
Jurakalk 1, 317

Käse 351
Kästchen 68–70, 78, 149
Kalb 71, 302, 351
Kalender und Zeitrechnung *165–168
Kalkstein 65, 99, 103, 105, 192f, 195, 209, 269, 272, 289, 312, 317–320, 345, 359
Kalkverputz 359
Kallirrhoë 32, 133
Kamel 11, 302, 351, 354–356
Kamelin 354
Kamin 146
Kamm 68, 70, 131, 149, 311
Kanal 359
Kanalisation 32
Kanne/Kännchen 257
  Glas: 263f
  Metall: 182, 223
  Stein: 263
  Ton: 171–173, 175, 177, 179–184, 263f, 273, 306
Kapernaum 318, 327f, 331
Kaphira →*Ḫirbet Kefīre* 97
Kapitell 63, 218, 259f, 297, 302
Karawane 86, 134, 136, 186, 360
Karkemiš 108f, 113, 135f, 251, 324, 348
Karmel 2, 134f
Karmesin 72
Karneol 65, 299
Karthago 208f, 332
Karyatide 69, 258, 260
Kasematte(nmauer) 82, 143, 212, 316
Katakombe 124f, 128
Kathismakirche 46
Katze 11
Kefr Bir'im 331
Kelch
  Fayence: 77
  Ton: 169f, 174–176, 178f, 181, 183
Kelter 85, 239f, 362
Keramik 20f, 35, 91, 134, 143, 154f, 163, *168–185, 189–192, 198–200, 216, 266, 333, 345f
Keramikimporte 169, 180–182
  äg.: 11f, 181
  ass.: 182, 345
  griech.: 16, 137, 267, 295, 343
  Ḫābūr-Keramik: 173, 182
  Ḫirbet el-Kerak-Keramik: 172, 180, 214
  myk.: 14, 56, 137, 143, 181, 216, 258, 336
  phön.: 182
  syr.: 181f
  zypr.(-phön.): 14, 56, 180–182, 216
Kermeseiche 72
Kernos 190–192
Keruben 34, 149, 223f, 227, 232, 338
Kessel (Stein) 73f
Kesselwagen 194, 223
Kette (Schmuck) 11, 65, 286f, 299
Kette (Weben) 326, 360f
Keule 11, 61, 103–107, 114, *185, 318, 324
Kiefer 358
Kiesel(erde) 98, 282
Kinnereth →*Tell el-'Orēme* 84
Kinnereth, See von →Genezareth, See von 84
Kirjath-Arba →Hebron 56
Kirjath-Jearim →*Dēr el-Azhar* 97
Kirjath-Sanna/Sepher →Debir 56
Kison-Ebene 134
Kiste 149, 291
Kleidung 136, *185–188, 203, 256f, 326, 352, 360
Kleie 3, 298
Kleinvieh 2, 136, 317, 351f
Klima 1f
Knidos 363
Knoblauch 34
Knochen 65, 67f, 236f, 282, 286, 312
Knochenstäbchen 11
Knt (GN) 113

Kobalt 75, 98
Kochgefäß, -topf 146f, 170, 173–176, 178f, 183, 188, 306
Kochgrube 138
Kodex 291
Köcher 102, 204, 253
„Königin des Himmels" (GN) 111
Königsgräber 127, 161f
„Königsstraße" 135f
Kohle 241, 276
Kohlenbecken 240f
Kolumbarium 129, 353
Kopfband/Stirnband 129f, 186, 287
Koralle 65
Korb (und Flechtwerk) 11, 183, *188f, 239f, 275, 325
Korbgeflecht 252, 355
Kore (GN) 268
Koriander 34
Korn 64, 298
Korund 65
Kosmetika 138, 261, 263
Kragsteintechnik 62, 95f, 155
Krappwurzel 72
Krater →Mischgefäß 269, 173
Krebs 84
Kreide 1, 317, 342
Kremation/Brandbestattung 269, 273
Krempler 311
Krippe 317, 351
Kristalle 65
Krokodil 150
Krone 105, 112–114, 116, 120, 287
Krongut 304, 354, 362
Krt-Epos 350
Krug 11, 100f, 198, 291, 299, 304, 306f, 362f
  Fayence: 75–77
  Glas: 99
  Metall: 222
  Stein: 321
  Ton: 169–175, 177–180, 182, 308
Kuchen 29, 33, 111, 188, 362
Kuckuck 150
Kümmel 34, 64
Küstenstraße 134f
Kuh 71, 148, 302, 351
Kultbaum 12
Kultbild 100
Kultgeräte 169, *189–194, 198, 235, 261, 276, 280, 358
Kulthöhe 5, 56, 91, 142, *194f, 206, 215, 337
Kultmaske *195f
Kultpfahl 12f
Kupfer 36, 42, 44, 58, 75, 78, 89, 136, 185, 219–223, 287, 289
Kypros 82

Lachis →*Tell ed-Duwēr* 6, 31, 39, 51, 70, 72, 75, 80, 135, 140, 146, 195, *196–198, 209, 241, 271, 315, 334f, 336, 341, 356, 359
Ladanum 138
Lade 45, 77, 227, 232, 261, 307, 325, 327, 338, 356, 363
Lais/Lesem →Dan 55, 220
Lamm 352
Lampe 11, 171, 173–175, 177–180, *198–201, 229, 240, 329
Landnahme 2, 4, 37, 155, 315
Lanze →Speer 104, 107, 151f, *201f, 233, 249, 253, 279, 322, 361
Laodicea 133
Lapislazuli 65
Larnaka 324
Lastwagen →Wagen 64, 149, 351, 355f
Laterne 72, 198, 200
Laubhütte 33, *202, 363
Laubhüttenfest 167, 202
Laute 234f
Lava 2
Lebensbaum 34, 224
Leder (und Lederbearbeitung) 52, 146, 188, *203f, 248, 252, 289–291, 299
Lehm 139, 153f, 314, 364
Leier 234f
Leinen 291, 313, 326f, 360
Leiter 38–40, 139
Leopardin 152
Leuchter →Menora 198, 200, 234, 240
Libanon 1, 42, 53, 134f, 357f, 363
„Libanon-Waldhaus" 244, 349
Libation 189, 191f, 206, 363
Libationsaltar: 7, 193
Libationsarm: 193
Libationsschale: 256
Libationstisch: 318
Lilie 234
Linse 34
Locke 129–131
loculus 128
Löffel 261–263
Löten 283
Löwe 68, 70f, 76f, 101, 104–109, 112, 114–116, 120f, 150–152, 192f, 202, 224–226, 230–232, 254, 260, 263, 269f, 302, 307, 318, 354
Löwin 152
Lotos/Lotus 69, 75, 77, 112f, 116, 269f, 287f, 302f

Luke 79, 146
Lus →Bethel 44
Lydda 134f

Machaerus 41, 82
Machpela 134, 144f
Mādebā 135
Malachit 65
Malakbēl (GN) 119
Malz 48
Mami: Stele des 109, 323
Mamre →*Rāmet el-Ḫalīl* 144f
Mandelbaum 357f
Mangan-Oxyd 318
Mantinäa 331
Marduk (GN) 28f
Mari 6, 357
Marisa →*Tell Sandaḥanna* 136, 140, 152, 316
Marmor 65, 114, 271f, 318, 320
Masada 32, 41f, 81f, 247, 308, 327, 329–331
Maske 120, 195f
Maße *204–206, 355
Maßgarantie 89, 93, 233, 304, 306
Maßgefäß 205
Massebe 5, 7, 9, 12f, 91, 154, 160, 194f, *206–209, 295, 318, 321f, 343, 345
Mast (Schiff) 149, 277f, 357f
Mastkorb 277f
Mastix 138
Matritze 117, 343
Matte 169, 173, 188f, 345, 361, 364
Mauer und Mauertechnik 139f, 154, 156, *209–212, 275, 318, 364
Maulbeerfeigenbaum 33
Maultier 136, 254, 354
Medizin →Heilmittel 48, 138
Megaron 140, 154, 333f
Megiddo →*Tell el-Mutesellim* 6–9, 11, 38, 51, 67–70, 84, 92, 95, 105, 134f, 139f, 156, 169, 186f, 189–191, 194f, 206, 209, 211, *213–218, 225f, 245f, 308f, 315f, 324, 334f, 337f, 340, 346f, 351, 359
Mehl 3, 29f, 183, 232, 298, 308
Meilenstein 135
Meißel 148, 318
Melone 34
Melqart (GN) 107, 109, 119, 322, 350
Mənaḥēmīyā 42, 318
Menhir 206
Menora →Leuchter 328
Mergel 292
Mēšaʿ: Stele des 57, 289, 322
Məṣad Ḥăšavyāhū 241
Meskene →Emar 337, 339
Messer 60, 131, 149, 203, *218f, 257, 289, 293
Messing 220
Meßrohr 204
Meßschnur 147, 205
Metall (und Metallbearbeitung) 16, 36, 42–44, 88f, 93f, 134, 182f, *219–224, 282f, 289f
Metallfiguren 99–101, 104f, 108, 110, 112, 115f, 119–122, 345
Metallgefäße 92, 173, 182f, 194f, 222–225, 299
Migdal 215, 337f, 340
Milch 298, 351f
Milchschale (milkbowl) 56, 180f
Milet 331
Millō 160, 209
Min (GN) 112, 122
Mīnet el-Bēḏā 69, 95, 101, 104f, 132
Mīnet Esdūd 13
Mīnet el-Qalʿa 13, 132
Mīnet Rūbīn 132
Minze 34
Mischgefäß, -krug →Krater 170, 173–176, 178f, 183
Mischwesen 35, *224–227, 263, 300
Mittag 166
Mizpa →*Tell en-Naṣbe* 80, 162, *227f
Mkl/Mekal (GN) 46, 99, 105, 107, 109, 208, 231, 323
Mmšt 304
Möbel 67, 70f, 80, 149, 155, 185, 222f, *228–232, 310
Mörser 233, 239, 261, 319
Mörtel 210
Mohrenhirse 3
Mole 133
Molosser 150
Monat 165–167
Mond/Möndchen 11, 78f, 106, 152, 165–167, 209, 287, 302, 322, 331
Mopsuestia 328
Morgen 166
Mosaik 87, 200, 247, 289, 328, 331f
Motye 133
Moza 228, 307
Mühle *232f, 239f, 278, 298, 346
Münze 89, 188, 220, *233f, 328, 350
Mütze 105–107, 115, 120f, 256f
Mumbaqat 336–340
Mundblech 287
Muqible 359
Muschel 65, 67, 73, 88, 154, 156, 262, 282, 286, 327f

Musikinstrumente 149, *234–236, 310, 358
Muster (Stoff) 74, 256, 326, 360
Myrrhe 138, 240

Nāblus →Neapolis 295
Nabû (GN) 18, 238
Nachtwachen 166
Nadel 68, 99, 131, 186, *236f
Nağafehābād 324
Nagel 149, 201
Nahărīyā 315, 334–336
Nahr el-Kelb 324f
Nahr el-Liṭānī 1
Napfloch 6f
Nasenring 288
Natron 264
Naturaltausch 88, 134f
(Flavia) Neapolis →*Nāblus* 295f
Nebī Ṣamwīl 227f
Negev 2, 36, 42, 81, 96, 292, 357
Negev-Keramik 44, 189
Nekropole 122, 126–128, 154, 297
Nērab 323
Nergal (GN) 107
Netz 84, 150, 152, 221
Neujahr 18, 165, 167, 202
Niederschlag 1f, 309, 342, 358–360
Nilpferd →Flußpferd 11, 150, 355
Nimrūd 67, 69–71, 130, 226
Ninive *238
Ninmaḫ (GN) 28
Ninurta (GN) 28
Nische (Synagoge) 327–332
Nora 332
Nuß 357

Oase 1, 135, 152–154, 156
Obelisk(entempel) 7, 53, 104, 108, 206f, 340
Obergemach, -geschoß 54, 139, 149, 228
Obsidian 154
Obst 3, 32, 48
Ochse 256, 351
Öl (und Ölbereitung) 29f, 32f, 72, 172, 183, 193, 198, 203, *238–240, 241, 261, 263, 304, 306, 308, 357
Ölbaum 32f, 238–240, 358
Ofen 30, 43f, 75, 98, 147, 221f, *240f, 344
Ohrring 105, 118, 282f, 285f, 288
Olive 33, 238–240
Onager 252
Onyx 65
Ophel 160, 209
Ophir 137, 221, 242, 332
Ophra 344
Orakel 256f
Orchester 236
Orthostat 113, 142, 210, 337
Osiris (GN) 53
Ossuar 269, 273–275, 289
Ostia 329, 331f
Ostrakon →Tonscherbe 12, 51f, 196f, *241f, 266f, 290, 292, 362

Palast 30f, 80, 241, *242–247, 259f, 313–316, 333, 341, 362
Palme 34, 69, 84, 188, 227, 298, 300, 325f
Palmenstadt 34, 153
Palmette 70f, 80, 225, 259, 278, 287
Palmyra →Tadmor 119, 134f
Panther 150
Panzer 204, *248
Pappel 358
Papyrus
  Pflanze: 35, 68, 77
  Schreibmaterial: 51f, 289–291, 299, 304
Papyruskapitell 46, 260
Papyrussäule 11, 309
Parfüm 138, 320f, 357
Passa 48, 147, 296
Pazūzu (Dämon) 83
Pech 16, 72, 188
Pella 271
Pergament 289, 291
Perle 65, 75, 98, 237, 283f, 286f, 348
Persepolis 187
Perücke 131
Petra 7, 209
Pfeil 50, 151, 201, *249f, 289
Pfeiler 140, 206–209, 259f
Pferd (und Streitwagen) 136, 151, *250–255, 278, 310, 351, 356
Pferdestall 140, 216f, 317
Pflug *255f, 351
Pfosten 149, 198, 202, 274, 348f
Philadelphia →Rabbath-Ammon 258
Philippi 331
Philister-Keramik 14f, 47, 56, 84, 92, 180–182, 216, 298
„Philisterstraße" 134
Phokäa 327, 331
Pilaster 145, 211, 259f, 348
Pilgerflasche 184
  Stein: 321
  Ton: 174f, 177–180
Pilzbefall 360
Pinie 357
Pistacia lentiscus 138
Pistacia mutica 138

Pithos →Vorratsgefäß 269, 273
Plakette
Elfenbein: 67–71, 229, 253f
Glas: 99
Metall: 116, 253f, 287
für Pferde: 11, 68, 70, 116, 253f
Ton: 116–119, 254
Planke 149
Platane 358
Porphyr 336
Poseidon (GN) 85
Postamenttier 99f, 104, 107
Postwesen 137
Pottasche 98
Prätorium (Jerusalem) 163
Presse 239f, 362
Priene 331
Priesterkleidung 65, 236, *256f
Ptah (GN) 15, 112
Purpur 73, 136, 256f, 297, 350, 360
Pyxis
Elfenbein: 67, 69, 261–263, 352
Ton: 177–182

Qadeš 109, 112, 135, 213, 324
Qal'at Širqāt →Assur 17
Qāqūn 325
Qdš (GN) 112f, 115f, 122, 282
Qiryat 'Arba' →Hebron 144
Quader 92, 122, 128, 145, 163, 210f, 216f
Quadratbau 142, 206f, 258, 294f, 315, 333f, 336
Quarz(sand) 65f, 74
Quaste 186, 257
Quecksilber 220
Quelle 32, 133, 314, 358–360
Qwh 136, 251

Rabbath-Ammon →*'Ammān* 38, 135, *258f
Rad 64, 252, 356
Ragma 221
Rahmentrommel 235
Rāmat Rāḥēl 45
Rāmet el-Ḫalīl →Mamre 144f
Rammwidder 39f
Rās el-'Ēn 314
Rās eṭ-Ṭaḥūne →Beeroth 97
Rassel 235, 310
Rauch 72, 79, 146f
Räuchern 138, 191, 193, 292
Räucheraltar 5, 10, 190–192, 320
Räucherkästchen 34, 138, 193, 352, 354
Räucheropfer 9f, 38, 189
Räucherständer 5, 14, 35, 189–191, 225, 257, 282
Räucherwerk 257, 265
Raute 34
Rebhuhn 151
Regal 229, 291
Regierungsjahr 168
Reh 68, 302
Rehbock 150
Reis 136
Reiten 151f, 253f
Rešep (GN) 10f, 53, 107f, 112, 122
Rhamie 326
Rhinozeros 355
Rhodos 363
Ribla 135
Riegel 149, 347, 349
Rimmon (GN) 84
Rind 64, 115, 203f, 230, 252, 256, 351, 356
Ring 11
Rodung 1
Roggen 3
Rolle (Schreibmaterial) 289–291, 326
Rollsiegel →Zylindersiegel 299f, 343
Rollstein (Grab) 126
Rosinen 29, 33, 362
Ruder 149, 277f, 358
Ruǧm el-Baḥr 133

Saat 3f, 255
Saba 221, 354
Ṣabbat 135, 166, 327
Šadrapa (GN) 107, 109
Säge 148, 210
Säule 35, 56, 63, 80, 140, 149, 223, 244f, *259f, 289, 295, 309, 318, 327–329, 331, 340f, 357
Saflor 72
Safran 72
Saḥāb 272
Salamis (Zypern) 71, 128, 250, 252, 254
Salbe und Salbgefäße 33, 48, 67, 131, 138, 192f, *260–264, 320
Salbung 183, 193, 206, 240, 261, 263
Saline 264
Saloniki 332
Salz 29, 73, 153, 198, 203, 262, *264f
Samaria →*Sebasṭye* 7, 21, 26, 34, 67, 69f, 135f, 211, 241f, *265–269, 295, 316, 322, 324, 344f, 354, 362
Šamaš (GN) 17f, 142, 251
Sand 98, 298
Sandale 186, 203
Sandelholz 358
Sandstein 42f, 292, 317f, 320

Ṣar'a 7f
Ṣarafand →Sarepta 6, 133, 337
Saraphen 224, 226f
Sardes 137, 329, 331f
Sardonyx 65
Sarepta →*Ṣarafand* 6, 133
Sarkophag, Urne, Ossuar 122–129, *269–276
Sarkophag 47, 53, 57, 70, 129, 149, 183, 188, 197, 230f, 269–273, 289, 297, 318
Saron, Ebene von 2, 62f, 134, 136
Sau 353
Sauerteig 29
Sāvę Ṣīyōn 272
Schacht 43, 123–125, 128, 197, 218, 359
Schaf 203, 311, 326, 343, 351f, 360
Schakal 11, 150
Schale 100f, 120f, 192f, 198, 257, 261f, 269f
  Elfenbein: 67, 261
  Fayence: 75f
  Glas: 98
  Holz: 149
  Knochen: 68
  Metall: 173, 194, 222–225, 299
  Stein: 67, 169, 261f, 319–321
  Ton: 169f, 172–176, 178f, 182f, 189
  Handschale: 34, 67
  Spendeschale: 7, 208f
Schalenmauer 212
Schalttag, -monat 165
Schaubrottisch 10
Schaufel 64, *276
Schedia 327, 332
Scheide 61
Schephela 1, 36, 55, 66, 90, 92
Schere 131, 198, 203, 218
Schermesser 130, 218
Schiff 78, 132f, 136f, 149, *276–279, 332, 350, 356–358
Schild 89, 107, 146, 201, 204, 212, 253, *279f
Schilfrohr 188, 364
Schirm 253
Schlacke 43f
Schlagholz 235
Schlange 78, 80, 112, 114, 116, 161, 189–191, 226f, 274, *280–282, 284f
Schlauch 203f, 352, 362
Schleifrad 299
Schleuder 152, *282
Schloß 349
Schlüssel 11, 349
Schmelztiegel 221
Schmiede(n) 221–223
Schminke(n) 72f, 261, 264
Schminklöffel 70
Schminkpalette 99, 261f, 319f
Schmuck 48, 65, 89, 197, *282–289, 299
Schnecke 2
Schnitzen 67, 149
Schöpfkelle 223
Schofar →Horn 329
Schrank 328
Schreibermesser 290
Schreiberpalette 290
Schreibgriffel 99, 290
Schreibmaterial, Buch und Schrift *289–292
Schreibrohr 290
Schreibtafel 68, 290
(Thora-)Schrein 327–329, 331
Schrift 291f
Schüssel 222
Schuhe 186f, 256f
Schur 203, 311, 352
Schuß (Weben) 326, 360f
Schwefel *292f
Schwein 311, 343f, 351, 353
Schweißen 223
Schwelle 13, 132, 139, 198, 348
Schwemme 352
Schwert →Dolch und Schwert 57–62
Schwinge 298
Sebaste/Sebasṭye →Samaria 265
Sefīre 323
Segel 277f, 360
Šēḫ Sa'd 109, 324
Seide 136, 326
Selbīt 332
Seleukia 133
Senf 34
Ṣerābīṭ et-Ḫādem 112
Serpentin 65, 312, 318, 336
Seth (GN) 109f, 112
Sichel *293
Sichem →*Tell Balāṭa* 6, 8, 51, 135, 206f, 265, *293–296, 314f, 334–338, 340, 346f
Side 329
Sidon 63, 73, 111, 132–137, 211, 270, 272, *296–298, 350, 358
Sieb 3, 169, 223, 240, *298f
Siedlungshügel 19f
Siegel (und Stempel) 65f, 68, 83, 102–104, 106, 108, 110, 114f, 119–121, 224, 237, 289, *299–307, 318
Siegelring 285
Sīḥān 322
Silber 42, 89, 115f, 120, 136, 219–224, 282–289, 309, 332

Silo →*Ḫirbet Sēlūn* *307f, 325
Silo (Vorratsgrube) 57, 139, 308
Siloah-Kanal/Tunnel →„Hiskiatunnel" 157, 289, 359
Silwān 127f
Simyra 42
Sîn (GN) 17f, 142
Sinai(wüste) 1, 42f, 112
Sistrum 67, 235f
Skarabäus 10f, 74, 94, 108, 110, 114f, 197, 226, 285, 299–304, 336
Skaraboid 299f
Sklave 4, 136, 144
Smyrna 329
Socho 304
Soda 74, 98
Sonne(nscheibe) 11, 102, 118, 165, 302, 307, 331
Sonnenuhr 166
Spachtel 261, 264
Spaten 276
Speer →Lanze 103, 120
Speicher 96, 140, 216–218, 266, 295, *308f, 316
Speisopfer 30, 240
Sperling 150
Sphinx 35, 48, 69–71, 114, 224–227, 231, 254, 269f, 298, 300, 302
Spiegel 35, 131, *309f
Spielbrett 68, 165, 310f, 329
Spielgerät 149, *310f
Spindel 312f
Spinnen *311–313, 352, 360
Spinnschüssel 312f
Spreizenfuß 349
Spreu 64, 298
Spulen 313
Stadtanlage 37, 80f, *313–317, 333
Stadtmauer 37f, 40f, 80, 209–212, 313–316, 346f
Ständer
Metall: 193f, 200
Ton: 14, 35, 189–191, 200, 343
Stall (und Hürden) 308, *317, 351
Standarte →Feldzeichen 78f, 281f, 322
Stange 78
Steatit 65, 67, 83, 105, 192f, 312, 318
Steigbügelkanne 181f
Stein und Steinbearbeitung 36, 65, 93f, 133f, 148, 185, 198, 200, 206–209, 259f, 289, 312, *317–321, 321–325, 348
Baumaterial: 42, 64, 139, 209–212, 314, 364
Gefäße: 172, 183, 318–321
Steinbock 69, 78, 150, 175, 182
Steinbruch 42, 127, 164, 210, 318
Steintafel 289
Stele 53, 57, 99–114, 119–122, 206–209, 256f, 289, 318, *321–325
Stempel 13, 45, 48, 90, 97, 156, 198, 228, 242f, 268, 299, 303–308, 363
Steppengürtel 1
Steppenwolf 150
Stern 79, 287, 302
Steuer 308
Stichel 299
Stiefel 204
Stier 68f, 77f, 84, 100–104, 106–108, 120–122, 182, 196, 222, 225, 260, 263, 283, 297, 302, 307, 319, 351
Stiftshütte 307, *325, 363
Stobi 331
Stößel 233, 319
Stoff →Textilien 136, 185–188, 198, 312f, *325–327, 360f
Stollen 43, 124–127
Stomion 123–125
Storax 138
Straße 56, 134–137, 143, 147, 155, 163f, 314–316
Stratigraphie 21
Stratonsturm 136
Strauß (Vogel) 150, 352
Streitwagen 49f, 70, 78f, 107, 113, 136, 151, 204, 250–255, 347, 356
Stroh 298
Stuhl 68, 229, 231
Stunde 166
Sturmwidder 38, 39–41
Styrax officinale 138
Sunem 213
Susa 137
Sychar 295
Syene 111, 135
Sykomore 33, 54, 358
Synagoge 235, 276, *327–332
Szepter 99–101, 105–107, 113, 116, 120f, 185

Tabbat el Ḥammām 133
Tabnīt: Sarkophag des 272, 297
Tadmor →Palmyra 134
Tag 165–167
Tamariske 357f
Tambourin →Handtrommel 118
Tanis 136
Tanne 357f
Tanzmaske 196
Taricheae 84
Tarsis 136f, 221, *332f

Tasche 203, 257
Tašmētum (GN) 18
Taube 353
Teig 29f
Telēlāt Ġassūl 169, 220
tell 20
Tell Abū Hawām 11, 132, 135, 316
Tell Abū Qudēs 9
Tell Abū Sulṭān 132
Tell Açana 346
Tell Aḥmar 102, 104, 109, 324
Tell ʿArād →Arad 11
Tell ʿAšara 324
Tell Balāṭa →Sichem 293
Tell Bēt Mirsim 9, 21, 74, 114, 117, 192, 242f, 315f, 343
Tell Dēr ʿAllā 315
Tell ed-Duwēr →Lachis 196, 303f, 316, 336
Tell el-ʿAǧūl 6, 11, 20, 31, 86, 95, 116, 132, 174, 315
Tell el-ʿAmārna →Amarna 51
Tell el-Fārʿa Nord →Thirza 140, 169, 314f, 344f, 347
Tell el-Fārʿa Süd 11, 14, 31, 68, 123, 229, 242f, 271f, 315, 362
Tell el-Fūl →Gibea 96, 356
Tell el-Ǧazarī →Geser 90
Tell el-Ḥesī 20, 51, 196
Tell el-Ḫlēfe 44
Tell el-Ḥöṣn →Beth-Sean 46
Tell el-Ḫuwēra 335, 337, 339f
Tell el-Medrese 271
Tell el-Mešāš 36
Tell el-Mutesellim →Megiddo 213
Tell el-ʿOrēme →Kinnereth 84, 323
Tell el-Qāḍī →Dan 9, 55, 347f
Tell el-Qedērat 81f
Tell el-Yehūdīye-Kännchen 173, 180
Tell en-Naṣbe →Mizpa 74, 139f, 228, 304f, 307, 316
Tell er-Rimāḥ 75, 98
Tell eṣ-Ṣāfī 86
Tell es-Saʿīdīye 6, 193, 359
Tell eṣ-Ṣārim (Tẹl Rəḥov) 329, 331
Tell es-Sebaʿ 8f, 36, 55, 82, 140, 195, 308, 315f, 338
Tell eš-Šēḫ Aḥmed el-ʿArēnī 86, 314
Tell eš-Šerīʿa 78, 86, 309
Tell eš-Sihāb 324
Tell es-Sulṭān →Jericho 2, 152, 156
Tell ʿĒṭūn 126f
Tell Ǧemme 20, 31, 96, 140, 247, 309, 316
Tell Ḥalāf 78, 96, 112, 244
Tell Ḫēḍar (Tẹl Mōr) 13, 73f, 132
Tell Ḫuwēlfe 86
Tell Iblaḫīye →*Ḫirbet Bēt el-Iblaḫīye* 132
Tell Mardīḫ →Ebla 336–339
Tell Qasīle 74, 132, 242, 316, 338, 357
Tell Qidāḥ el-Ġūl →Hazor 141
Tell Rašīdīye 349
Tell Sandaḥanna →Marisa 140, 316
Tell Sūkās 132f
Tell Taʿannek →Thaanach 342
Tell Taʿyīnāt 244, 340f, 348
Tell Waqqāṣ →Hazor 141
Tẹl Pōlẹg 314, 346
Teller
Holz: 149, 173
Ton: 172f
Tempel (allgemein) 5–10, 99–122, 194f, 198, 206–210, 244, 259f, 313–316, *333–342, 357
Tempel (Jerusalem) 9f, 194, 223, 227, 244, 259, 325, 327, 331, 338–341, 347–349, 358
Tempelbank 89
Tempelhöhe 12, 194f, 337
Tempelküche 147
Tempelturm 18, 29
Tenne 63f, 362, 364
Tennit (GN) 208
Teppich 325
Terebinthe 144, 357
Terrasse (Terrassierung) 2, 154, 160, 209
Textilien →Stoff 136, 185 188, 350
Thaanach →*Tell Taʿannek* 6f, 11, 51, 191, 195, 209, 242f, *342–344
Thasos 363
Thekoa 45
Thermen 32, 293
Thirza →*Tell el-Fārʿa* Nord 195, 265, 294, 316, *344f, 353
Thorarolle 327, 329, 331
Thron 70, 100f, 105, 113f, 120–122, 223f, 227, 229, 231f, 269f, 298
Thymiaterion 320
Tiʾāmat (GN) 281
Tiberias 32
Tierkampf 71, 224
Tierkreis 331
Tierpark 152
Tinte 290
Tisch 229–231, 269f
Töpferscheibe 74, 169, 173, 189, 232, *345f
Toeris (GN) 11
Toilette 31f, 243
Ton 65, 168–185, 195, 198–200, 271–275, 282, 299, 312
Tonbulle 198, 215, 267, 299, 303f, 306
Tonhäuschen 190f
Tonscherbe →Ostrakon 289f

Tontafel 51, 289–292, 299
Tor 38, 149, 161, 313–316, *346–348
Totenkult 194, 206
Totenmaske 195f
Totes Meer 1f, 16, 32, 133, 152f, 264, 276, 292f
Trachyt 318
Traube 33f, 240, 362
Trauersitte 129, 188
Treibjagd 152, 317
Trense 253
Treppe 139, 153f, 242f, 247, 268
Trester 240f
Trompete 152, 235
Truhe 229, 328
Tür 79, 139, 146, 149, 223, 244, 295, 325, 329, 338, 347, *348f, 350
Türangelstein 139, 347f
Türkis 42, 65, 112, 135, 154
Tulūl Abū el-'Alāyiq 156, 246f
Tumulus 122, 195
Tunnel 359
Turm 40f, 81f, 153, 211f, 313, 336f, 346f
Ṭušpa 127
Tyrische Leiter 134
Tyrus 15, 40f, 73, 107, 111, 132–137, 297, 348, *349f

Ugarit 7, 26, 50f, 95, 100f, 103, 106–112, 116, 132, 134, 151, 193f, 322f, 333–336, 347, 358
'ūlām →Vorhalle 338–340
Ulme 251
Umm el-'Amed 114, 256
Umm Šeršuḥ 108f
Unterstadt 141f, 215, 314
Uräus(schlange) 10, 105f, 226f, 281, 300, 302–304
Urarṭu 127f
Urim und Tummim 257
Urne 273, 333, 350, 269, 273
Usal 221

Verhüttung 43, 221
Verschleierung 188
Versöhnungstag, großer 165
Via Maris 134
Viehfutter 3
Viehwirtschaft 2, *351–355
Vogel 84, 175, 182, 189–192, 283, 293, 302, 352f
Vogelkirsche 358
Volute 63, 70, 78f, 192f, 262f, 309
Volutenkapitell 35, 218, 259f, 309, 348
Vorhalle →*'ūlām* 145, 268, 338, 340f, 347, 349
Vorhang 325f, 348
Vorhof (Tempel) 9, 206, 337, 347
Vorratsgefäß, -krug →Amphora, Pithos 169, 171, 173–175, 177–179, 181, 183, 303–306, 308, 363
„Vorratsstadt" 308, 316

Waage 88, 93, *355
Wacholder 357
Wachs 222, 290
Wachtel 150
Wachturm 81
Wādī el-'Araba 42–44
Wādī et-Tēm 134
Wādī Fērān 135
Wādī Maḥras (Naḥal Mišmār) 185
Wādī Menē'īye (Timna') 42–44
Wagen →Lastwagen 328, *356
Wagenkasten 252, 356
Waid 72
Wald (und Forstwirtschaft) 1, 4, 54, *356–358
Wall (Belagerung) 38, 42
Wanne 31f, 183, 271
Waschmittel 32
Waschschüssel 32
Wasseranlage 331
Wasserkrug (decanter) 180, 182
Wasserleitung, -röhren 219, 359f
Wassersack 172
Wasseruhr 166
Wasserversorgung 11, 37, 91f, 95–97, 143, 157f, 161, 197, 218, 313–318, *358–360
Wau 72
Weben und Weberei 325–327, *360f
Webkante 326
Wegweiser 321
Weide (Baum) 189, 358
Weidewechsel 2
Weidewirtschaft 36
Weihrauch 138
„Weihrauchstraße" 86f, 136, 138
Wein (und Weinbereitung) 3, 32f, 48f, 136, 183, 228, 240–242, 299, 304, 306, 308, 319, 352, *362f
Weinimport 163, 268, 307, 363
Weinkeller 309, 362f
„Weinservice" 223, 299
Weizen 2f, 30, 36, 48
Widder 77, 225, 302, 352
Wildente 68
Wildesel 150, 353f

Wildschwein 67, 351, 353
Wildstier 150f, 249, 351
Wildtaube 150, 353
Wildziege 150
Winzermesser 33, 218, 293
Wirtel 68, 312f, 318f
Woche 165f
Wolle 136, 311f, 326, 352, 360
Worfeln 63f
Würfel(spiel) 311, 329
Wurfholz 105f
Wurfmaschine 40–42
Wurm 72

Yāfā (Galiläa) 331
Yarḥibōl (GN) 119
Yḥwmlk: Stele des 53, 114, 322

Zahneisen, -kamm, -meißel 211
Zaumzeug 204, 253f
Zeder 54, 136, 357f
Zehenring 288
Zeichenstift 147
Zeitrechnung 165–168
Zelt 54, 325, 352, 360, *363f
Zeus (GN) 110, 234, 296
Ziege 35, 69, 84, 116, 203, 269f, 286, 302, 311, 326, 351f, 356, 360, 362f
Ziegel 76, 131, 139, 147, 153f, 210–212, 247, 314, *364
Zielscheibe 49, 89
Ziklag 86
Zimbel 235f
Zincirli 31, 78, 89, 108, 244–246, 324
Zink 42, 220
Zinn 55, 136, 219–221, 332
Zinne 212
Zion 157
Ziph 304
Ziqqurat 9, 18, 238
Zirkel 147
Zisterne 2, 57, 314, 358f
Zitadelle →Akropolis 80, 140, 214, 313–315
Zopf 103, 129–131
Zügel 103, 253
Zweifarben-Keramik (bichrome ware) 84, 174f, 182, 215f
Zwirnen 313
Zwirnschüssel 313
Zylindersiegel →Rollsiegel 299
Zypresse 357f

Abbildungsnachweis

Die ohne Kennzeichnung aufgeführten Abbildungen hat (mit Ausnahme von Abb. 6 und Abb. 62_{6}) Frau Gisela Tambour gezeichnet. Aus der 1. Auflage übernommene Zeichnungen, die der Architekt A. Pretzsch ausgeführt hat, sind mit * markiert.

1	ZDPV 57, 1934, Plan 1
*$2_{1,2}$	TM I Tf. 49 (oben rechts)
*2_{3}	ZDPV 10, 1887, Tf. 3
*2_{4}	H. C. Butler, Publications of the Princeton University Archaeological Expedition to Syria II A. B.: Architecture, 1919/20, Abb. 68
*2_{5}	PEFQSt 42, 1910, Tf. 1_{6}
*2_{6}	MegC Tf. 12_{2982}
*2_{7}	ZDPV 49, 1926, Tf. 31c
2_{8}	BA 37, 1974, 3 Abb. 1
*3_{1}	EG III Tf. $202a_{7}$
*3_{2}	ZDPV 53, 1930, Tf. 9_{22668}
*3_{3}	EG III Tf. 206_{44}
*3_{4}	BP I Tf. 43_{543}
*3_{5}	QDAP 2, 1933, 81 Abb. 52
*$3_{6,7}$	EG III Tf. $210_{60,17}$
*3_{8}	AG II Tf. 3_{22}
*3_{9}	EG III Tf. 226_{42}
*4_{1}	M. Ohnefalsch-Richter, Kypros. Die Bibel und Homer, 1893, Tf. 76_{8}
4_{2}	ebd. Tf. 76_{7}
5	M. A. Beek, Bildatlas der assyrisch-babylonischen Kultur, 1961, Tf. 20
$6_{1,2}$	Zeichnungen von U. Müller
7_{1}	AG I Tf. 20_{84}
7_{2}	Ger Tf. 26_{8}
7_{3}	AG III Tf. 22_{93}
7_{4}	EG III Tf. 89_{17}
7_{5}	AG II Tf. 14_{73}
7_{6}	TM I Tf. 27d
7_{7}	AAA 19, 1932, Tf. 37_{3}
7_{8}	Meg II Tf. 182_{2}
7_{9}	ANEP 178
7_{10}	Jer I Abb. 66_{1}
7_{11}	MegT Abb. 173_{5}
7_{12}	Syria 13, 1932, Tf. 13_{4}
7_{13}	Ger Tf. 26_{1}
8_{1}	M. A. Beek, Bildatlas der assyrisch-babylonischen Kultur, 1961, Tf. 19
8_{2}	UF 3, 1971, 260 Abb. 1
*$9_{1,2}$	TM I Tf. $22B_{b}$ 40c
*10_{1}	AG II Tf. 46
10_{2}	ANEP 79
*10_{3}	SS III Abb. 29_{1}
*10_{4}	QDAP 2, 1933, 98 Abb. 81
*$11_{1,2}$	Syria 16, 1935, Tf. 35
*11_{3}	BP I Tf. 48_{564}
*11_{4}	TM II Abb. 63
11_{5}	Barnett, Catalogue, Tf. $34_{s,50}$
*11_{6}	EP Tf. 83_{4s}
*12_{1}	Schäfer/Andrae, Kunst, Abb. 538
*12_{2}	HES I Abb. 221_{1a}
*12_{3}	W. Fl. Petrie, Tools and Weapons, 1927, Tf. 14_{52}
13_{1}	VTS 15, 1966, 164 Abb. 14
13_{2}	Ca II Tf. 25a
14_{1}	ANEP 373
14_{2}	Sumer 21, 1965, Tf. 2_{2}
*14_{3}	J. Kromayer/G. Veith, Heerwesen und Kriegsführung der Griechen und Römer, Handbuch der Altertumswissenschaft IV 3/2, 1928, Tf. 20_{73}
*14_{4}	ZDPV 56, 1933, Plan 1
15	Katalog aus dem Bergbau-Museum Bochum Nr. 5, 1973: Timna, Tal des biblischen Kupfers, Abb. 6
*$16_{1,2}$	Sendsch IV Tf. 61
17_{1}	AG II Tf. 10_{47}
17_{2}	BP I Tf. 9_{56}
17_{3}	AG I Tf. 16_{5}
17_{4}	TM I Tf. 18a
17_{5}	EG III Tf. 60_{4}
17_{6}	L IV Tf. 22_{4}
17_{7}	AG III Tf. 19_{10}
17_{8}	AG II Tf. 14_{76}
$17_{9,10}$	EG III Tf. 75_{15} 121_{2}
17_{11}	BP I Tf. 21_{94}
17_{12}	AG III Tf. 18_{4}
17_{13}	DP I Abb. 51
17_{14}	EG II Abb. 473
17_{15}	BP I Tf. 21_{90}
17_{16}	AG II Tf. 14_{71}
17_{17}	EG III Tf. 218_{9}
17_{18}	BS I Tf. 35_{3}
17_{19-21}	Bonnet, Waffen, Abb. 34a, c 35
17_{22}	Syria 17, 1936, Tf. 18_{2}
$18_{1,2}$	Dalman, AuS III, Abb. 19, 17
*19_{1}	EG II Abb. 398
19_{2}	Qadmoniot 2, 1969, 12
19_{3}	MegIv Tf. 4_{2}
*19_{4-8}	SS II Tf. 20_{1} $21_{2,1}$ 5_{1} 10_{1}
*$20_{1,2}$	DP I Abb. 83

*21_{1}	TBM I Tf. 44_{15}
21_{2}	L IV Tf. 26_{12}
*21_{3}	BP I Tf. 6_{19}
$21_{4,5}$	L II Tf. $22_{55,58}$
*21_{6}	EG III Tf. 211_{25}
*21_{7}	AG II Tf. 26_{138}
*21_{8}	TM II Abb. 26
*$21_{9,10}$	TM I Abb. 128, 131b
22_{1}	Hazor II Tf. 181
22_{2}	IEJ 24, 1974, Tf. 57F
22_{3}	C. Preusser, Die Wohnhäuser in Assur, WVDOG 64, 1953, Tf. 19
22_{4}	Klio 3, 1903, 340 Abb. 7c
22_{5}	AOB 548
23	ZDPV 83, 1967, 124 Abb. 1
$24_{1,2}$	IEJ 15, 1965, 135 Abb. 1; Plan nach Tf. 24
25_{1}	QDAP 4, 1935, Tf. 33_{192}
25_{2}	TM I Tf. 39e
25_{3}	Ger Tf. 18_{2}
25_{4}	EG III Tf. 89_{10}
25_{5}	EP Tf. 80_{6z}
$25_{6,7}$	Ger Tf. $18_{6,31}$
25_{8}	Meg I Tf. 71_{72}
25_{9}	Hazor I Tf. 82_{3}
*26_{1}	P. Montet, Byblos et l'Egypte, Atlas, 1929, Tf. 109_{666}
*$26_{2,3}$	EG II Abb. 244
*27	RLV IV/1, Tf. 98b
$28_{1,2}$	Ger Tf. $17_{52,54}$
28_{3}	BZ I Abb. 54
$28_{4,5}$	EG II Abb. 433, 435
*$29_{1,2}$	TM I Tf. 5, 20
*29_{3}	Syria 15, 1934, 119 Abb. 6
$30_{1,2}$	ANEP 493, 501
30_{3}	E. Porada, Corpus of Ancient Near Eastern Seals in North American Collections I: The Collection of the Pierpont Morgan Library, The Bollingen Series 14, 1948, Nr. 964
30_{4}	ANEP 490
30_{5}	Syria 10, 1929, Tf. 32
30_{6}	QDAP 2, 1933, Tf. 15b
30_{7}	ANEP 481
30_{8}	FB II Tf. 126_{14855}
30_{9}	Syria 7, 1926, Tf. 70
30_{10}	BS I Tf. 33
30_{11}	Photo von M. Weippert
*30_{12}	Sendsch I Tf. 6
*30_{13}	Ca II Tf. B25
*31_{1}	BS I Tf. 48_{2}
31_{2}	A. Moortgat, Die bildende Kunst des Alten Orients und die Bergvölker, 1932, Tf. 27
*31_{3}	BP I Tf. 10_{103}
*31_{4}	AG IV Tf. 5_{109}
31_{5}	Mélanges d'archéologie, d'epigraphie et d'histoire offerts à J. Carcopino, 1966, 273 Abb. 1
31_{6}	K. Katz/P.P. Kahane/M. Broshi, Von Anbeginn, 1968, Abb. 51 und IEJ 6, 1956, Tf. 6
*31_{7}	AOB 285
*31_{8}	EG III Tf. 211_{2}
*31_{9}	V.K. Müller, Frühe Plastik in Griechenland und Vorderasien, 1929, Abb. 425
*31_{10}	AG IV Tf. 14_{9}
*31_{11}	Syria 13, 1932, Tf. 9_{1}
31_{12}	TBM II Tf. 26_{1}
31_{13}	Sendsch V Tf. 33a
31_{14}	AOB 290
31_{15}	TN I Tf. 85_{12}
31_{16}	'Atiqot ES 9–10, 1971, Abb. 91 und Tf. 82
32_{1}	PEQ 100, 1968, Tf. 19A (links)
32_{2}	ANEP 482 mit PEQ 100, 1968, 50 Abb. 3_{3f}
32_{3}	Syria 35, 1958, Tf. 9f
32_{4}	ANEP 468
32_{5}	N. Glueck, The Other Side of the Jordan, 1970, Abb. 76
32_{6}	AOB 364
33_{1}	BASOR 189, 1968, 16 Abb. 4f
33_{2}	Jer II Abb. 85
$33_{3,4}$	BP I Tf. 19
33_{5}	EG III Tf. 56_{17}
33_{6}	'Atiqot HS 6, 1970, 2 Abb. 1
$33_{7,8}$	EG III Tf. 59_{12} 57_{3}
33_{9}	TN I 84 Abb. 8
33_{10}	QDAP 4, 1935, 109
33_{11}	PEFA 2, 1912/13, Tf. 5
33_{12}	HUCA 40–41, 1970, 139–204 Abb. 2f
33_{13}	TA 1, 1974, 116 Abb. 6 und 124 Abb. 10, 11
33_{14}	RB 30, 1921, 414 Abb. 1
33_{15}	BA 33, 1970, 36 Abb. 2
33_{16}	QDAP 2, 1933, 90 Abb. 67
33_{17}	EG III Tf. 58_{17}
33_{18}	RB 60, 1953, 102 Abb. 5 (Tomb 5)
*34_{1}	Ger Tf. 26_{3}
*$34_{2,3}$	Syria 10, 1929, Tf. $60_{4,2}$
*35	Zeichnung von A. Pretzsch ergänzt von G. Tambour
36_{1}	IEJ 17, 1967, 240 Abb. 2
36_{2}	Meg II Abb. 242
36_{3}	Hazor I Tf. 173
36_{4}	Meg I Abb. 49
36_{5}	ZDPV 91, 1975, Plan 3
36_{6}	TN I Abb. 52A
36_{7}	Beer-Sheba I 24 Abb. 1D
$37_{1,2}$	Yadin, Hazor, Abb. 3, 27
38	E. Mader, Mambre II, 1957, Plan 1
*39_{1}	Wreszinski, Atlas I, Tf. 359
*39_{2}	Erman/Ranke, Ägypten, Abb. 228
*39_{3}	W. Fl. Petrie, Tools and Weapons, 1927, Tf. 47_{59f}
*$39_{4,5}$	EG III Tf. 138_{33} 193_{11}
*39_{6}	AG III Tf. 23_{97}
*$39_{7,8}$	AG IV Tf. $32_{392,416}$
*39_{9}	EG II Abb. 276
*$39_{10,11}$	HES I Abb. $224_{6a,1a}$
*40_{1}	Syria 15, 1934, Tf. 16
40_{2}	DP II Abb. 57
41	nach PEQ 92, 1960, 89 Abb. 1 und JerA Tf. 1
42	nach BRL[1] Sp. 301f
43_{1a-e}	Amiran, Pottery, Tf. $1_{3,7,2,10,11}$
43_{2a-e}	ebd. Tf. $2_{3,14}$ 6_{11} 2_{7} 7_{4}
43_{3a-e}	ebd. Tf. 9_{2} 10_{4} 14_{8} $9_{15,22}$
43_{4a-f}	ebd. Tf. $15_{4,3,10}$ 16_{1} 15_{13} 17_{1}
43_{5a-e}	ebd. Tf. $19_{5,4}$ $18_{7,10}$ 20_{15}
43_{6a-g}	ebd. Tf. 22_{10} $24_{6,15}$ 22_{14} 23_{12} $24_{13,14}$
43_{7a-j}	ebd. Tf. 25_{8} 27_{1} 28_{1} 29_{1} 30_{1} 31_{1} $33_{1,15}$ 36_{3} 59_{4}
43_{8a-j}	ebd. Tf. 26_{6} 27_{20} 28_{13} 29_{7} 30_{5} 32_{1} 34_{17} $36_{10,32}$ 59_{9}
43_{9a-j}	ebd. Tf. 38_{5} 39_{2} 40_{2} 41_{1} 42_{1} 43_{2} $46_{1,2}$ 51_{1} 59_{11}
43_{10a-j}	ebd. Tf. 38_{10} 39_{8} 40_{4} 41_{6} 42_{9} 44_{4} $46_{10,16}$ 51_{5} 59_{14}
43_{11a-j}	ebd. Tf. 38_{18} 39_{16} 40_{11} 41_{9} 42_{14} 44_{9} $46_{18,22}$ 51_{9} 59_{17}
43_{12a-l}	ebd. Tf. 60_{5} $61_{6,1}$ 68_{2} 69_{5} 76_{2} 78_{8} $84_{4,14}$ 93_{5} 96_{9} 100_{4}
43_{13a-n}	ebd. Tf. 62_{13} 66_{8} 67_{8} 62_{6} 66_{7} 67_{1} 68_{13} 71_{8} 75_{11} 80_{1} 86_{6} 94_{5} 96_{17} 100_{8}
43_{14a-j}	ebd. Tf. 64_{17} 67_{14} 68_{18} 73_{6} 75_{19} 81_{6} 88_{3} 94_{8} 96_{26} 100_{18}
43_{15a-c}	ebd. Tf. 37_{11} 53_{3} 54_{7}
$43_{16a,b}$	ebd. Tf. $57_{1,10}$
43_{17-20}	ebd. Tf. 58_{2} 97_{18} 99_{1} 52_{4}
$43_{21a,b}$	ebd. Tf. $90_{5,10}$

43_{22a-c}	ebd. Tf. $92_{3,7,10}$
$43_{23a,b}$	ebd. Tf. $91_{2,5}$
*44_1	Wreszinski, Atlas II, Tf. 1_6
*44_2	Schäfer/Andrae, Kunst, Abb. 350
*44_3	I. Benzinger, Hebräische Archäologie, 1927^3, Abb. 70
44_4	Hazor III-IV Tf. 339_1
44_5	ANEP 366
44_6	AOB 51
*44_7	A. Paterson, Assyrian Sculptures: Palace of Sinacherib, 1915, Tf. 72
*44_8	AOB 665
45_1	MegC Tf. 20 (rechts)
45_2	Encyclopaedia of Archaeological Excavations in the Holy Land I, 1970, 70
45_3	Qadmoniot 2, 1969, Farb-Tf. 3 nach S. 26
45_4	ANEP 590
45_5	MegC Tf. 16 (Mitte)
45_6	Photo von A. Reichert und Hazor III–IV Tf. 331
45_7	TBM III Tf. 28_{1f} 59
45_8	J. W. Wevers/D. B. Redford, ed., Studies on the Ancient Palestinian World Presented to F. V. Winnett, 1972, 6 Abb. 6F
45_9	Catling, Bronzework, Tf. 29b
45_{10}	Syria 10, 1929, Tf. 60_1
45_{11}	Encyclopaedia of Archaeological Excavations in the Holy Land I, 1970, 313 (rechts)
46_{1-3}	Amiran, Pottery, Tf. 22_{11} $59_{3,14}$
$46_{4,5}$	BA 27, 1964, 20 Abb. 10 und 26 Abb. 13
46_6	EP Tf. 62_8
46_7	SS III Abb. 88_8
46_8	A. Reifenberg, Palästinische Kleinkunst, 1927, Abb. 39
46_9	BA 27, 1964, 121 Abb. 20
46_{10}	Berytus 14, 1961/63, 61 Abb. 1
46_{11}	BA 27, 1964, 15 Abb. 7
46_{12}	BA 37, 1974, 41 Abb. 14
$47_{1,2}$	EG III Tf. 215_{27} 34_{32}
47_3	IEJ 22, 1972, 104 Abb. 5_2
47_4	MegT Abb. 170_1
47_5	Ger Tf. 28_2
$47_{6,7}$	BP I Tf. $26_{852,661}$
47_8	BS I Tf. 39_3
*48_1	W. Fl. Petrie, Tools and Weapons, 1927, Tf. 62_2
*48_2	Ger Tf. 23_7
48_3	Y. Yadin, Masada, 1967^2, 57 (oben)
*48_4	Schäfer/Andrae, Kunst, Abb. 541
*48_5	W. Wolf, Die Bewaffnung des altägyptischen Heeres, 1926, Abb. 56
$49_{1,2}$	Qadmoniot 3, 1970, 129, 62
49_3	BS I Tf. 22_1 (Vgl. Rekonstruktion Tf. 21 und Plan S. 11–13 Abb. 1)
49_4	Hazor I Tf. 29_1 181
49_5	MUSJ 15, 1930, Tf. 27_7 30
50	M. Noth, Die Welt des Alten Testaments, 1962^4, Abb. 4A-F
51	nach Yadin, Hazor, Abb. 39
52_1	AG I Tf. 17_{34}
52_2	Ger Tf. 23_{13}
52_3	AG III Tf. 19_{12}
52_4	EG III Tf. 198_{16}
*53_1	E. Auerbach, Wüste und Gelobtes Land, 1932, Tf. 12
*53_2	EG II Abb. 407
*53_3	Ca II Tf. 23b
54_1	G. Perrot/Ch. Chipiez, Histoire de l'art dans l'antiquité III, 1885, Abb. 546
54_2	MegIv Tf. 7_{21}
54_3	MUSJ 37, 1960/61, Tf. 2_2
54_4	MegIv Tf. 9_{32}
54_5	Mallowan, Nimrud II, Abb. 424
*54_6	TH III Tf. 95a
*55_1	DP I Abb. 44
*55_2	ZDMG 84, 1930, Tf. 1b nach S. 302
56_1	Y. Meshorer, Jewish Coins of the Second Temple Period, 1967, Tf. 1_4
56_2	JPOS 14, 1934, 180
56_3	IEJ 16, 1966, Tf. 25A
56_4	BHH II 1253f Abb. 6 (Revers)
*56_5	I. Benzinger, Hebräische Archäologie, 1927^3, Abb. 196
56_6	A. Reifenberg, Ancient Jewish Coins, 1947, Tf. 10_{139}
*56_7	Benzinger, a.a.O., Abb. 201
56_8	Reifenberg, a.a.O., Tf. 12_{165}
*$56_{9,10}$	M. Soloweitschik, Die Welt der Bibel, 1926, Abb. 287, 291
*57_1	Ca II Tf. B17b
*57_2	Sendsch IV Tf. 62
58_1	Syria 39, 1962, Tf. 11_4
58_2	QDAP 6, 1938, 172 Abb. 3
58_3	Jer II Abb. 174_{11}
58_{4-8}	MegT Abb. $174_{1,3,6,9,12}$
58_9	Ger Tf. 33_{50}
58_{10}	AG I Tf. 16_{12}
58_{11}	Ger Tf. 24_{50}
59	Sumer 23, 1967, 80
*$60_{1,2}$	EG II Abb. 246, 257
*60_3	Dalman, AuS IV, Abb. 69
*$61_{1,2}$	HES I 239, 240
62_1	TBM II Tf. 55
62_2	TT I 43 Plan 3 (korrigiert nach BASOR 173, 1964, 16f)
62_3	BP II Tf. 69
62_4	IEJ 16, 1966, 177 Abb. 1
62_5	BA 36, 1973, 10 Abb. 15
62_6	übernommen aus Sendsch IV Abb. 209
62_7	BA 36, 1973, 98 Abb. 12
62_{8-10}	BIES 31, 1967, 87
$62_{11,12}$	IEJ 25, 1975, 91 Abb. 2 und 94 Abb. 3
63_1	Meg I Tf. 85_6
63_2	Meg II Tf. 177_6
63_3	Meg I Tf. 85_3
*63_4	Wreszinski, Atlas II, Tf. 1_{11}
64_{1-3}	AG II Tf. 16_{100} 17_{159} 16_{140}
64_4	EG III Tf. 215_{13}
$64_{5,6}$	HES I Abb. 218_8 223_{4d}
64_7	B. Rothenberg, Timna, 1972, 106 Abb. 13
64_8	Ger Tf. 29_7
64_9	QDAP 2, 1933, 56 Abb. 14c
64_{10}	Ger Tf. 29_2
64_{11}	E. Auerbach, Wüste und Gelobtes Land, 1932, Tf. 12
*65_1	AG IV Tf. 35_{558}
*65_2	BP I Tf. 38_{239}
66_1	Beer-Sheba I 43 Abb. 1
66_2	ANEP 122
67_1	M. Dunand/R. Duru, Oumm el-'Amed, 1962, Tf. 77
67_2	Syria 3, 1922, Tf. 39
*68	MegC Tf. 10
69_1	MegT Tf. 104
*69_2	BP II Tf. 57_{343}
69_3	Antiquity 41, 1967, Tf. 21A
*69_4	BZ I Abb. 48
69_5	Hazor II Tf. 167f
*69_6	TH IV Tf. 43_{271}
*69_7	L II Tf. 15_1

*69$_{8}$ QDAP 2, 1933, Tf. 27$_{711}$

69$_{9}$ EG II Abb. 291$_{2,5,8,13}$

70$_{1,2}$ SS I Tf. 2,1

*71$_{1}$ P. Montet, Byblos et l'Egypte, Atlas, 1929, Tf. 130

*71$_{2}$ R. Dussaud, Les monuments palestiniens et judaiques, 1912, Nr. 30

71$_{3}$ PEFA 6, 1953, Tf. 6$_{47}$

71$_{4}$ EI 5, 1958, Tf. 8$_{1}$

71$_{5}$ E. Stern, The Material Culture of the Land of the Bible in the Persian Period, 1973, Abb. 103

71$_{6}$ 'Atiqot ES 3, 1961, Tf. 4$_{4}$

71$_{7}$ Tarbiz 1/4, 1930, Tf. 4$_{2}$

*71$_{8}$ nach Photo eines Ossuars im ehemaligen Syrischen Waisenhaus, Jerusalem

*71$_{9}$ nach Photo eines Ossuars im Kloster Mariae Heimgang, Jerusalem

72$_{1}$ B. Landström, Die Schiffe der Pharaonen, 1970, Abb. 406

*72$_{2}$ A. Köster, Das antike Seewesen, 1923, Abb. 6

*72$_{3}$ BuA I Abb. 68

*72$_{4}$ Syria 1, 1920, Tf. 6

73$_{1}$ Sendsch III Abb. 103

73$_{2}$ TH III Tf. 26

74$_{1}$ Hazor III-IV Tf. 339$_{6}$

74$_{2}$ B. Rothenberg, Timna, 1972, Buntphoto 19

74$_{3}$ IEJ 21, 1971, 79 Abb. 2

75$_{1}$ AG II Tf. 2$_{1}$

75$_{2}$ PEFA 2, 1912/13, Tf. 26A$_{8}$

75$_{3}$ EG III Tf. 121$_{5}$

75$_{4-7}$ MegT Abb. 179$_{1}$ 176$_{11,12,17}$

*75$_{8,9}$ AG III Tf. 14$_{2}$ 8$_{13}$

*75$_{10}$ AG II Tf. 1 (oben rechts)

*75$_{11}$ AG III Tf. 14$_{15}$

*75$_{12-14}$ Ger Tf. 1$_{11,17,9}$

*75$_{15}$ QDAP 2, 1933, Tf. 36$_{990}$

*75$_{16}$ AG III Tf. 14$_{26}$

*75$_{17}$ BP II Tf. 51 (oben links)

*75$_{18}$ BP I Tf. 33$_{384}$

*75$_{19}$ AG IV Tf. 16$_{67}$

*75$_{20}$ Syria 9, 1928, 194 Abb. 2a

75$_{21}$ Meg II Tf. 225$_{12}$

*75$_{22}$ AG III Tf. 14$_{6}$

*75$_{23}$ BP II Tf. 51 (Mitte)

*75$_{24}$ Ger Tf. 1$_{1,2}$

*76$_{1}$ H.R. Hall, La sculpture babylonienne et assyrienne au British Museum, Ars Asiatica 11, 1928, Tf. 37

*76$_{2}$ Schäfer/Andrae, Kunst, Tf. 35

77$_{1}$ AG II Tf. 23$_{50}$

77$_{2}$ Ger Tf. 27$_{19}$

77$_{3}$ Eg III Tf. 128$_{10}$

77$_{4}$ Ger Tf. 27$_{15}$

78$_{1}$ Corpus Inscriptionum Semiticarum II, Nr. 101

*78$_{2,3}$ D. Diringer, Le iscrizioni antico-ebraiche palestinesi, 1934, Tf. 19$_{7,15a,b}$

*78$_{4}$ PEFQSt 67, 1935, Tf. 11 (unten)

*78$_{5}$ P.L.O. Guy, New Light from Armageddon, 1929, 49

*78$_{6}$ BP I Tf. 35$_{427}$

*78$_{7}$ The American Journal of Semitic Languages 52, 1935/36, 197 Abb. 1

*78$_{8,9}$ Diringer, a.a.O., Tf. 19$_{9}$ 20$_{8b}$

78$_{10}$ ebd. Tf. 21$_{1a}$

78$_{11}$ IEJ 14, 1964, Tf. 44A (rechts)

*78$_{12}$ Diringer, a.a.O., Tf. 22$_{1}$

*78$_{13}$ ZDPV 51, 1928, Tf. 17C (rechts)

78$_{14}$ Corpus Inscriptionum Semiticarum II, Nr. 90

*78$_{15}$ TN I Tf. 57$_{4}$

78$_{16}$ EI 9, 1969, Tf. 2$_{21}$

*78$_{17}$ Ger Tf. 43$_{1}$

78$_{18}$ Corpus Inscriptionum Semiticarum II, Nr. 84

78$_{19}$ Diringer, a.a.O., Tf. 21$_{11}$

*78$_{20}$ ebd. Tf. 20$_{32}$

78$_{21}$ JEA 53, 1967, 69 Abb. 1

78$_{22}$ Diringer, a.a.O., Tf. 20$_{28}$

78$_{23}$ IEJ 24, 1974, 27 Abb. 1 und Tf. 2B

*78$_{24}$ PEFQSt 67, 1935, 195

*78$_{25}$ BASOR 31, 1928, 10

*78$_{26}$ BASOR 43, 1931, 8

78$_{27-29}$ PEQ 73, 1941, Tf. 6$_{1-7,12}$ 7$_{11}$

78$_{30}$ ERR I Tf. 29$_{11}$

78$_{31}$ ERR II Tf. 38$_{12}$

78$_{32,33}$ ERR I Tf. 8$_{1,4}$

78$_{34}$ IEJ 24, 1974, Tf. 8B, C

78$_{35,36}$ EI 9, 1969, 25 Abb. 1$_{3,7,9}$

78$_{37}$ JPOS 13, 1933, Tf. 17$_{2}$

78$_{38}$ BASOR 192, 1968, 13 Abb. 2 (rechts)

78$_{39,40}$ Jordan, A Quarterly Magazine of Tourism and Cultural Interest 6/3, 1975, 17 Abb. b,d

78$_{41}$ J.B. Pritchard, Hebrew Inscriptions and Stamps from Gibeon, 1959, Abb. 1$_{1}$

78$_{42}$ IEJ 8, 1958, 115 Abb. 1a,d und Tf. 24A–B

78$_{43-45}$ BASOR 202, 1971, 9 Abb. 1 und 10 Abb. 6,11,8

78$_{46}$ K. Katz/P.P. Kahane/M. Broshi, Von Anbeginn, 1968, Abb. 85

*79$_{1}$ AG II Tf. 15$_{82}$

*79$_{2,3}$ QDAP 2, 1933, Tf. 27$_{712}$ 23$_{551}$

80$_{1}$ MegIv Tf. 47c

80$_{2}$ BP I Tf. 34$_{188}$

80$_{3}$ G.E. Wright, Shechem, 1965, Abb. 83

*80$_{4}$ TBM II Tf. 21b

81$_{1-4}$ Meg I Tf. 95$_{27,5,30,15}$

81$_{5-7}$ Meg II Tf. 171$_{17,29,31}$

81$_{8}$ IEJ 9, 1959, 191 Abb. 1

81$_{9}$ JNES 26, 1967, Tf. 1B

81$_{10}$ Meg II Tf. 197$_{2}$

81$_{11}$ nach Zeichnung von D. Irvin

81$_{12}$ IEJ 13, 1963, 98 Abb. 1$_{1}$

82$_{1}$ Hazor III-IV Tf. 233$_{8}$

82$_{2}$ Meg I Tf. 112$_{13}$

82$_{3}$ Hazor III-IV Tf. 284$_{1}$

82$_{4,5}$ SS III Abb. 116$_{1,2}$

82$_{6}$ Hazor III-IV Tf. 188$_{17}$

*82$_{7}$ TBM I Tf. 43$_{1}$

*82$_{8}$ TM II Abb. 8

*82$_{9}$ AG I Tf. 25$_{10}$

82$_{10,11}$ MegT Abb. 184$_{9,11}$

*82$_{12,13}$ EG III Tf. 106$_{4}$ 55$_{1}$

*83$_{1}$ Syria 16, 1935, Tf. 31

*83$_{2}$ AfO 11, 1936, 88

83$_{3}$ E. Akurgal, Die Kunst der Hethiter, 1961, Abb. 130

83$_{4}$ EI 5, 1958, 78

83$_{5}$ Sendsch I Tf. 1

84$_{1}$ C.H. Kraeling, The Excavations at Dura-Europos. Final Report VIII/1: The Synagogue, 1956, Tf. 51

84$_{2,3}$ L. Sukenik, The Ancient Synagogue of Beth Alpha, 1932, Tf. 8 und 25 Abb. 26

84$_{4}$ K. Katz/P.P. Kahane/M. Broshi, Von Anbeginn, 1968, Abb. 103 (unten)

84$_{5}$ EI 11, 1973, 225

84$_{6}$ Ph. Bruneau, Recherches sur les cultes de Délos à l'époque hellénistique et à l'époque impériale, 1970, Plan B

84$_{7}$ EI 11, 1973, 146

84$_{8}$ EAEHL II 386

84$_{9}$ Sukenik, a.a.O., Tf. 27

84$_{10}$ Kraeling, a.a.O., Plan 8$_{2}$

85_{1}	PEQ 103, 1971, 18 Abb. 1
85_{2}	BA 34, 1971, 26 Abb. 12
85_{3}	IEJ 22, 1972, 11 Abb. 1
85_{4}	EI 11, 1973, 94 Abb. 11
85_{5}	EAEHL I 77
85_{6}	Festschr. K. Galling, 310 Abb. 5
85_{7}	BS II/1 Tf. 8
85_{8}	IEJ 6, 1956, 14–25 Abb. 1
85_{9}	L II Tf. 68
85_{10}	Syria 16, 1935, Tf. 36
85_{11}	PEQ 98, 1966, 156 Abb. 1
85_{12}	ZAW 78, 1966, 355 Abb. 3
$85_{13,14}$	Yadin, Hazor, Abb. 23, 24
85_{15}	J. Boese/W. Orthmann, Mumbaqat, eine 5000 Jahre alte Stadt am Euphrat, Saarbrücken 1976, 4 Abb. 3
85_{16}	C. L. Woolley, Alalakh, 1955, Abb. 22
85_{17}	Le temple et le culte. Compte rendu de la 20ème Rencontre Assyriologique Internationale organisée à Leiden du 3 au 7 juillet 1972, 1975, 66 Plan 10
85_{18}	Yadin, Hazor, Abb. 26
85_{19}	ZDPV 89, 1973, 164 Abb. 2
$85_{20,21}$	Le temple et le culte, 1975, 66 Plan 10 und 64 Plan 9
85_{22}	Yadin, Hazor, Abb. 18
85_{23}	C. L. Woolley, Alalakh, 1955, Abb. 35 (gegenüber S. 92)
85_{24}	Yadin, Hazor, Abb. 20
85_{25}	Woolley, a.a.O., 72 Abb. 30
85_{26}	Le temple et le culte, 1975, 52 Plan 4
85_{27}	nach A. Moortgat, Tell Chuēra in Nordost-Syrien, Bericht über die dritte Grabungskampagne 1958, 1962, Plan 3
85_{28}	W. Orthmann, ed., Alter Orient, Propyläen Kunst-Geschichte 14, 1975, 475 Abb. 153
85_{29}	Boese/Orthmann, a.a.O., 4 Abb. 4
85_{30}	ebd. 5 Abb. 5
85_{31}	Syria 52, 1975, 63 Abb. 3
85_{32}	nach BRL[1] 513 Abb. 7
85_{33}	W. Zimmerli, Ezechiel, BK 13/2, 1969, 1041
85_{34}	L.-H. Vincent/A. M. Steve, Jérusalem de l'Ancien Testament, 1956, Tf. 102
86_{1}	Meg II Tf. 268_{3}
86_{2}	Hazor II Tf. 127_{22}
87_{1}	ZDPV 91, 1975, 10 Abb. 9
87_{2}	BASOR 216, 1974, 32 Abb. 2
$87_{3,4}$	nach Yadin, Hazor, Abb. 41, 42
87_{5}	IEJ 22, 1972, 164 Abb. 1
*88	RLV VI Tf. 9
*89	A. Paterson, Assyrian Sculptures: Palace of Sinacherib, 1915, Tf. 72
90	ANEP 331
$91_{1,2}$	Yadin, Hazor, Abb. 7, 47
92	Sh. Weir, The Bedouin, 1976, 37 Abb. 7
*93	nach Dalman, AuS IV, Abb. 104

Zeittafel I

Palästina			*Ägypten*	
NL		7.–5. Jt.		
CL		4. Jt.		
FB		3150–2200		
	I	3150–2850	1. Dyn.:	Narmer
	II	2850–2650	2.–3. Dyn.	
	III	2650–2350	AR	
			4. Dyn.:	Cheops
			5. Dyn.:	Saḥure'
	IV	2350–2200	6. Dyn.:	Pepi I.
			1. Zwischenzeit	
			7.–10. Dyn.:	
MB		2200–1550	MR	
	I	2200–2000	11. Dyn.	
	IIA	2000–1750	12. Dyn.:	Sesostris I.
				Sesostris III.
				Amenemhet III.
			2. Zwischenzeit	
	IIB	1750–1550	12.–17. Dyn.:	Ḫian (15. Dyn.)
				Aḥmose (17. Dyn.)
SB		1550–1200	NR	
	I	1550–1400	18. Dyn.:	Thutmosis I. 1514/04–1501/1491
				Ḥatschepsut 1490–1496/68
				Thutmosis III. 1490–1436
				Amenophis II. 1438–1412/11
				Thutmosis IV. 1412/11–1405/02
	IIA	1400–1300		Amenophis III. 1405/02–1367/63
				Amenophis IV. Echnaton 1368/63–1351/45
				Tutanchamon 1351/45–1342/36
				Ḥaremḥab 1337/31–1307/01
	IIB	1300–1200	19. Dyn.:	Sethos I. 1306/00–1290
				Ramses II. 1290–1224
				Merneptaḥ 1224–1211/04
E		1200–586		
	I	1200–1000	20. Dyn.:	Ramses III. 1190/83–1159/52
				Ramses IV. 1159/52–1152/45
	IIA	1000–900	21. Dyn.:	Siamun 982/75–963/56
	IIB	900–800	22. Dyn.:	Šošenq I. 945–924
				Osorkon II. 874–850
	IIC	800–586	23.–26. Dyn.	
			26. Dyn.:	Psammetich I. 664–610
				Necho II. 610–595
				Psammetich II. 595–589
				Amasis II. 570–526
Bab.-pers. Zeit		586–332	27.–31. Dyn.:	Hakoris (29. Dyn.)
Hell. Zeit		332–37		
Röm. Zeit		37 v.–324 n. Chr.		
Byz. Zeit		324–640 n. Chr.		

Zeittafel II

Palästina		*Mesopotamien*
		Assyrien
		Tukultī-Ninurta I. 1244–1207
		Tiglathpileser I. 1115–1076
Saul		
David „40 Jahre"		
Salomo „40 Jahre" bis 926/5		
Juda	*Israel*	
Rehabeam 926/5–910/09	Jerobeam I. 926/5–907/6	
Abia 910/09–908/7	Nadab 907/6–906/5	
Asa 908/7–868/7	Baesa 906/5–883/2	Tukultī-Ninurta II. 890–884
	Ela 883/2–882/1	Assurnasirpal II. 883–859
	Simri 882/1	
	Thibni 882/1–878/7	
Josaphat 868/7–851/0	Omri 878/7–871/0	
	Ahab 871/0–852/1	
Joram 851/0–845/4	Ahasja 852/1–851/0	Salmanassar III. 858–824
Ahasja 845/4	Joram 851/0–845/4	
Athalja 845/4–840/39	Jehu 845/4–818/7	
Joas 840/39–801/0	Joahas 818/7–802/1	Adadnirari III. 810–783
Amazja 801/0–773/2	Joas 802/1–787/6	
Asarja 773/2–735/4	Jerobeam II. 787/6–747/6	
Jotham 757/6–742/1	Sacharja 747/6	
	Sallum 747/6	
Ahas 742/1–726/5	Menahem 746/5–737/6	Tiglathpileser III. 745–727
	Pekahja 736/5–735/4	
	Pekah 734/3–733/2	
	Hosea 732/1–724/3	Salmanassar V. 726–722
Hiskia 725/4–697/6	722/1 Fall Samarias	Sargon II. 721–705
Manasse 696/5–642/1		Sanherib 704–681
		Asarhaddon 680–669
Amon 641/0–640/39		Assurbanipal 668–631
Josia 640/39–609/8		Sîn-šarra-iškun 629–612
Joahas 609/8		*Babylonien*
Jojakim 609/8–598/7		Nebukadnezar II. 605–562
Jojachin 598/7		
Zedekia 598/7–587/6		
586 Fall Jerusalems		
		Persien
		Kyrus 559–529
		Kambyses 529–522
		Darius I. 521–485
		Xerxes 485–465
		Artaxerxes I. 464–424
		Darius II. 424–404
		Artaxerxes II. 404–358
		Artaxerxes III. 358–338
		Arses 337–336
332 Eroberung durch Alexander den Großen		Darius III. 336–331

Zeittafel III

Judäa	*Syrien*
Hasmonäer 166–37 v.Chr.	Seleukiden 312–64 v.Chr.
	Seleukus I. Nikator 312–281 v.Chr.
	Antiochus III. der Große 222–187 v.Chr.
	Antiochus IV. Epiphanes 175–164 v.Chr.
Judas Makkabäus 166–160 v.Chr.	
162 v.Chr. Religionsfreiheit	
Jonathan Makkabäus 160–143 v.Chr.	
152 v.Chr. Hoherpriester	Demetrius II. Nikator 145–138 v.Chr.
Simon Makkabäus 142–134 v.Chr.	Antiochus VI. Epiphanes 145–142 v.Chr.
142 v.Chr. Steuerfreiheit	Tryphon
	Antiochus VII. Sidetes 138–129 v.Chr.
Johannes I. Hyrkan 134–104 v.Chr.	Demetrius II. Nikator 129–125 v.Chr.
Aristobul I. 104 v.Chr.	
Alexander Jannäus 103–77 v.Chr.	
Salome Alexandra 76–67 v.Chr.	
Aristobul II. 67–63 v.Chr.	
63 v.Chr. Pompejus	64 v.Chr. röm. Provinz (Pompejus)
Röm. Besetzung	
Hyrkan II. 63–40 v.Chr.	
57–55 v.Chr. Gabinius Prokonsul	
Matthias Antigonus 40–37 v.Chr.	

Herodianer und Prokuratoren 37 v.–135/6 n.Chr.
Herodes I. 37–4 v.Chr.

Judäa-Samaria	*Galiläa-Peräa*	*Nordtransjordanien*	*Rom*
Archelaus 4 v.–6 n.Chr.	Herodes Antipas 4 v.–39 n.Chr.	Philippus 4 v.–34 n.Chr. 34–37 n.Chr. Syrien unterstellt	Augustus 30 v.–14 n.Chr.
Prokuratoren 26–36 n.Chr. Pontius Pilatus			Tiberius 14–37 n.Chr.
Herodes Agrippa I. 41–44 n.Chr.	Herodes Agrippa I. 40–44 n.Chr.	Herodes Agrippa I. 37–44 n.Chr.	Caligula 37–41 n.Chr.
Prokuratoren 66–70 n.Chr. erster jüd. Aufstand	Prokuratoren	Prokuratoren	Claudius 41–54 n.Chr.
	Herodes Agrippa II. 53–100 n.Chr.		Nero 54–68 n.Chr.
			Galba u.a. 68–69 n.Chr.
			Vespasian 69–79 n.Chr.
			Titus 79–81 n.Chr.
			Domitian 81–96 n.Chr.
			Nerva 96–98 n.Chr.
			Trajan 98–117 n.Chr.
132–135/6 n.Chr. zweiter jüd. Aufstand (Bar Kochba)			Hadrian 117–138 n.Chr.